河北金融年鉴

Almanac of Hebei's Finance and Banking

《河北金融年鉴》编辑部 编

2015

（总第二十五卷）

河北科学技术出版社

图书在版编目（CIP）数据

河北金融年鉴. 2015 /《河北金融年鉴》编辑部编
. -- 石家庄 : 河北科学技术出版社, 2015.11
ISBN 978-7-5375-6250-8

Ⅰ. ①河… Ⅱ. ①河… Ⅲ. ①地方金融事业 - 河北省
- 2015 - 年鉴 Ⅳ. ①F832.722-54

中国版本图书馆CIP数据核字(2015)第272903号

河北金融年鉴　2015
《河北金融年鉴》编辑部 编

出版发行	河北科学技术出版社（石家庄市友谊北大街330号）
印　　刷	石家庄联创博美印刷有限公司
开　　本	889 × 1194　1/16
印　　张	53.5
插　　页	32
字　　数	1540千字
版　　次	2015年12月第1版 2015年12月第1次印刷
定　　价	180.00元

编 辑 说 明

一、《河北金融年鉴》是由中国人民银行石家庄中心支行主办，河北省金融机构参编的专业年鉴。该年鉴自1989年创刊以来已连续出版25卷，内容涵盖银行业、证券业、保险业及其他非银行业金融机构，本卷主要反映2014年度河北省金融与经济运行的基本情况。

二、本卷文稿均由河北省有关金融机构提供，由本刊编辑部编辑、审定。

三、本卷采用条目式编排，分为“经济金融综述”“金融机构概览”“学术调研”“金融规章选编”“大事记”“经济金融统计资料”“金融机构名录”七部分。

四、本卷“经济金融统计资料”的内容，由人民银行、河北省统计局和有关金融机构提供，统一为河北省的统计口径。部分统计数据由于四舍五入，总计数与分项相加数略有误差。在使用时，请注意统计口径的差别。

五、本卷文稿在编辑过程中得到了各有关单位的大力支持，我们深表谢意。对于文稿中的不妥和疏漏之处，欢迎广大读者提出宝贵意见。

河北金融年鉴编辑部

2015年12月

《河北金融年鉴》编委会

▲ 2014年1月23日，中国人民银行石家庄中心支行举办河北省人民银行系统2014年“中国梦·央行情”迎新春联欢会。党委书记、行长陈建华代表中心支行党委发表新春致辞。

▲ 2014年1月24日，河北省人民银行系统工作会议暨全省外汇管理工作会议在石家庄召开。

中国人民银行石家庄中心支行 ▶

ZHONGGUORENMINYINHANGSHIJIAZHUANGZHONGXINZHIHANG

◀ 2014 年 2 月 24 日至 26 日，中国人民银行总行党委委员、行长助理郭庆平，金融市场司副司长林建华在石家庄中心支行行长陈建华陪同下到河北唐山开展专题调研。

▶ 2014 年 2 月 24 日至 28 日，中国人民银行石家庄中心支行行长陈建华、副行长王彦青一行到唐山市中心支行、廊坊市中心支行调研指导工作。

◀ 2014 年 5 月 26 日，中国人民银行石家庄中心支行召开党委中心组理论学习（扩大）会议，深入学习习近平总书记重要讲话。学习期间，与会人员参观了由中共石家庄市委党的群众路线教育实践活动领导小组办公室主办、石家庄市博物馆承办的焦裕禄事迹史料文献陈列展。

▲ 2014 年 6 月 26 日，河北省小额票据贴现管理中心召开石家庄、唐山、邯郸、沧州分中心正式挂牌营业新闻发布会。

▲ 2014 年 7 月 8 日，河北省钱币学会第五次会员代表大会暨第五届理事会第一次会议在石家庄召开。

▲ 2014 年 12 月 10 日，河北省省长助理、省金融办主任江波等到河北省金融票据协会听取省票据协会秘书处 2014 年主要工作情况和河北省小额票据贴现管理中心各市分中心业务运行情况汇报，中国人民银行石家庄中心支行副行长兼河北省金融票据协会常务副会长王彦青参加会议。

▶ 2014 年 11 月 1 日至 2 日，中国人民银行石家庄中心支行与河北省总工会、河北省人力资源和社会保障厅、共青年团河北省委、河北省金融工作办公室联合举办了 2014 年中国技能大赛——河北省金融系统技能竞赛复赛。

▲ 2014 年 4 月 15 日，时任中国银行业监督管理委员会河北监管局局长郭锦洲（左二）到平泉县雨露花卉蔬菜专业合作社调研。

▲ 2014 年 5 月 27 日，时任中国银行业监督管理委员会河北监管局副局长李莅春会见华夏银行党委副书记、行长樊大志（右）一行。

▲ 2014 年 7 月 25 日，中国银行业监督管理委员会河北监管局联合河北省银行业协会组织召开河北省小微、三农金融服务工作表彰会议。

▲ 2014 年 12 月 17 日，中国银行业监督管理委员会河北监管局组织召开河北省 2014 年银行业消费者权益保护工作座谈会。

中国保险监督管理委员会河北监管局 ▸

ZHONGGUOBAOXIANJIANDUGUANLIWEIYUANHUIHEBEIJIANGUANJU

◀ 2014 年 7 月 4 日，中国保险监督管理委员会河北监管局局长赵庆晗到 12378 保险消费者维权热线现场接听投诉电话，了解消费者反映的问题，听取对保险业和保险监管工作的意见建议。

▶ 2014 年 9 月 10 日，中国保险监督管理委员会河北监管局联合省金融办举办学习贯彻《国务院关于加快发展现代保险服务业的若干意见》报告会。

◀ 中国保险监督管理委员会河北监管局局长赵庆晗（左一）向社会监督员介绍河北保监局信访投诉热线服务情况。

▲ 2014 年 5 月 6 日，国家开发银行股份有限公司总行行长郑之杰与河北省常务副省长杨崇勇座谈。

国家开发银行股份有限公司河北省分行

GUOJIAKAIFAYINHANGGUFENYOUXIANGONGSIHEBEISHENGFENHANG

◀ 2014 年 12 月 29 日，国家开发银行股份有限公司总行副行长王用生出席河北省分行党委班子民主生活会。

▶ 2014 年 4 月 28 日，国家开发银行股份有限公司总行纪委书记周清玉与河北省省长张庆伟座谈。

◀ 2014 年 4 月 30 日，国家开发银行股份有限公司河北省分行举办“奋斗的青春最美丽”迎“五四”青年辩论赛。

▲ 2014 年 2 月 21 日，中国农业发展银行河北省分行召开全省分支行行长会议。

▲ 2014 年 3 月 11 日，中国农业发展银行河北省分行对新入行员工进行培训。

中国农业发展银行河北省分行▶

ZHONGGUONONGYEFAZHANYINHANGHEBEISHENGFENHANG

▶ 2014 年 5 月 26 日，中国农业发展银行河北省分行召开“三个一”提升素质读书笔会。

◀ 2014 年 8 月 1 日，中国农业发展银行河北省分行举办“金农发行杯”粮油信贷业务技能知识竞赛。

▶ 2014 年 8 月 27 日，中国农业发展银行河北省分行举办庆祝农发行成立 20 周年行歌创作演唱比赛。

中国工商银行股份有限公司河北省分行

ZHONGGUOGONGSHANGYINHANGGUFENYOUXIANGONGSIHEBEISHENGFENHANG

▶ 2014年5月20日，中国工商银行股份有限公司河北省分行荣获“2014河北网民最信赖金融品牌”。

◀ 2014年8月27日，中国工商银行股份有限公司河北省分行举办“走进基层 青春共建”营销创意大赛。

▶ 2014年10月11日，中国工商银行股份有限公司河北省分行营业部在第五届“爱心日”开展关爱农村留守儿童爱心传递活动。

◀ 2014年11月25日，中国工商银行股份有限公司河北省分行与中国人民解放军白求恩国际和平医院就业务合作暨银医通项目签约。

中国农业银行股份有限公司河北省分行▶

ZHONGGUONONGYEYINHANGGUFENYOUXIANGONGSIHEBEISHENGFENHANG

◀ 2014年12月16日，中国农业银行股份有限公司河北省分行行长杨光（左一）在廊坊实地查看助农取款点运行情况。

▶ 中国农业银行股份有限公司河北省分行举办“金e顺在行动”体验营销活动。

▲ 中国农业银行股份有限公司河北省分行签约石家庄市轨道交通项目银团贷款。

▲ 2014年5月9日，中国银行股份有限公司保定分行组织党员前往晋察冀边区革命纪念馆接受党的群众路线教育。图为党员重温入党誓词。

▲ 2014年5月28日，中国银行股份有限公司总行董事长田国立视察保定分行智能银行旗舰店。图为田董事长听取工作人员介绍互动桌面功能。

中国银行股份有限公司河北省分行

ZHONGGUOYINHANGGUFENYOUXIANGONGSIHEBEISHENGFENHANG

◀ 2014 年 6 月 5 日，中国银行股份有限公司总行行长陈四清视察智能银行旗舰店，图为陈行长听取营业部大堂经理介绍 VTM 机功能。

▶ 中国银行股份有限公司张家口分行积极支持当地奶牛养殖业发展获赠锦旗。

◀ 2014 年 7 月 4 日，中国银行股份有限公司河北省分行员工参加奥林匹克长跑活动。

▲ 2014年1月28日至29日，中国建设银行股份有限公司河北省分行在石家庄召开2014年度全省建设银行工作会议。

▲ 2014年9月26日，中国建设银行股份有限公司河北省分行组织员工表彰暨"金点子"展示活动。

▲　2014 年 11 月 10 日，中国建设银行股份有限公司河北省分行举办龙卡石家庄热购信用卡上市发布会，与上海、长春热购信用卡同步首批上市发行。

▲　2014 年 12 月 26 日上午，中国建设银行股份有限公司河北省分行举办"母亲健康快车"发车仪式，由中国妇女发展基金会、中国建设银行捐赠河北省的 12 辆"母亲健康快车"在邢台市邢台县中心医院广场发车。

▶ 2014 年 2 月 14 日，交通银行股份有限公司河北省分行与冀中能源集团签订全面战略合作协议。

▲ 2014 年 7 月 16 日，交通银行股份有限公司河北省分行召开干部大会，交通银行总行行长彭纯出席大会，宣布河北省分行党委班子调整的决定：郑家渡任河北省分行党委书记、行长，尹兆君不再担任河北省分行党委书记、行长，另有任用。

交通银行股份有限公司河北省分行 ▸

JIAOTONGYINHANGGUFENYOUXIANGONGSIHEBEISHENGFENHANG

▶ 2014 年 8 月 4 日，交通银行股份有限公司总行普惠型特色网点业务推动会在石家庄召开。

◀ 2014 年 10 月 12 日，交通银行股份有限公司河北省分行举办第四届职工运动会。

▶ 2014 年 11 月 26 日，河北省省长张庆伟到交通银行股份有限公司河北省分行营业部视察。

中信银行股份有限公司石家庄分行 ▸

ZHONGXINYINHANGGUFENYOUXIANGONGSISHIJIAZHUANGFENHANG

▶ 2014 年 1 月 4 日，中信银行股份有限公司石家庄分行召开 2014 年“开门红”动员大会。

◀ 2014 年 4 月 28 日，中信银行股份有限公司石家庄分行与君乐宝乳业有限公司签署战略合作协议。

▶ 2014 年 10 月 27 日，中信银行股份有限公司石家庄分行谢宏儒到廊坊三河汇福粮油集团走访调研。

◀ 2014 年 10 月 31 日，中信银行股份有限公司行长李庆萍走访保定白沟国际商贸城。

华夏银行股份有限公司石家庄分行

HUAXIAYINHANGGUFENYOUXIANGONGSISHIJIAZHUANGFENHANG

◄ 2014 年 2 月 10 日，华夏银行股份有限公司石家庄分行召开 2014 年工作会议暨纪检监察工作会议。

► 2014 年 4 月 16 日，华夏银行股份有限公司邯郸分行正式开业。

▲ 2014 年 8 月 9 日，华夏银行股份有限公司石家庄分行团委组织举办“团旗下，共青春”青年拓展活动。

◀ 2014 年 2 月，中国民生银行股份有限公司石家庄分行工会被河北省金融工会联合会授予“2013 年度河北省金融系统工会工作先进单位荣誉称号”。

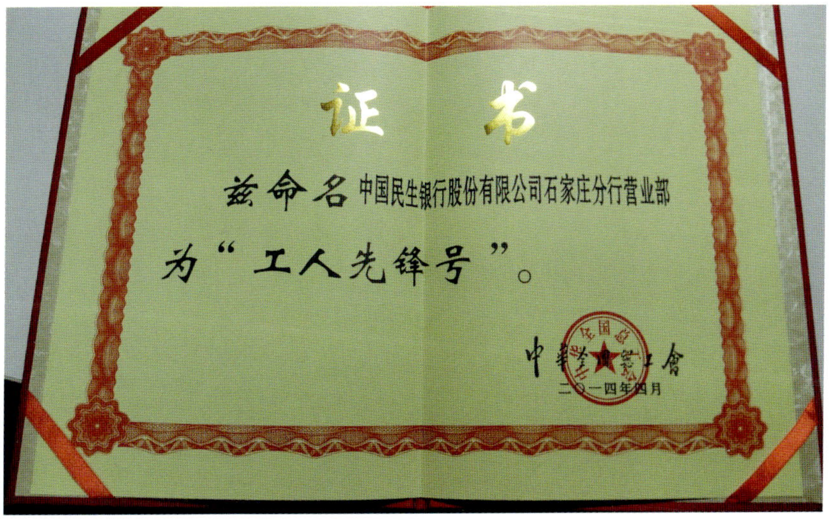

► 2014 年 4 月，中国民生银行股份有限公司石家庄分行营业部荣获中华全国总工会“工人先锋号”荣誉称号。

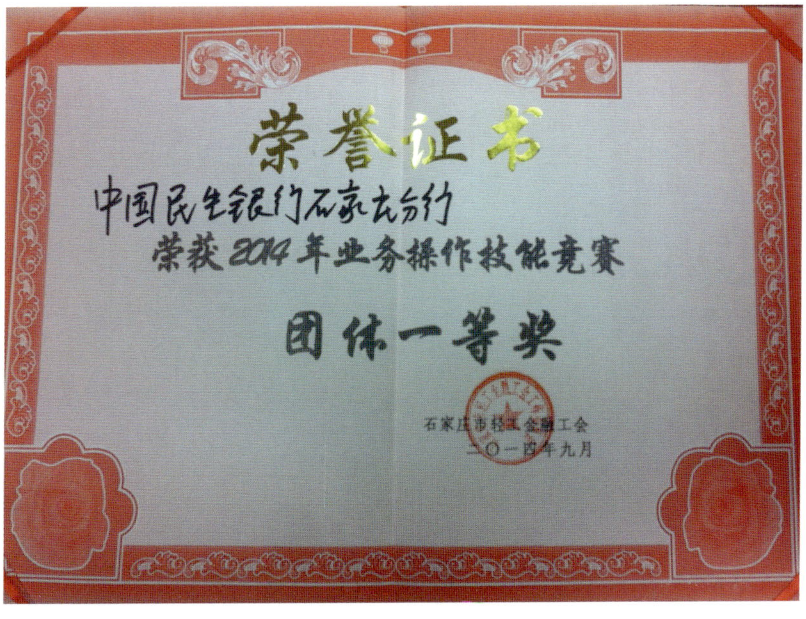

◀ 2014 年 9 月，中国民生银行股份有限公司石家庄分行在石家庄市轻工金融工会举办的 2014 年业务操作技能竞赛中荣获团体一等奖。

▲ 2014 年 1 月 4 日，中国光大银行股份有限公司石家庄分行高名安一行赴定点扶贫村——保定市易马兰台村扶贫慰问。（左五为中国光大银行石家庄分行原行长高名安）

▲ 2014 年 3 月 5 日，中国光大银行股份有限公司石家庄分行与石家庄市人民政府签订银企对接战略合作框架协议。

◀ 2014 年 3 月 20 日，中国光大银行股份有限公司石家庄分行接受新华社、《经济日报》、《21 世纪经济报道》、《中国日报》等媒体记者团调研采访。

▶ 2014 年 5 月 10 日，中国光大银行股份有限公司石家庄分行联合光大永明人寿河北省分公司共同承办了第二届河北省“光大银行保险杯”篮球友谊联赛。

◀ 中国光大银行股份有限公司石家庄分行组织部分干部员工前往鹿泉监狱开展警示教育活动。

上海浦东发展银行股份有限公司石家庄分行 ▶

SHANGHAIPUDONGFAZHANYINHANGGUFENYOUXIANGONGSISHIJIAZHUANGFENHANG

◀ 上海浦东发展银行股份有限公司石家庄分行举办第七次志愿者活动日爱心捐赠活动。

▶ 上海浦东发展银行股份有限公司石家庄分行组织开展“金融知识进万家”宣传月活动。

▶ 上海浦东发展银行股份有限公司石家庄分行举行“迎行庆义务献血　献爱心助力生命”大型义务献血活动。

兴业银行股份有限公司石家庄分行

XINGYEYINHANGGUFENYOUXIANGONGSISHIJIAZHUANGFENHANG

◀ 2014 年 3 月 29 日，兴业银行股份有限公司石家庄分行举办了"绿色节能徒步行，植树造林为环境"的绿色环保活动。

▲ 2014 年 5 月 17 日，兴业银行股份有限公司石家庄分行组织全体党员赴西柏坡，开展"重走革命圣地、重温入党誓词"党的群众路线教育实践活动。

▶ 2014 年 12 月 21 日，兴业银行股份有限公司石家庄分行举办第一届"兴业好声音"决赛。

招商银行股份有限公司石家庄分行

ZHAOSHANGYINHANGGUFENYOUXIANGONGSISHIJIAZHUANGFENHANG

▲ 2014 年 3 月 8 日，招商银行股份有限公司石家庄分行开展“来自美丽的你”服务文化活动。

▲ 2014 年 4 月 19 日，招商银行股份有限公司石家庄分行参加第八届金融理财文化推广节。

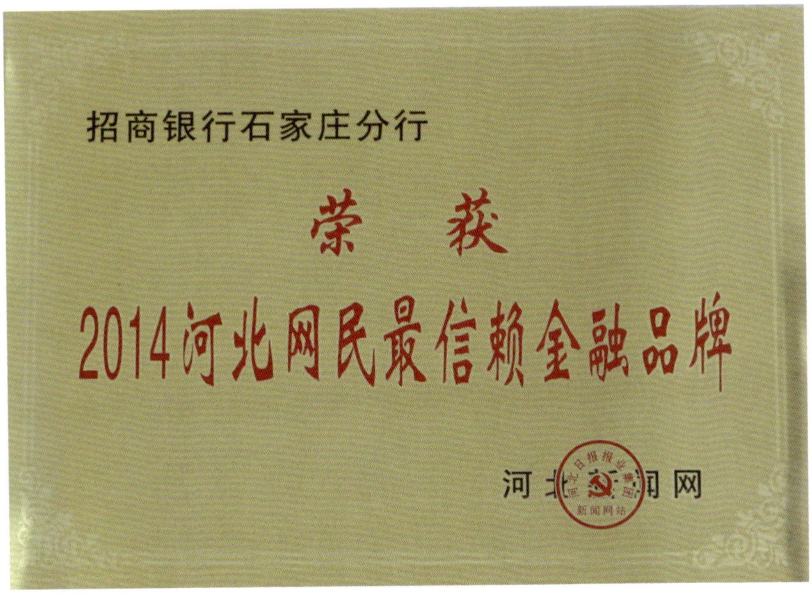

◀ 2014 年 5 月 5 日，招商银行股份有限公司石家庄分行荣获“2014 河北网民最信赖金融品牌”。

▶ 2014 年 6 月 8 日，招商银行股份有限公司石家庄分行举办第四届“金葵花”杯全国少儿钢琴大赛。

▶ 2014 年 6 月 20 日，招商银行股份有限公司石家庄分行参加“净化货币流通 亮丽国家名片”联合集中宣传活动。

东亚银行（中国）有限公司石家庄分行

DONGYAYINHANG(ZHONGGUO)YOUXIANGONGSISHIJIAZHUANGFENHANG

◀ 2014 年 2 月 13 日，东亚银行（中国）有限公司石家庄分行召开 2014 年年会。

▶ 2014 年 3 月 27 日，东亚银行（中国）有限公司石家庄分行举办“新年送好书，马上有欢乐”爱心捐赠活动。

◀ 2014 年 4 月 12 日，东亚银行（中国）有限公司石家庄分行组织开展“全家一起来植树，保护环境减雾霾”植树节公益活动。

▲ 2014 年 2 月 22 日，中国邮政储蓄银行股份有限公司河北省分行成功上线邮政储蓄系统逻辑集中工程。

▲ 2014 年 5 月 25 日，中国邮政储蓄银行股份有限公司河北省分行在石家庄市举办“燕赵邮储好声音”职工歌唱比赛。

中国邮政储蓄银行股份有限公司河北省分行

ZHONGGUOYOUZHENGCHUXUYINHANGGUFENYOUXIANGONGSIHEBEISHENGFENHANG

◀ 2014 年 8 月 21 日，中国邮政储蓄银行股份有限公司河北省分行“自邮运动”主题信用卡揭卡仪式在廊坊举行。

▶ 2014 年 10 月 24 日，中国邮政储蓄银行股份有限公司“邮储银行杯”2014 年青年涉农产业创业创富大赛河北地区决赛在石家庄举行。

◀ 2014 年 12 月 17 日，中共河北省委农村工作部与中国邮政储蓄银行股份有限公司河北省分行签订战略合作协议。

渤海银行股份有限公司石家庄分行 ▸

BOHAIYINHANGGUFENYOUXIANGONGSISHIJIAZHUANGFENHANG

◀ 2014 年 10 月 30 日，渤海银行股份有限公司石家庄分行捐助贫困小学，履行社会责任。

▶ 2014 年 11 月 29 日，渤海银行股份有限公司石家庄分行举行开业两周年客户答谢活动。

◀ 2014 年 12 月 5 日，渤海银行股份有限公司唐山支行升格为唐山分行，图为石家庄分行行长范志贵（左）和唐山分行行长李建生（右）共同揭牌。

▶ 2014 年 12 月 12 日，渤海银行股份有限公司石家庄万达广场小微支行开业。

河北省农村信用社联合社

HEBEISHENGNONGCUNXINYONGSHELIANHESHE

◀ 2014 年 1 月 9 日，河北省农村信用社联合社、石家庄农村信用社联合社深入基层社区开展文化科技卫生“三下乡”惠民服务活动。

▲ 2014 年 9 月 1 日，河北省农村信用社联合社在全省重点建设项目银企对接会上做典型发言。

▶ 2014 年 8 月 13 日，河北省农村信用社联合社召开河北省农村信用社（农商行、农合行）总资产突破一万亿元大关新闻发布会。

◀ 河北省农村信用社联合社“农贷宝”小额贷款业务帮助农民脱贫致富。

▶ 河北省农村信用社联合社组织举办农信社文明服务标准化培训。

◀ 2014 年 7 月，河北省农村信用社联合社荣获河北省人民政府授予的“2013 年度金融贡献奖”荣誉称号。

河北银行股份有限公司
HEBEIYINHANGGUFENYOUXIANGONGSI

▲ 2014 年 4 月 23 日，河北银行股份有限公司组织开展“重走老一辈革命家进京‘赶考’路”教育活动。

▲ 2014 年 11 月 25 日，河北银行股份有限公司召开人才队伍建设工作会议。

► 2014 年 11 月 26 日，河北银行股份有限公司实现河北省 11 个设区市机构全覆盖。

▲ 2014年6月12日，中国人民银行石家庄中心支行副行长王彦青（左二）一行赴承德银行股份有限公司就金融支农、支小工作情况进行调研，承德银行股份有限公司董事长王振廷（左四）、行长张磊（左一）陪同调研。

▲ 2014年8月19日，承德银行股份有限公司在"中国中小银行发展高峰论坛暨第三届最佳中小银行评选颁奖典礼"上荣获"最佳零售业务奖"。

承德银行股份有限公司 ▸

CHENGDEYINHANGGUFENYOUXIANGONGSI

◀　2014 年 9 月 13 日，在“2014 中国商业银行竞争力评价报告”发布会颁奖典礼上，承德银行股份有限公司荣列全国城市商业银行（500 亿元以下）综合竞争力排名第二位，并被评为“最佳进步城市商业银行”。

▶　2014 年 9 月 19 日，承德银行股份有限公司举办“承德市科技局与承德银行合作签约仪式暨承德市科技型企业与承德银行投融资洽谈会”。图为承德市科技局局长徐佩文（左）、承德银行董事长王振廷（右）共同为承德市科技型企业服务特色支行揭牌。

◀　2014 年 10 月 16 日，承德银行股份有限公司举办“承德思八达、承德市企业家联合商会与承德银行战略合作暨授信签约仪式”。

◀ 2014 年 2 月 14 日，张家口市商业银行股份有限公司召开党的群众路线教育实践活动动员大会。

◀ 2014 年 4 月 18 日，张家口市委书记邢国辉（左一）到张家口市商业银行股份有限公司调研指导工作。

▶ 2014 年 10 月 30 日，张家口市市长侯亮（左一）到张家口市商业银行股份有限公司石家庄分行社区支行调研指导工作。

▲ 2014 年 3 月 25 日，中国银行业监督管理委员会河北监管局副局长陈炳华（左三）一行到秦皇岛银行股份有限公司调研工作。

▲ 2014 年 3 月 25 日，秦皇岛银行股份有限公司董事长俞德仁（右四）陪同中国银行业监督管理委员会河北监管局副局长陈炳华（右三）一行到秦皇岛瑞通驿龙汽车销售服务有限公司参观调研。

唐山银行股份有限公司 ▸

TANGSHANYINHANGGUFENYOUXIANGONGSI

◀ 2014 年 4 月 2 日，唐山银行股份有限公司开展金融服务进社区活动。

► 2014 年 4 月 16 日，唐山银行股份有限公司组织全行纪检委员到沙石峪纪念馆参观学习。

◀ 2014 年 5 月 17 日，唐山银行股份有限公司开展春节职工趣味运动会。图为盲人点钞项目。

廊坊银行股份有限公司

LANGFANGYINHANGGUFENYOUXIANGONGSI

◄ 2014 年 10 月 2 日，廊坊银行股份有限公司员工在石家庄市区开展打击非法集资宣传活动。

► 2014 年 10 月 24 日，河北省金融票据协会秘书长杜文忠为河北省小额票据贴现管理中心廊坊市分中心授牌，廊坊银行股份有限公司行长邵丽萍接牌。

◄ 2014 年 12 月 9 日，廊坊市政府及有关金融部门领导为廊坊银行股份有限公司发展研究中心揭牌。

► 廊坊银行股份有限公司开发区支行荣获全国“千佳示范单位”荣誉称号。

▲ 2014 年 7 月 26 日，保定银行股份有限公司员工在人民广场做业务宣传。

沧州银行股份有限公司

CANGZHOUYINHANGGUFENYOUXIANGONGSI

▶ 2014 年 1 月 15 日，沧州银行股份有限公司召开 2014 年度领导干部集中学习班，中层以上领导参加了会议。

◀ 2014 年 2 月 20 日，沧州银行股份有限公司召开党的群众路线教育实践活动动员大会。

▶ 2014 年 3 月 28 日，沧州银行股份有限公司董事长刘泽平（左二）到黄骅支行检查、督导党的群众路线教育实践活动落实情况，并到黄骅华城房地产开发有限公司调研。

▲ 2014 年 3 月 3 日，衡水银行股份有限公司召开工作会议。

▲ 2014 年 3 月 22 日，衡水银行股份有限公司新区支行组织员工开展以“绿色环保，倡文明新风”为主题的春季环湖行活动。

渤海国际信托有限公司 ▸

BOHAIGUOJIXINTUOYOUXIANGONGSI

◀ 2014 年 3 月 15 日至 16 日，渤海国际信托有限公司主办“2014 信托业发展研讨会”。

▲ 2014 年 4 月 11 日，渤海国际信托有限公司冠名举办“渤海信托之夜”《天鹅湖》芭蕾舞专场演出。

▲ 2014 年 5 月 18 日至 21 日，渤海国际信托有限公司参加 2014 廊坊国际经贸洽谈会。

▲ 2014 年 7 月 11 日，渤海国际信托有限公司在 2014 中国信托业峰会暨第七届中国优秀信托公司颁奖典礼上获得“中国最具成长性信托公司”奖。

▲ 2014 年 8 月 22 日，渤海国际信托有限公司在 2014 年中国资产管理年会上荣膺“2014 年最佳综合服务信托公司”奖

河北省金融租赁有限公司

HEBEISHENGJINRONGZULINYOUXIANGONGSI

◀ 2014 年 12 月，河北省金融租赁有限公司董事长徐敏俊在北京与永安信（北京）投资控股有限公司董事局主席乔志杰进行了战略合作洽谈。

▶ 2014 年 2 月，河北省金融租赁有限公司董事长徐敏俊及主要经营层领导与到访的中合中小企业融资担保股份有限公司总经理周纪安一行进行了战略合作洽谈。

◀ 2014 年 8 月，河北省金融租赁有限公司举办“加强团队凝聚力与团队协作能力”全员培训。

▶ 2014 年 10 月，河北省金融租赁有限公司与世界银行集团成员机构——国际金融公司（IFC）在石家庄举行了合作洽谈会。

中国信达资产管理股份有限公司河北省分公司 ▸

ZHONGGUOXINDAZICHANGUANLIGUFENYOUXIANGONGSIHEBEISHENGFENGONGSI

◀　2014 年 2 月 18 日，中国信达资产管理股份有限公司河北省分公司召开党的群众路线教育实践活动总结会议。总经理杜宝峰作活动总结报告。

▶　2014 年 5 月 28 日，中国信达资产管理股份有限公司河北省分公司总经理杜宝峰陪同公司副总裁许志超（左二）一行赴股权企业——唐山三友集团有限公司进行调研。

◀　2014 年 6 月 28 日，中国信达资产管理股份有限公司河北省分公司组织全体员工到全国爱国主义教育示范基地八路军 129 师司令部旧址进行爱国主义教育，新党员入党宣誓。

▶　2014 年 9 月 13 日，中国信达资产管理股份有限公司河北省分公司召开“忆往昔硕果累累、展未来信心百倍”主题座谈会，纪念分公司成立十五周年。

中国东方资产管理公司石家庄办事处

ZHONGGUODONGFANGZICHANGUANLIGONGSISHIJIAZHUANGBANSHICHU

► 2014 年 4 月 1 日，中国东方资产管理公司总裁张子艾、石家庄办事处副总经理王毅一行赴保定考察。

◄ 2014 年 12 月 4 日，中国东方资产管理公司副总裁黄家全、石家庄办事处副总经理王毅一行到唐山企业调研。

► 2014 年 9 月 1 日，中国东方资产管理公司石家庄办事处参加河北省重点项目银企对接会，与有融资需求的企业进行现场对接。

财达证券有限责任公司▶

CAIDAZHENGQUANYOUXIANZERENGONGSI

◀ 2014 年 4 月，财达证券有限责任公司开展春季拓展训练。

▶ 2014 年 7 月 8 日，由财达证券有限责任公司作为主办券商推荐的“河北古城香业集团股份有限公司”在全国中小企业转让系统正式挂牌。

▲ 2014 年 11 月 12 日，中国证监会主席肖钢莅临财达证券有限责任公司调研指导工作。

▲ 2014 年 12 月 23 日，财达证券有限责任公司举办新闻媒体恳谈会。

河北恒银期货经纪有限公司

HEBEIHENGYINQIHUOJINGJIYOUXIANGONGSI

◀ 2014 年 4 月 19 日，河北恒银期货经纪有限公司参加第八届金融理财文化推广节。

▶ 2014 年 9 月 3 日，河北恒银期货经纪有限公司组织开办河北饲料产业研修班。

◀ 2014 年 10 月 29 日，河北恒银期货经纪有限公司组织志愿者服务队进社区义务开展金融知识宣传咨询服务。

▶ 2014 年 11 月 8 日，河北恒银期货经纪有限公司举办程序化交流推广会。

华泰财产保险有限公司河北省分公司

HUATAICAICHANBAOXIANYOUXIANGONGSIHEBEISHENGFENGONGSI

▶　2014 年 3 月 4 日，河北省首家华泰财产保险有限公司 EA 门店开业。

◀　2014 年 3 月 15 日，华泰财产保险有限公司河北省分公司开展宣传咨询活动。

▶　2014 年 5 月 29 日，华泰财产保险有限公司河北省分公司总经理常青一行慰问华泰希望小学师生并赠送节日礼物。

中国大地财产保险股份有限公司河北分公司▶

ZHONGGUODADICAICHANBAOXIANGUFENYOUXIANGONGSIHEBEIFENGONGSI

◀ 2014 年 2 月 24 日，中国大地财产保险股份有限公司河北分公司召开2014年工作会议。

▶ 2014 年 9 月 20 日，中国大地财产保险股份有限公司河北分公司组织员工登顶泰山。

◀ 2014 年 12 月 26 日，中国大地财产保险股份有限公司河北分公司举行成立 10 周年庆典活动。

▶ 2014 年 12 月 26 日，中国大地财产保险股份有限公司河北分公司举办 2015 年工作启动会。

安邦财产保险股份有限公司河北分公司 ▸

ANBANGCAICHANBAOXIANGUFENYOUXIANGONGSIHEBEIFENGONGSI

◀ 2014 年 7 月 8 日，安邦财产保险股份有限公司河北分公司走进社区宣传保险知识。

▶ 2014 年 8 月 2 日，安邦财产保险股份有限公司河北分公司召开全省年中工作总结会议。图为分公司总经理助理周争光做业务分析。

▶ 2014 年 11 月 18 日，安邦财产保险股份有限公司河北分公司走进社区宣传"新国十条"知识。

安盛天平财产保险股份有限公司河北分公司

ANSHENGTIANPINGCAICHANBAOXIANGUFENYOUXIANGONGSIHEBEIFENGONGSI

◀　2014 年 1 月 12 日、13 日，安盛天平财产保险股份有限公司组织的北区理赔经理人培训在河北分公司召开，来自北京、天津、河北、大连、青岛分公司的 35 名理赔精英参加学习。

▶　2014 年 3 月 31 日，安盛天平财产保险股份有限公司河北分公司举行揭牌仪式。

◀　2014 年 8 月 1 日，安盛天平财产保险股份有限公司河北分公司在保定市召开 2014 年年中工作会议，总公司夏立武等领导莅临会议。

▶　2014 年 8 月，安盛天平财产保险股份有限公司河北分公司 9 家中心支公司开展双休日“走进社区”活动，并为客户提供车辆消毒等增值服务。

信达财产保险股份有限公司河北分公司

XINDACAICHANBAOXIANGUFENYOUXIANGONGSIHEBEIFENGONGSI

◀ 2014 年 4 月 18 日，信达资产集团公司党委委员、副总裁、纪委书记肖林一行莅临信达财产保险股份有限公司河北分公司调研指导工作。

▶ 2014 年 5 月 16 日，信达财产保险股份有限公司河北分公司组织开展“火红夏季”劳动竞赛活动。

◀ 2014 年 12 月 2 日，信达财产保险股份有限公司河北分公司参与全国交通安全日活动。

▶ 2014 年 12 月 20 日，信达财产保险股份有限公司河北分公司召开会议，部署 2015 年工作。

泰山财产保险股份有限公司河北分公司

TAISHANCAICHANBAOXIANGUFENYOUXIANGONGSIHEBEIFENGONGSI

◀ 2014 年 2 月 13 日，泰山财产保险股份有限公司河北分公司召开 2014 年工作部署会议，表彰先进单位和先进个人。

▲ 2014 年 3 月 15 日，泰山财产保险股份有限公司河北分公司开展业务宣传活动。

▲ 2014 年 3 月 30 日，泰山财产保险股份有限公司董事长、党委书记郭永利赴泰山财产保险股份有限公司河北分公司调研。

▶ 2014 年 7 月 22 日，泰山财产保险股份有限公司河北分公司举办“我能为销售做什么”主题演讲比赛预演。

中国人寿保险股份有限公司河北省分公司 ▸

ZHONGGUORENSHOUBAOXIANGUFENYOUXIANGONGSIHEBEISHENGFENGONGSI

▲ 2014 年 6 月 16 日，中国人寿保险股份有限公司河北省分公司举办第八届"国寿客户节"。

◂ 2014 年 7 月 4 日，中国人寿保险股份有限公司河北省分公司青年志愿者赴赞皇县北马小学开展公益捐赠活动。

▸ 2014 年 12 月 14 日，中国人寿保险股份有限公司总裁林岱仁（正中）莅临河北省分公司，宣布刘起彦（右三）担任河北省分公司主要负责人。

▲ 2014年2月28日，合众人寿保险股份有限公司河北分公司召开“正确处理客户咨诉 提升服务质量”专题讲座。

▲ 2014年7月16日至23日，合众人寿保险股份有限公司河北分公司举办新入职员工培训班。

▲ 2014年8月23日，合众人寿保险股份有限公司河北分公司公益俱乐部联合河北青年报共同举办大型户外自驾活动——爸爸妈妈我们一起玩。

▲ 2014年10月21日，合众人寿保险股份有限公司河北分公司在保定召开2014年3季度群英会。

◀ 2014年11月26日，合众公益俱乐部走进衡水安平彪冢小学。

农银人寿保险股份有限公司河北分公司

NONGYINRENSHOUBAOXIANGUFENYOUXIANGONGSIHEBEIFENGONGSI

▲ 2014 年 3 月 25 日，农银人寿保险股份有限公司河北分公司晋州服务部及时理赔获客户赠送锦旗。

▲ 2014 年 7 月 5 日，农银人寿保险股份有限公司河北分公司召开半年经营管理工作会议。

◀ 2014 年 7 月 28 日，农银人寿保险股份有限公司河北分公司开展“七一”党群红色教育活动。

▲ 2014 年 [illegible] 月 10 日，农银人寿保险股份有限公司河北分公司召开第一届客户服务节。

▲ 2014 年 11 月 10 日，农银人寿保险股份有限公司河北分公司召开第一届骨干员工教育培训班。

▲ 2014年2月26日，中英人寿保险有限公司总裁俞宁拜会中国保险监督管理委员会河北监管局局长赵庆晗，分析河北经济形势及保险业发展情况。

▲ 2014年4月19日，中英人寿保险有限公司河北分公司组织客户参与由石家庄市广播电视台、石家庄市旅游局联合举办的“石家庄首届万人登山大赛”。

◀ 2014年8月2日，中英人寿保险有限公司2014年度“中英教育节”在河北唐山拉开全国活动的帷幕。

▲ 2014年8月30日，以“幸福同行 关爱五载”为主题的2014年度中英人寿“星星点灯 关爱留守儿童公益计划”河北站活动在石家庄顺利举行。

幸福人寿保险股份有限公司河北分公司

XINGFURENSHOUBAOXIANGUFENYOUXIANGONGSIHEBEIFENGONGSI

◀ 2014 年 5 月 17 日，幸福人寿保险股份有限公司河北分公司践行“至善至诚　传递幸福”企业精神，组织开展“进农村、干农活、传幸福”下乡支农活动。

▶ 2014 年 6 月 30 日，幸福人寿保险股份有限公司河北分公司组织全体党员、入党积极分子赴革命圣地西柏坡开展“弘扬柏坡精神、践行群众路线”暨新党员入党宣誓、老党员重温入党誓词活动。

◀ 2014 年 7 月 8 日，幸福人寿保险股份有限公司河北分公司组织开展保险宣传日系列活动。

▶ 2014 年 8 月 8 日至 9 日，幸福人寿保险股份有限公司河北分公司组织召开 2014 年年中工作会议。

平安养老保险股份有限公司河北分公司

PINGANYANGLAOBAOXIANGUFENYOUXIANGONGSIHEBEIFENGONGSI

▶ 2014年7月26日，平安养老保险股份有限公司河北分公司召开年中工作会议。

▲ 2014年8月29日，平安养老保险股份有限公司河北分公司举办平安大学职场实用写作综合金融培训班。

◀ 2014年12月21日，平安养老保险股份有限公司河北分公司召开年终工作会议，举办平安养老新战略启动仪式。

安邦人寿保险股份有限公司河北分公司▶

ANBANGRENSHOUBAOXIANGUFENYOUXIANGONGSIHEBEIFENGONGSI

▶ 安邦人寿保险股份有限公司河北分公司举办第三届客服节活动。

◀ 安邦人寿保险股份有限公司河北分公司连续三年荣获河北省保险行业协会统计工作先进单位。

▶ 安邦人寿保险股份有限公司河北分公司举办 2014 年度总结会。

目　　录

第一部分　经济金融综述

第二部分　金融机构概览

金融管理机构

银行业机构

社团组织与行业自律组织

第三部分　学术调研

第四部分　金融规章选编

第五部分　大事记

第六部分　经济金融统计资料

河北省国民经济统计

河北省金融汇总统计

金融管理机构统计

银行业机构统计

非银行业机构统计

证券期货业统计

河北省保险业统计

其他统计

第七部分　金融机构名录

CONTENTS

Part Ⅰ General Survey of Financial Developments

Part Ⅱ General Survey of Financial Institutions

Financial Management Institutions

Banking Companies

Non-Banking Financial Institutions

Securities & Futures Companies

Insurance Companies

Social Organization & Self-discipline Organizations

Part Ⅲ Academic Research

Part Ⅳ Selections of Financial Laws and Regulations

Part V Chronicle of Hebei's Finance and Banking

Part VI Statistical Data of Economy and Finance

National Economic Statistics

Consolidated Statistics on Finance

Statistics on Financial Management Institutions

Statistics on Banking Financial Institutions

Statistics on Non-Banking Financial Institutions

Statistics on Securities & Futures Industry

Statistics on Insurance Industry

Other Statistics

Part Ⅶ Name List of Financial Institutions

第一部分

经济金融综述

河北省经济金融综述

2014年，河北省适应经济发展新常态，坚持稳中求进、改革创新，贯彻落实稳健的货币政策，加大金融对实体经济的支持力度，保持信贷和社会融资规模合理增长，引导全省金融机构优化信贷结构，创新金融服务，维护金融稳定，为全省经济提质增效升级发展营造了良好的金融环境。

【经济运行】面对严峻复杂的经济环境，以建设“三个河北”为目标，打好四大攻坚战，推进改革、调整、巩固、提升四大任务，着力稳增长、调结构、促改革、治污染、惠民生，全省经济在新常态下爬坡过坎、换挡提效、凝聚动力，全年经济运行缓中趋稳、质量效益稳步提高、人民生活持续改善。全省生产总值实现29421.20亿元，比上年增长6.50%。其中，一季度全省生产总值增长4.20%，上半年增长5.80%，前三季度增长6.20%，呈现低位开局、逐季回升态势。分产业看，第一产业增加值3447.50亿元，增长3.70%，同比提高0.40个百分点；第二产业增加值15020.20亿元，增长5%，回落4个百分点；第三产业增加值10953.50亿元，增长9.70%，提高1.30个百分点。

一、投资消费需求稳定增长，外贸出口逆势上扬。

（一）投资保持稳步增长。固定资产投资完成26147.20亿元，同比增长15.50%。大项目投资是拉动投资增长的主要动力。亿元以上在建项目6398个，增加490个，增长8.30%；完成投资16241.80亿元，增长21.20%。其中，亿元以上新开工项目3178个，增加646个，增长25.50%；完成投资7522.40亿元，增长39.10%。

（二）消费品市场平稳增长。社会消费品零售额11690.10亿元，同比增长12.40%。乡村市场好于城镇，城镇市场实现零售额9123.60亿元，增长12.20%；乡村零售额2566.50亿元，增长13.10%，快于城镇市场0.90个百分点。大类商品销售平稳增长。在统计的25个大类商品中，有10个大类的商品累计增速在10%以上，其中，粮油食品饮料烟酒类增长12.50%，化妆品类增长10.40%，日用品类增长13.70%，五金、电料类增长12.50%，书报杂志类增长38.40%。

（三）外贸出口较快增长，顺差扩大。外贸进出口完成598.80亿美元，同比增长9.10%，增速较上年提高0.60个百分点。其中，出口357.10亿美元，增长15.40%，增速较上年提高10.80个百分点；进口241.70亿美元，增长0.90%，增速较上年下降13.20个百分点。贸易顺差115.40亿美元，增长63.90%。全省外贸出口较快增长主要依靠钢材出口拉动，全年钢材出口98.20亿美元，增长66.9%，出口净增47.50亿美元，对全省出口增长贡献82.80%。对东盟出口增长强劲，出口占比超过欧盟，首次成为全省第一大出口市场。

实际利用外资保持增长，对外投资下降。全省实际利用外资70.10亿美元，增长5.10%。其中，外商直接投资63.70亿美元，下降1.20%。第三产业外商直接投资较快增长，完成投资15.40亿美元，增长22.70%；占全省外商直接投资为24.20%，较上年提高4.70个百分点。新签合同外资额49.70亿美元，增长35%。全省对境外直接投资资金流出5.30亿美元，下降35.60%。其中：对亚洲的直接投资流出2.30亿美元，下降59.70%；对欧洲的直接投资流出0.90亿美元，下降48.90%。虽然对美洲、非洲、大洋洲及太平洋岛屿的直接投资略有增长，但规模较小，不能改变对外直接投资总体下降的趋势。

二、三大产业平稳发展，产业结构优化。

（一）农业经济总体平稳。农林牧渔业增加值完成3576.50亿元，比上年增长3.80%，增速同比加快0.30个百分点。加大农业政策、科技、防灾减灾扶持力度，粮食生产保持平稳。粮食作物播种面积6332千公顷，同比增长0.30%；粮食总产量3360.20万吨，与上年基本持平。蔬菜产业呈现面积扩大、结构优化、质量改善和效益提升的良好态势。蔬菜播种面积123.70万公顷，增长1.40%；蔬菜总产量8125.70万吨，增长2.80%。畜牧、蔬菜、果品三大优势产业产值4188.30亿元，占农林牧渔业总产值的69.90%。

（二）工业生产平稳增长。规模以上工业增加值完成11758.30亿元，同比增长5.10%，比全国平均水平低3.20个百分点。从月度累计增速看，上半年增速均在5%以下，下半年均保持在5%以上。分经济类型看，股份制企业发展较快，完成增加值9394.90亿元，增长5.80%，高于全省增速0.70个百分点；国有企业完成增加值416.60亿元，增长2.90%，低于全省增速2.20个百分点；集体企业完成增加值113.60亿元，增长0.40%，低于全省增速4.70个百分点。从出口看，工业品出口增速回升，完成出口交货值1782.60亿元，增长10.90%。12月当月，全省规模以上工业增加值1055.50亿元，同比增长6%，比11月份回升2.10个百分点。

（三）服务业加快发展。全年服务业完成增加值10953.50亿元，比上年增长9.70%，同比提高了1.30个百分点。占GDP的比重为37%，比上年提升了1.50个百分点。其中交通运输、仓储和邮政业、批发和零售业和住宿和餐饮业分别比上年提高了3、1.40和7.10个百分点。而金融业和房地产业增速下滑，分别比上年降低了2.30和1.20个百分点。

三、居民消费价格涨幅平稳，工业生产者价格降幅扩大。物价涨幅平稳。居民消费价格同比上涨1.70%，涨幅比前三季度回落0.20个百分点。其中，食品类价格上涨2.30%，涨幅回落0.30个百分点。工业生产者出厂价格同比下降4.80%，降幅比前三季度扩大0.70个百分点；工业生产者购进价格同比下降4.40%，降幅扩大0.80个百分点。

四、财政收入增长趋缓，重点支出保障有力。全省全部财政收入完成3764.60亿元，同比增长3.40%，增速回落1.30个百分点。其中，公共预算收入完成2446.60亿元，同比增长6.60%，增速回落3.40个百分点，财政收入增幅从高速增长步入中低速增长。从结构上看，税收收入完成1865.10亿元，同比增长8.10%；非税收入完成581.50亿元，同比增长1.90%。税收收入增速超非税收入增速6.20个百分点，体现出全省财政收入结构进一步优化。从税收占比看，全省税收收入占公共财政预算收入的比重由上年的75.10%提高到本年的76.20%，提高了1.10个百分点，反映出全省财政收入质量进一步提升。从产业税收结构看，第三产业税收占全部税收的比重由上年的45.60%提高到本年的47.40%，提高了1.80个百分点，反映出产业结构不断优化，税收产业结构更趋合理。

全省公共预算支出完成4638.10亿元，同比增长6.50%，比上年同期增加284.30亿元。全面落实各项民生政策，全省民生支出3678.90亿元，同比增长7.40%，高于公共预算支出增幅0.90个百分点，占公共预算支出比重达到79.30%，比上年提高1.50个百分点。

五、化解过剩产能取得突破，大气质量持续改善。大力推进“6643”工程，组织开展钢铁过剩产能压减“周日行动”、水泥过剩产能压减集中行动，全年压减炼铁产能1500万吨、炼钢1500万吨、水泥3918万吨、平板玻璃2533万重量箱，均超额完成国家下达任务。实施钢铁产业结构调整方案，石钢搬迁、唐山渤海钢铁重组搬迁、武安钢铁企业退城进园升级改造项目启动。

全省11个设区城市空气质量平均达标天数增加23天，重度以上污染天数减少14天。全面实施关停限产、扬尘管控、机动车限行、秸秆禁烧等综合措施。全省单位生产总值能耗下降6.50%，提前一年完成“十二五”节能目标。规模以上工业能耗2亿吨标准煤，同比下降4.10%，比2013年全年下降5.20个百分点。单位工业增加值能耗同比下降8.70%，超过年度下降6%的目标。规模以上工业煤炭消费量2.60亿吨，比2012年削减2241万吨。PM2.5、PM10、二氧化硫、一氧化碳、二氧化氮、臭氧平均浓度分别下降12%、13.20%、25.70%、16.70%、5.90%和13.70%，超额完成国家下达任务。

六、房地产市场总体发展平稳。

（一）房地产市场投资稳步增长。全年完成房地产开发投资4059.72亿元，同比增长17.80%，高于全国房地产开发投资增速7.30个百分点。商品住宅投资3010.35亿元，同比增长18.60%。从全省11个设区市情况看，廊坊、保定、邢台投资增速排在前列，分别为70.20%、36.40%、和31.10%。全省仅承德、张家口两个城市的投资为负增长。

（二）市场库存量有所增加。房屋施工面积增速有所回升，全省房屋施工面积3.20亿平方米，同比增长 5.60%。其中新开工面积为 8239 万平方米，增速 18.80%。供给市场有所回暖，竣工面积降幅收窄，房屋竣工面积为 4037.60 万平方米，同比下降 9%。全省商品住宅待售面积增速有所回落但仍处于高位，为 20423 万平方米，增速为 28.50%。沧州、邯郸、衡水三市待售面积增速较大，分别为 81%、78.70% 和 65.40%。

（三）商品房销售市场总体企稳。全省商品房销售面积 5706.20 万平方米，同比增速为 0.50%，销量与上年基本持平。房地产销售市场快速降温，增速由年初 20.30% 快速下降到 4 月份最低值 -10.4% 后呈现低速波动的状态，市场整体较为低迷。各类面积住房销售均有所下降，别墅类住宅销售下降最多，同比降低 35.70%。销售市场分化较为明显，其中 6 个城市为负增长，秦皇岛、唐山、张家口居前，增速分别为 -25.40%、-16%、-10.80%；保定住房销售实现较快增长，增速达到 49.10%。

（四）房地产贷款余额较快增长。截至年末，房地产贷款余额 5607.20 亿元，同比增速为 26.66%，高于全省贷款增速 11.50 个百分点。贷款新增 1180.40 亿元，比上年同期多增 192.90 亿元。从区域集中度看，廊坊、石家庄、唐山、保定 4 市的房地产贷款余额占全省的 57%。衡水、沧州、邢台等较不发达城市房地产贷款增速较快，分别达到 42%、33%、30%。金融支持保障性安居工程建设力度加大。全年支持保障安居工程项目 101 个，发放贷款 216.70 亿元，贷款余额 340.18 亿元，较年初增加 171 亿元，未出现不良贷款。

【金融运行】 金融业认真贯彻执行稳健的货币政策，坚持“总量稳定、结构优化”的取向，根据经济基本面的变化适时适度预调微调，优化信贷结构，降低社会融资成本，为经济结构调整与转型升级营造了适宜的货币金融环境。

一、银行业资产负债规模进一步扩大，组织体系进一步完善。截至年末，全省银行业金融机构资产总额 52816.07 亿元，较上年增加 5611.57 亿元，增长 11.90%。其中：国有商业银行资产总额 22845 亿元，增加 1363 亿元；政策性银行资产总额 3327 亿元，增加 514 亿元；股份制商业银行资产总额 5129 亿元，增加 357 亿元；地方法人银行业金融机构资产总额 17907 亿元，增加 3087 亿元。全省银行业金融机构负债总额 51112 亿元，较上年增加 5363 亿元，增长 11.70%。其中：国有商业银行负债总额 22527 亿元，增加 1373.70 亿元；政策性银行负债总额 3280 亿元，增加 511 亿元；股份制商业银行负债总额 5021 亿元，增加 338 亿元；地方法人银行业机构负债总额 16842 亿元，增加 2880 亿元。

全省银行业全面实现股份制银行设区市全覆盖、城商行县域全覆盖、银行业机构乡镇全覆盖、基础金融服务行政村全覆盖。股份制商业银行在河北省的网点布局大为改观，当年批筹二级分行 7 家，全面实现了股份制银行设区市全覆盖；新增设分支机构 99 家，其中县域支行 10 家；平安银行石家庄分行开业，广发银行石家庄分行正在筹建。城市商业银行设立分支机构 305 家，其中小微支行 65 家，社区支行 74 家，小微支行和社区支行占机构规划的 45.57%，实现了城商行县域全覆盖；北京银行石家庄分行开业。邮储银行改革有新进展，年内二类支行改革完成 6 家，累计完成 406 家，达到总进度的 77.93%。农村商业银行组建稳步推进，新型农村金融机构蓬勃兴起，农村金融服务体系逐步完善。全年开业农村商业银行 7 家，筹建 11 家，全省农村商业银行达 19 家；5 家农村信用社改组股份有限公司；全年开业村镇银行 17 家，筹建 15 家，全省村镇银行 66 家。非银行业金融机构增加新成员，河北港口财务有限公司开业。

二、存款增长放缓，稳定性增强。截至年末，全省金融机构人民币各项存款余额 43764 亿元，同比增长 10.80%，增速比 2012 和 2013 年末分别低 4.20 和 4.50 个百分点；较上年增加 4319.60 亿元，同比少增 861.50 亿元。其原因：一是股市回暖、互联网金融、理财产品，第三方支付公司等分流存款。二是钢铁生产及贸易类企业、房地产企业等受产能压减、景气下滑，房地产限售等影响，企业销售收入和利润下降，但是支付工资、还贷等资金需求不减，导致企业存款减少。三是部分企业自主投资意愿下降，涉足民间借贷和民间金融组织投资，分流了存款。但是存款季节性波动减弱，“冲时点”现象减少，规范同业业务和存款偏离度监管强化的效果有所显现。

从结构看，单位存款增加1581.20亿元，同比少增440亿元，增长11.40%，同比回落4.95个百分点。个人存款余额增加2390.70亿元，同比少增452.60亿元，增长10.10%，同比下降3.50个百分点。存款增量以定期存款为主，定期存款比年初增加2420.40亿元，占全部存款增加额的56%，同比少增417.40亿元；活期存款比年初增加375.10亿元，仅占全部存款增加额的8.70%，同比少增910.30亿元。

三、贷款稳中有升，结构趋于优化。截至年末，全省人民币各项贷款余额28052.30亿元，较上年增加3516.40亿元，同比多增484.60亿元，增长14.90%。贷款增量创近5年新高。其中，地方法人金融机构全年新增贷款1260.80亿元，同比多增178.30亿元，占全省新增贷款的35.60%，占比连续三年上升，成为贷款增长的重要推动力。

（一）贷款期限配合投资调整和结构优化向中长期倾斜。中长期贷款余额比上年增长17.70%，高于全部贷款增速；增量占全部贷款的比重为64.60%，比上年提高18.70个百分点。其中，固定资产贷款新增1024.80亿元，增加563.80亿元。

（二）信贷投入助力产业结构调整。第一、二、三产业贷款余额占比分别为2%、45%和53%。第一产业贷款增速15.70%，是三次产业贷款增速中最高的；第三产业贷款增速12.70%，高于第二产业贷款增速5.20个百分点；第三产业贷款余额占比高于GDP第三产业占比近20个百分点。实际投入高耗能行业的中长期贷款同比下降2.20%。

（三）环首都和沿海部分区域拉动力增强。衡水、保定、廊坊、沧州、承德贷款增速分别达到20.90%、19.40%、18.40%、17.70%、17%，明显高于全省平均水平。

（四）对薄弱环节的贷款支持力度进一步加强。截至年末，本外币涉农贷款、小微企业贷款余额分别达到1.20万亿元和0.70万亿元，占全部贷款的比重分别为41.90%和24.10%，增速分别高于全部贷款增速0.90个和4.80个百分点。

【金融市场】一、货币市场交投活跃，市场活跃程度逐步提升，其中：同业拆借市场共发生拆借交易508笔，累计拆借金额1122.80亿元，资金拆借主要以拆入为主，品迭后表现为净拆入920.90亿元；银行间债券市场累计交易6.70万亿元，同比增长26.40%，市场利率波动较大，总体呈先抑后扬走势。

二、商业汇票签发量增速放缓，票据贴现业务出现爆发式增长。全年累计签发商业汇票8941.90亿元，同比增加938.50亿元，增幅11.70%，累计办理票据贴现业务15997.20亿元，同比增加3013.30亿元，增幅23.20%。截至年末，全省票据贴现余额997.38亿元，较上年增加357.05亿元，增幅55.79%。票据贴现和转贴现利率总体下行。票据贴现和转贴现加权平均利率从1月至11月持续下行，12月份受资金市场紧张影响，环比有所上升，但仍保持同比下行态势。

三、努力发挥《借助银行间市场助推河北省经济发展合作备忘录》的积极作用，强化与河北省金融办、交易商协会三方合作机制，组织推动符合发债条件的企业与银行开展有针对性的对接活动，解决企业融资过程中的实际操作问题。全省企业注册发行59只非金融企业债务融资工具，募集资金规模达到511.80亿元，同比增加106.70%；占全部直接融资规模的54.90%，同比提升18.70个百分点。其中：短期融资券286.30亿元，同比增加198.20%；中期票据208亿元，同比增加324.50%，定向融资工具17.50亿元，同比减少82.70%。

【金融服务与创新】银行业金融机构改革成效显著。城市商业银行积极引进民间资本，大力完善法人治理，股权结构向多样化、分散化发展，地方国有资本占比逐步降低。河北银行获得开办信贷资产证券化资格，并于2014年10月24日成功发行河北省首支资产证券化产品。继廊坊银行、张家口市商业银行和沧州银行成功发行次级债券之后，河北银行于2014年12月3日在中国银行间市场成功发行了总规模20亿元的二级资本债券，进一步壮大该行资金实力，优化资本结构，为地方金融机构健康发展打下坚实基础。农村合作金融机构持续稳定推进全省农村信用社股份制改革，大力优化股权结构，适度提升法人股占比，吸收优质法人机构尤其是县级农业产业化龙头企业参股县级行社。截至年末，全省农信社法人股占比达到42.44%，股权结构的进一步优化为县级行社完善公司治理机制奠定了基础。

跨境人民币业务为全省涉外经济发展注入新活力。全省跨境人民币收支1068.90亿元，同比增长126.50%，占本外币全部跨境收支的21.60%，较上年底提高9.60个百分点，其中经常项下人民币跨境收支869.60亿元，资本项下人民币跨境收支199.30亿元。涉及货物贸易、服务贸易，直接投资、跨境融资、跨境担保等领域，境外放款、跨境双向资金池、境外代理行业务取得零的突破。办理跨境人民币业务的企业扩大至2623家，银行扩大至390家分支机构，境外有人民币实际收付的国家和地区发展到164个。跨境人民币业务快速发展，在帮助企业规避汇率风险、降低经营成本，拓宽融资渠道等方面发挥了重要作用。

社会信用体系建设继续推进。截至年末，全省人民银行企业和个人征信系统已收入39万户企业和2790.90万名自然人信用信息，向金融机构、政府部门及社会提供782万次信用报告查询服务。查询征信系统已经成为金融机构贷前审查的必经环节，有效防范了信贷欺诈。在全省推广农村信用体系试验区建设，确定13个试验区试点，其中沧州市肃宁县进入人民银行全国试验区试点名单，邢台市威县成为全省综合改革试点单位。以张家口、廊坊、唐山为试点的小微企业信用体系建设试验区取得明显成效。张家口小微企业通过试验区银企对接平台提出贷款申请390亿元，发放贷款292亿元，被小微企业誉为“足不出户”的信用“连心台”，廊坊、唐山分别带动小微企业贷款179亿元、166亿元，解决了小微企业信息不对称等问题，为小微企业赢得金融支持发挥了桥梁作用。信用信息征集工作稳步开展。截至年末，累计为5.70万户小微企业建立信用档案，其中9020户小微企业获得信贷支持，累计获得贷款4370亿元，贷款余额1653亿元。累计为1224万户农户建立信用档案，其中218万户农户获得信贷支持，累计获得贷款1828亿元，贷款余额672亿元。编制完成《河北省社会信用体系建设规划》（2014—2020），部署加快信用体系建设，构建诚实守信的经济社会环境。

加强金融消费环境建设。加强金融消费权益保护监督检查，规范金融机构业务行为，强化金融知识宣传教育，增强社会公众风险意识，抓好咨询投诉受理处理工作，切实保护金融消费者合法权益，2014年8月29日在全省开通“12363金融消费权益保护咨询投诉电话”，进一步畅通了金融消费者咨询投诉渠道，截至年末，共受理电话投诉103件、接受咨询1389件，办结率、满意率均为100%。

支付清算体系现代化水平稳步提高。全省法人银行机构及特许参与者均已完成第二代支付系统推广工作，并分批指导工商银行河北省分行等省内14家银行业金融机构将业务系统切换为第二代支付系统报文标准，顺利完成各银行的切换工作，基本实现“一点清算”。第二代支付系统推广工作的逐步完成对提高金融市场结算效率，推进商业银行业务创新，强化人民银行业务监管，优化系统灾备应急处置，促进全省经济金融社会持续健康发展发挥着积极作用。截至年末，支付系统参与者共计8359家，其中大额实时支付系统全年共处理往来业务5448.80万笔、78.30万亿元，同比分别增长23.60%和12.90%；小额批量支付系统全年共处理往来业务9844.30万笔、17942.90亿元，同比分别增长36.20%和95.90%；全国支票影像交换系统全年共处理往来业务76.90万笔、662.80亿元，同比分别下降11%和5.50%。网上支付跨行清算系统全年共处理往来业务589.50万笔、677.20亿元。

【证券市场】 截至年末，全辖共有法人证券公司1家，证券投资咨询公司1家，证券分公司8家，较上年增加3家，证券营业部199家，较上年增加20家。随着市场行情的好转，投资者账户数量增加，A股证券账户491.46万户，同比增长8.52%；投资者297.91万人，同比增长8.85%。累计交易金额2.63万亿元，同比增长56.50%，创历史新高；累计营业收入24.74亿元，同比增长41.05%；累计净利润11.38亿元，同比增长81.21%；托管市值2074.59亿元，同比增长

64%。截至年末，全省共有50家境内上市公司，较上年增加2家。其中主板上市公司33家，中小板上市公司10家，创业板上市公司7家。境内上市公司中*ST公司2家，1家为主板上市公司，1家为中小板上市公司。全省11家地市均有上市公司，其中石家庄以14家居全省首位，张家口和衡水上市公司最少，各有1家。在沪深两市挂牌交易的股票有51只，其中A股49只，B股2只。河北省境内上市公司总股本和总市值分别为571亿股和6180亿元，占同期沪深两市总股本和总市值的比例分别为1.60%和1.70%。全省境内上市公司直接融资额132.30亿元，较上年减少22.60亿元，下降14.60%，仅占全国直接融资额10203亿元的1.3%。有14家上市公司通过沪深股市进行14次股权融资，融资额为117.30亿元，占全国股权融资总额7249亿元的1.6%。1家上市公司在主板发行公司债融资15亿元，占全国债券融资总额2954亿元的0.50%。全省2家企业在香港联交所上市，首发融资13.50亿元。企业通过在境外发行上市，不仅拓宽了企业筹资渠道，满足企业外汇资金需求，并且增强了企业外在信誉和内部规范化管理，有助于提升企业品牌效应。截至年末，全省境外上市公司38家，其中美国14家，英国1家，新加坡3家，中国香港20家，累计融资400多亿元人民币。

省内首家法人保险公司——燕赵财产保险股份有限公司开业，各类保险公司省级分公司总数较上年增加3家。其中：省级分公司60家，包括，财产保险省公司26家，增加1家；人身保险省公司34家，增加2家；中资保险省公司53家，增加1家；外资保险省公司7家，增加2家；全省保险公司分支机构4241家，较上年增加69家。截至年末，全省保险业总资产达到2172.31亿元，比年初增加123.32亿元，同比增长6.02%，总资产居全国第8位。保险服务范围不断拓展，服务经济和社会管理作用充分发挥。全省出口信用保险一般贸易出口渗透率达到26.60%，支持外贸出口规模82.20亿美元，支持企业1184家；小额贷款保证保险助力中小微企业贷款融资16亿元，贷款人意外伤害保险提供风险保障804.30亿元，有478.60亿元保险资金通过协议存款、债券、股票、信托计划等形式投入河北省各个重点经济领域，为经济转型升级提供了资金支持。农业保险实现保费收入17.90亿元，增长6.40%，提供风险保障473.70亿元，支付赔款8.70亿元，受益农户153.40万户。大病保险累计保费收入7.70亿元，承保人数3278万人，占应参保人数的54.80%；各类补充医疗保险覆盖人数达1484.30万人，赔付支出6.70亿元。治安保险覆盖全省132个县（市），保费收入5370.70万元，为486.50万农户提供风险保障678.30亿元；各类责任保险保费收入6.70亿元，增长19.30%。

（李红英）

河北省银行业市场运行情况

2014年，河北省银行业认真落实国家宏观调控政策要求，调整信贷结构，丰富金融产品，加强风险管理，整体保持了稳健运行的良好态势。

一、银行业运行特点

2014年末，河北省银行业资产总额达52816.07亿元，比上年末增长11.89%，总体呈现稳健运行、持续向好的发展态势。

（一）各项存款波动增长。2014年末，全省银行业各项存款余额43764.02亿元，居全国第8位，比年初增加4319.57亿元，增长10.95%，高于全国增速1.35个百分点。增量、增速较上年明显下降，个人存款、活期存款同比少增，存款定期化趋势明显。

（二）各项贷款平稳增长。2014年末，全省银行业各项贷款余额28052.29亿元，居全国第10位；比年初增加3516.41亿元，增长14.33%，高于全国平均水平1.03个百分点。贷款投放节奏基本均衡，中长期贷款保持快速增长，有效助推了我省重点项目建设和居民消费增长。

（三）资产质量总体较好。2014年末，全省银行业不良贷款余额485.29亿元，比年初增加6.57亿元；不良贷款率1.73%，比年初下降0.23个百分点，呈现“一升一降”。

（四）经营能力显著增强。经营效益提升，

2014年，河北省银行业实现净利润704.34亿元，同比增盈94.31亿元。法人机构风险抵补能力增强，2014年末资本充足率12.46%，比年初上升0.44个百分点，各项减值准备425.39亿元，比年初增加67.96亿元，拨备覆盖率140.20%，比年初提高21.86个百分点。

（五）银行业组织体系进一步健全。2014年末，全省股份制银行设区市全覆盖、城商行县域全覆盖、银行业机构乡镇全覆盖、基础金融服务行政村全覆盖的“四个全覆盖”目标全面实现。北京银行、平安银行、广发银行先后入冀设立分支机构，河北港口集团财务公司开业。金融普惠性进一步提升。全省银行业县域网点数量达到3314家，社区支行、小微支行、园区支行等创新型机构达到135家。

二、银行业大力支持实体经济发展

（一）业务创新持续加快。2014年，河北省银行业机构研发创新业务和产品547种，较好满足了各类市场主体的金融需求。农业银行河北省分行推出NRA跨境通业务，为企业“走出去”提供了便捷、高效的金融服务；中信银行唐山分行的海域使用权抵押贷款，拓宽了沿海地区养殖户的融资渠道；邯郸银行与地方政府、担保公司三方合作创新担保方式，大力支持了地方工业园区企业发展。

（二）重点领域和行业信贷投放持续增强。全省银行业机构全力支持“双百双千”“三个一百”工程，主动把握“京津冀一体化”的历史机遇，积极支持冀企“走出去”。2014年末，河北省银行业对装备制造业、战略性新兴产业、现代服务业、现代农业贷款余额达6155.32亿元，比年初增加1201.51亿元，增幅24.30%，增速明显快于整体贷款。同时，持续落实差别化信贷政策，积极支持产能过剩行业合理压降和转型调整。全省银行机构对传统产业改造升级贷款余额达673.45亿元，比年初增长16.64%。

（三）薄弱领域服务持续改善。2014年末，全省小微企业贷款余额8716.29亿元，比年初增加1585.59亿元，增幅21.37%，实现小微企业贷款“两个不低于”目标；积极拓宽县域金融服务渠道，全年新增县域网点160家，总数达3314家，占全省银行机构物理网点数的32.03%；涉农贷款余额11753.36亿元，比年初增长1573.89亿元，增幅15.46%。

（四）服务渠道持续拓宽。2014年末，全省银行业物理网点达10647个，新增345个；离行式网点3000个，新增1308个。ATM、CRS机25457台，新增5691台；POS、EPOS机具416397台，新增121996台。同时，特色化经营趋势日益显现，全年新设社区支行、小微支行、园区支行等创新型机构103家，总数达135家。

三、需要关注的问题

随着经济发展步入新常态，2014年银行业也发生了一些趋势性变化，值得关注。

（一）贷款增速趋向回稳。2014年，河北省银行业贷款增速14.33%，虽然高于全国平均水平，但比前5年平均增速下降了6.44个百分点。随着经济增长速度从高速转向中高速，贷款增速也将放缓，银行业资产、利润增速回稳将成为长期趋势。

（二）社会投融资方式趋向多元。随着金融市场的发展，个人和企业投融资选择发生明显变化。2014年我省存款增量、增速同比“双降”。证券、保险、理财、民间融资、网络金融等渠道分流效应使金融脱媒问题更加突出，传统的银行信贷受到挤压，银行的融资主渠道作用受到冲击和挑战。

（三）银行业信贷资产质量劣变压力加大。不良贷款率下降主要是增加贷款稀释所致，一些行、社出现了“不良贷款”双升。经济下行将进一步增加企业经营难度，个别企业出现“跑路”、故意“逃债”等情况，担保、关联风险传染加剧。

（四）产能过剩行业信贷风险将加速暴露。河北省主要“两高一剩”行业贷款余额2228.26亿元，占全部贷款8.15%，贷款集中度较高。若强制压缩或退出极易造成企业资金链断裂，引发连锁反应。

（五）部分机构单体风险及信托产品问题不容忽视。河北省农村信用社高风险机构19家，居全国第七位，数量多、处置难。目前，全省农村信用社信托融资产品余额341.29亿元，承德、保定、廊坊分别拖欠利息2.63亿元、2.74亿元、1.01亿元，石家庄抵押率仅为0.20%，成为制约改革的瓶颈。

（六）非正规金融活动、非法集资等扰乱正常经济社会秩序。随着经济下行压力增加以及房地产市场持续调整，非正规金融活动、非法集资案件仍存在继续暴露可能。部分企业民间融资和银行信贷资金“混合”交织，资金链断裂风险开始向银行业传导。如邯郸市金世纪房地产开发有限公司涉及非法集资事件、廊坊黄金佳非法集资案件，近期发生的多起农民专业合作社资金链断裂，老板跑路事件，对正常经济秩序、社会稳定带来不利影响。

（李 卓）

河北省资本市场运行情况

一、辖区上市公司情况

截至 2014 年末，河北省期末沪深上市公司家数为 50 家，其中沪市 18 家，深市 32 家，国有控股 23 家，民营 27 家；主板 33 家，中小板 10 家，创业板 7 家。上市公司总市值 6191.61 亿元，同比增长 53.30%。2014 年，河北辖区沪深上市公司融资总额达 132.32 亿元，其中定向增发融资 112.70 亿元，首发上市股票 2 只，融资 4.62 亿元，交易所债券市场发行公司债 1 只，发行额 15 亿元。在全国中小企业股份转让系统挂牌公司 23 家，融资 15295 万元。在石家庄股权交易所挂牌公司 105 家，融资 9.22 亿元。

二、辖区证券经营机构情况

截至 2014 年末，河北辖区共有证券公司 1 家，分公司 8 家（比上年同期增加 3 家），证券营业部 199 家（比上年同期增加 20 家），证券投资咨询公司 1 家。2014 年，累计交易金额 2.63 万亿元，同比增长 56.50%；累计营业收入 24.74 亿元，同比增长 41.05%；累计净利润 11.38 亿元，同比增长 81.21%；托管市值 2074.59 亿元，同比增长 64%；A 股证券账户数 491.46 万户，同比增长 8.52%。

三、辖区期货经营机构情况

截至 2014 年末，河北辖区共有期货公司 1 家，期货营业部 37 家，比上年同期增加 5 家，期末保证金 23.10 亿元，期末客户数 43617 个，从业人员 437 人，分别比上年同期增长 63.71%、9.33%、5.05%。期货市场累计成交量 3689.75 万手，累计成交金额 36503.73 亿元，累计手续费收入 7910.60 万元，累计净利润 -754.96 万元，分别比上年同期增长 0.64%、-7.01%、-24.03%、-299.25%。

（崔 征）

河北省保险市场运行情况

2014 年，河北省保险业实现平稳健康发展。全省保费收入和非保险合同收入总计 1314 亿元，同比增长 17.10%；保费收入 931.90 亿元，居全国第 9 位，同比增长 11.30%。赔款和给付支出 395 亿元，同比增长 25.10%。保险公司总资产达到 2172.30 亿元。提供风险保障金额 19.80 万亿元。全省共有保险公司法人机构 1 家，省级分公司 60 家，分支机构 4241 家；保险专业中介法人机构 107 家；保险兼业代理机构 9785 家；保险从业人员 26.30 万人。

一是为税收和就业做出贡献。2014 年，全省保险业缴纳及代收代缴税费共计 61 亿元，占全省公共财政预算收入的 2.50%。保险从业人员占全省城乡就业人数的 1.10%，2014 年为社会新增就业岗位 1.90 万个。二是促进经济转型升级。截至 2014 年末，共有 478.60 亿元保险资金通过协议存款、投资债券、股票、债权计划等形式投入河北省。出口信用保险支持外贸出口规模 82.20 亿美元，一般贸易出口渗透率达到 26.60%，支持出口企业 1184 家，支持出口企业融资 26.20 亿元。小额贷款保证保险支持小微企业和个人获得贷款达 16 亿元。三是服务农业保障体系建设。2014 年，全省农业保险保费收入 17.90 亿元，同比增长 6.40%，农业保险提供风险保障 473.70 亿元，支付赔款 8.70 亿元，受益农户 153.40 万户，其中为旱灾支付赔款 3.20 亿元。四是积极参与社会管理。2014 年，河北省大病保险累计保费收入8亿元，承保人数3391万人，占应参保人数的56.70%，赔付支出3.20亿元，受益人次达到11.90万人。环境污染、医疗、食品安全、安全生产、校园安全、产品质量等关系国计民生的重要领域、重点行业责任保险业务得到进一步发展，2014年，各类责任保险保费收入6.70亿元，同比增长19.30%。治安保险共承保农户486.70万户，承保覆盖率32.70%，提供风险保障618.30亿元，赔款1454.40万元。

（宋建阳）

第二部分

金融机构概览

金融管理机构

中国人民银行石家庄中心支行

【概况】2014年，在人民银行总行、天津分行的正确领导下，人民银行石家庄中心支行坚持稳中求进的工作总基调，切实巩固群众路线教育实践活动成果，主动适应经济发展的新常态，较好地履行了人民银行分支机构职责。执行货币政策取得新成效。

【经济运行】2014年，面对复杂严峻的形势和结构调整的重任，河北省坚持稳中求进、改革创新，着力稳增长、调结构、促改革、治污染、惠民生，经济运行缓中趋稳、质量效益稳步提高、人民生活持续改善。初步核算，河北省生产总值实现29421.20亿元，比上年增长6.50%。分产业看，第一产业增加值3447.50亿元，增长3.70%，同比提高0.40个百分点；第二产业增加值15020.20亿元，增长5.00%，回落4个百分点；第三产业增加值10953.50亿元，增长9.70%，提高1.30个百分点。投资消费需求稳定增长，外贸出口逆势上扬。投资保持稳步增长。固定资产投资完成26147.20亿元，同比增长15.50%。其中，建设项目投资完成22087.50亿元，增长15.10%；房地产开发投资完成4059.70亿元，增长17.80%。消费品市场平稳增长。社会消费品零售额11690.10亿元，同比增长12.40%，增速比上半年加快0.20个百分点。乡村市场好于城镇，城镇市场实现零售额9123.60亿元，增长12.20%；乡村零售额2566.50亿元，增长13.10%，快于城镇市场0.90个百分点。外贸出口较快增长，顺差扩大。2014年，河北省外贸进出口完成598.80亿美元，增长9.10%，增速较上年提高0.60个百分点。贸易顺差115.40亿美元，增长63.90%。全省外贸出口较快增长主要依靠钢材出口拉动，全年钢材出口98.20亿美元，大幅增长66.90%，对全省出口增长贡献82.80%。实际利用外资保持增长，2014年河北省实际利用外资70.10亿美元，增长5.10%。第三产业外商直接投资较快增长，完成投资15.40亿美元，增长22.70%。新签合同外资额49.70亿美元，增长35%。三次产业平稳发展，产业结构优化。居民消费价格涨幅平稳，工业生产者价格降幅扩大。财政收入增长趋缓，重点支出保障有力。化解过剩产能取得突破，环境治理取得新成效。河北省2014年全年压减炼铁产能1500万吨、炼钢1500万吨、水泥3918万吨、平板玻璃2533万重量箱，均超额完成国家下达任务。实施钢铁产业结构调整方案，石钢搬迁、唐山渤海钢铁重组搬迁、武安钢铁企业退城进园升级改造项目启动。2014年，河北省11个设区城市空气质量平均达标天数增加23天，重度以上污染天数减少14天。河北省单位生产总值能耗下降6.50%，提前一年完成“十二五”节能目标。单位工业增加值能耗同比下降8.70%，超过年度下降6%的目标。

【金融运行】2014年，河北省金融业认真贯彻执行稳健的货币政策，坚持“总量稳定、结构优化”的取向，根据经济基本面的变化适时适度预调微调，优化信贷结构，降低社会融资成本，为经济结构调整与转型升级营造了适宜的货币金融环境。银行业稳健运行，机构体系不断完善。2014年末，河北省银行业金融机构资产总额达到5.30万亿元，同比增长11.90%；河北省金融机构人民币各项存款余额4.30万亿元，同比增长10.80%，比年初增加4233.60亿元，同比少增968.80亿元，主要是下半年以来存款增长明显放缓所致。其中，不规范的同业业务收缩，“冲存款”行为减少导致存款派生相应缩减是重要原因。而互联网金融、理财、下半年股市的回暖等也对存款形成了分流。2014年末，河北省人民币各项贷款余额2.80万亿元，同比增长15.10%，增速比上年末提高0.20个百分点，比年初增加3515.30亿元，同比多增473.40亿元。从人民币贷款期限分布看，中长期贷款增速加快，短期贷款增长放缓。截至2014年末，中长期贷款余额为1.50万亿元，同比增长17.70%，比年初增加2249.50亿元，同比多增866.50亿元。其中，固定资产贷款投放较多，全年新增1027.20亿元，同比多增560.10亿元，成为稳定投资的重要助力。2014年末，短期贷款余额为1.10万亿元，同比增长9.40%，比年初增加871.70亿元，同比少增759.70亿元。从地区结构来看，环首都和沿海部分区域拉动力增强。衡水、保定、廊坊、沧州、承德贷款增速分别达到20.90%、19.40%、18.40%、17.70%、17%，增速明显高于全省平均水平。截至2014年末，本外币涉农贷款、小微企业贷款余额分别达到1.20万亿和0.70万亿，占全部贷款的比重分别达到41.90%和24.10%，增速分别高于全部贷款增速0.90个和4.80个百分点。支农再贷款稳步增长，全年累计发放支农再贷款63亿元，较2013年多放8亿元。截至2014年4季度末，河北省再贴现业务余额中，涉农票据再贴现余额36.90亿元，占比63.60%。

【金融调控】认真执行货币政策，促进地方经济可持续发展。2014年河北省稳增长的压力尤为突出，在这种形势下，人民银行石家庄中心支行坚持按季召开货币信贷政策执行委员会、房地产专业工作委员会、新农村建设工作委员会等工作例会、座谈会，加强政策宣传和沟通协调，强化进度引导和投向监测，指导金融机构保持合理的信贷增速，同时，把握政策调整的力度和节奏，有力地支持了河北省稳增长，得到省委、省政府的充分肯定。更加注重金融政策与财政政策、产业政策的协同配合，促进地方经济调结构、转型升级。与河北省科技厅等7部门联合出台《关于河北省做好科技金融服务的实施意见》，发挥金融在推动科技创新、经济结构调整中的作用。与地方政府相关部门联合召开重点项目发布会、银企对接会，引导金融机构加大对重点项目、高新技术、战略性新兴产业等领域的信贷支持力度。出台《河北省排污权抵押贷款管理办法》，鼓励金融机构创新排污权抵押融资模式，发挥市场在资源配置中的决定性作用。充分运用多种政策工具，加大对小微企业、三农和扶贫开发等薄弱环节的支持，着力化解"融资难、融资贵"难题。灵活运用再贴现、再贷款政策工具，发挥政策引导作用。截至2014年末，河北省再贴现余额58.15亿元，其中小微企业票据占比68%，涉农企业票据占比64%。累计发放支农再贷款62.95亿元，比上年多发放7.60亿元，引导金融机构将"定向降准"释放的资金更多地支持"三农"和小微企业。推动河北银行在银行间市场发行总规模20亿元的金融债券，实现了河北省金融债券发行零的突破。出台《河北省支小再贷款管理实施细则》，发放支小再贷款15亿元。拓宽小微企业融资渠道。防范化解金融风险，金融稳定局面得到切实维护。加强金融风险监测评估，不断完善监测指标体系和评估方法，督促金融机构合规经营。通过金融稳定分析小组、金融稳定联席会议等机制加强信息交流和风险会商，向相关单位提示风险。对政府融资平台、理财产品、民间融资等重点领域风险予以关注，开展专题调研并积极向地方政府和上级行建言献策。加强金融稳定再贷款管理，妥善处理历史遗留问题，推动再贷款损失认定的做法得到人民银行总行金融稳定局的肯定。认真做好蠡县农村信用社风险化解工作，研究制定流动性安排和弥补资产损失方案以及化解、处置蠡县农村信用社风险工作方案，组织省、市、县三级联动应急实战演练，开展流动性压力测试并做好提供流动性支持准备，确保改制工作顺利开展。目前，清产核资工作已顺利结束，蠡县农村商业银行资产重组计划已经正式启动，蠡县各信用社经营正常，秩序良好。部署开展民间借贷、非法集资风险排查，相关报告受到河北省政府的高度重视。认真开展存款保险制度出台的准备和组织实施工作。制定了《中国人民银行石家庄中心支行实施存款保险制度工作安排及应对预案》，并作为预案模板向全国推广；配合人民银行总行起草《使用存款保险基金偿付被保险存款操作办法》。积极做好存款保险条例草案公开征求意见的相关工作。扎实做好"两管理、两综合"工作，研发推广综合评价系统，提高了评价工作效率和评价结果的科学性、严谨性和实用性，圆满完成2013年度金融机构执行人民银行金融管理政策综合评价工作。开展金融机构同业业务、金融统计、支付结算、货币金银、反洗钱、征信、跨境人民币业务等专项检查，维护金融市场秩序。稳步推进金融改革工作，为经济发展增添新活力。不断增强改革创新意识，推动金融改革与河北实际相结合，促进政策落地生根，为地方经济发展增添新活力。稳步推进常备借贷便利试点工作。

作为全国首批试点行，研究制定《河北省常备借贷便利操作规程》，为辖内地方法人金融机构提供短期流动性支持。扎实推进利率市场化改革，河北省地方法人金融机构首次发行同业存单取得成功，在参与人民币利率市场化进程中迈出重要一步。出台了《河北省农村土地经营权抵押贷款管理暂行办法》，推动土地经营权抵押贷款试点取得突破性进展。推进跨境人民币业务快速发展。河北省累计完成跨境人民币结算1063亿元，同比增长125%。全力保障人民币跨境收付信息管理系统测试工作顺利开展，被人民银行总行授予测试工作先进集体。成立金融支持京津冀协同发展研究小组，整合全行研究资源，已取得初步研究成果，相关情况被人民银行总行研究局刊发。成立金融支持京津冀协同发展工作小组，贯彻落实京津冀协同发展中有关的金融政策和工作部署，协调解决出现的障碍及问题，推动三地加强金融合作，形成省、市联动工作合力。

【外汇管理】深化外汇管理改革，便利贸易投资。建立实施外汇管理监测分析月报制度，《2014年上半年河北省外汇形势分析报告》得到河北省政府领导批示肯定。巩固和深化货物贸易外汇改革成果，加强非现场监测、现场核查和分类管理。推进和完善服务贸易外汇管理改革，开展服务贸易改革一周年银行执行外汇政策调查，得到国家外汇管理局总局肯定。资本项目事后监管工作方法和成效得到国家外汇管理局总局认可，相关做法多次被国家外汇管理局总局刊发。落实新实施的跨境担保外汇管理政策，支持河北省企业获得境内4.40亿人民币、境外1.70亿美元贷款授信额度，有效缓解企业流动资金压力。支持河北省境外上市公司募集资金结汇约4.20亿美元，受到企业好评。探索银企联合外汇检查新模式，在银企检查人员联合检查、可疑线索相互移交、完善案件协查制度方面进行了新的尝试。

【金融服务】持续提升金融服务质量，金融生态环境进一步改善。开通12363金融消费权益保护咨询投诉电话，不断健全金融消费咨询投诉受理和处理机制，共受理投诉103件，接受咨询1389件，整体运行平稳。组织开展"金融知识普及月"活动收效良好。加大依法行政工作力度，妥善处理诉讼纠纷，防范化解法律风险。调查统计"数"文化建设被人民银行总行调统司肯定。积极探索金融业综合统计路径，与金融监管部门和政府职能部门建立数据共享机制，拟定了建立"京津冀数据共享平台"协议。抓好重点课题研究，多篇调研报告被上级行、地方政府领导批示肯定，1篇课题获人民银行总行青年课题一等奖第2名。二代支付系统推广工作顺利完成，ACS系统推广建设工作持续推进，农村支付环境不断改善，吸引更多金融机构进入农村金融市场，丰富助农取款服务点功能，加快推进跨行应用，积极参与行业应用，让农民切实感受到便利与实惠。发布《河北省金融IC卡行业应用项目管理办法》，为金融IC卡应用拓展创造良好政策环境。组织建设的河北省金融IC卡行业应用服务平台正式上线，金融IC卡在公交、出租、社保等领域应用项目有序推进。数据中心机房建设基本完成，通过了消防、防雷检测，经权威部门检测认为基本达到目标A级机房标准，并于12月11日投入试运行。各项搬迁工作准备就绪，新机房建成使用将大幅度提高河北省信息安全保障能力和水平。制定《河北省县（市）支行反洗钱工作指导意见》，推动县域反洗钱工作依法、合规、高效开展。建立河北省金融机构反洗钱工作季度例会制度，增进金融机构之间的横向交流沟通。加强对金融机构反洗钱工作考核，切实提高反洗钱监管效能。加大反洗钱调查力度，发挥反洗钱工作对反恐、反腐等领域的支持作用。切实加强现金管理工作，在保安全、保供应的基础上，优化流通中券别结构，不断提升整洁度。在河北省开展小面额人民币"百县定投十城升级"活动，全面推进小面额人民币主办网点、主办银行制度建设。深入开展反宣币专项整治工作，小面额货币兑换登记制度和反宣币业务"双优先""反宣币兑换直通车"制度得到中央和人民银行总行有关部门肯定。深入开展"净化货币流通 亮丽国家名片"联合集中宣传活动。全力做好人民银行总行货发二代发行库管理系统钞票处理模块唐山试点工作，得到了人民银行总行货币金银局领导充分肯定。推进现代化、服务型国库建设，实施河北省国库集中支付电子化管理改革，廊坊市、邯郸市及其安次

河北省主要经济金融统计表

（2010~2014 年）　　单位：亿元

项　　目	2010	2011	2012	2013	2014
国内生产总值	20197.10	24228.20	26575.00	28301.40	29421.20
第一产业（增加值）	2562.80	2905.70	3186.70	3500.40	3447.50
第二产业（增加值）	10705.70	13098.10	14001.00	14762.10	15020.20
第三产业（增加值）	6928.60	8224.40	9387.30	10038.90	10953.50
全社会固定资产投资	15082.50	16404.30	19661.30	22629.80	26147.20
地方财政收入	1330.80	1737.40	2084.20	2293.50	2446.60
地方财政支出	2778.90	3509.60	4018.90	4353.80	4638.10
社会消费品零售总额	6821.80	8035.50	9154.00	10400.70	11690.10
居民消费价格指数（以上年为 100）	103.90	105.70	102.60	103.00	101.70
进出口总额（亿美元）	419.31	536.00	505.48	548.83	598.83
进　口（亿美元）	193.61	250.20	209.44	239.20	241.69
出　口（亿美元）	225.70	285.80	296.04	309.63	357.13
银行业金融机构各项存款（余额）	26270.58	29749.53	34257.16	39444.50	43764.00
企事业单位存款	6622.33	10968.34	12359.28	14381.30	16009.70
财政存款	394.81	447.78	498.17	672.80	902.90
城乡储蓄存款	15725.74	17878.19	20723.61	23421.50	25760.10
银行业金融机构各项贷款（余额）	15948.91	18460.60	21317.96	24423.20	28052.30
短期贷款	6142.44	7347.33	9123.25	10788.20	11766.40
中长期贷款	9100.01	10559.12	11453.51	12846.70	15117.90
现金投放（+）回笼（-）	+379.30				
股票市价总值（亿元）	3482.97	3165.55	3508.20	3895.60	6180.00
其中：股票流通市值（亿元）				316.50	
境内上市公司数（A、B 股）（家）	42	46	48	48	50
境内上市外资股（B 股）（家）	2	2	2	2	2
境外上市公司数（H 股）（家）					38
全部保险机构保险费收入	746.40	732.89	766.16	837.59	931.94
全部保险机构保险赔款支出（含满期给付）	145.40	183.47	223.89	315.66	395.03
全部保险机构保险密度（元/人）	1056.75	1016.07	1054.73	1147.38	1266.53
全部保险机构保险深度（%）	3.70	3.02	2.88	2.95	3.17
保险机构总数（家）	3725	3909	4052	4172	4241
保险机构从业人员总数（人）	200000	200000	209000	172700	262600

注：1. 2010~2014 年各项存贷款为全部金融机构（含外资）本外币并表数；
2. 自 2013 年开始，单位存款（包括活期存款、定期存款、通知存款、保证金存款）统计口径变化为单位存款（活期存款、定期存款、通知存款、协议存款、协定存款、保证金存款、结构性存款）；
3. 保险机构总数统计到各营业网点，不包括保险中介机构；保险机构从业人员总数包括营销人员数；
4. 空白处没有统计数据。

区、涉县成为全国首批试点市（县）。全面推行国库会计标准化管理，2014年，共办理各级预算收入11049亿元，办理地方预算支出9983亿元，实现了“库款零在途、业务零差错、资金零风险、设备零故障”的工作目标。完成《河北省社会信用体系建设规划》（2014—2020）并通过专家论证，张家口市、沧州肃宁县分别被确定为全国第一批小微企业信用体系试验区和农村信用体系试验区。建立金融机构征信业务季度例会制度，成立河北省金融机构征信管理工作委员会。

【内控管理】强化制度完善与执行，内部管理得到进一步加强。发挥内审在组织治理和增加价值中的独特作用，制定了《内审咨询业务操作规程》，开展征信管理绩效审计，深入推进内审工作转型，工作成果课件被选为人民银行总行内审远程培训教材。将领导干部履职绩效审计制度化，创新“主审人报告制度”得到人民银行总行内审司高度关注。加强财务收支制度建设，先后印发机关会议费、培训费、差旅费、公务接待费管理实施细则，编印《财务收支相关制度办法汇编》，严守财经纪律，加强财务管理，厉行节约。完善制度，加强事后监督规范化建设，开展现场监督，延伸监督链条。加强保密、安全生产等专项检查，开展防汛、网络系统等应急演练，提升安全管理水平。积极推进守押体制改革，开展专题调研，制订工作方案，及时向上级行汇报情况。积极探索保卫业务安全风险评估和管理体系建设，人民银行总行保卫局两次给予通报表扬。开展枪弹安全专项检查，并对不合规问题进行整改，进一步规范枪弹管理。加大对辖内各发行库的监督检查力度，对各市中心支库、县（市）支库突击查库比例达100%。整章建制，工会工作机制顺利调整。深化和完善党务公开、政务公开和行务公开工作，落实行长信箱制度，召开一届三次职代会，对职工关注的问题及时研究解决，切实落实和维护好干部职工的知情权、参与权和监督权。与河北省总工会等部门联合举办了2014年中国技能大赛——河北省金融系统技能竞赛决赛，涵盖河北省银行业、保险业，规模大、水平高、反响好，既展现了金融系统干部职工的风采，也树立了人民银行的权威和良好形象。后勤保障、集中采购和物业服务水平持续提升，人民银行石家庄中心支行被评为“全国节约型公共机构示范单位”。深入推进党建、党风廉政和队伍建设各项工作，履职基础进一步巩固。

（樊秀华）

中国人民银行
承德市中心支行

【经济运行】2014年，在“三期叠加”背景下，统筹稳增长、促改革、调结构、防风险、惠民生的关系，积极应对国内外错综复杂的政治经济环境和发展中的新情况，抢抓京津冀协同发展重大机遇，经济运行呈缓中趋稳态势。国民经济稳中有进，主要指标高于全省水平。全市地区生产总值完成1342.55亿元，比上年增长7.80%，增速分别比全国、全省高0.40和1.30个百分点。其中一、二、三产业增加值分别增长4.60%、7.60%和9.60%。三次产业比重由上年的16.80∶51.10∶32.10调整为16.80∶50.10∶33.10。实现公共财政预算收入107.56亿元，增长5.20%，增幅比上年低19个百分点；公共财政预算支出254.32亿元，增长0.10%，增幅比上年低10.90个百分点。全社会固定资产投资完成1427.10亿元，增长16.30%；实现社会消费品零售总额441.90亿元，增长12.60%，比全国、全省增速高0.60和0.20个百分点。全年进出口总额6.45亿美元，增长1.50倍。其中出口5.22亿美元，增长1.30倍。全市居民消费价格比上年上涨2.40%。但经济整体运行趋势呈现出“四个不足”：即主导产业支撑不足，经济内生动力不足，转型升级活力不足，财源支撑不足。工业生产、效益受资源环境约束减缓，转型升级步伐稳步推进。全年全市实现全部工业增加值589.80亿元，比上年增长7.50%。其中：522家规模以上工业企业实现增加值531.05亿元，增长7.80%，比上年下降4.10个百分点，实现利润71.50亿元，下降45.20%。但转型升级步伐稳步推进，实施露露、天大钒业、苏垦银河等3000万元以上技改项目260个，技改投资增长13.10%，承德风电百万基地二期工程获批，装机 22.90 万千瓦的 8 个分布式光伏项目并网运行，尾矿资源综合利用成为新的经济增长点，新增规上工业企业 85 家，20 家企业荣膺全省“百强民营企业”。

农业保持稳定增长，基础不断巩固。受自然灾害影响，全年全市粮食总产量 124.01 万吨，比上年下降 15.90%。蔬菜总产量 411.20 万吨，增长 11.40%。食用菌产量 54 万吨，增加 6.50 万吨，增长 13.80%。水果产量 112.40 万吨，增长 9.80%。肉类总产量 45.40 万吨，增长 4.20%，禽蛋产量 11.30 万吨，增长 3.90%；奶类总产量 15.30 万吨，增长 15.50%。实施千万元以上农业产业化项目 163 个，新增市级以上龙头企业 17 家，农业产业化经营率提高到 65.50%。

居民收入保持较快增长，民生保障不断加强。全年财政民生类支出占 74.20%，其中医疗卫生、住房保障、科学技术、社会保障和就业支出分别增长 13.70%、13.70%、4.00%、3.40%，均大大高于公共财政预算支出增幅。新增就业 4.40 万人，城镇登记失业率 3.09%。14.60 万农村贫困人口稳定脱贫。全市居民人均可支配收入 13345 元，比上年增长 10.40%。城镇居民人均可支配收入 20983 元，增长 9.60%；农村居民人均可支配收入 7163 元，增长 12.30%。

【金融运行】 2014 年，全市银行业金融机构全面落实稳健的货币政策，坚持稳中求进总基调，金融运行保持平稳较快发展。

各项存款增长趋缓。截至年末，全市金融机构人民币各项存款余额 1755.50 亿元，同比增长 9.60%，增速比上年下降 8.20 个百分点；比年初增加 154.30 亿元，同比少增 88.80 亿元。从总体上看主要有三个特点：一是存款仍延续季末冲高、季后回落的特点，但走势趋缓。逢季月的各项存款累计增加 119.19 亿元，占全年各项存款增加额的 77.30%，而季后月则减少 22.77 亿元，同比少减 4.50 亿元；二是中小法人机构存款增速、增量占比明显快于大型银行。中小法人机构存款增长 21.40%，快于大型银行 21.10 个百分点，新增存款占全部新增存款的比重 98.20%，大型银行仅占 1.80%；三是受经济下行以及资源环境约束影响，单位存款及个人存款增速减缓。全年单位存款及个人存款分别增长 11.60% 和 10.30%，比上年下降 6.80 和 6.20 个百分点。

各项贷款增长加快，信贷结构调整稳步推进。截至年末，全市金融机构人民币各项贷款余额 1297 亿元，同比增长 17%，增速较上年上升 2.80 个百分点，比年初增加 188.20 亿元，同比多增 52.30 亿元。主要特点有：一是中长期贷款增速加快，短期贷款保持较快增长，票据融资大幅提升。中长期贷款同比增长 14.50%，较上年加快 5.70 个百分点；短期贷款同比增长 16.30%，较上年回落 5.50 个百分点；票据融资增长 182.70%，较上年加快 205 个百分点。二是贷款投放行业由相对集中逐渐向行业多元化转变，信贷结构转型步伐加快。全年新增贷款主要投放到交通运输仓储和邮政业、批发和零售业、制造业、采矿业、建筑业等 9 个行业，累计新增贷款 100 亿元，占全部新增贷款的 53.10%，与上年 5 个行业新增贷款占全部新增贷款 58.50% 相比，下降了 5.40 个百分点，但行业扩大了 4 个行业。三是小微企业贷款增长加快，贷款余额 350 亿元，增长 20.10%，高于全部贷款增速 3.10 个百分点；比年初增加 58.80 亿元，占全部新增企业贷款的 71%。四是涉农贷款增势平稳。全市金融机构涉农贷款余额 692.60 亿元，增长 19.50%，高于全部贷款增速 2.50 个百分点，比年初增加 112.90 亿元，占全部新增贷款的 60%。

【宏观调控】 突出落实稳健货币政策，进一步增强支持地方经济发展的能力。加强政策引导，制定的《承德市金融支持地方经济发展的指导意见》和《承德市金融支持“三农”的指导意见》被市政府批转执行。积极落实利率政策改革，引导银行业金融机构降低六个月至一年期贷款加权平均利率 0.30 个百分点。有效落实定向降准政策，支持辖区 11 家银行业金融机构执行优惠存款准备金率，累计释放资金 7.60 亿元。引导县域法人金融机构新增存款一定比例用于当地贷款，加强县域间、机构间合意贷款的综合调剂。充分发挥支农再贷款作用，全市支农再贷款份额在全省各地市中保持最高，截至年末，辖区支农再贷款限额 16.40 亿元，占全省的 19.30%；再贷款余额 15.60 亿元，占全省的 27.90%。充分发挥再贴现支持小

承德市主要经济金融统计表

（2010~2014 年）　　单位：亿元

项　目	2010	2011	2012	2013	2014
国内生产总值	880.50	1100.80	1180.90	1272.09	1342.55
第一产业（增加值）	139.10	165.50	185.20	213.80	225.70
第二产业（增加值）	449.40	605.40	625.40	650.04	672.40
第三产业（增加值）	292.00	329.90	370.30	408.25	444.40
全社会固定资产投资	751.30	830.00	1022.10	1226.90	1427.10
地方财政收入	54.84	71.10	82.51	102.26	107.56
地方财政支出	149.50	186.70	224.66	254.20	254.32
社会商品零售总额	254.62	303.88	345.92	392.57	441.89
居民消费价格指数（以上年为 100）	102.30	105.10	102.10	102.40	102.40
进出口总额（亿美元）	3.19	1.88	1.52	2.56	6.45
进口（亿美元）	0.84	0.26	0.12	0.26	1.24
出口（亿美元）	2.35	1.62	1.40	2.30	5.22
全部金融机构各项存款（余额）	1089.15	1195.56	1361.15	1604.15	1757.66
单位存款	268.76	401.92	436.79	517.53	576.70
财政性存款	13.73	13.99	12.93	19.02	17.35
城乡储蓄存款	658.32	765.98	889.67	1034.18	1141.59
全部金融机构各项贷款（余额）	766.39	853.57	971.27	1109.07	1298.33
短期贷款	301.99	345.70	432.78	527.28	614.36
中长期贷款	440.90	491.04	524.81	571.17	653.98
现金投放（+）回笼（-）	60.74	51.05	47.77	41.50	17.86
全部保险机构保险费收入	29.30	32.60	34.90	37.75	41.45
全部保险机构保险赔款支出（含满期给付）	7.20	8.00	9.76	14.45	15.20

微企业发展作用，全年累计办理再贴现 74 笔、金额 2.90 亿元，进一步缓解了小微企业融资的紧张程度。加大金融扶贫工作力度，探索设计扶贫信贷政策导向效果评估指标体系，并开展试评估工作，其工作经验在总行视频会议上作了材料交流。

【金融服务】 突出改善金融环境，不断提升金融服务水平。调查统计工作进一步加强。创办《承德金融年鉴》，准确系统地记载全市银行业发展状况。社会信用体系建设工作不断推进，取消企业贷款卡发放、年检审批，企业征信、个人征信管理和服务水平不断提高，营造了良好的信用环境。支付结算工作取得积极进展。顺利完成 ACS 升级换版、接入二代支付系统以及综合前置子系统推广上线工作。制定《承德市全面推进农村支付服务环境建设工作实施方案》，农村支付服务环境建设逐步推进。强化发行基金调拨管理，合理调配券别结构，保障了辖区合理的现金供应，全年发行基金累计调入 28.40 亿元、调出 12.80 亿元；累计投放 130.80 亿元，回笼 108.50 亿元，净投放 22.30 亿元。开展国库会计标准化管理，强化国库监管，实现国库资金安全无事故。认真落实国务院扶持小微企业税收减免政策，完成全市小微企业集中退库工作。积极推动财税体制改革，实现国税异地企业汇算清缴所得税入库。

【金融创新】在机构方面，河北银行、张家口银行入驻承德并挂牌营业，中信银行也在积极筹备中，为承德市经济发展注入新的活力。在业务创新方面，人民银行平泉县支行深入推进“中小企业信用孵化工程”，有效支持了小微企业发展。隆化县支行创新金融产品，推出了“政府 + 银行 + 农业产业化龙头企业 + 人行支农再贷款”金融创新产品，有效地支持了养牛、水稻、蔬菜等农业产业化龙头企业的发展。滦平县支行确定银行业金融机构“主办行”模式，支持家庭农场、种养殖大户等新型农业生产经营主体发展等。工商银行积极拓展金融资产服务业务，为企业办理北金所委托贷款 3.23 亿元，为客户拓宽了融资渠道；农业银行以短期流动资金、小企业简式快速贷、保理、票据融资、贸易融资等品种组合服务客户；中国银行设计了更接地气的食用菌、“板栗通达”、“奶牛养殖贷”等业务品种，并实现零突破；建设银行通过加大“助保贷”“善融贷”“创业贷”“POS”贷等贴合小企业实际的产品运用；农信系统把农贷宝、商贷宝作为重点，不断加大营销力度，扩大了小额信贷产品影响力。承德银行新推出小微贷款服务品牌——“助微贷”和“速易贷”，涵盖 30 多款子产品，并得到广泛推广和应用。

【外汇管理】 外汇管理理念和方式加快转变。加强对银行业金融机构外汇业务监管，综合运用多种监管手段，把好市场准入关，银行业金融机构执行外汇管理政策的自觉性和主动性得到明显增强。大力支持新增银行业金融机构开办外汇业务，发放《外汇业务明白卡》，简化结售汇市场准入业务审批流程，开通企业外汇引资绿色通道，强化服务意识，努力缩短办结时限，外汇服务水平进一步提高。跨境人民币业务健康快速发展。全市实现跨境人民币收支总量 13.30 亿元，同比增长 26%，占同期国际收支总量的 29%。

【保险市场】截至年末，全市保险经营主体市级 31 家（其中：财险 15 家、寿险 16 家），市区营业部 10 家，县区级 102 家，乡镇级 155 个，保险代理公司 19 家。全年全市保险经营主体实现保费收入 41.45 亿元，比上年增长 5.30%。其中，财产险保费收入 13.80 亿元，增长 9%；人身险保费收入 27.70 亿元，增长 3.60%。全年支付保险赔款和给付 15.20 亿元，比上年增长 12.40%，其中财产险赔付 7.30 亿元，赔付率 53.10%，比上年提高 4.50 个百分点。寿险赔款及满期、年金给付等 7.90 亿元，增长 6.60%。

【证券市场】截至年末，承德市拥有证券营业部 4 家，从业人员 65 人，托管市值 34.35 亿元，营业收入和净利润分别实现 7765 万元和 5271 万元，比上年增长 31.10% 和 62.50%。投资者开户数 8.34 万户，比上年增长 4.90%。全年实现交易额 434.28 亿元，比上年增长 55.60%。

（侯宝玖）

中国人民银行
张家口市中心支行

【经济运行】2014 年，张家口市经济增长总体平稳。全年实现地区生产总值 1358.50 亿元，同比增加 5.20%。其中第一产业完成增加值 239.83 亿元，同比增长 4.70%；第二产业完成增加值 568.39 亿元，同比增长 5.90%；第三产业完成增加值 550.28 亿元，同比增长 4.60%。固定资产投资累计完成 1402.01 亿元，同比增长 10.20%，其中城乡建设项目投资 1225.57 亿元，同比增长 14.30%，房地产开发投资 176.43 亿元，同比下降 11.50%。全部财政收入完成 230.60 亿元，同比增长 2.60%，财政支出 125.78 亿元，同比增长 6.20%。

【金融运行】2014 年张家口市金融运行总体保持平稳，存贷款增速放缓。全年本外币各项存款余额 2126 亿元，新增 208.63 亿元，同比少增 31.20 亿元；年末本外币贷款余额 1493.64 亿元，新增 155.55 亿元，同比多增 12.65 亿元。其主要特点如下：

一、信贷结构趋于合理，投放行业突出区域特征。截至 11 月末，全市对 19 个行业净投放 84.52 亿元。贷款投放前 5 名的行业分别是：交通运输、仓储和邮政业，比年初增加 21.17 亿元，占比 25%；批发和零售业，比年初增加 14.63 亿元，占比17%；采矿业，比年初增加13.03亿元，占比15%；农林牧渔，比年初增加12.67亿元，占比15%；电力、热力、燃气及水的供应业，比年初增加8.83亿元，占比10%。其中水利、环境和公共设施管理业成为今年净投放减少最多的行业，比年初减少6.36亿元，主要是地方政府投融资平台贷款到期导致的。

二、行业金融风险预警，信贷政策收紧。在宏观经济不断下行背景下，张家口市经济增长也落于低谷，地方政府融资平台风险、房地产开发贷款风险、产能过剩风险（比如钢铁、煤炭、水泥等行业）等均引起各家金融机构关注。多数银行在信贷准入政策，贷后风险排查，提高贷款收回等工作上加大了力度。一是加强了对相关行业产业政策关注度，严格执行国家及监管部门相关政策；二是加大企业客户审核管理力度，通过企业自身及其上下游企业的经营、负债、履约、风险缓释措施等情况来判断企业的风险状况。如建行采取加强房地产开发企业、煤贸客户“名单制”管理的方法，控制授信规模，防范市场波动风险；三是加强贷后管理的力度和频率，如农行全面启动所有小微企业以及100万元以上个贷风险排查，还组织开展对环保治理类企业、国内保理、委托贷款、国内信用证、信用卡以及楼盘风险排查。四是严格控制押品，确保押品的足值、有效。

【金融调控】2014年，人民银行张家口市中心支行按照总行货币政策意图，积极贯彻执行货币政策，保证了辖区经济平稳较快发展。一是实施“窗口指导”突出针对性，结合张家口经济结构调整实际，制定下发了《关于支持“四型经济”，加速张家口市绿色崛起的指导意见》，意见围绕金融支持奥运、园区、生态、县域等“四型经济”，明确了4大项支持重点、突出了6项具体措施、提出了4项保障机制，是近年来该行出台的最具“含金量”的指导意见；二是发挥好货币政策工具的作用，及时执行定向降准政策为两个机构释放流动资金3.27亿元，用足存款准备金优惠政策增加可用资金约4.76亿元，用足再贷款、再贴现和地方法人机构信贷规划，累计发放支农再贷款2.17亿元，累计办理再贴现2亿元，地方法人机构贷款新增101.81亿元，同比多增22.34亿元。

【金融服务】

一是推动农村金融基础设施建设，全市4008个行政村布放了银行自助服务终端，共设立银行卡助农取款网点5520个，布放受理终端5520个，实现了行政村全覆盖，为农户办理取现270.87万笔，交易金额达8.71亿元，查询115万笔；二是做好反洗钱监督管理工作，完成对辖区33家金融机构反洗钱工作综合评价。对辖区建设银行张家口分行及6家支行、张北信达村镇银行进行了反洗钱执法检查，共查出违规大类问题14条，下发执法检查意见书8份，提出整改意见24条。指导张北信达村镇银行开发大额和可疑交易数据报送系统，实现大额和可疑交易数据直接报送反洗钱监测分析中心；三是开展各项金融知识宣传活动，组织开展了“3·15畅通维权渠道保护金融消费者合法权益”为主题的金融消费保护宣传活动、“5·15打击防范经济犯罪、护航改革、保障民生”为主题的打击和防范经济犯罪宣传活动、“预防洗钱、维护金融安全”的反洗钱宣传月活动和“金融知识普及月”宣传活动，进一步增加了社会公众对金融知识的了解，营造了维护金融稳定、保护金融消费者权益的良好氛围。

【金融创新】2014年，人民银行张家口市中心支行继续将谋求落实创新作为提升工作整体水平的重要抓手，确定了24项重点创新工作，县支行确定了25项重点创新工作，目前，全行已有17项重点创新工作被人民银行总行、分行和石家庄中支及地方政府认可。如开发的“金融机构现金机具管理信息系统”在全省推广；“发行会计核算业务事后监督系统”已在人民银行石家庄中心支行以及保定、廊坊市中心支行实现稳定运行；首次将中国非物质文化遗产与反假货币知识宣传相结合，反假人民币剪纸宣传品在全省推广；中心支库被河北省分库推荐为总行级先进集体；建立外文翻译小组带动政务信息工作在全省位居前茅并受到人民银行石家庄中心支行通报表扬；《张家口市金融机构营造“五种环境”助力春耕备耕》、《张家口中支以开展“市民最满意银行网点”评选活动推动金融消费权益保护工作》等8篇稿件被《金融时报》刊发；《建立“一库一网一平台”，打造总行级小微企业信用体系精品试验区》《打

张家口市主要经济金融统计表

（2010~2014 年）　　单位：亿元

项　目	2010	2011	2012	2013	2014
国内生产总值	966.12	1124.87	1233.67	1317.00	1358.51
第一产业（增加值）	151.38	180.51	205.89	241.21	239.83
第二产业（增加值）	416.45	500.40	529.05	554.83	568.39
第三产业（增加值）	398.30	443.96	498.73	520.96	550.29
全社会固定资产投资	903.67	967.09	1184.44	1292.98	1422.61
地方财政收入	62.45	82.99	106.56	118.47	125.78
地方财政支出	180.24	230.97	265.26	290.92	331.90
社会商品零售总额	320.14	382.00	435.10	494.67	556.47
居民消费价格指数（以上年为 100）	103.40	104.10	102.40	102.20	101.10
进出口总额（亿美元）	2.85	2.94	3.53	3.88	5.21
进口（亿美元）	1.02	0.60	0.56	0.66	1.71
出口（亿美元）	1.83	2.34	2.97	3.22	3.50
全部金融机构各项存款（余额）	1303.29	1463.44	1677.62	1917.37	2126.00
单位存款	312.61	465.66	522.98	603.03	677.83
财政性存款	25.33	24.98	13.57	23.24	22.04
城乡储蓄存款	849.69	967.49	1121.97	1270.99	1420.32
全部金融机构各项贷款（余额）	918.31	1063.28	1193.20	1338.09	1493.64
短期贷款	344.76	361.00	422.18	472.62	480.01
中长期贷款	551.76	683.76	745.95	842.81	975.96
现金投放（+）回笼（-）	43.81	41.20	21.87	3.23	-27.00
全部保险机构保险费收入	34.83	35.04	35.98	37.60	38.00
全部保险机构保险赔款支出（含满期给付）	7.46	9.26	9.48	12.97	18.41

造国库内控管理“321”工程》《实施“依托校园、借力申奥”新模式开展支付宣传》等六项工作被人民银行石家庄中心支行以《创新专刊》形式送阅省行领导。

【外汇管理】 组织外汇业务培训。对外汇管理改革后简化政策的调整和业务变化及时进行传导和培训，共组织了 3 次企业、银行参加的培训。组织实施《外汇指定银行监督外汇交易行为管理办法》及《考核实施细则》，增加了基层外汇局对外汇指定银行的监管途径。继续推行预约服务制度。按照外汇管理“五个转变”的思路，以“预约服务名片”为载体，向社会公布业务人员电话和手机号码。完善重点企业联系机制，组织 10 家涉外重点联系企业负责人召开了重点服务企业座谈会。组织外汇业务检查。组织对辖区 249 家次货物贸易企业进行了非现场核查，对 19 家企业进行重点排查，对 6 家企业进行了服务贸易非现场核查，对辖内 3 家金融机构的国际收支申报以及银行结售汇业务进行现场检查。

【小额贷款公司】 截至 2014 年末，张家口市小额贷款公司接入金融统计系统共 46 家，其中 2 家退出，1 家处于停业整顿的状态，其余 43 家经营正常。2014 年末，44 家小贷公司共发放贷款 19.48 亿元，同比减少 0.01 亿元。

【保险市场】2014年，全市共计18家财险、15家寿险公司。全市保险业实现保费收入38亿元，同比增长1.06%，其中财险收入14.89亿元，累计赔款6.96亿元，赔付率46.79%；寿险收入23.12亿元，其中赔款支持0.80亿元，满期给付10.65亿元，退保金额10.38亿元。

【证券市场】2014年，全市证券营业部新开股民开户7635户，同比增长70.39%，实现股票成交量391.79亿元，较2013年度增加142.91亿元。

（赵 翀）

中国人民银行秦皇岛市中心支行

【经济运行】2014年，秦皇岛市抢抓京津冀协同发展的重大历史机遇，稳中求进、改革创新，全市经济运行总体保持平稳。据初步核算，2014年全市实现生产总值1200.02亿元，比上年增长5%。其中，第一产业增加值174.66亿元，增长3.60%；第二产业增加值447.68亿元，增长4.80%；第三产业增加值577.68亿元，增长5.40%。

一、农业生产总体平稳。全市实现农林牧渔业总产值315.38亿元，比上年增长3.80%。农林牧渔业增加值176.09亿元，增长3.60%。其中农业增加值96.33亿元，增长1.90%；林业增加值4.27亿元，增长88.40%；牧业增加值60.10亿元，增长5.80%；渔业增加值13.96亿元，下降6.70%；农林牧渔服务业增加值1.43亿元，增长3.40%。

二、工业生产稳步回升。全年完成规模以上工业增加值341.74亿元，比上年增长4.70%，增速较上年提高2.60%，但仍低于全省5.10%的平均增速，在全省11个地市中排名第9位。重工业实现增加值283.49亿元，比上年增长5.20%；轻工业实现增加值58.25亿元，比上年增长2.20%。重工业仍是工业经济发展的领头羊，占增加值比重为83%，拉动全市增长4.30个百分点，对全市工业生产的贡献率为91.90%。

三、交通运输邮电业运行平稳。全市港口运输实现小幅增长，完成港口货物吞吐量2.74亿吨，比上年增长0.50%。其中出口量2.53亿吨，增长0.80%。集装箱吞吐量41.40万箱，增长6.80%。地方铁路货运量下降明显，全年完成419万吨，比上年下降12.80%。电信业务收入及邮政收入均有所下降，全年电信业务收入26.64亿元，比上年下降3.40%；邮政业务收入2.86亿元，比上年下降1.90%。

四、固定资产投资持续低速增长。全市全年累计完成固定资产投资（不含农户投资）791.65亿元，比上年增长2.80%，同比回落3.60个百分点，低于全省平均水平12.70个百分点。其中建设项目投资522.86亿元，比上年下降2.30%，是造成投资增速偏低的主要因素；房地产投资268.80亿元，比上年增长14.30%，增速自7月份以来呈逐月回落态势。

五、消费品市场运行平稳。全年实现社会消费品零售总额571.28亿元，比上年增长12.20%，增幅比上年下降1.20个百分点，居全省第10位。其中全市限额以上实现社会消费品零售总额157.76亿元，比上年增长8.10%，增幅比上年下降1.90个百分点。全市批发业实现销售额912.78亿元，比上年下降1%，零售业实现销售额536.62亿元，比上年增长15.70%，增幅比上年提高0.40个百分点。

六、利用外资形势相对较好，对外贸易全年增速缓慢回升。全年实际利用外资8.12亿美元，比上年增长10%，超额完成省、市下达的目标任务，位居全省第4位，增速位居全省第3位。实际引进内资412.74亿元，比上年增长19.90%。全年进出口总额增速呈缓慢回升态势。完成进出口总额43.13亿美元，比上年下降1.50%。其中完成出口28.54亿美元，比上年增长18%；进口14.59亿美元，下降25.50%。

七、财政收入略有增长，金融运行保持平稳。累计完成全部财政收入206.41亿元，比上年增长4.50%，增速比上年提高3.20个百分点。其中公共财政预算收入实现113.66亿元，增长3.80%。财政支出255.21亿元，比上年下降13.10%，其中公共财政预算支出211.35亿元，增长5.90%。截至年末，全市金融机构本外币存款余额2278.27亿元，比年初增长7.30%；金融机构本外币贷款余额1515.22亿元，比年初增长11%。

秦皇岛市主要经济金融统计表

（2010~2014 年）　　单位：亿元

项　目	2010	2011	2012	2013	2014
国内生产总值	930.49	1064.03	1139.17	1168.75	1200.02
第一产业（增加值）	126.42	141.18	147.58	171.46	174.66
第二产业（增加值）	366.31	419.46	447.68	447.57	447.68
第三产业（增加值）	437.75	503.38	543.90	549.72	577.68
全社会固定资产投资	505.74	615.09	739.30	786.34	808.69
地方财政收入	140.38	168.68	194.94	197.47	206.41
地方财政支出	135.62	241.12	281.26	293.66	255.21
社会商品零售总额	330.53	394.44	448.81	508.97	571.28
居民消费价格指数（以上年为 100）	102.70	104.60	103.10	101.30	101.70
进出口总额（亿美元）	35.09	43.48	44.12	43.73	43.13
进口（亿美元）	16.25	21.26	19.24	19.55	14.59
出口（亿美元）	18.84	22.21	24.88	24.18	28.54
全部金融机构各项存款（余额）	1524.02	1686.78	1926.50	2122.60	2252.90
单位存款	473.22	663.17	728.41	774.93	781.19
财政性存款	18.30	12.56	14.67	19.53	8.62
城乡储蓄存款	865.15	997.57	1155.95	1299.13	1430.39
全部金融机构各项贷款（余额）	896.02	1082.05	1245.08	1365.59	1421.77
短期贷款	326.25	406.41	508.95	556.10	532.54
中长期贷款	553.87	652.95	713.94	785.51	859.84
现金投放（+）回笼（-）	-15.13	-15.70	-18.91	-24.84	-39.11
全部保险机构保险费收入	45.01	39.88	42.81	44.84	49.98
全部保险机构保险赔款支出（含满期给付）	9.55	12.27	15.53	20.33	23.18

八、居民消费价格温和上涨。全市居民消费价格总水平累计比上年上涨 1.70%，涨幅较上年回落 0.70 个百分点，在全省地市排名第 6 位，圆满完成了控制在 3% 以内的年度目标。八大类商品价格呈“六升二降”格局，其中食品类价格比上年上涨 2.50%，衣着类上涨 4.40%，娱乐教育文化用品及服务类上涨 2.30%，这三类价格是拉动 CPI 上涨的主要因素。价格下降的商品是烟酒类和交通通信类，价格分别比上年下降 2.50% 和 0.40%。工业生产者出厂价格指数比上年下降 4.10%，降幅比上年扩大 0.70 个百分点。住宅销售价格渐趋理性回归，新建住宅销售价格比上年下降 4.60%；二手住宅销售价格指数 94%，下降 6%。

九、全市居民人均可支配收入稳步增长。全市城乡居民人均可支配收入 17457 元，比上年增长 9.10%。其中城镇居民人均可支配收入 26053 元，比上年增长 8.50%；农村居民人均可支配收入 9964 元，比上年增长 10.60%。

【金融运行】

一、银行业总体运行平稳，盈利能力增强。2014 年，全市银行业金融机构继续认真贯彻落实稳健货币政策，盘活存量资金，用好增量资金，存贷款持续增长，资产质量稳定且保持较好水平，经营效益持续增长。截至2014年末，本外币存款余额2278.27亿元，比年初增加155.67亿元；本外币贷款余额1515.22亿元，比年初增加149.64亿元。全市银行业机构累计实现税后净利润35.01亿元，同比增加2.31亿元，同比增长7.05%；实现利息净收入65.83亿元，同比增加4.82亿元，同比增长7.91%；实现中间业务收入11.79亿元，同比增加148万元，同比增长0.13%。法人机构风险抵补能力继续增强，法人机构计提贷款损失准备金14.13亿元，比年初增加1.31亿元；其中贷款损失专项准备10.49亿元，比年初增加1.15亿元；拨备覆盖率为136.46%，比年初上升19.29个百分点。

二、保险机构发展形势趋于好转。2014年，全市保险业发展形势趋于好转，市场秩序健康稳定，行业风险得到有效防范，行业效益特别是产险效益回升，17家产险公司中13家公司盈利，3家公司止亏，1家公司再亏，4年来产险业首次实现盈利。寿险业在极其困难的环境中保费规模实现了较快增长。截至2014年末，全市保险机构共计47家（其中产险公司17家，寿险公司20家，代理公司10家），从业人员达1.20万人。全年完成保费收入49.97亿元，比上年增长11%。其中财险保费收入18.13亿元，比上年增长15.42%；寿险保费收入31.84亿元，比上年增长9.55 %。保险赔款及综合给付共计23.18亿元。全市保险业承担风险5300亿元。保险深度4.16%，保险密度1641.22元/人，同比增加239.92元/人。

三、证券业发展状况良好。截至2014年末，全市共有财达证券、银河证券、广发证券、海通证券等4家证券公司设立的10家证券营业部。证券业交易总额304.31亿元，同比增长384.42%；年末客户总数16.85万人，同比增长9.15%；期末客户资产总额108.78亿元，同比增长59.67%；营业总收入1.35亿元，实现利润0.83亿元。证券业经营发展状况良好。

四、河北省小额票据贴现管理中心秦皇岛分中心正式成立。中心2014年8月份试运行，截至2014年末，已办理300万元以下票据贴现业务473笔，服务小微企业47户，占贴现总户数的77%，贴现金额2.53亿元，其中100万元以下418笔，金额1.25亿元。中心的成立拓宽了辖区小微企业融资渠道，为有效解决小微企业融资难、票据流转难问题奠定了基础。

（卞云利）

中国人民银行唐山市中心支行

【经济运行】2014年，唐山市完成生产总值6225.30亿元，按可比价格计算，同比增长5.10%，增速比上年回落3.20个百分点。其中，第一产业增加558.70亿元，增长3.50%；第二产业增加值3595.70亿元，增长4.80%；第三产业增加值2070.90亿元，增长5.80%。三次产业比例由上年的9.20 ：58.70 ：32.10调整为9.00 ：57.70 ：33.30。全部财政收入556.50亿元，比上年下降1.50%，公共财政预算收入323.70亿元，比上年增长1.70%，公共财政预算收入占GDP和全部财政收入的比重分别为5.20%和57.20%。全体居民人均可支配收入21603元，比上年增长8.70%，城镇居民和农村居民人均可支配收入分别为28891元和12867元，分别比上年增长8.20%和10.20%。

【金融运行】

一、2014年唐山市金融机构各项贷款余额4328.32亿元，占全省的15.40%，居第二位；全年新增贷款310.68亿元，同比少增106.58亿元，增量占全省的8.75%，居第四位；全年贷款增速7.73%，较上年降低3.86个百分点。其中，全国性大型银行新增贷款47.60亿元，占全部新增贷款的15.32%；中小型银行新增贷款113.68亿元，占全部新增贷款的36.59%；地方法人金融机构新增贷款149.40亿元，占全部新增贷款的48.09%。地方法人金融机构与大型银行、股份制商业银行“二分天下”格局基本形成。

二、从信贷投向看，中长期贷款占主导，企业固定资产贷款占比较高，以曹妃甸开发和城镇化提速为主的基础设施建设、工业转型升级中的中长期信贷投放较上年同期增加，金融对全市经济长远发展的支持力度逐步加大。全年中长期贷款新增231.10亿元，占全部新增贷款的74.39%，其中企业固定资产贷款增加145.89亿元，占全部新增贷款的42.30%。短期贷款、个人贷款增量同比大幅减少，全年短期贷款增加22.48亿元，比上年少增212.37亿元；个人贷款增加70.76亿元，比上年少增57.65亿元。小微企业、涉农企业信贷支持力度不断加大，小微企业贷款新增181.53亿元，占全部新增企业贷款的128.94%；涉农贷款新增168.43亿元，占全部新增贷款的54.21%。

三、2014年末，全市金融机构本外币各项存款余额6816.73亿元，全年新增667.15亿元，比上年同期少增17.29亿元，增速10.85%，较上年同期下降1.67个百分点。存款余额占全省的15.58%，居第二位；存款增量占全省的15.44%，居首位。受互联网金融、理财产品多样化、股市火爆等因素影响，存款分流压力加大，居民储蓄积极性不高，个人存款增速持续走低。年末个人存款余额4086.21亿元，比年初增加356.42亿元，同比少增58.98亿元。财政性存款同比多增，年末余额48.09亿元，比年初增加19.92亿元，同比多增17.44亿元。

四、2014年末，唐山市地方法人金融机构超额备付金206亿元，备付金率总水平11.83%。全年辖区金融机构实现本外币利润145亿元，比上年增加13.78亿元，金融机构经营效益继续改善，经营实力进一步增强。

五、全年唐山市办理跨境业务1799笔、金额209.26亿元，其中收入957笔、金额80.58亿元；支出842笔、金额128.68亿元，是上年的2.5倍。2014年跨境业务发展到6大洲44个国家（地区），业务涉及货物贸易、服务贸易、跨境直投、跨境融资、收益与经常转移、其他投资等6大项。

【金融调控】

一、深化“两管理两综合”工作，提高金融管理效能。金融机构开业管理工作进一步规范，全年共受理办结银行业分支机构申请加入金融管理与服务系统申请34项。整合监管力量开展综合执法检查，督促金融机构依法合规经营。

二、加强金融风险监测，做好存款保险制度宣传引导。密切关注辖内重点行业和重点领域运行情况，全面分析辖内银行、证券和保险业的风险状况，提高风险监测月报、季度分析工作质量。认真贯彻重大事项报告制度，及时开展风险提示。认真做好存款保险制度的意见征求工作，完善应急预案和宣传口径，做好政策解读和宣传引导。

三、深入开展反洗钱工作，强化风险预警和案件提示。对法人机构风险评估和客户等级分类工作进行业务指导，建立与公检法等相关部门会商制度，推动洗钱案例立案、侦查，配合石家庄中支开展反洗钱调查和协查。

【金融服务】

一、征信管理工作进一步拓展和提高。推动玉田县“河北省农村信用体系实验区”建设。迁西县中小企业信用体系实验区工作持续深化，共建立小微企业信用档案1481户，其中417户企业获得了银行贷款61.30亿元。个人征信服务能力不断提高，全年完成市区个人信用查询5.81万笔，比上年同期增加1.95万笔。

二、支付结算环境不断优化。完成第二代支付系统推广上线工作，系统运行安全稳定。进一步推进改善农村支付服务环境工作，截至年末，发展助农取款服务点8691个，行政村覆盖率100%。组织全市电子商业汇票业务推广会议，推动电子汇票业务快速发展。全年全辖共签发电子商业汇票业务681笔，金额61.65亿元。

三、加快金融IC卡推广应用。组织全市金融IC卡推广应用专项会议，加快拓展唐山市金融IC卡在公共服务领域应用，“好运通”联名金融IC卡公交乘车项目成为河北省金融IC卡行业应用服务平台的第一批用户。截至年末，全市已发行金融IC卡442.27万张，完成受理改造POS机31628台、ATM机3177台，改造率100%。

四、国库保障财政收支能力增强。全年共组织办理各级预算收入1254.59亿元，预算支出1015.94亿元。积极参与河北省国库会计标准化管理办法的制定工作，推动国库核算业务的精细化、标准化、规范化管理。增强人民币现金供应能力。圆满完成“货发二代”全国试点工作。

五、科学分析预测现金需求变化趋势，认真组织发行基金调拨工作，保障全市现金合理需求。全年共投放货币350.99亿元，回笼316.86亿元，

唐山市主要经济金融统计表

（2010~2014 年）　　单位：亿元

项　目	2010	2011	2012	2013	2014
国内生产总值	4469.08	5442.41	5861.63	6121.20	6225.30
第一产业（增加值）	387.84	486.53	531.65	563.40	558.70
第二产业（增加值）	2632.43	3269.89	3470.96	3593.40	3595.70
第三产业（增加值）	1448.81	1686.00	1859.02	1964.40	2070.90
全社会固定资产投资	2665.77	2546.11	3066.34	3633.61	4213.20
地方财政收入	195.84	255.56	622.57	575.10	566.50
地方财政支出	331.19	440.33	487.08	498.66	522.31
社会商品零售总额	1119.45	1316.22	1518.52	1724.60	1935.80
居民消费价格指数（以上年为 100）	103.10	105.40	102.10	102.00	101.50
进出口总额（亿美元）	93.90	108.63	104.82	126.70	167.60
进口（亿美元）	64.66	69.71	61.64	70.58	79.90
出口（亿美元）	29.24	38.92	43.18	56.12	87.70
全部金融机构各项存款（余额）	4469.08	4774.98	5520.27	6149.57	6816.73
单位存款	1130.63	1810.34	2009.13	2266.29	2504.86
财政性存款	30.97	27.21	61.51	28.18	48.09
城乡储蓄存款	2515.14	2848.82	3320.65	3661.85	4000.09
全部金融机构各项贷款（余额）	2716.11	3122.96	3661.84	4017.64	4328.32
短期贷款	877.84	1231.12	1712.49	1921.86	1943.04
中长期贷款	1696.66	1799.03	1802.18	1967.55	2199.95
现金投放（+）回笼（-）	+149.13	+174.50	+142.81	+96.85	+34.14
全部保险机构保险费收入	120.60	123.83	127.78	134.21	139.76
全部保险机构保险赔款支出（含满期给付）	28.18	36.13	44.05	68.33	81.88

实现净投放 34.13 亿元。开展金融机构误付假币和反宣币专项治理工作，净化人民币流通环境。

六、妥善处理消费者投诉，保护金融消费者权益。全年受理解消费者投诉 12 次，办结率 100%。

【金融创新】2014 年，积极谋划创新项目 79 项，其中 36 项得到上级行、地方党政的肯定或认可。最终评选出优秀创新项目 6 项，其中一等奖 1 项：制作《中国人民银行唐山市中心支行金融消费权益保护监督检查手册》；二等奖 2 项：探索个人结售汇关注名单后续核查管理办法、创新“三级联创”模式，扎实推进学习型党组织创建活动；三等奖 3 项：实施“五轮驱动”工作法，拓展农村金融服务，改善支付结算环境、探索建立基层央行金融秩序管理新模式、创新四项普惠金融措施，优化农村金融服务环境。

【外汇管理】

一、进一步推动资本项目外汇管理改革，简化行政审批程序，促进投融资便利化。制定实施货物贸易管理实施细则，细化主体分类管理手段。加强对外汇指定银行的政策传导，促进外汇管理改革新政的有效实施。为辖区居民个人办理了首笔跨境担保登记业务，金额 8000 万美元，进一步便利个人和企业境内外融资，提高资金使用效率。

二、支持唐山市投资主体办理首次境外放款业务。全年辖内企业境外放款交易金额累计达到818万美元。先后为两家中资企业申请短期外债余额指标3920万美元，进一步拓宽境内企业融资渠道。

三、加强对市场主体外汇资金运营行为和特点的监测和分析，组织对373家重点监测企业48亿美元的货物贸易外汇收支情况现场核查，对37家企业发放了业务风险提示书。创新个人结售汇“关注名单”后续管理的数据筛查方法，省外汇局予以肯定推广。

【保险市场】2014年末，唐山市保险机构有50家。全年保费收入145.69亿元，其中财产保险收入60.12亿元，同比增长14 %，人寿保险收入85.58亿元，同比增长6.90%，保费支出65.21亿元，其中财产保险支出32.33亿元，同比增长8.10%，人寿保险支出32.90亿元，同比增长19.10 %。

【证券市场】截至2014年末，全市有14家证券公司，32个营业部，从业人员562人。有9家期货公司，各有1家营业部，从业人员94人。共有期货交割场所4家。截至2014年末，证券投资者累计开户42.23万户，同比增长12.99%，累计完成A股和封闭式基金交易2820.24亿元，同比增长68.03%，客户交易保证金余额30.80亿元，同比增长114.96%，证券托管市值399.58亿元，同比增长50.76%，实现营业收入3.44亿元，同比增长37.55%，实现净利润1.50亿元，同比增长113.91%。期货客户开户数7479户，同比增长20.71%，实现代理交易量1107.35万手，同比增长16.67%，实现代理交易额7813.35亿元，同比增长5.57%，实现营业收入1625万元，同比降低25.37%，实现利润-53.75万元，同比增长274.33万。

（朝鲁孟）

中国人民银行廊坊市中心支行

【经济运行】廊坊市全年经济缓中趋稳、稳中有进，保持了良好的发展势头。截至2014年末，廊坊地区生产总值2056亿元，同比增长5.81%，全部财政收入406.70亿元，同比增长16.50%；公共财政预算收入累计完成250.50亿元，同比增长21.90%，总量和增速分别位居河北省第三位和第一位；全社会固定资产投资额达到1882.20亿元，增长19.30%；社会商品零售总额达到716.10亿元，增长12.30%；全市居民消费价格总指数101.60，同比回落1.70个百分点；商品零售价格总指数101.10，同比回落1.30个百分点；农业生产资料价格上涨1.50%；工业生产者出厂价格指数下降3.90%。

【金融运行】截至2014年末，全市各项存款余额3933亿元，较年初增加657亿元，增长20.05%，存款增量、增速分别位居全省第二、第一位；各项贷款余额2619亿元，较年初增加411亿元，增长18.59%，贷款增量、增速分别位居全省第二、第三位；人均储蓄4.71万元/人，存贷比66.58%，均位居全省第三位。金融运行特点：一是存款总量增势强劲，定期存款占比增加；单位存款占比增加；储蓄存款增长乏力。二是各项贷款平稳增长，贷款需求逐步回升。个人住房贷款稳步增长；企业流动性贷款需求旺盛；环首都经济增长极信贷投放强劲；对经济薄弱领域的信贷支持力度不断加强。三是利率水平下行，融资贵有所缓解。四是跨境人民币业务快速发展，激活企业数量显著提高。五是外汇收支保持顺差，利用外资外债持续增长。六是不良贷款率逐步降低，信贷资产不断优化。

【金融调控】稳健的货币政策得到有效落实。一是履行参谋助手职能，围绕产业转型升级、城镇化建设、涉外经济发展等积极建言献策，有效促进了金融与经济的深度融合。加强横向沟通协调，加大政银企对接力度。发挥统筹引领作用，统一金融系统的思想认识。不断加大金融支农、支小力度。促进小微企业融资产品和机制创新，加大现代农业支持力度。推进新型农业经营主体主办行制度，促进普惠金融发展，大力推进再就业小额担保贷款业务开展。二是着力促进地方法人机构稳健发展。完善信贷规划管理，积极争取政策倾斜，发挥货币政策工具作用，首次对村镇银行发放支农再贷款，实现了支农再贷款业务增量扩

廊坊市主要经济金融统计表

（2010~2014年） 单位：亿元

项 目	2010	2011	2012	2013	2014
国内生产总值	1331.10	1612.00	1793.80	1943.10	2056.00
第一产业（增加值）	157.40	174.20	198.20	202.30	205.50
第二产业（增加值）	712.30	880.20	968.60	1022.60	995.30
第三产业（增加值）	461.40	557.60	627.00	718.20	855.20
全社会固定资产投资	909.00	1088.70	1314.10	1577.80	1882.20
地方财政收入	195.40	251.40	306.60	349.20	406.70
地方财政支出	179.64	227.70	268.04	287.60	300.00
社会商品零售总额	413.60	486.30	562.10	637.40	716.10
居民消费价格指数（以上年为100）	103.20	105.40	102.80	103.30	101.60
进出口总额（亿美元）	39.70	45.02	56.67	62.58	57.13
进口（亿美元）	19.37	20.14	20.15	30.32	30.31
出口（亿美元）	20.33	24.88	36.52	32.26	26.82
全部金融机构各项存款（余额）	1997.00	2285.60	2712.40	3276.64	3933.47
单位存款	626.18	868.80	1035.95	1285.20	1592.56
财政存款	45.67	49.50	61.35	103.82	188.41
城乡储蓄存款	1168.50	1358.70	1586.10	1834.48	2071.80
全部金融机构各项贷款（余额）	1344.50	1568.50	1875.30	2208.48	2619.05
短期贷款	548.06	643.90	814.10	913.66	1025.09
中长期贷款	783.28	915.50	1046.39	1285.85	1575.43
现金投放（+）回笼（-）	143.90	163.09	102.93	112.99	83.43
全部保险机构保险费收入		56.11	55.00		
全部保险机构保险赔款支出（含满期给付）		9.67	13.00		

面，进一步激活了涉农地方法人机构信贷潜力。搞活区域票据流通，河北省小额票据贴现管理中心廊坊市分中心于2014年10月正式挂牌。三是积极推动京津冀金融协同发展。提出了廊坊市金融对接北京工作的若干建议，参加国家发改委牵头的京津冀协同发展专题调研座谈会，提出了“两个园区、三个体系、四项机制”为主体的系列发展建议。学习首都金融服务商会先进经验，提出的利用投资基金解决临空经济区融资建议被市政府采纳。四是区域金融稳定得到切实维护，加强金融风险监测排查。强化金融机构风险管理，严格落实重大事项报告制度；深化重点企业授信风险会诊工作，建立了主报告行制度；做好《存款保险条例（草案）》征求意见期间有关工作，及时向市政府进行了专题汇报，突出重点领域风险防范。开展银行卡收单业务专项治理工作，有效防范了非现金支付风险。强化大额现金管理，建立了大额现金备案制度。规范地方法人机构信息

安全管理。深化反洗钱工作，加强人员培训，促进了金融机构不断提高自身内控管理和洗钱风险防范能力。五是做好局部风险前期处置。对辖内部分企业因资金链断裂引发的连锁金融债权风险问题，采取果断措施做好风险处置工作；依法配合做好非法集资查处工作。积极配合市政府开展贵金属市场清理整顿工作，协助做好黄金佳公司涉嫌非法集资账户管控，控制资金 28.30 亿元，最大限度保护了集资参与者利益。六是深化“两管理，两综合”工作。规范开业管理，在营业机构的金融管理与服务准入项目开通了绿色审批通道。加强营业管理，组织全市银、证、保机构高级管理人员金融管理知识考试，不定期开展金融网点公示、告知等基础服务事项的现场巡查。加强国库系统运维管理，强化县支库操作流程管控，建立网格化检查体系，有效防范了国库资金风险。

【金融服务】金融服务和管理水平持续提升。金融法制和金融消费权益保护工作有序推进。广泛开展“六五”普法宣传活动，与市中院、仲裁委签署了金融法制环境建设合作框架协议，设立县级金融消费权益保护工作站，建立金融机构金融消费权益保护工作评估机制。支付环境建设持续深入。推进刷卡无障碍街区建设，试点商业街区机具布放量、刷卡消费比例快速提升。深化银行卡助农取款服务。科技保障能力不断增强。加强网络信息安全管理，建立了信息安全通报制度和机房巡检值班制度，推进金融 IC 卡在公共服务领域的应用。货币发行管理有效改进。建立发行库市县两级联网监督体系，有效提升了发行库非现场监督的时效性。经理国库职能得到提升，开通大额、紧急资金拨付、退库快捷通道，服务财税政策落实。推进国库集中支付电子化管理试点工作，全年共办理国库业务 112 万笔，完成国库收入 690 亿元、支出 606 亿元，通过国库集中支付电子化管理系统办理业务 1034 笔、金额 46 亿元。征信管理工作不断深化，推进中小企业信用体系试验区建设，探索开展了中小企业信用评级，为搭建中小企业融资平台奠定了基础。制定《征信非现场监管工作管理办法》，为现场监管提供了详实依据。完善公务卡管理，健全机关会议费、培训费和公务接待管理机制，深化节约型机关建设。开展事后监督综合分析，召开了全市会计核算质量管理专题会议，开展了会计核算“零差错”竞赛活动，全辖会计核算网点差错率明显下降。

【金融创新】金融统计和研究水平不断提升。深入推进“数”文化建设活动，开发的《金融统计数据上报与校验系统》在全省推广。保证会计核算和各支付系统安全稳定运行，建立了 ACS 系统业务操作、风险防控、危机处置等 6 项管理制度，填补了全省制度空白；加强金融机构日间头寸管理和账务核对工作，全辖会计核算成功率一直保持全省领先水平。深化内审工作转型，探索利用计算机技术完善审计手段，开发的《风险评估计算与制表工具软件》得到总行内审司肯定并在全国推广。

【外汇管理】外汇管理与服务有效改进。以外汇管理理念和方式“五个转变”为指导，落实外汇管理各项改革措施，简化程序、创新举措、提高效率，支持全市涉外经济持续健康发展。2014 年，全市国际收支总额 76.03 亿美元，收支顺差 12.63 亿美元，结售汇总额 42.31 亿元；办理外资企业外汇登记 16 家、投资总额 1.75 亿美元；办理境外投资登记 8 笔、协议投资总额 1.21 亿美元；办理外债签约登记 23 笔，金额 3.65 亿美元。

进一步落实货物贸易和服务贸易改革措施，建立敏感样本企业及重点企业监测管理制度，有效提高了非现场监测的针对性和实效性。完善个人外汇管理，重点关注个人分拆结售汇行为。推进资本项目改革，督促外汇指定银行落实责任，加强了对外汇指定银行、会计师事务所和企业的资本项目业务培训。健全跨境资金流动监测机制，制定了《跨境资金流动监测分析管理制度》，被省分局转发供全省借鉴。召开了全市汇率避险及贸易融资产品推介会，编印《外汇汇率避险及贸易融资产品案例选编》，有效服务涉外经济发展。

【保险市场】截至 2014 年末，全市保费收入 68.45 亿元，其中人身保费收入 42.08 亿元，财产保费收入 26.37 亿元。寿险公司退保率为 32.66%，财险公司赔付率为 42.61%，保险密度为 15.80 亿元 / 百万人。

【证券市场】截至 2014 年末，廊坊市 14 家证券营业部，从业人员共计 197 人，比年初减少 9 人。

投资者开户数12.73万人，较年初增加0.90万人户，客户交易结算资金14.88亿元。证券托管市值137.05亿元，比年初增加12.39亿元。营业收入1亿元，利润总额和利润净额分别为0.53亿元和0.49亿元。

（金柏林）

中国人民银行保定市中心支行

【经济运行】2014年，全市年生产总值2757.80亿元，比上年增长7%。其中，第一产业生产总值348.60亿元，第二产业生产总值1492.70亿元，第三产业生产总值916.50亿元。

一、国民经济总体呈现低位开局、逐季加速、回升向好的发展态势。全市生产总值第一季度增长4.60%，上半年增长6.30%，前三季度增长6.70%，全年增长7%。高于全省平均水平0.50个百分点，总量居全省第五位，增速居全省第六位。其中：第一产业平稳增长，增速为4%；第二产业持续回升，增速为6.80%；第三产业增长较快，增速为8.40%。三个产业的比重分别为12.60%、54.10%和33.20%。

二、工业生产平稳，投资和消费有所增长。工业生产平稳增长。全市规模以上工业生产呈现“W”型运行态势。年初高位开局（7.20%），一季度有所回落（5%），二三季度加快增长（6.10%），1~11月份略有回落（5.60%），全年稳步回升。全年完成增加值1007.20亿元，增长6.70%，高于全省平均水平1.60个百分点，总量居全省第五位，增速居全省第六位。固定资产投资步伐加快。一季度低位增长，增速0.40%；二三季度随着新开工项目的增加，投资逐月加快，增速仍低于全省平均水平；四季度持续加大投资力度，全年完成投资2172亿元，增速达15.60%，首次高于全省平均水平0.10个百分点。总量居全省第五，增速居全省第九。消费品市场增长较快。全市社会消费品零售总额增长呈现逐季加快态势。一季度增长12%，上半年增长12.20%，前三季度增长12.40%，全年实现社会消费品零售总额1355.90亿元，增长12.40%，总量全省第三，增速全省第六。

财政收入稳步增长。全市年财政收入326.10亿元，增长0.40%。其中，公共财政预算收入178.50亿元，增长6.90%，高于全省平均水平0.30个百分点。财税结构进一步优化，公共财政预算收入比重达54.70%，同比提高3.30个百分点：其中税收收入占比为70.50%，同比增加4.10个百分点。

三、城乡居民收入稳步提高，就业和物价保持稳定。全年城乡居民人均可支配收入14734元，同比增长10.80%，高于全省平均水平1.20个百分点，总量全省第七，增速全省第三。其中，城镇居民人均可支配收入21751元，同比增长9.60%，农村居民人均可支配收入9573元，同比增长12.20%。就业形势基本稳定。年末，全市城镇登记失业率4.02%，控制在了4.50%的年度目标之内。城镇新增就业人员9.20万人，超全年任务0.90万人。物价指数略有增长，物价稳中有降。全年居民消费价格总指数为101.50%，比上年回落1.20个百分点。其中，食品价格指数102.40%，同比下降4.70个百分点。

【金融运行】截至年末，全市金融机构本外币各项存款余额5008.62亿元，比年初增加598.45亿元、同比少增36.37亿元，年增速13.60%、同比下降3.20个百分点；各项贷款余额2250.92亿元，比年初增加363.48亿元、同比多增73.02亿元，年增速19.30%、同比增长1.10个百分点。存款增速下降较快，贷款增速略有提高。

【金融调控】人民银行保定市中心支行切实履行央行职责，加强、完善货币信贷政策疏导。

一、继续执行稳健的货币政策，支持地方经济发展。

（一）加强窗口指导，优化信贷结构。坚持“总量稳定、结构优化”的取向，引导金融机构积极落实国家宏观调控要求，贯彻执行好各项信贷政策，为地方经济平稳增长提供资金支撑，促进地方经济平稳较快发展。截至2014年末，本外币各项存款余额5008.62亿元，比年初增加598.45亿元；本外币贷款2250.92亿元，比年初增加363.48亿元。

（二）加强农村信用社后续监测考核，促进农村信用社健康发展。人行保定市中心支行组织相关科室与农村信用联社密切协同，加大对农村信用社的现场检查力度，现场考核了农村信用社在资本约束、内控管理、支农服务水平等方面主要监管指标，针对检查中发现的问题，提出了相应的整改措施。同时，督导辖区农村信用联社加大不良贷款处置力度，提高核心资本充足率和市场竞争力，加快股份制改造进程。

（三）促进贸易便利化，继续推进货物贸易改革各项工作。加强异常资金排查力度，扩大非现场核查范围，细致、深入开展重点监测企业的非现场监测工作，有效防范跨境资金流动风险。2014 年完成非现场核查重点企业监测 1135 家，完成 22 家企业现场核查工作，通过分类管理，提高了企业规范守法经营、规范管理意识。

（四）完善金融服务，推动金融扶贫工作有效开展。积极做好与政府的扶贫对接工作，引导金融机构充分利用扶贫担保基金，放大资金效益，帮助贫困群众发展生产。截至 2014 年 11 月末，保定市 9 个贫困县各项贷款余额 323.50 亿元，占县域贷款余额 23.70%，贷款增量为 34.80 亿元。人民银行保定市中支的金融扶贫工作得到人民银行石家庄中支行领导肯定，并在河北省货币信贷工作会议上作为工作经验予以推广。

（五）加大调研力度，提高分析和决策水平。信息调研工作重点关注国家各项金融政策的和地方特色经济发展，关注经济发展中的热点、焦点问题，找准选题方向，不断提高调研信息的质量和数量。2014 年共编发《参阅信息》126 篇，被天津分行和石家庄中支采用 39 篇，被地方政府采用 13 篇，其中 4 篇分别被总行和国办采用。

二、防范、化解金融风险，维护辖区金融稳定。

（一）加大对金融机构的检查力度，促其合法经营。对辖内部分金融机构开展综合执法检查，进一步推动其完善金融服务，规范性开展金融业务。强化新设金融机构申请加入人民银行金融管理与服务体系管理工作；利用金融稳定评估系统对全辖银行业金融机构进行了综合评价；对中信银行、市区农村信用社、保定商行的同业业务进行了现场督查，促进金融机构同业业务的健康发展。

（二）认真做好蠡县信用社托管工作。成立了“处置蠡县农村信用社风险工作领导小组”，负责统一领导蠡县农村信用社风险化解工作。先后出台了《中国人民银行保定市中心支行处置蠡县 27 家农村信用社流动性风险应急预案》《中国人民银行保定中心支行关于化解和处置蠡县农村信用社风险工作方案》等制度，为迅速有效处置蠡县信用社支付风险提供了有效的制度保障。2014 年 4 月 19 日，各信用社正常开门营业，没有发生储户挤兑等问题，接管、托管交接工作顺利完成。

（三）掌握风险状况，做好重大事项报告。全面掌握全市各金融机构的风险状况，及时有效的处置风险隐患，促进全市金融业持续平稳健康发展。及时向人民银行石家庄中心支行报送《关于易县高陌信用社柜员于宗学挪用库款情况的报告》，对发生的重大事项妥善处置并按要求及时上报。

【金融监管】 2014 年，保定银监分局紧紧围绕全年目标任务，大力推动深化改革、改进服务、化解风险、提升效能各项工作有效开展，促进辖区经济金融持续健康协调发展。

一、加强对金融机构风险管控，取得明显成效。

（一）政府融资平台贷款风险有效缓释。一是通过监管工作会、工作目标责任书等形式将银监会政策要求传达到位。二是配合地方政府，与市财政局、市人行等单位开展平台贷款现场检查，进一步规范平台贷款管理。三是加强动态统计、监测和分析，及时掌握“名单制”管理情况、风险程度和新增投向。四是加强与市政府汇报沟通，积极推进现有市级政府融资平台优化整合。截至 2014 年 10 月末，全辖平台贷款 25 户，金额 288.46 亿元，比年初增加 6.14 亿元，押品整改率 100%，比年初提高 0.80 个百分点。

（二）严密监控房地产贷款风险。以强化“名单制”管理、落实房贷政策为重点，推进房地产贷款风险防控。对 65 家企业建立“名单制”管理台账，配合市政府拟定商品房预售资金监管协议，对春节前后近京地区房地产信贷舆情进行跟踪监测，对3月下旬保定市房地产交易量价暴涨情况开展调查研究，组织开展房地产贷款业务现场检查，按季进行房地产贷款运行及风险分析，加强对房地产信贷的风险监测和预警。2014年9月末，全市房地产贷款余额481.10亿元，较年初增加93.41亿元，增长24.09%；不良贷款余额0.59亿元，不良率0.12%，资产质量整体较好，风险可控。

（三）积极防化产能过剩风险。落实银行业绿色信贷和节能减排信息和数据报送制度，建立河北省钢铁、水泥、平板玻璃企业名单贷款台账，转发《保定市2014年工业行业淘汰落后产能计划》，针对天威、英利两家上市亏损企业发债情况、天威集团贷款风险情况等进行了深入调查，督促各行高度关注产能过剩行业风险，制定化解预案，严格排查，建立台账，动态跟踪，锁定风险。全辖实现了不良贷款余额和比例“双控”目标要求。

（四）密切关注流动性风险。在严密防范法人银行业机构流动性风险的基础上，将蠡县27家高风险农村合作金融机构作为重点，加强日常监测、预警、分析，严防发生支付、挤兑风险，为风险化解工作打牢基础。2014年9月末，全市法人机构流动性比例55.84%，继续保持在安全区间。

（五）持续保持“案防”高压态势。组织银行业机构逐级签订“案防”目标责任书11563份，形成多层次、广覆盖的案件防控责任体系。完成银行业金融机构2013年“案防”工作评估，开展自助设备专项安全检查，转发落实银监会《案情通报》，组织参加“案防”新制度培训会，督促做好“协解”人员安抚工作，及时上报案件风险信息。配合公安机关妥善处理蠡县兴建农村信用合作社“朱左储蓄代办所”挪用客户资金案件，确保了银行业安全稳健运行。

（六）深入推进表外业务及其他风险防控。坚持表外业务逐月监测、按季分析机制，加强风险提示，进一步规范业务发展。配合地方政府开展防范和打击非法集资活动，有效隔离外部风险向银行业机构蔓延。完成2013年度信息科技风险评估工作，配合省局对保定银行信息科技风险进行了现场检查，督促地方法人机构加大信息科技风险防范力度，不断提高管理水平，及时准确报送EAST系统数据。

二、务实创新，严格执法，不断开拓工作新局面。

（一）充分运用创新成果，提高工作质效。一是深入推进标准化管理工作。对分局2013年重点创新工作——标准化建设执行情况进行督导评价，进一步规范工作流程，加强纪律约束，推进权力公开和阳光运行。二是完善量化积分考核和职业生涯管理。及时组织制度后评价，在考核指标、考核体系、分值设定合理性等方面不断优化改进，使其真正成为激发员工活力的有效抓手。三是研究集成现场检查队伍的方式方法。有效集成监管科室、监管办事处业务骨干开展联合检查，全年共开展现场检查26项，派出检查组62个，总工作量1769人天，查出问题156项，提出整改意见113条。四是制定《保定银行业机构高级管理人员履职量化积分考核办法》，有效落实银行业风险防控的第一责任，提升风险防控内生动力。

（二）完善制度机制，提升监测分析能力。一是制定《非现场系统接入管理办法》，确保新设机构非现场资料报送的及时性和辖区数据的完整性，被省局领导批示肯定；制定《监管统计数据共享管理制度》，推进信息共享，加强交流合作。二是坚持报表报送友情提示制度、二次审核制度、客户风险统计制度、季度分析例会制度、月度运行分析报告制度等，进一步夯实监管统计基础，持续提高数据质量。三是制订《政务信息管理办法》，改进调查研究方式，完善考核内容，提升调研工作的计划性、系统性和预见性，促进信息调研出精品、上台阶。

（三）落实简政放权政策要求，提高行政效能。开展制度修订和学习，重点做好与河北银监局取消、下放审批事项的衔接。编制《银行业监管法律法规读本》并向被监管机构公开，修订完善高管考试题库，组织分局内部开展“制度学习月”活动，两次组织银行业机构开展新行政许可制度培训。对分局审批事项，缩短审批时限，提高审批效率，全年共审核行政许可事项348项，换发金融许可证90张，完成对133名高管人员的履职考核。

（四）严格执法，提高监管威慑力。针对辖区部分农联社存在的未经监管部门批准，擅自变更分支机构营业地址、终止营业，高管人员未经核准到岗履职等严重违法违规行为，对经监管提示依旧未按要求整改的，分局依法启动行政处罚程序。在充分调查取证的基础上，经向省局进行情况汇报和政策咨询，并经分局法律顾问审核把关，依法按程序对安新联社等6家机构进行了行政处罚，共计罚款200万元。此举，有效打击了金融违法违规行为，维护了法律尊严。

【金融服务】 人行保定市中心支行不断提高金融服务水平，努力优化金融生态环境。

一、创新宣传手段，推动跨境人民币业务发展。创建"保定跨境人民币业务"微信公众账号，及时通报政策和业务最新动态，制定《保定跨境人民币业务微信平台管理规定》，对发布内容进行严格审批管理。石家庄中支王彦青副行长在河北省货币信贷跨境人民币业务工作会议上，对保定中支开通跨境微信公众平台的做法给予了肯定。

二、创新服务工作，为企业开通出口退税绿色通道。2014年6月11日，保定中支国库部门联合市国税局召开"开通出口退税绿色通道暨政策咨询会"，会上正式确定保定市19家重点出口企业享受出口退税绿色通道专项服务，实现保定市国税局当日开具《税收收入退还书》送达人民银行，人民银行国库部门当日将出口退税款拨付到出口企业。此举缩短了出口退税票据在途时间，有效缓解了出口企业的资金压力，受到企业的好评。

三、建立"保定中支国库"微信公众号，发挥国库服务社会、服务民生的作用。保定市中心支库利用微信平台创新宣传服务模式，建立"保定中支国库"微信公众号。设立政务公开、国债、国库知识三个板块，提供在线咨询、问题投诉、国债发行通知、办事指南等11项功能。定期发布最新政策解读和国库知识，扩大国债宣传受益面。同时，让办理国库业务的人员提前查阅有关内容，缩短办事时间，提高办事效率。

四、大力推进助农取款工作。持续深入改善农村支付环境，组织涉农金融机构召开改善农村支付服务环境工作专项会议，部署了2014年助农取款工作。总体要求是：以阜平县为试点，实现助农取款点功能的拓展和跨行跨区域的手续费减免。通过保定中支积极的沟通协调和督促指导，农行在阜平县铺设助农取款机具共计366台，其中304台跨行交易，覆盖了209个行政村，覆盖率达100%。同时，已全部铺开具有跨行交易功能的机具。截至2014年11月末，建立全辖助农取款点12022个，覆盖面达98%。

五、制定《保定市小额贷款公司金融统计管理暂行办法》，由保定市小额贷款组织试点工作领导小组办公室进行了印发，进一步规范小额贷款公司金融统计工作。《办法》明确了由人民银行保定市中心支行直接对小额贷款公司开展金融统计工作；同时明确统计工作流程与考评规定。该办法被人民银行石家庄中心支行正式文件转发。

六、建立征信知识宣传教育基地，着力提高大学生的信用意识。9月25日，在河北金融学院举行"征信知识宣传教育基地"揭牌仪式，通过人民银行在高校授课、义务宣传等方式加强与高校的交流与联系，实现优势互补与资源共享。征信宣传教育基地促进了征信知识宣传的制度化、规范化，是普及征信知识，提高在校大学生信用意识的一项重要举措，对诚信校园与和谐校园的建设起到了积极的推动作用。

【外汇管理】 全面贯彻落实国家外汇管理总局"五个转变"理念，进一步强化岗位整合及人员转型，不断探索提高非现场监测分析质量，创新监测方法手段，防范跨境资金流动风险。

一、加强货物贸易外汇管理，不断提升非现场监测水平。对"重点监测库企业"采取多种方式开展分析。筛选23家业务量大、指标有代表性的企业重点实施主体监管、全方位监测。对重点监管企业的货物贸易进出口收付汇差额、贸易信贷等收支情况进行动态监测分析，及时捕捉异常资金的新动向，有效防范异常外汇跨境资金流入，维护辖内经济稳定安全。同时结合对23家企业的监测管理，对2013年制定实施的主体监管制度进行了补充和完善。

二、强化服务贸易外汇收支监测分析工作，利用跨境资金流动监测与分析系统，做好核查工

保定市主要经济金融统计表

（2010~2014 年） 单位：亿元

项 目	2010	2011	2012	2013	2014
国内生产总值	2050.30	2449.90	2720.90	2650.60	2757.80
第一产业（增加值）	303.65	342.82	378.10	342.90	348.60
第二产业（增加值）	1064.11	1345.09	1495.90	1456.90	1492.70
第三产业（增加值）	682.54	761.99	846.80	850.80	916.50
全社会固定资产投资	1472.09	1565.66	1888.40	1905.50	2172.00
地方财政收入	206.11	265.93	311.28	324.76	326.06
地方财政支出	269.88	332.06	392.28	452.15	424.70
社会商品零售总额	852.70	1004.10	1161.30	1206.50	1355.90
居民消费价格指数（以上年为 100）	103.20	105.80	103.45	102.70	101.50
进出口总额（亿美元）	58.59	73.49	60.91	51.80	52.91
进口（亿美元）	15.33	19.85	13.19	11.40	13.56
出口（亿美元）	43.26	53.64	47.73	40.40	39.35
全部金融机构各项存款（余额）	2877.63	3248.38	3774.91	4410.17	5008.62
单位存款	577.59	890.97	1023.07	1249.87	1469.37
财政性存款	32.90	43.22	45.80	64.13	80.03
城乡储蓄存款	2024.33	2289.08	2664.40	3044.29	3388.92
全部金融机构各项贷款（余额）	1162.64	1352.33	1589.73	1887.44	2250.92
短期贷款	516.56	538.09	593.72	705.41	810.38
中长期贷款	622.04	799.69	961.69	1102.30	1297.99
现金投放（+）回笼（-）	98.37	100.59	45.48	10.29	-14.42
全部保险机构保险费收入	100.01	101.07	104.49	113.11	120.15
全部保险机构保险赔款支出(含满期给付）		21.64	26.38	40.55	53.78

作。充分利用基层局全面管理的优势，将非现场监测与现场核查相结合，通过联系电话、外汇交流 QQ 群、银行信息交换平台、深入实地调研等方式沟通信息，了解企业和银行在服务贸易改革一年后的业务情况，并及时反馈信息。截至 2013 年 11 月末，共筛查出 25 家企业并进行非现场核查分析，对其中 6 家进行了现场核查，对发现有关情况和问题进行的深入的分析，并形成了完整的监测分析档案。

三、加强个人外汇业务监测管理，促进各项政策落实。在加大对个人外汇业务的监测分析力度的同时，将监测分析与调研及现场核查密切结合。发现疑似分拆及违反其他规定的行为，及时对当事人及相关金融机构进行问询，必要时转入现场进行核查。2014 年，对白沟电子商务发展情况进行了调研，对中国银行网上银行汇款监督管理情况进行了专项调研，对 2 家银行出现网上汇款分拆情况、网上汇款超限额情况等进行了现场核查，对 4 家金融机构相关业务负责人进行了约谈。同时针对中国银行网点多、新增人员多的特点，组织了对中国银行个人业务进行了全面政策培训及现场业务操作指导，收到较好效果。

四、进一步转移资本项目工作重心，在强化事后监测、现场核查工作的基础上，加大信息调研力度。2014 年，保定外汇管理支局加强对资本项目外汇收支数据的监测分析，将重点放在银行办理的业务数据监测分析上，对保定市资本项目形势进行监测分析和风险预警，按季度形成《数据质量控制报告》和《境内主体资本项目交易行为分析报告》，对在业务办理过程中发现的 2 笔违规业务进行了移交处理。及时将监测、核查情况形成文字材料上报省局，较好地完成了各项新政实施情况反馈。2014 年，共上报资本项目政策反馈信息 9 篇，均被省局采用。

五、努力规范贸易融资业务管理，防范贸易融资风险。针对近年来部分金融机构贸易融资业务发展迅速、业务种类多样的特点，对保定辖区金融机构贸易业务开展及管理情况进行了全面调查。调查选取了 2 家国有商业银行、2 家股份制银行及 1 家法人机构、2 家业务量大的企业。对辖区金融机构贸易融资业务种类、业务审核要求、风险防范要求、管理保证措施等进行详细了解。对在调查中发现的有关问题与相关金融机构及企业进行交流，并提出整改意见或建议，借此规范对贸易融资业务管理，努力防范业务风险。

【保险业务】2014 年全年，保定市共有 46 家保险公司，其中财产险公司 21 家，寿险公司 25 家，分支机构 524 家，保险从业人员 3.50 万余人。保险公司总资产 313 亿元，比年初增长 2.70%。总保费收入 120.15 亿元，同比增长 6.22%。财产险总保费 43.43 亿元，同比上涨 18.44%，其中商业险 32.29 亿元，交强险 11.14 亿元，分别同比增长 21.79% 和 9.26%；人身险总保费 76.72 亿元，同比增长 0.57%。财产险累计赔款支付 19.29 亿元，人身意外险累计赔款 1.26 亿元，死伤医疗给付 2.24 亿元，满期给付 29.15 亿元，年金给付 1.84 亿元。全市保险行业缴纳及代收代缴税费 7.10 亿元，占全市公共财政预算收入的 3.70%，保险密度 1092 元 / 人，保险深度 4.35%，保费规模位列全省第三名。

（薛冀峰）

中国人民银行沧州市中心支行

【经济运行】2014 年，沧州市经济平稳健康发展，主要经济指标完成情况较好。

整体经济稳定增长。全市地区生产总值完成 3133.38 亿元，同比增长 8%。其中：第一产业增加值 317.74 亿元，增长 3.50%；第二产业增加值 1626.52 亿元，增长 8.80%；第三产业增加值 1189.12 亿元，增长 7.80%。工业经济较快增长。全市新增规模以上工业企业完成增加值 1302.80 亿元，增长 9.20%。其中：轻工业完成增加值 197.20 亿元，同比增长 9.20%；重工业完成增加值 1105.60 亿元，增长 9.20%。全市规模以上工业企业实现利税 560.65 亿元，同比下降 3.50%；实现利润 312.40 亿元，同比下降 12%。固定资产投资平稳增长。全社会固定资产投资完成 2728.90 亿元，同比增长 19.10%。其中：建设项目固定资产投资完成 2527 亿元，增长 19.90%；房地产开发投资完成 201.90 亿元，增长 9.40%。财政增势稳定。公共财政预算收入完成 189.70 亿元，增长 10.10%。公共财政预算支出 378.10 亿元，增长 7.30%。全市国税收入完成 238.90 亿元，同比下降 6.17%；地税收入完成 146.60 亿元，增长 5.47%。消费品市场繁荣。全市社会消费品零售总额完成 997 亿元，同比增长 12.50%。外经外贸较快发展。全市进出口总值 310384.90 万美元，同比增长 20.78%。其中出口完成 234203.52 万美元，同比增长 12.67%；进口完成 76181.39 万美元，同比增长 55.09%。全市直接利用外资 32974 万美元，同比下降 19%。

【金融运行】2014 年，沧州市金融机构人民币各项存款余额 3438.90 亿元，比年初增加 333.42 亿元，同比少增 81.66 亿元；各项贷款余额 1843.08 亿元，比年初增加 277.16 亿元，同比少增 17.88 亿元；存贷比例 53.60%，比年初增长 3.20 个百分点。从贷款投向看，中小企业贷款余额 868.03 亿元，比年初增加 109.59 亿元，占贷款总额的 47.10%，占企业贷款总额的 83.35%；

涉农贷款1037.54亿元，比年初增加164.13亿元，占贷款总额的56.29%。从贷款期限看，短期贷款余额878.68亿元，比年初增加68.01亿元，增长8.39%，同比少增88.08亿元；中长期贷款余额890.71亿元，比年初增加174.58亿元，增长24.38%，同比多增32.27亿元；票据融资余额73.22亿元，比年初增加34.11亿元。

【金融调控】 2014年，中国人民银行沧州市中心支行认真执行国家货币政策，切实维护金融体系稳健运行，会同政府有关部门和金融机构为促进地方经济平稳较快发展做出了新贡献。

一、积极传导货币政策，引导信贷合理适度增长。一是组织召开沧州市信贷工作座谈会，分析金融运行形势，安排部署全年信贷工作任务。二是与市金融办联合编发《金融情况专报》，为地方政府领导决策提供参考。三是按季组织召开沧州市房地产金融工作委员会联席会议，贯彻落实国家房地产调控政策，认真执行差别化住房信贷政策，加强房地产贷款的准入管理和贷后风险管控。

二、加强信贷调控，调整和优化信贷结构。一是加强信贷调控，优化信贷结构，支持实体经济健康发展；二是发挥再贷款、再贴现投向引导作用；三是全面做好扶贫开发金融服务；四是大力支持新型农业经营主体发展，建立新型农业经营主体主办行制度，加大对“三农”的信贷支持力度；五是做好小微企业及薄弱环节领域金融服务。

三、开展效果评估，提升信贷政策执行力。开展县域存款类金融机构涉农信贷政策和14家市级银行业金融机构中小企业信贷政策导向效果评估。

四、发展市场业务，活跃辖区金融市场。一是强化金融市场监督管理，以同业拆借市场、债券市场、黄金市场为重点，进行非现场监测。二是扩大直接债务融资规模，推进区域集优中小企业集合票据工作。

五、切实加强金融管理，有效维护辖区金融稳定。一是搞好农村信用社票据兑付后续监测，巩固改革成果。二是认真执行存款准备金和利率政策，提升管理水平。三是深入开展执法检查，规范金融机构经营行为。四是完善金融风险应对处置机制，推动监管机制建设。五是积极参与市政府组织的非融资性担保公司的清理规范及黄金佳事件处置工作。

【金融服务】

一、着力提升政务信息采编水平。紧紧围绕经济金融发展中的重点、难点、热点问题及趋势性、苗头性问题，深入基层、深入实际、紧贴业务，积极开展调研，为上级行和领导决策提供信息参考。上报的信息调研被中办国办采用1篇并被领导批示，总行采用8篇，省委省政府采用4篇，天津分行、石家庄中支采用94篇。

二、有序推进货币发行管理。制订《小面额现金供应实施方案》，加强券别调剂，保证现金供应；开展现金服务金牌服务工程，提高人民币收付服务水平。开展“法轮功”反宣币专项整治工作，组织全辖金融机构一线临柜人员反假货币上岗资格验证、颁发新证及相关培训工作，积极开展“反假走向蔚蓝·金融惠及渔民”活动，努力提高辖区人民币管理水平。全年调拨发行基金76次、金额172.14亿元，现金投放270.95亿元，货币回笼337.42亿元。

三、继续优化支付结算环境。督导沧州银行完成二代支付系统切换各项技术准备和财务公司电子商业汇票线上清算业务联调测试工作。完成17家分支机构银行机构代码信息变更工作，审核6家银行机构加入大小额支付系统、8家银行机构加入电子商业汇票系统。落实支付系统参与者考核与定期通报制度，强化非现场监管。编写了《ACS凭证填制指南》。

四、提高国库服务效能。在全省率先进行了乡镇财政国库集中支付制度改革，探索出乡级财政国库改革的“盐山模式”和“孟村模式”，提前一年实现乡镇财政国库集中支付制度改革全覆盖。在全省率先实现逐日导入代理国库区县级收入报表，保证了核算数据正确，提高了国库服务水平。继续深化国库直接支付财政补助资金工作，全年共办理直接支付政府补贴资金84183笔，金额3675万元。

五、不断推进社会信用体系建设。成立了沧州市社会信用体系建设领导小组。积极探索与农

沧州市主要经济金融统计表

（2010~2014 年）　　单位：亿元

项　目	2010	2011	2012	2013	2014
国内生产总值	2203.01	2600.00	2811.90	3013.00	3133.38
第一产业（增加值）	252.65	295.80	318.70	346.00	317.74
第二产业（增加值）	1117.07	1358.70	1479.10	1578.30	1626.52
第三产业（增加值）	833.29	945.50	1014.20	1088.80	1189.12
全社会固定资产投资	1448.09	1597.80	1950.10	2357.70	2728.90
地方财政收入	91.30	116.50	142.60	172.30	189.70
地方财政支出	207.84	260.20	304.90	346.10	378.10
社会商品零售总额	572.99	674.40	779.50	886.20	997.00
居民消费价格指数（以上年为 100）	103.30	105.10	102.70	102.70	101.80
进出口总额（亿美元）	16.78	21.48	23.34	25.70	31.04
进口(亿美元)	2.87	2.66	2.36	4.91	7.62
出口（亿美元）	13.92	18.82	20.98	20.79	23.42
全部金融机构各项存款（余额）	2037.00	2306.00	2699.00	3123.00	3447.00
企业存款	432.00	667.00	764.00	925.00	983.00
财政存款	36.00	60.00	51.00	51.00	84.00
城乡储蓄存款	1356.00	1553.00	1849.00	2097.00	2317.00
全部金融机构各项贷款（余额）	896.00	1093.00	1269.00	1572.00	1849.00
短期贷款	408.00	520.00	653.00	817.00	885.00
中长期贷款	452.00	533.00	574.00	716.00	891.00
现金投放（+）回笼（-）	-17.00	-26.00	-51.00	-60.00	-66.00
全部保险机构保险费收入	70.64	76.69	79.40	84.34	91.36
全部保险机构保险赔款支出（含满期给付）	6.29	7.78	18.51	29.78	40.12

村信用社“农信进万家”活动资料共享机制，完成 3 个乡镇共 93 个自然村 5944 户农户基本信息采集整理，石家庄中支贾广军副行长实地调研并给予充分肯定。与北京交通大学海滨学院就征信知识进入大学达成一致意向。全年发放新贷款卡 3262 个，年审贷款卡 10710 个，查询信用报告 26495 份。

六、优化提升统计服务功能。强化人员制度意识，认真落实制度规定，对统计数据的生产、报送、披露流程进行全面控制，严把数据质量关口。积极开展数文化建设，以横、纵两条线推动数文化建设向纵深发展。通过现场督导、座谈等形式，加强与试点行（社）沟通，切实保障辖内金融机构标准化工作落实，得到石家庄中支肯定。

七、大力开展跨境贸易人民币结算。召开沧州市跨境人民币结算工作第六次联席会议，开展跨境人民币业务宣传月活动，走访了洋紫荆油墨（河北）有限公司等企业，对部分企业的外资使用情况进行检查，保证其专户资金专项使用。全年跨境人民币业务实际收付 75.10 亿元，同比增长 72.9%。

【外汇管理】改进国际收支统计申报核查方式，全面提升数据报送质量。严把银行结售汇市场准入关，全年共办理银行申请经营即期结售汇业务市场准入备案 4 家、变更备案 6 家、开办远期结售汇备案 2 家；按季完成贸易信贷调查和出口换汇成本监测工作，按月完成外汇收支形势分析，提高对跨境资金流动的监测和分析能力；关注和推动资本项目外汇改革，改进资本项目外汇管理与服务；深化经常项目外汇管理改革，加强经常项下跨境资金流动监测；推动外资外债便利化改革，做好资本项目外汇管理与服务；完成对第一、二批案件线索企业的现场检查、对中行解放路支行、工行沧州福宾支行专项检查、对沧州建行系统外汇业务全面检查等检查，加大对违规问题的处理力度，全年立案 6 起，结案 6 起，收缴罚没款 6.9 万元，确保辖区外汇市场稳定。

【保险市场】沧州市保险业有序发展，金融服务体系日趋完善，保障作用逐步增强。

保险主体机构不断增加。截至年末，市级分支机构 44 家，其中寿险公司 21 家，财产保险机构 23 家，保险代理和中介机构 14 家；县级分支机构 347 家，其中寿险公司 242 家，财产险机构 105 家（保监局口径）。保险业务平稳增长。截至年末，全市保险机构实现保费收入 91.36 亿元，同比增长 8.32 %，其中财产险保费收入 40.62 亿元，同比增长 22.20%，人身险保费收入 50.72 亿元，同比下降 0.74%。支付赔款和各类给付 40.12 亿元，上缴税金 5.34 亿元，其中，代缴车船使用税 2.6 亿元。

【证券市场】2014 年沧州市证券业平稳有序发展，企业上市工作快速发展，证券期货业快速发展，直接融资功能不断增强。

证券期货业快速发展。截至年末，沧州市辖（7 家）证券营业部开户总数达到 160007 户，新增客户 26082 户，客户交易结算资金 9.76 亿元，较年初增加 5.17 亿元，证券托管市值 76.81 亿元，较年初增加 18.25 亿元，实现利润 3042 万元。直接融资规模进一步扩大。全年新增上市企业 18 家，其中，新三版 2 家，上市企业总数达到 70 家，当年新增上市直接融资 4.67 亿元。沧州市连续两年被省政府授予“上市贡献奖”。沧州大化成功实现公开增发 3486 万股，融资 3.64 亿元，成为国内资本市场近三年来第六家成功实现公开增发的企业。

（张美娟）

中国人民银行衡水市中心支行

【经济运行】2014 年，衡水市经济保持平稳较快发展态势，社会事业取得全面进步。初步核算，全市生产总值实现 1139 亿元，按可比价格计算比 2013 年增长 8.20%。其中，第一产业增加值 166.50 亿元，增长 2.70%；第二产业增加值 577.30 亿元，增长 8%；第三产业增加值 395.20 亿元，增长 11.20%。

全年粮食播种面积 59.10 万公顷，比上年增长 0.50%；粮食总产量 364.10 万吨，下降 2.20%。棉花播种面积 176.10 万亩，比上年下降 6.80%；棉花总产量 13.50 万吨，下降 5.70%。蔬菜播种面积 126.30 万亩，比上年增长 0.30%；蔬菜总产量 428.20 万吨，增长 1%。肉类总产量 39.20 万吨，比上年增长 0.70%；禽蛋产量 29.80 万吨，增长 0.10%；牛奶产量 11.30 万吨，增长 12.50%。农业产业化经营率达到 63.60%，比上年提高 0.90 个百分点。全年规模以上工业实现增加值 447 亿元，比上年增长 9%。有资质等级的总承包和专业承包建筑业企业 147 家，实现产值 128.40 亿元，比上年增长 7.70%。全年全社会固定资产投资完成 987.40 亿元，比上年增长 19%。施工项目 581 个，其中新开工项目 349 个。亿元以上项目 325 个，比上年增加 35 个。亿元以上项目完成投资 712.60 亿元，增长 33.10%。全年社会消费品零售总额 546.90 亿元，比上年增长 12.60%。全年进出口总值 36.70 亿美元，比上年下降 3.10%。其中：出口 31.30 亿美元，下降 2.30%；进口 5.30 亿美元，下降 7.40%。全年实际利用外资 21628 万美元，比上年增长 6.90%；其中外商直接投资 21506 万美元，增长 6.60%。全年全部财政收入 148.61 亿元，比上年增长 15.10%，其中公共财政预算收

衡水市主要经济金融统计表

（2010~2014 年）

单位：亿元

项　目	2010	2011	2012	2013	2014
国内生产总值	781.50	929.00	1011.50	1070.10	1139.00
第一产业（增加值）	153.20	174.10	189.00	176.40	166.50
第二产业（增加值）	396.80	488.90	523.30	559.70	577.30
第三产业（增加值）	231.50	266.00	299.20	334.10	395.20
全社会固定资产投资	476.40	567.20	677.60	830.10	987.40
地方财政收入	59.30	77.40	100.80	129.10	148.60
地方财政支出	108.80	132.20	157.50	179.60	234.40
社会商品零售总额	313.70	374.70	427.30	485.80	546.90
居民消费价格指数（以上年为 100）	102.60	105.30	102.50	102.90	102.10
进出口总额（亿美元）	20.70	29.00	32.40	34.40	36.70
进口（亿美元）	2.90	4.60	5.30	5.50	5.30
出口（亿美元）	17.80	24.40	27.10	28.90	31.30
全部金融机构各项存款（余额）	1154.30	1328.90	1577.50	1857.90	2110.30
单位存款	162.10	293.20	358.70	471.30	562.60
财政性存款	18.50	24.30	27.30	33.60	48.90
城乡储蓄存款	856.70	987.40	1162.10	1310.30	1466.10
全部金融机构各项贷款（余额）	457.60	574.00	709.30	890.70	1076.00
短期贷款	339.40	409.30	510.50	657.10	770.60
中长期贷款	110.30	150.80	184.40	225.80	298.20
现金投放（+）回笼（–）					
全部保险机构保险费收入	32.90	31.10	31.00	32.46	39.22
全部保险机构保险赔款支出(含满期给付）	7.00	6.60	10.80	12.83	14.64

入 79.72 亿元，增长 16.30%。公共财政预算支出 234.37 亿元，增长 26.30%。

【金融运行】 2014 年末，衡水市银行业金融机构人民币各项存款余额 2106.68 亿元，比年初增加 252.06 亿元，同比增长 13.60%，居全省第二位。其中，个人存款余额 1472.69 亿元，比年初增加 154.22 亿元，同比增长 11.70%，增速比上年同期回落 1.45 个百分点，个人存款占全部存款的比重由年初的 71.10% 下降到 69.90%。单位存款余额 560.95 亿元，比年初增加 90.43 亿元，同比少增 25.36 亿元，单位存款定期化明显，单位定期存款占全部单位存款的比重比年初提高 4.57 个百分点。

2014 年末，人民币各项贷款余额 1073.57 亿元，比年初增加 185.55 亿元，同比增长 20.90 %，居全省第一位，存贷比 51%，同比提高 3.08 个百分点。其中，短期贷款余额 768.27 亿元，比年初增加 113.73 亿元，同比少增 28.82 亿元，中长期贷款显著增加，中长期贷款余额 298.10 亿元，比年初增加 72.37 亿元，同比增长 32.10%，增速高于全部贷款增幅高 11.17 个百分点。制造业、批发零售业和交通运输业的新增贷款占全部贷款增量的 88.70%。涉农贷款余额 727.05 亿元，比年初增加 159.45 亿元，同比增长 28.10%。全市小微企业贷款余额 408.32 亿元，比年初增加 79.61 亿元，同比增长 24.20%，较全部企业贷款增速高 5.57 个百分点。

【金融调控】有效发挥窗口指导作用。准确把握执行稳健货币政策的力度、节奏和重点，通过召开信贷工作会、新闻通气会、加强日常考核、开展信贷政策导向效果评估、实施优惠政策等措施，贯彻落实稳健的货币政策，引导金融机构加大对地方实体经济支持力度。用活货币政策工具。举办培训班，对“常备借贷便利”“支小再贷款”等新型货币政策工具进行宣传。支持贫困县域地方法人金融机构的信贷需求，对武邑、阜城等 4 个农联社提供 1.60 亿元扶贫贷款规划支持。加大对“三农金融事业部”考核力度，对 8 家达标单位准备金率降低 2 个百分点。发挥再贴现、再贷款引导作用，累计办理再贴现 14 笔，金额 8.48 亿元；发放支农再贷款 1.04 亿元。下力量优化信贷结构。制定实施《金融机构支持小微企业考核办法》《鼓励金融机构提高存贷比 支持地方经济发展考核办法》，引导金融机构加大对涉农和小微企业的支持力度。实施定向调控管理，2014 年 6 月 16 日起，对符合审慎经营要求且“三农”和小微企业贷款达到一定比例的商业银行人民币存款准备金率下调 0.50 个百分点。拓宽企业融资渠道。引导企业利用短期融资券等方式进行融资，帮助冀衡、海伟、华德集团发行短期融资券 6 亿元。

【金融服务】以“数”文化建设为统领，全面推进金融统计标准化工作。发挥金融学会平台作用，围绕经济金融重点、难点问题开展课题调研，服务领导决策。协助市发改委起草了《关于加快衡水市社会信用体系建设的指导意见》，并在武邑县开展农村信用体系试验区建设。完成 ACS 接入第二代支付系统、ACS 系统客户端换版升级和 ACS 综合前置系统上线推广工作。推进银行卡助农长效机制建设，开展银行卡、农村支付结算知识宣传月活动。巩固“反洗钱工作风险管理年”活动成果，建立电子化、全覆盖的金融机构反洗钱监管档案。加强发行库安全管理，严格落实查库制度，开展现金服务“金牌工程”和“百县定投十城升级”活动。严厉打击非法使用人民币图案行为，开展反宣币专项整治活动，净化人民币流通市场。构建国债宣传长效机制，组织 7 家国债承销机构成立国债宣传队，开展了国债发行、兑付、反假等业务宣传月活动。积极推动金融 IC 卡在公共服务领域应用发展。深入企业进行走访调研，开展“一对一服务”，推动跨境人民币业务发展。积极做好金融知识宣传工作，组织辖内银行业金融机构开展了“3·15”金融消费者维权活动，举办第二届金融博览会。组建综合服务大厅，设立征信、账户、外汇、营业 4 个窗口。完善 9 项综合服务大厅管理制度，公开服务内容，简化各项审批流程，限时行政许可办理，实现“零障碍”服务，树立和维护了人民银行良好形象。

【金融创新】积极推进创新工作开展，把创新和“四争一创”作为实现争先晋位的重要抓手，修订了《中支机关综合考核办法》，对获得 A 级的科室和被上级行认可的创新项目实施奖励。创建征信宣传 QQ 群、开展反宣币集中收兑活动、制作《保密法实施条例》屏保等多项创新工作得到上级行的认可。《国库业务电子工具书》创新项目被石家庄中心支行国库处以文件形式认可。《ACS 运行管理及考评办法》《银行业金融 IC 卡推广应用工作通报制度》《内审项目质量督导控制制度》《高速公路安全调运基金操作规程》《拟任正科级干部任前廉情公示制度》等 10 项制度得到上级行的认可。实施国库人员循环式岗位轮换、创新青年志愿服务机制、加强中央空调开关监测等多个经验做法得到上级肯定。

【外汇管理】加强外汇业务管理，开展企业、个人外汇收支专项检查。通过举办跨境担保政策培训会、外资外债岗位工作人员培训等多种方式，向企业宣传外汇管理新政策。组织开展“诚信兴商”宣传活动，推动外汇业务开展。加快管理方式转变，开通货物贸易监测系统，完成资本项目信息系统第二期推广工作。制定《货物贸易重点企业联系制度》，提高外汇监管效能和服务效能。落实简政放权政策，推进年报方式改革，实施山会计师事务所代理企业申报数据，数据质量得到提升。稳妥做好结汇市场准入工作，对申请开办对公结汇业务的银行进行验收。做好国际收支统计申报核查工作，对部分银行国际收支申报情况进行现场检查。

【保险市场】2014 年末，全市共有保险公司 32 家，比上年增加 1 家。其中财产险 13 家；人寿险 19 家，增加 1 家。实现保费收入 39.22 亿元，比上年增长 20.80%。其中财产险保费收入 13.79 亿元，增长 23.40%；人寿险保费收入 25.43 亿元，增长 19.50%。各项赔款和给付 14.64 亿元，赔付率 39.20 %。

【证券市场】截至 2014 年末，衡水市共有五家证券营业部，2014 年共完成交易量 484.86 亿元，实现营业收入 6097 万元，实现净利润 3620 万元。2014 年末客户累计开户数为 9.27 万户，新增客户 7883 户。

（林　辉）

中国人民银行
邢台市中心支行

【经济运行】2014 年，邢台市经济保持平稳运行态势，实现生产总值 1668.10 亿元，按可比价格计算，同比增长 6%。其中，第一产业增加值 273.40 亿元，增长 5.70%；第二产业增加值 836.50 亿元，增长 5%；第三产业增加值 558.20 亿元，增长 8.10%。

工业生产增速稳步回升。全市规模以上工业增加值完成 610.20 亿元，同比增长 4.60%，呈现连续 9 个月逐月回升态势。其中七大优势产业完成增加值 410.10 亿元，同比增长 7.20%，增速高于规模以上工业增加值 2.60 个百分点。

固定资产投资平稳增长。全市固定资产投资完成 1647.10 亿元，同比增长 16.20%。其中建设项目完成投资 1495.20 亿元，同比增长 15.60%；房地产开发投资完成 151.80 亿元，同比增长 21.70%。大项目投资拉动明显，全市施工项目 1731 个，同比增加 116 个，其中亿元以上施工项目 610 个，同比增加 59 个，完成投资额 1025.90 亿元，增长 20.50%，快于全市固定资产投资 4.30 个百分点。

消费品市场总体平稳。全市社会消费品零售总额完成 787.80 亿元，同比增长 12.40%。其中城镇消费品零售额实现 614.90 亿元，增长 12.40%；乡村实现零售额 172.90 亿元，增长 12.40%。限额以上企业（单位）实现零售额 173 亿元，同比增长 22% 。

实际利用外资较快增长。全市实际利用外资完成 48600 万美元，同比增长 5.70%。其中外商直接投资完成 46547 万美元，同比增长 12.60%。全市新批三资企业 14 家，同比增加 2 家。

财政收入平稳增长。全市全部财政收入完成 174.40 亿元，同比增长 4.40%。公共财政预算收入完成 95.70 亿元，同比增长 6.40%；其中税收收入完成 72.90 亿元，同比增长 6.60%，税收收入占公共财政预算收入比重达 76.10%。

物价涨幅基本平稳。居民消费价格同比上涨 1.80%。在八大类消费价格中，除烟酒及用品类价格下降外，其余七类消费品价格均呈不同程度上涨。其中食品类、衣着类和娱乐教育文化用品及服务类价格上涨最多，分别上涨 3.20%、3.40%、2%。

【金融运行】2014 年，邢台市各金融机构认真贯彻执行稳健的货币政策，各项存、贷款保持快速增长，金融整体平稳运行；但存款增长压力明显，信贷供求矛盾加剧，产能过剩行业、房地产等领域风险上升。各项贷款同比少增，且新增贷款继续向个人倾斜，各项存款同比少增，尤其是储蓄存款增量减少，在投资活跃、企业销售和利润萎缩、居民就业和收入增速下降等因素影响下，存款增长前景堪忧。

一、各项存款持续增长，但居民储蓄、企业存款增长压力明显。截至年末，各项存款余额 2669.30 亿元，居全省第七位，比年初增加 272.10 亿元，同比少增 71.10 亿元，各项存款同比增长 11.40%，增速高于全省平均水平 0.60 个百分点，居全省第七位。居民储蓄、企业存款增长面临明显压力。

二、新增各项贷款高位回落，从历史周期看仍保持较快增长。对比上年同期：各项贷款同比少增，增速明显下降。截至年末，邢台市全金融机构人民币各项贷款余额1548.10亿元，比年初增加170.50亿元，同比少增39.90亿元，各项贷款同比增长12.40%，增速同比下降7.40个百分点，居全省第七位。

三、有效需求不足和信贷规模是制约企业信贷供求主要因素。受宏观调控、货币政策和地方产业结构矛盾影响，有效需求不足。由于邢台市支柱产业主要分布在煤炭、钢铁、建材、煤化、光伏、纺织等产能过剩行业，宏观调控导致的淘汰落后产能、污染治理压力较大，信贷政策对这些行业制约性较强，这些矛盾使信贷投放困难增加，有效需求不足。信贷规模的制约。一方面各金融机构均反映目前信贷规模无法满足企业信贷需求。另一方面信贷规模的总量限制，导致上级行信贷规模配额更加关注风险和收益，加深了地方产业结构和信贷政策矛盾对信贷投放的影响。

四、涉农贷款保持较快增长，截至年末，邢台市涉农贷款余额804.70亿元，同比多增126.10亿元；同比增长18.60%，高于各项贷款平均增速6.20个百分点；新增涉农贷款占各项贷款增量74%，同比提高11.40个百分点。

五、截至年末，邢台市小微企业贷款余额435.50亿元，占全部企业贷款45.60%，同比上升6.80个百分点；比年初增加89.50亿元。

【金融调控】稳健的货币政策得到有效贯彻落实。

一、加强“窗口指导”，引导信贷资金更多投向实体经济。开展涉农和中小企业信贷政策导向效果评估，提升政策执行效果。联合有关部门举办“金融大讲堂”系列活动，宣传解读金融政策与央行业务知识，扩大了人民银行的社会公信力和影响力。巨鹿、广宗、宁晋支行通过开辟媒体专栏、组织银企对接、制作电视专题片等形式强化政策宣传，为各项调控措施在辖区的有效落实创造了良好的外部环境。

二、加强对地方法人金融机构贷款增量的监测和调控，促进了信贷投放合理、适度增长。稳步推进农业银行“三农金融事业部”改革，认真落实定向降准政策，合理运用再贷款、再贴现等货币政策工具，引导金融机构加大对“三农”、中小微企业等薄弱环节的支持力度。

三、做好银行间市场债务融资工具的宣传推介工作，支持实体经济多元化融资需求。

四、加强跨境人民币业务宣传、监测与核查，成功办理河北省首笔跨境对外借款业务和全市首笔资本项目股权转让跨境结算业务，推动了跨境业务快速增长。

五、稳步推进“两综合、两管理、一保护”工作。加强开业管理和营业管理，核准7家金融机构加入人民银行金融管理与服务系统。扎实开展综合评价和综合执法工作，维护了人民银行管理权威。

六、加强金融风险监测分析与评估处置。强化对地方法人金融机构的风险监测、评估拍卖托管资产，组织做好11家典当行再贷款损失的核销账务处理。配合市政府制定出台《邢台市打击和处置非法集资工作操作流程》，协调银行机构对涉嫌非法集资的银行账户进行监测和预警，密切监测存款类金融机构流动性指标，防止出现大规模存款搬家现象，切实维护了辖区金融安全稳定。

【金融服务与金融创新】金融服务功能与金融创新进一步健全完善。一是扎实做好各项制度性金融统计调查，夯实金融统计工作基础。建立经济调查双向承诺制度，相关做法被人行石家庄中支调查统计处转发全省。以学会建设为平台，认真开展课题研究，有效服务了领导决策。二是制定《ACS邢台市运管中心业务操作管理办法》，推广ACS综合前置子系统，确保二代支付系统安全稳定运行。制作“ACS教学微课系列”，相关做法得到总行支付结算司肯定，并作为远程培训教材在全国推广使用。继续深化助农取款服务长效机制建设，优化了农村支付环境。内丘支行推行助农取款服务点星级管理工程，取得良好效果。三是做好国库基础核算，深入开展“严规防创”活动，促进了国库工作质量和服务水平双提升。研发“国库会计凭证打印程序”，提高了国库业务处理效率，被石家庄中支国库处转发全省。四是做好发行基金调拨和现金供应工作，开展现金服务金牌工程建设活动，推行小额货币兑换主办网点制度，加大金融机构现金全额清分工作力度，推进冠字号码查询分类贴标工作，人民币管理工

邢台市主要经济金融统计表

（2010~2014 年）

单位：亿元

项 目	2010	2011	2012	2013	2014
国内生产总值	1210.60	1426.30	1532.00	1604.60	1668.10
第一产业（增加值）	189.50	218.80	240.40	265.60	273.40
第二产业（增加值）	674.30	793.40	829.50	846.10	836.50
第三产业（增加值）	346.80	414.10	462.10	492.90	558.20
全社会固定资产投资	1020.40	1048.90	1186.50	1417.70	1647.10
地方财政收入	132.90	151.40	170.90	167.10	174.40
地方财政支出	169.80	213.10	244.30	257.50	294.30
社会商品零售总额	454.60	542.10	617.60	700.90	787.80
居民消费价格指数（以上年为 100）	103.20	105.20	102.70	103.40	101.90
进出口总额（亿美元）	18.19	21.80	17.52	18.30	20.76
进口(亿美元)	8.57	10.20	6.82	6.20	5.16
出口（亿美元）	9.62	11.60	10.70	12.10	15.60
全部金融机构各项存款（余额）	1579.03	1824.67	2053.80	2397.20	2669.30
企业存款	309.60	522.69	559.03	676.80	753.90
财政存款	21.50	30.34	24.59	33.40	45.60
城乡储蓄存款	1092.09	1259.41	1454.71	1655.90	1848.70
全部金融机构各项贷款（余额）	814.13	946.89	1164.04	1377.60	1548.10
短期贷款	393.38	429.87	545.96	653.90	751.20
中长期贷款	340.49	443.50	533.31	658.40	742.50
现金投放（+）回笼（-）	+75.69	+56.31	+30.04	+15.00	+17.33
全部保险机构保险费收入	45.73	41.82	41.99	47.71	53.92
全部保险机构保险赔款支出（含满期给付）	10.25	7.81	12.06	17.35	24.92

作进一步加强。五是加强信息安全管理，做好系统维护和科技保障工作。稳步推进金融标准化和金融 IC 卡推广应用。创新光纤直接接入办公网布线技术，得到了石家庄中支科技处肯定。六是组织系列征信宣传活动，与市检察院建立信息共享机制，大力推动社会信用体系建设。威县农村信用体系建设试点工作取得新成效，已列为全省“综合改革试点县”的 13 项改革内容之一。七是做好反洗钱专项检查和反洗钱风险现场评估工作，加强洗钱类型分析和风险预警，积极探索推行现场巡访制度，反洗钱职能得到切实履行。八是加强政务信息、综合文秘、档案管理、督查督办、新闻宣传、公文管理、后勤保障等基础工作，综合办公效率和后勤服务效能不断提升。认真开展法律服务和监督工作，推进依法行政，中心支行被评为“河北省依法行政示范机关”

【外汇管理】 外汇管理与服务水平进一步提升。加强货物贸易、服务贸易外汇管理和银行贸易融资管理，巩固外汇改革成果。修订完善《邢台市资本项目外汇管理内控制度》，加大外汇业务现场核查和检查处理力度，全年立（结）案10起，收缴罚（没）款48.80万元。特别是把个人分拆购汇作为外汇检查一项重要内容，查处7起个人分拆购付汇案件，落实行政处罚8.30万元，分别占全省查处案件数量、处罚金额的77.80%和63.80%，实现了全省个人分拆结售汇案件处罚“零”的突破，得到省局肯定。在辖区外汇系统深入开展“转型提素”活动，组织科室人员到外汇指定银行学习培训，有力提升了外汇管理和服务水平。

【保险市场】2014年邢台市保险行业坚持科学发展观、努力构建和谐社会、增强行业偿付能力和服务水平为总的指导方针，围绕“自律、维权、服务、交流”的宗旨，在行业自律、落实保险业“三个工程”等方面职能得到切实履行。

一、基本情况。邢台市保险行业36家，其中产险公司18家，寿险公司18家。

二、承保情况。截至年末邢台市保险机构原保费收入53.92亿元。其中财产险原保费收入23.14亿元，同比增长19.85%；人身险保费收入30.77亿元，同比增长10.23%。

三、理赔情况。截至年末邢台市保险机构赔款金额（含给付）24.92亿元。其中财产险赔款10.41亿元，同比增加19.66%；人身险赔款（含给付）14.51亿元，同比增加67.36亿元。

【证券市场】2014年邢台3家证券公司的四个营业部，全体员工坚持以“团结、责任、目标、服务”为工作目标，创新发展，优化管理模式，较好地完成了工作目标。截至年末，员工人数97人，证券账户17.97万户，资金账户12.26万户，托管市值46.36亿元，全年累计交易金额671.33亿元。

（陈月彬　刘振强）

中国人民银行
邯郸市中心支行

【经济运行】2014年，邯郸市经济总量3080亿元，比上年增长6.50%，其中：第一产业实现增加值403.10亿元，增长3.70%；第二产业实现增加值1543.50亿元，增长5.30%；第三产业实现增加值1134.40亿元，增长9.40%。农林牧渔业总产值745.50亿元，比上年增长3.60%，增速比2013年加快0.40个百分点；实现增加值403.10亿元，增长3.70%，加快0.70个百分点。规模以上工业增加值1205.10亿元，比上年增长5.10%。服务业增加值1133.40亿元，比上年同期增长9.40%。固定资产投资3090.70亿元，比上年增长16.10%。2014年，社会消费品零售总额1228.90亿元，比上年增长12.30%。2014年，财政收入305.20亿元，比上年增长1.30%。

【金融运行】2014年，邯郸市金融机构人民币各项存款余额3747.58亿元，同比增长9.21 %。各项贷款余额2364.84亿元，同比增长12.88%。实现信贷投放269.86亿元，同比多增22.82亿元。2014年邯郸市分行业贷款总额2267.97亿元，较年初增加228.80亿元。批发和零售业贷款余额500.13亿元，较年初增加72.28亿元，增幅16.89%，增量占比31.59%；制造业贷款余额628.70亿元，较年初增加19.62亿元，增幅3.22%，增量占比8.57%；采矿业贷款余额105.58亿元，较年初增加16.62亿元，增幅18.68%，增量占比7.26%；农、林、牧、渔业贷款余额69.75亿元，较年初增加14.39亿元，增幅16.45%，增量占比6.28%。科学研究和技术服务业贷款余额4.79亿元，较年初增加3.06亿元，增幅176.83%；住宿和餐饮业贷款余额18.33亿元，较年初增加6.94亿元，增幅60.99%；租赁和商务服务业贷款余额16.61亿元，较年初增加5.92亿元，增幅55.47%。涉农贷款余额1179.60亿元，增量173.57亿元，增幅17.25%；小型企业贷款总额658.97亿元，较年初增加159.46亿元，增量占比124.40%；增幅31.92%。邯郸市金融机构表外融资余额1044.69亿元，较年初增加15.81亿元。

【金融调控】制定《关于邯郸市金融支持节能减排，治理大气污染指导意见》，引导金融机构支持和改进节能减排、治理大气污染金融服务工作。加强法人金融机构信贷规划管理工作，实行贷款投向“清单制”管理，引导全市地方法人金融机构合理把握信贷投放总量和节奏，加大对实体经济特别是“三农”和中小企业的信贷投放力度。组织开展2013年全市涉农和小微企业信贷政策导向效果评估，提高评估科学性，提升资金使用效率。充分发挥货币政策工具作用，提高金融服务经济能力，协调成立河北省小额票据贴现管理中心邯郸市分中心，有效缓解小微企业融资难问题。截至2014年12月末，对峰峰矿区农联社等7家金融机构办理再贴现64笔，金额14.40亿元，向成安农联社等16家金融机构发放支农再贷款40笔，金额14.18亿元，解决金融机构流动性困难，满足其支持“三农”信贷投放需求；向邯郸银行发放支小再贷款，金额7亿元，有效降低了小微企业融资成本。探索信贷政策实施新方式，改善民生金融，以邱县为试点地区，邯郸银行为试点单位，在全省率先实施农村土地承包权抵押贷款新模式，邯郸银行已经向6家涉农企业发放专门针对土地流转的“致富流转贷”贷款1550万元，该项工作信息被《河北省金融支持新农村建设工作简报》2014年第2期和石家庄中支《参阅信息》2014年第71期刊发。建立扶贫基础数据库，为下一步开展金融扶贫工作打好基础。加强专项票据兑付后续监测，组织对辖内涉县等17家联社进行后续监测现场检查。推动金融市场健康发展，积极推进企业直接融资，与市金融办、市银监分局联合召开债券业务培训会，组织银行、中介和企业进行了对接。对邯郸银行和邯郸县、永年县、武安市、涉县四家农村信用联社银行间市场业务现场检查。做好少数民族特需商品优惠利率贷款管理，对8家少数民族特需商品定点生产企业利差补贴785.17万元，减轻了企业的财务负担。

【金融服务】推动跨境人民币业务发展，支持涉外经济发展。截至2014年12月，邯郸市已有8家金融机构开办跨境人民币业务，共办理跨境人民币业务517笔，实收实付总金额81.92亿元，比上年同期上涨了146.50%。举办邯郸市金融系统“数”文化建设与金融统计知识竞赛活动。制定《邯郸市金融统计数据错情通报制度》，开展金融统计专项检查。圆满完成金融统计14位编码工作，邯郸市中小金融机构自11月起报送14位标准化机构编码统计数据。深入开展统计调查分析，完成工业企业景气调查、银行家问卷、全国城镇储户问卷调查等制度性调查工作及钢铁行业专题调查工作，调研分析的针对性、有效性不断提高。印发《金融运行情况专报》11期，被市县两级政府有关领导批示四次，10月份《金融运行情况专报》被市委书记高宏志批示。联合市发改委、工信局召开邯郸市银企对接暨融资服务平台推介会，拓宽中小企业融资渠道。进一步加强征信系统管理，提高使用效率。开通个人信用报告互联网查询功能，开通企业征信系统“关联产品查询”和“对公业务重要信息提示”功能，为金融机构和社会公众提供便捷的查询服务。扩大征信系统数据库机构，帮助指导武安村镇银行等小微机构接入征信系统。全年，全辖办理金融机构分支机构新接入企业征信系统共28家；受理查询个人和企业信用报告60240份；年审贷款卡10363份，新办贷款卡2925份，发放机构信用代码证15000多份。完成55家支付系统间接参与者审核工作，对143名支付从业人员进行培训考试，协助邯郸银行开通大、小额质押业务。组织实施ACS与二代支付系统连接和升级维护工作，确保系统安全、稳定运行。加强中央银行会计核算电子对账系统管理，采取强化督导和定期考核相结合的方法，提升对账质量和效率，防范资金风险。完成中央银行会计核算数据集中系统综合前置子系统推广上线工作。加强人民币银行结算账户系统的监督管理，完成对建设银行、中信银行邯郸分行的现场检查。强化银行卡安全管理，对辖内第三方支付机构2014年银行卡收单业务进行专项执法检查。大力推进农村支付服务环境建设，在全省率先实现农村居民社会保障卡跨行取款免手续费。制定《邯郸市银行卡商户收单业务发展补偿办法》，鼓励银行和第三方支付机构深入农村地区以银行卡助农取款等方式开展，提升农村支付服务水平，取得显著成效，截至12月末，全辖农村地区新增商户1215家，新增POS1215台，机具补偿18150元。建立农村地区新型助农金融服务站近400个，初步解决了银行卡助农取款业务不能跨行取款问题。认真落实“现钞业务管理责任落实年”活动，有力推动现金服务金牌工程，全辖确定现金服务直通车联系单位291个。进一步规范人民币收付业务，完成168个金融机构营业网点人民币收付业务专项检查。

【金融创新】探索信贷政策实施新方式，改善民生金融，以邱县为试点地区，邯郸银行为试点单位，在全省率先实施农村土地承包权抵押贷款新模式，邯郸银行已经向6家涉农企业发放专门针对土地流转的“致富流转贷”贷款1550万元，该项工作被《河北省金融支持新农村建设工作简报》2014年第2期和石家庄中支《参阅信息》2014年第71期刊发。做好少数民族特需商品优惠利率贷款管理，对8家少数民族特需商品定点生产企业利差补贴785.17万元，减轻了企业的财务负担。《金融时报》以《人行邯郸市中支多措并举优化金融服务环境》为题，报道邯郸中心支行疏通货币政策贯彻渠道，支持地方经济发展经验做法，国内多家主流媒体网站进行了转载。联合多家银行开展“打击地下钱庄、网络炒汇、非法买卖外汇”专项活动，丰富了外汇检查手段，积累了经验，邯郸市中支外汇检查创新工作经验被《金融时报》转载。积极开展区域外汇收支运行形势分析，建立外汇形势分析等四项会议制度。开展与外汇指定银行的交流跟班培训机制，累计对24名骨干进行了交流跟班培训，效果良好。印发《金融运行情况专报》11期，被市县两级政府有关领导批示四次，10月份《金融运行情况专报》被市委书记高宏志批示。大力推进农村支付服务环境建设，在全省率先实现农村居民社会保障卡跨行取款免手续费，使全市15个县，5223个行政村的425万参加基本养老保险的农民受益，为全市农户每年节省手续费600余万元，工作经验被《金融时报》《河北日报》等媒体报道。制定《邯郸市银行卡商户收单业务发展补偿办法》，鼓励银行和第三方支付机构深入农村地区以银行卡助农取款等方式开展，提升农村支付服务水平，取得显著成效。深入推进“责任落实年”活动，形成了以权力监督和制约为重点，涵盖业务运转全过程、风险可控、措施有力的内部风险控制体系，全面提升风险监管防控水平，全辖共排查岗位风险点671个、制定有针对性的风险防范措施572项，修订制度156项、废止制度56项、新增制度26项，形成中心支行机关电子版《内控制度汇编》，该项活动情况在石家庄中支网页全文登载。邯郸市中支在天津分行内审工作会上作题为《更新理念，探索提升，推进内审工作全面转型》经验交流。强化核算业务监督，有效防范资金风险。制定实施《重大事项报告制度》《会计核算责任细分及追究暂行办法》等系列制度，强化风险管理，细化责任追究，《ACS会计资料传递办法》被石家庄中支事后监督中心网站刊发。积极推进邯郸市金融IC卡收费停车场项目建设，建立邯郸市阳光新世纪超市和滏东美食林超市两大金融IC卡非接商圈，组织开展“邯郸市非接小额支付示范商圈启动暨宣传推广周”活动，为社会大众提供更快捷、更安全的支付结算方式，做法被河北省科技工作简报第68期刊登。施行“一推二发三管理四考核”“四位一体”金融机构代码证推广应用管理工作模式，做法被河北科技简报第60期刊用。适时开展“保卫制度培训月”活动，深化遵规守纪意识，强化保卫技能升级，着力提升保卫队伍整体建设水平。经验做法分别被人民银行总行保卫局《安全保卫工作简报》(总第93期)刊登和石家庄中支安全管理网页刊发。全力做好政务信息和调研工作，提高信息反馈的针对性和及时性，上报的政务信息被国办采用1篇、总行采用5篇、天津分行采用30篇、石家庄中支采用38篇、省委省政府采用8篇。加强应急管理，完成邯郸中支应急预案第二轮评估工作，进一步提高了应急预案的有效性、针对性和可操作性。提升创新工作管理水平，修订了《邯郸中支创新工作管理办法》，确定2014年中支科室创新工作项目21项，县支行创新项目22项，以创新工作为龙头，带动全行各项工作再上新台阶。

【外汇管理】开展资本项目事后专项核查3次。施行外商投资企业年报制，完成辖内132家外商投资企业年报审核，企业参检率及通过率均达到

邯郸市主要经济金融统计表

（2010~2014 年）　　单位：亿元

项　目	2010	2011	2012	2013	2014
国内生产总值	2361.60	2787.40	3023.70	3061.50	3080.00
第一产业（增加值）	308.00	349.80	383.90	409.60	403.10
第二产业（增加值）	1280.30	11527.40	1620.80	1572.20	1543.50
第三产业（增加值）	773.30	910.20	1019.00	1079.70	1133.40
全社会固定资产投资	1835.10	1985.40	2292.10	2661.20	3174.10
地方财政收入	244.20	303.70	329.00	301.20	305.20
地方财政支出	263.86	329.22	365.70	357.20	397.50
社会商品零售总额	717.20	845.2.20	963.20	1094.20	1228.90
居民消费价格指数（以上年为 100）	102.90	105.60	101.90	103.00	102.10
进出口总额（亿美元）	30.98	38.47	37.20	36.10	35.70
进口（亿美元）	21.95	24.32	22.50	22.40	19.10
出口（亿美元）	8.84	14.15	14.70	13.67	16.60
全部金融机构各项存款（余额）	2131.50	2533.96	2960.14	3431.49	3747.60
单位存款	416.19	884.83	1038.25	1311.04	1383.20
财政性存款	342.25	52.28	76.20	44.81	54.20
城乡储蓄存款	1373.06	1569.11	1812.03	2014.17	2251.70
全部金融机构各项贷款（余额）	1318.74	1535.08	1874.58	2094.98	2364.80
短期贷款	676.02	799.97	1132.50	1323.57	1433.30
中长期贷款	642.72	662.80	675.61	714.48	831.10
现金投放（+）回笼（-）	63.27	25.25	10.13	6.22	-21.98
全部保险机构保险费收入	74.70	66.65	65.60	72.22	81.10
全部保险机构保险赔款支出(含满期给付）	11.90	21.45	19.70	45.92	30.20

100%。做好国际收支数据申报工作，对光大银行、建设银行邯郸分行及邯郸银行进行了现场核查。建立货物贸易辅导期企业管理服务新模式，制定实施《货物贸易辅导期企业服务与管理的办法》，做法被石家庄中支刊载。积极开展外汇检查，分别对 5 家银行的 13 个分支机构及 19 家涉外企业开展了转口贸易、贸易融资，个人结售汇，银行代客结售汇，资本金结汇等外汇业务专项检查，促其依法合规经营。联合多家银行开展“打击地下钱庄、网络炒汇、非法买卖外汇”专项活动，丰富了外汇检查手段，积累了经验，邯郸中支外汇检查创新工作经验被《金融时报》转载。规范金融机构准入管理，为邯郸银行开通了外汇业务系统，批复中国人民财产保险股份有限公司邯郸市分公司开办外汇保险业务，完成华夏银行邯郸分行等 8 家金融机构标识码申领工作和银行结售

汇备案工作。探索建立重点主体大额贸易信贷差别化管理办法，强化对大额资金跨境流动的监控。积极开展区域外汇收支运行形势分析，建立外汇形势分析等四项会议制度。开展与外汇指定银行的交流跟班培训机制，累计对24名骨干进行了交流跟班培训，效果良好。截至2014年11月末，邯郸市国际收支涉外收付统计申报24191笔，金额44.30亿美元；货物贸易进口20.61亿美元，同比减少14.76%，贸易出口16.89亿美元，同比增长14.74%。

【保险市场】 邯郸市有保险机构44家，其中财产保险19家，人寿保险25家。2014年全部保险保费收入81.10亿元，其中财产保险27.50亿元，人寿保险54.60亿元。保险保费支出30.20亿元，其中财产保险支出13.90亿元，人寿保险支出16.30亿元，保险密度856元。

（房 卫）

国家外汇管理局河北省分局

【概况】 2014年，国家外汇管理局河北省分局外汇管理系统紧紧围绕党的十八大、十八届三中、四中全会精神，以外汇管理理念和方式“五个转变”为指导，认真贯彻落实全国外汇管理工作会议和分局长高级研修班精神，按照国家外汇管理局各专业工作部署，紧密结合河北实际，扎实推进外汇管理重点领域改革，着力防范跨境资金流动风险，积极推动管理方式转型，努力改善外汇服务，圆满完成了全年工作任务，各项工作取得了良好成效。

【深化外汇改革，促进贸易投资便利化】 围绕国家外汇管理局推进外汇管理重点领域改革的统一部署，结合河北实际，推动各项改革政策在河北得到了有效的贯彻落实，进一步提高了贸易投资便利化水平。一是推进资本项目外汇管理改革。扎实做好2014年推出的外债转贷款、跨境担保等资本项下改革政策实施落实工作，促进投资便利化。多渠道、分批次、有重点地开展针对银行、企业的政策宣传和培训，保证了改革政策理解、执行到位。在全省范围内共组织资本项下外汇管理政策和业务培训50余场，银行、企业参训4000余人，实现了重点企业和银行全覆盖。密切跟踪改革政策实施效果，积极向国家外汇管理局反馈政策执行情况、存在的问题，并提出对策建议，有7篇上报信息被国家外汇管理局采用。认真落实外汇年检改革为年度申报的工作要求，扎实开展外商投资企业外汇年报工作。河北省应参报企业2313家，实际参报2163家，参报率为94%；审核通过2147家，通过率为99%；参报率和通过率均处于较高水平。同时，选取了40家样本企业开展抽样调查，积极探索外汇年报由普查向抽样调查转变。二是深化货物贸易外汇管理改革。认真做好货物贸易外汇管理改革后续各项工作。一方面，做到政策培训常态化。2014年，河北省分局与商务厅等7部门联合组织开展全省外贸政策实务培训，共举办10场，企业参训人员5000余人。另一方面，积极探索完善货物贸易管理措施。建立“敏感样本企业库”和“重点联系企业库”制度，对入库企业实行专人定期联系和业务指导。制定《货物贸易辅导期企业服务与管理操作办法》《货物贸易外汇非现场监管风险防范提示制度》，在外汇管理局2家中心支局进行试点，取得了初步成效。三是深化服务贸易外汇管理改革。认真做好服务贸易外汇管理改革后续各项工作。圆满完成“服务贸易外汇监测系统”和“外汇保险监管报表系统”全省上线任务，举办了全省培训班，提高服务贸易风险监测水平。通过实地调研和问卷调查，对服务贸易改革以来的政策实施效果进行跟踪评估，撰写上报《服务贸易改革一周年银行执行外汇政策调查报告》。积极参与国家外汇管理局《个人外汇管理办法实施细则》和《服务贸易非现场核查工作制度》修订、“个人外汇业务监测系统”需求分析等工作，得到国家外汇管理局肯定。四是完成跨国公司外汇资金集中运营管理改革前期准备工作。在国家外汇管理局推出跨国公司外汇资金集中运营管理改革政策后，迅速召开政策通报会，研究制定了《实施细则》并筛选了8家试点企业上报国家外汇管理局，为2015年改革政策在河北正式实施奠定了基础。

【强化外汇监管，防范跨境资金流动风险】 围绕国家外汇管理局构建跨境资金双向流动均衡管理体制机制的要求，针对河北省跨境资金流动的实际情况，按照“抓大放小，突出重点”的思路，加强外汇监管，有效防范了跨境资金流动风险。一是强化对主要渠道的监管。加强货物贸易监管、贸易融资管理。按照国家外汇管理局开展贸易融资“控流入”工作要求，制定《加强银行贸易融资管理工作方案》，在摸清全省底数的基础上，选取35家重点贸易融资企业进行风险提示、约谈和指导。加强服务贸易管理。充分利用“服务贸易外汇监测系统”监测异常交易，非现场核查企业89家，现场核查企业25家。开展资本项目专项核查。依托“资本项目信息系统”对重点企业进行监测，对房地产行业外资流入情况和融资租赁行业外债情况进行了专项核查。通过强化对跨境资金流动主要渠道的监管，有效遏制了异常资金流动。二是加强对银行和个人的监管。组织对2014年全省银行执行外汇管理规定情况进行考核，评定A类银行8家、B类银行14家，并通报了考核评级情况。认真贯彻落实新修订的《银行办理结售汇业务管理办法》和《银行对客户办理人民币与外汇衍生产品业务管理规定》，切实加强银行结售汇业务市场准入管理，认真做好对辖内4家法人银行结售汇综合头寸的管理。加强个人外汇业务管理，截至年底全省共有8293人被列入个人分拆结售汇“关注名单”，有效打击了个人分拆结售汇行为。

【加强外汇检查，维护外汇市场秩序】 围绕外汇管理中心工作，按照“全省一体，上下联动，统分结合”的模式和“抓大放小，突出重点”的思路，加大检查力度，完善检查方法，保持对异常资金流动和违法违规行为的高压态势，促进了外汇管理政策的有效落实，维护了涉外经济金融安全。一是保持检查的威慑力。2014年，全省共组织专项检查12次，现场检查企业206家、个人142个、银行16家、分支机构208个、非银行金融机构4家。共查处违规案件41起，涉案金额2.27亿美元，收缴罚款597.70万元人民币，较2013年增加13.54万元。并查办了一起罚款达432万元、创造河北单笔罚款新纪录的案件。二是改进检查工作方法。按照“全省一体，上下联动，统分结合”的模式，统筹安排全省检查工作。建立“案件线索督导机制”和“案件集中分析定性制度”，推动全省检查工作规范、高效开展。以非现场数据分析工作为抓手，提高检查工作的精准度和效率。创建非现场检查“指标组”体系，并开展集中分析3次，向国家外汇管理局上报线索78条，查实案件25个，成案率达到32%，非现场检查已经成为案件线索的主要来源和检查工作的重要抓手。加大对重点领域和重要主体的检查力度。先后对嘉里系企业、大中型企业集团、转口贸易、远期结售汇、个人分拆结售汇等进行专项检查，对工、农、中、建四家大型银行开展跨地区交叉检查，对浦发银行等新开设银行开展现场检查和业务指导，提高了检查的针对性和有效性。三是注重宣传教育。围绕国家外汇管理局“诚信兴商”宣传教育活动要求，开展了“外汇知识进园区、进校园、进农村”、普及外汇政策公益短信等活动，提高涉外市场主体依法合规经营意识，推进外汇生态环境建设，提升了外汇管理政策传导效果。

【转变管理方式，提高外汇管理效能】 坚持以“五个转变”为统领，推进全省外汇管理工作，重点在监测分析、事后监管、人员和机构、数据统计等方面进行了积极的探索实践，努力构建便利化与防风险相结合的管理方式，取得了良好成效。一是着力加强监测分析。将监测分析作为核心工作来抓，进一步提升了监测分析水平。按照国家外汇管理局建立外汇管理监测分析月报制度的工作要求，迅速成立由副局长任组长的分析小组，抽调各部门精干力量，高质量完成了月报撰写任务，达到了健全工作机制、完善分析框架和方法、锻炼监测分析能力的效果。在全省推广上线“跨境资金流动监测与分析系统”，举办了全省培训班，提升利用系统开展监测分析的能力。加大了专题分析力度，撰写上报《河北省跨境资金流动监测与分析专刊》20期，其中《对货物贸易顺收顺差差距的缺口分析》等8期被国家外汇管理局采用。加大了监测分析课题研究力度，完成《国内经济金融运行及相关改革对我国跨境资金流动的影响》《跨境资金流动审慎监管框架研究》等研究报告。《近期企业对乌克兰和俄罗斯出口收汇风险上升》被中央办公厅采用；《2014年上半年河北省外汇形势分析报告》得到河北省政府领导批示肯定；高质量完成了《2013年河北省外汇收支运行报告》《外汇形势分析月度报告》《货物贸易外汇监管季度报告》《境内主体资本项目交易行为分析报告》等报告；多篇报告被国家外汇管理局采用。二是积极推进事后监管。以提升数据质量为突破口，扎实推进资本项目事后监管工作。2014年年初制订了《河北省分局资本项目事后监管工作实施方案》，明确“分局主导、支局配合、鼓励创新”的工作原则。下发《关于进一步做好资本项目数据质量管控工作的意见》，明确分支局“日核查、月核对、季专项”工作模式，加大了数据核查力度。建立省级银行数据质量联络员制度，按季召开联络员会议，健全了数据质量管控体系。制定《资本项目现场核查工作办法》，规范了核查内容及流程。依托“资本项目信息系统”，建立38项核查指标，对重点企业进行全流程监控，对异常数据开展逐一核查。经过一年的努力，资本项目事后监管工作在建立工作机制、提高数据质量、丰富监管手段等方面取得了积极进展，监管有效性得到提高。三是加快机构和人员转型。重点推进资本项目岗位优化和人员转型工作。四是夯实数据统计基础。在全省顺利实施新修订的《国际收支统计申报办法》及其配套制度。开展形式多样的《国际收支统计申报办法》宣传活动，编发宣传手册5万份，得到《河北日报》等媒体的报道，增强了申报主体的申报意识，扩大了国际收支统计的社会影响力。举办《涉外收支交易分类与代码（2014年版）》培训班3期，银行、企业参训人员1000余人，实现了新旧代码的顺利过渡。建立《对外金融资产负债及交易统计制度》，推广上线“对外金融资产负债及交易统计系统”，进一步健全了统计体系。加强专项调查和监测。扎实开展银行贸易融资调查、贸易信贷调查、出口换汇成本监测和进出口企业问卷调查，密切监测数据变化。加强数据质量管控。加大了国际收支现场核查力度，共现场核查企业9家、银行省级分行4家、银行网点39家。探索国际收支、结售汇数据与跨境人民币结算、海关进出口、银行后台数据交叉核对方法，提高了数据质量。

【提升外汇服务，大力支持涉外经济发展】 增强服务意识，充分发挥外汇管理服务实体经济发展、服务涉外市场主体的职能作用，树立了外汇管理局的良好形象。河北省政府对河北分局支持涉外经济发展整体工作给予了充分肯定，长城汽车、天威保变、东亚银行等专门发来了感谢信。一是支持跨境投融资。积极向国家外汇管理局争取将向河北核拨的短期外债指标从2013年的4125万美元增至8120万美元，重点支持中资企业特别是中小微企业的融资需求，同时引导企业和银行防范好外债风险。积极配合相关政府部门做好招商引资、企业境外上市、海外投资等工作，为有关境外上市公司海外募集资金结汇约4.20亿美元做好外汇政策支持和服务，满足了发展绿色能源、建设大型港口的资金需求。二是改善外汇服务。推进综合服务大厅标准化、规范化管理，提高了业务办理效率和窗口服务质量。搞好政策宣传服务，面向社会开通了外汇管理局政府网站河北省分局子网站，及时准确发布外汇政策，积极妥善答复社会咨询，提高了政策透明度。搞好技术支持服务，指导帮助新开办外汇业务的银行完善业务系统和接口程序。多次深入银行对一线业务人员开展现场培训，重点做好对辅导期企业的政策指导，帮助涉外市场主体熟悉掌握外汇管理政策，赢得了好评。

【夯实基础工作，全面提升工作水平】

一是强化信息调研。紧紧围绕外汇管理中心工作以及重点、难点、热点问题，深入开展信息反馈和调查研究，充分发挥了决策参考作用。2014年，共编发《河北外汇信息与调研》153期；编报《河北省分局上报信息》110篇，被国家外汇管理局采用27篇。《对〈银行对客户办理人民币与外汇衍生产品业务管理规定〉实施情况的反馈》得到国家外汇管理局易纲局长批示。向河北省委省政府报送信息18篇，被省委省政府采用8篇，其中1篇被中央办公厅采用。组织全省外汇管理系统完成20余项重点课题研究，多篇调研报告被上级行（局）采用。二是强化科技工作。加强系统运维，认真执行巡检和数据备份制度，保障了各外汇业务系统安全稳定运行。作为试点分局在全国率先完成网络升级改造，得到国家外汇管理局肯定。开展了分局信息安全自查和对辖内全部10个中心支局的信息安全检查，提高了信息安全管理水平。开展了服务器突发故障应急演练，提高了应急处置能力。做好技术支持，圆满完成了跨境资金流动监测与分析系统、服务贸易外汇监测系统等系统推广上线任务。认真完成了金融机构标识码和特殊机构代码赋码及维护、银行外汇业务系统验收等工作。积极参与国家外汇管理局外汇代码标准管理系统测试、个人外汇业务监测系统需求分析等工作，得到国家外汇管理局肯定。三是强化内控监督。推进分局和中心支局内控制度建设，新建、完善了多项工作制度和操作规程，特别是在资本项目处内设科室调整后，及时修订了《河北省分局资本项目外汇管理内控制度》。组织对保定、沧州和廊坊三个市中心支局进行了内控现场检查，及时纠正了政策执行、制度落实中的偏差，起到了促进制度落实、加强风险防范的积极作用。积极探索审计方法创新，完成了《外汇管理领域开展计算机辅助审计的思路及方法探究》《基层外汇内部审计促进组织价值增值初探》等研究报告。四是加强内部管理。推进依法行政。开展规范性文件清理，按规定将分局规范性文件废止4件，保留3件，并向社会公开现行有效规范性文件。严格执行《执法证管理办法》，认真做好执法证申领、审核、发放、使用管理等工作。开展依法行政培训，促进了依法行政水平的提高。2014年，全辖没有发生行政复议、行政诉讼案件。严格按规定做好专项经费、业务档案、印章、政务值班管理。2014年，全辖没有发生安全责任事故。五是加强党风廉政建设。组织全省外汇管理系统干部员工认真学习贯彻党的十八大和十八届三中、四中全会精神，落实党风廉政建设责任制和反腐倡廉工作要求，大力加强作风建设，认真贯彻落实中央八项规定精神以及总行、国家外汇管理局的各项具体规定，切实转变了工作作风，增强了干部队伍的凝聚力和战斗力。

（樊秀华）

中国银行业监督管理委员会河北监管局

【概况】中国银行业监督管理委员会河北监管局（简称“河北银监局”），是中国银行业监督管理委员会的省级派出机构，2003年10月16日设立，主要职责是在中国银监会的直接领导下，在河北省履行中国银监会赋予的相关职能。截至2014年末，河北银监局系统共有1051人。截至12月末，全省银行业资产总额52816.07亿元，其中各项贷款28052.29亿元；负债总额51111.74亿元，其中各项存款余额43764.02亿元。不良贷款余额485.29亿元，不良贷款率为1.73%。实现净利润704.34亿元。法人机构拨备覆盖率达到140.20%。

【风险防范】面对复杂的经济金融形势，狠抓“双线”风险防控责任落实，按照科学研判、锁定风险、建立台账、跟踪监管的思路，对重点领域风险加强监测预警并及时处置，守住了不发生系统性区域性风险底线。一是融资平台风险有效缓释。通过全口径管理、风险预警、现场检查、持续督导、跟踪整改等方式推进平台贷款缓释存量、优化增量，实现了总量控制、结构优化、风险缓释。二是房地产贷款风险总体可控。持续监测房地产市场变化和信贷风险状况，强化“名单制”管理，开展压力测试，制定防控预案，提升了房地产风险监测预警能力。三是产能过剩风险防控成效明显。建立产能过剩行业信贷台账，动态跟踪监测，有保有压，促进过剩产能有序化解和大气污染治理。四是影子银行业务风险防范有力。加大影子银行管控力度，建立理财业务管理体系和信托产品信息披露制度，完善银担合作信息统计制度，严防外部风险传染。五是流动性及信息科技风险管控能力增强。督促辖内法人机构加强存款偏离度管理，遏制“冲时点”等不审慎行为，持续开展流动性压力测试，提高资金调配和应急处理能力。六是操作风险和案件防控扎实有效。进一步强化案件防控工作，对票据业务、委托贷款业务深入调研，有针对性地出台监管措施。

【金融服务】 坚持金融服务实体经济的监管导向，引导银行业盘存用增、优化资金配置，有效地支持了全省经济发展。一是大力支持产业结构调整和经济转型升级。加强与地方经济发展战略的无缝对接，出台了银行业支持实体经济、支持“三个一百”领军企业等政策文件，发挥银行业引领作用，支持产业结构调整。二是加大对“三农”、小微企业等重点领域和薄弱环节的信贷支持。以政策落实、宣传推动和考核激励为手段，进一步提升银行业“支农支小”的责任意识和服务水平。三是不断提高金融服务覆盖面和满意度。完善多层次的金融服务体系，丰富银行业金融机构类型。全省股份制银行设区市全覆盖、城商行县域全覆盖、银行业机构乡镇全覆盖、基础金融服务行政村全覆盖的“四个全覆盖”目标全面实现。四是注重消费者权益保护。设立银行业消费者权益保护处，印发意见通知，开展金融知识宣传服务月、“送金融知识下乡”活动，加强了金融消费者教育和保护工作。五是切实降低实体经济融资成本。督促落实“七不准”“四公开”要求，推动不规范经营治理长效化。在全辖开展了银行业收费专项检查，督导清理不合理收费项目，清退不合理收费。

【改革转型】 把推进银行业改革作为全年首要任务，建立健全领导小组和工作机制，确定了22项改革任务和年内6项改革重点，改革工作进展顺利，实现了年度预期目标。一是银行业治理体系改革取得阶段性成效。以法人机构为重点，银行业理财业务事业部、同业业务专营部门制改革顺利推进，同业、理财业务组织体系和管理体系架构基本建立，配套机制和管理制度逐步完善。推动城商行、农信社等法人机构完善高管配置，优化股权结构，规范“三会一层”履职行为，进一步完善有效公司治理体系，推动建立起制衡有效、激励兼容的运行机制。对银行业机构绩效考评情况进行监管评价，督促其转变发展方式，实现审慎经营，培养合规文化。二是城市商业银行转型发展迈出新步伐。引导城商行以“差异化、特色化、社区化”为方向，加快改革转型、打造特色服务品牌。发挥监管引领作用，制定了对城商行分行评级办法。三是农村中小金融机构改革取得新进展。着力推动农村信用社“双改”，鼓励民间资本参与农村信用社产权改革。创新不良资产处置方法，多措并举抓清收转化，隐性不良贷款实现全部入账。引导村镇银行找准市场定位，科学发展，推动建立了河北省村镇银行合作组织联盟。

【提质增效】

一是深化简政放权。先后印发了《关于推进简政放权改进市场准入工作有关事项的通知》《关于取消和下放部分行政审批事项的通知》，取消行政审批事项9项，下放至分局10项，向社会公开了行政许可事项一览表。坚持放管结合，加强事后监管和执法检查，保证放得下、管得住。二是强化资本监管。大力推动新资本管理办法实施，密切关注各项资本监管指标，提升风险预警监测能力。三是改进监管方式。以数据质量承诺和数据审核责任制为抓手，提高数据质量，发挥好非现场监管引领作用。运用EAST系统指导现场检查，提升了检查效能。四是严格问责处罚。加强违规处罚问责，对11家机构实施行政处罚，树立了监管权威。

【转变作风】

一是教育实践活动取得实效。持续推进第一批教育实践活动“两方案一计划”的整改落实，85项整改任务已全部完成；扎实开展第二批教育实践活动，局领导班子成员25次深入联系点进行调研指导和实地督导。二是干部队伍素质明显提升。深入推进学习型党组织建设，突出作风和实绩，创新干部选任方法，形成了较为合理的梯次结构，增强了干部队伍活力。三是干部队伍作风持续好转。改进督办方法，加强对领导批示件的跟踪督办，促进重大决策和重点工作的落实；深入落实中央“八项规定”，各级领导干部带头，大兴调研之风；修订了财务管理、公务接待、车辆及办公用品管理等制度，按规定整改了办公用房。四是干部队伍凝聚力进一步增强。积极培育和践行社会主义核心价值观，开展先进事迹报告会、“六星同创”“三德”教育等活动，加强对困难员工、退休干部的人文关怀和保障服务，干部队伍凝聚力和向心力进一步增强。五是党风廉政建设扎实推进。以落实党委主体责任和纪委监督责任为主线，层层签订党风廉政建设责任书。纪检监察部门聚焦主业，主动“三转”，大力加强廉政建设，干部队伍廉洁从政、为民监管意识进一步增强。

（李 卓）

中国证券监督管理委员会河北监管局

【概况】2014年，是全省经济转型升级、爬坡过坎迈出重要步伐的一年，也是资本市场发展较快的一年。一年来，在中国证监会和省委省政府的正确领导下，河北证监局抢抓机遇，加快发展；加强监管，防范风险；深化改革，推动创新，辖区资本市场改革发展和监管工作取得了积极成效。

【市场监管】

抓转型，着力增强监管工作的科学性。一是清理行政许可审批备案事项，进一步精简、取消和调整行政许可、审核备案19项，保留12项。全年接收审核材料60件次，做出行政许可批复55件次。二是强化信息公开。依法履行行政许可审批职责，坚决推进审批标准、审批过程和审批结果的“三公开”，让监管在阳光下进行，对市场关注的疑点、焦点问题，及时回应、如实发布。三是推进非现场检查和现场检查的有效衔接，充分利用CISP系统和舆情系统，将问题导向和动态监控贯穿于日常监管，着力提高现场检查发现问题、揭示风险的能力。四是完善分类监管模式，采取差异化监管措施，关注重点风险公司、重要风险领域、关键时点环节，集中有限的资源力量加强监管。

抓执法，着力维护辖区资本市场正常秩序。一是严格执法，加大打击违法违规行为的力度。始终保持“零容忍”的高压态势，不断增强监管执法的协同性和威慑力，确保全省资本市场不发生区域性、系统性风险。2014年，河北证监局办理初步调查案件6件，立案调查案件3件，联合办案1件。特别是2013年证监会行政处罚权限下放后，河北证监局自主立案、自主调查、自主审理了金谷源信息披露违法违规案，及时对该公司及相关责任人作出行政处罚，给予公司警告，并处以30万元罚款；给予时任董事长路联警告，并处以20万元罚款；给予时任董秘张春生警告，并处以3万元罚款。继续加大涉嫌内幕交易等违法案件的查处力度，对辖区多家公司和个人进行了初步调查或立案调查。根据清理整顿各类交易场所部际联席会议办公室的要求，会同省直相关部门对全省19家交易场所进行了现场检查，对其中存在问题的3家交易场所向省政府进行通报。配合省政府处置廊坊“黄金佳”非法集资案。核查海沧资本有限合伙私募产品违法违规问题。二是紧贴一线，持续强化上市公司现场监管。根据上市公司风险分类，结合日常监管发现的问题，对14家公司的定期报告进行了重点审核，对威远生化等5家公司进行了现场检查，并对发现的问题采取了相应的监管措施。对媒体质疑或信访举报的公司予以重点关注，采取下发问询函、约见谈话、现场核查等方式核实情况。全年共下发监管关注函12件、监管问询函5件、监管意见函3件、监管警示函1件。三是以问题为导向，切实加强事中事后监管。综合分析各审计机构的审计计划，分别对冀中能源等5家上市公司进行年报编制和审计事中监管。针对2013年以来证券经营机构业务范围大幅拓展和辖区分支机构数量大幅增加的状况，河北证监局将投资者适当性管理、全权委托代客理财、经纪人管理、融资融券等作为检查重点，对45家证券经营机构进行了现场检查。有针对性选取业务量大、管理相对薄弱的17家期货经营机构开展了现场检查。对辖区IB机构的营销行为进行了规范，持续开展投资者交易行为的专项检查。

抓发展，着力提高辖区资本市场效能。一是抢抓机遇，加快多层次资本市场建设。加强后备资源培育，支持上市公司并购重组和再融资，多渠道推动企业直接融资。全年沪深上市公司融资总额达132.31亿元，三年累计直接融资443亿元。紧紧抓住新三板扩大试点范围的历史机遇，推动全省23家企业在全国股转系统挂牌；积极支持区域性股权交易市场建设，石家庄股权交易所挂牌公司105家，融资9.22亿元，并组织证券交易所、证券机构、投资机构对石家庄股权交易所调研，为区域性股权交易市场建设献计献策。二是支持优化整合，助推产业结构调整。积极发挥资本市场优化资源配置的功能，支持企业进行产业结构优化整合。2014年，建投能源等5家上市公司完成并购重组，注入了优质资产，解决了关联交易和同业竞争问题，独立性得到了提升，盈利能力得到了增强，也为全省调整产业结构、化解过剩产能提供了有力支撑。三是推动机构创新发展，提高核心竞争力。支持财达证券向全牌照证券公司升级，并规范发展证券自营、资产管理、承销与保荐等各项业务，加强流动性管理，完善风险防范机制，实施增资扩股。截至2014年末，财达证券净资本达60亿元，进一步提高了公司抵抗风险的能力。促进恒银期货提升合规运作水平，严格“两金”、法人治理及高管履职监管，强化规范运作意识；认真做好年度检查和信息系统专项检查，对发现的问题及时采取监管措施，督促其认真整改。支持国内优质证券公司、期货公司在辖区新设营业网点25家，扩大服务面，推动创新发展。2014年，辖区证券经营机构通过推荐企业在全国股转系统挂牌、发行债券、股权质押回购、设立定向资产管理计划等业务帮助省内企业融资144.58亿元，提升了机构服务能力，激发了行业创新活力。

抓根本，着力维护投资者合法权益。一是加强承诺履行监管，健全上市公司投资回报机制。扎实开展上市公司承诺及履行专项治理活动，督促辖区9家公司及时解决了承诺履行问题。督促辖区公司完善利润分配的决策程序和机制，引导辖区上市公司积极回报投资者。2014年，辖区上市公司实现现金分红52.60亿元，占2013年辖区上市公司净利润的29.20%。二是多措并举，强化中小投资者保护机制。组织辖区上市公司走访了深圳证券交易所和上海证券交易所，探索研究进一步加强中小投资者保护机制；举办河北第二届内幕交易警示教育展，宣传内幕交易的危害性和打击成效，取得了良好效果；组织辖区上市公司网上集体接待日活动，召开投资者保护工作座谈会，进一步加强投资者关系管理；组织开展投资者走进上市公司系列活动，多渠道搭建投资者与上市公司之间的交流平台。三是认真处理信访投诉，畅通投资者维权机制。2014年，河北证监局共接收来电、来信、来访及“12386”热线投诉事项631件次，对每一个信访投诉事项都本着实事求是、认真负责的态度，及时调查、及时回复，全年没有发生一起因信访投诉处理不当导致的上访事件。

抓协作，着力营造辖区资本市场良好环境。一是聚力完善综合监管。推动省政府出台了《关于深入贯彻落实进一步促进资本市场健康发展若干意见》，定期向省、市政府反映市场最新动态，会同省金融办等单位开展市场调研，提出对策建议；与石家庄市政府成立合作推动地方资本市场发展办公室，合力推动辖区多层次资本市场建设。二是强力深化舆论引导。秉承主动宣传的理念，与河北电视台、燕赵都市报、河北新闻网等媒体合作开展投资者教育活动，实现多媒体、全方位舆论引导。三是竭力净化市场环境。强化与地方政府部门打击非法证券期货活动的工作机制，依法查处非法活动；完善资本市场诚信档案数据库，记入62条，查询使用391次，诚信监管已成为约束失信背信行为的有效手段；认真开展普法宣传，强化从业人员教育，编印《证券经营机构法律法规汇编》、《证券机构监管案例选编》，下发市场主体学习借鉴，积极营造辖区资本市场法治氛围。

（崔 征）

中国保险监督管理委员会河北监管局

【概况】 2014年，河北保险行业全面落实省委、省政府和保监会各项决策部署，主动融入河北经济社会发展新常态，围绕河北转型升级、绿色崛起，以服务经济社会发展和百姓民生为己任，切实保护保险消费者利益，维护金融秩序稳定，各项工作取得显著成效。

【市场监管】 将规范农业保险、大病保险等政策性保险业务和清理整顿中介市场作为重点工作。一是开展农业保险检查。对全省208家经办农业保险的县级机构进行专项排查，走访 271 个乡镇 587 个村的 2067 家农户以及 6 户林场、85 家养殖场。全力配合做好保监会、财政部农业保险联合检查。二是开展大病保险检查。对 5 家保险机构进行摸底检查，配合保监会对 2 个地市的 3 家保险机构进行专项检查。加强对大病保险招投标情况的监管。三是开展中介市场清理整顿。对全省 1270 家保险机构和中介机构进行督导检查，对 50 家机构进行重点检查。全年清理注销专业中介机构 106 家、兼业代理机构 1653 家。四是开展人身险业务检查。对 160 家银行机构和保险机构开展客户信息真实性检查，对 5 家保险机构开展意外险业务专项检查。2014 年，组织监管机关和行业近 700 人次，150 余个检查组，6 次深入全省全部 132 个县（市），检查 5400 余家（次）基层保险机构和代理网点。对 29 家机构和 21 名个人罚款 213 万元，警告 27 家（人）次，吊销业务许可证 2 家次，责令停止接受新业务 4 家次。

【风险防范】 把防范风险摆在更加突出的位置，牢牢守住不发生系统性区域性风险底线。一是重点防范寿险满期给付和退保风险。紧盯重点机构、重点地区、重点人群、重点时点，对 151 个县（市、区）的 2677 家基层保险机构和代理网点进行排查。密切监测高现金价值保险产品风险。迅速妥善处理数起群众聚集事件。二是严查非保险类金融理财产品风险。开展销售非保险类金融理财产品风险、非法集资风险、保单质押贷款风险排查，妥善处置"华融普银"理财产品事件。此外，还妥善处置 16 件保险公司司法案件。2014 年，河北保险市场没有发生重大违法违规行为，没有发生重大群体性事件，没有发生重大行业风险。

【专项整治】 将保护消费者利益作为取信于民的长期性工作，坚持健全制度机制、强化综合治理、加大惩治力度，切实让消费者感觉到保险的优质服务，感受到监管部门真正为人民服务的作风。一是综合治理保险理赔难。开展财产险积压未决赔案清理活动，未决赔案从 2013 年末 34.40 万件下降到 2014 年末 25.60 万件，共清理 323.50 万件，清理金额 162.80 亿元。诉讼案件从年初的 4.20 万件下降到不足 1.70 万件，共清理 7.20 万件。在 11 个地市的 46 个县（市、区），对 328 家（次）保险机构开展车险理赔服务现场测评。二是综合整治销售误导。对寿险公司治理销售误导效果进行评价，按季度抽检公司电话回访录音。针对邯郸涉县、唐山迁安两地发生的客户聚集事件，给予罚款或吊销许可证等严厉处罚。对沧州一家银行混淆代理保险产品与银行产品的违法问题给予重罚。三是妥善处置保险消费者诉求。全年共处理各类咨询和投诉 2.70 万件，有效信访件 1020 件，12378 热线满意度达 99%。推动 11 个地市设立保险消费者权益保护工作站，健全诉调对接机制，受理各类纠纷调解案件 2228 件，调解成功率 92.20%。2014 年，保险服务质量得到进一步改善，车险结案率提高 2.10 个百分点，结案周期缩短 1.40 天，车险万件保单投诉件数下降 16%，保险客户满意度 80% 以上，8 家公司被评为"河北省服务名牌"。2015 年春节期间开展的高速公路快赔活动，得到各级政府、社会、消费者、行业的广泛认可和支持，提升了保险行业的形象。

【"新国十条"】 按照保险业"新国十条"的要求和保监会贯彻落实的部署，坚持服务河北"四大攻坚战""三个河北建设"，着力促进政策落地，着力推动重点业务领域发展。一是认真学习贯彻"新国十条"。联合省金融办举办专题报告会。组织开展相关课题研究。会同省金融办制定省直部门任务分工及时间进度表。二是争取政府支持。省政府办公厅出台《关于推进保险业更好服务河北经济社会发展的实施意见》《关于加快发展商业健康保险的实施意见》。编辑《保险工作动态》，定期向省市有关领导报送保险业服务经济社会发展情况。三是推动重点业务领域发展。开展玉米和小麦种植保险的承保督导检查，承保面积分别超过播种面积的 90% 和 70%。参加保定阜平县创建金融扶贫示范县工作，多个项目开始实施。推动大病保险在 9 市 2 县（市）开展。联合省直有关部门，推动医疗、环境污染、食品安全、养老机构等责任保险和治安保险发展。四是加大行业宣传。开展保险公众宣传日、"中国梦·赶考行"、"3·15"消费者权益保护等一系列主题活动，开展各类宣传咨询活动 1489 次。

（宋建阳）

银行业机构

国家开发银行股份有限公司河北省分行

【概况】2014年，在省委省政府及总行党委正确领导下，国家开发银行股份有限公司河北省分行（简称“国开行河北省分行”）坚持“服务战略、管控风险、合理盈利”的经营策略，主动服务国家和河北省发展战略，深化银政合作，加强精细化管理，资产规模进一步扩大，质量效益进一步提升，主要经营指标均创历史新高。截至年末，管理资产余额2657.94亿元，资产总额2376.17亿元；表内本外币贷款余额2019.72亿元。非个人中长期贷款余额、非个人中长期贷款新增额、债券承销份额、外汇贷款余额等指标均居省内同业首位。重点开展了以下工作：

一、规划先行，打造推动发展的“智库”银行

充分发挥专家银行优势，积极做好前瞻性分析研究，将“融智、融资、融商”相结合，建立标准化客户信息服务流程，丰富建议报告、信息月刊、资讯短信等多种载体，通过打造“智库”开行高效服务客户，围绕棚户区改造、京津冀协同发展、产业结构调整、园区建设、现代农业、扶贫开发等一系列重大发展问题，向省委省政府提供产业发展、融资规划、风险防控等一系列建议，获得省委省政府主要领导高度重视。此外，为重点客户、龙头企业等提供融资规划、财务咨询服务，帮助企业制定长远发展战略，实现与客户价值共增长。

二、攻坚克难，成为支持棚户区改造的主力银行

按照总行“三统一”原则，成立棚改专项工作组，将支持棚改作为全年工作的重中之重，成功搭建省级、石家庄市和唐山市三大平台，2014年实现棚改项目授信973亿元，发放棚改贷款207亿元，惠及居民65万人，成为河北省支持棚户区改造的绝对主力银行。《金融时报》头版头条以“河北：撬动‘棚改’新进程的金融支点”为题对此进行了专题报道。

三、雪中送炭，力担重点企业、重大项目的坚实金融支柱

继续发挥稳投资在稳增长中的关键作用，大力支持河北省重点企业、重大项目建设。一是服务京津冀协同发展，支持城市间交通网络建设。当年新发放公路贷款107亿元，支持了京港澳高速改扩建工程、张承高速公路崇礼至张承界段、茅荆坝（蒙冀界）至承德公路、石家庄至磁县（冀豫界）公路改扩建工程等重点项目；新发放铁路和港口项目贷款9亿元，支持了新建张家口至唐山铁路项目、曹妃甸港区液体化工码头等项目。二是发挥综合金融优势，拓宽重点企业、重大基础设施项目融资渠道。授信175亿元支持南水北调配套工程建设，2014年发放贷款43亿元；支持石家庄市轨道交通建设及各地市融资平台的土地储备项目，当年发放贷款42亿元；组建项目银团支持京昆高速公路石太北线石家庄段、邢衡高速等重大交通基础设施项目建设，当年发放银团贷款逾60亿元；为开滦集团、河北建投、冀中能源等省内重点企业承销发行各类债券逾160亿元。

四、金融普惠，创新推动民生改善

一是以批发模式帮助中小微企业解决融资难题。通过“四台一会”“龙头企业带动”“小额贷款公司转贷”等模式，当年向全省中小微企业贷款217亿元，惠及中小型企业、微型企业、个体工商户、城市下岗职工等近1600户。二是通过扶持现代农业帮助贫困地区走上致富路。主动与省委农工部对接，加大对现代农业的支持力度。2014年向承德丰宁奶业、永清高科技阳光农业产业示范区等项目发放现代农业贷款13.2亿元。三是助学贷款帮扶贫困学子圆梦大学。作为河北省唯一一家开展高校国家助学贷款业务的银行，累计发放高校助学贷款7766万元，覆盖省属29所高校，资助贫困大学生近2万名。同时，2014年发放战略新兴产业贷款16亿元，应急贷款5.20亿元，支持河北省产业升级及应急救灾工作等。

五、开拓进取，稳居省内最大外汇贷款银行

积极助力河北省企业“走出去”。一是通过中长期贷款、保函、信用证、结售汇等多种支持方式，支持河北钢铁、英利集团、新奥集团等一批省内优势企业赴海外开展并购、投资、引进先进生产设备等，并与河北建投、冀东发展等企业共同谋划“走出去”项目，全力支持企业拓展国际市场。二是按照总行党委部署，向秘鲁、玻利维亚两国派驻工作组，支持中铝秘鲁特罗莫克铜矿扩建、秘鲁通信光缆等项目建设。截至年末，累计发放外汇贷款超过60亿美元，外汇贷款余额逾23.57亿美元，连续四年稳居省内同业首位，为河北省最大的外汇贷款银行。

六、防控风险，维护良好金融生态环境

一是多措并举应对政府债务及平台发展问题。协助各级地方政府理顺举债资金的“借、用、管、还”等工作机制；调整还款计划，缓解地方政府短期资金压力等；配合做好政府性债务清理甄别各项工作，为后续银政合作奠定坚实基础。二是积极推动河北省高速公路投融资体制改革。理顺高速公路项目还款机制，为化解潜在风险、提高高速公路项目融资能力出谋划策。三是在资金紧张的情况下，确保了无一例重点领域、重大项目建设因开行信贷资金不足出现停工风险。

七、深化综合经营，切实提升发展质量和效益

2014年全年实现中间业务收入3.90；承销发行各类债券164亿元，市场占有率23.54%，连续三年稳居省内承销市场首位，有效满足了重点客户的资金需求。

八、强化内部管理，夯实平稳运行基础

一是严控文山会海，会议、公文同比均大幅减少；加强信息外宣，实现《金融时报》《河北日报》双头版头条，连续三年获得“河北省信息报送先进单位”称号；强化安全保密管理，获得“河北省保密先进单位”称号。二是有序推进法律工作前移和延伸，加大中长期贷款全流程法律风险管控；深入开展普法教育，获得“六五”普法先进单位荣誉称号。三是加强财会精细化管理，实现降本增效。四是强化IT运维管理，保障业务高效运行。

九、党建工作谋长效，积极推进依法治行，从严治行

一是积极配合总行巡视组巡视工作，整改工作得到总行巡视组的高度肯定。二是扎实做好2014年度民主生活会有关工作，加强党风廉政建设，制定廉政风险岗位监控实施方案、员工考勤管理规定，开展员工行为排查等，营造风清气正的从业环境。三是强化以党建带工建、团建。建立“导师制”传、帮、带体系；开展课题研究、知识竞赛、读书沙龙等活动，在总行“合规建设与风险防控”岗位技能竞赛中，获得了集体优胜奖第四名和个人优胜奖第七、第八名的好成绩；通过青年员工座谈会、处以下员工座谈会等强化思想引导，培养员工的大局观和发展意识。四是坚持巩固拓展党的群众路线教育实践活动成果，帮助员工解决困难、问题，开展多项兴趣小组活动，切实提升队伍凝聚力、战斗力。

2014年，国开行河北省分行获得河北省“金融贡献奖”、全国金融系统五四红旗团委、河北省五四红旗团委、河北省工会工作先进单位、河北省青年文明号等多项荣誉。2015年，国开行河北省分行将认真贯彻中央精神和总行党委决策部署，以更加奋发有为的精神状态做好各项工作，为服务国家战略和经济社会发展作出新贡献！

（黄少华）

中国农业发展银行
河北省分行

【概况】 2014年，中国农业发展银行河北省分行围绕“强行梦”目标，牢牢把握稳中求进工作总基调，坚持业务发展、风险防控、基础管理、队伍建设“四位一体”的工作总格局，加大支农力度，大力支持全省新农村建设，强化经营管理，扎实开展群众路线教育实践活动，各项工作迈上了新台阶，取得了新成效。

——信贷业务较快增长。累放各项贷款363亿元，同比多放14亿元。年末，各项贷款余额达到837.70亿元，比年初增加53.80亿元，较好地发挥了支持全省新农村建设的骨干和支柱

作用。

——存款、中间业务和国际业务不断拓展。各项存款余额201亿元，比年初增加39亿元；实现中间业务收入3614万元，同比增加12%；完成国际业务结算量4.20亿美元，同比增加27%。

——经营绩效稳步提升。账面盈利13亿元，完成总行利润计划的110.50%，在存贷款利差持续收窄的情况下，同比增盈0.68亿元。不良贷款率、人均存款、人均中间业务等经营绩效考评指标均优于上年。

——队伍建设成效明显。扎实开展第二批教育实践活动，促进了作风转变，干部队伍的凝聚力、战斗力进一步增强。结合河北实际，着力打造“以农为本、以人为本、以德为本、以诚为本、以效为本”的“五本文化”，以文化聚合力、添动力，提升了内生性可持续发展能力。

【信贷支农】认真贯彻落实中央经济金融、强农惠农政策，加大支农力度，优化贷款投向，在支持和服务全省新农村建设中，努力实现业务有效发展。一是全力支持粮棉收储，保护农民利益。创新采取“粮棉共保基金”第三方监管模式等一系列举措，进一步完善收储对接、产销对接、工贸对接“三个对接平台”，有效破解粮棉收储企业抵押担保能力不足的问题，信贷支持收购的粮棉数量出现明显增长。全年累放粮棉收储贷款230亿元，同比多放37亿元。其中：累放玉米市场化收购贷款72亿元，同比多放17亿元，市场化收购贷款投放量居全国首位；累放棉花收购贷款47亿元，同比多放15.70亿元，创历史新高；累放夏粮小麦收储贷款84.30亿元，同比多放32.40亿元，增幅高达62%，切实保护了农民利益，维护了国家粮食安全。二是大力支持农业农村基础设施建设，促进全省城乡一体化发展。充分发挥农业政策性信贷资金“雪中送炭”、铺路架桥的作用。全年累计发放中长期贷款87亿元，其中：环京津地区投放29亿元、环渤海地区投放27亿元、冀中南地区投放31亿元，促进了全省区域协调发展。年末，农业农村基础设施建设中长期贷款余额达357亿元，有力促进了全省农业农村生产生活条件和生态环境的改善。三是积极支持实体经济做强做大，促进现代农业发展。选择培育了一大批“战略黄金客户”，积极支持优质客户做强做大。择优支持具有地方产业特色、行业优势、资源优势和区位优势的涉农小微企业加快发展。全年累计向农业产业化龙头和加工企业、农业小微企业投放贷款31亿元，支持领域覆盖食品加工、饲料加工、棉花纺织、畜牧养殖、林果种植加工等众多行业。同时，着力支持农业科技发展，推动农业科技创新和成果转化应用，全年累放农业科技贷款17亿元，同比多放5.30亿元，促进了农业现代化发展。

【风险防控】坚持全面风险管理理念，坚持事前防范、事中监控、事后监督、严控新增不良的风险防控机制，信贷资产质量不断提高，确保科学发展，支农作用发挥更加有力有效。一是狠抓促销收贷。2013年度小麦收购贷款实现“双结零”，棉花收购贷款连续7年实现“双结零”。二是防范中长期贷款风险。加强与政府、有关部门沟通联系，督促有关行切实落实风险防范措施，保障贷款资金安全。累计收回中长期贷款本息109亿元，同比多收40亿元，中长期贷款本息收回率均达到100%。三是强力清收处置不良贷款。累计清收处置不良贷款1.61亿元，年末，不良贷款实现了“双降”。

【业务经营】切实增强经营核算意识，加强业务经营指导，完善经营管理机制，努力提升经营绩效。一是做新存款组织工作。以总行“红五月行动”为抓手，以代理拨付财政支农资金主办行为平台，探索并推行了主办行带动、综合业务撬动、人脉资源拉动“三位一体”的存款营销模式。组织编写了《存款营销指引手册》，详细介绍政策要求、产品类型、营销策略，并收录了上百个营销案例，指导基层行营销。各项存款余额201亿元，比年初增加39亿元；全年各项存款日均余额204亿元，比上年增加28.40亿元。通过组织存款降低资金成本5.65亿元，存款对利润的贡献度达到43.50%。二是做实本外币一体化经营。坚持本外币、存贷款、国际业务、投资业务和中间业务“一揽子营销、一体化经营”，实现中间业务收入3614万元，同比增长12%；完成国际业务结算量 4.20 亿美元，同比增加 27%。三是大力增收。开展收息“百日攻坚”活动。贷款利息收回率达 98.70%。全行实现账面利润 13 亿元，完成总行下达利润计划的 110.50%，在存贷款利差持续收窄的情况下，同比增盈 0.68 亿元。

【基础管理】认真开展“信贷基础管理年”活动，延伸排查各种风险，组织了两次“回头看”，加大跟踪整改力度，及时堵塞了管理漏洞。加强合规管理，认真做好内外部检查发现问题整改工作，实施“飞行审计”和会计对接突击检查，组织开展内控评价，促进了依法合规经营。研发推广内部监督管理信息系统，促进了基础管理的规范化、信息化、常态化。不断加强和改进后勤管理，办文办会办事效率和服务质量进一步提高。加快推进营业用房购建和维修改造工作，需解决营业用房的机构已基本解决，符合条件的维改项目多数已完工，全辖分支机构面貌焕然一新。逐项目签订了工程廉洁承诺书和廉政监督书，坚决杜绝“楼起来、人倒下”现象。在县级支行全面推行晨会制度，既加强了内部管理，又树立了良好形象。实施县级支行分类管理，差别化配置财务和人力资源，激活了每个经营“细胞”。大力组织“首季开门红”、“进步创新奖”等业务竞赛活动，加大挂钩考核力度，强化激励引导，充分调动了分支行的积极性。年末全辖亏损县级支行同比减少 9 个，减幅为 26%。

【队伍建设】扎实开展第二批教育实践活动，促进了作风转变。先后在延安、中国人民大学等地举办了 6 期中高级管理人员学习班，培训人员 268 人次，治行理政能力进一步提升。组织开展岗位培训和技术练兵活动，累计安排培训班 18 个，培训员工 800 余人次，员工队伍素质进一步提升。以赛促训，组织开展资金计划、粮油信贷、财务会计等业务知识竞赛，并在总行相关竞赛中取得较好成绩。坚持实施“四个十”能力提升工程，一大批员工提升了综合能力。进一步深化倡导并践行“正廉忠孝康”五字行为和“三个一”提升素质读书活动，组织评选了“正廉忠孝康模范”和“三个一”优秀读书体会文章，召开了模范代表座谈会和读书笔会，将模范事迹材料和优秀体会文章编印成《道德的力量》和《知识的力量》，供全辖员工学习分享，树立了新风尚，凝聚了正能量。结合河北实际，着力打造“以农为本、以人为本、以德为本、以诚为本、以效为本”的“五本文化”，以文化聚合力、添动力，提升了内生性可持续发展能力。

（彭德斌）

中国农业发展银行河北省分行营业部

【概况】2014 年，中国农业发展银行河北省分行营业部牢牢把握稳中求进工作总基调，坚持“两轮驱动”发展战略，大力支持国家粮食安全和城乡发展一体化，履职尽责，创新举措，经营管理稳中向好，经营绩效稳中有升，队伍建设持续加强，各项工作取得较好成效，荣获全省农发行系统经营绩效考核一等奖。坚持清防并举，采取现金清收、减免表外欠息等措施，大力清收不良贷款，不良贷款自建行以来首次实现清零，在全国农发行系统风险管理业务培训中做了经验介绍。认真落实信贷监管与服务办法，加强行业分析和研究，加大风险排查力度，及时化解信贷风险，信贷资产质量显著提高。狠抓促销收贷，市场化收购贷款按时实现“双结零”。坚持项目督导监测，中长期到期贷款本息收回率 100%。

【贷款业务】做大粮棉油收储业务。认真履行政策性银行职能，全力支持各级储备增储、轮换和调控业务，确保国家和地方储备计划的顺利实施。全年累放中央储备粮贷款 3.03 亿元，发放粮食调控贷款 4.76 亿元。积极推动地方储备粮油集中统一管理工作，实现了县级储备粮“一县一企”的目标。完善银政、银企定期沟通协调机制，加强与大型优质客户的对接。扎实做好粮食市场化收购信贷资金发放与管理工作，充分发挥粮保基金作用，不断完善“一站式”办贷流程，实行前、后台联合办贷制度，提前做好夏、秋粮收购企业评级授信、贷款资格认定、贷款额度核定、收购网点确定等工作，切实做到“钱等粮”，全年累放夏粮收购贷款 11.40 亿元，累放玉米收购贷款 6.76 亿元。做强政策性中长期贷款业务。加强与正定新区管委会的沟通协调，抓紧完善相关手续，加快贷款投放进度，向正定新区发放存量贷款9.28亿元，支持新农村安居工程项目建设，新区项目贷款投放总额已达60.91亿元。成立重点项目营销小组，市、县二级行明确专人，开展高层营销和联合营销，向无极、深泽县发放贷款1.02亿元，支持地方南水北调地表水厂项目建设。多次走访河北水务集团、正定新区管委会和财政局，深入高邑、平山等县（市）、区，开展项目对接工作，与政府及承贷企业共同谋划，积极营销南水北调干渠及输水管道、引黄入冀补淀、正定新区地下综合管廊、高邑县南水北调地表水厂、平山县冶河综合治理等项目，切实做好项目库储备工作。

【存款业务】 强化激励推动。修订了《业务经营专项量化指标考核办法》，提高了存款业务考核分值。制定了《财务费用挂钩奖励办法》，拿出400万元业务管理费，分别与县支行业务经营情况挂钩，充分发挥财务资源分配的导向和激励作用。开展了优秀存款营销能手评选活动，激发了全员开展存款工作的热情。狠抓存款组织。开展了“首季开门红”、存款组织“红五月”和财政支农资金存款竞赛等专项活动，通过专户营销、按月监测等措施，努力实现财政存款向“主存行”的转变。年末，各项存款日均余额43.83亿元，较上年增加0.15亿元，其中财政存款24.42亿元，较上年增加0.44亿元。加强与省行、省联社的沟通联系，营销同业存款8.80亿元，日均余额0.84亿元。

【国际业务】 丰富国际业务品种，扩大收入来源。坚持外汇结算和贸易融资并重管理，实行部门协作、上下联动营销，办理国际结算业务4437万美元，办理贸易融资923万美元；强化基础管理，规范业务操作，2014年被总行国际业务部确定为华北地区唯一一家“四梁八柱”样板行，并在总行国际业务及外事管理工作会议上做了经验介绍。

【队伍建设】 深入开展党的群众路线教育实践活动。认真落实中央和总、分行党委的安排部署，坚持规定动作不走样、自选动作有特色，确保教育实践活动取得实效。加强干部队伍建设。坚持理论学习制度，举办了两期县支行党支部书记政治理论培训班。调整了部分行班子成员，开展了业务岗位竞聘，补充了新入行员工，干部队伍结构得到优化。继续深入倡导并践行“正廉忠孝康”五字行为和“三个一”读书活动，全员素质进一步提升。制定了《切实加强“四有”工作作风建设的意见》及具体方案，促进了作风建设和效能建设。加强反腐倡廉建设。严格落实党风廉政建设主体责任和监督责任，强化廉政警示教育，完善风险防控机制，加强执法监督和效能监察，规范了干部廉政行为，防范了各类案件的发生。

【企业文化建设】 积极开展精神文明创建活动，正定县支行荣获总行级“文明单位”称号，新乐、深泽县支行荣获省分行级“文明单位”称号。组织开展“职工之家”评选活动，元氏县支行荣获市金融工会模范职工之家称号。严格落实员工思想疏导管理机制，组织问卷调查，召开重点联系行座谈，加强和改进了思想政治工作。开展了“温暖冬日、心中有你”为主题的送温暖活动，走访慰问困难员工，发放慰问金2.90万元。积极参加省分行庆祝农发行建行20周年唱行歌比赛、“金农发行杯”粮油信贷业务技能知识比赛和市总工会举办的“中国梦 劳动美”主题演讲比赛，分别荣获三等奖、优胜奖和金融系统第二名。

（王伟光）

中国农业发展银行承德分行

【概况】 2014年，中国农业发展银行承德分行在省分行党委和承德市委、市政府的正确领导下，在承德银监分局和人民银行的指导和大力支持下，全面贯彻落实省分行市县分支行行长会议精神，把握稳中求进工作总基调，进一步实施“两轮驱动”发展战略，明确经营管理目标，狠抓经营，强化管理，严控风险，形成了持续发展的良好态势，为助推经营管理“强行梦”做出了积极贡献。截至12月末，各项贷款余额80.24亿元，比年初增加4.13亿元；各项存款日均余额14.81亿元，人均日均存款759.25万元；实现账面利润1.18

亿元，完成省分行全年利润计划的 100.10%，人均利润 60.57 万元；人均中间业务收入 1.35 万元；国际业务结算量 475 万美元；全辖继续保持零不良的贷款质量。

【业务经营实现持续发展】 积极稳妥地支持各级粮油储备和收购业务。全年累计发放各类储备、轮换、调控及收购贷款 5.97 亿元，落实了中央强农惠农政策和总行、省分行粮油信贷政策，促进了政策性业务有效发展。大力营销和支持农业开发和农村基础设施建设项目。围绕京津冀协同发展和新型城镇化建设，加大中长期贷款项目的营销力度。全年共发放土地收储和水利建设项目贷款 12 笔，金额 10.52 亿元。推动了一批重点项目的启动和落地，在新农村建设中发挥了引领和骨干作用。积极支持实体经济做强做大。积极支持突出地方产业特色的农业产业化龙头企业和其他涉农企业发展，支持实体经济做大做强。全年累计发放农业产业化龙头企业贷款 3.02 亿元，其他涉农企业贷款 0.21 亿元，有针对性地帮助企业解决合理资金需求，促进地方实体经济的持续健康发展。

【风险防控工作取得实效】 加强客户准入管理。对达到准入标准的续贷客户，通过增加担保，特别是增加有政府背景的政策性担保中心担保等措施缩小风险敞口，对达不到准入标准的及时退出。加强贷后管理。完善以风险管理委员会为核心的风险管理体系，建立市、县两级行，前后台两个环节，立体化、多层次、多角度的风险监测体系。定期组织召开风险分析例会，研究解决贷后管理中出现的新情况、新问题。对存在风险隐患的客户，采取逐步收缩贷款额度等措施降低风险。加强收贷收息管理。采取提前进行风险排查，并督促承贷主体提前落实还款资金来源等措施，确保到期贷款及时收回。对于归还本息压力大、困难多的县区，由行领导亲自带队，通过与当地党政领导进行有效沟通协调，取得支持配合，有效化解了潜在风险。截至年末，到期贷款本息全部收回。

【教育实践活动成效显著】 农发行承德分行教育实践活动作为中央第十三巡回督导组全程跟踪单位、总行郑行长、省分行王行长的联系点，在总行、省分行的精心指导下，坚持“规定动作不走样，自选动作有特色”，采取深入学习教育，打牢思想基础；深挖细照严查，找准找实突出问题；深入谈心交心，把思想谈通谈透；做到坦诚相见，深入开展批评和自我批评；抓好整改落实，建立健全长效机制，扎实推进活动开展。农发行承德分行教育实践活动的做法先后被总行、省分行《党建通讯》予以编发，并在总行党的群众路线教育实践活动视频会议上做了典型发言；总行转发了农发行承德分行专题民主生活会材料。中央第十三巡回督导组组长张玉台，总行郑行长、宫组长对农发行承德分行专题民主生活会以及教育实践活动的开展均给予高度评价。

【基础管理和基层行建设进一步加强】 加强各项基础管理。深入开展信贷基础管理年活动，有效推动了信贷基础管理水平的稳步提升。修订完善了《财务管理暂行办法》和《差旅费管理办法》等，合理控制各项费用支出。当年，业务招待费、会议费和差旅费三项费用同比减少 37.70 万元。加强营业办公用房建设，完成了机关办公楼增加面积购置，建起了机关临时食堂；对机关办公楼内外进行了整修；加大对围场、兴隆、丰宁三个县级支行基建项目的督导力度，着力解决基层营业办公用房问题。加强领导班子和员工队伍建设。落实省分行《关于加强各级行领导班子建设的意见》，紧紧围绕“四好”领导班子建设目标，选好干部，配好班子。落实省分行《关于全面提升员工队伍素质的意见》，深入开展“三个一”提升素质读书活动，倡导并践行“正廉忠孝康”五字行为。组织了县级支行管理岗位、业务岗位竞聘和市县分支行中层干部竞聘工作，充分调动了员工的工作积极性。加强跟班学习和异岗锻炼，进一步提高了青年员工工作能力和综合素质。加强党风廉政建设。认真落实党委对党风廉政建设的主体责任和纪委的监督责任，逐级签订了相关责任书、承诺书，落实领导干部和关键环节的廉政责任，并将信贷政策、廉洁办贷十不准以及信贷人员承诺书的内容，统一印制《告之函》发送到所有贷款客户，发挥外部监督作用。组织党员干部参观了承德市廉政教育基地，使大家受到了生动、鲜明和深刻的教育。组织新聘任领导干部进行集体廉政谈话，为新任领导干部敲响“廉政警钟”，进一步增强了“免疫力”。

（赵学功 袁晓峰 任志伟）

中国农业发展银行张家口分行

【概况】 2014年，中国农业发展银行张家口分行在省分行党委正确领导下，狠抓贷款项目营销，全力组织存款业务，稳步提高资产质量，全面提升综合效益，扎实开展群众路线教育活动，不断强化内部管理，各项工作取得良好成效。在总行召开的存款工作经验推进会上做了经验介绍；在省分行“红五月”存款工作推进会上，有8个支行受到表彰。在省分行经营绩效考评排名跃升至第6名，荣获二等奖。经营指标专项量化考核位居全省第3名。有4个支行被省分行授予“有效发展单位”称号。创新实施的“3451”存款组织工作法，荣获省分行进步创新一等奖。

【信贷支农有效拓展】 营销获得审批中长期项目8个，贷款10.77亿元，发放7.43亿元。营销发放上市公司项目3个，发放贷款4.50亿元。一是消灭“白点行”，实现了行行有项目。重点解决了项目营销的“白点行”。怀安、怀来、赤城支行和市分行营业部，4个行全部实现了项目的零突破，共发放贷款4.90亿元，实现了行行有项目贷款的目标；二是瞄准“重点户”，培育了后续客户。通过逐县区调研、走访，与党政部门主要负责人直接对话。全行充实完善了概念性、意向性、可立项、可调查等四个梯次的项目储备库。重点培育了对现代乳业、怀来燕山新城、奥运12个村庄改造等一批大的兴行项目，为今年的业务发展奠定基础。三是“传统业务”实现新突破。按照“优中选优”的原则，新增粮食收购贷款7000余万元，新增县级储备贷款2250万元，发放省级轮换贷款3231万元，跨省移库贷款1.97亿元。新发放畜牧业贷款4.50亿元。粮食主体业务比上年增加6.10亿元，主体业务实现了恢复性增长。

【存款组织成效明显】 创新存款工作思路与营销手段，采取“3451”工作法进行揽存，走出了一条欠发达地区组织存款的新路子。存款达到26亿元，增长63%，日均存款达到21.25亿元，增长29.60%，存贷比、资金自给率、存款对利润贡献率及存款增长率均列全省第一，并获得全国存款组织“十佳市级分行”称号。存款做法在《农发行简报》第3期、《农业发展与金融》第6期和《粮油市场报》刊发，在总行全国存款“红五月行动”总结会上作了经验介绍。在省分行存款“红五月推进会”上，有8个支行进入全省存款30强行列。存款对利润的贡献率为73.80%，存款利差收益为5461万元。

【内部管理有效夯实】 重视基础工作管理，确保稳健经营。一是深入开展“信贷基础管理年”和“合规管理年”活动。重点做好贷款风险排查与客户风险排查，落实“区别对待、有保有控、分类指导”的信贷政策，对贷款企业实行差异化管理。对发现17个问题进行整改，100%已整改。二是加强风险贷款处置。组织开展了贷款风险分类、已核销呆账、不良贷款管理、押品评估管理及合规管理等5项检查。进一步优化了资产结构，提高了信贷资产质量。三是高标准、高质量做好办公用房的改造和维修工作。解决了4个县支行和市分行机关办公用房，有3个支行迁入了新办公楼。省分行批复维修改造项目8个，对项目行进行全面维修改造。目前4个支行已维修改造完毕，投入使用，极大地改善了营业办公条件。四是加强财会基础管理。在全辖推广晨会制度，建立财会人员人才备份制度，出台的《财会人员备份团队管理办法》，被省分行转发在全省推广。认真落实好会计四级监督，加强信息基础工作，充分发挥远程监控系统的作用，坚持开展好财会岗位对接突击检查，对财会基础较差的4个支行进行现场检查辅导，严密防范财会工作风险，促进财会基础管理工作的提高。五是健全监督机制，防控各类风险。坚持把发现问题、纠改问题、提高管理水平放在内控评价的第一位。对市分行机关和所辖14个基层机构2013年的信贷管理、财务会计和案件防控等三个部分进行了重点内控评价，得分98.51分，达到一类行标准。

【队伍建设不断加强】把干部队伍建设作为干事创业的首要任务来抓。一是抓班子建设。对所辖14个县级支行上年度“四好”班子、反腐倡廉、民主测评、条线考核和经营绩效等工作成果和33个支部成员党风廉政情况进行了量化考核，营造创先争优的氛围。二是抓干部管理。制定了《县级支行中层干部竞聘实施方案》，对14个县支行中层干部进行了调整充实，为全辖各行选齐配强了中坚力量，各县行共选拔调整中层干部53名，干部队伍的年龄、学历、专业等结构进一步改善。三是抓队伍素质。制定《2014年员工教育培训实施方案》，对新入行大学生采取岗前培训、轮岗培养等方式，适应岗位工作需要；根据《张家口分行全员培训考试办法》，利用自己开发的远程考试系统每季组织一次现场考试，各条线不定期加强考试；深入推行“三个一”提升素质读书活动，努力在全辖营造和保持浓厚的学习氛围。四是坚持“文化塑行”的理念。春节期间，工会组织人员慰问了全辖20多名困难职工、退休老干部及社区困难老党员，到市福利总院看望孤残儿童，体现了农发行对社会应尽的责任和义务；开展了“青春正能量”青年文化活动月和“强行杯”羽毛球比赛，组织员工开展了拓展训练，凝聚了团队的向心力，激发了全员干事创业的动力。

（高登凡）

中国农业发展银行秦皇岛分行

【概况】2014年，中国农业发展银行秦皇岛分行认真学习贯彻中央有关精神，落实总分行各项工作部署，坚持以业务经营为中心，牢牢把握项目营销落实年、信贷基础管理年各项工作取得了一定成效。

【信贷业务有效增长】全年累放各项贷款21.98亿元。其中，累放粮油类贷款16.08亿元，保证了中央和地方粮油储备增储和轮换计划的顺利实施，保持了支持粮食收购主渠道地位，促进了粮食市场安全和稳定，保护了农民利益；累放中长期贷款5.62亿元，大力支持农业综合开发和农村基础设施建设，并通过实行贷款项目库动态管理、高端营销等措施，确定营销重点，强化项目营销，较好发挥了农发行在支持新农村建设中的职能作用。年末，各项贷款余额44.07亿元，比年初增加5.47亿元，增幅14.20%。

【积极发展存款和中间业务】制定印发《2014年经营指标专项量化考核办法》，采取现场调度、电话督导和按时监测指标完成情况等手段，加大工作督导力度。制定下发了《2014年度“业务营销能手”评选奖励办法》，鼓励员工营销存款、中间业务及国际结算业务。组织开展了“开门红”、“红五月”、“冲刺周”及现场推进会等活动，促进存款及中间业务开展。全年存款日均余额7.36亿元；实现中间业务收入230万元；累计办理国际结算业务6138万美元，完成省分行下达指令性计划的142.70%。

【信贷资产质量明显提升】积极开展信贷基础管理年活动。制定了活动方案，建立了例会制度、定期沟通反馈制度、督办制度和台账制度，活动得到扎实有效开展，农发行先后被总行、省分行确定为“信贷基础管理优秀行”。认真落实贷后管理各项规定，确保了当年到期贷款本息全部按时收回。把清收处置不良贷款摆到突出重要位置，认真制定清收方案，加强沟通协调，明确专人督办，全年清收不良贷款1499万元，确保了不良贷款清零目标的实现。积极配合做好政府性债务清理甄别工作，农发行20.11亿元中长期贷款全部被市政府列入应负有偿还责任的债务。

【经营管理持续向好】认真开展收息“百日攻坚战”，加大收息力度，确保应计全计、应收尽收，利息收回率达100%。全年实现账面盈利6995万元，同比增加309万元，完成省分行下达全年利润计划的121%。若考虑总行营业部异地监管、省内异地监管利润分成因素，实现利润7683万元，完成利润计划的133%。创新实施收购贷款库存监管影像记录，进一步强化库存监管，被省分行评为“进步创新二等奖”。进一步改进资金计划管理，资产负债管理能力不断提升。加强合规管理，开展“亮剑”检查、非现场审计和专项审计等，抓好内外部检查发现问题整改，全面实施内控评价，促进了依法合规经营。推广应用内部监督管理信息系统，促进了基础管理的规范化、信息化、常态化。在县级支行全面推行新的晨会制度，加强了内部管理。认真做好基层营业用房维修改造工作，抚宁、卢龙、青龙支行基本完成了维修改造任务。加强了信息宣传，规范办文办会，后勤服务、安全保卫等保障更加有力。

【队伍建设不断提升】积极开展党的群众路线教育实践活动，全辖工作作风得到明显转变。继续开展"四好"领导班子创建活动并进行量化考核，组织了县级支行班子成员集中述职和民主测评工作。抓好党的建设、党风廉政建设和反腐败工作，落实了廉政建设各项规定。进一步深化倡导并践行"正廉忠孝康"五字行为和"三个一"读书活动，认真组织岗位培训和业务竞赛，农发行在省分行粮油信贷知识竞赛中获得二等奖；在建行20周年合唱比赛中获行歌创作二等奖，演唱三等奖。加强工团组织和精神文明建设，市分行团委被省分行评为"五四红旗团组织"，农发行被市委、市政府授予"文明单位"。

（王洪波）

中国农业发展银行唐山分行

【概况】2014年累计投放各类贷款20.84亿元，累收19.47亿元，各项贷款余额104.46亿元，比年初增长1.07亿元，增幅1%。现金清收不良贷款307万元，实现了无不良贷款行。企事业单位存款和财政存款余额19.62亿元，比年初增加6.28亿元；日均余额18.40亿元，比上年增加3.80亿元。全年未发生案件事故，连续19年实现"四无"目标。多个部门被省分行评为先进单位，3个县级行荣获省分行"有效发展先进单位"荣誉称号。

【支持新农村和水利建设】按照可立项项目、意向性项目两个层次，摸清项目底数，建立健全三类贷款项目库，整理制定水利、新农村建设和农村路网《项目营销指引》，落实项目营销责任，挂图作战，倒排工期，全年新营销项目9个，审批金额28.03亿元，投放贷款6.09亿元。

【积极营销存款】通过算账明理、完善存款考核机制，使存款增效成为全员共识，"一体化营销"、"人脉资源营销"等多措并举成效明显。2014年存款余额19.62亿元，比年初增加6.28亿元；日均余额18.40亿元，比上年增加3.80亿元。

【抓好风险防控和不良贷款清收】针对复杂的经济形势和经营环境，为加强收贷收息工作，建立逐级督导责任制，提前两个月下发到期贷款提示通知；到期前一个月市分行客户部负责人与县支行行长电话沟通收贷收息准备工作，落实还款资金来源；到期前两周客户部主管每天跟踪资金进度；到期前一周，市分行大项目经理现场督导或协助落实；到期前三天，要求有关行上传资金到账凭证，确保贷款本息应收尽收，全年实现政策指导性和商业性贷款利息收回率100%，综合利息收回率99.90%。坚持科学审贷、风险预警，全年没有发生新的不良贷款；坚持在发展中解决历史遗留问题，全力清收最后一笔不良贷款307万元，实现不良贷款清零目标，信贷资金质量进一步提升。

【夯实基层和基础工作】以强化组织领导为前提、以创新工作方法为举措、以合规经营管理为根本，扎实开展信贷基础管理年活动。为增强员工合规经营意识，在各类检查中特别强化督查整改。对于检查发现的问题，严格落实责任，对违规操作的员工坚决进行积分处理或经济处罚，业务部门和内审部门建立整改台账，整改后内审部门进行核审，问题不解决，决不"销账"。创新管理手段，夯实管理基础。针对地方储备管理不规范问题，专题组织地方储备粮贷款核查，审核梳理贷款全流程相关资料，确保储备贷款的合法性、安全性。采取CM2006系统管理与奖励费用挂钩的办法，促进了工作质量提高。制定《信贷报批基础资料档案整理工作方案》，编写《操作模板》，开展全辖信贷档案展评，提高了信贷档案规范化管理水平。加强财会基础管理，制定《会计检查辅导员管理办法》，建立会计检查辅导员队伍和后备人才库，按季度组织飞行检查，开展财会岗位对接突击检查试点工作。

【加强领导班子、干部队伍建设和党风廉政建设】认真开展党的群众路线教育实践活动，扎扎实实完成了学习教育、听取意见，查摆问题、开展批评，整改落实、建章立制各个环节的工作任务。坚持“开门”搞活动和党员领导干部带头这两个重点，深入查找“四风”问题，深刻剖析原因，制定切实可行措施，认真加以整改，收到了明显效果。在总结教育实践活动成果、加强整改措施落实的基础上，完善党建工作考核办法、县级行领导班子和班子成员考核办法、机关工作人员考核办法、竞赛奖励办法，健全考核体系，引导干部员工树立正确的价值观、业绩观，提高了党的建设和领导班子建设水平。扎实开展廉政教育月活动，加大突击检查和远程监控力度，提高了案件防控水平，连续19年实现“四无”目标。落实全面提升员工队伍素质的意见，充分利用网络视频系统开讲授课，凡训必考、凡赛必奖，加强业务培训，开展学业务练技术活动，鼓励员工尤其是青年员工学知识、练技术、长本领。

（张文婧）

中国农业发展银行廊坊分行

【概况】 2014年，农发行廊坊分行紧紧围绕全市经济工作会议精神和“三农”发展目标，紧密结合本行职能特点，认真履行职责，保障粮食安全和市场稳定，加大支农力度，积极助力本市农村基础设施、新农村建设和涉农中小企业发展。全年累放各类贷款25.67亿元，贷款余额59.99亿元，比年初增加2.63亿元，日均存款余额16.25亿元，比年初增加3.84亿元，实现账面盈利1.35亿元。信贷资产质量优良，连续14年保持不良贷款零余额。党风廉政建设和安全保卫工作实现“四无”目标。2014年获得省分行综合经营绩效考评一等奖，被市政府评为“金融支持地方经济发展实绩突出单位”。

【主动作为，积极作为，确保国家粮食安全，推动农民增收】 严格执行粮棉储备、收购信贷政策。全年投放粮棉油购销储类贷款4.77亿元，保障了各级储备计划的落实。夏秋两季粮食收购期间，认定17家企业作为购销承贷企业，分别发放小麦、玉米收购贷款2.09亿元，收购小麦5.24万吨、玉米6.32万吨，活跃和稳定了本地区粮食收购市场，保护和调动了农民种粮积极性，没有发生一例因农发行资金供应不到位而给农民“打白条”现象；大力推动地方建立粮食调控机制，激活县域粮食产业链。积极协调上级行信贷倾斜，向固安县投放了1.78亿元地方调控粮食收购贷款，支持收购县政府引进的优质小麦新品种“石优20”和“石家庄8号”，辅之以“点穴放贷”的形式对该县种子公司、周边粮食购销企业、面粉加工进行分类贷款，2014年该县以地方调控方式收购优质小麦6万吨，以点连线的方式串联起了该县整个粮食产业链，引发了种业、种植业、收购、加工等环节的“链式反应”。2014年，全县夏粮优质小麦种植面积达到35万亩，比上年增长40%，种粮农民亩均增收400元，粮食加工企业的运输成本也大大降低，粮食购销企业的经营活力也显著增强，农发行廊坊分行是目前全省系统内唯一一家投放此类贷款的单位。

【抓住机遇，发挥优势，大力支持廊坊市农村基础设施建设和新农村建设】 积极配合国家城乡一体化战略实施，紧紧围绕市委、市政府提出的“三大发展引擎”，加强项目培育，多次召开银政、银企座谈会，广泛筛选和支持本地区项目成熟度高的新农村建设、农村水利、农业综合开发、环境保护等项目，为廊坊市农村基础设施建设和新农村建设发挥了积极助推作用。全年投放贷款10亿元，重点支持了大城县野固献村新民居建设、永清县三村联建项目、三河市农村公路改造工程、燕郊土地整治等项目。2007年政府融资平台中长期贷款业务开办以来，市农发行累计投放农村基础设施和新农村建设贷款56.69亿元，支持农村路网、水利、农村土地整治、农民集中住房、城镇污水处理、农村学校等项目25个。

【择优扶持，积极引导，大力支持产业化龙头企业做大做强】 对自主经营、自担风险、自负盈亏的实体企业，坚持市场化原则，择优支持。大力支持廊坊市品牌企业，向三河汇福粮油集团投放贷款4亿元，支持其科技改造和收购原料，其生产能力和盈利能力大大提高；向华日家具公司累计投放林业短期加工贷款1.80亿元，支持其购进木材，其产品畅销国内，远销国外；向永清国际物流港项目投放农村流通体系中长期贷款 1.50 亿元，大大提升了该县作为环京津特色农产品大县的吞吐、集散和消化能力，极大地调动了当地农民种植积极性；向固安县参花面粉有限公司投放 4000 万元，进一步增强了廊坊市面粉行业的市场竞争力；向河北康达畜禽养殖有限公司 2000 万元，向廊坊市京南食品有限公司投放 2150 万元，进一步提高了产业化龙头企业的吞吐消化能力；大力支持县域特色经济发展，向 4 家农业小企业投放 1630 万元贷款，支持领域涵盖了畜禽养殖、家具生产、胶合板制造、红小豆加工等，小企业的经营实力和辐射带动作用不断增强。

【加强风险防控，基础管理水平显著提升】 以"信贷基础管理年"活动为契机，全面加强各条线基本制度建设，进一步增强了操作风险和内部管理风险的自我控制、自我识别和消化能力；加强资金调度管理，创新考核办法，资金运用率由 2013 年的 105.30% 下降到 102.80%；推行了客户综合贡献度管理机制，进一步端正了银企关系，搭建了银企双赢的新平台，做法被省分行推广；认真贯彻"中央八项规定"，努力增收节支，财务资源使用效率不断提高，完成省分行核定利润计划的 105.40%；及时做好呆账核销和平台贷款债务承接工作。加大会计检查辅导、审计、纪检监察、安保及其他基础安全管理环节的检查力度与频率，内部管控水平不断提高，确保了全行安全运营、高效运转。

【以党的群众路线教育实践活动为契机，党员及队伍建设迈上新台阶】 聚焦"四风"，深刻查摆，全面整改。坚持把教育实践活动与推动业务发展相结合，与全面提升风险防控水平相结合、与加强队伍建设相结合，党建、纪检监察、工会、人事管理、后勤管理、企业文化建设、精神文明创建、服务窗口建设等工作合力助推，党的组织建设、制度建设、作风建设、民主建设以及各级领导干部的宗旨意识、群众观念都有了显著提高，全员团队意识、责任意识和发展观念更加强烈和巩固。

（陈农田）

中国农业发展银行保定分行

【概况】 2014 年，中国农业发展银行保定分行紧紧围绕打造经营管理强行目标，认真贯彻落实"五个持之以恒"的工作管理要求，坚持"稳中求进"的主基调，全面开展"深化管理年"活动，加大支农力度，强化队伍建设，持续改进作风，全年业务经营取得了新突破，各项工作开创了新局面，再一次获得全省经营绩效考评一等奖，先后被授予全国金融系统"职工代表大会制度建设示范单位"、总行"五四红旗团组织"、省分行"先进基层党组织"、"进步创新一等奖"、河北省金融系统"劳动关系和谐企业"、河北省工会"模范职工之家"、保定市"金融贡献奖"等荣誉称号。

【信贷支农做出了新贡献】 认真贯彻落实上级行信贷支农政策，全力支持粮棉政策性收储和市场化购销。全年累计发放粮棉收储贷款 94 亿元，保护了农民利益。大力支持农业综合开发和农村基础设施建设，全年累计向 3 个项目发放中长期贷款 1.60 亿元，促进了当地经济社会发展和城镇化进程。积极支持实体企业生产经营，累放农业产业化、农业小企业和农业科技贷款 10.30 亿元，促进了农业提质增效和农民就业增收。

【业务发展实现新突破】 确立"打造经营管理强行"目标，有效引领了发展方向，汇聚增强了发展合力。坚持"适宜什么就发展什么"的总体思路，持续深化"三点一线"优质客户发展布局，进一步做强做大了主体业务。持续实施"存款增效"理念，大力推行一体化经营、一揽子营销，统筹推进各项业务均衡发展。严格计划财务管理，勤俭节约办行，杜绝奢侈浪费，努力增收节支，有效提升了经营绩效水平。全年累放贷款 106.60 亿元，同比增加 20.10 亿元，位居全省第一；年底各项贷款余额 101.80 亿元，突破百亿大关，比年初增加 13.40 亿元，增幅 15.20%；各项存款日均余额 26.80 亿元，比上年增加 1 亿元，低成本存款日均余额 24.20 亿元，继续保持了高位运行；

实现中间业务收入 523 万元，国际业务结算量 6138 万美元，均居全省第二；在利差收窄等不利因素的影响下，实现账面利润 1.50 亿元，同比增加 0.20 亿元，超省分行任务 0.40 亿元，再创历史新高。

【风险防控得到新加强】 适时加大粮棉促销力度，提前实现“双结零”；全力做好到期中长期贷款本息收回工作，有效降低和化解了存量贷款风险，预防了逾期贷款的发生。把清收处置不良贷款作为硬指标，依法合规核销呆账 1.30 亿元，不良贷款占比较年初下降 0.12 个百分点，资产质量进一步提升。着眼构建稳固长效的银企协作共赢机制，制定实施 8 号文件，提出 21 字粮棉信贷管理要求，改进大客户服务监管措施，引导企业改善仓储设施条件，充实权益性资金，增强自身实力和抗风险能力。全辖 52 户农业产业化及粮棉购销企业注册资本金、自有流动资金分别比上年增加 5.90 亿元和 13 亿元，为进一步发展壮大创造了良好条件，提供了充足后劲。

【发展基础得到新巩固】 创新自选动作，突出特色实效，信贷基础管理年活动考评验收在全省排名第一。紧密结合实际，确定全年为“深化管理年”，将上级行信贷基础管理的要求扩展到全行工作的各个方面，扎实开展深化管理年活动，全面排查整改各项业务、各个环节工作中制度执行、履职尽责、合规操作等方面存在的问题，组织各条线编写了针对性、操作性强的指引手册。积极推进县支行营业办公用房改造装修工作，全面推广晨会制度，大力实施“评级授信用信一站式服务”，深入开展优质文明服务创建活动，进一步提升了金融服务水平，增强了支农品牌形象。以信贷、财会、案防为重点，全面开展内部控制自评价工作；加强财会监督，实施会计对接突击检查，强化信息科技支撑；认真做好法律审查和合规管理，严格商业秘密、声誉风险管理，坚持标本兼治、注重预防、惩防并举，着力加强廉政建设，狠抓安全管理和员工积分管理，有效预防了各种违规违纪行为，确保了安全稳健运营。

【队伍建设得到新加强】 坚持“凭能力、重业绩、看公论”识人用人，圆满完成了新一轮干部竞聘，进一步优化了干部结构。做到规定动作不走样、自选动作重实效，严格按照上级行要求，深入开展党的群众路线教育实践活动，使党员干部受到了思想作风的深刻洗礼。强化廉政警示教育和执法监督，认真执行中央八项规定等一系列反四风、转作风的要求，进一步净化了行风；认真落实员工月度培训考试制度和业务副经理以上干部月度工作公示报告制度，持续开展“强、提、促”活动，员工队伍整体素质和执行力显著提升。统一规范视觉形象，精心编印《感悟》和《历程》手册，组织开展践行“五字行为”、“三个一”读书、行歌比赛等丰富多彩的活动，进一步深化了特色“积柴”文化，放大了“积柴”效应。切实加强工团工作，严格按照总行规范召开职工代表大会，深化民主管理，促进依法治行；完善青年工作考评机制，组织“优秀青年”评比表彰，加强人文关怀，关注青年成长，进一步激发了全行员工的干事创业热情，为和谐发展汇聚了强大的动力。

（张勇利　魏胜贤）

中国农业发展银行沧州分行

【概况】 2014 年，在省分行党委的正确领导下，中国农业发展银行沧州分行把握政策，因地制宜，真抓实干，贷款和客户结构得到优化，管理日益精细化，经营水平不断提高，干部队伍建设取得明显成效，全行上下形成了“团结、进取、创优”的良好局面。2014 年 12 月底，各项贷款余额为 55.15 亿元，较年初增加 0.51 亿元；各项存款余额 10.58 亿元，较年初增加 1.10 亿元；企事业单位存款和财政存款日均余额 10.65 亿元，完成考核任务 202.10%；同业存款日均余额 4635 万元，完成考核任务 44.20%；中间业务收入 185.31 万元，完成考核任务 51.20%；国际业务结算量 1044.76 万美元，完成考核任务 130.60%；贷款利息收入 3.45 亿元，完成考核任务 102.30%；不良贷款余额 1374.57 万元，比年初下降 5253.55 万元，完成考核任务 181.20%。

【业务发展】 主体业务。积极支持中储粮直属企业开展储备粮油增储、轮换等业务，发放储备贷款1.86亿元，支持企业储备小麦8386万千克。对于粮棉油商业性贷款，积极支持优质企业搞活经营，做强做大，带动主体业务有效发展。特别是在夏、秋季粮棉收购期间，行领导多次带领客户部有关人员深入收购企业、田间地头，宣传农发行收购政策，了解市场行情及农户需求，确认收购贷款企业29家，收购网点覆盖全辖15个县（市），最大限度地支持各类企业入市收购，促进农民增产增收。全年累计发放粮棉政策指导性贷款5.26亿元。中长期业务。采取高端营销，先后走访了全辖各县市党政主要负责人，进一步阐述农发行支农惠农信贷政策，诠释农业发展银行在支持地方经济发展特别是在支持新农村建设方面的支柱和骨干作用，取得地方党政领导的理解和支持，进一步和政府领导一起研究规划、项目，争取到一批项目。全年累计发放农业中长期贷款5.01亿元，有效支持了当地新农村建设。

【经营效益】抓多渠道利息清收。强化收息责任制，多渠道挖掘收息潜力，各项有效贷款利息收回率达到100%，做到了应收尽收。全年应收利息3.45亿元，实收利息3.41亿元，综合利息收回率达到99.05%，实现账面利润6599万元。狠抓存款。建立了企业回笼货款归行检测台账，加强了对企业存款账户的管理；以营销农村中长期贷款等与地方财政联系紧密的项目为契机，做好贷款项目相关的财政资金和非贷款客户县域公众存款营销工作；先后三次召开存款营销工作调度会议，组织开展了存款营销攻坚战活动，建立了存款营销“旬调度、月通报”制度，设立了存款营销工作专项奖金，以此充分调动全员营销积极性。截至年末，企事业单位存款日均余额10.65亿元，完成省分行考核任务的202.10%。抓中间业务拓展，多元增加盈利空间。在切实搞好“双单作业”的同时，积极开展咨询顾问业务，大力营销财险和人寿保险。全年实现中间业务收入185.31万元，其中：咨询顾问业务收入164.07万元，手续费收入11.01万元，代理保险收入4.77万元。同时，积极为企业办理国际贸易融资业务，加快国际业务发展步伐。全年国际业务结算量达到1044.76万美元，完成任务的130.60%。抓勤俭办行，建设节约型机关。重新修订实施了《财务开支管理办法》，严格控制非业务性开支，对大额开支项目由市分行进行公开招标；精简会议，重申了招待制度，市县两级行都建立了机关食堂，大力处置了闲置固定资产。

【党建工作】深入开展党的群众路线教育实践活动。市县两级行相继成立了以“一把手”任组长的学习实践活动领导小组，制定了《沧州分行党的群众路线教育实践活动实施方案》，分行领导班子成员每人选择了2个县级支行作为联系点。按照计划有条不紊地开展学习，举办了双休日党校，市分行党委（支部）进行集体学习59次。设立“党的群众路线教育活动宣传栏”，印发了《群众路线教育实践活动银行业从业人员职业操守读本》。广泛征求意见建议，收回员工问卷286份，企业问卷30份，征求到“四风”意见建议582条。班子成员之间、上下级之间都普遍开展了两轮谈心交心活动。班子成员认真撰写对照检查材料，确保了质量。8月中旬总行督导组来沧州督导，对沧州分行群众路线教育实践活动提出了表扬。提升素质。制定了《员工在岗业务学习考试实施方案》，成立了“双休日”党校，建立了新入行大学生跟班学习制度，开展了“三个一”提升素质读书活动和“正廉忠孝康”五字行为学习践行活动，举办了以“五字行为伴我成长”为主题的演讲比赛活动。党委班子成员带头搞好学习，撰写心得体会，公开授课，全员学习热情高涨。强化作风。健全完善了日常制度，制定修改了《行务会制度》《行长办公会制度》《业务经营分析例会制度》《周工作例会制度》《员工学习培训考核办法》《财务指标分配管理办法》《大额开支（集中采购）管理办法》《固定资产管理办法》《行长包片、部室包行督导考核办法》等一系列制度办法。加强了内部管理，狠抓了各项基本制度的落实，进一步提高了规范化程序。

（于永成）

中国农业发展银行衡水分行

【概况】2014 年累放贷款 33.64 亿元，年末贷款余额 51.54 亿元。呈现出“存贷款日均余额同比双增（分别较上年增长 3.48 亿元、3.35 亿元），账面利润同比增加（实现账面利润 7893 万元，同比增加 1539 万元，创历史同期最好成绩），基层行建设和基础管理双加强，群众路线教育实践活动和队伍建设双推进”的良好态势。市分行被河北省委宣传部评为“河北省宣传文化先进集体”。

【稳健做业务】支持粮棉收购。充分发挥粮棉优势，逐家走访黄金战略性客户，引导企业由粗放管理向精细管理转变。全年累放粮棉收储贷款 19.70 亿元。发展中长期业务。充分借助全省综合配套改革试验区的政策优势，主动与财政实力强、信用环境好的县市党政对接，反复协调沟通，宣传讲解政策，积极谋划、促成项目实施。冀州新城 8.50 亿元土地收储项目全部发放到位，故城农村土地收储项目发放贷款 7000 万元，同时培育储备了一批政府主导、社会关注的民生项目。截至 12 月末，中长期贷款余额 15.41 亿元、涉及 10 个项目。支持产业化龙头企业发展。全年累放产业化龙头企业贷款 2.07 亿元，贷款余额 1.87 亿元，重点支持了老白干、蒙牛、华兴、鲁花等 16 家产业化龙头企业，促进了我市农业产业化和现代化发展。防控信贷风险。建立重点行业、重点企业风险分析制度，加大对贷款企业风险监测和管理，实施有进有退、有所为有所不为策略，根据变化了的形势及时退出 7 家商业性客户，收回贷款 1.50 亿元。认真做好 2.18 亿元棉花财务挂账和粮食附营挂账占用贷款核销工作。通过有序有效优发展、调结构，促进了业务经营稳健开展，实现贷款利息收入 2.98 亿元，同比增加 0.43 亿元；综合利息收回率 99.90%，同比提高 4.14 个百分点。

【创收提效益】健全完善了专项量化考核、经营绩效考评等管理办法及经营核算机制。建立了综合收益率考评机制，着力提高客户的忠诚度和贡献度。落实县级支行分类管理要求，督促“四个大行带动发展”“三个小行突破发展”“其他四行加快发展”，逐一分析潜在优势，明确发展重点，确定在全省晋位目标。对提档晋级的授予“进步先进单位”，每提升一个档次奖励 1 万元。全辖 11 个县支行中，有 10 个支行实现增盈和减亏，其中饶阳县支行实现了扭亏。加大了存款组织工作。做实财政资金“主办行”，力促向“主存行”转变，财政存款日均余额 2.50 亿元；积极开办线下收单 POS 业务，回笼资金 5536 万元；开展存款营销竞赛，存款创效 3940 万元，对利润贡献度 49.90%。全年企事业单位及财政存款日均余额 11.52 亿元，完成省分行任务的 117%；同业定期存款日均余额 1.64 亿元，完成省分行任务的 213%。拓宽了增收渠道。加大对重点县市、重点行业、重点客户的营销，实现国际业务结算量 4318 万元。规范发展中间业务，实现中间业务收入 189 万元。

【合力强管理】抓住制约发展的重点难点问题，健全机制、做长短板、突破瓶颈，带动了全局工作开展。一是狠抓了领导干部和机关作风建设，以上率下、严上促下，组织副科级以上干部和重要岗位人员到衡水监狱开展警示教育，向全辖发出“转作风、树新风、反‘四风’”倡议书，严禁“舌尖上”“车轮上”“接待上”的铺张、浪费。在党风廉政建设民主测评中，7 个行班子成员满分，是群众参与度、认真度、满意度最高的一年。二是实施了“强行带动、弱行突破”战略，督促“四个大行带动发展”“三个小行突破发展”“中间四行加快发展”，对在全省分类管理排名提档晋级的授予“进步先进单位”，颁发奖金 1 万元，激励各行探索符合实际的可持续发展之路。三是印发了收益率考评管理办法，动态监测，每季考评，增强了客户的忠诚度和贡献度。四是建立了行长包片、部室包行制度，逐一明确包管任务和目标，既帮助解决了实际困难，又培育了条线管理样板行。五是加快了基建和维修改造进度，5 个基建行主体工程基本完工，5 个装修行全部投入使用，全辖营业办公环境和窗口服务形象明显提升。

【奋进聚合力】扎实开展第二批党的群众路线教

育实践活动，解决好群众关心的热点问题，凝聚发展合力。一是加强了培训教育，分专业制定培训计划，以会代训，增强了培训的实效性；组织了全员集中考试，增强了学习的主动性；组织财会、信贷业务技术比赛，促进了比学赶超；实施“笔杆子”工程，提高了员工学、思、干、写综合能力。二是加强了人员管理，开展了县行业务岗位竞聘，新聘续聘了23名正副业务经理（专员），对不兼任管理岗位的高级业务岗位人员合理安排岗位，实现了由管人到管事的角色转变。三是培育了先进典型，选树了5位“老黄牛”先进典型和4个“拓荒牛”先进事例，增强了先进典型的感染力、影响力。四是丰富了活动载体，组织了“青春·责任·奉献”主题演讲、“五字行为伴我成长”演讲选拔赛、“转变作风话‘四有’”征文、“合规在心中，合规在行动”知识竞赛、“助推强行梦，赶超衡湖行”拓展训练等集体活动，增强了队伍的凝聚力和向心力。

（武　琼）

中国农业发展银行
邢台分行

【概况】2014年，累放贷款35.74亿元（含国家临储跨省移库贷款4.84亿元），比上年增加4.89亿元；各项贷款余额65.21亿元，比年初增加3.17亿元；各项存款余额21.69亿元，比年初增加6.31亿元；实现账面盈利7425万元。

【支持粮棉油全产业链发展】累放各类粮棉油贷款32.67亿元，确保了全市粮棉收购和粮食安全。

一、确保政策指令性收购资金供应。累放政策指令性贷款10.07亿元，同比增加3.82亿元。其中发放粮食调控贷款4.84亿元，支持企业跨省移库玉米19.45万吨；发放中央储备小麦贷款1.04亿元，支持企业完成“稻麦串换”3.40万吨；在落实贷款利费补贴来源前提下，发放地方储备粮贷款4.18亿元，支持企业增储小麦4.88万吨，轮换小麦10.37万吨。年末政策指令性贷款余额达到30.25亿元，占比46.40%，剔除挂账核销因素较年初增加6.49亿元。

二、支持购销企业入市收购。按照“市场定价、企业自主、理性收购”的原则，在实现“收储对接、工贸对接、产销对接”的条件下，支持购销企业开展粮棉市场化收购。累计发放粮棉收购贷款16.34亿元。

三、支持发展粮食全产业链。累放龙头加工企业购销流动资金贷款、科技贷款等5.28亿元，带动了农民多渠道增收。审慎发展商业性贷款业务，突出“五好企业标准”，扶持金沙河面业有限责任公司升级组建为金沙河面业集团，贷款由上年的1.50亿元增加到2.50亿元。

【支持城乡一体化建设】重点支持全市城乡一体化和新型城镇化建设。按照“三率一额度”准入标准，通过对辖区县市财政状况调查摸底，积极与地方政府联系沟通，市县行上下联动，成功营销并发放邢台开发区、临城县农村土地综合整治，威县、临西县农村土地收储以及清河县供水工程等5个县6个中长期贷款项目，发放贷款2.73亿元。

【存款和中间业务】修订完善了组织存款及中间业务考核办法，科学分解考核任务，开展首季开门红活动。深化“一揽子”营销，建立资金计划、客户部门联席会机制，及时沟通相关信息，同步推进资产、负债和中间业务。实施《非贷款客户存款及国际结算业务营销奖励办法（试行）》，坚持本外币一体化经营。全行各项存款日均余额16.32亿元，其中累计营销同业定期存款71笔，金额26.42亿元，日均余额达到2.68亿元；全年办理国际业务264笔、2944万美元，办理银行承兑汇票85份、9300万元，办理贴现14笔、3394万元，实现中间业务收入378.39万元。

【风险防控】推行客户评级授信和用信业务“一站式”操作，严格做好资格认定和评级授信工作。实施《邢台分行粮食共同担保基金管理办法（试行）》，提高购销企业整体风险承受能力，弱化市场化收购贷款风险。坚持办理粮食库存浮动抵押、信贷人员参与购销合同面签、提前交存合同履约金，确保粮食库存和贷款安全。充分利用CM2006系统、综合报表平台系统、客户风险统计系统、人行征信系统等信息数据，提高信贷监测分析水平。抽调县支行骨干力量，集中对全辖贷款第二还款来源、贷款风险分类、已核销呆账、不良贷款管理、押品评估管理等五项工作进行核查，以查促改，边查边纠，促使各项制度办法落实到位，有效消除了操作风险和隐患。2013 年度粮食、棉花收购贷款均提前实现了本息“双结零”。年内累计清收处置不良贷款 920 万元，不良贷款率 3.10%，较年初降低了 0.30 个百分点；圆满完成 146 家企业、2.60 亿元粮油附营业务挂账占用贷款和棉花政策性财务挂账占用贷款呆账核销工作。

【内部管理】 开展“信贷基础管理年”活动，成立领导小组，实地检查和非现场监测双管齐下，对贷款风险排查和信贷制度落实情况开展自查自纠及“回头看”，并实施旬报制度；对于存在的问题，建立问题台账，明确整改期限和措施，加强跟踪管理，确保了各项内控制度有效落实。严格会计“四级监督”管理要求，全面开展会计内控管理专项检查，并利用会计远程监控系统，加强非现场检查监督。指导县级支行综合考虑资金成本、客户信用、抵押担保、政策导向、贷款期限等情况进行细化定价，进一步完善贷款利率定价机制。全面清理市分行 2004 年以来的信贷制度性文件，保留文件 17 份，废止文件 39 份，整合修订文件 9 份。严格落实内控评价和安全生产大检查《实施细则》，确保全行继续保持了“四无”目标，并获省公安厅授予的先进集体荣誉称号。

（张从林）

中国农业发展银行邯郸分行

【概况】 2014 年，在上级行党委和地方党政的正确领导下，在人民银行和银监局等有关部门的大力支持下，中国农业发展银行邯郸分行正风气、打基础、防风险、谋发展，实现了振兴发展的初步目标，在全省年终考核中由上年的垫底一跃取得了小组第三名的可喜成绩。

【坚持发展战略，存贷款实现双双增长】 一是贷款业务大幅增长。大力推进“两轮驱动”信贷战略，有效扭转了近年来邯郸分行贷款业务萎缩的状况。全年累放各类收购贷款 17.77 亿元，粮油储备贷款 4.54 亿元，跨省移库贷款 14.07 亿元。累放中长期贷款 11.36 亿元，同比增长 10.16 亿元，增幅 846%，全辖 17 个机构中有 13 个发放了中长期贷款。二是存款业务取得有效突破。年末全行各项贷款余额 89.67 亿元，比年初新增加 22.94 亿元。年末各项存款余额达到 13.76 亿元，较年初增加 6.68 亿元。三是各项收入稳步增长。年末实现中间业务收入 551 万元，较上年增加 31.30%，绝对额居全省第一；组织国际结算业务 3732 万美元，实现结算手续费收入 29 万元。此外，棉花库存异地监管工作收到良好效果，得到考核利润分成 1.83 亿元，为经营绩效提升做出了贡献。

【创新防控手段，风险防控得到有效强化】 一是风险防范水平逐步提高。制定了三条风险防控基本条件并强力落实，进一步完善担保公司管理办法，提高风险缓释和代偿能力。除政策指令性贷款外，土地房产抵押和专业担保公司担保对正常存量贷款的覆盖面已达到 75% 以上。二是狠抓不良贷款清收处置。强力督促不良贷款清收，加大呆账申报核销力度。到年底，累计现金清收不良贷款 113.60 万元。累计申报核销呆账贷款 1.66 亿元，不良贷款余额和占比分别较年初下降 3887 万元和 0.89 个百分点，实现了不良贷款“双降”。三是落实地方债务甄别清理。经过不懈努力，地方政府存量债务纳入预算清理甄别工作圆满完成，农发行邯郸分行农业农村基础设施建设贷款 27.51 亿元全额纳入政府债务。

【强化制度建设，激励机制开始彰显作用】 一是改革费用分配办法。将费用划分为“保开门、保工资”费用和业务指标挂钩费用两部分进行分配，各项任务指标都与费用分配挂钩，力促各行改变费用分配观念，由原来的要费用、等分配费用变为挣费用，有效调动了工作积极性。树正了业绩导向，有力地推动了各项任务指标的顺利完成。二是切实加强信贷管理，提高办贷效率。树立底线意识和按规矩办事理念，全面控制客户风险。结合信贷管理基础年活动，市分行制定实施了《邯郸分行实施区域信贷发展战略支持邯郸农业农村经济发展指导意见》和客户条线、信贷管理条线、风险管理条线“标杆行”专项考核办法，带动了全辖信贷基础管理质量的快速提升。三是强化财务制度执行。出台财务开支报账管理办法，对开支行为严格审查把关、严禁赊欠超支，特别是加强对差旅费的使用管理，不能吃大锅饭，一定要体现在工作上，解决了多年存在的差旅费随工资平均发放、上班不上班人人有份的不良习惯。四是日常管理上水平。为在全行营造风清气正的良好氛围，促进各项管理制度落实经常化，市分行党委成员定期不定期带队开展综合性工作突击检查，秉承奖时不吝啬、罚时不手软的原则，推动了县支行日常管理水平的提高。

【规范操作行为，基础管理走上良性轨道】 一是加强各项基础管理。制订实施了财务资源、差旅费等管理办法，信贷计划落实岗位对接、组织坐班主任异地交流、开展内控专项检查，基础管理水平进一步提升。基建项目全部获批陆续启动施工。二是强化执行力建设。制定完善了《机关部室考核评先管理办法》、考勤纪律、机关党支部建设、月初工作报告等一系列制度，执行力建设和工作作风得到有效改进。三是强化监督检查。加强审计、内控评价、内部监督检查并认真落实整改措施，及时堵塞了管理漏洞，确保了安全、有序运营。四是抓亏损行扭亏增盈。亏损县支行比年初减少 2 个。2 个扭亏行增盈 386 万元，5 个亏损行减亏 264 万元。

【强化队伍建设，行风行貌有了明显改观】 一是推进作风切实转变。坚持扎实推进党的群众路线教育实践活动和党建工作两手抓，围绕解决“四风”、“庸软懒散”问题，把各个环节都落到了实处，“四好班子”建设得到强化。二是加强队伍建设。开展中层干部和市县行干部交流，在干部任用上论业绩大小、比努力程度，提振了干部队伍的干事信心，增强了工作和发展的主动性。顺利完成干部公开竞聘选拔工作，实施每日工作动态、会议调度、制定经营绩效量化考核办法等方式加强对县支行班子管理。三是塑造亮点工程。晨会展评活动得到省分行好评，《营业网点晨会规范化操作视频》被省分行在全省推广，获评创新项目奖。组织开展了“春季练兵活动”，推动业务练兵制度化、常态化，在省分行业务技能比赛中取得了团体第二名的好成绩。创办了《正能量》电子刊物供大家进行思想交流，初步形成了积极向上的文化氛围。四是做好反腐倡廉和安全保卫工作。扎实开展廉政教育与廉政监督，对涉及非法集资人员和重点违规现象进行重点排查，有序开展安全保卫季度检查、远程监控评比和设施配备，净化了行风、实现了安全无事故。

（张勇刚）

中国工商银行股份有限公司河北省分行

2014 年，工行河北省分行认真贯彻落实省委、省政府和工总行的各项决策部署，把服务支持地方经济建设放在重要战略高度，牢牢把握京津冀协同发展战略重大机遇，主动适应经济增长新常态，严格落实监管要求，积极履行社会责任，各方面工作总体保持稳中有进的良好态势。截至年末，人民币各项贷款余额增加 388.90 亿元，增幅 11.34%，达 3817.11 亿元。各项贷款余额保持国有四大行首位。各项贷款累计投放 1945.24 亿元。

一、鼎力支持重点项目建设。一是突出支持京津冀协同发展项目。落实河北省加快推进京津冀协同发展意见，在省行层面成立京津冀协同发展工作小组，统筹制定项目对接服务方案，重点围绕交通、产业协作、生态环保三个率先突破领域，优先支持融资需求。其中，交通一体化方面重点推进京港澳高速改扩建河北段、邯济铁路、石家庄轨道交通、石家庄正定国际机场改扩建等一批重点项目融资支持。产业协作方面重点围绕我省 40 个承接合作平台，积极推进园区建设与入园企业的全方位金融服务，重点支持了唐山港曹妃甸港区、黄骅港散货港区、河北新发地农副产品物流园区等一批重点项目。生态环保方面，坚持绿色信贷导向，积极跟进支持绿色低碳、节能环保、污染治理、生态改善等相关项目。二是突出支持重点区域融资需求。积极对接河北省区域发展规划，先后与廊坊市、石家庄市签订政银合作对接协议，制定一揽子金融服务方案，重点投向交通、能源、水利等基础设施和重点项目。三是突出支持城镇化建设。控制一般房地产开发贷款投放，加大棚户区改造、保障性安居工程等民生工程融资支持力度，重点支持石家庄赵村、沧州荷花池、邯郸前百家村等一批棚户区改造、新农村建设项目。

二、全面服务经济结构调整。落实河北省推进经济结构调整和化解过剩产能的总体安排，适当优化调整信贷政策，更好地支持和服务我省实体经济发展。一是服务产业转型升级。重点对接支持“十百千”工程和千项技改项目，落实跟踪服务机制，并在信贷规模、产品配置、评级授信等方面给予适当倾斜。二是服务过剩产能化解。落实“6643”工程有关要求，严格控制“两高一剩”行业贷款，对钢铁、水泥、平板玻璃等产能过剩行业实行严格限额管理，并积极通过帮助企业实施传统技术改造、兼并、重组和加快“走出去”，促进过剩产能有序化解和产业升级。组建“走出去”服务团队，9月份配合省政府和工总行举办河北省企业“走出去”银企对接会，并邀请部分地市有关部门和重点企业实地考察中巴产业园，后续工作正在积极跟进。

三、加快推动普惠金融发展。一是强化小微企业金融服务。深化小微企业专营机构和专业队伍建设，完善小微企业贷款审查审批、资金配置绿色通道，在保定、廊坊、邢台分行试点组建一站式服务小微企业的小微金融业务中心，持续提升小微企业金融服务水平。小微企业贷款余额突破600亿元，较年初增加55.28亿元。二是强化三农金融服务。把县域支行作为服务三农的主阵地，明确县域支行以县城为主、以零售业务为主、以小微企业为主“三为主”经营定位，全面提升县域和三农金融服务供给能力。开展“农村支付结算知识集中宣传月”活动，探索与第三方合作试点设立助农支付服务点，满足农村居民日常金融服务需求。加强农田水利设施、生态环境改善、农村基础设施和农业产业化龙头企业的信贷支持力度。三是强化普通金融消费者服务。更加注重服务社会公众范围最广的零售业务创新发展，广泛开展工商银行金融产品服务进社区、进校园、进市场、进农村系列活动，满足公众多元化理财投资需求。

四、不断满足民生金融需求。全渠道、多平台对接消费、住房、社保、医疗、教育、养老等民生领域，不断满足民生金融服务需求。支持居民住房改善，重点支持居民刚需型和改善型个人住房贷款需求。促进居民消费升级，以个人消费信贷、“逸贷”、信用卡等产品为抓手，多渠道支持居民家庭的汽车、车位、家装、教育、旅游、信息等消费信贷需求。大力发展收单业务，加快POS、MIS等设备布放。拓展综合服务领域，以社保卡、银医卡、建工卡、校园卡等金融IC卡为载体，为民生领域相关部门综合提供资金增值、代理收费、现金管理、电子商务、融资支持等综合化金融服务。

五、积极发挥创新驱动效用。一是加快融资服务创新。全面实施大资管发展战略，突出大数据和信息化手段应用，发挥理财投资、投资银行、融资租赁等专业团队职能，创新发展金融资产服务业务，全方位助力实体经济。积极拓展融资租赁业务，针对港口、电力、供热、公交等客户资金需求特点制定方案。二是加快互联网金融服务创新。加快工总行推出的互联网金融三大平台（融e购电商平台、融e联即时通信平台、融e行直销银行平台）和三大产品线（支付、融资、投资交易）在河北省的落地，积极推荐我省行业龙头、专业市场、特色产业入驻融e购电商平台，目前已有衡水老白干、君乐宝、庞大汽贸等82家B2C商户及白沟和道国际箱包市场、辛集国际皮革市场、衡水金音乐器3家B2B商户上线销售；大力发展“工银e支付”小额快捷支付产品，客户总量突破230万户；持续推动理财产品、代理基金、代理保险等在网上银行、手机银行销售。

六、竭力维护金融安全稳定。一是加强资产质量管理。针对今年以来贷款风险隐患加速聚集、劣变势头显现的严峻形势，坚持不良贷款大户清转与新劣变贷款处置并重，资产质量在严峻形势下保持稳定。扎实做好政府融资平台、房地产等重点领域信贷风险管理，建立信贷风险12项数据指标和8个方面的动态监测制度，确保资产质量安全稳定。二是加强内控案防管理。开展“强内控、创三无、上水平”活动，在全部一级支行配备专职内控监察员，开展形式多样的案防教育，强化违规风险事件、重要风险点专项排查治理，全年未发生案件和事故。落实反洗钱工作规定，深化反洗钱集中处理改革，加强可疑交易甄别分析报告和客户身份识别工作，全年上报可疑交易报告中有14份被人行立案调查，为人行和公安机关侦破洗钱案件提供了大量有价值线索。认真落实各项监管政策，主动加强与人行、银监局等监管机构和审计、物价等有关部门沟通协调，主动接受并认真落实监管部门年度监管座谈意见，确保依法合规经营。三是加强安全防范管理。发挥远程监控报警平台系统作用，加强重点时段、重要部位运营监控，定期开展防抢劫、防盗窃、防诈骗、防暴恐、防火灾应急演练活动。开展“防范和打击非法集资宣传教育月”活动，加强外部欺诈风险信息系统应用，持续对客户开展电子密码器短信诈骗等外部欺诈风险安全提示，未发生外部欺诈既遂事件。

七、持续提升窗口服务水平。开展“人民满意银行建设年”活动，集中开展窗口服务治理提升专项工作，推行网点负责人现场坐班制，明确营业网点严禁强制分流、严禁销售误导和欺诈销售、严禁处理投诉推诿和敷衍等“六严禁”要求，建立个人金融业务特事特办服务工作规程，提升窗口服务规范化和人性化水平。启动网点运营标准化改革，统筹做好人员配置、高低柜配比、自助设备配备、服务流程等方面优化，服务效率得到明显提升。工行河北省分行连续四年荣获河北新闻网评选的“河北网民最信赖金融品牌”称号，邢台中兴等5家支行荣获河北新闻网评选的“河北省首届网友最满意银行网点”称号，石家庄中华支行等6家支行获评中国银行业协会文明规范服务千佳网点称号、居同业首位。

八、认真履行国有大行责任。持续推进党的群众路线教育实践活动整改落实，认真学习习近平总书记系列讲话精神，组织全省副处级以上管理干部集中轮训，各级党组织和党员干部队伍作风进一步转变，其中邯郸分行新国际支行大堂经理焦红梅荣获“全国金融五一劳动奖章”。按照省委组织部选派干部到农村面貌改造提升重点村驻村工作的有关要求，派驻工作组到承德滦平县滦平镇三地沟门村开展帮扶工作，捐资35余万元帮助该村修建道路、清运垃圾和解决部分安装路灯费用，并向该村小学捐赠助学金和体育用品，慰问走访五保户、低保户。围绕“和谐金融、美好生活”主题，开展公众教育服务日活动，组织320多支宣传小分队，深入230个社区、16所学校、65个乡镇农村进行宣传，维护金融消费者权益，提升公众金融安全意识。启动“工银助学”活动，募集爱心款6万余元，资助河北大学、河北经贸大学、河北金融学院3所高校的11名贫困大学生。开展以“爱在工行·爱心传递你我Ta”为主题的第五届“爱心日”活动，积极参与社会公益活动，向社会弱势群体奉献爱心，认真履行国有银行大行责任，赢得了社会各界广泛认可。其中保定、邢台、张家口分行及承德双滦、张家口阳原支行荣获省级文明单位。

（杜 衡）

中国工商银行股份有限公司
河北省分行营业部

【概况】 2014年，中国工商银行河北分行营业部认真贯彻落实市委市政府加快转型升级、跨越赶超、建设幸福石家庄总体部署和总省行发展改革要求，坚持以转型发展为主线，不断完善服务，落实监管要求，履行社会责任，各项业务持续健康发展。各项贷款余额611.10亿元，增加54.02亿元，其中：公司贷款437.18亿元，增加16.80亿元；个人贷款155.79亿元，增加28.46亿元。各项存款余额916.45亿元，增加21.54亿元，其中：对公存款411.52亿元，增加28.52亿元；储蓄存款504.93亿元，下降6.99亿元。全年实现中间业务收入8.10亿元，实现拨备后利润22.08亿元；缴纳各项税款2.61亿元，同比多缴2600万元。

【明确年度转型发展思路】 根据年初战略研讨会精神和既定发展目标，营业部确定了本年的经营思路，即：认真落实上级行工作部署，突出“转型发展”一条主线，抓好“客户发展年主题活动”和“渠道能力提升”两大重点，抓实“优化、巩固、提升”三大任务，努力在“三个提升”上实现新的突破和更大作为，推动强行建设再上新台阶。

【积极支持重点项目建设】成立重点项目银企对接工作领导小组，对亿元以上项目、列入省“三个一百”和市“双11”企业等重点支持项目，实行名单制管理，积极争取总省行资源，开通“绿色通道”，最大限度简化手续，确保项目建设资金及时足额到位。全年累计投放项目贷款32.67亿元，其中省高管局13.50亿元、市轨道交通公司4.60亿元、市交通局4亿元、南水北调2.14亿元。累计为北国商城、常山纺织、无极长业水务、大经商业广场等重点项目发放贷款44.99亿元。

【积极支持民生领域发展】重点加大对住房、环保等民生领域信贷支持力度，积极推动信用消费拉动内需增长。一是加大房地产贷款投放力度。落实各项差别化住房信贷政策，控制一般房地产开发贷款投放，积极支持棚户区改造等各类保障性住房开发项目建设。全年累计投放房地产贷款10.13亿元。二是加大个人贷款投放力度。重点支持居民首套自住普通商品房消费贷款需求，创新推出个人家居、个人文化消费、个人留学等新产品，全年累放个人贷款54.20亿元，余额155.79亿元，分别较上年增加5.05亿元、28.46亿元。三是加大信用卡分期付款营销力度。为居民购车、装修、教育、旅游等提供高效率、低费率的分期付款服务。全年交易额16.49亿元，同比增加7.68亿元，增幅87.19%；余额15.28亿元，较年初增长136.89%。

【积极支持中小企业发展】全年发放各类贷款377.68亿元，较上年多投放21.68亿元，其中公司类贷款投放262.86亿元，小企业贷款64.18亿元。一是明确支持重点，创新融资方案。先后制定润华物流、三才正定家具市场“一对多”融资方案；润鑫、智高、金石、宇辰4个房地产项目供应链融资方案。全年发放项目供应链融资17户4.23亿元，“信用加增信”贷款16户2.33亿元，“一对多”保证贷款6户1亿元。二是调整产品结构，做大网贷通业务。将深受客户青睐的网络循环贷款作为小企业重点产品，做大做强。年末，网贷通贷款余额33.35亿元，占全部小企业贷款的65.93%，较上年提高3.39个百分点。三是减轻企业负担。严格落实扶持小微企业发展的有关金融政策，对其免收贷款承诺、资金管理等费用，并在贷款利率上给予适度优惠，融资成本较上年下降约10%，切实减轻了小微企业财务负担。

【积极推进金融服务创新】加快金融服务创新用新，提升服务水平，满足多元需求。一是加快业务创新步伐。大力发展金融资产服务业务，不断拓宽服务实体经济和民生领域的路径。全年办理融资设备租赁7亿元，办理黄金租赁1100千克、2.80亿元，办理委托理财3.10亿元，办理委托代理债权1.99亿元，办理特定资产收益权信托计划理财业务1.37亿元。同时，创新办理全省系统首笔远期信用证项下风险参贷贸易融资业务，全年合计办理9.50亿元，有效缓解企业融资难问题。二是加快服务创新步伐。深入推进“人民满意建设年”活动，深化服务管理创新，整体服务水平有效提升。全年优化改造物理网点13家，新建离行式自助银行50家、附行式自助银行13家，新装柜员机、多媒体自助终端、自助发卡机等自助设备980台。在全部网点布放了手机银行客户端下载器、WIFI无线网络，服务环境进一步改善。同时创新渠道模式，投入运营了矿区贾庄村和辛集吴家庄村2家助农服务站，在市区设立自助便民银亭1家。

【积极维护金融安全稳定】全年以无案件、无重大风险事件、无重大安全事故为目标，开展形式多样的内控案防教育，强化对重要风险点的排查治理和员工行为动态排查，重视监管检查及各类发现问题的整改，建立违规事件责任人面谈警示、整改与责任认定报备制度，严肃惩治各类违规行为，员工风险合规意识进一步增强，全年未发生案件和事故。

【积极履行大行社会责任】积极落实市政府“基层建设年”活动要求，派驻工作组到新乐市大流村开展帮扶工作。深入企事业单位、专业市场、校园社区，开展“普及金融知识万里行”活动，向社会公众普及宣传征信、反洗钱、反假币、安全用卡、预防电信诈骗等金融知识。扎实做好防范和打击非法集资宣传教育活动，共发放宣传折页6000余份，宣传扑克千余副，开展上街为客户讲解500余人次，参加宣传人员600余人。积极参与社会公益事业，向贫困山区小学献爱心，先后为新乐大流村新世纪幼儿园捐赠学习用品300多套，为灵寿大南地小学捐助教学电脑和文体用具60余套。组织部分县支行参加“汇点滴爱心、聚生命希望”无偿献血活动，展现了良好的社会责任和爱心形象。

中国工商银行股份有限公司承德分行

【概况】2014年，工商银行承德分行实现中间业务收入1.50亿元，拨备前利润6.09亿元、拨备后利润5.71亿元、净利润4.24亿元。全部存款日均余额220.24亿元，同比增长8.62亿元。其中：全部对公存款日均余额87.12亿元，同比增长2.87亿元；储蓄存款日均余额133.12亿元，同比增长5.75亿元。各项贷款余额211.45亿元，较年初新增21.94亿元，余额同业占比保持首位，增量同业占比第2位。

【资产结构持续改善】统筹增量优化和存量调整，加快重点优质信贷市场拓展，深入推动信贷结构优化，不断提升服务实体经济水平，将小微企业信贷、个人贷款、供应链融资作为信贷业务发展的重点，小微企业贷款全面完成了“两个不低于”的监管要求，实现信贷业务的提质增效。资产质量在严峻复杂形势下更趋稳定，贷款不良率0.47%，比年初下降0.08个百分点，实现了不良贷款的“双降”目标。

【明确转型发展思路】认真贯彻国家宏观调控政策和总省行各项决策部署，以经营转型为主线，以服务地方经济发展和改善民生为重点，以拓户增容为抓手，以深化改革为驱动，以同业占比第一为目标，固本夯基，强身壮体，全面推进存款、贷款、中间业务、利润增量市场占比首位，余额市场占比份额提升，力争用2~3年时间，实现四大经营指标当年增量、存量市场占比“双首位”，真正把承德分行打造成效益好、质量优、形象佳的名副其实的区域强行。

【存款业务稳定增长】围绕实施大零售、大资管、大数据和信息化“三大战略”，更多依靠机制创新和精细管理推动存款稳定增长。在储蓄存款上，重点抓好旺季营销、代发工资、重点产品、客户拓展几项工作，全力争揽各种补偿款和项目存款，抓牢储蓄存款源头。在对公存款上，强化系统重要项目营销，持续推进管理机制创新，切实加强扩户增容工作，不断提升对公存款竞争力。

【中间业务不断发展】加强收费源头管理，严格按照收费目录的收费标准和计费方式，合规收费、足额收费。不断提高中间业务贡献度，推动中间业务在规范的基础上向更高层次发展。继续夯实传统优势业务基础，突出抓好对公结算、对公理财、个人理财、借记卡等重点业务，扩大优势，增收创收。进一步加强业务创新，大力发展资产管理业务、委托贷款、养老金受托管理、资产托管、债券承销、代理销售等新型产品和业务，促进金融资产服务业务快速增长。

【渠道优化进程加速】以“客户发展年”活动为契机，统筹加快自助渠道、电子渠道、物理渠道建设。全年手机银行、企网证书等指标超额完成省行任务。柜面业务可分流率下降8.27个百分点。优化物理网点7家，完成自助银行建设21家，总量达到43家，自助银行与物理网点配比为1.075∶1。网点标准化活动持续推进，服务环境不断改善，社会服务能力得到进一步加强。

【风险管理有效加强】内控案防常抓不懈，以“运行质量提升年”活动为抓手，深入开展和重要领域案件和风险事件专项治理活动，加大运营风险日常管理工作的落实力度，严防发生一类风险和“十大违规”风险事件，全年未出现案件事故，连续10年被省公安厅评为“全省金融安全保卫工作先进单位”，连续12年被双桥区政法委评为“综治模范先进单位”。

中国工商银行股份有限公司张家口分行

【概况】2014年，实现拨备前利润7.15亿元，同比增加2642万元，增幅3.84%，实现净利润3.41亿元。实现账面利润4.52亿元，实现中间业务收入2.50亿元，同比增加710万元，增幅2.93%，其中结算理财代理类收入1.23亿元；全部中间业务收入和结算理财代理类收入实现了同业双首位。各项贷款余额228.61亿元，较年初增加12.19亿元，增幅5.60%，各项贷款累放81.54亿元。全部存款余额245.15亿元，较年初增加10.54亿元，增幅4.50%，同比多增5.65亿元，其中储蓄存款余额159.97亿元，较年初增加8.98亿元，增幅5.90%，同比多增1.84亿元。对公存款余额84.35亿元，较年初增加4.42亿元，增幅5.50%。

【明确转型发展思路】 以转型发展为主题，以提升经营绩效水平为目标，以数据信息分析应用为抓手，转型创新与结构优化并重，精准营销与精细管理并举，全面加快强行建设进程，各项工作取得了新的进展。在加快各项业务发展速度的同时，突出转型升级，更加注重结构优化和资源配置，最大限度增加业务收益贡献，提升经营绩效水平。

【推进信贷业务转型】 在抓住机遇加快大型优质信贷资源拓展、保持传统业务市场优势的同时，进一步优化资产结构，加强资源配置和定价管理，减少经济资本占用，推进信贷业务转型。加快签约项目落实，进一步加快全面战略合作协议及十大类重点项目协议的推进落实，在密切银政企合作关系的同时，牢牢把握京津冀协同发展和京张联合申奥带来的区域发展机遇，积极介入争揽新落地项目，抢占发展先机。加大重点业务营销，强化公司信贷八大领域和小微企业信贷、个人贷款、供应链融资三大业务板块市场拓展和项目营销储备，并着力强化转型发展意识，推进公司信贷向公司金融转型，成功办理工行张家口分行首笔PE业务5亿元，且开创全省首单以基金子公司专项资管计划为通道的“股加债”业务模式；成功与北方硅谷久有产业综合发展基金合伙企业签署资金托管协议，实现了基金托管业务的零突破，该业务也是全省首笔产业发展基金托管业务。

【深化存款业务转型】 抓好存款源头营销，依托“三大工具”和工商验资E线通、大额资金监测平台数据资源，大力开展存款源头精准营销，提高从源头吸纳资金能力和对各类资金流的汇集能力。抓好存款与产品联动，将增长与零售业务、法人理财等产品有机结合，以客户需求为导向，加强与理财、基金、保险、贵金属等产品的组合营销，真正实现存款与产品销售相互促进、共同增长，在服务客户多元资产配置中稳定存款。提升存款经营能力，强化储蓄存款各项工作机制和对公存款“网状营销＋项目营销”机制落实，增强存款经营意识，以增量同业首位和提高日均增长水平为目标，有针对性地争揽客户、开拓市场，实现存款的均衡稳定增长。

【提升中间业务贡献度】 高度重视结理代基础业务增收，以“客户发展年”活动为契机，大力发展有效客户群体，扩大商品交易市场和对公结算服务领域业务规模，加快理财、保险、信托及基金产品发售，优化代理产品销售结构，提高销售额和收入贡献度。强化潜力及短板业务增收，对资产管理、品牌投行、私人银行、代客外汇买卖结售汇、个人理财、代理基金、企业年金及代理对公收付等潜力和短板业务完善资源投入配置机制，提高产品收入贡献。加大新兴成长业务增收力度，加大投行、企业年金、资产托管、私人银行、信用卡、互联网金融等新兴业务发展力度，积极培育中间业务收入新的增长点。

【夯实客户发展基础】 深入扎实地开展好“客户发展年”活动，突出客户的基础地位，以精准营销为抓手深化客户营销拓展，扩大规模、优化结构，提升客户发展质量。突出量质并举，推动客户发展，进一步加强系统平台运用，借助系统数据对客户进行源头挖掘、筛选分类和精准营销，加大对优质客户和各类市场的营销渗透，扩大客户总量。针对不同类型的客户采取不同的营销策略和金融服务方案，实现客户升级转化，进一步优化客户结构。

【推进精细管理助力经营转型】 加强精细化管理，深入开展重点领域案件和风险事件专项治理活动，保障业务运营安全，结合自身实际于三季度在全辖深入开展错、漏客户签名风险事件集中整治活动，风险防控成效显著。全年未发生一类风险事件，实现了安全运营。加强党建和干部管理，切实转变工作作风。适应新的形势任务要求，大力加强改进党建工作和干部管理，推进作风建设常态化，为改革发展提供坚强保障。全力做好员工工作，构建和谐发展环境。强化人本管理，持续推动“同心工程”，关心关爱员工，做好走访慰问和困难帮扶，切实为员工办实事、解难题，构建和谐稳定的发展环境。

【提升服务品质改善对外形象】加强渠道建设，全年对21家物理网点进行了功能分区优化改造，其中新迁址物理网点建设4家，网点功能分区优化改造17家；21家中低效网点优化改造完成8家，其中E类网点3家，D类网点5家。新建离行式自助银行15家，达到40家，与物理网点比例达到1∶1.27；新建附行式自助银行5家，达到45家。深入开展“人民满意银行建设年”活动，提升渠道服务水平，改进客户体验，客户满意度达到99.67%。

中国工商银行股份有限公司秦皇岛分行

【综述】2014年，中国工商银行秦皇岛分行认真贯彻落实中央宏观调控政策和银行业监督管理要求，始终坚持依法合规、稳健经营的发展理念，牢牢抓住转型创新和精细管理两大主线，突出支持经济增长、结构调整、产业发展和服务民生等核心目标，创新进取，求实奋进，认真履行社会责任，着力提升服务水平，全行核心竞争力和可持续发展能力不断增强，在全国系统二级分行综合绩效考核中，名列第29位，被工总行授予“全国二级分行经营30强”荣誉称号。全年实现拨备前利润11.02亿元，同比增加7951万元；实现中间业务收入3.27亿元，上缴利税1.46亿元。全部贷款余额331.50亿元，较上年增加12.33亿元。全部存款余额338.65亿元，较上年增加18.15亿元；全行不良贷款余额较上年减少3797万元，不良贷款率降至0.67%，成功实现不良贷款双下降。全行连续8年内控评价一级，连续15年无案件、无事故、被评为“总行安全保卫工作先进集体”。

【有力支持全市经济建设】围绕全市产业布局升级和沿海开发、西港搬迁、产业聚集、城镇化建设等核心领域，努力克服信贷规模政策限制，以创新用新为抓手，有效加强对全市重点项目和龙头企业的信贷支持力度，积极运用银团、项目、特定资产收益权支持融资等产品承接重点项目，全年累计投放各类贷款172.25亿元。加速推进“公司信贷”向“公司金融”转型，成功办理法人外币融资、内保外贷、票据直投、企业年金基金投资管理等多项首笔业务，填补了业务空白；先进制造业、现代服务业、文化产业和战略性新兴产业等“四大新市场”贷款较年初增加14.47亿元，增幅13.92%，高于全部贷款平均增幅12个百分点。

【助力小微和实体经济发展】面向全市旅游文化、商贸流通、产业基地、专业市场等县域民营经济实体和小微企业集群，全力破解融资瓶颈，从信贷规模配置、利率费率定价、对口业务帮扶等多方面给予支持，有效降低企业融资成本，全年新增小企业客户89户，小微企业贷款19.69亿元，增幅23.30%，圆满完成监管部门“两个不低于”任务目标。创新业务品种，办理电子仓单买方融资3.02亿元，发放供应链贷款9.65亿元。办理票据直投业务2.31亿元，再贴现7.05亿元，网贷通贷款规模22.01亿元。支持农业建设，发放新农村建设贷款2.20亿元，全行涉农贷款余额59.25亿元。发展普惠金融，积极拓展各项消费类贷款，全行个人贷款余额99.07亿元，有效了满足广大个体工商户和居民的投融资需求。

【致力改善民生需求】加大服务创新支持力度，大力推广电子银行、现金管理、养老金、资产托管、国际业务等高效新兴产品。全年新增手机银行客户20.55万户，电子银行交易额5354亿元；净增现金管理客户2112户，销售品牌贵金属318.60千克；新增养老金客户130户，资产托管规模达到92亿元；国际结算量达到28.07亿美元，新发借记卡45万张，信用卡有效发卡23万张，消费交易额64亿元，分期付款交易额3.90亿元。深入推进网点运营标准化改革和渠道建设进程，完成11家网点优化建设。拓宽助农服务渠道，新建昌黎荒佃庄支行，县域布放ATM 49台、POS机具651台。

【着力夯实运营管理基础】积极适应经济发展新常态，突出抓好不良贷款压降，全面强化对潜在风险的主动管理和前瞻预警，通过创新清收处置方式，有效增强风险化解能力，清转不良贷款2.96

亿元，完成全年清收处置任务的 136%。实现不良贷款双下降并完成省行压降任务。突出从严治行和过程控制，深入开展“重点领域案件和风险事件专项治理”活动，强化员工异常行为动态排查，内控案防考核排名始终位居系统前列，连续 31 个月未发生一类风险事件，被评为省行党风廉政建设和案件防范工作先进单位。

【全力营造和谐发展氛围】针对教育实践活动中查摆出的问题进行了深入整改，全行党员领导干部作风建设再上新台阶。“人民满意银行建设年”活动成效显著，全行客户满意度达到 99.72%，开发区支行被评为中银协文明规范服务千佳示范单位和五星级网点。扎实推进企业文化建设，圆满完成第五届“爱心日”募捐活动，发放特困员工救助金 23 万元。郑茹茹同志被评为省行“十佳员工”，城区老干部党总支被工总行评为“先进离退休人员党支部”，分行连续多年蝉联省级“文明单位”和市级“文明单位标兵”。

【主营业务和重点产品】该行主要经营存款、贷款、汇款、理财、银行卡、电子银行、私人银行、投行业务、结算与现金管理、国际业务、代发工资、代理缴费、基金、贵金属等业务。为满足市场和客户日益增长的多元化金融服务需求，该行推出了一系列深受市场欢迎的金融产品和金融服务方案。

对公业务主要有：重组并购、股权融资、理财直接投融资、政府和社会资本合作模式 (PPP)、股票质押回购、委托债权代理、特定债权投资、安心账户托管、泰康特需医疗金、员工薪酬福利计划、企业发债顾问、结构化融资顾问、资产证券化 (ABS) 及顾问业务、事业单位职业年金、企业收款管家卡 、账智账户卡、人民币资金池、跨境资金池、证券公司客户交易结算资金第三方存管、代理交通罚没款、代收学费、法人结构性存款。

零售业务主要有：薪金溢理财、节节高存款、积存金、账户贵金属、账户原油、个人期次类、净值类理财产品、融易购、融易联、融易行，以及面向私人银行客户群体的顾问咨询、另类投资、跨境金融、财富传承等系列服务。

【机构人员】分行在海港区、北戴河区、山海关区以及昌黎县、抚宁县、青龙县、卢龙县共设立营业网点 44 个，其中管点一级支行 10 个，单点一级支行 7 个，直管支行 9 个，二级支行 18 个。内设办公室、财务会计部、公司业务一部、机构业务部、结算与现金管理部、个人金融业务部、私人银行中心、消费信贷业务部、信贷管理部、小企业金融业务中心、国际业务中心、银行卡业务中心、电子银行中心、运行管理部、渠道管理办公室、内控合规部、信息科技部、人力资源部、监察室、保卫部、工会办公室、现金营运中心、对账中心、自助设备运营中心、会计业务处理中心、离退休人员服务中心、后勤服务中心、北戴河培训中心 28 个部门及附属机构 . 全行共有员工 1214 人，硕士及以上学历 20 人，本科 546 人，专科 382 人，专科以下 266 人。

中国工商银行股份有限公司
唐山分行

【综述】2014 年，工行唐山分行全行上下认真贯彻落实上级行的各项决策部署，紧紧围绕提升同业位次和系统贡献“一个中心”，抓住客户发展和资产业务“两条主线”，加快转型步伐，创新工作举措，通过全行员工的共同努力，经营发展和主要业务呈现平稳增长的良好态势。

一是经营管理水平实现提升。实现拨备前利润 19.19 亿元，同比增加 9125 万元；实现净利润 12.26 亿元，同比增加 8711 万元；实现中间业务收入 5.20 亿元，同比增加 6421 万元。

二是资产业务实现突破。实现国际结算量 36.94 亿美元，跨境人民币 53.61 亿元，办理国际贸易融资 8.34 亿美元，均居系统首位；累计办理票据贴现 123 亿元，同比增加 37.43 亿元，贴现量系统、同业双首位；年内大中型企业累计实现融资投放 290.23 亿元，同比增长 137%，较年初增加 22 亿元，其中贷款投放 177 亿元，较年初增加 9.63 亿元，表外融资投放 113 亿元，较年初增加 12.14 亿元；新增四大新市场贷款 44.78 亿元；新增大中型融资客户 74 户，任务完成率 164.44%；新增管理养老金职工户 33071 户，系统首位；全年办理存贷通业务 502 笔，系统首位；个人住房贷款较年初增长 10.64 亿元，增量同业占比第二。以资产业务为主线、促规模调结构的转型发展思路已见成效。

三是零售业务基础进一步夯实。全年代发工资净增54.97亿元、代发工资金额累计增长181.23亿元、五级分类管理客户占比78.97%、代理基金销售66.84亿元、新增工银e支付21万户、电商平台非金融业务交易额1.60亿元、手机银行客户端动户18.60万户，均居系统首位；代理保险销售15.10亿元、新增灵通卡64.20万张、净增个网证书动户18.60万户、净增手机银行59.40万户，均居系统第二位；全省公司存款余额较上年增长10.01亿元，本行增长19.74亿元，实现系统首位；私人银行客户增加71户，私人银行签约客户925户，任务完成率191%，私人银行产品配置56.90亿元，全省占比20%。

四是基础管理工作扎实推进。进一步深化“促合规、夯基础、创三无”和“建设最安全银行”主题活动，加大对高风险支行、网点、柜员的管控力度，加强自助银行、金库、网点标准化安全管理。十大违规风险事件较上年同期下降75%，实现了“三无安全年”。

五是体制机制改革全面实施。全面完成支行各类人员的定岗定编，创新建立了人员分类管理、分类考核的绩效体系，将各类人员的考核全部纳入分类考核的绩效体系中，统筹推进和实施；进一步优化经营管理构架，完成城区支行管理网点的调整工作，保证各支行合理的管理幅度和范围；明确财富管理中心职能，成立重点项目办、私银团队，强化对重大项目、重点客户、重要业务的直接营销；渠道能力提升扎实推进，新建物理网点2家，物理网点优化9家，低效网点优化5家，改造县支行营业室1家，网点功能分区改造33家，新建离行式自助银行53家、附行式19家；网点运营标准化深入推进，完成了四个标杆网点试点建设，运营标准化的路径以及所要达成的目标空前统一，服务水平明显提高，可分流率降至18.74%，比上年下降12.34%，降幅系统排名第一。

六是队伍建设得到加强。分支机构标准化改革中，固化了支行一正三副的岗位配置，并分类实施了岗位考核和绩效分配机制；加快青年干部培养，通过上下见习交流的形式加快副职后备干部的成长，全行48名见习干部经过一年的锻炼正逐步走向成熟；建立营业网点和市场营销部正职后备队伍，实现了分行的直接管理、考核分配；明晰青年员工职业发展路径，设置专职团委书记，实施“青年员工人才库”工程，作为青年员工岗位调整、提拔、以工代训的重要参考，通过层层筛选，150名入库人员得到全面培养锻炼，56名素质较高、表现优秀的青年员工已经从柜员转岗到客户经理。一系列体制机制的安排加速了各层级后备人员的成长，为各类人才的脱颖而出创造了条件。

中国工商银行股份有限公司廊坊分行

【概况】 2014年，实现账面利润16.87亿元，比上年增加2.08亿元，同业占比34.15%，继续保持首位。人民币各项贷款增加72.76亿元，同比多增17.10亿元，系统占比23.19%，同业占比35.20%，居全省、同业双首位，其中，公司贷款净增21.20亿元，居全省第二位、同业占比首位；个人贷款增加47.87亿元，居全省第一位，同业第一位。人民币各项存款增加36.60亿元，系统占比21.53%，居全省第二位，同业占比15.59%，同业第四位。其中，对公存款增加17.44亿元，居全省第四位，同业第四位；储蓄存款增加19.11亿元，居全省第二位、同业第三位。实现中间业务收入4.20亿元，系统占比9.70%，居第四位，同业占比32.74%，居首位。在全省二级分行经营绩效和业务发展考评中，连续4个季度排名全省工行系统首位；连续第七年进入在全国工行系统“二级分行经营30强”，位列第9位，创历史最好水平；连续第十四年实现安全稳健运营。

【支持实体经济】 以支持配合京津冀协同发展战略、服务实体经济和促进产业转型升级有关安排为重心，全力支持廊坊市“绿色、高端、率先、和谐”发展。全年各项贷款累计投放248亿元。在支持重大基础设施、省市重点工程等具有支柱和引领作用的项目建设融资需求的基础上，积极对接北京新机场及临空经济区、永清服装新城等首都功能外迁项目，支持城市布局优化、产业体系升级、交通网络建设和生态涵养保护。积极做好服务产业转型升级。突出做好廊坊市重点扶植的先进制造、现代服务业的银企对接，投放前进钢铁、神华工贸、燕南春酒业等制造业贷款 87 亿元，投放福成国际大酒店、霸州梅地亚酒店等服务业贷款 22 亿元。强化“走出去”企业本外币一体化金融服务。积极与境外分行联动，满足“走出去”企业境外项目建设、运营资金需要，全年累计办理跨境人民币结算业务 13.94 亿元，累计办理国际结算业务 18.74 亿美元，办理国际贸易融资业务 2.05 亿美元。

【发展普惠金融】落实国家和监管部门做好“小微”、“三农”、普通金融消费者金融服务的有关要求，积极推动普惠金融发展。深化小微企业专营机构和专业队伍建设，建立银政企对接、限时办结、定期通报等工作机制，持续提升小微企业金融服务水平。全年累计发放小企业贷款40亿元。加强三农金融服务。重点加强生态环境改善、农村基础设施和农业产业化龙头企业的信贷支持力度，向汇福集团、梅花生物等重点涉农企业投放贷款 5.30 亿元。涉农贷款余额达到 141 亿元。开展“人民满意银行建设年”活动，集中开展窗口服务治理提升专项工作，提升窗口服务规范化和人性化水平。全年未发生有效客户投诉，客户平均等候时间 15.45 分钟，客户办理业务等候时间在 30 分钟以内网点占比 88%，客户评价满意度达到了 99.51%，社会形象得到进一步提升。

【服务民生领域】持续对接支持棚户区改造、城市功能升级、社保、医疗、教育、养老等民生领域金融服务需求。支持居住环境升级。严格落实差别化住房信贷政策，优先支持个人首套自住商品房按揭贷款刚性需求，累计投放个人住房贷款 85 亿元，占全省累放额的 23.44%，余额达到 355 亿元，累放额、增量、余额均居河北工行系统首位。促进居民消费升级。以个人消费信贷、“逸贷”、信用卡等产品为抓手，多渠道支持居民家庭的汽车、车位、家装、教育、旅游等消费信贷需求。全年实现分期付款业务交易额 8.30 亿元，同比增加 7.10 亿元；加快 MIS、POS 布放和银行卡发放工作，为居民消费提供便捷平台，全年实现消费交易额 63.44 亿元，同比增加 5.95 亿元。加强综合配套服务。以财政、社保、医疗、教育、公积金、养老等民生领域为重点，以社保卡、银医卡、建工卡、校园卡等金融 IC 卡载体，综合提供资金增值、代理收费、现金管理、电子商务、融资支持等综合化金融服务。投产了廊坊市人民医院银医一卡通、网上缴纳电费、网银代收有线电视费等一批民生领域金融服务项目，进一步拓展了公众服务领域。

【强化创新用新】注重发挥创新驱动效用，在产品体系、金融服务方面加强创新用新，不断拓宽支持实体经济、服务地方发展的渠道。办理了盛世建设投资私募股权业务 3 亿元，助力宏泰产业市镇发展有限公司顺利在香港 IPO 上市；为盛德基业控股股份有限公司发放并购贷款 7000 万元；为霸州胜威包装制品有限公司发放全省首笔双币双期信用证业务 4561 万元，支持企业转型升级。积极推动私人银行、贵金属积存、账户外汇、代理金融债券等新兴业务，满足公众多元化理财投资需求。加快构建现代渠道经营管理体系，为公众提供更高效便捷的金融服务。全年对 20 家网点进行升级改造，其中 19 家已投入运营。顺应互联网金融发展趋势，积极推动理财产品、代理基金、代理保险等在网上银行、手机银行销售，全年电子银行交易额达到 1.20 万亿元；大力发展“工银 e 支付”小额快捷支付产品，全年新增客户总量突破 10 万户；以工总行推出“融 e 购”电商平台为契机，积极推荐河北省“名商、名品、名店”入驻，到年末已有华日家具、福成肥牛、汇福粮油、鑫谷光电等 14 家企业上线销售，交易额达到 925 万元。

【维护金融稳定】开展形式多样的案防教育，强化违规风险事件、重要风险点专项排查治理，特别是员工违规参与民间融资、高利贷、经商办企业等行为，保障全年安全运营无案件和事故。加强金融消费者权益保护，严格落实服务收费“七不准、四公开”要求，开展普及金融知识万里行活动，广泛开展金融知识宣讲。积极投身社会公益事业，开展学雷锋活动，不定期到帮扶共建社区、特校、福利院送温暖、献爱心，坚持履行国有银行大行责任，树立良好企业形象。

中国工商银行股份有限公司保定分行

【概况】2014年，工商银行保定分行各项业务突飞猛进，同业占比继续领先。经营绩效跃居全省工行系统第二位，存款业务、贷款业务、中间业务“三驾马车”齐头并进，跨入工行系统先进行列，存款增量居全国工行系统二级分行第3位，其中储蓄存款增量居全国工行系统二级分行首位。主要核心指标同业首位优势进一步巩固和扩大，实现了“同业最强，系统三强”的目标。全部存款余额709.45亿元，居同业首位，全省工行系统内第3位，人民币全部存款新增63.34亿元，居全国工行系统二级分行首位。各项贷款余额377.88亿元，居同业首位。人民币各项贷款新增52.05亿元，小企业贷款余额45.47亿元，较年初增加8.36亿元，实现净利润11.95亿元，同比增加1.73亿元；实现账面中间业务收入60718万元，全行信用卡存量达345363张，新增信用卡发卡67123张，新增发卡同比增长18178张，增幅37.14%；实现信用卡消费额74.15亿元，同比增长21.60亿元，增幅达到41.14%；实现收单交易额190.50亿元；实现信用卡分期付款累放38.12亿元，余额38.92亿元，较年初净增19.75亿元，三项指标均列全省工行系统第一。并荣获河北省文明单位称号。

一、存款优势进一步扩大。在储蓄存款方面，构建储蓄存款稳定增长的长效机制。正确把握储蓄存款和金融资产的关系，在做大金融资产的基础上稳存增存；策略性地利用市场差异，分类施策，利用理财产品创新吸引客户资金；加强产品销售管理，采取不同客户不同资产配置的策略，对高中低档客户分层、分群管理，使资金在体系内运转推动储蓄存款和金融资产平稳增长。坚持理财产品销售为储蓄存款增长服务，实现二者的有机结合。做好理财产品流量管理，使理财产品销售与储蓄存款增长形成良性互动。截至2014年末，保定工行储蓄存款余额467亿元，较年初增长43.16亿元，年增长额占全省增量的42%。在对公存款方面，组建高端客户经理营销团队，突出大客户拓展，积极推进社会保障卡项目。重点关注城乡居民社会养老保险、社会保障卡业务发展改革动态，研究谋划在代理渠道、专户管理、增值服务、信息查询等领域的业务需求。在调研分析的基础上，积极研究城乡居民社会养老保险个性化、差异化代理方法。

二、贷款业务全省工行系统领先。抢抓转型机遇，推进公司业务提质增效。充分把握“京津冀一体化”发展先机，将新兴项目作为经营转型的推动力，积极对接京津产业溢出项目，开辟新的业务增长点。通过强化拓户工程，提高中高端客户的占比，做大业务规模，调整产品结构。加大创新力度，不断提升发展动力。为适应“大公司金融”战略的不断推进，在经营策略上突出创新机制，把创新当做推动公司业务发展的源动力，着力转型与增值，不断拓展新的业务品种。发挥“网贷通”产品优势，并将其作为发力互联网金融和控制贷款风险的重点，促进小企业金融业务快速发展。

三、经营基础进一步稳固。精神文明建设得到工总、省行领导的肯定，“爱员工、办实事”活动36项具体承诺事项全部完成，“健康饮水工程”“室内送新风项目”经验在全省推广，各支行独具特色的行文化异彩纷呈，企业文化内涵得到进一步丰富和升华。干部管理、队伍建设、团队打造、机制考核等落到实处且效果显著，干部员工的凝聚力和战斗力得到进一步增强，省行各专业综合考核排名首位，客户规模和质量实现双提升。

四、运营品质创历史最优。不良贷款清转取得历史性突破，近3亿元不良贷款实现全额现金清收，整体资产质量由多年的系统末位跃居全省最优。“内控案防提升年”扎实推进，内控评价上等级、风险事件压降、案防工作评估、保安全“盾牌”行动、专项检查治理等齐头并进，监控报警中心职能作用得到进一步发挥，外部欺诈风险信息系统应用工作稳步推进，全年更新改造技防设施共计88项，为业务发展创造了良好的运营环境。

中国工商银行股份有限公司沧州分行

【概况】中国工商银行沧州分行到2014年末，全部存款较年初增加15亿元，其中储蓄存款增加11.50亿元。客户金融资产总量增加31亿。各项贷款较年初增加35.30亿元，余额、增量均列同业首位，其中公司类贷款增加13.70亿元，个人贷款增加18.40亿元，小企业贷款增加3.20亿，累计办理票据贴现24.40亿，列同业首位。中间业务收入实现3.59亿元，增幅31.05%。实现净利润5.98亿元，同比增加3856万。实现安全运营，未发生案件和重大责任事故。

【统一思想，夯实经营发展基础】一是召开分行管理干部培训班，分析经营形势，明确经营目标和工作措施，认真查找自身在思想认识、作风建设、廉洁自律、执行力等方面存在的差距和不足。二是及早研究谋划发展目标。每年4季度在做好旺季工作的同时，对来年的整体工作，按分行分管行长、部门、支行三个层面进行谋划，确立总体发展思路和主要经营目标进行安排部署，实现业务早启动。

【全力推动各项存款稳定增长】一是抓管理带动有贷户存款增长。把提升有贷户存贷比作为加强风险管理和增加存款的重要手段，明确提升目标，落实管理责任，强化监测督导。年末公司有贷户存贷比8.41%，较年初增加1.99%。二是抓产品带动无贷户存款增长。主要是抓好存量客户的挖潜和新客户的争揽。按月对无贷户存款进行整体分析和通报；利用“工商验资E线通”拓展新客户，全年新增有效对公结算账户2465户，序时任务完成率172%。三是抓重点领域带动机构存款增长。组织专门力量对财政、社保、住房维修基金、公积金和医院等五个重点领域进行调查摸底和系统分析，并逐领域、逐支行落实目标任务和责任人。

【加快资产业务多元化发展】加强资产业务营销储备，推进资产业务多元化发展。将渤海新区作为作为资产业务的主战场和信贷新产品的创新区、试验区，认真分析、加强联系、筛选项目、搞好对接。在该区发放项目贷款7.15亿元。围绕重点项目一手抓投放，一手抓储备，主动对接国家级和省级项目。提高授信使用效率，对已评级授信但未使用的客户，逐户分析，摸清原因，有针对性地进行产品对接。全年新增大中型融资客户53户，任务完成率220.80%，列系统第2位；新增A+级以上大中型融资客户47户，任务完成率247.37%，列系统第3位。办理资产管理、融资租赁、风险参贷、银行承兑汇票、信用证等表外业务19.40亿元。表内外资产业务余额276亿元，较年初增加48亿元。

【全面提升中间业务收入水平】一是充分发挥中间业务管理委员会的作用，建立中间业务收入分析月例会制度，结合“客户发展年”活动同部署同落实，调动各专业各支行的积极性和能动性，滚动推进工作开展；二是夯实基础、突出重点、带动整体。以10条中间业务产品线和MOVA网点业绩视图为抓手，狠抓基础类、短板类和创新类中间业务增收，加快战略性中间业务发展。三是严格收费管理，确保规范发展。

【积极推进“客户发展”和渠道能力提升两大工程】在省行客户发展年考核中，工行沧州分行有11个月保持系统前2位，在全部60项指标中，48项指标完成省行任务，其中，净增信用卡分期付款余额、净增个网证书动户、净增持有私银专属产品客户等12项指标序时任务完成率列系统首位，没有末位指标。渠道建设步伐加快，对全行25个网点进行了迁、改、建；新增离行式自助银行22家，总量达到62家。渠道建设的快速推进为竞争力提升奠定了坚实基础。

【完善机制，增添发展动能】一是创新绩效考核机制，在绩效考核上实施四个转变：由注重行政推动向注重机制驱动转变，由注重数量向注重效益转变，由注重单产品、单部门营销向注重多产品、多部门联合营销转变，由人工参与向考核电子化、自动化转变；理顺三个关系：理顺考核过程与结果运用的关系、理顺业务发展与安全运营的关系、理顺纵向考核与横向考核的关系；做到“四个兼顾”：基本考核与特色考核兼顾、综合经营绩效与员工绩效考核兼顾、传统业务与产品创新兼顾、分行部门与支行兼顾，使精细绩效管理环环紧扣、步步推进、层层落实，调动广大干部员工的积极性，提升全行核心竞争能力，促进绩效水平和经营效益的提升。二是加强县域支行分类管理。对县域支行，根据其所处区域环境、经营资源，以及上年的盈利状况，把支行划分为“龙头带动行、重点发展行、提速发展行、重点帮扶行”四个类型，对基础费用和激励费用，根据不同类型实施1.1或1.2倍的差异化调节系数。

【持续提升运行品质】不断夯实内控案防基础，配备21名内控监察员。全年未发生十大违规风险事件和可控一类风险事件；通过重点领域案件和风险事件专项治理活动，对全行业务风险点进行全面梳理，通过排查和省行重点检查未发现有重大违规问题和风险事件，查摆的问题已全部整改，全行合规操作意识普遍增强。在加强员工异常行为排查的同时，成功防范外部欺诈风险事件9笔，涉案金额5009.54万元。积极做好信访稳定工作，有效防范声誉风险，营造和谐发展的良好环境。

【加强队伍建设】全面加强和改进员工工作，从职业发展、岗位晋升、队伍结构、人才培养、薪酬福利等方面入手，完善和制定14项干部、后备干部、客户经理、员工队伍建设以及绩效激励管理办法。全行干部交流37人次、提拔20人，分行部室4名后备干部到县域支行任部门副职，以人才选拔和流动、考核机制，提升全行综合经营管理能力。全年共举办面授培训班122期。在省行营销创意大赛上，本行选手荣获二等奖；在省行举办的“个人客户经理营销暨业务技能”比赛中，本行勇夺大赛单位及个人六项大奖；在总行组织的结算与现金管理产品服务创意大赛上，本行员工撰写的“客户服务方案”荣获三等奖；南门里支行王洁民同志被省行推荐为总行级“感动工行”候选员工。

中国工商银行股份有限公司衡水分行

【概况】2014年，工行衡水分行在上级行党委的正确领导下，以支持地方经济发展为己任，紧跟富民强市建设步伐，围绕“提质提速，跨越赶超”主线，扎实推动改革创新和经营转型，不断加大信贷投放力度，持续改善客户服务体验，为市域经济增长和产业结构优化升级提供了有力的金融支撑。存款余额230.70亿元，同比增长4.39亿元，各项贷款余额94.46亿元（非贴现），同比增长13.28万元。办理票据直贴5.28亿元，居同业首位。实现法人理财收入911万元，较同期多收644万元，增幅为241%，收入绝对额、完成率、增幅均居系统第一位。不良贷款余额3623万元，不良贷款占比0.38%，较年初下降0.04个百分点。被省行授予“2014年度党风廉政建设和案件防范工作先进单位”和“15年无案件单位”称号。

【支持重点行业资金需求】紧抓京津冀协同发展及衡水市产业升级所带来的发展机遇，围绕“四个一百”工程，认真开展市场调研，深入分析客户财务状况和融资需求，主动做好产品的对接，全力支持实体经济健康发展。在信贷投放方向上，重点支持重大基础设施项目建设，加快培育立市立县主导产业，特别是针对贷款规模趋紧所带来的经营压力，通过用好用足用活信贷政策，集中有限资金重点支持传统产业转型升级，促进全市主导产业、重点企业做大做强。同时，结合区域内企业特点，积极开展产品创新，拓宽企业融资渠道，为两家龙头商业客户累计实现理财投资3.20亿元，实现履约保函业务新突破，全年办理票据直贴5.28亿元，票据直贴量居同业首位。

【丰富民生消费领域产品】密切关注市场形势和房地产行业政策的变化，精耕细作民生消费类优质市场，把食品、卫生、零售、文化四大民生消费类市场作为目标，选取行业中优质企业和重点项目主动介入提供支持。针对当地商品经济快速增长的态势，在加快拓展个人商用房贷款业务的同时，主动创新个人经营贷款个性化融资方案，丰富个人经营贷款的品种。在原有装修住房和家居消费的基础上，进一步发展了购买车位（库）、装饰装修等种类的贷款，满足家居消费市场需求。同时，在传统定期存单质押的基础上，结合居民普遍持有国债、黄金、理财产品的情况，拓宽了个人质押贷款的质押范围，让客户可以有更多的融资选择。全年，新增个人贷款客户 9072 户，新增个人贷款 85425 万元。

【拓宽中小企业融资渠道】 立足当地特色产业蓬勃发展的现状，主动破解小微融资难，在传统小企业融资产品的基础上，先后推出了经营性物业贷款、供应链融资等多项新业务，让潜力型客户能够充分利用现有资源快捷地获取资金。先后开拓中铁建、天鸿国际项目、老白干、哈院等四条供应链，拓展供应链客户 14 户。办理“设备租赁 + 保理”融资 3440 万元，办理黄金租赁融资 4935 万元，降低了企业的融资成本，改善了财务状况。为缩短企业融资时间，该行还推出了小企业网络化功能线上应用，简化了目前贷款流程中贷款申请、合同签订、提款还款、贷款资金支付的线下操作，提升了客户的融资体验。

【推动互联网金融业务发展】 该行把加快互联网金融业务发展作为提升金融承载力的重要抓手，从丰富产品功能、优化使用环境、提升客户体验等方面着手，不断满足客户便利消费和便捷支付的需求。为了优化用卡环境，该行在与当地两大龙头商户实现全面业务合作的基础上，加快向专业市场领域延伸，全年新发展商户 608 家，安装 POS 机 1204 台；累计新发卡 35165 张，信用卡消费交易额 41.47 亿元。该行还从内部流程优化入手，对分期付款业务实行限时工作制，确保持卡人从受理到调额后完成刷卡交易，始终保持畅通无碍的绿色通道，实现信用卡分期付款交易额 10.24 万元，分期付款余额 8.77 亿元，较年初增长 7.08 亿元。进一步加快知名企业、行业龙头、地方特色、学校缴费等优质商户入驻融 e 购，不断完善通用缴费平台等民生服务项目，引导市民更多地使用自助服务和非现金交易，减少资金交易成本，提高运营效率，当年新增手机银行客户超过 12 万，企网证书版客户超过千户。

【加快服务渠道建设步伐】 深入开展“人民满意银行建设年”活动，从服务人员和服务设施两个方面改善客户体验。人员方面，加强服务专业培训，提高柜员、大堂、网点负责人等三个关键岗位的主动服务意识和服务能力，为客户创造全程关注、无缝链接、周到细致的现场服务体验。同时，加快现有网点功能分区优化，逐步推进网点运营标准化管理改革，通过调整网点环境、合理设置柜口、优化人员配备及服务流程和策略上的改造，缩短整体客户等候时间。设施方面，紧跟当地经济快速发展及县域城镇建设加速推进步伐，加快自助银行建设，加快构建以物理网点为中心，以自助银行为支撑的金融服务网。截至年末，在全辖累计布放自动柜员机 200 台，其中离行式自动柜员机 80 台。除城区重点商品市场、学校外，已覆盖了 9 个县域，形成了物理网点和离行式自助银行互补格局，全力打造百姓身边的银行。

中国工商银行股份有限公司邢台分行

【综述】 2014 年，面对经济新常态带来的严峻复杂经营环境和市场竞争形势，工行邢台分行认真贯彻落实省行各项决策部署，转型创新，开拓蓝海，不惧挑战，克难攻坚，积极推进各项业务稳步发展。截至 2014 年末，人民币全部存款余额 415.93 亿元，较年初减少 8.01 亿元。人民币各项贷款（不含贴现）余额 231.87 亿元，较年初增加 12.65 亿元。累计实现票据业务交易量 49.60 亿元，同业市场占比首位。实现中间业务账面收入 3.02 亿元，实现账面利润 9.79 亿元，同比增加 5077 万元。

【以扩户增容推进存款造路工程】 深入开展“客户发展年活动”，大力抢抓重点客户、重点项目，夯实存款基础。巩固财政市场传统优势。成功入围邢台市财政局以贷定存代理行，深化产品对接服务。2014 年末，财政性存款余额同业占比 49%。加快医疗、教育板块渗透。成功投产邢台眼科医院银医一卡通项目和邢台学院、会宁中学校园一卡通项目。强化公积金、消防系统突破。完成邢台市和邢台矿业集团住房公积金管理中心与该行的系统对接，成功争揽市消防支队支付中心账户及全辖 22 个大队账户。扩大个人中高端客户规模。新增借记卡 35.60 万张，借记卡存量同业占比 24.20%，居全省首位。提升私人银行市场竞争力。顾问咨询服务、全权委托专户、PE

项目线上募资销售等多领域实现“零”突破。新增私人银行签约客户任务完成率全省第一；净增持有私银产品客户任务完成率全省第三。

【以结构调整加速信贷业务转型】紧跟信贷政策导向，在钢铁、水泥等支柱行业贷款压缩、大客户营销受限的情况下，加快调整融资结构，优化贷款投放。抢占个人贷款市场制高点。新增个人住房贷款19.10亿元，同比增长34.50%，增量居同业首位。大力拓展供应链融资。建成紧密型供应链4条，拓展紧密型供应链客户19户。拓宽小微信贷业务空间。宁晋电线电缆和纺织服装、清河羊绒、汽配和合金等五个被列入总行重点客户群市场的授信项下授权审批制融资方案获得省行批复，小微金融业务中心试点筹备完成。

【以创新用新推动中间业务攻坚】狠抓结理代业务增收。强化基金、保险等个人金融产品营销；打造贵金属业务品牌，在全省系统首开商业代销实物金银全产品业务，全年实现黄金业务总量5.10吨，白银业务总量751吨，任务完成率全省第一。加速战略成长业务创效。完成德盛玻璃1.70亿元PE项目，成功办理总行首单养老金渠道工银瑞信保本专项资产管理计划5000万元。发卡、收单量质并举，存量卡启用率、动卡率始终保持全省第一；在全省率先实现新签约“线上POS”商户“零”突破，全年收单交易额突破百亿，达到118亿元，同比增长40%；实现消费额77.34亿元，同比增长30.80%，任务完成率全省第一，同业占比首位；小微逸贷放款额、授信额、确认目标商户数三项指标全国第三、全省第一；做大私银产品规模，全年私人银行专属产品销售21.37亿元，是上年同期的8倍，任务完成率237%。加快互联网金融“蓝海”市场拓展。新增手机银行客户23.80万户，新增工银信使13.30万户，全年新增融e购商户11户，上线5户，实现非金融交易量3564万元，柜面业务可分流率16.56%，全省最低。

【以精细管理夯实经营基础】加快推进网点运营标准化改革。完成全辖支行综合柜员岗位整合，实现高低柜业务分离。持续深化个人客户经理综合积分考核，促进队伍素质、运营效能稳步提高。积极推进渠道能力提升行动方案，全年装修改造物理网点17家，建设离行式自助银行21家。在中兴支行营业室顺利开展了网点竞争力提升项目，进一步提高基层网点管理能力、服务能力和营销能力，提升客户体验。按照《文明单位创建管理实施细则》《文明单位测评标准（试行）》，认真开展文明单位创建和组织推荐工作，提升该行文明单位创建管理规范化、科学化、精细化水平。广泛开展“学雷锋 树新风”活动。邢台分行首次获得河北省文明单位荣誉称号。在总行现金管理业务技术比赛、省行个金业务技术比赛、邢台市金融职工业务技术比赛中该行选手均取得优异成绩。

【严守“两个底线”，稳健运营能力进一步增强】强化风险量化管理，通过召开资产质量分析会，分析研究潜在风险客户贷款的可偿性，制定措施，提前做好风险防范。对违约客户监测和跟踪，使反复违约客户贷款得到抑制，有效规避风险。强化内控案防，深入开展重点领域案件和风险事件专项治理活动、“联防联治、共保平安”百日活动，内控案防基础进一步夯实。加大风险事件压降力度，保持风险治理高压态势，加大现场检查和非现场监测。年末可控风险事件同比下降65%，实现连续十一年安全无案件。

中国工商银行股份有限公司邯郸分行

【概况】2014年，中国工商银行邯郸分行实现实现净利润6.10亿元，同比增加6386万元。实现账面拨备前利润10.36亿元，同比增加3940万元，系统排名第六。中间业务收入4亿元，系统排名第五。人民币全部存款时点余额394.30亿元，较年初下降16.60亿元，其中储蓄存款下降0.79亿元，公司存款下降13.33亿元，机构存款增长0.25亿元，同业存款下降2.85亿元。各项贷款（不含贴现）时点余额291.63亿元，较年初增加22.45亿元，其中大中型企业贷款增加2.85亿元，小企业贷款增加3.98亿元，个人贷款增加15.60亿元。

【突出支持实体经济】累计为大型企业新兴铸管、

邯钢集团、天津铁厂、峰峰集团、邯矿集团等发放贷款103.46亿元；为大型面粉企业五得利集团、农业项目中道牧业、新能源企业河北洁神以及中小批发零售企业等发放贷款合计42.49亿元。河北百强企业邯郸市正大制管有限公司授信7000万元已批复，并办理5000万银行承兑汇票业务；省重点物流企业冀中能源集团国际物流和鼎峰物流集团授信已获总行批复；2014年储备项目河北家丰植物油一期4亿元项目贷款已报省行批复；进出口额3000万美元以上企业河北天业经贸有限公司在本行办理进口信用证1.17亿元。房地产开发贷款累计发放12.90亿元，余额31.40亿元，较年初增加2.45亿元。利用本行小企业贷款定价相对较低及网贷通的产品优势，积极置换他行优质小企业贷款。同时积极与省行审批、资负部门做好沟通与协调，加快贷款审批与资金配置。累计对217户小企业发放贷款29.23亿元。深入挖掘个贷市场资源，做大个贷规模，实现个贷业务提速发展，个人贷款余额70.80亿元，较年初增加15.60亿元。

【提升存款客户服务水平】 储蓄存款工作，实施行长包行督导调研责任制，自年初开始，市行行长分头负责，逐一对全辖26个支行进行督导和调研。加强公私联动，实施名单制的精准营销，本着“先代发 后放贷”的原则，抓好代发工资的营销工作。以“薪金卡”推广为契机，对新增代发工资客户全部配套发行“薪金卡”，存量代发工资客户也开展了置换工作。大力开展商友客户和购购卡的营销拓展工作，对重点市场商户进一步细分，锁定目标商户，开展针对性持续营销活动，提高本行商友卡在市场商户中的覆盖率。截至年末，储蓄存款增长-7917万元，同业占比第三，任务完成率系统排名第9位。其中商友卡发卡7.39万张，完成省行任务的468%，系统排名第三，商友卡存款余额20.69亿元，较年初增长8.67亿元。购购卡发卡6.20万张，存款余额3.01亿元，消费额达5.70亿元。

对公存款工作，将财政保值增值运作资金争揽作为机构存款增长突破口，累计争揽市级财政增值运作资金40000万元，成功营销丛台区财政局增值运作资金4000万元，邯山区财政局工资补助专户资金7700万元，魏县财政资金9000万元、广平财政局5000万元。抓系统上线，分别争揽公积金存款6400万元、住房维修资金10600万元、市社保中心存款6700万元。不断扩大军队客户合作优势，截至年末，军队存款较年初增长15775万元。针对日均4万元~5万元、3万元~4万元易提升客户，锁定提升目标，明确提升责任人，一户一策实施提升计划。

【巩固中间业务优势】 积极推进基础投行业务发展，加强对基础投行业务的组合营销，基础投行收入完成2625.47万元，同比增加1642.47万元。力促品牌投行业务的转型发展，与现代物流港公司达成了委托债权代理投资4亿元的融资意向。以养老金与薪酬福利顾问业务为抓手，促进养老金中间业务收入和签约客户的同步增长。牢牢把握互联网金融发展机遇，打造行业领先的电子商务平台。成功签约公司共13家，签约率达100%。组织开展收单团队深入营销，新增特约商户611户，安装POS机具770台。大力推进汽车分期付款业务，实行专营支行和重点支行突出专营特色的模式，实现分期付款中间业务收入1064万元。实行一户一策，大力提升理财代理类收入，开展对公理财业务营销专项推进活动，实现有效法人理财客户692户，完成任务的153.78%，同比增加521户。销售各类保险4.66亿元，其中工银安盛保险累计9064万元，完成全年任务101%。基金销售25.26亿元，系统排名第四。新增贵金属递延客户1340户，任务完成率为140%。跨境人民币结算量16.49亿元，完成全年任务的106.4%。

【竭力保全资产质量】 逐户梳理，落实依法起诉、执行、资产评估、拍卖处置、申报审批等重点环节工作的序时进度，累计清收新劣变不良贷款15户，清收贷款本金12296.94万元，其中清户7户，清收不良贷款本金12046.79万元。经过艰苦努力，五年以上账龄不良贷款—河北思达实业集团有限公司2510.70万元不良贷款项目，依法现金清收不良贷款1103.20万元。采用逐户核对下发清单的方式督促支行进行核实整改，截至年末，个人逾期贷款剪刀差余额0.28亿元。扎实做好信贷监督执行工作，完成法人放款核准和放款后作业监督2164笔，作业监督及时率、入库率和整改率均为100%。

【激发内在经营活力】深入推进教育实践活动，进一步整改工作作风，强化干部履职管理，干部履职能力明显提升。注重员工素质能力建设，组织各类培训班335期，同比增长86.75%。注重企业文化建设，打造了中华、肥乡、和平、城东4家文化特色支行。继续实施“同心工程”，推进“职工之家”建设，积极开展送温暖活动，建立完善在职领导联系老干部制度等规章，和谐稳定发展氛围更加浓厚。

中国农业银行股份有限公司河北省分行

【概况】2014年，农业银行河北省分行认真贯彻落实党的十八届三中、四中全会精神，积极适应经济发展新常态，主动对接河北省经济发展战略，保持战略定力，坚持稳中求进、稳中有为，全面推进经营管理各项工作再上新台阶，积极支持了河北省经济社会发展。截至年末，全行各项存款6001.60亿元，较年初增加376.40亿元；各项贷款2547.60亿元，较年初增加272.70亿元；实现中间业务收入36.40亿元。

【加大投放，全力支持全省重点项目建设】紧紧围绕省委、省政府确立的各项发展战略，充分发挥金融服务地方经济的职能作用，积极投身服务于京津冀协同发展、“三个一百领军企业”、“四大攻坚战”，将河北省重点项目放在自身经营和发展的支撑地位抓实、抓好。截至年末，全行法人贷款余额1704亿元，较年初增加105.50亿元。其中，重点项目建设贷款余额705.30亿元，较年初增加77.20；基础设施建设贷款余额536.10亿元，较年初增加69.10亿元。针对重点建设项目逐户量身定制金融产品，在重点建设项目、重点建设改造项目新建、建设、运营等不同时期，以开户、结算、贷款承诺函、授信、信贷支持等产品提供特色服务，降低企业融资成本。为冀中能源集团、开滦集团、唐山三友提供并购贷款，支持其到省外拓展资源；为开滦集团承销私募债，为其拓展直接融资渠道，大幅降低融资成本。为国家金太阳示范工程——国网新源张家口风光储示范电站有限公司独家提供项目贷款支持，保障了项目顺利实施。

【主动作为，积极支持京津冀协同发展战略】将支持京津冀协同发展战略实施作为重点工作，主动作为，全年投放与京津冀协同发展相关的贷款97亿元。一是成立组织，制定方案。省分行成立支持京津冀协同发展工作领导小组，出台《关于支持京津冀协同发展的指导意见》，围绕城市区域布局和产业布局，明确十个重点支持领域，逐领域定制服务方案。二是积极对接，典型推动。建立对接机制，搭建“政府、银行、企业”三方沟通平台，提高服务的层次和针对性。建立省、市、县三级行以及与北京、天津分行的工作联动机制，提升系统营销合力。召开京津冀协同发展金融服务现场推进会，交流推广各级行具体工作中好的经验、做法，发挥典型示范带动。三是政策先行，特事特办。实施特色化、差异化信贷政策，优先满足京津转移的重点项目（客户）以及配套项目信贷业务行业限额需求。针对唐山、廊坊、保定和沧州等京津协同发展重点地区，专项匹配信贷规模和营销费用。建立业务联动营销、综合营销机制，省分行直接组建服务团队，对大项目、大客户实施“平行作业”；实行特事特办，一事一议，扩大市、县分支行部分大型优质京津冀协同发展客户的审批权，提高效率。

【发挥优势，认真做好“三农”和县域金融服务】深化三农事业部改革，重点围绕现代农业、新型经营主体、城镇化建设和扶贫等领域，加大支持力度，全力做好金融服务。2014年，全行共投放县域贷款132亿元，“三农”贷款余额1162亿元，增速12.80%，高于全行贷款增速0.85个百分点，实现了“两个不低于”的目标。一是积极支持现代农业、规模农业。深化与454家省级及以上农业产业化龙头企业合作，并开展上下游延伸服务，农业产业化龙头企业贷款余额52.83亿元。加强对农民专业合作社、家庭农场、种养大户等新型农村经营主体的金融支持，探索服务新模式。加大流通体系建设支持力度，县域流通市场建设贷款余额7.40亿元。二是积极支持全省城镇化建设。

大力支持城镇基础设施建设以及农村医疗卫生、农村住房、旅游等领域发展，重点支持了涞水新民居建设、野三坡旅游、迁西亨旺农村县城基础设施建设等项目。三是积极支持金融扶贫工作。将“燕山－太行山”集中连片特困区、黑龙港流域和环首都贫困带作为重点区域，重点支持对贫困农户辐射带动力强的优质龙头企业、承接产业转移和外来投资重点项目。深入落实省委“加强基层建设年”和“农村面貌改造提升”行动，做实驻村帮扶，连续两年派出工作组配合阜平大道村村两委筹集和吸引投资1000余万元，帮助村民脱贫致富。全年向贫困地区投放贷款242.30亿元，增速22.60%，高于全行贷款平均增速9.70个百分点，被省政府评为“全省社会扶贫先进集体”。四是提升农村基础性综合金融服务。持续加大渠道建设力度，深入推进金穗“惠农通”工程，稳步扩大服务覆盖面，丰富完善服务点功能，累计发放惠农卡212万张，当年新增158万张，农户贷款余额56亿元；在县域布放ATM 3190台、自助银行936个、智付通207716万台，分别占全行的65.30%、65.10%、80.10%。

【创新驱动，大力支持小微企业发展】 认真落实支持小微企业发展各项金融政策，结合河北省园区化、集群化、大市场等“块状”经济特点，加大营销力度，构建专业化服务渠道，提升小微企业服务水平。截至年末，全行小微企业贷款余额248.30亿元，较年初增加32.30亿元，增幅14.90%，高于全行2.95个百分点；覆盖客户数17万户，较年初增加7万户。一是突出“五大定位”，开展批量服务。明确“园区、集群、商圈（大市场）、产业链、特色资源”五大定位，重点支持省级以上工业园区中的优质小微企业、优势产业集群中的优质小微企业、大市场及大型连锁商场的上下游优质小微企业、龙头企业产业链、供应链上的优质小微企业，以及在当地经济特色资源或政府采购、机关采购等社会资源上具有优势的优质小微企业，批量开展业务，加大信贷投放和综合金融服务力度。二是强化政策资源保障。全年按照“两个不低于”要求单独安排小微企业信贷规模53亿元，进一步下沉小微企业信贷业务审批权限，对小微企业信贷业务实行一次调查、一次审查、一次审批。三是认真开展小微企业宣传月活动。做好与政府部门的有效对接，专门制订实施方案，选择42项融资、理财、结算产品，统一印制成册，组织开展多项现场活动，为小微企业客户提供全方位金融指导。

【调整结构，有效支持战略新兴产业和节能减排】 一是加强政策引导。制定全行2014年度信贷政策指引，将战略性新兴产业和节能减排作为积极介入类行业，对重点战略性新兴产业客户和国家级、省级节能减排重点项目，优先满足资源配置需求，并实行利率优惠。二是明确业务支持重点。对节能减排，积极支持国家级、省级节能减排重点项目，支持具有良好经济和社会效益、运作模式清晰的水利、市政基础设施与环境治理项目，支持水电、核电、风电、天然气开发利用、煤炭清洁利用等项目。对战略性新兴产业，优先支持技术成熟、市场需求明确、产品以内需为主的战略性新兴产业，重点支持新一代信息技术、生物医药与新医药、高端装备制造、新材料、新能源与节能环保等领域的拥有核心技术、市场前景明朗、产品竞争力较强的自主创新客户。截至年末，全行战略性新兴产业贷款余额98.80亿元，较年初增加13.50亿元；节能减排贷款余额195.60亿元，较年初增加16.80亿元。三是严格控制“两高一剩”行业贷款增长。逐步形成以行业信贷政策、信贷政策指引、限额管理和客户名单制管理为核心的“四位一体”的行业信贷政策体系，对“两高一剩”行业实现了全覆盖。“两高一剩”行业贷款余额和占比较年初分别下降1.20亿元和1.70个百分点，保持“双下降”。

【强化基础，持续改善社会金融服务水平】 一是加强网点建设。全年立项网点建设项目41个，总投资4.24亿元。自2009年累计立项网点建设项目1011个，总投资23.13亿元，完成装修改造网点949个。紧跟国家京津冀协同发展战略，加快环京津地区网点建设，其中对北京产业输出集中的保定、廊坊、张家口等分行批复网点建设项目10个，总投资1.70亿元，占全行总投资的40%。二是深入推进网点服务转型。开展“文明标准服务年”“营销技能提升年”“服务品质提升年”等多项活动。推行网点标准化服务礼仪，制定服务流程标准。三是加大服务监督力度。持续开展网点服务“神秘人”检查，聘请三方调查公司开展服务暗访，按季通报，奖优罚劣。建立网点服务明查制度，开展服务质量在线监测。树立服务标杆，实施正向激励，营造优质服务氛围。

（刘新彦）

中国农业银行股份有限公司河北省分行营业部

【概况】2014年，农行河北省分行营业部以持续发展为主线，以队伍建设为支撑，以风险控制为保障，以党的建设为动力，加强精细化管理，加快经营转型，优化业务结构，提升发展质量，保持了业务经营的稳健、持续、有效发展。一是保持了稳健的经营的态势。全年各项贷款净增72亿元，为历史增长最快的年度；各项存款增长48亿元，总量1063亿元；实现中间业务收入6.77亿元，同比多收6500万元；监管指标全面实现，县域、涉农和小微企业贷款增速分别达到20.90%、20.30%和25.20%，均高于全行贷款增速。二是保持了平安稳定运行。强化运营基础管理，开展“提素质、防风险、做标兵”学习教育活动，提高柜员素质，夯实管理基础。通过日常监管与专项治理相结合，不断减少结算差错和违规问题，提升柜面管理水平。以“三化三铁”创建工作为抓手，查漏补缺，整章建制，落实考核，进一步提高运营管理质量。深化合规文化建设，开展了合规文化“六个一”活动，组织以“从我做起，远离违规”为主题的警示教育宣讲活动，以生动的事实教育了员工，强化了合规意识。持续开展“平安农行”建设，巩固“三化三达标”成果，实现了全行安全经营。严守信用风险底线，加强贷前真实性调查，严格执行新接客户的标准，严把贷款准入关；落实贷后管理，加强风险预警和处置，前瞻性化解风险苗头。加强信访工作和声誉风险控制，维护了农行社会形象。

【资产业务】立足实际，不断加大实体贷款投放力度，大力支持基础设施建设，积极跟进棚户区改造工作，助力省、市重点企业的发展，2014年全年贷款净增72亿元，余额457亿元，创历史新高，增速18.60%，同业领先。面对“三期叠加”和环保因素的不利影响，该行坚守风险底线，加快信贷结构调整，较好地控制了信用风险。截至年末，不良贷款占比低于全省农行平均水平0.18个百分点，其中个人贷款不良余额2160万元，较年初下降993万，不良率较年初下降0.18个百分点，实现“双降”。法人优质客户贷款占比持续提升，法人优质客户贷款占比95.61%，较年初增加2.46个百分点；“两高一剩”贷款余额56亿元，较年初减少0.90亿元。信贷担保结构持续优化，抵质押贷款占比58.51%，较年初增加14.47个百分点；固定资产贷款占比58.65%，较年初增加5.95个百分点；法人中长期贷款占比72.46%，较年初增加13.80个百分点。

【三农业务】大力支持县域经济发展，持续增强对小微企业的信贷支持。以三大监管指标为指引，积极拓展县域法人客户，加大贷款投放力度，全面实现监管要求。调整农户贷款的结构，使风险较低的生产经营贷款占比提高53%，比上年提升19个百分点。当年到期农户贷款综合收回率99.83%，保持了较高质量。持续推进“惠农通”工程，惠农通服务点5268个，其中助农取款服务点3105个，分别比年初增加2195个和1576个。电子机具行政村覆盖率73%，比年初提高16个百分点。新增代理项目33个，新发放惠农卡15200张，促进了普惠金融的服务。县域市场竞争力明显提高。县域存款492亿元，增量份额43.20%；县域贷款101亿元，比上年提升0.74个百分点；县域中间业务收入1.92亿元，四大行占比44.70%；拨备后利润8.44亿元，四大行份额48.20%。降低小微企业融资成本，除贷款利息外不收取任何附加融资费用，同时降低收息水平，使小微企业贷款利率低于企业贷款平均水平。丰富小微企业金融服务方式，推出“小企业简式快速贷”专属产品，2014年新增2.40亿元，其中通过简式快速贷款办理贷款的小微企业达到7.80亿元，增加31户、4.20亿元。创新小微企业担保方式，通过采取专利权质押、林权质押等方式，先后为3家小企业投放流动资金贷款1.65亿元。

通过加强与科技局合作，签署《石家庄市科技成果转化风险补偿专项资金合作协议》，推出“专利权抵押贷款”，为2家企业办理贷款350万元。除贷款外，县域存款总量及增量、中间业务、利润市场份额均居四大行首位。

【网点建设】深入推进网点服务转型。开展“文明标准服务年”“营销技能提升年”“服务品质提升年”等多项活动。推行网点标准化服务礼仪，制定服务流程标准。健全网点管理、绩效考核体系，理顺网点管理架构，制定各岗位人员考核办法，强化柜员、大堂经理岗位职责，全行服务水平明显提升。加大服务监督力度。持续开展网点服务“神秘人”检查，聘请三方调查公司开展服务暗访，按季度进行通报，奖优罚劣。建立网点服务明查制度，开展服务质量在线监测，重点检查柜员服务规范执行情况，对于发现的违规情况，当场进行纠正，按月进行通报。开展各类评比活动，实施正向激励。开展了网点转型验收，网点服务环境标杆网点评选、微笑服务柜员评选等活动，对获奖单位和个人进行奖励，营造努力为客户提供优质服务的氛围，树立服务标杆。

2014年全辖完成完成7个人工网点的装修改造，新VI装修改造人工网点总数达151个，占全部网点数量的97.40%。完成26个自助网点的装修改造，新VI装修改造自助网点总数达到34个，其中银监局批复开业29个。完成28个网点（含自助网点）的新VI装修验收工作，上报并批复新迁址开业人工网点11个，报批自助银行开业26个。申请购置排队机42台，用于更换旧型号、故障率高的设备，以满足网点智能服务系统上线的需求，全辖上线网点数量132个，上线量居全省之首。

（李世庆）

中国农业银行股份有限公司承德分行

【概况】2014年，农行承德分行围绕上级行各项决策部署，紧密结合地方经济发展实际、发展规划和区域发展战略，加快经营转型、深化精细化管理，筑牢“双基”基础、绘制“两图一网”，不断提高市场竞争力和风险防控力，各项业务实现平稳健康发展。截至年末，全行各项存款余额234.60亿元，比年初增加1267万元。各项贷款余额155.40亿元，比年初增加24.30亿元，其中涉农贷款余额65.10亿元，比年初增加12.10亿元，增速22.30%；小微企业贷款余额33.40亿元，比年初增加6.20亿元，增速22.70%，超额完成了监管指标。中间业务收入1.50亿元，比年初增加1994万元。实现拨备前利润5.60亿元，拨备后利润9.90亿元。

【大力支持重点区域和重点项目建设】深入贯彻落实承德市委十三届五次全会精神，以服务“三农”为根本，以支持城乡经济社会发展为己任，围绕国家转变发展方式、调整经济结构这一主线，科学把握信贷投放重点和节奏，加大对重点区域、重大项目的支持力度，贷款投放较好地契合了国家产业政策和监管导向，有效地发挥了金融促进地方经济社会发展和优化资源配置的重要作用。全年累计投放法人实体贷款99.90亿元，同比增加10.80亿元。一是积极响应配合市政府支持地方经济发展，抓住重点项目的源头，完成了高新技术产业开发区土地收购储备中心授信7亿元，用信4亿元。二是做好国电、国网两大重点客户的营销工作，完成了对国电华电公司承德滦河电厂热电联供9亿元贷款项目的用信的后续工作，发放贷款2亿元。三是成功营销国网新能源丰宁华泽抽水蓄能电站项目，对其授信30亿元，贷款承诺函36亿元。四是做好河北钢铁公司承德分公司的客户维护工作，为该公司授信27.50亿元，用信27.50亿元，承兑汇票3.60亿元。为承德支柱企业河钢集团承德分公司授信27.50亿元，用信20.70亿元。五是抓住环首都经济圈的“一环四区六基地”建设新机遇，将县域经济效益好、辐射带动强、对当地经济发展影响大的中高端法人客户、重点骨干企业以及特色鲜明、有良好发展前景、有稳定现金流的特色资源企业及项目作为支持目标，确定支持重点。

【发展绿色信贷，助推生态文明建设】通过不懈努力，推动了一批具有资源优势、品牌优势、区域产业特征明显、有较完整产业链支撑、辐射带动能力强、发展前景好的龙头企业走上快速发展之路，加大了一批省级以上农业产业化龙头企业的发展。与部分重点龙头企业市金融办组织的银企对接会上进行了签约。同时，淘汰落后产能（水泥、钢铁），严格准入标准，上收钢铁、水泥、平板玻璃、煤化工等六大产能过剩行业审批权到总行，加大落后产能退出力度。

【支持薄弱领域，打好扶贫攻坚战】 在信贷规模十分紧张的情况下，把有限的资金规模优先用于支持小微企业、三农客户。一是支持118家小微企业。为小微企业贷款36.60亿元，创造新的就业岗位8000多个，近4000多个家庭脱贫致富。二是助力全辖农业现代化发展，针对新兴农业经营主体、产业化龙头企业等市场主体，完善产品体系，推出“土地流转·经营权抵押贷”等产品，满足并引领新需求。三是支持林业发展和食品加工业，为绿色食品走出山区提供帮助。支持7家中小果品、食品加工业，为山区农民致富提供帮助。四是促进县域流通，支持商贸企业发展。重点支持了承德福满家商贸有限公司、承德北雁商城商贸有限公司、隆化鸿兆商贸有限公司等5家商贸流通企业发展，促进了县域市场的活跃。

【以“惠农通”工程为桥梁，积极打造县域支行特色业务和亮点工作】 依托农业银行的网络优势和服务手段，将县城内商超、门店作为主要营销阵地，积极向大型商企及其上下游客户推出金穗“惠农通”工程，为惠农卡持卡客户提供足不出村、方便快捷的金融服务，切实提升县域支行金融服务水平和效率。以围场县为切入点，与辖内4家大型商业企业实现了全面业务合作，并将成功做法面向全市推广，对市内所有“万村千乡”配送店、乡镇中心店提供流动资金贷款、农村个人生产经营贷款支持，并逐步拓宽项目代理范围，做实服务点功能，基本实现功能化、电子化的商贸流通体系。

【优化网点建设，提高服务能力】

一是制定服务规范。提出了“从客户需求出发，做好个性化服务；为客户着想，做好精细化服务；为提高服务的准确性和效率，做好规范化服务”的要求，从服务环境、服务语言、服务行为、服务态度、服务效率等方面对营业网点、营业窗口的服务工作进行规范，规定了仪表、卫生、质量、效率在内的规范化管理标准。二是增添服务设施。全行统一了营业网点的服务设施标准，全部网点统一设置了“网点名称牌”、“作息时间牌”、“风险提示牌”和贵宾窗口。全年完成装修改造网点45个，新增离行式自助银行22个，新增现金类自助设备38台。配齐了大堂经理，保持了营业场所的规范统一。三是美化服务环境。落实卫生责任制，保持了门窗、灯箱、自助设备的清洁卫生。各营业网点基本做到了环境整洁、门窗清洁、地面干净，装饰美观，形象端庄。

（于绍礼　孙　超）

中国农业银行股份有限公司张家口分行

【概况】 2014年，农行张家口分行秉承“诚信立业、稳健行远”的核心价值观和“以市场为导向、以客户为中心、以效益为目标”的经营理念，坚持以科学发展观为指导，认真学习贯彻党的十八大精神，落实总行和省分行总体工作部署，认真分析市情、行情、和同业竞争形势，明确经营发展思路和目标，以队伍建设、客户建设、内控管理为抓手，打基础、抓发展、控风险，业务经营逐步向好。全年各项存款增加1762万元，余额203.10亿元，各项贷款增加13.78亿元，余额114.95亿元。县域贷款余额69.82亿元，较年初增加10.59亿元，增幅17.88%。涉农贷款较年初增加10.06亿元，增幅28.73%，高于全行13.86个百分点；小微企业贷款较年初增加3.89亿元，增幅24.09%，高于全行贷款增速6.47个百分点，三大监管指标全面完成。不良贷款余额7534万元，控制在省分行下达的限额内。实现中间业务收入1.39亿元，同比多增1723万元。委托资产清收2147万元。实现拨备后利润3.21亿元。

【推动主体业务稳定发展】 一是对公业务重点抓扩户上数。抓扩户。对全市目标核心客户重新落实责任部门、责任人，密切与地方政府协调联系，重点抓新项目、新开户。全年新开立账户1563户，同比多增32户，新增对公存款5.49亿元，对公日均增量贡献度 29.98%。抓提质。新增 100 万元以上客户 32 户，增加对公存款 8.76 亿元。抓专项营销。加大对 11 个大系统客户的集中营销，新增机构类账户 44 户，新增对公存款 5.40 亿元。新增 1 家信用联社、1 家邮储银行、5 家商行开户，新增日均存款 404 万元。抓考核。制定了《2014 年度对公业务综合营销奖励考核办法》《包户提质增效办法》《对公客户下沉考核办法》以及《2014 年度专项营销奖励办法》，突出对公存款、新开户以及重点业务专项奖励。人民币有效结算账户净增 487 户。日均存款 100 万元以上客户数 408 户，较年初增加 32 户。二是零售业务突出推进个贷发展。深入推进“全员包户、包户到人、考核到人”机制，将 10 万元以上存量客户全部分包到员工，市分行对全辖网点按照优质客户增减、优质客户日均金融资产增减等指标进行全市考核排队，对优质客户增量大的网点重点奖励。继续推进个人贷款业务，调整个贷产品结构，加大房抵贷、旺铺贷等非住房贷款营销；采取“产品推介”“进市场、扫街道”的方式，营销房抵贷、助业贷等个贷新业务。通过“软转”强化网点综合营销服务水平，完成转型导入的 33 个网点，实现了绩效考核的落地以及转型固化工作。加快推进城区支行布局调整，加快支行搬迁进度，加快主城区自助银行建设步伐。立项建设自助银行 65 个（其中市区 21 个），开业运营 35 个，在建 30 个。个人优质客户包户到人工作初见成效，全年新增贵宾客户 5316 户，年日均金融资产 10 万元以上客户同比多增 4852 户。三是三农业务着力实施四项工程。扎实推进千百工程，开立基本账户和一般账户 100 户，其中建立信贷关系 49 户，贷款余额 31.09 亿元，存款 1 亿元。惠农通工程实现广覆盖，累计设立惠农通服务点 3510 个，较年初增加 2414 个；助农取款服务点 3295 个，较年初增加 2317 个，其中新增有效服务点 2149 个；县以下农村地区布放电子机具 8018 台，覆盖了全部 198 个乡镇、3015 个行政村，电子机具行政村覆盖率 74%。集中连片特困地区电子机具行政村覆盖率 91.30%。积极营销涉农财政资金代理业务，全年新增 23 个涉农财政资金代理项目。抢挖营销县域优质中小企业，通过小企业简式快速贷、“多户联保”、国内保理、葡萄原酒抵押等产品，支持县域优质中小企业，新增中、小微企业贷款 1 亿元。逐步实现“农户小额贷款业务向农村个人生产经营贷款业务转变”，新增农村个人生产经营贷款 10336 万元。四是综合效益突出抓多元创效。做实做细理财、贵金属、基金、代理保险等传统业务，积极拓展财资管理、银团承诺等高端投行新兴中间业务，大力发展“黄金租赁业务”等新产品。向经济资本控制要效益，信用风险经济资本占用较年初降低 1 亿元；操作风险经济资本占用较年初减少 3618 万元。全年信贷资产平均经济占有系数 4.28%，较年初降低 1.34 个百分点。

【强化风险管控】一是加强信用风险基础管理。将政府融资平台、农户贷款、银行卡不良透支等列入年度信用风险防控重点。先后组织开展了所有小微企业、100 万元以上个贷风险排查，组织开展对环保治理类企业、国内保理、委托贷款、国内信用证、信用卡以及楼盘风险排查。潜在风险客户贷款实际退出 3050 万元，完成率 152.50%，累计收回到期平台贷款 11938 万元。二是加强运营风险源头管理。建立健全“常规、随时、随机”相结合的全面运营风险防控体系，强化对操作风险的有效管控，柜面业务差错降低到 0.15‰，“两库两箱”管理水平提高，金库集约化管理程度逐步增强。三是加强安保操作风险管理。强化视频监控中心的监督预警功能，开展办公营业场所火灾隐患排查、整改，做实“三化三达标”工作，加大金库、押运、守库、消防等方面的管控，实现“物防、技防、人防”建设达标。四是加强声誉风险管理，做好信访稳定工作。及时掌握动态和信息，建立了日报、舆情监控制度，确保不发生各类声誉风险。全年实现了无经济案件、无刑事案件、无重大责任事故和无负面媒体事件。创建运营管理“三铁”目标单位 11 个；安全保卫“三化三达标”优秀率达 100%；操作风险考核全省农行排名第一；获全省金融系统安全保卫工作先进集体、农总行第三届“文明单位”、河北省委、省政府“文明单位”等荣誉称号。

（那贵军）

中国农业银行股份有限公司秦皇岛分行

【概况】2014年，农行秦皇岛分行秉承“以市场为导向，以客户为中心，以效益为目标”的经营理念，坚持城乡并举，转变发展方式，加快经营转型，实现有效发展，全行价值创造力、市场竞争力、风险控制力和可持续发展能力有效提升。截至年末，本外币各项存款余额304.30亿元，比年初增加8.90亿元，其中对公存款余额89.90亿元；个人存款余额214.40亿元。本外币各项贷款余额126.70亿元。全年实现中间业务收入1.90亿元。该行连续多年被评为市级文明单位、宣传思想和精神文明建设工作先进单位。

【关注“三农”】认真开展农情调研，积极调整农户贷款结构。组织各县支行对辖区内426户家庭农场、专业大户，44个专业合作社进行调查摸底，选择重点客户进行金融支持。共筛选出40户规模经营农户、7个专业合作社，通过投放农村生产经营贷款来改善农户贷款结构，降低农户贷款风险。扎实做好金穗“惠农通”工程，充分发挥助农取款服务点渠道作用。为践行群众路线，助力“三农”业务发展，全面提升客户服务水平和价值创造能力，组织四家县域支行开展“金融产品进乡村”活动。四县支行共计组成宣传服务小组近300个，深入农户家庭近5000个，开展助农服务培训60场次，张贴助农服务海报2000份，发放宣传折页2万份。通过宣传，让广大农户了解助农取款服务点功能，学会使用借记卡办理金融业务。

【业务经营】一是加大对大客户、大项目的支持力度。重点支持北戴河新区、经济技术开发区、临港产业聚集区等重点客户，有效支持了秦皇岛市重点产业的发展。二是稳健发展小微企业贷款业务。围绕省分行确定“园区、集群、商圈（大市场）、产业链、特色资源”五大定位，进行调查摸底，确定目标客户名单，实现比年初增长2.30亿元，增速32.10%，比各项贷款增速高34个百分点，完成了“两个不低于”的增速指标。三是推动个贷业务健康发展。到主要商业街区，对商户、物业持有人逐户上门开展业务宣传，满足客户的个人非住房贷款需求，在西港支行、北戴河新区支行试行开办个贷业务，探索了个贷业务发展新思路。截至年末，全行累计发放非住房个贷2.50亿元，余额2.40亿元，比年初增加0.90亿元；个人贷款余额37.10亿元，较年初增6.10亿元。四是积极开展国际业务。面对进出口总量下降，同业竞争日趋激烈的形势，不断创新外汇业务产品，提升本外币一体化经营能力，为客户解决了融资困难。全年共开立NRA账户信用证5701万美元，办理NRA账户贸易融资业务3183万美元，办理国内信用证项下贸易融资业务103278万元。

【服务提升】一是加快网点转型步伐。全行67个网点全部完成装修改造，按新标准改造完毕并投入使用的66个。已经投入使用的离行式自助银行18个，已装修未开通的离行式自助银行13个。现金类自助设备370台，自助服务终端190台，自助签约终端14台。二是提升网点服务水平。对全市46个网点实施了软转型导入，通过实施6S管理，对网点物理布局进行重新规划调整和配备服务、营销等相关设施，强化人员服务、营销、操作技能的固化提升，网点服务的软、硬件有了提高，客户服务体验越来越好。开展了多层次全方位的培训，全年完成培训59期，培训人次5122人，提高了参训人员的业务素质。开展岗位练兵。提高员工专业技能水平，开展各类业务技能练兵活动，涌现了一批拔尖人才，有2名员工分别被市政府评为第四届秦皇岛市“金牌工人”“能工巧匠”称号，在2014年秦皇岛市银行业技能大赛中荣获团体第一名的好成绩。三是加大服务监督力度。通过制定《中国农业银行秦皇岛分行营业网点服务考核办法（修订）》，进一步规范了服务监管标准。开展了“网点服务质量提升月”活动，通过对网点“软件”服务会诊，归纳整理服务检查中发现的问题，有针对性地制定下一步提升措施，推动了网点服务质量固化。提高服务检查频次，除每月利用远程视频监控系统对全部网点进行在线服务检查外，不定期进行服务现场抽查，聘请咨询公司进行了5次“神秘人”检查，根据检查情况实施奖惩。

【渠道建设】一是充分借助离行式注册机具营销电子银行产品，全年共开展离行式注册活动 118 次，共注册电子银行产品超过 1.10 万户，有效地支撑了业务的发展。二是做好柜台捆绑营销，通过邮件、短信、微信等方式做好对前台柜员的业务提示，做好前台电子银行产品的捆绑营销。三是对重点业务做好支持和督导。与旅游管理服务中心、秦皇岛正道科技等签订电子商务服务协议，共上线 B2B 商户 1 户、B2C 商户 2 户。四是创新营销方式。开展“E 动天地”掌上银行体验式营销活动，采取了创新的“在线支付，当时抽奖，当时充值”的形式，以话费充值作为抽奖奖品，明显提升了掌上银行的活跃度。到年底新增个人活跃客户 19.60 万户，新增企业电子银行活跃客户 944 户，新增电子商务客户折合 16 户，电子渠道分流率提升 5.25%。

【热心公益】认真履行社会责任，积极开展公益活动。一是组织员工开展义务献血，每年平均献血人员 50 人，2014 年被无偿献血领导小组授予“秦皇岛市无偿献血促进奖”荣誉称号。二是参加秦皇岛市春季义务植树活动，保质保量完成植树任务。三是出工出力积极参加市政府组织的市容市貌整饬活动。四是组织员工开展“春天行动－金 e 顺绿色万里行”自行车骑行宣传活动，骑行 40 余千米，沿途倡导低碳环保、健康生活的理念。五是对文明城市创建活动进行广泛宣传，增强员工对文明城市创建活动的了解，狠抓网点服务工作，做到规范服务、文明服务、热情服务，做好网点内外环境卫生，保持营业环境干净整洁。六是开展“远离非法集资建设美好生活”宣传活动，增强市民金融意识、法制意识、风险意识。七是加大对扶贫村和文明生态村的帮扶，助推文明生态村升级进位。

（王海云）

中国农业银行股份有限公司唐山分行

【概况】2014 年，农行唐山分行持续加大地方经济支持力度，创新金融产品和服务，加快经营转型，夯实管理基础，主体业务继续领跑同业。截至年末，全行各项存款余额 1185.80 亿元，较年初增加 57.10 亿元。本外币贷款余额 630.40 亿元，较年初增长 35.60 亿元。实现拨备后利润 27.40 亿元，同比多盈利 1865 万元，其中中间业务收入 6.80 亿元，同比多增 3206 万元。各项存款总量、个人存款总量及增量、各项贷款总量、个人贷款总量、拨备前利润及拨备后利润等主体业务指标持续保持全市同业四行首位。荣获“振兴唐山三等功”、“行风评议优胜单位”、“唐山市厂务公开民主管理示范单位”、“河北省金融系统工会工作先进单位”和“中国农业银行先锋号”等多项荣誉称号。

【加大信贷投放 支持实体经济】一是多渠道满足客户金融需求。实行保姆式服务，开通“绿色通道”。年末法人贷款余额 503.70 亿元，对全市城市建设、装备制造、仓储物流以及钢铁产业升级等给予倾力支持。二是积极服务小微企业。为解决企业融资“担保难”，采用黄金质押、应收账款质押、担保公司担保等方式，发放贷款予以支持。小微企业贷款较年初增长 8.20 亿元。三是支持外贸企业发展。优选国内证、跨境人民币、结售汇、贸易融资等业务实施重点推进，全年累计办理本外币贸易融资 128 亿元，办理内保外贷、“金益宝”掉期、委托代付、受托代付等新业务 5.77 亿美元，为企业争取低成本资金。四是稳健发展个贷业务。全年准入按揭楼盘项目 39 个，准入额度 40 亿元。开展“金融产品进乡村”“进市场、增份额”等活动，深入企业、社区、乡村普及金融知识，开展贴身服务，签约私人银行客户 171 人，推荐农总行私人银行伙伴 52 人。截至年末，个人贷款余额 102.91 亿元，较年初增加 13.25 亿元，存量市场份额居四行同业第一位。

【融入县域经济 倾情服务“三农”】一是倾力支持县域经济。实施县域支行“一行一方案”，深入走访省级以上园区 38 个，重点跟踪城镇化重点项目 10 个，摸底全市 41 户省级以上农业产业化龙头企业。县域各项贷款较年初增加 17.58 亿元、涉农贷款较年初增长 19.74 亿元。二是探索服务“三农”新方式。与唐山市农产品经纪人协会签订《战略合作意向书》，在全省率先探索出“农行＋政府＋农产品经纪人协会＋农户”的新模式；协调乐亭县政府建立全省第一支由地方政府出资成立的风险补偿基金；成功发放全省首笔船舶抵押担保农户贷款。三是稳步推进“金穗惠农通”工程建设。统一VI标识，开展助农取款点宣传及刷卡赠礼活动，宣传讲解惠农通工程、惠农卡等金融知识，开展助农取款服务点代理人业务培训。全年新增有效助农取款服务点906个，新增“金穗惠农通”服务点1302个，分别完成省达全年任务的151%和217%；全行新增涉农代理项目20个，全面消除涉农代理项目空白行。

【加快经营转型 提升服务能力】一是加强新业务推广。积极开办理财融资、债务融资工具、票据池融资、并购贷款、非标转标、无追索权隐蔽保理和融资租赁业务，累计金额25亿元。二是大力推进信贷结构调整。前瞻性地退出潜在风险和低效信贷业务，优化客户结构。退出潜在风险法人客户20户、金额3.06亿元，压降低效信用52.45亿元、担保圈金额13.20亿元，A+级、AA级以上法人客户贷占比分别较年初提高4.47和10.27个百分点。三是深入推进网点转型。扎实推进对公业务下沉，配备驻点客户经理，消灭对公白点机构。全年完成143个网点的软转型导入、77个网点的6S导入，对75个网点进行软转固化验收，全年建成离行式自助银行43个，特约商户数量3542户，布放POS设备6826台，拓展新兴支付商户5户，MIS商户5户，国际卡收单商户1户。

【强化风险管理 打造平安农行】一是深化合规文化建设。开展合规培训、专项检查和警示教育活动，举办合规文化演讲比赛和征文活动，营造合规文化氛围。二是加强信贷基础管理。坚持审慎原则加大信贷资产风险分类的管理力度，取得分类结果无偏差良好效果，拨备覆盖率提升至294.64%，风险抵补能力进一步强化。三是加强运营基础管理。集约化管理水平持续提高，大力推进企业网银对账工作，电子对账签约率为98.29%，电子渠道收回率为95.96%，比年初提高了8.10个百分点。四是加强安全管理。深入开展“平安农行”创建工作，突出重点部位和关键环节，加大物技防设施投入，消除外源性风险隐患。五是加强履职监督。加强对新提任领导干部的廉政教育，实施每月一条廉政短信制度，做到随时提醒，警钟长鸣。

【加强队伍建设 营造和谐环境】一是扎实推进群众路线教育实践活动。认真查剖问题，召开民主生活会，坚持边查边改，构建作风建设长效机制。二是加强干部职工队伍建设。实施县域支行青年英才开发工程，择优选拔基层柜员转入客户经理岗位，定向跟踪培养。三是加强员工行为管理。严格落实“四项制度”，实时监测关键岗位人员动态信息库，关键岗位人员按期及时交流轮岗。四是加强教育培训。与中央财经大学经济学院合作开办研究生课程班，积极组织业务培训、岗位练兵和能力拓展训练等活动，荣获全省农行系统2014年柜台业务技术比赛团体冠军，4名选手取得5项单项第一，共摘得16个奖项。五是抓好企业文化建设。“两节”慰问困难员工133名，组织重大疾病团体医疗互助活动，举办趣味运动会、健康知识讲座、“青年学习活动月”、演讲比赛等活动关爱员工健康、丰富文体生活。

（范晨辉）

中国农业银行股份有限公司廊坊分行

【概况】2014年，农行廊坊分行围绕廊坊市“绿色、高端、率先、和谐”发展规划，结合自身实际，持续加大信贷支持，加强金融创新，优化金融服务，较好地完成了全年工作。截至年末，全行各项存款余额618亿元，比年初增加72亿元；各项贷款余额287亿元，比年初增加35亿元。该行被总行评为第七届“全国农行精神文明建设工作先进单位”，被廊坊市委市政府授予“2012—2013年度廊坊市市级文明单位”称号。

【支持地方经济建设】一是积极做好对重点产业和重点项目的信贷支持。契合国家产业政策和廊坊经济发展规划，坚持“优中选优”的原则，抓住京津冀协同发展机遇，加强与北京外迁产业集群的对接及合作。高度重视产品和业务创新，在理财融资、风险参与、跨境参融通等多项新产品上取得较大突破，有效解决了信贷规模不足和客户融资需求的矛盾。全年法人贷款累放104亿元，有效支持了该市特色产业发展、重点项目建设和存量企业扩大再生产。二是全力做好小微企业金融服务。切实贯彻落实国家关于支持小微企业发展、服务实体经济建设的战略部署，将支持小微企业发展作为主要发展战略之一，专门制定《小微企业金融业务发展意见》，进一步明晰了发展思路。在开办传统业务品种的同时，积极办理小企业简式快速贷款、小企业自助可循环贷款等特色业务，并依托产业链，创新发展贸易融资业务。截至年末，小微企业贷款余额28亿元，比年初增加4.61亿元，增量高于同期2.30亿元；小企业贷款增速19.76%，高于同期5.62百分点，顺利完成监管目标。

【强化“三农”服务】 围绕“面向三农”的战略定位，加强城乡联动，充分发挥在县域经济发展中的主力军作用。截至年末，涉农贷款余额142.84亿元，比年初增加19.64亿元，增量比上年高7.61亿元；涉农贷款增速15.94%，高于全行贷款增速1.81个百分点。一是突出支农重点，不断加大对县域流通市场、农业产业龙头企业和农户信贷的支持力度，推动县域经济发展和城镇化建设。针对各县经济发展形势及特点，实施“一行一策”差异化发展战略，支持县域特色产业发展。努力从产品创新和服务方式上推进与农业产业化龙头企业的深入合作。大力发展农村个人生产经营贷款，支持广大农民在棚菜、花卉种植、粮棉油收购、城镇服务业等多个行业从事生产经营活动，推进农户贷款由分散经营向集约经营转变。积极探索商户贷、中低风险理财产品等农户新型产品，充分发挥在县域品牌、网络等方面的优势，提高县域金融服务水平。二是持续以农村产业金融“千百工程”、金穗“惠农通”工程、重点县域支行“121”工程和县域零售业务提升“四大工程”为抓手，将改善农村金融服务环境、普及金融知识、推广现代金融工具作为支农惠农的主要内容，已建设有效惠农工程服务点4499个，实现了县域乡镇全覆盖。

【提升服务水平】 坚持从网点建设、服务管理、队伍建设等方面入手，全方位促进服务水平提升。一是加强网点建设。科学规划网点布局，做好新设网点、网点迁址及网点升格工作，有效优化网点布局及营业环境。截至年末，已运行和在建离行式自助银行45个，自助设备366台，有效缓解了柜台压力。在4个支行营业室正式运行综合服务“超级柜台”，为广大客户带来便捷高效的服务体验。二是加强柜面服务管理。推进网点软转型，规范网点功能分区，配备便民服务设施，整合网点人力，统一岗位职责标准，完善管理机制，持续推进文明标准服务导入，柜面文明标准服务水平和综合服务能力得到明显提升。制订并逐步完善柜面服务考核管理办法，强化日常管理与监督，开展了网点服务明查行动、春天行动等一系列文明服务活动，不断完善投诉处理机制，及时发现并解决在服务工作中的不足，全面提高服务质量。三是积极开展“金融知识进万家 金融知识普及月”宣传活动，依托网点开展金融知识宣传，有效提高了公众金融素质。四是加强人员教育培训。持续开展全方位的教育培训活动，全年共计1300余人次参加集中培训，400余人次参加农总行岗位资格考试。突出大堂经理等重要岗位队伍建设，建立人才库，实行淘汰机制，促进提高履职能力和服务水平。

【认真开展群众路线教育实践活动】 严格按照中央要求，扎实开展群众路线教育实践活动。一是在学习教育环节，组织党委中心组学习17次，在全行相继开展了专家讲座、党委书记党课辅导、专题研讨会、警示教育会等一系列学教活动，增强了党员干部践行群众路线的自觉性和主动性。二是在对照检查分析和民主生活会阶段，按照“开门搞活动、开门听意见”的要求，广泛听取各层面的意见和建议，并明确对口部门，逐条研究解决和整改方案。认真组织召开民主生活会，班子成员对照反“四风”要求，坦诚谈心，深刻剖析，认真开展批评与自我批评。三是在整改落实环节，按照全面整改、立行立改、标本兼治的原则，针对30项内容研究制定了整治方案，并逐项推进整改落实。四是大力开展“职工之家”建设工作，按照“提高标准、扩大范围、提升档次、完善功能”四个原则，先后投入近千万元用于辖区16个支行和网点建家工作，各支行“五小”建设基本完成，网点基本实现“三有”（有食堂、休息室、浴室），基层员工的工作生活环境得到显著改善。

（王海林）

中国农业银行股份有限公司保定分行

【概况】2014年，农行保定分行牢固树立科学发展观，充分发挥覆盖城乡的金融网络优势，提供多样化、个性化的金融产品和服务，为保定市经济建设做出了积极贡献。截至年末，各项贷款余额212.50亿元，新增29.80亿元，较上年多增10亿元。各项存款余额693亿元、新增69亿元。实现中间业务收入4亿元，拨备后利润11.20亿元。该行被省市党政两级授予“2012—2013年文明单位”荣誉称号；被市委评为“保定市社会扶贫先进集体”；被省公安厅评为“安全保卫先进单位”。

【大力支持重点区域和重点项目建设】全力支持京津冀协同发展。市分行紧跟政府导向，提前安排部署，主动向政府主要领导汇报，及时联系协调相关部门，第一时间获取京津产业转移项目信息，抓住抓牢重点项目，全力公关，注重实效。累计向北京大红门、新发地等京津冀协同发展项目发放贷款9.40亿元，同时与涿州301医院等多个项目达成合作意向。积极支持重点优质客户、优质项目。加强与重点优质客户的合作，做好对接，加强营销，重点支持了河北省高速公路开发有限公司、河北省高速公路管理局、定州天鹭新能源有限公司、风帆股份有限公司、中星路桥工程有限公司等，累计新投放9.18亿元。

【全力推进“三农”和县域经济发展】县域各项贷款余额102.53亿元，新增21.58亿元，增速26.65%，高于全行各项贷款增速11.94个百分点。全年累计向新发地冷链物流项目、奥润顺达等重点客户、重点项目发放贷款13.55亿元。累计发放城镇化贷款11.62亿元。深入实施重点县域支行推进工程，对支行弱势业务进行重点帮扶，并指导强县弱行分析业务短板和工作措施，制定专项工作方案，加快发展步伐。做好金穗“惠农通”工程的提质增亮工作，“惠农通”工程电子机具行政村覆盖率97.70%、惠农通服务点5105个、助农取款服务点4972个，进一步扩大了县域金融服务半径，畅通了服务“三农”的渠道。落实好“一行一亮点”扶贫工作，结合片区8家支行县域经济特点、扶贫重点工作和业务实际，实施差异化金融扶贫战略，梳理扶贫亮点，重点突破，全年为9个贫困县累计发放贷款12.25亿元。

【积极助推中小企业发展】组织各支行深入开展“小微企业金融服务宣传月活动”和“进园区、进企业、进社区、进村户”四进宣传活动，以宣传活动促进业务发展。根据小企业金融需求“短、频、快”的基本特点，配置信贷规模，加大对小企业信贷倾斜力度。截至年末，小微企业贷款余额27.63亿元，较年初增长7.64亿元，其中小微型企业贷款增长5.39亿元，个体工商户和私营企业主贷款增长2.26亿元。小微企业贷款增速38.28%，高于全行各项贷款平均增速21.97个百分点，比上年多增0.24亿元，实现了“两个不低于”监管要求。

【着力提升金融服务水平】始终坚持“客户至上，始终如一”的服务理念。加快网点硬件建设步伐，已完成装修改造网点112个、占比92.50%，新开业二级支行3家，有8个分理处升级为二级支行。审批立项92个离行式自助银行项目，新上线ATM103台，自助服务终端45台，布放智付通13078台。网点软转步伐加快，新软转网点58个，软转网点达到93个、占比78%，同时完成了67个网点的6S标准化管理，进一步提高了客户满意度和网点综合创效水平。创新发展互联网金融，新增掌上银行注册客户20万户，同比增加5万户，增幅33.30%。新增电子商务商户9家，实现交易金额8.40亿元。首家“E商管家”商户上线、顺平招投标系统运行在全行起到了积极示范作用，新兴业务的影响力进一步提升。

【积极履行社会责任】组织开展“金e顺绿色万里行”活动，引领绿色出行新风尚，展示农业银行品牌形象。积极参与新市区“千人净城 洁净保定城市”全民义工活动，倡导环保理念。向保运集团“郭娜陆地航空班”捐献爱心款，用于帮助困难旅客和特困农民工购买车票。为阜平中学捐助8万元用于安置路灯，改善校园环境。开展助残公益活动，在捐赠款物的基础上，为特殊教育中心开立了专用捐款账户，并在四个营业网点设立爱心捐款箱，在给广大爱心人士提供长期捐款渠道的同时，用优质金融服务为残疾人事业做奉献。大力推进“基层组织建设年”活动，向帮扶村赠送化肥，帮助村民解决实际问题，彰显了大行风范。并在提供资金、物品帮扶同时，引导村民创新增收致富产业，从根本上促进贫困村经济发展和贫困群众脱贫致富。

【努力打造平安、和谐农行】 坚持从严治行，制定《保定分行业务经营经济处罚办法（试行）》，进一步加大经济处罚力度，提高员工的合规合法意识。加强政府融资平台、房地产、农户信贷、信用卡不良透支等重点领域信用风险的有效管控，前瞻性退出风险贷款 1.50 亿元，全行资产质量进一步夯实。全力推进运营“三化三铁”创建工作，全行“三铁”良好及以上单位占比达到 96%。严格对账管理，实现对公账户对账率 100%，有效防范了资金风险。保卫“三化三达标”考核单位优秀率 81.70%，同比提高 15.30 个百分点，全行员工的安全防范意识进一步增强。扎实开展员工经商办企业、参与民间借贷和非法集资专项治理活动，进一步增强了员工的依法合规意识。顺利实现蠡县信用社行社脱钩，成功解决了蠡县信用社的重大历史遗留问题，大大减轻了全行的风险管控压力。深入开展党的群众路线教育实践活动，倾听员工心声，沟通交流思想，持续改进工作作风，切实解决“四风”问题，不断增强对基层、对群众的服务能力。抓好党风廉政建设和干部作风建设工作，深入开展廉政文化教育实践活动，在全行形成风清气正的良好局面。

（陈　倩）

中国农业银行股份有限公司沧州分行

【概况】 2014 年，农行沧州分行以党的群众路线教育实践活动为抓手，扎实推动全行各项工作开展，紧紧围绕市委、市政府建设“沿海强市、和谐沧州”目标，发挥金融机构职能，积极推动地方经济协调发展。加大信贷投放支持实体经济，践行社会责任持续提升金融服务水平，强化内控管理严格防控风险案件，实现了经济效益和社会效益“双提升”。全行各项存款、个人存款、对公存款分别比年初增长 64.20 亿、38.50 亿和 25.70 亿元；各项贷款比年初增长 25.40 亿元，总量达到 153.20 亿元，贷存比较年初提升 1.60 个百分点；实现拨备后利润 8 亿元。

【支持经济发展】 主动对接市委、市政府经济发展思路，积极服务地方产业结构调整，经济转型升级，提升价值创造能力。一是全力支持重点企业发展和重点项目建设。认真落实农行河北省分行与渤海新区管委会战略合作协议，加大渤海新区重点项目信贷资源投入，向沧州港务集团、北汽集团、旭阳化工等重点项目投放贷款 14.80 亿元，向渤海华润、沧州港务集团、北汽集团、河钢物流、旭阳化工等 9 个客户授信 71.50 亿元。二是积极扶助中小企业实体发展。开展以辖内集群、园区、商圈（大市场）、产业链、特色资源五大小微企业为目标客户的“五进”走访活动，围绕石油化工、管道装备、机械设备、电力能源、食品加工等主导产业，全年累计投放小企业贷款 18.90 亿元，余额达到 22.70 亿元。三是全力支持百姓安居乐业。优先匹配信贷规模，简化手续，优化流程，实施集中作业，打造一站式服务，大力发展个人住房按揭、个人生产经营、助业贷款、房抵贷等个人系列信贷产品，帮助百姓实现“住房梦”、“创业梦”和“消费梦”。全年个人贷款（不含农户小额贷款）比年初增长 14.20 亿元，占全部贷款增量的 56.90%，累计投放 23.40 亿元，余额 40.20 亿元。

【倾力服务“三农”】 践行服务“三农”责任使命，不断优化服务模式，提升服务质量，扎实开展服务“三农”工作。一是以分类指导为抓手，提升县域支行服务水平。狠抓“一行一方案”落实，督导县域支行结合县情、行情，发挥优势，提升短板，更好服务地方经济发展和客户金融需求。二是以优化农户贷款结构为抓手，支持农民创业致富。16 个县域支行全部开办农村个人生经营贷款，加大对农民创业的支持力度，帮助农民走上致富之路。三是以“惠农通”战略工程为抓手，延伸金融服务半径，全年新增“惠农通”助农取款服务点1218个，服务点数量4680个，实现“乡乡通”目标，其中在任丘、肃宁、泊头等7个县（市）实现“村村通”，基本满足农户小额取现、转款、刷卡消费、查询等金融需求，解决服务农村的“最后一公里”问题。

【改进金融服务】 践行“以客户为中心”的服务理念，加快推进网点软、硬件建设，持续改进金融服务。一是渠道建设全面加速。加快人工网点建设步伐，全辖已有92个网点按照新标准装修完工，有效改善了网点环境，提升了客户服务体验。二是开展网点软转导入。完成了85个网点的软转固化工作，制定文明服务标准和考核办法，通过远程监控非现场查、神秘人现场查等手段，强化网点服务和环境治理，提升网点服务水平。三是加强电子渠道建设。全年新增自助银行31个，上线运行数38个，客户用卡环境得到明显改善。电子渠道交易占比89.26%，比年初提高5.51个百分点。

【争创一流形象】 坚持继承与创新相结合，面对特殊的竞争形势和发展态势，一是强化全行作风建设，开展大规模、全方位的教育培训，提升员工业务素养，不断提高干部员工队伍综合素质。二是制定实施了《关于进一步加强企业文化建设深入推进企业文化实质性落地的意见》，积极培育支行及市分行部室特色企业文化，深入推进企业文化建设。三是大力培树先进典型，开展各类创先争优活动，扎实推进精神文明创建。连续三届获评“河北省文明单位”，市分行及辖属20个支行获评“沧州市文明单位”。四是投入工会经费总计664.20万元，完成全部县域支行、乡镇网点的职工之家建设和改造工程，增加了空调、彩电等设备，进一步改善基层员工生活和工作环境。统一对城区支行9个网点进行午餐配送，解决了40余名中午交班柜员的“就餐难”问题。辖属泊头交河支行被沧州市总工会评为市先进职工小家。

【勇担社会责任】 承担社会使命，积极参与社会公益活动。一是大力普及金融知识。组织全行业务骨干，利用节假日时间进社区、进乡村、进企业、进学校、进市场、进机关，宣传金融知识，推广金融产品，提高广大群众的金融知识和安全意识。全年累计组织“六进”活动70余次。二是扎实开展驻村帮扶。积极落实省委、市委的各项帮扶任务，派驻人员出真招、办实事，积极办好惠民实事，投入近5万元资金修建硬化路面1900米、改造自来水管道2万米、清理垃圾500方、增加路灯60盏、修建村标2块、装饰文化墙1600平方米、危房改造1处。三是热心社会公益事业。积极组织员工开展义务献血、捐款等爱心活动，参加“大爱沧州 美丽沧州”志愿活动、阳光行动主题日、公祭烈士、环境整治科普展等系类公益活动，塑造了农业银行奉献社会、责任担当的大行形象。

【保障平安运营】 牢固树立“发展是第一要务，控线是第一责任”的理念，加强合规教育、合规管理、合规操作，持续强化风险管理和案件防控。扎实推进“三化三铁”创建，运营管理水平日益提高。扎实推进“平安农行”建设，持续强化安全保卫工作。强化信用风险防控，截至年底，全行AA级以上法人客户贷款占比82.70%，到期贷款现金收回率94.60%，风险水平评价为A类行。

（秦建萍）

中国农业银行股份有限公司衡水分行

【概况】 农行衡水分行紧紧围绕加快有效发展这条主线，一手抓业务发展，一手抓风险防控，经营上争先进位，管理上争先创优。认真贯彻落实“强势开局、跨越赶超”的总要求，紧紧围绕着产业转型升级、新型城镇化建设、农业现代化建设等重点工作，强化措施，改进服务，市场竞争力、风险控制力、队伍战斗力显著提升，服务“三农”和实体经济的能力进一步增强，被农总行授予“全国农行精神文明建设工作先进单位”，被省委、省政府评为省级文明单位。截至年末，全行各项存款余额296.28亿元，较年初增加30.23亿元，同比提升1.23个百分；人民币各项贷款余额65.45亿元，较年初增加15.35亿元；中间业务收入实现1.37亿元，同比多收1962万元。

【信贷支持力度进一步加大】 优化信贷投向，

深化银企合作，努力提高综合服务水平，进一步增强服务实体经济的能力。全年累计信贷投放89.01亿元，各项贷款余额达到65.41亿元，超过股改剥离前水平。在信贷投放上，加大对县域项目建设、“三农”、小微企业等国民经济重点领域和薄弱环节的信贷支持，助推经济社会协调发展。县域各项贷款增量市场份额同比提升3个位次。县域贷款增速，小微企业贷款增速，涉农贷款增速，均高于全行贷款增速，三项指标全部实现了“两个不低于”的监管要求。

【县域金融服务能力进一步增强】 持之以恒地加强和改善“三农”普惠金融服务。以惠农卡为载体，助推农户小额贷款业务，助力农民发家致富。金穗惠农卡比年初增长77.30万张，累计发放205.30万张，计划完成率居全省农行首位，农户贷款较年初增长2135万元，计划完成率居全省农行第三，余额2.31亿元，全行已累放17亿元农户贷款。大力推进“金穗惠农通”工程，助农服务点比年初增长1682个，达到3694个，全市范围实现了“乡乡通”，其中冀州、安平和深州三个县实现了“村村通”，持续改善了农村支付服务环境。

【金融服务水平进一步提升】 坚持“客户至上，始终如一”的服务理念，以创新驱动发展，深化网点转型，积极拓展电子化渠道建设，完善特殊群体金融服务，努力打造广大群众的贴心银行、满意银行。在衡水市主流媒体主办的“金牌银行”评选活动中，荣获了“金牌银行”称号；在衡水市“最美大堂经理”评选中分获得冠军和季军。严格落实网点文明标准服务规范，从环境卫生到员工仪容仪表细化分解考核，大力提升文明标准服务水平。加快渠道建设，离行式自助银行立项71个，完工58个，开业28个，电子银行客户150.60万户，电子渠道交易笔数占总交易笔数的比重84.49%。

【内部管理进一步精细】 坚持管理与发展并重，深入开展运营“三化三铁”、信贷“三化三无”、安防“三化三达标”、案件风险排查和专项治理等活动，合规氛围明显增强，基础管理不断夯实，实现了全行的平安发展，全年未发生经济案件、刑事案件、重大责任事故和声誉事件，实现了安全平稳运行。2014年度内控评价为一类行，风险考核评价等级达到A+类行标准，被省分行评为2011—2013年度风险管理工作先进单位，市分行风险管理部被农总行推荐为全国金融系统防风险专项竞赛活动先进集体，拟授予全国金融先锋号。

【作风建设力度进一步加大】 深入开展党的群众路线教育实践活动，严格落实中央八项规定，切实解决员工、客户反映强烈的突出问题，促进全行业务经营稳健发展。精简不必要的会议、文件、报表、检查以及迎送接待活动，严格执行“首问负责制”和“限时办结制”，全行的工作效率和服务质量得到有力提升。认真履行党风廉政建设主体责任，坚持从严治党、从严治行。按照“围绕发展抓党建，抓好党建促发展”的工作思路，把党建工作摆上党委的重要议事日程，不断提升全行党建工作水平。通过党委书记讲党课、重温入党誓词、观看教育影片、民主评议党员、参观红色教育基地、组织“金融清风”文艺汇演等活动，有针对性地开展党性教育。在全体党员中深入开展了“戴党徽、做表率”活动，亮出党员身份，规范自身言行，自觉接受党组织、群众、客户的监督和考评，起到了鲜明的正向引导作用。

【队伍素质工作进一步提升】 积极建设“学习型银行”，大力开展岗位练兵活动，提升员工专业技能，在全省农行柜台业务技术比赛、各类业务知识竞赛、创意比赛中崭露头角，获得多项荣誉，充分展现了争创一流的良好精神风貌。坚持以人为本，注重人文关怀，着力为基层员工减负减压，关心基层员工职业发展，有效改善基层员工工作和生活环境。安排专项基金，深入推进“职工之家”建设，县域支行和乡镇营业网点均已建成并投入使用。着力打造家园文化，组织开展了丰富多彩的文体活动，建立员工互助机制，有效增强全行凝聚力与和谐氛围。

（李 娟）

中国农业银行股份有限公司邢台分行

【概况】2014年，农行邢台分行在邢台市委市政府和上级行的正确领导下，结合区域经济发展重点，积极履行国有大行责任，紧紧围绕年初确定的“统筹兼顾抓经营、精细管理守底线”的总体思路，砥砺奋进、艰苦努力、奋力拼搏，经营管理各项工作保持了持续、稳健、快速的发展态势，主体业务市场竞争力显著提升。截至2014年末，全行各项存款余额430亿元，比年初增加56.05亿元，四大行增量市场份额64%，同比多增26.39亿元；各项贷款余额143亿元，比年初增加17.14亿元，不良贷款余额和占比实现双降，法人贷款继续保持零不良。涉农贷款完成监管部门“两个不低于”的监管指标要求。先后获得总行案件防控先进单位、第五届全国农行精神文明建设工作先进单位、全国农行文明单位、支持地方经济发展突出贡献奖、市直创建文明机关（单位）活动先进单位、“3·15消费者最信赖的品牌”、牛城晚报“读者最信赖的银行”等荣誉称号。

【以优化结构为重点，全力支持地方经济发展】在资产业务上，一是以个人住房贷款业务为主体，深化市区和县城优质楼盘的营销合作。全年新准入按揭楼盘60个，新增个人住房贷款14.38亿元，占全部贷款增量的83.90%。二是以个人助业、房抵贷、旺铺贷为重点，以城区大型综合性商场、商务楼、产业园区等具有集聚效应的楼宇经济，以及专业市场、城区繁华商业街区等重点商圈为对象，实施“扫街工程”，稳健发展非住房贷款业务，全年新增非住房贷款2.57亿元。三是以汽车专项分期为重点，与一大批客户建立业务合作。年末分期余额达到3.90亿元，同比多增1亿元。四是以大中型客户为重点，进一步优化法人资产业务，腾出信贷规模优先用于符合环保政策、对地方经济带动作用明显的优质企业。

【以渠道建设为重点，持续加大“三农”服务力度】为进一步加大对“三农”工作的支持力度，一是深入开展“金融产品进乡村”和“进市场、增份额”活动。在乡镇商业中心、乡村集市庙会等人口聚集区域开展“理财产品进乡村”活动，把金融服务送到广大客户家门口。二是扎实推进“金穗惠农通”工程建设。通过优选对象、集中布放、加强调度、集中培训等多项措施，全年新增助农取款服务点1746个，总量达到4268个，惠农通工程服务点总量6727个，实现了全市17个县、4807个行政村全覆盖。三是加快离行式自助银行建设。在区域经济中心、县城主要街道、人口密集的重点乡镇增设离行式自助银行，全年新增离行式自助银行54个，其中乡镇新增21个，新增存、取款机和查询终端262台。四是加大MIS和POS机具布放力度。全年新增MIS商户4家，布放POS终端1941台，进一步优化了用卡环境。

【以因地制宜为重点，加大县域经济支持力度】以增强支行活力为重点，进一步加大对重点县域支行、重点行业、重点项目的支持力度，一是加大对重点区域的支持力度。主要向区域经济发展较快、企业经营较为活跃的沙河市、邢台县、宁晋县、清河县4个重点县域支行优先投放贷款，四家支行各项贷款比年初增长5.72亿元，占全行贷款增量的41%。二是加大对县域重点行业的支持力度。重点对平板玻璃、光伏、食品制造、羊绒、线缆等县域经济支柱行业进行支持，年末支柱产业实体贷款余额18亿元，占全行贷款总量的12%。三是加大对县域重点项目的支持力度。密切关注各县招商引资项目进展情况，坚持成熟一个、介入一个，如向平乡好孩子集团、新河超威电源项目投放固定资产贷款近2亿元。

【以加强人文关怀为重点，努力打造平安农行】坚持以人为本，关爱员工、帮助员工，努力为基层员工减压减负。一是加快“职工之家”建设进度。2014年为20个营业网点解决了中午就餐问题，为34个县域网点建立了职工休息室、活动室和小浴室。二是活跃员工业余生活。先后组织开展了“夏季乒乓球比赛”“银企对接篮球联谊赛”“农行风采徒步行”“春秋季登山比赛”“摄影爱好者培训班”“健身保健培训班”等业余文化活动13次，共700余人次参与。三是加大对困难职工的帮扶救助力度。全年共救助、慰问各类困难员工 133 人。四是关心员工职业发展。不断加大对基层青年员工的培训力度，积极为青年员工创造展示自我、提升自我的平台，先后组织开展了青年沙龙、县域青年英才开发工程等活动。

【以党的群众路线教育活动为重点，加强作风建设】 扎实开展第二批党的群众路线教育实践活动，不仅高质量地完成了规定动作，并结合本行实际，积极创新自选动作。在开展市行机关全员营销的同时，开展“四同”“五进”活动：要求市分行行领导、业务部室负责人及业务骨干与网点员工同上一个班、同吃一锅饭、同参加一个晨会、同营销一个客户，与客户经理一同进乡村、进校园、进机关、进企业、进市场，听取基层员工、社会各界的意见建议，解答客户咨询，营销金融产品，使活动开展与业务经营实现有效结合，切实做到了两手抓、两不误、两促进。

（侯永亮）

中国农业银行股份有限公司邯郸分行

【概述】 2014 年，农行邯郸分行严格做到“五个坚持”，即坚持以人为本、立足实际、稳健经营、严控风险、打牢基础。面对经济下行形势，顶住内外部压力，积极履行社会责任，强化金融服务职能，结合实际，对照同业找差距、找短板，提出了以“转理念、扩渠道、增客户”行动为主线，调结构、控风险、夯基础的工作思路。以提高机关服务职能为目标，开展了“转、树、引”活动；以促进业务发展为目标，积极开展了“转、扩、增”行动；以提升员工行为管理为目标，集中开展了“幸福观”主题教育活动、较好地促进了全行机制、渠道、客户、思想、队伍建设，为该行可持续发展奠定了基础。截至 2014 年末，本外币各项存款余额 360.61 亿元，市场份额 23.26%，居四行第 3 位。较年初下降 33.92 亿元，其中，对公存款较年初下降 22.89 亿元，个人存款较年初下降 11.03 亿元。本外币各项存款日均余额 402.23 亿元，总量市场份额 25.05%，同比提升 0.40 个百分点，居四行第 2 位，较年初增加 28.75 亿元，日均增量居同业第 2 位。各项贷款余额 201.34 亿元，市场份额 18.02%。其中，个人贷款余额 43.06 亿元（含三农个人和信用卡透支），较年初增加 11.80 亿元，总量、增量均居同业第 3 位。实现中间业务收入 33664 万元，同比多收 1946 万元。实现拔备前利润 8.55 亿元，居全省第 5 位。

【积极支持社会经济发展】 认真贯彻农业银行河北省分行三年发展规划要求和邯郸市委市政府绿色崛起、打造美丽富强邯郸的总体部署，进一步强化银政企对接，克服当地主导产业遭到重创、非法集资严重等严峻形势，持续开展“转理念、扩渠道、增客户”行动，营造了良好的发展环境，有力地促进了当地社会经济的发展。一是在支持涉钢涉煤行业上，全年累计向存量十大钢铁企业投放贷款、承兑、信用证等各类信用 236 亿元。截至年末，表内外各项贷款余额 275.22 亿元，较年初增加 17.24 亿元（表内贷款 6.85 亿元，承兑汇票 6.26 亿元、信用证 2.4 亿元、跨境参融通 1.73 亿元）。二是在支持房地产上，与全市 51 个楼盘建立了合作关系。全行个人贷款余额 22.99 亿元。累计发放个人助业、房抵贷和个人住房贷款 9.45 亿元。主要对汉城华都、赵都新城、阳光苑、大悟房地产棚户区改造项目等进行了支持。三是在服务“三农”上，累计发放农户贷款 8423 笔，余额近 4 亿元。累计布放助农取款服务点 1870 个，其中，武安市 22 个乡镇，495 个行政村实现了助农取款村村通、全覆盖。共发放惠农卡 64.60 万张。为农业产业化龙头企业总授信 7.23 亿元，总用信 3.58 亿元。全年营销小微企业 41 户，累计投放贷款 6.78 亿元。四是在客户营销上，积极组织开展“金融产品进乡村”“进市场、增份额”、“珠联璧合·金玉满堂”私人银行主题沙龙、高端客户子女才智训练营、“喜迎中秋、品味健康”中医养生讲座、红酒雪茄品鉴会等活动，加强 PCRM、CFE、CCRM 等系统培训，实行分层维护、名单管理和落实责任到人，采取推介现金圈存业务、活动期间开卡工本费减免等，私人银行折效客户净增 53 户，贵宾客户交叉销售率 145%，较年初提升 26%。继续强化与发改委、工商等部门联系，优选目标客户和项目，量身定制营销方案，实施源头性营销，对公客户较年初增加2432户，其中，“三个一百”领军企业开户目标5户，已开2户；省管重点项目开户目标10户，已开8户；现金管理客户新增621户。五是在国际业务布局上，2014年，构建了东部以武安、城区以迎宾、营业部、东部以曲周为中心的国际业务发展新格局。全行实现国际结算量64559万美元，同比提高41.85%，实现跨境人民币结算业务量46101万元，较同期增加31820万元；国内信用证开证262269万元。

【强化金融服务】始终将进一步优化服务环境，扩大服务半径作为一项重要的社会责任抓在手上。一是在人工网点建设上，几年中累计斥资近4亿元用于网点建设，其中，2014年资金1.80亿元，占全行总费用的42%，用于网点购置、改造工作，点均办公面积升至350平方米。人工网点96个（县域网点53个，城区网点43个），总数居四大行第一。二是在自助网点建设上，累计布放自助设备650台，其中，2014年布放125台，是前两年布放量的总和。全行使用离行注册设备开展外拓活动271次，IC借记卡发卡59万张，布放智付通3153部。发放公务卡5423张、累计发放漂亮妈妈卡、环球商旅卡等1233张，营销乐分卡7636张。全行累计注册电子银行客户280余万户。全行电子渠道交易占比89.40%，较年初提高4.60个百分点。三是在优化结算环境上，先后与皇府大酒店、水城广场、河北博鼎、市交通运输局出租车管理处等签订了收单、车位、出租车非接POS协议，方便了居民消费结算。四是在金融知识普及上，先后开展了“金融知识送乡村、送企业”等活动。参与了基层组织建设年驻村帮扶（临漳县）活动。与市金融办联合举办了“远离非法集资、保障资金安全”等多县域、持续性宣传活动，提高了民众的风险识别和防范能力。

中国银行股份有限公司河北省分行

【概述】2014年，中国银行河北省分行上下认真贯彻总行集团发展战略，主要业务快速发展，质量和效益稳步提升，较好地完成了目标任务。一是经营效益稳步提升。本外币资产总额4452亿元，负债总额4376亿元，分别增长9.10%和9.20%。实现本外币计费收入142.46亿元，同比增长3.36%；实现净利润56.07亿元，同比增长2.50%。二是各项存款稳定增长。本外币各项存款余额4161亿元，较年初新增330亿元。人民币两项存款余额3823亿元，较年初新增324亿元，系统内排名第一。其中，个人存款新增135亿元，系统内排名第一；公司存款新增189亿元，系统排名第三。三是资产授信业务质稳缓增。本外币各项贷款余额3086亿元，较年初新增297.50亿元。人民币各项贷款余额2821亿元，较年初新增237亿元。本外币不良贷款余额25.31亿元，不良率0.82%，资产质量好于全国平均水平。四是客户规模稳步扩大。单位银行结算账户达到16.34万户，新增2.26万户，增速和新增份额在系统与同业均排名第二位。公司有效客户新增1273户，新模式下中小企业客户新增648户。个人有效客户新增100万户，个人中高端客户新增11.45万户。信用卡新增48.84万张，借记卡新增451万张。企业网银交易客户新增2.20万户，个人网银交易客户新增77万户，手机银行交易客户新增51.40万户，上述三项指标任务完成率在系统内均排名第一。

【效益强行】助推京津冀协同发展纳入总行发展战略。2014年5月，中国银行总行与河北省政府签订了全面战略合作协议，将京津冀协同发展上升为集团战略，并作出相应的重大决策部署。为贯彻中央、总行和省委的战略，中国银行河北省分行成立了京津冀协同发展战略领导小组，多次研究部署，建立起省、市、县三级联动协调机制，组织召开了京津周边30家分支行参加的项目对接推动会，明确了交通、房地产、现代物流、行政事业服务机构、京津外迁产业等五大重点支持领域，迅速介入项目营销，赢得市场先发优势。京津冀区域通关一体化业务实现成功首发，京昆高速、石济铁路、北汽黄骅产业基地及现代四厂等64个项目取得积极进展，为2014年对公业务发展打下基础。支持企业“走出去”，变过剩产能为国际优势产能。在河北产业结构调整中有所作为，帮助企业“走出去”，化解过剩产能。一年来，中国银行河北省分行借助海外行优势，会同匈牙利分行举办了“匈牙利河北投资推介会”，与省商务厅共同举办了“走进中东欧投资促进会”。我们探索“投资＋金融”模式，支持河北企业“走出去”投资建厂，促成了河北省水泥产能海外转移的最大一单——冀东南非曼巴水泥厂项目；探索“贸易＋金融”模式，支持企业“走出去”扩大产品销售，促成河钢集团出口钢材600多万吨；探索“并购＋金融”模式，支持企业“走出去”开展海外并购，促成中信戴卡收购德国凯斯曼公司；探索“工程＋金融”模式，支持企业“走出去”承包工程，促成秦冶重工承包印尼铁水冶炼项目。依托全球现金管理平台，支持河北钢铁集团实现河北首家跨境人民币集中运营。与省内25个“走出去”项目建立联系，投资额近300亿美元，开展了前期工作，正在有序推进。智能化改造彰显网点建设新成效。坚持科技引领未来，加快智能化成果的应用。在成功打造保定未来银行旗舰店的基础上，按照“科学、现代、实用、节俭”的原则，以先进的科技成果和智能化设备装备网点，推进136家网点完成智能化改造。改造后，客户来行办理业务的等候时间明显缩短，体验效果明显增强，电子化覆盖效率得到提升；电子渠道金融交易迁移率提升17.10个百分点，释放前台柜员163名，全部充实到大堂和营销岗位，网均大堂人员由改造前的1.18人提升到2.38人，初步建立起以智能化为主体的厅堂服务体系，形成以客户为中心的营销服务流程。先后有73家兄弟分支行、93家外部单位参观考察网点智能化建设，树立了“科技领先、客户称赞”的品牌形象，在系统和同业中发挥了示范引领作用。

【客户拓展】 全力拓展客户群体。依托高层营销，积极争揽财政、部队、海关、学校等行政事业单位客户。坚持大中小型客户并重，逐步推进客户群体的优化转型。依托“二级信贷工厂”，批量拓展中小企业客户，2014年中小企业授信投放149.55亿元。依托代发薪和个金重点产品加速个人客户拓展，代发薪“一把手”工程千人以上项目落地15个，月代发人数达到153万人，全年累计代发金额691亿元；加快“医达通”推广和社保卡发放，“医达通”在6家医院推广使用，社保卡新增发卡91万张。依托交叉销售、厅堂营销、综合优惠等方式，针对中高端、信用卡、贷款、外汇四大类客户，开展个人存量客户挖潜与提升竞赛活动，提高存量客户产品覆盖率，客户粘性和资产贡献度明显提高。中高端客户日均金融资产新增108亿元，增幅12.54%，系统排名第三。全力抓好基础性存款。抓行政事业单位，实现稳定增存。财政、公积金、海关、教育行业等存款占比扩大，部队存款实现突破，行政事业存款全年新增88.79亿元，增幅11.66%。抓重点产品发展，实现新户增存。托管、保函、发债等业务成为公司存款增长的重要支撑，理财产品发挥了资金蓄水池作用，支持各项存款留存沉淀。开展主办账户和“四通”产品组合营销，投产5个多月，新增客户18.17万人、存款沉淀35亿元。抓结算量提升，实现现金流增存。以“流向宝”为抓手，开展结算量提升活动，提升基础客户活跃度，挖掘潜力交易对手客户，实现结算量8.56万亿，同比增长6.09%。抓金融机构存款，实现快速增存。积极争揽总行司库、上海总部跨境资金，直接吸收海外低成本跨境资金取得历史性突破，悉尼分行3.50亿元跨境资金落户该行。抓基层网点机构，实现日均增存。

【改革创新】 经营管理能力增强。坚持以效益为中心的经营导向，确定以二级分行为主体的贷存比管理模式，差异化核定分行新增贷存比。通过建立贷存比规模撮合机制，鼓励分行间自主调剂规模，引导信贷资源向高收益项目倾斜。存贷款业务保持均衡发展，贷存比和存款偏离度指标均较好控制在总行要求范围内。授信审批体系优化。指导二级分行完善区域授信发展策略，及时向基层传导省行授信风险偏好。加大对平台贷款、“两高一剩”行业的风险管控，主动管控钢铁、电力、水泥等行业授信规模。持续加大微型金融和涉农授信支持力度，微型金融准入机构由3家增至124家，微型企业贷款余额6.35亿元，增长74.93%。积极探索奶牛养殖贷、蘑菇种植贷等“益农贷”产品，累计投放近10亿元。科技创新能力提升。发挥科技引领作用，完成79项信息科技项目开发，数据宝、流向宝、个人金融数据综合管理平台等系统在分支行成功上线应用，利用大数据分析业务、筛选客户，将科技推上业务前沿，促进了网点效能和基层负责人管理水平的提升，综合效益明显。大力推进网络金融业务，依托中银易商E社区抢占社区金融市场。积极探索网络金融服务新模式，创新营销手段，与君乐宝建立全面战略合作关系。深入开展汇通天下清算产品推广活动，营销1059家公司客户使用中行批量汇划产品，成功代理河北银行等5家同业外币清算业务。开发推广掌上医疗、校园缴费宝等移动APP，方便客户在手机上完成金融交易，丰富了客户体验。

【**风险防控**】强化授信风险管理。做好经济下行期的资产质量管控，强调贷款“三查”工作落实，实现对客户的日常分析、全程跟踪，做到风险隐患早发现、早预警、早处理，确保资产质量稳定。完善资产质量监控体系，提高逾期监控频度，提升各级机构对授信业务的精细化管理水平，减少新发生不良。加强对融资平台、贸易融资、房地产等重点授信领域的管理，及时研究新问题，防范新型业务风险。针对贸易融资、个人贷款、银行卡、小微等不良趋升的形势，开展了不良资产清收攻坚战，借助公安力量多手段催收不良，效果明显。举办全辖贷后管理研讨班，剖析典型授信案例，发起授信资产安全保卫战。系统梳理重点地区的不良情况，一户一策研究清收保全方案，先后收回中航惠腾、宏达兴盛、大千房地产等一批不良项目，全行累计清收化解各类不良资产17.58亿元。加强内控案防管理。坚持“谁主管、谁负责，一把手负总责”的内控案防责任制，筑牢惩防体系，严守案防底线。加强员工操作风险管控，运用积分管理，强化员工合规行为评价，提升全员恪守职业操守的自觉性。开展员工参与民间借贷专项查处活动，召开“万人视频通报大会”，对违反行规行纪的员工进行处分，发挥震慑作用。充分运用G-MAP平台等技术手段，全面监控高风险业务，定期排查员工违规行为。建立柜员管理、账务收付、资金汇划、集中授权、业务经理、运营监控联动协调机制，推动风险管控关口前移，提高内控合力。设定网点跨行汇划限额，有效规避大额业务风险。加强声誉风险管理，全年处理化解声誉风险事件8起，维护了中行品牌形象。充分发挥稽核三道防线作用，加强对高风险业务的稽核检查。深化“平安中行”建设，做实基层安防工作。全年无案件、无重大安全责任事故发生。

【**双基建设**】按照“德才兼备、以德为先、注重实绩、群众公认”的原则，公开、公平、公正地选人、用人，完善不同层级干部选聘资格与流程，提任42名省管干部充实到各级管理岗位，规范了高级经理管理。推动青年员工双向交流，省行32名青年员工到基层机构锻炼，31名基层优秀员工到省行以岗代训。充分发挥青联作用，打通上下沟通渠道，激发青年员工的工作热情。坚持各类资源向一线倾斜。人员方面：为基层增配8名高级经理，选拔近百名优秀员工充实到基层管理一线，新招聘大学生全部配置到县域机构。完成全辖1112名劳务派遣员工选聘和签约工作，提升了劳务派遣员工的归属感和积极性。薪酬费用方面：基层员工新增调薪比例高于各级本部，基层一线柜员固定收入增长4%；基层网点市场费用在总费用中的占比提升6.40%；先后投入535万元用于“职工之家”建设，不断丰富基层员工业余文化生活。坚持提升基层网点竞争力。充分调配各部门、各分行资源，加大对基层机构业务发展的支持和帮扶力度。推动实施“城区中心支行”管理模式，在石家庄、唐山开展试点，缩短了二级机构管理半径，提升了对基层机构的服务效率。推动网点提质增效，60家低产低效网点实现脱低目标。推动网点对公转型，网点对公业务开办率达到98%，授信业务开办率达到70%。推动网点提升服务水平，开展优质高效服务网点创建活动，组织基层员工岗位技能大练兵，举办业务技能“新人赛”和“争霸赛”，技术能手率达到89%。

【**作风建设**】根据中央和总行党委的整体安排，全行扎实做好群众路线教育第一批活动整改和第二批活动开展，将教育实践活动贯穿全行工作始终，正风气、提士气、聚人气，各项活动不走形式，成果得到巩固。加强“四风”问题整改。各级领导班子严格落实中央八项规定和“四风”整改工作，坚持铁标准、硬要求，一把尺子量到底。省行党委牢牢聚焦查摆出来的“四风”问题，制定了“两方案一计划”推动措施，整改方案完成率 98%，专项整治方案完成率 100%，制度建设完成率 95%。征集员工和客户意见建议 4700 多条，切实加以整改，各级机构着力解决了一批职工群众反映强烈的问题。在人员管理方面，坚决清理无故长期不上班、“吃空饷”的人员，清退 16 人，返岗工作 28 人。处置石家庄地区 95 套闲置公有房产，解决了群众关注的历史遗留房产问题。杜绝文山会海，为基层减负，省行发文同比减少 1063 件，降幅 36%；需要二级分行副行长以上人员参加的现场会同比减少了 8%。坚持厉行节约、勤俭办行。“三公”经费下降 877 万元，降幅 10%。招待费下降 25%，会议费下降 52%。集中采购资金较预算节约 20%。盘活处置了省行 B 座大楼，收回资金 1.20 亿元；关闭了原省行昌黎培训中心，节省了大修、维护和运营费用；改建了原省行 C 座综合楼，设为省行培训中心，全年共办理培训班 40 期，参训人员达到 2393 人次。加强基层党建工作。提升基层党组织在促进业务发展、维护安定团结等方面的作用和能力，充分发挥全体党员在谋发展、促发展中的先锋模范作用。严格落实党支部组织生活七项制度和党政工作两个议事规则等要求，做好党务公开，提高领导班子公信度。加强班子作风建设。坚持“三重一大”原则，做好管理改革、业务发展和选人用人的各项决策。以“政治坚定、能力过硬、公信力高、作风优良、奋发有为”为目标，着力加强各级领导班子建设。扎实推进惩治和预防腐败体系建设，增强各级领导干部拒腐防变的能力，强化群众监督，切实增强廉洁从政的责任感和自觉性。在工作中处处为基层着想，各级领导班子工作作风发生了明显变化。

（李非非）

中国银行股份有限公司石家庄管理部

【概况】 2014 年，中国银行石家庄管理部抢抓京津冀协同发展和企业走出去的战略机遇，坚持创新驱动发展战略，坚持存款立行、信贷兴行、科技强行的经营策略，坚持调结构转方式的发展方向，坚持发展以提高资产质量和效益为中心的基本原则，加快科技应用和电子化建设，进一步扩展三农金融服务，积极挣收入、拓客户、增存款、稳资产、严内控，实现效益强行建设新突破。

【经营业绩】 全行计费收入同比增幅 14.83%，完成年初预算目标的 104.45%。全行人民币各项存款余额（不含表内理财）623.05 亿元，较年初新增 41.23 亿元。其中，人民币公司存款余额 329.13 亿元，较年初新增 22.83 亿元；人民币储蓄存款余额 293.92 亿元，较年初新增 18.40 亿元。各项存款余额市场份额 16.32%，较年初提升 0.81%，新增额在四大行排名第二位。人民币各项贷款余额 302.28 亿元，较年初新增 38.13 亿元。其中，公司贷款余额 167.41 亿元，较年初新增 21.14 亿元，新增额系统内排名第二；零售贷款（含卡透支）余额 131.82 亿元，较年初新增 15.74 亿元，新增额系统内排名第三。不良资产余额 2.11 亿元，较年初下降 3093 万元，不良率 0.71%，较年初下降 0.20 个百分点。

【业务发展】 围绕地方经济和社会的转型升级，实施大公司带动战略，通过银政战略合作恳谈会、银企对接会、新产品推介会等一系列活动，进一步加强与政府、企业的沟通与交流，找准国家信贷政策与政府、企业实际需求的对接点，大力支持重点地区、行业、项目发展。2014 年末，人民币各项贷款突破 300 亿元大关，达到 302.28 亿元，创历史最好业绩，较成立时的不足 150 亿翻了一番。公司贷款投放，一方面着重加大对政府扶持产业和行业的投入，运用贷款定价、经济资本管理等杠杆，优化贷款规模使用，重点保证重大在建项目融资需求，压缩产能过剩行业规模；另一方面，支持中小企业发展，中小企业授信户数达到 305 户，较年初增长 94 户，贷款余额 16.90 亿元，较年初增长 5.40 亿元，增长率 47%。全年累计发行 8 支债券，金额 61 亿元，实现承销费收入 3430 万元，占系统内过半份额，承销量和承销收入在系统内遥遥领先。其中省交投债券的成功发行，不仅使我省公路运输行业实现了融资模式的新突破，而且展现了中国银行承担社会责任的大行风范，也为我省实现京津冀一体化“交通要先行”贡献了力量。

【网络金融】2014年，中行石家庄管理部大力发展网络金融，金融服务模式实现突破。积极推动中银易商E社区项目。栾城支行“福美国际智慧社区——中银易商e社区建设项目”，使福美国际智慧社区成为全省首家样板小区，得到社会各界的一致好评。实现中行电商平台（B2C）在君乐宝乳业上线，借助该平台，君乐宝乳业不通过第三方平台实现了与消费者的无缝对接。推广校园缴费宝服务校园客户。石家庄上达职业中专学校通过中行“校园缴费宝”实现了第一笔交易，700元学费成功缴纳，是全省“校园缴费宝”的首笔交易。与河北青年管理干部学院、河北行政学院、河北广播电视大学等6所院校签订了缴费宝业务合作协议，在全省率先实现“校园缴费宝”产品推广运用重大突破。

【电子渠道】在全省智能银行建设过程中起到了先行先试和领头示范作用，智能银行建设工作走在了全省前列。全行自助渠道实现收益同比增幅52.94%，全省贡献度为23.15%，收益额、贡献度均列系统第一位；全行电子渠道金融交易迁移率为69.64%，同比提高了14.27个百分点，较智能网点改造前的8月份提高了3.20个百分点。

【内控案防】加强员工操作风险管理，强化员工合规行为评价，提升全员恪守职业操守的自觉性。充分运用G-MAP平台等技术手段，全面监控高风险业务，定期排查员工违规行为，对违反行规行纪的员工进行通报和处理，发挥震慑作用。深化“平安中行”建设，做实案防工作，全年无案件、无重大安全责任事故发生。

【党风建设】扎实开展第二批党的群众教育实践活动，作风建设实现突破。按照上级党委的统一部署和要求，4月初到11月初，组织参加了第二批党的群众路线教育实践活动，全行广大党员干部普遍经受了一次深刻的思想洗礼，解决了一批职工群众反映强烈的问题，恢复和发扬了批评与自我批评的优良传统，形成了一批作风建设制度成果，全行领导班子和广大党员干部的作风发生了明显变化。加强“四风”问题整改。制定了“两方案一计划”推动措施，整改方案完成率95%，专项整治方案完成率100%，制度建设完成率91.70%。征集员工和客户意见建议423条，各级机构着力解决了一批职工群众反映强烈的问题。

（刘志辉　马召勇）

中国银行股份有限公司承德分行

【概况】2014年，中国银行承德分行认真贯彻落实党的十八届三中全会精神，围绕“同业中做大、系统内做精、做承德最好银行”的战略目标，抓机遇、促发展，抓创新、提效能，抓服务、提质量，抓双基、防风险，面对复杂的内外部经济金融形势，主动适应内生动力机制和贷存比管理要求，业务发展稳中有进，综合管理不断加强。本外币资产总额181.33亿元，负债总额177.39亿元，实现计费收入6.09亿元，实现拨备前经营利润3.60亿元，实现净利润3.21亿元。本外币各项存款余额162.23亿元。其中：人民币公司存款余额76.72亿元，较年初下降11.44亿元；人民币储蓄存款余额84.35亿元，较年初新增4.03亿元。本外币贷款余额138.56亿元，较年初新增13.12亿元。其中：人民币公司贷款余额109.08亿元，较年初新增3.85亿元；个人贷款余额23.87亿元，较年初新增4.52亿元；票据融资余额4.24亿元，累计办理票据贴现54亿元。

【业务发展】一是抢抓四大机遇，项目营销取得新进展。紧紧抓住京津冀一体化、承德经济转型发展、全市招商引资力度加大、新农村及新型城镇建设提速等机遇，主动与发改委、招商局工信局等部门沟通，加强信息收集，紧跟重点项目抓营销。京沈高铁营销取得新进展，北汽福田合作更密切，建投承德热电项目、比亚迪新能源汽车项目正式落户该行，承张高速、承赤高速公路9.40亿元贷款投放。二是明确四大导向，业务发展取得新成效。坚持以效益为核心的发展导向。在费用紧张的情况下，加强对内生动力机制下费用管理的宣讲，将全行思想统一到增加净收入上来。坚持开源节流，压缩行政运营类费用，重点支持一线和业务发展。招待费、广告费同比下降20%；对县支行金库和押运与同业合作实行撤库并车，在降低风险的同时节省守押费200余万元。坚持批量与源头并重的扩户导向。坚持个金业务批量做，网银缴费实现民生领域全覆盖，承德医学院附属医院银医卡项目投产试运行，社会保障卡发卡正式启动。利用工商验资E线通系统，派专人常驻工商行政审批大厅，做好客户开户咨询和引导工作。坚持突出日均的增存导向。加大对储蓄定期存款的考核力度，提高存款的稳定性；做大理财资金池，把到期理财作为增加时点存款的重要手段。坚持优化结构的信贷调整导向。设计了更接地气的信贷产品，三个产业集群贷款实现零突破。为平泉县食用菌产业提供2亿元贷款方案，得到了平泉县委、政府的高度赞扬，也深受食用菌种植户的欢迎。针对宽城县板栗企业“短、频、快”的融资需求，创新推出“板栗通达”业务，以更宽松的准入政策和更灵活的担保方式，解决板栗收购过程中的资金需求。针对丰宁满族自治县奶牛养殖产业，推出“奶牛养殖贷”，用于农户购买奶牛和饲料。新增中小企业授信客户24户，新增授信1.08亿元。个人贷款发展提速，全年累计发放个人贷款8.25亿元，在全部贷款中占比提高2.33个百分点。

【双基建设】一是积极推进机构改革，加快中心支行建设。改革分行营业部管理模式，视同A类支行管理。确定四家城市中心支行，将城区11家B类支行划归A类支行管理，以便于人力资源的整合和对B类支行发展的帮助。二是优化机构布局，加快县支行建设。针对城区B类支行数量多而县域网点覆盖不足的问题，将市区网点向县区外迁，按照县域“1+1”的机构设置、辅以助农取款点模式，宽城支行、双滦承钢支行开业，平泉泽州支行完成迁址。三是推进普惠金融，做好“三农”服务。围绕农村金融服务的薄弱环节，在114个行政村建成助农服务点114家，为广大农民提供便捷的服务，引导广大农民使用网上银行、手机银行等业务，体验电子银行的便捷，为农民提供足不出户的金融服务。积极推进金融IC卡惠民工程，完成绝大部分POS机具的升级改造。进一步完善网银代缴功能，民生领域网银缴费实现全覆盖。四是推动业务与人员下沉，满足一线业务需求。鼓励支行自我发展公司授信业务，A类支行实现票据贴现、贸易融资等业务全覆盖。为适应业务下沉，多次组织授信及风险管理培训并送教上门，进行全流程辅导。加强员工岗位交流，鼓励员工到基层建功立业，强化基层实践导向，建立跨支行、跨岗位的交流机制。盘活现有人力资源，精简二线部门员工，重点满足基层机构特别是新建支行的人员需求。五是加强制度建设，规范全行经营管理。建立重点工作三级督办体系。从分行党委、班子成员、分管部门三个层面，加强工作督导，强化过程管理。持续推行和改进以服务力、执行力、创新力为主要内容的“三力考核”。实行上下班扫脸考勤管理；对长期不上班人员进行清理，限期到岗。六是积极创新方式，减负担提效率。改进会议模式，广泛应用桌面视频系统，减少支行人员到分行参加现场会的不便。开发“承德分行信息交流平台”并投入使用，通过交流平台了解支行工作动态，签发督办单并跟踪工作进展，申报创新项目并在线审批。完善“二线为一线服务”考核方案，严格控制邮件和发文数量，实行会议及培训审批制度。

【队伍建设】一是强力推进客户经理队伍建设。2014年是承德中行客户经理队伍建设的改革年，也是攻坚年。面对客户经理队伍人员少，组织架构不全，发展基础薄弱的现状，该行下定决心，强力推进，搭建起两条线覆盖所有机构的客户经理队伍体系。每个支行确定1~2名公司客户经理，边学习边实践边提高；选拔出首批37名个人客户经理，动态管理，优胜劣汰。二是加强管理者队伍建设。组织全行2010年以来新晋升的中层管理人员、B类支行正副行长，以及部分优秀青年员工代表参加领导力提升培训班，特邀总行专家及培训公司资深讲师从绩效管理、风险管理等方面进行辅导，丰富手段，开拓思路，提升管理能力与管理水平。三是加快青年员工的培养。创新模式，为青年员工成长搭建平台，引导青年员工自主开展业务大讲堂活动，自定主题、自编案例、相互交流。成立青年组织，围绕业务发展、产品推广等开展讨论并进行同业调研，取长补短，拓宽思路。先后组织四期团队拓展培训班和青年员工卓越成长培训班，140余人参加了培训。

【风险防范】一是加强授信管理，严控信用风险。对特定客户逐户梳理，加大贸易背景、财务真实度审核，对部分存量客户强化担保；对存在风险隐患的客户进行压退。全力以赴做好不良清收化解工作，采取多种形式，对不良企业形成高压态势，成功化解6000万元逾期授信，累计收回不良贷款1043万元。二是加强内控管理，严防操作风险。从管理理念重塑和员工案防教育入手，收集非法集资、民间借贷等典型案例，组织员工学习并“一对一”送教上门。结合检查中发现的问题和当前员工违规行为多发领域，制定了“八个严禁”。推进员工合规行为评价管理办法的有效实施，根据各类检查结果，以正负积分方式进行评价。发挥G-map系统的监控预警作用，在筛查可疑交易数据的基础上，逐笔核查。将突击检查常态化，根据检查结果对13名违规员工进行了通报处罚。

【党建工作】按照中央、总行和省行党委的要求，严格规定动作，创新自选动作，不摆花架子，使教育实践活动成为转作风、树新风，增强理想信念，服务全行发展的一剂良药。聚焦查摆出来的“四风”问题，制定了“两方案一计划”，加强问题整改，解决了一批员工反映强烈的问题。分行班子共查摆出“四风”问题13个，能改的立行立改，不能马上改的列出整改计划和措施，党委班子在作风建设上做出了“十项承诺”，共制定整改措施39条。通过教育实践活动，党员干部思想认识进一步深化，干部作风形象进一步转变，党内政治生活进一步规范，党群干群关系进一步密切，党的基层基础进一步夯实。

中国银行股份有限公司张家口分行

【概况】2014年，中国银行张家口分行紧紧围绕“员工利益和张家口分行可持续发展”这一核心价值观，紧抓“京津冀一体化”和“申冬奥”两大机遇，以创新求突破，以差异化争市场，以存款、客户、收入、资产四项重点工作为主线，抢抓优质项目，力推优势产品，优化资产结构，扎实落实内生动力机制改革，加强风险管控，主要业务指标完成全年任务，员工收入稳定增长，全年安全生产无事故。全辖各项人民币贷款余额245.20亿元，新增19.77亿元，四大行余额和新增市场占比分别达31%和31%。本外币各项存款折合人民币余额261亿元，新增36亿元，四大行余额和新增市场占比分别为27%和68%。

【业务发展】公司存款方面，一是以重点项目为核心，抓基本户、抓上下游客户、抓存贷互动、公私联动，成效良好。先后营销呼张铁路、旗帜乳业等重点项目上下游资金14亿元。二是把助力“申冬奥”作为全行工作的头等大事，成立了申冬奥金融服务小组，与申奥办建立了良好互信的合作关系，领先营销了省拨奥运专项资金7.30亿元。成功营销了外商投资企业投资资本金账户、人民币基本账户等，实现外币存款8263万美元。三是抓好“财政、社保、交通、公积金”四大传统客户的挖潜。在维护行政事业客户上，该行亮点纷呈，不遗余力，保证了行政事业存款总量和份额双提升，行政事业存款新增21亿元，日均余额新增14.40亿元。

储蓄存款方面，一是向优势产品要存款。加大理财、四通产品的宣传推广力度，在全省率先推出“养老宝”社保卡专属理财。四通产品新增行外客户3756户，沉淀行外资金1.34亿元。二是从收支两方面抓好个人客户结算，收入方面主要抓代发薪，共新增代发单位79家、1.20万户，新增月代发金额4800万元。支出方面主要抓民生代缴费项目，有线电视费、通讯话费、交通罚款三项成功上线。三是向特色业务要存款。在10个县域签约95家助农服务点，建成85家，沉淀存款10121万元。

公司贷款方面，一是服务申奥、积极支持京张互联互通的交通项目。通过表内外多元融资的方式积极介入全市重点推进的交通项目，先后对京新高速、呼张客运专线等重点项目提供资金23.78亿元。二是支持地方经济建设，为园区经济、县域经济提供授信支持。大力支持中瑞汽车产业园区、旗帜乳业等重点园区和煤机、盛华等全市重点项目。该行全年共为县域经济提供授信支持

149亿元，占到全行授信总量的78%，除县域重点项目和企业外，该行还积极支持县域城镇化改造，累计向县域投放房地产、天然气等行业贷款10.20亿元。

零售贷款方面，重点关注个人贷款和银行卡业务的发展，全年共计投放零售贷款16.60亿元，零售贷款余额市场占比23%，排名第三，新增额市场占比31%，排名第一。

【群众路线】从3月底开展第二批党的群众路线教育实践活动。活动中与省中行党委上下联动，先行先做，立行立改，各级领导班子和广大党员干部认真贯彻落实“照镜子、正衣冠、洗洗澡、治治病”的总要求，较好地完成了“学习教育、听取意见，查摆问题、开展批评，整改落实、建章立制”三个环节的各项工作，共制定整改措施13条，整治问题21个，制定和修订制度18项，会议数量同比下降20%，文件数量同比缩减17%。“三公”经费同比下降28%。全行党员干部的工作作风发生了深刻变化，服务客户、服务基层的水平得到明显提升。

【支持地方】支持园区经济。支持了中瑞汽车产业园区、旗帜乳业等重点园区和煤机、盛华等全市重点项目，对旗帜乳业独家提供授信支持帮助企业从国外引进了上万头高品质荷斯坦奶牛，推动项目一期顺利上线。支持县域经济。全年共为县域经济提供授信支持149亿元，占到全行授信总量的78%，除县域重点项目和企业外，还积极支持县域城镇化改造，累计向县域投放房地产、天然气等行业贷款10.20亿元。支持奥运和京张对接沿线的重点县城发展，与环京重县怀来县委县政府签署了战略合作协议，银政合作有序进行。还被怀来县委县政府授予“2013年支持县域经济贡献突出单位”荣誉称号。积极搭建先进的县域支付结算渠道，共在崇礼、万全、张北、怀来等县域累计投放了ATM64台，自助终端132台，自助银行9家，签约95家助农服务点，建成85家。

【服务三农】重点支持了乳业、薯业等本地特色农业，在益农贷的基础上，创新推出了“中银乳业贷”新产品，以“公司+农户”的形式，为蒙牛、伊利等乳业龙头的原奶供应商提供贷款1.22亿元，并获得了张北奶业协会赠送的锦旗。支持了燕北、雪川等马铃薯加工企业发展，为相关企业发放贷款近亿元，并创新推出了“薯业通宝”，为坝上地区的马铃薯种植户们提供贷款3000万元，解决了农民们的资金难题。新华网、河北经济日报、张家口日报都对这项创新进行了报道，引起广泛好评。年末涉农贷款余额达到48.50亿元，较年初增长4.14亿元。

【服务中小】积极支持县域特色产业和中小企业发展，围绕阳原皮毛、万全液压油缸、宣化钻机、怀涿盆地葡萄酒加工、坝上奶牛养殖、马铃薯种植等特色产业，创新采用存货、应收账款、经营权、联保串保等担保方式，推出了薯业通宝、应收通宝等中小企业信贷新产品，逐渐形成了“一产业一通宝，一县区多通宝”的产品系列。年末中小企业授信余额达到12.34亿元，较年初新增1.24亿元。

【风险管理】主动出击，加强资产质量管控，确保资产质量稳定。主动压退产能过剩行业、非环保行业的融资规模；重点关注大宗商品贸易融资、个人贷款和银行卡、中小企业等业务的风险，严把客户“准入关”；强化日常监控预警和非现场检查力度；加强不良清收，对存量授信进行全面排查梳理，对存在风险隐患的逐户制定清收化解方案，加强不良清收。从严治行，加强对员工的合规管理。加强学习教育，组织员工参加了合规考试、预防职务犯罪专题讲座，参观了张家口监狱。

【内控建设】完善内控案防机制，层层签订了《案件防控责任书》。加强内控合规教育，组织全体员工对新版“双十禁”和《员工违规行为处理办法》进行了学习，整合“双十禁”“八不得”等禁止类规定。制定了《中国银行张家口分行员工职业操守底线、规章制度红线教育手册》，对员工具体行为划定红线，设定底线。加强案件风险排查，上下半年各开展一次内控和案防联合检查。

【队伍建设】加强基层建设。为全辖B类网点全部配齐了内控副行长，72名劳务派遣工全部转正，将18名新入行大学生全部分配到了县支行。鼓励青年员工到基层建功立业，安排5人到基层锻炼，新增加的10个专业技术职数全部分配到了基层。在薪酬分配上向基层倾斜。通过青年研究会，打通了上下交流渠道，激发了青年员工的工作热情。提升一线员工操作技能。为8家支行建设技能练兵室，新增44套技能练兵设备，开展了2次测评、1次技能比赛，技能测评合格率达到100%，能手率提高10%。狠抓文优服务，在张家口市“首届市民最满意的银行网点”评选活动中，共有7家网点入围全市前30强，其中分行营业部荣获市民最满意银行网点第一名。

中国银行股份有限公司秦皇岛分行

【概况】 2014年是中国银行秦皇岛分行上下砥砺奋进、爬坡过坎取得重要成效的一年，全行以“老行崛起新跨越、敢于担当大作为”为目标，主动作为，攻坚克难，各项工作扎实推进、主要业务快速发展、质量和效益稳步提升。

【业务发展】 计费收入持续增长。实现计费收入9.13亿元，同比增长2.01%。本外币各项存款余额287.26亿元，较年初增长21.67亿元，增幅8.16%。新增市场占比36.11%，居四行首位；余额市场占比23.53%，提高了0.65个百分点；其中，人民币储蓄存款较年初新增11.57亿元，四行余额市场占比21.43%，全省排名第一位；人民币公司存款较年初增加9.28亿元，四行余额市场占比25.96%，较年初增加1.03个百分点。资产总量稳健增长。本外币各项贷款新增42.20亿，达到了238.18亿元。其中，人民币贷款新增8.40亿元，外币贷款新增5.51亿美元。票据贴现量突破18亿元，中小企业授信客户达到了136户，余额9.49亿元。客户规模有效扩大。对公账户新增1408户、达到9713户，个人基础客户新增4.66万户，其中个人中高端客户新增6382户、突破3万户。新增行政事业户179户、达到937户；月均代发薪客户新增6553户，达到8.11万户，累计代发资金48.37亿元，同比增长7.42%。国结业务领跑同业。全年完成国际结算量24.69亿美元，同比增长17.71%，市场占比40.27%；跨境人民币结算量24.01亿元，较上年增长9.92%，市场占比50.19%，取得了国际结算、跨境人民币市场份额双第一的佳绩。渠道支撑能力快速发展。11家机构率先完成了智能化改造。电子渠道作用凸显，对公网银累计交易67万笔、交易量1655亿元，增幅51.05%；新增个人网银交易客户5.98万个、手机银行客户3.82万个；全年投放自助设备26台，电子渠道迁移率73.49%，同比提高17.67个百分点，跃居全省第三。72家助农服务点达标开业。不良清收初见成效。清收不良资产1.86亿元，超额完成省行下达的清收任务。开展了个贷、银行卡清收压降会战，成功清收了个人不良资产5447万元。采取多种措施，清收公司不良贷款1.30亿元、收回已核销呆账1918.14万元，特别是清收逾期近10年的抚宁一中和中航惠腾异地集团不良贷款，受到省行的通报表彰。服务领域深度拓展。积极探索“并购＋金融”模式，促成中信戴卡美国凯斯曼项目；探索“工程＋金融”模式，与雅加达分行合作，促成秦冶重工承包印尼铁水冶炼项目，拿下年内全国中行系统“走出去”项目首单。中标秦皇岛职业技术学院校园“一卡通”项目，实现了校园金融服务领域的突破。与河北易站通公司合作归集交警罚款业务、与冀北电力公司合作代收居民电费、与公共资源交易中心合作实现上线运行，均开全省之先河。

【内控建设】 着力建设“平安中行”长效机制，以防范道德风险、信用风险、操作风险、市场风险为重点，在全市金融系统率先进行了贸易融资增信压降措施，开展了以身边案例为素材的“珍惜岗位、珍爱幸福、远离职务犯罪”警示教育和亲人寄语活动，狠抓业务印章专项整治，为全部C类机构配齐了主管内控的副行长，建立了客户经理转岗清收机制，逐步建立起内控合规文化体系。全行员工牢固树立合规意识，回归三性、三铁、三查、三分离，用铁的制度、严的管理，老老实实做好银行本业。在全辖营造出“依法合规经营，恪守职业操守，杜绝案件发生”的良好工作氛围。

【风险管理】 授信项目的审批和审核方面。及时传导新政策，引导授信行业结构调整，制定了《秦皇岛分行区域发展策略》，具体明确了叙做业务的发展机会和准入标准，为全行授信业务的发展提供了有力的参考。加强内部管理，切实提高审批效率，全年共发送《授信项目进展通报》《授信项目年审未到期统计表》《授信总量到期提示》56次，对总量的年审起到良好的督导作用，按期提交年审的授信项目较上年提高了75%左右。资产质量管理方面。提前预警，对授信风险提前把控，每月对逾期情况发布预警，严格督导落实解决逾期问题，全年累计化解逾期贷款17户，共1.89亿元。摸清底数，加强资产盘存机制的运用，通过盘存全年共压缩非不良授信客户5户，涉及金额7078万元，及时化解了授信风险。精准评级，及时分类，对资产状况动态管理，高质量地完成年度评级分类工作，共审核认定276户客户评级，在偏离度指标和准确度较往年均有大幅提高。同时，严格落实十三级分类标准，按期动态调整完成了风险分类年度常规认定、季度重审和动态调整工作，做到了全面真实反映该行资产质量状况。清收保全方面，运用多种清收保全手段，在老贷款的清收化解上取得了重大突破。共清收不良授信13450.97万元，完成省行任务的125%，对于新发生的逾期和潜在不良客户，成立了对公清收专项工作小组，每日沟通最新进展，每周至少开一次专题会，在清收困难的项目上及时采取最优策略。业务排查方面，对特定客户、低风险业务、集团客户业务风险进行了重点排查，对集团客户的授信方案进行了深入调研。人员管理和培训方面，完成对全辖客户经理“以干代训”的培养，客户经理授信业务水平得到较大的提高。

【安全保卫】依据各项规章制度、公安机关监管要求，认真有效开展各项安全管理工作，确保了全辖的安全稳定。一是扎实开展年度和节假日前敏感时期安全监督检查工作，全面开展各项安全检查和隐患问题的整改落实。二是开展全辖自助银行自助设备安全检查，将自助设备列入了日常工作常态化管理。同时加大监控中心查看力度，杜绝非法装置盗取客户信息，整改了防护不达标、堆放杂物、加钞管理不规范、监控录像不清晰等典型突出问题。三是集中资源开展非现场安全检查工作，组建集中监控中心，对全辖安全管理进行统一集中非现场监控检查。四是全面开展消防安全检查，层层签订“消防安全责任书”。针对节假日、各季节的不同特点，开展消防安全隐患排查工作，组织消防预案的演练，对消防设施及时检测并更换不合格和过期设施。五是做好防控电信、网络、银行卡诈骗工作，全年共堵截电信网银诈骗3起，挽回经济损失28万元，并依据实际情况建立了临时止付机制。六是加大安保资金投入，对原有技防设备的维修改造投入180万，新网点技防改造投入380万，为辖内网点安装了可视系统，加强了出入口安全管理。

【党建工作】党建工作的总体要求是：全面贯彻落实党的十八大和十八届三中全会精神，以加强先进性和纯洁性建设为主线，以深入开展党的群众路线教育主题实践活动为重点，围绕中心、服务大局，继续加强全行党的思想、组织、作风、制度和企业文化建设，为提高网点效能、打造当地最好的银行提供坚强组织保证。一是落实基层党建工作责任制。以创建“五个好”党支部和“五带头”优秀共产党员为目标，坚持分行党委提出的班子建设“六好标准”和弘扬“八个良好风气”，推动承诺践诺、三亮三比三评、分类定级、学习先进等活动常态化、长效化。加强服务型基层党组织建设，开展“送服务到基层”和“送服务到党员”活动。加强党员教育管理，落实党员领导干部讲党课制度。二是扎实推进企业文化建设和精神文明创建，各党支部运用《企业文化手册》，全方位多手段地抓好核心价值观进行宣讲。深入开展精神文明创建活动，持续抓好“诚信经营优质服务”教育实践活动。坚持以评促创，评创结合，组织开展“中国银行文明单位”和“中国银行河北省分行文明单位”评选表彰工作。抓好宣传载体和宣传队伍建设，完善《秦皇岛中行人》栏目内容。三是围绕全行发展战略做好共青团和青年工作，落实《中国银行股份有限公司秦皇岛分行青年人才培养规划》。开展富有特色的主题实践活动。制定《中国银行秦皇岛分行五四青年活动方案》，组织全行团员青年开展以“青春中行，筑梦中国”为主题的系列青年活动。

【队伍建设】继续抓好管理队伍和员工队伍建设，为全行的持续健康快速发展注入生机活力。一是管理队伍抓作风，提升能力。通过整章建制，确立每季度分行党委中心组扩大学习制度，加强班子队伍建设，教育引导各级管理者不断提升自身素养和管理能力，正确处理好带队伍和发展业务的关系。要继续以“六好标准”、“八个良好风气”和“十个严禁”为抓手强化管理队伍作风建设，多种方式提高管理者素质。二是员工队伍抓关怀，激发活力。各机构、各部门要帮助每个员工设计职业生涯发展路径，充分发挥每个员工的潜能，在中行的发展中实现自我价值，建立起“老、中、青”相结合的三支队伍。创造条件，开展各种形式的员工培训。鼓励青年员工在实践中强历练、在拼搏中经磨难，继续开展员工岗位技能练兵活动，全面提升员工综合素质。逐步完善荣誉体系建设，并与考核等级、职业发展、学习培训等相结合。在有条件的支行加快职工之家建设，继续组织开展员工运动会等形式多样的文体活动，丰富员工业余文化生活。开展形式灵活、内容丰富的培训活动，制定并实施了青年员工培养计划，组织了中年员工的续航培训，狠抓了员工技术练兵和业务比赛，涌现出了95名一级技术能手。

中国银行股份有限公司唐山分行

【概况】2014年，中国银行唐山分行在省行党委的领导下，以收入为核心，以存款为基础，以“拓客户、调结构、重产品、增收入、强核算、控风险”为重点，改革创新、加快转型，全行主要业务稳步发展、双基建设持续提升。年末，全行本外币资产总额745亿元，负债总额730亿元，实现计费收入20.03亿元，位列河北省中行系统首位。其中，人民币公司存款时点余额272.70亿元，新增21.30亿元；人民币储蓄存款时点余额333亿元，新增23.80亿元。

【存款增长】面对低迷的市场形势、激烈的同业竞争，中行唐山分行以两项存款为核心，加大力度、超常推进，助推核心存款持续增长。在公司存款上，紧紧围绕“授信客户、政府部门、无贷客户、重点产品、联动体系、网点转型、金融机构、保险公司、中小企业、考核机制、营销队伍建设”这十一个增存“关键点”，全力推行“抓全面，抓源头，抓支撑，抓细节，抓落实”这五抓工作法，调动一切资源，提升市场份额。一年来，先后成功营销了唐曹、水曹两大铁路，以及京秦二通道等关系长远的重点项目；争揽了6家县区的公共资源交易中心账户，全市占比50%；拓展了路南区及部分县区社保专户，与市电力公司及烟草公司等单位合作进一步加深；取得了国家开发银行棚户区改造项目资金以及二十二冶集团流动资金代理资格；与渤海钢铁公司签署了银企合作协议，与冀东发展集团签署了“走出去”业务合作协议；营销了庞大集团网银向现金管理平台迁移，全省中行系统内首家上线了金融收付通、中银备付通和对私现金管理平台等业务。在储蓄存款上，围绕助农点拓展、代发薪营销、四通产品推广和中高端客户挖潜，以社保卡、居民健康卡、公积金联名卡、银医卡等为重点，突出抓公私联动、抓批量带动、抓全员促动，个金业务基础日渐夯实。全行个人客户达到116.30万户，新增8.40万户；核心中高端客户3.70万户，新增2900户；代发薪单位总量1227个，新增256个，增长率26.40%；新开助农服务点581家，增存16.60亿元，均居河北省中行系统第1位；全年“四通”产品新增客户1.72万人，带动存款新增5.38亿元，列河北省中行系统第一位；居民健康卡项目在丰润、迁安、玉田支行成功落地，实现发卡100万张。

【贷款增长】针对2014年授信规模紧张的实际，牢牢把握省行同唐山市政府签订战略协议的契机，一手抓投放提速，一手抓结构调整。在公司授信上，围绕战略协议约定的51个重点项目和各行部梳理出的31个项目、4个中小企业集群，积极沟通，全力推进，着力扩大授信规模。成功完成唐山港、唐廊高速、唐港铁路等5个合计46亿元的项目审批，以及唐钢集团、贸华房地产、新天地房地产等27.54亿元贷款的投放。在授信结构上，通过表内贷款转表外理财等举措，压降钢铁、水泥等产能过剩行业授信近11亿；通过信贷资产证券化等举措，压降低收益授信4.20亿元。在中小企业授信上，依托中银信贷工厂，新模式中小客户278户，新增53户，授信余额15.10亿元，增加3.30亿元。

【中间业务】在严格落实监管部门“整治不规范经营”要求的基础上，以优势业务为主体，以产品创新为突破，不断拓宽增收渠道。在结算产品线，加强与传统合作伙伴的合作，全力拓展重点优质新客户业务，积极叙做供应链融资、信用证、跨境人民币结算和人民币对外直接投资业务。共完成国际结算量44.10亿美元，同比增幅20.50%；开立本外币保函102.40亿元，同比增幅43.70%；成功为河钢开出全省最大一笔计15亿美元保函，并先后叙做了国丰15亿跨境人民币资本金注入、冀东对外直接投资跨境人民币、全省首笔京津冀区域通关一体化保函等业务。在公司产品线，全力营销表内外理财产品、同业存放及代付、中银集富理财等业务，全年共实现收入1.70亿元。其中，成功叙做了投融通17.40亿元、中银集富22亿元，并抓住关键机遇，赢得了国开行28.80亿元棚户区改造资金代理资格。在个金业务上，全行银行卡总卡量超过43.50万张；卡分期交易额7.90亿元，实现收入4500万元；基金销售额26.50亿元，实现收入1073万元，列河北省中行系统第1位；贵金属销售额4200万元，实现收入28.40万元，列河北省中行系统第1位；代理保险销售额2.90亿元，实现收入724万元，其中迁西支行连续代理两个千万大单，并成功营销一笔9000万元寿险大单，创中行系统代理寿险保单最大纪录。

【内控建设】 围绕监管机构及上级行要求，从细节、从基础、从执行抓起，狠抓风险防范及内控防案工作，做到了内控合规，防范有力。一是风险管理不断深入。在贷后管理上，细化了各层面的贷后管理职能，着力强化对宏观调控行业、敏感行业、重点客户的贷后检查，全面跟踪授信企业、借款人、保证人和抵押担保的变化情况，提升了风险预警能力。在授信风险防范上，强化授信政策引导，严格落实押品准入规定，规范重点环节审核，确保了资产安全。在不良清收上，充分运用还本免息、依法诉讼、抵债资产转让等手段，加大清收力度。二是内控管理不断深入。以落实银监会“八不得”规定全员合规教育大学习大讨论、基层机构案防工作达标年、省行业务操作指引学习等活动为主线，一方面抓全员“八不得、双十禁、业务操作指引”的学习，真正让员工知道应该做什么，不能干什么，需要防什么，敢于管什么；一方面抓日常检查细化，充分发挥全行内控人员、监控中心和事后监督等职能部门和人员作用，抓规范，抓督导，努力做到一般问题早提示，重大风险早排除，违规情况早处理。三是安保防范不断深入。以全员警示教育为载体，以落实各级管理者在岗值班、重大事项报告、安全隐患排查等制度为抓手，以营业网点、ATM机、金库等重点部位防范为关键，抓教育，细排查，严整改，确保了全行安全无事故。

【双基建设】 围绕总行提出的建设最好银行和省行提出的建设效益强行的目标要求，扎实推进双基建设，提高发展后劲。一是支行三年规划。成立了三年规划小组，经几上几下的反复讨论，拟定了12家县区支行的发展规划，明确了发展的第一和第二目标、支行重点措施、分行在人财物等方面的配套举措，真正让各机构有目标、有动力。二是银政关系强化。以河北省中行系统第二批党的群众路线教育实践活动为契机，全辖密集拜访了市县区主要领导、各主管局和重点企业，赢得了上下一致好评，提升了财政业务份额，为争揽市县重点业务和项目，创造了良好的外部环境。三是基层管理深入。从规范基层班子议事规则、强化履职评价入手，强化各级班子管理。在此基础上，抓住各种机会，了解基层情况，听取一线意见。四是网点效能提升。成立了网点效能提升小组，按照省行方案，通过压缩低效窗口、一线柜员转岗等举措，梳理节约出部分业务骨干，充实到了营销队伍中。五是文优服务强化。启动了文明优质服务季竞赛，明确了“打造当地服务最好银行”的总目标和“五最”服务标准，狠抓硬件规范，抓反复检查，抓整改深入，城区北新道支行被全国银行业协会评选为“中国银行业文明规范服务五星级营业网点”。

中国银行股份有限公司
保定分行

【概况】 2014年，中国银行保定分行在省中行的领导下，认真贯彻落实科学发展观，紧紧围绕中总行“做最好的银行”的战略目标，大力实施

“科学发展、大行腾飞”战略，各项工作扎实推进，主要业务实现快速发展，经营绩效持续进步。年末，人民币各项贷款余额276.17亿元，比年初增加40.06亿元，余额和新增市场占比分别达24.74%和23.63%。人民币各项存款余额（不含表内理财）460.86亿元，较2013年末新增45.32亿元，余额和新增市场占比分别达18.87%和19.84%。实现非利息净收入2.93亿元，较2013年增加1156万元，增幅4.11%。

【业务发展】 客户方面。公司条线开展了“每行每月新增一户行政事业客户”竞赛活动、对公理财网银交易竞赛、网银代发薪竞赛、“网银争锋”电子银行交易客户拓展等多项竞赛活动，紧跟互联网金融发展趋势，最大限度融合了电子商务业务和传统业务，单位银行结算账户、公司有效户、养老金账户、现金管理平台、网银代发及理财产品客户均居全省前列。个金条线抢抓批量客户，发展重点项目，促进个人客户量质并升。重点营销社保卡、校园卡、园区卡客户，提高银行卡发卡量，实行“走出去”营销，批量拓展电子银行客户，网银新激活交易客户数全省排名第二位，手机银行新激活交易客户数列全省第一位。实行公私联动、交叉销售，有效开发信用卡、贷款、外汇和中高端客户，不断提高存量客户产品覆盖率。存款方面。公司条线持续将行政事业存款作为公司存款增长的重要来源，围绕财政、社保、公积金三大支柱领域开展营销，成功争揽保定市财政局国库资金近2亿元、政府偿债资金1.70亿元、失业保险存款2亿元。储蓄存款方面，始终将个人存款作为各项工作的核心和关键，坚持“日均为主、时点为辅”，对个人存款日均增长作为核心指标给予最高定价，鼓励各行早增存款、多增存款；把助农金融服务站作为存款增长的有力抓手和新渠道，共签约助农服务站378家。收入方面。一是加快发展资产业务。在公司贷款上大力支持全市重点客户和重点项目，累计向津保高铁、京石改扩建、河北建设集团、汇通路桥、巨力索具、港安有色、定州伊利乳业等客户和项目投放贷款30亿元；为天威英利投放外币贷款1200万美元；大力支持房地产企业，投放满城未来城房地产项目、邯郸市龙瑞房地产、承德尚诚、中山酒店、天德房地产项目贷款13亿元。大力抓中小企业客户，年末，中小企业授信户数286户，授信余额15.68亿元；贷款户数243户，较年初新增83户，贷款余额13.47亿元，较年初增4.78亿元，增幅55%。在零售贷款上，不断完善“商户贷”发展模式，发展个人经营贷款、住房按揭贷款，调整贷款结构，推动奶牛养殖贷业务发展，个人贷款新增33.25亿元，河北省中行系统内排名第二。二是大力发展中间业务。全力发展银行卡、投融通、投行、保理、即期结售汇、保函等优势产品，努力叙做新产品，以重点产品和新产品增加收入。公司条线大力发展传统中间业务，发挥国际结算的传统优势，对全行贡献度超过50%。个金条线依托重点产品和创新产品，提升银行卡动卡率，推进汽车分期业务，挖掘卡户分期的贡献价值，抓高收益重点产品，大力发展出国金融服务和对私国内结算业务，贡献度接近50%。

【智能银行】 智能银行旗舰店运行一年以来效果显著，柜台业务电子迁移率明显提升，服务效率大幅提高，服务流程更加顺畅，客户体验明显改善，对全行电子化建设产生了强大的示范效应和明显的带动作用，引起中总行领导高度重视。旗舰店一年共接待参观人员2430人，范围涵盖了全国73家兄弟分支行、93家外部单位，包括一家海外分行。10月，完成了智能银行旗舰店从1.0版本到2.0版本的提升工作，增设了机器人大堂经理、火车票自动售票机等设备，让客户享受到了更多的便民服务，为中国银行的渠道建设进行了新的探索。

【风险管理】 防范授信风险。及时传导省行相关授信政策，办好风险政策导报，及时向基层传导政策信息，提示风险；有序推进授信审批与执行工作，加强授信风险排查和授信后评价工作，及时排除风险隐患，确保授信资产安全；全力推进不良资产清收处置，夯实资产质量。加大不良清收力度。持续推动不良资产清收工作，采取司法手段维护中行权利，以判促谈。发起银行卡不良清收工作战役，通过公安、司法、民间等渠道，采取电话催收、上门清收、依法核销等措施，努力做到能收必收、应核尽核。防范案件风险。落实内控委员会制度，继续开展基层机构“案防工作达标年”活动和“远离非法集资、远离案件”专题教育排查活动。通过机制建设和提高检查频率，有效防范案件和重大违规问题。继续强化问责处罚，对违反“双十禁”等违规行为绩效处罚16人次、2人给予了纪律警告、记大过处分。

【安全稳定】持续开展“平安中行”建设，逐级签订“平安中行”创建责任书，坚持一级抓一级，层层抓落实，安防水平进一步提高。认真落实总行“晨会案防一分钟”机制建设，组织员工学习安保制度和上级行下发的案情通报，强化安防意识。组织安保应急预案实战演练，提升员工的突发事件处置能力。认真做好“两会”“两节”期间的信访维稳工作，确保了重要时间段和全年未发生任何信访稳控问题。

【党建工作】坚持中心组学习制度，认真学习习近平总书记的系列重要讲话精神，关注党和国家政治经济形势的发展变化，关注省情和市情的发展变化，及时调整经营方向和思路。认真落实总行、省行关于党风廉政建设的各项要求，组织召开年度党风廉政建设暨监察保卫专题会议，与全辖签订了党风廉政建设责任书。认真落实中央“八项规定”，开展“四风”专项整治活动，检查“三重一大”决策制度执行情况。全行未出现违法违纪问题。按照省行党委统一部署，在全辖开展了党的第二批群众路线教育实践活动，领导班子专题民主生活会开成了全省的样板，受到总行巡视组和省行领导高度评价。活动结束后，按省行要求开展整改落实“回头看”，推动了“两方案一计划”的落实。

【队伍建设】把“双基建设”作为全行的一项重点工作，坚持重心向下，在人员培训、资源分配、政策支持等方面向基层倾斜，主动为基层服务，切实帮助基层解决实际问题。将新招聘员工绝大多数分配到县域机构，在全省率先为各县支行班子配备了一名本地干部，鼓励员工在基层建功立业。优化基层网点架构，将城区B类支行纳入A类支行管辖。开展优秀劳务派遣用工选聘，完成189名劳务派遣员工的选聘工作。

【企业文化】持续推进以员工为中心的和谐文化建设和以客户为中心的星级服务建设，管理工作获评多项先进。连续两次被评为省级文明单位，被中国金融思想政治研究会评为“2013—2014年全国金融系统企业文化建设先进单位”，被省行党务工作部推荐为“全国金融道德学习创新模范”。

中国银行股份有限公司沧州分行

【概况】2014年，中国银行沧州分行紧紧围绕省行“建设效益强行”的战略部署，牢牢把握京津冀协同发展的历史机遇，牢固树立“做最好的银行”的发展定位，坚持以支持地方经济建设为己任，以服务客户为根本，团结和带领广大员工，圆满实现了各项任务目标，进一步提升了市场竞争力，提高了社会影响力。年末，人民币各项存款余额270.40亿元，四大行余额市场占比16.31%，较年初提升了1.11个百分点，较年初新增36.60亿元，四大行新增占比30.65%，排名第二。其中，人民币公司存款较年初新增20.50亿元，四大行新增占比44.42%，排名第二。储蓄存款较年初新增11.10亿元，四大行新增占比17.83%，排名第三。人民币各项贷款余额178.60亿元，较年初新增36.70亿元，四大行余额占比23.20%，较年初提升0.80个百分点，四大行新增占比27.72%，排名第二。其中，公司贷款增长38.40亿元，系统排名第一，四大行新增占比46.15%，排名第一。人民币不良贷款余额1.99亿元，不良率1.05%。单位结算账户达到1.47万户，个人有效客户达到59.80万户。实现计费收入8.97亿元，增幅8.42%，拨备前净利润5.25亿元，增幅8.81%。

【业务发展】负债业务方面：一是加大财政性存款营销力度。发挥公共资源交易中心的作用，不断深化与政府部门的合作，全力做好40余户财政类、20余户公积金类和社保类等重点客户的稳存、增存工作，抓好全辖重点财政性存款的项目落地，有效促进了公司存款的稳步增长。二是加强优势产品推广。抓好社保卡发卡和激活，开展专项活动，提升使用率；着力推广“4+1+1”产品，由行内向行外、由小众客户向大众金融用户普及；积极推广现金管理平台、报关即时通、企业发债、保函等产品，紧扣客户需求，使产品成为稳定存款、吸揽存款的利器。三是加强助农取款渠道建设。严格把关，从严选人选点，坚决做好源头风险控制。加大宣传推广力度，通过四通产品、电子银行等产品实现了助农点综合贡献度的不断提高，取得了日均沉淀存款全省第二的好成绩。资产业务方面：面对京津冀协同发展的历史机遇，始终坚持“授信抢项目”这一指导思想，全力做大授信业务，合理调整授信结构。一是抢抓重点授信项目。全行动员，上下联动，采取各种有效措施，为沧州市交通局、黄骅北汽、矿石港务、正元化肥等19家企业累计投放47笔，共计64亿元；成功推动了中海油中捷石化、鑫海化工、日新易拉罐等授信项目的审批和发放审核工作。海兴核电项目基本户已经成功开立，并为其出具了300亿的贷款承诺函，合作前景十分广阔。二是大力支持中小企业。继续将中小企业贷款作为支持县域经济发展的重点，选派力量，驻点帮扶。累计投放中小企业客户163户，其中存量59户，增量104户，累计投放金额5.68亿元，成功实现了“两个不低于”任务目标。三是做大个人授信业务。在做好房贷和个人经营贷款的基础上，加快对已储备项目的审批和投放，将储备变为增量。个人贷款新增6.31亿元。同时着力做好信用卡分期业务，积极开拓微型金融市场，青县、黄骅两个试点已投放微型企业贷款330万元。

【客户基础】公司条线：一是抓“流向宝”系统，充分利用“流向宝”系统的优势，对资金流客户、上下游客户、多转一客户等进行跟踪营销，积极拓展。二是抓联动营销，全力营销对公授信客户的担保单位及上下游客户，坚持“抓一个、带一批”的思路，依托核心客户、重点产品、重点项目，实现了批量拓展。三是抓源头营销，加强与发改委、地税局、工信局等职能部门的联系，及时获取全市重点服务企业、重点纳税企业名单，梳理筛选，实现了有方向、有目标、有步骤地开展“清单式”营销。四是抓薄弱行业，根据教育、卫生、部队等薄弱行业的特点，制定了对应的金融服务方案，对同业情况、关键客户和目标客户进行梳理，利用校园缴费宝、银医一卡通等特色产品扩大市场份额。五是抓客户维护，制定了切实可行的定期走访制度，宣传账户优惠政策，加大对重点优质客户的维护和拓展力度，深化了客户关系。个人条线：一是抓代发薪，密切银政关系，加强信息收集和客户营销，借助薪溢通产品的便利优势，大力拓展代发薪客户，提升代发薪资金沉淀率。二是抓助农客户，强化助农客户拓展考核，建立助农业务责任人制度，确保风险可控，强调提质增效，进一步拓展农村“蓝海”市场。三是抓内部挖潜，面对“零余额”客户的比例仍然偏高的现状，大力开展多种方式的低效客户资产提增活动，提高客户贡献度。

【风险防控】始终坚持“发展是第一要务，内控是第一责任”的经营理念，严字当头，狠抓管理，实现了全行无案件、无重大违规问题、无重大责任事故的内控工作目标。持续推进合规文化建设，完善内控考核机制，加大制度执行力度，强化重点问题治理，实现了全行无案件、无重大违规问题、无重大责任事故的内控工作目标。一是加强机制建设。继续强化联防联控制度，突出抓好“重点机构、重点业务、重点环节、重点人员”的“四重管控”，对“四重管控”名单实行动态管理，对连续列入四重名单的人员、机构进行约谈，责令立即整改，成效显著。二是培养合规意识。通过组织新入职中层管理人员和新入行大学生到监狱进行警示教育，组织全辖员工观看案例警示教育片，增强了员工的主动合规意识。三是落实违规问责。对各类检查中发现的违反“双十禁”等严重违规行为，进行严肃问责，全年全辖共处理违规责任人员4人。

【基础建设】新营业办公大楼正式投入使用。新大楼的建成是沧州中行发展史上的里程碑，实现了全行上下多年来的夙愿，解决了长期分散办公的局面，改善了拥挤的办公条件，树立了良好的对外形象，提振了全行员工士气。智能银行建设取得阶段性成果。利用新办公大楼的新建优势，全力打造智能银行旗舰店，并以此为突破口，全力推进全行智能银行建设。第一批9家网点的智能化改造工作已经全部完成且已投入使用。解决基层网点突出问题。新建了四家支行的食堂，有效缓解了员工就餐难的问题。东光支行迁址申请已通过省行审批，相关工作正在有序进行。

【队伍建设】坚持“以人为本”的指导思想，关心员工成长，注重教育培训，完善用人育人机制，优化岗位结构调整，努力为广大员工搭建提升能力、体现价值的广阔舞台。一是进一步完善人才管理机制。根据实际工作需要，结合岗位特点，选拔最合适的人才；注重青年员工培养，充实后备力量，建立长远发展的人才保障。在绩效考核上，坚持做到“说了算、定了办”“一把尺子一个标准，对事不对人”。对于不能完成工作目标的管理人员，实施退出机制，维护考核办法的严肃性。二是进一步提升员工综合素质。责成各部门制定年度培训计划，由人力资源部根据部门需求，把专家请进来，让员工走出去，并通过专项能力培训、演讲比赛、业务知识竞赛、技能大比武等活动，提升员工综合素质。

【党建工作】以开展党的群众路线教育实践活动为主线，全力推进党建工作。一是落实活动要求，确保活动目标。按照党中央和上级行党委的统一部署，自4月份以来，在全辖深入开展了为期半年的党的群众路线教育实践活动。全辖28个党支部568名党员按照活动实施方案要求，全面贯彻“照镜子、正衣冠、洗洗澡、治治病”的总要求，精心组织安排，强化责任落实，有力促进了各项工作的开展。二是丰富载体，保证活动效果。通过组织支部书记学习笔记展评，读书心得展览，参观周恩来、邓颖超纪念馆，观看影视教育片等活动，增强了广大党员的政治责任感，提高了政治素养。三是注重密切党群、干群关系。坚持密切联系群众，多办事，办好事，帮助职工解决困难。充分考虑群众需求，倾力打造了职工之家，真正使职工“激情工作，健康生活”，充分感受中行大家庭的温暖。

中国银行股份有限公司衡水分行

【概况】2014年，中国银行衡水分行以“小行成就大事业”的豪情壮志，深入践行“追求极致、追求卓越”的工作理念，以建设当地“最好银行”为奋斗目标，继2012年、2013年度取得外围战、攻坚战的胜利后，针对当地同业掀起全面总攻，创造了骄人的经营业绩。年末，全行本外币总资产131.53亿元，较年初新增32.68亿元；实现净收入6.55亿元，同比增加1.04亿元；实现拨备前利润3.82亿元，同比增幅23.93%；负债业务稳步增长，年末，全行人民币两项核心存款余额166.86亿元，当年新增20.98亿元，其中公司存款余额72.27亿元，较年初新增13.67亿元，任务完成率170.88%，居全省第四位；个人存款余额94.59亿元，较年初新增7.31亿元，任务完成率131%，居全省第三位。两项存款新增市场占比35.35%，居当地四行首位。客户数量快速增加，年末，对公有效客户较年初增加2034户；个人有效客户新增6.69万户，总量达到58.35万户；个人中高端客户新增8220个，完成省行任务的216%。

【业务发展】贷款投放方面：大项目投放、贸易融资、中小企业新模式以及个人贷款齐头并进，授信规模不断扩大。年末，各项贷款余额118.08亿元，余额四行占比31.30%，历史性超越工行和建行，居当地四行首位。其中中小企业新模式迅猛发展，年末授信户数达到482户，授信余额25.53亿元，主要单项指标全部排名全省首位，使衡水分行中小企业的品牌更加闪亮。中小微贷款余额46.67亿元，四行占比48.95%，占据半壁江山，以绝对优势居当地四行首位，成为当地一面响当当的“金字招牌”。财务指标方面：衡水分行实现计费收入6.55亿元，同比增加1.04亿元，同比增幅18.89%，居全省首位。对公对私两大板块考评屡创新高：在省行两大板块综合考评中，衡水分行在保持个金条线综合考评全省前三的基础上，公司条线综合考评不断刷新历史。一季度，公司条线综合考评居全省第三，半年末晋升为全省第二，三季末成功问鼎全省首位，开创了该行公司业务发展的崭新篇章。宜农业务领跑全省：为进一步扩大基础客户群，衡水分行积极响应上级行号召创造性地提出“出奇兵，开辟农村第二战场”的战略方针，年末，共签约并实现发卡的宜农网点445家，实现存款7.20亿元。农村市场新增个人存款6.30亿元，占全部存款新增的86%。省行主管领导在调研时，对衡水分行的宜农业务给予了高度赞扬，指出“衡水分行是全省宜农金融服务的‘井冈山’‘根据地’，宜农金融服务从衡水走来”。

【风险管理】坚持授信政策研究及授信项目月度调度会制度，随时掌握授信政策变化及风险动向，对于5000万元以上新增授信项目，及时召开项目调度会研究；结合国家产业政策、环保政策，加大对产能过剩行业、涉环保问题行业的风险管控力度，特别是严密监控化工、皮草、丝网等行业的风险隐患，及时进行风险提示和风险预警，防患于未然；进一步加大对中小企业资金流向的监控，特定客户贸易背景的审查，确保资产质量稳定；加强贷后管理，严格落实贷后管理操作规程，强调过程管理，增加贷后检查的频度和力度，在做好规定动作的同时与企业老板交朋友，及时全面地掌握企业动态，密切关注借款人在一定周期内变化情况，动态掌握借款人经营状况、偿债能力以及其他金融机构授信政策的变化情况，做到对授信风险的第一时间反应、第一时间报告、第一时间处置。

【内控建设】以支持业务、服务发展为中心，进一步加强风险内控管理。2014年衡水分行由监察部牵头，会同计财、风险、运营三大部门，落实内控检查责任，将各类风险排查常态化，及时发现风险点，对授信风险始终保持在可控范围内，对违规操作始终保持高压态势。在加强合规教育、加大操作流程合规检查的同时，关注民间融资等给银行业带来的风险，进一步加强对干部员工的教育，开展专项排查，加强对支行负责人等重点岗位人员8小时以外的管理和监控，进一步加强安全生产检查，推进“平安中行”建设。对内控案防工作实行一把手责任制、一票否决制。

【党建工作】以党的群众路线教育实践活动为主线，全面加强党的建设。按照省行党委的统一部署和要求，分行党委从3月下旬开始，按照“学习教育、听取意见，查摆问题、开展批评，整改落实、建章立制”等三个阶段的具体工作要求，以分行及基层党组织为基础，围绕分行发展实际，认真落实“八项规定”，着力解决班子成员在“四风”方面存在的实际问题，制定切实可行的整改落实方案和制度建设计划，整改落实责任明确到每一个班子成员，整改落实情况实行全程监督检查。活动中，分行党委坚持把规定动作和自选动作做扎实，始终保持着高标准、严要求、抓工作、促转变的认真态度，做到了组织有力、措施到位、一抓到底、务求实效。分行教育实践活动取得了实实在在的成果，得到了全体员工的认可。

在扎实搞好教育活动的基础上，全面加强组织建设，增强理论学习的针对性和实效性；加强基层服务型党组织建设，推动了抓基层、打基础“双基”建设各项工作落实；保持稳定大局，坚持以人为本理念，从细微处入手，建设尊重体贴的人本文化；继续大力开展“培育典型，树立样板，全面掀起比、学、赶、超劳动竞赛热潮”活动，有力地激发了员工干劲和激情；加强思想文化工作，为发展提供有力的思想保障和精神动力；建立先进的管理文化和发展文化，大力推动“职工之家”建设，有效地增强了员工的归属感，强化了员工的集体意识，提升了全辖干部员工的凝聚力、向心力。

【企业文化】以打造全国级职工之家和“擦亮中行金字招牌”为载体，全面掀起企业文化建设的高潮，打造了“新衡水中行文化”，通过卓有成效的企业文化建设极大地提高了员工的凝聚力和向心力。一是大力开展员工综合培训和业务技能练兵活动，全面提升员工综合素质。通过长期不懈的努力，衡水分行代表队在省行组织的业务技能新人赛以及业务技能争霸赛中双夺冠，一举改变了衡水分行长期以来技能水平落后的局面，创造了衡水分行的历史。二是坚持以人为本，打造全国级模范职工之家。以工会为平台，进一步做好“爱心奉献、关心员工”十项规定动作，为员工排忧解难，为员工争取利益，让全行员工共享发展成果。利用分行职工活动中心经常组织绘画、摄影、羽毛球、乒乓球比赛等文体活动，不断丰富员工文化生活，增强团队凝聚力和战斗力。三是开展各类劳动竞赛，创造争优创先的良好氛围。通过各类劳动竞赛，培植各类先进集体、先进个人，对年度各类先进进行大张旗鼓地表彰，将“晖煜衡水、感动中行”卓越人物评选活动制度化，每年一届，把卓越人物奖作为最高层级荣誉奖项进行评选及表彰。四是继续开展“擦亮中行金字招牌”活动，全面提升服务水平和管理水平。全面实施靓装工程，彻底消灭卫生管理和形象管理的死角，使中行所有机构网点办公环境标准化、模式化。

中国银行股份有限公司邯郸分行

【概况】2014年，中国银行邯郸分行坚持改革创新、转型发展，各项业务扎实推进，质量和效益稳步提升。全行本外币资产总额452.45亿元，较年初新增39.65亿元；负债总额443.36亿元，较年初新增38.94亿元；人民币各项存款余额332.30亿元，较年初增加4.87亿元；人民币各项贷款余额307.50亿元，较年初增加3.73亿元，余额市场占比27.99%，列当地国有四大银行第一位。在全省系统内三次绩效考核中，取得一个第一和两个第二；分行营业部被中国银行业协会授予“中国银行业文明规范服务五星级营业网点”和“中国银行业文明规范服务千佳示范网点”称号。

【业务发展】紧紧围绕省行党委各项决策部署，立足邯郸经济，突出抓好“增客户，转方式，提效益，强内控”工作。一是紧跟邯郸经济发展战略，积极服务重点项目建设。全年本外币授信累计投放282亿元，重点对邯钢、天铁、新兴铸管等重点企业进行了支持。同时，还通过投行业务为国际物流、天铁等企业融资62亿元，通过票据融资为邯钢等企业融资82亿元，解决了企业燃眉之急。二是坚持创新和开拓并重，持续推进小微授信。始终将小微授信业务作为重点业务来抓，不断优化审批流程，拓宽服务渠道，创新担保方式，量身打造特色产品，有效满足小微客户尤其是县域小微客户的融资需求。2010年以来，小微授信连续三年实现翻番。小微授信客户较年初新增156户，贷款余额较年初增长7.15亿元，两项指标均居全省系统内第一位。三是充分发挥国际产品优势，支持本地企业“走出去”。通过加大对企业“走出去”的贷款支持力度，简化审批程序，完善海外投资保险产品，支持产能向境外转移。目前已通过内保外贷方式为国际物流集团、新兴铸管等公司从海外融资11.22亿元。四是担当社会责任，坚定不移支持房地产业发展。邯郸市金世纪等房地产开发商集资问题发生后，积极贯彻落实市委市政府相关指示精神，研究制定了支持邯郸房地产业的三点意见，积极与住房公积金中心合作开办组合贷款“公积金+商业贷款”模式，积极向省行争取不与存款挂钩的专项规模大力支持住房按揭贷款，积极筛选合作支持的项目，为房地产业提供了支持。

【渠道建设】大力推进以智能银行为核心的电子渠道建设，通过科技创新，进一步把优质高效的金融服务送到千家万户。围绕“创造最佳客户体验，提供随时、随地、随心的金融服务”目标，以“新技术、新渠道、新产品、新服务、新流程”为切入点，向客户提供智能化的交易处理服务，建立以大堂经理为核心的网点销售服务模式，优化客户服务体验，全面提升网点服务效率。第一批13家智能银行试点网点已全面开通，第二批正在大力推进，通过减员增效，有效缩短了客户等候时间，客户满意度明显提升。

【内控合规】一是狠抓内控制度和体系建设，强化案防工作的联动管理和前瞻眼光相结合。严格落实“谁主管、谁负责，一把手负总责”的案防总要求，不断完善各级内控案防联动体系，切实做到快速反应、严格落实。二是狠抓员工管理和合规教育，强化案防工作的创新手段和高压态势相结合。在全体员工中有针对性、分层次开展合规教育，贯彻落实防范道德风险“六个常态化动作”，定期组织警示教育等，让合规理念和案防意识内化于心、外化于行。三是狠抓日常监控和风险排查，强化案防工作的科技含量和深入程度相结合。借力内控科技手段，拓展监控人员的监控的深度和广度，自主开发异常数据监控模块，并定期进行分析和督导。与此同时，积极组织专项风险排查，大力推进平安中行建设，深入开展网点形象和文优服务检查，全面提升监管质效。四是狠抓从严治行和问题整改，强化整改落实和长效防控相结合。强化红线和底线意识，加大问责力度，确保案件治理高压态势。针对风险事件中反映的问题，制定切实可行的整改计划，举一反三，防止屡改屡犯。加强对基层负责人的履职评价，推行员工行为评价积分管理，积极构建长效防控机制。不良贷款实现双降，全年无四类案件、无火灾、无重大安全责任事故，没有发生群体性上访和群体事件。

【队伍建设】以基层、基础为重点，狠抓队伍建设。一是坚持正确的选人用人导向。按照“德才兼备、以德为先、注重实绩、群众公认”的原则，公开、公平、公正地选人用人，完善干部选聘资格与流程，选拔13名干部充实到一线管理岗位，推动青年员工双向交流，有效激发了一线员工的工作热情。二是坚持各类资源向一线倾斜。新招聘大学生全部配置到县域机构，完成全辖89名劳务派遣员工选聘和签约工作，提升基层员工新增调薪比例，加强“职工之家”建设，不断丰富基层员工业余文化生活。三是坚持提升基层网点竞争力。加大对基层机构业务发展的支持和帮扶力度，6家低产低效网点提前实现脱低目标。推动网点对公转型，网点对公业务开办率达到100%，授信业务开办率达到100%。开展优质高效服务网点创建活动，组织基层员工岗位技能大练兵，举办业务技能“争霸赛”，强化业务技能，提升工作效率。

【党建工作】根据中央和上级行党委的统一部署，扎实组织开展了第二批党的群众路线教育实践活动，初步形成了简单清新的企业文化，重塑了为民务实清廉的价值观。一是扎实做好学习教育和听取意见工作。创新学习教育形式。到河南兰考组织开展以“践行三严三实，打造最好银行”为主题的学习教育活动，先后创办“微课堂”和“微漫画”学习形式及时有效传达学习信息，制定各基层党支部一把手工作手册，建立“四风”突出问题提示制度，多形式、多手段强化学习效果。坚持开门搞活动，共收集到意见建议303条，梳理合并为37条四风问题和工作建议，目前已全部整改落实。二是深入开展查摆问题和开展批评工作。认真对照“三严三实”要求，深入查摆“四风”突出问题和关系群众切身利益的问题、联系服务群众“最后一米”问题。以整风精神开好专题民主生活会和组织生活会，直面问题。三是坚持边学边查边改。注重上下联动整改。坚持以上带下、以下促上、上下结合，分行整改落实与基层行边学边查边改结合，逐项落实责任、明确时限，逐项跟踪进展、限期督办，完成一项销号一项，共同促进整改工作的落实。

（韩书晨）

中国建设银行股份有限公司河北省分行

【概况】2014年，中国建设银行股份有限公司河北省分行（简称“建设银行河北省分行”）认真贯彻总行、省委省政府工作部署和监管要求，围绕服务实体经济，夯实基础管理，深化转型发展，各项业务保持良好发展势头。一般性存款日均新增450.70亿元，系统第五、同业第一。本外币各项贷款（含信用卡分期）新增410.42亿元，系统第四、同业第一。实现中间业务净收入40.88亿元，系统第十、同业第一；拨备前利润121.80亿元，创历史新高。资产质量优于系统和同业平均水平。全年未发生案件和重大风险事件。

【顺势而为，一心一意谋发展】存款立行，负债规模持续扩大。一是利用“工商验资通”抓客户资金源头，积极推广网络银行和供应链金融服务方案，加强贷款资金支付管理。拓展京津冀协同发展、通讯、供销、上市公司等系统性领域和国土、住建、海关、体彩和公共资源交易中心等机构客户，提高财政社保资金承接率，推动资本项目落地。人民币对公存款日均新增261.23亿元，系统第六、同业第一。二是公私联动提高代工客户粘性和代发资金沉淀率。对个人零资产客户开展针对性营销，综合运用互联网金融、自助银行、助农取款点、电话支付终端等渠道抢抓县域资金存款，从全量资金角度提高理财客户产品覆盖和综合贡献。个人存款日均新增174.30亿元，系统第七、同业第二。三是加大存款激励考核力度，鼓励稳定、有质量的增长。攻坚克难，资产业务稳健发展。一是以列入国家和河北省规划的铁路、高速公路、港口等基础设施建设领域核心企业为基础，拓展上下游客户。加大外向型经济支持力度，围绕“三个一百”、城镇化建设、海洋经济、商用物业抵押以及仓储物流、节能环保等领域加大信贷投放力度。成立“京津冀产业发展协同基金”，成功办理河北省首单 PPP 项目，教育、卫生行业贷款居同业首位。二是以“助保贷”为突破拓展优质小企业客户，围绕特色农业、现代农业、农副产品深加工等重点领域加快农业现代化步伐。全年小微企业贷款和涉农贷款分别新增 73.90 亿元和 127.14 亿元，较好地完成了“两个不低于”的监管要求。三是加大个贷楼盘储备和营销拓展力度，推动个人助业贷款和善融商务个贷业务发展，推广“快贷”“财富贷”等金融服务方案。个贷余额 1060.10 亿元，比年初增长 26.40%。四是推进实施综合金融服务方案，定价能力及客户综合贡献度稳步提升。提质降转，中间业务优势巩固。严格遵守国家价格主管部门、监管机构和建行总行关于金融服务收费的各项政策规定，确保中间业务收费质价相符。加大投行类业务、贷记卡、个人投资理财类产品营销力度，保持银行卡、代理基金、贵金属等个人类产品稳步增长势头，着力提高人民币结算、国际结算、托管业务等对公产品市场竞争力。非信贷类产品收入占比 65.90%，较上年末提升 7 个百分点。年信用卡发卡突破 300 万张，新增突破 100 万张，均居同业第一；投行牵头收入 7.49 亿元；电子银行收入 2.23 亿元。

【创新驱动，多措并举促转型】 积极推动产品创新。推动创新常态化，完善产品创新机制，制订产品创新管理实施细则，从制度上增强了产品创新的主动性。积极探索联动研发、重点产品团队式研发等多种创新模式，构建多层次产品体系，加快产品创意向产品创新的转化，全年共完成产品创新项目 31 项。服务质量不断改进。积极倡导综合服务，利用表内表外业务、直接间接融资、母子公司协同、本外币和境内外联动优势，为客户提供全面金融服务方案，同时提高专享增值服务能力。深入推进网点建设，加快网点综合化建设步伐，深化前后台业务分离，提升业务处理的集约化、自动化水平。扎实推进客户服务年各项工作，梳理优化个人业务授权复核参数，优化业务办理流程，提高服务效率。渠道建设加快推进。根据市场资源禀赋将网点调整到优质客户集中、业务发展潜力大的地区，推进城区低效网点向富裕县域、空白县域搬迁，提升网点产能。加快电子渠道拓展应用，率先在省内商业银行实现网点 WIFI 全覆盖，做好善融商务、悦生活平台应用，以及跨行资金归集、网上理财销售等产品的推广。加大县域地区自助渠道布设力度，在无网点覆盖区域利用离行式自助点、E 动终端、电子银行等渠道延伸服务。加快复合型客户经理培养使用，完善客户经理绩效考核机制，提升整体素质。

【调整结构，深入挖潜强基础】 积极申报区域差别化信贷政策，新增贷款重点投向行业优质客户及国家重点扶持的战略新兴产业及小微企业、涉农等领域，重点向综合收益高、资本占用低的贷款产品倾斜，优先保障重点县域机构的规模需求。严控“6+1”行业信贷总量，有效实施信贷退出。大力拓展有效客户，组织开展“全员抓户，提质增效”客户账户营销拓展专项活动，增强对财政、社保、军队、武警、海关等政府机构客户的服务能力。加强事件式营销模型应用，加强对临界客户的分析，加强专职客户经理对个人高资产 VIP 客户的维护，推进客户等级晋升。截至年末，折算后公司机构、个人有效客户分别新增 2.10 万户和 254 万户；单位人民币结算账户新增、增幅，基本结算账户新增均居同业第一。转变数据观念，深入研究探索大数据在市场拓展、客户维护、产品服务创新、风险防控等多个领域的应用，完善数据挖掘的系统保障，数据平台建设取得阶段性成果。

【防范风险，合规经营保平安】 严控信贷风险，资产质量保持稳定。组织开展“信贷风险防控年”活动，加强项目评估管理，强调实质性风险判断。加强贷中发放环节风险审查和管理，加强重点领域的风险监测与排查。加大不良资产处置力度，全年共处置不良贷款 11.05 亿元，实现超值现金回收 19864 万元。坚持依法合规，内控管理得到强化。牢固树立“内控促发展，合规创价值”合规文化理念。坚持风险分析例会制，强化对重点部位、重点环节、重点机构、重点时段的风险管控，加大对高风险事项的稽核监测力度。继续推进反洗钱操作标准化建设，强化关联交易集中处理，做好内外部审计检查发现问题整改。强化案件防控，平安建行持续推进。始终保持案件治理高压态势，积极探索基层机构案件防控新方法。扎实开展“管控关键环节，防范突出风险”案件专项治理活动，建立员工行为动态全面排查长效机制，关注员工队伍稳定。深入开展安全生产大检查，加强IT风险管控，加强“全员覆盖”的声誉风险防控体系建设，提高信访沟通、就地化解矛盾、接访劝返及群体性事件现场处置能力，认真做好“两节”、“两会”期间安全稳定工作。

【以人为本，队伍建设聚合力】 作风建设引向深入。扎实推动教育实践活动整改落实，组织开展“正风肃纪、勤业守廉”主题教育活动，制定进一步加强和改进机关作风建设的意见，进一步加强了党风廉政建设，提升了机关工作质量、效率和服务水平。队伍建设持续加强。坚持理论学习制度，认真落实民主集中制，着力建设一支敢于担当，有能力解决疑难杂症，有能力破解发展难题，有能力带领大家过上幸福生活的高素质领导班子队伍。做好二级分行领导班子及省分行本部部门领导人员的调整充实和职务续聘，加强领导人员职数管理和干部选拔任用工作监督检查。畅通员工职业发展渠道，完善绩效管理体系，合理配置培训资源。和谐氛围更加浓厚。认真落实总行“三高于一保护”要求，强化“多劳多得”绩效考核导向，调动员工工作热情和积极性。加强行务公开和民主管理。继续深入落实关爱员工20条，广泛开展走访慰问特困劳模、特困员工活动，建立完善行长接待日、员工座谈会、行长信箱等多种渠道。以建行成立60周年为契机加强品牌建设，组织开展“60年60佳”优秀员工表彰，挖掘先进典型、弘扬正能量。落实“两个待遇”发挥离退休人员余热，营造了积极向上的和谐氛围。

（赵亚旗）

中国建设银行股份有限公司河北省分行营业部

【概况】 2014年，中国建设银行股份有限公司河北省分行营业部（简称“建设银行河北省分行营业部”）各项业务健康快速发展，实现了“同业第一、系统领先”的目标。截至年末，全口径存款时点余额988.30亿元，日均余额954.30亿元，均居系统第一。各项贷款余额548.80亿元，比年初新增72.20亿元，新增居系统第一。实现中间业务净收入6.82亿元，同业第一。账面利润21.35亿元，同业第一，同比增收3.58亿元。资产质量持续改善。企业形象、社会满意度进一步提升，继续保持省级文明单位称号。未发生案件和重大违规违纪事件。

【业务发展】 抓存款。截至年末，一般性存款日均新增同业占比53.50%，居同业第一。对公存款方面，通过维护存款大户、加强大额存款管控、以贷引存、大力推广对公产品组合运用，以及注重维护拓展中小客户等措施，对公存款的时点余额、新增、增幅和位次提升均居系统第一。个人存款方面，通过抓特色产品销售、抓重点产品带动、抓重点市场扩展存款来源，以及公私联动抓存款，全年结算通卡累计发卡5.21万张，沉淀资金11.80亿元；约定转存签约新增11.24万户，归集资金9.18亿元，金管家签约2.56万户，均居系统第一。抓资产。巩固在铁路、交通、电力等行业的传统优势，同时将支持新型城镇化建设培养成新的业务增长点，全年共有5个城镇化项目获批，累计投放贷款27.23亿元。信贷结构持续优化，大中型非贴贷款在全部贷款中的占比下降1.72个百分点，个贷余额占比三分之一，个人及小企业贷款增幅均超过10%。个贷业务持续发展，余额占比和新增占比连续五年保持同业第一。对公大中型贷款签约待投放储备9户，已审批通过储备12户，评估评价阶段储备16户；小企业贷款储备客户100余户，金额约5亿元；个人贷款共营销楼盘92个，待放款3亿多元。客户规模方面。全年折算后公司机构有效客户新增6217户，系统第一；个人全量客户新增47.99万户，有效客户新增11.31万户，均居系统第一。产品创新应用方面。累计办理票据买入业务177.58亿元，贴现余额28.26亿元，利息收入（ERP系统口径）2.48亿元。贴现业务总量及收入均居系统第一，直贴业务量居同业第二。实现全口径造价咨询业务入账收入4127.88万元，其中传统造价咨询业务收入414.42万元。投行牵头收入9117万元，理财业务入池与理财产品销售收入均居系统第一。国际业务外汇存款时点余额同业第一，新拓展授信客户 9 户，有效客户达到 272 户，成功办理全省系统第一笔网银售汇业务和营业部首笔外币保证金理财业务。电子银行方面，不断提高新签约客户的激活率，显著提升了交易占比。大力发展信用卡分期业务，分期业务占到信用卡中间业务总收入的 60%。累计压缩招待费和会议费开支 922 万元，同比下降 31%；降低无效和节约经济资本占用 2.10 亿元，直接增加经济增加值近 2300 万元。

【转型升级】通过推进转型升级、强化整合渠道建设，全面提升服务能力和服务水平。推进“三综合”转型。制定下发 2014 年网点转型开办对公业务计划，在试点基础上全面推进“三综合”工作。做好直管网点综合化，加快单功能网点调整步伐。开展综合机构“三综合”转型验收，重点解决了升格机构和新设机构的综合化问题。做好服务提升。坚持“大堂制胜”，充分发挥大堂经理、个人顾问、高柜柜员各岗位的作用，通过制定统一话术、强化监督，提升重点产品的销售能力；进一步明确后台为前台、全行为客户的服务架构，增强主动服务意识和“以客户为中心”服务理念，加大对基层机构的服务支持力度，在产品营销辅导、网点转型支持、理财知识讲座、信息咨询汇总等方面提供高品质服务。客户平均等候时间和客户有效投诉大幅下降，在总分行神秘人检查中的位次持续提升。整合渠道建设。制定网点建设工作推进方案，加快物理网点优化和建设，向重点县域迁建网点 4 个，全年共迁址网点 15 个，原址装修 19 个。加强离行式自助设备布放，特别是增加县域布放，38 个新建离行式自助银行顺利开业，新投入自助设备 136 台，更新自助设备 68 台，发展助农取款点 1058 个。以转账电话和结算通卡为载体，加大对市场、园区、学校及社区的辐射力度，全年共布放转账电话 3673 台，发放结算通卡 10.23 万张。

【基础管理】加强班子队伍建设，加大员工培训力度，提高了干部员工的责任意识和担当能力。加强客户经理队伍建设，选拔近两年入行的新生、名校生充实到客户经理队伍，培养产品带头人。组建产品经理队伍，补充了 56 名近几年毕业的大学本科生到个人客户经理队伍，个人客户经理队伍壮大至 270 人。强化职业培训，针对核心人才、业务骨干和一线员工等不同群体的需求开展差别化培训，持续开展“送培训到基层”活动，共开展培训活动 600 余次。

【风险管控】在经济下行、风险频发的情况下，平稳退出钢贸煤贸行业，资产质量得到有效控制；新型城镇化、房地产行业等存量资产质量情况平稳可控。不良贷款额、不良贷款率和当年贷款拨备预估计提等资产质量三项主要指标均控制在省行计划内。

（吕彦华）

中国建设银行股份有限公司承德分行

【概况】2014 年，中国建设银行股份有限公司承德分行（简称“建设银行承德分行”）认真贯彻落实国家经济金融政策和总分行各项安排部署，围绕重点工作，扎实有效推进，主营业务实现稳步发展，实现了争先进位的工作目标，同业市场竞争力、风险内控水平和员工满意度有效提升。全年实现信贷投放 83.20 亿元，贷款余额 158.13 亿元，比年初新增 20.16 亿元，完成省分行计划的 145.60%；全口径存款余额 167.80 亿元，比年初新增 12.32 亿元，日均存款余额 159.92 亿元，比年初新增 10.12 亿元；实现中间业务净收入 1.45 亿元，完成省分行计划的 116%；实现拨备前利润 5.23 亿元，完成省分行计划的 104.60%，增速居同业第一；不良贷款得到有效控制，不良贷款率比年初下降 0.07 个百分点；全年未发生案件和责任事故，实现了安全稳健运营，第六次蝉联河北省文明单位称号，社会形象进一步提升，社会影响力进一步增强。

【业务发展】对公资产业务快速发展。继续坚持资产项目底线经营职责，将大中型“两拓展”、小企业“四新增”作为资产业务的工作目标，强化支行、部门经营责任。通过业务创新、政策对接、结构调整等措施，多角度、多渠道发挥出资产的引领带动作用，业务拓展与转型氛围进一步浓厚，各类贷款实现齐头并进。个人资产业务实现争先进位。个人贷款新增居同业第一，个贷定价水平居同业和系统第一；稳步推进公积金联名卡批量发卡，全年新发卡4.70万张，累计发卡8.20万张，从源头抓住了大量客户资源。对公存款实现较快增长。统一思想，营造增存氛围；突出主攻目标，发挥增存的带动作用；强化产品运用，拓展增存空间。开展三大产品提升工程，促进个人存款稳定增长。借助代发工资、结算通卡、商户三大产品提升工程，从源头和渠道两个角度抓好个人存款新增工作，通过提高基本结算户代发比例以及存量代工户的资金沉淀率，扩大商户规模，实现了个人存款的良性循环；通过发放结算通卡，抢抓结算市场资金，提高了个人存款增长的内生动力。加快转型与结构调整，中间业务实现快速发展。注重产品与业务的联动，对公中间收入实现快速增长；善融商务实现较快发展；信用卡业务发展势头较好；代理业务取得积极成效。

【风险内控】加强党风廉政建设，狠抓案件防控。开展“正风肃纪、勤业守廉”主题教育活动，扎实开展“管控关键环节、防范突出风险”案件专项治理活动。认真落实《领导人员任职前听取纪委意见试行办法》，加强选人用人监督，管理人员素质进一步提升。强化信贷风险管理，重点监控房地产开发贷款、重点小企业贷款、产能过剩行业的上下游企业贷款，强化个人类贷款管理，对到期贷款及平台贷款还贷还息资金实施表格化、责任化管理，提前制定风险化解措施，提高资产质量。强化检查督导，严控操作风险。突出重点检查项目，强化落实问题整改和责任追究，深化风险分析例会制度，严控柜面操作风险，进一步提高柜面操作风险防控水平。深入开展安全管理和保卫工作，深化武装外包和尾箱寄库等外包事务管理，远程监控报警中心工作获得省分行通报表彰。加强声誉风险管理，全年未发生任何声誉风险事件。

【基础管理】强化营运基础工作，为业务发展提供强有力保障。发挥委派主管作用，提高柜面操作第一道风险防范水平。集中资源组织开展旺季营销、“五项工程”等营销活动，激发全员的工作积极性，促进了各项业务健康快速发展。积极推进网点综合化建设，2014年新增综合化网点7个，全辖27个网点除兴隆大有储蓄所外全部实现综合化转型。信息科技工作的保障能力进一步增强，主要业务系统安全稳定运行，核心业务系统可用率一直处于100%水平。实现了印章集中管理，反洗钱工作整体情况良好。

【企业文化】强化民主管理，坚持党委中心组学习，班子成员的政治素养和整体战斗力进一步提升。继续坚持重点联系行制度，行领导深入对口支行、网点开展调研，了解业务发展的重点难点问题，帮助解决实际困难，促进经营决策更加符合实际。强化以人为本，积极倡导“让客户满意，首先让服务客户的员工满意”的理念，把尊重关爱员工落到实处。积极开展“四十佳”评选活动，发挥先进引领作用，营造了积极向上的工作氛围。

（刘树兴）

中国建设银行股份有限公司张家口分行

【概况】2014年，中国建设银行股份有限公司张家口分行（简称“建设银行张家口分行”）在监管部门的指导支持下，认真贯彻总、分行工作部署，紧密结合地方和本行实际，妥善应对各种挑战，各项工作取得新的进步。全年实现利润总额5.69亿元，系统第九、同业第二。各项贷款余额209.10亿元，同业第三，比年初新增19亿元，同业第二。其中，对公贷款余额132.80亿元，比年初新增11.30亿元，新增居同业第一。个人贷款余额76.30亿元，比年初新增7.80亿元，新增居同业第二。不良贷款实现额率双降。一般性存款时点余额243.20亿元，比年初新增5.50亿元，余额、新增均居同业第三。一般性存款日均余额233.10亿元，比年初新增10.20亿元，新增同业第三。其中：储蓄存款日均余额140.70亿元，比年初新增4.20亿元；对公存款日均余额92.40亿元，比年初新增6亿元，储蓄存款和对公存款的日均新增均居同业第二。实现中间业务净收入14251万元，同业第二。

【加大对地方经济支持力度】发挥建设银行在中

长期贷款方面的传统优势，将上级行经营政策与张家口市“四型经济”战略紧密结合，全年为落地的项目、当地企业和个人融资总额达到92.40亿元。其中，投放各类贷款76.80亿元，通过私募债、融资租赁等直接融资9.60亿元，银行承兑6亿元。

【大力支持生态经济发展】 积极响应市委、市政府大力发展新型能源建设的号召，共发放相关项目贷款16.60亿元，其中：发放全市首笔光伏发电领域贷款7.20亿元；继续加大风电项目投放力度，累计发放6笔共6.30亿元风电项目贷款；发放热电项目贷款2笔共3.10亿元。

【大力支持园区经济发展】 2014年初，该行与全市21个园区、74家园区企业进行了对接，对园区项目进行持续跟踪。与东山园区、察北产业园区、宣化区经济技术开发区、南山园区的4家企业建立了信贷合作关系，投放信贷资金7.30亿元；与符合信贷准入条件的张家口保胜新能源等8家企业达成合作意向；对珂玛新材料等35家企业继续跟踪；将暂不具备信贷合作条件的企业也列入客户储备名单。

【大力支持县域经济发展】 向在县域注册的项目、企业和个人投放各类贷款25.90亿元。其中，2014年发放两笔中长期贷款，专项用于城镇化建设；向阳原兴安热力等县域基础设施项目投放贷款7900万元；向雪川农业等现代农业领域投放贷款9600万元；向赤城、蔚县等采矿业投放贷款7亿元，有力促进了县域经济发展和城镇化水平提升。

【积极跟踪介入奥运经济】 为将京津冀协同发展和申奥各项工作落到实处，建行张家口分行成立了金融支持京津冀协同发展和申奥领导小组和营销团队，具体负责相关项目的信息搜集、计划安排、工作指导、高层营销和协调督导工作。对于崇礼县涉及综合交通设施、水利工程、环境整治工程、基础管网和新建水源地工程的38个涉奥项目逐一进行甄别，并积极争取与之配套的200亿元相关产业基金进行对接，力争实现早日投放。此外，通过努力争取，省分行批复在崇礼设一个县域机构，积极支持申奥大局，填补了一个县域网点空白点。

【大力支持中小企业发展】 通过与政府建立信息共享平台，既解决了信息不对称问题，又增加了企业信用，降低了融资成本。全年累计投放中小企业贷款29.50亿元，投放规模、覆盖面都达到历史最好水平。全面搭建“助保贷”平台，成功搭建赤城、涿鹿、怀来、怀安、万全、下花园、高新区7个平台，占有机构县区的54%。政府风险补偿金到位4300万元，实现投放32户、金额13210万元。

【加大金融创新应用力度】 成功发行首笔代理私募债承销业务。2014年12月19日，承销的开滦（集团）蔚州矿业第一期私募债置入总行资产池，总额5亿元，这也是全省建行系统第二单、张家口市四行同业第一单私募债券承销业务。积极开展资产收益权理财业务。当年实现投资理财融资投放1.60亿元，累计投放金额4.10亿元。积极探索第三方融资业务。通过引进域外资金满足盛华公司融资需求，2014年信达租赁公司为盛华公司分两期投放资金3亿元。顺应电子商务发展潮流，为企业搭建电子商务平台。截至年末，张家口地区入驻善融商务平台的企业已达到64户，全年交易额1600万元。

【积极满足广大居民的金融需求】 为广大居民住房、消费助业等资金需求提供金融支持，全年实现个贷投放17.20亿元，个贷余额76亿元。大力发展分期业务，办理信用卡分期4.30亿元。加大自助设备投放和商户拓展力度，为广大居民提供方便快捷的服务。2014年，自助设备新增42台，年末总额达到204台，自助设备开机率居系统第三。商户净新增618户，截至年末商户数达到2097户。

（郭建军）

中国建设银行股份有限公司秦皇岛分行

【概况】 2014年，中国建设银行股份有限公司秦皇岛分行（简称“建设银行秦皇岛分行”）认真贯彻落实总分行各项工作部署，紧紧围绕“调结构，促转型，防风险，转作风，稳增长”的工作思路，按照“提升系统贡献度，做当地最优银行”的工作目标，着力处理好发展、转型、控风险三者间的关系，强力推进“三个百日会战”“五项重点突破”，各项业务实现了平稳发展。主营业务实现争先进位。一般性存款时点余额297亿元，比年初新增17.47亿元，新增居系统第六、同业第二。一般性存款日均余额284.58亿元，比年初新增23.49亿元，新增居同业第一。各项贷款比年初新增23.64亿元，居系统第六、同业第二；个贷新增稳居同业第一；贷款收益率比上年末提升0.25个百分点。经营效益再创新高。实现账面利润7.55亿元，同比增长3168万元。实现中间业务净收入2.75亿元，同业第二。KPI及战略业务稳步发展。11项主要战略性指标完成省分行计划；对公客户产品覆盖度居系统第三，提高值居系统第一；个人客户产品覆盖度居系统第三。资产质量有效控制。不良贷款额、率均居同业第二。社会形象进一步提升。首次获得系统内总行级文明单位称号，实现历史性突破。行风评议继续保持领先位次。全年未发生案件和责任事故。

【提升市场地位，坚固发展基础】 多措并举稳存增存。将稳存增存作为重要的基础性工作来抓。对公存款方面，关注大额资金，成功营销秦皇岛港股份有限公司9亿港币上市资金、正大食品7500万美元外债资金等；财政存款余额12.60亿元，同业第一；巩固并提升房金政策性存款市场份额，截至年末公积金存款余额17亿元，同业占比78.06%，稳居同业第一。个人存款方面，开展大众及大众富裕客户营销活动，加大约定转存、聚财宝等特色产品推广力度，县域支行存款贡献度大幅提高，县域存款新增对分行贡献度达到74.80%。强化资产带动作用。围绕秦皇岛市重点建设项目及承接京津产业转移项目，以大行业、大企业为重心，组建资产项目拉练团队，重点项目实现高效推进。新拓展大中型优质信贷客户19户；适度发展机构资产业务，为8家市县级医院累计投放贷款5.80亿元，为市排水公司融资9亿元。个人贷款新增12.21亿元，持续领跑同业。抓住商事登记制度改革和京津冀协同发展契机，加强对公账户源头拓展，截至年末，对公账户总量达到1.16万户，同业第一；新开立账户3384户，基本户净新增2133户，账户新增、基本户净增均居同业第一。个人有资产客户新增5.54万户，比年初增长7.97%；代工客户实现大幅增长，贷款户代发比例23.33%，系统第二；基本户代发比例5.14%，系统第三。积极抢抓战略业务。抢占电子银行业务制高点，电子银行账务性交易占比达85.56%，系统第一。国际业务同业领先，外汇存款时点余额1.63亿美元，系统第二、同业第一；跨境人民币结算量15.32亿元，同业第一。信用卡业务增势强劲，全年信用卡累计发卡16.10万张，同比增长27%；专项分期额2.09亿元，一般分期实现2.10亿元，同比增长106%。

【调整优化创新，力促转型发展】 稳步推进结构调整。按照“压保理、降煤炭、控贸易”的思路加快信贷结构调整，累计压缩保理12.33亿元，煤贸类退出8.57亿元，小企业贷款降至14.96亿元，基本实现了风险可控。着力提升有效客户占比，个人有效客户总量24.70万户，新增3.09万户，有效客户占比提升1.82个百分点，高于全省系统平均水平0.25个百分点；对公有效客户总量3254户，新增358户，增速11%。加快“三综合”建设进程。举办专题培训，员工“三综合”培训率100%，所辖营业机构对公业务开办率100%。大力推进创新应用。成功办理海洋经济和海域使用权抵押贷款等5项全省系统首笔业务；表内海外代付业务、福费廷转卖业务、商用物业抵押贷款等11项业务实现分行层面的创新。

【强化内控管理，提升发展质量】 严守底线，全力防控信贷风险。开展了2013年以来新发放贷款“回头看”和2013年以来信贷业务审计及外部监管检查问题整改排查活动，审计问题整改率达到98.51%。提高警惕，保持案防高压态势。以防范员工参与非法集资、经商办企业等为重点，对全辖63个机构进行了4次专项排查，排查4108人次。扎实推进“平安建行”创建，进一步加强了信息科技及声誉风险管控。

【打造人才方阵，壮大发展力量】 抓作风，带队伍。抓党性教育，开展红色教育月系列活动，弘扬求实作风、奋斗精神。突出实干精神，对领导干部提出“能力、敏锐、合作、主动、落实、业绩”六个关键词的要求。加大干部选拔培养力度，将合适的人用到合适的岗位上。抓教育，提素质。把人才的培养、干部队伍素质的提升放到战略高度，2014年人均培训9.5天，远高于全省系统平均水平。积极探索客户经理队伍建设新路径，选拔出65名青年员工进入对公客户经理研修班，为信贷业务发展培养和储备人才。送关爱，促和谐。逐项落实关爱员工20条，加大对一线员工的薪酬和激励倾斜力度。积极开展“创先争优”“双十”推选活动，激发催人奋进的正能量。

（金　婷）

中国建设银行股份有限公司唐山分行

【概况】2014年，中国建设银行股份有限公司唐山分行（简称“建设银行唐山分行”）认真贯彻落实总分行各项工作部署，深化改革创新，加快转型发展，主要业务指标基本实现了“同业最强、系统最优”目标。截至年末，全口径存款余额871.94亿元，比年初新增63.91亿元；各项贷款余额624.30亿元，比年初新增40.80亿元；实现中间业务净收入6.85亿元。个人存款余额、各项贷款余额、对公非贴贷款余额、中间业务收入等指标均居系统第一；一般性存款新增、对公存款新增、各项贷款余额（含资产入池）及新增、对公非贴贷款余额及新增、个人贷款余额及新增、中间业务净收入等指标均居同业第一。实现账面利润22.41亿元，系统第一，同比增加2.49亿元。资产质量保持同业最优，全年“零案件”“零事故”，被唐山市银监局评为2014年度“无案件机构”。以全国建行系统第一名的成绩通过“第四届全国文明单位”复验，分别被总行、省分行评为2013—2014年度企业文化建设先进单位。

【主营业务】积极转变发展观念，深化改革创新，统筹推进存款、贷款、中间业务和战略性业务发展，各项业务实现了全面争先进位。以抢抓优质客户为重点，跳出存款抓存款，加快从营销存款到营销客户的转变。建立对公存款长效机制，对公存款日均新增59.79亿元，市场份额比2013年末提高3.07个百分点，其中新增对公账户带来存款时点新增22.15亿元，日均新增19.03亿元。个人存款时点余额545.70亿元，比年初新增24.60亿元，日均余额532.30亿元，比年初新增25.80亿元。公司类资产业务方面，抓住京津冀协同发展和新一轮产业布局调整重大机遇，大力发展城镇化建设贷款、海洋经济开发贷款、商用物业抵押贷款等重点产品。与唐山市政府签订《支持城镇化建设和海洋经济建设战略合作协议》，有效拓宽了业务发展空间，全年完成城镇化建设贷款审批3户，累计投放12.10亿元；海洋经济开发贷款审批待投放2.80亿元，商用物业抵押贷款实现首笔投放、金额7600万元。机构类资产业务方面，以财政、教育、医疗等民生领域为重点，全年累计投放机构类贷款10.66元，贷款余额42.05亿元，均居系统第一。小企业信贷业务方面，积极推进“助保贷”平台签约，全年共签约6个平台，投放“助保贷”7395万元；积极推广大数据理念，发放“五贷一透”7236万元，推进了小企业业务向小额化、标准化和集约化发展。住房金融业务方面，坚持“谨慎发展、有进有退”原则，主动选择重点区域、重点客户和重点项目进行支持，截至年末，房地产开发贷款余额32.27亿元，比年初新增3.10亿元，分别居同业第一和第二。加快个人助业贷款、再交易住房贷款发展，截至年末个人贷款余额100.20亿元，比年初新增14亿元，余额和新增均居同业第一。积极推进中间业务转型，非信贷相关产品对中间业务收入的贡献度达63.88%，同比提高10.38个百分点。投行业务快速发展，推进中间业务收入结构进一步改善。不断加大产品创新力度，鑫融通、POS贷等5项业务填补了全省系统空白，商用物业抵押贷款、创业贷、结算透等8项业务实现了自我突破。手机银行、个人网上银行活跃客户净新增均居系统第一，微信银行和企业网上银行活跃客户净新增等主要客户指标保持系统领先；同业授信、同业外汇存款、境内外清算账户等方面取得市分行系统零突破，贸易融资信贷投放量、国际结算量、代客结售汇、黄金租借等多个指标居系统第一。信用卡业务实现客户、发卡、预审批实际发卡成功率均居系统第一。

【体制机制】探索建立客户拓展长效机制，推行客户分层维护和表格化管理，确保客户服务维护工作分解落实到人；开展“四抓、四进”活动，总结推广“驻大厅、抓两端”工作法，夯实了客户基础，全年单位结算账户新增3935户，新增同业占比48.79%，个人客户和对公结算账户数均跃居同业第二。强力推进网点综合化建设，所辖107个机构具备了综合业务受理资格。完成新建、迁址及改造网点15个，建成自助银行44个，创新引进智慧银行；稳步推进助农取款点建设，开通助农取款点11户。积极推动五大专业中心转型，独立经营，单独考核，提升了专业服务水平。

【基础管理】优化资源配置办法，压缩后勤保障性费用向前台一线大幅倾斜；大力压缩会议费、招待费等办公性和消耗性费用支出，全年招待费列支金额较上年压缩22.74%；扎实做好“新一代”等系统推广上线，2014年二、三季度IT风险管理考核居系统第一。遵化支行被评为“2014年度中国银行业文明规范服务五星级营业网点”“2014年度中国银行业文明规范服务千佳示范单位”。

【风险防控】加强信贷风险管理，从严选择客户，加强押品监控和贷款分类管理，及时监测和排查，动态调整风险分类，资产管控能力不断增强；扎实推进不良资产处置，全年处置不良资产13248.39万元。强化案件防控教育，分两批在唐山监狱现场开展了“远离犯罪、爱岗敬业”主题预防职务犯罪警示教育，组织全体员工开展廉洁从业承诺和宣誓签字，开展条规案例教育27场，受教育员工两千多人。

【队伍建设】扎实推进党建工作，强化人力资源管理，认真开展教育培训和落实员工关爱等举措，构建了风清气正、人心思进的良好氛围，为加快发展凝聚了强大合力。建立公平公正的选拔用人机制，加强核心人才培养，引导青年员工下基层锻炼。继续完善绩效考评机制，推行“一人一张表”，集中利用半年时间开展了“践行核心价值观、爱岗敬业”活动，制度流程得到进一步梳理，管理水平大幅提升。注重发挥企业文化、工会和共青团作用，组织开展了建设银行唐山分行“60年60佳”评选、“十大杰出青年”评选、演讲比赛等丰富多样的文体活动，凝聚了发展正能量。

（李树林）

中国建设银行股份有限公司廊坊分行

【概况】2014年，中国建设银行股份有限公司廊坊分行（简称“建设银行廊坊分行”）按照中央和总分行工作部署，从严治行、规范管理、夯实基础、稳健发展，各项业务发展保持良好势头。截至年末，一般性存款日均新增62.10亿元，增速15.20%；各项贷款新增63.94亿元，增速20.30%，其中个人贷款新增57.94亿元；实现中间业务净收入3.69亿元，增速5.30%。实现拨备前利润12.87亿元，增速21.60%。不良贷款实现了额、率双降。未发生重大案件和责任事故。

【负债业务】建立存款增长机制，推进存款增长常态化、持续化。营销市级农民工工资预储金账户及北京新机场首笔拆迁补偿资金20亿元，机构存款日均新增16.60亿元，创新信用证开立、委托付款、汇贷盈、汇财盈、存汇通、跨境结汇、国际供应链贸易融资等产品，带动存款增长。利用票据业务、支付结算材料款、工程款，稳定企业存款。利用银行柜面通、跨行归集和个人客户现金管理等交易渠道和服务功能，提升资金沉淀比例。抓县域拆迁、特色市场、产业集群、特色经营、精品社区等客户，吸收个人存款。全年新增代工单位319户，新增代工个人客户4.80万户。截至年末，本外币对公存款时点余额221.93亿元，日均新增40.91亿元。

【资产业务】借助京津冀协同发展，组建专业营销团队，从源头拓展客户。推进新农村建设、城镇化、商业物业贷款等业务，营销财富中心、新朝阳、明珠集团等商业物业抵押贷款项目，完成“廊开新”城镇化项目、荣盛商用物业贷款项目审批投放、万庄新城综合授信、华夏集团综合授信等，储备中电投燃气发电、清泉供水固定资产、汇福泰州固定资产目、新奥舟山等项目，全年累计投放大中型项目贷款34.20亿元。以批量化营销促进小企业业务转型，依托政府推进“助保贷”“政银贷”业务；依托工业园区拓展承接进入本地京津冀协同发展小企业；依托核心企业拓展“供应贷”业务；依托专业市场发展“建材通”业务，拓展优质资产抵押业务。2014年，小企业贷款累计投放32亿元。以“提收益、创价值、保质量”为目标，对房企、住房资金管理部门、个贷客户开展链式营销，提升房金业务价值贡献；推广房e通、善融商务小额贷款等产品，加大营销覆盖面。截至年末，个贷余额247.78亿，荣获总行房金业务“营销百家机构”称号。

【中间业务】 落实银监会“七不准”“四公开”原则，按照总行“四有”标准，合理收费；强化产品创新，创新开办第三方按揭理财业务、养颐四方·河北专享产品，创新移植固贷项下非固贷支用，拓宽收入渠道。全年投行牵头口径实现中间业务收入7985万元，理财产品销售总量和对公销售收入同比增幅均居系统第一；财务顾问业务收入4498万元，完成省分行计划的115.30%，新型财务顾问同比增长1074万元；完成保本理财产品定制52笔，总额62.70亿元，系统第一；完成保证金理财5笔，总额16.80亿元，系统第一。

【国际业务】 明确重点区域、重点客户，实行表单化管理，夯实国际业务客户基础，全年新增有效客户37户，好丽友、利比玻璃、梅花生物等重点客户实现新突破；在保持国际业务传统产品优势的同时加强产品创新，办理全国建行系统首笔反担保备用信用证业务和以他行信用证为母证的国际供应链融资业务，全省系统首笔NRA账户换币福费廷转卖、国际供应链融资、随心存、信用证项下委托付款等业务。2014年，外汇对公存款日均新增4亿元，系统第一；表内外信贷投放超10亿美元，系统第二；完成国际结算量27亿美元，系统第二；跨境人民币结算量46亿元，系统和同业均排名第一；实现中间业务收入3591万元，系统第三、同业第一。

【信用卡业务】 以预审批为抓手，深入挖掘行内优质代工、存款、理财、个贷、网银等客户资源，稳步推进ETC龙卡、公积金龙卡、联名卡等重点项目；组建专业化团队成立分期业务中心，以汽车分期、一般分期为重点，以个贷业务带动安居分期、车位分期业务发展；延伸网点柜面营销，打造以信用卡分期为依托的消费信贷平台；拓展商户，以专业市场为重点，实现批量化营销收单业务，促进资金体内循环。新增信用卡账户4.70万户，实现中间业务收入5700万元，信用卡账户活动率58.45%，新增POS商户703户，均居同业第一；实现POS收单交易额150亿元，系统第一。

【电子银行业务】 发挥平台作用，以特色产业集群为重点发展善融商务，全年新增商户121户，新增活跃商户132户，交易额2.60亿元，均居系统第一；从源头入手，抓新开账户同步签约和活跃客户占比，确保客户规模不断增长和客户质量同步提高；加强各种典型案例推广，全年电子银行账务性交易量比77.50%，系统第四；企业网银客户活跃率58.50%，新签约客户激活率100%，个人短信通知新签约151226户，跨行资金归集交易额1.59亿元，均居系统第一。

【渠道建设】 优化调整物理网点布局，加大自助设备投放力度，延伸服务半径，在富裕乡镇建设助农服务站，提升柜面分流能力和设备运行效率。2014年，4个营业网点进行装修，1个网点迁址，新建离行自助银行10个，自助设备台均收入5.41万元；自助设备平均缺钞率0.06%。充实客户经理队伍，加强履岗能力培训，客户经理营销维护主渠道地位突出。坚持主管行长下楼进厅，确保大堂经理、个人业务顾问在岗率；加大客户服务检查力度和频度，全年未发生重大投诉和媒体曝光负面舆情。

【内控管理】 将风险防范摆在突出位置，多维度强化资产质量管控、夯实内控管理、开展平安建行创建，确保安全运营。开展“内控促发展、合规创价值”合规文化教育季活动，教育员工遵章守纪。建立共同责任体、内控评价和绩效资源挂钩、检查责任及监督、员工行为排查责任等系列合规管理长效机制，提高合规管理的针对性和有效性。制定基层机构内部控制评价实施方案，实行一票否决。加强反洗钱操作标准化建设，强化关联交易管理，做好柜面操作风险管理，减少屡查屡犯和此查彼犯。加强员工警示教育，开展员工行为排查。改进内外部审计和稽核监测发现问题整改。做好积分管理工作，做到有奖有罚、责任清晰。

（杨 鹏）

中国建设银行股份有限公司保定分行

【概况】2014年，中国建设银行股份有限公司保定分行（简称“建设银行保定分行”）积极适应新常态，坚持“提升内涵，深化特色，加快创新，重点跨越，严防风险”的工作思路，以提升市场竞争力为目标，主动抢抓机遇，狠抓重点突破，深化转型创新，严格内控管理，各项业务实现了快速稳健发展。全年实现拨备前利润12.80亿元，同比增长2.20亿元。一般性存款时点新增55.80亿元，其中对公存款时点新增25.30亿元，个人存款时点新增30.50亿元。各项贷款余额251亿元，比年初新增47.80亿元。实现中间业务净收入4.50亿元，同比增长1390万元。全年对公有效客户新增840户，个人有效客户新增79316户。资产质量不断提升，不良贷款额率实现双降。全年实现零事故、零案件安全稳定运营。年内先后被总行授予企业文化建设先进单位和第四届总行级文明单位，蝉联河北省精神文明单位称号，并被省政府评为河北省先进集体。

【强力营销，主动抢拼市场份额】拓客户，夯实发展基础。把客户拓展作为重中之重，全面落实客户分层维护、名单制管理机制，以综合服务方案为抓手，整合资源，上下联动，抢抓优质客户。加强系统数据运用，创新产品组合，实施跟进式、精准化营销。深入挖掘存量客户潜力，重点推进零资产客户激活、临界点客户转化，有效客户占比不断提升。大力开展非金融服务活动，打造“金融理财”“品质生活”“子女教育”“财富传承”为一体的综合化客户服务平台。抓存款，紧盯日均新增。准确把握政策，加强存款新增常态化、长效化管理，完善存款分类管理、分层营销机制，加强数据监测分析，持续开展“全员动员抓存款”“抢市场、提占比、促增长”等营销活动，加大资源配置和考核力度，提升精细化指导和精准化营销能力。促中收，狠抓提质降转。巩固传统业务优势，加大业务指导力度，努力打造拳头产品。提升非信贷类产品中收占比，狠抓零售产品销售，促进结算收入快速增长，结算六项产品覆盖率居系统第一。

【打造优势，加速推进资产业务发展】抢抓京津冀协同发展机遇，及时成立支持京津冀协同发展领导小组和工作小组，发挥专业服务团队作用，强化上下联动、责任分工，加强与地方政府的沟通，积极开展多领域合作，成功营销一批产业承接项目。突出特色，促进小企业业务。依托保定34个产业园区和14个省级产业集群，抓好重点支行项目对接。强力推进“三贷一透”业务，积极与市政府、商会签订合作协议，成功签约“助保贷”合作平台6个，先后被总行、省银监局评为小企业业务卓越贡献机构、河北省银行业金融机构小微企业金融服务优秀团队。稳健经营，巩固房金业务优势。严把政策导向，准确研判市场，紧盯优质项目，借势发展房开贷款业务，全年累计发放房开贷款超过10亿元，不良率为零，保持了同业及系统优势。

【转型创新，增强业务发展活力】加快网点“三综合”建设，截至年末综合性服务网点总量73个，综合性服务网点占比90%，符合条件的单功能网点转型率达到100%，综合业务柜台数量212个，实现了“一站式”服务。加快发展战略性业务，以投行业务、电子银行业务、机构业务、信用卡业务为重点，积极抢拼同业市场份额，抢占战略性业务制高点，四项业务主要指标位居同业、系统前列。大力提升服务质量，深入开展“个人客户服务年”活动，通过数据分析、录像抽查、后台监控、明察暗访，加强柜面服务监督检查，建立服务考评机制，加大奖罚力度。积极提升服务效率，规范电子签约业务流程，统一排队机设置，实现前台“自动填单系统”成功上线，加强客户分流与指导，客户平均等候时间显著缩短，服务效率显著提升。积极推进产品创新，从满足客户需求出发，加大创新产品推广应用，率先在全省系统投放首笔“科技发展贷款”，围绕“三贷一透”推动小企业创新产品批量化应用，结算产品创新组合应用成效显著。

【严防风险，确保全行安全运营】提升资产质量。大力开展“信贷风险防控年”活动，强化信贷基础管理，严格落实信贷责任，在全省系统率先建立信用风险过程管理评价制度，提高预警能力和处置效率，严防不良资产反弹。严防操作风险。完善柜面操作风险管理机制，加强关键风险点管控，组织开展现场、非现场检查 21 项，检查面 100%。增强全员按章操作意识，提高风险防范能力，全年成功堵截各类风险事件 63 起。加强生产系统基础管理，金库集中作业能力持续提升，主要生产系统运行、错账调整等多项工作获省分行通报表扬。狠抓案件防控。扎实开展“管控关键环节、防范突出风险”案件专项治理活动，全面落实安全管理责任制，建立常态化风险监测、排查和管控机制。以“平安建行”创建为抓手，强化安全管理，确保全年零案件、零责任事故。

（王旭庆）

中国建设银行股份有限公司沧州分行

【概况】 2014 年，中国建设银行股份有限公司沧州分行（简称“建设银行沧州分行”）认真贯彻落实各项监管要求，将提比进位作为基本出发点，以综合化经营转型为核心，进一步抢抓机遇、加快转型，各项业务保持稳健发展，经营效益同业领先。全年实现中间业务净收入 4.21 亿元，同业第一。实现账面利润 9.31 亿元，同业第一。一般性存款日均新增 29.06 亿元，系统第五，其中个人存款日均新增 16.13 亿元，系统第五。资产质量继续保持四行同业最优。被评为全国文明单位，荣获“中国企业文化基层践行五十佳班组”全国级荣誉，是全国建行系统唯一获此殊荣的地市分行。还先后获得第四届总行、省行级文明单位，2014 年度省行级企业文化建设先进单位，民主行风评议连续第十三年保持金融系统第一。

【抓综合化业务转型，不断提升客户服务能力】 按照“真正为客户创造价值，为客户提供便利，帮助客户解决难题”的目标加快推进综合化转型。进一步完善对公综合任务型团队，制定一揽子金融服务方案，争取优质客户的主办行地位，重点营销基本结算户。围绕客户需求和价值贡献进行综合定价。实施跨条线产品交叉销售，加强对个人指标带动的考核，充分重视“长尾理论”，大力抢抓代发工资等个人业务，做到批发业务零售化处理，发展集群式个人客户。深化网点“三综合”建设，解决客户的“一站式”服务问题。优化劳动组合，充分发挥各岗位人员的作用，对个人客户提供一揽子服务，最大限度挖掘客户潜力。将网上银行、手机银行、转账电话、POS 机具和商户 MIS 布放作为重点，使建行服务最大范围内进行延伸。

【抓大项目，大抓项目，抢抓京津冀一体化机遇】 围绕京津冀一体化产业转移的机遇，坚持抓大项目，大抓项目，积极拓展各类对公新客户。一是集中资源保障大项目营销。在人力资源上，向对公经营中心和渤海新区、黄骅等重点部门和支行选派优秀干部和员工，在信贷规模管理上优先保证大项目的投放。二是加强项目的督导推进。对全市 200 多个重点建设项目进行清单式管理，把项目分配到支行和部门，明确“一把手”为主要负责人，定期督导和通报。三是抢抓政府机构类客户。成功与当地住建、人社部门签订合作协议，成为全省建行系统内第一个签订监管协议的商业银行，累计开立农民工工资预储金账户 19 户，成功营销沧州市国土资源局运河分局，实现市区国土系统客户的“零”突破。与沧州海关达成合作备忘录，主办其“无纸化”办公。

【抓绿色、节能、民生，不断优化信贷结构】 一是发力第一产业，抢抓现代农业发展良机，将信贷资源适当向农业产业化项目倾斜。二是围绕产业升级，加强高端制造、临港工业等领域投入，重点支持有市场前景、有创新能力、有成本优势的企业。三是加强对节能、环保、高新技术产业的支持。四是加强民生领域客户营销，在巩固现有业务优势的基础上，进一步加大营销力度，扩展客户范围。

【打造奋发有为的干部员工队伍】 把“奋发有为不懈怠，抢抓发展敢担当”作为对领导干部的基本要求，打造敢于亮剑、敢于担当、敢于竞争、敢于创新的干部队伍。一是加强动员，统一干部员工的干事思想，继续保持实干、苦干、奋发有为的精神和创先争优的竞争意识。二是加强机关作风建设，对于基层反映的问题及时答复，限时解决。把分行领导、机关处室包行落到实处，坚决杜绝形式主义，强化机关对基层有效的服务支撑。三是实施机构负责人末位淘汰机制，通过公开、公平、公正的形式，使经营业绩长期落后，在岗位上没有新思路、新办法，不能破解发展难题的机构负责人退出干部队伍。

【加强风险防控，为业务发展提供安全保障】将防控操作风险放在主体和核心地位。提升信贷人员的客户识别和选择能力，把好“入口关”。加大不良清收力度，对于已经形成的不良贷款，综合运用各种手段进行清收；对于逾期贷款，提前做好各类处置预案，将信用风险降至最低。综合运用现场与非现场等有效管理手段，对各类隐患坚持从严从重处理，对违反“红线、底线、高压线”的干部员工，绝不手软。

（张玉飞）

中国建设银行股份有限公司衡水分行

【概况】2014年，中国建设建行股份有限公司衡水分行（简称“建设银行衡水分行”）坚持企业发展、服务社会、履职尽责并重，不断增强忧患意识和风险意识，加大保障和改善民生工作力度，为保持衡水经济平稳较快发展、社会和谐稳定做出了重要贡献。全年实现拨备前利润4.20亿元，创历史最好水平；一般性存款时点新增12.40亿元，居同业第二；各项贷款新增11.30亿元，居同业第三；实现中间业务净收入1.20亿元，居同业第三；不良贷款额率为同业最低；全年未发生案件和重大风险事件。客户服务得到社会各界的认可，获得衡水银行业“金牌服务单位”称号，行风评议连续十一年保持金融系统第一，连续四年被市委、市政府评为“支持地方经济发展先进单位”。

【履行社会责任，促进经济发展】本行紧紧围绕衡水市“十二五”确定的核心工作，配合全市“项目立市、工业强市、三产兴市、农业升级、绿色崛起”战略部署，积极支持新农村建设和区域经济发展。一是加大对中小企业和“三农”的支持力度。以实体经济为主导，围绕安平丝网、枣强皮草、景县胶管、桃城区橡胶等产业集群，制定了详细的拓展方案和支持措施，强力推进“助保贷”“结算透”“善融贷”“供应贷”等产品，整合多方业务资源，共同满足小企业各项需求，累计为300多户小微企业户解了燃眉之急。二是加大对住房贷款的支持力度。加快楼盘合作拓展，积极打造“要买房到建行”服务品牌，为9717户客户解决了住房问题或改善了住房条件。同时，开展与住房公积金、房管局维修基金方面的深度合作，公积金贷款、维修基金存管居同业第1。中小企业信贷和房地产信贷实现快速发展。三是强化对大项目的支持力度。在抓好特色发展的同时，紧跟市政府基础设施项目、“三个一百”和“1+10”行动计划项目，实行“名单制”管理，明确客户经理区域分工，组建客户经理团队；制定客户经理与支行定期对接机制，项目营销上下联动，对大项目的服务和支持得到了有效保障。

【推进结构调整，支持地方产业】实行差别化信贷政策。制定“四个不进入”标准（即不符合产业政策的不进，不符合环保要求的不进，存在偷税骗税等不法行为的不进，存在非法集资行为的不进），以实体经济为重点，拓展制造业和新兴产业客户。信贷推进结构调整。以制造业和基础设施领域为主导，重点加大对电力、公路、铁路运输、金属制品、橡胶制品、医院、农副食品加工等行业的支持力度。推进特色化发展。小企业发展重点突出“集群化”特点，倾斜财务资源、人力资源，在丝网、橡胶、皮草等产业实现了优先发展。积极履行环境责任。进一步加快结构调整步伐，对于高耗能、高污染以及产能过剩限制性行业，实行紧缩、不进入政策，把支持重点调整到“绿色信贷”战略上来。

【心系大众客户，提供优质服务】把服务作为发展的着力点，致力于以服务赢得客户，赢得信任，赢得发展。对客户实行分层服务维护机制，制定分管客户激励约束办法，加强对代工客户、理财客户、房贷客户、小企业贷款客户等重点客户的沟通和维护，对服务不到位、指标同业位次长期落后的支行和网点主要负责人进行重点约谈。优化服务渠道，根据县域经济发展推进安平和阜城两个县域的网点增设工作，取得了一定成效。全年新增运行离行式自助银行 7 个，总量达到 132 个。首家助农取款点景县广川镇点调试成功，开始营业。

【致力公益事业，积极回馈社会】 始终把支持教育事业、关心弱势群体及弘扬民族文化等作为回报社会、履行社会责任的战略重点，开展“关爱留守儿童献爱心送温暖”及“春雨行动”扶贫村帮扶，为阜城县齐门村、武邑县小谷口村、黄谷口村捐赠食品、文具及衣物 600 多件，展现了建行员工关注弱势群体、扶贫济困的良好道德风尚。开展道德教育，传播正能量。开展“英雄母亲”、“英模母亲”资助，多年来累计为 27 位母亲提供资助，金额 10 万余元。与衡水中学连续多年开展“建设银行成长计划”，帮扶贫困学生 70 多人。在市里组织的各项活动中，积极参与，贡献力量，体现了建行“富而思源，回报社会”的感恩之心。

（李　磊）

中国建设银行股份有限公司邢台分行

【概况】 2014 年，中国建设银行股份有限公司邢台分行（简称“建设银行邢台分行”）积极适应新常态，坚持“五个突出”的经营导向，奋勇拼搏，攻坚克难，主要经营指标实现快速发展，多项指标创历史最好水平。截至年末，一般性存款时点新增 39.80 亿元，省行计划完成率居系统第 1，一般性存款时点余额 331.50 亿元。各项贷款新增 20 亿元，居同业第 1，余额 211 亿元。实现中间业务净收入 2.60 亿元，同业第 2，其中电子银行、贵金属、理财产品销售、信用卡及收单等产品增速居系统第 3，战略产品收入占比提升值居系统第 3。实现税前利润 7.60 亿元，同比增盈 1.20 亿元，实现经济增加值 4 亿元，同比增加 0.60 亿元，均超额完成省分行计划。单位结算账户净新增 2790 户、存量达 1.73 万户；个人有效客户折算后新增 19.50 万户，增速 16%，新增和增速分别居系统第 2、第 3；信用卡客户当年新增 7.20 万户，省行计划完成率 153.60%，居系统第 1。离柜账务性交易量比居系统第 2，自助设备开机率居系统第 1。连续十二年被评为省级文明单位，首次被评为全国级文明单位；被中国企业文化研究会授予“企业文化顶层设计与基层践行优秀单位”称号；荣获 2014 年度邢台市民主评议优秀单位，居金融系统第 1 名。连续八年实现无案件和责任事故，纪检监察、内控合规等工作跨入全省系统先进行列。

【抢抓机遇，推进转型发展】 抢抓京津冀协同发展和地方经济转型升级的商机，继续落实“两头延伸”的信贷结构调整策略，支持能源、交通、生物发电、城市供水等重点项目。着力提高小微企业和个人贷款比重，与县级政府签约“助保贷”协议，小企业非贴贷款余额 19 亿元。抓好优质楼盘和个贷客户营销，个贷余额 54 亿元，再创历史新高。主动从产能过剩、环保不达标的行业客户中退出，压缩性回收贷款 2.60 亿元。坚定不移抓存款。强化日均存款的考核，建立对公存款增长长效机制，加大财政社保资金营销力度。机构存款时点新增 13.50 亿元，占全部对公存款新增的 80%；个人存款日均新增 13.60 亿元，同业第 2。“提质降转”促中收。着力推动资产、票据收益权等理财产品创新，全年资产入池 8.60 亿元，理财增值收入 1274 万元；完成融资租赁业务 1.60 亿元。非信贷相关类中收占比达 64%，同比提高 15 个百分点。

【夯实基础，增强发展后劲】 突出客户和渠道建设在业务发展中的基础地位。强化客户精细化管理，认真落实“三大一高”客户发展战略，积极与工商、民政、工信等职能部门对接，抢抓客户源头，截至年末，单位结算账户总量达 1.73 万户。优化业务渠道建设，年内顺利完成 26 个网点“三综合”转型，新装修网点 9 个，新建离行自助银行服务点 20 个。探索将市区低效网点搬迁到金融资源丰富的县域，提高了综合竞争能力。加大对县支行支持力度，深入研究重点县域特色产业集群优势，出台了《县域机构提升市场竞争力指导意见》，县域支行贡献度提升。县域机构一般存款日均新增 13.20 亿元，占分行全部存款新增量的63.40%；县域机构个人贷款新增9.20亿元，占分行全部贷款新增量的71%。

【创新驱动，推进战略业务发展】突出转型创新在发展中的导向地位，围绕中收提质降转，抢占战略业务高地，做好转型创新。大力发展信用卡业务，持续开展“信用卡分期业务营销拓展季”活动，建立信用卡分期专职外呼团队，提高了分期业务影响力。全年信用卡业务实现中收5185万元，同比增速居系统第3。积极推进国际业务发展，强化外汇客户拓展和新产品应用，成功办理全省系统首笔“融账通2号”、“质票通”和跨境人民币境外直接投资业务。加大电子银行拓展力度，广泛开展“四走进”活动，加大悦生活、善融商务等特色网银产品营销力度，当年新上线缴费平台10户，电子银行交易量比达82.50%、提升值达15.40%，分别居系统第2、第1。

【加强队伍建设，凝聚发展正能量】加强企业文化建设，着力打造企业软实力，首次被中央文明委授予“全国文明单位”荣誉称号。积极倡导“细、实、严、俭”的工作作风，树立良好的企业形象。完善“五位一体”考核体系，积极开展行际“挑战赛”活动，有效激发企业活力。认真落实关爱员工20条举措，全年累计救助困难职工49人，金额14.40万元。工资待遇向一线和前台倾斜，首次为全员投保团体意外保险，组织员工参加形式多样的文体活动，提高了员工满意度。

【守牢底线，严防风险保平安】强化资产质量管控，研究制定了“拟介入信贷项目专题研究”实施方案，提高了信用风险管控的前瞻性和主动性。着力打造阳光信贷、责任信贷，夯实信贷管理基础。加快不良贷款处置速度，采取打包处置、以物抵债等多种方式，有效提升了资产质量。落实党风廉政建设主体责任，开展“诚信敬业、廉洁合规”主题教育活动，首次荣获总行“平安建行”先进集体称号。

（刘晓方）

中国建设银行股份有限公司邯郸分行

【概况】2014年，中国建设银行股份有限公司邯郸分行（简称“建设银行邯郸分行”）认真贯彻上级行党委各项工作部署，以精细化对标管理为抓手，围绕“调结构、促转型、控风险、增活力”工作主线，强化市场营销，推进结构调整，不断提升市场竞争力和风险控制能力，在极其严峻的经营环境下取得了较好的经营成果。全年实现拨备前利润12.81亿元，增速11.30%。实现中间业务净收入4.58亿元。一般性存款日均余额467.47亿元，比年初新增28.94亿元。各项贷款余额294.60亿元，比年初新增23.50亿元。战略业务贡献度进一步提升。不良贷款控制在省行计划之内。全年未发生案件和重大责任事故。

【加快管理创新，提升科学发展能力】强化业务多维度管理，全面挖掘自身潜力，把每一项业务的微小优势加以扩大。坚持“用数字说话”，明确目标和工作重点，准确分析系统和同业排位，细化具体措施，加强对业务发展的“过程管理”。坚持集约化经营，加强成本管控，做好费用统筹安排，从投入与产出、风险与收益、人员新增与存量盘活等方面全面加强了业务分析。深化产品创新实践，积极营造全员参与的创新氛围，进一步加快产品创新应用。

【找准业务发展方向，提升经营转型能力】加大存款攻坚力度，积极引导优质产品配给，扭转了个人存款大幅下降的局面。全面推进客户战略，细化对公客户和存款营销维护微观考核，促进对公存款增长。发挥财政客户对存款的支撑作用，成功上线财政国库集中支付自助柜面系统，成为全国建行系统第1家全流程上线的地市级代理银行。及时调整贷款投放布局，持续优化信贷结构，紧紧围绕市场发展趋势、脉络走向，果断发展优质国有大中型客户和个人贷款客户，推进小企业贷款批量化发展，逐步放缓城镇化等涉房类贷款投放，压缩中型风险客户，优化信贷结构调整，严控风险蔓延。规范中间业务发展，战略业务发展势头良好。在坚持“四有”的前提下，打造信用卡分期亮点，大力发展电子银行业务，战略业务对中间业务收入的促进作用显著提升。

【构建综合营销机制，提升整体服务能力】紧紧围绕机制建设，加快“三综合”改革，增强营业机构综合服务客户的能力。构建综合考核机制，初步建立了适应性较强的利益分配机制，保证买单激励能够兑现到个人，以强有力的考核来增强从团队到个人的营销积极性，在满足客户综合服务需求的同时，提升客户的整体质量。积极稳妥推进“三综合”建设，通过搭建模拟演练环境、一对一帮扶、包行指导等形式对前台柜员进行了综合业务知识培训，大大提高了综合柜员的业务素质，促进了网点综合化建设。

【夯实渠道基础，提升业务支撑能力】逐步形成了物理网点、自助设备、商户 POS 相互协同、相互呼应、相互补充的全新渠道格局。遵循“用好增量、盘活存量”原则，加快城区低效网点向发展潜力较大的县域迁移，增强了服务县域的能力。加快物理网点形象升级，持续组织推进“个人客户服务年”活动，提升了网点服务能力。挖掘自助设备网点再造功能，加快离行自助银行布放，有效了弥补网点不足的劣势。积极推进县域综合性支行和城区附行式自助设备集中管理工作，分别制定了自助设备加钞集中和分段集中实施方案，实现了岗位设置、业务处理的流程化操作。联动部署商户收单，组织开展了“全员总动员，抓对公，抓转换，抓专业市场”主题商户营销竞赛活动，在一定程度上实现了资金体内循环。

【强化从严治行理念，提升风险案件防控能力】建立内部风险信息共享机制。在涉及信贷风险的主要部门之间建立了风险信息共享机制。实行风险管理关口前移，实现贷前、贷中、贷后联动，信息共享，形成对单一客户风险的统一认识，有效避免风险的二次蔓延。强化从严治行理念，全面排查员工参与非法集资、违规代客交易以及经商办企业等行为，持续抓好员工行为管理。全面推进“平安建行”创建工作。结合日常安全检查，坚持把“平安建行”创建与安全评估、综合治理创建“和谐社会”相结合，开展平安支行、平安网点检查验收考核活动，避免“走过场”，员工合规操作意识、安全防范意识进一步增强。

【扎实做好队伍管理，提升员工的凝聚力和战斗力】扎实推进党的群众路线教育实践活动整改。继续深化整改措施落实，转变工作作风，着力解决实际问题。加强党风廉政建设，严格执行中央八项规定，提高干部队伍的组织性和纪律性。在坚持民主集中制的基础上，科学组织对部门负责人和支行负责人的考察任免和轮岗交流，着力为想干事、会干事、能够干成事的人员创造机会和平台。加强员工教育、培训和管理，针对不同层次人员和岗位需求确定培训方案，营造了创新求变的良好氛围。重视青年员工发展。统一全行青年员工业务核心人才队伍培养工作，建立了《青年员工培养方案》，完善年轻干部发现和培养机制，通过座谈会、专项培训等形式，增强员工创新能力、履岗能力和竞争能力，实现员工个人成长和分行经营有机结合与相互促进。

（周爱舫）

中国建设银行股份有限公司直属支行

【概况】2014 年，中国建设银行股份有限公司河北省分行直属支行（简称“建设银行河北省分行直属支行”）面对“三期叠加”新常态，按照监管要求和总分行工作部署，积极谋划，精心组织，沉着应对，较好地完成了各项工作任务。截至年末，全口径存款日均余额 262 亿元，比年初新增 21.30 亿元；一般性存款日均余额 254 亿元，比年初新增 18.79 亿元，其中，对公人民币存款日均余额 247 亿元，新增 18.32 亿元，省分行计划完成率 305%；个人存款日均余额 6.82 亿元，新增 4729 万元，省分行计划完成率 118%。各项贷款余额 88.45 亿元，比年初新增 5.75 亿元。其中，人民币贷款余额 88.26 亿元，比年初新增 8.43 亿元；外币贷款余额 0.19 亿元，比年初减少 2.68 亿元。实现中间业务毛收入 7679 万元，净收入 7641 万元，为历史同期最好水平；实现主营业务收入 61537 万元，省行计划完成率 114%，实现拨备前利润 52873 万元，省行计划完成率 117%，实现经济增加值 27443 万元，省行计划完成率 127%，效益指标创历史最好水平。信贷资产质量继续保持较高水平，不良贷款率为 0。全年安全运营，未发生案件和重大责任事故。

【业务经营方面】 坚定不移狠抓存款增长。在提高社保日均存款上做足文章，为财政厅办理 30 亿元社保资金定期存款；积极营销省农信社，累计吸收同业存款 147.50 亿元；把燕赵乡情卡项目拓展作为存款增长的重要抓手，个人存款快速增长。中间业务收入实现量质齐升。进一步扩大供应链产品应用，加强国际业务精细化管理；个人业务借力第三方大力拓展汽车分期业务；加强重点结算产品营销。多措并举拓展客户。强化系统性客户营销，成功营销铁塔河北公司基本账户及专用账户开户；通过与优质中介机构的密切合作，抓住源头，积极争取新企业开立账户，基本结算账户的营销成效显著。业务创新工作取得突破。实现同业借款、客户资金托管、财政授权支付自助柜面推广上线、代理省级非税收入收缴业务网上缴费、财政公务卡系统上线等五项业务创新；累计为河北钢铁集团办理 1.46 亿元票据贴现；与恒辉物业签约“居民社区一卡通”项目，储备恒辉物业智能社区项目。投资银行业务取得长足进步。成功注册国电建投内蒙古能源有限公司 18 亿元私募债，并于 3 月份发行首笔 5 亿元；成功注册主承销河北钢铁集团短期融资券 80 亿元，并分别于 7 月、11 月各发行 20 亿元。加大项目储备力度。全年新增河北华能京张高速公路有限责任公司、河北省高速公路开发公司、河北钢铁有限公司（矿业）3 个信贷客户，形成贷款投放 7 亿元。同业业务贡献度有效提升。抓住流动性和市场价格有利时机，积极沟通对接客户需求，累计办理存放同业业务 51 亿元，同业借款 7 亿元，吸收同业存款 147.50 亿元。积极发挥牵头行的作用，承担了财政社保、代理非税收入收缴业务等全省系统性营销和服务工作，系统服务能力得到提高。

【风险管理方面】 强化案件风险防控，严格执行中央“八项规定”和总行党委十项要求。强化内控合规管理，做好内部控制评价和内外部审计、检查及整改工作，做好关联交易及反洗钱交易数据的上报和系统维护。加强信贷管理，确保资产质量。成功解决了河北建投灵峰环保发电有限责任公司问题客户控股权变更重要事项过程中的债权保全，确保变更过程中不悬空银行债权，保证了客户的还贷资金来源。持续深入开展操作风险防控工作。以会计达标升级为主线，以“合规操作、防控柜面操作风险”主题活动为载体，开展了形式多样的操作风险培训、风险提示，传播风险管理理念，柜面人员自律意识和风险防范的主动性明显提高。

【班子员工队伍建设方面】 认真领会习近平总书记提出的“三严三实”重要论述精神，不断加强理论学习，加强党建工作，进一步发挥了党总支的战斗堡垒作用和共产党员的先锋模范带头作用。组织部门副经理选拔任用工作，认真开好民主生活会，“四心逻辑”推广取得突破；强化培训，持续提高员工能力。

【企业文化关爱员工方面】 加大信息宣传力度，成功举办“创新、转型、发展”2014 新年论坛。积极庆祝中国建设银行成立 60 周年，组织了以“喜迎行庆 60 周年 · 我爱直属支行”为主题的征文活动；制作了《直属支行发展剪影》文化展板；开展关爱老人献爱心慈善募捐活动，共为栾城敬老院捐献 7500 元左右的资金。在关爱员工方面，采取多种举措不断改善员工办公环境，组织健康快乐行活动，在锻炼身体的同时，缓解了员工工作压力。

（杜劲光）

交通银行股份有限公司河北省分行

【业务经营概况】 2014 年，面对错综复杂的形势，交通银行股份有限公司河北省分行（简称“交通银行河北省分行”）在监管部门的监督支持下，认真贯彻落实中央和总行系列重要精神，经过各级干部员工艰苦努力团结拼搏，取得了较好成绩。全行资产总额达到 1171 亿元，增幅为 10.50%；本外币各项存款余额 1022 亿元，增幅为 7%；人民币各项存款余额 1011.40 亿元，增幅为 7.40%，对公存款712亿元，增长9%，储蓄存款299.63亿元，增长3.60%；人民币各项贷款723.30亿元，增加61.50亿元；实现中间业务净收入6.97亿元，较上年增加2亿元；实现经营利润21.13亿元，增长4.80%。当年分行综合绩效考评为第10名，获得总行经营管理优胜奖，综合竞争力排名第10名，服务排名第10名，获得总行服务提升工作优胜集体三等奖。

【资产结构持续优化，负债业务稳定增长】 通过盘活存量，优化增量，有序推进信贷结构调整：在行业投向上，"两高一剩"贷款限额减少8.20亿元，新增民生保障、消费升级领域贷款60.30亿元。在客户结构上，1~8级客户贷款余额552.90亿元，较年初增加39.70亿元。在重点领域上，重点支持京津冀协一体化、三农、节能环保产业、小微企业。在京津冀一体化地区贷款余额76亿元，较年初新增19.20亿元；支持农业和农村经济发展涉农贷款余额269.73亿元；支持战略新兴产业和节能减排项目贷款余额13.70亿元；全行银监口径小微企业贷款增量达19.05亿元，高于上年增量0.16亿元，高于各项贷款平均增速15.23个百分点，完成"两个不低于"目标。通过落实存款发展长效机制，建立起以日均为核心的存款指标管理体系，全方位抓好资金留存，负债类指标全部超额完成总行计划。全行年末全口径存款增量排名系统第1，同业存款平均余额增量61.80亿元，完成率排名系统第1。

【融资方式不断创新，风险控制稳健有力】 重点通过投行、票据等创新业务为全省企业发展和项目建设进行融资。截至年末，各项表外业务融资余额223.45亿元，有力地支持了如河北高速、省建投、省交投、华药等河北省 "双百双千"项目建设和"三个一百"领军企业和省内基础设施建设项目。重点抓好中间业务，中间业务净收入增幅达40.40%。其中，零售版块中间业务净收入增幅达到61.86%，完成率排名系统第2。始终将资产质量作为生命线，全面落实风险管控责任制，在外部风险事件频发、不良贷款抬头的不利局面下，守住风险底线、确保信贷资产质量真实稳定，全年完成不良贷款控制计划的110%，不良占比0.45%，大幅低于交行系统平均水平，在河北省金融同业及河北省内五大行中均位于前列。

【"三位一体"成效明显，品牌形象逐步提升】 加强网点建设，年内新建支行4家，普惠型网点34家，完成总行下达任务，数量在全系统排名第二。其中，和平支行作为交行首家标准的普惠型网点，于7月份顺利开业。全年建成并投入运营离行式自助银行35个，电子分流率达到79.80%，较上年提高6个百分点。全行客户经理占比达到30.60%，较上年提高4.30个百分点。不断提升服务水平，倾力打造河北省服务最好的银行品牌。2014年，交通银行河北省分行客户体验满意度节节攀升，在省内同业满意度评价中位列第1。省行营业部、秦皇岛分行营业部、唐山分行丰润支行，入选中银协千佳网点，树立了良好的社会形象。同时，在河北新闻网"最满意银行网点"评选中，以7家网点获奖，位列获奖银行数量第1名。先后荣获河北省消协"质量和服务诚信承诺单位"、石家庄市金融办"最佳服务银行"等多个奖项。

【党风廉政建设工作取得成效】 认真抓好党的群众路线教育实践实践活动整改落实工作，党风廉政建设和反腐败斗争扎实推进，省行党委、纪委认真履行"两个责任"，认真开展责任制和惩防体系建设检查，深入查找"四风"问题并认真整改，强化执纪监督，增加对全省各辖行巡察工作的频次和力度。

（赵云丽）

交通银行股份有限公司承德分行

【概况】 2014年末，交通银行股份有限公司承德分行（简称"交通银行承德分行"）开业满一年，在交通银行系统内同期报批的20家分行中日均资产和日均存款均列第1位。全行上下共同努力、严格按照总行及省行的经营管理要求，扎实推进各项工作，取得了可喜的工作成绩。截至年末，机构网点构架为1个营业部、1个普惠型网点和4家自助银行，在建2个普惠型网点；正式员工42人。截止到12月31日，分行存款余额 13.78 亿元，较年初增加 7.77 亿元。其中对公存款 11.47 亿元，储蓄存款 2.31 亿元。本外币贷款余额 14.74 亿元，较年初增加 32918 万元，贷款主要投向钢铁、交通、电力等行业。

【狠抓存款业务，夯实立行之本】 重点拓展与财政、公积金等财政机构类客户的业务合作，大力发展系统性行业客户，主要有：市财政局、住房公积金中心、机场开发公司、市移动、营子区建投、红松发电、承钢、双桥区北区办、双桥区财政局、承德市烟草公司、人社局、睿索固废研究院、四川省道公司；发展有效户 23 户，完成率居全辖第 1，为业务发展奠定了坚实基础。清晰发展机制。实施班子成员都是营销员、全员上下抓存款的工作机制。形成分层分级营销客户的良好机制、保证分行客户结构和存款结构的合理性，促进良性发展。落实发展责任。公司部、零售部作为存款业务的牵头部门，定期公布业务发展进度，实施挂图作战，督促后进，大力表彰奖励先进，培养员工的自觉营销意识和营销技巧，及时兑现激励费用，最大限度地调动员工的工作积极性。

【突出转型发展，优化业务结构】 重视投行业务。选准重点企业，发挥交行综合化优势，积极拼抢租赁、并购等细分市场，今年联系并推进了多家意向企业的合作项目，理清了市场需求，锻炼了队伍。突出客户、渠道、产品、激励、品牌、队伍等关键环节，大力发展零售业务，储蓄存款类指标、对私客户类指标、基金和贵金属销售、信用卡、手机银行等多项指标均已超额完成全年任务。通过灵活多样的活动稳定了目标客户群体，在当地市场取得了良好的社会效应。发挥好对公、对私联动协调机制，加快发展电子银行业务、有效实现业务分流。快速行动推进彩虹桥项目，成为全国第一家与国开行签约的地市级辖行，在全省率先实现放款，两年内将陆续有 50 多亿元贷款通过该行向承德地区投放。重视对当地代表性客户营销的及时性，对国家影视基地在承德地区项目进行全面营销，体现交行的服务能力和合作诚意，已取得了该公司基本户的开户承诺，预计未来 3 年该公司陆续将有 86 亿元投放。

【狠抓对外服务工作，树立良好服务品牌】 为有效提升服务水平，分行组织专题会议，对照 226 项明细指标逐一进行现场核对落实，确定具体措施。定期组织营业部全体员工进行服务头脑风暴并进行现场演练及座谈，对照录像寻找差距，抓整改，服务工作得到持续提升。制定了服务考核方案，实行定期的培训制度，坚持每周点评、每月总结分析的会议制度，通过培训和考核相结合的强化以及日常的督导，不断推高全员的服务意识和服务能力，服务水平显著提升。全辖服务考核由一季度的第 9 位、二季度的第 6 位，到第三季度提升为第 4 位，对外树立了良好的社会形象和服务品牌。

【强化内控管理，实现质效发展】 加强对员工的风险意识教育，强化合规意识，同时持续组织规章制度学习，尽快提升员工的业务素质，不犯无意识错误。加强授信管理，交通银行承德分行承接原省行贷款主要为钢铁和政府平台类贷款，管理难度大，分行认真落实总行、省行关于授信业务调整的相关政策，调优存量，收回承钢承兑汇票 6.70 亿元，开立国内信用证 2 亿元，压缩承唐、承朝高速贷款 812 万元。截至年末，全年贷款余额 14.30 亿元，较年初新增 2.86 亿元，超全年放款任务 1.36 亿元，超额完成全年放款任务，为明年利润指标实现打下基础。全年新发展对公授信客户 4 户。发展展业通客户 9 户，已实现放款 0.80 亿元，超计划完成全年任务。通过产品促进业务发展，为承钢上游 18 户供应商办理 2.74 亿元商票保贴业务，超计划完成小微企业贷款增量指标及省行四季度小微客户提升专项竞赛任务。

【切实加强党建工作，提升团队凝聚力】 按规范成立党委，设立两个党支部并配备了专职纪检人员，完善了组织架构，规范了会议制度和决策流程。严格落实中央八项规定精神和总行 25 条意见，切实纠正“四风”。严格执行党委中心组学习制度，已组织 7 期学习。切实加强干部员工队伍执行力建设，倡导雷厉风行，反对疲软拖沓，转变工作作风。落实民主生活会制度。班子领导带头与基层员工展开座谈，倾听一线员工的想法，为员工解决工作和生活中的问题，切实贯彻群众路线。

交通银行股份有限公司张家口分行

【概况】2014年，交通银行股份有限公司张家口分行（简称“交通银行张家口分行”）紧紧围绕省行中心工作要求，全行上下拼搏进取、创新超越、攻坚克难，各项业务稳健发展，较好地完成了上级行下达的任务目标。截至年末，人民币各项存款余额23.80亿元，其中对公存款余额20.30亿元，储蓄存款余额3.50亿元；人民币各项贷款余额21.60亿元，实现中间业务收入605万元，经营利润4477万元。

【加大业务拓展力度，发展基础进一步夯实】交通银行张家口分行把业务拓展作为全行工作的重中之重，牢固树立“拼抢”意识，常抓不懈、全面推进。公司业务得到提升。一是通过高层营销，全力拼抢财政、机构类等重点客户存款。二是通过产品营销，拉动存款增长。通过“缴税通”产品，实现张家口卷烟厂等12家企业的成功缴税，年内累计缴税近42亿元，存款沉淀日均达1.26亿元。通过加大对非税客户的营销，实现桥东国土资源局等6个财政非税类客户的成功汇缴，成功缴存近7700万元；通过烟草“新商盟”跨行支付平台的推广，归集资金达2.10亿元，日均沉淀资金9585万元；利用托管产品，成功营销通泰久有产业基金等7家中小型成长类客户，年末日均存款3400万元。三是通过主动竞争，扩大客户基础。全年共开立对公账户426户。其中千万工程客户22户，对公有效客户48户；对公中高端客户总户数28户。同时，在同业业务、托管业务及代发工资业务方面也取得了一定成效。办理同业存款20笔，累计金额32.80亿元，与张家口市商业银行开展了同业理财申购业务，同业理财实现了零突破；继续开展市公积金中心他行存单保管业务，托管总额达39亿；代发工资新增2323户，完成任务的93%。个金业务扎实推进。一是“走出去”营销，多次开展“全员营销月”活动，成立了家易通及POS机、信用卡、代发工资、烟草新商盟等营销团队。截至年末，POS机和家易通的安装量分别达到了204台和208台，新增信用卡活卡3792张，为张家口12个区县的700余户烟草商户办理了Boss卡。二是积极开展“最红星期五”、“社区行”、“财富管理进企业”、“沃德客户嘉年华”及其他一系列特色产品宣传推介活动，客户的资产质量得到了提升。截至年末，私人银行6户，较年初新增2户；达标沃德131户，较年初新增65户；交银理财1187户，较年初新增769户。三是通过举办贵金属销售展会、在全行开展财管产品销售竞赛等活动，全力推动财管产品的销售。实现贵金属销售167.50万元，保险销售243.74万元，基金销售338.56万元。国际业务成效明显。在张家口市国际业务市场份额不足的形势下，开展了分层次、有重点的营销。着眼于拓宽客户来源渠道，加强与外管局、商务局、税务局及新区办的合作；着眼于拓展个人结售汇业务，开展了“个人结售汇、暑期大比拼”活动。全年共完成结售汇216万美元，完成全年任务的216%。

【加大信贷投放力度，发展质效进一步提升】在公司信贷方面，截至年末，公司及小企业贷款客户17个，较年初增加1个，余额20.84亿元，比年初增长4.53亿元，增幅为27%。累计新投放贷款达8.20亿元。在投行业务方面，利用优势产品，积极开展金融创新，成功为张家口市交通运输公司、张家口市东源热力和张家口市公交总公司开展融资租赁业务，分别发放3000万元、2690万元和1.16亿元，有效解决了企业融资难的问题。在零售信贷方面，以零售业务部的成立为契机，全面推进个人质押贷款、个人按揭贷款、小企业贷款业务的发展。累计发放个人住房贷款9297万元。同时，加快圈、链、园集群项目的营销及落地，截至年末，共发放商圈贷款21户，累计发放1658万元。在贴现业务方面，成功办理贴现业务金额达4500万元，有效提升了对小微企业的支持力度，顺利完成了“两个不低于”指标。

【加大服务提升力度，品牌形象进一步树立】确立了“同业中服务最优”的目标，进一步加强精细化管理，从服务管理、厅堂细节、技能提升、客户体验等方面着手，全面打造交行服务品牌。制定了《交通银行张家口分行服务提升及责任追究管理办法》，对全行各岗位的服务标准做了明确规定，并进行严格考核，考核结果与员工履职津贴挂钩。全年实现零投诉，获得了交通银行河北省分行"2014年度特色服务网点创建奖"；在"张家口市民最满意银行网点"评选活动中，荣获"市民最满意银行网点"荣誉称号，赢得了市民和客户的广泛好评。

【加大风险管控力度，业务发展进一步稳健】 建立健全制度。在全面学习贯彻总行、省行各项加强政策、制度的基础上，结合分行实际，制定、完善了《交通银行张家口分行档案移交管理办法》《交通银行张家口分行公司业务贷后尽职考核实施细则》等16项制度文件。积极开展风险排查工作。对表内外业务、公司和零贷业务进行了全面风险排查，认真分析和评估客户的还款能力，及早发现并化解潜在风险，截至年末，所有贷款均为正常类，不良贷款率为零。扎实做好案件防控工作。在全行范围内开展了防范打击非法集资集中宣传教育、违规放贷和非法集资专项排查、集中采购专项排查、"小金库"专项治理、案件防控特别行动等一系列活动。对员工日常工作中出现的不合规行为隐患，进行及时批评教育，遏制了违规行为的发生，有效提升全行干部员工案防意识，排除了各类案件风险隐患，为业务经营的正常运行营造了良好的环境。当年，在交通银行北京审计监督分局对分行的审计中，综合得分85.61分，没有四级以上风险，评定等级为B级。

【加大机构建设力度，网点布局进一步完善】 开业以来，在对市区的金融环境进行深入调研的基础上，结合分行客户资源分布情况，本着"有利于拓展客户规模、有利于提高市场占有率、有利于服务全行发展"的原则，加快推进支行、普惠特色支行、自助银行的建设，进一步完善了交通银行在张家口的网点布局。截至年末，新设两家普惠支行已开业运营，并取得了很好的营销业绩。新设的66503部队及宣化钟楼自助网点运行正常。

【加大队伍建设力度，发展后劲进一步增强】 针对新建行人员不足、业务不熟的现状，把强化员工培训作为提升队伍战斗力和内生发展动力的主要抓手，通过完善培训体系、增加培训机会、创新培训方式以及制定有针对性的培训计划，全面提升客户经理专业素质和营销能力。同时，对考核激励机制进行了健全和完善，客户经理的营销积极性得到了充分调动，队伍的素质也有了明显提升。截至年末，客户经理达21人，占比38%，其中13人取得了个贷签字权。

交通银行股份有限公司
秦皇岛分行

【经营概况】 截至2014年末，交通银行股份有限公司秦皇岛分行（简称"交通银行秦皇岛分行"）资产总额173.52亿元，较年初增加13.64亿元，增幅8.53%；本外币各项存款余额152.69亿元，较年初增加4.89亿元，增幅3.31%，其中人民币各项存款余额151.16亿元，较年初增加8.57亿元，增幅6.01%；本外币各项贷款余额94.14亿元，较年初增加3.65亿元，增幅4.03%；实现中间业务净收入6485万元，较上年增加1081万元；实现经营利润2.37亿元。

【业务发展】 一是通过抓好客户群体扩大、新产品营销、授信客户存款留存、信贷资源撬动、支付渠道管控、客户和现金归行率等，实现对公存款稳存增存，人民币对公存款余额82.77亿元，比年初增加7.18亿元，增长9.50%；二是通过抓好代发资金留存率、丰富家易通服务内涵、做大天添利A等重点产品规模、组织假日资金归集，稳步提升储蓄存款水平，人民币储蓄存款余额68.39亿元，比年初增加1.39亿元，增长2.08%。认真落实监管部门及上级行要求，加强日常调控，推动存款稳步增长，确保偏离度指标控制在规定范围之内。全行上下狠抓政府机构和大型企业等源头型、龙头型客户群拓展。积极拓展财政、安居、社保、教育、医疗、报关一点通、缴税通以及四项公用事业收费等系统和市场。积极推进与秦皇岛银行、农村信用联社、河北港口集团财务有限公司的战略合作，同业存款发展迅速。持续开展"企业行"和"社区行"活动，不断提升私人银行客户、沃德客户和交银理财客户数量和质量。持续优化资产结构。通过盘活存量，优化增量，有序推进信贷结构调整，加大对实体经济的支持力度。严格按照总行投向政策要求，向战略性新兴产业、节能环保、高端装备、保障性安居工程、“三农”、消费等国家、省、市重点项目倾斜；向经济资本占用少、对客户指标拉动好、综合收益高的按揭项目倾斜；向定价高、综合收益好的小微企业倾斜；向流动性强、收益高、风险低、经济资本占用低的票据业务倾斜。新增贷款主要投放到燃气和水、食品、汽车、有色金属、石油化工、建材等行业。“两高一剩”行业贷款占比9.78%，较年初下降0.59个百分点。零售信贷余额26.16亿元，较年初增加3029万元。银监口径小微企业贷款增量14.19亿元，高于2013年增量1.41亿元，高于各项贷款平均增速10.51个百分点，完成“两个不低于”指标任务。

【风险管理】 严守风险底线，坚持业务发展和内控管理两手抓，强化各类风险管控，确保经营安全。强化分行“1+2”全面风险管理体系建设。按照贷审分离原则，对个人贷款业务架构进行改革，将个人贷款审批职能及贷后管理职能调整到授信与风险管理部，零售信贷管理部更名为零售信贷业务部，实现零贷业务的专业化营销、集中化的授信审查与风险管理。突出抓好重点领域风险管控。加强煤贸保理业务风险管理，加强公司、小企业授信客户临期逾期风险管控。加强不良贷款清收和监察名单贷款压降。在经济下行期、外部风险事件频发、不良贷款抬头的不利局面下，信贷资产质量保持基本稳定，不良贷款占比0.49%，低于系统平均水平。严格操作风险管理。以专项、常规检查为抓手，全面监控全行重点会计业务及重点业务环节。通过调整业务运营管理模式，健全内控制度和业务监管人员配置，加大内部管理考核和违规处罚力度等手段，使营运基础管理逐渐加强，内控机制不断完善，内控环境有了较大改善，全年未发生四、五级风险事件。做好案件防控工作。加强员工合规教育、道德教育和法制教育。持续完善各类规章制度和业务流程，强化对薄弱环节的监控管理。全面落实监督工作联席会议制度，认真组织开展“违规放贷和非法集资案件风险排查”、“小金库”专项治理、集中采购案件风险排查等活动。对排查出的问题及时整改，防范各类风险苗头、隐患。严格执行“一访两谈”报告制度和轮岗轮调、强制休假制度。全年实现无“四类”风险事件、无安全责任事故、无不良社会影响的良好成绩。

【服务提升】 坚持以客户为中心，持续加大管理力度，全面提升服务水平。加强服务精细化管理。加强投诉问责，强化建议、咨询类工单管理等工作。组织开展了“我的微笑，真心相伴”服务提升专项劳动竞赛和“服务我最棒”积分竞赛活动，激发了广大员工服务热情。全行网点硬件水平和员工服务意识、服务能力、真诚服务内涵不断提升，客户满意度不断提高。交通银行秦皇岛分行营业部被中国银行业协会评为“文明规范服务千佳示范单位”。电子分流率77.72%，较上年提高6.22个百分点。

【队伍建设】 认真抓好党的群众路线教育实践活动整改落实工作，“四风”问题整改基本完成，教育实践活动成果进一步巩固。及时调整充实分行党风廉政建设领导小组，由分行党委负责人任组长，形成党委统一领导，纪委具体组织协调，各支行、机关各部门各负其责、齐抓共管的工作机制。加强党纪党规教育培训。抓好员工入职、转岗、晋升等职业生涯关键时点的案防教育。加强干部信念教育、养成教育和纪律教育。加强后备人才的选拔培养。加强和改进机关作风建设，全面提高机关员工管理水平、服务意识、工作作风、工作效率。加强员工关爱，营造积极进取、团结和谐的发展氛围。

交通银行股份有限公司唐山分行

【概况】 2014年，面对复杂严峻的经济形势，在上级行党委及相关部门的指导、支持和帮助下，交通银行股份有限公司唐山分行（简称“交通银行唐山分行”）贯彻落实国家经济金融政策，紧紧围绕“改革创新、转型发展”工作主题，以“抓存款、稳利润、控风险”为工作主线，坚持效益优先、兼顾规模，深入推进转型发展，经营管理各项工作继续保持均衡、快速发展，较好地完成了上级行下达的工作任务。截至年末，本外币资产日均余额302.20亿元，较上年增加11.15亿元，增幅为3.83%。人民币各项存款日均余额274.10亿元，较上年增长5.31亿元，增幅1.98%；外币存款日均余额7251.41万美元，较上年增长2805.48万美元，增幅为63.10%。本外币贷款余额209.48亿元，较上年增加6.75亿元，增幅为3.33%；实现中间业务净收入15532万元，较上年增长20%；实现经营利润64225万元，实现经济利润28139万元。

【管理的资产规模进一步壮大】 管理的信用风险资产372亿元，其中表内资产209.48亿元，表外资产117.86亿元，新兴表外资产44.70亿元。AUM总额154亿元，较年初增长23亿元。

【全力以赴做好客户拓展】 落实客户发展纲要，加快优质客户拓展。新拓展对公客户960户，带动人民币对公存款增长8.32亿元。新拓展政府市场客户51户。市一级同业法人客户实现全覆盖。银期、银证、同业代客理财优质客户、蕴通账户客户、私人银行客户、交银理财客户、信用卡客户、代发工资客户等客户指标均超额完成省行下达计划。唐山广电、中国联通有线电视费、话费代收系统成功上线。工人医院、人民医院自助医院系统正式投入使用。烟草零售商户拓展成效显著，有效沉淀商户结算资金。新增手机银行客户59351户，增量在交通银行系统内各省辖行排名第5。

【加大资产结构调整力度】 强化行业管控，全年共压降“两高一剩”行业贷款、银承分别达到11.97亿元、16.80亿元。顺利完成“两个不低于”任务目标，“小微及经营性贷款”增量全辖排名第一，零售贷款行内占比较上年提升了2个百分点。提升资产收益水平，新发放人民币贷款加权平均利率较上年同期提升33个基点。

【深入推进转型发展】 零贷业务行业占比达到17%，较上年提升2个百分点。顺利达成“两个不低于”工作目标；全年共实现中间业务净收入15532万元，较上年增长20%，中间业务净收入占比提升至16.79%，较上年提升了2.97个百分点；电子银行整体分流率达到80.13%，较上年提升了6.17个百分点。全年共新增8个离行式自助银行、3个离行式自助单机点、5家普惠型特色网点。离行式自助银行与人工网点配比增至1.18∶1；私人银行中心、跨境服务中心、贵金属交易中心投入运营；稳步推进压柜、减人，人员向营销条线倾斜，客户经理占比提升至29.80%。

【强化风险管控】 昌盛纸业、大福大酒店、小猫线缆、“和”系清收取得积极进展，共清收不良资产852万元，全部为现金，不良贷款占比较年初下降了0.03个百分点。多家网点获总行、省行“会计营运工作示范行”称号。内控评级继续保持B+的良好水平。

【提升服务品牌】 继丰润支行获得2013年度中银协规范服务“百佳示范”单位称号，2014年丰润支行再次获得“千佳示范”单位称号。两家营业网点入选总行五星级网点。在总行服务提升竞赛中，多个基层网点和个人获得表彰。全年，有责投诉始终为“零”。

【做好员工关爱】 年内，为9名员工办理了员工大病及困难互助，为15名退休及在职员工申请总行困难补助；先后开展了全民健身月活动、女员工才艺大赛、“八段锦”健身运动培训班、“学规章、遵操守”硬笔书法大赛等活动。举办了2014年春季职工乒乓球、羽毛球运动会。在行内、行外各项文体活动中，干部员工团结奋进，顽强拼搏，取得了优异的成绩，展示了交行团队文化的凝聚力和向心力。

交通银行股份有限公司廊坊分行

【基本概况】 2014年，在上级行与监管机构的正确领导下，交通银行股份有限公司廊坊分行（简称“交通银行廊坊分行”）主体业务指标继续呈现较快发展态势，资产、负债、客户规模持续扩张，经营利润大幅提升，较好完成了各项任务指标。截至年末，人民币各项存款余额38.68亿元，较年初增长13.27亿元，新增额全辖排名第2位；日均存款32.03亿元，较年初增加17.51亿元，全辖排名第2位。其中：人民币对公存款余额35.25亿元，较年初增加12.96亿元，计划完成率129.56%，增量全辖排名第2位；储蓄存款达3.50亿，较年初增加3100万，完成了全年增长计划；外币存款时点余额214万美元，计划完成率319%，日均余额达289万美元，计划完成率为430.61%。同业存款余额3.20亿元，较年初增长3亿元，成为业务发展的新亮点。人民币各项贷款余额24.09亿元，较年初增长4.20亿元。其中：对公贷款余额达到16.03亿元；个贷余额突破8亿元，较年初增长4.80亿元，增量系统内排名第1位，增幅达145.12%，个贷占全部贷款比重达34%，较年初提高了17.51个百分点，结构调整初见成效。实现中间业务净收入1473.75万元，实现经营利润4743万元，同比增长50.38%。省行下达的45项绩效考核指标中，有27项超额完成。

【负债业务稳定增长，发展能力稳步提升】 狠抓存款增长，夯实立行之本，着力破解发展难题，系统排名实现进位，规模效益初步显现。对公存款结构日趋合理，稳定性不断增强。全年日均存款余额28.67亿元，较上年增加15.53亿元，增幅达到118.19%，完成计划的189.78%。储蓄存款小幅平稳增长，增存渠道多元化。以代发工资、财管销售、红五、家易通为抓手，加强源头获客增存能力，助推存款、客户双增长。

【结构调整快速推进，综合效益明显提升】 对公授信以结构调整为重点，着力提升发展质效。零售贷款异军突起，亮点频现。全年，以加大按揭贷款投放为突破口，主动调整授信结构、分散贷款风险、做实公私联动，努力提升零贷占比。全年累计发放个人贷款1185笔，4.90亿元，分别较年初增长1172笔，4.70亿元。截止12月末，个人贷款余额已突破8亿元，较年初新增4.70亿元，新增额位列省辖分行第1位。

【客户数量实现较快增长，发展基础得到进一步夯实】 全年新增对公客户256户，增幅达到68%，其中：新增千万工程客户8户，新增对公中高端客户35户，新增对公有效户18户，机构类客户新增9户，贷款客户9户，结算类客户169户，同业客户3户，进一步夯实了该行加速转型发展的基础。通过实施公私联动，实现代发规模再上新台阶，通过开展各项竞赛活动和“三进”、“企业行”活动，实现了个金客户规模快速扩张。

【全面落实风险管控，保障业务健康发展】 牢固树立全面风险理念。着力构建以“全覆盖、全流程、责任制”为核心的全面风险管理体系。加大对贷后管理的监控力度，及时发现化解潜在风险。积极推进案防专项行动，持续保持对案防的高压态势。

【机构网点建设快速推进】 加快拓宽电子交易渠道，新增自助银行2个，有效提升了服务覆盖面。新建支行筹建工作有序推进。筹备小组克服时间短、任务重、手续繁琐的压力，精心组织，统筹协调，合理施工，为早开业、早见效付出了艰辛的努力，体现了敢打硬仗、善打硬仗的“亮剑”精神。加强产品创新、品牌推广、客户体检和市场营销力度，促进“三位一体”经营方式转变。电子银行业务分流率90.98%，柜面小额现金分流率80.81%，对公有效客户网银动户覆盖率达到67.35%；达标沃德客户网银动户覆盖率达到78.41%；个人借记卡网银覆盖率52.60%；新开户企业网银签约率60.85%。

【服务体系建设进一步完善】 全体员工认真实践“诚信永恒，稳健致远”的经营理念，不断提升交通银行廊坊银行在廊坊同业中的服务形象和竞争实力。结合分行的实际情况，出台了《廊坊分行服务提升管理办法》《廊坊分行服务工单管理办法》，进一步梳理服务环节，明确服务责任，丰富和完善服务内涵。

交通银行股份有限公司
保定分行

【概况】 2014年，交通银行股份有限公司保定分行（简称“交通银行保定分行”）密切按照总行、省行的科学部署，坚持全面落实科学发展观，抓住京津冀一体化发展的有利时机，结合保定经济特点，以全力发展低成本负债业务为首要任务，以客户拓展为持久工作重点，齐心协力，开拓进取，各项业务实现健康、快速、稳健发展。截至年末，资产总额达到45.38亿元，其中各项贷款余额35.35亿元，比年初增加14.30亿元，增幅67.90%；负债总额达到44.62亿元，其中本外币各项存款余额43.49亿元，比年初增加5.13亿元，增幅13.40%。开业至今未发生不良贷款，实现开业四年来信贷资产质量零不良。当年全辖排名中，取得了综合竞争力排名第1，营运排名第1，服务排名第2，内控评价排名第1的好成绩。在2014年金融博览会上，获得保定市金牌理财团队称号。

【优化信贷结构，积极支持地方经济建设】 按照总行2014年信贷投向和授信管理的有关文件精神，认真落实稳健货币政策，用好增量、盘活存量、做大流量，合理安排信贷投放，积极支持重点区域、重点项目，促进地方经济发展。一是持续加大对优质客户项目的支持，结合信贷投向指引，选择符合信贷投向项目，制定切实可行的金融服务方案。充分利用债券、票据池、信用证、国际贸易融资等多种业务产品，为地方重点企业提供更全面，更高效的金融产品服务。二是紧抓京津冀协同发展大格局的良好机遇，充分发挥银行金融机构的推动作用，将信贷政策同保定市行业政策紧密结合，全力拓展资产业务的空间，重点支持电力、机械、战略性新兴产业等行业企业，助力地方经济转型升级和支柱产业发展。

【创新金融产品，助推中小、涉农企业发展】 深入领会国家助力小微企业发展、深化农业企业改革的工作精神，把为其提供优质金融服务作为应尽的社会责任，紧跟保定市政府的政策指导，积极开展小微企业、涉农企业金融服务。通过业务推广和产品创新，拓宽金融服务渠道。截至年末，小微贷款余额8.78亿元，较年初增加2.66亿元，在河北省交行小微企业贷款劳动竞赛中荣获三等奖。涉农贷款年末余额14.74亿元，较年初增加4.49亿元。其中，向省级贫困县（涞水县）企业累计投放贷款3亿元，有力地支持了偏远、贫困地区的经济发展。

【强化风险防控，保持稳健经营】 坚持“稳健发展、合规经营”的理念不动摇，高度重视内控管理，切实推进合规文化建设，前移风险管理关口，严守风险底线，强化重点领域风险管控，严防各类风险事件的发生。制定了《保定分行反洗钱工作内控暂行办法》《保定分行全面风险管理委员会工作条例》等10部风险防控文件；《关于加强廉政风险防控实施意见》《关于深化案件防控工作目标责任制的通知》等12部案件防控文件；《交通银行保定分行自助设备装清钞外包服务实施细则》《交通银行保定分行对各项服务检查处罚细则》等10部规范性文件，充分加强了风险控制制度建设。与此同时，严格执行总行风险管理“二十条”和《交通银行2014年授信与风险管理纲要》意见，“上不碰红线、下坚守底线”，风险管理制度执行良好。2014年交通银行保定分行继续保持零案件、零不良，实现开业四年来信贷资产质量零不良，在河北省交行授信与风险管理考核中排名第1。

【完善业务网点布局，提升金融服务水平】 按照上级行及相关监管机构的有关要求，结合业务发展需要，年内新建离行自助银行4个，普惠型网点3家，进一步完善了营业网点布局，增强了业务覆盖面及市场影响力。与此同时，坚持“打造银行业最佳金融服务品牌”的经营理念，不断优化厅堂环境，为客户创建舒心干净便捷的金融业务平台。通过加强业务培训，形成常态化机制，不断提升员工综合业务素质水平，为客户提供更加专业化的金融产品服务。另外，切实履行银行业的社会责任，深入拓宽交通银行消费者权益保护宣传教育工作的广度和深度，全面提高公众金融素质和百姓的生活品质，大力提升全社会的诚信水平，促进该行可持续发展。

【加强企业文化建设，实现可持续发展】 在落实好党委主体责任的同时，认真落实城防体系建设。年初层层签订廉政建设、案件防控、安全保卫责任书，组织全行干部员工到保定市监狱进行警示教育，定期组织员工进行合规学习，进一步规范员工行为，强化内部管理。充分发挥党建服务和保障作用，切实推进基层组织规范建设。分行领导深入基层，组织召开民主生活会，切实查找各单位在经营管理和业务发展中存在的问题，深入剖析，讨论制定切实可行的整改措施，为分行业务发展保驾护航，交通银行保定分行全年经营良好，无风险案件发生。

交通银行股份有限公司沧州分行

【概况】2014 年，交通银行股份有限公司沧州分行（简称“交通银行沧州分行”）认真贯彻落实省行工作部署，以“拓客户、上存款，抓转型、增利润，严管理、控风险，勇创新、强服务”为工作主线，全行干部员工凝心聚力，扎实奋进，各项工作取得了新成效。截至年末，人民币各项存款余额 27.51 亿元，其中对公存款余额 21.75 亿元，储蓄存款余额 5.76 亿元；人民币各项贷款余额 29.65 亿元，全年实现中间业务收入 2022 万元，经营利润 8398 万元。

【公司业务重点突破】实行名单制。瞄准优质项目和重点行业，制定印发重点客户名单，明确责任单位和目标任务，逐一制定营销方案，按周、按月督办进度。抓重点。大力拓展机构类客户，各经营单位开展集中营销活动，不断拓展机构类客户和低成本负债。进一步加强与同业金融机构的业务合作，积极发展同业代销、同业投资顾问及技术支持等业务。全年累计实现贷款投放 3.50 亿元，办理融资租赁 5.50 亿元，推动利润持续增长；成功营销了大化股份 3.28 亿元的增发资金，与 5 家金融机构建立了业务合作关系，同业存款增长一度达到 7.60 亿元；全年实现国际结算业务量 1.84 亿美元，与历年相比，国际业务取得了很大进步。

【对私客户较快增长】抓新户拓展。充分利用好个贷、代发、家易通以及自主组盘稳添利产品，作为吸引新客户的“四个抓手”，全面提升综合效益。扩大交易型零售客户群。建立专业队伍，将交易型零售有效客户指标与个金客户经理的考核相挂钩。切实做好客户维护工作。对于私人银行客户，主管行长和部门负责人亲自上门走访；客户经理对所维护的中高端客户，每月至少沟通一次，不断密切与客户的关系，增进与客户的感情，以优质服务赢得客户的信赖，在“了解你的客户”基础上，提升客户贡献度。截至年末，私人银行客户较年初增长 10 户，全年任务完成率 142.86%，列全辖第 3；沃德客户较年初增长 152 户，完成率 95%，列全省第 5；交银理财客户增长 1860 户，完成率 206.70%，列全省第 2。

【个贷业务增势良好】抓优质客户和优质楼盘，紧盯一手房市场，积极捕捉在建优质楼盘信息，抢抓市场份额。截至年末，个贷余额达到 8.29 亿元，较年初增长 4.55 亿元，新增额全辖排名第 3。个贷业务迅速发展，成为全行新的利润增长点，有效弥补了小企业贷款下降对利润造成的损失。

【风险管控有效加强】坚持一手抓业务发展，一手抓风险管控。一是完善全面风险管理体系。重点加强制度建设、培训宣讲和完善客户准入、贷前调查、贷时审查、放款管理等制度，形成覆盖全流程、全岗位、全过程、各环节的“防火墙”。二是切实加强授信业务临期监控，对风险贷款做到及早预警、及早处置。通过加强防范，积极应对，有效化解了贷款风险。成立近 5 年来，在各类贷款方面，没有发生不良贷款。

【机构建设持续推进】交通银行沧州分行不断加快机构网点建设步伐。年初，第二家支行——渤海新区支行顺利开业；筹建了沧州市区的两家普惠型支行——天成郡府支行和都市阳光花园支行，截至年末，天成郡府支行已经开始营业。分别在沧州市区和任丘市完成了 3 个自助银行的选址工作。

交通银行股份有限公司衡水分行

【概况】2014 年，交通银行股份有限公司衡水分行（简称“交通银行衡水分行”）紧紧围绕省行中心工作要求，全行上下拼搏进取、创新超越、攻坚克难，各项业务稳健发展，较好地完成了省行下达的任务目标。截至年末，分行人民币各项存款余额为 9.84 亿元，其中对公存款余额 8.52 亿元，储蓄存款余额 1.52 亿元；人民币各项贷款余额 6.54 亿元，实现中间业务收入 973.88 万元，经营利润 –471.20 万元。

【加大力度抓存款】制定“抓财政性存款、抓大户支撑、抓产品带动、抓大抓优抓源头”的工作思路，积极开展分层营销、交叉营销、全员营销。一是抓机构类存款的增长。全年新增机构存款10563万元，新增机构客户衡水工业新区邢衡高速公路建设指挥部等4户。在此基础上，全面制定了针对财政、重点项目、社保、住建局在内的机构存款营销工作方案，力争使机构类存款稳定沉淀，使低成本核心负债规模不断扩大。二是抓大客户存款。截至年末，累计发展公司中高端客户20户，国际中高端客户1户，投行中高端客户1户，托管中高端客户3户。对公有效客户28户，较年初增加22户，完成年度计划的110%；其中，对公有效客户网银动户覆盖率为71.25%（新口径），计划完成率58%。三是提升授信客户存款增长。公司业务部顺利实现全部授信客户档案管理移交工作，并实现17户原有授信客户的授信移交工作，全年各类保证金存款增长2.50亿元，授信客户结算账户日均存款增长3000万元，截至年末已有15户授信客户达到对公有效户标准，5户授信客户达到对公中高端客户标准。四是加强个金客户拓展。针对不同的客户群体实行不同的营销方式，在筛选客户的同时制定营销方案，基础客户力争实现批量化拓展；针对高端客户先后组织红酒品鉴会、电影专场、南山旅游等活动，提升客户资产和忠诚度。截至年末，个人资产达到私人银行级的客户7户，沃德以上客户较上年增加83户。

【攻坚克难抓客户】 注重加强基础客户群的建设。个金方面，通过“信用卡业务专项营销活动”，加大信用卡和借记卡的发卡量；开展“存量客户清零活动”，增大普通客户资产基数；对公方面，以“大战开门红”“蕴通账户走入企业”等活动为契机，积极拓展客户，全年累计发展公司中高端客户20户，国际中高端客户1户，投行中高端客户1户，托管中高端客户3户。对公有效客户28户，较年初增加22户，完成省行年度计划的110%。

【科学规划抓短抓新】 通过积极创新，科学规划，实现业务新突破。一是有效开展各类活动。个金板块通过开展贵金属和信用卡活户的营销活动，实现贵金属营销130万元，新增信用卡活户4353户；开展“收单业务持续营销”专项活动，实现收单业务258户，有效户新增37户。二是零售信贷业务全面展开。以房贷业务的实施为契机，开通个人贷款系统，全面推进个人质押贷款、个人按揭贷款、小微企业贷款业务的发展。截至年末，已发放“泰华－依云湾”“凯旋城”两个项目的个人住房按揭贷款371万元。

【多措并举抓形象提升】 提升综合服务能力。在严格落实省行录像、现场、神秘访客检查的基础上，每月定期召开工单分析例会，组织学习总行及省行最新服务检查标准，加大奖惩力度。通过加强网点管理、厅堂机具摆放管理等，夯实服务“硬实力”，通过改进服务态度，提高服务能力，加强工单管理等，强化服务“软实力”。加大宣传力度，提升社会知名度。先后在《衡水广播电视报》、衡水广播电视飞播字幕、户外广告、在主要社区电梯广告等投放广告，宣传交行形象及品牌产品，收效良好。同时多次组织进企业、社区，参与衡水湖国际马拉松、乡村庙会，与吉美超市、中石油开展最红星期五活动，大大提升了社会知名度。

【倒排工期抓机构建设】 在人员少、任务重的情况下，抓紧进度、倒排工期，年底前完成建设4个离行式自助银行和1个离行式自助服务单机建设，并且已全部投入使用。两家普惠型网点筹建申请，并且获得当地银监局开业批复，进入紧张筹建工作。

【严控风险抓合规经营】 规范员工行为。通过对交行员工示范行为手册的学习考试，加强对员工的教育和管控，提高全员风险防控意识。在全行开展“百日安全”专项活动、非法集资专项活动、小金库专项检查、案件防控特别行动等系列活动，有力保障各项业务稳健发展。规范会计流程。出台会计条线考核办法，规范会计操作，严格按照总行下发的会计管理人员工作指引，合规操作，防控操作风险。抓好整改工作。针对内外部审计检查发现的问题，积极落实整改；开展反洗钱、反假币工作，按季召开全面风险管理例会，对各条线、各部门存在的风险点进行提示整改，不断提升风险防范能力。

交通银行股份有限公司邢台分行

【概况】2014年，面对复杂形势和发展压力，分行认真贯彻落实省行党委的各项工作部署，以科学发展观为统领，以改革创新、转型发展为指引，以“抓存款、拓客户、调结构、促转型、强管理、控风险、树品牌”为工作主线，众志成城、抢抓机遇，在全行干部员工的共同努力下，较好地完成了年初制定的各项任务目标。截至年末，该行大口径存款余额达到36.78亿元，一般存款余额达到31.78亿元，对公存款余额为28.03亿元，储蓄存款余额为3.75亿元，各项贷款余额16.79亿元，实现中间业务收入1845万元，经营利润4971万元。

【目标明确，公司业务快速发展】按照年初制定的“抓重点大户、抓重点项目”的目标导向，经过不懈努力，到目前为止，邢台工业企业排名前十的企业已有8家落户该行，同时市财政、建设局、市公积金、邢矿公积金、房管局、市烟草、顺德集团等优质机构类客户在该行存款量达到21.70亿元，占比高达73%；建设局农民工工资预储备金项目目前已开立保证金、预储金监管账户6户，余额2.18亿元，代发工资533户。邢和铁路、内蒙古汇通天然气、际华投资项目、中航重卡、永联光伏电站项目等重点项目均取得不同程度的进展，对该行的公司业务的发展起到了很好的支撑和稳定作用。另外，严格落实银监会对中小企业信贷投放“两个不低于”的要求，陆续为今麦郎、玉锋集团、凯特饲料、兴达饲料、金沙河面业等企业进行贷款支持，满足当地特色行业融资需求，超额完成“两个不低于”任务目标，荣获省行小微客户提升专项劳动竞赛二等奖。

【多措并举，个金业务成绩突出】分行先后组织了个人客户拓展季、信用卡业务专项营销、保险业务PK赛、贵金属产品展销会、理财进社区、进企业等20余次专项活动，提升交行品牌影响力，密切了客户关系，促进个金业务全面发展。同时，以理财、基金、信用卡等重点产品为主要抓手，强化具体措施的落实，做大产品规模，从而有效带动了储蓄存款、客户、中间业务收入等指标的快速发展。

【科学规划，短板业务实现突破】以国际业务为重点，全年紧抓个人结售汇业务，系统内率先完成全年任务；办理了省行首笔外保内贷业务，在行内行外树立了良好形象；狠抓零贷业务，以个人按揭贷款为重点，努力拓展邢台市优质楼盘按揭项目，年内实现按揭贷款新增1.38亿元，信贷结构得到进一步优化。

【转型发展，创新业务贡献显著】通过投行业务为顺德集团、冀中能源办理15亿元非信贷业务，争取顺德集团18亿元企业债募集资金监管银行资格，直接带来33亿元对公存款流量，以及916万中间业务收入。大力营销新型同业理财产品，实现销售32亿元，日均4.32亿元，实现中收349万元，成为新的利润增长点。

【优化布局，综合服务能力不断提升】新增综合型网点1家，泉南西大街支行已经开始营业；自助银行2家，已经投入使用；普惠型网点4家，其中2家各类手续已经办理完毕，准备开业，另外2家已经完成装修。到目前为止，该行共拥有2家综合性网点，4家普惠型网点、6家自助银行和12台离行ATM，机构覆盖面增大，综合服务能力得到大幅提升。

【建章立制，内部管理日趋规范】分行结合工作实际，对各项规章制度和工作流程进行全面梳理，共修订完善各条线制度流程100余项，为实现规范化、精细化管理打下良好基础。

【规范流程，风控水平不断提高】进一步完善了《邢台分行信贷初审委员会操作流程》，召开初审会16次，审议户数达37户，严把客户准入关；加强贷后监控检查力度，及时了解客户经营发展变化，保证信贷资产安全；出台会计条线考核办法，规范会计操作，严格按照总行下发的会计管理人员工作指引，合规操作，防控操作风险；定期召开监督工作联席会议，对内外部风险案例进行分析，提高风险防范意识。

【以人为本，员工关爱工作逐渐深入】将“一访两谈”有关工作作为深入了解员工工作生活的主要途径；工会、团委利用工作之余，组织各类活动，丰富职工生活；开展健康关爱活动，夏天为员工购买防暑降温饮品，冬季发放“防雾霾”口罩；积极为职工申请总行互助会互助金，并在春节期间为困难职工送去慰问金和慰问品，为员工解决实际困难。同时，积极履行社会责任，先后为乳腺癌患者、白血病患者筹集善款，为贫困地区少年儿童捐赠图书500册，被市教育局评委“热心少年儿童公益事业突出贡献单位”。

【履职尽责，党建工作初显成效】 深入开展党风廉政建设和反腐败工作，分行党委、纪委认真履行“两个责任”，以“三严三实”为指引，抓好群众路线教育实践活动整改工作，将党风廉政和惩防体系建设引向深入。班子成员在坚持“党委中心组学习安排”的同时，加大对廉政工作的宣导范围和力度，要求各条线每月两次集中学习，确保将党建各项工作宣传到位，落到实处。

交通银行股份有限公司邯郸分行

【概况】 2014年，面对前所未有的困难和挑战，交通银行股份有限公司邯郸分行（简称“交通银行邯郸分行”）认真贯彻落实交通银行总分行的一系列决策部署，以“改革创新、转型发展”为主题，以“抓存款、稳利润、控风险”为主线，团结带领全体员工凝心聚力、攻坚克难，扎实推进各项工作，各项业务保持了质效并举、稳健发展良好势头。截至年末，人民币各项存款余额69.85亿元，较年初增加4.60亿元，其中：对公存款余额61.20亿元，较年初增加6.30亿元，储蓄存款余额8.60亿元，较年初减少1.70亿元。全行人民币各项贷款66.20亿元，较年初增加9.02亿元，其中：“展业通”小企业贷款余额5.50亿元，较年初减少3.40亿元；个人贷款余额6.60亿元，较年初增加2亿元。全部中间业务收入4893万元，较年初增加1531万元；实现经营利润17045万元，同比增加238万元。

【投行业务全面铺开、国际业务亮点纷呈】 投行业务方面：为峰峰集团办理7亿过桥融资，为峰煤办理1亿租赁业务，有效降低了企业财务成本；作为主承销商和联席承销商，成功为邯郸市交通建设有限公司注册发行3亿元短融；办理省内第一笔超短融业务，为新兴际华发行10亿元超短融。几项投行业务的成功办理，极大地提高了交通银行邯郸分行在邯郸债务融资市场的品牌影响力。国际业务方面：领汇中高端客户增加到23户，全年国际业务结算量达到71898万美元，完成全年任务的144%，国际收支市场占比达到13.47%，较上年增加约9个百分点，三季度交通银行邯郸分行国际收支市场占比一度达到第3，年末全辖排名第四，较2013年末上升1名。

【同业业务初具规模、票据业务独具特色】 先后吸收中国银行深圳分行5亿元、中国银行苏州分行10亿元大额存款，带动该行同业存款日均较年初增加约10亿元，另外3家澳洲联邦村镇银行先后开户并进款，利差收入共计448.50万元；成功营销邯郸银行、磁县联社、峰峰联社购买理财产品，同业理财日均余额达到7.20亿元，带动中收740余万元，同业理财日均余额及中间业务收入位列全辖第1。成立了票据业务营销小组，全年累计办理38户，贴现金额47590万元，成功办理河北省内第一笔电子商票快捷贴现业务，票据贴现量位列全辖第1，提升小微企业贷款29703万元，有效地带动了“两个不低于”、产业链、银期银证、有效户、个人结售汇等指标提升。

【加快机构建设步伐、加强干部队伍建设】 同步实施了1个支行、3个普惠型网点和4个离行式自助银行的选址筹建工作，高起点、高标准做好了从选址、报批、装修、人员培训、物资采购、设备安装、系统调试以及证照办理等各个环节的工作，8个网点都已于12月份进入试营业阶段，为分行各项业务发展提供有力支撑。坚持“德才兼备、实践标准、群众路线 ”的用人导向，加强了后备干部队伍建设，切实提高选人用人的公信力，先后提任了11名业务精、作风硬、业绩突出的同志充实到中层领导岗位，择优选拔了3名业务骨干作为普惠型网点的负责人，形成了梯队式的人力资源布局。

【加强学习型组织、企业文化建设】 组织实施了对公客户经理和个金客户经理每周一次的系列培训；开展了“助你成长”高师带徒活动，结成师徒对子 27 对，并签订了师徒协议；七月份又先后两次聘请国内知名的银行培训专业机构对全体客户经理进行了营销理念和技能的培训；先后开展了“出彩个金人”个金金融服务方案竞赛和“客户经理、风险经理 PPT 制作大赛”活动，有力地促进了客户经理队伍综合素质的提升。组织实施了员工关爱行动计划，成立了乒乓球、羽毛球和游泳 3 个活动小组，先后开展了员工跳绳比赛、踢毽比赛、八段锦、健步走、“五四”青年节联欢和员工健康体检、心理关爱等活动，丰富了员工业余文体生活，保障了员工身心健康。

【加强风险体系建设和案件防控工作】 加强重点领域风险分析和排查，持续推进产能过剩行业总量压降和结构调整。不定期召开信贷资产风险分析会，逐户听取钢铁、煤化工、钢贸、煤贸等重点风险行业客户汇报，分析授信客户存在的潜在风险，提出重点管控意见，全年共召开了 7 次风险分析会。加大了授信客户的风险排查力度，先后组织了 20 次风险排查，“两高一剩”行业客户压降表内外余额 4.99 亿元；钢贸、煤贸客户（含展业通客户）共减退 15 户，压降表内外余额 7.57 亿元。成立了监察保卫部，深入开展了“主管行长讲合规”、“案件防控特别行动”、“违规放贷和非法集资专项行动”、“小金库专项治理”、“集中采购专项排查”、“员工失范行为排查”和“基层营业机构负责人执法监察”等一系列活动，有效提高了全体员工的尽责合规意识，营造了“人人重操守、事事讲合规”的文化氛围，为各项业务的持续健康发展提供了有力地保障。

中信银行股份有限公司石家庄分行

【概况】 2014 年，中信银行石家庄分行以“挖优秀人才，挖有效客户，增存款规模，控风险资产”为发展思路，以“调结构，打基础，快发展，达千亿”为工作目标，在分行党委的正确带领下，全行员工解放思想，转变观念，开拓创新，革故鼎新，为全面实现战略目标打下了坚实的基础。截至 2014 年末，分行表内外总资产为 822.19 亿元，比年初增加 15.07 亿元，增幅为 1.87%，其中，表内资产为 540.43 亿元，比年初增加 68.45 亿元，增幅为 14.50%，表外资产 281.76 亿元，比年初减少 53.38 亿元，降幅为 15.93%。自营存款规模 457.08 亿元，比年初增加 27.64 亿元。各项贷款余额 408.45 亿元，较年初增加 51.61 亿元。

【风险管理】 分行积极践行总行战略，转变经营管理理念，强化重点领域风险防控工作，进一步控制和降低授信风险，全力推动业务结构调整转型。一是科学优化授信政策。全力支持京津冀一体化目标客户，在信贷规模、风险限额管理、审查审批管理等方面予以政策倾斜及差异化管理，突出大中型客户核心地位；二是区域投向更加科学合理。进一步细化和完善区域政策，积极引导营销部门审慎介入无机构网点覆盖等管理半径过长地区；三是重点行业管控坚持“控制总量规模，提高准入门槛，加强存量管理，智慧型退出管理”的原则，实行名单制限额管理；四是优化调整授信客户结构。通过优先选择营销半径内的大中型客户，并定制个性化综合金融服务方案，争做大型客户的主要参与银行、中型客户的主办银行，客户结构不断优化；五是不断增强风险缓释手段。坚持第一还款来源为主、第二还款来源为缓释工具的原则，12 月末表内业务设押占比 77.44%，较年初提高近 10 个百分点，设押比一直名列总行前三名，风险缓释作用不断增强；六是加强外部合作机构管理。分别组织召开了担保公司、评估公司、律师事务所、公证处、仲裁委、监管公司座谈会。同时为确保押品价值的客观合理性，开发上线了评估机构自动选配系统，并首次实行复核评估机制；七是加强二级分行审批授权管理。上收了 3 家二级分行的授信审批权限，将信审人员集中到分行统一管理。同时，通过对二级分行现场巡检、业务辅导，进一步提升二级分行风险管理能力。

【业务发展】 2014 年，结构调整初见成效。一是对公存款结构得到优化，保证金存款占比由年初的 49% 下降到年末的 34.07%，核心存款占比由 42.55% 提升到 53.63%，特别是机构业务进步明显，机构存款余额比年初增长 94%，接近百亿。二是承兑比指标得到优化，由年初的 54.95%

下降到年末的45.62%，资本节约成效显现。三是贷款结构得到优化，个人贷款快速增长，占比由17%提升到21.70%。四是盈利结构得到优化，中间业务占比达到22.90%，比上年提升6.79个百分点，零售营业净收入占比16%，比上年提升1.40个百分点。五是分行大力开展同业业务。同业资产负债业务得到长足发展，成为分行盈利的重要补充。负债方面，截止12月末，分行同业存款时点余额在系统内排第15名，比上年提升15个位次，比年初增量排第7名，比上年提升13个位次，规模最高时超过300亿元，同业日均存款比年初增加108亿元；资产方面，践行“轻资本”发展策略，各种产品开展较为全面，银票贴现、商票贴现、再贴现、非结算性同业存放、购买理财产品、买入返售、定向资产管理计划、买入信托受益权等业务均有涉及，全年实现同业营业净收入7000余万元，同比增长3倍。六是分行中间业务发展迅猛。全年实现中间业务4.59亿元，在系统分行内排第15名，比上年提升2个位次，同比增量排第16名，增速为51.42%，超过全行平均水平1.73个百分点。其中，投行业务实现中收1.82亿元，同比增加0.64亿元，增幅为54%，国际业务实现中收1.01亿元，同比增加0.40亿元，增幅65.57%，增长较快。七是定价水平名列前茅。2014年，分行加大了贷款定价管理力度，新增对公、个人贷款定价比上年就有较大提升，各项产品定价均超过全行平均水平，在系统42家分行中进入第一梯队（前十名），其中，新增对公贷款定价水平排第2名。与当地股份制同业相比，该行贷款定价水平也名列前三甲，其中，个人经营贷款（不含商用房）、个人消费贷款（不含住房贷款）利率上浮幅度排第1名。

【网点建设】2014年，为全面实现分行年度筹建任务，分行成立了以分行行长为领导的网点建设小组，召集零售部、办公室、计财部、会计部、信息部等部门多次讨论，明确重要时间节点，倒排时间，根据以往筹建经验，制定了周密的筹建计划及进度安排，明确各部门职责，将具体工作落实到人，要求各项工作严格按照计划进度推进，2014年全部在建网点均达到监管部门提出的时间进度要求，为分行优化网点布局奠定坚实基础。截至2014年末，分行机构网点数达到38家。其中一级分行1家，异地二级分行3家，分别是保定分行、邯郸分行及沧州分行；县域支行5家，为涿州支行、正定支行、辛集支行、藁城支行、定州支行；同城支行33家以及离行式自助银行53家，分别分布在石家庄市、保定市、邯郸市主要经济区域、主要商贸区、主要社区等位置。紧抓“京津冀”协同发展以及“京张联合申奥”有利时机，加快在廊坊、张家口地区筹建二级分行。

【人力资源】人才是分行发展根本。分行党委将人力资源视为第一重要的战略资源，把“引进人才”作为业务发展的头等大事。2014年末，分行累计引进人才290余人。通过“挖优秀人才”战略的实施，为分行快速发展增加了新鲜血液。分行建立了“内部人才市场”，为员工实现职业生涯的最大跃升提供平台和机会，充分尊重员工的意愿，通过“双向选择”、竞聘等途径实现内部流动。新班子注重行内年轻干部培养。分行印发了《中信银行石家庄分行干部挂职交流管理办法》鼓励年轻骨干到基层挂职锻炼，丰富工作经验，促进其快速成长。分行召开党委会，决定大量培养、选拔工作态度端正、有激情、具备一到两年工作经验的年轻干部到基层锻炼，建立100名后备干部人才库。

【企业文化】分行高度重视企业文化建设，以企业文化建设凝聚人心，使之成为推动分行持续健康快速发展的源头活水和精神动力。通过组织召开分行机关转变工作作风动员会、“行兴我荣，责任在我”先进事迹演讲及征文大赛、“五四”青年员工表彰大会、青年员工座谈会、职代会、“六队一会”、拓展、军训等活动，将对员工的关爱落到了实处，提高了员工的凝聚力，形成了具有石家庄分行特色的企业文化。

（田 亮）

华夏银行股份有限公司石家庄分行

【概况】2014年，华夏银行石家庄分行党委紧盯四年发展规划目标，以规模增长、结构调整、降本增效、风险管理“四大战役”为抓手，稳中求进、改革创新，推进业务优质高效发展，全面完成各项经营计划，当年经营成果达到历史最好水平，为实现四年发展规划进一步夯实了基础。

【业务经营】 截至2014年末，华夏银行石家庄分行利润总额实现12.38亿元，同比增加2.29亿元，完成103.20%；中间业务收入实现3.73亿元，完成127.70%；运营及销售费用成本收入比29.90%，完成全年计划。对公存款日均439.20亿元，完成106.60%；储蓄存款日均103.70亿元，完成103.20%；个人金融资产总量204.60亿元，完成112.40%；国际结算量25.50亿美元，完成115.90%；新增易达金放款2900万元，完成116%。净增对公客户1558户，完成120%；净增对公有效客户200户，完成111%；净增个人贵宾客户4408户，完成119%；净增信用卡VIP客户32730户，完成109%；移动银行客户73600户，完成140%；净增小企业用信客户297户，完成129%。

【统筹资源运用，创新营销方式】 多措并举，业务规模持续快速增长。在贷款规模、风险资产、表外资产等资源约束条件下，分行采取了挖潜增效、腾笼换鸟、借力同业、客户倍增、突出重点、提升单产等六项措施，促进业务规模快速增长。统筹资源，各业务条线实现协调发展。按照不断优化公司业务，全力发展个人业务，深度开发小企业业务，扎实拓展国际业务，强力推进金融市场业务的发展思路，在贷款规模、风险资产等资源方面向重点业务倾斜，各业务条线实现了协调发展。不断创新，重点产品推广成效显著。全行各种非贷款类信贷投放达到了251亿元，城镇化建设贷款和“非税收入代缴”取得重要进展，成功办理法开署转贷业务3200万元；供应链金融业务量实现601亿元，其中新产品业务量为232亿元。个人理财产品销售437亿元，新增代发工资企业440户，沉淀储蓄存款2.21亿元。中小部年审制贷款66户、7.58亿元，个人经营性乐业贷591户、11.80亿元，平台贷款客户数增加23户，用信余额增加1.70亿元。国际业务结售汇实现17.80亿美元，成功办理首笔远证即付业务、应收账款池融资业务、跨境汇兑宝业务和NRA账户福费廷业务。夯实基础，客户数量稳步增加。全行坚持以客户开发为基础，扎实推进“两个80%”，新增与挖潜并重，努力实现客户倍增计划。到年底，全行对公客户数达到10060户，新增个人客户6.90万户，小微企业用信客户达到1572户，新增国际结算客户255户，新增贸易融资授信客户121户，所带来的效益增长明显。

【深化结构调整，推进经营转型】 2014年，分行从政策、风险、资本、效益四个维度推进资产、负债、收入结构调整，资产与资本使用结构得到优化。在资产结构调整方面：一是在资源配置上，优先支持中小企业，不断提高中小企业贷款占比；加大对国际业务等低资本消耗业务的支持，保证国际业务的发展需要；在依据市场原则提高贷款定价的基础上，加大个人贷款投放，推进个人业务快速发展。二是坚持效益优先原则，按照贷款定价水平，增加高收益贷款的投放，改善贷款结构，提高整体资产盈利能力。三是调控产能过剩行业贷款占比。在负债结构调整方面：增加纯存款指标考核占比，在营销竞赛费用方面给予倾斜，大力发展储蓄存款和机构存款，强化过路资金管理，抓好结算存款，大力拓宽低成本同业存款资金来源。

信用风险管理得到加强。一是制定《华夏银行石家庄分行2014年信贷政策》，明确2014年度信贷支持的重点区域及重点行业，并对钢铁等产能过剩和风险积聚行业设定退出目标和标准。二是严把授信准入关，将客户自身的风险水平、还款能力作为决定是否授信的首要条件，有效避免脱离企业实际需求的过度授信、贷款期限不合理等问题。三是按月对贷款定价水平、制造业、批零以及房地产等行业进行监测，加大对钢铁、平板玻璃、水泥、煤炭、钢贸、煤贸等重点行业风险管控，2014年，钢铁、平板玻璃、水泥等三行业贷款余额较年初减少6.50亿元，占比下降3.50个百分点。四是综合运用诉讼、重组、抵债、核销、资产转让等多种手段，多措并举化解风险，保持了资产质量整体优良。

重点风险防控措施到位。一是严密防范流动性风险。强化头寸管理和资金调度管理，统筹规模和期限结构安排；加强主动负债管理，提高资金来源稳定性；加强同业、理财和投资业务管理，合理控制资产负债期限错配程度；组织做好流动性压力测试和应急演练。二是积极防范声誉风险。学习贯彻总行突发事件工作机制，督促专业部门和条线完善应急预案，提高突发事件的应变能力；加强舆情监测，及时发现声誉风险隐患，积极回应，正确引导，将风险控制在萌芽状态；组织开展舆情演练培训和实景演练，增强分支行各级员工的舆情风险意识和防范声誉风险的主动性和敏感性，提高舆情应对和处置能力；进一步加强投诉管理，深入分析，及时处置，防止引发声誉风险。三是防范操作风险和案件风险。持续开展案件风险和违规违纪行为排查，严肃责任追究；严格员工行为差错积分管理，发挥各级主管对员工日常行为管理的作用，落实“一岗双责”；加强对营业场所和办公区域的安保管理，严格落实安保责任制。

【强化预算管理，实现降本增效】 加强全面预算管理，强化预算的刚性，促进全行的经营在预算的框架内进行，确保了年度经营目标的实现。加强贷款定价管理，提高利率管理的敏感性，在风险可控的前提下，投放部分高收益贷款，提高了资产的整体赢利能力。加强资金成本管理，加强资金市场的研究和分析，大力吸收结算存款等低成本资金，完善主动负债的利率政策，提高市场驾驭能力。促进中间业务收入增长，对传统收费项目，在依法合规的基础上，应收尽收；有效突破金融市场业务发展的瓶颈，提高市场化对中间业务收入的贡献度；加大创新力度，拓宽增收渠道，提高收入水平。降低运行成本，严格落实厉行勤俭节约、反对铺张浪费的要求，规范公务接待、用车、用房管理，加强商务谈判、集中采购，精简会议文件，提高精细化管理水平。

【加强渠道建设，打造服务品牌】 坚持物理网点和电子渠道共同推进，为业务发展和服务提升提供支撑。一是克服多方困难，年内 8 家支行获准开业，3 家机构批准筹建，机构建设计划全面完成，二级分行机构数量首次超过分行本部。二是设立电子银行部，配备专属队伍，整合业务资源，大力推进“第二银行”建设，电子银行客户活跃度和交易综合替代率不断提升。三是新增自助银行 16 家，自助设备 45 台，POS 机具 500 台，TPOS 机具 192 台，渠道功能进一步优化。强化部门联动，健全管理机制，“华夏服务”品牌的知名度和美誉度不断提升。一是组织开展“华夏服务质量提升年”系列活动，落实联动机制，完善服务设施，提升客户体验。二是开展多种方式的培训和学习，开展服务明星、服务标兵的评选，持续改进和创新服务方式。三是完善《文明优质服务工作考核实施细则》，坚持服务考核与绩效考核挂钩，不断提升服务规范化水平。四是注重从投诉中发现潜在的问题和不足，及时整改，提升专业化服务能力。五是高度重视服务荣誉争创，带动分行整体服务水平的提升。2014 年，2 家支行被授予“中国银行业文明优质服务五星级营业网点”和“千佳示范单位”。

【深化路线教育，强化队伍建设】 党委班子的政治核心作用进一步发挥。一是建设学习型领导班子。党委中心组通过严格学习纪律、丰富学习内容、创新学习形式，切实研究解决分行发展中遇到的突出问题。二是认真落实联系行制度、民主集中制和党风廉政建设责任制，提高班子成员群众工作能力和民主议事能力。党的群众路线教育实践整改活动进一步深化。一是落实领导责任，突出全过程组织协调，加强跟踪督导，扎实做好整改落实工作的组织推动。二是狠抓低效客户数量提升和低业绩客户经理能力提升，积极推进营销机制建设和平台建设，改变以资产拉动负债的业务增长模式，集中力量解决制约分行发展的突出问题。员工队伍建设得到进一步加强。将人才培养纳入分行四年发展规划进行推动，提高专业培训与业务发展的契合度；组织中层干部沙盘模拟培训课程以及《领军人才》培训班，选派优秀客户经理和柜员参加“营销和服务能力提升”培训班，拓宽基层一线人员培训方式和渠道；推行新录用大学生柜台工作机制，总结师带徒工作，修订《石家庄分行师傅带徒弟培训管理暂行办法》；制定《华夏银行石家庄分行后备人才队伍建设方案》，加强员工队伍后备培养梯队建设；坚持任人唯贤的选拔办法和德才兼备的选拔标准，严格执行干部选拔任用制度；制定《二级分行辖属支行行长晋级管理暂行规定》，进一步拓宽二级分行辖属支行行长晋升通道。

（崔梦琳）

中国民生银行股份有限公司石家庄分行

【概况】 截至2014年末，中国民生银行股份有限公司石家庄分行（简称“民生银行石家庄分行”）各项贷款575.63亿元、较年初增加81.09亿元，分别占当地股份制银行总量的22.29%和增量的20.74%。一般性不良贷款58289.72万元，不良率1.01%。表外资产316.22亿元，较年初减少108.75亿元；其中银行承兑汇票余额314.57亿元，较年初减少109.97亿元，保函余额1.65亿元，较年初增加1.22亿元。各项存款779.96亿元，较年初减少55.24亿元，占当地股份制银行总量的21.93%；其中对公存款479.51亿元、较年初增加24.66亿元，分别占当地股份制银行的17.91%和7.99%，储蓄存款300.45亿元、较年初减少79.90亿元，占当地股份制银行的34.12%。资产总额1266.17亿元，较年初增加119.93亿元。

【扎实做好小微企业金融服务工作】 2014年，民生银行石家庄分行积极履行社会责任，继续把小微企业金融服务列为工作重点，将有限的信贷资源向小微企业倾斜，创新信贷产品，为省内小微企业发展提供了有力支持。一是完善小微企业金融服务团队建设。顺利完成小微2.0流程落地工作，在分行组建了四支小微直销团队，对小微信贷售后流程进行优化，通过售后前置、客户回访、持续提升、贷后服务、客户信息管理5个二级流程和14个三级流程，建立与客户团队售后服务关系，为小微企业提供了更加贴近的金融服务。二是积极支持民生行业发展。信贷投放向医疗教育、农业、居民服务等民生领域小微企业倾斜。组织零售产品专家团队、项目经理、专业支行、新开支行、直销团队，细分小微市场，缩短审批流程，提高小微贷款放款效率，对南三条商圈、正定家具板材产业集群、手机经销商、美的经销商产业链等项目进行了重点支持。截至12月末，小微贷款余额289.92亿元，较年初增长40.90亿元；小微贷款增速16.42%，高于全行各项贷款平均增速0.03个百分点；小微客户数突破10万户。三是实施专业化的开发模式。在深入研究区域特色行业的基础上，实行“规划先行、批量开发”专业营销模式，积极开发产业集群和商圈。近三年来，通过批量营销，累计审批通过400多个商圈或产业集群，批复授信额超800亿元，为衡水安平丝网、邯郸永年标准件、辛集皮革、太和电子城、北人集团等产业集群和商圈中小微企业提供了资金支持。四是创新风险防范手段。设立小微企业互助合作基金，解决小微企业融资过程中的担保难题。截至2014年末，互助基金规模达到117.79亿，客户总数6900户。

【加大与“京津冀”协调发展的对接力度】 成立“京津冀一体化业务开发领导小组”，统筹管理分行辖内一体化范畴内的各项工作，与总行沟通相关政策，与民生银行北京管理部、天津分行沟通对接，探讨新形势下的跨区域合作模式。目前正积极与河北省内各级政府机构开展多方面对接，寻求相关项目在结算、现金管理、信贷、票据、保函、国际贸易、理财、发债、兼并重组、系统重整、数据对接、产业基金、信托计划、资管业务开展多方面合作，并针对产业链、产业园进行整体批量开发。截至2014年末，已批复未投放“京津冀协调”项目25户，金额65亿元；已进入审查阶段27户，金额62亿元；尽职调查或营销中66户，金额256亿元。

【落实省委省政府部署，积极支持省内重点领域发展】 制定了《2014年公司业务发展规划》，将信贷投放向政府平台，省内央企，大型国企，关系国计民生的水、电、燃气、公共交通、医药、节能环保等行业倾斜。年度内，向河北水务集团、石家庄市交通运输局、石家庄市土地储备中心、邯郸市国土资源储备办公室、石家庄市国控、河北交通投资集团等投放资金近130亿元。审核通过的重大项目立项近52个，获得总行批复的项目有18个，金额105亿元，其中已放款的项目11个，金额共计52亿元。围绕区域特色、产业集群、核心客户产业链、交易平台、集团客户、产业园开展批量业务。累计调研极具区域特色的园区、集群20个，已批复批量授信项目7个，授信额度35亿元。以核心厂商、区域特色为中心的批量开发营销模式正在逐步形成。结构化融资板块，崇礼旅游、衡水一中合计5.50亿元资管计划审批通过，并成功放款；河北国控化工并购项目、廊坊市国开兴安股权投资项目立项通过。

【有效管控风险确保持续健康发展】 积极开展“议、决、行”合规文化建设活动，月召开“议、决、行”合规文化建设专题会议，提高全行合规意识。开展“重点突出、全行联动、严厉问责”的大检查，对2013年度所有存量业务进行风险排查，对同城支行进行业务合规专项检查，对违规违纪员工进行问责并进行合规辅导。开展新员工入职合规专题培训，培养新员工合规操作习惯，从入职开始就打牢合规基础。经营机构逐级100%签署了《案件防控责任书》、《党风廉政责任书》和《合规承诺书》。积极开展“风险案例、每月警示”活动，制定纪检“菜单”课程，满足支行个性化需求，开展“下支行、送服务，分行纪检话风险”巡讲活动。切实做好“三防一保”工作，加强“平安支行”标准化建设，扎实安全防控管理工作，确保2014年安全运营无事故。截至2014年末，已有36家机构通过“平安支行”达标验收，达标率超过60%。

【积极履行社会责任，全面提高金融服务水平】 推动网点整合，提高厅堂统一服务水平。统一规范厅堂电子设备播放形式与内容，实现厅堂播放内容的规范统一；安装智能触摸海报机，通过产品在电子设备上的交互提升客户体验。开展“点滴成就卓越”活动，通过上门培训和邀请客户集中推介的形式，将专业知识送到客户手中，帮助客户更加深入全面的了解金融知识。分支机构覆盖面不断扩大。截至2014年末，民生银行石家庄分行设立了5家二级分行、36家同城支行、14家县域支行、3家小微专营支行，社区支行11家，离行式自助银行网点（含单台机）83家，自助机具712台，服务能力进一步提升。柜面服务水平大幅提升，受到广大金融消费者的认可。在市工会组织的“2014年石家庄市业务操作技能竞赛”上，获得了团体第一名、业务知识团体第三名和优秀组织单位三项大奖；张利华、王玉姣、王颖分别获得个人全能第一名、第二名和第四名的好成绩，并分别荣获“业务操作技能竞赛状元”、“业务操作技能竞赛标兵”和“业务操作技能竞赛能手”的荣誉称号。参加了2014年中国技能大赛——省金融系统技能大赛，获得团体第八名，杜晶获得个人全能第八名。2011年、2012年、2013年、2014年连续四年蝉联“河北网友最信赖金融品牌”。到邯郸大名县沙窝庙村开展了扶贫工作，进行了道路面垃圾清理、粉刷村街道墙面、村街道环境美化工程、危旧房改造，实现了农村安全饮水问题、通讯通邮，建立了农家书屋、警卫室、村医务室，安放了需要的体育建设器材，并根据实际情况，为当地的致富产业发展提供帮助。

（白　亮）

中国光大银行股份有限公司石家庄分行

【概况】 2014年，光大银行石家庄分行在省委、省政府的正确领导和大力支持下，深入贯彻落实科学发展观，以“打造国内最具创新能力的银行”为战略愿景，以模式化经营为抓手，认真贯彻落实2014年初制定的“调结构、稳增长、防风险、增效益”的工作思路。面对复杂的外部形势，全体干部员工牢固树立发展意识，迎难而上，团结进取，奋勇拼搏，使全行整体经营管理工作取得了长足进步。

【经营指标】 各项业务经营指标保持稳健增长态势。存款规模稳健增长。截至年末，该行一般存款时点余额423.48亿元，较年初增加42亿元，增幅11.01%；一般存款日均余额401.45亿元，较年初增加62.74亿元，增幅18.52%。贷款规模较快增长。截至年末，该行各项贷款（含贴现）时点余额350.05亿元，较年初增加67.96亿元，增长24.09%；各项贷款（含贴现）日均余额317.45亿元，较年初增加52.35亿元，增长19.75%。中间业务净收入稳健增长。截至年末，该行中间业务净收入5.36亿元，同比增长33.39%，中间业务净收入在营业收入中的占比达29.98%，较上年同期提高1.51个百分点，收入结构进一步合理优化。

【业务发展】该行认真贯彻落实总行“调结构、稳增长、防风险、增效益”的工作思路，牢牢把握河北省经济社会发展的新常态、紧抓发展机遇，加大银企合作、绿色环保项目的推进，建立起有特色的经营发展模式和品牌。

对公业务方面。一是全力支持全省重点项目。为有效服务实体经济，该行通过政策倾斜，调动资源，强化考核，加大产品创新等措施，对政府融资平台、城镇化项目予以大力支持。积极响应国务院关于加强地方政府性债务管理的意见，积极学习文件精神，对石家庄国控投资集团有限责任公司、石家庄滹沱新区投资开发有限公司、沧州建投房地产开发有限公司投放29亿元。二是支持河北节能减排，促进产业转型升级。河北省是传统工业大省，重点支柱产业以钢铁、石化、建材、纺织等为主，资源消耗型企业多、节能减排任务重，经济转型升级压力大。面对经济形势的新常态，该行致力于绿色业务的拓展，成立绿色存款营销小组，对公主管行长任组长，致力于提高绿色存款占比，改善对公存款结构，扩大存款渠道。三是积极开展银企合作。2014年3月5日，该行与石家庄市人民政府签订银企对接战略合作协议，此举是其认真贯彻总行战略，积极落实监管要求，也是大力扶持“三农”和小微企业发展，主动履行金融企业社会责任的具体举措，更是该行与石家庄市深化合作的里程碑；经过营销小组的多次沟通和总分支行领导的高度重视，2014年6月17日，长城汽车现金管理系统正式上线，此次长城汽车现金管理项目电汇及电票系统的成功上线，是“总—分—支”三级联动营销的成功案例；邯郸公积金中心银企通项目的上线，使得该行在服务事业单位中得到宝贵经验，该套系统为自主研发，在市本级、各地市均可复制该项业务；为搭建银行与企业的合作平台，切实帮助保定地区不同类型、不同发展阶段的企业拓宽融资渠道，2014年10月30日，该行与保定市北市区政府共同举办“金融成就梦想”专场银企对接会。

零售业务方面，瞄准交通、医疗、休闲、教育等与老百姓生活息息相关的民生领域，坚持以服务客户需求为中心，遵循市场化运作规律，以科技创新为引擎，以产品创新为纽带，以渠道搭建和服务创新为着力点，积极推进客户分类服务、分层管理，充分利用服务方式渠道和各种产品渠道。大力发展理财业务、批量代发业务、出国金融业务、三方存管业务、代理保险业务、ETC业务、金阳光俱乐部、电子银行业务、信用卡、支付易业务。其中，出国金融业务实现了较好较快发展，首获河北省外管局外汇管理综合A级的评价，获总行2014年出国金融业务进步奖。此外，对私存款稳步提升、资产规模不断增长、客户数量增长显著。

【风险管理】该行在2014年以总行“稳重求进，内涵发展”的战略方针为指导，以促进全行各项业务健康发展为目标，按照“健全管理体系，严守风险底线，加强精细管理，服务业务发展”的总体要求，重点从操作风险、信用风险和合规风险三个方面入手，全面加强风险管理工作。

一是操作风险管理方面。2014年，该行认真履行案件防控职责，努力做好基础案防教育工作，致力于提升全行员工的案防意识及合规理念，加强员工教育，防范因员工异常行为所导致的相关风险。在全行范围内签订案防责任书，构成案防责任体系；开展系统的员工教育活动，通过加强日常合规教育、培训等方式努力提升全行员工的合规操作，树立合规经营的理念；同时也按照总行要求，认真开展了员工异常资金往来的专项排查活动等。为有效提升各条线的案件风险防范意识，逐月下发合规案防案例供大家学习借鉴。

二是信用风险管理方面。该行严把资产质量关，开展风险预警排查，加大业务培训力度。2014年该行多次进行风险预警排查工作，所进行的各项检查涉及行业包括煤炭贸易、煤化工、铁矿石贸易、钢铁冶炼及压延企业、建筑建材行业、化工行业、风电、化工等十余个产能严重过剩或存在环保压力的行业。排查重点包括生产型企业开工率；铁矿石、煤炭等贸易企业资金周转效率及财务指标变动；涉及多元化尤其是存在房地产关联企业情况；他行授信的变化情况以及是否存在民间融资等。通过各项检查，对敏感行业、敏感企业可能存在的问题进行筛查、汇总分析。结合排查中发现的问题，有针对性地对一些客户采取了额度管控、压缩、退出等处置措施。要求各相关单位责任到人，措施到户，加强对不良类、关注类客户等风险客户的清收化解力度；多方式多渠道化解、压缩当前关注类授信客户数量及金额，严控关注类客户进入不良类。

三是合规风险管理方面。落实总行“四位一体”工作机制，2014年开展了全面稽核、专项检查工作。完成了12家网点的全面稽核检查工作及控制环境专项检查、反洗钱专项检查、同业资产转让业务专项检查、中介机构重检专项检查等4项专项检查工作。在2014年的稽核检查工作中对二级分行的综合管理工作进行了全面的检查。要求各经营单位在注重业务发展的同时关注潜在风险的识别与防范，并严格按照制度要求做好贷后的检查计划，并认真执行。建议各业务主管部门也要加强检查监督职责，归纳总结各业务、各阶段的风险点，并有效防范。

【网点建设】 2014年，该行网点建设工作成效显著，新开业支行4家（廊坊燕郊支行2014年1月18日开业、红旗大街支行2014年2月17日开业、谈固东街支行2014年6月19日开业、邯郸赵都支行2014年7月24日开业），新开业社区支行5家（香晴苑社区支行2014年12月9日开业、东岗怡园社区支行2014年12月12日开业、凤凰城社区支行2014年12月18日开业、万达社区支行2014年12月27日开业、国际城社区支行2014年12月30日开业），网点布局更趋合理，网点服务设置更加完善，整体服务形象得到有效提升。截至2014年末，该行共设有营业网点26家，其中石家庄分行15家、唐山分行4家、邯郸分行4家、廊坊分行3家。

【党务工作】 严格落实“八项规定”，切实加强和改进作风和行风建设，巩固群众路线教育实践活动成果。该行把作风建设作为党风建设的头等大事来抓，加强分支行两级领导干部民主集中制作风建设，厉行勤俭节约、发扬艰苦奋斗，认真贯彻落实中央、集团和总行关于改进工作作风、密切联系群众的各项政策、规定和措施，特别对中秋、十一节假期间使用公款购买贺卡、花卉等违规行为进行了监督，把作风建设贯穿于各项经营管理工作中。该行还组织员工认真学习了总行下发的纪检监察工作检查通知内容及工作检查底稿，针对文件内容及要求对照工作底稿逐一进行认真自查，并将自查情况按时上报总行。认真落实党风廉政建设责任制。2014年3月份，在全行范围内分层次、逐级签订了党风廉政建设责任书68份、（非党员签订）廉洁从业责任书11份，明确各级领导干部肩负着“一岗双责”职能，既要对所在岗位应当承担的具体业务负责，又要对所在岗位应当承担的党风廉政建设责任制负责。积极组织开展特色党员活动。组织全行党员干部学习观看纪录片《较量无声》，并结合实际开展讨论，坚定理想信念；7月初，在庆祝建党九十三周年之际，组织开展了党员教育活动，特聘请西柏坡纪念馆副馆长来行授课，同城218名党员和积极分子参加了培训；该行还积极履行社会责任，对新闻报道中生活困难老乡进行慰问。抓好组织发展工作。对各支部组织发展工作进行指导，坚持总量控制、慎重发展、严格标准的原则，有计划地、有步骤的做好党员发展工作。

【队伍建设】 开展支行副职竞聘活动，有效充实管理干部人员力量。为了加强管理人员队伍建设，全方位地发现和使用人才，本着“出业绩、出干部”的用人原则，该行多次组织竞聘活动，充分体现了“多用干事的干部，才能多出干事的干部”用人观。通过校园招聘和猎头公司做好人员招聘工作，不断完善人员考核、管理制度，完善干部选拔任用机制。为不断拓宽员工职业发展通道，为更有内涵式发展贡献力量，该行高度重视并积极推进总行组织的专业人才队伍建设。通过开展公益、文体活动提升员工主人翁意识和幸福感。制订了“全员健身活动方案”，不仅设置了适合个人参加的“走步、登山、广播体操”等项目，还设置了适合以团队形式参与的“篮球、足球、骑行队、羽毛球、乒乓球、健美操”等项目。为了更好地关爱员工，在坚持往年员工体检、生日蛋糕、电影卡、洗衣卡等福利项目的基础上，又购置了火灾逃生面具、多功能声光报警手电筒、防空气污染口罩等。通过不懈努力，该行的干部队伍建设更上一层楼，员工的幸福感大大提升，为更好地开展工作打下了坚实的基础。

（邱 水）

上海浦东发展银行股份有限公司石家庄分行

【概况】2014年，浦发银行石家庄分行秉承立足河北、支持经济的发展宗旨，深入贯彻落实河北省委、省政府、监管部门以及浦发总行各项决策部署，适应经济增长新常态，积极调整经营思路，大力实施客户发展战略，围绕“开拓市场、创新转型、提升效益、防范风险”四大中心工作，迎难而上，奋勇拼搏，强化管理，狠抓队伍，各项业务取得快速发展，创效水平进一步提升。

【主要指标完成情况】2014年末，全行本外币各项存款余额达到342.25亿元，预算口径各项存款余额329.25亿元（剔除协议存款），较年初增加40.48亿元，增长13.41%。其中：对公存款余额267.22亿元，较年初增加34.08亿元，增长14.62%；个人存款余额62.04亿元，较年初增加6.40亿元，增长11.50%。各项贷款余额263.20亿元，较年初增加49.26亿元，增长23.03%。账面实现中间业务收入2.70亿元，较上年同期增加0.72亿元，增长36.39%。考虑总行端中收返还预计0.80亿元，2014年全行累计实现中收将达到3.50亿元。实现账面利润9.98亿元，较上年同期增加2.38亿元，增长31.26%。

【支持地方经济社会发展情况】

一是全年新增贷款及表外业务融资总数及增长率。2014年，该行依托河北区域经济的发展大势，积极落实国家宏观经济调控政策，在监管要求和总行信贷政策的指引下，积极拓展业务，认真防范风险，同时加强与总行各相关部门的沟通，努力争取资源对河北地区的倾斜，截至2014年末，对公贷款余额221.56亿元，较年初新增43.67亿元，增长率24.55%，表外敞口余额121.70亿，较年初新增5.33亿，增长率4.58%；利用总行理财资金投放余额95.70亿元，较年初新增28.20亿元，增长率41.78%；利用总行自营资金投放余额38.30亿元。对河北投放融资总余额477.26亿元，较年初新增78.94亿元，增长率19.80%。各项业务的持续推进，推动该行业务取得了新的进展，也为河北省经济的发展贡献了一份力量。

二是加强对基础设施及重点项目建设的支持。基础设施及重点项目建设一直是经营重点，2014年该行进一步加大了对基础设施和重点项目建设的支持和投放力度。2014年末，基础设施建设贷款余额59.60亿元，较年初新增6.50亿元，重点项目贷款余额49.69亿元，较年初持平，全年一批重点项目落地，一大批重大项目获得总行授信批复，包括利用总行自营资金向京蔚高速投放资金15亿元，利用总行理财资金向唐山交通局投放资金8.50亿、为石家庄国控投放30亿元等。

三是加强对小微企业的支持力度。为提升小微金融服务能力，采取的政策安排与主要工作措施。贷款投放方面，浦发银行对小微贷款规模实行计划单列。在信贷规模较为紧张的情况下，专门留出小微信贷规模，优先支持小微贷款需求，保证小微贷款增速要高于全部贷款增速。创新营销模式，拓展发展小微客户的渠道。将客户获取渠道建设作为小微业务发展和转型的突破口，将“两区一链”批量开发项目建设作为重要抓手，开发设计了“速保贷”“农具贷”“棉储贷”等特色产品和特色模式。先后到邯郸、保定、白沟、沧州、裕西等分支行开展业务指导，现场协助营销，围绕当地市场特色确定思路、目标与措施。

四是立足京津冀一体化战略，积极推进京津冀协同发展。为统筹行内资源，提高效率，该行成立了京津冀一体化业务推进领导小组，统筹协调京津冀一体化的相关业务，为业务的顺利高效推进提供组织保障。除加强传统业务的开展之外，该行将积极发挥浦发银行的优势，利用投行业务和市场业务加大对重大项目支持，根据项目生命周期和不同阶段的具体需求，通过“股、债、贷”等方式，实现全流程、全方位地介入，满足项目的资金需要。

五是加大对农村和农业经济的支持力度。2014年，该行按照“加强研究、适度拓展、支持农业现代化发展”的原则，适度支持农业现代化产业，支持以国家级农业产业化龙头企业为核心的农业产业链客户，为农业现代化提供配套和服务的优势农产品批发市场、采用现代信息技术和设备且管理较为规范的仓储物流等企业。截至

2014年末，涉农贷款余额（含票据融资）69.03亿元，占对公贷款比例为33.16%。

【加快网点、渠道建设】

一是优化网点布局。2014年，该行在持续加大渠道建设力度的同时，持续优化网点布局，着重在成熟的社区、商业密集区设立物理网点。2014年，新增异地分行1家，同城支行3家，较2013年的13家增加了31%，以上网点为金融消费者和单位客户提供了全方位的金融服务。同时，该行还按照监管要求积极推进社区、小微支行建设，已筹建开业小微支行7家，有力的补充了中型网点的建设空白，进一步满足了社区居民、和中小商家的金融需求。在加快实体网点建设的同时，还精挑细选，加快自助网点建设，截至2014年末，共建设自助网点45个，布放机具82台。所投放自助设备均处于客流量较大的商场、医院、批发零售场所等地，全辖所有自助设备均按照统一外观标准化装修，统一规范标识使用，统一了所有自助设备服务界面，并提供中英文双语标准化服务。进一步完善自助设备功能，使得客户通过自助即可办理大部分银行业务，如存取款、转账、信用卡还款、部分功能签约、定活期互转、通信费缴纳等，满足了广大消费者的基本金融需求。

二是完善服务设施。浦发银行石家庄分行各分支机构比照总行网点标准手册和银协“千佳”检查验收标准，结合本机构实际情况，进一步完善了网点服务设施和便民设置，在全部按标准设置提示、警示标志（标牌），残障专用通道、便民箱、意见簿、意见箱、客户专用电话的基础上，又个性化的配置了轮椅、婴儿车、饮水机、充电器、常用医药箱、应急伞、擦鞋机、业务高峰提示牌等设备设施，提高了客户服务能力，进一步强化了客户体验。

三是实现分区服务。该行所有网点均实现服务功能布局分区，即根据总行网点标准化建设手册及分行特色，充分考虑客户办理业务时的体验和感受，将网点划分为现金区、非现金区、理财区、贵宾服务区和自助银行区、客户等候区、网银体验区等七大功能区，使客户可以根据需求在相应的区域接受网点优质的金融服务。（白 雁）

兴业银行股份有限公司石家庄分行

【概括】2014年，在经济形势严峻复杂、困难挑战异常突出的一年里，在各级监管部门和总行领导的关怀、指导下，兴业银行石家庄分行认真贯彻落实总行各项方针政策，坚持稳中求进、改革创新，努力实现“稳发展、保安全”。各项业务经营得到健康、有效、快速地发展；在重点项目、重点业务取得有效突破的同时，队伍专业化、管理规范化水平逐步提高，业务规模和盈利水平协调增长，收入结构、业务增长模式呈现良好的态势，圆满完成了2014年各项任务目标。

【运行情况】各项存款稳步增长。截至年末，该行本外币各项存款余额585.94亿元，较上年增加39.44亿元，增幅7.22%；其中对公存款470.62亿元，较上年增加29.84亿元，储蓄存款115.32亿元，较上年增加9.60亿元。存款总量在当地同类型股份制银行排名第3位，与上年持平，在全总行排名第14位，较上年提升2位。各项贷款积极投放。各项贷款余额290.25亿元，较年初增加53.73亿元，增幅22.72%；其中对公贷款229.63亿元，较上年增加41.94亿元，个人贷款60.62亿元，较上年增加11.79亿元。贷款总量在当地同类型股份制银行排名第5位，与上年持平，贷款余额增量居当地同类型股份制银行第4位，较上年提升3位，在全总行排名第18位，较上年提升3位。同业业务规范发展。同业存款304.50亿元，较年初增加17.09亿元，增幅5.95%；同业资产299.66亿元，较年初下降18.99亿元，降幅6.77%。同业负债总量在河北省股份制银行中始终排在首位，同业资产总量在全总行排名第12位，较上年下降1位。盈利状况明显改善。实现账面利润9.84亿元，较上年增加0.84亿元，增幅9.21%；实现税前考核利润12.20亿元，完成全年税前考核利润计划的115.97%。实现账面中间业务净收入1.98亿元，较上年增加0.20亿元，增幅11.24%。

【工作措施】

（一）推动专业金融改革，提升专业服务水平。一是按照总行产业金融突破计划的发展思路，在充分研究论证的前提下，成立环境金融、汽车金融、冶金、能源四个产业中心，并组建相应专业团队。团队成立后，及时引导团队在做好产业研究的基础上，以产业金融的理念推动市场营销，团队专业化水平和专业服务能力有了较大提高。二是推进小企业条线改革，成立小微企业业务部9家，为更好地服务小微、服务三农打下坚实基础。

（二）改进厅堂服务，提升客户体验。2014年，零售事业部从体制机制上切入将资源统筹起来、客户营销统筹起来，既提升客户体验又提高投入产出能力；探索异地机构扁平化管理，优化等级支行管理；发挥了每个支行的能动性，使每个支行都成为产能和盈利的提升点。提升社区服务平台，以网点小型化、便民化、低成本化，解决金融服务到个人客户的“最后一公里”的问题。

（三）坚持创新求变，狠抓客户基础，调结构、促转型。企金条线正视业务发展问题，积极应对转型挑战，坚持以客户为发展核心，加大业务结构的调整力度，致力于降低资本占用、提高资本收益和经营质量，多措并举。合理把握业务发展节奏，更加强调资本节约和资本收益，巩固并提升企金优势。零售业务坚持深化“以客户为中心”的服务理念，按揭贷款、第三方存管、兴业通、安愉人生、社区银行、寰宇人生等品牌战略精彩纷呈。同业业务创利能力大幅提升，产品量身定制，资产、负债规模双增长，盈利能力突出。在总行系统年度排名第十二位。2014年分行条线同业业务营业净收入达到4.50亿元以上，较2013年增长近40%。

（四）加强风险管控，规范员工行为，完善问责制度。

1.强化对二级分行的风险管控。选派合适的风控人员，实行派驻式垂直管理，兴业银行石家庄分行对各二级分行采取了信审人员和风险部负责人垂直派驻；进行人员交流，强化监督机制，对三家二级分行的风险部负责人进行了调整和交流；制定切实有效的考核制度来对各二级分行进行管理，出台了《2014年异地分支机构风险管理综合评价实施细则》，按月对二级分行风险部及负责人进行考核，督促其尽职履责；加强石家庄现场再检查制度，下半年分行风险部指派了一名专职贷后管理人员对二级分行实行“包干”式管理，对各二级分行的风险管控工作进行实地检查，其中既包括对授信客户的再检查，也包括对其制度执行情况的检查等；针对各二级分行依据其风险人员配备、风险管控能力、风险资产现状等，制定差异化的转授权政策，做到风险管控能力与审批权限相匹配。对二级分行授信业务的审批实施“沙盘作业”法，列入“沙盘作业”内的授信客户方可上报审批，杜绝盲目推介项目。通过以上措施强化了对二级分行的风险管控。

2.风险管控前移，扼制风险苗头。为了加强专业化风险管控能力，在重点业务条线部门设立了风险窗口，内嵌了风险管控人员，将年终评优、绩效工资直接与风险防控挂钩，通过考核调动风险窗口人员风险管控的积极性和主动性。同时推行风险管理关口前移，对重点行业、民营企业等授信客户要求审查人员要亲临实地进行考察。加强信审与风险管理部门的沟通和协作，实现贷中、贷后风险信息的共享，及时发现风险苗头，果断处置，保证银行信贷资产的安全。

3.注重加强员工行为管理，严控道德风险、操作风险。一方面，重申员工行为管理规定，持续深入贯彻银监会“八不得”相关规定和《总行员工违规行为处理规定》，利用燕赵兴业大讲堂、全行工作会议、会议纪要等形式宣导，加强及早排查员工异常行为；另一方面，成立了内部问责委员会，制订了委员会相应工作规则，对虚报经营业绩、泄露客户信息、违反兴业通操作规程、违反总分行制度的16名员工给予了处理和处分，起到了震慑与警示作用。

（五）提高精细化管理水平，全面加强运营保障支持。一是不断改进人力资源管理模式，管好总量、结构和准入标准，积极引进优秀人才，加强员工培训和行为管理，提高员工综合素质；员工薪酬体系不断完善，工会活动、党建活动的开展为营造家园文化创造了浓厚氛围。二是进一步提高计划财务精细化管理水平，及时传导总行政策，完善业务资源、财务资源的量化管理和科学配置，优化经营单位综合考评体系，主要经营指标完成情况良好，整体经营成效基本符合预期，在日均存款增长 23%、日均贷款增长 11%、考核中收增长 33% 的情况下，考核利润较上年增长 49%，经济资本收益率超过目标值 8 个百分点。同时进行财务风险大检查，防范财务风险。三是不断加强制度体系建设，2014 年共出台 53 项制度文件；积极配合各类内外部检查、审计、调研、交流，加强沟通，主动整改，提高内部管理科学化和规范化水平。四是网点规划更加有序铺开。该行本部年内开业 7 家综合支行，全省网点数量达到 35 家，其中包括 5 家社区支行。五是会计基础管理和作业服务水平不断提升，信息科技专业网络建设扎实推进，行政办公运行和后勤保障体系得到优化，持续改进重大决策传导、落实、督办、反馈和后评价机制，切实提高全行的执行力。六是加强安全保卫工作，加强了监控、报警、消防设施和管理的安全检查，加大节假日和日常值班巡查和许多问题应急工作，安全保卫工作在全省排名前列，营造了安全优良的营业环境。

（六）加强党风廉政建设，扎实开展党的群众路线教育活动。2014 年，兴业银行石家庄分行和二级分行班子成员进行了补充和调整，领导力量得到加强。各级层面扎实开展党的群众路线教育实践活动，有效增强了党员干部的宗旨意识，促进了作风，提高了工作效能。认真执行党风廉政建设责任制，主动将纪检监察工作带入经营管理，在银行内控管理中发挥了积极作用。下发了《兴业银行石家庄分行关于营造简单和谐、务实高效企业文化的相关规定》的通知，倡议各岗位、各部门努力改进工作作风，自觉抵制不良风气侵蚀，营造简单和谐、务实高效的企业文化氛围，形成聚精会神干工作的良好风气。

（七）努力践行社会责任，持续提升品牌形象和市场影响力。2014 年 1 月，保定分行将开业节省下来的 15.60 万元捐献给阜平山区小学，改善当地的教学条件，为山区小学设立了“兴业银行电教室”；“安愉人生”是行内专为老年人提供的综合金融服务方案，匹配以健康管理、财产保障、法律顾问等符合老年客户需求的增值服务。全年零售条线共为老年客户举办公益性质的法律讲座活动近 300 场，参与人数累计超过 10000 人，活动主题主要以保障老年权益为主，涉及老年人经常遇到的法律问题，例如民间借贷，预防金融诈骗，医疗纠纷，消费出行，房产专题，婚姻法专题，财产传承问题，以及未成年保护等等。根据《中国银监会办公厅关于开展 2014 年“金融知识进万家”银行业金融知识宣传服务月活动的通知》要求，各网点全部开展了“金融知识进万家”活动，发放宣传折页 20000 份，受益人群达 16000 人。组织部署反假货币宣传活动，创新反假货币宣传形式，利用互联网，微信形式进行反假货币宣传。2014 年，分行会计结算部被人民银行石家庄市中心支行评为“2014 年度现金服务金牌单位”；万达支行、振头支行、谈固支行、分行营业部被评为“反假货币金融体系标杆网点”；分行获得河北省人民政府颁发的“金融创新奖”称号；分行营业部被评为“2014 年度中国银行业文明规范服务千佳示范单位”；展示了兴业银行石家庄分行良好的社会形象。

（范　荣）

招商银行股份有限公司石家庄分行

【概况】2014 年，招商银行股份有限公司石家庄分行（简称“招商银行石家庄分行”）在中国人民银行石家庄中心支行、河北省银监局及省市有关部门的大力支持和帮助下，在招商银行党委的领导下，以实际行动深入落实总行“一体两翼”的发展战略，认真开展党的群众路线教育实践活动，全力推动“比赛、拼搏”营销竞赛活动，奋发进取、顽强拼搏，经营管理水平和市场拓展能力得到了进一步的提升。截至年末，存贷款业务跨越增长，折人民币自营存款时点新增 59.31 亿元，增幅 70%。存款增量和增幅在石家庄市同业中均排名第一位，增幅在系统内 42 家分行中排名第一位。全年实现各类贷款累计投放 263.72 亿元，其中累计投放对公贷款 104.87 亿元，零售贷款 27.54 亿元，办理票据融资 131.30 亿元。累计办理银行承兑汇票 170.52 亿元，办理保函和信用证共计 16.31 亿元。国际结算量完成 14.77 亿美元，任务完成率 492%。基础客群快速拓展，借记卡客群当年新增 3.60 万户。全年实现经营利润 4.37 亿元、考核利润 1.98 亿元，预算完成率分别是 102.60% 和 126.80%，人均利润在同类行中排名第一；实现非利息净收入 9769 万元，预算完成率 169.60%，非利息净收入占比 15.30%，高于目标 5.90 个百分点。加快机构建设，年内 1 家综合性支行顺利开业，另有 1 家综合性支行、4 家零售支行、4 家社区支行设立。

【批发做出特色，打造轻型资产】 2014 年，招商银行石家庄分行面临总行压缩退出过剩产能客户、经济下行周期等困难，针对监管部门加大钢铁、水泥、煤炭、平板玻璃等行业限制的授信政策，及时调整资产结构和融资方向。按照总行“轻型银行”的发展战略，积极推进“一体两翼”的内部结构调整，重点拓展贸易金融、跨境金融、并购金融、现金管理等业务，通过融资租赁、自营非标、电子银承、互联网金融以及供应链金融等新兴业务实现对地方实体经济的支持。办理融资租赁业务 1.96 亿元，自营非标投资业务 13.30 亿元，开具人民银行电票承兑 15.49 亿元。成功营销供应链核心企业 2 户，总授信额度 14 亿元，实现放款下游经销商 58 户，授信余额 1.94 亿元。办理了首笔互联网银行承兑汇票融资项目见证业务，实现了互联网金融业务新的突破。加强与招银国际的联动，选择权业务取得突破，共完成 5 户选择权业务的叙作，实现贷款投放 9200 万元，并实现了知识产权质押项下投放业务 3300 万元，拓宽了中小企业融资担保新模式。

【利用创新平台，零售全面发展】 在总行“一体两翼”发展战略下，零售金融是招商银行战略主体和发展方向，是差异化竞争的特色和优势。2014 年，该行零售业务始终呈现良好的发展态势，聚焦存款、小微、客群、财富管理四大类开展工作。率先利用总行创新平台，成为总行零售贷款 PAD 作业的第一批试点行。零售信贷业务综合考评同类行排名第一位。强化外拓营销，合计外拓 80 场次，发展 1100 个有效客户；代发业务步入良性发展，荣获了总行系统“代发十佳分行”称号。大力开发信用卡客群，新增信用卡完成率 160%，新增客户完成率列总行前五名，活动率高于全行平均水平。强力推动“产能飞跃”项目各环节的落地执行，累计销售理财产品 76.30 亿元、基金 14.51 亿元、保险 636.51 万元、实物贵金属 649.67 万元、交易金 5.80 亿元。荣获总行 2014 年度零售业务综合考评优秀分行、零售信贷业务十佳分行、零售信贷业务进取优秀分行、小微客群经营先进分行、外汇超越进取奖、信用卡业务推广品质奖等奖项。

【严控信用风险，确保资产质量】 在信贷资源投放上，严格在国家政策、监管政策、总行政策的范围内开展，提高市场、竞争、效率意识，以省内重点龙头企业、小企业和涉农企业为重点，从信贷业务发起、尽职调查、授信审批、放款执行、贷后管理五大环节进行制度管理，实现资产业务稳健发展。强化风险经理在信用评级、数据质量审核、贷前平行作业、集中核保、放款审核、贷后管理等各环节责任并细化考核，同时根据流程环节，明确时效，建立监测后督制度，不断提高风险经理作业时效和质量，促进信用风险集中、批量管理。加大监测力度，通过控制总量等手段，动态监测平台贷款、房地产贷款、“两高一剩”行业、涉农贷款、两小企业贷款的指标完成情况，适时调整，确保各项指标达到监管部门及总行限额要求。2014 年，该行产能过剩行业客户压缩退出 29 户，金额 12.47 亿元，完成了总行下达的限额目标。加大不良清收力度，出台相关规定和措施，对形成不良资产的主营销人、客户经理进行严肃问责，给予相应行政和经济处罚。

【强化内控管理，保障稳健运营】 加强员工基础管理的培训和教育，将案防、合规、职业道德教育等有机结合，开展“一把手讲合规”、案件风险警示等教育活动，增强员工遵章守纪、依法合规经营意识，将内控案防工作内化成自觉行为。深入开展员工异常行为排查工作，全年共开展 4 次，排查范围覆盖全行，累计排查 1200 余人次，排查结果在季度内控评审会议上进行通报，及时指导、引导和疏导，杜绝各类风险隐患的发生。强化纪委在反腐倡廉和廉洁自律工作的监督作用。2014 年，分行对重大决策事项公示 60 余次，纪委对采购招投标和进人用人和干部提拔等共监督 22 次。

【加强服务管理，履行社会责任】 2014 年，在全行范围内推广增设便民设施 8 项，更换老旧设施 5 项。同时对一线员工开展了服务礼仪、手语培训、面授培训、通关演练等服务提升专项培训，开启了“零售服务资格认证体系”。建立健全分行消费者权益保护体制，对相关机构设置及职责进行调整，将分行“服务监督管理中心”更名为“分行消费者权益保护与服务监督管理中心”挂靠分行办公室，除原有服务监督管理职责外，还承担全分行消费者权益保护工作职责。积极组织参加普及金融知识活动及各类公益活动，连续四年参加由石家庄市政府举办的“金融理财节”，赢得了市民对招商银行优质服务的好评，进一步提高了客户的满意度。2014 年 5 月，招商银行石家庄分行全体员工积极踊跃地参与了为永仁县捐款捐物献爱心活动，共捐资 23720 元。

【举办主题活动，树立品牌形象】 招商银行石家庄分行以营业网点为中心，积极做好各类宣介活动。为了更好的推介不同的金融产品，分行结合 2014 年全年节假日特点、招商银行企业文化节、招商银行产品等主题，积极组织开展多层次、多方面的主题活动，比如行长站大堂活动、“来自美丽的你”服务文化活动、少儿钢琴大赛石家庄分赛区竞赛、“出国留学面对面交流”服务文化活动、“出国金融自由行”教育讲座、“法律专家与您面对面”讲座、“精致生活下午茶”品牌活动、金融服务进社区、离行活动，受到社会各界的好评。在河北省各大权威媒体中先后荣获“2014 年度河北网民最信赖金融品牌”“2014 年度最佳金融服务机构”“河北最受欢迎小微金融机构”“中国梦·赶考行五星柜员团队”等多项荣誉。分行营业部在 2014 年度中国银行业文明规范服务五星级营业网点及千佳示范单位评选活动中，荣获“五星级营业网点”和“千佳示范单位”双称号。2014 年 7 月，河北省人民政府授予招商银行石家庄分行“2013 年度金融创新奖”，招商银行“周转易”荣获 2013 年河北省银行业金融机构服务小微特色产品称号。

（杨　洁）

东亚银行（中国）有限公司石家庄分行

【概况】 2014 年，东亚银行石家庄分行继续认真贯彻落实十八大精神，严格按照河北省委省政府各项决策部署，准确把握“稳中求进”的基调，有效支持河北全省的经济发展，各项业务取得了较大突破。现将东亚银行（中国）有限公司石家庄分行 2014 年情况做如下汇报。

【主要业务指标完成情况】 截至年末，该行实现存款 18.18 亿元，同比增长 22.25%，其中对公存款 16 亿，个人存款 2 亿。分行实现包括贴现在内贷款 10.87 亿元，同比减少 5.60%，贷存比为 59.79%。拨备前利润实现 2480 万元。根据东亚中国统计数据，截至 2014 年 11 月末，该行在系统内综合排名 23 名。

【信贷投放及表外业务发展情况】 全年东亚银行石家庄分行紧紧围绕河北省委、省政府确立的各项发展战略，突出重点项目和重点区域，有选择性的加大贷款投放力度，全力支持实体经济发展。该行立处河北省，一直以支持河北省经济工作为导向，努力为省内主体经济产业、中小企业、三农产业等提供完善的金融服务。该行对省内企业批复信贷额度全年达 37 亿元，各类信贷投放余额达 18 亿元。一是全年新增贷款和表外业务融资总数及增长率。根据 2014 年河北银监工作会议精神，要求商业银行稳中求进，以改革为动力，以治理体系建设为引领，切实改进实体经济金融服务，有效防范和化解金融风险隐患，不断提高银行业运行效率，确保银行业持续稳定健康发展。在这一思想指导下，该行管理层带领全体员工共同努力，全年实现贷款投放 10 亿元，表外业务融资总量 7.90 亿元。二是支持京津冀协同发展，支持基础设施及重点项目建设情况。京津冀协同发展战略的提出，打造了新的首都经济圈、推进区域发展体制机制的创新，探索完善城市群布局和形态、为优化开发区域发展提供示范和样板的需要，符合探索生态文明建设、促进人口经济资源环境相协调的需要。根据这一战略方向，该行加大了对基础设施、钢铁、能源等重点行业和重点项目的信贷优先支持，以石家庄、廊坊等重点城市为目标，加大金融支持力度，截至年末，全行法人客户实体贷款余额达到 10 亿元，比年初增加 1.34 亿元。三是支持农业和农村经济发展情况及支持小微企业情况。该行把支持农业、农村经济发展及支持小微企业作为业务发展的一个重点，关注新型经营主体的融资需求，积极支持国家粮食核心区建设，创新担保方式，对接新市场的金融服务；同时从落实责任角度，严守风险管理底线，持续加强现代风险管理体系建设。截至年末，该行发放用于农副产品类贷款 1.68 亿元，并且严格贯彻小微企业贷款“两个不低于的工作目标”，小微企业贷款余额大幅增长，该行小微企业贷款余额 1.90 亿元，较 2013 年增长 1 亿元，增长率达到 127%。四是支持战略性新兴产业和节能减排情况。发展战略性新兴产业和节能减排是中央着眼于未来可持续发展而做出的重要战略部署。河北省作为资源大省，必须要以国际视野和战略思维来选择和发展战略性新兴产业，同时河北省在全国不是经济强省，在全国工业化率和城市化率都明显落后于东部甚至中部地区。并且河北的经济以钢铁、装备制造、石化等产业为主，节能减排成为调整经济结构、转变发展方式的重要举措。该行根据《东亚银行绿色信贷业务管理办法》，按照节能减排要求，将绿色信贷指引引入该行信贷全流程，合理有效配置信贷资源，加大对绿色经济、低碳经济、循环经济的支持，防范环境和社会风险，并以此优化信贷结构，提高服务水平，促进发展方式转变。

【机构网点建设以及改进服务等方面】

加强团队建设，2014 年分行开展了各项学习活动，有部门内部组织的学习和讨论活动，有分行同事自发组织的兴趣小组活动。并且分行不断为员工提供各种到总行、先进分行的学习机会，使得同事无论从业务水平、还是从自身素质方面都得到了提高，更有优秀员工成功入选东亚银行人才培养计划。分行工会也定期组织各种体育娱乐活动，如组织瑜伽班等，获得员工一致好评。在栗艳冰行长的带领下，积极参与公益事业，充分运用金融资源和渠道，热心参与公益事业，积极组织各类爱心捐助、扶贫救助活动，树立了良好的社会形象。各种活动的开展和培训机会的增加丰富了员工的工作生活，极大地促进了同事的凝聚力，使得员工对分行充满了感情，各项工作得以顺利开展。在加快推进业务发展、全力支持全省经济社会发展的同时，强化内部管理，严格控制风险，保持对案防工作的高压态势，全年未发生经济案件和责任事故，确保全行安全平稳运行。

【工作亮点及在本系统内受表彰情况】 2014 年东亚银行石家庄分行在河北银监局开展的“无案件机构”、“无案件辖区”活动中，荣获“无案件机构”称号，受到通报表彰。该行小微企业贷款增速位于河北省第一位，在支持小微企业方面表现较为突出。

（胡海梦）

中国邮政储蓄银行股份有限公司河北省分行

【概况】 2014 年，中国邮政储蓄银行河北省分行实施“创新推进、科技引领、项目带动”三大基础成长战略，强化转型升级，各项工作都取得了新的成绩，为促进全省经济社会发展及满足百姓金融需求做出了积极的贡献。资产规模达到 2733.95 亿元，较年初增长 5.60%。其中，存款余额 2654.15 亿元，较年初增长 4.87%；贷款余额 640.68 亿元，较年初增长 44.22%。

【邮政金融业务实现持续健康发展】 该行按照科学发展指引，遵循银行业发展规律，以科学发展观统领全局，研判外部环境形势与内部发展要求，积极调整业务结构，实现了各项金融业务的持续健康快速发展。2014 年个人客户总资产 859 亿元，同比增长 7.49%；累计发放金融 IC 卡 243 万张，信用卡 18.37 万张；举办全国首场实物金业务展销会，完成了代理保险业务由理财型向保障型产品的初步转型，累计代理保险 20.32 亿元；在总行组织的评比中，承德市分行李丹、邢台市分行王永磊获得总行“明星大堂经理”称号，石家庄市裕华东路支行等 3 家支行获得总行“五星级示范单位”称号。小企业贷款“稳”字当头，主动退出“两高一剩”高风险产业，保证了整体贷款质量；同时以综合金融服务为抓手，加快产品和经营模式创新，推动“O2O”操作模式，在全国率先推出政府采购贷款。截至年末，对公存款余额559.92亿元，累计净增54.63亿元，市场占有率3.30%，开办票据承兑业务，实现承兑业务新突破。该行不断完善金融市场业务体制建设，深化同业合作，与中国银行河北省分行、浦发银行石家庄市分行签订战略合作协议，并与吉林银行、恒丰银行、厦门农村商业银行等十几家省外金融机构建立定期交流机制，扩展合作范围，探索共赢发展方向。

【综合竞争实力进一步增强】 该行围绕提升网点效益、服务能力和品牌形象，加快渠道、营销体系建设，深化规范化服务，推进信息科技建设工作，共建设离行自助银行103处、投放ATM661台，配备手机体验终端50台。根据总行部署，先后完成邮政金融储蓄逻辑集中工程、小额贷款移动展业等6项总行系统上线；完成代收福彩双色球定投资金、国库无纸化等9项中间业务开发上线；逐步推进行内综合管理平台、省内信息网建设；完成短信发布平台、柜面操作风险预警控制系统等项目立项工作。加强系统维护，确保了行内重要网络和信息系统的安全稳定运行，有力支撑了业务发展。

【风险防控成效明显】 该行充分发挥案件防控领导小组的核心作用，梳理案件防控工作办法、评估办法等规章制度，构建案防制度体系，风险管理水平不断提升。深入开展“合规活动月”“合规大行动”“党风廉政教育宣传月”等活动，合规考试参考率和合格率均达到100%。2014年，网点合规检查8168个次，发现问题1.46万个，整改率97.80%。组织开展了全省安全保卫工作综合检查考评、消防安全专项检查等活动，完成了营业网点及自助设备的预报警设施建设、过夜现金库达标改造和异地值守工作，营业场所消防安全专项治理效果得到了总行的高度评价。

【社会影响力进一步提高】 该行加大品牌宣传、形象展示力度，以“普惠金融”为主线持续开展小微企业金融宣传月、普及金融知识万里行、金融知识进万家等专题宣传。首推《冀品天下》高端杂志，搭建与高端客户沟通的文化交流平台，邮储银行“普惠金融”倡导者、先行者的企业形象不断树立，得到社会各界的普遍认可。该行先后获得省政府“金融创新奖”、新华网河北频道颁发的“2013年最佳中小企业金融服务商”、新浪河北颁发的“河北优秀金融创新奖”、河北新闻网颁发的“2014年河北网民最信赖金融品牌”等荣誉称号。参加全省金融系统技能大赛，该行获得团体二等奖，同时，石家庄裕东支行康誉容、邢台威县支行张俊卿、邢台宁晋支行王川获得“河北省金融系统银行业务能手”称号。此外，该行不断改变网点形象，提升服务质量，在行业竞争中，许多先进支行脱颖而出。唐山玉田县支行、秦皇岛在水一方支行、邢台清河县支行、保定七一路支行、廊坊光明道支行均获得中国银行业协会颁发的“中国银行业文明规范服务千佳示范单位”和“中国银行业文明规范服务五星级示范网点”称号。

【精神文明建设取得新成效】 该行积极创造和谐共赢的工作生活环境，努力推进以“和谐”为核心的企业文化建设。开展员工满意度调查，召开全省一届一次职工代表大会，成立生产经营、劳动法规监督和劳动争议调解、薪酬福利、民主管理、提案征集督办5个专门工作委员会，并全面开展职工之家建设，2014年建家率达到59%。成立全省摄影协会，组织“燕赵邮储好声音”歌唱比赛、“舞动燕赵邮储梦”舞蹈大赛，职工拔河、登山、篮球比赛等多种文体活动，使和谐共赢的企业文化成为团结队伍、凝聚力量、提升形象、促进发展的重要推动力。

（韩若冰）

渤海银行股份有限公司石家庄分行

【概况】 2014年，渤海银行石家庄分行面临严峻复杂的经济形势和风险因素不断增加的双重考验，认真贯彻落实总行党委的决策部署，把握机遇，加快发展，取得了一定的经营业绩。现将工作情况综述如下。

【明确各项工作措施，重点工作成效明显】以劳动竞赛为依托，有效调动了全体员工的积极性。突出对公存款、有效客户和财富资产的争揽，在全行组织开展了“首季开门红”活动，全面提升分行市场占比和竞争力，掀起新一轮市场拓展高潮。活动期间，该行对公日均存款增加 6676 万元，财富资产新增 3.56 亿元，完成总行序时任务的 142%，其中储蓄存款新增 1.30 亿元，完成总行序时任务的 81%，理财新增 1.20 亿元，完成总行任务的 133%，理财销售（不含 T+0）11.38 亿，完成总行任务的 101%。分行一站式开户工作中，新增银行卡 4603 张，个人网银 4087 户，手机银行 3969 户，完成总行任务的 296.60%。

以转型发展为引领，创新业务取得新进展。寻找机遇，落实转型和创新的工作重点。密切关注市场，把握国家和地方产业结构调整带来的机遇，适时介入新的客户领域，抢占市场份额。紧跟总行指挥棒，第一时间掌握总行业务导向和新产品信息，做到业务储备的快速跟进。密切关注兄弟行和同业的业务情况，结合本行实际，发挥拿来主义精神，推动业务开展。认真钻研银证业务、经营性物业贷款和企业债等新兴业务，积极开动脑筋，根据自身业务特点摸索出全新的业务办理路径，得到了上级行的认可。该行发放委托贷款 13.17 亿元，为办理经营性物业贷款 15.45 亿元；办理非债投资业务 5.50 亿元；转卖贷款 8 亿元；买入返售票据 2.77 亿元。截至年末，该行银行承兑汇票余额 51 亿元，较年初增加 4.26 亿元，有力支撑了分行经营目标的实现。

紧跟总行指挥棒，重点业务得到有效推广。6 月 23 日，创新产品“添金宝”正式上市，该行多次召开行长办公会、全体动员会、专题宣导会等各种会议进行组织推动，举行全员骑行活动进行宣传，每周通报营销进度予以督促，有效推动了添金宝业务的开展。做好绿色信贷工作，增强持续健康发展的能力和水平。结合总行对绿色信贷的支持政策，充分抓住省市政府治理污染、鼓励环保的有利时机，积极寻找目标客户，主动开展绿色信贷业务。

【以增加优质客户为切入点，树立存款立行大局观，存款业务显著增长】存款是立行之本，客户是存款之源。加快客户发展不仅是贯彻总行战略部署，加快转型发展的客观要求，也是解决本行瓶颈制约、保持可持续发展的现实需要，更是适应激烈竞争形势，提升市场竞争力的必由之路。分行按照“拓展总量、提升质量、量质并举、提高贡献”的原则，统筹个人客户、对公客户，全行发动，集中开展客户拓展工作，力争通过努力，构建起中高端客户总量大、代际衔接、交易活跃的客户基础，以客户的增长带动存款的增加。

细化工作措施，认真维护存量客户。清晰掌握目标客户的数量、资金状况、业务需求以及在他行账户、存款和产品等情况，细化维护和后续营销工作的措施，不断提高客户贡献度和满意度。

积极拓展市场，寻找新的客户增长点。继续加大对专业市场的营销力度，重点关注南三条、正定板材和小商品市场、辛集皮革市场、安平丝网市场、高邑陶瓷市场，同时，积极营销代发工资单位，促进个人客户增长。

提高服务水平，建立紧密可靠的客户关系。实施“差别服务”，按照以客户为主导的经营理念，把做好客户服务工作放到头等重要位置，重点关注核心客户，为客户提供综合性服务方案，提高客户对该行的依存度。

截至 2014 年末，各项存款时点余额 67.28 亿元，较年初增长 17.14 亿元，其中储蓄存款余额 13.64 亿元，较年初增长 2.02 亿元，增量系统排名第 5 位；对公存款余额 53.64 亿元，较年初增长 15.12 亿元。各项存款日均余额 60.22 亿元，较上年日均增长 14.03 亿元，完成全年日均增长预算的 100.23%。其中公司存款日均增长 12.43 亿，储蓄存款日均新增 1.6 亿元，预算完成率分别为 103.56% 和 80.23%。各项贷款时点余额 72.07 亿元，较年初增长 14.51 亿元，其中个人贷款余额 17.58 亿元，较年初增长 2.62 亿元，增量系统排名第 8 位；单位贷款余额 54.50 亿元，较年初增长 11.89 亿元。个人贷款日均余额 17.78 亿，较上年新增 5.34 亿，完成总行全年新增预算的 304.93%。全年实现利润总额 2.51 亿，实现税后净利润 1.88 亿。

【坚持依法合规经营，管理水平不断提升】加强合规文化建设，打造合规为荣的自律机制。加强员工以合规为荣的荣辱观教育，进一步加强员工的制度执行意识教育，各级管理人员做制度执行的表率，做到制度面前没有特权、规矩面前没有例外。切实提升了该行经营管理水平。

强化刚性约束和监督检查，打造违规难为的防范机制。不断深化内控体制机制改革，通过完善授权管理、前后台分离、岗位双向互控等措施增强制度的执行力和约束力。要充分利用科技手段，把制度内嵌、固化到计算机流程中，用系统的硬控制避免人情操作，减少制度落实中的人为可变因素，形成对风险点的刚性约束。同时，充分发挥监督检查效用，通过非现场检查与现场检查、专业分散检查与联合集中检查、定期检查与不定期检查相结合，加大对重点、疑点和薄弱环节的监督检查频率和深度，及时发现风险隐患，纠正违规操作行为。

正确处理了发展与风险、质量与效益的关系，全面推进精细管理，努力实现高质量、高效益发展。一是继续推进从严治行，不断完善各类规章制度，严格执行、认真落实，把精细化管理落到实处。二是继续提升内控管理和案件防范工作水平。加强操作风险控制，完善突发事件应急预案，提高全员对突发事件处置能力。加强 ATM 等自助设备管理，进一步做好日常维护和风险防范工作。三是加强营运管理，提高营运人员业务技能和服务水平，严格落实服务标准和流程规范，努力打造业务能力强、综合素质高的营运队伍。

坚持从严治行，经营管理水平持续提高。重点在收入分配、用人机制和基础管理方面，建立完善了一系列制度办法，运用机制解决问题、推动发展。第一，根据业务发展实际，重新制定了员工平衡计分卡。根据全行中心工作和业务发展需要，适时调整平衡计分卡计分标准，逐岗位细化各项内容，以科学合理的考核激发员工潜能，提高积极性。第二，畅通营销岗位员工晋升渠道。一方面，梳理非全业绩，对达到转派遣业绩标准的优秀非全员工，启动转制为派遣员工的审批流程；同步启动对派遣转正式员工的相关手续。另一方面，严格对营销岗位人员的考核，按季兑现考核结果。进一步提升了客户经理工作积极性和主动性，在全行范围内营造了良好的营销氛围。第三，完善基础管理。针对该行工作秩序、流程、效率等方面存在的不足，制定和完善了工作规则等数十项制度办法，逐步形成有章可循、规范高效的管理模式。

持续加强全面风险管理。特别是抓好客户选择和项目准入，把风险工作的重点前置到客户选择和风险政策把握上来，全行上下客观看待经济趋缓带来的资产质量压力，采取有效措施缓释和化解风险隐患，工作中尤其注意风险点的防范。坚持审慎的经营方针，把风险防控的重点放在管理和控制潜在风险上，在进退两个方面，既坚持对符合政策要求的大胆“进”，也坚持了对潜在风险必须“退”，切实防范不良贷款的发生，提高了全行经营效益水平。

（郑 帅）

河北省农村信用社联合社

【概况】河北省农村信用社联合社(简称省联社)成立于 2005 年 6 月，省政府授权履行对全省农村信用社（含农商行、农合行，简称“农信社”）行业管理职能。截至 2014 年末，全省农信社共辖 3 个市级联社、8 个办事处、1 个市级农商行、149 个县级法人行社和 4700 多个营业网点，共有员工近 5 万名。连续三年荣获省政府“金融贡献奖”，相继荣获“河北省中小企业信贷政策导向效果评估优秀机构”、“河北最佳小微企业服务银行”、“优化农村支付环境工作优秀奖”和“全国最佳农户金融产品创新奖”“全国农信通自助金融服务业务运行管理先进单位”“最佳普惠金融机构奖”等多项荣誉称号。全省农信社 2014 年各项工作有取得了新突破：

【坚持稳中求进，推进业务经营实现新突破】资产总额突破“万”亿元。截至 2014 年末，全省农信社资产总额达到 10560.75 亿元，是全省第一家资产过万亿元的银行业机构。存贷款规模领跑全省银行业金融机构。各项存款余额 8659.24 亿元，比年初增加 1042.31 亿元，年度净增额突破“千”亿元。各项贷款余额 5276.78 亿元，比年初增加 591.91 亿元。存、贷款规模继续位居全省银行业机构第一。企业效益持续向好。实现拨备前利润 198.11 亿元，比上年度增加 26.93 亿元，增长 15.70%。实现利润总额 139.78 亿元，同比增加 40.39 亿元，增长 40.60%，利润总额突破“百”亿元。全省所有县级行社连续 4 年实现盈余。信贷资产质量稳步提高，不良贷款余额和占比继续实现“双降”，各项监管指标全部达到年度资本监管要求。涉农和小微贷款均实现“两个不低于”目标。涉农贷款余额 4422.59 亿元，比年初增加 490.57 亿元，增速 12.50%，高于全部贷款增速 0.70 个百分点；小微企业贷款余额 3930.26 亿元，比年初增加 583.35 亿元，增速 17.40%，高于各项贷款增速 4.80 个百分点。电子银行和中间业务快速发展。信通卡存量已达 3924.65 万张（其中累计发行金融 IC 卡 1170.03 万张），卡内存款余额 875.25 亿元。布放各类 POS 机 8.49 万台，开通自动柜员机 4598 台。网银客户达 210.15 万户。试点开办理财产品。

【坚定市场定位，推进支农惠农水平稳步提升】 不断加大涉农贷款和小微企业贷款投放力度，创新金融服务，支持农村面貌改造提升，启动“信贷百千万”行动，全年新增支农和扶贫贷款 487.34 亿元。同北京农商行、天津农商行签署战略合作框架协议，强力推进京津冀农村金融服务协同发展。在巩固扩大“农贷宝”的基础上，研发推广“商贷宝”产品，向 5.24 万个商户授信 78.22 亿元。开办农户“三权”抵质押贷款试点，试办土地流转收益保证贷款。推进农村支付环境建设，全面提升“农信村村通”工程，圆满完成 3.91 万台村一级 EPOS 机的金融 IC 卡受理改造工作。丰富和完善网银业务种类，正式上线运行手机银行，研究探索互联网金融建设，试点建成资金市场价格网和“金螺丝商城”。成功上线现代化支付和农信银清算二代系统及资金头寸预报系统，建立全省同业最大清算网络，农信银清算业务量位居全国第二位。

【坚持改制方向，推进体制机制深化改革】 按照成熟一家改制一家的组建原则，扎实推进“双改”规划的实施。积极建设示范性农商行和示范性股份制联社。全省农信社已成功股改的机构合计达到 66 家，占比 44%。其中已开业农商行 18 家，获批筹建或待开业有 5 家；已开业股份制联社 32 家，获批筹建或待开业有 11 家。不断推进重点领域机制创新，深化信贷经营管理体制改革，继续完善和推进小贷中心建设；落实分类管理要求，调整扩大市县机构信贷、财务、人事等业务权限；制定县域信用评级办法，促进改善区域金融生态和信用环境；完善县级行社工资总额确定办法，制定实施市级农商行、县级行社工资改革指导意见；建设绩效管理系统，有 26 家行社具备了运用该系统进行绩效考核的条件。

【坚守防控底线，推进风险控制能力显著提高】 进一步优化信贷资产质量。制定、修订和完善不良贷款清收管理、新增不良贷款管理、评估及拍卖类中介服务机构备选库管理等风险资产管理制度办法。坚持“四找”清非（找自身、找发展、找市场、找市长），全面开展不良贷款“广收行动”。督导各级机构对省、市、县三级不良贷款前 50 大户强力清收。加大任期收贷红黄牌问责力度。实现不良贷款信贷管理系统和单机版五级分类系统“双线”并轨。提高风险防控水平。推进合规管理，重点检查内控制度的完善性和实际执行，进一步强化制度体系建设。推动省市两级机构履行好监督职能，推动稽核体制改革，建立稽核报告公示制和稽核约谈制。通过行政、经济等手段，加大稽核检查问责力度。提高安保和综治水平，推进县级行社安全保卫工作达标升级，推动监控中心改造和社会化押运，成功堵截 77 起欺诈、盗抢案件。加快流程银行建设。制定实施流程银行建设指引，在正定农商行等 26 家县级行社开展第三批流程银行试点，不断强化合规管理机制建设。四是加强党风廉政建设。强化党委主体责任和纪委监督责任，加强纪检组织机构建设，制定惩治和预防腐败体系五年工作规划，制定案件问责管理暂行办法，加大对案件和纪检信访件的查处力度。

【坚持精细管理，推进“基础管理质量年”活动】 做实信贷基础管理。规范信贷业务合同文本，修订社团贷款、委托贷款和信贷业务咨询等管理办法。加快征信系统建设，实现企业征信系统入网使用，完成个人征信数据试上报工作。积极防范平台贷款和房地产行业风险，强化对实际出资控制人、关联企业授信及担保圈贷款风险管理。做实内控管理。进一步完善柜员管理、授权管理等制度办法，试点并推广远程集中授权系统。加强会计核算管理，辖内县级行社全部实现会计达标，其中二级及以上单位达到89家。进一步优化财管系统功能，全面启用财务预算模块。制定对账管理暂行办法，开发和运行网银对账系统，实现对账管理自动化。试点运行金融风险（业务交易）实时预警系统，启动反洗钱业务系统项目建设。建立资金市场流动性风险事件快速报告制度，实现省联社资金营运管理前中后台有效分离。制定实施省市县三级档案管理三年规划，省联社机关档案管理达到省3A级标准。做实统计基础。加强统计工作考核评价，完成监管统计数据质量管理良好标准评估工作，实现存贷款标准化和新版客户风险两大系统的上线运行和数据对外报送。四是做实科技支撑。完成生产网网络架构升级改造、主机设备升级和数据级异地灾备中心建设，完成ATM、ATMP系统接入密码服务平台的上线工作。健全IT治理和数据治理体系，全面启动第二代核心业务系统、信息科技治理体系及数据维护平台建设。

【践行群众路线，推进行风作风有效转变】 反"四风"，扎实开展教育实践活动。分层有序推进教育实践活动，圆满完成各项规定动作，群众民主评议满意率达到100%。结合行业实际创新自选动作，实行信贷服务"四个一"工作法（一村一块支农服务公示牌，一户一张支农联系卡，一月一张监测表，一月一次新放小额信用贷款公示榜），提高贷款透明度；开展"对标杆、找差距、立行改"活动，促进网点服务达标。出台规范性文件，明确硬性约束措施，集中治理文山会海问题。在省联社机关实施限时办结制度、考勤签到制度，积极创建"六好"部室。抓党建，进一步加强党员和干部管理。落实党建责任制，加强全系统各级党组织建设，发挥党组织的政治核心作用。加强省市县三级行社党委班子建设，配齐配强市、县级机构领导班子和省联社机关中层队伍。创建服务型党组织，号召党员到社区报到、争做"两个先锋"，开展"青春助力基层"实践活动和志愿者服务活动，启动扶贫帮困"春雨行动"，全系统选派40多名干部认真做好14个村的驻村帮扶工作。加强党员管理，在深州联社试点处置不合格党员。树形象，加强企业文化建设。统一和规范全省各级机构视觉形象识别系统，提升星级网点创建层次，评定网点形象旗舰店和五星级网点。制定员工服务行为规范。在系统工会成立多个职工兴趣小组，多层次多形式组织开展文体活动。开展职工互助活动，向2805名困难职工和退休职工发放慰问金254.27万元。深入推进"新五小建设"示范单位创建活动，持续创建"劳动关系和谐企业"，广泛开展送金融知识"下乡"活动，全面提升河北农信新形象。

（高玉成）

河北银行股份有限公司

【概况】 河北银行股份有限公司（简称"河北银行"）成立于1996年5月28日，是全国首批五家城市合作银行试点之一，也是目前河北省成立最早、规模最大的城市商业银行。2012年7月，河北省委、省政府为加快经济强省、和谐河北建设，做大做强地方金融产业，正式将河北银行纳入省级管理。河北银行成为河北省纳入省级管理的唯一一家地方法人银行。2014年在各级监管部门的指导帮助下，河北银行主动克服宏观经济下行带来的风险压力加大等不利因素，坚持以创新求发展，以创新促转型，综合经营实力、市场竞争能力和品牌影响力取得进一步提升。

【经营情况】 截至2014年末，河北银行资产总额1818.98亿元，同比增长19.56%，余额在省内商业银行中排名第6位。存款总额1371.45亿元，同比增长17.92%。贷款总额752.05亿元，同比增长21.05%。存款、贷款在省内同业占比分别提高了0.24个百分点和0.11个百分点。在银行业盈利能力整体下滑的大背景下，全年实现主营业务收入101.40亿元，提前两年完成了河北省"三个一百"企业年主营业务收入超百亿元的目标。实现净利润17.63亿元，同比增长27.85%。

全年省内机构缴纳税费 9.74 亿元，同比增长 79.70%。

【服务民生水平不断提升】2014 年，河北银行通过多渠道、多平台对接消费、住房、社保、医保等民生领域，不断满足民生金融服务需求。一是加大小微企业金融支持。推出预抵贷、押余贷、循环贷、年审贷和续授信等小微特色产品和服务，着力解决小微企业融资难、融资贵问题。在河北省首推科技型中小企业履约保证保险贷款业务，并成功发行 20 亿元小微企业专项金融债券，助力全省小微企业不断成长。截至 2014 年末，河北银行中小微企业贷款余额 472.50 亿元，占全部贷款的 62.83%。其中小微企业贷款余额 290.49 亿元，较年初增长 40.31%，高出同期贷款增速 19.26 个百分点，较好地完成“两个不低于”的监管指标。二是强化零售金融服务。相继开发了易生钱、多利宝、定活通智能储蓄产品和“炫彩”系列理财产品。全年共发行个人理财产品 497 期，年末理财规模达到 134.43 亿元；中高端客户数达到 21.48 万户，较年初增加 4.09 万户；管理个人客户总资产达到 647.51 亿元；全年发放信用卡 12.18 万张，超过前六年的发卡总和。三是持续提升“三农”服务水平。通过贷款、福农信用卡、结构化融资等多种金融产品，先后为三河汇福粮油、石家庄正元化肥等一大批企业提供融资支持。同时加快县域机构布局，满足“三农”多层次、多元化的金融服务需求。截至 2014 年末，河北银行涉农贷款余额达 222.93 亿元，占全部贷款的 30%。县域支行已达到 58 家，占全部营业网点的 32%。

【风险防控水平有效提高】多措并举管理信用风险。采取贷款排查、积分管理等措施，在调整信贷结构过程中加快不良资产消化。及时调整授信政策，紧跟产业结构调整、化解产能过剩等政策方向，对“两高一剩”和相关高风险行业及企业的授信政策进行调整，及时完善授信企业准入、退出机制。进一步完善全面风险管理体系。完善利率风险和流动性风险监测和管控机制，加强流动性风险管理；加快同城灾备中心建设，提升信息科技风险防控水平；加大反洗钱工作力度，强化操作风险管理。加强内控案防和安全保卫管理。针对社会案件高发领域和环节，狠抓员工思想行为的日常管理和常态化教育，不断加强员工行为管控和排查力度。坚持从人防、物防、技防和安保队伍建设等方面入手，确保财产安全和员工、客户人身安全。全年未发生重大案件和安全责任事故。

【金融创新能力显著增强】2014 年，相继获得理财管理计划－理财直接融资工具、信贷资产证券化、信贷资产流转平台、同业存单发行、衍生产品业务、尝试做市业务、非金融企业债务融资工具等多项业务资格，并先后发行 27.95 亿元信贷资产支持证券、14 亿元同业存单、4.80 亿元信贷资产流转平台、1 亿元首期理财直接融资工具等。积极搭建冀银合作、投资理财平台，全年完成三期投资，累计金额 14.78 亿元，实现了河北省内城商行的业务合作和共同发展。同时还建立“微创新”机制，发挥创新沙龙、微创新大赛载体作用，充分激发河北银行创新活力，自助填单程序、代发工资文件生成器等一大批“微创新”脱颖而出。

【省内机构布设圆满完成】截至 2014 年末，河北银行营业网点总数达到 177 家，全年新增 53 家。随着秦皇岛分行、承德分行相继开业，实现了在全省 11 个设区市营业网点全覆盖，基本形成了环渤海区域的机构布局。

（郑兴涛）

河北银行股份有限公司石家庄营业管理部

【概况】2014 年，河北银行石家庄营业管理部紧紧围绕河北银行总行发展战略要求，以深化转型为主线，以为客户创造价值为导向，精心谋划，齐心协力，取得了较好的经营业绩。截至年末，资产总额达到 906.12 亿元，较年初增加 112.74 亿元，增长 14.20%；各项存款余额达到 863.19 亿元，较年初增加 104.64 亿元，增长 13.80%，存款规模辖区占比达 9.60%；各项贷款余额 328.45 亿元，较年初增加 30.51 亿元；实现营业收入 21.88 亿元；资产质量持续保持优良，不良贷款占比 0.50%。通过紧跟授信政策调整步伐，严把准入关，堵住形成不良贷款的"源头";充分利用风险预警系统,提高主动化解风险能力,全年清收化解重大风险贷款10笔、金额3.76亿元;通过提高运营结算检查频率及覆盖面,强化事前、事中、事后的全方位监督等措施,扎实开展操作风险管理,全年未出现重大操作风险;通过员工行为排查、案例警示教育及加强舆情监测等,积极做好案防工作,全年没有出现案件和安全责任事故;不良资产清收处置成绩显著,全年共收回不良资产本息和费用合计5628万元,核销损失类贷款金额1.97亿元;多措并举,清收信用卡不良,累计收回1.08亿元,圆满完成既定任务目标。集约化经营迈出实质性步伐,将部分市区和县域支行调整为零售支行,提升了支行布局的层级配置;将8家社区支行划归综合支行管理,优化了机构管理体制;整合业务发展部,实现对公授信业务的专业化经营;制定了对石家庄市区离行式自助设备集中统一加钞方案,即将出台实施。增收节支效果明显,通过提升财务管理水平,从细节着手严控成本,进一步压缩不必要支出,全年累计节约各项成本800余万元。同时,高度重视人才队伍建设、网点服务质量提升等工作。全年获得多项荣誉,荣获"河北省金融系统模范职工之家""石家庄市金融系统技能大赛团体第二名",所辖长安支行被评为"2014年度中国银行业文明规范服务五星级营业网点""中国银行业文明规范服务千佳示范单位"。

【存款业务】对公存款方面,以机构存款为营销重点,积极承担具体业务合作,争取省直机关存款;深度挖掘市、区、县财政存款;通过深度服务,大力营销大型事业单位存款;积极开展现金管理业务。截至年末,对公存款余额483.36亿元,较年初增加64.80亿元。储蓄存款方面,通过深入分析和掌握市场形势,制定科学的营销政策、细分任务,加强督导、树立先进典型,推广先进营销经验、加大宣传力度等措施,储蓄存款市场竞争力进一步提升。截至年末,储蓄存款余额379.82亿元,较年初增加39.80亿元,辖区占比较年初提高0.47个百分点,增速较市场平均增速高出6.24个百分点,增长额居辖区第二位。

【资产业务】积极拓展资产业务思路,充分挖掘现有客户潜力,不断营销新客户,特色化发展成效显著。新产品、新业务持续取得突破,全年办理商票保押保贴业务、合同能源管理融资业务、医保保理业务等多种新业务。传统业务基础得到夯实,全年营销并发放经营性物业抵押贷款7户12笔,金额合计18.98亿元,经营性物业抵押贷款业务年末余额40.85亿元,较年初增加17.13亿元;小微商圈贷款快速增长,累计授信额度10.60亿元,年末商圈贷款余额17.66亿元,较年初增长9.83亿元。

【零售业务】狠抓零售业务队伍建设,实施科学考核和有效激励,零售业务迈上新台阶。个贷业务特色化显著,以房地产按揭贷款、个人工资保证贷款和个人综合消费贷款为重点开展营销,全年获批房地产按揭项目18个,授信总额19.60亿元,个人工资保证贷款发放11.25亿元,个人综合消费贷款发放16.14亿元。截至年末,个贷余额达到75.11亿元,较年初增长19.59亿元。个人中间业务收入增长迅速,全年累计实现个人中收6447.44万元,较年初增长3130.75万元,增幅达94.40%;信用卡累计有效发卡12.74万张,实现信用卡中间业务收入1.10亿元,新增POS机3709台,收单交易额累计267亿元;个人网银有效户达14.70万户,手机银行有效户9.48万户。

【投行及国际业务】投行业务不断开花,大客户国际业务取得实质进展。全年累计完成结构化融资业务14笔,金额41.93亿元;累计销售对公理财98.16亿元;营销理财直接融资业务2笔,金额3亿元;营销资产证券化客户33个,入池信贷资产19.47亿元,合计实现投行中收5406万元。实现国际业务结算量7.70亿美元,为某大客户提供5亿元外债资金的跨境人民币业务服务。

【机构建设】机构建设力度继续加大,营业网点布局进一步优化。全年共批筹支行10家,开业8家,完成裕华路、健康路、东岗路等7家支行迁址更名,完成原址装修支行3家、迁址装修支行3家、坡道改造支行10家,门楣改造支行22家,完成离行式自助银行选址13家、投入运营3家。截至年末,营业网点达到85家,其中,市区67家,县域18家。

(赵 凯)

河北银行股份有限公司天津分行

【概况】截至2014年末，河北银行股份有限公司天津分行有营业网点8家，员工292人。资产总额88.67亿元，存款余额60.93亿元，贷款余额88.50亿元。中小微企业贷款余额77.62亿元，较年初增13.31亿元，中小微企业贷款占比87.70%。

【业务发展】深化业务转型战略，围绕零售、中小微和金融市场业务“三驾马车”的市场定位，积极开拓发展，并立足天津市场，因地适宜地大力发展国际业务、理财等业务。一是成立国际业务部，大力发展国际业务。国际业务结算量由2010年的8955万美元增长到2014年的近11亿美元，在河北银行全辖占比30%以上，外币日均存款1059.90万美元，超额完成指标。国际贸易融资额3.40亿美元，实现中间业务收入526万元，外币贷款利息收入907万美元。通过银承与美元贷款等不同产品的组合搭配，在实现结算量增长的同时也带来大量稳定的人民币存款，2014年人民币日均存款近6亿。二是大力推动理财业务发展。办理4笔同业理财业务，金额8.5亿元，累计实现同业理财中收385.16万元；发行对公理财70期，募集金额9280万元，实现中收15.48万元；发行个人理财产品406期，累计销售金额23亿元，实现受托理财中间业务手续费收入1086.68万元。

【内控管理】通过推动完善制度建设、加强重点风险管理、强化监督检查、培育内控文化等方面，扎扎实实地做好风险管理和内控建设的各项工作。一是建立了风险联席会议制度。每月定期由风险管理部会同公司银行部、小企业金融部召开风险例会。对信用风险事项，主要是对公及小企业贷后管理情况、风险管理流程制定及优化建议、客户贷后管理情况汇报及其他需要会议审议的风险事项进行定期联席讨论。二是加强运营检查，每季有检查分析例会，每周有例行巡查并通报，辅以各种专项检查、突击检查，2014年，该行在每季度常规检查的基础上共进行了18次专项检查，并做到日常检查常抓不懈，专项检查有益补充。三是加强员工行为管控。定期组织员工进行案例学习和风险警示教育，随时了解员工的工作状态，每月至少进行2次考勤和其他日常行为检查，按季开展员工行为排查。

（张欣华）

河北银行股份有限公司承德分行

【概况】河北银行股份有限公司承德分行（简称“河北银行承德分行”）于2014年4月开始筹建，11月26日正式对外营业。以此为标志，河北银行股份有限公司实现了河北省内设区市和直管县全覆盖。截至2014年末，河北银行承德分行各项存款达到1.72亿元，贷款余额0.32亿元。经过一年的筹备运营，经营管理已步入正轨，各项业务稳步开展，发展前景广阔。

【坚持制度立行】河北银行承德分行非常注重打牢内功，以“责任、团队、高效”的企业文化为内核，按照现代金融企业管理制度进行顶层设计。

【机构建设方面】在充分比选的基础上，选择承德市区人流最密集、商铺和金融机构最集中的新华路，设立了分行管理机构和营业场所。设置了风险管理、财务会计、公司业务、个人业务、机构业务、营业部、办公室等机构，业务涵盖吸收公众存款、发放贷款、办理国内结算、代理发行、兑付金融债务、政府债券、外汇结算、信用卡、电子银行、企业财务顾问等，已成为具备综合化金融服务的地方法人银行分支机构。按照规划，2015年将在环首都的滦平县、丰宁县，新进省直管县平泉县，市核心区双滦区设置4家县区支行；视情况在双桥区设置1~2家社区支行，两年内实现市域网点全覆盖。

【队伍建设方面】业务人员特别是重要岗位的负责同志，全部来自本地银行业金融机构。通过人员的本土化，有效提升了业务发展速度，增进了融入地方程度。

【内部管控方面】坚持从严治行、规范管理、创新发展、社会责任的企业宗旨，从流程、制度、考核、执行等环节入手，以程序化、标准化、数量化和信息化为手段，将经营目标责任具体人、明确事、量化标准、时限办结，并落实到条线、部门、个人，落实到管理规章制度。实现了以制度管人管事，促使管理资源要素与经营要素、人力资源要素的精准匹配和高效运行。

【主动融入地方】 三年内河北银行承德分行将向承德市辖区内优势企业和重点项目提供100亿元授信支持。主动对接政府。分领域与承德市市住建、农牧、水务、林业、供销、商务、发改、环保等部门沟通对接、寻求合作，已与市住建局签订合作协议；分层级与拟建分支机构的滦平县、双滦区、双桥区等县区沟通对接、寻求帮助，就下步发展方向深入交流，一些重点的成熟项目已先期开展业务合作。主动对接产业。针对承德市重点发展的13个产业门类逐项梳理，明确了业务工作重点。重点支持与扩大消费、保障民生直接相关的城乡供水、供热、供电、供气、医疗、文化、通信、商贸物流等行业；重点支持京津冀协同发展，为承德承接首都功能外溢、产业转移提供融资需求，特别是按照承德市建设京津冀水源涵养地的要求，全力支持生态建设、水利工程、节能环保、新能源汽车、休闲旅游、现代农业等领域；重点支持钒钛等国家战略稀缺资源开发利用，助力“国家钒钛基地”建设；重点支持老城区拆迁、棚户区改造、城市道路和重大项目征地拆迁改造，协助解决历史遗留问题。主动对接企业，与承钢集团、国电滦河电厂等优势骨干企业达成紧密合作，争取网络授信；紧密跟踪比亚迪新能源汽车、北汽福田精密铸造、安云大数据等重大项目，培育了一大批优质客户。

【自觉让利于民】 河北银行承德分行秉承“朋友金融、知心致行”的理念，实践“普惠金融、造福民众”的宗旨，坚持“为有需求者贷款、为有余钱者理财”的思路，除按照国家货币政策规定，储蓄存款利率无条件一浮到顶外，针对物理营业业网点较少的实际，在银行卡年费、工本费、个人网上银行、手机银行、储蓄卡跨行取款等业务上，为市民提供免费服务，并通过个人智能储蓄存款、定活通、易生钱、多利宝等创新储蓄产品为居民提供存款增值服务，向市民发行保本、定制、专享等高净值理财产品。

【创新驱动发展】 河北银行承德分行牢固树立创新意识，坚持以创新求生存、求发展，将创新贯穿全行经营管理的各方面、各环节，不断创新管理及考核激励机制、创新营销方式及手段，在资产、负债及投行等业务上实现与当地客户、项目的有效对接，不断提高分行盈利能力和市场竞争力。比如，针对一些中小微企业融资难，以及地方中小金融机构银行承兑汇票流动性差、变现能力低的问题，依托承钢等核心企业开展全产业链金融服务，把高风险、低流动性、低变现能力的商业承兑汇票通过“商业承兑汇票保贴（押）”的方式进行增信，提升票据的流动性和变现能力。

（关义超）

河北银行股份有限公司
张家口分行

【概况】 2014年，河北银行股份有限公司张家口分行（简称“河北银行张家口分行”）紧紧围绕“服务地方经济、服务中小企业、服务城市居民”的市场定位，服务地方经济发展，积极面对金融同业竞争不断加剧的现状以及复杂多变的经济金融形势，全力抓好发展，加快业务结构调整，突出信贷支持重点，加大贷款投放力度，加快业务有效发展，加强基础管理，防范各类风险，实现了各项业务经营工作稳健、持续发展。

【存贷款情况】 深入开展行之有效的营销活动，不断优化和调整业务结构，加快经营战略转型步伐，积极拓展优质市场，各项存款基本保持平稳增长。截至年末，各项存款余额11.36亿元。其中，对公存款余额7.84亿元，较年初增加4.57亿元；储蓄存款余额3.51亿元，较年初增加2.70亿元。始终坚持把支持地方经济发展与商业银行经营原则有机结合起来，切实增强工作主动性，加大有效信贷投入，优化信贷资源配置，发挥产品优势，保持了贷款持续稳定投放，为张家口经济发展提供了支持。截至年末，各项贷款余额4亿元。其中，对公贷款余额3.14亿元，较年初增加3亿元；小微企业贷款余额3033万元，较年初增加2233万元；个人贷款余额4968万元，较年初增加4666万元；贴现贷款余额500万元。无不良贷款发生。

【收入结构改善中间业务快速发展】一方面，以效益为目标，努力发展负债业务，积极营销贷款，大力拓展中间业务，提高各项收入。上年全行共实现经营收入3805万元，较上年增加3511万元，增长1194.20%。提升资金运营效率和水平，通过办理投行、票据贴现等业务增加收入，全年非利息收入占营业收入的比例达到30.30%，有效改善了收入结构。另一方面，按照精细化管理要求，规范财务管理，加强成本控制，保证了全行效益的稳步增长。

【创新营销机制零售业务突飞猛进】通过切实有效地分阶段、分层次开展宣传和营销服务工作，突出上下联动，形成全行营销的良好氛围，零售业务发展取得明显成效。截至年末，个人中间业务收入209.79万元，任务完成率419.50%；理财产品销售额7.53亿元，任务完成率188.20%；POS机存量356台，较年初新增346台；个人网上银行有效户新增2680户，任务完成率447%；手机银行有效户新增1366户，任务完成率253%；全行高端客户223户，较年初增长187户，任务完成率187%；中端客户1488户，较年初增长1299户，任务完成率144.30%；信用卡存量2111张，较年初新增2022张，任务完成率101.10%。

【产品创新】不断深化改革创新，2014年以来，大力加强融资方式和金融产品创新，针对小微企业抵押物不足、融资、倒贷成本高问题，推出超值贷、循环贷、年审贷等产品；为支持和服务“三农”人群的日常消费及生产经营，研发推出了新型信用卡产品——福农卡；着力推广投行、供应链等具有优势的业务，有效满足了客户服务，特别是融资服务需求。

结构化融资产品得到灵活运用，截至年末，结构化融资余额15亿元，新发放结构化融资8亿元，沉淀对公存款1亿元，创造中间业务收入1115万元。

【风险防控】坚持审慎经营理念，加强信贷精细化管理，发挥风险管理作用，防范和化解各类操作风险，提高风险控制能力，不断提升信贷资产质量，推动风险管理与信贷业务健康持续发展，从开业至今全行无不良贷款发生。坚持从严治行，强化基础管理，完善制度建设。在全面贯彻总行各项规章制度的基础上，对各项制度进行梳理，相继制定了涉及公司、个人条线、财务、办公、风险、人力资源管理等六大类30余项管理制度，较好地规范和指导了工作开展。提升制度执行力度。强化职能部门监管责任，提升尽职监督管理质量和效率，狠抓制度落实，突出重点检查领域，不断提高检查工作质量和效能。严格坚持在授权范围内进行各种业务经营活动；加强自律监管，以季度例会形式，汇报风险情况，及时发现问题，完善制度，堵塞漏洞，严肃查处违规责任人；加强检查工作，组织开展涉及业务经营各层面的多项检查，并抓好问题整改；加大法律审查力度，将法律审查的范围扩大到建筑装潢、采购合同、劳务合同、营销等方面，有效规避了法律风险。

【综合金融服务】2014年4季度，河北银行张家口怀来、宣化、长青路三家综合性支行陆续开业，离行式自助银行开通，拓宽了在当地服务客户的半径；开展“创建标杆支行”活动，打造服务标杆网点，进一步完善服务工作机制，解决了客户投诉和网点排队问题，促进服务质量有效提升，在“张家口首届市民最满意银行网点”评选活动中，河北银行张家口分行营业部获“市民最满意银行网点”荣誉称号；通过举办客户答谢会、沙龙、滑雪等多种形式的联席、联谊活动，加强对重点客户的营销，有针对性的推介河北银行特色产品，塑造河北银行品牌，提升了河北银行张家口分行在中高端客户中的知名度和美誉度。

（耿　欣）

河北银行股份有限公司
秦皇岛分行

【概况】河北银行股份有限公司秦皇岛分行（简称“河北银行秦皇岛分行”）成立于2014年11月12日。截至年末，各项存款余额2.91亿元，其中，对公存款余额2.48亿元，储蓄存款余额

4358万元；投放对公贷款1.33亿元；销售个人理财1.15亿元。

【主营业务】吸收公众存款；发放短期、中期和长期贷款；办理国内结算；办理票据承兑与贴现、发行金融债券；代理发行、代理兑付、承销政府债券；买卖政府债券、金融债券、开放式基金代销业务；贵金属业务；从事同业拆借；从事银行卡业务；从事电子银行业务；提供信用证服务；提供担保、代理收付款项；提供保管箱业务；外汇存款；外汇贷款；外汇汇款；外币兑换；国际结算；同业外汇拆借；外汇担保；外汇票据的承兑和贴现；结汇、售汇；自营外汇买卖、代客外汇买卖，买卖或者代理买卖股票以外的外币有价证券业务，资信调查、咨询、见证业务；企业财务顾问；理财业务；经中国银行业监督管理委员会依法律、法规批准的其他业务。

【主动出击，全方位营销】2014年11月12日，在秦皇岛市市领导、相关政府部门、监管部门的有力支持和关心指导下，秦皇岛市政府与河北银行战略合作签约暨秦皇岛分行开业发布会成功召开。搭建政银企合作平台。一是主动建立分行与政府部门的交流汇报机制；二是加强市场调研联系，围绕全市实体经济、园区建设、小微企业群体开展项目对接和信息获取；三是积极推介，重点锁定各龙头企业、高能技术产业、基础设施建设，做好授信评级前期工作。对公业务实现重点突破。全力服务满足全市重点制造业企业等资金需求缺口，主动做好市场营销。全年投放流动资金贷款1.33亿元。树立零售业务口碑。坚持宣传、活动并举，全力树立形象，扩大影响。组织策划“河北银行杯”羽毛球比赛、开展商圈行、企业行各类客户营销活动15场，打造客户沙龙、微信平台、媒体推介、直营团队、网点阵地等立体式综合化营销渠道。

【完善风险防控机制】筑牢案件风险防线。严格落实安防、消防、信息科技各项规章制度，强化安全管理，提高案防工作水平，相继组织开展全员主题教育、安全培训、预案演练、应急处置系列活动，提升综合案防能力，确保安全运营。

（张宝东）

河北银行股份有限公司唐山分行

【概况】河北银行股份有限公司唐山分行（简称“河北银行唐山分行”）自2009年6月26日挂牌成立以来，秉承“发展、创新、管理、效益”的经营理念，以“立足唐山、服务唐山”为己任，积极有效地开展金融服务，有力支持唐山经济平稳较快发展。截至2014年末，资产总额65.41亿元，负债总额64.20亿元，实现各项收入4.63亿元，各项支出3.38亿元，账面盈利1.25亿元。

【加强网点建设 提升服务质量】截至年末，拥有13家支行、1家营业部，7家自助银行，已逐步形成综合性支行、零售支行、社区支行与离行式自助银行互补的格局，网点服务覆盖得到有效延伸。各机构开业以来运行平稳、运作规范、业绩良好，特别是在服务上打造金牌服务，提升服务质量，树立品牌形象。一是全网点实施综合柜员制，将综合柜员管理与内部规范化管理达标、业务量考核相结合，提高综合柜员的工作质量和效率，充分调动工作积极性。二是深入开展“网点服务转型”工作，导入浓郁的网点服务文化，以满足客户需求、改善客户体验为己任，各岗位人员在服务、营销、管理、学习等方面积极创新，形成了一整套系统化、规范化、制度化的服务管理体系。同时，投入大量财力、物力、人力开辟各种服务渠道，实现自助银行、网上银行、网点多媒体自助一体机等多渠道服务，为广大市民提供更为便捷的服务，受到金融同业、监管部门和社会各界的好评。河北银行唐山分行营业部先后被共青团唐山市委、共青团河北省委授予“青年文明号”，河北省银行业文明规范服务“百佳示范单位”，唐山市总工会“巾帼文明示范岗”，唐山市财贸金融系统“工人先锋号”；河北银行唐山分行丰润支行被唐山市妇联授予“巾帼文明岗”称号。

【深化业务转型 助力中小企业】针对中小企业融资难、担保难问题，重拳推出“超值贷”“商圈贷”等产品，推进小微业务批量做，提高业务效率，以快捷的方式向中小企业提供合适的金融产品和服务，为唐山市中小企业、县域经济和特色产业提供融资支持。积极对唐山市重点工程项目优化贷款条件，简化贷款流程，并重点向中小企业和农业项目倾斜，对部分农业项目贷款执行基准利率，有力的支持农业发展。在贷款投向方面，以中心城市为基点，向周边区县辐射，主要支持经营潜质好、技术创新能力强、经营稳定、对县域贡献大的企业。

【坚持改革创新 用活运行机制】坚持深化改革，加快创新，实施管理机制和运行体制改革，优化资源配置，以创新激发经营活力，有力地推动业务发展。一是推进管理创新。全面梳理组织架构、薪酬绩效、发展战略，重塑部门职能职责，再造业务流程，提升管理效能。进一步完善了绩效考核体系，变革考核激励机制，对经营目标考核、费用考核、员工绩效分配办法进行调整和完善，通过岗位考核、分块激励，增强员工做营销上产品的理念。进一步改善用人机制，形成能进能出、能上能下的用人机制，优化人力资源配置。二是加强产品创新和服务创新，坚持以市场需求为导向，转变营销理念，针对客户特性开展产品创新，为客户设计个性化金融产品强化服务功能。

【坚持守法合规 夯实发展基础】围绕“抓基础、强内控、促管理”专题活动，加大内控管理和合规经营管理力度，强化案件风险防范意识，内控能力不断增强。一是加强合规文化的建设。加强对员工警示教育和正向教育，大力弘扬风险文化，进一步增强队伍的廉洁自律。二是内控管理不断加强。夯实会计基础管理，严防操作风险；加强财务控制，提高财务管理效率；加强协调沟通，做好涉税工作；加强信贷从业人员合规办贷的管理。三是案件防控保持高压。主要是在思想上保持高压，严防密控，重点整治，缜密梳理案防隐患，抓住隐患排查、整治、处理三个环节，全面推进案件防控工作；深入开展各类安防检查，确保无重大案件发生；不断完善各类案防制度，为案件防控提供坚实的制度保障，推动各项业务安全运营。

【坚持以人为本 开展企业文化建设】弘扬“责任心、团队、高效率”的核心价值观，不断加强企业文化建设。一是大力培养学习型员工，通过定期举办不同形式的培训，开展员工行为准则教育，不断增强员工的学习能力和创造能力。二是开展形式多样的主题活动，举办第四届柜员业务技能竞赛，充分调动员工参与的积极性，提升员工业务技能，在全行营造出“比、学、赶、帮、超”的竞赛氛围；组织职工户外拓展活动；开展篮球赛、趣味运动会等系列活动，这些活动的开展，既彰显了员工的精神面貌，又展现了团队建设的成就，激发了广大员工的工作热情，逐步形成了“坚持以人为本，用和谐奋进的企业文化加快发展”的理念。

（贾双辉）

河北银行股份有限公司廊坊分行

【概况】2014年，河北银行股份有限公司廊坊分行（简称“河北银行廊坊分行”）坚持“战略转型，协同发展，严控风险”，各项业务实现快速健康可持续发展。截至年末，河北银行廊坊分行实现资产总额113.31亿元，存款余额82.60亿元，比年初增加27.54亿元，增长50%；贷款余额55.88亿元，较年初增加16.67亿元，增长42.50%。结构化融资余额28.32亿元。贷款不良率为零。对公客户数1831户，个人客户数74644户，其中中高端零售客户数8582户。全年实现净利润1.74亿元。各项经营指标排名和发展速度在河北银行系统中位居前列。

【网点建设】全年先后设立文安、大城、永清、廊坊永华、大厂、燕郊燕高路、燕郊燕顺路、廊坊裕华8家支行，营业网点总数达到15家，实现了廊坊县域全覆盖。全年引进各类员工167人。其中，业务骨干42人，为2015年的可持续发展打下了坚实基础。

【支持地方经济发展】坚持“服务地方经济、服务中小企业、服务城市居民”的市场定位，把支持地方经济发展和自身业务发展紧密结合。全年为廊坊市400余家企业累计提供授信支持72.47亿元（美元折人民币），其中：人民币贷款34.43亿元、经营性物业贷款7.40亿元。开立银行承兑汇票（票面）67.46亿元，提供美元贷款6214万美元，有力地支持了廊坊地方经济的发展。同时，河北银行廊坊分行公司、小企业、个人三个条线均衡发展，实现了自身良好发展。

【聚焦小微，服务“三农”】 以发展商圈业务为抓手，重点支持优质小微企业。截至年末，在2013年积累的10个商圈基础上，新获批4个商圈，累计发放商圈贷金额4.54亿元，余额为3.55亿元。小微企业贷款余额27.08亿元，同比增速为44.70%，较各项贷款同比提高2.20%；小微企业贷款增量为8.37亿元，较上年同期小微企业贷款增量高0.82亿元，完成了小微企业贷款“两个不低于”指标。把支持“三农”作为涉农金融服务工作重点，加大涉农贷款投放总量。推出商户联保贷、商圈贷和商户保证贷款等产品。截至年末，涉农贷款余额33.10亿元，同比增长43.40%，较各项贷款同比增速高0.90%；涉农贷款增量为10.02亿元，较上年同期增加2.18亿元，完成了涉农贷款“两个不低于”指标。因扶持小微和三农成绩突出，辖内燕郊支行荣获国家财政小微和涉农专项奖励208.29万元。

【便民金融服务】 推行多项优惠政策和多项特色业务。包括借记卡同城异地跨行ATM取款免费、个人网银全国跨行转账免费、“一次授信、循环使用、随用随取、节省利息”的个人循环贷款业务、“商户按月分期付款、业主一次性收取三年租金”的租金分期业务等。坚持以客户为中心的服务宗旨，开展客户满意度测评。12月，开展顾客满意度调查，客户满意度为98.30%。年内，河北银行廊坊分行被评为市直级文明单位，下辖爱民支行、燕郊支行分别荣获文明窗口、巾帼文明岗荣誉称号。

【风险防控】 严格执行“三个办法一个指引”，做好结构调整，控制信用风险。建立完善规章制度，强化制度学习，倡导合规文化，严控操作风险。坚持100%对账率，确保资金结算安全，防范运营风险。全年无经济案件事故。面对经济下行的严峻形势，保持良好经营态势，截至年末，公司、小微和个人三个条线不良率为零，信用卡不良率为0.58%，守住了风险底线。

【履行社会责任】 开展“送温暖、献爱心”捐赠活动，向廊坊市社会福利院捐款捐物，奉献爱心，关注和帮助那里的孤残儿童。共募集爱心款项13500元，并与福利院建立长期友好关系，定期开展联系交流活动；组成公益送水队，为三河市第八中学考场学生及家长免费送水；冬季来临之际，前往固安县西位村慰问村内困难群众，为村内10余户困难户送去了米面油等生活必需品。

（邓恩娟）

河北银行股份有限公司保定分行

【概况】 河北银行股份有限公司保定分行（简称“河北银行保定分行”）成立于2010年12月29日。截至2014年末，内设11个职能部门、11家支行，共有员工324人。经营范围包括吸收公众存款；发放短期、中期和长期贷款；办理国内结算；办理票据承兑与贴现、发行金融债券；代理发行、代理兑付、承销政府债券；买卖政府债券、金融债券；从事同业拆借；从事银行卡业务；提供信用证服务；提供担保、代理收付款项及代理保险业务；提供保管箱业务；外汇存款；外汇贷款；外汇汇款；外币兑换；国际结算；同业外汇拆借；外汇担保；外汇票据的承兑与贴现；结汇、售汇；自营外汇买卖、代客外汇买卖、买卖或代理买卖股票以外的外币有价证券业务；资信调查、咨询、见证业务；个人理财业务；经中国银行业监督管理委员会依法律、法规批准的其他业务。

【经营情况】 2014年，经济发展进入新常态，随着利率市场化的实质性推进，京津冀协同发展进程的加速，市场竞争日益激烈。河北银行保定分行积极应对挑战，以提升业务水平、加强内部管理为抓手，同心协力，执着进取，各项工作取得了较好的成绩。截至2014年末，分行各项存款余额为48.15亿元，较年初增加14.80亿元，增速44.40%，在保定辖区内排名第四。业务区域内占比0.90%，较年初上升0.19个百分点。贷款余额为35.62亿元，较年初增长5.74亿元，在保定辖区占比1.50%，在经济下行的巨大压力下始终将贷款不良率控制为 0。

【对公业务】 自京津冀协同发展上升为国家战略以来，保定以悠久的历史、独特的区位优势步入新的发展阶段。河北银行保定分行主动对接，全面融入，在京津冀协同发展中抢抓机遇，贡献力量。一是通过加大信贷投放力度，积极支持京津功能疏解和产业转移、京津冀基础设施互联互通建设、生态环境共建共享的项目和企业，在金融支持方面立足承接京津疏解、产业转移的一线。二是加强银企对接，并根据企业特点，灵活运用河北银行超值贷、押余贷、预抵贷等特色金融产品，建立灵活高效的金融超市，为企业提供多元化的金融服务。三是在利率浮动水平、担保方式上为企业提供优惠和便利条件，使企业较快地获得贷款资金，为重点项目发展作出了一定的贡献。

【小微业务】 河北银行保定分行自成立以来，始终坚持“立足中小，服务中小”的市场定位，发挥自身贴近市场、决策链条短的优势，以担保创新、效率提升及产品灵活性等方面为突破口不断解决小微企业融资难、担保难问题，有效降低小微企业融资成本。同时，不断提升金融服务水平，持续优化授信流程，提升审批效率，为小微企业提供专业、方便、快捷的“一站式”金融服务。截至年末，河北银行保定分行小微企业贷款余额 10.04 亿元，较年初增长 3.40 亿元，增幅 51.20%。共完成“租金贷”业务 224 笔，新增金额 4.27 亿元。“超值贷”业务完成 34 笔。批量业务贷款余额为 6.77 亿元，较年初新增 3.88 亿元。白沟支行做成河北银行首笔“押余贷”“预抵贷”业务。

【风险管控】 河北银行保定分行始终将风险防控工作视为自身发展的生命线，坚持稳健、审慎的风险观念，加强内部管理，促进合规经营，有效防范各类风险。2014 年，在经济下行压力下，始终保持着零不良率的好成绩。一是审批质量有所提升。河北银行保定分行严格执行总行风险偏好，控制“两高一剩”、钢贸、煤贸企业的风险排查；重视关联企业经营情况；重视企业实际经营资金需要和申请资金需的匹配度，有效防止了过度授信。二是贷中管理更趋严格。河北银行保定分行严格落实授信批复条件，逐步改变授信执行中“重营销轻维护、重投放轻管理”的观念，达到出账条件后才予出账，有力地防范了操作风险。三是贷后管理得到加强。年内制定下发了《重点客户分析会实施细则》并组织实施了 2 次重点客户分析会，摸清全行的信贷资产质量的底数，保障了授信业务的健康快速发展。四是监测预警能力增强。年内根据网络媒体、总行及区域风险信息，共发布客户风险预警 31 次，保证了出现风险信息客户的信贷资产安全。

【精细化管理】 在市场需求疲软的大环境下，通过加强内部管理，强化服务职能，开始从外延式增长向内涵式发展转型。一是通过加强预算管理、费用管理，提升了费用管理的规范性和科学性。制定了《固定资产管理办法实施细则》和《低值易耗品管理办法》，加强了对固定资产的管理。二是深入开展制度执行年活动。经过一年的组织学习、自查检查和落实整改使得“学制度、讲制度、用制度规范自身行为”的认知深入人心，为河北银行保定分行提高工作效率打下坚实基础。三是开展了“服务质量提升”活动，将两家支行作为服务样板，督促两家支行以更高的标准更快的速度打造分行的标准化服务，对其他支行进行复制推广。经过认真学习服务标准、严格对照检查和认真落实整改，服务水平得到显著提升，客户满意率不断提高。

【队伍建设】 通过加大培训力度提升了员工的业务水平。年内共组织大小培训 300 余次。通过加强培训的针对性提升了员工的业务能力。更加注重对员工综合素质的培养。组织新入职员工进行了 1 次军训、2 次素质拓展，培养了员工吃苦耐劳、团结协作的优良作风，增进了员工之间的友谊，为各项工作顺利开展打下坚实基础。不断完善考核机制，严格落实考核方案。组织开展了全体员工的综合测评工作，通过重点工作完成情况和员工的述职对员工的工作进行综合考量。使员工发现不足，进一步提升工作能力，加速优胜劣汰，提升团队综合效能。

【企业文化建设】 一是组织了丰富多彩的文化活动。2014 年，河北银行保定分行通过组织演讲比赛、征文等活动展现分行员工爱岗敬业、勤奋进取的良好精神风貌，并通过组织足球赛、羽毛球赛等文娱活动丰富员工业余生活，增强团队凝聚力，助力企业文化建设。二是以宣传工作为抓手传播分行文化。2014 年，分行充分利用行刊行报等载体积极做好对内文化宣传，提升员工自豪感和自信心，同时加强员工对责任心、团队、高效率核心价值观的认知和认同。三是积极履行社会责任。主动将服务向民生领域延伸，积极开展代收暖气费、代收水费等业务，被总行授予“便民缴费业务优秀分行”。此外，分行还组织了对中下邑小学的捐助活动，树立了分行良好的企业形象，得到社会各界的广泛认可。

（陈立新）

河北银行股份有限公司沧州分行

【概况】 2014 年，河北银行股份有限公司沧州分行（简称“河北银行沧州分行”）全面加大对沧州中小企业的支持力度，不断扩大基层便民业务的覆盖范围。截至年末，资产总额 46.74 亿元，较年初增加 10.15 亿元，增长 27.70%；贷款总额 29.75 亿元，较年初增加 4.65 亿元，增长 18.50%；存款总额 44.85 亿元，较年初增加 13.44 亿元，增长 42.80%；实现营业收入 1.59 亿元，实现拨备前利润 6100 万元，各项业务取得了长足发展。

【零售业务】 充分发挥个人工资保证贷款、个人消费贷款、个人住房按揭贷款等拳头产品优势。根据不同客户的切实需要，灵活的推出各类特色产品和各类人性化的产品组合模板，及给予客户更多信贷支持。截至年末，个人类贷款余额 2.63 亿元，较年初增加 1.41 亿元，增长 86.50%。积极推广福农卡业务，提升涉农企业扶持力度。通过与市农工委积极对接，与 44 家省级农业产业化龙头企业，500 多家市级农业产业化龙头企业召开了银企对接会，年内累计为沧州地区三农企业客户提供资金支持 1.20 亿元。扩大 POS 机铺设覆盖面，推进现代化金融发展速度。先后为沧州多家批发市场，安装布放 1200 余台 POS 机，助推了各大专业市场的发展。在此基础上，不断出台更多的费率优惠政策，例如针对 POS 收单专业市场类商户，率先推出了费用实时全免的优惠政策。四是积极开展社会便民应用业务拓展活动，提升硬实力。与此同时，提高全员的知识掌握能力与整体业务操作能力，缩短客户办理业务等待时间。各营业网点开展了“进机关、进社区、进学校”活动，每季上门营销不少于 3 次，为沧州居民提供更多便利，实现了硬实力的全面提升。

【对公业务】 围绕国家京津冀协同发展战略目标，大力支持渤海新区经济建设。先后为北汽搬迁、渤海新区新农村建设等新区的企业提供综合授信支持 17 亿元。紧跟国家“绿色信贷”政策导向，大力支持沧州市绿色经济发展。为渤海新区某公司成功办理省内首笔排污权质押贷款业务；倡导绿色环保理念，为某环保设备龙头企业成功办理合同能源管理授信业务 1.20 亿元。全面落实政府支持“三个一百”“双百双千”企业的发展目标。已支持名单内企业 23 家，累计授信金额 8.63 亿元。

【小微业务】 小微业务聚力解决中小企业普遍存在的担保难、融资难等问题，灵活运用超值贷、循环贷、账易贷等创新信贷产品，为客户提供更多便利的服务。截至年末，超值贷余额 2.06 亿元，较传统产品多为客户发放贷款 4149 万元。审批“循环贷”额度 1010 万元，客户可随借随还，节省了大约 20 万元利息支出。发放账易贷 4380 万元，以应收账款质押解决了小微企业缺乏担保物的问题，盘活了企业的应收账款。

【风险管理】 加强授信风险管理。从源头上把好客户准入关口。加大对弱经济周期行业、战略新兴产业以及承接京津冀一体化由京津转移到本地的企业支持力度。建立稳健的贷前、贷中和贷后风险管理体系。严格落实贷前实地查看制度；全力做好贷中审查、审批工作，侧重加强第一还款来源分析，第二还款来源作为补充保障，严把贷款审批关；加强贷后管理，提高管理质量。强化中后台风险防范体系，进一步强化案防和安保工作。按季开展员工行为排查和报告工作，提高员工行为自律性。继续抓好防抢劫、防盗窃、防欺诈、防破坏、防治安事件、防恐怖袭击、防自然灾害和生产事故，维护银行资金和声誉安全、保护场所内员工及客户的人身安全在内的“七防两保”各项具体措施的落实，构建立体式安全“防火墙”。按季开展安全保卫演练，重点开展“防抢、防爆（暴）、防火”等演练。加强重点部位的管理，细化安全措施。进一步做好运营结算工作，按季开展票据业务、柜台结算业务的检查督导工作，重点加强交接、对账等环节的检查力度。定期召开会计主管例会，提高会计主管对制度的执行力。进一步做好信息技术安全工作，在做好日常维护及检查工作的基础上，加大信息安全巡检力度，完善科技风险应急预案。

【网点建设】2014 年，新建运河、宏宇城 2 家市区支行和盐山、河间 2 家县域支行。截至年末，共有营业网点 10 家，全面覆盖沧州市区的运河、新华两大主城区和黄骅、任丘、青县、泊头、盐山、河间 7 个县市。网点覆盖效应显著增加，服务半径进一步延伸。在增加网点数量的同时，在网点质量上做工作、做文章，努力打造精品营业网点。以高标准配置网点硬件设施，营造干净整洁、舒适典雅的营业环境。在不断完善硬件设施的基础上，注重提升员工的综合素质，加强员工常用文明服务用语及服务礼仪的培训力度，严抓服务质量；加大日常检查监督力度，推进网点规范化服务流程。努力营造“内外兼修”的金融服务环境。另一方面，积极履行社会责任。2014 年是党的群众路线教育实践工作的开局之年，河北银行沧州分行在全员上下开展“重民生，重服务，重质量”的教育活动，让每一位员工都对自己的社会责任和职业责任有了深刻的认识；与此同时，定期慰问沧州市区及县域贫困家庭，为其送去米面油等生活用品。响应政府号召，积极参与“职工互助一日捐”活动。以“全民健身”为宗旨，赞助并参与举办了“河北银行杯·2014 年沧州市乒乓球会员联赛”，本次比赛为沧州近年来规模最大乒乓球比赛，丰富了沧州市民的文化生活。汗水收获了丰收的喜悦，喜悦凝聚着更高的希冀，在新的一年里，将继续以各类信贷服务，福农卡以及小微特色支行建设为抓手，以创新合同能源、增值贷、供应链上下游产品以及国际结算融资等金融产品为发展契机，以进一步增强网点覆盖能力为发展目标，努力发掘全新的经济增长点；继续凝心聚力的关注民生发展，服务绿色经济，不断提升服务水平，力争在更广的范围内、更高的层面上为地方经济的发展贡献更大的力量。

（杨爱敏）

河北银行股份有限公司衡水分行

【概况】河北银行股份有限公司衡水分行（简称“河北银行衡水分行”）自开业以来，在监管部门的悉心指导下，以抓好风险防控为基础，以经营工作为核心，以团队建设为抓手，积极扩展当地市场、培育客户，艰苦创业，强化营销，实现了各项业务的稳步增长。截至 2014 年末，各项存款余额 6.08 亿元，其中对公存款余额 4.22 亿元，储蓄存款余额 1.86 亿元；各项授信余额 3.64 亿元，信贷资产业务五级分类结果均为正常。

【业务营销】衡水市经济总量偏小，财政收入、GDP 总量均居河北省末位，仅占全省的 3.90%，与经济发达地市差距较大，且全市企业规模普遍较小，95% 以上的企业是民营、中小企业。在经济形势整体下行的情况下，通过对当地市场的优劣分析，找到了业务发展的突破口。一是找准切入点，推进公司、小企业业务健康发展。首先是加强与当地政府的沟通联系，采用上门拜访、召开产品推介会等多种形式，加大对特色产业集群及其龙头企业的走访力度，目前已与多家单位、商会建立了具体合作关系。第二，对每一项产品、每一个客户进行认真梳理，深度挖掘潜力客户，充分利用河北银行特有优势，力求创新、突破。成功争取到房地产预售资金监管账户开立行资格，7 家房地产企业确定开立资金监管账户；成功办理全行首笔结构化存款业务，为上市企业老白干办理结构化存款 1 亿元；成功办理代收取暖费业务，20 天时间即通过电子渠道代收居民取暖费 3900 多户，被评为总行“便民缴费业务拓展优秀分行”；在市金融办、财政局、土地局的配合下，顺利发放结构化融资 2 亿元。第三，抓大不放小。通过对小企业提供多样化、特色化的服务，在当地市场竞争中开拓出河北银行小企业业务的一片天地。二是统筹兼顾，零售业务全面发展。通过各种渠道持续开展形象宣传和营销宣传，组织不同类型的客户体验活动，促进理财、信用卡、POS机等业务发展，不断积累中高端客户，扩大河北银行知名度。在衡水日报社举办的“2014年衡水市金牌银行评选活动”中一举夺得“最受百姓期待银行奖”。此外，河北银行衡水分行还注重加强公私联动，综合营销，如以工商联、行业协会、企业集团客户为媒介，推荐优质的企业法人、股东或高管申请办理信用卡、富农卡，同时推进批量房贷、车贷业务，使其成为新的盈利增长点。

【规范管理】 建立健全规章制度。对制度进行了梳理，制定了七大类三十余项管理制度，进一步细化了工作标准和制度要求。建立了每周的行务会、联席会制度和每日的部门晨会制度，保证了上下协调、政令畅通。做好队伍建设工作。通过各种渠道对人才信息进行搜集，分析各个工作岗位所需的人员构成，从发布招聘信息到组织面试，对录入人员精挑细选、严格把关，2014年共择优录入49名优秀的管理人员及业务骨干。同时狠抓员工培训，通过请进来、走出去等方式，组织培训活动586人次，组织相关考试198人次，并对全行员工开展了4次监管政策和企业文化的宣讲活动，使每名员工了解和掌握监管政策，对河北银行的核心价值观及发展愿景都根植于心，充分激发了工作的积极性、主动性、创造性。在这种精神鼓舞下，员工研发的“自助填单程序”获河北银行微创新大赛年度大奖。主动管控各种风险。在各地银行风险频出的大背景下，严格按照监管部门的有关要求，切实加强内控管理，开展形式多样的内控教育活动，在提升员工业务素质的同时，不断强化风险防范和案件防控水平。对于授信业务，注意加强社会信息和同业数据的收集，强化贷款调查的深层分析，一定程度上规避潜在的信用风险。在贷后管理方面，要求出账后的每笔业务都要“回头看”，进一步加强贷后检查力度。此外，重点把控运营、柜面、财务开支、安全保卫、信息科技等风险，有效防止任一环节出现风险问题。

【企业文化】 通过组织开展党的群众路线教育实践活动，进一步确立了正确的人生观、价值观和政绩观，将党性修养和本职工作、业务营销相结合，真正做到两手抓，两手都要硬，严格执行廉洁自律有关规定，以身作则，率先垂范。在内部，注重方式方法，抓班子、带队伍，一级抓一级，分级负责，发挥每个人的积极性，工作上高标准严要求，生活上尽可能给予员工关心照顾。在外部，通过监管部门的配合和帮助，处理好与政府及职能部门、社会各界的关系，形成政通人和、通畅和谐的发展环境。始终将自身发展作为第一要务，既要求数量，又要求质量，抓环节、抓细节，精益求精，好中求稳。通过不懈努力，河北银行衡水分行建立起了齐心协力的和谐团队，营造出风清气正的工作氛围，这成为各项工作有效开展的最大保证。

（孔小香）

河北银行股份有限公司邢台分行

【概况】 河北银行股份有限公司邢台分行（简称“河北银行邢台分行”）位于邢台市桥西区建设大街333号，于2012年12月29日正式开业。

【组织架构】 河北银行邢台分行内设“八部一室”，即公司银行部、个人银行部、小企业金融部、风险管理部、财务会计部、业务发展一部、业务发展二部、业务发展三部、办公室。部室设置合理，岗位职责明确，构成了有效的权力制衡机制。下辖营业部、世贸天街支行、沙河支行、宁晋支行、燕云台支行、青青家园支行、长城花苑支行和清河支行等8家营业机构。

【发展战略】 坚持“服务城乡居民、服务中小企业、服务地方经济”的市场定位，秉承“朋友金融”的经营理念，在实际经营工作中积极下沉市场服务重心，增强市场研究和细分能力，深化对中小微企业金融服务；提高对个人中高端客户服务能力，构建和完善个人中高端客户服务体系。以产品和产品组合推动业务，以集约经营提高效率，以精细化管理提升水平，实现特色化经营、差异化发展。一是定位中小不动摇。在经营工作中，不断提高中小企业占比，切实加大对中小企业的支持力度。二是加大零售业务拓展。以“客户分层经营”和“财富品牌经营”为总体战略思想，把“以产品带动营销”作为核心手段，以特色产品为切入点，不断拓展中高端客户，以稳定的客户群体结构，实现业务规模的稳步增长，不断提升零售存款和零售贷款的市场份额。三是坚持批发银行策略。针对邢台辖区各产业集群的中小企业业务，结合零售业务产品，实现业务批发营销，有效提高工作效率、降低营销成本和授信风险，达到低成本、高收益的经营目标。

【内部控制】 建立了完善的内控制度，把各项规章、操作规程、业务流程、岗位职责落实到了每一个部门、每一个岗位和每一名员工，内控制度基本涵盖了经营活动中的每一个岗位和环节，并严格遵照执行。出台了各部室岗位分工、岗位职责，将责任细化到了每个岗位，在各项业务流程中体现了分工明确、责任到人、岗位分离、相互制约的要求。关键和特殊岗位遵循了必要的分离原则，严格执行定期轮岗和强制休假制度。

【经营情况】 坚持特色化、差异化经营原则，根据邢台当地实际，通过细分目标市场，重点开拓邢台当地产业集群，如沙河玻璃及深加工行业、清河羊绒产业、宁晋单晶硅及电线电缆制造行业、隆尧食品行业、平乡自行车零配件行业等，通过对各产业集群的特点分析，结合授信产品进行集群式营销，积累了大批中小企业客户，然后通过加大中小企业客户的产品运用，实施小企业“主办行”战略，优化主体资产结构，提升客户合作层级，着力扩大综合效益，创新了贷款产品和担保方式。

【贡献地方】 根据邢台市及辖内各县域经济发展特色，支持省市重点项目建设，并为中小企业和居民百姓量身制作业务品种，以灵活快捷的营销方式，为周边客户群体提供金融服务，抢抓机遇，加大投放，实现支持地方经济和自身发展的有机结合，切实做到稳健发展，互惠共赢，在壮大和发展自身业务的同时，也为活跃当场市场贡献了一份力量，走出了一条特色化的发展道路。

（郝家超）

河北银行股份有限公司邯郸分行

【概况】 河北银行股份有限公司邯郸分行（简称“河北银行邯郸分行”）成立于2009年12月18日。2014年，河北银行邯郸分行在各级监管部门的监督管理下，在社会各界的支持帮助下，秉承“朋友金融，知心致行”的服务理念，围绕“服务地方经济、服务中小企业、服务城市居民”的市场定位，坚持业务发展与风险防控两手抓，不断创新经营思路，拓宽业务领域，规范企业经营管理，各项工作均取得了可喜成绩，基本实现了人才队伍不断壮大，网点布局更加完善；业务指标较好完成，市场份额跑赢同业；资产总额不断攀升，人均利润保持领先。截至2014年末，河北银行邯郸分行下辖12个营业网点和6家离行式自助设备，拥有员工280名。全行资产总额85亿元。各项存款余额82.40亿元，其中对公存款总额市场占比4.11%，较年初增长0.57个百分点。各项贷款余额55.60亿元，较年初增加5.20亿元。各项监管指标均达到监管标准，抵御市场风险能力持续增强，实现了健康持续发展。被河北省委、省政府评为“河北省文明单位”。

【对公业务】 2014年，河北银行邯郸分行按照总行相关政策要求，采用“一户一对策、明确责任人、上下齐动员”的方式，不断加大机构类存款营销力度。在对公存款方面，以丰富的产品和优质的服务拓展客户群体，实现了银企“双赢”。截至年末，对公存款余额64.25亿元，日均余额57.97亿元。在资产业务方面，结合邯郸市场特点，以供应链融资业务作为主导，将授信业务发展重心放在国有大型企业及衣食民生行业等相关的优质小型企业，为邯郸经济转型升级作出了积极贡献。截至年末，对公贷款余额53.38亿元。在服务中小微企业方面，积极营销“三个一百”“弱周期行业”客户，相继开发了现代轻纺城、万合冷库等5个商圈，还与多个行业协会举办了对接会，有效解决了大批中小微企业的融资难问题，在邯郸市场树立了良好的社会声誉。

【零售业务】河北银行邯郸分行按照“建队伍、强宣传、促业务、提效益”的思路，狠抓零售队伍和基础客户群建设，制定了科学的考核激励机制，以理财产品和专业市场POS渗透为抓手，创新营销方式，最大限度释放经营活力，促进了零售业务快速发展。截至年末，人民币储蓄存款日均余额14.50亿元，较年初增长4.40亿元。在理财产品销售上，组织举办了“书香九月”赠购书卡、圣诞元旦送平安果等系列宣传及营销活动，使“益友融通”理财品牌深入人心。在POS机市场建设上，积极寻找业务突破口，深入市场调研，通过定期走访、业务宣传、优惠活动等方式保证了POS业务的顺利开展，不仅积累了大批基础客户群，而且带动了中间业务收入等多项业务联动发展。此外，新型智能储蓄产品“易生钱”“多利宝”“定活通”的相继推出，为居民提供更多金融服务。

【内控管理】继续推进严格的内控制度，坚持合规经营，加强内部管理，风险管控能力不断提高。在信贷风险管理上，将风险理念融入贷前环节，做能看懂、看明白、熟悉的业务，不盲目跟风，以高度负责的态度发展授信业务。在贷中和贷后环节，除了严格执行总行规定和制度，还积极自行排查，从市场中获取客户的相关信息，从客户的同行业竞争对手中获取信息，做到对风险苗头早发现、早处置。在合规操作方面，设置“零容忍、严处理”的红线，优化细化了各项业务的操作流程，严格执行积分管理办法，操作风险得到有效控制。在案件防控方面，严格执行“背靠背”行为排查、重要岗位轮岗、强制休假和内审、外审等内控制度，确保了员工廉洁从业，规范执业。在安全保卫方面，增配专职人员负责，不断加大安保技、物防投入力度和内部检查力度，实现了全年安全平稳运营无事故。

【业务创新】河北银行邯郸分行注重加快经营方式创新，实行精细化管理，提高综合化经营能力。在业务创新方面，结合企业的实际情况和总行创新业务产品，成功完成了河北银行首单理财直接融资工具的发行，有效降低了企业的融资成本，为全行的创新业务提供宝贵经验。在微创新活动中，河北银行邯郸分行组织成立了分行微创新活动小组，对有新意、实用性高的方案进行集中讨论，集思广益，其中“自助免填单系统”获得全行一等奖，梯度营销、便民临时停车卡等方案也得到肯定表彰，获得广大客户一致好评。在精细化管理上，河北银行邯郸分行在业务指标分配中，没有简单、平均地分配指标，而是仔细分析各部门存量客户及业务结构，在指标分配上做出差异化，使单个网点在业务营销与开展中能够扬长避短，做出特色，调动了各个岗位发展业务的积极性。

【队伍建设】认真贯彻落实河北银行“人才兴行”战略，将队伍建设放在首位，坚持“内部培养为主、外部引进为辅”的思路。年内提拔行内9名优秀员工到中层管理岗位，不仅提高了被提拔员工的忠诚度、归属感，还在行内树立了标杆，明确了“德才兼备”的人才使用标准。此外，通过认真筛选，引进同业优秀人才5名，充实了人才力量。此外，河北银行邯郸分行将积极进取的工作状态、团结奉献的工作态度，融入到日常工作和管理中，在行内打造出融洽、向上的工作氛围，提升团队战斗力。

【企业文化】秉承“合心合力，共生共荣”经营理念，以人为本，关爱员工，通过组织开展多项活动，不断弘扬企业文化，激发了员工以行为家、爱岗敬业的主人翁意识。坚持实行婚丧嫁娶病“五必访”制度，先后组织开展了春季运动会、赴一二九师接受爱国主义教育、金融知识进万家、“我以河北银行为荣”演讲比赛等活动，增强了员工向心力和凝聚力。同时在三八妇女节、端午节、中秋节、春节等重要节日，为员工送温暖送祝福。此外，河北银行邯郸分行注重品牌宣传力度，积极参与邯郸文明城市创建、“迎重阳，庆国庆”、银企对接会等活动，加大在邯郸主流媒体的广告宣传，提升了河北银行品牌形象。

【党建工作】着力夯实党建工作基础，随着人员队伍规模的扩大，及时调整了党组织的机构设置，保证了党组织作用的发挥。积极开展党的群众路线教育实践活动，从组织推动、学习内容、自我剖析、自查自纠、召开党员专题民主生活会等各个方面进行落实，取得较好效果，并探索建立了活动的长效机制。河北银行邯郸分行按照省委、市委统一安排，深入开展基层建设年帮扶活动，成立专门小组入驻曲周县郑桥村进行帮扶，得到百姓的欢迎和省市检查验收组的好评，被评为省级先进工作组。

（李志民）

河北银行股份有限公司青岛分行

【概况】2014 年，河北银行股份有限公司青岛分行（简称“河北银行青岛分行”）坚持以河北银行战略目标为导向，通过加强内部精细化管理，不断优化调整业务结构，努力降低和化解潜在信用风险，逐步培养本地基础客户群，逐步提升员工队伍能力，夯实业务发展基础，培养长期可持续发展的能力。

【主要指标发展概况】截至 2014 年末，河北银行青岛分行各项存款日均余额 42.85 亿元，较年初增加 6.52 亿元。其中，对公存款日均余额 39.81 亿元，储蓄存款日均余额 3.04 亿元。该行下设 8 个营业网点，包括分行营业部、胶州支行、莱西支行、京口路支行、开发区支行、即墨支行、大尧三路社区支行、书院路社区支行，共有员工 136 人，其中本科及以上学历者 119 人，占总人数的 87.50%。

【公司业务】建立专门营销推动台账，重点组织推动，分行行领导和公司部门针对有一定希望的重点客户进行协助支持营销。针对本地客户加大交叉营销力度，充分运用零售业务的综合营销手段，带动零售和小企业业务协同发展。持续通过招聘和培养，壮大客户经理队伍，尤其是有本地客户资源的人员。对客户经理进行正向引导、正向鼓励，开展专门有针对性的专项营销活动激励。在强化对存量客户风险识别分析基础上，保持存量业务不萎缩，在续作时增加法人治理有效性稳定性分析等新的风险评价要求。

【零售业务】大力推动社区营销宣传活动，从 2014 年 5 月开始，划拨专门营销费用推动各支行开展提升人气的营销宣传活动，8 个月来累计开展各类营销宣传活动 318 次，其中大型营销活动 33 次。持续进行队伍建设和能力培养，大力组织内训工作。通过组织专项营销竞赛，加大个人信贷批量营销，通过个贷、信用卡、理财等进行拉动，由条线管理部门建立业务台账重点督导。修订考核政策，引导客户经理营销真正的储蓄业务，还原对公转储蓄存单质押业务的对公本质，夯实基础。

【小微企业业务】持续关注存量客户风险，对个别小企业风险客户努力做好化解工作。严控新增准入关，努力下层重心，重点做 50 万 ~200 万的不动产抵押类客户，在考核上加大客户数量考核，弱化贷款余额增长考核。梳理工作机制和业务流程，提高小企业信贷效率。加大内训力度，使更多的客户经理获得能力和业绩提升。

【机构建设】2014 年，河北银行青岛分行顺利完成了 4 家支行的筹建工作，其中包括 2 家综合性支行和 2 家社区支行，机构建设速度明显加快，网点机构数量达到 8 家，对社区支行的建设和运行模式开展了初步的探索。

【人力资源建设】在人力资源建设上，持续加大人才引进力度，2014 年共组织了 10 次社会招聘面试，累计招聘录用 82 名员工入职，基本支撑了网点机构建设的需要。在能力建设上，配合业务发展需要，初步建立覆盖公司、个人、小企业、风险、运营等条线的分行级初级内训师队伍，优化设计分行内训课程，全面启动内训工作，在实践中构建学习讨论、经验分享、上下级沟通的工作学习氛围。在考核机制上，遵照总行有关考核制度，细化了该行考核实施细则，完善了考核管理制度，建立了涵盖各条线、各部门、全体员工的绩效考核体系。在文化建设上，强调该行责任心、执着进取等价值取向，坚持公平、公正、公开，积极正向沟通的原则，营造讲正气、讲真话、重实绩、讲担当的工作氛围，打造团结向上的工作文化。

（高　原）

承德银行股份有限公司

【概况】 2014年，承德银行股份有限公司（简称“承德银行”）在日益复杂的经济金融形势和激烈的市场竞争中，认真贯彻落实监管部门工作要求，紧紧围绕董事会年初确定的各项决策部署，坚定信心，深化转型，积极培育和抢抓一切有利因素，各项业务保持了良好发展势头。截至年末，全行资产总额425.39亿元，比年初增加93.30亿元，增幅为28.09%；负债总额395.87亿元，比年初增加87.65亿元，增长28.44%；各项存款余额389.68亿元，比年初增加86.86亿元，增幅28.68%；利润总额10.02亿元，同比增长33.07 %；实现净利润7.85亿元，同比增长35.11%；资本充足率11.70%，核心一级资本充足率10.58%，流动性比例72.84%，拨备覆盖率1207.22%，不良贷款率0.21%，较年初下降0.08个百分点，综合竞争力稳步提升。

【机构建设】 全年筹建建机构数量19家，其中开业11家，年末分支机构总数44家，在服务领域有效拓展的同时，呈现了诸多新的特点。一是社区型服务网点成为战略下延新支撑，承德辖内首家乡镇营业网点——宽城板城支行建成开业；南园、石洞子沟、头道牌楼、鹰手营子、丽水、高新区、双塔山、宽城县峪耳崖镇等社区型网点陆续开业；二是唐山市场加快布局，成为发展新引擎。唐山分行新华、古冶、滦南、玉田、迁西、丰润等6家支行建成营业。唐山分行成为业务快速发展的重要增长极。

【队伍建设】 在员工招聘上更加注重人才引进的层次性和接续性。首次从银行同业招聘具有本科以上学历兼具2年以上从业经验的业务骨干17人，缓解了同一年龄批次人员多、骨干员工断层的压力；全年共招聘应、往届优秀毕业生440余人，员工总数超过1300人。在人才晋升机制上探索更加清晰、有效的人才任用和晋升渠道。全年共提拔、聘任各级管理干部60余名，从基层选调了31名员工充实到机关部室，一支富有活力、勤勉敬业的青年员工队伍正在形成。在员工培训上渠道更加多元化。开展对标学习，全年共组织管理干部、骨干员工参加各领域培训200余次；针对授信、合规、服务、声誉风险、安全保卫等不同风险条线，聘请专家现场授课，取得了较好效果；建立了基层培训需求反馈机制和综合柜员档案信息，对各条线的制度、办法、操作开展专题培训，合规操作能力得到提升。在薪酬管理上构建更科学、长效的薪酬机制。更加注重资源、收益合理分配，着手开发薪酬绩效考核系统，加快员工补充养老保险实施方案的出台，既统筹考虑了机关、支行以及不同岗位之间的贡献度和差异性，向业绩突出者、岗位贡献大者倾斜，又兼顾了效益分配的公正和公平，有效激发员工工作热情。

【业务发展】 业务市场呈现新亮点，创新发展能力与综合竞争力显著提高。热河卡品牌建设初见成效，“学子卡”正式上线，社保卡、单位卡等特色卡种发行在即。截至年末，热河借记卡发卡突破48万张，年增20多万张，卡内存款余额达到28.12亿元，承德辖内持卡客户38.56万人，占承德总人口的10.34%。全面减免了个人网银的各项服务费用，增加了供热、有线电视等代收代缴功能，个人网银客户年交易量6.61万笔，交易金额50.94亿元。截至年末，储蓄存款余额207.62亿元，较年初增长41.11%，占比53.28%，成为存款增长的重要支撑。创新服务平台，满足客户个性化需求。成立客服中心，建立了“官方微博”“热河卡”微信公众平台，实现了对客户的全天候服务；“热河卡特惠商圈”进一步壮大，特约商户发展到110余家，形成了更加丰富的用卡体验，全年商圈累计实现交易1.20万笔，交易金额900多万元；与承德市科技局、承德思八达、承德市企业家联合商会等开展战略合作，并通过设立特色支行、推出让利措施、与企业现场签约等方式，为开展更深层次合作创造了条件。多措并举，加快零售市场发展步伐。探索建立事业部制的小微信贷中心，推出了“助微贷”和“速易贷”两款系列产品；积极支持支行提出的合理放贷需求，如：宽城支行推出的薪金保证贷款、重型汽车贷款、企业短期周转贷款，金汇支行的商铺抵押贷款、翠桥支行 POS 流水贷等，并取得了一定成效；建立小微贷款专项考核机制，专门下达了《小微贷款业务考核办法》，截至年末，小微贷款余额（单笔 1000 万元以下）45.18 亿元，占全部贷款的 21.45%，业务转型初见成效。创新思路，开辟多元化的盈利模式。积极置换低收益资产，将有限贷款资金投向具有良好信誉和发展前景的企业；加大不良资产清转力度，不良贷款率降至 0.21%，表内应收利息为零，切实提高了收益水平；通过自营、合作等不同渠道积极开展票据业务，满足客户合理资金需求，全年各类票据业务实现收入 7383.64 万元；资金市场取得 10 余项“首次”突破，首次加入了中国交易商协会、上海资金清算所、冀银合作平台、平安银行 E 通互联网平台、兴业银行银银合作平台，首次对一些新型的理财产品、债券产品、杠杆业务等进行了探索，合作渠道更加丰富、运营方式更加灵活、市场领域更加广阔。截至年末，资金市场实现净收益 5.28 亿元，同比增长 50%，收益率达到 4.80%。

【风险管控】

一是坚持制度先行，夯实风险管理基础。围绕“案防管理、合规管理、业务制度管理”三大条线，分别制定了专项管理制度；对现行的各个条线内控制度进行了逐一梳理完善，增加了制度出台前的合规审查环节，提高了制度的合规性与适用性。截至年末，纳入制度文库的各类办法、流程超过 200 项，常规性管理规定 100 余项，有效覆盖了各个业务条线与风险环节，为各项业务合规开展提供了依据。二是坚持防控并重，优化风险识别与管控流程。建立了定期报告机制，定期对全行整体风险运营水平进行评估分析；坚持开展建言献策，在经营管理和业务拓展过程中，充分征求基层意见，进一步督促归口管理部门及时解决存在问题，提升整体效能；加大风险检查的频率和纵深，特别是对前台操作、信用风险、财务收支、资金市场、票据业务等重点环节，以及中心金库、总行凭证库等关键岗位进行了专项风险排查；首次开展了员工道德风险排查和科技风险审计，初步确定了内审检查与管理部室联动的工作机制。

【企业文化】“家文化”在员工心中落地生根，品牌价值与社会形象进一步提升。一是培树员工“与承德银行共成长”的基本理念，将员工自身发展和职业生涯规划，与承德银行经营风险共担、改革成果共享有机结合，开展了员工座谈、警示教育、专题学习、慰问走访、困难帮扶等系列主题实践活动，增强了员工的历史使命感和企业责任感。二是以“家文化”引导员工爱行敬业热情，员工健身中心、职工培训中心以及职工食堂陆续投入使用，为员工提供了更加完善、便捷的工作环境；成立了羽毛球、篮球、骑行、摄影协会等多个员工活动平台，开展了单身情缘派对、成长成才论坛、户外素质拓展等系列活动。三是各支行品牌建设初见成效，不断引导和强化分支行的创新意识，金汇支行荣获全市金融系统唯一一家“十大青年文明号”，平安支行被评为省、市两级“青年文明号”，中天支行被授予“全国百家最安全网点”，翠桥支行已经成为热河卡商圈的标杆支行。四是以“载体建设”凝聚精神内涵，激发员工荣誉感，针对承德银行的行史文化、优质服务、热河卡、助微贷、速易贷分别拍摄了专题宣传片，在各类主流媒体、网站发表文章近 200 篇；在《承德银行报》开辟了“我身边的承德银行人”专栏，并推出了 50 期纪念特刊，引导大家向先进学习；在全国城市商业银行（资产规模 500 亿以下）综合竞争力排名中荣列第二位，并被评为最佳进步城市商业银行；获得中国 2013 年度最佳零售业务奖、2013 年度“河北省金融创新奖”、“河北省服务名牌”、“河北省现代服务业百家骨干企业”、承德市“金融贡献奖”等诸多殊荣。

（付 强）

张家口市商业银行股份有限公司

【概况】2014 年，张家口市商业银行以忠诚机制建设年和专业能力提升年为载体，不断创新工作方法、提升管理能力、加强风险防控，推动了全行各项业务稳健快速发展。截至年末，全行资产规模突破千亿元大关，达到1071.72亿元，比年初增加389.24亿元。全行各项存款余额663.83亿元，比年初增加185.19亿元，增长38.70%。全行各项贷款余额290.22亿元，比年初增加62.19亿元，增长27.20%，同比增加21.60亿元。各项监管指标都达到或优于监管标准，其中资本充足率10.50%，拨备覆盖率661.90%，贷款损失准备充足率775.40%，不良贷款率0.40%。

【拓展发展空间，稳步推进机构建设】张家口市商业银行2014年紧抓监管部门扶优限劣的政策机遇，加大跑办力度，积极争取增设机构网点，拓宽发展领域和空间。年内，获批新设沧州、承德2家域外分行，36家传统支行，104家简易型社区支行和小微支行。截至年末，机构网点总数达到148家，遍布张家口、石家庄、唐山、廊坊、邯郸、沧州和承德市县区，进一步延伸了服务空间和服务半径，丰富了服务内容，增强了服务能力，为未来机构发展奠定了坚实基础。

【采取有力措施，积极支持经济发展】张家口市商业银行2014年加大对重点项目的支持。全年累计投放2.97亿元，支持二秦高速、盛华热力、空港经济技术开发有限公司等7家重点项目企业建设，贷款余额8亿元。拓宽融资渠道。通过与北京银行等金融机构合作，采用银团融资租赁保理业务模式，为张家口市京藏高速项目量身定做融资服务。张家口市商业银行发放保理融资信贷资金1亿元，引进域外资金15亿元，资金已全部发放，满足了客户需求。

【创新服务模式，提升专业服务能力】创新研发机制。为了充分发挥决策链条短、反应速度快的优势，及时根据客户需求研发产品，建立了总行业务部门与支行共同成立产品研发项目组的机制，为不同类型客户量身定做产品。新研发推出了皮毛动产贷、租金贷等6种信贷产品。引进微贷技术。引进成熟的IPC小微企业信贷技术与信贷工厂技术，将两项技术相互结合、相互补充。通过批量处理和标准化操作，实现高效运作和风险防控，金融服务惠及规模更小、范围更广的客户群体。截至年末，中小企业贷款余额为246.83亿元，较年初增加53.24亿元，增长27.50%。搭建融资平台。与5家担保商会签约合作，累计向110家小微企业发放贷款1亿元。与43家融资性担保公司建立了业务合作关系，并与其中29家担保公司开展担保授信业务，融资性担保贷款余额26.50亿元，比年初增加12.09亿元。争办为河北省小额票据贴现管理中心张家口市分中心唯一经办银行，获得人民银行的专项票据规模支持等优惠政策，为解决中小企业票据融资难、融资贵问题，搭建了新的平台。

【强化风险防控，确保运营稳健安全】修订完善规章制度。重新修订完善了《全面风险管理办法》和《信用风险管理办法》，将新资本办法实施、风险资产量化管理、风险限额管理和风险偏好设定纳入了全面风险管理范畴，从制度层面对风险管理进行了规范。深入开展案防风险排查。全面梳理各业务条线风险点，制订了2014年度案件风险排查方案，全行风险排查项目总数42个，突出对重点业务、重点岗位、重点环节的风险管控。深化案防预警监控。完善非现场预警审计系统，建立了165项预警控制模型和70项查证模型，覆盖全部业务条线。完成了异地灾备中心建设，构建了“两地三中心”容灾体系，进一步提升了信息科技水平和风险防范能力。

【提升服务质量，打造特色服务品牌】推行柜面“零等候”。制定了“零等候数据分析模板”，各营业网点采用数据分析方法，对本行情况进行综合分析，通过设置机动窗口、弹性工作办法、客户分流管理等八种措施，逐步实现营业厅客户办理业务零等候。目前，市内46家营业网点中有31家网点的80%的客户，办理业务等候时间控制在5分钟以内。推进普惠金融。制定了《柜面服务应急处置方法》，设立了“爱心窗口”，举办了2期针对聋哑人办理银行业务的专业手语培训班，将无障碍设施的配备纳入新网点建设统一标准化建设，进一步提高网点服务水平。丰富服务内容。发行了自行研发的理财产品。全年发行了21期、12.78亿元。先后开发了“好运速客卡”“好运金卡”“好运云顶乐园卡”等系列银行卡，满足客户个性化需求。深入推进微创新活动，通过细节优化、点滴改进，实现整体服务工作取得新突破。召开了创新案例评审会，从1880个微创新案例中筛选出41个案例进行了综合评审，经过评估后在全行推广。

【加强队伍建设，夯实持续发展基础】 加强人才引进。全年共招聘100名全日制一类本科及以上毕业生，其中研究生27名，从各类金融机构引进63名优秀专业人才，定向培养一般柜员58名，为全行发展注入了新鲜血液。强化人才培养。强化内训师队伍建设，开展综合业务能力和专业技术能力培训。充分利用夜校、网络学院、幸福大学等学习平台，开展分层次分类别培训，共培训人员达2800多人次。完善激励机制。推行柜员等级制和会计主管、行政主管、客户经理主管晋升制。按照因地制宜、因势利导、特色鲜明的思路逐步建立全员考核激励机制。通过薪酬激励，将员工薪酬与行内核心价值观对应，实现员工第一、建设幸福银行的理念。

（赵国梁　陈运昌）

秦皇岛银行股份有限公司

【公司概况】 秦皇岛银行股份有限公司（简称“秦皇岛银行”）成立于1998年，是秦皇岛市唯一一家具有独立法人资格的地方性股份制商业银行。截至2014年末，全行资产总额344.77亿元，较上年增加44.28亿元，增幅为14.74%；负债总额327.08亿元，较上年增加40.76亿元，增长14.24%。各项存款余额306.60亿元，较上年增加42.22亿元，增长15.97%；各项贷款余额151.19亿元，较上年增加25.13亿元，增长19.93%；全年实现利润总额5.20亿元，较上年增加1.16亿元，增长28.71%。

【机构人员】 秦皇岛银行总部位于海港区燕山大街209号。截至2014年末，在全市拥有41家支行，营业网点46个。目前，全行员工1110人，其中，2014年招聘派遣制员工280人，校园招聘32人，面向社会招聘23名微贷事业部人员，引进资源及管理型人才8人，为该行人力建设增添了新活力。同时，从全方位对客户经理进行培训，加强客户经理队伍建设。

【资产业务】 2014年继续秉承“服务地方经济、服务中小企业、服务城乡居民”的经营发展战略，加大信贷资产结构的调整力度。在信贷投放上继续实行“均衡”原则，科学合理把握信贷投放节奏，确保信贷投放平稳增长。2014年9月15日，成立微贷事业部，确定了其独立的运营模式，以产品的多样化、差异化，满足我市小微客户的不同需求，简化办贷业务流程，做到“调查快、审批快、放款快”，实现产品与小微客户信贷需求的无缝对接。

【负债业务】 2014年全行不断加大营销力度，在公司业务方面，做好大客户存款的维护、挖潜和攻坚工作，同时大力发展银承、保函等业务，以票据产品带动贷款客户综合贡献度；推出对公理财业务，吸引优质客户资源。在对私业务方面，积极开展“社区金融惠万家”“金融知识进万家”等宣传活动，一行一策，全力打造特色支行；以儿童理财卡、马年生肖卡、公交卡等系列产品为载体，支持储蓄存款稳步增长；“富满家”系列理财产品全年共发行66期，总金额122.50亿元，受到市民高度关注和认可，培育、扩大了新的优质储蓄客户群体，成为该行的财富名片。

【电子渠道】 2014年，移动（手机）银行正式对外使用；ATM等自助设备实现了跨平台管理功能；“行e通”三方存管业务正式上线。网银理财销售系统正式上线，拓宽了理财销售渠道，缓解了网点服务压力。“公务卡”项目前期准备已基本完成，为进军信用卡市场奠定基础。

【党建、团建工作】 行党委深入推进党的群众路线教育实践活动，组织学习党的十八大、三中、四中全会精神及习近平总书记系列重要讲话精神；加强党风廉政建设。2014年，行团委完成了各团支部的组建以及团干部的选举、任命工作，并结合党的群众路线教育实践活动，组织团员青年开展“青年志愿服务进基层”活动。

【社会责任】 秦皇岛银行主动承担社会责任，助力小微、“三农”，捐资助教，扶贫济困。2014年组织为贫困学校捐赠图书；资助贫困大学生9名；为广德慈善基金会捐款50万元。截至2014年末，小微贷款余额71.79亿元，较年初增长17.76亿元，增幅为32.87%；涉农贷款余额16.90亿元，较年初增加3.39亿元，增幅为25.09%。同时，支持下岗职工再就业，发放此类贷款3214万元，为社会稳定做出应有贡献。

【荣誉称号】秦皇岛银行2014年度分别获得“平安建设先进单位”、“纪检监察工作先进单位”、“河北省内部审计先进单位”荣誉称号。秦皇岛银行团委被评为“秦皇岛市优秀青年志愿服务集体”荣誉称号。秦皇岛银行工会工作委员会荣获2014年度“先进职工之家”称号、新世纪支行工会小组荣获2014年度“先进职工小家”称号。魏飞行长荣获2014年度河北省“三八”红旗手称号。

（陈姿凝）

唐山银行股份有限公司

【概况】唐山银行股份有限公司是唐山市具有独立法人资格的国有控股的地方性银行，现有49家支行、近1200名员工。2014年，是该行历史上发展最快、质量最好、主要指标均创历史最好水平的一年。行领导班子带领全行干部员工，一手抓安全合规运营，一手抓稳健科学发展，不断深化改革创新，加快转型发展步伐，严格管控各类风险，经营管理水平明显提高，各项业务上了一个大台阶。

【资产、存款规模】截至2014年末，全行资产总额达到572.64亿元，较年初增加213.22亿元，增长59.32%；各项贷款余额223.88亿元，较年初增加41.06亿元，增长22.46%；各项存款余额500.55亿元，较年初增加169.51亿元，增长51.21%。资产、存款规模均突破500亿大关。

【监管指标全面提升】截至2014年末，不良贷款余额0.36亿元，不良贷款率0.16 %，保持在较低水平；资本充足率10.71%；贷款损失准备充足率130%；资产利润率和资本利润率分别达到1.49%和22.41%，较年初分别增长0.81和11.10个百分点。在涉及监管评级的四大类26项非现场监管指标中，25项指标优于达标值，20项指标满分。定量指标评分达到二级银行标准。

【企业效益成倍增长，税收贡献再创新高】全年实现营业收入29.83亿元，比上年增加10.13亿元，增长51.41%；实现拨备前利润11.80亿元，增长6.26亿元；实现净利润7.05亿元，比上年增加4.65亿元，增长194.26%。缴纳各项税金4.40亿元，比上年增加2.27亿元，增长106.84%，企业所得税纳税额排名全市第1。

【顺利更名为唐山银行】2014年11月25日，中国银行业监督管理委员会同意该行更名为“唐山银行股份有限公司”（银监复〔2014〕844号）。相关更名事项正在稳步有序推进，计划于2015年4月下旬正式对外发布。

【加快发展各项业务，支持地方经济建设】一是围绕市委、市政府稳增长，调结构整体部署，加大对重点建设支持力度。针对曹妃甸区开发建设步伐加快，重点项目资金需求激增等实际情况，大幅增加对曹妃甸区域信贷投放，2014年累计投入信贷资金73.24亿元。大力支持市属重点基础设施项目和民生项目建设，累计提供信贷资金支持17.88亿元。二是先后开展了金融知识进社区宣传周、“浓浓春意，温暖客户”营销宣传月活动等系列社区宣传活动，全行动员，深入全市100余个社区，累计组织了千余次金融知识普及宣传活动，为社区居民了解金融知识，防范金融风险，起到了积极的促进作用。持续开展“社会责任、普惠客户”活动，减免个人、银行卡、网银等20余项业务办理手续费，累计免除客户费用近300万元。三是加强产品研发创新，大力提升服务功能。外汇业务正式挂牌营运；积极开办理财业务，截至年末累计发行11期个人理财产品，11期机构理财产品，共募集资金31.88亿元；积极拓展投资银行业务，实现定向债务融资60亿元。完成信托受益权投资159.13亿元。四是加快网点建设，实现县域全覆盖。惠民社区支行、惠丰支行、龙泽路支行、滦南支行、河东支行、古冶支行、旺座支行、凤凰支行相继开业，全行营业网点达到43家，服务水平和服务能力得到明显增强。建立健全窗口服务管理体系，组织开展了“技能标兵、服务明星、业务能手”等各类竞赛活动，柜面服务水平全面提升。

【强化风险监督管控，促进安全发展】一是加强重点领域风险防范。对重点业务、重点人员、重点岗位、重点环节进行全面风险排查。先后组织开展了“案件风险大排查”“信息科技风险排查”“新开业网点的风险排查”等风险排查活动，排查覆盖面达 100%。对排查中发现的违规责任人和管理人员进行了通报批评和处罚，督导责任人对排查中发现的风险点及时进行了整改。二是强化内审监督检查。认真落实监管新规，以加强案件防控、提高内控管理水平为重点，先后组织开展了对账业务、网银业务、同业业务、授信业务、理财业务、信息科技管理等 19 项专项审计和 44 个离任审计，累计发现、整改各类问题 1067 条。针对存在问题，对涉及违规责任人和管理人员进行了通报批评和处罚，累计处罚 686 人次，处罚金额 10.08 万元。三是加强安全管理，提升安保水平。强化保安队伍建设，建立管理档案，定期组织全行开展应急演练和消防演练，着力提高保安员执勤能力和综合业务素质。加强电视监控检查和支行日常监督检查，发现安全隐患或违规现象立即督导整改。组建安保巡逻队，每天对营业网点外部环境、保安执勤、ATM、安防和消防设施等进行巡查，随时做好突发事件的应对处置，提高安保威慑。对现有监控平台软件进行升级改造，提高 24 小时监控能力。

【深入推进体制机制改革】 深入推进机构改革，优化人力资源配置。改革管理架构。健全完善财务审查委员会等 18 个专门委员会，提升决策民主化、科学化水平。探索支行管理新思路，设立 5 家管理部，将全行 49 家支行纳入各管理部考核管理，实现支行业务发展与资源配置的优化与协调。适应京津冀协同发展及金融创新新形势，组建了北京、上海研究发展中心和河北、天津滨海事业部。持续推进薪酬体系改革。结合业务发展需要和营销重点，不断优化薪酬考核方法和考核指标权重，将高管层、机关各部室、各支行（部）的经营管理工作纳入考核体系，实现考核全覆盖，调动了全员工作积极性。加强财务管理，提升财务管理水平。按照“效益优先、积极稳健、权责对等”的要求，强化财务预算执行与控制，重点加强各项收支的预算管理。加强费用支出的事前审批、事中控制和事后监督，严格控制、规范公务费用支出，2014 年全行三公经费支出 257.94 万元，较上年同期下降 222.84 万元，同比压缩 46.35%。加大信息科技投入，坚持科技兴行。重点开发了二代支付系统、国际业务结算系统等，实施了蓝光光盘库及数据归档管理平台项目。加强信息科技应急处理机制建设，规范应急处置工作流程。组织开展了业务连续性实景演练、渗透性攻击测试等，着力提高信息科技应急管理及风险防范能力。

【公司治理水平稳步提高】 “三会一层”规范运行，务实高效。2014 年，本行召开年度股东大会 1 次、临时股东大会 1 次，审议通过了董事会工作报告等 18 项重要议案；召开董事会会议 10 次，审议通过了增资扩股方案等 62 项重要议案；召开监事会会议 8 次，审议通过了年度报告等 27 项重要议案；召开董事会、监事会下设委员会会议 21 次，审议通过了三年发展规划等 27 项重要议案。“三会一层”各司其职、运行规范。着力推进增资扩股，提高资本实力。顺利完成 2013 年度增资扩股工作，募集股本 5.83 亿股，新增资本金 11.66 亿元。启动了 2014 年度增资扩股工作，计划以 2.50 元 / 股的价格，新增股本 12 亿股，新增股本金 30 亿元。增资扩股方案已经银监部门批准，股东资格已报银监部门审批。

【深入开展党的群众路线教育实践活动】 第二批党的群众路线教育实践活动开展以来，行领导班子按照市委统一部署和《中共唐山市委关于全市开展党的群众路线教育实践活动的实施方案》的具体要求，围绕“照镜子、正衣冠、洗洗澡、治治病”的总要求，扎实推进各项工作。严格按照省委《关于印发 < 关于开展“四风”专项整治“集中攻坚月”行动方案 > 的通知》和市委《关于在第二批教育实践活动中深化“四风”突出问题专项整治的实施方案》等有关要求，深入推进“四风”突出问题解决、整治。先后开展了金融服务提升专项整治活动、整治奢华浪费建设自查、“四风”专项整治自查、21 项整治任务自查自纠、清理整顿培训疗养机构自查等工作，着力解决了整治文山会海、检查评比泛滥、公务用车及办公用房超标、“三公”经费开支不规范等问题，收到了良好效果。

【加强党风廉政建设】 研究制定《中共唐山银行党委关于落实党风廉政建设主体责任纪委监督

责任的意见》，明确工作重点，抓好贯彻落实。把党风廉政建设与各项经营管理工作紧密结合起来，按照条线分工，落实“一岗双责”，研究制定《唐山银行党风廉政建设责任制实施细则》，明确了领导班子成员领导责任、落实责任、监督责任等，增强了工作合力。坚持把党风廉政建设纳入全行经营管理总体规划，按照“落实两个责任”的要求，理清责任分工。与全行60名中层以上领导干部签订责任状和辞职报告，强化违规问责和制度约束。定期组织开展监督检查，进一步完善党风廉政责任分解、检查监督、倒查追究工作机制。按照“纠‘四风’、树正气、保廉洁”的工作要求，组织中层以上干部进行公开廉洁自律承诺，加强群众监督和舆论监督。开展“以案施教”，召开全行干部警示教育大会，以身边人、眼前事教育各级管理人员防微杜渐，常思常醒。开展“守纪合规之唐山银行”主题演讲比赛，将党风廉政警示教育与银行业务合规操作教育紧密对接，引导全员进一步增强遵规守纪意识，远离违规违纪高压线。

（刘 静）

廊坊银行股份有限公司

【概况】 2014年，廊坊银行股份有限公司（简称“廊坊银行”）以“三会一层”换届为契机，健全公司治理机制，夯实内部管理基础，把牢信贷风险底线，加快产品服务创新，加大市场开拓力度，各项经营管理工作取得了积极成效。截至年底，全行资产571亿元，增长72%，存款361亿元，增长50%，贷款190亿元，增长34%，拨备前利润6.60亿元，增长55%，顺利完成了董事会下达的各项任务指标，各项指标较2013年均有大幅改善，各项监管指标持续向好。

【业务发展】 推进轻资本运作模式。在宏观经济下行、利差收窄的大背景下，廊坊银行本着“轻资本，高收益”的运作模式，做增量，做两头，金融市场、票据、投行业务占全行新增资产的2/3，资本最大限度得到利用，风险资产收益率增加1.21个百分点，资产结构得到改善。延伸县域服务半径。2014年，廊坊银行在文安、燕郊等地设立县域支行，另有9家支行即将开业，目前正在积极筹建。同时，将业务发展缓慢、位置偏僻的4家市区二级支行搬迁到金融需求较大的县域，实现廊坊地区营业网点县域全覆盖，使更多市民受益。加大小微企业扶持力度。2013年底，廊坊银行小微企业金融服务中心成立，专营小微业务，并针对小微企业贷款“短、小、频、急”的特点，研发推出手续便捷、办理高效、还款灵活的“速诚微贷”“极速微贷”等贷款产品。2014年以来，小微业务市场拓展力度不断加大，业务规模扩张迅速。截至年底，累计发放贷款5614笔，金额10.60亿元，贷款余额6.92亿元。为石家庄、廊坊区域各类小微企业主和个体工商户提供了满意的金融服务。今后，廊坊银行将通过成立小微银行、社区银行、网络金融、同业合作等多种形式，将小微业务做强、做大、做出特色。助力实体经济发展。积极调整信贷投向，在同等条件下优先考虑涉农贷款，对新型农业经营主体、农田水利、农业科技和现代农业的授信业务实行贷款利率优惠政策，加大对县域网点的授信授权，简化审批流程。为切实解决涉农贷款存在的融资难题，组织人员实地调研，根据调研情况，推出农民专业合作社助农贷款这一新产品，并积极组织客户经理调查有信贷需求的农民专业合作社，为其提供资金支持。服务园区项目建设。全力支持市重点项目建设和工业园区建设工作，积极扶持工业园区内新兴产业和科技型小企业发展，推动绿色信贷业务。先后为廊坊开发区、三河市燕郊经济技术开发区、固安县经济技术开发区、龙河工业园区内的企业提供信贷支持，并以开发区支行、燕郊支行、固安支行和龙河支行等多家营业网点为依托，支持地方经济发展。破解中小企业融资难。为解决小额票据流转不畅，减轻中小企业资金压力，10月24日，河北省小额票据贴现管理中心廊坊市分中心正式揭牌营业，廊坊银行为廊坊市唯一经办银行，有效缓解了廊坊市小微企业融资难、小额票据流转难和变现难的问题。

保定银行股份有限公司

【概况】2014年，是保定银行实施《2013—2015年发展规划》和第二个“三步走”战略目标的关键一年，面对复杂多变的经济金融形势，保定银行立足“服务地方经济，服务中小企业，服务市民百姓”的市场定位，秉承“尚德务实，力行合规，协作创新，追求卓越”的企业精神，围绕本行第二个“三步走”和三年发展规划，突出“一体两翼三中心”的发展导向，推进传统性、特色性、战略性三大业务板块调整，坚持稳中求进，转型发展，改革创新，控制风险，做到服务佳，质量好，效益高，实现了稳健可持续发展。截至2014年12月31日，全行资产总额367.55亿元，各项存款余额318.79亿元，各项贷款余额90.35亿元，实现拨备前利润总额6.17亿元，监管指标持续优化，抵御风险能力进一步增强。

【完善公司治理，提高科学决策水平】根据监管部门要求，依法进行了董事会、监事会换届选举，产生了第二届董事会和监事会。增选了独立董事和外部监事，董事增至15人，独立董事增至2人。董事会成员专业水平得到提高，结构更加优化，符合监管部门有关要求，进一步提高了董事会的科学决策水平和监事会的监督水平，进一步适应了转型与发展的需要。

【用足用好贷款规模，支持地方经济建设】2014年，不断完善体制机制，创新金融产品和服务模式，适时增加贷款投放，大力支持市重点项目建设、交通运输、市政民生事业。截至2014年末，各项贷款余额90.35亿元，同比增加24.10亿元，增幅36.37%。积极实施“五进”战略。深入推进“进社区、进园区、进市场、进超市、进城乡结合部”的五进战略，积极落实国家惠农惠民政策，营销领域向纵深辐射、业务触角不断下沉、惠民形象深入人心。

【创新金融产品，助力中小微企业发展】1.设立“创新发展中心”“小微贷款中心”“资金营运中心”。完成了资金营运中心的筹备工作，明确资金营运中心为本行同业业务的专营部门。加入了冀银合作平台组织，积极与省内城商行建立沟通机制，构筑良好合作关系。2.完善特色经营机制，推进小微金融服务模式、风险控制、担保方式、审贷方式、还款方式等创新管理。不断丰富“金臂膀”“金支点”系列金融产品，为小微和三农企业量身定制金融产品，提高市场竞争力。为适应商业地产市场发展需要，推出了“经营性物业抵押贷款”。对部分县域的农民专业合作社和种植大户，推出“土地承包经营权流转”模式的支农信贷品种。针对定州的废旧塑料回收再利用行业研发了“再生贷”、高阳毛纺行业的“微纺贷”。3.充分发挥“政府搭桥模式”“龙头企业模式”“园区带动模式”作用，依托政府部门、产业园区、行业商会等链接小微企业的平台，先后与唐县、安新县人民政府、工信局、财政局等部门以及工商联、福建商会、江苏商会成功签订战略合作协议，进一步解决中小企业融资难问题。该工程共储备项目上百项，储备金额达22亿元，发放贷款9亿元。截至年末，小微企业贷款余额53.17亿元，较年初增加20.22亿元，增速61.37%。

【大力支持全民创业，积极履行社会责任】持续加大“全民创业贷款”和“下岗再就业贷款”的投放和管理力度，扩大投放人群和业务覆盖面，不断改进结算服务，努力打造成优势品牌。截至年末，累计发放此项贷款5.30亿元，帮助7万多人走上了自主创业与再就业之路。

【以风险管控为核心，强化内控确保安全运营】1.实行统一的法人管理和分级的授权控制体系，制定了全面的风险管理政策和内部管理流程。业务、风险、内审三道防线齐抓共管，使风险管理贯穿于业务全过程。2.坚持内控优先原则，巩固“五铁体系”，加大稽核检查力度，强化内控管理，规范操作行为，提高制度内在约束力和执行力。实施了2013年稽核项目的后续检查；对中层干部进行了任期经济责任稽核、信息科技安全管理的专项稽核；对支行进行了内控制度执行环节的专项稽核；对各支行岗位轮换、强制休假制度执行情况进行了一次现场专项检查。3.对现有的核心系统成功升级，大大提高了系统的稳定性和效率性；对数据级灾备中心线路进行了改造，实现了数据级灾备中心向应用级灾备中心的升级转换，进一步提升了科技风险防范水平。第二代支付系统通过人行验收成功上线；完成了银监局EAST报表、新版客户风险报表、人行金融标准化报表和支付信息统计分析报表系统的开发与测试工作；积极推进该行新核心系统建设和新中心机房建设，完成了新机房的选址。4.通过完善内控制度、加强内控检查、严格风险排查、增强安全防范建设等手段，全年安全经营无事故，被市公安局评为2014年度全市银行业金融机构安全保卫工作先进集体。

【机构布局向内向下发展，助力县域经济“二次腾飞”】 在实现县域机构全覆盖的基础上，服务触角不断向县域、社区、村镇渗透。2014年县域支行累计发放贷款共计37.16亿元。唐县支行因涉农信贷投放效果突出，2012、2013两年共计获得县政府涉农贷款增量奖励资金558万元；在人民银行石家庄中心支行2013年度涉农和小微企业信贷政策导向评估中，唐县支行被评为优秀机构，涿州、安新支行被评为良好机构。

【加强精细化管理，管理水平进一步提高】 2014年，加强各项业务的精细化管理，进一步规范财务、会计基础工作，提高了会计核算质量；以培育骨干支行为重点，实行差别化管理，打造特色突出、优势明显的经营团队；紧扣经营管理主题，坚持“夯实基础、科技支撑、差额配置、激励与约束并重”的工作思路，努力突破经营管理瓶颈，拓宽经营渠道，做到了开源节流、增收节支，提高了财务管理水平和经营效益；严格贷款“三查”制度，着力做好贷款审查工作；将清收化解不良为工作重点，加大对存量贷款及表外授信业务授信后检查工作，严格控制新增不良，有效化解信贷风险，提高该行资产质量和经营效益。加强对存量不良资产清收处置力度，一户一策制定清收化解方案，制定清收计划和清收台账，分解到季度和每个月，实行挂图作战，将工作做实做细。截至2014年末，不良率0.48%，同比下降了0.18个百分点。

【加强员工队伍建设，行业竞争力持续增强】 秉持“以人为本”的管理理念，把人才发展放到与业务发展同等重要的地位，把人才培养作为保定银行文化的核心内容。有计划、有步骤地通过公开招聘、强化培训等措施，吸纳、整合和科学使用人才。高度重视职工的素质培养和教育培训工作，加强职工的岗位知识、技能、职业化教育培训。在河北金融学院建立了保定银行培训学院，与该院签订了战略合作协议，举办了首期中层管理人员培训班和第二期信贷人员培训班，全方位地提高管理层的管理水平及全行员工的业务素质。把营业网点柜面优质服务纳入日常管理，不断总结推广精细化管理经验，完善营业网点服务质量管理工作，以推进营业网点柜面服务工作规范化、制度化。组织全行员工开展了业务知识与技能比赛，广泛开展劳动竞赛，营造了“比学赶帮超”的浓厚氛围。2014年，西郊支行被河北省银行业协会评为“五星级服务示范单位”，白沟支行、唐县支行在“中国梦·赶考行”活动中获得河北省首届银行五星柜员团队称号。

（孙子嫣）

沧州银行股份有限公司

【概况】 2014年，面对复杂的经济金融形势和更加激烈的市场竞争，沧州银行认真落实科学发展观，积极应对复杂多变的经济金融形势，科学调整经营策略，开拓市场，强化管理，防控风险，推进创新，改进服务，狠抓效益，各项工作亮点频现，实现了历史性新突破。

【存款增长实现新突破】 截至年末，沧州银行存款达到500亿元，较年初增长97亿元。储蓄存款达到304.24亿元，增加59.38亿元，增长24%；对公存款达到195.26亿元，增加36.98亿元，增长23%；银行卡存款达到48.54亿元，增加6.82亿元，增长16.35%。2014年，沧州银行经过充分调研、分析、论证、测算的基础上，连续对存款营销考核及激励政策进行调整，相继推出公务卡、车务通联名卡、“活期宝”、狮城IC卡首张免费、助农取款等多项新产品和新举措，集中力量狠抓存款营销，持续抓好“五项重点工作”，全行新增基本户4736户，总户数达到13973户；

新增代发工资户 536 户，总户数达到 1263 户，代发金额超过 39.35 亿元；企业网银新增 2732 户，网银结算量持续提升；POS 商户总户数达到 1008 户，交易金额达 60.19 亿元。持续加大“五类资金”营销力度，公积金存款达到 7.91 亿元，维修基金存款达到 9.71 亿元，社会保障及医保类资金达 2.69 亿元，公共资源交易资金达 4.66 亿元。

【信贷投放实现新突破】 截至年末，授信余额达到 315.08 亿元，较年初增加 75.69 亿元，增速 31.62%，为历年来增量最大、增速最快。全部贷款中，小微贷款余额 164.96 亿元，占比 57.70%，较年初增加 43.28 亿元，增速达 35.57%；公司类客户达到 2980 户，较年初增长 274 户，个人类客户达到 10756 户，较年初增长 1080 户。2014 年，沧州银行信贷工作以“提高综合收益”为主线，以“盘活存量、用好增量”为主基调，不断加大项目储备力度，用足用好信贷规模，根据实际情况及时调整贷款结构和利率政策，贷款收益率达到 8.83%，收益水平显著提高。新推出“商联卡”“理财产品质押”“个人短期履约保证保险贷款”“产业链供应户贷款”等新业务，贷款产品已达 48 个，市场竞争力进一步得到增强。抓住资本得到有效补充的有利时机，积极开办少占规模，多占资本的业务，增加敞口授信规模，拓宽合作渠道，银行承兑汇票余额达到 53.33 亿元，较年初增长 36.84 亿元，其中敞口部分 29.03 亿元，较年初增长 19.59 亿元，增长 207%，在进一步加强了与客户深度合作的同时，也有效促进了存款的有效增长，年末在账保证金余额达 24.30 亿元。

【利润增长实现新突破】 截至年末，实现拨备前利润 10.47 亿元，实现净利润 6.47 亿元，同比增长 1.67 亿元。2014 年，沧州银行以“提高综合收益”为主线，紧紧围绕“净息差”想办法、做文章，有效提升了利润实现水平。科学调整利率定价机制，贷款收益率达到 8.83%，贷款利息收入达到 22.43 亿元，同比增长 4.13 亿元，占营业收入的 58.75%，为利润增长提供了有力支撑。进一步加强费用管理，出台《关于加强费用管理的意见》，建立分支行费用管理台账，实行“按月监测、按季分析”制度，加大费用管控力度，成本收入比始终低于 45% 的监管红线。科学把握市场脉动，加大资金运营力度，实现利润 2.81 亿元，比上年增加 1.21 亿元，增长 75.64%，资金运营收益进一步得到提高。

【电子银行快速发展，支付结算实现新突破】 持续加大电子银行建设力度，在人力、物力、财力上给予全方位支持，电子银行业务实现了快速发展。截至年末，电子银行业务量达到 672 万笔，柜面替代率达到 52%，同比提高 15 个百分点，极大提高了业务办理效率。完成网银二期改造，新增网贷通、企业网银集团、理财销售、公务卡、跨行资金归集、多储种转存、代收费等多项功能。持续扩大自助设备覆盖率，新增自助设备 43 台，自助设备总量达到 167 台。安装理财转账 POS40 台，实现外行卡资金的实时刷卡转账。完成移动银行建设，正式启动电话银行呼叫中心和手机银行建设，电子化服务渠道进一步拓宽。

【资金收益显著提高，资金运营工作实现新突破】 各项投资达到 186.71 亿元；实现净收入 6.86 亿元；实现利润 2.81 亿元，比上年增加 1.21 亿元，增长 75.64%，资金营运对利润增长的贡献越来越大。共计发行理财产品 28 期，累计募集资金 10.03 亿元，实现手续费收入 155.41 万元，增加结构性存款 3.46 亿元。2014 年资金日均交易量达 34.31 亿元，年交易总量 3024.42 亿元，资金结算量在全国机构交易排名由 2013 年的 271 位提升到 214 位，在全国城商行排名由 75 位提升到 62 位，各项指标均创历史新高。

【安全运营无风险，内控管理实现新突破】 持续加大对 POS、网银、自动设备的检查力度，保障电子银行安全运行。持续加大对房地产、钢铁、担保公司等领域贷款的关注力度，出台《沧州银行房地产贷款投放指导意见》《合作担保机构管理暂行办法》等相关办法，妥善处置“力通联”等不良贷款，保障了信贷资金的安全。修订完善《账户年检管理办法》等 16 个内控结算制度，进一步规范柜面操作。对支行的内控管理、现金、重要空白凭证进行了突击检查，对银企对账、业务授权等进行专项检查，有效防范了操作风险。进一步加强对信贷业务特别是担保公司担保资格和担保能力的检查，对财务管理、支付结算、信贷管理、电子银行、安全保卫、中间业务等进行稽核检查，对分支行前台会计业务进行了全面风险排查。

【八是系统开发硕果累累，科技建设实现新突破】 2014年，沧州银行重要信息系统建设达21项之多。截至年末，公务卡系统、反欺诈系统、二代支付系统、视频会议系统、科技运维系统和业务监控系统、支付信息统计分析、自助回单系统、住房维修资金代办、渤海惠民热力代收、昊天热力代收、泊头热力代收、信贷系统升级、电票升级、网银升级拓展已经完成开发上线，CRM、FTP、呼叫中心、银企直连、EAST2.0、国库集中支付、非税升级、银承改造、移动银行，正在进行紧张的开发建设，信息科技支撑能力进一步得到增强。

【网点总量达到53家，机构建设实现新突破】 海兴、吴桥、肃宁尚村、固安、大厂、黄骅渤海路社区、河间城垣路社区支行支行已批准开业。2014年国家银监会批准筹建的九家支行及两家跨区分行已全部获准筹建，2014年机构建设任务已全部完成。其中邯郸、邢台分行，黄河中路、定州、迁安、丰润、高碑店支行已获准开业，任丘会战道支行已向银监部门申报开业，盐山千童、高新区、保定东风路支行预计今年上半年开业。截至年末，沧州银行营业网点数量达到53个，包括5家域外分行、27家县域支行、21家市区支行，朝着“扎根沧州、立足河北、辐射京津”的战略目标又迈出了坚实一步。

【服务水平再上新台阶，社会形象实现新突破】 重新制发了《沧州银行文明服务考评办法》《沧州银行文明服务日常检查处罚标准》，修改完善了《沧州银行文明服务达标、晋级办法》，做到指标细化、管理量化，处罚具体化。制定了《沧州银行2014年度文明服务指导意见》，组织召开全行2014年度文明服务工作会议，进一步明确了工作重点。为提升服务水平，规范员工言行举止，塑造良好社会形象，组织了五期服务礼仪培训班，通过讲师生动讲解和实际演练，进一步规范了员工言行举止、着装要求、仪容仪表、行走站立、语言表达等礼仪规范，员工综合素养得到进一步提高。

衡水银行股份有限公司

【概况】 2014年，是全面推进发展战略转型、实施金融服务“四进”的第3个年头，是衡水银行各项业务实现突破性发展的一年，也是衡水银行遇到困难最多、最大的一年。截至年末，衡水银行资产总额333.30亿元，各项存款余额295.72亿元，各项贷款余额158.14亿元，实现拨备前利润7.15亿元，实现净利润4.86亿元，缴纳各项税金22624万元。

【金融服务“四进”有新进展】 2014年，衡水银行全面实施金融服务“四进”，尤其加快了向农村市场挺进的步伐，积极填补农村金融市场服务的空白，让更多农民朋友享受到现代化的金融服务。一是加速快分支机构筹建步伐，重点筹建社区支行进入较大型乡镇，为乡镇居民提供面对面的金融服务。2014年有4家社区支行开门营业，3家一级支行、10家综合型社区支行获准筹建，受到了乡镇居民百姓的欢迎。二是借助电子银行业务的发展，加快了自助网点的建设步伐，继续向校区、村镇延伸，共设立5家自助网点。三是微贷中心分支机构实现县域全覆盖，2014年先后设立了阜城微贷小组、枣强大营微贷小组、故城微贷分中心，微贷业务实现了市区和县域市场的全覆盖。四是远程视频银行（VTM）已全面完成测试工作，即将上线运行，为百姓提供更多便民的高科技自助金融服务。

【筹资工作有新成就】 2014年，衡水银行坚持利用网点覆盖面不断拓宽的优势，将服务触角伸向金融服务空白的领域和角落，积极拓宽筹资渠道，向农村市场延伸，利用校区金融向市外拓展，实现了存款的稳步增长。一是以银行卡、网上银行、手机银行等电子银行为抓手，推出更多优惠政策，吸引客户带动存款的提升。二是加快分支机构建设，合理分布营业网点，拓宽营业网点的辐射面，使各营业网点之间既不相冲突，又能很好辅助衔接，以点带面，实现金融服务范围的有效融合；三是将分支机构、自助机具设立在较大型的县域乡镇，向商业密集区延伸，尤其是所有县域实现了网点的全覆盖，有效拓展了储源，推动了存款工作的快速发展；四是继续大力开展金融服务进社区活动，以服务社区、服务居民为目标，为市民百姓提供更多、更细微、更亲和的服务，得到了市民百姓的广泛认可。截至年末，该行各项存款余额达到了 295.72 亿元，比年初增加 72.70 亿元，增幅为 32.60%，超额 12.70 亿元完成了全年增存计划。

【信贷工作有新突破】2014 年，衡水银行执行“有扶有控、有保有压”的差别化信贷政策，优化信贷结构，合理投放信贷资金，积极开展绿色信贷，加大对绿色经济、低碳经济和循环经济的支持力度，提高金融服务实体经济水平。一是严格贷款审批。在严格贯彻落实国家政策及监管要求的前提下，将企业环保评级作为信贷审批的重要指标，提高授信准入门槛，收紧信贷准入资格。二是积极向省、市人行争取信贷规模，全年实现增贷 35.60 亿元，超额完成了全年增贷计划，有效满足了该行支持中小企业发展的信贷资金需求。截至年末，衡水银行各项贷款余额 158.14 亿元，比年初净增 35.59 万元，完成全年信贷投放计划的 108%，增幅达 29.04%。其中：小企业贷款 101.47 亿元，占贷款总额的 64.16%，比年初增加 23.77 亿元，增幅为 30.59%；涉农贷款 83.14 亿元，占贷款总额的 52.57%，比年初增加 19.72 亿元，增幅为 31.09%。小企业贷款、涉农贷款增速均高于全部贷款增速。

【微贷产品不断推陈出新】2014 年，衡水银行微贷业务继续保持了快速健康发展的势头，并迈向一个新台阶。一是始终如一、雷打不动全力支持个体工商户、民营企业等微小型企业客户群体，备受个体、民营工商户等微小型企业的青睐和欢迎，保持着快速增长势头。二是微贷产品推陈出新，不断细分和创新。从产品到还款方式，再到贷款额度和期限，进行细分和创新，推出了“惠民微贷”“千裘万贷”“金丝网贷”“农家福贷”“塔商好贷”“玻钢快贷”“超值小贷”“诚信惠贷”“并行微贷”“同保共贷”等多款针对不同行不同类别的产品。三是真心服务获美誉。2014 年 8 月衡水银行微贷中心被省银监局授予“河北省银行业金融机构小微企业金融服务优秀团队”荣誉称号。截至年末，衡水银行微贷余额为 7.88 亿元，较年初增长 3.59 亿元，增幅为 83.68%，支持小微型企业累计投放信贷资金 10.94 亿元。

【金融产品日益丰富】2014 年，衡水银行加快了自身金融产品的创新力度和研发进程。一是借助电子银行的发展开通了网上支付业务——淘宝快捷支付业务。二是金鼎 IC 卡正式面向社会公众发行，为保护客户的资金安全提供了更高的技术保障。三是公务卡系统正式上线发行。四是实现理财业务的破冰。2014 年初，衡水银行成功发行了自行研发的“如意”系列“金如意”第一期理财产品，之后又相继推出了“银如意”“称心”两个系列的理财产品。五是远程视频银行 VTM 系统进入测试阶段，即将上线运行。

【网点服务质量提升活动收效明显】衡水银行开始于 2013 年 10 月份的全行集中“网点服务质量提升”活动，经过上海启航公司的集中培训辅导，全辖营业网点的积极参与，于 2014 年 5 月底全面结束，历时 8 个月，取得了显著成效。一是有明确的服务提升目标。增强了员工的服务意识，提升了全行服务质量和服务内涵，培育树立了特色的服务理念，有效提升核心竞争力。二是成立专门服务督导机构。三是邀请专业团队进行专业培训辅导。为确保活动开展成效，衡水银行邀请了上海起航教育信息咨询有限公司，对全行所有网点员工进行专业培训辅导和检查督导，从服务细节上规范员工服务行为，从服务特色上优化营业网点服务环境，从服务意识上提升员工服务水平和市场核心竞争力。四是此项活动历时时间较长。从 2013 年 10 月中旬开始到 2014 年 5 月 31 日结束，持续 8 个月时间，分为四个阶段进行，每个阶段都有上海起航公司咨询师参与指导。启动大会进行全行动员，先期明察暗访查找欠缺与不足，全辖网点驻点培训辅导，服务流程再造，服务行为规范指导，品牌形象打造。经过 8 个月的艰辛努力与坚持，衡水银行服务质量提升活动取得明显效果，文明服务品质和水平大幅提升，各网点服务环境得到调整，员工从精神面貌、服装发饰上得到统一，服务规范文明用语能熟练地运用到实际操作中去，服务礼仪得到统一，服务技能得到提升，柜面服务赢得了客户的广泛赞誉。

【党风廉政建设取得新成效】

一是在全范围广泛开展了党的群众路线教育活动开展。2014年初，按照市委的统一部署和要求，该行在全行范围内广泛开展了以“为民务实清廉”为主题，以反对“四风”、服务群众为重点的党的群众路线教育实践活动。活动中，衡水银行认真研究，制定方案，精心准备，严格程序，扎实工作，确保了教育实践活动工作开展顺利，达到了“照镜子、正衣冠、洗洗澡、治治病”的总要求。二是强化廉政教育，推进党风廉政建设。2014年，衡水银行紧紧围绕全行增速度、扩规模、强管理的工作目标，不断强化廉政教育，筑牢拒腐防变的思想防线；强化监督问责，推进反腐倡廉政工作；落实监督责任，对全行党风廉政建设工作和廉洁从业情况进行专项督查，有效推进了廉政建设责任主体的落实。三是第五次连续成功卫冕省级文明单位，荣获2013年度“衡水金牌服务单位”等多项荣誉。

（李景环）

邢台银行股份有限公司

【概况】邢台银行股份有限公司（简称“邢台银行”）成立于2007年9月19日，是经国家银监会批准，具有一级法人资格的股份制商业银行。成立七年来，该行在邢台市委、市政府的正确领导下，积极支持基础设施建设、重点项目建设、县域经济和中小企业发展，取得了良好的经济效益和社会效益，成功进入全国城商行中型银行行列。2014年已设邯郸、衡水两家分行，保定分行正在筹建，邢台辖区县域支行达到全覆盖，共40家分支机构，在职干部员工共1487人。控股唐山迁安襄隆、沙河襄通、清河金农三家村镇银行。邢台银行的战略愿景是“成为一家机制科学、特色鲜明、风控到位、布局合理、功能完善的精品区域性股份制商业银行”，努力打造“百年老店”。

截至2014年末，全行总资产突破400亿元；各项存款达316亿元，增加39亿元；各项贷款达161亿元，增加24.40亿元，存贷款业务指标均保持中速稳健增长。实现拨备前利润9.10亿元，同比增长8.30%，整体盈利能力小幅提升；不良贷款率2.50%，贷款损失准备率为263.30%，拨备覆盖率达到184.90%；资本充足率11.90%，比年初增加0.23个百分点，核心资本充足率为10.80%，比年初增加0.24个百分点，全行内源式资本补充能力较强。上缴各类税金3.40亿元，较上年同期增加0.90亿元，增长36%；继续保持市属企业纳税状元，全行人均贡献税收超过20万元，张古江书记多次给予表扬。

邢台银行继续保持“全国文明单位”荣誉称号，凭借特色业务“冀南微贷”斩获“当代金融家”颁发的“最具特色银行奖”和《金融时报》颁发的“2014年中国金融机构金牌榜年度最佳小微金融服务银行奖”。汇通支行荣获全国银行业文明规范化服务“五星级营业网点”和“千佳示范单位”荣誉称号。

【存款营销】2014年全行大力实施“两项工程”，借助“存款有礼”活动等一系列强有力的营销措施，储蓄存款实现迅猛增长。储蓄存款达173亿元，占全部存款的55%，较年初增长44亿元，是近年来储蓄存款增长最多的一年，存款结构进一步优化。其中，“便民”系列产品余额达52.80亿元，结构性存款余额2.50亿元。成功发行四期金牛个人理财产品和两期对公理财产品，填补了行内业务发展空白，丰富了业务营销手段。电子银行拉动业务明显，2014年网上银行新增8444户，手机银行新增5438户，短信银行新增5.20万户，支付宝累计达2304户。电子银行全年实现交易金额642亿元。电子银行离柜率达29.70%，较年初提高5.50%。个人金融业务产品和机具得到长足发展。全行活卡存量达36万张，新增5.50万张，卡内余额19亿元，特约商户1205户，新增253户，POS机1354台，新增259台，实现商户收单收入201万元。全行自动柜员机93台，新增26台，实现手续费收入145万元。

【贷款管理】2014年，邢台银行严格按照信贷业务政策和准入标准，控制钢铁、水泥等“三高一剩”以及房地产、贸易等行业信贷规模，对此类贷款逐步实施压减、压退，加大绿色信贷投放。

各项贷款中保证类贷款 78.50 亿元，占比较年初下降了 1.30 个百分点；抵质押类贷款 81.80 亿元，较年初上升了 0.90 个百分点。“贷短、贷小、贷分散”的理念继续得以贯彻落实。承兑汇票敞口在调整结构的基础上较年初减少 1.80 亿元，全年清收及转化不良贷款 1620 万元。新信贷管理系统上线，为信贷业务实现全面风险管理提供了保障。印发了《贷后管理办法》等制度，促进信贷管理和业务操作更加规范化、精细化。对全行贷后管理和信贷档案进行了专项检查，使各行部贷后和档案管理更加规范。

【**科技建设**】2014 年，邢台银行加快科技建设和创新，逐步构建起数据管理、系统交互、影像管理、容灾管理四大新架构，为各业务条线项目提供强力支撑。上半年，邢台银行现金清分中心、远程集中授权系统、综合图形柜面系统均顺利上线；第二代支付系统成功上线切换，成为全省第一批次上线的四家城商行之一；灾备系统更加完善，流动性风险管理更加严密；IC 借记卡改造完成；银医一卡通系统一期成功上线；自助发卡机、自助填单机等设备开始推广使用。下半年，邢台银行采购了 500 台“农金通”自助终端设备，为外部营销业务的安全、稳健发展提供了科技保障。

【**内部管理**】内控管理日趋规范。2014 年邢台银行制定了《营业室前台业务风险点提示》、《员工违规积分管理办法》和《违规行为经济处罚规定》，加强对内部人员管理和约束。成立联合检查组开展制度执行联合大检查，并形成台账落实整改。三季度，河北银监局对邢台银行开展全面现场检查，通过整改问题，全员遵规守制的自觉性大大提高，业务发展和内部管理等方面工作更加规范。作风建设不断提升。按照邢台市委统一部署，2014 年在全行范围内扎实开展党的群众路线教育实践活动，全行领导干部和广大党员党风党纪、工作作风、廉洁自律意识发生深刻变化，服务客户、服务基层的水平明显提升，反“四风”、转作风的思想建设取得明显成效；10 月全行认真开展了“学讲话、转作风、优环境、促发展”大讨论活动，切实在转变上下功夫，在整改上下气力。全行上下唱响主旋律，聚集正能量，以教育实践活动和大讨论活动促进各项工作，用各项工作的实际效果检验活动成效，做到了“两手抓、两不误、两促进”。文化建设不断发力。继续深化推进“三服务”活动，深入践行“责任、执行、包容、协作、感恩”的企业文化。公开征集的行歌已录制完成，现正在全行范围内开展学唱；成功举办了新年交响音乐会、戏剧票友大赛、惠民演出等活动，赞助省残运会，为“关爱困难高龄母亲”公益活动捐款，开展扶贫帮困的“春雨行动”。在国家、省市级媒体发表 289 篇宣传稿件，播发新闻专题 60 多次。

【**小微业务发展**】为缓解日益严重的小微企业融资难题，邢台银行“冀南微贷”业务以客户经营状况作为第一还款来源，重经营、轻担保，重实效、轻报表，使资产薄弱、经营良好的小微客户也能获得银行的资金支持。其显著特点是“高效、便捷、无杂费、无抵押”。2014 年，邢台银行小企业信贷中心持续加大产品创新力度，在原有 4 款子产品的基础上，推出了“循环贷·微贷”“存易贷·微贷”等新产品，使“冀南微贷”产品达到 6 个。小企业信贷中心已在邢台、邯郸和衡水等地设立 11 家分支机构，微贷人员发展到 155 人，其中客户经理发展到了 120 名，全年发放贷款 7500 多笔、金额达 27 亿元。冀南微贷余额 16.10 亿元，不良率 0.43%，“冀南微贷”资产质量在全国同行业中名列前茅。邢台银行小企业信贷中心“冀南微贷”的服务范围覆盖全市各个行业，为众多个体工商户和小微企业及时提供了周转资金，带动地方就业，极大缓解了地方小微企业融资难题。

（郭振波）

邯郸银行股份有限公司

【**概况**】2014 年，邯郸银行股份有限公司在市委、市政府的正确领导、银监部门的依法监管下，坚持业务发展与风险防范两手抓，积极应对新常态，经受住了区域经济金融形势变化的考验，圆满完成了各项工作计划。年末分支行达到 70 个，员工 1800 多名。一是再次荣获“河北省金融创新奖”。这是建行 6 年来第 2 次获此殊荣、第 5

次获得省政府奖励。二是世界千强晋百位。在英国《银行家》杂志公布的“2014年度世界千强银行”榜单中，由上年的912位跃升为780位，直升132位，为全省晋升最快的城商行、全球晋升最快的银行之一。三是荣获全国文明单位。四是信息科技监管评级晋升为2级C档。在银监会商业银行信息科技监管评级中，由3级A档晋升为2级C档，为河北省、华北地区和全国1000亿元以下资产城商行最高评级。五是连续3年获银监会课题、2年获奖。《绿色数据中心研究与应用》课题获“2011—2012年度银行业信息科技风险管理研究成果优秀奖”，《基于IT技术的中小银行小额信贷创新研究》获“2014年度银行业信息科技风险管理课题第四类成果奖”。为全省和全国1000亿元以下资产城商行唯一。六是微贷中心被银监会评为“小微企业金融服务表现突出的银行团队”。七是成为市场利率定价自律机制基础成员。八是荣获2013年度银行间本币市场最佳进步奖。九是荣获“最佳风险管理城市商业银行”。在中国《银行家》杂志组织的“2014中国商业银行竞争力评价”中，荣获“最佳风险管理城市商业银行”，在资产规模500亿元~1000亿元城市商业银行竞争力排名中列第5位。十是荣获“最佳百姓银行”。在《当代银行家》杂志主办的中国中小银行发展高峰论坛暨第三届最佳中小银行评选活动中，荣获“2013年度最佳中小银行——最佳百姓银行”。十一是荣获中国银行业“千佳示范单位”。汇通支行、滏河大街支行被中国银行业协会评为中国银行业文明规范服务“千佳示范单位”；汇通支行被评为中国银行业文明规范服务五星级营业网点。十二是获全市民主评议第一。在市委、市政府公布的全市2013年度民主评议政风行风结果中，在上年获评公益经营类第一名的基础上，再获全市公共服务组（金融、电力、公交、供电、烟草、电信等23个系统）第一名，且为所有100多家被评单位第一名。

【经营情况】 年末总资产816.50亿元，增加92.90亿元，增长12.80%。年末存款595.20亿元，增加146.50亿元，增长32.70%。其中储蓄存款355.10亿元，增加140.70亿元，增长65.70%。年末贷款余额241.60亿元，增加58.30亿元，增长31.80%。年末小微企业贷款131.90亿元，增加45亿元，超上年增量18.80亿元；增长51.70%，超过账面全部贷款增速19.90个百分点，实现了“两个不低于”。年末不良贷款率0.38%，比上年末上升0.15个百分点；资本充足率13.40%，比上年末下降0.60个百分点；拨贷比3.10%，比上年末提高0.80个百分点；拨备覆盖率824.90%；净资产收益率22%；百万笔业务量客户投诉仅2次，下降67%。实现拨备前利润16.20亿元，增长49.60%；利润总额12.90亿元，增长27.30%；税后净利润10.10亿元，增长27.40%。纳税5亿元，增长53%。

【争取信贷规模，支持经济发展】 积极争跑贷款指标。贷款增量58.30亿元，超过上年全年增量33.20亿元的76%。支持省市重点项目建设。主动履行地方银行职责，积极向省市重点项目提供急需的资金支持。先后支持重点项目和重点项目前期52个，对全市重点项目和重点项目前期的贷款覆盖面22.80%；年末授信余额54.20亿元，占全部对公贷款29.20%。支持小微企业发展。在设立小企业金融部、微贷中心的基础上，设立了河北省小额票据贴现管理中心邯郸分中心。小企业金融部专门发放100万元~500万元小企业贷款，年末贷款余额44.80亿元；微贷中心专门发放0.50万元~100万元贷款，年末“邯银微贷”余额11.50亿元，先后支持了5000多客户、安排就业2.20万个。年末大、中、小、微企业贷款分别占12%、26%、44%和18%，小微企业贷款占62%。积极探索城商行支持“三农”的新途径。在普遍开展涉农贷款的基础上，积极开发、完善农贷产品线，重点推出了10款系列农贷产品，包括“金财通”“兴农贷”“田园贷”“金粮仓”“阳光牧场”“家庭农场贷”等，累计发放贷款14.40亿元，其中“金财通”贷款7.20亿元。尤其是开发了以农村土地承包经营权为抵押物的“致富流转贷”，以林权为抵押物的“林果贷”，以农村宅基地使用权和农民房产所有权为抵押物的“农宅贷”，在农村“三权”抵押改革中进行了有益的探索，成为全国唯一一家推出全部农村“三权”抵押贷款产品线的城商行。年末在16个县市设立了21个支行，在邯郸市域已实现“县域支行超覆盖”；邯郸县域支行存款 119.10 亿元，县域贷款 124.40 亿元，县域存贷比超 100%；“三农”贷款占全部贷款的 51.50%，“三农”贷款超一半——该行已成为以县域贷款为主、城市存款反哺农村贷款的“支农银行”。支持下岗职工再就业。自觉履行社会责任，发挥“百姓银行”作用，作为全市唯一承办下岗职工再就业贷款的银行，累计发放下岗再就业贷款 10123 万元，年末余额 2149 万元，支持了 1944 名下岗职工再就业。

【主动免费让利，支持实体经济】继续实施三大免费政策。实行“邯银卡、免费刷，邯银网、免费上，票单证、免费用”，免除全部金融服务收费，为全国免费最彻底的银行。全年共减免费用 3618.30 万元，相当于利润总额 2.80%。再次高限上浮储蓄利率。人行 2015 年 2 月 28 日宣布下调金融机构人民币存款和贷款基准利率并扩大存款利率上浮区间后，该行在第一时间将各档次定期储蓄存款利率水平一律上浮 30%，上浮到最高限，居全国银行业最高水平。相对于基准利率，邯郸银行每年将多为客户支付存款利息 2.80 亿元。该行免费让利政策吸引了广大客户，年末邯银卡达到 111 万张，比年初增加 37.80 万张。

【完善业务功能，提供优质服务】开办 35 个离行式自助银行和便民服务点，开通了手机银行，发行了金融 IC 卡、贵宾卡。电子渠道业务替代率达 63%，实现了由物理渠道为主向电子渠道为主的转型。创建“不排队银行”。该行在深入开展党的群众路线教育实践活动中，积极呼应群众诉求，在全省、全市率先提出创建“不排队银行”，通过更新设备、优化系统、“免点入账”、多设并开满窗口、增加柜员、延时服务、加强培训、劳动竞赛、配强大堂经理、增加柜员授权、慎重开办复杂产品业务、关心员工后勤生活等 12 项措施，实现了年末全行高峰时段平均排队时间不超 10 分钟的工作目标。通过监测，12 月工作日全行高峰时段平均排队时间为 4.50 分钟，较 4 月减少 7.50 分钟，效率提高 62.50%；周末高峰时段平均排队时间为 7 分钟，较 4 月减少 7 分钟，效率提高 50%。成立小票中心。为切实解决小微、“三农”融资难、小额票据流转不畅的实际问题，该行积极向河北省票据协会申请，于 2014 年 6 月 26 日正式挂牌成立了河北省小额票据贴现管理中心邯郸分中心（即小票中心），该行成为全省首批 4 家、邯郸市首家小额票据贴现分中心，也是全省唯一由城商行承办的小额票据贴现分中心。累计办理小票贴现 19 亿元，年末小票贴现余额 11.30 亿元，为 150 家小微企业解决了票据融资需求。荣获河北省工信厅支持中小企业发展专项资金奖励第一名（36 万元）。安全运行“夜市银行”。远大支行夜市银行安全运行两周年，年末存款余额 21 亿元，是开业时的 10 倍多；贷款余额达到 22.40 亿元；2014 年夜均现金收入 232 万元，夜均业务量 239 笔，相当于白班的 37%，夜班人均业务量 97 笔，比白班还多 6%。夜市银行荣获“河北省五一巾帼标兵岗”“邯郸市青年文明号”“邯郸市工人先锋号”等荣誉。

【落实市政府要求，增设域外分支机构】按照 2014 年市政府工作报告“支持邯郸银行增设域外分支机构”的要求，在石家庄开业 8 个支行，银监部门批准在石家庄筹建的 4 个支行正在紧张选址、建设中。

【严防金融风险，确保金融安全】信贷风险居世界最低水平。目前全球银行业平均不良贷款率水平为 2%，我国为 1%，该行仅 0.38%。在 2014 世界千强银行中，该行贷款质量居 10 位，即只有 9 家银行不良贷款率低于该行。信息科技风险管理居全国、全省城商行领先水平。以科研促工作，连续 3 年申请、承担银监会课题、2 年获奖。《绿色数据中心研究与应用》课题获“2011—2012 年度银行业信息科技风险管理研究成果优秀奖”，《基于 IT 技术的中小银行小额信贷创新研究》获“2014 年度银行业信息科技风险管理课题第四类成果奖”，为全省和全国 1000 亿元以下资产城商行唯一。在银监会商业银行信息科技监管评级中，该行由 3 级 A 档晋升为 2 级 C 档，为河北省、华北地区和全国 1000 亿元以下资产城商行最高评级。严防操作性风险。建立了资金业务风险监测体系。对会计主管进行了全面轮岗，实现了对所有分支行会计主管的委派。着力打造以升息、免费、延时、优服、便利为特点的业务增长常态机制，对分支行和员工个人不下达指令性存款计划，慎用免职下岗等行政手段，防止分支行和员工为了完成任务而违规操作、诱发风险。针对内外部检查发现的问题，对17个支行（部）、67人罚款32350元；取消6个支行、22名员工2014年度评先资格；建立了违规责任人档案，与评先、升迁、换岗等挂钩。加强声誉风险管理。加强舆情监测，对各类投诉快速反应，及时处理。

【建设“五大工程”，金地大厦基本完工】 邯郸银行金地大厦项目以建设优质工程、标志工程、高效工程、绿色工程、廉洁工程为目标，扎实开展各项工作，年末累计完成投资11亿元，其中2014年4.20亿元。2015年8月可完成迁址。

（岳竹民）

非银行业机构

渤海国际信托有限公司

【概况】 2014年，面对严峻的形势，渤海国际信托有限公司（简称“渤海信托”）董事会和经营管理层坚持转型发展与风险防控齐头并进的工作思路，带领全体干部员工，攻坚克难，开拓进取，以创新促转型，以转型谋发展，不断强化内生动力，经营业绩实现了稳定增长，各项工作取得了长足进步。

【经营业绩】 实现营业收入114888万元，同比增长14.20%；实现净利润59147万元，同比增长16.28%；截至年末，管理信托资产规模达到2161亿元，同比增长15.07%。

【风险管控】 以业务转型升级为契机，创新风险管控措施，调整风险管控制度，实施项目预审制度，有效防范了集合资金信托业务的风险。探索实践出了公平有效的合同框架体系，使项目操作及存续期间的管理更加规范、有效。加强对项目的过程管理，确保了项目的平稳运行。

【队伍建设】 结合差异化发展战略，通过优胜劣汰、加强学习型企业建设等手段，持续推进人员队伍优化提升工作。全年共组织各类培训45个班次，人均培训26.60课时。引进各类人才50人，其中本科及以上学历48人，英语6级及以上38人，成熟业务人员30人，成熟风控人员9人，有力地促进了公司的创新转型。

【信息化建设】 完成了信托业务管理平台、内网门户系统、CRM系统、移动审批系统的上线，提高了信息化程度。发布了《信托业务管理平台操作规范》《单一信托业务管理平台操作手册》等规章制度，规范了工作流程。制定并实施了集中存储与云端备份相结合的安全方案，全面提升了信息安全水平。开发了结构化证券投资系统、伞形信托业务系统，保证了创新型业务的拓展需要。

【品牌形象】 积极打造诚信履责、可靠信赖的企业形象，全面推进内质外形建设，先后获得“2013年度金牌成长力信托公司”、“最具成长性信托公司”、河北省“2013年度金融创新奖”、“2014年最佳综合服务信托公司奖”、“河北企业社会责任杰出企业奖”、“纳税信用等级A级纳税人”、“2014年中国好雇主优秀企业奖”等近10项荣誉称号。

【企业文化】 坚持做好《渤海信托》月刊的编辑出版工作，在保证出刊质量的前提下共出版月刊11期，编辑整理公司新闻、人物专访、行业资讯、特约专栏等稿件500余篇，面向特定客户、监管机构、业内同行、股东单位、内部员工等受众发放24500余册，增强了员工的文化认同感，展示了企业形象，提升了行业文化内涵。

【社会责任】 与石家庄市政府合作，开展引进高雅艺术惠民工程，组织了“渤海信托”之夜《天鹅湖》《大河之舞》等大型演出活动。参与了河北电台经济频道广播直播节目《创富非常道》、“第八届金融理财文化推广节”、“信托理财进驻社区”等活动，普及信托理财知识。积极支持地方经济，受邀参加了“廊坊国际经济贸易洽谈会”“河北省重点项目银企对接会”“邯郸商贸会议”“燕赵晚报中小微企业融资活动会议”等活动，为河北省企业融资84.88亿元，得到了河北省委、省政府有关领导的肯定。

（郭跃猛）

河北省金融租赁有限公司

【企业概况】河北省金融租赁有限公司(简称“公司”)成立于1995年12月20日，注册资本金15亿元人民币，是经中国银行业监督管理委员会批准成立的以经营租赁业务为主的非银行金融机构，由河北建设投资集团有限责任公司、新奥集团股份有限公司等6家公司共同出资设立。

经中国银行业监督管理委员会批准，公司经营下列业务：（1）融资租赁业务；（2）转让和受让融资租赁资产；（3）固定收益类证券投资业务；（4）接受承租人的租赁保证金；（5）吸收非银行股东3个月（含）以上定期存款；（6）同业拆借；（7）向金融机构借款；（8）境外借款；（9）租赁物变卖及处理业务；（10）经济咨询；（11）中国银行业监督管理委员会批准的其他业务。

2014年，面对经济增长下行压力等挑战，公司经营班子在各股东的支持下，在董事会的直接领导和监事会的监督指导下，团结和带领全体员工，坚持“资产上规模、盈利上台阶、风控上水平、发展上质量”的经营方针，积极围绕战略业务和融资创新培育核心竞争力，强化风险防范意识，优化融资结构和市场布局，固化管理根基，出色地完成了董事会确定的经营目标和任务。

【主要成绩】

经营发展再上新台阶。一是资产规模稳健扩张。2014年度公司资产规模稳中有进，达137.35亿元，增幅为29.61%；租赁资产规模达突破百亿，达123.44亿元，增幅为28.37%。二是资产质量持续优化。公司资产规模大幅跃升的同时，资产质量始终保持高位健康状态。2014年正常类资产占比97.79%。

战略业务卓有成效。一是落实组织机制，出台操作标准。年初完成清洁能源、大数据、医疗健康和节能环保四大战略性业务开发部署工作并成立战略创新部，年中引进医疗租赁专业人才成立医疗部。完成四大战略性业务的产业链分析和市场开发方案，形成租赁产品组合，并运用于2014年度工作部署。年内出台《燃气企业授信指引(试行)》、《医疗行业租赁业务暂行指导意见》、《环保行业租赁业务操作指引》、《小企业租赁业务指引》，确定了战略业务的操作标准和流程。出台《关于对业务部2014年度部门考核结果运用事宜的通知》，明确“战略业务比传统业务资金使用成本降低一个百分点。”二是战略转型成效加快显现。战略业务的市场开发取得了明显突破，在四大产业中均有多个项目签约并实施。清洁能源完成4单、节能环保完成4单、医疗健康完成6单、大数据完成1单。

融资创新持续发力，转型升级效应倍增。公司积极实施融资“三个转移”——即由小行向大行总行转移、间接融资向直接融资转移、信用融资向资产融资转移。在资金流动性管理方面，一是广开融资渠道。年内实现新增合作银行(包括国开行、浦发银行、北京银行等在内)共计11家，累计合作银行数量达50家；二是改善融资结构。加大中长期融资力度，提高项目与融资期限的匹配度。2014年，公司流动性管理取得显著成效，全年银行还款无不良记录，并提前解决年末到期集中还贷问题。

强化风险防范与管控，推动项目管理工作提质增效。一是制度先行，不断完善风控体系。通过实施《小企业融资租赁业务指引(试行)》、《放款中心业务操作管理办法》《医疗行业租赁业务暂行指导意见》等制度，逐步完善风控制度体系。二是严格落实租后管理。发布《关于进一步加强租后管理的通知》《关于严格执行租金逾期事项操作规则的通知》，严抓项目租后管理，非现场监测、现场回访检查等工作呈现良性互动。全年各行业(工商、税务、银监等)检查通过率100%。

着力推进绩效考核和信息化建设，全面夯实管理根基。一是信息化建设。年内信息化系统无重大事故发生，较好地保证了业务管理系统的稳定运行。年内共更换版本6次，累计处理需求变更、建议以及优化、系统缺陷问题172个。完成业务调息工作，初步完成业务信息管理系统二期规划，并制定公司“信息化建设3~5年发展规划”。二是制度管理。年内公司出台了《关于董事和高级管理人员任职资格管理办法》《融资部门业务奖励办法（试行）》《内部稽核管理制度》《监事会议事及工作细则》《培训管理制度》等规章制度，其他有关业务及行政管理的制度或者办法尚在制定商讨过程中；严格行政督办制度，强化重大事项落实到位。三是人力资源管理。员工管理实现流程规范化，招聘工作实现全年常态化。坚持“外部引进与内部培养相结合”的人才培养原则，并采取“轮岗或兼职”方式进行循环培养。通过相继修订完善招聘制度、培训管理规定等制度全面落实队伍培养计划。通过完善绩效考核体系，达到考核维度多元化（职责、业绩、培训、考勤等），考核方式多元化（月度、年度、专项考核）等目标；不断优化人才结构，引进行业优秀人员与大学生共计 11 人。四是品牌管理。高频次同业交流、参加租赁业峰会、公司微信公众平台认证开通、微信群建设有序推进、外网信息及时更新，于 12 月 8 日在新华社河北金融频道发表《河北省金融租赁有限公司助力实体经济发展》一文。公司的管理创新、融资渠道开拓也得到多家媒体广泛报道，社会知名度得到较大提升。“打铁还需自身硬”，通过加强融资渠道开拓，坚持战略推动、开展特色创新，公司于 2014 年 12 月 26 日荣登“2014 中国金融机构金牌榜”，获得“最具创新力金融租赁公司”殊荣，彰显了公司日益提升的品牌影响力。

【全面深化改革，探索管理创新】 自 1995 年成立以来，公司立足市场变化，积极探索管理创新，推动公司不断发展壮大。管理创新既是行业共识也是公司不断突破、实现跨越发展的重要推动力。

一是加强管理创新工作的思路和措施。公司紧跟行业发展趋势，围绕业务构成，从公司制度和业务发展模式入手，学习创新知识，结合外部和内部创新意识，综合运用各种创新方法和创新策略，推动公司实现内部变革，实现公司管理创新。在认识到公司管理创新不足之后，公司领导亦在积极提升管理理念，思考问题，寻找解决方案。

二是管理创新的做法及成功经验。自 2004 年重组改制 10 年来，公司人依靠管理创新，在实现自身快速健康成长的同时，亦有力地服务和支持河北地方经济和企业发展，并积累了一定的经验。在业务创新方面，公司的理财租赁业务、租赁资产转让、无追索保理、租信合作、租资合作等均开行业之先河。依靠管理创新，公司优化管理架构，摆脱了行业发展困境，理清了企业发展战略和方向；凭借管理创新，公司提升了核心竞争力，成功实现了由小到大、由大到强的转变，形成了“个性化、高效率、广结盟、谋共赢”的经营管理特色。按照公司规划，公司将始终坚持解放思想，秉承“卓越、创新、专业、诚信”的经营理念，积极探索和实践金融产品创新，加快打造服务实体经济的专业化能力，为河北经济社会发展做出更大的贡献。

管理创新要有策略方法，回顾公司的发展阶段，公司先后主要采取过三种管理创新策略，即首创型创新策略、改创型创新策略和仿创型创新策略。根据公司发展环境的变化和自身发展壮大的需要，公司增资扩股，完成股份制改造，引进了新奥集团、上海德力西等国内大型民营集团，成为中国银监会成立以来的首家重组方案获批的金融租赁公司。管理制度的改革创新有效地激发了公司的发展潜力，提高了公司效率，从制度上探索管理创新也是开创了金融租赁公司发展的先河。这也是公司首创型创新探索的肇始。自 2007 年《金融租赁公司管理办法》颁布以来，银行系金融租赁公司发展迅速，其经营理念比较先进。公司在银行系租赁公司发展的管理思想、方式、方法的基础上进行了学习和改创性创新应用。同时，在业务管理方面，公司应用仿创型创新策略，积极模仿学习其他公司的管理模式，结合激励机制，绩效考核实行价值贡献、价值共享，谁给公司创造价值多，收入分配就向谁倾斜的薪酬机制，成为公司业务快速发展的管理经验。

三是公司职能管理创新成效。在法人治理结构方面，借鉴股东公司的治理结构安排，按照“三会分设、三权分开、有效制约、协调发展”的原则设立了股东会、董事会、监事会和高级管理层，依法建立了相应的议事制度和决策程序，确保了决策机制的科学性。

在内控管理制度创新建设方面，首先根据全面风险管理原则，通过将风险管理的目标及要求分解到部门和人员，促使内部控制环境不断优化；其次实行项目授权管理，明确项目管理流程中各环节的职责分工，实现业务管理“无盲区”覆盖；第三加强部门之间的信息沟通，提高公司经营管理系统的效能；第四引入外部审计、绩效评价与内部稽核、监察相结合，不断完善监督与纠正机制。

在风险控制管理创新方面，紧紧围绕“一手抓风险控制、一手抓评审效率”的指导方针，始终将防范和化解风险放在首要位置，从细化风控环节入手，修缮《评委会细则》《租赁资产运营管理规定》等相关制度，完善董事长、总裁、项目评审委员会在项目评审过程中的角色定位与制衡机制，引入监事会全程监督，确保守住风险底线的总目标。

在基础管理创新方面，首先，绩效考核实行价值贡献、价值共享，谁给公司创造价值多，那收入分配就向谁倾斜；其次，队伍建设实行能上能下、全员竞聘制度；第三，财务管理严格执行预算管理制度，通过合理调度资金预防流动性风险，通过提高资金使用效率节约融资成本，既要保障公司的平稳运营，又要维护公司良好的商业信誉。

保持知识更新，汲取创新源泉。管理创新要依靠管理创新人员，创新主体的心智是实现管理创新的关键。积极对管理人员及员工开展培训和启发，保持公司员工业务知识更新，促进公司同事及各部门的密切沟通和交流，最大限度的克服影响管理创新的潜在障碍。同时，为员工提供了工作福利和社会保障，免除员工担心因创新中的差错而遭解雇的顾虑。鼓励各个岗位的员工成为本岗位的知识和技术革新能手，对于员工新思想和新想法以及管理创新观念，均认真探讨，论证可行性后予以积极采纳。

同业合作的开放式创新。公司积极与同行业机构开展交流，对标先进，学习先进公司的管理模式，与商业银行构建战略合作关系，与同行业融资租赁机构探索联合租赁和保理的业务创新。例如，公司针对金融市场上融资方式的变化特点，在稳固国有银行融资渠道的同时，积极拓展同城市商业银行、信托公司、资产管理公司、财务公司、农信社、保险公司的合作关系，有力保障了公司开发租赁项目的资金需求。

此外，公司还将管理创新提升到公司战略的高度，把创新管理作为公司战略执行的关键任务来抓，积极研究和适应行业发展趋势，借鉴同行业业务管理创新经验，探索本公司的业务管理创新模式。

（苗丹丹）

冀中能源集团财务有限责任公司

【经营概况】2014年，冀中能源集团财务有限责任公司（简称“公司”）坚持“依托集团、服务集团”的宗旨，以资金安全为前提，围绕服务集团资金集中管理、提高资金使用效率稳健经营，圆满完成全年经营计划。全年实现营业总收入2.06亿元、利润总额1.35亿元，年末资产总额49.27亿元，净资产收益率7.50%，各项监管指标全部符合监管要求。

【信贷业务】为了确保流动性安全，2014年，信贷业务适度压缩了规模，侧重以票据贴现资金和超短期流动资金贷款的形式，以低廉的资金成本支持成员企业经营周转。虽然信贷规模小幅下降，但是资金投放总量仍保持了较高的水平。全年办理各类贷款37.38亿元，办理银行承兑汇票贴现22.51亿元；年末信贷资产余额33.39亿元，其中自营贷款27.24亿元、贴现资产余额6.15亿元。同时发挥内部金融机构优势，协助成员企业进行内部资金调剂，年末委托贷款余额68.53亿元，再创历史最高水平。各类业务办理坚持优于企业外部融资的价格水平，节约企业财务费用3477万元。

【资金和投资业务】2014年公司资金总体趋紧，资金业务以满足流动性管理为主。提高资金计划的准确性，合理确定融资规模，降低融资成本。一方面，积极扩大同业融资渠道，优选合作机构，以同业票据融资和法人账户透支等业务形式实现同业融资27亿元；另一方面，在再贴现政策调整，限制对钢铁、煤炭行业额度的环境下，调整贴现票据企业，加强跑办，获得低成本再贴现资金3.10亿元。同时继续细化存量资金管理，保持结构性存款管理力度，提高协商利率水平，增加资金收益270万元。

【票据业务】 2014年，继续以企业银行承兑汇票贴现业务为主，与票据存款、转贴现、再贴现等业务综合运用，以较少的资金占用协助企业加快票据周转。全年累计办理银行承兑汇票贴现22.51亿元。结合成员企业商业汇票结算比重不断增高的情况，为解决企业持有的商业承兑汇票流动性差、资金周转效率低的问题，研讨设计了解决方案，并组织召开了河北省国资系统财务公司票据业务研讨会，共同研讨票据业务发展。

【资金集中】 受煤炭市场低迷及集团公司经营策略的影响，财务公司归集资金范围和来源受到一定影响。2014年吸收企业存款平均余额32亿元，较上年下降38%，归集账户422个，累计结算量4010亿元。

【风险管理和内部控制】 一是，加强对委托贷款业务的管理，补充修订了《委托贷款管理办法》，完善业务资料并对资金来源及使用进行检查。二是，完善贷款调查、审批以及贷后检查及信贷档案保管等业务手续，加强对信贷资金支付管理，严格审查贷款资金的用途。三是，进一步规范贴现业务台账、交接流程，明确票据保管职责，加强稽核检查。四是，落实案件防控工作要求，对操作风险隐患进行了集中整改，优化业务操作程序，对资金账户划拨密钥、票据业务交接、重要风险岗位等高风险环节，进行了针对性的改进，有效提高了操作风险防控手段。五是，借助信息化手段改进管理，在保证数据安全的前提下，实现部分结算业务凭证电子化；继续推进OA系统的应用，增加了贷审会审批、印章使用、资金调拨等审批程序的应用。

【人力资源管理】 注重提高员工专业素养，为骨干员工提供更多的学习培训机会，全年外派30人次参加人民银行、银监会、中财协等机构组织的高水平专业培训；以业务课题形式，带动员工参与公司业务创新，课题《以票据业务为引导提高财务公司融资服务能力》获得河北省煤炭行业企业管理现代化创新应用成果一等奖、河北省企业联合会评选的企业管理成果一等奖。

【企业文化建设】 组织开展领导干部群众路线教育活动，广泛征求员工意见，听取员工的要求，制定切实有效的整改措施，完善民主管理。重视合规企业文化建设，开展内控制度、风控知识的培训考核，营造合规企业文化，促进员工主动防控风险意识的提高，为公司稳健发展创造良好的文化氛围。公司坚持以人为本，保护员工利益，关心员工的成长，倡导积极向上、团结协作的精神风貌，提高员工的凝聚力。

（段淑哲）

中国信达资产管理股份有限公司河北省分公司

【概况】 2014年，中国信达资产管理股份有限公司河北省分公司（简称“中国信达河北分公司”）在公司党委的正确领导和河北省金融办的支持以及人行石家庄中心支行、河北银监局等监管部门的支持指导下，紧紧围绕改革创新发展主线，坚持以不良资产经营为核心，以资产管理和金融服务为重点，奋力拼搏，稳中求进，圆满完成了公司下达的各项经营指标任务，实现税前利润3.79亿元，现金回收43.67亿元；对省内企业资金投入新增73.61亿元。

【利用综合金融服务功能，为地方经济社会发展提供资金支持】 中国信达河北分公司按照公司战略指引，紧紧围绕综合经营计划，认真贯彻河北省政府经济发展政策，不断开拓创新，采取多种措施，积极为地方企业提供资金支持。一是支持京津冀协同发展。分公司作为信达驻冀机构，在京津冀区域经济一体化发展上升为国家战略的大背景下，为河北房地产、制造、城建、交通、环保等多个领域的实体企业提供了全方位、多层次、多渠道的支持。如为北京批发市场外迁的重点项目保定白沟箱包城提供5.55亿元的资金支持，为京冀协同发展做出了贡献。此外，分公司牵头与信达证券联合举办了“京津冀一体化”研讨会，就“京津冀一体化”规划产生的背景及发展方向进行了专题研讨，为下一步继续支持京津冀协同发展奠定了理论基础。二是支持基础设施及重点项目建设，以收购企业应付款项的方式，为地方重点项目提供融资 14.55 亿元；为基建行业客户提供融资 3.65 亿元。其中沧州中铁装备制造材料有限公司是该分公司 2010 年以来持续支持的重点民营钢铁企业，在国家对钢铁行业严格调控的大环境下，该分公司没有简单的一刀切，对钢铁行业关闭大门，而是从中筛选兼具规模、技术、地域、成本等多方面优势的钢铁企业予以大力支持，为企业发展注入了新的活力。三是在支持农业和农村经济发展方面，做了一些尝试，特别是高度关注国家政策支持的行业、企业，对符合国家政策导向、拥有核心竞争力产品、具有稳定的客户群体，并具备一定业务规模和生产技术的优秀企业，给予了一定的资金支持和金融服务，做到既有效支持农业企业发展又保证国有资产债权安全。截至目前，共为农业企业提供资金支持 7688 万元，为河北省农业和农村经济发展贡献了力量。四是对清洁能源、城市园林等生态环保企业提供了重点支持，如：绿色环保的水漆生产企业；电池组件设计、制造及光伏应用系统设计、销售安装企业；园林绿化设计、施工、养护管理和花木销售为一体的综合型园林绿化企业等。截至目前，为该类企业提供资金支持 2.33 亿元，有力促进了企业发展。

【积极发挥不良资产主业优势，为河北经济金融平稳发展化解风险】 通过利用与金融机构的良好合作关系、动员分公司员工利用个人社会资源，努力寻求各种资产收购、受托业务合作机会，以有效发挥不良资产主业优势和政策先发优势，为河北经济平稳发展化解风险、保驾护航。全年共新增收购不良资产 49.81 亿元，为地方企业摆脱历史包袱、更好更快发展提供专业支持。此外，充分利用国家政策，向地方政府转让资产本息合计 26133 万元，实现现金回收 3250 万元（750 万元尚未履约），共计减免债务 22883 万元，既有效强化了社会信用体系建设，维护了地方经济稳定，又化解了潜在金融风险。

【夯实内部管理，着力打造一支具有市场竞争力的金融团队】 在大力开展市场化业务的同时，中国信达河北分公司高度重视风险和管理工作，将“细节决定成败”理念贯穿始终。一是持续抓好公司制度的贯彻执行，扎实做好收购项目的后续管理，不断强化员工敬畏规则、照章办事意识，切实加强各项管理工作，努力提高内控内管水平；二是确保估值、审核、法律、评估、拍卖及中介机构管理等各环节工作规范有序，主动开展审核延伸服务，细化工作要求，进一步规范了收购方案的制作、审批、决策程序，有效提高了工作质量和效率；三是加强保密意识教育和计算机网络安全管理，完成了分公司成立十五年来涉密文件的清理、登记、销毁工作，组织员工开展保密知识培训并重申日常保密要求，对计算机及办公网络进行了安全排查和软件清理；四是进一步夯实各项基础管理工作，档案、印章、公文、办公用品等日常管理使用不断完善。持续做好行政后勤管理工作，为员工创造良好的办公环境。强化了司机、车辆管理，保证了全年安全运行，满足了业务工作需要。

【加强党风廉政建设、队伍建设和企业文化建设】 中国信达河北分公司在抓好各项经营工作的同时，十分注重党风廉政建设，有效防范了经营风险和道德风险，自分公司成立以来从未出现过违法违纪案件。一是切实加强分公司党的组织建设和作风建设，持续巩固党的群众路线教育实践活动成果，充分发挥党组织的政治核心作用，不断增强党组织的号召力和凝聚力；二是通过召开民主生活会、党委中心组学习等，认真贯彻党的十八大三中、四中全会精神，系统学习《习近平总书记系列重要讲话读本》，不断提高党员干部思想政治水平，加强了干部作风建设；三是利用传达学习上级有关党风廉政建设的文件、纪委书记作专题辅导、召开党风廉政座谈会、组织员工到石家庄监狱开展警示教育等活动，增强干部员工依法规范经营、廉洁自律的意识；四是认真开展员工招聘工作，通过简历筛选、面试、笔试、外调等环节地层层选拔，进一步优化了员工队伍结构；五是重视员工培训工作，努力提高员工素质，年内共举办有关业务培训 10 期；六是充分发挥工会组织作用，开展丰富多彩的文化体育活动，增强集体凝聚力和社会责任感，保持分公司已形成的良好精神风貌。

【发挥集团优势，为繁荣地方金融产业做出贡献】 除中国信达河北分公司外，信达集团驻河北省机构幸福人寿河北分公司、信达财险河北分公司、信达期货石家庄营业部、信达证券石家庄营业部等四家单位，在2014年都取得了优异的经营业绩，为繁荣地方金融产业做出了积极贡献。其中：幸福人寿河北分公司实现保费收入9.60亿元，公司系统排名第2；信达财险河北分公司实现保费收入4.33亿元，公司系统排名第2；信达期货石家庄营业部实现营业收入312.11万元；信达证券石家庄营业部实现营业收入507.55万元。

（李晓菲）

中国东方资产管理公司石家庄办事处

【概况】 2014年，中国东方资产管理公司石家庄办事处（简称“东方资产石办”）紧紧围绕公司改制转型的战略部署，坚持稳中求进的指导思想，适时调整经营思路和策略，积极支持河北省经济金融发展，全年商业化项目实现拨备前利润2.43亿元，各项工作稳健有序发展。

【发展业务新模式，适应经济新常态】 以公司政策导向为标准，结合河北省经济金融形势，确立了以资产管理业务为载体的业务模式，为优质企业提供资金支持，同时积极拓展传统不良资产和并购重组业务；抓住地域和“京津冀一体化规划”政策优势，深入挖掘商机，捕捉业务发展机遇；在业务结构调整上逐步向公司传统主业靠拢，不良资产相关业务逐步占据主导地位；通过多元化渠道经营，适合经济新常态，实现自身可持续发展。

【积极开展协同业务，实现多方互惠共赢】 积极贯彻落实集团协同发展战略，充分把握有利契机，稳步开展集团协同业务。加强与平台公司、兄弟办事处的沟通，积极探索合作模式，利用多元化的业务能力、平台和产品，为客户提供“一站式”服务和“一揽子”金融解决方案，满足客户在不同发展阶段的各种金融服务需求。年内与2家办事处、2家平台公司成功开展了业务合作，实现了双方优势互补，全面提升了综合金融服务能力和市场竞争地位。

【树立专业品牌，化解金融风险】 面对在宏观经济调整、下行压力较大的情况下不断膨胀的银行业不良资产，东方资产石办积极与多家金融机构沟通，寻求合作机会，充分发挥资产管理公司专业能力和技术优势为其量身打造解决方案，以“客户至上、效率为先”的经营理念，通过专业、高效的服务，赢得了客户的一致认可，完成了多个不良资产包的收购、转让工作，切实发挥了资产管理公司在防范化解金融风险中的重要作用。

【强化股权管理，推动企业改革发展】 通过定期走访、调研政策性债转股企业，及时掌握企业经营、财务状况及重大事项，夯实管理工作，加强董、监事考核工作，积极推进企业稳步发展、改革创新，提升股权价值。年内配合公司改制评估，完成了对政策性债转股项目的估值工作。此外，积极寻求与企业的合作机会，探索创新管理模式。

【依法合规经营，科学防范风险】 一是深入开展反腐倡廉、依法合规教育，强化思想意识和责任意识。通过丰富的宣传教育形式，引导全体员工树立正确的权力观、地位观、利益观，杜绝职务犯罪，筑牢员工拒腐防变的思想道德防线。二是以监管单位检查为契机，重新梳理风险防控措施，完善了风险的全流程管理，使风险管理工作渗透到各业务环节，贯穿项目全部节点，并以相关制度进行约束，建立了投后管理和融资资金支付的相关制度，起到有效规避项目潜在风险的作用。三是公司实施经济资本考核管理，建立科学的风险和收益双向挂钩考核激励机制，使个人对风险的回避和收益的追求能够有效制衡。四是“全面覆盖、全程管理、全员参与”的风险理念逐步渗透到了组织架构、质量管理体系、人力资源、客户管理、授权管理、内部审计、档案管理等各项工作中，充分调动了全员的风险防控意识，严守风险底线。五是进一步加强人才培训与开发的力度，通过视频培训、现场讲解、业余自学和以老带新等多种形式提升员工的专业知识和工作能力。

【抓教育、强管理、聚人心，提升党建工作科学化水平】 党委负责人切实履行“第一责任人”的职责，党委班子成员认真落实好“一岗双责”的要求，层层落实党风廉政建设责任制，进一步加强党建工作，提升党组织的凝聚力、战斗力和执行力。一是做好党的群众路线教育实践活动总结、整改落实和回头看工作，力求将教育实践活动的成果转化为对办事处各项工作开展的直接推动力和重要保障。二是严格执行“三重一大”、领导干部报告个人重大事项、干部廉政档案等制度，让党员干部自觉接受组织监督，有效防范廉政风险、决策风险、用人风险等，防范违法违纪案件的发生。三是推进基层服务型党组织建设，解决干部群众关心的热点问题，为员工办实事、办好事。四是坚持 “三会一课”制度，健全党的组织生活，严格党内生活，对党员进行动态信息化管理；通过领导干部谈心谈话活动，及时掌握全体员工的思想动态，有针对性地开展教育管理。

【弘扬企业文化，创新企业发展】按照公司企业文化建设的统一部署，大力实施企业文化的宣传贯彻工程，营造浓厚的企业文化氛围。通过有效的宣传贯彻方式，使企业文化理念融入到员工思想中、体现在日常行为中、展现在工作流程里、落实到本职岗位上，充分发挥企业文化的激励导向作用，为东方资产石办的科学发展提供强大的精神动力、思想保证和文化支撑。同时，充分发挥工会职能，关心员工工作和生活中的各类问题，想方设法为员工排忧解难，积极倡导“健康生活、快乐工作”的理念。

（邹 毅）

证券期货机构

财达证券有限责任公司

【企业概况】财达证券有限责任公司是经中国证监会审核批准，于 2002 年正式设立，是河北省内唯一的法人证券公司。公司注册资本 27.45 亿元，股东单位 27 家；公司设有股东会、董事会、监事会，董事会下设提名、薪酬与考核委员会、审计委员会、风险控制委员会，公司实行董事会领导下的总经理负责制。公司总部共设总经理办公室等 26 个部门，拥有员工 2000 余人，营业网点 107 家，其中省内 93 家，覆盖全省各设区市及经济发达的县域城市，同时辐射北京、上海、天津、深圳、黑龙江、河南、江苏、福建、安徽、湖南等地，服务的全省及全国客户超过 150 万人。业务经营范围：证券经纪、投资咨询、证券自营、资产管理、承销保荐、财务顾问、金融产品代销、股指期货 IB，以及融资融券、约定购回、报价回购、质押回购等各类业务，是一家全牌照综合类证券公司。注册地为石家庄市自强路 35 号。法定代表人翟建强。

【主要指标】2014 全年实现营业收入 19.66 亿元，利润总额 10.68 亿元，分别较上年同期增加 9.04 亿元、7.45 亿元，增长 85.20%、230.55%。

【经纪业务】经纪业务在组织建构、网点优化、规范运营、营销服务等各方面均取得明显成效，完成了经纪业务总部组织架构调整，管理进一步理顺，职责进一步明确，在经纪业务收入中，新业务收入占比达到 20%，较上年提高 11 个百分点，转型升级取得初步成效。营销服务明显提升。进一步加强投资顾问服务建设，完善投顾平台功能，以 3 家投资咨询优异的营业部投顾团队为班底，设立了“财金达一、二、三号”三个标准化投顾服务产品，通过公司综合服务平台，以微信、短信等形式传递给客户，上线“财达证券财迷会”“财达证券公众微信”等微信服务产品。机构建设不断创新。在黑龙江分公司试点的基础上，制定下发了《分公司管理办法（试行）》和《2014 年度分公司新设指导意见》，研究设立北京、保定分公司，实施廊坊建设路、廊坊新华路两营业部区域统一管理和考核。业务转型再获突破。以融资融券、约定购回、股票质押回购等为主的信用交易业务继续快速发展，规模不断扩大，在满足客户融资需求、增强客户黏性的同时，也增加了营业部的收入来源，信用交易业务收入占经纪业务总收入的比例已达 19%。

【创新业务】固定收益业务。固定收益部在积极把握机会、稳健投资、获取债券市场收益的同时，还积极参与报价回购、投资顾问、债券承揽承销等业务，全年实现收入合计5.59亿元，净利润5.12亿元，其中债券投资收入3.86亿元，投资公司理财计划收入1.48亿元，管理费收入788万元，公司自有资金投资收益率24.95%，超越中债总财富指数的增长。

证券投资业务。积极研究新政策、新动向，把握投资趋势，严控投资风险，紧抓市场走好的机会，取得良好收益。证券投资一部、二部实现收益6835万元，收益率达42.72%。

【信用交易业务】2014年末融出资金余额达35.72亿元，较上年的12.62亿元增长182.88%，共实现收入2.66亿元，较上年的7800万元增长239.33%，占公司总收入的13.50%，成为公司的第三大收入来源。

资产管理业务。共管理产品33只，其中集合产品10只、定向产品23只，总规模140.18亿元，全年实现收入2987.90万元 。

【投资银行业务】成功签约2家再融资主承销项目，相关材料已经上报，由公司担任保荐机构和主承销商的一单IPO项目已完成辅导备案，在并购重组、财务顾问等方面也与多家上市公司达成协议；新三板业务方面，累计签约52家，成功挂牌13家，完成2家新三板再融资项目，特别值得一提的是，联讯证券在新三板市场挂牌并融资10亿元的案例，成为证券公司在新三板市场首单挂牌并融资的案例，是新三板市场成立以来融资规模排名第2的项目，为证券公司补充资本金探索出一条新路，获得业界的广泛关注和监管机关的充分肯定；成功取得做市商业务资格，并积极与推荐的挂牌公司沟通，成为古城香业、亿汇达、三众能源等3家挂牌公司的做市商，做市业务自开展以来运行平稳，截至年末已实现账面利润244.68万元。

【企业管理】法人治理结构进一步完善。对公司领导班子进行了调整充实，进一步规范了股东会、董事会、监事会、经理层职权。

混合所有制建设进一步推进。成功实施了第4轮增资扩股，融入资金近16亿元，股本规模达到27.45亿元。考核分配机制进一步完善。加强总部部室量化考核力度，推进个人考核成绩按部室考核结果强制分布机制，继续深化营业部动态分类管理，分类考核。选人用人机制进一步完善。制定并实施《中层管理人员管理暂行办法》，进一步规范选人用人的标准和程序，切实营造人员能进能出、职务能上能下、待遇能高能低的机制；实施了《员工专业序列职级管理办法》，逐步完善行政管理与专业序列的双通道制度。成本管理进一步加强。继续推进营业部场地优化工作，做好房产、设备等的统筹调配安排，实施总部办公用房整改，缩减领导办公面积，改善员工工作环境，修订公司《接待管理办法实施细则》 。资金管理进一步加强。细化预算的过程管控，在保证资金安全和业务有序运转的前提下，积极加强自有资金运作管理，优化资金融入融出方案，同时取得了工商银行、兴业银行的授信，在资金管控上面进行全局谋划，保障资金效益最大化。团队建设进一步加强。组织实施了校园招聘、社会招聘、猎头寻访等多种人才引进方式优化公司人才结构，共招聘83名高素质高层次的专业人才补充到业务团队 。合规风控进一步加强。持续关注并加强经纪业务重点领域和环节的合规管理工作，将新业务的合规管理执行情况作为合规检查重点内容 。

【党建工作】深入贯彻落实党的十八大、十八届三中、四中全会和习近平总书记系列重要讲话精神以及省委八届六次全会精神，深入开展党的群众路线教育实践活动，不断加强基层党组织建设和党员队伍建设。进一步加强公司工会标准化建设，被省直工会推荐申报河北省职工道德建设标兵单位，成功举办“创新发展”技术竞赛，参加省国资委团委举办的“‘国控杯’建功强企梦 青年勇担当”共青团系统主题辩论赛，获优秀组织奖。公司企业文化建设逐步加强，结合公司发展实际逐步形成以企业文化建设为核心，党委统一领导、党政齐抓共管、宣传部门组织协调、业务部门分工负责、社会力量积极参与的大宣传格局。圆满完成了企业宣传片的制作，受到广泛好评；进一步加强网络、报纸、杂志等媒介对公司“诚信赢得客户、专业创造价值”的企业形象的宣传，使公司的品牌认同度得到进一步提高。

（张志欣）

河北恒银期货经纪有限公司

【概况】2014年，是中国期货市场及期货行业全面吹响创新发展“号角”的一年。国务院《关于进一步促进资本市场健康发展的若干意见》、中国证监会《关于进一步推进期货经营机构创新发展的意见》以及《期货公司监督管理办法》的相继发布，国内期货市场创新步伐的不断加快，众多中小公司经营局面不断恶化，河北恒银期货经纪有限公司（简称“公司”）同样受到挑战。

2014年，公司实现成交额和成交量为3064.37亿元和328.32万手；实现手续费1219.33万元；日均客户权益1.50亿元；新增客户数487户，其中机构户14个；新增股指户74个；客户总量达到10854户，实现净利润-396.75万元。

公司在2014年分类监管评价中被评为B类B级，提升23位次，创历史最好成绩。

【营销研发日益多元化】推广程序化交易，并取得显著成效。通过自主研发的“趋势一号”等程序化产品，培养客户理性投资的观念，提高客户收益率。一是定期推出程序化交易推荐会，向不同群体介绍设计思路和操作方法。二是参加省内媒体、省内有关行业协会、河北证监局等机构组织的金融行业展会及小区活动，向更多的客户推广。三是加强对重点客户和潜在客户的推广，上门拜访，单独沟通，加强交流。四是深入各营业部所在地区进行程序化交易培训，尤其在沧州营业部建立文华程序化交易基地。截止2014年12月31日，共计开立程序化交易账户19个，其中正式参与交易的9个，交易年化收益率超出推介时的预期收益率。

加强产业链开发，改善服务模式。一是配合各期货交易所调研等多种活动，开辟公司产业链开发的新路径。二是与多行业协会、河北省企业联合会充分合作，开展各种会议，培训，产业论坛与峰会等等，对中小企业进行拜访和摸底，了解客户需求，解答客户疑问。三是以服务好现有客户为抓手，做好存量管理，全面掌握公司机构客户的背景和情况，梳理公司大客户的交易品种和交易习惯，以客户的交易需求为导向，合理分配公司资源，打造特色品种体系。四是整合公司总部研发和营业部的市场开发力量，重点对邯郸的玻璃、鸡蛋，承德的铁精粉等进行了专项服务，逐步形成了实用为主、层次分明、重点明确、分工明晰的服务体系。

以国富集团业务为背景，期现结合创新路。一是与国富集团所属的恒信公司开展合作经营项目，成为锻炼研发队伍和提升研发实力的平台，为探索资产管理业务的运作模式奠定了基础，研发出了较为成熟的套利交易策略和程序化模型并取得一定收益，截至2014年末，共增收8.90万余元。二是强化与省内知名饲料公司合作，多次深入企业调研，商讨期现结合合作模式，将农产品鸡蛋、豆粕、大豆、玉米等尤其是饲料行业作为研发和服务集团企业的突破口。

【增资扩股取得实质性进展】经过一年的不懈努力，公司增资扩股工作已达成初步合作意向，并着手开展实际工作。

【风控合规日益规范化】一是将各部、中心、营业部合规检查工作常态化，发现问题及时解决。二是与时俱进，根据行业要求进一步完善风控制度。三是不断完善公司风险稽核部职责定位，及时补充人员，逐步提升公司整体风控管理水平。经过不懈的努力，实现全年无预警。

【信息技术日益稳定化】 一是加强系统运维管理，确保全年交易系统稳定运行，全年无事故。二是顺利通过中期协《期货公司信息技术管理指引》现场检查，继续保持机房评级为二类。三是积极做好系统测试与演练，全年共计配合交易所测试23次，电力切换演练4次，数据库切换演练1次，交易链路切换演练3次，银期和交易场景应急演练1次，为公司正常运行打好坚实基础。

【压缩成本日益精细化】以公司综合事务部为试点对每项业务支出、各项费用做好相应的台账，以便发现问题，找出漏洞，减少不必要的开支，并初见成效，2014年全年业务招待费用、办公用品费用、车耗费用共计节省7.54万元。

【队伍建设日益个性化】一是不断寻求更有效的

招聘方式，共计完成现场招聘3次，共收有效简历19份，另外，通过智联招聘网站的信息发布点，共收简历17份，起到了介绍期货业务、宣传公司形象、了解期货人才现状的目的。二是完成对部分营业部工资管理办法的审核修订及工资调整工作。三是不断完善公司考核实施方案和激励约束机制，最大限度激发员工工作热情。

【党建工作日益常态化】 2014年公司支部积极开展党员发展工作：1名同志成为正式党员；1名同志转为预备党员；1名同志转为重点发展对象；2同志转为重点培养对象；2名同志党关系转入支部。除按照相关规定定期召开党课、组织民主生活会等，积极响应国富集团党委号召，组织党员开展志愿者进社区义务提供金融知识咨询服务等活动。

（谢　宁）

保险机构

中国太平洋财产保险股份有限公司河北分公司

2014年，中国太平洋财产保险股份有限公司河北分公司（简称“太平洋产险河北分公司”），认真贯彻全省经济工作会议和保险监管工作会议精神，深入落实集团公司和总公司年度工作会议精神，以科学发展观为指导，以改革创新统领全局工作，积极服务全省经济建设，各项工作实现稳中向好。

【稳步扩大业务规模，提升服务经济社会发展能力】 2014年，太平洋产险河北分公司坚持发展，多措并举，稳定车险业务增长，保持非车险业务快速发展，促进多渠道协调发展，实现和巩固业务发展向上增长的趋势，以持续稳步扩大的业务规模，不断提升服务河北经济社会发展的能力。

河北分公司累计实现保费收入26.34亿元，较上年同期增加2.46亿元，同比增长10.30%；市场份额7.30%，同比下降0.32个百分点；综合成本率99%，较上年同期上升3.43个百分点。为全省提供保险保障额度14388.19亿元，比上年增加5866.77亿元，同比增长68.90%。新增县级机构6家，目前共有机构114家，其中中心支公司11家、支公司102家。新增从业人员67人，同比增长4.10%。上缴和代扣代缴税款5.09亿元，同比增加6.80%。2014年，太平洋产险河北分公司凭借在服务河北经济社会发展中的突出表现，连续第4年荣获河北省政府颁发的“金融贡献奖”。

【持续提升理赔客服水平，发挥保险社会稳定器作用】 通过持续提升服务质量和水平，积极为河北经济社会发展提供服务和保障。年内，公司开展国庆假日“出行无忧，高速快赔”理赔服务活动，实行车险理赔“客户服务联系卡”制度，开展服务质量专职回访，提高客户满意度。加强3G快速理赔系统应用管理，提高5000元以下非人伤案件24小时赔付占比，试点推行人伤小额案件快速处置机制，提高理赔服务时效。以石家庄中心支公司示范门店模式为抓手，推进全辖标准门店建设；以优享汇俱乐部为客户分级服务载体，密切公司与客户之间的联系，提升客户体验。进一步落实投诉闭环管理相关制度，完善管理机制，提高投诉处理水平。

理赔服务品质类指标进一步优化，全年已决件数24.03万件，同比提高0.80%；已决赔款金额15.16亿元，同比增长12.40%；赔付率57.60%，同比增长1.05个百分点；结案率为92.70%，同比上升3.77个百分点；5000元以下非人伤案件24小时赔付占比29.20%，车险滚动结案率93%，有效地保障了人们的正常生活和企业的生产经营，较好地发挥了经济助推器和社会稳定器的功能作用。

【大力发展重点险种，服务河北经济社会发展】 针对经济社会发展形势的特点，积极参与加强和创新社会管理，以“做一家负责任的保险公司”为使命，进一步完善体制机制，改进产品服务，提高技术和管理水平，努力满足社会风险管理需求。全年分类管理并重点推动企财险、责任险、意健险、水险四大类险种，夯实基础险种业务发展；积极开拓意健险、新兴责任险等新业务领域，培育新的业务增长点；进一步完善销售管理体系建设，加大业务督导和后援支持力度，开展精细化管理，规范重大客户业务销售管理，成立专业化矩阵团队，加强中心支公司总经理室对重大客户销售的引领作用，保持非车险业务快速发展。

责任险保费收入8986.43万元，同比增长22%，提供风险保障2509.20亿元，赔款支出5447.24万元，同比上升42.60%；企财险保费收入10451.29万元，同比增长9%，为全省企业单位提供2182.50亿元风险保障，赔款支出4639.94万元，同比上升21.80%；家财险保费收入369.89万元，同比上升18.70%，为广大城乡家庭提供了148.55亿元的风险保障，赔款支出73.53万元，同比下降1.20%；新农合团体意外住院医疗补充保险保费收入1645.35万，共计保障人数达85万人，保额达932亿，为2665户支付赔款1352.28万元；城镇职工大病医疗保险保费收入1102.39万元，共计保障人数达10万人，保额228亿，为277人次支付赔款732.18万元。

【坚持深化改革，激发发展的动力和活力】 推进组织架构改革，完善公司激励机制。分公司层面成立经营委员会和工作领导小组，中心支公司层面设立车险部、非车险部和客户服务部，理赔人员实施省级集中管理，明确部门职责，厘清上下承接关系，加强条线化运营管理和部门专业化管理；完善分公司部门、中支经营绩效考核办法，建立销售人员业绩跟踪调查机制，传导绩效文化；以岗位需要、人均产能和业务发展为标准，加强用人用工引导和管控；开展“招才引智”计划，实行干部选拔任用公开竞聘，实施全辖薪酬对标调整工作，落实考核管理和奖惩兑现，调动全员主观能动性。

提升县级机构管理能力，挖掘县级机构发展潜能。深入推进县级机构的分类管理工作，制定实施四级机构分类管理及发展实施方案，加强四级机构标准化建设和分类管理；出台加快四级机构发展的意见，进一步明确加快四级机构发展的总体要求和主要目标；建立分公司本部负责人对口联系县级机构制度，加强过程跟踪与管理，建立健全常态化工作机制；落实四级机构负责人任职管理和工作业绩过程的跟踪工作，进一步提升四级机构的管理能力。

加强企业文化建设，凝聚队伍力量。从上到下营造公正、公平、公开的工作规则和工作氛围，减少内耗，专注发展。加强党、团、工建设，多角度、多层面开展各类文化体育活动，促进员工交流、提高，营造健康进取的氛围和环境。了解员工诉求，切实为员工做实事、好事，合理增加员工工资收入和各项福利待遇，进一步释放干部员工推动公司发展的可持续动力。

【加强合规风险管控，保障公司稳健经营】 持续加强合规管控，积极推动内控规范，多措并举防范风险，确保公司合规经营。以风险为导向，开展内控自查工作，完善内控制度和流程，督促整改优化效果，建立内控长效机制；以监管为导向，开展以监管内容为重点的合规自查，加大现场检查力度，完善非现场监测，防范违纪违规案件；以问题为导向，贯彻落实案件责任追究办法，对照案件组织开展清查和整改，增强风险防范意识；落实合规责任，细分合规条线专兼职人员岗位职责，制定辖属分支机构经营绩效考核办法，进一步提高合规经营意识。强化事前事中服务，建立常态化法律合规增值服务机制。全年无重大违规违纪案件发生，未受监管机构处罚。

（张景府）

华泰财产保险有限公司河北省分公司

【概况】 华泰财产保险有限公司河北省分公司（简称“河北省分公司”）隶属于华泰财产保险有限公司，于2002年8月30日在河北省会石家庄成立，成为河北保险市场第4家财产保险公司，现分别在石家庄、唐山、保定、秦皇岛4地市建立了分支机构，从业人员115人。

2014年河北省分公司实现保费收入2.23亿元，同比增长5.90%，市场份额的0.60%，实现净利润1284.41万元，累计已决赔款9780.54万元。河北省分公司在经营发展中，坚持诚信纳税原则，认真履行企业公民的纳税义务。2014年全年缴纳税额4079.54万元，较上年增长12.03%，其中代收代缴车船税2734.13万元，自身经营缴纳税款1345.42万元，全力支持当地经济社会建设发展。

河北省分公司主要经营企业财产保险、机动车辆保险、出口产品责任保险、董监事及高级职员责任保险、建筑安装工程一切保险、货物运输保险、家庭财产保险、团体人身意外伤害保险等业务险种；全国统一保险服务专线 4006095509，24 小时为客户提供优质、高效、便捷的全方位保险服务。

河北省分公司自成立以来，坚持稳健经营、创新发展，业务规模不断扩大，保险服务不断完善，经营效益不断提高，企业知名度和社会影响力不断增强，获得了广大客户的普遍认可，先后获得“河北省诚信示范单位”“河北省服务质量优秀单位”“2014 年度保险业务数据统计工作先进单位”等荣誉称号。

河北省分公司积极倡导和实践“质量服务客户，真诚回馈社会”的理念，在做好保险服务工作的同时热心支持社会公益事业。1996 年华泰保险公司捐资在河北赞皇县野草湾村修建“华泰希望小学”，河北省分公司多年来一直坚持资助活动，获得社会赞誉。2014 年“六一”儿童节和端午节前夕，河北省分公司常青总经理带领班子成员、党总支一行赶赴华泰希望小学进行节日慰问，与小学教师代表、优秀学生代表进行了现场交流，详细了解了学校近年发展情况、师资配备及学生学习、课余生活等情况，并赠送了精美的节日礼物。

【创新经营】河北省公司始终坚持科学发展观，走“集约化管理、专业化经营，质量效益型发展”道路，践行“改进提高与创新发展”的战略举措，加强产品创新与渠道创新，优化运营环节，提升客户体验，努力在产品、服务、品牌的细分市场中建立差异化竞争优势。

河北省分公司坚定不移地推动公司转型与变革向纵深发展，全面落实“专属代理人（EA）”主渠道发展战略，取得显著成效。

2014 年河北省分公司共在 3 个城市设立了 14 家社区 EA 门店，其中唐山 7 家、石家庄 5 家、保定 2 家。全年 EA 门店共实现保费收入 2746.41 万元，为 22062 个客户直接提供了专业保险服务。

作为一种新的保险销售服务渠道，EA 门店直接开到社区居民的家门口，改变了以往保险销售“看不见，摸不着”的现状，通过实体门店直接向广大保险消费者提供专业保险服务，拉近了保险与普通消费者的距离，在服务上更亲民、更接地气。EA 门店弥补了专业保险机构服务网点不足的空白，并且营业时间宽松，门店会根据自身情况进行延长，突破朝九晚五的限制，居民可以在社区家门口直接办理保险业务，真正做到了便捷、惠民。EA 门店在社区通过实体店面经营的形式，比较容易获得社区居民的信赖，让居民很意愿到社区门店进行业务办理，即便不投保，也会通过门店来了解一些保险知识，包括保险理赔方面知识。EA 门店打开了普通消费者与专业保险接触的窗口。客户办理理赔，也可以选择直接到 EA 门店递交理赔材料，很大程度上方便了客户，提升了理赔速度。

在门店经营上，门店主有独立经营权。店主根据自身资源情况，借助 EA 门店在社区经营的优势，直接发展社区周边业务，让普通居民在家门口就能享受到专业保险机构服务。华泰保险对门店有成体系的培训，从简单的产品知识、业务出单、销售技巧、理赔知识、系统操作等各个方面对门店进行培训，让门店主能够熟练操作应用。同时，河北省分公司也建立了比较完善的管理制度，对门店经营发展有全面管理要求，通过对门店的巡店管理、业务管理、行为管理等措施，确保门店经营依法合规。

EA 门店采取专属代理形式，只代理一家保险公司的产品和服务，在保险产品掌握上更熟悉，在服务措施上更贴心。因为有实体店面，EA 门店在做好保险服务上更上心。在承保方面，门店能够主动地进行产品分析，详细介绍产品内容，让客户放心购买；在理赔方面，一旦客户出险，门店能在第一时间得到出险提示，会及时联系客户进行跟进，指导办理保险理赔；如果发生理赔异议，门店也能发挥中间沟通协调的作用，及时化解矛盾纠纷隐患，这一点让很多客户非常认可。有了专业人员的指导，保险理赔就变得简单了，更快了。在服务措施上，EA 门店会结合自身情况延伸服务内容，比如为承保客户提供车辆检测、驾驶证年检、为出险客户提供代步车等等。同时，EA 门店还具备开展社区营销活动的便利性，经常性到周边社区开展各类服务活动，通过社区活动进行保险知识宣传、保险产品介绍、客户需求调查等现场服务，让居民近距离感受保险，也有助于提高社区居民的保险意识。

EA门店因为直接面对社区居民，在宣传保险行业形象、传播行业服务上也开辟了一个新途径，能够有效地向普通社区居民进行保险宣传活动。

河北省分公司在EA模式发展上提供全方位的创业支持，在保险从业人员中引起了积极反响。EA门店店主既有多年在保险行业的从业人员，也有刚进入保险行业不久的新人。他们把EA门店作为自己保险事业的平台，通过EA门店平台拓展业务，在社区营销展业上有了更好的支撑。EA门店实体经营也起到了人员稳定、行为规范的作用，可以把原来的不固定经营的“游击队”建设成稳定经营的“正规军”。河北省分公司希望能够建设更多的EA门店，为更多的保险业内人员提供创新发展的事业平台。

【服务社会】河北省分公司以服务经济社会发展为己任，积极配合落实国家及省市加快重点领域经济投资的规划，依托华泰强大的承保能力和风险管理能力，积极开拓大型项目业务，在全省范围内开展火险、责任险、货运险、工程险、团体意外伤害保险等非车险业务，为企业客户和个人客户提供财产、人身意外风险保险保障服务。

先后为省内多家能源类、工程类、大型制造类、路产类、化工类、通讯服务类、酒店类、房地产类企业，以及多家教育机构、政府部门提供优质的保险保障及服务，并对部分客户员工进行了防范风险及保险知识的培训，为全省经济社会发展和大型基础设施建设提供全方位的风险保障。

参与了铁路、高速公路等重点工程和基础设施建设等重大承保项目，保险金额共计57.03亿元。其中参与共保的新天绿色能源股份有限公司风力发电厂项目，连续多年承保，涉及财产一切险、营业中断（财产一切）、机损险、营业中断（机损）、公众责任险，2014年份额内保额为26.83亿元。参与共保的石济铁路客运专线工程，涉及险种建工一切险，份额内保额6.15亿元。以上承保项目为确保社会生产的正常运行、民生保障工程的顺利开展提供了较为全面的保险服务，并在承保、理赔服务过程中对客户进行风险管理指导。

除了传统的火险业务外，加大新业务领域业务开拓，推动发展出口产品责任险、公众场所火灾责任保险、道路客运责任保险等新兴险种发展，进一步扩大了服务领域，充分发挥商业保险的社会管理职能。

建立重大客户理赔绿色通道和重大赔案应急预案机制，及时开展理赔服务工作，积极履行保险责任。2014年7月23日下午2时20分，河北省分公司接到唐山顺杰商贸有限公司报案，称其投保的货轮在海南遭威马逊台风袭击，货仓进水，舱内货物1.26万吨螺纹钢受海水锈蚀，受损严重。接到报案后，河北省分公司领导高度重视，立即启动巨灾应急处理方案，成立专案小组，协同经验丰富的水险条线理赔人员及建筑材料行业专家在最短时间内赶到海南事故现场，经过为期一周的现场查勘工作，查清了事故原因、货物受损程度等情况，并向总公司商险理赔部领导汇报案情，研究下一步理赔工作安排。经过后期的定损理算及与被保险人多次沟通，最终赔款金额为人民币405万元。面对重大案情，河北省分公司快速反应，积极与客户沟通，不惜赔、不拖赔，以客观公正的工作态度获得到客户好评。

积极参与社会活动，通过多种方式向社会公众普及保险知识。3月，组织开展了以“保险，让生活更美好”为主题的消费者权益保护系列活动，以现场咨询、发放投保指南、解释理赔指引等方式向公众宣传什么是保险、如何合理投保、怎样快速理赔等内容，并同时举行“总经理接待日”活动和客户服务问题大清理、大排查行动，有效地提升了公司形象，为今后更好地开展保险业务宣传、树立负责任的保险人形象、维护消费者权益打下了良好的基础。7月，开展了主题为“爱无疆，责任在行”公众宣传活动，通过大客户现场体验、客户问卷调查、发送短信、悬挂宣传条幅、展板、公示投保提示书、服务承诺、理赔投诉流程等方式，了解客户需求，解答客户疑问，广泛宣传华泰管理的特性和文化，展现保险业勇担社会责任的精神风貌，以及“守信用、担风险、重服务、合规范”的保险核心价值理念。

【基础建设】河北省分公司高度重视基础建设，在人员队伍、内控制度及信息化等基础建设方面取得了良好的成效。按照总公司要求，积极组织员工参与“华泰大讲堂”。另外，河北省分公司还积极推动“华泰保险网络学院”在分公司的落地生根，网络学院设置了丰富的课程，既有管理方面的，又有专业方面的，还有生活方面的，员工可以依据自身工作特点在学习中心选择适合自己的课程。通过网上学习实现了以员工为中心的自主学习，员工可以通过社区、论坛和微博进行工作经验交流，大大提升员工的工作能力。

在内控制度建设方面，不断完善健全各项内控管理制度，形成了以财务管理、单证管理、两核管理、行政人事管理为核心的全方位内控体系。河北省分公司通过接受总公司内部审计和分公司自查等方式，强化内控制度的落实执行，严格落实内控职责，内控执行力不断提升。

在信息化建设方面，实现了业务、财务管理系统全国数据大集中、全国统一接报案和集中理赔；完成了单证管理系统上线、车险配件系统上线、人力资源管理系统升级、办公自动化系统上线、车险“见费出单”系统改造等一系列信息化工程，从而，实现了财务系统、单证系统、理赔接报案系统与核心业务系统的无缝对接，为承保和理赔管理、业务经营管控等工作提供了有效支持，充分保障了各项经营活动的顺利开展。

（庞斌斌）

中国大地财产保险股份有限公司河北分公司

【概况】中国大地财产保险股份有限公司是经国务院同意，中国保监会批准成立的全国性财产保险公司。公司成立于2003年，总部设在上海，注册资本金73.02亿元人民币。2014年，通过贝氏评级公司（A.M. Best Co.）“A级（优秀）”财务实力评级（FSR）和“A级”发行人信用评级（ICR），评级展望为稳定。2004年12月13日，中国大地财产保险股份有限公司河北分公司在石家庄开业，已在河北省11个地市、68个县（区）设立营业机构80家。2014年，中国大地保险河北分公司在河北保监局和总公司的正确领导下，坚持以科学发展观为统领，紧紧围绕“经营合规、数据真实、效益发展”扎实工作，推动系统上下呈现出业务发展稳健、风险安全可控的发展局面。全年实现保险业务收入7.92亿元，其中车险实现业务收入6.90亿元，财产险实现业务收入4488万元，意健险实现业务收入5750万元。2014年，中国大地保险河北分公司承担风险总额2756.52亿元，累计支付赔款4.89亿元，地方税收贡献（本年已缴）4949.29万元，全省各级机构达到80家，新增从业人员163名共1015名。

【基础管理工作不断强化】2014年以来，在日常经营管理中，坚持依据规则去规范公司的管理，在经营目标设定、考核方案制定、资源匹配、基础管理等工作中严格按照设定的规则执行。始终坚守合规底线，完善合规专项考核，确保各项要求落实。在日常工作中牢固树立合规意识，引导全员参与合规工作，妥善处理好合规与业务发展的关系，进一步提高公司的管控能力。2014年，全公司上下高度重视“两个加强、两个遏制”检查工作，一把手亲自负责，实事求是配合好保监局的检查工作。

【切实做好消费者权益保护工作】一是落实好车险理赔服务过程的公开、透明制度。为方便客户了解理赔流程，掌握理赔进度，分公司要求下辖各机构必须在显著位置张贴理赔工作流程图，向客户发放理赔服务卡，大力宣传理赔自主查询系统和车险赔案实时在线查询系统。鼓励客户利用上述系统对案件理赔流程、各环节预计时间、出险信息、损失核定信息、索赔材料、赔款支付情况、赔偿金额等信息进行在线查询，并对工作进行监督，促使提高服务水平，改进服务质量。全省11家三级机构全部设有自主查询及异议信息受理岗。95590外网设有客户留言信箱，分公司设专人进行处理，对客户留言全部答复，与客户建立了有效沟通机制。二是梳理简化理赔流程。大力推进简易案件的快速处理工作，简化理赔手续，充分运用智能手机和便携式蓝牙打印机，快速、准确地对事故进行现场定损，并实现现场上传理赔单证，同时配合小额案件快速处理机制，将报案至结案支付全过程时效提升至“小时”时代。三是着力解决容易引发“理赔难”的价格争议问题，借助精友零配件报价数据库，逐步实现了定损标准的科学性、合理性，有效地降低了价格争议问题。四是加强培训、提高责任意识。为强化理赔重点，有效地推进客服工作，分公司先后多次派专人对重点构就薄弱环节实行面对面理论培训，同时对于出台的各项理赔措施均通过视频进行培训，及时进行检查通报，做到奖罚分明，改善了整体素质。五是建立防灾防损制度。为增强被保险人风险防范意识，最大限度地避免和减少保险标的因火灾、洪涝、暴雨、雪灾等自然灾害和意外事故造成的损失，分公司成立了以主管总经理为组长的防灾防损工作小组，分别开展了春季、夏季、秋季、冬季四次防灾防损工作，对经验教训和发现的问题进行了总结，提高公司风险防范能力。同时根据河北省冷空气的影响，专门开展了冬季灾害防御和风险提示活动，对财产安全、天气变化、疾病预防健康等提供增值服务。

【打造“简单、高效、务实、合规”的企业文化】从转变机关工作作风入手，营造“简单、高效、务实、合规”的企业文化，坚持“执行、公平”，开展了转变机关工作作风活动、致全省员工的一封信、开展“三同”帮促工作、开展“我为公司发展建言献策”主题征文活动，充分调动公司员工的积极性和创造性，凝聚全员的智慧和力量，推进公司扭转发展的落后局面。通过各种会议、培训、下机构调研引导大家转变经营理念，着力引导全体干部员工积极领会“懂事、想事、学事、干事”的理念和要求，动员全体员工深入参与到公司的经营发展当中，追求员工价值的合理体现。

【加强保险宣传和消费者教育】在产品宣传时严格遵循公平竞争的原则和诚信经营的理念，坚决杜绝欺诈和误导性宣传，充分保障客户的知情权益。公司各级机构积极参与保险宣传和消费者教育工作，并充分利用自身资源优势，在政策范围内创新险种，集中开展“五进入”活动进行宣传和推广，为广大群众提供多样化的保险产品和优质的保险保障服务，并通过户外广告、广播等多种方式加大宣传力度，提高广大消费者的风险防范意识和对保险知识的理解和认知水平，达到普及保险知识的目的。

【坚守合规经营底线】各部门根据审计分部梳理的审计风险点，同时结合自身工作职责，制定完善内控制度，汇总形成公司内控制度汇编并正式下发，明确各风控点的职责部门及人员，细化各操作点的职责，强化员工风控意识，强化督导跟踪，严格责任追究。分公司建立了制度库，收集了 19 大类，共计 150 余个制度，要求各级机构、各部门结合工作职责，加强学习，将制度学习纳入到晨夕会内容，切实提高全员综合素质和工作技能。

【党风廉政建设得到进一步加强】分公司按照总公司部署，认真学习党的十八届三中全会精神，坚决贯彻落实中央“八项规定”，深入组织开展党的群众路线教育实践活动，聚焦作风建设，集中解决“四风”问题，出台各项管理规定，厉行勤俭节约，针对查找出来的问题逐项整改，确保整改到位。分公司党委领导班子分别深入联系中支，深入三级机构和部分四级机构，认真听取基层员工的意见和建议，党群关系得到改善，党风及廉政建设责任制得到进一步落实。

（张晓东）

安邦财产保险股份有限公司河北分公司

安邦财产保险股份有限公司（简称“安邦产险”）是安邦保险集团旗下重要专业子公司。凭借一流的企业文化和创新机制，安邦产险发展迅速，已经成为全国分支机构最全的财产保险公司之一，在全国所有省、市、自治区都设立了分支机构，已拥有 37 家分公司，400 多家中心支公司，1000 多家县、区级机构。机构的广泛铺设不仅推动了安邦业务的快速发展，也为安邦给客户提供及时、周到的服务打下了坚实的基础。

安邦产险通过出众的资源配置能力、卓越的创新精神，坚持为客户提供优秀的产品、优质的服务、优惠的价格，实现客户增值。安邦重视建立与客户的相互信任和长期发展，努力为客户提供多层次、全方位的金融服务，实现与客户、股东、战略伙伴、员工的共赢发展。

【经营情况】截至 2014 年末，安邦财产保险股份有限公司河北分公司（简称“安邦产险河北分公司”）累计实现保费收入 11250.12 万元，其中车险业务的实收保费为 11124.07 万元，非车险为 126.05 万元，总保费较上年同期增长 47.94%。2014 保单总体的满期赔付率为 55%，其中车险满期为 54.37%，非车险满期为 42.47 %，整体承保效益较好；滚动一年的历年制赔付率为 56.21%。截至 2014 年末，安邦产险河北分公司本年报案量（不含注销案件）5559 件，其中人伤报案 565 件，同比上升 5.02 %；已决赔款金额为 5481.75 万元。

【获得荣誉】获得中国人民银行石家庄中心支行 2014 年度反洗钱考核 A 类机构评价：安邦产险河北分公司坚持合规经营，把反洗钱工作作为合规的重要事项，定期组织反洗钱培训、开展反洗钱宣传健全各项反洗钱机制。

在河北省行业协会、河北省质量技术监督局、河北省质量信息协会等有关部门联合举办的 2014 年全省“质量月”质量提升评选活动中，获得“2014 年河北省服务名牌”称号。

【合规经营】公司始终坚持依法合规经营，严格执行监管和公司的规章制度，完善公司内控合规体系，有效增强了公司内部管控和风险控制能力。

一是业务开展严格执行报备的条款和费率，同时结合河北省保险行业协会自律检查工作，开展了多次业务自查自纠活动，及时化解了机构潜在的风险隐患，有效地改进了机构的风险管控水平和服务水平。2014 年度未发生一起承保类监管处罚。

二是面对目前混乱的市场状况，严格执行自律规定。一方面将各机构自律中涉及承保条件的要素全部设置到车险业务的自核规则中，从源头上杜绝了机构违规操作的可能性。另一方面按总公司合规经营要求，严格贯彻手续费自律规定，不参与市场恶性手续费竞争。在 2014 年协会组织的历次自律检查中，全辖各级机构未发生一笔手续费违规问题。

三是严格执行车船税代收代缴工作。代收代缴率达到 100%，未发生一笔车船税违规问题。

四是注重高管合规意识提升。在分公司经费有限的情况下，组织下辖所有机构负责人参加了保监局主办的高管培训班，同时认真组织上述人员参加保监局的高管网络学习，使机构负责人的合规意识进一步明显提升。

五是化解矛盾纠纷机制常态化。分公司高度重视对矛盾纠纷排查化解工作的组织领导，将矛盾纠纷排查化解工作制度化、规范化、日常化。通过加强预防、深入排查、尽快化解、及时报告等手段，确保了全年未发生一起矛盾纠纷事件。

【机构建设】2014 年复开 1 家四级机构，无新设机构。截止到 2014 年 12 月 31 日共有四级机构 34 家，2015 年拟新设 3 家县级机构，使机构网点不足问题得到了一定的缓解。

（孙红仙）

安盛天平财产保险股份有限公司河北分公司

【概况】天平汽车保险股份有限公司经保监会批准于 2004 年 12 月 31 日在上海成立。2013 年 4 月，天平保险总部与法国安盛保险股份公司签订合资协议。合资后，公司正式更名为：安盛天平财产保险股份有限公司。河北分公司于 2006 年 7 月 17 日经河北保监会批准开业。河北分公司除总经理室外，有 8 个职能部门，分别是：综合管理部、财务部、业务管理部、理赔部、销售管理部、车商渠道业务部、直销业务部，直属业务部，截至目前全省在职员工 388 名。

截至 2014 年末，河北分公司累计实现保费收入 91090.71 万元，保费收入较 2013 年增长 13.28%。业务总体经营情况中：机动车业务保费占比 99.98%，其中机动车交强险保费收入 53016.22 万元，机动车辆商业险保费收入 38060.58 万元；意外险保费收入 13.91 万元，意外险业务占比 0.02%。

截至 2014 年末，累计赔款支出 11286.19 万元，其中机动车险赔款占比 99.92%；意外险赔款占比 0.08%，赔款支出主要集中在机动车险业务。

【反洗钱工作】完善了《各部门岗位说明设置简表》，添加了各岗位反洗钱岗位职责。制定了《安盛天平财产保险股份有限公司河北分公司2014年反洗钱培训计划》《安盛天平财产保险股份有限公司河北分公司2014年反洗钱宣传工作方案》《安盛天平财产保险股份有限公司河北分公司高级管理人员内部报告制度》，其中反洗钱培训计划中增加了高级管理人员培训。2014年9月，由反洗钱工作小组带领河北分公司及9家中心支公司开展了反洗钱自查工作，并于9月底提交了反洗钱自查报告。自2013年石家庄中心支行反洗钱调查小组来分公司反洗钱现场检查过后，河北分公司反洗钱工作小组严格按照人行及保监局相关规定做好反洗钱工作，力争将工作做细做精。各部门的考核管理办法进行相应的修订，并将反洗钱内容列入各条线考核，切实把工作落到实处。河北分公司反洗钱信息系统全年运营正常。

【内控管理】内控管理建设是分公司长远发展和持续稳健经营的基石，分公司内控管理体系建设是重要工作之一，主要涉及方面有：一是规章制度建设。分公司2014年对于监管部门、总公司相关文件进行全面整理，对于分公司规章制度进行全面梳理，完善相关规章制度建设，强化制度执行。二是加强合规建设。分公司建立学习制度，利用每日晨会、定期业务分析会等不同时机和场合，将国家有关法律、法规、监管政策、行业自律信息等进行第一时间的传达和学习。充分发挥集中管理的优势，对日常经营过程中发现的问题和苗头在短时间内果断处置。设置合规岗位，加强合规制度建设，根据总公司、分公司稽核管理制度和合规管理要求，开展工作。三是加强员工考核体系建设。分公司根据总公司岗位管理办法，完成员工岗位职级评定和考核办法，完善员工日常管理制度，加强员工岗位培训，不断提升员工服务意识和学习意识。

【风险防范】严格人事管理和条线管控。制定了员工招聘制度、劳动合同管理办法和重要岗位轮换制度。公司从筹建开始就严格员工的招聘制度，通过多种方式来了解应聘人员的人品。安盛天平在重要岗位如财务负责人、理赔负责人、核保负责人等实行一定期限强制轮换，以防范风险。分公司重要岗位实行条线管控。财务负责人、理赔负责人、核保负责人等重要岗位均为总公司委派，实行条线管控，严格按照公司规定开展工作，强化总、分公司两级机构相互监督管理重要岗位，岗位间相互制约权限，防范风险。

【财务管理】河北分公司采取财务人员垂直管理，异地委任，收支两条线，资金全部上划和集中支付。通过财务管理制度、会计制度、保险费发票管理制度、手续费支出管理制度、赔款支付管理办法等多项制度和办法对财务工作各环节进行约束和监督。

【业务管控】实行垂直管理，完善制度建设，制定了业务管理办法，代理公司管理办法、单证管理规定、手续费结算管理规定，业务操作规范等各项制度。另外，充分发挥信息化的威力，利用先进的网络系统，对整个业务处理过程进行网络实时监控。同时开展业务自查和市场调研相结合，对于业务情况进行查漏补缺，防范业务风险。

【理赔服务】理赔工作人员实行垂直管理，全辖理赔人员全部隶属河北分公司理赔部，直接接收河北分公司调度和考核监督。同时制定了公估公司考核标准，维修网络考核标准、各类型案件的处理工作流程。加大案件查勘复勘力度，结合“打三假”工作，打击问题案件，防范理赔风险。

【应急措施和预案】为了应对极端恶劣天气、重大群体事件、大面积退保等有可能给公司带来的风险隐患，河北分公司成立了专项工作小组，制定了相关的措施和预案，并多次检验各部门间联动、协作效能，不断加以完善。同时，耐心细致的沟通、周到热心的服务、灵活快捷的处理方式等都为化解风险、保持公司稳定发展起到了积极的作用。

【打击“三假”工作】结合监管部门“打三假”的工作要求，分公司成立专项工作小组，对于影响保险业务的“三假”予以严厉打击，定期召开工作沟通会，通报工作进展，及时上报监管部门，同时与经侦部门展开密切合作，共同打击保险诈骗案件，并取得初步成效。

【保险创新情况】在管理模式创新方面，摒弃了只注重指标考核，不关注日常管理的传统粗放型模式，将人力资源、财务、销售、承保、理赔全部集中到分公司管理，实行条线考核，日常考核，实现了真正意义上的扁平化管理。服务方式创新，尤其是理赔服务创新方面，河北分公司从调度派工、现场查勘、事故损失核定、赔案缮制、赔款支付、核赔规则制定、未决案件管理、客户回访等各环节全部实现了集中管理，既加快了案件处理速度，又统一了理赔服务标准，从而减少了惜赔、滥赔、人情赔偿等问题的发生，维护了客户的切身利益。

【诚信建设】安盛天平公司外包式的独特经营模式，致使诚信建设工作压力远大于其他传统经营模式的公司，鉴于此种情况，分公司主要工作开展如下：

一是销售工作重点定位于对合作代理机构的日常管控与业务推动，并与其考核指标挂钩，以加大日常管理力度。对于发现的问题，要求合作单位限期整改，逾期不改正的，分公司业务管理部暂停其出单权限，并停止向其供应保险单证，直至整改到位。情况严重和屡改屡犯的，终止合作。二是理赔工作重点定位于规划查勘服务区域，有效配置理赔资源，做好客户服务工作，不断改善理赔服务工作质量。为了加强对外部理赔资源的有效管控，河北分公司专门设置了案件跟踪岗位，负责自案件调度开始至缮制结束的全过程，每日逐案进行回访，发现问题及时解决。同时，建立了外部资源考核评分制度，在公估费用结算、案件调度数量、公估合同续签、资信级别评定等各方面进行考核挂钩，充分利用经济手段增强合作公估机构的诚信意识。通过上述措施，大大提高了案件处理速度，有效改善了案件质量，彻底清理了长期遗留未决案件。理赔服务已经得到客户的基本认可。三是客户服务工作。加强内部员工管理和服务意识，开展岗位服务工作评比月、微笑服务客户等活动，同时加强客户回访和投诉处理工作，第一时间为客户解决问题，赢得客户认可。

（杨丽颖）

信达财产保险股份有限公司河北分公司

【概况】2014 年是信达财产保险股份有限公司河北分公司（简称“信达财险河北分公司”）夯实业务基础、调整业务结构的一年。一年来，面对激烈的市场竞争环境，在各监管单位的关心指导及总公司的大力支持下，信达财险河北分公司认真贯彻落实全省金融工作会议和全省保险工作会议精神，经过全体员工的奋力拼搏和艰苦努力，分公司圆满完成了各项预算指标，呈现出业务规模稳健增长、客服能力不断增强、管理水平明显提高、各类风险有效控制的良好局面，为保障人民群众财产安全和助推社会经济发展发挥了积极作用。

【业务经营】2014 年，信达财险河北分公司全年实现保费收入 43299.08 万元，保费计划达成率 115.46%。其中，财产险保费收入 1808.92 万元，保费计划达成率 54.11%；意外险保费收入 353.29 万元，保费计划达成率 59.22%；车辆险保费收入 41134.87 万元，保费计划达成率 122.79%。

综合成本率 92.47%，较年度预算低 6.03 个百分点；法定综合赔付率 48.98%，较年度预算低 6.02 个百分点。实现净利润 3244.67 万元，完成年度计划的 648.93%。据 2014 年 12 月份河北省行业协会协统计资料显示，信达财险河北分公司市场份额为 1.19%，在河北省 24 家财险公司中排名第 13 位。

【多举措推动业务发展】优化车险内部结构，增强数据分析能力。在品质保障方面，一是制定差异化的核保政策，通过政策真正引导各机构、各合作渠道有质量的销售，实现“选优剔劣”，有效优化业务结构，保障业务品质。二是注重专项业务分析，强化车险数据追踪，及时纠偏，确保业务发展不偏离轨道。三是加强经营过程中对承保政策执行情况的业务检视，建立了三级机构月度分析制度，发现承保问题及时上报或纠偏。

强化费用杠杆作用，引导渠道健康发展。分公司细分业务来源、业务品质，差异化费用政策，严控边际成本较高的业务，确保公司的利润指标的达成。一是根据渠道不同特点，合理配置费用资源，有效增强各渠道的市场竞争力。二是根据不同车型的品质状况，差异化的投入费用，将有限的费用向优质业务进行倾斜。三是根据渠道合作广度和深度的不同，制定差异化的激励方案，促进业务规模和利润的持续贡献。

积极推动车险网销业务，增加直接客户来源。河北分公司积极推动网销业务，在进行了大量市场调查分析的基础上，提出全新的“客户体验计划”，重点由原来的单一降低保费改为适度优惠，同时推出了一系列产品服务和增值行为服务，使客户体验足不出户即可完成承保，通过一段时期的推动工作，取得了较好的市场反应。

【全面树立大客服理念】 推行查定分离。通过微信查勘的运用，实现石家庄、衡水、唐山（自主部分）查勘定分离，有效提高了结案时效，其中3000元以下纯车损案件平均时效提升了1天，手续齐全的案件实现当天结案支付。试点运行车险理赔客户经理方案，减少客户理赔中间环节，提升客户服务能力，有效降低了客户咨诉量。成立重案处理中心，强化对重大案件的调查把控，充分利用内外部力量，加大打假降赔力度，控制大案风险。建立合作修理厂，优化成本，提升客户体验。加强投诉管理，完善相关制度及处理流程，优化岗位职责，实行上报反馈制度，加快保监系统投诉响应时间，有效降低了公司内部投诉处理后转向保监局及保监会投诉比。积极开展未决案件清理专项活动，成立了专项小组，制定《信达财险2014年财产保险积压未决赔案清理工作方案》，积极主动与被保险人、业务员、三者进行沟通，严格履行赔偿义务，有效措施加快案件审结速度。

【加强内控体系建设】 加强制度体系建设，为规范化管理提供有力保障。分公司高度重视制度体系建设，在认真执行总公司各项规章制度的基础上，结合分公司实际和当地市场情况，健全完善了各类规章制度50多项、业务流程17项，基本涵盖了财务管理、业务管理、客服管理、销售管理、人员管理等各方面，建立了“有规可依、有章可循”相对完善的制度体系。同时，分公司强化制度执行，注重发挥制度的实效性，严格按照规章制度办事，初步形成了按程序和权限办事的习惯，促进分公司规范化管理水平进一步提高。

夯实财务管理基础，提升财务合规和预算监控水平。一是充分发挥了财务管理部“导航仪和刹车器”的作用，对公司运营的现状进行分析，实行KPI过程考核和周数据通报体系，持续改善机构运营状况。二是专设财务主管岗，并分设会计核算与财务管理两大板块，明晰各版块的工作职职责，推进财务集中管理模式，分公司系统的财务基础工作及预算控制能力有了显著提升。三是在日常的核算中强化预算和成本管理意识在全员中的落实，基本形成分公司成本管理精细化方案雏形，引导员工关注公司数据的走势，在赔付成本和费用成本细分的基础上，由各责任单元拟定成本降低的措施，有力地促进公司业务工作和管理工作的提升。

【稳步推进机构建设】 分公司第1家四级机构任丘支公司于2014年8月25日正式开业运营；9月19日向监管部门上报筹建保定、廊坊2家三级机构和新乐1家四级机构的请示，其中、新乐支公司已于11月7日顺利通过河北保监局开业验收，保定、廊坊中支前期筹建工作均已完成，等待保监局进行现场验收。对计划筹建的保定、廊坊中心支公司和新乐支公司，河北分公司将加强与监管部门的沟通联络，并将按照总公司机构建设相应标准，加强筹建周期管理，严控职场建设成本，并以此作为筹建质量考核指标予以管控。

【促进企业文化建设】 一是加强对“新国十条”的学习，并加大宣传力度，走进社区街头；二是积极参加3·15消费者权益保护日、7·8保险公众宣传日、12·2全国交通安全日等活动，以此为契机开展各类内外部品牌宣传活动，树立公司良好形象，同时利用河北日报、河北经济日报、河北工人报的平面媒体和河北交通频道等电视媒体资源，投放新闻稿件及宣传广告，提升了公司品牌知名度和美誉度。三是进一步丰富员工业余文娱活动，相继成立了羽毛球和乒乓球协会，增强了员工的凝聚力。

（伊 婷）

泰山财产保险股份有限公司河北分公司

【概况】泰山财产保险股份有限公司河北分公司（简称“泰山保险河北分公司”）于2011年12月22日经中国保监会批准开业并颁发保险经营许可证，2011年12月27日正式开业。泰山保险河北分公司是泰山财产保险股份有限公司的二级机构，现有邢台、邯郸、保定、石家庄、沧州5家中心支公司开业，唐山、张家口2家中心支公司在筹。泰山保险河北分公司业务范围包括：财产损失保险；责任保险；信用保险和保证保险；短期健康保险和意外伤害保险；上述业务的再保险业务；经保监会批准的其他业务。

2014年度，泰山保险河北分公司深入贯彻落实科学发展观，紧紧围绕河北省经济社会发展工作大局，积极推动保险市场健康稳定可持续发展，业务规模不断扩大，管理体系不断健全，经营效益稳步提升，服务能力逐步增强，实现了速度、规模和效益的统一，品牌影响力和产品竞争力不断提升，为推动全省保险市场繁荣稳定、实现总公司战略发展做出了积极贡献。

2014年度，泰山保险河北分公司积极提高客户服务水平，扩大业务拓展范围，为客户量身定制保险方案，有效地为社会经济发展化解风险，全年累计实际保费20986.50万元，其中车险保费20315.51万元，财产险保费450.26万元，意健险保费220.73万元。2014年，车险满期赔付率为34.50%，意健险满期赔付率为11.81%，财产险满期赔付率为33.45%。受理车险案件19333件，已决赔案12807件，注销件数5317件，件数结案率93.77%，有力地支持了出险单位和人员恢复正常的生产生活。

【合规经营】河北分公司坚持把合规贯穿于经营管理全过程，强化事前预防、事中监控和事后问责。严格履行反洗钱义务，加大合规审查工作力度，不断提高管控能力和分析判断能力，有序、有力、有效地支撑了机构的业务发展。2012年、2013年和2014年连续三年获得分类监管B类。

【客户满意度】在2014年5月份发布的关于2013年度河北省保险公司服务质量评价和客户满意度调查结果的通报（冀保监办发〔2014〕40号）中河北分公司被评为A类公司，客服工作取得阶段性进展。在2014年7月份关于2014年机动车保险理赔服务现场测评情况通报（冀保监产险〔2014〕5号）的测评中，采用模拟现场多次抽查模式，分公司获得第5名的优异成绩。

【社会责任】河北分公司十分重视慈善工作，积极参与社会公益事业，通过开展青年愿者服务，在公司开业典礼上即向“希望工程”援建“泰山保险图书室”；每年雨季在合作网点向客户赠送雨伞，实践泰山保险“为社会贡献公益，践行社会责任”的承诺。上半年，河北分公司被山东省慈善总会评为慈善工作先进单位。

【机构筹建】机构开设是对公司品牌的宣传，也是服务的桥头堡。2014年，沧州中心支公司和石家庄中心支公司相继开业，同时唐山中心支公司、张家口中心支公司也在紧锣密鼓的筹建中，现已基本形成辐射全省的机构网络。

【管理体系】基础管理是分公司快速发展的基石，落实各项管理制度为分公司快速发展起到保驾护航作用。2014年，河北分公司制订新制度规定8项，修订3项。组织各类自查自纠活动、管理落实督促活动，品牌宣传活动7次。通过开业以来三年的制度建设，分公司建立了以风险合规管理制度为基础，以风险监测、评估、分散为手段，以各职能部门和分支机构协调联动为保障，全面覆盖、全程管理、全员参与的全面管理体系。

（王晓毅）

中国人寿保险股份有限公司河北省分公司

【概况】2014年，中国人寿河北省分公司（简称“河北国寿”）紧紧围绕省委、省政府的决策部署，在河北保监局和省金融办的正确领导和大力支持下，认真贯彻落实上级公司的既定方针，坚持在保持业务规模总体平稳的基础上，着力推动业务结构调整，切实加强各类风险防范，进一步夯实队伍基础和管理基础，较好地完成了总公司下达的预算目标和工作任务，各项工作都取得了新的成绩和进步。

【经营结构】2014年实现总保费收入215.85亿元。实现首年标保13.55亿元，预算达成102.90%。新单保费（含短险、含大病保险）95.57亿元，预算达成103.80%。首年期交27.58亿元，预算达成103.50%。10年期及以上17.56亿元，预算达成124%。短期险（不含大病保险）10.47亿元，预算达成101.50%。2014年赔付给付支出总额为104.40亿元，较上年同比减少5.20%。其中赔付12.23亿元，同比增长21.29%。

业务结构持续优化。首年期交同比增长22.80%，10年期及以上同比增长15.10%，短期险同比增长15.70%，短期意外险同比增长6.40%。首年期交占新单保费的比重提高7.20个百分点，达到33.60%；10年期及以上占首年期交的比重达到63.10%；短期意外险占短期险的比重达到66.10%。

继续保持了全国系统先进地位和区域寿险市场的主导地位。主要业务指标保持了全国系统的先进位次，总保费排全国第4位。总体市场份额38.79%，高于第2名28.76个百分点。

【社会责任】一方面，积极吸纳社会人员就业。截至2014年末，全省系统营销员持证人力4.80万人，排省内同业第1位。公司总从业人员含员工达6万余人。另一方面，积极纳税。公司2014年缴纳税款共计32584万元。其中，企业所得税24262万元，营业税金及附加7205万元。代扣代缴各项税费共计20244万元，其中，代扣代缴营销员营业税金及附加2787万元，代扣代缴营销员个人所得税13582万元，代扣代缴公司员工个人所得税3876万元。

【年金业务】充分发挥公司机构网络、人才队伍、专业技术等方面的优势，大力拓展企业年金市场。截至2014年末，累计管理受托资金规模13.11亿元，累计管理投资资产规模14.24亿元，签约企业119家，为20万企业职工提供企业年金服务。

【服务“三农”】通过业务拓展、服务延伸，不断提高农民保险保障水平，让保险服务千家万户，帮助各级政府分忧解难，为促进社会稳定、建设新农村、构建和谐社会做出了积极贡献。

一是农村小额保险稳健推进，实现广覆盖多保障。2014年是河北开展农村小额保险试点工作的第6个年度。河北国寿在以往试点基础上，进一步细化工作、优化服务、加快发展，有效扩大覆盖，向“让每一个农民都拥有保险保障”的目标积极迈进。该险种保费低廉、保障适度，且主要保障意外风险，与新型农村合作医疗互为补充，受到了广大农民的充分肯定和热烈欢迎。截至年末，全省农村小额保险承保客户870.31万人，共向参加农村小额保险客户提供5252.68亿元保障，共向农村小额保险出险客户提供保险保障4034.95万元，有效缓解了农民群众因意外返贫的风险。

二是积极参与新农合大病保险服务项目，提高农民的保险保障水平。2014年，承保的石家庄新农合大病保险服务项目，覆盖16个县（区），参合农民571万人，涉及资金1.43亿元，人均保额20万元，提供风险保障11420亿元。截至2014年末，在全辖区范围内与156家县级以上医院、207家县级以下医院实现了系统对接，使参合农民在定点医院出院结算时即可实现“一站式”结报服务。全年累计支付报销15602万元，补偿人次近8.50万人。成功中标承德、衡水新农合大病保险项目。另外，公司还积极开展参合农民意外险业务。2014年，公司承保了46个县区的参合农民意外险业务，覆盖人群1370万人，业务总规模16950万元。

三是保险先进村创建工作深入展开，创建标准显著提高。保险先进村创建工作，即通过派驻驻村服务员，统筹行政村区划内的保险资源，为广大村民提供全方位保险服务，通过选聘义务监督员，借助行政公信力，加强对保险服务质量、效率的监督，促进当地保险保障水平的提升。2014年，河北国寿持续开展保险先进村的建设，并继续进行一定的投入，增加保险先进村的数量，对保险先进村实行分级管理，实现数量和质量的双增长。提高保险先进村创建标准，对已经建成的保险先进村，注重服务、加大宣传、扩大影响、深挖产能，引导二级保险先进村向一级保险先进村发展，引导一级保险先进村向五有保险示范村发展，打造精品保险先进村，不断扩大保险先进村创建成果，促使村民保险保障水平得到不断提高。

四是农村营销网点实现大发展，为农民提供全面保险服务。农村营销服务部是公司植根在两乡的最基层机构，是公司品牌的宣传阵地，是公司优质服务的承载平台。2014年，河北国寿致力加强农村网点建设，夯实农村业务发展基础，进一步强化农村网点星级建设，提高网点辐射周边、带动业务发展的能力。截至年末，河北国寿共有农村营销服务部1221个，均在保险监管部门备案，乡镇覆盖率达61.98%（全省共有乡镇1970个），基本能够实现对市场的全覆盖。全省共有1.90万余名农村营销员服务、工作在农村一线市场，为广大农民客户提供着完备的保险服务。全省星级网点总体达663个，其中五星级1个、四星级5个、三星级27个、二星级41个、一星级249个、准星级340个。

【参与社会管理】 2014年，河北国寿继续大力发展与国家基本医疗保险服务相衔接的补充医疗类保险业务。全年补充医疗类业务规模4.23亿元，共计给付4.09亿元。其中，承保石家庄、沧州、邢台、保定、邯郸5个市本级、60个县（区）以及北京铁路局石家庄站段的城镇职工补充医疗业务，承保人数达280.82万人；承保保定、张家口、邢台3个市本级、26个县（区）的城镇居民补充医疗业务，承保人数达104.44万人；承保唐山唐海新农合补充医疗业务，承保人数13万人。

【提升服务质量】 一是提升保单服务质量。2014年，河北国寿办理保单借款41.64万件，借款金额78.73亿元，为全省超过16.80万名客户解了燃眉之急；累计为全省6.70万名客户办理了失效保单免息复效手续，最大限度帮助客户减少了保险损失；处理理赔案件24.13万件，平均结案时效1.58天，5日内结案率达到97.66%；推出了全国通赔通付服务，全年共受理外省保单索赔案件117件，处理异地受理保单索赔案件48件，涉及18个省市，服务客户143人次。对于2014年发生的马航客机失联事件、昆山爆炸事件、云南昭通地震事件、张家口公交车站严重交通事故、辛集水泥厂爆炸等重大灾情，公司均第一时间成立重大事故应急工作组，启动重大灾情理赔应急机制，组织人员及时进行客户信息排查，收集客户信息，积极帮助保单受益人完成索赔事宜，共计赔付客户13人，理赔金156余万元。

二是提升客户服务能力。以精细化管理推动工作提质提效，以方便快捷、周到细致的服务优化客户感知，有效提高客户满意度。2014年，河北国寿95519电话中心客户满意度自助测评好评率达到99.88%，比2013年提升0.11个百分点。全年发送客户服务短信2986万余条，电子邮件519.90万封，使广大客户更加便捷地获得公司通知和电话服务。

三是提升客户服务体验。既包括客户享有的河北国寿保单服务，也包括客户在国寿品牌增值服务中的交互感受。2014年，河北国寿为近万名客户举办了国寿大讲堂，与签约商家组织特惠超值活动17场，组织特色客服活动115次，累计5.17万人次参加，举办了超过9.20万人次客户参与的主题活动。

【战略合作】 2014年，集团公司缪建民总裁与河北省张庆伟省长进行会谈并达成共识，积极推动中国人寿保险（集团）公司与河北省人民政府的全面战略合作。总公司在河北各地市进行的保险投资项目，涉及金融产品和债权投资，其中存款189.50亿元，基础设施债权投资计划项目1项（中国人寿—建投能源债权投资计划），投资金额5亿元（所在行政区为沙河市）。

（郭　亮）

合众人寿保险股份有限公司河北分公司

【概况】 合众人寿保险股份有限公司河北分公司（简称“合众人寿河北分公司”）于2006年4月25日正式屹立于燕赵大地，2014年年末已在省内成功开设29家分支机构，把“合众保险，理赔不难”的保险理念传播到千家万户，并赢得了合众系统内和河北保险市场的广泛赞誉。

【企业文化】 坚持“投资于人”的管理理念，通过明晰的企业战略、明确的发展目标、宽松和谐的工作氛围、奖惩分明的工作制度，全面激发员工的最大潜能，为员工提供具有竞争优势的薪酬福利待遇与学习培训机会，努力营造良好的人才成长环境，将员工视为公司最重要的资源和最宝贵的财富，使公司成为引才、纳才、聚才、留才之地，实现了个人与公司事业的共同进步。公司始终坚持以诚信为本的原则，成立之初就以“合众保险，理赔不难”作为对客户的承诺，并不断提升服务质量，提高理赔时效，始终以服务行业的道德标准严格要求自己，始终把优质的服务提供给客户作为公司的重要任务，认真实施“六大服务举措”，人性化的产品、优质化的服务，使合众人寿河北分公司在河北寿险市场上树立了诚信、求实的企业形象。公司全体内外勤员工思想统一，坚持“服务至上、诚信做人、礼貌服务”的行为准则，体现了公司一直以来贯彻的诚信经营、品质为先的经营理念。通过良好的企业文化和完善的管理制度，公司逐渐形成了“民主、和谐、通畅、平等、开放、包容”的良好局面。

【业务情况】 2014 年，保险保费收入 6.63 亿元，同比增长年累计新增保险金额 1630.66 亿元，同比下降 56.90%，全年赔付金额 2.50 亿元，同比增长 62.20%。保费收入方面，个人代理渠道保费收入 4.25 亿，同比增长 18.30%；公司直销渠道保费收入 613.27 万元，同比增长 52%；银行邮政代理渠道保费收入 2.28 亿元，同比上升 140.10%；保险专业代理渠道保费收入 79.15 万元，同比下降 45.50%；保险经纪代理渠道保费收入 21.61 万元，同比下降 94.10%；其他兼业代理渠道保费收入 273.03 万元，同比增长 0.30%。公司一直以“规模与效益并进，品质与速度同行”为经营思路，2014 年累计 13 个月保费继续率 87.20%，年累计 25 个月保费继续率 94.30%。在快速发展的同时，公司积极践行“理赔不难”的服务承诺，截至 2014 年末，全省 3 日结案率 91.70%，10 日结案率 96.40%。

【社会责任】 作为企业公民，合众人寿河北分公司在践行企业公民职责上一直不懈努力，公司秉承“和合各方利益，实现多赢共好”的企业价值理念，积极参加各种灾害捐助活动和公益活动，关注社会，奉献爱心，获得了广泛的公众认同和社会荣誉。自开业以来，公司启动了“合众助学行”大型公益活动，2014 年，继续开展以“合众 CLUB”为核心的公益活动，积极履行社会责任。5 月份，合众人寿河北分公司通过多方渠道联系到平山县南滚龙沟村的史林山老人。史林山老人是当年王二小儿时的伙伴，亲眼目睹王二小被敌人杀害的场景。为了宣扬红色历史，激发当代青少年的爱国热情，合众人寿将史林山老人的事迹进行广泛传播，得到了各级领导以及新闻媒体的大力支持，并得到了社会公众的广泛好评，提升了公司的社会形象。

积极宣传保险知识和产品，不断提升消费者的保险意识。利用“5·15”客服节的契机，组织员工对广大消费者进行保险知识的宣传，让消费者真正理解保险，明明白白买保险；利用各种节假日宣传保险知识，走进消费者，提升行业形象。同时，通过日常工作的经验，不断完善公司的制度，规范公司的服务窗口，从而为广大消费者提供优质的服务，提升公司服务品牌。

【创新服务】 紧跟市场动态，大力推进 E 化保单项目，客户通过电子保单进行自助投保，从投保到承保仅用十几分钟，便利了客户投保，提升了承保时效，增强了客户满意度，深受客户喜爱。进一步开发了合众“财保街”手机软件，新增了保全服务、续期交费、续期对账单、续保申请等服务，客户通过下载合众人寿 APP 客户端，可实现解约、复效、续期交费，客户也可以在移动网络平台进行报案，并且可以实时了解案件进展状况，提升客户知情权，增强客户满意度，大大节省了客户的宝贵时间，为客户提供了方便。“财保街”与“合众人寿微信公众平台”相结合，为客户提供最便捷的保单查询和业务咨询，将保险做到了快速、便捷，更好地提升了保险服务质量。

【分支机构】 合众人寿河北分公司经过近九年的发展，业务遍及石家庄、唐山、秦皇岛、邯郸、邢台、保定、张家口、承德、沧州、衡水 10 家地市，致力于为全省人民提供全方位的寿险保障，2014 年合众人寿河北分公司下辖各中心支公司保费收入如下：

合众人寿河北分公司石家庄市总保费收入

14763.50万元，占全省总保费收入的22.30%；邯郸市总保费收入11488.77万元，占全省总保费收入的17.30%；邢台市总保费收入9960.81万元，占全省总保费收入的15%；保定市总保费收入4424.81万元，占全省总保费收入的6.70%；衡水市总保费收入3554.02万元，占全省总保费收入的5.40%；沧州市总保费收入5638.54万元，占全省总保费收入的8.50%；唐山市总保费收入3216.16万元，占全省总保费收入的4.90%；秦皇岛市总保费收入2848.89万元，占全省总保费收入的4.30%；张家口市总保费收入4811.50万元，占全省总保费收入的7.20%；承德市总保费收入5559.51万元，占全省总保费收入的8.40%。

随着保费规模和业务品质的不断攀升，公司逐步获得越来越多消费者的支持和信赖。在未来的经营过程中，公司将继续秉承"向规律要方向，向管理要效益，向经营要资源，向规范要后劲"的发展思路，本着"合规、创新、增长、高效"的经营宗旨，发挥完善的产品优势和服务优势，紧跟总公司步伐，在社会各界及总公司的帮助和指导下，在全体员工的努力下，全面实现了2014年的各项经营目标。面对未来，公司将顺应挑战，不断突破自我，完善服务举措，提高服务意识，提升品牌形象，用更好的产品、更好的服务来回馈广大消费者对公司的支持与厚爱。

（曲春阳）

农银人寿保险股份有限公司河北分公司

【概况】农银人寿保险股份有限公司（简称"农银人寿"）是由中国农业银行股份有限公司、北京中关村科学城建设股份有限公司、中国希格玛有限公司等公司强强合作打造，并在国家工商行政管理总局注册的全国性人寿保险公司。公司总部位于北京，并在北京、浙江、辽宁、山东、福建、湖南、四川、江苏、陕西、河北、湖北、山西、河南、安徽、宁波和苏州设立了包括16家分公司在内的近300家分支机构。

中国农业银行持有农银人寿51%的股份，是公司的控股股东。作为中国领先的零售银行、首屈一指的公司银行和县域金融业务的领导者，中国农业银行2011年股票市值在全球银行业中排名第5，在英国《银行家》杂志全球银行1000强排名第7，强大的股东背景为农银人寿实现跨越式发展注入了强劲的动力。作为国务院批准的国有大型银行控股的保险公司，农银人寿将依托中国农业银行雄厚的资金实力、庞大的经营网络、完善的金融服务和卓越的社会信誉，为客户提供高品质的保险保障和财富规划服务。

农银人寿河北分公司共有二级机构1个，三级机构8个，四级机构21个。总资产达到26.50亿元，在职人数1490人，其中内勤人员261人，个险渠道1122人，银保渠道74人，团险渠道10人，续期专员23人。

【业务情况】农银人寿河北分公司自2007年开业至今，业绩稳步上升。市场方面，河北省保险市场目前共34家寿险公司，河北分公司在激烈的市场竞争中，市场份额日渐增长，2014年累计保费总计9.95亿元，排名第10位；公司系统内部，2014年河北银保规模保费7.70亿元，系统排名第3，个险2014年标准保费收入2767.77万元，系统排名第4，团险新单保费1609.11万元，系统排名第6，财富标准保费收入569.60万元，系统排名第2；续期保费收入23260.40万元，系统排名第3。

【持续改革创新，深化行司联动】河北分公司坚持突出市场导向作用，各业务条线开阔思路，充分调动内外勤队伍的积极性，本着追求差异化、专业化竞争优势的思路，以业务追踪督导的强化、营销技术的持续推进、销售队伍的建设、渠道和机构建设为抓点全面推动业务发展。

河北分公司深入加强行司联动，按照"主动、全面、深入对接"的思路，进一步健全行司联动工作机制。通过明确目标任务，多层次召开行司联动业务启动会议，加强行司联动方案宣导，强化行司沟通。银保、团险、财富、个险针对本条线具体情况，制定了具体可行的方案和推动措施，全面与农行销售渠道进行融合，通过提供不同的产品和服务，充分挖掘农行各类客户资源。2014年河北分公司银保、团险、财富业务全面达成，行司联动工作取得显著成就。

【不断提高基础管理水平，增强后援支撑能力】 河北分公司不断细化加强基础管理水平。财务方面，河北分公司进一步推动资金管理工作，加强核算管理，完善费用管控；运营方面，新契约强化市场思维，加快创新步伐，扎实推进各项工作展开。核保核赔方面推行业务处理标准化、规范化、合规化，防范理赔风险。在客户服务上，注重实效、及时准确，以客户为中心，注重客户体验，为客户创造价值。在电话回访上，强化追踪，及时高效，提升服务意识，确保电话回访指标达标；综合管理方面，做好承上启下、协调左右、联系内外的枢纽作用，进一步提高办文、办公、办事、办会的效率，确保公司各项规章制度、方案政策的贯彻落实，同时加强对内对外的沟通交流，保障无障碍沟通。

【加强人才队伍建设，主动团队文化】 河北分公司不断加强人才队伍建设，提升人力资源基础管理水平。资源改革方面，河北分公司按照总公司人力资源改革要求，完善人力资源组织架构，明确岗位管理体系操作，做好薪酬改革工作；人才队伍建设方面，通过多项交流、晋升发展、能力提升、考核评价及优胜劣汰等多种方式，做好人才队伍的遴选与培养建设；同时，分公司重视对团队文化建设，2010年至今，河北团队经过一段时期思想、文化的交流、碰撞与融合，形成了河北自己的团队文化，即“感恩、守信、团结、进取”的团队理念，“业绩领先、服务领先、共同成长、追求卓越”的公司愿景。

【加强风险合规管理，严控公司经营管理风险】 河北分公司牢牢抓住合规经营这条主线和底线，各部门、各机构严防风险防控的薄弱点，加大管控力度，形成了全面的、全过程的、全员的风险管理，做到了提前防范风险、动态预警风险和及时化解风险。2014年全年公司未受到内部或外部的监管处罚，于2013年至2014年连续两年分类评价结果为A级。

【抓好党务建设工作，充分发挥党组织的核心领导作用】 河北分公司高度重视党建工作，在未成立分公司党委前，在日常工作中已经将党建工作、党的群众路线教育实践工作、“七·一”红色教育等活动与干部思想作风建设、内勤团队教育培训、业务经营推动等经营管理工作有机结合。

在公司提出加快基层党组织建设工作要求后，农银人寿河北分公司积极响应，在总公司党委的关怀下，在总公司党委组织部的指导下，河北分公司党建工作进展顺利，并于2014年12月18日顺利得到总公司党委的批复。

（王湘君）

中英人寿保险有限公司河北分公司

【概况】 2007年7月10日中英人寿保险有限公司河北分公司（简称“中英人寿河北分公司”）在河北省会石家庄正式开业，成为进入河北的首家外资寿险公司。开业以来，公司发展迅速，市场份额迅速提升，目前已在石家庄、保定、唐山、承德、邯郸地区开设分支机构，业务已拓展至全省。2014年，中英人寿河北分公司认真贯彻落实监管部门的各项管理规定，强化内部管理，防范经营风险，同时加强保险宣传，大力发展人身保险业务，为广大客户提供诚信与专业的保险服务，使公司品牌及服务得到了广大客户的认可。2014年，该公司累计实现保费收入26459万元，较上年同期增长14%，其中保障型产品占比达到了75%，保障额度达到959022万元。在公司文化方面，中英人寿河北分公司秉承中英人寿“I_C.A.R.E”文化精髓，以关怀社会、服务大众为己任，中英人寿河北分公司在快速的发展过程中，始终以实际行动践行关爱文化，助力员工成长，热心社会公益，致力于将国际专业化的寿险服务传遍燕赵大地，为省内不同类别的客户，以及其不同层面的需求提供最优质、最完善的寿险服务和全面的财务保障，逐步走出了一条特色之路。

【服务客户】 中英人寿河北分公司在2014年又推出创新服务举措——微信照片回执及预约回访服务。即利用最新的通讯工具微信平台，推出了照片回执及预约回访服务，从而提升了回执核销时效，也提高了新契约回访成功率。另外在提高理赔服务时效方面，推出了“微信理赔”及“商保通”两项创新举措。一是微信理赔。通过开发微信理赔服务平台，对于津贴型的险种，客户只要在家用手机把相应的理赔资料照片上传至微信平台，就可以足不出户进行理赔申请，大大简化了理赔流程及手续，同时也提高了理赔时效，使客户感受大大提升。二是商保通。“商保通”是中英人寿目前正在试点运作的，全称为“商业健康险服务平台－集中支付系统”，也就是保险公司与医疗机构合作，运用现代信息技术，对就医客户住院期间的医疗信息进行采集、汇总和分析，在客户治疗结束出院时，对保险公司应予赔付的医疗费用进行现场实施结算和支付的过程。“商保通”是在目前传统的住院医疗保险理赔模式上的一大跨越。

【风险与合规】 中英人寿河北分公司严格落实监管机构的各项政策与制度，坚持依法、合规的经营路线，不断提升风险管控能力，促进了公司的平稳健康发展。2014 年度先后开展了“保险中介市场清理整顿”“反洗钱全面自查”“两个加强、两个遏制”等专项检查，并积极开展反洗钱、打击非法集资等宣传活动。除此之外，河北中英人还不忘播撒爱心、回报社会，积极参与及组织各项公益活动。2014 年 4 月 19 日，中英人寿河北分公司组织客户积极参与由石家庄市广播电视台、石家庄市旅游局联合举办的“石家庄首届万人登山大赛”，使广大中英客户感受到了中英人寿员工的热情，更加深刻地了解公司的 ICARE 文化。8 月 30 日，以“幸福同行 关爱五载”为主题的 2014 年度中英人寿“星星点灯 关爱留守儿童公益计划”河北站活动在石家庄顺利举行。

（赵 晨）

幸福人寿保险股份有限公司河北分公司

【概况】 幸福人寿保险股份有限公司于 2007 年 11 月经中国保险监督管理委员会批准设立，是一家全国性、国有企业控股的寿险公司，控股股东为中国信达资产管理股份有限公司。幸福人寿总部设在北京，现有注册资本 56.30 亿元。主要经营各类人寿保险、健康保险、人身意外伤害保险以及与人身保险相关的再保险业务。幸福人寿保险股份有限公司河北分公司（简称“幸福人寿河北分公司”）于 2013 年 3 月 19 日经中国保险监督管理委员会批准筹建，同年 8 月 12 日取得营业执照，正式开业。2014 年，幸福人寿河北分公司紧紧围绕公司“二次创业”和强化“基础管理”的总体思路，采取了“抓规模”与“重效益”两手抓、两手都要硬的发展策略，兼顾公司发展实际与长远发展要求，充分发扬“二次创业”的拼搏精神，全员上下齐心协力，拼搏进取，借势借力，奋勇争先，受益顶层设计，激发全员活力，鼓舞工作干劲，经过幸福人寿河北分公司系统全体将士一年的共同努力，各项工作都取得了令人振奋的经营战绩，较好地完成了年度的各项工作目标计划。

【业绩达成】 2014 年，幸福人寿河北分公司实现综合保费收入 9.60 亿元，其中：新单规模保费完成 9.04 亿元，续期保费 5590 万元；标准保费突破亿元大关，达成 1.11 亿元。保费业绩达成超过分公司成立四年多来以往所有年度业绩之和，创造了历史年度新高，规、标保绝对值在公司系统中分别列居第 2 位和第 3 位，计划达成率分别为 491.73% 和 265.69%，同比分别提升 377 和 164 个百分点，均跃居系统第 1 位，KPI 绩效考评得分连续 3 个季度系统位居榜首。行业占比（1.46%）和排名（12 位）也明显好于以往任何年度，超出了年初设定的确保在公司系统考核排名中要“保六争五”的综合经营目标。从各渠道达成情况来看，银保、团短险、个险、中高端规、标保达成和续期保费达成全部进入公司系统前十。除个险和中高端未达成年度任务外，其余各条线均名列前茅，银保规、标保达成率分别以 549.53% 和 448.29% 居系统第 1 位，团短险规、标保达成率分别以 188.40% 和 209% 居系统第 1 位；续期回收达成率以 113% 居系统第 3 位；个险虽仅达成 74.57%，但超出了往年平台，发生了翻天覆地的变化，系统贡献度排名第 8 位（条线数据显示），中高端贡献度系统排名第 7 位。年内业绩达成共实现了 12 项系统第 1，即总保费规、标保达成率第 1；KPI 连续三个季度第 1；银保规保贡献度第1、中行渠道贡献度第1、规、标保达成率第1；团短险规、标保达成率第1；邯郸中支规、标保达成第1；运营保障指标第1。

【分支机构】河北分公司目前下辖4家三级机构、6家四级机构，所辖的4家三级机构经营不仅实现了全面达标，规模保费全部过亿元，其中邯郸、唐山中支均达到2亿元以上，且4家中支月均标保平台由2013年的41.90万元提升到2014年的184.70万元，同比提高3.50倍，在公司系统67家三级机构排名中，全部挺进前5强，其中：邯郸中支2532万元标保摘得公司系统第1中支的桂冠；唐山中支以2419万元标保夺得亚军头衔；沧州中支以2004万元标保位居第4；保定中支以1913万元标保位居第5。

【品质提升】2014年，分公司努力实现规模保费和标准保费两项任务的双提升。从方针政策上，首先是银保冲“规模”：通过建行渠道错位上市、中行渠道大单效应和总经理室荣誉宴、阶段目标奖等方式营造各机构“比学赶帮超”的浓厚氛围，促成你追我赶、换位领先的良好态势，确保了增量上规模，年内实现规保8.79亿元，巩固了银保的支柱地位。其次是关注“效益”：团短险实现规模保费1413万元，其中效益型非医疗险1146.61万元，占比达81.35%，高于公司系统平均值11个百分点；个险渠道也取得历史性突破，实现标保906.60万元，突破了900万元大关，较2013年正增长14.60%。

【党建工作】2014年，幸福人寿河北分公司注重以党建凝聚人，以党建促发展。按照上级党委要求，分公司积极开展群众路线教育实践活动、党员思想教育活动、爱国主义教育活动，通过一系列思想教育、谈心活动，加强干部党员思想建设工作，有效提升了基层党组织的向心力和感召力，促进了分公司各项工作的顺利开展。作为第二批党的群众路线教育实践活动开展单位，为务实高效地开展好此项活动，分公司严格按照上级党委要求，在全系统组织举办了党委成员带头讲党课，邀请党校专家教授讲授《坚持群众观点、贯彻群众路线》专题党课，集中组织学习党的重要理论知识和党中央各项会议精神；组织党员干部赴西柏坡革命圣地参观学习，集体参观了狼牙山五壮士纪念馆；在“七一”和“八一”期间分别组织观看了红色教育电影《周恩来的四个昼夜》《天上的菊美》等。通过教育活动，使全员思想得到升华，心灵得到洗礼，更加坚定了理想信念，促进了全员的思想统一。注重与实现分公司全年经营目标紧密结合，与防范经营风险紧密结合，与促进党员干部勤勉履职紧密结合，做到了活动开展与业务经营发展“两手抓，两不误，两促进”，不走形式，不走过场，坚持不懈，落实长效机制，促进了分公司各项工作全面快速发展。作为中国银监会、信达集团试点单位和总裁联系点，多次接受了银监会、信达集团和幸福总公司各级领导对活动开展的督导与辅导，同时也得到了各级领导的肯定和好评。

【文化建设】2014年，幸福人寿分公司坚持“以人为本、文化先行”的理念，倡导用信念引领员工，用文化凝聚人心，用正确的价值观经营团队，通过企业文化建设，稳定团队，促进发展。一是打造职场“家”文化，把职场作为文化阵地，在“回”字形职场走廊两侧墙面，将总公司、分公司文化理念、经营管理目标、时点营销节奏等提炼成标语做成“文化长廊”，定期更换，建立荣誉墙、光荣榜，树新风、扬正气，营造“比、学、赶、帮、超”的工作氛围；同时关爱员工成长，逐步改善员工生活环境，创立了“职工之家”员工活动室，丰富广大员工业余文化生活，促进相互了解、相互融合。二是创建和谐文化家园。注重把和谐文化逐步融入到员工思想行为和公司发展当中，在元宵节、三八妇女节、五四青年节等时点举办妇女、青年文化系列活动，引导青年员工健康成长，关爱女性员工健康生活，外请健康管理专家为员工做健康知识讲座，组织全员积极参加“幸福沙龙”健康知识讲座等；鼓励员工参加体育锻炼，通过举办羽乒比赛和登山活动等文体活动，有效地提高了全员身体素质；建立起了温馨和谐的企业文化。三是打造学习型团队。分公司将内勤大早会制度向分支机构逐级传承，并丰富了“国学大讲堂”的文化专题内容，通过各层级领导逐级讲解讲评制，促进了各层级领导干部以身作则习惯的养成，也促使全员养成了挤时间学习国学文化等知识的习惯，逐步提高全员综合素养；中层管理干部通过学习10本统一配发的图书，提升了管理和领导能力，促进了经营发展。另外，还通过对全省专兼职讲师评选、新国十条学习研讨，组织参加省人民银行金融技能竞赛，参加信达集团、行业协会征文投稿活动等方式，营造浓厚的学习氛围和简单清新的公司文化，使河北分公司团队整体精神风貌不断改善。在十二月初举行的河北省保险业总经理高峰会上，60多家产寿险公司总经理投稿中，分公司作为被选中的十家险企单位之一，周丽华总经理代表公司进行了大会发言，发言稿件被刊登在中国保险报和行协网站上；高彧伙伴撰写的《大力发展企业文化，开创行业美好明天》荣获了2014中国保险文化建设征文活动优秀奖。四是加大公益宣传活动，年内组织员工赴赵县农村开展了两期“进农村、干农活、传幸福”下乡支农、助农活动，既密切联系了群众，又传扬了“至善至诚、传递幸福”的企业精神和文化内涵，收到了多项并举的良好效果；并完成了与燕赵晚报联合发起并冠名的第二届“幸福人寿杯·幸福家庭大赛”决赛，并在河北电视台杂技频道百姓春节电视联欢晚会节目中举行了十佳幸福家庭颁奖典礼；年内与慈爱嘉养老服务机构密切合作，在分公司系统内组织举办了7场“幸福家庭日”社区爱老助老公益活动；举办了多场次“健康是福、关爱家人”客服节活动，举办了20多场次的“幸福健康大讲堂”活动，在河北当地市场得到了广大市民的积极响应和踊跃参与，获得了广泛的认可，取得了良好的文化建设效应。

【内管内控】 2014年，在分公司业务快速拉升的同时，更加注重强化全员“合规经营、敬畏规则”的意识，引导全员遵章守纪，践行各项规章制度，促使规范经营，确保稳健发展。分公司先后组织开展了内控风险评价、客户信息真实性清查补正、内控合规现场检查与质量管理内审以及风险管理排查、保险中介业务风险排查，非法集资宣传教育及风险排查和信息系统安全检查等多项检查工作；开展了高管离任审计等经济责任审计和反洗钱审计、单证审计等专项审计；接受了总公司内审组、经济责任审计组、德勤审计组等的现场检查，还多次接受保监局、保险行业协会以及社保局、税务局等外部检查，均顺利通关。通过严把风险关，开展和接受检查，有效检验了分公司风险防范能力，分公司各项基础管理工作运作规范、经营合规，进一步强化了员工风险防范意识，提高了分公司风险防控能力，确保了年内公司系统未发生违规事件。

（德明珠）

平安养老保险股份有限公司河北分公司

【概况】 截至2014年末，平安养老保险股份有限公司河北分公司（简称“平安养老河北分公司”）累计实现总保费18227.29万元，同期增长14.33%；实现平安人寿团险总保费2536.79万元，养老险自身业务15690.50万元。赔款支出同期减少286.40万元，同比降低4.44%；年金给付增长63.80万元，同期增长3.83%；死伤医疗同比增长559.61%；退保及满期给付基数较小，数据变化较少。

主要赔款险种：平安高额团体医疗保险（A款）赔款金额1517.90万元，平安高额团体医疗保险（B款）赔款金额827.25万元，平安附加意外伤害团体医疗保险780.76万元，平安附加学生幼儿住院医疗保险赔款金额567.79万元，平安团体意外伤害保险404.76万元。

【年金经营】 截至年末，累计管理年金资产31.17亿，其中受托资产9.57亿元，投资资产21.60亿。为河北省70多家企业提供了企业年金服务，其中服务的大型客户包括中国电信河北分公司、中钢集团、中冶集团旗下的二十二冶、开滦集团、河北港口、河北银行、中国烟草总公司河北省省公司、河北邮政等知名企业。

【产品情况】 平安养老河北分公司为专业养老险公司，销售产品种类较为固定，且基本为各类在售产品的组合销售。2014年在售产品134个，其中当年新增产品24个。目前主要销售产品为：平安高额团体医疗保险（A款）、平安高额团体医疗保险（B款）、平安意外身故团体定期寿险（2013版）、平安建筑工程意外身故团体定期寿险（2013 版）、平安附加建工残疾团体意外伤害保险（2013 版）（B 款）、平安附加残疾保障团体意外伤害保险（2013 版）（D 款）、平安借款人意外伤害保险（2013 版）、平安建筑工程团体意外伤害医疗保险、平安附加意外伤害团体医疗保险、平安长期综合健康团体医疗保险。主销短险产品占短险保费收入的 60.63%，主销长险产品占长险保费收入的 99.80%。

【参与社会管理】 一直以来秉承专业经营、服务社会的理念，希望充分发挥平安养老作为第 1 家全国性专业养老金经营机构的优势，致力于改善民生、共建和谐社会，服务地方社会管理等工作。在大病承办经验方面，平安养老河北分公司连续七年服务电力医保及承德医保。2014 年，平安集团积极响应国家政策号召，对大病工作高度重视，积极参与到河北各地市大病保险竞标工作当中，先后参与保定新农合、承德城乡居民、承德新农合大病保险招标等相关工作，并承保了承德职工大额补充医疗保险，保费规模 2100 万、参保人数18.50万及电力医保基金69.60万、参保人数5.80万。除了高度重视城乡居民大病保险工作外，还利用总公司多年来在医保信息管理系统建设方面积累的经验，积极参与河北省各地市卫生局、人社局医保信息化升级与医疗费用智能审核建设。平安养老保险股份有限公司（简称“平安养老”）自主研发了“医疗费用智能审核系统”。目前，平安养老河北分公司已就该系统与河北省多地人社局、卫生局达成了初步合作意向。与保定市医保中心签约，为当地医保医疗费用智能审核、信息化建设等方面贡献了积极作用。

【服务经济社会发展】 助力招商引资，平安银行落户河北。2014 年，平安养老河北分公司领导陪同河北省政府领导拜访了平安集团及平安银行，沟通推进在石家庄市开设平安银行省级分行事宜，并在相关监管部门协调和银行选址等筹备事宜上做了大量工作。在平安养老河北分公司的大力推进下，各项工作进展顺利，平安银行河北分行即将在石家庄市新华区落地并开业，相比原计划开业时间大幅度提前。

积极推动资管业务，2014 年成功引入资金 31 亿元。在河北省金融办各级领导的引荐下，平安养老河北分公司积极对接多个政府单位、大型国企和投融资平台，储备了大量的优质项目并积极开展项目推动工作。在平安养老河北分公司的不懈努力和相关单位的大力支持下，唐山南湖 2016 世界园艺博览会项目、唐山市中心城区二环线改造项目、唐山城投信托项目正式落地。南湖世园会项目融资规模 8 亿元，唐山二环路改造项目融资规模 11 亿元，唐山城投信托计划规模 12 亿元。同时，有多个正在积极推进的项目，规模近 50 亿，储备项目规模超百亿。近两年来，平安养老已累计为河北引入资金 126 亿元。截至 2014 年末，平安养老河北分公司的保险业务、年金业务管理资产总量 29.60 亿元，是河北省为数不多的引入资源远高于上缴保费的保险公司。

推动与政府和企业的战略合作。2014 年，在河北省金融办各级领导的引荐下，平安养老河北分公司积极对接了多家政府单位、大型国企，与各级单位的主要领导进行了合作会谈，就开启双方的战略合作、协调平安集团资源引入河北、推动地方重点项目建设等方面的工作进行了汇报，获得了各级领导的高度肯定与支持。截至年末，平安养老河北分公司持续推进约访工作，分别与石家庄市政府、曹妃甸经济技术开发区等政府单位就平安养老河北分公司资管业务、综合金融工作的开展情况进行汇报交流，推进战略合作。

【经营管理】 财务费用政策和管理模式。平安养老河北分公司费用实行预算制管控。年底由各机构上报次年费用预算并报送总公司财务，总公司根据企划下达次年机构任务、核定机构预算，并于次年年初正式下发。财务预算员分成本中心录入预算系统，各三级机构、部门在预算额度内提交费用动支签报。总部对机构的费用执行情况进行定期考核。费用报销方面，总部根据机构类别制定相应的报销标准。各机构、部门费用动支签报审批完毕后，由经办人在系统录入报销单，并连同相关票据等报销资料交由财务扫描人员扫描、上传至后援中心处理。后援中心依据统一下发的操作指引完成相关审核，审核通过的会由资金作业组抽档支付；未审核通过的退回经办人修改后继续流转审核。

单证管理。平安养老河北分公司将有价单证

分为三类：从外部购入或领用的单证、非自助卡保险凭证和自助卡保险凭证。平安养老河北分公司将有价单证全部纳入了由总部开发的 LVMS 单证系统进行统一管理，以确保单证的安全性，避免了法律风险。

印鉴管理。平安养老河北分公司的印章分为集中管理的印章和非集中管理的印章。分公司及各三级机构的公章、工会印章、部门章、业务专用章等重要印章全部上收总部进行集中管理，每次使用均需以签报形式提出申请并经过各级领导审批；公司非集中管理的印章均签订印章保管责任书，并由保管人、部门负责人、印章管理员共同签字，每次使用均需登记使用台账。公司的全部印章，均有严格的刻制、使用、保管、交接、销毁等相关制度，印章管理更是每年的重点稽核项目。通过严格的风险管控，使印章管理的风险降到最低。

运营管理。新增自助理赔项目，客户可以通过“E 企赢”或“一账通”在线申请理赔，实现当日结案当日到账。从而将理赔时效由传统模式的 3~5 天提升到 1 日内。新增收单管理系统。真正实现契约、保全、理赔各模块的全流程时效管控，第 1 次将时效起点由柜面前置到客户交单。全流程 E 化。目前契约、保全、理赔均实现网上 E 化，缩短了业务处理时效，使客户足不出户就可以办理业务。运营服务时效由之前的 1357 提升到 135。自助理赔、报价 1 日完成，理赔常规 3 日完成，理赔门诊和契约保全 5 日完成。2014 年，平安养老河北分公司运营服务部在总公司开展的运营评比中，获得 E 化推动一等奖，养老险总部服务品质竞赛二等奖，李泽临获 IT 服务二等奖，李美宣获网点服务明星。

【机构和人员情况】 截至 2014 年末，平安养老河北分公司经中国保监会河北监管局批复成立的三级机构共 4 家，分别是平安养老保险股份有限公司唐山中心支公司、平安养老保险股份有限公司保定中心支公司、平安养老保险股份有限公司承德中心支公司、平安养老保险股份有限公司秦皇岛中心支公司。内勤员工共计 76 人，因公司为专业养老险公司，外勤人员均为与公司签订正式劳动合同的员工，目前外勤队伍构成主要为：直销业务员、个销综拓专员、中介专员和产销综拓专员，暂无保险营销员、银保专管员等相关岗位人员。

（李 毅）

安邦人寿保险股份有限公司河北分公司

【概况】 2014 年，安邦人寿保险股份有限公司河北分公司（简称“公司”）进入成立以来的第 4 个经营年度。公司坚持贯彻科学发展观，秉承“稳健经营、服务创新”的发展思路，以“服务驱动、风控驱动、人才驱动、产品启动、渠道驱动、品牌驱动”六大驱动为引领，围绕“提升服务质量、拓宽服务内容、延伸服务范围”做文章，依托集团资源以及综合销售平台，遵循“一个客户综合服务”的理念。在本年度深化创新渠道发展，严格把控偿付能力管理、风险管理，因地制宜地进行机构铺设以及完善基础管理和保障措施，实现既定目标，公司经营取得了相对满意的成果。

【业务发展】 大力推进拓展银保渠道业务，同时逐步加强个险、团险业务，实现各渠道的综合发展。截至 2014 年末，全辖共实现保费收入（会计准则下）876262424.92 元，较上年有大幅增加。2014 年，根据总公司的战略部署，继续重点发展银行保险业务，深化渠道发展，与省内各大银行开展广泛的深入合作。个险业务方面，继续开拓推进全辖区的个险业务的全面发展，在大力提升个险保费规模的同时，逐步建立了个险渠道的基础运营体系和业务发展的模式，强化销售过程管控，重点防范销售误导，提升客户满意度。落实“一个客户综合服务”的指导思想，保证客户资源的有效积累。

【风险管理】 通过合规培训、合规检查等方式强化合规管理。围绕新进员工、高管任职、销售人员后续教育等专题，采取视频讲解、网络学习等多种形式进行合规培训。建立和完善日常风险检查制度，保证公司整体工作的健康发展。同时积极响应监管部门要求的合规化经营理念，不定期的组织内部检查活动，将合规经营根植到员工日常的行为规范中。

【机构发展】在注重风险管控和效益的前提下，低成本、高效率的进行分支机构的布局。在2013年完成邯郸、保定2家三级机构的筹建及验收工作外，继续推进沧州、廊坊等机构的筹建工作。安邦人寿河北分公司将严格按照监管部门要求，遵循“守信用、担风险、重服务、合规范”的核心理念，在渠道创新模式业务发展上加大力度，完善风险管控体系，提升客户服务水平，为保险行业的有序发展做出自己应有的贡献，为推进河北省金融市场的繁荣稳定、服务河北一方经济尽到自身应尽的义务和责任。

（齐咏东）

社团组织与行业自律组织

河北省金融学会

【概况】河北省金融学会是从事金融科学研究活动的全省性、群众性学术团体，是由河北省各市金融学会、石家庄辖内各县（市）金融学会、省级金融机构、省内金融院校、省会市级金融机构和热爱金融研究事业并有一定研究成果的个人自愿组成的非盈利性社会组织。会长（法人）陈建华，秘书长李晶玲。

【发挥学会平台作用，积极推进金融研究工作】以资助课题为抓手，扎实推进学术研究。河北省金融学会是河北省金融系统的群众性学术团体，组织会员单位深入开展金融研究，是做好学会工作的关键。2014，河北省金融学会秘书处把课题研究作为学会工作的突破口，克服各种困难，扎实推进学会工作的课题研究。一是统一思想，提高认识。学会秘书处多次组织召开秘书长会议和会员代表会议，充分认识课题研究对开展业务工作具有重要的指导意义。同时，请课题优秀会员单位介绍学术研究对商业银行业务发展的指导和促进作用，不断提高全体会员单位对学术研究工作的认识，为做好课题工作扫清思想障碍，奠定思想基础。二是认真组织课题申报。学会秘书处在充分调研的前提下，结合河北省当前经济金融发展情况和会员单位不同的业务特点，拟订课题指引。积极和会员单位沟通，引导会员单位根据自己研究特长和业务特点申报课题。2014年，学会组织会员单位完成16余项课题。三是为调动各会员单位申报资助课题的积极性，学会秘书处对所有申报立项的课题，给予一定的资助。四是组织召开课题调度会。为保证课题质量和进度，学会秘书处定期召开资助课题调度会。聘请专家对每个资助课题的整体框架、构思、立意等方面进行认真讲评，或是会员单位之间相互评议。实践证明，课题调度会对提高课题质量起到了很好的促进作用。大部分课题立足全省实际，理论联系实际紧密，分析客观深入，建议详实可行，具有较强的前瞻性、实效性和科学性，为地方政府和本行领导决策提供了参考依据，得到地方党政领导和本单位领导的充分肯定。五是认真组织课题结项、评奖。秘书处十分重视资助课题的结项和评奖工作。评委由学会学术委员会委员和外聘专家组成，为保证评比结果客观公正，评奖采取匿名方式。评奖工作结束后，学会秘书处发文向全体会员单位通报评奖情况，并根据河北省金融学会资助课题管理办法规定，对获奖课题给予奖励。

以金融学会为平台，不断构建“大研究”工作格局。为使学术研究工作深入开展，努力提高课题研究质量，学会秘书处充分发挥金融学会的平台作用，广泛加强与省内有关院校、研究机构合作，不断形成大研究格局。一是及时和新增设金融机构、金融科研单位和院校沟通联系，增补新增设单位为河北省金融学会会员单位，并组织新会员单位进行培训和学习，不断壮大学会的学术研究力量。二是加强和省政府有关研究机构、科研单位以及金融院校等的联络，进一步扩展、深化与有关科研单位和金融院校的合作。双方通过采取联合课题组等方式开展了广泛深入的合作，收到了良好效果。三是组织省内各市金融学会加强合作。针对省内部分城市相互之间经济趋同、关联度高的特点和当前各市金融学会金融研究力量相对薄弱的情况，协调省内各市金融学会成立联合课题组，横向协同开展学术研究。四是通过建立“金融研究人才库”，整合河北省金融系统研究力量，形成合力，进行重点课题研究和热点、难点问题调研。

以热点问题为突破，努力促进研究成果转化。河北省金融学会开展学术研究过程中，始终十分重视研究成果转化工作，积极探索研究成果转化的工作思路和途径。一是坚持学术研究紧密切合实际工作的思路，理论联系实际，牢牢把握“为上级行服务、为地方政府服务、为本行领导服务”的“三服务”工作理念，力求研究工作务实致用，为成果转化奠定了基础。二是认真做好完成课题和调研报告的公开刊载工作。2014 年，河北省金融学会组织完成的课题和调研报告先后在《中国金融》《当代金融家》《河北金融》等公开刊物和《金融研究报告》《金融参考》《研究专报》等总行内部刊物发表。三是选取与捕捉和地方经济社会发展关系密切的热点问题深入调研，形成调研报告报送省委省政府，为地方经济建设出谋划策，多篇调研报告得到省委省政府主要领导批示。

以讲座培训为手段，不断提高学会整体研究水平。河北省金融学会十分重视提高会员单位整体研究水平，通过多种形式的培训学习，不断提高会员单位学术素养和理论水平。一是定期组织举办经济金融热点问题讲座。聘请知名学者和有关领导就国际、国内经济金融热点问题讲座，提高会员单位对我国乃至世界经济金融形势的整体了解，为做好学术研究开阔视野、储备知识。2014 年，举办了“经济金融热点问题”专题讲座。会员单位、县支行和机关各处（室）代表共 300 余人参加。讲座得到行领导和与会代表一致好评。二是不定期召开团体会员单位工作经验交流会。为加强会员单位之间交流，活跃学术气氛，不定期召开学会工作经验交流会，通过优秀单位工作经验交流，既加强会员单位之间的学习交流，又促进学术研究工作的深入开展。

【做好组织建设和合规建设】经领导批准，在充分听取会员单位意见和建议的基础上，经学会秘书长会议和会员代表会议同意，向团体会员单位收会费。进一步扩大了学会科研资金实力，为今后更好开展资助课题等学术活动奠定了基础。经过大量的请示和协调工作，在河北省财政厅收费局办理了收费证，解决了遗留多年的问题。认真办理了 2014 年学会的年审和换证工作。

【发挥科普宣传作用】发挥行业特长，举办“反假币”和“增强诚信意识，建设美好生活”为主题的金融知识宣传，宣传金融业务和金融文化。活动通过悬挂宣传标语、摆放宣传展板、发放宣传材料、讲解知识、解答问题等方式，向公众宣传普及金融、征信、货币知识和业务。宣传共发放资料一万余份，接受询问三千多人次，取得良好社会效果，受到市民和河北省社科联表扬。

（吴 强）

河北省钱币学会

【召开第五次会员代表大会，顺利进行换届选举】经河北省社会科学界联合会、河北省民间组织管理局批准，河北省钱币学会第五次会员代表大会 2014 年 7 月 8 日上午在石家庄市隆重召开。中国钱币学会常务副理事长、中国钱币博物馆党委书记温克勤代表中国钱币学会到会祝贺并讲话。中国人民银行石家庄中心支行党委书记、行长陈建华出席会议并作重要讲话。中国钱币学会副秘书长王永生，河北省社会科学界联合会学会工作部副部长祝寿恒等有关领导莅临大会指导。中国人民银行石家庄中心支行党委委员、工会主任、河北省钱币学会常务理事李双锁代表第四届理事会作工作报告。大会推举中国人民银行石家庄中心支行党委书记、行长陈建华为河北省钱币学会第五届理事会名誉理事长。选举李双锁为第五届理事会理事长，李恩佳、李日升、崔仁斌为副理事长，崔仁斌兼秘书长。大会听取、审议并通过了第四届理事会工作报告，表决通过了章程修改、团体会员会费标准调整、新一届学术委员会组成等有关议案。来自省内各团体会员单位，文博系统各有关单位，有关院校的金融、历史院系，钱币生产、经营单位，传媒单位和社会各界专家学者、收藏家、热爱和关心河北省钱币事业的热心人士

109 人作为代表参加了大会。

【加强制度建设工作，规范开展各项活动】在完善制度方面，召开第五次会员代表大会前，人民银行石家庄中心支行领导就对钱币学会工作给予了高度重视，要求通过会员代表大会的召开和换届选举工作的进行，使学会的各项制度更加规范、完善。按照行领导的要求，学会秘书处在大会筹备工作中，对《河北省钱币学会章程》《财务管理办法》《会费收取办法》等，进行了全面细致的修改和完善。会员代表大会之后，秘书处又按照大会有关决议，将各项制度整理汇编，印发各理事单位。在落实、执行制度方面，新一届理事会一产生，就及时召开常务理事会议，落实会员代表大会决议，制定了《河北省钱币学会工作要点（2014 年 7 月—2015 年 6 月）》，对各项工作进行了安排部署。

【开展钱币学术研究和文化普及】积极支持省内专家学者开展学术研究工作，做好中国钱币学会资助课题的推荐工作。2014 年度，戴建兵主持的《中国近代币制的特点——以白银为核心的货币体系》和贾章旺承担的《中国革命根据地货币发展简史和表解》，通过评审，获准立项，各获得资助经费 5 万元。组织学术报告，传播金融货币文化。在第五次会员代表大会召开期间，聘请中国人民银行党委宣传部巡视员、文史专家马林，就中国共产党领导下的财政金融工作由分散走向统一的发展历程，为与会代表作了学术讲座。搭建交流平台，推动学术交流。经与河北省金融学会协商，报经人民银行石家庄中心支行领导同意，河北省钱币学会使用《河北金融》杂志的公开刊号，每年编发一期《河北金融·钱币专辑》。《河北金融·钱币专辑》征稿启事现已通过会员单位及有关单位广泛发放。积极推荐河北钱币博物馆陈列成果参加中国钱币学会“金泉奖”评选，对由《历史的选择——中国人民银行成立展》、《红色货币记忆——革命根据地解放区货币展》和中国人民银行成立旧址复原展示三部分组成的《红色的见证，历史的选择》基本陈列资料进行归纳整理，并填写了推荐意见。

【搜集红色金融研究资料，支持红色金融研究工作】大力搜集红色金融历史资料，先后接收了河南省秦玉明先生移交的冀南银行史写作有关资料和贾章旺先生移交的邓小平等中央领导、老干部为《冀南银行》、《晋察冀边区银行》书记题写的题词手迹等珍贵史料。派员赴北京参加了“南汉宸研究会（平山）成立一周年联谊会”，并为南汉宸研究活动提供了资助经费。

（许　鸣）

河北省银行业协会

【概况】2014 年以来，河北省银行业协会以维护会员单位的整体利益为宗旨，以建设会员信任、社会认可的行业协会为目标，不断优化工作方式、创新服务手段、提高服务能力、强化自身建设，突出工作重点，较好地完成了工作任务。

【发挥协会职能作用】充分发挥理事会和专业委员会对协会工作的指导作用，严格按照协会章程履行职责，加强协调，完善流程，不断提高工作效率。围绕业务发展中心，加强行业舆情监测，跟踪银行业热点、焦点问题，防范声誉风险，努力维护良好的金融市场秩序。健全和完善工作制度，疏通联络渠道，加强沟通交流，征求会员单位对协会的工作要求、意见和建议，研究改进协会工作。加强与会员单位之间的沟通交流，建立了会员单位联络员微信群、公共邮箱和《今目标》办公平台，在协会网站新增“教育实践活动”“案防动态”宣传专栏，有效提高了协会工作质量和效率。

【组织开展群众路线教育】按照河北省民政厅关于在社会组织党员中开展党的群众路线教育实践活动的要求，一是制定了河北省银行业协会党的群众路线教育实践活动方案。结合协会工作，深入调查研究，广泛听取意见，下大气力提升服务水平，确保服务到位，把活动成效落实到工作、服务于会员。二是组织秘书处人员到邢台临西参观学习吕玉兰事迹，践行崇德向善精神，进一步增强培育核心价值观的自觉性。三是按照活动要求，认真整改，进一步规范协会运作，完善内部管理制度，建立良好的工作秩序，确保协会职能履行。

【推进行业文明服务开展】组织全国百佳示范单位的代表，参加中国银行业文明规范服务百佳示范单位表彰会和百佳示范单位现场交流暨公众开放活动，考察外省全国百佳文明示范单位，汲取先进经验；组织开展中国银行业文明规范服务五星级营业网点评定和千佳示范单位评选活动，组建考核验收组，规范评审标准，推荐河北省候选单位；召开2014年河北省银行业文明服务工作交流会，发布年度河北省银行业服务改进情况暨社会责任报告；与河北省残疾人联合会向全省银行业机构发出《河北省银行业无障碍服务助残倡议书》；组建河北省银行业文明服务工作委员会，制定行业文明服务联席会议制度，加强与各会员单位的互动，合力打造行业服务品牌。

【深化消费者权益保护】加强组织协调，完善消费者权益保护和投诉受理工作流程，优化服务管理。一是积极建立消费者教育服务工作长效机制，制定了河北省银行业普及金融知识万里行活动实施方案，组织进行为期3个月的“普及金融知识万里行”活动。二是起草《河北省银行业协会客户投诉管理办法》，积极受理、接听各类有关文明服务咨询和投诉电话，使投诉都得到满意答复和解决，做到办结率100%，回访率100%。三是征集会员单位“以民生引导信贷资源配置”“提升公益慈善事业”“以人为本构建和谐企业”等方面履行社会责任的情况，编写全省银行业履行社会责任报告，展示银行业负责任、敢担当的良好形象。

【搞好从业人员培训】 加强高技能人才队伍建设，与河北省通用管理人才职业培训学校联合举办高级客户服务师培训班，全省会员单位有65人参加了“国家高级客户服务管理师职业资格鉴定考试”，通过率达91%。有序组织银行职业资格考试，圆满完成全省8个城市15个考点的现场巡考工作。举办3期银行业大堂经理培训班，累计380名基层网点服务主管、大堂经理及综合柜员参加了培训，提高了业委和工作水平。

【努力探索维护银行债权】在建立债权人联席会机制，维护银行债权方面敢于创新，大胆实践，积极化解信贷风险。一是组织银行业执行积案信息的报送，会员单位上报的执行积案中有958件被列入最高人民法院督办范围。同时为会员单位在“维权工作信息系统”中建立登录号，组织登录维权信息系统录入积案信息。二是组织召开了银行业执行案件信息交流会，通报部署列入法院银行业执行案件清理情况，分析讨论金融债权维护工作的重点、难点及对策，交流各行推进本行维权工作的措施和想法，促进了银行业维权工作开展。

【及时进行钢铁融资预警】近年来我国钢铁业经营形势严峻，河北作为钢铁大省，金融机构在钢铁行业融资较多，为严肃认真对待钢铁业风险隐患，全方位加强风险防范，组织进行了钢铁业融资情况调查，强调必须高度重视、认真对待钢铁业产能过剩对银行业债权所隐藏的严重风险隐患，提示会员全方位加强风险防范管理，防患于未然。在此基础上，撰写《我国钢铁业窘境与银行信贷对策》文章，发表在中国银行业、金融教学研究等刊物，引起了有关方面的重视和社会反响。

【开展金融服务产品评选】为鼓励和调动金融服务积极性，开展了小微企业和“三农”金融服务与金融产品评选活动。中国工商银行河北省分行等5家被评为金融服务先进单位，中国银行河北省分行个人信贷部等11家被评为优秀金融服务团队；中国建设银行河北省分行“小企业账易融业务”等6项产品被评为服务小微特色产品，中国农业发展银行河北省分行“农业科技贷款”等5项产品被评为服务“三农”特色产品。并在2014年7月25日召开的河北省小微、“三农”金融服务工作会议上进行了表彰。

（沈国儒）

河北省证券业协会

【概况】河北省证券业协会（简称“协会”）在中国证券业协会、河北省民政厅的指导和河北证监局的领导下，在全体会员的共同努力下，按照理事会的安排部署，严格遵守协会章程，发挥行业传导、服务和自律的核心功能，顺应河北证券市场改革创新的潮流，准确地定位工作目标和任务，充分发挥功能，规范会员执业行为，保障会员合法权益，鼓励和保护公平竞争，促进河北证券市场健康发展，不断提升河北证券行业的整体形象和服务水平。

【重点工作】 继续做好自律管理工作，营造良好的市场环境。协会既反对低于成本的不正当竞争，又加强投资者教育，保护投资者的合法权益。组织召开了协会第三届理事会第四次会议暨年度工作会议，会议总结 2013 年工作并对 2014 年工作进行部署。举办了两次河北辖区国债期货走进高校的培训活动，加强了投资者教育工作，做好辖区内股指期权的市场开发与培养，为股指期权顺利上市奠定良好基础。组织了广东、河北两地投资者走进河北上市公司的投资者教育活动，展示了以以岭药业、先河环保、长城汽车、乐凯胶片、荣盛发展为代表的河北优秀上市公司的良好形象，提高了投资者投资的热情，加强了两地之间证券行业的交流和合作。组织会员单位负责人走进上市公司石中装备参观、考察、座谈，此次活动加强了河北证券经营机构与上市公司沟通、交流、合作、共赢，拓宽了为实体经济服务的能力，有力推动了河北资本市场健康发展。组织会员单位负责人学习“新国九条”及“创新发展意见”座谈会，河北证监局领导和协会领导分别对河北辖区证券机构下一步监管思路和行业要求做了进一步部署，并就新形势下河北辖区证券行业发展及行业自律进行了具体安排。承办京津冀证券经营分支机构座谈会和京津冀证券行业羽毛球友谊赛，组织京津冀三地证券行业代表来到长城汽车股份有限公司徐水 SUV 基地进行考察调研，并和公司高管进行沟通交流。通过此次活动加强了京津冀证券行业交流合作，提高三地证券行业经营水平，加快三地证券行业文化建设，把握京津冀一体化发展中的机遇。参加全国地方证券业协会会长联席会议。会议通报了 2013 年全国地方协会工作情况、介绍了《关于建立全国证券自律协调体系的若干意见》的起草背景和主要内容、介绍了证券纠纷行业调解工作的情况，地方协会代表对证券佣金自律管理工作中存在的问题及下一步工作设想。加快推进河北证券行业文化建设，举办了河北辖区第七届证券期货业羽毛球比赛，增强行业凝聚力，推动了河北资本市场稳定、健康、和谐发展。取得了非盈利团体免税资格，企业所得税等各项税赋获得减免，为协会更好发展创造条件。完成了河北资本网开通上线工作，构建了协会与会员单位沟通和交流的平台，提升了协会的服务功能。加强纠纷调解工作，推动行业健康、和谐发展。为更好做好投诉和纠纷调解工作，新增中证协证券纠纷法律调解员 2 名，这样，中证协证券纠纷调解员由 4 名提高到 6 名，加强了调解力量，并成立了调解中心，负责辖区证券纠纷调解工作，将证券纠纷调解工作规范化，责任落实到人。2014 年全年收到纠纷投诉 7 件，全部成功处理。案件按投诉来源为，6 件来电投诉，1 件当事人来信来访。案件按纠纷性质分为不正当竞争纠纷 2 件、证券经纪业务纠纷 5 件。开展河北辖区“认清本质，远离非法证券活动—— 保护投资者合法权益，打击非法证券活动宣传月”活动，要求各会员单位积极开展各项相关工作和按时报送专项工作报告，取得了预期效果。召开了第三届理事会第二次常务会议，会议研究了当前工作，布置了下一步工作，讨论了协会内部管理制度等事项。参加中证协组织的从业资格考试改革座谈会，根据河北实际提出自己的建议，并积极为预约式考试做准备，购置会员单位闲置的电脑、椅子等设备，为承办中证协预约式考试创造条件。认真完成了中国证券业协会交办的巡考及其他任务。9 月 15 日，10 月 24 日，参加了中国证券业协会两次远程视频会议，学习了王旻秘书长的讲话，布置了第三次证券从业资格考试巡考工作，并上报了自主考点建设调查报告。完成了中国证券业协会交办的 2014 年证券业从业人员资格考试的巡考任务，在河北经贸大学、石家庄邮电学院、河北师大 3 个考点进行了 4 次考试，4 次参考人次分别为：8861 人次、5612 人次、5595 人次、8469 人次。

（郝同山）

河北省保险行业协会

【概况】河北省保险行业协会是河北省内省级商业保险公司自愿结成的非营利性行业组织，业务主管单位为河北保监局，于2001年9月成立。河北省保险行业协会以“自律、维权、服务、交流、宣传”为宗旨，紧紧围绕服务保险消费者、服务会员公司、服务监管中心任务开展工作。

【积极开展行业风险防范】对2014年满期给付情况进行摸底和重点督导；召开风险防范专题分析会，建立石家庄市级人身险公司风险防范联系网络；制定应急预案和舆情监测应对方案；配合河北保监局开展现场风险排查，向石家庄市政府金融办递交防范化解行业风险情况报告；在主要媒体刊登公告，提示保险消费者检查保单信息，保障信息完整真实。

【加强保险消费者权益保护】消费者权益保护工作站实现全省各地市全覆盖。全年共受理保险纠纷案件2334件，同比增长168.27%。其中，省消保中心受理888件，接听、解答咨询电话1408次，接待当事人129人次。与石家庄市铁路运输法院联合建立保险业人民陪审员制度，参与保险案件审理。先后在邯郸、唐山开展积压诉讼案件清理。邯郸共清理1304件，唐山共清理1071件，均超额完成清理目标。按照河北保监局部署，开展车险未决赔案清理工作。2014年末，全省产险亿元保费未决案件降为720件，较2013年下降35%，超额完成任务目标。

【开展服务自律，推进行业规范】制定《河北省机动车辆保险理赔服务时效行业标准》。开展车险理赔时效及理赔资源配备情况自律检查。检查邢台、石家庄43家分支机构未决、已决赔案各4300件。组织开展“河北保险春运高速客服活动”。制定总体方案；召开全省视频动员大会、培训会等；设立开通86250000客服专线；建立13个春运客服微信群；购置6000多件用品，印制1.80万份资料。春节期间，全行业共2168人次查勘员参加值守，3000多人参加活动。为消费者提供快速查勘定损和增值服务4743人次，提升了河北保险社会形象。中国保监会项俊波主席对该项活动给予高度评价。实施寿险自律检查。检查石家庄等4市的70个市级公司，3.30万保险销售人员持证信息、2604份保单信息等资料。开展第三方服务评价。在石家庄开展专业中介代理机构试评价。在沧州、保定开展汽车维修企业试评价，对390家汽修企业进行评价，收集信息5.30万余条。在石家庄开展银邮代理机构服务试评价，对71家（次）二级分行、1255家（次）网点进行评价，收集信息1.6万多条。在石家庄开展医保合作医院服务试评价，对47家（558次）定点医院进行评价，收集信息8370条。各项评价结果均进行综合排序和分析，业内通报，报告河北保监局；在协会网站开辟版块，免费供公司查询，扩大评价成果应用。

【加强信息化建设，服务会员公司】建立电话禁拨平台，治理保险销售电话扰民。人身险禁拨平台已屏蔽6万多条电话，2014年1.70万余条；财产险禁拨平台年内正式上线，扩大了禁拨范围，在一定程度上解决了电话扰民问题。建立高管任职资格电子化考试系统，正式投入考试。发布分车型出险率和赔付率数据。提取出险信息，分析计算，建立数据库，为公司合理确定车险费率、进行成本和风险控制提供参考。开展车险查勘定损资格认证试点考试。共组织20场初级考试，参考2034人；在全国率先完成二、三级和非车险核保人－责任险初级职业资格试点考试。

【加强行业交流，促进行业发展】围绕贯彻落实“新国十条”，召开2014年度河北省保险业总经理高峰会议。赵庆晗局长出席会议并做重要讲话。加强业内外交流。邀请法医学教授培训《人身保险伤残评定标准》；走访石家庄市中医院等合作医院；举办医保合作总结表彰大会；召开全省保险协会秘书长联席会议；接待7家省市协会考察交流团。

【加大行业正能量宣传力度】承办全国保险协会整体宣传专项课题。按照中国保险行业协会要求，牵头开展全国保险协会整体宣传专项课题研究，完成15万字的《保险行业协会宣传工作专题调研报告》。传播行业好声音。开通省保协官方微信平台，推送1300多条，7.60万多人关注；增加网站应用模块，单日最高访问超1万人次；在国家、省级媒体刊发省保协稿件62篇，河北日报和燕赵都市报专栏编发会员公司稿件142篇。开展3·15消费者权益保护日宣传活动。评选产、寿险业十大典型理赔案例在媒体发布；参加石家庄电视台3·15晚会和“阳光热线”节目；印制发放宣传折页3万份。开展7·8保险公众宣传日系列活动。在都市频道、公交电视频道播放宣传片44.80万次；在“财知身边事”栏目制作3期节目；邀请保险消费者代表、省消协、医保合作定点医院、媒体、保险公司等20多人到省保协参观；印制发放《保险常识宣传手册》《燕赵消费》保险公众宣传日专刊1万余册。与河北新闻网共同开展“中国梦·保险行——2014年河北省保险业优质服务综合展示”活动。共80.50万人次参与，推选出网友心中最满意的100家保险基层公司、30位最美保险人。开展“新国十条”宣传。在期刊、网站开辟“学习贯彻新国十条”专栏，刊发信息及图片近百篇；号召全省保险业深入学习贯彻落实“新国十条”，掀起宣传新高潮。

【认真完成保监局委托工作】组织高管培训。完成市、县两级11期2400多名高管培训。组织公司参加河北省质监局2014年服务名牌申报，人保财险等8家公司荣获“河北省服务名牌”。开展客户满意度调查，电话调查21980名保险消费者，对全省近60家保险公司服务水平进行打分排队。开展服务质量评价检查。检查公司营业场所1532个、客服电话300余次。完成保险从业人员电子化考试。全年全省报考24万余人。其中，省电考中心报考4.30万余人。

【加强协会组织建设】组建石家庄分会。经过紧张筹备，6月30日石家庄分会成立。指导分会开展向石家庄市金融办汇报贯彻落实“新国十条”情况、撰写《石家庄市人民政府关于加快发展现代保险服务业的实施意见（初稿）》等工作。

（郭　菊）

河北省金融票据协会

【概况】河北省金融票据协会（简称“协会”），是经人民银行石家庄中心支行审批并在河北省民政厅登记注册的非营利性社会团体。正式成立于2013年8月16日，是由河北省境内外金融机构、工商企业自愿组成的社团组织。协会宗旨：认真履行“自律、合作、创新、服务”职能。协会定位：规范行业自律、保障会员权益、搭建互通平台、增强业务创新、降低融资成本、拓展业务领域，提升服务水平。在人民银行、省民政厅的大力支持下，经过各会员单位和协会秘书处的共同努力，河北省金融票据协会于2013年8月16日正式成立。同日召开了成立大会暨第一次会员代表大会，这标志着河北省金融票据协会进入了新的里程碑。此举是全省金融系统认真贯彻落实稳健的货币政策，积极转变金融服务方式、创新金融产品，推动金融市场健康快速发展的重要举措。河北省民政厅于2013年9月10做出了《关于准予成立河北省金融票据协会的决定书》，并颁发了《社会团体法人登记证书》。2013年12月13日河北省金融票据协会召开第一届理事会。

【抓管理，营造协会文化】严格制度管理。2014年协会按照高标准严要求的目标，就协会队伍建设、财务管理、会员发展等方面建章立制，编印《河北省金融票据协会制度手册》，确保各项工作有章可循稳步推进。坚持协会秘书处每周例会制度，学习党和国家的重要方针政策，了解当前经济、金融形势，并邀请专业人士讲解指导。积极开展党风廉政教育及中华传统文化学习，自觉形成“讲政治、讲道德，讲法律、讲规范，讲学习、讲大局，讲团结、讲奉献”的协会氛围，深入开展党的群众路线教育实践活动，以实际行动传承文化、传递温暖、奉献爱心。

【抓创新，设立小票贴现中心】由人民银行石家庄中心支行牵头，河北省金融办、省财政厅、省工信厅、省工商联等6部门联合推动，依托河北省金融票据协会，在2014年筹备设立“河北省小额票据贴现管理中心”及石家庄、唐山、邯郸、沧州、秦皇岛、廊坊、张家口7家分中心，大力开展300万元以下的小额票据贴现业务，《金融时报》、《河北日报》及当地市报等新闻媒体给予宣传报道，省委内参刊物予以报道，省委常委范照兵、省长助理江波对此项工作给予了充分肯定。适时建立票据融资支持小微企业发展协调小组，明确各自的职责分工，齐抓共管，共同推进。河北省财政预下拨2014年度小票贴现业务的奖补资金200万元用于推动此项工作的开展。

【抓建设，设立分支机构】 按照《河北省金融票据协会章程》及《河北省金融票据协会发展规划》要求，研究制定《河北省金融票据协会办事处运行管理办法》，从工作职责、运行模式、业务发展等方面进行系统规范。2014年分别在廊坊、邯郸、沧州、秦皇岛、唐山、张家口6个市设立协会办事处。积极发展协会会员，制定会员发展规划，截至2014年末共有会员单位38家。

【抓培训，提高会员素质】 建立培训基地和师资库。按照“请进来走出去”“务实与创新并重”“勤俭办培训”的原则，建立省内外培训基地，并与国内20余名金融票据专家达成培训合作意向。根据会员需求，针对不同岗位、不同层级，重点对地方法人金融机构和基层票据从业人员进行专业培训。先后举办“河北省金融票据实务培训班”“河北省(上海)金融市场研讨班”“河北省(厦门)票据市场高级研修班”等5次培训，受众面达800多人。

【抓自律，优化票据市场环境】 对会员单位执行同业公约情况进行调研走访和督导检查，及时了解会员单位的票据业务发展状况及存在问题，研究落实解决方案。组织会员单位开展票据业务网上报价活动，筛选9家有代表性的会员单位按日进行利率报价，为各会员单位提供票据业务定价参考。建立河北省金融票据交易商微信圈，宣传票据管理政策，互通票据买卖及防伪信息，为会员搭建票据业务信息交流平台。建立投诉举报制度、风险预警提示，维护会员单位的合法权益。

【抓信息，完善共享机制】 通过网络、短信等多种方式发布会议通知、文件、动态、培训课件等2800多件，即时发布贴现利率报价1600多条，开发的“河北省小额票据贴现业务统计监测系统”，用于统计、监测、分析各分中心小额票据贴现业务运行情况。河北金融票据网2014年访问量达到11万人次，网络平台影响力不断提升。

【抓内控，规范财务工作】 积极与税务、财政等部门协调沟通，申报非营利组织免税资格，经过多方努力申请，取得省财政、省国税、省地税联合发文的非营利组织免税资格；完成了2013年度及2014年度财务、税务审计及汇算清缴工作，各项支出依法合规，基本实现了财务收支平衡。严格规范财务审批制度，按照党中央八项规定和《河北省金融票据协会财务收支管理办法》执行，勤俭节约、反腐倡廉，确保各项工作顺利进行。

（杨晓云）

第三部分

学术调研

第一部分　经济金融综述

第二部分　金融机构概览

► 第三部分　学术调研

第四部分　金融规章选编

第五部分　大事记

第六部分　经济金融统计资料

第七部分　金融机构名录

【上市公司双主业经营现象透视及监管思考】

在我国经济增长方式转型和结构调整的大背景下，伴随着资本市场融资和并购功能的发挥，近年来上市公司跨行业经营和并购的案例屡见不鲜且有日益扩张之势，由此形成了企业独立于原有行业开疆拓土实现双主业甚或多主业经营的现象，值得监管部门关注。本文从双主业经营公司的特点、双主业经营的成因与方式、双主业经营对公司财务和公司治理带来的影响等方面进行了分析，并对监管部门有针对性地改进和加强监管工作提出了有益的建议。

一、A股市场双主业上市公司的现状

（一）目标公司的范围

本文对于样本公司的筛选遵从以下原则：首先，是跨行业经营的A股上市公司。倘若公司两项主业的收入结构源自同行业或者两项主业属于产业链上下游关系，则不属于我们的研究范围；其次，只选取两项主业的收入分别占总营业收入的比例约30%以上的公司。根据以上遴选标准，我们从截至2014年10月31日的2560家A股上市公司中进行筛选，甄选出36家样本公司。（基本信息见附表1）

（二）双主业上市公司的主要特点

从36家上市公司所从事的第一主业来看，除房地产开发与纺织服装行业各有5家外，其他26家公司的第一主业相对分散，包含了设备制造、旅游、公共设施、贸易和医药等多个行业，第二主业的行业分布则主要集中在房地产行业，36家上市公司中有13家选择了房地产开发作为第二主业；而选择贸易行业与光伏行业作为第二主业的各有2家公司，其余19家公司第二主业互不相同。13家选择房地产为第二主业的公司中，大部分均是在2002年以后房地产行业快速增长的时间段进入的。选择光伏作为第二主业的上市公司是安彩高科与综艺股份，分别于2008年和2009年进入光伏产业。而2007年底至2010年，正是光伏产业发展的顶峰时期，光伏行业利润巨大，大量企业与地方政府一拥而上。上述情况表明，多数企业选择第二主业是利益驱动使然的。从宏观政策方面看，2000年至2009年十年间实施双主业的公司有22家，2010年至2013年四年间选择双主业的公司就有13家，说明随着2010年国务院出台促进企业兼并重组的意见以来，资本市场对上市公司并购重组起到了应有的促进作用，上市公司双主业的现象有所增加。

（三）双主业的形成方式

在我们筛选的样本中，上市公司从事双主业经营的形成方式主要包括自有资金新建、合资新建、融资新建（银行贷款、IPO、非公开发行等）、自有资金对外收购（未达到重大资产重组标准）、发行股票购买资产、股改中的资产捐赠、资产置换以及换股吸收合并。其中，使用自有资金对外收购（未达到重大资产重组标准）、发行股票购买资产及自有资金新建的上市公司数量分别达到11家、7家和6家，占样本比例分别为31%、19%和17%。说明公司以自有资金涉足第二主业是主要方式，同时利用资本市场发行股份实现企业并购亦成为形成第二主业的重要路径。

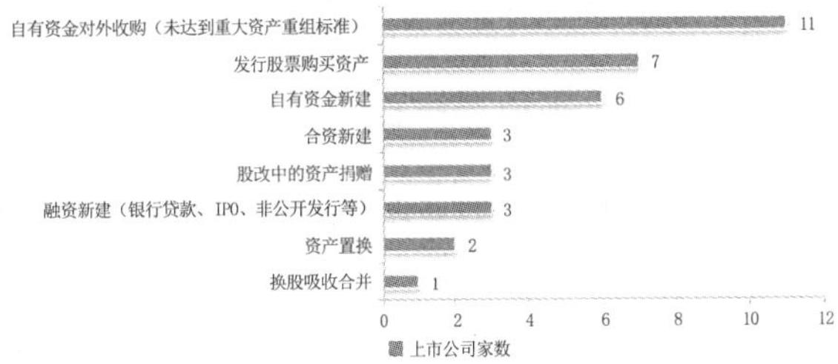

上市公司双主业经营的形成方式及公司家数

二、双主业经营对上市公司的影响

（一）主要财务指标变化情况

单位：万元

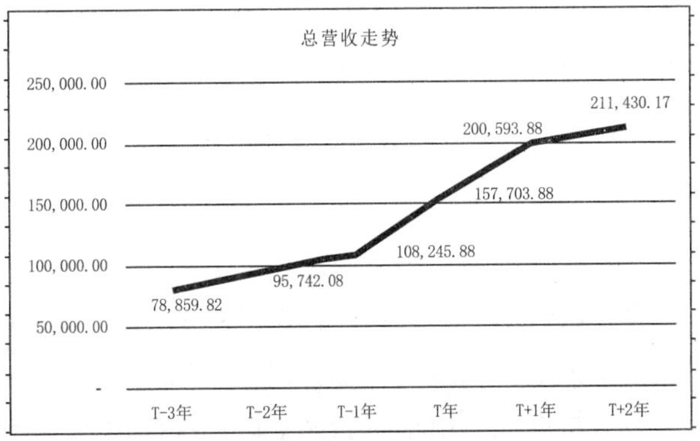

注：T为样本公司第二主业开始创收的年份

样本上市公司单主业转为双主业前后总营业收入走势

从样本上市公司单主业转为双主业前后的总

营业收入走势来看，第二主营业务开始创收后，样本上市公司的总营业收入增长率明显提升，说明样本上市公司选择开展的第二主业对公司原主业形成了良好补充。

从市场估值指标来看，如下图所示，样本上市公司从事原单一主业的最后三年，公司平均市盈率呈明显下降趋势，由 T-3 年的 98.20 降至 T-1 年的 75.80；而在公司实现双主业经营之后的首个三年期间，样本公司平均市盈率由 T-1 年的 75.80 倍飙升至 T+2 年的 131.50 倍，在 T+1 年达到峰值 277.10 倍。以上趋势反映了资本市场对上市公司主动寻求新业务契机的认可，上市公司从事双主营对公司市值有着较为明显的提升作用。

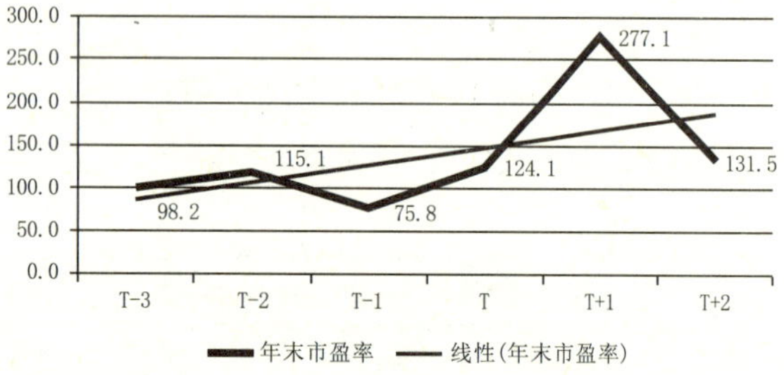

样本上市公司实行双主业经营前后三年市盈率变化趋势图

从主要财务指标来看，样本上市公司的销售毛利率、净资产、净资产收益率以及资产负债率在其实现双主业经营前后三年均有一定变化（如下图所示）；其中，净资产的变化最为显著，样本公司的平均净资产由 T-3 年的 80000 万元左右增长至 T+2 年的 200000 万元左右，年复合增长率高达 20%，反映出样本上市公司选择介入第二主业后，净资产规模明显提升，实现了较大扩张。

除了平均净资产之外，其他三项指标并未因上市公司从事双主业经营而出现大幅度变化。其中，资产负债率在 T-3 至 T+2 期间呈现缓慢增长趋势，反映出上市公司经营比较稳健，没有通过大幅举债的方式进行扩张；净资产收益率在 T-3 至 T+2 期间先下滑后增长又下滑，反映出上市公司盈利能力出现下降时启动了双主业，但新增资产提供的净利润增速并不稳定；销售毛利率在 T-3 至 T+2 期间先下滑又持平，反映出上市公司进入二主业之后，平均毛利率水平一般只能恢复到前

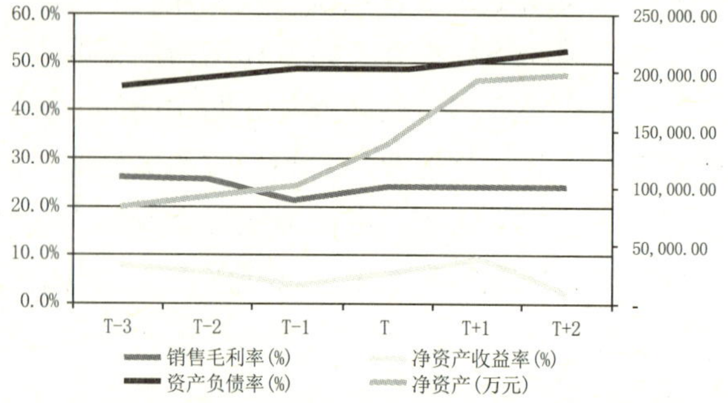

样本上市公司实行双主业经营前后三年主要财务指标变化趋势图

期水平，体现出公司选择的第二主业多为传统行业，没有高新技术行业高增长的特点。（与附表1相符）

（二）对公司治理的影响

1. 董事会人选问题。从甄选出的双主业上市公司样本案例来看，多数公司开始双主业经营后，会在董事会中纳入第二主业的新进董事，但大多只有 1 至 2 人，显然只是点缀，说明第二产业对公司治理形成的约束不足。或者可以理解为公司原班人马对管理第二产业依然起着决定性作用，第二产业发展的专业性体现不足。经调研，我们对上市公司在实施双主业经营后董事会人数具体变动制作了一览表，详见附表 2。

2. 管理层人员问题。双主业经营既需要掌握现代企业经营管理本领、能领导企业参与市场竞争的人才，也需要具有技术创新能力的学科带头人。而企业跨行业合并形成的多余的管理层一般仍稳定地存在，冗员聚集，高素质、复合型人才匮乏。经理层容易形成板块割裂，本位主义现象明显，能够跨行业统领各板块产生协同效应的领导人短期难以产生。

3. 内部控制问题。双主业公司具有跨地域、跨行业等特点，它的技术、资金、市场等优势是普通单一业务企业无法比拟的。但是其本身也会因规模庞大、管理分散而出现内部控制缺陷问题。一是双主业公司常常由于资源分布范围过大，导致其资源管理出现问题，出现资源分布散、利用效率低，企业管理成本高以及下属机构私设“小金库”账外经营的现象。二是作为决策者周围充斥着大量信息，却无法进行归集、排序与有效性

辨别。“集权还是分权”困扰着双主业企业。

三、监管工作建议

综上，通过上市公司实施双主业前后的各主要财务指标变化很难直接判断双主业模式的优劣，作为监管部门应当充分尊重市场的选择，对双主业模式不做限制，但是双主业上市公司因为具有跨行业的经营特点，所以对监管工作提出了一些更高要求。

（一）信息披露监管应有侧重

由于双主营业务的企业特点是跨行业，不同行业受市场波动和政策波动的影响周期不同，不同的业务板块对信息披露的影响也不同，因素更为复杂，因此，对于信息披露的要求应较之其他企业更为详实。例如在定期报告中应当提高非财务信息的披露篇幅和质量，防止出现公司任意解读政策、言过其实的做法。对非财务信息披露不实的，也应像财务信息造假一样予以重视并惩处。在管理层分析与讨论部分，应当明确披露不同行业的市场可比性信息，有助于投资者预测市场变化。财务信息披露方面，应当侧重防止绩差公司在走出困境之前借开展双主营为名，有意识地财务造假。对于发行股份购买资产、换股吸收合并、资产置换等方式进行并购重组的，应重点核查关联方，防止关联交易非关联化，同时要加强内幕交易防控的监管，高度关注内幕信息泄露问题。对于实施完成之后的双主业公司来说，关联交易的总量可能会增加，需要合理判断这些交易是否具有商业实质， 防止公司利用业务板块多的特点制造虚假的关联交易。

（二）应逐步统一发行上市和并购重组政策

目前证监会在《首次公开发行并在创业板上市管理办法》中明确规定“发行人应当主要经营一种业务”。所以对创业板而言，双主业公司不具备发行上市条件。然而，从上述分析来看，双主业公司是市场化经营的产物，也是每家公司上市以后都可能面临的选择。上市之初的“双主业禁止”条款与上市之后“鼓励并购重组”之间形成了矛盾，不利于发挥资本市场服务实体经济的作用，建议予以修改、调整。

（三）加强市场中介机构的法律责任

鉴于以资本运作方式实施并购重组已逐渐成为市场主流，作为中介机构实际上发挥着价值发现的重要作用，理应承担更为严格的法律责任。作为中介机构不仅要对并购重组的方案本身发表意见，更要对跨行业经营的风险做合理预判，以其审慎、专业的意见向全体投资者说明公司开展双主业的原因和前景，并承担相应的法律责任。建议对拟开展双主业的上市公司增加披露专业中介机构提供的可行性研究报告，作为中小股东参与表决的重要依据。

（四）公司主营业务增加或分拆对市场估值会产生影响

双主营业务跟企业价值之间的关系并没有一个确切的定论。上市公司在经营双主业的过程中势必会在企业内根据两种产业的业态采取不同的经营方针和资源配置策略，加之不同业务的市场估值差异，将给投资者在对公司进行价值判断时造成一定的困扰。可能会造成二级市场低估公司价值或过度反映公司价值的问题。交易所应当防范二级市场恶意炒作，必要时督促公司澄清。

（五）公司治理和内部控制应有特殊要求

不同的行业有不同的业务流程和不同的市场模式，因而双主业经营对企业的治理结构和管理机制有着更高的要求。双主业发展需要合理的权力配置和严格的内部监督制度。建议对双主营上市公司强制增加第二主营业务的行业专家作为独立董事，并在所有涉及该主营业务的经营方面发表独立意见；强制双主营公司分行业建立内控机制，接受审计，披露内控审计报告。

附表 1

证券名称	所属行业	地区	第一主业	占比	第二主业	占比	实施时间
深华新	环境与设施服务	北京	燃气设备制造	38.21%	园林建设	29.13%	2012
深华发 A	电子设备和仪器	广东	注塑件	38.94%	显示器	42.14%	2007
深国商	房地产	广东	物业管理	41.26%	林木	50.90%	2004
华侨城 A	酒店、度假村与豪华游轮	广东	旅游业务	47.20%	房地产	50.77%	2009
国际实业	石油与天然气的炼制和销售	新疆	房地产	41.74%	油品产业	47.58%	2010
烯碳新材	金属非金属	辽宁	房地产	45.14%	烯碳新材料销售	53.12%	2012
力合股份	电子设备和仪器	广东	污水处理	30.98%	电子器件制造	35.48%	2002
中原环保	复合型公用事业	河南	集中供热	40.85%	污水处理	40.57%	2007
湖南投资	公路与铁路	湖南	路桥	57.84%	酒店	29.04%	2004
友利控股	化纤	四川	房地产	53.47%	化纤制造业	45.94%	2003
大连友谊	大卖场与超市	辽宁	商品销售	44.35%	房地产	38.49%	2004
罗牛山	食品加工与肉类	海南	畜牧业	33.10%	房地产	33.34%	2010
华神集团	建筑产品	四川	医药业	49.46%	建筑钢结构	49.45%	2001
金宇车城	纺织品	四川	丝绸经营	47.41%	房地产	40.46%	1996
天山纺织	金属非金属	新疆	纺织	36.80%	矿业	61.45%	2013
众合机电	电气部件与设备	浙江	脱硫环保	51.08%	轨道交通	38.58%	2011
闽东电力	电力	福建	房地产	31.05%	贸易	45.24%	2012
华邦颖泰	化肥与农用化工	重庆	专属加工	36.62%	农药业务	38.54%	2011
德豪润达	家用电器	广东	小家电行业	53.20%	LED 行业	45.98%	2009
威海广泰	建筑机械与重型卡车	山东	空港设备	67.49%	消防车	30.84%	2010
莱茵生物	生物科技	广西	植物提取	49.18%	建筑行业	50.54%	2010
冠城大通	房地产开发	福建	漆包线行业	41.93%	房地产	55.85%	2001
海泰发展	房地产开发	天津	地产开发	34.28%	批发行业	62.76%	2005
雅戈尔	服装、服饰与奢侈品	浙江	服装业	29.77%	房地产	62.85%	2002
江苏吴中	综合类行业	江苏	贵金属加工及贸易	33.68%	房地产	34.42%	2007
安彩高科	建材	河南	天然气、管道运输	45.58%	光伏	36.59%	2008
新湖中宝	房地产开发	浙江	商业贸易	43.10%	房地产	46.95%	2004
紫江企业	金属与玻璃容器	上海	容器制造业	64.85%	贸易	30.52%	2011
海南椰岛	白酒与葡萄酒	海南	酒类	39.63%	房地产	53.92%	2010
凯乐科技	综合类行业	湖北	塑料管材	40.94%	房地产	35.77%	2006
红豆股份	服装、服饰与奢侈品	江苏	服装业	38.47%	房地产	54.05%	2002
中珠控股	房地产开发	湖北	医药业	44.63%	房地产	55.33%	2009
博元投资	贸易公司与工业品经销	广东	矿业	43.93%	汽车销售	39.67%	2010
综艺股份	综合类行业	江苏	智能卡	42.44%	光伏	39.75%	2009
杉杉股份	电子设备和仪器	浙江	服装业	42.64%	锂电池	53.46%	2002
南京化纤	化纤	江苏	化纤业	44.61%	房地产	44.04%	2008

注：以上主营业务占比数据来源于上市公司 2013 年年报披露数据，摘自 Wind 资讯。

附表 2

证券名称	实施时间	董事会人数变化	第二主业新进董事人数
深华新	2012	9 人到 11 人	0 人
深华发 A	2007	7 人到 6 人	2 人
深国商	2004	7 人到 6 人	0 人
华侨城 A	2009	14 人到 10 人	1 人
国际实业	2010	9 人不变	1 人
烯碳新材	2012	5 人不变	1 人
力合股份	2002	11 人到 9 人	1 人
中原环保	2007	7 人到 9 人	3 人
湖南投资	2004	7 人不变	0 人
友利控股	2003	12 人到 11 人	3 人
大连友谊	2004	9 人不变	0 人
罗牛山	2010	7 人不变	0 人
华神集团	2001	11 人不变	0 人
金宇车城	1996	–	–
天山纺织	2013	9 人不变	1 人
众合机电	2011	11 人不变	0 人
闽东电力	2012	8 人到 9 人	0 人
华邦颖泰	2011	9 人到 11 人	3 人
德豪润达	2009	9 人到 8 人	0 人
威海广泰	2010	11 人到 9 人	1 人
莱茵生物	2010	8 人到 12 人	1 人
冠城大通	2001	5 人到 9 人	1 人
海泰发展	2005	7 人到 9 人	1 人
雅戈尔	2002	9 人到 11 人	1 人
江苏吴中	2007	12 人不变	0 人
安彩高科	2008	9 人不变	1 人
新湖中宝	2004	7 人不变	1 人
紫江企业	2011	9 人不变	1 人
海南椰岛	2010	9 人到 11 人	1 人
凯乐科技	2006	10 人不变	1 人
红豆股份	2002	7 人到 9 人	1 人
中珠控股	2009	9 人不变	0 人
博元投资	2010	15 人到 13 人	0 人
综艺股份	2009	7 人不变	0 人
杉杉股份	2002	7 人到 9 人	1 人
南京化纤	2008	7 人到 9 人	0 人

（中国证券监督管理委员会河北监管局）

【河北特色农产品保险发展调研报告】

特色农产品，是指一个地区以其特有的自然环境条件、生物资源条件以及技术条件生产的具有典型特色的农产品。特色农产品保险是承保特色农产品生产者和经营者在生产经营过程中，因自然灾害和意外事故所造成的经济损失的一种财产保险及由此衍生的价格、产量、天气等保险。

河北省是传统农业大省，近年来，各级政府不断加大对特色农业支持投入力度，广大农民参与积极性不断提高。目前，全省已形成一定规模、在全国具有一定比较优势和影响力的特色农产品120余种，很多农产品产量位居全国前列，其中，畜牧、蔬菜、果品被省政府确定为农业三大主导产业，特色农业的发展已经成为河北农民增收的重要支柱。

由于近年自然灾害发生频率激增，灾害面积持续扩大，灾害程度不断加剧，河北省特色农产品受灾损失呈不断加大趋势，广大农民通过商业保险分散灾害损失风险的需求日益增强。《国务院关于加快发展现代保险服务业的若干意见》（国发〔2014〕29号）提出，“按照中央支持保大宗、保成本，地方支持保特色、保产量，有条件的保价格、保收入的原则，鼓励农民和各类新型农业经营主体自愿参保，扩大农业保险覆盖面，提高农业保险保障程度”。因此，充分发挥特色农产品保险功能作用，为河北特色农业生产提供有力的保险保障，具有十分重要的意义。

一、河北特色农产品发展面临诸多风险因素

河北特色农产品发展既面临着与地理环境相关的自然风险，也面临着与发展水平相关的技术风险和市场风险。

（一）自然风险

目前主要有气象灾害（如雷电、暴雨、洪水、暴风、雹灾、雪灾、低温、山体滑坡、泥石流），植物病、虫、草害，动物疾病，环境灾害（大气污染、农业污染等）等。特色农产品因自然条件、生长环境等因素的不同，使得不同特色农产品可能遭受的自然风险具有不同的特点。如2013年春末，河北省大部分地区出现雨雪天气，气温普遍下降，对果树造成不同程度的冻灾。由于降温幅度大、覆盖范围广、持续时间长，又正值核桃、苹果、梨、葡萄等果树花期和新梢、幼果初长期，对果品生产造成严重影响，从而导致减产甚至绝收。据统计，灾情共涉及石家庄、邢台、邯郸、衡水、保定等5个地市，受灾面积达483.40万亩，预计减产10亿千克，经济损失超过38.40亿元。灾情发生后，河北省林业厅以文件形式报告省政府，建议将森林保险进一步向果树等经济林延伸，健全果品保险相关具体政策，通过保险手段提高果品产业抵御自然灾害的能力。省委常委、常务副省长杨崇勇、副省长沈小平、省长助理江波批示省财政厅、河北保监局研究提出支持意见。

（二）技术风险

目前特色农产品经营主体多是分散的农户，由于其分散性和技术行为的不规范性致使农产品的产量和质量不稳定，不能形成规模效应，而且较少考虑统一种植、统一加工、统一包装，无法产生更多的品牌附加值，不利于特色农产品质量信誉的培养。

（三）市场风险

目前河北省不少地区，特别是偏远的山区农村由于缺乏顺畅的信息渠道，在发展特色农产品的时候往往只关注自身优势与不足，而忽视市场需求的作用。不能使市场需求信息与特色农产品生产形成有机互动，没有建立有效的、科学的反馈机制，导致不能按市场需求安排生产，有可能阻碍特色农产品的生产和发展。

二、河北特色农产品保险发展尚处于起步阶段

目前，河北特色农产品保险发展规模还很小，以省政府确定的畜牧、蔬菜、果品等农产品三大主导产业为例，截至2014年9月底，河北省肉牛和肉羊存栏量分别为370.80万头、2036万只，肉牛和肉羊养殖保险于2014年开办，目前分别承保426头、2281头，保额分别为252.80万元、127.80万元，承保率均在万分之一左右。2013年河北省蔬菜播种面积122万公顷，其中，设施农业（蔬菜）播种面积38.40万公顷，全年承保温室大棚及蔬菜保险4.50万亩，承保率在千分之八左右，承保农户1.40万户，保额2.30亿元。2013年全省水果种植面积达1063.50万亩，果品总产量达1863.30万吨，果品面积和产量均居全国第3位，其中，板栗产量占全国总产量的

1/4，居全国第1位，梨、枣、桃、柿产量居全国第1位，葡萄、苹果产量分别居全国第2位和第4位，目前，林果种植保险仍处于开发阶段。此外，一些特色农产品保险如皮毛兽特种养殖保险等刚刚开办，处于“有产品，无业务”状态。总体来看，河北省特色农产品保险对特色农产品的保障程度不足，与农业大省的地位还不相适应。下面以已经开展的设施农业（蔬菜）保险和尚未开展的深州蜜桃保险为例加以分析。

（一）基本情况

1. 设施农业（蔬菜）保险。2013年，河北省蔬菜播种面积122万公顷，总产量7902.10万吨；设施农业（蔬菜）播种面积38.40万公顷，总产量2584.60万吨，蔬菜种植形成了连栋温室、日光温室、大中小棚、地膜覆盖和裸地种植等多种形式的生产格局，已由传统的季节生产转向周年生产。蔬菜业已成为全省种植业中农民投入较多、单产效益最高、覆盖范围较大、发展速度最快的产业。

设施农业（蔬菜）呈现风险种类多、风险区域性强、风险季节性明显、风险损失大的特点，保险需求较大。2011年，省政府将设施农业（蔬菜）纳入河北省地方性特色农业保险财政补贴品种，确定在24个蔬菜种植示范县进行试办，保费由省、市、县三级财政补贴50%，农户、农业龙头企业或农民专业合作社等经济组织承担50%保费。2012年至2013年，保险业累计承保设施农业（蔬菜）保险5.30万亩、承保农户1.60万户，提供风险保障2.60亿元，支付赔款1000余万元，受益农户近4000户。

总体上看，温室大棚保险实现了“多赢”。设施农业生产者以较低的保费投入成本，获得几十倍的风险保障金额；各级政府以每亩补贴250元保费的成本，放大20倍、5000元的财政资金支农效应；保险公司实现整体保费规模和市场影响力的扩大。

2. 深州蜜桃保险。2013年，深州桃树种植面积约16万亩，年产量32万吨，其中蜜桃种植面积5000余亩，涉及桃农1500多户。深州蜜桃不但为当地农民增收做出贡献，当地政府通过深州蜜桃带动了当地观光旅游业发展。

蜜桃种植在不同的生长期均有遭受自然灾害的风险且几率较高。2003年，深州出现冻灾，部分蜜桃出现绝收。通过对深州市马庄村126户农户的问卷调查和对蜜桃协会及10户桃农的走访了解到，种植蜜桃的农户家庭收入90%以上来源于蜜桃种植，因此蜜桃一旦遭受灾害会对桃农的生产生活造成很大影响，因此，保险需求较大。92%的农户认为需要通过保险来降低种植风险，提高风险保障。其中，绝大部分农户认为应对其物化成本进行保障，在受灾后使其可以恢复生产即可；少量农户认为需要对蜜桃的收益进行保障，降低其经营风险。

正常年景蜜桃每亩产值在2万元左右，投入的成本在5000元左右，年收益1.50万元左右。经调研，大部分农户认为保费不宜过高，愿意拿出收益的1%投入到保险，对其投入的物化成本进行保障。初步按照物化成本5%的费率进行测算，蜜桃每亩保费为250元，其中农户自身承担150元，政府需补贴100元。

（二）主要问题

1. 承保风险较高。特色农产品发展仍处于初级阶段，主要以农户分散生产为主，成本投入大，风险在地域上较为集中，受灾历史数据较少，难以准确进行费率厘定。从近几年设施农业保险试办情况看，由于参保率相对较低，赔付率高达105.9%，发展效果并不理想，财政资金的放大效应和保险机制对特色农产品生产的保障和风险分散作用未能得到充分有效发挥。

2. 财政资金配套能力不足。由于特色农产品承保风险较高，保费厘定也相应提高，如果没有财政资金补贴，农户自缴负担较重。例如设施农业保险补贴政策中，农户承担的自缴保费比例为50%，在很大程度上影响了菜农的投保积极性，也弱化了各级财政保费补贴的引导作用。尤其是24个蔬菜示范县以外的设施农业大县，由于不在政府财政补贴范围，农户有效需求和保险公司的有效供给无法实现对接，延缓了设施农业（蔬菜）保险的发展。

3. 巨灾保险制度不健全。特色农业往往具有较强的区域性，很难在更大范围内进行分散，具有巨灾特点，一旦出现大面积灾害，经办农业保险连续多年的丰年结余可能不足以弥补一次巨灾造成的损失。所以保险公司经营特色农业保险压力大，收益不稳定，如果没有政府财政支持的大灾风险分散机制，将难以保证特色农业保险的可持续发展。

三、全国部分地区特色农产品保险经验值得借鉴

从全国来看，目前已经有部分省市开始探索特色农产品保险，取得了一定的经验，可供河北借鉴。

（一）阿克苏特色林果业保险

2010年，阿克苏地区启动特色林果业保险试点工作，在自治区、地、市三级保费补贴政策的支持下，参照政策性农业保险办法，为果农提供亩均保额为1000元的定额保险，承保红枣、苹果、香梨等新疆特色林果，承保面积14.8万亩，承保农户1.6万户，受到了果农的欢迎。

（二）陕西设施蔬菜保险

2009年，陕西省金融办、财政厅、农业厅、银监局、保监局联合发布《陕西省设施蔬菜“银保富”试点工作实施方案》。设施蔬菜“银保富”项目，由政府、银行、保险、农户四方参与。政府负责项目规划、组织、协调并提供保费补贴资金，其中，省财政补贴70%保费，地市、县不需配套；银行负责与保险公司合作，为农户建棚提供贷款；保险公司负责对蔬菜生产设施和经营者提供保险保障；农户参保后获得建设大棚的贷款。

试点4年来，“银保富”为农户提供风险保障8.9亿元，累计支付赔款1355.20万元，带动银行贷款5673万元，政府财政补贴2000多万元，有效防范了农业生产风险，缓解了农户贷款难问题，取得了很好的效果。

（三）苏州露地水生蔬菜保险

2014年，苏州特色农产品“水八仙”首次投保了露地水生蔬菜保险，承保面积3225.50万亩，承保农户532户，每亩保费50元，其中农户个人每亩只承担5元，其余都由省、市、区财政负担，发生保险责任事故时最高每亩赔偿1000元。此外，苏州在各个区域分别推出了蔬菜价格指数、果品、水生蔬菜、内塘螃蟹等17种特色险种，为地方“三农”发展做出了积极贡献。

四、加大对特色农产品保险的政府推动和政策支持力度

农业保险的持续、健康发展，离不开政府推动和政策支持。特色农产品保险与大粮作物农业保险相比，具有显著的地方性、多样性、复杂性，从而具有高风险性，更需要政府推动和政策支持。因此，建议如下：

（一）积极支持保险企业开发保险产品

鼓励保险公司根据特色农产品特点，设计开发保险责任明确、费率厘定合理、保额保障到位的特色农产品险种。制定科学规范的承保条件，积极把控道德风险，保证特色农产品保险的赔付稳定性。充分发挥普惠金融服务“三农”的作用，鼓励发展特色农产品产量、价格、天气等新兴险种，探索特色农产品保险与涉农贷款相结合，将特色农产品保险作为质押物或授信要素，提高农户的投保积极性。

（二）扩大农业保险财政补贴范围

目前河北省享受财政补贴的只有温室大棚保险一种，一些未纳入财政补贴范围的特色险种虽有开办意愿，但因享受不到补贴政策而启动困难。建议按照“保障重点、稳步推进、注重成效、逐步扩大”的工作原则，采取省级财政以奖代补政策，以设施农业（日光温室大棚）及棚内蔬菜为保险补贴对象，开展试点工作，待试点成熟后，再逐步扩大到其他特色农产品。适度减轻县级财政保费补贴配套压力和农户经济负担，有效拉动农户的投保积极性，强化政府引导作用。

（三）建立健全巨灾风险分散机制

其他省市的成功模式为建立巨灾风险分散机制提供了可鉴经验。如北京、上海、福建、江苏、宁波等地相继建立了具有自身特色的农业保险大灾风险分散机制，主要由政府财政支持、封顶赔付、购买再保险等模式，实践证明大灾风险分散机制在抵御重大自然灾害时，既维护了农民权益，也促进了农业保险的持续稳定运营。建议省政府尽快出台巨灾风险保障制度，进一步完善大灾风险准备金制度，防范化解特色农产品巨灾风险。

（中国保险监督管理委员会河北监管局课题组　赵庆晗 董淑珍 王晓东 乜兰宁 丁洪生）

【互联网金融对破解中小微企业融资难题影响分析】

在我国金融市场上，由于信息不对称等诸多原因，无论是在投资还是在融资方面，很多金融需求都不能被有效满足。特别是中小微企业的融资难问题因其紧迫性和严峻性成为了社会关注的焦点。互联网金融的出现为中小微企业融资开辟了新的路径。本文通过对互联网金融企业的运行模式进行分析，分析互联网金融的发展对于解决中小微企业融资难问题的优势和劣势，提出如何进一步发展互联网金融，支持中小微企业发展的相关建议。

中小微企业是我国市场经济的微观基础，在扩大就业、增加收入、改善民生等方面具有不可替代的作用。然而，受国内外复杂经济形势影响，当前一些中小微企业的发展困境重重，尤其是“融资难”问题，已成为影响其成长的最大瓶颈。据调查，超过50%的小微企业借款成本在5%~10%之间，四成小微企业借款成本超过10%。

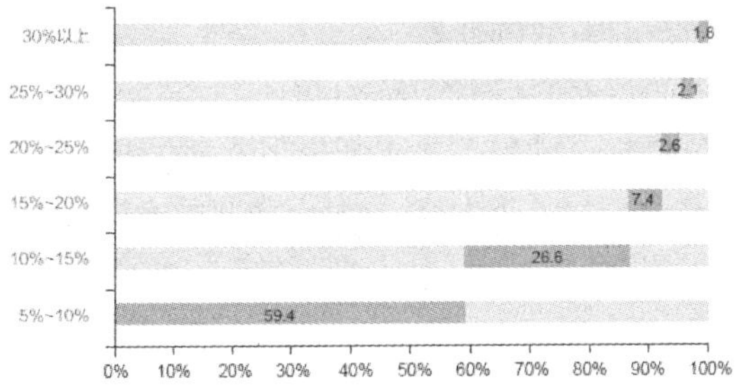

小微企业借款综合成本年息分布

为加大对中小微企业支持力度，缓解其融资难题，国家先后出台多项政策。其中，国务院2013年印发的《关于金融支持小微企业发展的实施意见》（国办发〔2013〕87号）中提出，“充分利用互联网等新技术、新工具，不断创新网络金融服务模式”。由此可见，互联网金融凭借其独特的优势，有望成为解决小微企业融资难题的重要渠道。

一、互联网金融主要模式

目前学界对互联网金融尚无统一定义，一些学者认为，互联网金融即受互联网技术、互联网精神的影响，从传统银行、证券、保险、交易所等金融中介到无中介瓦尔拉斯一般均衡之间所有的金融交易和组织形式。从其产生、发展和功能来看，互联网金融是指以依托于支付、云计算、社交网络以及搜索引擎等互联网工具，实现资金融通、支付和信息中介等业务的一种新兴金融，包括第三方支付、在线理财产品的销售、信用评价审核、金融中介、金融电子商务等模式。对于小微企业而言，互联网金融服务模式可分为以下三种：

（一）依托于电子商务的互联网小微信贷服务

金融的本质是价值的流通，而流通顺畅与否很大程度上取决于信息获取的能力和效率。小微企业融资难的原因之一就是信息获取的不对称：小微企业分布广、行业多，传统银行信贷人员专业领域有限，难以掌握它们的贷款需求信息；同时，许多小微企业财务管理制度不健全，财务信息的真实性和透明度较差，银行对这些企业的财务状况、经营业绩及发展前景等情况难以了解，难以评估信贷风险，故不敢轻易提供信贷支持。

而对于电子商务平台而言，数据的获取正是其重要的优势。例如阿里巴巴旗下的蚂蚁金融服务集团，其核心“小存小贷”服务是以小微电商为主要客户，提供不超过一定额度的存贷款服务，主要是通过阿里巴巴、淘宝、支付宝等电子商务平台上客户积累的信用数据和行为数据，将客户在电子商务网络平台上的行为数据还原为个体消费者及小微企业的信用状况，并据此提供金融服务。并且，阿里的信用数据是流动的、实时的，不是某个时点的静态数据，从而保证对客户的信用评价准确度高。事实证明，这种依托于互联网大数据的金融服务行之有效：截至2013年底，阿里小贷累计客户数量超过65万家，累计投放贷款超1600亿元，而坏账率低于1%。

国内的许多重要电商企业也竞相开展互联网金融业务，如苏宁成立苏宁小贷公司、京东收购网银在线开发供应链金融服务系等，主要服务于活跃在其电子商务平台之上的中小微企业。

（二）P2P“人人贷”模式

根据银监会与小额信贷联盟的公文，P2P借贷指的是，资金的供需双方在特定的网络环境中建立直接的借贷关系，网络中的每一个参与者都可以发起，通过网络进行信息流通交互，建立一定的规则，对金额、期限、风险、利率等因素进行匹配，签署具有法律效力的电子合同，满足借贷双方的需求并保障双方权益。P2P 在本质上与传统的民间借贷并无差异，其特点主要在于：首先，完全突破了借贷双方的时空限制。借贷双方不需要在同一地理空间内或通过现实人际关系完成借贷，P2P 平台为借贷双方搭建了一个虚拟平台，客户只需要接入互联网，并通过平台的资格审核，就能够实现资金供给与资金需求的匹配，各取所需。其次，信息传递更为高效、迅速。互联网信息传递的即时性帮助客户第一时间掌握关键信息的变化与调整，为客户有效做出决策和进行风险防范提供帮助。再次，资金价格透明同一。P2P 平台上集合了大量的借款人的借款信息，投资者可以依据自己的需求选择合适的利率、期限、风险结构的产品。

2007 年，我国首家 P2P 网络借贷平台——拍拍贷正式上线，到 2014 年 6 月，全国已有 P2P 平台超过 1000 家，成交量逾 800 亿元。P2P 的兴起缓解了中小企业融资难困局，盘活了民间资本，促进了民间借贷的繁荣。但由于目前准入及监管等机制不够完善，部分 P2P 平台存在非法集资、金融诈骗等风险。

（三）众筹模式

众筹是互联网金融的新模式之一，翻译自国外 crowdfunding 一词，即大众筹资或群众筹资，是指以感谢、实物、作品、股份等为回报形式，通过互联网平台向公众或特定的公众募集项目资金的融资方式。众筹平台从不同角度可划分为不同种类：以众筹平台的项目来源和定位为标准，可分为综合性平台和行业性平台；以众筹的投资回报为标准，可分为股权众筹和非股权众筹等。作为一种融资模式，众筹成本低廉、流程简单，且参与门槛低，对于支持小微企业，特别是文化艺术等创意类小微企业和个人具有积极意义。我国众筹融资起步较晚，但发展迅速，特别是随着互联网金融爆发式增长，众筹融资有了许多新的尝试，目前国内知名众筹网站有“点名时间”“天使汇”等。

二、互联网金融对中小微企业融资的优势

中小微企业融资难的问题，一直制约着中小企业的生存和发展。随着信息技术革命的来临，互联网金融迅速发展，更是为中小企业的发展带来了转机。互联网金融是打破垄断，实现金融民主化的利器，在为中小企业的融资服务上具有得天独厚的优势。

（一）解决信息不对称问题

互联网金融所具备的大数据优势和移动信息技术很大程度上解决了金融机构在对中小企业融资过程中产生的信息不对称问题。在这个数据量爆炸式增长的时代，大数据技术使得分析不再需要依赖人的主观判断和假设来进行，而是采取一种样本等于数据总体的分析模式来进行判断和预测，使得分析更准确、更快、更加接近事实的真相。互联网金融的大数据获取、处理与公开使得征信成本大大降低，并在一定程度上代替了征信体系在金融发展中的作用。中小企业的信息数据将通过大数据技术得到极大地丰富，并且更加具有科学性。移动通信技术则是大数据得以被互联网金融机构获取并且对其进行传播的基础，中小企业的相关数据只有在发达的移动通信技术支持下才能够被及时有效的获取。

（二）解决信贷配给问题

信贷配给问题产生的根源在于信息不对称问题的存在，下面将分析三种互联网金融模式下信贷配给问题是如何消除的。

1. 电子商务平台模式。互联网金融依靠自己建立的评价模型对客户在平台上留下的海量经营数据和交易数据进行分析，辅以人工审核对中小企业进行流水线式的审批。在这种依靠数据进行企业信贷资格评估模式下，个人的主观因素对于信贷发放影响是非常小的，资金供给方很难对其中的部分企业进行差异化对待，所以基本上可以规避信贷配给问题的产生。

2. P2P 模式。平台上所有客户的信用信息、资金用途、贷款利率都是公开透明的，投资者会依据其风险承受能力选择投给回报率最高的借款人。基于市场上存在足够多的资金需求信息和信息公开透明，相同资信水平的资金需求者的融资成本会趋于一致。在开放的市场面前，所有的借款人的机会都是平等的，所以不存在贷款配给问题。

3. 众筹模式。众筹模式下的情况与P2P模式类似，只是回报方式由资金转变为了项目的物质回报，资金供给方会根据同等风险下项目质量及回报质量来决定自己资金的配给，不存在贷款配给问题。

（三）解决中小企业抵押担保困境

电子商务平台作为银行与中小企业联系的一个重要纽带，可以有效缓解银行难以掌握企业信息的难题，解决传统的银行贷款需要抵押物来降低信贷风险的制度性约束，从而降低了中小企业融资的门槛。比如网络联保贷款，是一个不需要抵押的贷款种类，以网络信用作为客户评价授信的重要依据，由三家或以上的企业组成一个互相担保的联合体，共同向银行申请贷款，企业之间实现风险共担。当联合体中有任一家企业无法偿还贷款，联合体其他企业需要共同连带偿还所有贷款本息。

（四）解决借贷双方交易成本高问题

中小企业融资的单笔金额往往较小，但需要融资的中小企业数量较为庞大，所以单笔贷款的成本控制尤为重要。传统的银行信贷融资模式，由于信息不对称、中小企业经营不稳定等因素，使得银行为中小企业提供的贷款成本相对较高。互联网金融模式可有效利用网络平台，聚集数量庞大的资源，实现银行为一家企业或多家企业提供贷款服务的成本变化较小。同时，由于互联网金融服务平台的自动化生成服务特征，大大分摊了投入成本，网络资源可有效降低中小企业融资成本。

三、互联网金融对中小微企业融资的劣势

虽然互联网金融发展势头很猛，但仍然存在很大的隐患，互联网金融只有在强大的技术支持下才能实现可持续发展。

（一）服务范围受限

阿里巴巴凭借先发优势和十几年的积累，拥有了如此规模的客户与数据。但是对于大部分互联网金融机构来讲，不可能拥有机会和实力建立一个可以与阿里媲美的数据生成平台。大数据的运用前提是中小企业会在互联网上开展交易，在平台上留下数据，但是大部分中小企业的业务是基本上不用接触互联网的，因此无从获得他们的真实数据，这部分中小企业无法利用互联网金融这一新型的融资途径给企业带来的机会。如何能够使后来的互联网金融企业拥有一个有效的客户群体与数据来源是互联网金融所面临的挑战之一。另外，互联网金融企业之间的大数据是否能够彼此进行共享以实现金融市场的更进一步自由化发展是互联网金融所面临的第二挑战。

（二）大数据安全问题

大数据资源在拥有巨大价值的同时，安全问题也在不断强调。互联网时代信息的电子化在给人们带来方便的同时也对信息的保护提出了更高的要求，由于电子化的信息具有更强的可复制性与传播性，一旦信息发生泄露，将造成比传统信息泄露更加严重的后果，所以互联网金融模式下中小企业的数据安全至关重要。

（三）资金安全问题

客户与互联网金融机构没有形成很强的制约机制，对于众多规模小且不为人知的机构将是致命的缺点。机构因为没有形成品牌而没有客户，客户又担心机构卷款私逃，如上年发生的P2P行业的跑路事件、频频发生的余额宝资金被盗事件。所以，必须在互联网金融和用户之间建立一个有效的制约机制，保障客户资金的安全；另外，加强对互联网安全的管理，保障网站及内部系统正常运行，让客户有一个安全的交易环境。

（四）金融监管空缺

互联网金融发展的法律规范缺失，行业自律有待完善。我国金融监管部门至今尚未出台针对互联网业务的一整套规章制度，中国银行业监督委员会于2011年9月发布《关于人人贷有关风险提示的通知》，指出人人贷（简称P2P）信贷服务中介公司的潜在业务风险较大，要求银行业金融机构采取有效措施，做好风险预警监测与防范工作，建立与人人贷中介公司之间的“防火墙”。然而在实践中，各地金融机构并未进行有效的监管，互联网金融企业的行业自律也较为松散，仅有少量机构加入中国小额贷款联盟于2013年1月25日颁布的《个人对个人小额信贷信息咨询服务机构行业自律公约》。当前，互联网金融的参与者毕竟都是跨界进入的，对于金融制度和风险控制不是非常清晰，还需要监管机构及时进行规范指导，从业者也应加强自律学习，稳步推动金融体制改革。所以，互联网金融监管空缺是制约互联网金融良性发展的重要因素。

四、未来对互联网金融服务中小微企业融资的建议

互联网金融的发展已经成为未来金融业发展的必然趋势，为中小微企业解决融资难问题提供了更加多元化的选择，但是，在其发展过程中涉及的监管、技术、信用等多方面问题，还需要监管部门、互联网金融企业和中小微企业等多方参与者的共同努力，在此提出以下建议：

（一）加强互联网金融融资制度建设

一是完善互联网金融直接融资的法律、法规体系，打通民间资本进入互联网金融的通道，用制度规范资本流向。二是明确互联网金融投资方、融资方、银行及第三方融资平台等相关主体的权利和义务，严格监督和惩罚制度。三是规范互联网金融服务的准入和许可管理，明确贷款利率浮动权限等关键问题，加强互联网金融的科学引导和专业规范。四是完善互联网金融电子档案、信息披露等内外部管理的相关制度。五是逐步建立互联网金融企业呆坏账准备金制度，尽量降低互联网金融信用风险带来的损失。

（二）加大互联网金融监管力度

一是明确互联网金融各类业务的监管部门及职责分工，明确互联网金融企业的直接监督管理机构，强化各相关管理部门的合作协调机制，促进互联网金融企业合法合规运营。二是为互联网金融企业扩大金融服务范围提供政策支持和业务开展规范，鼓励企业在合规前提下拓宽业务范围，创新业务模式，积极开展应收账款质押、订单质押、仓单质押等抵质押贷款，推动开办商业保理、金融租赁等服务，由产业链融资转向商业圈融资、向企业群融资、向制造业领域众多的中小微企业融资。三是提高互联网金融行业透明度。完善互联网金融企业财报公布机制，出台积极控制坏账率有关措施等。四是强化对互联网金融企业的信息安全管理，有效保护投资方、融资方等参与主体的信息安全。

（三）规范互联网金融信用体系建设

一是建立完善针对中小微企业的信用评价机制，特别是加强对人才、技术、管理、市场前景等“软实力”的评价。二是规范中小微贷款信用额度。根据企业交易信用评价分级划分企业贷款的信用额度。三是促进互联网金融企业征信体系资源共享，加快实现企业信用评价记录的横向共享。四是探索互联网金融企业、银行、中小微合作的新模式，促使相关融资信息、信用评价信息等在各方之间共享，进一步降低企业信用评审时间成本等，提高中小微融资效率。

（四）提高互联网金融企业风险管控能力

一是完善互联网金融企业风险控制模型，在充分利用大数据分析、云计算等数据及技术优势的基础上，引进国际水平的风险评估模型，进行本土化调整，以便充分及时地预判、解释和管理借款人风险、风险定价，以及组合管理等。二是完善互联网金融网络和操作系统的安全控制、应用及信息加密、用户身份验证等管理制度，避免出现网络金融的操作风险及恶意攻击带来的风险等。三是不断提高互联网金融安全技术。鼓励互联网金融企业加强与金融行业监管机构的技术合作，探索组建行业技术联盟，有效控制资金流动链条风险传导渠道，切实降低互联网金融融资服务的技术风险。

（五）提高中小微企业充分利用互联网金融融资的能力

一是中小微企业规范自身金融行为，建立良好信用评价记录。按照有关要求及时将企业生产、经营、财务等信息反馈给互联网金融机构，建立完备的评级信息记录。二是建立现代企业制度，明晰产权，明确责任，提高效率，增强自身市场竞争力和融资能力。三是建立健全企业财务制度，真实反映企业财务状况，提高透明度和可信度。四是提高企业与互联网金融在技术、信息、金融产品运用上的对接能力，提高企业融资效率。

（国家开发银行股份有限公司河北省分行 李建业 宫谦 杨光 王禧扬 黄少华）

【推进我国新型城镇化建设的思考】

十八届三中全会提出，坚持走中国特色新型城镇化道路，推进以人为核心的城镇化，推动大中小城市和小城镇协调发展、产业和城镇融合发展，促进城镇化和新农村建设协调推进。作为农业政策性银行，发挥好自身独特作用，在支持新型城镇化建设上有所作为，是农发行最大的发展机遇，也是最大的历史责任。

一、发挥政策性银行“启动器”作用，促进解决“钱从何来”问题

在2014年年初的全国分行行长会议上，郑晖行长明确提出：“要准确把握新型城镇化与农业现代化、新农村建设的重大关系，加大支持城乡发展一体化的力度”。农发行在支持新型城镇化过程中，应认真贯彻落实中央战略意图，更好地带动支持新农村建设和农业现代化，把全行的发展真正融汇于城镇化与农业现代化、与新农村建设相辅相成的伟大历史进程中。

（一）深化对农发行在支持新型城镇化建设中作用的认识

1. 要勇于担当历史重托。中央城镇会议明确提出，要发挥好现有政策性金融机构作用。城镇化建设过程中的很多行业都是无利和微利，商业效益差，资金回收期长，但社会效益好，单纯依靠商业银行无法满足，需要发挥好政策性金融机构作用，提供成本低、期限长的融资服务。

2. 要充分发挥独特作用。政策性金融有国家信用作支撑，介于银行贷款与财政投资之间，通过提供长周期、低利率的贷款，可以发挥“启动器”的作用，具有“四两拨千斤”的效果。

3. 要积极探索敢于创新。在战略上要积极参与顶层设计，赢得主动。在战术上要敢于创新，在有效防控风险的前提下，大胆地创新产品和服务，提倡“负面清单管理模式”，适应市场和服务对象的多种合理需求，让我们的服务产品跟着市场需求走。

4. 要有效引导社会资金。积极借鉴国内外政策性银行的成功做法和经验，通过建立对接政府、方案设计、银团贷款、投资基金、资产证券化、融资租赁等多种机制和方式，有效引导商业银行资金、社会资金流入新型城镇化建设，成为政府“有形之手”的一个重要方面，引领和带动更多的社会资金流入农业农村和城镇基础设施建设领域。

（二）充分发挥政策性银行的引领和导向功能，促进解决“钱从何来”问题

解决城镇化的巨额资金需求，关键在于有效运用各种金融支持手段，充分实现金融支持中资金主体多元化、资金来源多渠道及投资方式多样化。在此过程中，农发行应充分发挥政策性银行的引领和导向功能作用，促进建立多元化可持续的资金保障机制。

1. 财政直接投入。目前，我国的行政和财税管理机制存在“财权向上集中、事权向下下沉”的不平衡问题。应着力完善地方税体系，逐步建立地方主体税种，使地方政府承担的公共服务有稳定的资金来源。农发行应通过签订战略合作协议，建立健全与地方政府的合作机制，发挥政策性信贷资金的独特优势，与财政资金有机结合起来，形成支持新型城镇化建设的资金合力。

2. 发行市政债券。债券融资最大的好处在于信息公开、债务透明、品种期限多样化，有利于满足不同融资需求，也有利于规范和管理举债行为。我国地方债余额中债券融资的比例只有10%，还有较大发展空间。应在完善法律法规和健全地方政府债务管理制度基础上，建立健全地方债券发行管理制度，允许地方政府发行市政债券。农发行可以在债券承销等方面加强与地方政府合作，拓宽城市建设融资渠道。

3. 融资平台运作。应进一步规范和做强做大政府融资平台，通过充实资本金和优化资产，完善现代企业法人治理结构，强化内部管理，积极推动平台实体化、融资与项目建设运营管理一体化，建立相对集中、稳步增长的政府投入机制和承担公益项目建设的利益补偿机制，持续运作，滚动发展。要进一步优化该行融资平台客户结构，积极探索信贷支持省级投融资客户的新模式，实现承贷主体重心上移，贷款项目下摆，既有效防控风险，又便于实际操作。

4. 吸引社会资金进入特许经营领域。应进一步放开市场准入，制定非公有制企业进入特许经营领域的办法，鼓励社会资本参与城市公用设施投资运营，解决部分准公益基础设施建设经营资金来源问题。农发行在贷款对象上，应突破只对国有或国有控股企业贷款的现实，可以对参与城市公用设施投资的民营企业贷款，引领和带动更多的社会资金流入农业农村和城镇基础设施建设

领域。

5. 资产证券化。农发行应进一步探索实践多元化经营，深化信贷证券化，有效盘活用好存量信贷资产，改善资产负债结构，将资产证券化所释放的信贷规模，用于新型城镇化建设重点领域。

6. 产业基金。创新基金品种，扩大基金规模，通过股权投资，加大对具有高成长性、有市场潜力的涉农企业的支持力度，并参与被投资企业的经营管理，为企业提供政策、信息、服务等。

7. 担保。加强与地方政府合作，共同组建政策性担保机构，并为其提供技术支持，发挥担保的杠杆作用，有效带动商业银行信贷资金进入。

8. 融资租赁。探索成立金融租赁公司，创新金融产品，积极开展大型农业机械等融资租赁业务，进一步满足市场需求。

二、农发行支持新型城镇化的切入点和着力点

据专家估算，未来几年，新型城镇化需要30~50万亿投资。这为该行业务发展提供了难得的机遇，搭建广阔的平台。农发行支持新型城镇化过程中应选准切入点和着力点，重点围绕农村人口“出得去”，农村转移人口在城镇里“落得下”、产业“撑得住”三个关键问题做文章，“三位一体”支持农业现代化、城镇基础设施建设和涉农产业，促进“四化同步”、城乡一体化发展。

（一）解决确保粮食安全的前提下，让农村转移人口“出得去”的问题，必须大力支持农业现代化。一是支持河道治理、农田水利灌溉设施建设和农业综合开发，抓紧建设一批旱涝保收、稳产高产的高标准农田。二是支持良种繁育推广，加快发展现代民族种业。三是支持农业科技推广应用，促进农业与科技深度融合，提高科技贡献率。四是支持家庭农场、专业大户、农民合作社、产业化龙头企业等新型经营主体适度规模经营，推广大型农业机械作业，推动各种现代要素向农业集聚，解决好新形势下“谁来种地”的问题。五是支持粮棉油购销储，保护农民利益，增强国家调控能力。六是支持农业企业走出去，到国外去种地、建仓储设施收购粮食，缓解国内农业资源环境压力，弥补国内供需缺口。

（二）解决农村转移人口“安居”问题，必须大力支持城镇基础设施建设。一是通过支持大城市郊区及周边城镇建设，促使大城市人口和产业有机疏散，缓解交通拥挤、环境恶化等大城市病。二是通过支持新型社区建设、新民居建设、保障房建设，促使中小城市扩容，增加城市规模和人口承载力。三是通过支持棚户区改造、城中村改造、农村公路建设、河道治理、污水处理、垃圾处理、医院、学校建设等公共设施和基础设施建设，优化城市布局，美化城市环境，改善居民生活条件，切实提升城镇的品质。四是通过支持土地收储，促进土地集约利用，提高土地利用效率，同时也缓解城镇化建设和新型工作化建设缺地的问题。

（三）解决农村转移人口进城“乐业”问题，必须大力支持涉农产业发展。一是要积极支持粮棉油精深加工，提高产品附加值，更好地满足居民生活需要。二是要积极支持市场前景好、技术先进、管理优良、辐射面广、带动力强的农业产业化龙头企业发展。三是要积极支持覆盖收集、存储、加工、运输、销售各环节的冷链物流体系建设和市场体系建设。四是积极支持地方特色涉农产业和主导产业。

三、农发行支持新型城镇化模式选择

在实际工作中，应根据不同项目的特征，因地制宜、区别对待地健全和选择信贷运作模式，在支持城镇化过程中更好地带动支持新农村建设和农业现代化发展。

（一）支持融资平台提供公共服务模式。通过支持现有的地方政府融资平台收储土地、建设新民居、改造棚户区等项目，用腾出的可“招拍挂”的土地出让收入归还贷款本息，实现银政企多赢。同时，在风险可控的前提下，加大对具有长期稳定现金流项目的支持力度，如城镇供水、供气、供热、电网改造、收费公路、学校、医院，以及与生态文明建设密切相关的污水处理、垃圾处理、清洁能源等公用事业项目，实现农发行偿债资金来源的多元化，有效分散贷款风险。

（二）支持政府主导的“新型社区＋农业产业园区＋工业园区”“三区统筹”模式。通过支持“新型社区”建设，解决农民集中居住问题，同时腾出大量的建设用地，招拍挂之后，土地用于工业园区建设，资金用于还本付息；工业园区和农业产业园区可就近解决农民就业问题。这一模式既全方位促进城镇化发展，又可实现工农用地的集约化使用和农业经营的现代化、规模化、产业化。

（三）支持农业产业化龙头企业主导的“规模经营+新型社区建设”模式。支持龙头企业扩大生产规模，延伸产业链条，流转农民土地，进行规模经营，吸收农民就业，同时在相近城镇建设新型社区，用经营综合收益和腾出村庄占地招拍挂收入归还贷款本息。这一模式既解决了农村人口就近城镇化和“安居”问题，又使农民实现了由“农业经营者”向“农业工业人”身份的转换，较好解决了就业问题，是我国城镇化的重要发展方向。

（四）支持优质企业进入特许经营行业提供公共服务模式。按照“谁投资、谁受益”的原则，支持优质大型企业参与城镇基础设施建设，促进以市场化方式推进城镇化建设。

（五）支持优质企业延伸产业链条促进规模经营模式。通过支持优质的产业化龙头企业向上下拓展延伸产业链，实现种养加、科工贸一体化经营、良性互动，既弱化经营风险，实现规模经营，提高农业生产效率，又释放了大量劳动力。在这一模式中，可充分利用财政贴息政策，进一步降低成本，弱化风险。

（六）支持新型农业经营主体适度规模经营模式。通过支持家庭农场、专业大户、农民合作社等新型农业经营主体大规模流转土地，适度规模经营，推广大型农业机械化和农业科技，大幅度提高农业劳动生产率。对这部分新型经营主体，可采取“农业用地经营权抵押+农业保险+相关财政补贴”的方式，弱化贷款风险。

（七）“股权投入+融资租赁+流动资金贷款”支持成长型企业模式。对成长性强、科技含量高、市场前景好的优质中小企业或项目，可通过基金进行股权投入、融资租赁进行设备支持，辅之以流动资金贷款，通过组合融资的方式，促使企业孵化发育，成长壮大。

（中国农业发展银行股份有限公司河北省分行 王玉武）

【私人银行业务创新发展的调研与思考】

私人银行是商业银行最具活力和最具潜力的领域之一，大力发展私人银行业务对于应对激烈市场竞争、提升商业银行盈利能力、提高风险管理水平，促进品牌建设具有重要意义。为进一步提高个人高端客户市场竞争能力，加快私人银行业务发展，中国工商银行股份有限公司河北省分行以私人银行中心成立为契机，把握区域高端客户快速增长的机遇，创新团队建设、完善工作机制，加快经营转型，取得一定成效。

一、私人银行业务发展面临着难得机遇和广阔市场

近年来，随着我国经济持续高速增长，富裕阶层迅速扩大，成为全球富豪人数增长最快的国家之一，“新富阶层”对私人银行服务需求强劲，私人银行业务越来越显现出巨大的增长潜力。各家银行对私人银行业务市场的争夺正在进入全面竞争时代。我们必须从战略的高度，充分认识私人银行业务的重要意义，全面增强高端客户市场的竞争发展能力，加快抢占私人银行业务市场，打造新的利润增长点。

（一）加快私人银行业务发展是把握机遇、提升市场竞争力的需要。私人银行业务发展与富有的私人对金融服务需求的日益增长密切相关。河北省是经济大省、人口大省，2013 年实现生产总值 2.83 万亿元，公共财政预算收入 2294 亿元，经济总量和人口数量均居全国第 6 位，财政收入居全国第 7 位。省内中小企业特色产业集群多达 120 个，数量众多的民营企业经营者、企业中高层管理人员和专业人员，形成了一批在社会经济中越来越具有影响力的高收入群体。2013 年末，河北区域高净值客户达到 2 万人以上，并以每年 10% 的速度增长；拥有的净资产达 150 亿美元，接近 1000 亿元人民币。未来一个时期，河北经济面临着千载难逢难得的历史机遇，随着京津冀协同发展重大国家战略各项举措的落地实施，将为河北加快转型升级、实现绿色崛起提供强大动力，特别是由此带来的富裕阶层人群的不断发展扩大，也为该行私人银行业务快速发展创造了更加有利的条件。

（二）加快私人银行业务发展是推进经营转

型、建设强行的需要。私人银行业务作为零售业务、资产管理业务以及信息化集中聚焦的业务品种之一，契合了当前银行转型发展的需要，是市场竞争的“核心”焦点和创新发展的“蓝海”领域。在客户属性上，私人银行业务是零售业务的重要组成部分，两者在客户定位上依次递延、互为补充，服务的交叉性和互补性非常强。在业务属性上，私人银行业务通过产品研发、资产配置等资产管理业务，可以更好地为高端个人客户提供个性化、定制化的产品和服务。在信息化发展上，作为一项精品业务和小众业务，私人银行高度依赖数据信息以实施精细化营销和互动式服务。同时，私人银行业务作为零售业务的金字塔塔尖，具有信用风险小、经济资本占用水平低、综合贡献高的特点，形成良好经营成效。

（三）加快私人银行业务发展是适应未来趋势、应对激烈竞争的需要。私人银行业务是商业银行未来竞争发展的重要领域，谁更早、更多、更及时地重视这项业务，谁就能在未来的竞争发展中抢占更主动的地位。面对私人银行市场巨大的发展潜力，各家金融机构都把私人银行业务作为一项战略重点，不断加大竞争力度。从省内同业服务机构情况看，全国性银行均已成立私人银行服务机构，地方性银行普遍设立财富中心和理财中心，不仅形成了大量稳定的客户群体，而且已经形成一定规模。从河北周边金融市场情况看，由于河北私人银行业务尚处于起步阶段，导致区域内高净值客户财富外流至北京、天津等发达地区，投资移民比例也呈环比增长态势，财富外流也是河北金融业面临的突出问题。因此，建立完善具有创新性、区域性、先进性的专业服务体系，全面提升该行私人银行业务核心竞争力迫在眉睫。

二、推动私人银行业务发展的措施和成效

工商银行河北分行于 2012 年 9 月成立私人银行中心以来，认真落实工商银行总行“开门办、全行办、专家办”的战略决策，紧紧把握河北经济和区域高端客户市场特点，坚持“三个三”导向、创新团队建设、完善工作机制、推广应用“四精工作法”，探索实施了一条河北特色的私人银行创新发展之路。

（一）坚持私人银行中心“三个三”经营导向。一是打造三个中心。明确省行私人银行中心“推动＋直营”的经营定位，通过“直营＋包行”工作方式，延伸二级分行私人银行服务，全力将省行私人银行中心打造成私人银行客户营销中心、私人银行业务支持中心、私人银行管理推动中心。二是加快三个转变。通过举办培训班、网上知识竞赛、送教上门和组织实践等培训方式，启动“专业、专注、专家——私人银行团队能力提升”培训项目、对团队成员、支行行长、网点负责人、客户经理等人员进行多层次、多维度的专业化培训，提高从业人员专业素质与业务能力，加快理念转变、机制转变、服务转变，以理念的转变、机制的改革创新，促进私人银行业务发展。三是实现三个目标。省行财富顾问实行分组包行负责制，同时将有发展潜力的超高净值客户纳入“核心直营客户圈”，优化“直营＋包行”工作制度，努力实现在市场拓展中营销维护一批客户，在业务发展中带动帮扶一个二级分行，在服务创新中闯出一片天地的目标。

（二）创新私人银行团队工作机制。为提高私人银行客户服务能力，在省行私人银行中心和二级分行组建专兼职结合的私人银行专业营销团队，并进一步向支行延伸，形成了省行、分行和支行三级客户维护体系。同时，制定出台《私人银行团队管理办法》，从团队人员、发展目标、考核机制等方面加强管理，根据团队成员工作业绩，由省行对团队进行考核并兑现绩效工资，创建“人员由省市行共同管理，绩效由省市行共同考核”的业务发展新模式，有力促进了私人银行各项业务指标快速增长。

（三）推广运用“四精工作法”。一是精准拓户。大力开展“高管抓高端”活动，亿元以上客户由二级分行行级领导亲自维护，支行管理者每人每年至少拓展一户签约达标私人银行客户。开展名单制定向签约，通过资产配置稳定和提升金融资产总额。强化行内相关部门及行外第三方机构“内外联动”，实现精准拓户。二是精准配置。充分挖掘系统数据，做好客户产品到期承接、境内外双开和跨境金融服务、精准营销白金卡等产品。建立河北私人银行微信公众号，实时发布产品销售信息，接受客户产品预约，拉直信息传导链条。三是精细管理。建立流程顺畅、管理规范的省行团队和二级分行团队运营机制，提高工作效率；建立协同高效的项目推荐机制，细化项目推荐工作流程，确保项目推荐快速发展；举办“私人银行业务营销竞赛”和“私人银行团队专业化”培训项目，加大培训力度，将“全行办、专家办”落到实处；完善私人银行风险管理体系和内控评价体系，在业务快速发展中保持“零事故、零风险事件”。四是精致服务。省行团队每月有2周在分行、支行开展工作，突出上下联动，落实首问负责制和限时办结制，快速推动全辖业务发展。

（四）建立高效联动的私人银行营销机制。为推动私人银行业务“全行办”发展战略的落实，在私人银行中心设立之初，省行就及时成立了由24个部门主要负责人为成员的私人银行业务推进委员会，明确各相关部门的工作职责，凝聚业务发展合力。在省行推进委员会的支持下，私人银行中心与各条线联动营销工作蓬勃开展，与个金、电子银行等专业加强联动，有力地促进了客户发展、资产配置和项目创新；与银行卡、小企业建立了客户互荐共享和业务营销联动模式；与公司部、消贷部、投行部梳理确定私人银行项目类投资品预沟通流程，提高了项目推荐效率。

（五）全方位提升私人银行服务品质。加强私人银行客户维护，依托工商银行资源，开展河北区域增值服务，形成总分行特色互补的私人银行增值服务体系。整合现有资源，为私人银行签约客户提供白金卡调额、私人助理服务、七星级客户服务等，丰富了私人银行服务内涵，有效提升了私人银行客户服务品质。成功举办“健康关怀 盛夏尊享”一对一专家问诊、燕赵国宝展暨世界湾鉴宝大讲堂活动，满足不同客户的非金融服务需求，增强了客户的黏合度。

在全行上下高度重视，共同推动下，经过一年多的运营实践，工行河北分行私人银行业务持续快速增长，客户数量和资产规模持续扩大，跃入系统先进行列，为全行经营结构调整、转型发展做出了重要贡献。

三、进一步加快私人银行业务发展的思考

私人银行业务作为一项战略性成长业务，具有巨大的发展潜力。近年来，工商银行河北分行私人银行业务虽取得了较快发展，但仍有许多亟待完善的地方。面对京津冀协同发展历史机遇和日益激烈的市场竞争，要以打造河北区域最有影响、最具竞争力、客户评价最佳的私人银行品牌为目标，不断创新业务发展机制，加快流程系统化、精细化管理，充实培养专业化服务队伍，努力实现私人银行业务的跨越式发展。

（一）以机制创新为突破，推动业务转型发展。保持私人银行业务长期可持续发展，必须从机制体制和管理上进行创新，以“专业化”“精细化”的管理推动私人银行业务再上新台阶。一是完善私人银行团队运营管理。优化团队分片包行制度，通过“直营+包行”推动，实现二级分行私人银行业务全面推进；推进私人银行服务中心建设，实现私人银行服务延伸机构全覆盖。二是建立协同高效的项目推荐机制。加强省行私人银行中心与省行理财投资营销团队的联动配合，通过业务模式和机制创新，提高整合私人银行和公司金融服务的效率，加快形成市场拓展合力。三是构建多维度考核评价机制。将私人银行客户发展等作为私人银行业务的重点指标，同时将私人银行业务相关指标纳入个人客户经理积分考核，形成多维度、分类别、指标合理、结果一致的私人银行考核评价机制。

（二）以做大客户规模为重点，夯实客户服务基础。结合河北区域客户特点，继续争取系统领先，实现私人银行客户数区域同业第一目标。一是重点抓好存量及潜在客户的服务。利用“大数据”数据库资源，筛选具有营销潜力的客户名单，根据名单逐户开展营销，向客户提供签约—产品配置—资产提升—全权委托—综合化的一系列持续高品质专业服务，实现客户规模的不断扩大。二是围绕十大客户市场开展群体服务。以商品交易和民营企业家两大类市场为重点，瞄准白沟箱包、南三条小商品等国内知名市场在内的340个省级中小企业产业集群，制定方案，组建团队，逐一渗透，实现重点市场私人客户的全覆盖。三是多渠道推进客户发展。积极开展跨专业联动营销，对内实现个金、公司、机构、结算、小企业等专业整合联动，对外实现综合服务。

（三）以创新产品服务为核心，推进私人银行品牌发展。加快私人银行业务发展，必须从产品和服务上下功夫。一是持续为客户提供产品配置服务方案，充分体现工行系统及服务优势，实现从“卖产品”到“卖方案”“卖服务”的转变。二是创新区域私人银行投资品，加强跨专业业务整合，拓展具有河北特色的另类投资品种和个性化融资方案，在为客户解决融资需求的同时，丰富投资客户产品配置种类。三是细分客户需求特征，对具有需求共性的群体客户量身定制专属产品和服务，精心设计资产传承、健康咨询、慈善安排等增值服务，开展分类别创新服务，提升服务针对性，提高客户满意度。四是有针对性地开展对外宣传。通过开展以事件类、新闻类宣传、特色活动主题冠名宣传等多种形式的宣传，加大私人银行业务推广频率，增强市场认知程度，持续巩固和打造“第一私人银行”的市场口碑。

（四）以加强队伍建设为保障，提高专业化服务水平。从业队伍是业务发展的根本保障。一是全面提升私人银行队伍整体素质。强化教育培训和资格管理，通过多元化、跨专业培训实习，培养复合型金融人才，切实提高服务的专业化水平。二是完善考核激励机制。进一步强化以业绩为核心的绩效考核，建立适应岗位特点的考核方法，鼓励员工立足本职，多做贡献。三是健全从业人员职业发展、教育培训与流动管理机制，构建“能上能下”的职业发展体系。

（中国工商银行股份有限公司河北省分行 史立军）

【利率市场化条件下的商业银行转型发展策略研究】

利率市场化是将利率的决策权交给金融机构，由金融机构根据自身资金状况和对金融市场动向的判断来自主调节利率水平，最终形成以中央银行基准利率为基础，以货币市场利率为中介，由市场供求决定金融机构存贷款利率的市场利率体系和利率形成机制。近两年，随着经济改革的持续深化，利率市场化进程明显加速。现就商业银行应该如何面对利率市场化环境，有效应对利率市场化改革加以探讨。

一、利率市场化对我国商业银行的影响

利率市场化是我国金融业改革的核心战场之一，对商业银行的影响也必将是一把双刃剑——既带来压力和挑战，也带来动力和机遇。压力和挑战方面，主要体现在市场竞争加剧、盈利能力减弱、业务发展震荡、客户调整流失、风险暴露增加等，对经营管理基础形成严峻挑战。但同时，利率市场化也为商业银行发展提供了动力和机遇，主要体现在有利于商业银行自主决策和自主经营、有利于推动商业银行管理水平提升、有利于营造良好的金融市场环境、有利于促进商业银行金融创新、有利于形成异质化的竞争格局等。

二、商业银行在利率市场化条件下转型发展的必要性

加快转型发展，是商业银行主动适应利率市场化改革的有效途径。一是转型发展是商业银行应对利率市场化挑战的迫切需要。对商业银行而言，利率市场化对其既有的盈利模式、管理水平、经营结构、创新能力、发展能力带来全方位和深远的影响，推进转型发展是应对利率市场化挑战的有效举措。二是转型发展是商业银行抢抓利率市场化机遇的必然选择。面对利率市场化改革后竞争环境更加公开、公平的机遇，应主动研究服务转型，强化客户服务能力提升、深化客户关系管理等更具“阳光”操作的竞争手段；超前研究管理转型，强化定价能力、员工队伍、IT 系统等方面的建设，为参与未来竞争夯实发展基础。三是转型发展是商业银行践行社会责任的客观要求。商业银行在实现自身发展目标的同时，还肩负着支持宏观经济发展、维护金融市场稳定、保护广大客户利益的社会责任。商业银行与各行各业关联性非常大，一家银行出现风险则会出现“多米诺骨牌”效应，引发系统性风险。因此，在利率市场化条件下推动转型发展，也是商业银行维护金融稳定、践行社会责任的客观要求。

三、商业银行应对利率市场化转型发展的策略

商业银行应重点从业务结构、客户结构、收入结构、风险管理、内部管理等五个方面，加快推进转型发展，有效提升利率市场化条件下的综合竞争能力。

（一）推进业务结构转型。利率市场化条件

下，优化业务结构要从资产、负债两方面入手。一是推进负债业务多元化。首先，降低存款成本。通过服务优化、产品创新等途径竞争和维系客户，控制高成本负债增长，提高低成本负债比重。其次，增加主动负债占比。适当降低一般存款占比，提升主动负债占比，更多地运用同业负债、CD等主动负债工具，拓展负债业务渠道，促进负债结构多元化。此外，提升负债业务收益。加大负债业务创新力度，努力研发贴近市场需求的负债替代型产品，把更多传统负债业务转化为能带来中间业务收入的金融工具，在增加资金来源的同时增加业务收入。当前以稳定资金来源为目的的理财业务，应逐步向资产管理转型，为高端客户制定个性化服务方案，向客户提供更好的综合资产管理服务。二是推进资产业务多元化。首先，调整信贷业务结构。按照兼顾流动性和效益性的原则，进一步优化贷款的期限、品种结构；加大信贷客户结构调整力度，严格限额管理，严格准入条件，严格风险退出。其次，发展资金交易业务。在传统贷款业务之外，大力发展资金交易业务，提升债券投资和同业资产在生息资产中的比重，降低信贷资产占比，减少因利差收窄带来的损失，促进资产结构向多元化调整。此外，大力发展投资银行业务。延长金融服务链条，为客户提供多样化增值服务，满足客户多元化金融需求，提升银行综合收益。做好授信项下表外业务的创新，大力推进债券市场业务，积极发展中票、私募债、资产支持票据等各项债务融资工具承销业务；大力推进理财融资业务，通过证券公司、信托公司、金融资产交易所等通道，积极推进委托债权投资、债权收益权转让、股票收益权理财、票据资产包转让等模式，为核心客户提供高端资产管理服务；加强与银行同业、证券公司、保险公司、资产管理公司等机构的业务合作，拓宽投行业务范围。

（二）推进客户结构转型。一是拓展中小企业客户。主动适应金融脱媒加速、大型优质客户对银行依赖程度减弱的新形势，积极拓展中小企业客户，培育具有一定规模、质量优秀、信誉良好的中小企业群体，弥补大型优质客户贡献下降的缺口。通过调整准入标准、降低准入门槛将部分规模较小、财务不规范，但经营状况良好、有成长发展潜力、风险可控的小微企业纳入支持范围；通过调整授权管理模式，缩短管理和审批链条，优化业务流程，提高服务中小企业客户的效率和质量；通过产品和业务创新，解决中小企业在融资、发债、理财、信托、租赁等方面的各种需求；强化风险防控措施，加强行业政策研究，加强日常监测和分析预警，确保商业银行自身经营稳健与支持中小企业健康发展能够有机结合。二是大力拓展个人客户。与对公业务相比，个人业务对信贷资源依赖较小，受利率变化影响也较小。大力发展信用卡、个人理财、住房贷款、汽车贷款、基金、保险等业务，有助于改变商业银行收入结构。对商业银行而言，个人存款稳定性较强，对个人贷款的议价能力也较强，因此，大力发展个人客户和个人业务是应对利率市场化挑战的重要举措。三是深化客户关系管理。牢固树立“以客户为中心”理念，建立全面的客户关系管理，满足客户需求，为客户提供服务方案灵活多样、金融产品丰富多元、业务流程简单便捷、工作效率快速高效的专业服务，持续改进服务，挖掘客户贡献度，提升客户忠诚度，以综合服务水平提升来化解利率市场化的不利影响。四是提升客户服务能力。应进一步深化机制体制改革，健全境内外机构之间、各分行之间、银行和子公司之间的联动机制，提高对客户的境内外一体化服务能力；加强条线运作管理，进一步完善和深化利润中心模式或者事业部制改革，为高效传导转型提供体制保证；更新管理理念，优化管理方法，提高战略连接度和管理精细化程度，引导和带动转型发展。

（三）推进收入结构转型。通过资源倾斜和管理政策引导，大力发展资本占用低、风险水平低的中间业务，逐步由以利差收入为主向以利差收入和中间业务收入并重转变，实现收入结构多元化。一是大力发展中间业务。一方面，提高传统中间业务发展质量。继续做好结算、代理、投资银行、担保承诺、个人贷款、信用卡等传统中间业务，改进服务方式，规范收费标准，重视业务创新，扭转依赖资本消耗增加收入的做法，提高中间业务发展质量。另一方面，大力开发新兴业务市场。抓住利率市场化过程中管制放松、国家鼓励经营创新的有利时机，深度对接金融市场，提升交易、投资、代理、资产管理和金融衍生品等业务收入的占比。二是大力发展电子银行业务。大力拓展网上银行、手机银行、短消息、银行卡等电子银行业务；将商业银行自身优势与互联网有机结合，大力拓展互联网金融业务，全力打造信息时代商业银行经营新业态。三是加强渠道建设。大力加强自助银行、商户 POS、转账设备等新型业务渠道建设，促进传统渠道与新型渠道的协同发展，构建适应银行自身发展特点和满足实体经济发展需求的网络布局。四是加强产品创新。加大对中间业务产品和服务的创新力度，强化同信托、证券、基金、保险、租赁等金融机构的合作，积极审慎推进业务创新，努力拓宽中间业务增收渠道。

（四）推进风险管理转型。要全面提高风险控制能力，逐步由以信用风险、操作风险防控为主向信用风险、操作风险、市场风险、流动性风险等各类风险防控并重转变，实施更为积极主动的全面风险管理，最大限度降低利率市场化改革带来的风险伤害。一是提高风险管理能力。制定风险管理规划，构建积极型风险管理模式，从被动控制风险向主动经营风险转变；优化和创新各类风险管理工具，促使风险转化为收益；提高金融资源配置效率，统筹表内和表外业务管理，科学调配业务期限、贷款品种和债券投资比重；支持产业结构优化升级的重点领域，将资本、资金等稀缺金融要素投放到效率最优、效益最高的领域，降低系统性风险。二是强化利率风险管理。前瞻性调整定价策略，在宏观经济周期的不同阶段，采取与货币政策一致的定价策略，掌握定价管理的主动权，在利率下行周期，适当扩大优质客户中长期贷款占比，拉长重定价周期，提高贷款收益；科学运用利率风险计量分析模型，逐步改进利率风险计量手段，提高利率敏感性等计量模型的运用能力，提高利率风险识别和计量的精准度，建立利率风险分散机制，优化风险组合，分散风险损失；有针对性地把握市场节奏，采取多样化的工具和手段主动规避利率风险。三是强化流动性风险管理。合理安排资产负债规模和期限结构，优化经济资本配置；合理摆布融资业务规模，抓好核心存款组织工作，增强对金融同业业务的风险警惕性；强化备付金管理，满足柜台和电子渠道等支付需要；根据市场竞争态势制定理性发展规划，合理配置资产负债结构；重视流动性压力测试，特别是极端情况下的压力测试，建立和完善流动性危机应急机制。四是强化信用风险管理。克服信贷投放的冲动和盲目，做好风险与收益的平衡；顺应信贷客户结构向中小企业调整的新变化，重点加强对中小企业的信用风险管理能力，处理好风险、创新和收益的关系；着力优化中小企业信用风险管理的流程、方法和技术；提高还原中小企业真实财务状况的能力，加强对企业所处行业信贷政策的研究，加强企业所处成长期的研究，加强企业所处区域信用风险程度的研究，加强企业诚实守信经营与管理方面的研究，超前防范中小微企业信贷风险。

（五）推进内部管理转型。重点推进定价能力、IT 系统、人才队伍三个方面的建设，实现由粗放式、被动式管理向精细化、主动式管理转变。一是加强定价能力建设。建立并完善覆盖成本与费用、风险损失和盈利目标并兼顾市场竞争策略的风险定价机制，建设职责明确、授权清晰的定价管理体系；加强贷款定价能力建设，理顺贷款定价管理体制，实现前台部门、信贷部门、财会部门、风险部门的流水线作业，细分客户群体，提高议价能力，在操作目标上重视以经济资本计量为核心的贷款定价目标，综合考虑各种定价决定因素；加强存款定价能力建设，根据市场竞争状况，合理确定总分行的定价权限，按照区域、业务种类、客户结构和期限结构等不同维度，实施差异化、精细化定价，合理确定存款利率。二是加强 IT 系统建设。提高基础数据管控水平，有效解决数据一致性问题；重视外部数据的收集和质量评估，对宏观政策变化及时反应、应对、研判、分析、预测，拓展信息化建设范围；加强定价审批系统建设，按照产品、风险度、贡献度等制定不同的参数区间，实现多维度灵活定价；建立利率变动信息快速传导机制，强化市场利率信息收集、分析、评价能力，保证在利率市场化改革中能够及时有效的跟踪市场，防范风险。三是加强人才队伍建设。一方面，在行内实施“人才管理”战略，加大对现有员工的培训力度，更新转变员工队伍的思想观念和知识结构，建设懂业务、会管理、善营销的团队，积极培养复合型人才。另一方面，要通过“内招外聘”的方式引进综合素质高、管理能力强、具有现代金融视野的管理人才，重点强化与利率市场化管理要求相适应的专业团队和专业人才的配备，实现管理型与研究型人员、政策制定人员和执行人员的合理匹配。

（中国农业银行股份有限公司河北省分行课题组）

【利率市场化对沧州辖区国有商业银行的影响及对策分析】

中国人民银行公告，自2013年7月20日全面放开金融贷款利率管制。一是取消金融机构贷款利率七折下限；二是取消票据贴现利率管制；三是对农村信用社贷款利率不再设立上限；四是个人住房贷款利率浮动区间暂不作调整。作为金融界的重要制度性变革，利率市场化对商业银行体系的影响更多是中长期的，必将对中国银行业的持续稳定发展产生深远影响。本文分析了利率市场化推出的主要原因，并分析了利率市场化下一步走向，进一步从正、负两个方面分析了利率市场化对沧州地区国有银行的影响，并针对相关影响从强化市场意识、推进创新模式、健全体制机制等三个方面提出了银行业应对利率市场化的方法及对策。

一、利率市场化的现状分析

央行此时推出贷款利率市场化，原因主要有以下几条：一是培育中国银行业市场环境。长期的利率管制下，中国银行业以利差作为主要传统收入来源。中长期来看，利率市场化引发的价格重估将加剧银行业竞争，促进银行提高风险定价能力和经营管理水平，倒逼银行加快经营转型与创新。二是遏制实体经济下滑趋势。利率管制导致银行间缺乏差异化，大中小银行无一例外地削尖脑袋争夺大客户，而对中小客户视而不见，严重同质的银行业竞争让政策更多地停留在口头上。三是向规范影子银行做出安排。中国影子银行规模庞大，贷款利率市场化将有助于实现影子银行的透明化，为后续规范管理影子银行提供基础性制度安排。四是为完全利率市场化测压。相比贷款利率市场化，存款利率市场化才是利率市场化的核心。存款利率市场化，将把银行完全推向市场，优胜劣汰。贷款利率下限取消，将会对商业银行净息差产生怎样的影响？

从央行的表态以及国际经验来看，未来的存款利率市场化可能会分两步走：第一步是局部的存款利率市场化。从某种意义上讲，银行通过高收益的理财产品吸收资金已算是局部的存款利率市场化，但由于理财产品存在监管上的局限，进一步扩大中长期定期存款浮动区间、大额可转让存单（CD）更适合作为银行贷款融资工具和存款利率市场化的过渡选择；第二步是放宽直至完全放开存款利率管制。目前存款利率的上限是基准利率的1.1倍，预计下一步将先放宽至1.2倍，最后再完全放开。中国人民银行原副行长吴晓灵表示，存款利率市场化今明两年暂不会开放。

利率市场化的核心是放开存款利率的上限管制。各界认为，取消贷款利率下限短期对银行影响轻微，利率市场化的核心是放开存款利率的上限管制。虽然央行对“存款利率放开”这一关键环节并未放开，但取消贷款利率下限的举措是我国推进利率市场化改革的重大举措，传递出经济体制改革正在提速的信号。利率市场化是我国深化金融体制改革的必由之路，是继商业银行上市后的“二次革命”。作为金融界的重要制度性变革，利率市场化对商业银行体系的影响更多是中长期的，必将对中国银行业的持续稳定发展产生深远影响。

二、利率市场化对中国银行沧州分行经营的影响

贷款利率市场化推出的象征性意义更大。为实现更多收益，沧州各家银行正逐渐向中小、房地产等利率上浮行业倾斜。即使央行取消贷款利率下限，在实际操作中中国银行以及其他商业银行大规模下浮贷款利率的可能性不大，从这个角度上来说，目前贷款利率市场化的推出对于刺激经济的作用极为有限，而作为政府推进利率市场化信号的象征性意义则较为明确。

随着利率市场化的不断深入，利率市场化

作为一个关系到整体经济发展模式和发展进度的系统性的改革工程，必将对经济机体的各个领域带来大小不一的变化，其中商业银行首当其冲，是这一改革措施的直接和主要作用对象。利率市场化改革对商业银行的影响将主要体现在两个方面：对其运营的外部环境的影响和对其内部经营模式和业务模式的影响。

（一）利率市场化对银行带来的负面影响

1. 贷款利率下限的下移，进一步压缩银行的赢利空间。

取消贷款利率下限后，会对银行的存贷款利差带来一定压力，但这种压力在目前不大。目前贷款仍是稀缺资源，央行放开贷款利率管制有利于贷款利率下行，但是，由于社会整体融资需求依然旺盛，比如地方贷款平台、房地产企业等，商业银行依然占据议价优势，利率下行幅度不会太大。

但是整体来看，利率市场化的不断深入，贷款利率放开也会让银行承受巨大的压力。利率市场化进程中的下一个关键步骤是放开存款利率上限。这将引发揽储大战，也将全面压缩银行的净利息收入。此外，作为银行重要的利润来源的大型重点企业也会要求银行提供更高质量的服务、更灵活的存贷利率，从而让银行本身增加管理成本，这也让利润空间进一步缩小。

2. 利率市场化改革深入，将会使沧州银行业竞争压力倍增。

特别是在股份制银行近两年纷纷抢滩沧州市场的背景下，沧州地区银行间的竞争将更为激烈。此时，银行的实力、信誉、存贷款利率报价水平、金融产品与服务创新能力将成为竞争的关键。部分银行主要是中小银行一定会使用低价策略，来争夺更多优质客户，市场的竞争将更加白热化，各国有银行也会面临来自各中小股份制银行包围式的挑战。

3. 利率的逆向选择，或会导致部分行不良贷款的增加。

利率市场化的实质是考验银行的风险管理能力。随着利率市场化改革的进程，银行特别是国有银行将面临两难选择：一是继续坚持低风险偏好，发展传统的大项目、大客户信贷业务，能保持资产质量稳定，但存款成本上升、贷款收益下降的双重挤压将导致银行盈利能力的大幅下降；另外一个是积极调整风险偏好，拓展高收益业务，能稳定和提高盈利能力，但需要具备较强的风险管理能力。

在利益模式驱动下，银行会将大量信贷资金投入高风险高收益的市场以期获得高额回报，经营效益差或信贷等级低的企业也可能利用银行的趋利心理申请高利率贷款，从而导致实体经济泡沫化。利率的逆向选择问题，很有可能成为银行不良资产增加的重要来源。

（二）利率市场化对银行给予的正面激励

任何一项事物都有两面性，利率市场化在给银行业带来挑战同时也带来了一定的发展机遇，挑战与机遇往往是并存的。

1. 充分利用好综合化经营优势，或有利于银行巩固客户。

从国际经验看，利率市场化的推进，会促进银行业的差异化定位，也会促进银行业的洗牌，银行体系的并购重组有望活跃，经营稳健、管理能力强的商业银行有望脱颖而出。华尔街日报分析报告，在利率市场化进程中，大型中资银行或成为利率改革最终受益者。短期来看，由于四大行中国有企业比重较大，国有企业通过大量存款的派生提升自身低利率贷款的谈判筹码，四大国有银行的利息收入可能会因此下降。

随着利率市场化的不断深入，通过不正当的竞争行为来争夺市场的行为将在沧州市场消失。同时，四大行具有综合程度较高的优势，银行要充分利用综合化经营的产品，结合银行不断创新的金融工具和优质的服务，提高对客户的产品渗透率，提供一站式的金融解决方案，长期来看，各银行可通过差异化服务吸引客户。

2. 利率市场化和内生动力压力，有利于银行资产结构调整。

沧州地区各家国有银行中，大型授信企业余额占比较大。利率市场化和内生动力的压力下，各家银行必须在困境中抓紧机遇，结合自身发展的实际状况，积极争揽客户，提升中型、小微和零售贷款的客户群，从而促进银行顾客结构的优化。

3. 借助创新产品优势，中间业务收入将成为利润增长点。

要应对利率市场化影响，国有银行努力拓展业务空间和收入来源，带动中间业务收入总量持续提升，市场竞争力才能有所增强。据不完全统计和媒体报告，国有商业银行的中间业务收入占比远远高于中小银行，部分中小银行的中收占比甚至低于10%。随着各行利差收入的不断减少，具有产品创新优势的银行，中间业务收入的优势将越来越明显。

三、银行应对利率市场化的对策

国内大型银行应尽快构建银行利率定价体系、强化银行资产负债风险管理、提高数据精细化管理。

（一）强化市场意识，适应利率市场化进程

1. 狠抓核心存款，是应对利率市场化的根本。

各家银行要狠抓存款发展，要始终强调做好增存、稳存工作。抓住重点客户和重点领域的存款；紧盯结算资金流，实现资金体内循环；依托产品增加客户粘性，稳固和扩大核心存款；持续夯实客户基础，加快基础客户的拓展，扭转因客户集中度过高导致存款大起大落的不利局面；继续抓好网点转型，提高单个网点吸收存款的能力。

2. 调整客户结构，促进业务经营综合化。

贷款结构调整的力度也不能有丝毫松懈。在贷款规模十分有限的情况下，要通过优化贷款结构、优化资源摆布的方式加快收入增长。从以往以大客户为主向中小微客户转型，要从注重大客户向大中小客户结构合理均衡转变，对大客户，主要是深挖潜力，提升对其综合服务能力；做强中型客户，提升客户贡献度；并顺应利率市场化改革要求，大力发展中小企业业务；做优中小客户和个人客户，增加中小企业贷款和个人经营贷款比重。提高定价水平较高的中小企业贷款、非住房类个人贷款占比，从而改善贷款的整体收益水平。

3. 完善差异化定价策略，提高利率谈判和报价竞争能力。

存贷款定价是产品定价的主要内容。随着利率市场化的深入，存贷款定价在贷款市场的重要性更会显著增强。在目前利率定价管理模式下，实现辖内优惠利率资源的合理配置，提高经营效益。以提高综合收益率和市场竞争力为目标，以综合贡献度和资金成本为核心，以市场利率走势和同业应对策略为参考，以分期限、分产品、分币种、分金额、分客户、分担保方式为依据的差异化定价策略。

（二）推进创新模式，提升挑战利率市场化的综合能力

利率市场化将通过市场化竞争来确定资金成本和金融产品价格，金融机构的传统业务收入降低，竞争格局发生变化。因此，金融机构需要采取新的经营策略和经营方式，支撑“渠道效能”扩展。

1. 深入挖掘重点创新产品，提升非利息收入。

国有银行要开发高附加值的中间业务和投资银行类中间业务，通过多元化的业务模式获取新的赢利点，向综合化服务发展。通过全面金融解决方案创造核心品牌，以多渠道直接融资方案为核心发展转型，以债券及理财业务资金满足客户批量化融资需求，以资产证券化业务实现新突破，提升银行的整体运营效率，有效规避利率市场化带来的收益风险。

2. 加快电子银行以及现金管理业务发展。

要走智能化发展道路，充分利用现代科技成果，顺应信息技术变革趋势，按照全新商业模式特征和用户行为习惯提供全流程、全链条的综合金融服务解决方案。电子银行将成为未来银行间竞争的重要武器，客户可以解决时间，银行可以解决成本，提高效率。大力推广现金管理产品，建立服务于企业全方位、全流程的现金管理体系，及时发掘企业的产品服务需求，在巩固现有大型集团客户的基础上，积极拓展中小客户群体的应用。

3. 充分使用利率衍生工具提升优势。

利率衍生工具是非常好的控制利率风险的工具，随着我国金融市场的快速发展和利率市场化的不断推进，人民币利率衍生工具应运而生。人民币利率掉期业务、债务宝等贷款保值产品，将会在利率市场化的进程中扮演重要的角色。

4. 发挥自身优势，夯实“差异服务”能力。

在激烈的市场竞争中，各行要持续充分发挥

人员、技术和渠道上的优势，发挥自身传统优势，确保持续保持绝对的市场领先地位。同时，面对利率市场化导致中国银行业的竞争更为激烈的现状，各行必须要有差异化的战略，细分客户、找准主要的客户定位，夯实“差异服务”的比较优势和市场能力。

（三）健全体制机制，应对利率市场化风险

1. 通过利率市场化定价传导机制规避风险。

科学的金融产品定价可以有效地实现资本成本的核算和风险控制的结合，同时注重效率。在确定利率水平的同时，应综合考虑风险补偿、费用分摊、客户让利幅度、产品收益以及违约、展期等因素。同时不断进行审核、评估和改进，以促进自身主动识别风险，并对风险进行控制，降低风险对自身经济运营带来的风险。

2. 走资本节约型道路、向集约化经营转变。

利率市场化进一步推进，银行需充分将资金“用足、用活、用好”，通过资金市场等多种渠道获取收益。为更好的管理好流动性、实现长远可持续发展，应对银行不良贷款上升、利润增速下降，唯有银行自身通过走资本节约型道路、向集约化经营转变来促进业务结构转型调整方能冲破发展束缚。

3. 加快人才队伍的建设，提升银行竞争优势。

知识经济时代的竞争归根结底是人才的竞争。利率市场化更需要专业的高素质人才，我们要制定一系列培养专业高素质人才的制度，同时要加强与上级行和学术界的交流，提升对利率市场化的敏感判断力和控制力，提升产品的驾驭能力，培养高素质的人才，才能在竞争中处于不败之地。

利率市场化是国际金融改革的重要决策，也是银行所必须应对的重大变化。沧州各家国有银行必须努力适应利率市场化的大趋势，控制市场化带来的不利因素，抓住市场化带来机遇，在新的市场竞争中的不断发展壮大。

（中国银行股份有限公司沧州分行 吴颖）

【河北省代理清算市场调研分析报告】

清算业务是银行的一项传统业务，它伴随着银行的各项金融服务而产生，是所有金融服务的基础与保障。在银行业务的前、中、后台划分中，清算业务属于后台业务，自身占用一定的生产成本。越来越多的金融同业因为节约成本、缩短筹备期等原因委托他行代理清算，各家代理机构也不断改善自身服务，确保为被代理者提供更加准确、安全、高效的代理服务。近年来，该行持续向市场推出多项代理清算服务，产品功能不断完善，市场占有率逐步提升。河北省分行组织本次调研，旨在摸清市场、优化服务、提高该行代理清算产品知名度和市场竞争力。

一、河北省代理清算业务发展现状

代理清算业务是商业银行中间业务的重要组成部分，是商业银行根据客户代理资金清算协议委托，利用自身经营职能和网络渠道优势，为客户提供各种资金清算类及其他附加增值等个性化金融产品和服务，并向客户收取一定费用的金融服务类业务。由于代理清算业务具有将现有优势转化为收益的特点，各行纷纷推出本行特色的代理清算服务。

（一）河北省内代理清算产品简介

河北省内能够提供代理清算服务的金融机构为数不多，外币代理清算主要集中在中行、建行；人民币代理清算集中在兴业银行、农行、建行。其中以中国银行、兴业银行、建设银行的代理清算产品最具代表性。

1. 河北省内代理清算产品。

中国银行代理清算服务平台（VAPS）是通过向被代理金融机构提供“被代理客户端软件、系统直连、网页接入、批量文本上传”等接入方式，传输并处理代理支付指令，实现直通式、无痕化代理支付服务的集中业务处理平台。

中国银行代理同业外币通是中国银行为境内外金融同业客户量身定制的一款外币资金代理清算产品，具有费用低、开通便捷、自动化程度高等特点。目前，该产品服务我省金融同业客户4家。

兴业银行银银平台是面向广大村镇银行推出的核心系统建设与托管、代理接入支付系统、柜面互通、财富管理和资金业务合作等服务产品统称。目前，该平台链接我省邯郸银行、邢台银行、承德银行等多家商业银行和17家村镇银行。

建设银行资金清算系统为其他商业银行提

供异地人民币、外币资金清算服务，采用被代理行运用终端参与清算系统直接联网的业务处理方式，实现了被代理行业务的实时处理和资金清算，与该行代理同业外币通产品基本功能类似。

2. 各行代理清算产品对比。

为了更好的完善该行代理清算产品功能，我们对上述产品进行了简要对比，具体如下：

表1 其他金融同业客户代理清算产品对比

维度	本币		外币	
	银银平台资金（兴业）	VAPS（中行）	资金清算系统（建行）	代理同业外币通（中行）
费用	免费	免费	按照收、付款行所在地灵活收费，跨境汇出15美元/笔，跨境收款5美元/笔	60元/笔
科技输出	柜面通系统	VAPS客户端	SWIFT系统	SWIFT系统
接入方式	专线接入	公网或专线接入	SWIFT系统接入	SWIFT系统接入、公网或专线接入
币别	人民币	人民币或外币	8种币别	8种币别

（1）人民币代理清算产品。据了解，兴业银行“银银平台”由支付结算、财富管理、融资服务、结构优化、科技输出、资金运用、外汇代理、综合培训八大模块功能组成，是以“联网合作、互为代理”为理念，通过被代理行加盟的方式，使用兴业银行的系统。相比较而言，兴业银行的同业服务模式主要有三大优势：

一是银银平台对无清算系统或系统功能较为落后的同业客户具有较强吸引力；二是加入银银平台金融机构的客户之间免费转账服务受到市场青睐；三是银银平台可根据金融同业客户个性化需求进行升级改造，通过整体解决方案满足同业需求。

银银平台虽然为被代理银行丰富了产品线，但是这种技术输出，使被代理行每项产品都有着兴业的痕迹。通过连锁加盟成为兴业的附属机构，在被代理行客户信息和业务信息的保密方面也面临着许多问题，这也是众多被代理银行担忧之处。而该行VAPS提供“客户端软件、系统直连、网页接入、批量文本上传”等接入方式，实现直通式处理和客户信息云端加密功能，可以成为该行宣传代理业务的一大优势。

（2）外币代理清算产品。建设银行外币资金清算可实现SWIFT系统与境内外币支付系统连接，客户可通过SWIFT系统或境内外币支付系统发起或接受外币资金汇划报文。相比较而言，建设银行与该行外币代理清算产品基本功能类似。但在个别功能点上存在差异，如：建设银行代理外币清算服务可为客户提供SHA、OUR、BEN的费用承担方式，而该行中转费则由金融同业客户统一扣除。

（二）河北省分行代理清算业务开展情况

自2013年推广代理清算产品以来，该行组织全辖积极宣传，不断扩大该行代理清算产品知名度与市场占有率。截至目前，河北省内金融同业客户中，具备外汇资格且开办外汇业务的，均已被该行代理，包括廊坊银行、邯郸银行、唐山商业银行、河北银行。本币通方面，尚无成功案例。代理清算业务量显著提升。

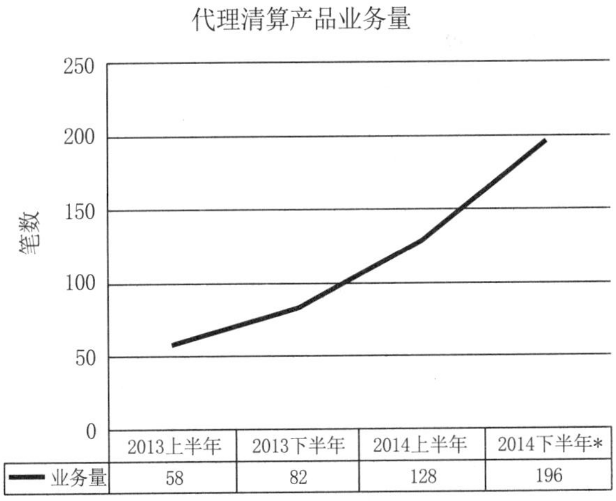

图1 代理清算产品业务量

其中，该行代理同业收款业务占代理清算业务的94%；MT103报文使用占比73%，MT202报文使用占比为27%。

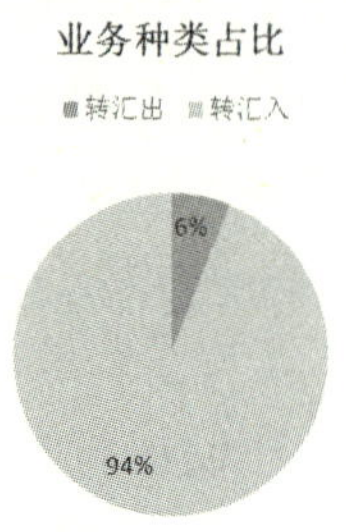

图 2 业务种类占比

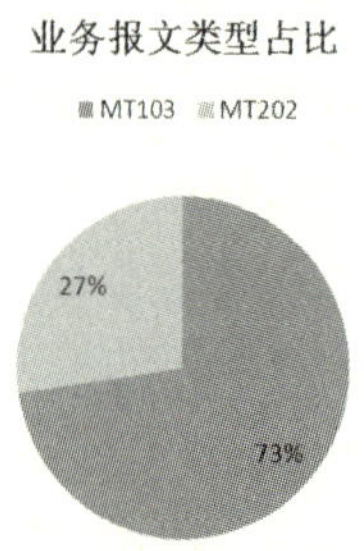

图 3 业务报文类型占比

二、代理清算市场调研与分析

为更好地做好金融同业客户调研，全面了解金融同业基本信息、经营情况、被代理情况及客户需求等信息，省行统一制定《金融同业客户走访记录单》《金融同业客户调研问卷》。

（一）调研方案及问卷发放

1. 调研方案的制定。

为使调研工作与该行代理清算产品推广实现有机结合，该行制定了如下调研方案：

第一阶段，客户初次走访阶段

按照“全覆盖”原则，全辖在 6 月前对辖内 52 家村镇银行，11 家城市商业银行进行全面的摸底走访并填写了《金融同业客户走访记录》。

第二阶段，客户回访阶段

根据初次走访结果筛选出推广成功或有潜在需求的客户进行客户回访，负责机构收集客户填写《金融同业客户调研问卷》，掌握辖内同业市场情况。

第三阶段，客户需求分析阶段

根据以上两个阶段的结果进行综合分析，从中寻找我省金融同业客户清算需求，分析该行代理清算产品推广中有待改进的方面，不断提升该行服务品质，增强该行代理清算产品的市场认同度。

2. 调研问卷发放与回收。

问卷调研通过两种方式进行。一是借助分行客户走访时机，面访金融同业高管发放并回收问卷；二是通过 E-mail 方式发放问卷，确保问卷调查区域的广泛性。

本次调研共涉及 63 家金融结构，其中共收集走访记录、调研问卷 109 份，其中有效记录 92 份，占 84.40%，调研结果有效。

本次调研使用 Excel 建立数据库，将问卷的调查结果输入数据库，并根据研究目的，运用 Excel 对调研数据进行分析。

（二）调研结果分析

1. 金融同业客户被代理情况分析。

调研数据显示：截至目前，全辖共走访同业客户 64 家，其中村镇银行 52 家、城市商业银行 12 家，省内目标客户走访率达到 100%。接受调研的金融同业客户中 100% 知晓该行能够提供人民币、外币代理清算业务。

表 2 金融同业客户走访情况

金融同业	走访情况	省内开业数量	覆盖率
村镇银行	52	52	100.00%
城市商业银行 [1]	12	12	100.00%

备注：[1] 包含渤海银行
数据来源：河北新闻网、中国银监会官网

其中城市商业银行走访结果如下：

表 3 河北省城市商业银行外币资金代理清算情况

客户条件	金融同业客户名称	代理情况
外汇业务开办行	廊坊银行	已被我行代理，其中河北银行总部已经开户。待签署协议后，各分支行均可代理
	邯郸银行	
	唐山商业银行,	
	河北银行（总部、廊坊、沧州、唐山、保定、张家口、衡水、邢台分行）	
外汇业务未开办行	保定银行	现阶段虽无外汇业务，但有潜在需求，相应分行正密切跟进
	渤海银行石家庄分行	
	秦皇岛商业银行	
	张家口商业银行	现阶段无外汇业务，且无开办计划
	沧州银行	
	衡水银行	
	承德银行	
	邢台银行	

外币代理清算市场的调研结果显示，全省共走访城市商业银行 12 家。外汇业务开办行：廊坊银行、邯郸银行、唐山商业银行、河北银行 4 家同业客户全部被该行代理。其中，河北银行总部已与该行石家庄管理部开立账户，所有分支机构均可通过该行办理外汇资金清算业务；外汇业务未开办行：保定银行、秦皇岛商业银行、渤海

银行石家庄分行3家有开办外汇业务意向，但面临政策及金融同业客户内部管理方面的障碍，该行将持续保持密切跟进。

村镇银行走访结果如下：

表4 河北省村镇银行人民币资金代理清算情况

客户类型	代理情况	未被代理数量	占比
村镇银行	被主发起行（即投资方）代理	26	50.00%
	被兴业银行代理	17	32.69%
	他行网银办理汇款	9	17.31%
	合计	52	100.00%

人民币代理清算市场的调研结果显示，全省共走访村镇银行52家。其中，26家根据董事会意愿，选择主发起行作为代理行，占比50%；17家选择兴业银行作为代理行，占比32.69%，该部分同业客户对兴业银银平台的通存通兑等功能依赖性较强，该行产品经理虽多次营销，仍无法取得突破；9家行选择使用建设银行、农业银行等网上银行办理业务，代理清算需求较小。

此外，河北银行、张家口商业银行等地方性商业银行和东亚银行等外资银行均已加入人民银行现代化支付系统，暂无代理清算需求；根据政府监管部门要求，我省小额贷款公司全部使用政府指定的专用管理系统办理资金汇划业务，无代理清算需求。

2. 金融同业客户需求分析。

金融同业客户开办代理清算业务难点分析：

调研结果显示，25.93%的城市商业银行认为开办外币业务的难点是系统研发不完善，包括信息科技力量不足、数据管理难度大、系统开发成本高等；29.17%的村镇银行认为自身外币业务开展受制于外币清算账户少；而国有商业银行清算业务的开办难点存在于政策、系统、柜员、清算渠道建设方面。

综合看来，26.92%的金融同业客户认为外币清算账户少是影响其开办代理外币清算的主要原因，柜员业务基础薄弱、外管政策了解不透彻也是阻碍金融同业客户开展外币清算业务的因素。详见下表：

表5 河北省金融同业开办外币清算业务难点情况

开办外汇业务难点	城市商业银行	村镇银行	国有商业银行	占比
外币清算账户少	22.22%	29.17%	25.00%	26.92%
柜员业务基础薄弱	22.22%	20.83%	25.00%	21.79%
系统研发不完善	25.93%	16.67%	25.00%	20.51%
外管政策不了解	14.81%	12.50%	25.00%	14.10%
加入SWIFT组织成本高	14.81%	6.25%	0.00%	8.97%
其他（政策不允许、发展初期）	0.00%	14.58%	0.00%	8.97%

3. 客户需求分析。

该行对代理清算产品推广过程中推出的多项延伸服务进行了调研。其中，26.09%的金融同业客户认为该行开展专业化培训最为重要，另外，首笔全程支持、代理费用低廉、其他咨询服务也同样得到较多客户青睐。协助反洗钱甄别、信息科技咨询、代理费用是否低廉是客户关注度较低的问题。

表6 河北省代理清算服务市场需求情况

服务内容	重要	累计占比
开展专业化培训	26.09%	26.09%
首笔全程支持	18.84%	44.93%
代理费用低廉	14.49%	59.42%
加入SWIFT组织申请顾问服务	13.04%	72.46%
业务查询热线	7.25%	79.71%
协助反洗钱甄别	5.80%	85.51%
信息科技咨询	5.80%	91.31%
电子对账快捷	4.35%	95.66%
其他（银行系统、网银等）	4.35%	100.00%

调研发现：反洗钱未得到金融同业客户的充分重视。

针对专业化培训、协助反洗钱甄别服务，城市商业银行与村镇银行有不同侧重。其中，村镇银行认为专业化的培训更为重要，城市商业银行认为反洗钱更为重要。

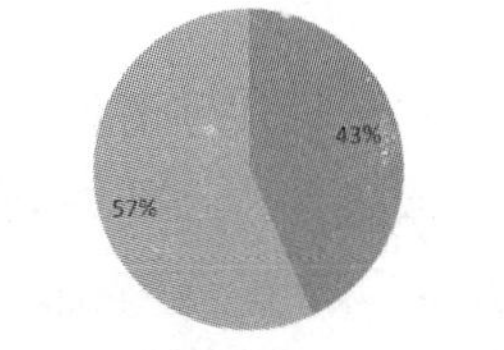

图4 “开展专业化培训”关注度

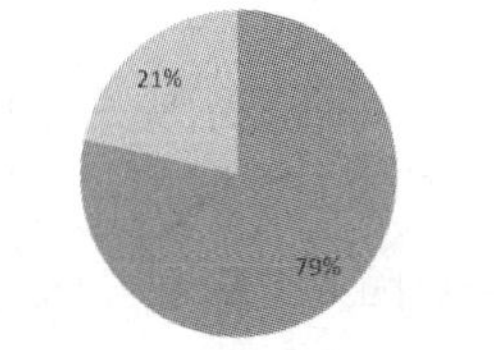

图5 “协助反洗钱甄别”关注度

4. 其他辅助业务需求分析。

河北省分行根据市场需求推出"金融同业客户产品包"，并对产品包中各项产品的需求进行了市场调研。

调研结果显示：23.61% 的金融同业客户对该行外汇零钞供应较为青睐；代开信用证、现金寄库、代理审单、跨境人民币、代开银承、现金缴存、代理托收业务均存在一定的客户需求。

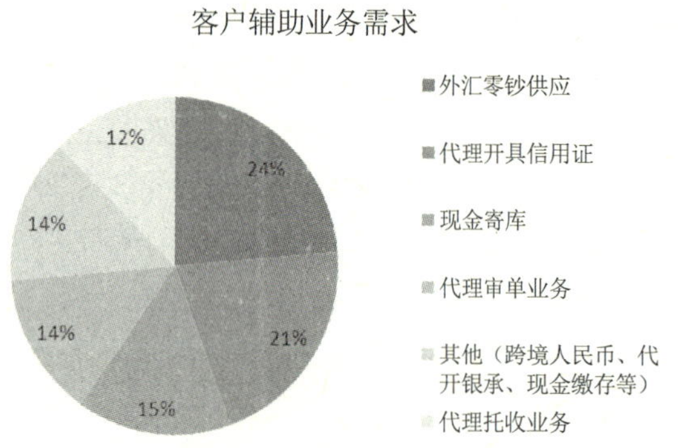

图 6 客户辅助业务需求

三、代理清算产品营销推广策略建议

（一）面向同业客户开展形式多样的代理产品专项培训

客户需求分析显示，省内 26.09% 的金融同业客户认为该行开展代理产品专业化培训最为重要。因此在产品推广中，应加强面向签约客户、重点目标客户开展代理产品专项培训，可采取市场推介会与走访讲解相结合的方式，内容包括系统操作、外汇规定、国际汇款注意事项等。另外，针对同业客户对于反洗钱知识了解较少、关心程度较低、风险意识较差的问题，在目前日益严峻的反洗钱形势下，应格外加强对同业客户反洗钱的知识培训，降低连带风险。

（二）通过数据分析构建科学和精准的营销模式

调研显示，金融同业客户选择代理清算产品的重要因素取决于提供相关或延伸产品的综合服务。因此，应建立包含同业客户规模、经营种类、存款、贷款、业务类型等内容的客户信息库，以及全行各个条线的同业客户产品的产品数据库，综合"两库"信息，运用"大数据"分析，挖掘客户需求，精确匹配产品服务，量身定制综合方案，为有的放矢营销提供有力支撑。通过"产品包"的营销方式，提升产品竞争力，拓展合作范围。

（三）创新完善产品功能

应尽快开发完成涵盖各类代理业务的一体化"中银代理平台"，将现有的 VAPS、内港互通等系统整合，为客户打造功能强大、入口简单的客户端，提升竞争力。另外应将代理支付清算平台 VAPS 业务全部通过反洗钱系统自动筛查，覆盖境内外币及跨行支付业务往报和来报的全部业务种类。最后收集该行发达的海外清算渠道信息，研发"智能路径选择"功能，为代理清算客户选择最节约中转扣费、到账速度最快的汇款路径。

（四）持续提升服务质量，建立营销后标准化服务模式

配备专职产品经理，由业务专家担任，为同业客户提供日常全天候的服务热线，定期产品培训答疑，提升代理清算客户服务质量；建立定期回访机制，收集客户反馈，把握业务新需求、做好回访后分析，针对性改善服务。

（中国银行股份有限公司河北省分行课题组 朱晓凤、石锦惠等）

【浅析商业银行应对互联网金融冲击的 SWOT 分析】

2013 年号称互联网金融元年，这一年以余额宝为代表的互联网理财产品大举入侵传统理财市场，以 P2P 平台为依托的网贷冲击传统信贷市场，淘宝基金店、腾讯微信支付、众筹……互联网金融产品层出不穷，在与传统金融的碰撞中火花四溅。面对互联网金融来势凶猛的挑战，深刻分析商业银行的优势、劣势、机会、威胁，能够为商业银行采取下一步竞争策略提供参考。

一、互联网金融发展概况

近年来，电子商务的不断兴起，拉近了网络与大众的距离，为互联网金融的产生奠定了基础。同时，信息技术和移动终端飞速发展，互联网终端的硬件、软件、网络设施等技术逐渐多元化。搜索引擎、大数据、社交网络和云计算等技术不断涌现，这些技术上的突破使脱离固定金融终端的移动支付成为可能。在上述种种条件的相

互作用下，互联网金融应时而生，且发展速度惊人，对传统金融业形成了一定冲击。iResearch Consulting Group 调查指出，2013 年中国第三方移动支付交易总金额达到 1.22 万亿元，同比上一年增长 707%。预计 2014 年这一金额将达到约 2.94 万亿元。

二、商业银行应对互联网金融冲击的 SWOT 分析

SWOT 分析是战略分析的常用方法。这种方法可以全面分析在互联网金融的冲击下，我国商业银行内部的优劣势和外部环境中的机遇与威胁。

（一）内部优势分析

1. 发展时间较长，资金实力雄厚。据银监会发布的最新数据，截至 2014 年 6 月末，中国银行业金融机构资产总额高达 162.95 万亿元。从数据可知，我国银行业总体资产规模宏大，实力雄厚，在金融业具有非常强的竞争实力。

2. 品牌形象深刻，大众信任度高。经过多年发展，传统银行业逐渐形成了特有的文化标识，品牌形象鲜明，被大众所接受。

3. 基础设施完善，渠道分布广泛。商业银行经过多年的发展，网点布局遍布城乡，同时还在不断加大自助银行、电子银行等渠道的建设力度，基础设施完善，渠道布局广泛。截至 2013 年末，全国银行服务网点约 21 万家，其中新增网点 5200 多家。

4. 风险管控机制较为成熟。近年来，随着金融环境日益复杂和同业竞争的白热化，商业银行一直致力于完善自身的风险管理与控制体系，这使得商业银行在实践中获取了丰富的风险管理与控制经验。而互联网企业因成立时间较短，还并未形成完善的风险管理与控制制度。

5. 政策优势明显。商业银行成立以来一直在国家监管机构的严格监管下发展，基于稳定发展的考虑行业进入门槛极高，使商业银行面对互联网企业竞争时具有了牌照优势。其次，商业银行具有金融机构的身份，这使得商业银行在享受政府税收方面具有一定成本优势。而互联网企业则一直游走在政策监管边缘，能否获取监管部门颁发的金融牌照，直接决定着其今后的命运。

（二）内部劣势分析

1. 创新能力不足。在严格的金融监管下，商业银行为了最大程度地规避风险，创新动力往往不足。同时，面临激烈的同业竞争，商业银行产品同质化严重。而互联网企业自进入大众视线以来，一直是创新的“领头羊”，引领时代的潮流。

2. 市场柔性欠佳。传统商业银行因防控风险的需要部门设置齐全，因层级设置较多导致政策传导周期长，有些政策要求在全国范围内实施，不能适应局部情况，造成商业银行市场柔性欠佳。同时，商业银行在传统的经营模式中，并没有针对客户的消费习惯及交易信息等进行深层次的数据挖掘与分析，更谈不上针对性地对客户进行金融产品创新与营销，以及建立合理的风险预测与控制机制、信用评估与信用决策机制，一定程度上造成了资源浪费。

3. 信息系统兼容性差。传统商业银行虽然都已具备较为成熟的电子银行渠道，但是仅停留在同业竞争的层面。大部分皆因资金投入量不够，存在重前期开发轻后期维护更新等问题，导致银行科技系统的技术力量不足，网上银行认证系统兼容性差，不能较好地与互联网金融的便捷性相竞争，不能充分满足用户方便快捷的体验需求。

4. 业务流程繁琐。商业银行为客户办理柜面业务时，因客户等候时间过长，引起客户投诉的事项已经屡见不鲜。究其原因，主要是因为商业银行在进行业务流程设计时过于强调银行内部制度的执行，造成银行业务流程繁琐、服务质量与效率大幅降低。

（三）外部机会

1. 互联网金融带来新思维。目前尽管互联网企业涉及的金融业务并未动摇商业银行的行业主导地位，但其开放的平台、交互式的营销方式、别具特色的产品、方便快捷的流程得到了大众的青睐，为传统商业银行业务发展带来了新思维。

2. 社会化媒体提供的新平台。近年来，社会化媒体的迅速发展改变了大众生活方式，使我们进入了一个社交网络时代。商业银行应抓住这个机会，充分利用社会化媒体平台挖掘客户资讯、开展网络营销，实现与客户的零距离开放交流，使客户的诉求得到及时高效的满足。

3. 大数据运用带来的新启示。互联网企业强大的科技技术为传统银行电子银行业务的未来发展提供了一个很好的鉴赏。尤其是互联网企业非常注重大数据的运用，并利用“云计算、分布式存储、大数据挖掘”等技术对信息数据进行深度加工分析，建立了识别中小企业信用情况的信用评价体系和信用数据库。

4. 合作共赢的发展机会。互联网企业通过第三方支付平台，掌握了客户大量的消费习惯和交易情况。而商业银行在日常经营中，与大型企业客户形成了长期、稳定和互信的关系。互联网企业拥有科技优势，而商业银行拥有金融背景优势。双方不同的优劣势特点，为双方提供了一个合作共赢的发展机会。

（四）外部威胁

1. 商业银行面临“双脱媒”趋势不断加快的挑战。互联网金融的快速发展带来的金融和技术“双脱媒”，加剧了银行业经营压力。在国外，Facebook 类社交网络凭借其海量数据，对数据进行深度加工，为资金供需双方提供了丰富的信息资源；而 Lending Club 类 P2P 交易平台，使资金供需双方的资金信息无需经过第三方机构就能够进行直接匹配。两者的协作，有效解决了信息不对称和交易成本高的问题，迫使商业银行面临融资中介角色弱化的风险。

2. 商业银行的传统战略结构受到冲击。几十年来，商业银行严格遵循“二八定律”，把企业的主要目标客户定位为大中型企业、政府机构等优质客户，把个人的主要目标客户定位为手中集聚大额资产的高端客户，通过为优质客户和高端客户提供安全、稳定、低成本和低风险的金融服务，来获得较大利润。与商业银行不同，互联网企业把中小企业客户和个人客户视为主要服务目标，通过方便、快捷和客户体验的个性化服务，吸引了越来越多的客户资源。

3. 商业银行的收入来源将受到威胁。互联网金融已经影响到了商业银行的传统利差盈利模式。首先，银行活期存款利率与互联网理财产品收益相差较大，导致银行活期存款下降，分流银行客户。其次，网络借贷的兴起，触动了商业银行的神经。再次，随着第三方支付业务范围的不断延伸，将直接影响到银行的中间业务收入，威胁银行的收入来源。

4. 利率市场化挤压利润空间。利率市场化的加快推进，将收窄银行的利差收入，挤压银行业的利润空间，利差下降的风险加大了商业银行的经营压力，加速推进银行之间更大程度的竞争，利率市场化对银行的风险计量和定价能力也提出了更高的要求，银行业将面临由此带来的多种挑战。

三、商业银行应对互联网金融冲击的发展对策

互联网金融的独特优势，对传统商业银行构成了无形的压力。正视挑战、积极转型，改变固有商业模式无疑是最好的选择。当前，传统商业银行面临的是互联网金融企业正携带着技术、数据及电子商务优势，染指支付结算和信贷这两项传统银行的核心业务。传统银行业在经营模式转型过程中，当然要借助互联网金融的强大力量，既要抓住历史机遇，又要管控好风险。

（一）积极转变思想，加快转型升级

互联网金融为传统金融业的发展带来了新鲜空气，也促使商业银行进一步加快转型升级的步伐。要把互联网金融作为转型升级的载体和工具，将其视为带动银行业蓬勃发展的机遇。一是及时调整客户拓展思路，重新审视“二八定律”，在抓好对 20% 高端客户营销和维护的基础上，不放过 80% 的大众类客户，注重客户“量”的提升。二是完善电子渠道建设，在不断推动传统商业银行“门户网站”转型升级的基础上，加快推进网站综合化建设。将自身专业和行业优势与互联网先进技术相结合，以提升客户体验、突出服务质量为核心，增强电子渠道的人性化和时代感。同时通过绩效杠杆，加大客户柜面交易向网银等电子渠道迁移的引导力度，提升客户体验和交易活跃度。

（二）巩固传统业务，打造竞争优势

一是要优化业务流程。以客户为中心设计简单便捷的操作流程，为客户节约时间，提升满意度。二是加大物理网点建设力度。互联网金融虽然来势汹汹，但是大众对于物理渠道的需求不减，需要现金交易的人群并不在少数，传统银行广布的物理网点具有互联网金融不可取代的作用。三是利用商业银行长期涉足国际业务所积累的丰富经验，将国际业务向线上转移，在国际业务电子商务这一新兴市场取得领先优势。

（三）强化跨界合作，推动融合发展

一是加强同互联网企业的战略深度合作，选择电子商务、金融门户、IT 科技、搜索引擎、大数据管理、云储存等互联网企业广泛开展战略合作，担当战略合作主导者，引入互联网企业的新技术、新思想、新模式，将其与银行业的金融基因、金融思想、金融技术相融合，积极融入互联网金融的创新。二是全面加强同移动通讯企业的跨界合作。随着智能手机的快速普及和 4G 网络的深入覆盖，通过移动设备进行的移动支付逐渐成为支付主流。商业银行要把握住移动支付的发展机遇，全面加强同移动通讯企业的合作，抢占移动支付先机、赢取先发优势。

（四）掘金数据资源，升级电商平台

商业银行要积极融入大数据和信息技术发展浪潮，在确保数据安全和符合保密规定的前提下，以大数据分析为载体，合理划分类别、分析客户偏好、构建数据模型，对客户实施精准营销；以大数据挖掘为突破，助力信贷管理全流程，使之在整合运营信息、核定信用等级、评定信用额度、跟进客户管理的过程中提供帮助，尽快盘活线下数据资产，掘金数据资源。

目前多家商业银行都建立了自己的电商平台，应积极借鉴传统电商的发展经验，优化电商平台的前后端客户体验，并利用物理网点密布的优势做好线上线下的联动发展，把电商平台培育成新的利润中心。

（五）集中优势兵力，探索创新路径

一是要加快发展线上借贷，加快推进银行业信贷产品的“线上转移”工作，加快完成银行业信贷产品的“互联网化”改造，尽快实现“线上申贷、多元授信、线上抵押、线上审批、快速放款、按日计息、网上还款、循环使用”全流程线上运作，以满足日益变化的客户需求和用户习惯。二是利用直销银行经营费用较低、服务方式灵活的优势，积极发展直销银行，为客户提供更有竞争力的存贷款价格及更低的手续费率，为客户的交易和支付提供极大便利。

（六）以客户为中心，提高服务能力

“以客户为中心”是各大国有商业银行经营的核心理念，在互联网金融冲击的当下，应当赋予这一理念新的内容，真正从银行为中心向客户为中心转型。一是增强员工的服务意识，使员工思想统一到以服务赢得客户的高度上来，将服务的精细化、规范化提升到战略发展的高度。二是构建客户服务全流程指导，从零散、事后的客户体验转向系统、事前的客户体验。重新梳理柜面业务办理流程，站在客户角度，设计人性化、省时、省力的柜面业务办理流程，提升服务效率。三是提高面对面的服务质量，与互联网金融通过虚拟网络完成交易不同，传统商业银行能为客户提供面对面的服务，为客户带来更多安全感，商业银行要提升服务人员的服务意识和诚信度，为客户提供贴心和安全的服务。

（七）严把电子渠道安全关，增强客户信心

互联网第三方支付漏洞频现，使大众对互联网金融的安全性产生了怀疑。针对这一现象，商业银行应当进一步加强信息安全保障，对照自身电子渠道安全建设，通过技术手段提升支付环节安全，建立数据备份中心和网络金融风险预警机制，将先进的加密技术与银行核心业务进行深度的融合，降低系统的技术风险，使电子渠道支付安全无忧的优势真正转化为商业银行核心竞争力。

（八）加强跨界培训，培养复合型人才

当前，商业银行招聘时偏向于经济金融专业或计算机专业，导致两种专业的融合不够。在实际工作中，商业银行更注重对金融产品、业务流程和守法合规方面的培训，忽视了对于信息技术专业知识的普及。因此，商业银行应当在人才培养机制中加入对于经济金融类员工的信息科技专业知识培训以及信息类员工的金融知识培训，打造集金融和信息科技专业知识于一身的复合型人才。

（中国建设银行股份有限公司秦皇岛分行 王东 金婷）

【中小企业融资现状及发展对策】

中小企业创造了我国 80% 以上的城镇社会就业，60% 以上的 GDP 和 50% 以上的税收，在促增长、调结构等方面的作用不可替代。对商业银行而言，通过择优发展中小企业客户可以盘活存量、用好增量，培养大型企业的客户群和个人高端客户群，从而优化客户结构和资产结构。截至 2014 年 2 季末，各商业银行投向中小企业的贷款余额占企业贷款余额已超过 29%。然而，6 月份的中小企业融资综合指数继续下降到 93.64 点，全国 4000 万家中小企业仅有约 10% 从金融体系获得融资，中小企业融资仍面临诸多障碍。目前，“国十条”的出台对缓解中小企业融资成本高问题指明了方向，银监会下发“36 号文”，制定了具体可行的中小微企业信贷的创新政策，各商业银行纷纷出台多项措施为企业融资成本减负。然而，随着宏观经济增速放缓将成为常态化、政策的时滞性以及收益覆盖风险的考虑，中、小、微企业融资难、融资贵的问题仍将存在。基于此，本文通过介绍我国中小企业融资现状，分析了国内中小企业融资面临的多重约束因素，提出了多措并举缓解中小企业融资的措施。

一、中小企业融资现状

（一）信贷投放逐渐增加

近年来，金融机构按照监管部门“两个不低于”要求，逐渐加大了对中小微企业的信贷投放力度。2014 年以来，人民银行两次实施“定向降准”释放的流动性已达约 2700 亿。同时，出台信贷政策支持再贷款和再贴现的作用。银监会批准民营银行筹建申请、减免银行服务费等措施，印发《中国银监会关于完善和创新小微企业贷款服务提高小微企业金融服务水平的通知》，允许商业银行给符合条件的小微企业办理续贷。

表 1 近三年第 2 季度中小微企业贷款余额变化情况

单位（亿元）

	2014 年第 2 季度	2013 年第 2 季度	2012 年第 2 季度
贷款余额	14.17 万亿。占比 29.3%，比年初新增贷款 1.03 万亿	12.25 万亿元，占比 28.6%，比年初增加 1.03 万亿。	10.87 万亿元，占比 28.2%，比年初增加 0.07 万亿。
同比增长	15.7%	12.7%	21.4%
对比增加	比大、中型企业贷款增速分别高 5.6 个和 2.3 个百分点。	比全部企业贷款增速高 1.5%	比同期大、中型企业贷款增速分别高 10.1 个和 5.9 个百分点

表 1 显示，2012 年上半年至 2014 年上半年，小微企业的贷款余额、贷款占比均呈现稳定增长，均高于同期大、中型企业贷款的增速。

（二）融资缺口较大、融资渠道有限

由于银行信贷规模有限，2014 年 6 月份，中小企业的融资成本费用率达到 4.31%，而 5 月份只有 2.39%，周转资金紧张让众多中小企业的经营出现困境，在此形势下中小企业融资难、融资渠道受限等问题也更加突出。根据 2014 年中小企业网络生存现状调查显示：76.68% 中小企业认为贷款供应偏紧张，46.39% 中小企业认为资金周转困难。目前中小企业的融资渠道主要还是以银行贷款和民间借贷为主，占比分别为 34.29% 和 33.97%，能得到融资贷款的仅为 3%，企业认为最大的问题分别是利率水平太高占比 28.57%、缺乏融资渠道占比 25.81%、政府扶持政策缺失占比 22.93%、缺乏担保占比 18.17%。政府及中介税费占融资成本达 37%。

（三）不良贷款率上升

2013 年以来，由于经济转型和产业结构调整的长期性，加之受到外需疲软与内需预期不稳定的冲击，造成中小企业逾期率有所上升。第 1 季度末，商业银行不良贷款余额 6461 亿元，不良贷款率连续 9 个季度的增长后上升为 1.04%，达到了近三年来的最高值。新增不良贷款主要来自小微企业和部分产能过剩行业。小微企业不良率已达到 2%~3% 的水平，未来小微企业不良贷款率仍有上升的可能。从不良贷款规模看，以中、小企业为主；从行业维度看，主要集中于制造业中的光伏、造船、钢铁等产能过剩较为严重的子行业和批发零售行业中的钢贸企业。特别是在中小企业密集、外向型程度较高的长三角等地区，联保联贷集中的钢贸、煤贸等产能过剩矛盾比较突出的行业，普遍出现企业经营困难、亏损面持续扩大等问题。

二、中小企业融资面临的约束因素

（一）中小企业自身经营增长乏力

一是受到“三期”叠加效应影响，规模以上企业经营的下滑势必引发链条上部分中小企业及关联产业经营进入困境。1 至 6 月份规模以上工业企业利润和收入持续回落，同时企业的应收账款升高，加大了企业经营的困难。中小企业销售价格指数下降4.60点，库存有所增加；反映效益状况的盈亏指数下降3.60点。7月，国内中型企业PMI为50.10%，比6月降低1个百分点，小微企业PMI为50.10%，比6月上升1.70个百分点。

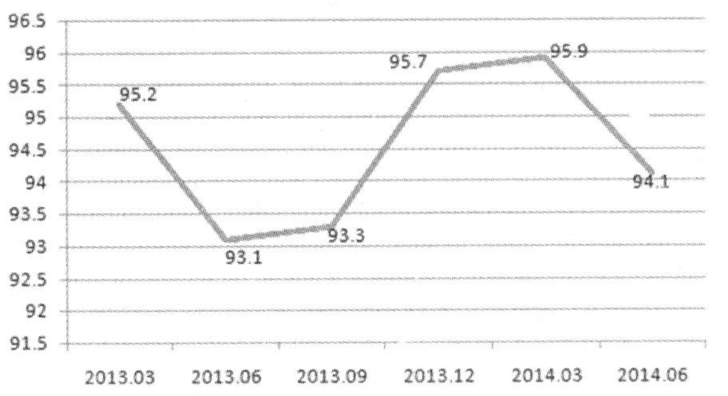

图1 中国中小企业发展指数

二是多元化经营关联关系日趋复杂。涉及典当行、房地产、小额贷款公司、担保公司、影子银行等资金密集型行业，存在于担保链、资金链等连带风险之中。三是大量中小企业由于缺乏转型需要的资金支撑，转型升级困难。

（二）利率传导机制不畅、定价机制扭曲

受利率市场化，互联网金融、同业竞争的加剧、IPO开闸等外部因素影响下。商业银行将面临存款增速放缓（7月人民币存款减少1.98万亿元），息差收窄、风险压力上升等问题，这将迫使银行业在风险容忍度、业务结构、经营模式等方面做出调整。一方面，高收益理财产品、基金等产品的发行，使得大量资金在银行内部循环，资金未能真正落地服务中小企业，使得银行负债成本不断上升，推动中小企业融资成本上升。另一方面根据审慎原则，各商业银行更倾向于将资金投向信用级别高、经营规范的市场主体，部分融资主体又将信贷资金通过其软预算制度投机套利，将借贷资金再次转借给其他中小企业，或将信贷资金通过各种渠道流向房地产、产能过剩行业等高资金成本行业，导致中小企业信贷资源的"挤出效应"。再次，额外收费、业务捆绑销售等隐性成本较高导致很多中小企业不得不从小贷公司、担保公司等渠道融资，造成了信贷资源配置的结构性矛盾。

（三）信用环境有待优化

银企对接的关键问题在于解决信息不对称。由于小企业的信用意识不高，金融参与意识较差，中小企业贷款大多为担保、抵质押，信用贷款很少，担保费率大概在3%~5%且需要提供反担保措施，抵质押又涉及评估费、抵押费等中介费用，提高了中小企业的融资成本。金融机构获取企业信息的成本较高且获取的途径多为非正式，即便通过付费方式取得的信息也较为零星，提高了中小企业的风险溢价。比如，银行通过人行征信系统查询一次企业征信报告需要交纳服务费、商业保理被排除在征信范围之外、很多小企业信用状况无法在征信系统中查询、由于无法查询企业的房地产抵押信息可能出现借款企业用有法律纠纷的抵押物做担保。部分中小企业发生恶意拖欠、跑路等形式以逃废银行债务，金融机构维权成本较高，违约企业成本较低，从而加大了其他企业违约的机会。

三、优化中小企业信贷业务的对策

（一）盘活存量、优化信贷存量

一是信贷投向上坚持有保有压、区别对待。面对经济结构深度调整，行业兴衰更替加快，中小企业也在加速转型，商业银行应跟进国家产业结构调整、经济转型升级发展速度，对于处于产能过剩行业企业的重组、并购以及新兴行业且致力于转型升级的中小企业给予必要支持。

二是针对银企信息不对称的问题，适度下放中小企业信贷审批权限，缩短融资审批链条，采取续贷提前审批、设立循环贷款等方式，提高审批效率。交通银行小企业信贷系统已实现了灵活的还款方式定制功能，同时，开发了小企业循环贷款。

三是提供多样化金融产品、优化融资结构。根据不同行业、不同发展阶段、不同的经营模式及风险缓释能力详细分析把握企业在供、产、销等不同经营环节的资金需求特点，引入产业链、物流链、供应链等贸易融资产品，推出零售贷款、转账、私人银行和财富管理等综合服务产品，创设承租权质押、互保、林权质押、专利权、版权、品牌质押等担保方式。

（二）完善利率传导和定价机制

2014年上半年央行实施了定向降准、再贷款、抵押补充贷款等货币走廊运行框架，融资成本有望降低。一是通过规范互联网金融业务和银行非信贷类业务，有序打破理财产品、基金等产品的刚性兑付，严格监管各类变相的高收益产品，增加银行间市场的流动性。二是改革银行考评体系，淡化甚至取消信贷额度和存贷比等指标，提高中小企业不良贷款容忍度，提高贷款核销金额。三是发展多层次资本市场，支持中小企业依托中小企业股份转让系统开展融资，扩大中小企业债务融资工具等直接融资渠道及规模。四是规范发展中间业务、严查不合理收费和贷款附加条件，加大对银行以贷转存等处罚力度。五是针对定向投放资金难于监测，应严格监测贷款资金流向，规范监管套利。

（三）加强信用环境建设

一是商业银行及时跟进互联网及移动互联网金融，通过金融搜索平台、P2P、众筹融资等模式、加强与电子商务公司的合作，改造传统信贷模式，将线下流程环节延伸至线上，提高客户营销、线上申请、审查、审批的电子化操作水平，发挥网络物流、信息流、现金流的融合打破物理网点的局限。

二是集成人行、工信、工商、税务、土管、房产、环保、电力、法院、海关、行业协会、商会、股权投资等机构的信息，通过IT系统深度嵌入对接客户需求，提升创意搜集、需求整合、开发测试、运行维护、效果评估等创新流程效率，建立全国性的企业信息查询、应收账款转让、抵质押登记公示、企业信用档案查询等平台。

三是加强中小企业信用担保体系建设。建立融资风险保障基金，积极发展政策性担保机构，扩大中小企业担保业务规模，完善金融机构维权机制和小企业违约信息沟通机制，实施“黑名单”管理，提高对不良贷款处置的效率。

四、结语

缓解中小企业融资难、融资贵是一项系统工程，既有宏观因素也有微观运行的原因，中小企业自身的弱质性决定了单项推进收效甚微，需要政府职能部门、监管机构、金融机构、中小企业多方合力，多措并举，这样才能疏解中小企业的融资障碍。

（交通银行股份有限公司河北省分行 赵瑞波）

【二代支付系统下清算中心对参与机构的管理研究】

中国现代化支付系统是我国重要的金融基础设施，是中国人民银行发挥其金融服务职能的重要核心支持系统，也是各银行和货币市场的公共支付清算平台。自2000年起，中国人民银行开始研究、开发、建设完成了第一代支付清算系统，并相继上线了包括大额实时支付系统、小额批量支付系统、支票影像交换系统、境内外币支付系统、电子商业汇票系统等在内的应用系统，实现了连接中央债券综合业务系统以支持公开市场操作、债券发行和兑换、债券交易的资金清算，连接央行国库业务系统、全国外汇交易中心、银行间同业拆借中心、中国银联银行卡等以支持相关的资金清算，对加快社会资金周转、提高支付清算效率、促进国民经济发展等方面发挥着积极的作用。

随着我国社会主义市场经济的快速发展，金融事业改革的不断深入，支付方式的持续创新，对现代化支付系统的要求越来越高，在接入方式、流动性风险管理、安全管理、数据采集等方面提出了新的要求，这样的环境下第二代支付清算系统的开发与建设应运而生。第二代支付系统是基于第一代支付清算系统成功经验，积极引入先进支付清算管理理念和技术，不断提高清算效率，适应新兴电子支付发展的新一代支付系统，其功能更全面、构架更合理、管理更科学，“一点对接”“集中清算”，对央行的支付清算管理及商业银行的实体参与都产生了深远影响，并有效满足社会经济的支付需求，促进金融机构改善经营管理，支持经济金融又好又快发展。

一、二代支付系统与参与机构支付清算基础工作

现代化支付系统是中国人民银行按照我国支付清算需要，利用现代计算机技术和通信网络自主开发建设的，能够高效、安全处理各银行办理的异地、同城各种支付业务及其资金清算和货币市场交易的资金清算的应用系统，更是各参与者完成相关支付清算任务的基础平台。因此随着二代支付系统的上线，其完善的功能将大大促进央行及各参与机构支付清算基础工作的变革。具体说来有以下几种情况：

（一）人员配置方面

二代支付系统调整了国家处理中心和城市处理中心的功能定位，并引入接入云概念，将全国的32个城市处理中心仅仅作为参与机构接入，只进行基本的报文格式检查，而不再具有一代系统的轧差、管理及数据储存功能，各城市处理中心之间可以互为备份。这种功能的改变带来了人员配置的改变。就央行端来讲，由于城市处理中心已不再具备数据处理的职能，因此城市处理中心的技术人员配置原则上应该适时减少，而需集中到整个系统运营的大“后台”——国家处理中心。同样的改变也适用于二代支付系统的参与者，尤其是商业银行。以中国民生银行为例，根据民生银行行内系统的总体设计，总行已在近几年内将原各一级分行的前置机进行了上收，为实现该行系统与二代支付系统的“一点接入”奠定了基础，而该行也同时调整了总分行科技开发人员的配置，尤其是在总行建立起强大的后台科技支持团队并进行了更加细致的分工，以提高系统运行的监测与响应速度。

二代支付系统实现了各个业务应用系统的相互独立，也即二代支付系统解除了大额支付系统与清算账户的绑定，解除了小额系统和轧差服务器的内嵌关系，大额、小额、网上跨行支付系统各自独立，可分别运行。但各个系统的清算时间是有区别的，如大额系统的运行时间是国家法定工作日的8：30至17：00，小额系统的运行时间为自然日，7X24不间断运行，网上跨行支付系统按照7X24小时连续运行。而清算账户管理系统的工作日为国家法定工作日的8：30开始提供资金结算服务，清算窗口时间为17：00至17：30，结束时间晚于当日大额支付系统日终时间。多个系统并行，但停运、启用时间不同，需要央行与各参与机构增加此项工作的人员配置，并根据资金结算需要合理调整，为支付系统的参与者提供快速、有效的支持。

（二）岗位职责方面

人员配置的改变直接影响着岗位职责的改变。在“一点对接”“集中清算”的二代支付系统模式下，一方面由于二代支付系统实现了相关数据处理、备份的自动化而造成各参与者对科技、网络的依赖性增大，分支机构前置机的上收则进一步减少了科技人员原有的系统操作、设备维护和业务监控职能，逐渐过渡到系统的监测与运维，以及发现问题及时上报下达。资金的总行管理与一点清算则减轻了资金管理人员的实时监控头寸与运营人员的资金上拨下划清算业务。另一方面，对于各自独立运行的大额、小额、网上跨行支付系统，其启用、停运及日间运维都需要专职人员负责，需要将这些职责增加到相关人员的岗位职责中去。

（三）职能定位方面

根据二代支付系统的特点与管理要求，央行及各参与机构的职能定位也将发生一定的变化。就人民银行分支机构而言，第一代支付系统背景下，人民银行各分支机构作为跨行支付清算服务的直接提供者和管理者，具有强烈的业务发现能力与处理、管理能力。但在二代支付系统上线之后，支付清算的发生则集中在国家处理中心，人民银行分支机构将不再直接提供支付清算服务，其在支付清算参与与管理方面的职能将大大弱化。因此二代支付系统的上线运行将进一步促进人民银行分支机构职能的转变，做好属地内各参与者的业务指导、管理将成为其职能转变的重要内容之一。与此同时，作为二代支付系统的各级参与者也要依据各自“扮演”角色重新进行职能的定位。如各“总对总”的参与行总行，要以更大强大的资金管理与后台管理来保证“一点清算”的安全、高效，并积极充分“享用”二代支付系统带来的资金流动资源盈利。二代支付系统参与者的分支机构则要在人民银行的带领下，严格执行清算纪律，不断提高支付清算服务质量。

（四）工作量方面

如前所述，二代支付系统“一点接入”的接入模式与“总对总”的清算模式，不仅整合了流动资金资源，也整合了参与者的劳动资源，大大减轻分支机构的技术支撑与资金头寸管理压力，各项工作量方面也会有相应的减少，进一步解放了人力。但不可忽视的是，随着人民银行分支机构职能的转变及各参与者分支机构职能定位的改变，对二代支付系统配套管理模式的调研与实践将成为另一个需要着手解决的问题，会带来另一种形式的工作量。

二、二代支付系统与资金流动性管理

金融机构的资金流动性水平是我国中央银行实施货币政策的重要关注指标之一，也是影响支付清算系统安全、高效运行的重要因素。因此资金流动性管理在二代支付系统的建设中被作为重要环节进行了重点关注，也取得了相应的成就，实现了预期效果。二代支付系统在充分保留第一代支付日间透支、大额清算业务排队、小额清算业务撮合、自动质押融资等流动性管理功能的基础上，还借鉴国际支付系统经验，根据我国银行业金融机构管理的实际情况与现实需求，进一步完善流动性风险管理，为参与者提供更加全面的流动性管理。

（一）大额支付系统中引入排队业务撮合功能

第一代支付系统采用了小额清算业务撮合功能，及时解救了小额业务排队现象，并大大提高了各参与者的资金利用率。因此在二代支付系统的建设中，在大额支付系统中也引入了排队业务撮合功能，即当大额支付系统中存在两个或者两个以上直接参与者因资金头寸不足出现清算业务排队时，大额支付系统可以按照预设的撮合策略采取手工或者自动方式启用撮合功能将符合条件的排队业务进行抵消并释放，达到节约参与者资金流动性，进一步提高了支付业务的清算效率的目的。

（二）新增“资金池”管理功能

在第一代支付系统的模式下，各参与者分别在各自属地的人民银行分支机构开立清算账户，这些清算账户彼此独立，使得各参与者的资金分散存在于不同的账户之中，不利于统一的管理与使用。二代支付系统则新增了“资金池”管理功能，根据法人授权，将其分属于不同归属地而又同归属支付系统的多个清算账户进行绑定，并实现资金在绑定账户中自动调度。当分支机构清算账户因头寸不足而出现排队业务时，系统可以依据法人银行事先授权自动将资金从法人银行调入分支机构账户解救排队业务，提高资金的流动与使用率。

（三）增加“一揽子”流动性实时查询功能

在第一代支付系统的框架下，各参与行分别在人民银行各分支机构开立账户。其中直接参与者开立用于支付系统清算的清算账户，而间接参与者及特许参与者则开立一些用于内部账户。这些账户头目较多不容易集中管理。各银行也只能通过支付系统实时查询清算账户的余额，对于在央行开立的其他账户余额则无法知晓，影响了各银行对于资金头寸的掌握与资金的使用效率。二代支付系统则解决了这一问题，提供了“一揽子”账户的查询功能，使银行机构能够实时了解其在人行开立的所有账户余额，包括清算账户与非清算账户，合理利用法人银行所有流动资金，提高资金利用率，强化了资金流动性管理。

（四）提供了参与者之间的自动拆借功能

日终自动拆借是指支付系统参与者之间预先签订拆借协议并在系统中存储，在日终法人银行头寸不足支付时，自动拆借功能自动启用，系统依据拆借协议自动从其协议另一方清算账户拆入资金，完成排队业务的资金清算，及时化解流动性风险，确保当日不能解退的轧差净额清算业务完成最终结算。

三、二代支付系统与支付清算制度建设

二代支付系统的上线将进一步完善我国支付清算系统的相关功能。新旧支付系统、清算理念也发生了重大变化。随之而来的，支付清算制度也应该适应二代清算系统，进行重新的梳理、修订与完善。

一是对旧有的《支付结算办法》《大额支付系统处理办法》《小额支付系统处理办法》《全国支票影像系统处理办法》等基本文件、制度进行重新梳理与整合，对二代支付系统的建设背景、功能、处理流程、管理办法等进行详尽的规定，以适应系统的上线应用。

二是制定相关执行细节与考核管理办法，规范各参与者的参与行为，严肃清算纪律。根据各级参与者选择接入二代支付系统方式的不同，各参与者的业务处理方式与清算纪律执行标准也不尽相同。为保证整个支付系统的安全、高速运转，需要统一一定的考核要求，明确“总对总”还是属地管理考核，以尽早做好职责划分，速度适应二代支付系统的变化。

三是明确各参与者的参与标准，并将系统安

全及相关灾备准备作为重要审核内容。由于二代支付系统提供的强大的跨行交易功能，则对各参与者的系统安全都提出了更高的要求，因为一个链条的问题可能会影响整个支付系统的安全。由此适当提高参与者申请加入的“门槛”，并对其安全性做出较为详尽、完备的管理要求。

四是申请将支付清算相关制度纳入国家法律框架中，并明确各参与者的权利、义务，对相关违规行为作出惩戒措施，以增强二代支付系统的法律保护。

四、二代支付系统与数据采集

支付系统蕴藏着巨大的、丰富的支付交易信息，其在及时性、准确性上存在明显优势。无论是对于了解系统业务运行规律及资金流动状况以实现更高层面的经济运行分析与经济策略的制定，还是对于具体分析客户交易确定异常支付及打击洗钱犯罪都具有重大意义。二代支付系统继续完善支付数据采集功能，充分运营数据仓库、数据分析和报表工具，建立面向客户和管理决策层的应用数据平台，实现支付业务数据共享，为社会金融市场经济运行、稳定提供重要的数据支持。就支付系统的参与者来讲，商业银行也可以利用这些数据进一步了解自身的资金状况，以及经营管理水平。对于即将上线的二代支付系统的数据采集情况，建议一方面提供更多的不同方面的要素查询功能，如以客户、以日期、以金额等为不同的索引项，根据银行业务需要进行自主查询与信息分析。另一方面，对于日益发展的跨行支付业务，可提供更加完整的支付信息查询。

五、二代支付系统与社会公众

随着我国经济社会的发展，人民生活水平的提高和消费方式的多样化，越来越多的居民基本日常消费、贷款、理财等金融需求可以通过银行或网上银行来办理，也正是因为要满足人民群众日益增长的金融需求，人民银行历时四年打造了二代支付系统，将以安全、便捷的支付服务使广大社会公众享受到支付系统建设的最新成果。

由此，加强二代支付系统宣传、全面提高社会公众对二代支付系统的认同与参与，将成为伴随二代支付系统上线的任务之一。一是要通过传统的印制宣传品、播放宣传片、摆放易拉宝、滚动宣传标语等方式继续使“央行支付、中流砥柱”的观念深入人心。二是通过体验机、自动演示器等硬件设施让广大社会公众了解二代支付系统的使用及操作过程。三是通过央行及商业银行的社会宣传、社区宣传及业务营销过程中的讲解对二代支付系统有更深的认知，如可使客户实时了解跨行网银支付业务的资金到账情况，以促进现代化支付工具的普及和广泛应用。

六、二代支付系统与安全管理

二代支付系统“一点接入”“一点清算”的模式为参与者节约了商业成本与接入成本，但其高度集中的数据存储与业务处理对系统运营和系统安全提出了更高的要求，银行机构应该结合行内系统的建设，事先做好接入与备份的准备工作，保证二代支付系统安全、稳定运行。因此作为参与者的商业银行应做好以下几个方面的工作：

一是建立健全高效运维体制，结合行内核心记账系统建设，从总分行不同层面做好实时的系统监控工作。整合科技资源，加强分工协作，建立巡查制度并将巡查落实到人。

二是建立健全应急预案制度，提高对突发事件的反应能力与速度，提高系统运行风险预警能力。

三是同步建设灾难备份系统。中国现代化支付清算体系是我国国民经济运行中重要的金融基础设施，其功能和效率直接影响支付体系的整体运行效率，进而影响到整个经济的发展与进步。在二代支付系统即将上线的关键时候，各参与者要充分发挥自身优势，严格按照人民银行要求，准确无误完成上线任务，不断提高系统利用效率，保证支付清算系统安全、高效运行，为金融系统稳健运行、国民经济平稳发展发挥重要支持作用。

（中国民生银行股份有限公司石家庄分行 白亮 刘明）

【企业在市场竞争基本态势演变的分析】

一、市场竞争的重新分类其对通货膨胀的影响

为了使市场竞争更方便地用于宏观经济学领域，本文将竞争划分成两种最基本的形式。第一种竞争形式，假定竞争者之间的技术是无差异的，他们之间的差异仅仅是资源拥有量的不同；第二种竞争形式，假定竞争者之间的资源拥有量是无差异的，他们之间的差异仅仅是技术差异。在忽略预期或者认为竞争者的预期是相同的前提下，这两种竞争形式的结果是确定的。

市场中供给和需求之间的作用是相互的，一方变化是另一方的反面，所以只研究供给或者需求一方面。首先研究市场中商品的供给者之间的竞争，也就是生产者之间的竞争。当供给小于需求时并且假定经济中资源总量在一定时期内是稳定的，第一种竞争形式下，在利润率相等的时候自然是拥有资源量大的生产者获得更多的利润，那么资源就会不断集中到拥有资源量大的竞争者手中；第二种竞争形式下，拥有效率更高的技术的竞争者会获得超额利润，这种竞争形式是技术进步的一种基本动力。当供过于求的情况下，考虑第一种竞争形式，资源拥有量大的竞争者会具有一定的规模优势而使得竞争结果更有利于自己；考虑第二种竞争形式，拥有更高效率技术的竞争者仍然具有成本优势，竞争的结果也必然会对其有利。

经过上文的分析，这两种基本形式的竞争都会导致资源不断集中到强者手中，这种趋势可以体现在财富的集中程度不断提高。但是这两种基本形式的竞争是市场竞争的两种极端的状态，一般情况下是不会出现的。市场中的竞争是这两种基本形式交织而成的，就可能出现资源拥有量大的强者拥有先进的技术的情况、也有资源拥有量小的弱者拥有先进技术的情况，很明显前者会导致资源集中，而后者会导致资源集中程度的降低（尽管可能是暂时降低）。这两种基本形式的竞争的交织本质上是两者相互转化的过程。第一种基本形式的竞争是一种“量的竞争”，第二种基本形式的竞争是一种“质的竞争”，“量的竞争”会直接体现在价格竞争上，而“质的竞争”是让质的竞争优势转化成量的竞争优势，这种优势最终体现在价格上；同时“量的竞争”产生的资本积累是使生产者进行技术革新的物质基础，它是“量的竞争”向“质的竞争”的转化的必要条件。这两种基本形式的竞争之间转化的细节值得注意。由某一种特定的技术产生的质的竞争优势向量的竞争优势转化的过程中，掌握这一特定技术的竞争者会逐渐增加，当所有的竞争者都掌握这种技术时，这种特定的质的竞争优势完全转化成量的竞争优势，这一特定的质的竞争优势也将消失。而量的竞争优势向质的竞争优势转化时存在着不确定性，当由量的竞争优势产生的资本积累达到技术革新要求时，并不意味着量的竞争优势向质的竞争优势转化成功，因为技术革新成功与否不是确定的，即使资本积累超过了技术革新的物质要求也不意味着革新一定成功，正是这种特性使“量的竞争”中的弱者有可能掌握更高效率的技术。从总体上审视这两种基本形式的竞争以及两者之间的交织，它们成了市场竞争的结果，市场竞争的结果本质上是市场配置资源的结果，它会完全体现在经济增长上。

商品价格是商品需求和供给两方力量相互作用的结果，而这两方的力量又形成于竞争（供给者之间的竞争形成供给方力量、需求者之间的竞争形成需求方的力量），这样就可以认为价格源自于竞争，而通货膨胀的表现是价格持续过快上涨，所以市场竞争与通货膨胀有着密切的联系。第一种基本竞争形式的直接结果就是导致资源的集中，从市场中消费者之间的竞争看，资源的集中程度和通货膨胀有紧密的联系。在需求者之间的竞争中，富有的消费者可以在相同的价格水平下购买到更多的商品，也可以用较高的价格来竞购某些单一的特殊商品（如文物）。如果在一定时期内某种商品的需求会一直大于供给，商品就有了投资价值。富有的消费者可以购买多于自己消费量的商品来作为对商品的投资，这样市场中商品供给量会减小，商品价格继续上升，从而形成通胀的趋势。第二种基本形式的竞争对资源集中程度的影响有两种情况，资源拥有量大的强者拥有先进的技术的情况会使资源集中程度得到提升，资源拥有量小的弱者拥有先进技术的情况下会降低资源的集中速度，这样第二种基本竞争形式既可能提高通胀也有可能降低通胀。

二、实证分析

本文的实证分析有三个部分：第一，本文所涉及的所有变量的说明；第二，通过对国内生产总值与两种竞争形式之间长期均衡关系的实证来证明对竞争分类的合理性；第三，通过对通货膨胀之间长期均衡关系的实证来证明竞争是通胀的另一个原因。

（一）变量的设定、样本的选取及描述性统计

本文所涉及的变量有国内生产总值、通货膨胀率和表示两种基本竞争形式的变量。首个选取的变量是国内生产总值，本文用的是经过价格调整后的实际年度值。通货膨胀率选取的也是年度值。第一种基本竞争形式直接导致了资源集中程度的增加，因此选取资源集中程度来代表它，但是资源集中程度不是一个确切的概念，目前也没有明确的统计指标表示，本文选取最富有的20%的家庭收入占总收入的比例表示大致的资源集中程度。第二种基本形式的竞争也就是“质的竞争”可以用某一国家的专利总量来表示，专利数量的增加是“质的竞争”的必然结果。以上变量本文选取美国1967到2008年的数据，其中：国内生产总值（以2005年为基年调整过的，用GDP表示）取自于美联储官方公布数据；通货膨胀率数据来自于链接http://www.usinflationcalculator.com/inflation/historical-inflation-rates/（用TZ表示）；最富有的20%的家庭收入占总收入的比例（用CF表示）取自美国统计局（U.S. Census Bureau）；专利总量（用ZL表示）取自于美国知识产权局（U.S. PATENT AND TRADEMARK OFFICE），各变量的具体数据附在文后附表中。

（二）研究方法与实证步骤

在上文第二部分中所论述的关系都是长期的而且变量之间的短期的相互作用是不稳定的：资源拥有量的弱者拥有先进技术时市场竞争会导致资源集中程度降低，资源拥有量的强者拥有先进的技术会使资源集中程度提高；在需求过剩的情况下资源集中程度的提高会加剧价格上升而产生通胀，在需求不足的情况下的作用又是相反的，会使商品价格持续偏低。资源集中程度以及专利数量在短期内是不可控的，所以本文更关注所涉及经济变量之间的长期均衡，也就只实证这些变量之间的长期均衡关系，即协整关系。实证的步骤为：首先，对数据进行平稳性检验；其次，在非限制的VAR模型下寻找Johansen协整检验的最优滞后阶数以保证协整检验的可靠性；最后，进行Johansen协整检验找到协整变量，得出变量间的长期均衡关系。

（三）对市场重新分类成立与否的实证过程

通过实证，最终得到的协整方程为：TZ=（-0.000544）*ZL+66.1903*CF

方程的经济学的含义是美国的专利数量每增加一件，TZ就会下降0.000544个百分点，财富集中程度每增加1个百分点，TZ会增加66.1903个百分点。专利数量的增加、技术的进步会提高生产的效率，进而形成使商品价格下降的趋势，所以ZL的系数是负值符合经济意义。在本文第二部分曾经论述过，财富集中程度的提升会造成一部分消费者有富余的购买能力，一旦商品具备升值预期，这种过剩的购买能力就会形成对商品的投资，从而减少市场中的有效供给，形成商品价格上涨的趋势，所以CF系数为正值也符合经济学意义。

三、结论

原文的结论偏向宏观，但其中实证过程间接证明了企业在市场竞争态势的演变存在着基本规律。中小企业的技术竞争优势（即本文中产品的质的竞争优势），是关乎企业发展的关键因素，如果没有技术优势企业不可能活的长久。然而，在基本规律的作用下，在现实各种特定条件下也会演变出不同的结果。2014年我们部门有两笔知识产权融易贷需要叙做，两个企业在首次授信时条件相似，自主知识产权都非常有特色。过了一年的时间，其中一个销售增长很快，规模扩张的比较厉害，但是资金紧张，我们收回贷款后终止了授信；另一个销售没怎么增长，却在新三板完成上市，其专利获得很多奖，增长慢还款能力却很强，最终增加了50%授信。因此，在经济下行、经济增长常态转变的情况下，如何做到业务下沉，如何能识别中小企业的市场竞争特征，显得非常重要。

（中国光大银行股份有限公司石家庄分行谈固南大街支行 张远）

【新型城镇化对商业银行的影响及应对策略】

城镇化是世界各国经济发展中的必然趋势，城镇化的过程也是世界各国在实现现代化、工业

化过程中所经历的社会变迁的一种反映。自 2012 年中央经济工作会议上正式提出要“积极稳妥推进城镇化，着力提高城镇化质量”以来，得到全国上下各省市政府的积极响应。城镇化政策是基于对国内外经济形势的研判，充分考虑我国发展的需要和支撑，结合我国“十二五”规划目标和全面建成小康社会的目标而提出的关乎全局、影响深远的纲领性政策。

一、我国城镇化的基本内容

（一）新型城镇化的内容

经济决定金融，金融是经济的核心。城镇经济的发展对经济社会发展具有重要的带动作用。我国推行的新型城镇化是以新型工业化为动力，以统筹兼顾为原则，推动城市现代化、城市集群化、城市生态化、农村城镇化，全面提升城镇化质量和水平，走科学发展、集约高效、功能完善、环境友好、社会和谐、个性鲜明、城乡一体、大中小城市和小城镇协调发展的城镇化建设路子。新型城镇化的“新”就是要由过去片面注重追求城市规模扩大、空间扩张，改变为以提升城市的文化、公共服务等内涵为中心，真正使我们的城镇成为具有较高品质的适宜人居之所。

（二）促进新型城镇化健康发展的四大战略重点

1. 有序推进农业转移人口市民化。以农业转移人口为重点，兼顾异地就业城镇人口，统筹推进户籍制度改革和基本公共服务均等化。

2. 优化城市化布局和形态。优化提升东部地区城市群，培育发展中西部地区城市群，用综合交通网络和信息化网络把大中小城市和小城镇连接起来，把有条件的东部地区中心镇、中西部地区县城和重要边境口岸逐步发展成为中小城市。

3. 提高城市可持续发展能力。有效预防和治理“城市病”。加快产业转型升级，强化城市产业支撑，完善城镇基础设施和公共服务设施，推进创新城市、绿色城市、智慧城市和人文城市建设。

4. 推动城乡发展一体化。坚持工业反哺农业、城市支持农村和多予少取放活方针，着力在城乡规划、基础设施、公共服务等方面推进一体化。完善城乡发展一体化体制机制，促进城乡要素自由流动、平等交换和公共资源均衡配置。

未来新型城镇化的基本思路可以大致概括为“以人为本、产城互动、布局合理、城乡统筹”。以人为本就是主要着眼于“人”的城镇化，促进农业转移人口能够真正享受城镇的公共服务和生活方式；“产城互动”就是提高城市的产业竞争力，实现城镇化与产业发展的有机融合；“布局合理”就是在强化重点城市群主导性作用的基础上，推动大中小城市和城镇的协调发展；“城乡统筹”就是促进城镇化和新农村建设协调推进，解决城乡间的二元分割，促进城乡一体化发展。

二、河北省的城镇化进程

（一）河北省城镇化基本特点

从河北省情况看，2014 年末，河北省人口 7200 多万，下设 11 个省辖市，23 个县级市、108 个、6 个自治县、35 个市辖区。2012 年河北省 11 个设区城市实现生产总值 8790.20 亿元，占全省生产总值的 33.10%；全部财政收入完成 1693.30 亿元，占全省 48.70%；人均生产总值达 62624 元，是全省的 1.70 倍。2012 全省城镇化率为 46.80%，比上年提高 1.20 个百分点。其中有 6 个设区市城镇化率超过 45%。河北省城镇化水平速度虽在提高，但仍明显低于全国平均水平。这与河北省环津京所处的地理位置明显不相适应，与河北省在全国经济地位也不匹配。

河北城镇化存在城镇结构和空间布局欠优、大中小城市发展不协调，产业动力不足、中高端产业聚集能力较弱，城镇设施不全、承载功能有待增等问题，滞后于区域工业化水平，是制约经济结构和城乡结构调整的主要矛盾。

河北省缺乏特大城市，中心城市辐射带动效应不足，城镇化的辐射力和带动力不足。目前，河北省人口规模较大的城市只有唐山、石家庄和邯郸。与广东、江苏、山东等省份的中心城市相比，规模偏小，综合经济实力较弱，区域辐射带动能力不强，在全国城镇网络中的等级地位不高。对此，河北省正着力于强化城市管理，大力提升重点城市的管理水平。积极探索“数字城市”、智慧城市，推进各系统的整合对接，提高城市管理水平。统筹城市总体规划，聚集优质产业和先进生产要素。把城市空间布局与产业结构调整有机结合，做好旧城改造，盘活城市空间资源，发展现代服务业，增强城市发展的产业支撑和人口吸纳能力，从而形成特大城市和大城市为核心，形成具有辐射作用的城市群，培养新的经济增长极，带动周边地区经济和社会的发展。

当前省内城镇化区域发展不均衡。在136个县(市)中，城镇化率超过全省平均水平的仅有17个。对此应坚持大中小城市协调发展，扶持壮大大城市的同时，推动小城镇扩容升级，建设一批特色重点镇，积极壮大县域经济实力。坚持“抓两头，带中间”，通过强县带动和弱县推动活跃县域经济发展全局。发展农村金融业，解决制约县域经济发展的实际问题。依托不同地区产业基础和特色资源条件，加强产业聚集区建设，培育壮大特色主导产业。实现产业兴城，推动以城促产。

（二）河北省城镇化进程基本思路和目标

城镇化是经济增长的重要引擎。为贯彻落实党的十八届三中全会、中央城镇化工作会议和省委八届六次全会精神，促进河北省城镇化健康发展，河北省委、省政府明确提出河北省城镇化工作总的指导思想是坚持以人的城镇化为核心，以京津冀协同发展为引领，着力优化城镇化布局形态，着力提高城镇建设管理水平，着力创新体制机制，着力提高城镇化质量，有序推进农业转移人口市民化。具体发展目标是，到2017年，全省常住人口城镇化率达到53%左右；到2020年，全省常住人口城镇化率达到56%左右，新增城镇人口800万左右，户籍人口城镇化率达到45%左右，努力实现1000万左右农业转移人口和其他常住人口的城镇落户。从2013年开始，未来五年，坚持走集约、智能、绿色、低碳的新型城镇化道路。

在具体实施过程中，河北省委、省政府进一步提出，河北要实现绿色崛起，重点是城市的绿色崛起。在城镇化过程中一定要顺应自然，改善城市生态空间，结合山水林田湖整体修复工作，树立大生态理念，统筹考虑整个区域的山体、湿地、森林、河湖水系，在城市间构筑生态隔离带和绿道绿廊，让城市融入自然的梦想变为现实。要优化城市产业结构，坚持减法、加法一起做，确保不折不扣完成好淘汰落后产能、压减过剩产能的目标任务，同时大力发展战略性新兴产业，发展现代服务业和文化产业。要提高集约循环水平，大力推广节能建筑，大力推进污水和垃圾的循环利用，大力推动工业排放的循环利用，大力优化城镇能源结构，大力倡导居民绿色消费。

以大城市为依托，以中小城市为重点。加强城镇改造建设，加大基础设施、公共服务设施建设力度，提高城市综合承载能力。合理规划建设产业园区，优化产业布局。做大做强区域中心城市，扶持壮大中等城市，推进有条件的县级市向高标准中等城市发展。加大省会石家庄建设力度，抓好正定新区、冀南新区、曹妃甸新城、黄骅新城、北戴河新区等建设，注重增强产业牵引能力。在提高质量的同时加快推进步伐，逐步缩小与全国平均水平的差距。

三、城镇化进程对经济的深远影响

（一）城镇化有助于促进产业结构调整

产业结构调整是推进城镇化的基础和核心内容。城镇化能引导农业结构由低层次向高层次升级、转化，促进农业良性发展。加快农村城镇化发展，可以创造更多的非农就业机会，有效吸纳农村劳动力，减少农业内部就业压力；城镇化可以加快农业产业化进程，促进农业结构向一体化、专业化、科技化、生态化方向发展；可以从根本上改变农民固守农业的传统格局，促进农业规模化、集约化经营；加快城镇化，可以创造二、三产业发展的外部经济环境，城镇化有利于扩大农村工业规模、优化县域工业资源、提高工业质量并促进城乡二、三产业的发展壮大，从而有利于产业结构的升级、资源的集约使用和环境的集中治理。与此同时，农业城镇化将衍生更多信贷需求。城镇化建设意味着农村生产方式的转变，农业向集约化和规模化发展，这些因素使得农村大额资金需求逐渐趋旺，产业化资金需求迅猛增长，对资金的需求无论在总量上还是在单笔额度上都出现明显增长。

（二）城镇化促进基础设施建设拉动资金投入

新型城镇化更加重视城市的集群发展，同时也更加注重建设节能环保、和谐友好型城市，供水、供电、供气、污水垃圾处理、公共绿地以及轨道交通、高速公路建设等基础设施和公共服务设施建设需要更多可靠而有力的资金保障。

加快基础设施建设既是国民经济发展的战略任务，也是扩大内需、拉动当前经济增长的重大举措。2012 年，河北省全省城市基础设施建设完成投资 3476.10 亿元，占全省固定资产投资的比重为 18.20%。交通状况进一步改善，2012 年年末实有城市道路面积 28433 万平方米，比上年增长 1.80%，每万人拥有公交车辆达 14.45 辆，增长 6.60%。城市绿化、供水排水、公共服务设施等保障能力不断增强，2012 年城市园林绿地面积 73517 公顷，比上年提高 3.40%，生活垃圾无害化处理率为 73.10%，提高 0.50 个百分点；城市污水综合处理率为 94.30%，比上年提高 0.20 个百分点；设区城市年末电话用户达 6720.80 万户，比上年增长 6.10%；互联网宽带接入用户 963.90 万户，比上年增长 13.90%。

（三）城镇化推动民营企业发展

城镇化的发展，将有效刺激民营企业发展，民营企业的快速发展，同时也会加快推进城镇化的进程。其中，农业产业化是农产品生产、加工和销售的有机结合，构造形成一个集种养加、产供销、贸工农为一体的经营方式，推动了生产专业化改造和服务社会化改造，推动农产品加工业的集聚和集中吸引了民营企业中服务业的发展，进一步推动了农村二、三产业的发展，促进了城乡之间经济交流；选择有发展前景的民营企业作为主导，发挥主导的龙头带动和辐射作用，发挥规模经济，将在很大程度上推动农村经济整体的发展，有利于加快城镇化进程。城镇化建设要依靠科技和人才，注重民营企业的功能升级和服务升级，有利于提高小镇建设的层次和品位，增强小城镇在区域城乡经济社会发展中的作用。城镇化刺激民营企业，带动第一、第二产业的发展，也使第三产业产生了对大量小额信贷的需求。企业的发展将吸纳更多农村剩余劳动力进城，而与城镇化息息相关的服务业的发展，则主要依靠民营和个体创业，也将衍生大量小额信贷的需求。

四、新型城镇化下的金融服务需求

加快城镇化是我国未来重大战略机遇期内的一个大方向和大趋势，新型城镇化建设将创造大量新的投资需求，带来巨大的金融服务需求。具体表现在：

（一）城镇化金融服务不只是“造城”的金融服务，还有大量“化人”的金融服务

新型城镇化的核心在于“人的城镇化”，强调农民市民化和基础公共服务均等化。在这方面，学校、医院、保障房等公共服务设施的建设，以及新城镇居民的创业、消费等方面的需要，均会衍生大量与农民市民化有关的金融服务需求。

（二）城镇化金融服务不只是信贷业务，还有大量的非信贷业务

围绕农民市民化和公共服务均等化，在教育医疗服务、社会保障、代缴代付、支付结算、市民理财等领域，也有大量的非信贷类业务需求。

（三）需要重点关以下五类金融需求：新城区、新产业、新市民、新农业和新公共服务

1. 新城区。“新城区”金融需求主要指，城镇化建设中，围绕新增城区建设和旧城区、棚户区改造等领域产生的基础设施类金融服务需求，这是城镇化金融需求的基础和主体，也是长期以来金融机构服务城镇化的重点，可将其定义为“狭义城镇化金融需求”。

2. 新产业。“新产业”金融需求是指城镇化产业支撑体系发展提出的金融需求。一是新兴产业发展。伴随城市管理智能化、居民生活优质化，智慧城市、智能交通、环境治理、商超连锁、现代服务业、文化创意产业等一批新的城市受益产业将迎来更大的空间。二是传统产业发展的新机遇。随着工业园区化、生产绿色化和传统产业升级改造，许多传统企业、产业集群、包括工业园区企业将迎来新的发展机遇。

3. 新市民。“新市民”金融服务集中体现：一是新市民在住房、教育、医疗、创业等方面的民生领域金融需求。二是在汽车、旅游等消费升级方面的消费金融需求。三是在投资、理财、拆迁补偿款管理、保险等方面的资产管理金融需求。

4. 新农业。农业现代化和规模化的发展，将进一步推动新型农村经营主体的发展，包括专业大户、家庭农场、农业生产合作组织、农业龙头企业和科技型农业企业等。这些新的农村经营主体将会产生新的金融需求。

5. 新公共服务。公共服务均等化新需求主要

包括城镇化进程中新增加的教育、医疗、保障房建设、社会保障等民生金融需求。

五、商业银行支持新型城镇化的具体策略

新型城镇化作为国家长期的重大发展战略，商业银行能否积极跟进，关系到发展机遇的把握，也事关商业银行的社会形象和履行社会责任的问题。面对城镇化建设中所蕴含的信贷需求，应找准信贷业务的“切入点”，支持城镇化进程中的支柱产业和项目发展，抢占优质市场，避免盲目“一哄而上”而导致信贷风险。

（一）行业策略

城镇化将给商业银行在基础设施建设、土地和房地产开发、现代服务业等行业带来较大发展机遇。根据新形势新变化，整体规划服务国家新型城镇化的业务重点。一是以“人的城镇化”为中心，针对重点的受益产业（如医疗、教育、保障房、养老、污染治理、基础设施等）和新市民人群提供金融服务，加大对保障性住房，教育，文化、节能环保、健康养老等领域的支持，同时促进创业、就业。二是围绕城镇化过程中的新主体、新产业，持续满足城镇新居民在零售、电子商务、文化旅游、汽车、家电、金融理财、教育、医疗等方面全方位的金融需求。三是产业升级领域。商业银行应顺应产业结构调整与升级、产业转移、产业链整合的趋势，按照国家有关产业发展规划支持区域产业集群和工业园区的发展建设，支持农业产业化，国内产业梯度转移，循环经济项目，技术较成熟、以内需为主的战略性新兴产业以及产业集群化项目等。四是现代农业、节能环保业。商业银行可结合自身情况，有序推进对现代农业的介入。商业银行应积极把握节能环保产业的重点发展方向，适度支持高效节能产业。

（二）产品策略

针对城镇化建设的综合性、系统性与金融需求多样性特点，商业银行在用好现有信贷产品的同时，还应加强产品整合力度，健全支持城镇化的综合金融服务体系，提升差异化竞争优势。同时，应加强金融产品创新，充分考虑城镇化业务中面临的转型问题，避免单纯以传统业务模式支持城镇化建设，减少风险资本消耗。鼓励和支持各商业银行开发符合当地金融需求和特色的产品，避免产品同质化竞争，不断提升金融服务水平和市场竞争能力。

（三）推进策略

商业银行业在城镇化过程中的业务推进应遵循先行试点，有序推进的策略。新型城镇化建设和发展既带来巨大的业务发展机遇，也存在一定的风险。商业银行应紧密配合国家新型城镇化的相关政策措施，根据自身业务需求，制定支持新型城镇化建设发展的专项信贷政策，采用先试点、再推广的方法，积极有序地推动相关授信业务开展。

综上，商业银行在大力支持城镇化建设的同时，在风险管理方面应坚持“分类指导、突出重点、有保有压”的原则，注重产业支撑和区域协调发展，对新型城镇化的信贷投放保持冷静和审慎决策，合理配置信贷资源，在支持城镇化进程的同时，实现自身信贷业务健康可持续发展。

（上海浦东发展银行股份有限公司石家庄分行课题组）

【京津冀协同发展战略下商业银行发展机遇调查】

加强京津冀协同发展是国家近期重大的区域经济发展部署，也是经济发展新常态下京津冀地区商业银行全面深化创新转型发展的重要依托和抓手。

一、“京津冀协同发展”进展

京津冀地区，面积21.6万平方千米，占全国的2.45%；第六次全国人口普查统计总人口为1.04亿；地区生产总值5.21万亿元，占全国的11.01%。推进京津冀协同发展将为区域发展、环境治理等注入强大动力，对疏解首都压力、平衡全国区域经济发展格局产生重要影响。

“京津冀协同发展”经历了从省市推进到国家战略的过程。1982年，《北京市建设总体规划方案》首次提出“首都圈”概念，成为京津冀协同发展雏形。2004年，“京津冀地区经济发展战略研讨会”达成推进“京津冀经济一体化”的“廊坊共识”。同年，商务部和京、津、冀等7省区市达成《环渤海区域合作框架协议》。2006年，国家发改委编制《京津冀都市圈区域综合规划》。

2011 年，国家“十二五”规划提出，“推进京津冀区域经济一体化发展，打造首都经济圈”，京津冀协同发展概念逐渐清晰。2013 年，总书记习近平提出推动京津冀协同发展，2014 年以来，又作出一系列重要指示，京津冀协同发展正式上升为国家战略。

京津冀三地自然禀赋、经济发展阶段、城乡结构以及金融发展程度存在较大差异，北京已基本跨入后工业化阶段，存贷款绝对值高，金融化特征明显；天津处于工业化后期阶段，工业经济“大投资、大建设”特征明显；河北各城市发展程度不同，金融体系存在明显的二元结构，对货币依赖较高。相关情况见下表：

单位：亿元

省份	存款	贷款	地区生产总值	固定资产投资	社会消费品零售总额
北京	91660.50	47880.90	19500.60	6797.50	8375.10
天津	23316.60	20857.80	14370.20	9103.00	4470.40
河北	39444.50	24423.20	28301.40	22629.80	10516.70

数据来源：《2013 年中国区域金融运行报告》

分析归纳后认为，“京津冀协同发展”工作重点将放在经济转型升级、空间结构优化、资源永续利用和环境质量提升四个方面。具体目标和措施可概括为规划同图、交通同网、环境同治、产业同兴、社会同建、服务同享、市场同体，区域发展的协调性明显增强，整体功能显著提升。

当前，京津冀协同发展领导小组提出要加快实施交通、生态、产业三个重点领域率先突破。一是着力推动网络化布局、智能化管理、一体化服务，构建安全可靠、便捷高效、经济实用、绿色环保的综合交通运输体系。二是着力推进绿色循环低碳发展，加强生态环境保护，发挥重点治理工程带动作用，节约集约利用资源，形成区域良好生态格局。三是着力实施创新驱动发展战略，促进产业有序转移承接，推动产业结构调整优化升级。

二、商业银行目前主要应对措施

（一）加强组织协调

一些国有商业银行已成立领导小组，配套相关指导意见；积极在京津冀三地主持召开专题会议，提高业务部门、属地分行重视和协调应对能力；集团化发展的商业银行突出牌照齐全优势，积极构建多维度、差异化竞争优势，通过提供综合金融解决方案，提高在京津冀市场的占有率，并通过公私联动等形式推进“内部一体化”问题。同时，更加注意属地机构内部协作分工，通过加强主办行、协办行分工等模式，形成系统、有效的项目营销和管理模式；在业务叙做方面，积极采用银团贷款和集团客户统一授信等方式，由三地分支行承贷，有效平衡权益，确保资金投入。

（二）密切横向协作

2014 年 9 月份，北京农商银行、天津农商银行、河北省农信联社签署《京津冀金融服务一体化战略合作协议》，结成战略合作伙伴，建立沟通协调平台和对口联络机制，围绕行业对接与产业转移共同推进业务创新，通过横向协作构建覆盖三地的立体化三农金融服务网络。其他商业银行也积极通过同业协作，开辟多重渠道、分担利益风险，更好地支持京津冀地区实体经济发展。

（三）搞好产融对接

国有商业银行积极开展与京津冀省、市的高层战略合作，加强产融对接，直接体现对区域内企业的支持力度，如中行与河北省签订战略合作协议，为河钢集团等提供一揽子金融服务；天津滨海新区于家堡金融区等外迁项目重点承接区域，成为一些商业银行对接合作的重点，计划对功能区内企业提供一体化金融服务。

（四）开发创新产品

2011 年，建设银行推出“京津冀旅游一卡通”，有效整合三地旅游和金融资源，持卡人在三地旅游、休闲、消费可享受相应折扣优惠。京津冀协同发展上升为国家战略后，华夏银行推出“京津冀协同卡”，持卡客户在京津冀三地华夏银行网点可享受同城客户服务，免收异地柜台及 ATM 存款、取款、转账等手续费，并推动京津冀三地异地个人贷款业务；光大银行和浦发银行分别推出“银行电子保函区域通用”业务和“银关通一体化保函”业务，客户在两家银行辖内网点开立的银关保保函，可在北京、天津和石家庄海关通用，享受“异地报关、异地通过”便利。

三、商业银行未来需要关注重点

（一）交通基础设施项目

铁路方面，区域内津保等城际铁路将加快建设，未来还将积极推进京沈客专、京张城际、京唐客专、京衡客专、廊琢城际等项目。三地计划成立京津冀协同发展城际铁路投资公司，有效推进城际铁路、区域快线等项目落地实施。公路方面，北京提出打造“一环六放射、二航五港”交通一体化方案，打通断头路，环北京高速全长将达940千米；天津提出了优化“两港四路”布局的大交通体系建设目标。机场建设方面，除总投资近2000亿元，在京津冀中心区兴建北京第二机场外，原首都国际机场、天津滨海国际机场和石家庄机场也将进一步提升软硬件配套，并将更好地担负起所在地区的航空枢纽职能。

（二）房地产和城镇化

房地产是京津冀协同发展带动最为明显的行业之一，河北的保定、廊坊、燕郊以及固安等地毗邻北京，作为京津产业重点迁入地区，房地产市场面临新的发展机遇。同时，京津冀协同发展必将伴随更大规模和更高层次的城镇化过程，北京通州，天津武清，河北三河、大厂和香河成为京津冀协同发展改革示范区，在基础设施完善、社会保障方面将发挥广泛的示范效应。

（三）战略性新兴产业

北京地区教育科技资源丰富，以及为改善生态环境和资源承载能力，未来的京津冀产业布局，尤其是京津两地，将更加侧重于新能源新材料、信息技术、节能环保、航空航天、生物医药、先进装备制造、文化创意、现代服务业等战略性新兴产业。

（四）产业调整和结构转型升级

为着力改善京津冀空气环境质量，相关的产业重新布局和结构转型升级将会逐步推开。如为缓解北京城市病，确定了整体搬迁模式、总部-生产基地模式、产业链合作模式、区域合作共建模式等北京企业外迁模式，实现工业经济资源布局在京津冀区域内的整合优化。为改善区域内的环境质量和资源承载能力，淘汰落后产能将会提速，河北提出用3年时间落实“6643”计划，即到2017年，削减钢产量6000万吨、水泥6100万吨、煤4000万吨、平板玻璃3600万重量箱。如此大规模的生产要素重整和在空间上的重构，离不开金融的媒介和桥梁纽带作用。

（五）园区商圈发展

北京中关村将合作建设一批高新企业“园外园”，拓展发展空间，优化上下游产业链。天津于家堡金融区、响螺湾积极推动金融要素聚集，促进产业对接协作，有望承接北京更多外迁资源，成为做好京津双城联动发展大文章的主阵地之一。天津自贸区建设逐步提速，已经培育多年并具有优势的融资租赁等将成为其重点突破产业。曹妃甸区、渤海新区将重点承接北京石油化工、装备制造等新型重化工业和战略性新兴产业转移，打造首都经济圈产业发展的第二空间。北京动物园等批发市场外迁后形成的新商圈、新供应链和人流、货流、资金流的聚集，将为小微、商服等条块金融发展提供新的有利条件。

（六）社会服务一体化

京津冀协同发展将伴随着更大规模和更大范围的人员流动，区域内统一享受社会保险等相关社会服务有望破除门槛和地域界限，加快一体化步伐。预计2015年将正式启动京津冀交通一卡通相关工作。商业银行可以借此积极提供增值服务，推进普惠金融发展。

四、商业银行抢抓京津冀协同发展机遇的相关建议

（一）以战略思维布局京津冀协同发展

一是全盘部署，统筹推进。京津冀协同发展是渐进过程，商业银行应正确处理全行战略和京津冀协同发展战略之间的关系。全行战略重点按照规划有序推进，注意通盘布局，立足长远目标和核心价值观，依托整体优势或在区域内的比较优势，实现协调全面可持续发展；京津冀战略要立足树立样板，利用“鲶鱼效应”，探索带动本行未来几年发展的新模式和新突破。二是结合实际，突出特色。尤其是总部位于京津冀区域内的商业银行继续按照“根据地”思想深耕京津冀地区，依托国家优惠政策，走差异化发展之路，坚持不拼总量拼内涵，聚焦核心力量，把创新产品带动和壮大基础客户群体作为重要的手段和目标，不断提升金融服务专业化水平。三是建立适

应一体化形势的考核机制。单就全国性股份制商业银行来说，考核指标不打破地域限制，难以形成优势互补和互通有无。应研究实施打破地域限制的利益共享、风险共担的考核机制，由点到面，逐步实施，通过考核导向深化京津冀分支机构间的协作关系。

（二）全面做好创新转型。京津冀协同发展重点——“铁”“公”“机”项目，资金需求量大，项目主体普遍压低贷款定价水平，项目风险点复杂多样，业务模式创新显得尤为必要。一方面可围绕加强与政府合作开展创新，扩大项目来源，捆绑利益和风险，提高项目可操作性。另一方面围绕市场需求，抓住产业调整、行业重组、企业外迁、人员流动、要素流转过程中出现的金融真空或断层，应用成本领先、差异化、聚焦一点等吸引客户策略，融入便民利民的金融服务，填补服务空白，拓展客户资源。

（三）突出抓好总分支行协作。总行方面，要加强条线融合，减少内部沟通成本，增强针对京津冀协同发展工作的凝聚力和行动的一致性。以“京津冀统一市场”思维布局机构和业务发展，在监管允许的情况下，在京津冀地区设立更多总行直属机构，根据资源禀赋和市场实际直接推动业务发展。同时，总行要明确政策，加强指导，避免平衡用力。可设立“京津冀协同发展项目管理名单”，明确重点拓展客户范围，进一步强化高层战略营销和名单制管理。畅通绿色通道，发挥一事一议作用，体现倾斜，提高效率。用好信贷规模，体现对京津冀协同发展工作的整体战略导向和掌控能力，集中优势资源吃进重点项目。

分支行方面，应进一步明确自身优势和市场定位，根据区域经济社会发展特点确定业务营销着力点。抽调专门力量，明确分支行重点拓展的京津冀协同发展项目名单，积极做好客户关系维护管理、项目落地和贷后管理等工作。

（四）持续守住风险底线。京津冀协同发展过程中，同时存在宏观经济下行、落后产能化解等风险防范不利因素，风控形势会更加复杂。要持续跟踪三地宏观经济形势变化，尤其是加快淘汰落后产能等对行业发展和企业经营影响较大的政策措施推进情况，提前分析研判、合理确定资金投向。同时，相关授信政策要更加灵活、精准，能够协调宏观审慎和微观扶持之间的关系，有效平衡收益和风险，并能够充分利用经济下行期抢抓优质客户资源。

（渤海银行股份有限公司石家庄分行 郑帅）

【承德金融产业对京津冀协同化进程的支持】

京津冀协同化的建设为承德的经济发展提供机遇，也为承德金融产业发展提供了千载难逢的机会。为了实现环首都经济圈建设，全面支持承德经济发展，承德市金融产业需要进一步加快发展，在促进京津冀协同化进程中发挥作用。

一、承德市金融产业发展现状

（一）承德金融产业发展基础

承德市具有钒钛、医药、旅游、农业、清洁能源等产业优势，经济发作潜力较大。规划建设的“两横一纵”地方铁路和“一环八射”高速公路为核心的综合交通网络，成为连接京津冀辽蒙五省（市、区）的重要交通枢纽和能源运输通道，区位优势日益明显。近几年，全市经济社会得到快速发展，金融对经济的支撑能力明显增强，承德经济已步入了快速、健康、持续发展的新阶段。2013 年末，全市全部金融机构人民币各项存款余额 1601.26 亿元，比上年末增长 17.80%。其中城乡居民储蓄存款余额 1032.50 亿元，增长 16.20%；单位存款余额 516.30 亿元，增长 18.40%。各项贷款余额 1108.80 亿元，比上年末增长 14.20%。其中短期贷款 527 亿元，增长 21.80%，在短期贷款中，个人贷款及透支 152.60 亿元，增长 14.10%，单位普通贷款及透支 340.70 亿元，增长 20.80%；中长期贷款 571.20 亿元，增长 8.80%，其中个人贷款 197 亿元，增长 20%，单位普通贷款 356.50 亿元，增长 4.10%。

银行资产质量不断改善，贷款结构持续优化，盈利能力逐步提高，金融业成为承德市税收、财政收入的重要来源，对经济的贡献度逐步增大。目前，承德市基本形成了以银行授信市场为主导，证券市场、保险市场以及货币市场协调发展的市场体系；初步建立起以银行、证券、保险为市场主体，行业协会为自律组织的金融组织体系；形成了以人行、银监局调控监管为主、市金融办协调处理、行业协会自律发展的金融监管体系。

（二）承德金融产业面临主要问题

目前承德市正处于高速发展的成长期，整体经济呈现良性增长态势，但金融业与经济发展契合度不高，对整体经济增长的拉动力不强。金融业在扩大内需的政策落实、经济增长方式转变、产业结构优化升级等方面提供持续的资本支持力度不足。在存量资产重组、中小企业融资、科技创新等方面的介入程度不高；城乡金融发展不平衡的现实问题依然存在，并一定程度上制约了农村经济发展。承德市金融结构单一，担保、租赁、评估等金融中介组织发育迟缓。另外，金融机构提供的服务同质化、缺乏特色，最能体现银行服务职能、适合实行差异化经营的中间业务发展滞后，保险产品差异化程度较低，不能满足消费者的多样化需求。此外，金融业从业人员综合素质偏低，高素质人才严重短缺，限制了金融业的发展。

二、承德市金融产业在“京津冀协同化”发展中面临的机遇与挑战

（一）发展机遇

“京津冀协同化，首都经济圈”规划的实施，京津产业将逐步向周边区域转移，为金融业发展提供了有利契机。按照承德市总体发展规划，公路、铁路、机场、新能源等项目将相继开工建设，会带来巨大的资金需求。随着承德市基础设施的逐步完善，区域间经济合作将日益加强，这些都为金融业提供了广阔的发展空间。

承德市政府为扶持金融业发展，出台了《承德市金融业改革发展的实施意见》《承德市银行业金融机构支持经济增长的意见》《关于对金融机构支持地方经济发展实施鼓励和奖励的暂行办法》《承德市人民政府关于促进保险业改革发展的实施意见》《关于加快推进企业上市工作的实施意见》《承德市人民政府办公室关于做好金融机构重点支持上市后备企业工作的通知》等一系列政策文件，在政策扶持、强化服务等方面给予了大力支持。这些为金融业提供了良好的发展平台，成为承德金融业持续稳定发展的重要推动力。

（二）面临的挑战

全球金融危机爆发以来，国际金融市场动荡加剧，全球经济增长明显放缓，国际经济金融环境没有明显改善。从国内看，承德与省内外发达地区在金融业的发展方面差距较大，金融市场面临的问题较多：经济发展总体水平较低，工业化、城市化和现代农业化发展相对滞后，县域经济实力较弱，产业结构不尽合理，传统农业比重大，新兴产业规模小，高附加值产业比重低，以传统制造业为基础的经济发展模式面临着结构调整的压力等等，这些都为承德金融产业的发展带来严峻挑战。

目前，在河北省推进“京津冀金融协同化”进程中，各地级城市纷纷提出了“对接京津”“融入京津”的金融发展措施，区域城市间金融资源的竞争日趋激烈。承德市充分依托地位优势主动融入京津都市圈，加快构建现代金融产业体系，对于增强承德的竞争力、实现经济的又好又快发展具有重要意义。

三、关于金融产业支持承德地方经济发展，推动“京津冀协同化”进程的建议

（一）对接京津，规划建设金融后台服务区

紧紧把握河北省推动“京津冀金融协同化”、全面对接京津的发展机遇，合理定位承德金融的发展方向，围绕京津建设金融聚集区和金融服务区的发展战略，利用承德特有的区位优势，规划建设金融后台服务区。服务区主要包括容灾备份中心、后台处理中心、数据中心、信用卡中心、客户服务中心、培训认证中心、技术开发中心和金融外包及配套服务基地。金融后台服务区建设不仅可以更好地保障金融机构安全运营，同时也能够有效地降低金融机构的经营成本，成功实现与北京市建设“国际金融中心城市”和天津市创建“全国金融改革创新基地”的对接，推进与京津经济金融协同化进程，支持承德市金融产业更好更快发展。

（二）创建立足承德、辐射周边的金融产业聚集区

依托快速稳定发展的承德经济，加大对金融业的政策支持力度，整合区域内金融资源、优化资源配置、提高资本利用率，建设完善金融组织体系、市场体系、信用体系、监管体系，并积极推动产业资本与金融资本的融合，发挥现代金融

的融合派生功能，适时发展能源金融、钢铁金融、物流金融等新型产业金融，做大做强承德金融产业，支持承德市经济快速发展和产业结构升级。同时依托“五市一盟”等区域合作框架协议，发挥区位优势，加强同周边地区的经济、金融合作，努力建成立足承德、辐射周边的金融聚集区。

（三）打造金融生态模范城市

创造公平、公正、公开的金融发展政策环境；改善法治环境，强化金融债权保障；优化社会信用环境，夯实金融运行基础；发展中介机构，提高服务水平；建立信用风险补偿机制，加速担保体系建设，拓宽中小企业融资渠道，全力将承德建设成为金融生态模范城市。

（四）培育创业投资市场，扶植中小企业发展

积极培育产业投资和创业投资主体，鼓励各类投资者参与创业投资事业的发展。搭建创投基金与企业对接的投资平台，积极引进国内外各类别的创投基金，参与企业改制重组，壮大企业资本实力。组建承德市创业投资引导基金，引导社会资金进入创业投资领域，发挥财政资金的杠杆放大效应，增加创业投资资本的供给，通过鼓励创业投资企业投资处于种子期、起步期等阶段的科技型企业，发展壮大一批技术含量高、发展潜力大的科技型企业，促进承德市经济结构调整与产业结构升级。

（五）引导金融机构合理、有序竞争

随着我国金融业的进一步开放，入驻承德市内外资金融机构数量增多，以及现有金融机构的网点扩张，金融业的竞争将日趋激烈。要加强对金融业的有效监管，引导金融机构合理、有序竞争，在控制金融风险、保证金融安全的前提下，充分发挥以竞争促进金融创新、繁荣金融市场、服务经济的功能。

（六）健全金融风险监管体系，加强金融风险防范

建立金融风险防控体系和重大风险应急决策处置制度，健全金融风险稽查、评估、预警机制，做到早发现、早预警、早处置；实行内部自控和外部监管的风险防控制度，形成科学的制衡机制；加强行业自律组织建设，发挥行业自律管理的作用。

建立健全不良贷款的清收责任制和责任追究制；针对不良贷款的不同形态，采取相应的处置化解措施，鼓励和支持金融机构通过招标拍卖、委托代理、债务重组、资产证券化等市场化运作方式，加大不良资产的清理、处置力度；支持金融机构依法维护金融债权，严厉打击金融欺诈、恶意逃废银行债务的行为，严肃查处各种非法集资、非法揽储等扰乱金融秩序的行为，严防严控形成新的金融风险。

四、承德银行在助推地方经济发展、推动京津冀协同化进程中的几点做法

承德银行着眼于承德地方经济以中、小、微型企业为主的特点，一是不断创新信贷产品，全力为京津冀协同化发展提供信贷产品支持，授信产品由最初的固定资产贷款、流动资金贷款发展到涵盖委托贷款、小额联保、最高额抵押、担保公司担保、存货质押、商圈联保、应收账款质押系列贷款以及贴现、承兑、保函等多种授信产品；为零售客户“速易贷”“助微贷”两大系列产品，涵盖30多个服务品种，全方位满足客户的融资需求。二是优化信贷结构，将信贷资金向京津冀协同化中战略性新兴产业、科技创新、清洁能源、电力交通、节能减排行业以及小微、涉农企业倾斜，全力扶持实体经济建设和小微企业发展。三是在目前经济持续下行、企业发展压力倍增的大背景下，特别是目前国家对于建筑房地产业、钢铁采选业等行业出台了诸多限制性政策的情况下，承德银行将积极践行社会责任，及努力做到严防信用风险，更要对于地方支柱性的行业、骨干企业给予资金支持。

（承德银行股份有限公司课题组）

【区域协同发展的分析与建议】

在京津冀协同发展战略深入推进的新形势下，作为区域内的地方性股份制金融机构面临着弥足珍贵的发展机遇，全面快速地融入京津冀协同发展战略规划体系，更好地提供金融服务，促进河北省和本市经济发展，将是张家口市商业银行面临的重要任务。

一、明确定位，发挥区域特色优势

推动京津冀协同发展，是解决三地发展中面

临的突出矛盾和问题的必然选择，是优化国家区域发展布局、优化社会生产力布局、打造新的经济增长极、形成新的经济发展方式的内在要求，是华北地区实现科学发展、绿色崛起的战略举措。张家口作为京冀晋蒙四省市交界城市，充分发挥区位、交通、产业和生态优势，将本市的绿色崛起融入京津冀协调大局，以京张联合申办冬奥会为契机，以构建“京津冀水源涵养生态功能区”、承接首都功能疏解和缓解京津城市压力为重点，以推进“四型经济”建设为抓手，以体制、机制和政策创新为动力，进一步把张家口市建设成为北京城市功能疏解区、产业转移承接区、高新技术成果转化区、休闲旅游养生区、绿色农产品供应区和生态涵养保护区，形成首都经济圈新的经济增长极。

二、研究规划，主动融入战略体系

京津冀协同发展战略规划的实施，将有效带动全省以及张家口市经济的发展，金融支持是经济发展的核心条件。作为全省城商行系统存款总量和金融服务网点均排名第2的金融机构，张家口市商业银行将全面、深度地融入这一历史发展机遇中，发挥银行金融服务对经济的支撑作用，更好地支持区域经济的发展。

（一）加强规划研究，制定金融服务策略

由于河北省各地市在地理位置、经济发展、生态环境、基础配套设施等方面各具特色，各地区将会结合本地的实际情况，制定相应的发展规划来承接北京和天津部分城市功能和部分外溢产业。商行将组建专业研究团队，对京津冀协同发展战略规划进行分析研究，制定金融服务策略，融入区域经济发展。按照本市的发展规划要求，围绕战略规划定位，在绿色农业产业、高新技术产业、文化体育旅游产业、工业园区产业等方面提供金融服务支持，全力推进本市发展规划的实施；根据域外分支机构所在地的规划特点，加强与当地政府和客户的沟通交流，找准市场定位，寻找目标客户群，增强金融服务支持。

（二）加快网点布局，增强金融支撑作用

随着京津冀协同发展战略规划的实施，将明确全省及本市未来经济社会发展的重点区域和产业领域，也为本行的网点布局和业务拓展指明了方向。截至2013年末，张家口市商业银行共有分支机构77家，包括石家庄、唐山、廊坊、邯郸4家域外分行，2014年新设保定、沧州2家分行。下一步将根据京津冀协同发展规划，加快和优化网点布局，实现全省分支机构网点全覆盖。同时根据当地经济发展水平、发展潜力、人口密度以及金融业发展水平等因素，合理设置分支机构，做到营业网点在数量、业务规模和人财物配置上同当地经济发展的客观需要相适应，全力支持区域经济发展。

（三）开展金融创新，提供金融服务支持

京津冀协同发展战略规划的实施，将会出台一系列重大政策，也会进一步促进全省以及本市产业结构调整和优化。张家口市商业银行将结合区域经济发展特点，加快金融创新步伐，提供优质金融服务。深入推进事业部制改革，推行授信专家评审机制，实施授信业务全流程管理，为客户提供专业化、标准化、流程化的金融服务。全面推行支行专业化服务，建立农业、流通、汽车、装备制造、商贸流通等特色支行，更好地满足不同行业客户专项需求。通过融资增信，帮助企业做好发行企业债、中期票据、集合债和私募股权融资等工作，为企业提供综合性金融服务解决方案，增强企业直接融资能力，满足客户资金需求。渠道创新。充分利用联合贷款、银团贷款、银团保理等新兴融资渠道，引进域外同业资金来支持区域经济发展。

（四）优化服务功能，提升金融服务水平

立足“服务社区居民、服务中小企业、服务县域经济”的市场定位，发挥商行特色服务优势，不断开发和丰富促进区域经济发展的金融产品和服务，逐步实现由产品导向向客户导向的转型，从相对单一负债业务和简单中间业务向全方位、多层次相结合的多功能金融服务的转变。不断优化柜面结算业务流程，加快电子银行的建设步伐，通过金融服务双渠道，逐渐实现客户金融服务“零等候”。逐步推出股权质押、订单融资、国内信用证、应收账款保理、保兑仓和买方信贷等符合中小企业特点和需求的个性化产品，介入产业链和供应链各个节点，提供多元化的融资服务，最大限度地满足客户服务需求。

（五）强化信息沟通，适应金融市场变化

为了解区域经济的市场变化，更好地支持区域经济协同发展，要及时了解各地区的战略规划和政策信息，研究制定具体的实施方案，加强与省市有关部门和监管部门的沟通和联系，密切关注全省和张家口市经济金融运行情况，提高对经济形势的预判；重点关注各地区发展规划、产业布局规划、结构调整规划以及重大政策信息、重点工程立项等内容，对有资金需求的项目及时提供信贷资金支持；及时跟进了解各地区迁入企业的金融需求，宣传和推荐商行的金融政策和金融产品，为企业提供多元化的金融服务。

三、助力区域协同发展的工作建议

（一）区域合作，促进金融资源协调发展

京津冀协同发展战略规划的实施，将促进三地区域经济联系和合作更加紧密，对金融服务的需求也相应增加。随着各地人员、物资和资金的快速流动，客观上也需要各类金融机构加强合作，共同支持区域经济发展。建议由相关部门牵头，建立区域间金融机构合作机制，实现区域间信息资源共享，开展多层次、多元化的金融合作，通过区域合作，优势互补，发挥金融在资源配置中的导向作用，引导产业转移和产业调整，促进区域经济协同发展。

（二）搭建平台，破解人才制约瓶颈

城商行由于起步晚、底子薄等原因，专业人才一直比较缺乏。随着区域经济的快速发展，对专业化人才的需求将进一步增大。建议相关部门建立人才交流管理平台，加强业务指导与培训，通过交流、代训、交叉任职等形式，快速提升人才素质，引导金融人才到城商行工作，为我省金融发展提供强大的人才支撑。

（张家口市商业银行股份有限公司课题组）

【反洗钱重点可疑交易分析】

近几年，随着电子支付手段的不断丰富，犯罪分子利用网络途径进行洗钱的现象日趋严重。因此，反洗钱工作成为目前各个金融机构的一项重点工作。例如：在岁末年初的一个月内，浙江、福建部分持卡人通过向银行卡内存入大额预缴款，利用预授权完成交易需在预授权金额115%范围内予以付款承兑的业务特性，与部分支持预授权类交易的特约商户勾结，合谋套取发卡银行额外信用额度。工行、银联已向公安部门报案。该案例属于洗钱行为的一种新手段，各行要引起高度重视。那么，如何预防和控制利用新手段洗钱不仅是反洗钱工作面临的新问题，更是主管反洗钱工作人员面临的新挑战。

首先，金融机构要学会识别可疑交易活动；其次，分析可疑交易。可见，第二阶段是难度最大的阶段，也是最能彰显反洗钱工作人员工作能力和业务水平的阶段。那么如何分析重点可疑交易呢？下面先通过三个问答更正部分反洗钱人员对于分析反洗钱可疑交易的错误认识。

问题一：能不分析就直接向人民银行报告？不能。实践中确实有金融机构识别出可疑交易后，将涉及可疑交易账户的所用开户资料和交易记录都复印出来，不加分析地报告给人民银行。这实质反映出该金融机构可疑交易分析能力不足。事实上，重点可疑交易报告并不是对金融机构的强制性任务，不需要“防卫性”报告，数量是其次，关键是质量。

问题二：分析可疑交易，就是分析资金交易活动符合可疑交易标准的第几项吗？不是。例如，张三账户的资金交易活动符合《金融机构大额交易和可疑交易报告管理办法》（中国人民银行令〔2006〕第2号）中第十一条第（一）项规定：“短期内资金分散转入、集中转出或者集中转入、分散转出，与客户身份、财务状况、经营业务明显不符。”此例分析了资金交易与可疑交易标准的符合程度，但这只是一般可疑交易报告的要求。要分析重点可疑交易，必须在客观的可疑交易标准基础上，结合实践经验进行主观分析判断，得出具有相当价值的可疑点。

问题三：分析重点可疑交易，就是对账户交易明细进行分析吗？这是比较片面的理解。事实上，账户交易明细中所能反映出的可疑特征非常有限。在分析重点可疑交易过程中，对交易行为本身的分析往往比交易数据更重要，因为它更能反映交易主体的心理状态，交易数据作用更多的是佐证你的分析判断。

明确这三个问题后，接着就是看分析内容了。在分析重点可疑交易过程中，主要分析交易行为、开户资料、其他相关信息和交易数据。它们之间有一个原则上的分析顺序，就是先要分析交易行为和其他相关信息，因为这些信息往往容易灭失（如监控录像），所以必须尽快分析。其次是开户资料，通过分析开户资料，可以初步把握交易主体的基本特征（如身份、职业等），为后面分析交易数据打好基础、明确方向。最后是分析交易数据，这需要一定的技术和时间，所以适合最后攻关。

一、分析实际交易行为

实际交易行为的分析往往被金融机构忽视，其实这是最能够直观反映交易人行为疑点的地方。直接观察交易人鲜活的行为，比在后台搜索冰冷的交易数据，更能发现疑点。

（一）分析工作人员的记忆或描述

这最能反映交易人的行为疑点。一线员工每天接触大量客户，一般情况下，对于客户的正常交易行为印象不会太深，而异常的交易行为往往能够引起柜员注意，留下比较深刻的印象。

（二）分析交易时的监控录像

监控录像能够比较客观地再现交易时的情景，有效弥补柜员记忆的空白。分析人员可以据此仔细分析交易人的行为细节，从而做出比较准确的判断。

（三）充分利用其他信息资源

1. 银行联网核查公民身份信息系统。

该系统是中国人民银行和公安部为落实银行账户实名制，共同为商业银行搭建的对个人出示的居民身份证进行联网核查应用系统。该系统于2007年6月在全国各地银行业金融机构推广运行。通过系统，银行可以核查客户的姓名、公民身份证号码、照片和签发机关，核查这些信息与居民身份证所记载的信息是否完全相符，从而判断客户身份信息的真伪。

2. 互联网。

互联网信息的发达，可以有效弥补分析人员相关领域知识的不足。例如，在分析涉及偷逃税洗钱的资金交易活动时，就可以上网查询涉及企业所在领域是否享受税收优惠政策，如废旧回收、高新产业、出口领域等。在不了解某种犯罪活动的手法时，可以上网直接搜索相关案例，从而与正在分析的资金交易活动进行比较。在不了解某家企业的背景情况时，可以上网查询其相关信息，往往能够分析出该企业是否在正常经营，是否存在违法犯罪活动。

3. 要特别关注执法部门调查的账户。

一般由金融机构或上级执法部门调查账户，因此在分析账户交易时，要特别了解该账户是否被执法部门调查过。如果调查过，则要了解调查的原因和执法部门的性质，这些都有助于判断该账户是否涉嫌相关违法犯罪活动。

二、分析开户资料

开户资料是账户持有人（或控制人）在金融机构留下的第一资料，是金融机构分析人员了解客户本身情况的最基本的，又是最重要的信息。实践中，单位账户和个人账户的开户资料有所不同，因此可供分析的信息也不同。

（一）分析个人账户的开户资料

1. 姓名 + 住址：如果发现几个账户的户名姓氏相同，住址一致，则证明开户人之间可能存在亲属关系。这点在分析利用亲属洗钱交易时很重要，如腐败洗钱犯罪、毒品洗钱犯罪等。

2. 身份证号：通过“银行联网核查公民身份信息系统”，可以核对身份证号和其他信息是否一致，从而验证身份证的真伪；同时，通过身份证号可以上网查出发证地，一般情况下就是开户人的出生地，这点有助于结合洗钱犯罪类型进行地域分析。

3. 地址：可以分析出是本地开户还是异地开户；分析该地域是否属于某种犯罪的重点地区（如毒品犯罪、走私犯罪、电信诈骗犯罪等，往往都有一定的地域性）；如果多个开户人住址一致，则可能涉嫌团伙犯罪。

4. 联系方式（手机）：如果多个开户人所留联系方式一致，则可能涉嫌团伙犯罪。通过上网可以查询手机号的地址，如果与前面所留地址不一致，则存在流窜犯罪的可能。

5. 代理人信息：如果多个账户开户资料的代理人一致，那么可能涉嫌团伙犯罪，或者涉嫌被犯罪分子用做洗钱账户（实践中，卡贩子收购大量身份证，之后以代理人身份开立大量银行账户，进行贩卖，购买这些账户的人往往有洗钱需要）。

此外，代理人信息还可能出现在交易凭证上（如取款凭条），如果多个账户的交易凭证上频繁出现代理人，且代理人往往固定为一人或几人，则可能涉嫌地下钱庄或洗钱活动。

（二）分析单位账户的开户资料

单位账户的开户资料比较复杂，一般包括工商企业执照、税务登记等各种行政部门审核颁发的证明文件。其中应重点分析如下信息：

1. 注册资本：将企业注册资本与其账户交易规模进行比较，如果企业注册资本很少（如 10 万元），而账户交易规模很大（如 10 亿元），则证明其资金交易与企业规模不符，其账户很可能被利用为洗钱账户。

2. 经营范围：分析企业经营范围，结合一般常识判断其资金交易方式和规模，并与实际交易方式和规模相比较。例如，一个个体工商户，经营范围为文体用品和食品零售，那么一般情况下其账户交易应以小额现金交易为主，如果出现频繁大额交易，则可能存在洗钱活动。

3. 地址：这点很重要，但实践中往往被忽视。上网查询或实地探访，都可以验证其单位地址是否真实存在，如果地址不存在或该地址并没有开户企业，则证明是一家空壳公司。如果该企业已经人去楼空，但账户交易仍在继续，则可能涉嫌洗钱活动。实践中曾经出现过多家企业的注册地址一致，这显然是空壳公司。

4. 法定代表人信息：分析企业法定代表人信息的方法与分析个人账户开户信息的方法基本一致，主要关注身份证号、联系方式等。如果多家企业的法定代表人一致（有时是固定几个），则证明这些公司之间存在联系。如果能够通过侧面了解，发现法定代表人与特定职务人员（如亲属、司机、朋友等）有关，则应予以关注。

三、分析交易记录

交易记录的分析，这是可疑交易分析中最为核心的部分。同时，前面对交易行为、相关信息和开户资料的分析，也为交易记录的分析提供了基础和方向。通过交易记录的分析，不但可以验证前面的猜测，同时还可以使整个可疑交易分析有理有据。

交易记录分析的重点内容如下：

1. 交易笔数和金额。也就是某一段时间内，可疑账户发生了多少笔交易，进出金额是多少。这样有助于把握可疑交易的总体情况。

2. 资金来源和去向。也就是可疑资金流转过程中的上下游对手账户，这样有助于把握可疑交易的流程。有时需要进一步延伸分析，直到资金转出本金融机构或出现现金交易为止。

3. 重点账户及其之间的关系。重点账户是整个可疑交易活动中的核心账户，这样的账户往往交易量大、频繁使用、可疑特征明显。如果有多个重点账户，要分析出它们之间的关系，这样有助于把握可疑交易的重点。

4. 交易行为特点。例如，是否存在特殊金额，特别是略小于某些规定限额的金额，如频繁以 19 万元、19.90 万元分拆转账，就明显在规避大额可疑交易报告标准。再如，多个账户之间交替使用，避免受到银行关注。这些都有助于把握交易人心里特点和行为习惯。

（沧州银行股份有限公司 赵立娟）

【产业链金融支持河北中小企业发展的模式选择与政策建议】

一、河北倡导产业链金融支持中小企业发展的现实意义

（一）融资问题是中小企业发展的关键

近年来我国中小企业发展遇到了前所未有的困难，经营状况持续恶化，陷于困境。由中国物流与采购联合会发布的我国小型企业 PMI 指数持续在低位徘徊，除 2014 年 7 月达到 50.10% 外，自 2012 年 4 月以来，30 个月中，有 29 个月的 PMI 指数处于枯荣线 50% 以下。相对而言，大型企业的状况则好得多，2014 年绝大部分月份 PMI 指数均高于临界点。造成中小企业发展陷于困境的原因很多，社会各界和理论界都进行了深入的探讨，概括起来，主要有六个方面的原因，一是需求不足，二是成本提高，三是税费过重，四是用工不足，五是转型之痛，六是融资困难。但在本文看来，其他五个方面是我国所有企业共同面对的问题，而非中小企业所独有，因此不是问题的关键。而“融资困难”则不同，与大型企业相比，中小企业困难重重，融资渠道少，融资成本高，已经成为我国中小企业发展中的“生命不能承受之轻”，是中小企业发展陷入困境的症结所在。

（二）产业链金融是中小企业融资的有效渠道

按照传统融资方式，中小企业融资渠道较少，难以从银行、证券等低成本渠道获取资金。究其原因，与中小企业自身特点有着必然的联系。首先中小企业经营风险高，生命周期短，经营具有较大的不确定性，容易破产。其次中小企业信用水平低，财务制度不完善，资金管理混乱，难以取得金融机构的信任。再次中小企业固定资产少，抵押物不足，很难从传统渠道融资。由此可见，中小企业低成本融资渠道基本被封死，只能求助于高成本融资，而那则无异于饮鸩止渴。不能否认，很多中小企业确实存在问题，金融机构不为其融资也无可厚非，但其中的优秀企业也因此被误伤，产业链金融便有助于将这部分企业分离出来，使其获得低成本融资。通过与核心企业之间的订单或合同，可以借助核心企业的信用，间接获取金融机构的信任，从而解决信用不足问题。

（三）河北中小企业的特点有利于发挥产业链金融的优势

河北产业结构偏重工业，钢铁工业约占经济总量的30%，煤炭、化工等产业比重也较大，在这些产业内部，超大型和大型企业占据主导地位。这种产业结构和产业组织格局虽然并不一定有利于经济转型和发展，但从另一个角度看，却有利于产业链金融优势的发挥。产业链金融的核心是要有一个作为金融机构优质客户的大型企业，该企业经营稳定、财务规范、信用等级高、拥有充足的抵押物，甚至能够获得金融机构大规模的授信。中小企业如能争取到该大型企业的订单，付款便有了保障，也就间接取得了金融机构的信任，融资便不再必然需要传统的抵押或担保。河北的各类经济体中，上述大型企业占据主导地位，2013年河北钢铁、冀中能源、开滦集团三家进入世界500强，入围全国500强的则有13家，此外央企驻冀的子公司、分公司等大型企业也广泛分布在钢铁、石化等行业。这些大型企业的存在为产业链金融在河北的推进奠定了良好的基础，有利于中小企业融资难的缓解。

二、产业链金融支持河北中小企业发展的模式选择

（一）产业链金融及模式

产业链金融是指金融机构对核心企业金融服务的拓展，通过合同、订单等形式，将核心企业与上下游中小供销商连接成一个整体，从原材料采购到制成品，再到分销，最后连同最终消费者一起，全方位地为链条上的多个企业提供金融服务，从而实现整个产业链不断增值的综合性金融业务模式。产业链金融并非是一成不变的，随着金融创新的不断展开，它的具体模式也在不断衍生，当前比较成熟和经常运用的主要有以下三种模式：

1. 预付账款融资模式。

该模式主要针对产业链内核心企业下游经销商的商品采购。由于核心企业在谈判中处于优势地位，要求经销商交纳预付款，或只给较短的账期，因此很容易造成经销商资金紧张。采用该种融资模式，经销商在缴纳一定保证金的前提下，金融机构即可为其提供全额贷款进行商品采购，交易完成后经销商则以商品卖方出具的全额提单等货权单据为质押物进行担保。这种供应链金融模式下的主要产品包括先票/款后货授信、保兑仓授信以及涉及国际贸易的进口信用证项下未来货权质押授信等。具体流程如下图所示：

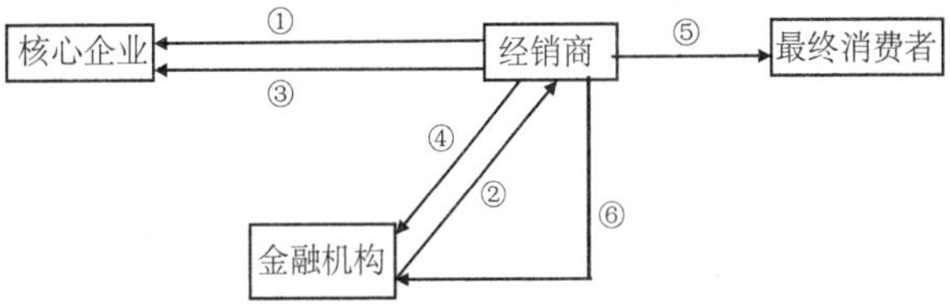

①经销商向核心企业交纳保证金；

②金融机构向经销商发放贷款；

③经销商从核心企业支付货款采购商品；

④经销商以卖方出具的全额提单等货权单据为质押物进行担保；

⑤经销商销售商品回笼资金；

⑥经销商偿还贷款。

2. 订单融资模式。

该模式主要针对产业链内核心企业上游供应商的商品销售。供应商取得核心企业订单后组织生产须要大量资金，且产品销售后一般还要接受

较长期限的账期，如果不能获得及时的融资，再生产很难维持。采用该种融资模式，金融机构在供应商接到订单后，即可以该订单为担保向供应商提供融资，专款专用，用于其采购原材料和组织生产，待订单完成后，供应商从核心企业处取得的货款用于偿还金融机构的融资。具体流程如下图所示：

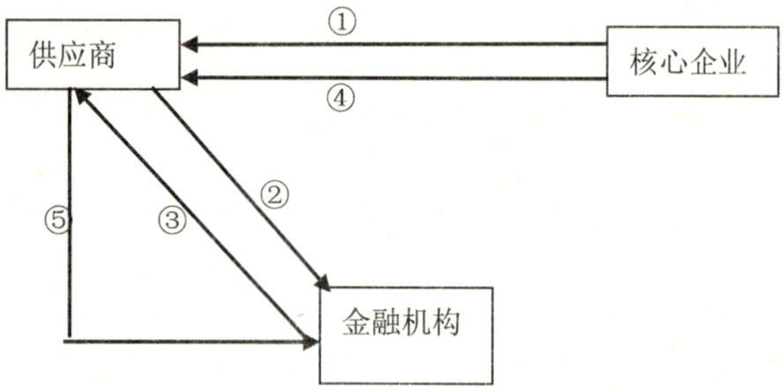

①供应商取得核心企业订单；

②供应商将订单作为担保向金融机构申请贷款；

③金融机构向供应商融资，专款专用；

④供应商采购原材料，组织生产，完成订单，取得货款；

⑤供应商偿还贷款。

3. 应收账款权利质押融资模式。

该模式适用于核心企业上下游的所有供应商和经销商，主要用于解决中小企业因赊销商品而无法及时获得账款，从而无法继续采购原材料组织生产或向生产厂商采购货物组织销售的困境。采用该种模式，围绕核心企业的中小企业将对核心企业的应收款或预付款转让给金融机构，以核心企业作为债务人，债务重组后中小企业将应收款或预付款变现，实现资金流通，同时上下游中小企业得到资金支持也有利于核心企业产业链的连续运转。这种融资模式的特点为，锁定核心企业为债务人，保障债务重组后新债权的偿还。

（二）河北中小企业发展的产业链金融模式选择

河北当前产业结构仍然偏重，钢铁、水泥、玻璃、煤炭共同成为河北四大经济支柱产业，其他如建材、化工、冶金、医药等也占据较大比例。当前河北正在大力推进节能减排，将战略性新兴产业发展列为重点支持对象，预计到 2017 年装备制造产业将取代钢铁成为第一产业。因此就当前来看，河北的核心企业一般处于产业链上游，中小企业一般分布在核心企业所处产业链的下游，随着产业转型和升级的不断完成，核心企业逐渐向下游移动。由此可见，订单融资模式在河北的市场较小，而预付账款融资模式比较符合河北当前产业结构特点，具有较大的市场空间。因此当前河北产业链金融的发展应以推广预付账款融资模式为主，辅以订单融资模式和应收账款权利质押融资模式。

三、推进河北产业链金融发展的建议

（一）加强产业链金融知识的宣传

中小企业一般缺少专业金融人才，对融资方式和相关知识缺乏深入的了解，有必要加强有关产业链金融知识的宣传。首先可以利用媒体，在电视台和广播电台做公益广告，或在广播电台播出相关访谈节目。其次可以在核心企业做宣传，张贴宣传化，发放宣传手册。再次可以利用各级党校、行政学院的平台，免费举办产业链金融讲座或班次。最后鼓励金融机构自己进行宣传。

（二）引入和培育产业链金融服务主体

当前五大国有银行和大部分全国性股份制银行基本都已开展产业链金融业务，应以开放的姿态吸引更多银行或相关业务部门进入河北开展产业链金融业务，各类银行互相竞争，对中小企业进行产业链融资更加有利。其他各类金融机构，如资产管理公司、保险公司等也可参与产业链金融，应积极引进。此外还要注重培育和扶植本地金融机构，如河北银行、邯郸银行等当地银行，担保公司、小额贷款公司等非银行金融机构，本地金融机构更加了解本地企业，在这方面具有一定竞争优势。

（三）实行税收支持

金融机构在保证安全性的同时，也要协调收益和风险。产业链金融产品在开发中，由于锁定了核心企业，一定程度上降低了自身风险，但由于具体交易对手大多为中小企业，承担资金成本能力较低，故金融机构收益不会太高，为提升其开展此类业务的积极性，应适当给予税收优惠，如相应减免或降低产业链金融产品的营业税，或给予一定资金补贴等。

（四）简化审批流程

目前金融机构大多为国有或国有控股类，其内部审核流程也日益完善，在控制风险的同时也难免影响融资效率。鉴于产业链金融产品可以围绕核心企业，分类开展，交易对手为核心企业的上下游客户，且由核心企业协助提供相关信息。在审批流程上应该区别于单一客户，可适当简化流程，分类操作，提升效率。

（五）构建信息服务系统

信息服务系统的构建包括两个方面，一是中小企业的经营和融资信息，二是金融机构的融资政策和额度。信息服务系统的建立须要多部门合作，首先是各级工信部门，特别是其所辖的中小企业局，它能提供即时的企业经营信息和融资信息；其次是各级人行，它可以负责汇总各商业银行和其他金融机构的融资政策和额度；最后还须要各级金融办负责各方协调和各种事务性工作，如组织接洽会或维护网站等。信息服务系统的构建将使产业链金融的开展更加市场化，提高融资的时效性和成功率。

（六）加强监管，防范风险

中小企业财务不规范性、经营不确定性，以及信用度较低等特点，在产业链金融融资过程中并没有消除，金融机构必须时刻提高警惕，以防风险的发生。在市场之外，政府及有关部门也应加强监管，以防范风险的发生。监管的主要负责部门为各级银监会，由于产业链金融的对象多为中小企业，风险较高，各级银监会应设立专门部门对其进行监管。各级人行和金融办也应协助监管。此外已经构建的信息服务系统也可以起到监管的作用，中小企业经营情况的变化会时时反映在信息系统中，这方面的信息有画于事前监督。

（中国信达资产管理股份有限公司河北省分公司 张春姹）

【保险业信用体系建设问题研究】

一、引言

在社会发展的历程中名人们对信用精辟的概括为“人无信不利，政无信不威，商无信不富”，可见信用是为人处世、治国安邦、办企经商最基本的道德规范和法律规范，它是社会公平、正义观念和具体民事、经济法律规范之间连接的纽带，它是人与人，企业与企业、国家与国家，以及人、企业、政府相互之间连接友谊的桥梁，它要求人们在民事和经济活动中讲究信用，恪守诺言，诚实不欺，不负对方的信赖，在不损害他人和社会公众利益的前提下追求自身利益的最大化。所以，信用体系建设是现代市场体系建设的必要条件，也是规范市场经济秩序的治本之策。保险公司是经营风险的，也可以说是经营信用的，这就要求保险公司要比一般的企业更注重信用体系的建设。

二、信用体系建设的重要性

（一）信用体系建设是保险公司集团化经营的首要条件。

为把保险业做大做强，施行集团化是保险公司的优化选择，目前国寿、太保、平安均为集团化建制，在集团化建制下设专业子公司，为的是发挥专业优势，把专业做大做强，这就要求在集团内部建立信用机制，加强子公司的优势互补，形成集团的合力，开拓市场。

（二）信用是保险公司生存和发展的前提条件。

任何一家企业，没有客户的信任就没有生存的基础。在世界各国的企业中不断发生失去广大客户新人，导致破产的情况，如美国安然、世通等企业就是实例。一家保险公司没有广大客户的信任，就不可能承保大量业务，实现经营风险的有效分散，也就失去了生存和发展的基础。

（三）信用是保险公司取得协同单位的信赖，携手合作，共同发展的基础。

在现代经济发展中，任何一家企业都不可能独立生存和发展。就一般企业而言，在产、供、销的链条上，要有许多协同单位，如果企业没有信用，任何一家协作单位的不合作都会使企业发展受阻。保险公司更是如此。在保险市场中，保险信用是所有保险公司的信用，保险公司都应遵循市场规则，这就是同业之间的信赖与合作，如果有个别保险公司破坏这个游戏规则，失去同业之间的信用，受害的不仅是个别公司，而是全行业。

（四）信用是保险公司获得政府机构支持的

保证。

一个企业在经营过程中，必需严格遵守法规，照章纳税，独立承担民事责任。企业的这种行为就是对政府的信用，只有这种信用得到具体实践，才能取得政府机构的支持。否则一个企业为了获取不正当的利益，或偷税、漏税、逃税，不承担自身引起的民事责任，扰乱了正常的经济秩序，扰乱了人们安定的生活工作秩序，对这样一个没有信用的企业，政府机构必然要对其依法进行查处。我国保险业在市场经济体制建设中发展，更需要政府的大力扶持，因此，保险公司都要认真遵守国家法规，把保险这个社会“稳定器”建设牢固，为国家经济发展服务，为安定人民生活服务，才能够获得政府机构的大力支持，顺利地发展保险业务。

（五）信用是保险公司凝聚广大员工的向心力、创造和提升公司核心竞争力得法宝。

在激烈的市场竞争中，一个企业的竞争力，要依靠广大员工的团结一致，协力拼搏。而广大员工的这种精神面貌，依赖于公司信用。这几年，保险公司业务快速发展，靠的是公司对广大员工的信任。事实说明，人与人之间的信用是创造和提升公司核心竞争力的法宝。

三、我国信用体系建设的现状

首先，在经济领域，权利法律化缺乏导致的信任困难，成为我国市场经济发展的一大障碍。包括假币在内的假冒伪劣产品充斥市场，特别是食品安全成为人们日常生活的一大隐忧。社会信用观念淡薄，严重侵蚀了银行业，使银行信用风险加剧。我国银行业作为社会信用关系最集中的体现者，一直在遭受社会信用价值观缺失的侵蚀，信用风险不断加剧。官方统计资料表明，我国四大国有商业银行不良资产占总资产比例的23%。

其次，在政治领域，信用危机表现在：政府政策的不稳定和不连续，使得公众对政府政策和承诺的信任度下降，政府不合理的干预经济活动，“透支”政府信用，严重败坏了党和国家的政治诚信形象。

最后，在文化领域，也存在着许多不诚信的现象和行为，如有的文艺创作人员为了追求经济效益，进行抄袭等学术造假行为，此外，假文凭、假证书随处可见。这一桩桩不诚信的事件造成了文化市场的混乱局面。

不难看出，信用失衡问题逐渐突显，已经成为制约经济持续健康发展和完善社会主义市场经济体制的突出问题之一。社会各方面对信用秩序混乱反映强烈，加快社会信用体系建设的呼声日高，这种迫切需求，一方面体现为中央有关部门的大力推进，如建立信用档案，试行信用等级分类监管等；另一方面也表现为地方信用建设行为，自二十世纪九十年代中后期开始，我国陆续在北京、上海、深圳等20多个省市进行信用制度试点，开始摸索适合我国经济发展特点的信用建设模式。

总体来看，我国的信用体系建设还有许多地方需要进一步完善，还有较长的路需要走。

四、完善保险业信用体系建设的建议

（一）加强保险知识的宣传，培育保险道德观

我国保险业处于初级阶段，公众对保险了解不多，相当一部分人把保险公司作为慈善机构、救灾机构，何谈保险道德。就投保人而言，一部分人对保险的本质认识也不够，对保险公平原则的适用认识不充分，从而出现投保人不如实告知，导致投保人与保险人的对立；就中介人而言，压低保险费率，提高手续费和佣金已成为主要手段，却忘记了保险经营的科学原理，影响了保险的经营秩序；就保险人而言，奉行“宽进严出”的经营方针，体现在重展业，轻理赔，重保费，轻管理，保险人的形象受到影响。针对这些现象，建设保险业的信用体系，就要加强保险知识的宣传，培育保险道德，让大多数人搞清楚在保险活动中，投保人和保险人利益的一致性，如果隐瞒就是不道德，就是违反商业保险的规则。这些常识在公众中得到普及，保险的道德标准也就产生了，也就在人们中间形成了保险道德行为规范，从而为建立保险信用体系奠定了社会基础。

（二）建立以产权为基础，经济为纽带的保险信用体系

1. 以产权利益规范竞争秩序。保险市场的激烈竞争，促进了我国保险业的大发展，但是，不规则的竞争也给保险公司带来经济损失。为规范保险市场的竞争秩序，要建立以产权为基础的信用体系，对严重违规者要予以重罚，直至产权受

到损失。我们应遵循“老业务不争，新业务不让”的原则，制定最低费率保护制度，制定最高手续费、佣金标准制度，市场竞争者要共同遵守，违反者要受到经济处罚，严重者使其产权受到损失，使市场竞争秩序规范化。

2. 以产权利益规范投保人的行为。当前，由于市场信用体系不健全，保险市场不断出现投保人失信现象，致使有的险种叫停。由此得到启示，可以将个人消费贷款保证保险、产品责任保险、住宅质量保证保险、产品质量保证保险、工程履约保证保险、出口信用保险、投资保险等，都以投保人的产权利益为担保，规范投保人的行为，是建立保险信用体系以产权为基础的一种方式。

3. 以经济利益规范中介人的行为。中介人是保险市场不可缺少的组成部分，是连接保险公司和投保人的桥梁，在保险业发展中作出了积极的贡献。但是，有的中介人不遵守市场竞争规则，与投保人合伙不履行如实告知义务。对此，应该建立信用保证金制度，根据中介人业务量大小，缴纳相应的信用保证金，当出现失信行为时，用其信用保证金承担责任，用经济手段制约中介人履行诚信原则。

（三）建立以法律为保障，以制度为保证的保险信用体系

1. 加强法律制度建设，保障信用体系发挥作用。保险信用体系建设就是要以《中华人民共和国保险法》为依据，制定和完善保险行政法规，把保险活动中已经形成的符合我国实际情况的行为法制化，这是建立保险信用体系的根本措施，也是信用体系发挥作用的保障。

2. 加强保险监管 。政府监管对维护企业的信用十分必要，企业的信用要依靠有序的社会环境实现，政府对企业的监管正是维护社会秩序，是企业实践信用的保证。保险监管机构要对保险机构加强依法监管，严防保险机构违法经营。误导客户，欺骗保户。严防保险公司偿付能力的不足，忽视经营风险。严防保险中介机构违反市场规则，扰乱市场秩序等。通过这些监管活动，保护被保险人的利益，保护保险公司的利益，保护投资者的利益，才能建设好保险信用体系，有利于保险业快速发展壮大。

3. 认真履行合同，提升保险公司信用等级。就保险公司而言，经营的就是信用，发展保险业，主要的手段就是卖保单，通过卖保单集中风险与分散风险。因此，保险公司的信用全部体现在保险合同中，保险公司有没有信用就看能不能履行合同的承诺。合同条款对当事人的具体行为不能过分原则，不能模棱两可，否则就失去合同的约束力，就影响保险公司的信用。为了体现保险公司信用，必须认真履行保险合同的约定。如果合同条款原则化，就容易形成经济纠纷，影响公司的信用，不利于提升保险公司的信用等级，也不利于建立保险信用体系。

4. 加强公司内控制度建设，树立公司信用的新形象。企业信用是通过各个工作过程和每个员工行为体现出来的，要树立企业信用，就要通过内控机制建设，控制工作流程和员工的行为。在企业的合作中，无论是法律规范，还是监管手段，或者是合同的约束，都是静态的预约，都不可能对企业之间动态合作事宜进行全面详细的规范。总有不周之处，在这种情况下，要靠企业本着互利互让，共同发展的宗旨，加强内控机制建设，严格规章制度，诚实做事，加强友谊，只有这样，才能使企业信用树立新形象，得到更多的合作伙伴。保险公司的信用体现在每个机构或每个员工的行为上，而公司的利益与员工的利益既统一又矛盾，有的员工为了自身利益可能牺牲公司利益，因此，树立公司的信用，必须加强内控制度建设，规范公司员工的行为，确保保险公司的信用不受损害。

5. 建立实行惩戒制度，确保信用体系的有效性。在保险活动中，对那些不守信用，影响保险业声誉的人员，不仅要在经济上予以处罚，还应从声誉上予以制裁，要像发达国家那样，建立黑名单制度，灰名单制度，对上了黑名单的人员，不得从事保险业。通过这种声誉上的制裁，警戒业内人员诚实守信，也是建立保险信用体系的一种方式。

五、总结

诚信是保险业的立业之本。当前，我国保险业正处于快速发展的阶段，但在发展过程中存在一个不容忽视的问题，就是保险信用的缺失，它

损害了保险活动当事人的权益，更扰乱了保险市场的正常秩序，制约着我国保险业持续健康快速发展。因此，通过各种手段培育保险信用意识，完善各种规章制度，健全信息管理，惩治“失信”行为，有效地提供各种信用服务，尤其是征信服务，以尽快建立保险信用体系是我国保险市场面临的当务之急，更是保障我国社会稳定和经济健康发展的迫切要求。

（合众人寿保险股份有限公司河北分公司 曲春阳）

第四部分

金融规章选编

河北银行业加大创新力度全力支持实体经济发展指导意见

为深入贯彻落实《中共中央关于全面深化改革若干重大问题的决定》和银监会、银监局工作会议精神，充分发挥金融对我省加快转型升级，实现绿色崛起的支持作用，全省银行业机构要实施创新驱动战略，持续加大对重点领域和薄弱环节的金融支持，全力支持和更好服务实体经济发展。现就河北银行业服务实体经济提出以下指导意见。

一、提高认识，全面落实服务实体经济的重要任务

实体经济是银行业发展的坚强基石，“百业兴则银行兴，百业稳则银行稳”，环渤海加速发展和京津冀协同发展的大势已使河北站在新的起点上，各银行业机构也迎来了借势出击、全面发力的关键时期。在支持实体经济的过程中，始终坚持银行业与实体经济共同发展、和谐发展的理念，坚持在服务实体经济中求发展，坚持在提高服务实体经济的水平上下功夫，结合工作实际将金融服务实体经济发展的各项措施落到实处，只有在“共振”的过程中才能实现“共赢”，坚决杜绝“三种现象”，即社会资本脱实向虚、以钱炒钱现象，虚拟经济过度自我循环和膨胀现象，产业空心化现象，更好地支持我省实体经济创新驱动、转型发展。

二、科学把握，明确指导思想和基本原则

（一）指导思想。以科学发展观为指导，以全力支持实体经济发展为主线，加强科技引领作用，以“主动发力、精准用力、实处着力”的创新驱动战略提升核心竞争力，为我省经济又好又快发展提供更加优质、高效、便捷的金融服务。

（二）基本原则。全省银行业机构按照“科学指导、市场运作、优化配置、风险可控”的原则助力创新型河北建设。科学指导原则，加强政策引导和服务监督，促进全省银行业机构更好地服务实体经济。市场运作原则，充分发挥市场在资源配置中的决定性作用，有效降低支持实体经济发展的经营成本。优化配置原则，逐步建立起政策性金融、商业性金融、合作性金融各有侧重、互为补充的金融服务体系。风险可控原则，坚持风险可控和审慎稳健原则，在积极支持实体经济加快发展的同时，合理规避和分散金融风险。

三、突出重点，进一步支持实体经济发展

（一）积极拓展，加大重点领域和行业的信贷支持。各机构要围绕我省绿色崛起的发展战略，推进沿海地区率先发展、加快培育环京津地区新增长极，并结合“双百双千”工程、“三个一百”工程以及重点扶持的1000家中小型科技企业，对本机构客户进行摸底排查和对号入座，按照“总量适度、审慎灵活、定向支持”的要求，制定差别化的准入、评级和授信策略，正确把握“有保有压、有扶有控”的原则，积极发展绿色信贷、循环经济和低碳经济，重点支持战略性新兴产业、先进制造业、传统优势产业、都市现代农业；择优支持城市基础设施等重点项目建设及企业走出去发展；加大对文化创意、旅游、家庭服务等现代服务业的金融支持力度。

（二）主动作为，持续加强薄弱领域金融服务。各机构要重点做好“小微金融”和“涉农服务”。按照《河北银监局2014年小微企业金融服务工作方案》要求，深化机制建设，单列信贷计划，创新金融产品，适度提高不良贷款容忍度，确保完成小微企业贷款增速和增量“两个不低于”的目标。持续加大对“三农”的信贷扶持力度，鼓励各机构单独安排信贷计划，下放贷款审批权限，创新推广专业支行和信贷工厂等服务模式，稳定大中型银行县域网点，增强中小金融机构支农服务功能，统筹发挥政策性金融、商业性金融和合作性金融的协同作用，大力推广微贷技术，通过推进金融服务进村入社区工程、阳光信贷工程、富民惠农金融创新工程等“三大工程”，不断提高农村金融服务普惠度。同时对县域新设机构，监管部门将考核其资金实际投向投量，确保当年当地贷款余额达到存款余额60%的监管要求，对以前设立的县域机构要分步达标，每年提升3~5个百分点，引导县域机构积极反哺地方经济。

（三）做优存量，推动产能过剩行业的转型和调整。严格按照“消化一批、转移一批、整合一批、淘汰一批”的要求，对我省产能过剩行业区分不同情况实施差别化政策。对照钢铁、水泥、玻璃、煤炭等行业“6643”产能压降计划对企业进行排查，建立台账，动态跟踪，将风险精准锁定到具体地区、具体企业和具体数额。对产品有竞争力、有市场、有效益的企业，要继续给予资金支持；对合理向境外转移产能的企业，要通过债权融资、股权融资等方式，积极支持增强跨境投资经营能力；对实施产能整合的企业，要通过定向开展并购贷款等方式，支持企业兼并重组；对属于淘汰落后产能的企业，探索市场化处置方式，用好用足金融企业呆账核销等相关政策，加大核销力度，同时保持资产质量基本稳定，避免不良资产累积和放大风险。

（四）支持“走出去”，积极服务于外向型实体经济。各机构积极推进跨境人民币贸易融资业务及创新，进一步加大业务的宣传和支持力度，充分发挥人民币贸易融资在推动企业进出口贸易中的重要作用，在发展海外代付、保理、福费廷等传统贸易融资产品的基础上，积极创新各种跨境人民币贸易融资产品，促进企业进出口贸易稳步增长。各机构要大力开展对境外直接投资、对外承包工程等各类境外投资和合作项目的人民币贷款业务，方便企业境外投资、承揽工程。推动跨境直接投资人民币结算及相关业务发展，积极开展其他资本项下跨境人民币创新业务，进一步降低企业在实体投资中的汇兑成本以及“货币错配”风险，进一步拓宽融资渠道，降低融资成本。

四、找准路径，加大金融创新力度

（一）恰当定位，以科学发展观制定创新战略。各机构应结合自身实际，明确重点发展的金融创新业务和产品，在深入细分市场的基础上，选择恰当的金融创新切入点，突出自身特色和优势，全力支持实体经济发展。大型银行的分支机构、具备条件的法人机构应以理财业务、电子银行业务和具有高附加值及高技术含量的中间业务为业务创新的重点服务客户；管理基础相对薄弱、风险控制水平相对较低、信息系统发展相对滞后的机构应立足本行客户的实际需求，以传统业务的延伸创新为业务发展的重点，建立差异化的金融创新战略。

（二）突出重点，稳步开展实体经济需要的金融创新。各机构在设计金融产品和金融工具时，要着眼于服务实体经济，着眼于客户的真实需求。有条件的机构要积极争取多方支持，加强金融创新产品的研发，按照“栅栏”、“普惠”、“驱动”原则灵活多样地创新信用模式和扩大贷款抵押担保范围，作出特色和品牌，大力推动应收账款、存货、动产、知识产权、股权、保函、出口退税账户托管等业务，积极探索保理、福费廷、供应链融资等产品。结合自身风险管控能力探索与有资质、风险可控的商会、行业协会、专业经济合作组织、社会中介等合作，提高金融服务的差异化、专业化程度。

（三）加强基础能力建设，全面激发创新活力。各机构通过“顶层设计”和“基层首创”相结合，理顺创新体制机制建设，建立和完善创新考核办法和奖励办法，提升产品和技术的研发数量与质量。应对创新业务建立后评价制度，对创新业务推广后的成本效益、市场反应、风险状况、客户满意度等方面进行动态的监测和后续评价，建立创新业务的退出机制。鼓励各机构建立银行业自主可控信息技术创新战略联盟，即银行业机构、企业、大学和科研机构等自愿联合起来，围绕自主创新信息技术应用落地的关键问题开展技术合作，加速科技成果的商业化运用，增强相关知识产权的保护意识，促进原创型创新业务不断发展。

（四）加快发展直接债务融资，拓宽企业融资渠道。各机构要围绕直接债务融资工具承销业务流程和操作要点，积极拓展服务领域，创新承销方法，提高承销业务的服务质量和效率，主动挖掘资质好、有融资需求、财务制度健全的企业，大力支持符合条件的中小企业发行短期融资券、中期票据等债务融资工具，切实帮助企业降低发行成本。积极开展政策宣讲和培训活动，做好中介服务工作，通过政策宣讲、产品推介、跟踪辅导等多种形式，提高企业对短期融资券、中期票据等工具的认知程度，提高其直接债务融资的积极性和主动性。

（五）科技引领，带动金融产品和服务创新。各机构应加大对科技的投入，夯实业务创新的科技基础。应建立适应业务快速开发和部署、信息快速获取和综合利用的应用支撑环境，积极发展和利用以业务处理自动化、管理信息化、决策科学化为目标的金融电子化新体系，有效推行“电子商务合作服务”模式，以网络银行为平台，利用互联网快捷便利优势，携手有实力的网商，加强电子商务领域的合作，开发电子商务联贷联保业务，不断提高交易电子化、服务网络化、管理现代化的质量和层次，实现信息系统从业务处理型向营销服务型的全面转变。

五、多措并举，持续优化金融生态环境

（一）充分发挥监管引领和协调作用。积极开展专题调研，及时掌握新情况，发现新问题，推动全省提高金融服务的差异化、专业化水平。充分发挥银政桥梁作用，推进产业政策与金融资源配置有效对接，积极推动政府相关部门加大对企业的引导力度，规范和引导企业回归主业，向产业上下游延伸，扎实办好实业，创造良好融资环境。

（二）做好金融服务政策宣传工作。各机构要通过 LED 屏、人员宣讲、举办讲座、客户体验尝试、媒体宣传等方式深入开展金融知识和创新产品宣传，提高公众对创新业务的认知程度，提高风险防范意识，有效促进广大金融消费者学习金融知识、支持金融工作、共享金融成果。

（三）完善银行和企业信息沟通平台。各机构充分利用央行征信系统和我局客户风险监测预警系统，加强银行间信息共享并识别、监测授信集中风险和关联风险。同时，我局将进一步推动政银企信息共享机制建设，在处置抵贷资产、进行破产清算等方面，合理、合法保护金融机构正当权益，坚决制止逃废银行债务行为，积极宣传诚信文化，形成共建、共有、共保的金融生态环境，为我省银行业加快改革发展、更好服务实体经济创造良好条件。

河北省人民政府办公厅 关于推进保险业更好服务河北经济社会发展的实施意见

冀政办函〔2014〕65 号

各设区市人民政府，各县（市、区）人民政府，省政府有关部门：

为深入贯彻党的十八大、十八届三中全会和省委八届五次、六次全会精神，进一步落实《河北省人民政府中国保险监督管理委员会战略合作备忘录》，有效发挥保险在促进我省经济转型升级、保障和改善民生、创新社会治理等领域的功能作用，结合我省实际，提出如下实施意见：

一、大力推动农业保险发展

（一）用足用好中央财政保费补贴政策。规

范地方配套资金预算管理，及时足额发放财政补贴资金，加强资金使用监督检查。健全农业保险协同推进机制，扩大小麦、玉米、棉花等主要农作物保险和森林保险覆盖面，推进能繁母猪、奶牛和育肥猪保险，开展农产品价格保险试点。（省财政厅、省农业厅、省林业厅、省发展改革委、省金融办、河北保监局等部门按职责分工负责）

（二）加大地方财税支持农业保险力度。鼓励保险机构开展与农民生产生活密切相关的农村住房保险、农机具保险和蔬菜、水果等特色优势农产品保险，有条件的地方提供保费补贴，省级财政逐步探索通过以奖代补等方式予以支持。提高省级财政对主要粮食作物保险的保费补贴比例，逐步减少产粮大县县级保费补贴。鼓励龙头企业资助订单农户参加农业保险，支持龙头企业与农户建立风险保障机制，对龙头企业提取的风险保障金在实际发生支出时，依法在计算企业所得税前扣除。研究建立地方财政支持的农业保险大灾风险分散机制，规范农业保险大灾风险准备金管理。（省财政厅、省农业厅、省民政厅、省国税局、省地税局、省金融办等部门按职责分工负责）

（三）指导农民和涉农企业做好防灾减灾工作。有关部门要加强防灾减灾知识宣传引导，逐步提高农民和涉农企业的保险意识和防灾减灾意识，并及时提供农业生产、气象信息、地震信息等基础数据，方便农民和涉农企业及时有效做好防灾减灾，协助保险机构规范开展理赔定损与赔付工作。充分发挥保险的风险分散和经济补偿功能，提高农业抵御自然灾害能力，帮助农民灾后尽快恢复正常生产生活。（省农业厅、省气象局、省地震局、省民政厅、省金融办、河北保监局等部门按职责分工负责）

（四）建立适应农业保险业务发展需要的基层服务体系。支持保险机构逐步建成以县城为龙头、中心镇为重点、乡村为基础的保险服务网络，鼓励保险机构网点向贫困乡（镇）和社区延伸，提升保险支农惠农能力。（省金融办、河北保监局等部门按职责分工负责）

二、提高城乡居民养老健康保障水平

（一）推进城乡居民大病保险。加强统筹协调，从 2014 年开始，在全省全面启动城乡居民大病保险。遵循收支平衡、保本微利原则，合理确定城乡居民大病保险经营成本，建立政策性亏损补偿机制和经营盈余分配机制。鼓励发展城镇职工大病保险。建立医疗信息共享平台，支持保险公司加强医疗费用管控。（省卫生计生委、省人力资源社会保障厅、省财政厅、省金融办、河北保监局等部门按职责分工负责）

（二）加快发展年金保险。鼓励企业建立企业年金制度，积极推进职业年金试点，支持保险公司参与职业年金业务管理。鼓励保险公司开办多层次、多形式的补充医疗和补充养老保险业务。落实企业年金、职业年金个人所得税政策。（省人力资源社会保障厅、省财政厅、省国资委、省地税局、省金融办等部门按职责分工负责）

（三）健全社会保障经办服务体系。积极推进以政府购买服务的方式，委托具有资质的商业保险机构经办补充类医疗、养老保障管理服务和养老机构保险服务，解决基层经办管理服务能力不足的问题。（省卫生计生委、省人力资源社会保障厅、省民政厅、省金融办、河北保监局等部门按职责分工负责）

三、积极引入商业保险参与社会治理创新

（一）进一步拓宽治安保险覆盖面。加大政府政策支持力度，加大治安保险在社会管理综合治理年度考核中所占比重，大力推广各地治安保险工作经验，进一步扩大覆盖面，充分发挥保险业在推进平安河北建设中的作用。（省综治办负责）

（二）强力推进重点领域责任保险。建立地方性强制责任保险制度，在重污染行业、食品生产经营行业开展环境污染、食品安全强制责任保险试点。在高危行业开展安全生产责任保险试点。（省环境保护厅、省安全监管局、省食品药品监管局、省金融办、河北保监局等部门按职责分工负责）

（三）充分发挥保险在社会纠纷调处机制建设中的作用。支持保险公司参与道路交通事故、医疗纠纷和养老服务纠纷调解，推动政府职能转变，提高公共管理效能。（省司法厅、省公安厅、省卫生计生委、省民政厅、省金融办、河北保监

局等部门按职责分工负责）

四、促进保险服务经济结构调整和转型升级

（一）促进商业保险与实体经济的融合。不断完善企业风险补偿机制，利用保险手段保障战略性新兴产业、现代服务业、传统优势产业发展和重点项目建设，服务我省“四大攻坚战”。深入推进科技保险工作，在高新技术产业开发区开展科技保险试点。（省发展改革委、省金融办、省工业和信息化厅、省科技厅等部门按职责分工负责）

（二）充分挖掘保险工具的增信作用。扩大出口信用保险的渗透度，为企业“走出去”提供一揽子保险服务；大力发展小型微型企业贷款保证保险和信用保险，缓解中小企业融资难问题；加强涉农信贷与涉农保险合作，探索将涉农保险投保情况作为授信要素，逐步拓宽涉农保险保单质押范围。（省商务厅、省工业和信息化厅、省金融办、河北银监局等部门按职责分工负责）

（三）积极引进保险资金。大力引进保险资金以债权、股权等形式投资重点项目、民生工程和基础设施建设。鼓励和支持保险资金投资养老实体、医疗机构和健康管理机构，促进我省养老和健康服务业发展。（省金融办、省发展改革委、省民政厅、省卫生计生委、省国资委、河北保监局等部门按职责分工负责）

五、完善保险市场体系

（一）抓紧组建燕赵财产保险股份有限公司。引入市场机制，建立完善的公司治理结构，引进和吸收优秀专业人才，推进公司健康发展。（省金融办、省财政厅、省国资委、省地税局、河北保监局等部门按职责分工负责）

（二）鼓励引进各类专业性保险机构。引入农业险、责任险、养老险、健康险公司等专业性主体，构建多元化、多层次的现代保险市场体系，让人民群众享受更加专业化、多样化的保险服务。（省金融办、河北保监局等部门按职责分工负责）

（三）吸引保险公司总部在我省设立后援服务中心。以省会和首都周边地区为重点，大力打造北方金融保险后援服务基地。（省金融办、省发展改革委、省财政厅、省地税局、河北保监局等部门按职责分工负责）

六、营造保险业良好发展氛围

加强保险正面宣传，深入开展好一年一度的“7月8日全国保险公众宣传日”活动，进一步推动保险“进社区、进农村、进学校、进企业、进机关”，广泛普及保险知识。将保险知识纳入各级行政学院培训课程，提高各级领导干部运用保险手段的能力。（省新闻出版广电局、省人力资源社会保障厅、各级行政学院、省金融办、河北保监局等部门按职责分工负责）

2014年6月24日

中国农业发展银行河北省分行关于由机构人员资源大行向经营管理强行迈进的五年规划

冀农发银发〔2014〕13号

为推动我行由机构人员资源大行向经营管理强行迈进，充分发挥职能作用，加大支农力度，特制定本规划。

一、向经营管理强行迈进的紧迫性和必要性

（一）由机构人员资源大行向经营管理强行迈进是更好履行政策性银行职能的需要。党的十八大、十八届三中全会、中央经济工作会议、城镇化工作会议以及中央近两年的一号文件，都对农发行信贷支农工作提出了新要求；省委八届五次全会又明确了从经济大省向经济强省跨越赶超的宏伟目标，这既为全省改革发展指明了方向，又为我行业务发展提供了广阔空间。必须进一步增强机遇意识，认真落实中央政策要求，顺应河北发展态势，在更加有力有效支持全省农业、农村经济社会发展中实现自身又好又快发展。

（二）由机构人员资源大行向经营管理强行迈进是顺应内外部改革形势的需要。十年来，总行党委全面推进内部综合改革，初步建立了现代银行框架体系。在历届省分行党委的正确领导和全行上下的不懈努力下，我行经营规模和水平明显提升，信贷资产质量持续优化，我行改革发展已经站上了新起点。今年，我行外部配套改革将正式启动，随着外部配套改革的逐步到位，我行经营管理体制、机制将发生根本性变革，对我行今后发展必将产生重大而深远的影响。必须进一步夯实基层基础，激发经营活力，使我行改革发展与时俱进充满活力。

（三）由机构人员资源大行向经营管理强行迈进是解决发展不足的需要。业务发展总体不足，是制约我行向经营管理强行迈进的主要因素。我省经济总量占全国5%左右，位居全国第6位，但我行贷款总量只占全国农发行系统的3.1%，位居全国农发行系统第14位。业务发展与我省作为经济大省、农业大省的地位还不相称。从内部看，基础管理、基层行建设相对薄弱和班子队伍不适应的问题依然存在。千帆竞发，百舸争流，不进则退，慢进亦退。必须从全国的发展态势审视自己，进一步增强危机感和紧迫感；从坚持发展仍是解决全行所有问题的关键这个战略判断，把握大局，加快发展，力争上游。

二、指导思想、工作目标、总体要求和基本原则

（四）指导思想

构建以业务经营为中心，业务发展、风险防控、基础管理、队伍建设“四位一体”的良性互动、相互促进协调、可持续发展的工作格局，稳步实施，全面推进，力求两年打基础、三年大发展、五年基本实现由机构人员资源大行向经营管理强行迈进的目标。

（五）工作目标

业务发展目标：贷款、存款、中间业务收入总量力争全部进入全国前十；人均利润大幅提升；力争实现县级支行全部盈利。风险防控目标：不良贷款率降至0.5%以内；力争保持“四无”。基础管理目标：基础管理更加扎实，内部管理更加精细，内部控制更加严密，运行机制更有效率，分支机构更有活力。营业用房购建和维修改造基本完成。队伍建设目标：领导班子治行理政能力和干部队伍素质进一步提升，干部队伍凝聚力和战斗力进一步增强。

（六）总体要求

坚持打基础利长远，推动全行可持续健康发展；坚持“一张蓝图干到底”，保持工作的稳定性和连续性；发扬“钉钉子”精神，凝心聚力抓好落实，确保全行各项工作不断上水平提档次。

（七）基本原则

执行政策，服务大局。始终将贯彻落实国家宏观调控和强农惠农政策放在首要位置，坚定不移地履行好工作职责。因地制宜，科学发展。从河北实际出发，坚定不移走区域特色发展路子。加强经营管理，防控各类风险，实现科学发展。解放思想，创新驱动。突破惯性思维，从有利于改革发展出发，创新思路观念，创新机制方法，创造性地开展工作。以人为本，构建和谐。尊重员工主体地位，加强员工队伍建设，全面激发员工潜能和热情，为全行改革发展提供强有力的人力支持。

三、打造业务发展强行

（八）落实“两轮驱动”业务发展战略。科学谋划，细化措施，努力打造支持粮棉油全产业链发展和新农村建设主导银行品牌形象。

（九）全力支持粮棉油收储。围绕保障国家粮食安全，坚持在不打“白条”的前提下防控风险的指导思想不动摇，确保支持粮棉油收储不出大的问题，努力做大做强主体业务。

（十）大力支持农业开发和农村基础设施建设。围绕“四化同步”城乡发展一体化，以水利和新农村建设为重点，进一步加快中长期贷款业务发展步伐。结合河北县多县小的实际，注重发挥强县带动和弱县推动作用，稳步扩大对县域经济的支持面。

（十一）积极支持扶贫开发。围绕燕山—太行山、黑龙港流域等集中连片贫困地区，重点支持中央和省级政府投资的农业农村基础设施建设项目，促进改善贫困地区生产生活条件。在风险可控的前提下，实行“办贷优先、规模倾斜、利率优惠、期限延长”的扶持政策。

（十二）审慎发展自营性业务。围绕促进农业现代化发展，坚持市场化原则和老板好、机制好、经营好、管理好、信誉好的“五好”标准，严格准入，优胜劣汰，精心维护，审慎发展。立足各地区位、资源优势和特色行业，努力培育一批大型优质骨干企业和科技含量较高的农业科技项目，发挥其辐射带动作用，择优支持效益较好有发展前景的农业小企业。

（十三）大力推进存款组织、中间业务、国际业务、投资业务等业务发展。坚持存贷款一揽子营销本外币一体化经营。努力探索具有农发行特色的增加存款的路径和措施，积极由代理拨付财政支农资金主办行向主存行迈进。积极开展存款组织竞赛活动，加大考核力度，充分调动全员营销存款的积极性，促进稳存增存。加快推进中间业务和国际业务发展步伐，重视投资业务的开办和发展，多渠道提高经营水平。

（十四）积极探索因地制宜、区域化、特色化的发展之路。围绕省情行情，进一步实施区域信贷政策，缩小政策单元，突出针对性和实效性，发挥农业大省、资源大省优势，发挥环绕京津的区位优势，依托京津冀协同发展沿海地区冀中南地区太行山—燕山等发展规划，充分利用政策，因地制宜加快科学发展。坚持以科学发展观为指导，立足当地，适合发展什么就努力发展什么，通过每个行的有效发展来促进全行的大发展。

四、打造风险防控强行

（十五）坚持全面风险管理理念。建立和完善事前有防范、事中有监控、事后有监督的风险防控机制，严控各类风险。突出抓好信贷风险、经营风险和案件风险“三大”风险的防控，确保不良贷款“双降”，实现“四无”目标。

（十六）加强信贷风险管理。认真落实总行信贷政策，结合我行实际，进一步明确办贷责任，优化办贷流程，提高办贷质量和效率。狠抓信贷精细化管理，严把贷前、贷中、贷后三个关键环节，加强 CM2006 系统运行管理，提升风险监测水平，坚决守住不发生系统性、区域性风险的底线。加强抵质押担保管理，积极探索运用新型担保方式，不断提高担保的缓释和代偿作用。

（十七）加强不良贷款管理。紧紧围绕不良贷款“双降”目标，狠抓清收处置，尽最大可能减轻经营包袱，优化信贷资产质量。严控新增不良贷款，坚持贷款逾期即罚和不良贷款问责制度，按照“尽职免责、失职问责”的原则落实相关管理责任，加大对新增不良贷款的问责力度。

（十八）加强安全运营管理。改进和完善突击对接检查“飞行审计”等检查方式，提高检查成效，及时堵塞管理漏洞，消除风险隐患。加强信息系统运维管理，确保信息系统安全畅通。强化声誉风险防控，维护我行良好社会形象。高度重视信访工作，及时化解不和谐、不稳定因素。加强保密管理，防止发生失窃秘事件。加强后勤管理，不断提高服务保障水平。加强安全保卫工作，确保安全生产和运营。

五、打造基础管理强行

（十九）坚持合规合法经营。坚持依法治行，加强合规管理，做到依法决策，依法经营，从严管理，规范行为。加强内部审计监督。健全内控监督制度，全面开展内控评价，促进依法合规经营。完善非现场内审工作机制，规范内审流程，提高内审工作效率。强化部门自身监督与内审监察部门再监督相结合的问责机制，严格违规积分管理，综合采用纪律处分、经济处罚和组织处理等问责手段，加大责任追究力度，促进制度落实。

（二十）提升经营管理水平。坚持打基础利长远，不断改进和完善经营管理方式。加强资金计划管理，引导资源配置，保证支持重点，提高运营效率。积极应对利率市场化的挑战，建立健全利率定价机制和传导机制。提升财会管理水平。严格落实中央关于厉行节约反对浪费等有关规定，始终坚持艰苦奋斗勤俭办行，努力增收节支，优化财务资源配置，强化财会基础管理。提高科技支撑能力。适应业务发展和经营管理的新要求，加快信息化建设步伐，抓好系统推广应用、机房达标建设、网络升级等工作。推广和完善内部监督管理信息系统，借助现代信息技术手段，推进内部监督管理的便捷化、标准化、高效化。

（二十一）加强基层行建设。改进系统管理

方式，促使二级分行经营管理平台和基层营业机构支柱作用更加有效发挥。实施县级支行分类管理。按业务特点、贷款规模等因素划分类别，区别对待，优化资源配置。对贡献较大且保持一定发展速度和进步较大且有一定贡献的支行，给予大力表彰和奖励，充分调动各类行加快科学发展的积极性。按照时间和质量要求，全面完成基层行营业用房购建维修改造和营业窗口视觉形象建设等工作。狠抓亏损县支行扭亏。按照“一行一策、区别对待、发挥优势、防控风险”的原则，积极支持优质项目发展，加大存款和中间业务营销力度，进一步优化亏损行人力配置，大力压缩不必要费用支出，力促县级支行扭亏，通过重点突破促进全行经营水平的提高。资源配置重点向基层行倾斜。完善二级分行经营管理基础平台建设，关心支持县级支行解决经营管理队伍建设中的实际困难和问题。抓好“职工之家”建设，加大“五小”建设投入，保护和调动基层行干部员工干事创业的积极性。全面推行晨会制度。发挥晨会点评安排工作、交流共享信息、传播文化理念、增强团队意识、提高员工素质的重要作用，同时展示我行良好形象。坚持晨会制度，做到持之以恒，讲求实效，防止朝令夕改流于形式。

（二十二）加强基层党建工作。进一步改进基层党支部成员的思想、工作学习和生活等方面作风，充分发挥基层党组织的战斗堡垒作用和党员的先锋模范作用。落实好“三会一课”、民主评议党员、民主生活会等基本党建制度，不断提升基层党建工作水平。

六、打造队伍素质强行

（二十三）加强领导班子建设。认真学习把握新一届中央领导集体治国理政的新思想、新观点、新论断、新要求，进一步增强政治信念、宗旨意识和纪律观念，在思想上、政治上、行动上自觉与党中央保持高度一致。加强政治理论和业务知识学习，不断提高班子的整体素质和能力。坚持民主集中制原则。发挥好党委（支部）集体领导作用，不断提高班子的凝聚力和战斗力。坚持德才兼备以德为先的用人标准，坚持正确的用人导向，坚持任人唯贤、五湖四海，坚持把那些信念坚定、为民服务、勤政务实、敢于担当、清正廉洁的好干部及时选拔到领导岗位上，进一步配强配优各级行领导班子。加强对领导干部的考核。积极探索和实施领导干部能上能下的激励约束机制，防止发生领导干部“今天激动、明天慢动、后天不动”的问题，促使干部变压力为动力和活力，始终保持高昂的工作热情和干劲，凭着党性干工作，带着感情干工作，充满激情干工作。

（二十四）加强干部队伍建设。全面提升队伍素质，引导和促进广大干部员工干事创业创先争优，营造干部茁壮成长、人才脱颖而出的良好氛围。坚持开展“三个一”提升素质读书活动，引导和促使广大干部员工“忙中有序、闲时求知”。坚持实施“四个十”提升能力工程，加大干部交流和轮岗力度，丰富员工工作经历，提升员工综合素质。按照注重实绩、多渠道选拔的原则，加强人才库动态化、常态化管理，充分发挥人才库储备、培养和选拔人才的功能。加大培训力度。紧贴业务发展和工作实际，丰富培训内容，完善培训机制，提升培训效果，着力培养复合型管理人才、专家型专业人才、实用型技能人才。加强业务岗位人员管理。建立必要的激励约束机制，提高工作积极性和主动性。充分发挥不再兼任管理岗位职务的业务岗位人员的人力资源优势和应有作用。

（二十五）加强反腐倡廉建设。认真执行中央“八项规定”等要求，巩固群众路线教育实践活动成果。本着简朴的原则，安排好各项会议接待等活动，严禁大手大脚铺张浪费。加强对领导干部和权力运行的制约和监督，将权力关进制度的笼子里，形成不敢腐的惩戒机制、不能腐的防范机制、不易腐的保障机制，保持干部清正、班子清廉、行风清新。严格落实党风廉政建设责任制和廉洁从业承诺制，保持对违规违纪行为的高压态势。完善反腐败体制机制，落实党委的主体责任和纪委的监督责任，建立和完善分工明确、权责统一的责任推动机制。

（二十六）以“五本文化”为核心，加强企业文化建设。大力弘扬社会主义核心价值观和农发行价值体系，打造具有河北农发行特色的企业文化，着力抓好“以农为本、以人为本、以德为本、以诚为本、以效为本”的“五本文化”建设。坚持开展倡导并践行“正、廉、忠、孝、康”五字行为活动，不断提高员工道德素养。充分利用好重大节日和活动，有针对性地开展评选表彰和学习宣讲活动，唱响主旋律，传递正能量，践行“强行梦”。

（二十七）以“四有机关”为抓手，加强执行力建设。坚持定任务目标、定工作时限、定主管领导、定主办处室的“四定”工作机制，强化督办，狠抓落实，提高效能。以建设“守土有责、爱岗敬业；办事有据、高效优质；忙中有序、闲时求知；和中有福、互助和谐”的“四有机关”为抓手，通过机关带基层，上级带下级，树立良好作风，促进工作开展。

中国工商银行河北省分行内部服务实施细则（试行）

第一章　总　则

第一条　为进一步增强省行各部门、附属机构内部服务意识，提高内部服务质量和效率，不断完善省行对各分支机构、二线为一线、全行为客户服务的大服务格局，根据《中国工商银行总行内部服务规定》（工银规章〔2014〕146号），结合实际，制定本实施细则。

第二条　本细则所称省行内部服务，主要包括省行为各分支机构提供的政策指导、经营管理、业务支持、行政保障等服务事项，也包括省行各部门、附属机构之间为履行职责而开展的业务协作活动。

第三条　本细则所称内部服务的实施主体为省行各部门、附属机构以及为履行职责时后续环节所对应的省行部门及分支机构。

第四条　本细则适用于省行各部门及各附属机构。

第二章　管理架构及职责

第五条　办公室是省行内部服务牵头部门，负责组织协调相关工作。主要职责：

（一）拟订省行内部服务管理有关制度、办法或操作规程。

（二）协调处理省行内部服务事件。

（三）监测、评估和研究可能引发内部服务问题的各种因素，及时向相关部门和分支机构提示。

（四）组织实施内部服务承诺制，加强内部服务承诺执行情况监督。

（五）建立内部服务管理考核体系，检查、评价内部服务体系运行情况。

（六）收集整理各部门服务承诺和年度评价报告，统一在省行网讯公布。

第六条　省行各部门、附属机构是本细则的具体执行部门，是履行本部门服务承诺的主体。主要职责：

（一）组织制定本部门的内部服务承诺。服务承诺的内容确为服务对象所急需，服务承诺标准具有先进性和可操作性。

（二）负责处置涉及本部门服务事件，积极配合牵头部门和其他部门，处理与本部门相关的服务事件。

（三）新增或修订重要政策规定后，应及时补充完善内部服务承诺内容。

（四）加强教育培训，引导本部门员工了解并执行内部服务承诺及相关要求。

（五）评估和监测内部服务履行情况，形成年度评估报告。

第三章　内部服务原则

第七条　首问负责制。在内部服务中，第一个受理的部门或个人作为首问负责的部门和个人，负责办理、督促解决服务对象提出的相关事宜。按照“谁受理、谁负责、谁转达、谁跟踪”原则，做到“首问必接、首问必答、首问必果”。

首问负责的部门或个人根据服务对象需求，应分不同情形区别处理。

（一）属于本部门职责范围内的事项，能当场答复的，应当场答复。由于客观原因不能当场答复的，应向服务对象说明原因，并在规定时限内予以答复。首问负责的部门或个人要关注和催促本部门承办或转办至其他部门事项的办结情况。

（二）不属于本部门职责范围内的事项，首问负责的部门或个人应给予必要的解释，并及时转交相关部门处理或告知服务对象相关部门名称、联系人及办公电话或地址等。相关部门亦应按照本办法有关要求进行受理，并在规定时间内办结回复。

（三）涉及我行经营数据、保密事项及敏感问题等内容的，首问负责的部门或个人应按照事项具体情况，经请示领导后引介到事项涉及部门办理，或告知服务对象不能办理的原因。

（四）对于确实无法解释和答复的事项，首问负责的部门或个人应向服务对象说明情况，取得服务对象的理解。

第八条 服务承诺制。服务实施主体要按照“务实承诺、高效履行”原则，向服务对象公开承诺服务内容和服务标准，并认真践行各项承诺。

（一）务实承诺。服务实施主体要紧密结合本部门职责和服务对象关切问题，研究并制定本部门内部服务承诺。承诺内容要简洁明了、切合实际、易于落实，既不能过高过泛、不切实际，也不能过低过窄、流于形式，要坚持诺必践、践必果。优先承诺服务对象最需要解决的事项，优先承诺影响内部服务质量最关键事项，优先承诺服务对象最不满意的薄弱环节。

（二）厘定标准。服务实施主体应广泛征求服务对象意见，借鉴先进经验，合理确定、量化各项服务标准。明确内部服务具体内容、标准、时限、经办人（AB 岗）、联系方式等内容。应避免出现“及时”、“迅速”等模糊概念，确保服务标准切合服务对象需求，有助于提高工作质量和效率。

（三）公示受督。服务牵头部门统一将各服务实施主体服务承诺通过网讯向服务对象公示，主动接受服务对象监督评价。各部门内部服务承诺原则上每年修订一次，并于当年 2 月底前通过网讯公布，但增删或修订重要服务承诺可随时公布，并以适当方式告知服务对象。

第九条 限时办结制。对服务对象提出的事项，服务实施主体要根据本部门承诺的服务标准和完成时限及时处理并反馈；因特殊原因无法限时办结的须向服务对象回复，解释不能完成的原因。要建立并畅通紧急事项绿色通道，做到急事急办、特事特办。

第十条 客户至上制。服务实施主体要按照“先急后缓、先外后内、以客户为先”的原则，建立方便快捷、安全有效、运转流畅的内部服务机制，根据客户需求修改相关服务承诺，不断优化内部服务流程，促进内部服务效率和质量的提升。

第十一条 一把手负责制。服务实施主体一把手负责本部门内部服务工作的组织、管理、协调，负责内部服务承诺的制定与实施，并将各项工作细化分解，责任到岗，形成职责分明、执行有力的内部服务管理机制。

第四章　内部服务标准

第十二条 内部服务必须做到文明规范，要以礼待人、谦逊平和，严禁态度冷硬、作风粗暴、以势压人。在接听电话时应使用“您好”或“您好，XX 部（室）”等文明用语，细致倾听，必要时应记录主要内容。

第十三条 内部服务必须做到热诚主动，认真受理，要尽职尽责、主动服务，严禁慵懒散漫、官僚作风、不作为。

第十四条 内部服务必须做到协调配合，要相互协调、密切协作，严禁各自为政、责任不清、相互推诿、彼此掣肘。

第十五条 内部服务必须讲究效率，要尊重和理解内部服务对象，急服务对象之所急，想服务对象之所想，切实解决服务对象的困难和问题，严禁敷衍塞责、等靠拖压。

第十六条 内部服务必须做到依法合规，要依制度办事，依流程处理，依程序操作，严禁越权行事、违规办事。

第十七条 内部服务必须做到廉洁自律，要秉持职业操守、严于自律，严禁以权谋私、设租寻租。

第五章 内部服务监督考核

第十八条 省行按年度向全行公开省行各部门、各附属机构内部服务承诺内容和执行标准。年度结束后省行各部门、各附属机构要向服务牵头部门提交本部门内部服务报告，并向全行通报本部门内部服务承诺执行情况。

第十九条 加强内部服务的日常监督。省行设立内部服务监督电话和邮箱，用于接收各部门、各分支机构对于内部服务工作的投诉、建议、意见等。

第二十条 实施内部服务质量评价制度。通过开展内部服务满意度问卷调查、基层访察、邀请服务对象评议等形式，评估衡量省行各部门、各附属机构内部服务质量，掌握影响内部服务满意度提升的关键因素，并督导整改提升。

第二十一条 加强内部服务质量考核结果的应用。省行各部门内部服务质量考核纳入省行部门绩效考核。

第二十二条 实施内部服务事件责任追究制。因内部服务不到位、不及时或出现严重失误，给我行或客户造成较大损失，或形成较大声誉风险的，根据《员工违规行为处理规定（2014年版）》对所在部门以及相关人员予以问责处罚。

第二十三条 建立长效机制。服务实施主体要不断探索内部服务的新思路，创新服务模式，实现内部服务的规范化、制度化，建立内部服务长效机制，提升工作效能。

第六章 附 则

第二十四条 省行营业部、各二级分行要根据本细则，制定本单位内部服务实施细则或操作规程，组织实施内部服务承诺制，不断提升内部服务水平。

第二十五条 本实施细则自发文之日起生效。原《省行内部服务实施细则》（工银冀办[2012]658号）同日废止。

中国农业银行股份有限公司河北省分行科技成果奖励办法

第一章 总 则

第一条 为贯彻“科技先行”战略，建立长效激励机制，充分调动科技人员的积极性和创造性，不断提升我行科技创新的持续性动力和科技精细化管理水平，有效支撑和驱动业务快速发展，特制定本办法。

第二条 中国农业银行河北省分行科技成果（以下简称科技成果）是指在我行信息化建设中所产生的技术创新、理论研究、工程实施、项目开发与推广、安全生产、风险监控、管理实践、制度建设、标准制定等成果。

第三条 科技成果项目的申报、评选和奖励，坚持“公开、公平、公正”的原则，严格执行评审流程。

第四条 本办法适用于中国农业银行河北省分行机关及辖属机构。

第二章 奖项设置和奖励标准

第五条 科技成果设立一、二、三等奖三个奖级。其中一等奖1~3项（可空缺）、二等奖3~5项、三等奖10~15项。

第六条 获奖的科技成果应具备以下条件：

（一）获一等奖的科技成果应具有很高的理论研究或技术水平，解决了难点问题，对农业银行信息化建设和经营管理具有重大作用，取得了重大经济和社会效应。

（二）获二等奖的科技成果应具有较高的理论研究或技术水平，对促进农业银行信息科技进步或业务发展具有很大作用，取得了很大经济效益和社会效益。

（三）获三等奖的科技成果应具有一定的理论研究或技术水平，对促进农业银行发展具有较大作用，经实践证明具有较大的经济效益和社会效益。

第七条 科技成果奖励标准如下：

奖励名称	奖级	奖励金额（元）
科技成果	一等奖	50000
	二等奖	30000
	三等奖	10000

第八条 科技成果每年评定和奖励一次。

第三章　评审组织

第九条 省分行信息化建设委员会下设科技成果评审委员会，评审委员会负责科技成果奖项评选工作，制定奖励政策，审议获奖成果，协调处理工作中有争议的问题，其主任委员由省分行主管科技工作的行领导担任，成员由相关部室负责人担任。

第十条 科技成果评审委员会下设办公室，负责科技成果评审的申报受理、评选组织等相关工作。办公室设在省分行信息技术管理部，办公室主任由省分行信息技术管理部负责人担任。

第十一条 评审委员会办公室（简称“评审办公室”）根据有关规定选取若干位行内专家和聘请若干位行外专家组成成果评审专家组，评审专家组负责对申报科技成果的项目进行初审，推荐获奖项目和获奖等级。

第四章　评审流程及奖励

第十二条 申报时间。科技成果每年 12 月份进行申报，次年一季度进行评审。

第十三条 评审流程：科技成果的评审流程分为申报、初审、审核、审定、表彰与兑现奖励等五个阶段。

（一）申报：科技成果由科技成果完成单位填写《中国农业银行河北省分行科技成果申报表》，经二级分行行长或省分行部门负责人审核同意并签字后，上报省分行科技成果评审办公室进行申报。

（二）初审：评审办公室组织专家组对科技成果进行初审，并提出初审意见、推荐获奖科技成果及等级，报送评审办公室（省分行信息技术管理部）。

（三）审核：评审办公室（省分行信息技术管理部）对专家组推荐的成果、等级及初审意见进行审核，审核通过后上报省分行科技成果奖励委员会。

（四）审定：省分行科技成果委员会召开会议对推荐的获奖成果及获奖等级进行审定审批。

（五）表彰与兑现奖励：科技成果评审结果由省分行发文表彰奖励。获奖的科技成果，由申报人按照委员会确定的奖励类别及金额填写《中国农业银行河北省分行科技成果奖励分配表》，由二级分行行长或省分行部门负责人签字后，报送省分行科技成果委员会办公室（省分行信息技术管理部），提交主管行长审批后交人力资源部门兑现奖励。

第十四条 科技成果奖励申报材料包括：

（一）《中国农业银行河北省分行科技成果申报表》。

（二）项目立项审批表或相关证明文件。

（三）项目试点、上线通知等或相关总结文件。

（四）需求说明书、测试报告、投产审批表等（科技创新项目提供）。

（五）其他相关证明材料。

第五章　附　则

第十五条 本办法由中国农业银行河北省分行负责制定、解释和修改。

第十六条 本办法自颁布之日起执行。

中国银行股份有限公司河北省分行国内跨行人民币汇入汇款业务集中操作规程

（修订版）

第一章　总　则

为了全面贯彻落实总行“前台操作后台化、后台操作集中化、集中操作专业化”的指导思想，本着减负前台业务压力、支持网点转型增效、不断提升我行综合竞争能力，做区域最好的商业银行的工作目标，为有效防控业务风险、建立密切配合的前后台联动机制、提升业务处理质效，我行现根据《中国银行股份有限公司人民币跨行支付系统（大小额支付子系统）业务操作规程（2014年版）》等相关规定，特制定本操作流程。

后台集中操作，是指省行后台维护相关业务参数后，由系统控制将全省人民币跨行支付系统（大小额支付子系统）汇入汇款业务中未直入客户账的来报业务自动留交至省行收付清算部（含一代、二代报文）。收付清算部根据报文的详细内容，完成后续入账、退汇、查询查复和划转网点的操作。本规程仅限集中处理过程中省行收付清算部、各机构相应业务处理人员的操作，其他未集中处理的业务操作请参考具体业务模块（如信用卡、国际结算、国内结算等）相关规定执行。本规程业务操作范围仅限省行集中处理的报文类型，其他未集中报文类型处理流程不变。

第二章　集中操作报文类型

一、原一代大额支付系统业务集中操作主要报文类型（不含跨境人民币业务[1]）

1. CMT100- 汇兑支付报文

2. CMT101- 委托收款（划回）支付报文

3. CMT102- 托收承付（划回）支付报文

4. CMT103- 国库资金汇划（贷记）支付报文

5. CMT105- 银行间同业拆借支付报文

6. CMT108- 大额贷记退汇支付报文

二、原一代小额支付系统业务集中操作主要报文类型

1. PKG001- 普通贷记业务包

2. PKG005- 定期贷记业务包

3. PKG007- 贷记业务退回包

三、二代系统业务集中操作主要报文类型

1. hvps.111.001.01- 客户发起汇兑业务报文

2. hvps.112.001.01- 金融机构发起汇兑业务报文

3. hvps.141.001.01- 即时转账业务报文

4. beps.121.001.01- 客户发起普通贷记业务报文

5. beps.122.001.01- 金融机构发起普通贷记业务报文

6. beps.125.001.01- 定期贷记业务报文

第三章　省行集中操作基本规则

（一）入账

对能确认收款人账号、户名等相关信息与核心系统维护内容相一致的来报报文，省行业务柜员做账号入账、修改入账处理。

（二）退汇

对收款人账号、户名信息与核心系统维护内容不一致的来报，且为对方行柜台发起的、金额

1. 目前跨境人民币业务种类包括：一代 60- 出口贸易结算、62- 进口贸易结算，二代 02112- 货物贸易结算、02113- 货物贸易结算退款、02114- 服务贸易结算、02115- 服务贸易结算退款、02116- 资本项下跨境支付、02117- 资本项下跨境支付退款、02123- 个人跨境汇款、02124- 个人跨境退款、02125- 其他经常项目支出等，由机构或国际结算部自行处理，详见省行国际结算模块和个人金融模块相关文件。

在300万以下（不含）的一般业务[2]报文做退汇处理；由商业银行非柜台（网银等渠道）发起的或发起行为国家金库的来报报文将不考虑金额大小直接做退汇处理；

（三）发出查询

对能判断出确为对方行柜台发起的、金额在300万（含）以上的账号或户名有误的大额来报和有特殊要求的大、小额来报[3]，将直接发出查询，并根据对方行查复内容做后续处理。

（四）分报

对于省行无法确认的特殊来报，省行将在行内备注栏位写明“如何处理”等内容后分报至开户机构或接收行，再由机构或接收行在行内备注栏注明“请入XXX账号”等内容后分报至省行“03208”机构，由省行做相应后续处理。

第四章　省行集中处理流程

一、支付类报文处理流程

（一）入账处理

1. 判断账号相符的特征

省行可直接判断账号相符的类型：12位新对私账号前加“0”、12位新对公账号前加“0”、12位新对公账号前加“01-”或“01”、12位新对私账号前加“05-”或“05”、账号中间加“-”或“/”分隔符、缺少“8+开户机构原3位RTS机构号”的14位旧账号、集团客户账号后加字母和数字组合的虚拟账号、经查询查复后对方行已更正收款人账号等。

2. 判断户名相符的特征

（1）省行可直接判断户名相符的类型：

①户名中存在英文字母、汉语拼音的大写与小写、全角与半角字符、中文简体与繁体、汉字与无明显歧义的拼音等差异，但写法正确的；

②户名中多空格或少空格，多符号或少符号，阿拉伯数字与中文数字混用，“-”与“·”或圆括号与方括号/尖括号混用，外籍人士、少数民族人士姓、名间少或多“·”、“.”等特殊符号，不会造成拼读或理解歧义的；

③户名中有生僻字，写成汉语拼音，或以“左X右Y”、“上X下Y”等形式标注生僻字结构的；

④收款人为个人客户且名称为拼音，省行通过核心银行系统的“60460：个人客户综合信息查询”交易进行查询，查看收款人基本信息中“拼音/其他名称”一栏与来报收款人名称一致的；

⑤收款人为户名超长的对公企业客户，省行通过“00490：账号详细信息查询”交易、已报送超长户名清单明细与报文信息比对相一致的；

⑥经鉴别属于对方行系统字符数限制或者我行客户近期发生了更名，但网银端户名未同步更新等原因导致原付款人户名与入账户名不完全一致的退汇业务。

（2）需网点提交特殊入账申请的类型：

①收款人为户名超长的对公企业账户，通过“00490”交易和已报送超长户名清单仍不能查询到完整户名的来报业务，网点需将经所属二级分行运营部确认后的《超长户名账户清单》电子版和扫描件报送省行；

②近期发生更名、因协议无法变更等正当原因导致户名仍沿用旧称，且业务量较大的来报业务，网点需将包含特殊要求进行入账的情况说明等内容的申请书扫描件报送省行；

3. 解付入账操作要求

（1）对账号、户名相符的报文，可做正常解付入账。经办柜员确定账号、户名相符后提交；复核柜员负责审核经办柜员处理报文中的收款人账号、户名是否符合，核对无误后复核通过，确认入账。

（2）对账号、户名核对不一致时，经省行确认符合其他制度规定的特殊情况，如对方行更正了收款人账号、名称且与核心系统相符的或者机构在行内备注注明要求入账后分报至省行的，也可解付入账。

（二）分报处理

1. 符合省行分报要求的报文特征

（1）省行收到原机构前台柜员发出的往报被对方退汇的来报，需网点根据业务实际情况做后续处理；

2.“一般”指非财政、同城票交业务、换汇等特殊来报情况。

3. 有特殊要求的大小额来报是指，在附言栏注明有误请发查询等要求的来报报文，省行将不考虑金额大小，都会直接做查询处理。

（2）附言注明购汇、同业往来、同城票据交换等特殊用途的来报业务；

（3）其他特殊情况。

2. 分报操作要求

省行经办柜员将在行内备注栏位写明“如何处理”等内容后分报至开户机构或接收行；需保证业务报文分报及时、准确，一旦发现分报网点错误后，要及时通过电话、NOTES 等途径与网点取得联系，及时纠正。

（三）退汇处理

1. 符合省行退汇要求的报文特征

（1）由柜台发起的、金额在 300 万以下（不含）且收到的来报明细中非直入账原因一栏注明了具体原因，如非河北省账号、账号有误、账户状态异常、账号户名不符等等，则直接做退汇处理。

（2）网银等电子渠道发起的、账号户名不符的来报业务。

（3）开户机构与收款人联系，收款人要求直接退汇的来报业务。

2. 退汇操作要求

经办柜员负责注明准确的退汇原因，复核柜员需根据报文信息审核报文是否需要退汇、退汇原因是否正确等，核对无误后复核通过。

（四）发出查询处理

对于金额在 300 万以上（含）、由柜台发起的且不符合账号户名相符特征的来报业务，或者附言栏有明确说明需要查询的来报业务，经办柜员需在来报处理中做发出查询交易，并及时提醒复核柜员，复核柜员在信息类报文发送中核对无误后确认发送。

二、信息类来报处理流程

经办柜员应及时查看有无信息类来报，包括查询、查复等报文，并逐笔规范地在查询查复登记簿中记录，对于收到的各机构查询报文，将通过分报方式划转至相应机构，由机构自行查复。

收到其他行发起的查询报文后，业务人员应在下一工作日上午 10：00 之前及时查复完毕。

三、风险防控要求

省行收付清算部后台集中操作要严格遵循监管要求和其他相关业务管理规定，确保操作合规、严肃谨慎、风险可控。

集中操作经办、复核柜员要严格按照制度要求完成入账、退汇操作。经办、复核柜员在办理业务时，应认真核对入账账号户名等信息，确保入账报文的准确性，避免出现串户现象，若发现有入账错误，应及时进行当日冲正，确保资金安全。退汇时，经办柜员应准确填写退汇原因，避免引起纠纷。

第五章 机构业务处理流程

一、支付类来报处理流程

1. 网点应指定专人每日监控跨行汇入汇款业务，通过 E33211 交易（收报日期的起止时间都清空），及时进行来报的处理工作；

2. 及时查看报文中行内备注一栏省行的要求（充分利用此系统功能），比如询问“如何处理”、“是否入账”，机构应本着实事求是的原则，在行内备注注明类似于“请入 ××× 账号”等内容并分报到省行 03208 机构，以便于省行及时处理。机构需对返回省行时的行内备注栏位内容真实性负责，必要时可以要求客户提供相应证明材料。

3. 主动分析判断来报未能自动入账的原因，比如账号户名不符，是否由于我行收款人给付款人提供的账户有误、非 12 位规范的核心账号、报文户名有误、报文名称中含有与核心不符的字符等等，同时，及时通知收款人更正或直接与对方银行沟通，督促其对错误信息进行更正，避免再次出现汇款信息不符，确保我行的自动入账率得以持续提高。

4. 对于收款人户名超长的工程类客户，网点应在核心系统内及时维护“账户详细信息－账户长名”栏位。将超长户名（超过系统设定 60 个字节上限的账户名称）的账号全称报送至分行运营部，再由分行运营部按照统一格式将电子版及签章扫描件及时报送至省行，避免因报送不及时造成退汇，引起客户投诉。

5. 跨境人民币业务报文

省行在码表中已经控制跨境人民币来报自动按收款人账号落地，由各机构根据相关要求自行处理；

对于石家庄管理部，由于涉及国际汇款业务

下沉，未下沉机构收到的该业务应根据省行国际结算部、个人金融部要求及时完成后续处理。

6. 对于来报业务状态为“UP”的处理，应在来报中先进行“06- 手工挂账”，再分报至“03208”机构，应及时处理，避免造成系统异常，引起总行账务不符。

二、信息类来报处理流程

1. 接收行行号为网点的查询、查复、自由格式报文，请网点自行处理。

2. 若查询信息涉及的业务报文属于省行集中处理范围内的，请网点将信息报文加盖机构业务章的扫描件通过邮件发送至省行收付清算部国内收付与票据交换团队处理。

3. 对于接收行行号为网点的跨境人民币业务查询报文，请网点据实自行做查复处理。

三、回单打印

机构应及时打印客户回单，具体查询电子报表分发系统 IT.CTSD0010、IT.CTSD0020、IT.CTSD0030、81.RCPD0600。

四、报文处理结果查询

机构可以在“E33216”交易中进行支付类业务查询，省行集中入账后，各机构通过此交易可以打印入账凭证进行后续处理，请注意：机构号应选择“2- 开户机构”，然后进行组合查询。

五、其他注意事项

（一）规范客户资料维护。机构需准确维护 CIF 信息，避免空格、繁体字等不规范现象，如客户资料有变更，网点必须及时更新，避免因客户资料维护不准确导致的客户投诉。

（二）规范往报操作，减少退汇业务发生。前台柜员在收到客户汇款申请书时，应提示客户再次核对填写的信息，若客户不能确定收款人信息是否正确，请提示客户向收款人再次确认相关信息。经办、复核、应各司其职，确保录入的信息准确无误，避免由于信息录入错误等主观原因导致退汇，增加我行人力成本。

（三）目前，省行集中入账的业务种类，不包括跨境人民币和借记业务外（普通借记和定期借记），除此之外都集中在省行处理，各机构应特别注意，不得自行处理应集中省行的来报业务。

第六章　应急管理

当发生系统故障、网络不通、内外部电力停止供给等无法恢复正常运行的情况，造成大量来报无法处理，影响客户资金正常到账时，省行收付清算部将根据系统故障时间的长短、未处理报文积压的情况，进行应急管理。

1. 应急情况发生时，省行 BCP 热备中心业务人员按照“先大后小、先急后缓”的原则，优先处理大客户、重点客户以及大额汇款业务，确保日常业务正常运营。

2. 因系统异常造成大量报文无法自动入账，造成手工处理报文积压无法正常处理时，经请示部门总经理同意后，将报文划转至各开户机构，由开户机构自行处理。

3. 因操作风险中外部事件引发的异常情况，导致大量报文无法处理，影响客户资金的正常到账，经请示部门总经理同意后，进行系统码表维护，维护后报文直接到原接收行，由接收行自行处理。待系统正常后重新维护成集中处理模式。

第七章　附　则

本规程由省行收付清算部负责制定、修订和解释。

本办法自发文之日起执行。

中国银行股份有限公司河北省分行 XXXX 保险股份有限公司河北省分公司 银保合作危机事件处理应急预案

第一章 总 则

第一条 为维护国家金融秩序的稳定和金融市场的健康发展，促进和谐社会的建设，维护客户权益，维护银保双方品牌形象、商业信誉及长期合作关系，有效防范和化解客户投诉风险，根据国家法律法规、监管部门的相关规定以及甲乙双方签订的《保险兼业代理协议》，经双方协商特制定本预案。

第二条 危机事件是指突发性的与银保业务正常开展相关的事件，主要包括交易及管理信息系统故障事件、大范围客户投诉或群体性事件以及声誉影响事件等几大类。包括：

一、系统故障事件

系统故障事件指因种种客观或者主观原因造成的甲方银保业务相应IT系统(包括银保通系统、代收代付系统以及中间业务平台系统)无法正常运转或者数据错误。可能引起IT系统故障或数据错误的事件主要包括：

（一）地震、台风、雷电、火灾、洪水等自然灾害，电力中断、网络损坏或软硬件设备故障等事故灾难。

（二）人为破坏网络线路、系统设备等人为因素或者系统老化、遭外力破坏等对甲方银保业务IT系统安全稳定运营造成影响，引起相关系统数据损毁、紊乱、丢失或业务中断，甲方系统与乙方通信的中断。

（三）系统维护操作失误导致大量业务数据错误。

（四）电信运营商故障导致的甲方与乙方通信的中断。

（五）乙方IT系统交易异常连带甲方系统出现运行不稳定、异常、甚至宕机等事件。

（六）后台系统故障连带造成银保业务相关系统交易异常。

（七）乙方发送清算数据错误导致翌日甲方相关客户交易异常。

二、大范围客户投诉或群体性事件

主要指客户因种种原因而引发的投诉、滞留甲方营业网点，导致甲方网点业务难以正常开展、影响甲方正常营业秩序、造成不良社会影响等现象的事件。可能引起大范围客户投诉或群体性事件的原因主要包括：

（一）因经济景气下滑或者乙方投资失误等原因引起银保业务相应产品收益率大幅下滑，从而引发客户投诉。

（二）由于甲方个别网点人员或者乙方理财人员违规操作，为承揽业务承诺过高收益等误导客户，引发客户投诉。

（三）由于个别客户投诉不能得到迅速妥善解决，或者因种种原因引起客户与甲方网点人员或者乙方理财人员产生纠纷未得到迅速平息，引起事态进一步扩大进而形成群体性事件。

（四）因系统故障造成银保业务无法正常开展，或者因数据错误引发客户产生恐慌心理，从而加剧事态发展，引发客户大规模投诉甚至产生恶性群体事件。

三、声誉影响事件

声誉影响事件指可能对甲方的信誉、形象带来重大损害，会在一定范围引发恐慌，甚至可能导致社会对甲方产生信用危机，影响甲方市场声誉及银保业务正常开展的负面事件，主要包括因甲方银保业务系统服务质量、与客户纠纷等原因被媒体曝光、或客户自主成立非正式团体进行维权引发较大规模的聚众投诉事件等。

本预案适用于保险客户在甲方网点办理保险代理业务前后，因各种原因导致的客户纠纷、冲突、群诉群访等紧急情况的处理。

第三条 危机事件处理原则

一、分工协调原则。甲乙双方要保持密切沟通，切实统一领导，共同维护社会稳定，承担社会责任。对危机事件的处理，甲乙双方在各自权限范围内做到指挥得力，措施到位，处理及时，防止相互推诿。

二、就地解决原则。建立内部第一时间报告制和向合作对方通报制，保持沟通的及时畅通。在处理方式上要抓早抓小、防止处理拖延、事态扩大。

三、流程明确原则。建立“网点前端沟通安抚防线”、“防止聚众快速反应防线”、“灵活处理个案防线”三道防线为框架的危机事件处理流程，建立危机处理全过程记录和日报制度，确保对危机事件处理有条不紊。

四、及时处理原则。出现危机情况苗头时，甲方必须第一时间通知乙方，乙方相关人员必须第一时间做出反应，赶赴现场，及时采取有力措施处理紧急情况，不允许任何人以任何理由拖延时间。乙方相关人员必须在第一时间按规定向上级主管部门汇报情况，同时和甲方及时沟通情况，互通信息。

五、严谨处理原则。面对客户、公众或媒体，必须严格遵守监管部门的有关规定，规范宣传，正面应对，不能推诿、应付，更不能对客户或媒体置之不理。甲方柜面销售人员、乙方客户经理和面对社会公众、新闻媒体等的工作人员，要严格按照银监会、保监会和保险行业协会的有关要求，进行规范宣传，正确引导，严禁出现有误导客户、扰乱视听、不利于甲方和其他保险公司的宣传解释等情况。甲方工作人员要准确把握原则，严格遵守总分行对外宣传纪律。

六、疏导处理原则。甲乙双方要尽最大努力，解决纠纷，控制事态，保证甲方网点正常营业秩序，不造成任何负面影响。

第二章　组织领导

第四条 甲方分级成立银保合作危机事件处理领导小组（下称领导小组）。

一、人员构成。省行主管代理保险业务副行长为组长，公司与金融市场部（金融机构、客户关系、国际结算）、办公室、个人业务部（个人金融）、法律与合规部、信息科技部、工会等部门主要负责人和业务骨干为成员。下设领导小组办公室，由公司与金融市场部（金融机构）负责。

各二级分行、石家庄管理部和支行要比照省分行模式成立本级行银保合作危机事件处理领导小组。

二、领导小组职责。

领导小组行使出现客户纠纷等危机情况处理的组织领导职责，负责应急预案的启动、实施和中止；协调相关部门共同开展应急工作；负责危机事件处理工作及重要事项的决策。

领导小组成员和相关工作人员应保持24小时通讯畅通，并向乙方公布应急处理联系人和电话。在外出期间应授权他人行使相关职责。

第五条 乙方分级成立银保合作危机事件处理领导小组（下称领导小组）。

一、人员构成。乙方省级公司成立以分管总经理挂帅，成立以银行保险部、运营中心、客户服务部、法律与合规部、办公室等相关部门负责人组成的应急领导小组，明确每个成员的职责，并向银行公布应急处理联系人和电话，电话24小时应保持通讯畅通。

各分支机构要比照省公司的模式成立本级机构银保合作危机事件处理领导小组。

二、领导小组职责。

（一）领导小组负责公司对应应急预案的实施，负责事件处置过程中重要事项的决策，审核公司对外宣传、接受新闻媒体采访或向外信息公告的原则、口径，负责相关部门的协调、沟通。

（二）协同甲方确定风险排查标准，确保对存在风险隐患的分支机构和销售网点进行准确排查。

（三）协同甲方制定标准的处理流程，向甲

方提供标准话术，并对话术的真实性承担法律责任。

（四）在甲方营业网点报告危机事件的第一时间赶赴危机事件发生现场进行支持，与甲方及时沟通，并与甲方达成处理危机事件的统一意见；并对于可能发生危机事件的甲方重点网点，安排专人驻守。

（五）协同甲方隔离投诉客户，防止聚众的发生及危机的扩散、传播，并向上一级主管部门及时汇报。

（六）不得擅自进行危机事件信息的披露。

（七）及时向甲方反馈危机事件处理结果，保证双方口径统一、步调一致。

（八）做好与当地政府机构、监管部门、新闻媒体的沟通协调。

第三章　危机事件处理措施

第六条 出现危机情况时甲方应采取的紧急措施

一、甲方营业网点出现危机情况时的处理。

（一）当出现客户纠纷等紧急情况时，营业网点应立即通知乙方指定联系人赶到现场协助甲方工作人员对客户进行解释，或要求乙方人员将客户请至乙方处理纠纷，采取措施，防止事件扩大成群体事件。如出现群体事件时，应立即启动本预案。

（二）甲方各级机构应在第一时间将情况报告上级公司与金融市场部（金融机构）。公司与金融市场部（金融机构）应立即启动《中国银行股份有限公司河北省分行代理保险业务应急处理预案》，并向当级领导小组报告，并协调领导小组成员单位组成工作组立即赶赴现场并指导处理。

二、出现新闻媒体进行采访时的处理。

如出现新闻媒体网点现场采访的情况时，接待人员在验证采访身份证明后应说明采访需经上级行、司批准，将立即报告上级行、司办公室，由上级行、司办公室接待处理。未经上级行、司办公室批准，任何人不得擅自接受记者采访。

三、出现被新闻媒体不实报道，形成负面影响时的处理。

由上级行、司办公室负责与宣传主管部门和新闻媒体进行沟通协调，迅速消除或者更正不实报道。

第七条 出现危机情况时乙方应采取的措施

一、银行网点出现客户纠纷等危机情况时的处理。

（一）乙方专职客户经理应第一时间向同级和上级乙方应急领导小组汇报，并立即对客户进行安抚、解释和疏导等。

（二）乙方人员及负责人接到事件发生信息后在第一时间赶往现场，并尽可能将客户邀至乙方职场解决问题。

（三）立即将危机情况通报对应甲方上级相关部门，及乙方对应上级相关部门。

二、出现新闻媒体进行现场采访时的处理。

（一）新闻发言人必须是经危机事件处理领导小组授权才能接受媒体采访、其他人员一律不得擅自接受采访。

（二）主动积极应对新闻媒体对事件个案的介入，正确、规范地向记者解释业务流程和国家法律法规的有关规定等情况，使记者知道事件的真相，防止媒体记者单方面了解来自客户单方的情况陈述和意见。

（三）及时与甲方相关部门取得联系，以便甲乙双方共同协调处理。

三、出现被新闻媒体不实报道，形成负面影响时的处理。

积极与媒体、当地保险行业协会、宣传主管部门沟通，消除媒体负面报道对银保双方的负面影响，维护双方社会形象和声誉。

第八条 危机情况处理的培训。甲方各二级分行、石家庄管理部、省行营业部与乙方组织甲方辖内网点负责人和乙方客户经理就危机情况处理预案进行培训，保证在出现客户纠纷等危机情况时，能在第一时间对客户和社会公众进行正面引导，防止负面影响。

第九条 危机情况处理的报告。甲方和乙方应各自建立危机情况处理报告制度，在事件发生第一时间电话上报相关情况，并在事件处理结束后形成书面材料上报相关部门，如有迟报、瞒报等行为引起事态扩大并造成严重后果的，要严肃追究有关责任人的责任。

第十条 甲乙双方应积极处理应急情况，由于一方人员不到位，措施不得力，被新闻媒体负面报道或其他形式造成双方严重不良影响的，双方有权中止在全省的业务合作。

第四章 附 则

第十一条 本预案由中国银行股份有限公司河北省分行与XXXX保险股份有限公司河北省分公司协商制定，自下发之日起执行。

第十二条 本预案一式两份，甲乙双方各执一份。

中国银行股份有限公司河北省分行
负责人（授权代理人）：

年 月 日

XXXX保险股份有限公司河北省分公司
负责人（授权代理人）：

年 月 日

中国银行股份有限公司河北省分行人民币跨行支付系统（大小额支付子系统）汇款限额管理实施细则（试行）

（2014年版）

第一章 总 则

第一条 为规范人民币跨行支付系统（大小额支付子系统）（以下简称RCPS系统）的操作管理，进一步理顺RCPS系统机构BGL账户和复核柜员汇款限额维护的管理职责与操作流程，特制定本细则。

第二条 本细则中RCPS系统汇款限额包含RCPS系统的机构BGL账户汇款限额和复核柜员汇款限额两部分内容。

第三条 RCPS系统的机构BGL账户汇款限额是指通过在RCPS系统中设定参数，控制业务发起机构通过BGL账户发起的支付类往账业务的金额上限。复核柜员汇款限额是指通过在RCPS系统中设定参数，控制复核柜员发起的支付类往来账业务的金额上限。

第四条 本细则遵循“集中管理”的原则，各管理部门在兼顾风险防范、业务发展和服务效率的基础上，按照“分级管理、授权有限”的原则，结合员工业务水平和机构内控防范能力，设置不同的、有区别的汇款限额标准。

第二章 职责分工

第五条 省行各部门职能职责

（一）省行收付清算部是RCPS系统汇款限额参数的具体维护部门，负责牵头各相关部门组织确定RCPS系统汇款限额；负责根据相关业务管理部门确定的汇款限额标准，对全辖各机构BGL账户和复核柜员汇款限额在RCPS系统中作新增、修改和删除操作。

（二）省行国内结算与现金管理部、个人金融等相关业务主管部门是RCPS系统复核柜员汇款限额的管理部门，负责结合本条线业务实际，兼顾风险控制与服务效率原则，制定和调整辖内各机构RCPS系统汇款限额；负责辖内机构永久修改汇款限额的审批。

第六条 二级分行各部门职责

（一）运营部负责审核机构提交《RCPS系统机构BGL账户、复核柜员汇款限额变更申请表》（以下简称《申请表》）内容的真实性、合规性；负责向省行收付清算部报送《申请表》；负责组织相关业务主管部门共同确定机构申请永久修改的限额。

（二）公司部、个人金融部等相关业务主管部门负责审批机构提交的永久修改汇款限额申请。

第七条 辖内各营业机构职责

负责贯彻执行省行 RCPS 系统汇款限额相关标准和规定；负责结合业务实际按照省行规定的流程和格式提出汇款限额变更申请；负责本机构提交的《申请表》内容及汇款业务的真实性、合规性。

第三章 限额设置

第八条 机构 BGL 账户汇款限额目前共设置为 9 亿元、9000 万元和 5000 万元三级。

第九条 为确保日常业务能够正常办理，各机构必须设置两个级别的复核柜员汇款限额。目前复核柜员汇款限额设置如下：

（一）省行营业部、省行第二营业部、二级分行营业部、石家庄市各中心支行复核柜员汇款限额设定两级：

一级为 1000 万元以下（含）（匹配 BANCS 系统 6、8 级柜员）；

另一级为 10 亿元以下（含）（匹配 BANCS 系统 10 级柜员）。

（二）其他机构复核柜员汇款限额设定两级：

一级为 1000 万元以下（含）（匹配 BANCS 系统 6、8 级柜员）；

另一级为 1 亿元以下（含）（匹配 BANCS 系统 10 级柜员）。

第四章 基本规定

第十条 汇款限额变更需遵循以下原则：

（一）机构 BGL 账户汇款限额必须小于本机构最高级别复核柜员汇款限额。

（二）汇款限额严禁设置参数金额极值，全行复核柜员汇款限额不得高于 10 亿元，高于 10 亿元必须申请临时修改。

（三）汇款限额要兼顾业务需要和风险防控进行调整。

（四）各级审批人对《申请表》内容的真实性、合规性负责。

第十一条 汇款限额变更的申请主体

（一）机构 BGL 账户汇款限额变更必须由业务发生机构提出申请。

（二）复核柜员汇款限额变更必须由柜员本人提出申请，柜员调离岗位时，相关机构应立即启动“删除复核柜员汇款限额”的流程。

第十二条 汇款限额变更包含：新增、修改与删除三类。

（一）新增包含新增机构 BGL 账户汇款限额、新增复核柜员汇款限额、在现行限额标准内调整汇款限额。

（二）修改包含临时修改和永久修改。

临时修改是指日间临时变更汇款限额，业务处理完毕后恢复原汇款限额。永久修改是指永久变更机构的 BGL 账户汇款限额或机构最高级别复核柜员的汇款限额。

（三）删除是指在 RCPS 系统删除不再用于办理业务的汇款限额记录。

第五章 变更流程

第十三条 新增及删除流程

（一）申请主体将通过主管业务行长审核并签字的《申请表》报送所在二级分行运营部审核。

（二）二级分行运营部审核通过后，提前一个工作日将主管主任签字后的《申请表》扫描件报送省行收付清算部。

（三）省行收付清算部收到《申请表》后，对申请表要素进行审核，并在 RCPS 系统中进行参数维护。

第十四条 临时修改流程

（一）申请主体将通过主管业务行长审核并签字的《申请表》报送所在二级分行运营部审核。

（二）二级分行运营部审核通过后，将主管主任签字后的《申请表》扫描件报送省行收付清算部。

（三）省行收付清算部收到《申请表》后，对申请表要素进行审核，并在 RCPS 系统中进行参数维护。

（四）机构汇款处理完毕后，及时通过NOTES通知省行收付清算部恢复原机构BGL账户/复核柜员汇款限额，不得晚于当日17：00。

（五）省行收付清算部收到机构通知后，立即恢复原机构BGL账户/复核柜员汇款限额。

第十五条 永久修改流程

（一）申请主体将通过主管业务行长审核并签字的《申请表》报送所在二级分行运营部审核。

（二）二级分行运营部协同公司部、个人金融部等相关业务主管部门，根据申请机构实际业务共同确定修改后的汇款限额，并通过正式公文一并《申请表》扫描件报送省行收付清算部，同时抄送省行相关业务主管部门。

（三）省行相关业务主管部门收到后，如不同意修改，在3个工作日内通过NOTES通知收付清算部；如无异议，收付清算部在收到申请后，在第4个工作日内完成汇款限额的维护。

第六章　附　则

第十六条 本细则由中国银行股份有限公司河北省分行收付清算部负责解释。

第十七条 本细则自十二月一日起生效，试行期一年，适用于全辖办理RCPS系统业务的机构。

中国建设银行股份有限公司河北省分行柜面业务检查实施细则

第一条 制度依据。为强化柜面业务操作风险控制，有效提升柜面业务检查质量和效率，依据《中国建设银行会计营运检查制度》、《关于印发〈零售业务柜面操作风险检查指导意见〉的通知》（建个〔2011〕437号）等，制定本细则。

第二条 检查管理。省分行、二级分行主管部门归口管理对全省营业机构柜面业务组织、实施检查工作。

第三条 组织管理。根据总行、省分行柜面业务检查要求，统一协调检查督导人员，组织对营业机构柜面业务实施检查，履行条线业务检查职责。

第四条 标准统一。明确检查内容和标准，统一规范检查依据、执行标准、工作底稿和问题描述，以制度揭示问题，避免和减少人为造成的问题识别差异。

第五条 注重实效。按照不同检查事项，提取相关业务数据，现场核对和监控录像识别统筹利用，互为补充，提高检查针对性和效果。

第六条 风险导向。根据柜面业务操作风险形势和特征，确定重点业务和重点机构，实施柜面业务检查，及时揭示和解决违规操作现象和存在的风险隐患。

第七条 监督整改。对检查发现问题区分不同性质及风险程度，划分不同类别，实施分类管理，推动问题有效整改。

第八条 按检查内容不同，检查分为全面检查、重点检查和专项检查。全面检查是指对被查机构柜面业务全方位的检查；重点检查是指根据一定时期工作特点和风险防范要点，确定重点内容而开展的检查；专项检查是指对柜面业务特定事项进行的检查。

按检查主体不同，检查分为机构自查、二级分行检查和省分行检查。机构自查和上级行检查要达到制度规定频率、范围要求。

第九条 检查包括现场检查和非现场检查。现场检查是指检查人员进驻被查机构现场，对营业机构高柜、低柜及自助设备等实施检查，通过盘点、对账、复核、观察、询问、拍照、问卷等方式现场取证，与检查标准比对，发现问题；非现场检查是指检查人员利用系统，监控录像等信息技术手段，通过调看、计算、比较、分析，发现问题或为现场检查查找线索。

第十条 二级分行、省分行组织检查应制定检查实施方案，明确检查的时间、内容、标准、制度依据，以及抽查数量、方法、问题追溯要求、实施步骤等。

第十一条 现场检查。

1. 检查准备。调配检查人员并明确分工，根据检查事项提取、分析有关业务数据、资料，确定重点机构、检查步骤等，开具《中国建设银行河北省分行柜面业务检查介绍信》。

2. 进入现场。检查人员到达营业机构，应主动出示检查介绍信和本人身份证件，经营业机构相关人员核验确认后，进入高柜、低柜及自助设备操作间等实施检查。

3. 业务辅导和调查。检查人员应结合实际对被查机构员工开展业务辅导；了解机构存在的难点和热点问题，收集员工对制度、产品、流程、操作及管理等方面的意见和建议。

第十二条 非现场检查。

1. 检查实施。调配检查人员并明确分工，确定重点机构、业务事项，按照检查内容由后台提取、察看、分析业务数据、影像和录像等资料，审核发现疑点；或直接通知被查机构，调取相关录像资料，实施远程非现场检查。

2. 疑点核实。对非现场检查发现的疑点进行核实确认，根据疑点情况，可采取直接核实和委托核实处理。二级分行非现场检查的疑点原则上要直接核实；采取委托核实的由被查机构负责人指定专人完成，严禁由原经办人或相关人员处理，核实结果报告须经机构负责人审核。

第十三条 检查人员在检查过程中，应按规定填写《柜面业务检查工作记录》；检查发现问题和疑点要如实填写《柜面业务检查工作底稿》，经被查机构负责人签字确认并加盖机构行政公章或业务用公章。

第十四条 检查发现的问题和疑点，须经检查组长审核，并与被检查机构交换意见。发现重大隐患和疑点问题，要随时向二级分行、省分行报告。

第十五条 检查结束后，检查组要认真总结检查工作、梳理发现的问题和疑点，以及调查情况和建议，形成检查报告提交检查组织部门。

第十六条 检查组织部门要及时安排疑点核实，问题和疑点核实结果准确录入“柜面业务检查管理系统”，并下发整改通知书；被查机构应认真组织整改，按要求及时报告整改结果。

第十七条 对检查发现的违规问题，要按有关规定组织责任认定。需要进行责任追究的，按照员工管理权限移送相关机构纪检监察部门。

第十八条 总行及监管部门等现场检查。由上级行主管部门换开检查介绍信，并派人陪同检查。检查人员到营业机构后，应主动出示换开的检查介绍信和个人身份证件，经网点核实确认后实施检查。

第十九条 落实检查内容。按照检查实施方案，认真落实检查事项，严格界定制度、产品、系统、流程、管理及柜员操作问题，根据问题性质深入分析原因和存在的风险隐患。

第二十条 履行检查职责。检查人员要认真落实检查流程，如实反映检查情况，严禁虚报、瞒报或知情不报等，详实记录检查情况，检查底稿问题描述清晰、依据充分。

第二十一条 检查人员在检查过程中，要按照求真务实，服务基层的原则，强化工作纪律和工作作风。严格食宿标准，厉行勤俭节约，严禁对被查机构提不合理要求。

第二十二条 本细则由中国建设银行河北省分行负责解释，自下发之日起执行。

交通银行股份有限公司河北省分行消费者权益保护管理办法实施细则

第一章　总　则

第一条　为持续推进交行消费者权益保护体系建设，切实维护消费者各项合法权益，提高消费者满意度，助力交行转型发展战略，根据《中华人民共和国消费者权益保护法》、《金融消费权益保护工作管理办法（试行）》（银办发〔2013〕107 号）、《银行业消费者权益保护工作指引》（银监发〔2013〕38 号）、《银行业金融机构消费者权益保护工作考核评价办法（试行）》（银监发〔2014〕37 号）、《交通银行股份有限公司消费者权益保护政策》（交银发〔2014〕68 号）和《关于印发交通银行消费者权益保护管理办法的通知》（交银发〔2014〕98 号）等法规、制度，制定交通银行河北省分行消费者权益保护管理办法实施细则。

第二条　本办法所称消费者，是指在中国境内为生活需要（包括为改善生活质量进行投资）购买、使用交行产品或接受交行服务（包括为获取金融信息和知识进行咨询或接受宣传教育）的自然人。

本办法所称消费者权益保护，是指通过适当的程序和措施，推动实现消费者在与交行发生业务往来的各个阶段始终得到公开、公平、公正和诚信的对待，并由此提升服务水平，助力转型发展。

第三条　本办法适用于全省各级经营单位，省分行各管理部门。

第四条　消费者权益保护工作是交行的长期战略。交行坚持以人为本、服务至上，践行向消费者公开信息的义务，履行公平对待消费者的责任，遵从公平交易的原则，依法维护消费者各项合法权益。

第二章　工作原则

第五条　逐步实行产品和服务的全流程消费者权益保护管理，重视消费者权益保护工作的事前协调和管控机制，在产品和服务的各个业务环节，落实有关消费者权益保护的监管要求和内部规章，确保消费者权益保护措施在产品和服务进入市场前得以实施。

第六条　坚持产品和服务信息的充分披露，在产品和服务推介过程中，应主动向消费者说明产品和服务的各项内容，禁止欺诈性、误导性宣传，提高信息真实性和透明度，充分揭示产品风险，以便消费者根据相关信息作出合理判断，确保消费者的知情权、公平交易权得到充分保护。

第七条　高度重视员工消费者权益保护教育与培训工作，通过各种形式的教育与培训帮助员工强化消费者权益保护意识，统一思想，深刻理解消费者权益保护政策、办法和程序。

第八条　关心关爱交行员工，确保员工的各项权益得到切实保护。

第九条　积极开展金融知识宣传教育活动，通过人民银行“金融知识普及月”、银监会“金融知识进万家”和银行业协会“金融知识万里行”等活动，提升公众的金融意识和金融素质，同时利用网点公众教育区进行金融知识与消费者权益保护理念的宣传，主动预防和化解潜在矛盾，加强沟通理解，保障消费者的受教育权。

第十条　关注特殊消费者群体的实际困难，为其提供使用交行产品和接受交行服务的应有便利，保障特殊消费者群体的受尊重权与公平交易权。

第十一条　健全服务价格管理机制，科学定价并践行事前提示和价目公示，确保消费者的知情权、选择权和公平交易权得到充分保障。

第十二条 公平、公正制定格式合同和协议文本，杜绝误导、欺诈消费者的条款，尊重消费者的公平交易权。

第十三条 了解消费者的风险偏好和风险承受能力，提供相应的产品和服务，不主动提供与消费者风险承受能力不符的产品和服务。

第十四条 采取有效措施保护消费者的个人金融信息安全权，不篡改、违法使用消费者的个人金融信息，不在未经消费者授权或同意情况下向第三方提供个人金融信息。

第十五条 高度重视消费者提出的意见，作为改善服务环境、维护营业秩序、配备硬件设施、优化产品和业务办理流程、修订规章制度的重要依据。

第十六条 建立多种渠道，为消费者投诉提供必要的便利，实现各类投诉管理的规范化，确保投诉渠道通畅；同时逐步完善消费者投诉处置工作机制，秉持公平原则处理同一产品和服务的投诉，在规定时限内调查核实并及时反馈消费者，具体参照《交通银行客户意见管理办法》执行。

第十七条 对于确实存在消费者权益保护瑕疵的产品和服务及时予以整改；如果造成客户的实际损失，根据法律法规或合同约定对消费者给予赔偿或补偿，保障消费者的监督权和损害赔偿权。

第十八条 坚持以人为本、服务至上和普惠公众的理念，公平对待每一名消费者，对于与法律法规或合同约定相悖的消费者诉求，应加强沟通解释，澄清误解，化解矛盾。

第十九条 根据监管要求和市场变化，及时更新和补充完善消费者权益保护工作的各项制度规范。

第三章 职责分工

第二十条 省分行负责根据总行消保政策制定省分行消费者权益保护工作目标，执行总行批准的消费者权益保护政策；建立省分行消费者权益保护管理机制和流程，授权消费者权益保护部门开展消费者权益保护检查和考核评价并监督、评价各级经营单位及各管理部门消费者权益保护政策执行情况；每年向总行报告消费者权益保护政策落实情况。

第二十一条 省分行消费者权益保护工作委员会（下称消保委），负责省分行消费者权益保护工作的决策，每年向总行提交消费者权益保护工作年度报告；消保委下设消费者权益保护办公室（与省分行服务办合署办公，下称消保办），负责牵头落实具体消费者权益保护工作。

第二十二条 省分行各部门应以推进消费者权益保护工作为抓手，积极履行社会责任，牢固树立维护消费者合法权益理念，提供的产品和服务要全面落实消费者权益保护的各项要求。

第二十三条 消保办主要职责：

（一）负责贯彻执行国家关于消费者权益保护的相关法律、法规、规章与交行消费者权益保护各项制度办法；

（二）根据省分行的授权对各分支行以及省分行部门落实消费者权益保护各项工作的情况进行考核；

（三）负责向消保委提交例会议案及消费者权益保护制度草案与修订方案，办理消保委的日常事务；

（四）贯彻执行总行、省分行批准通过的消费者权益保护政策，拟定全行消费者权益保护相关管理办法、应急预案及指导意见；

（五）负责就各类产品、服务可能存在的消费者权益保护瑕疵，通过《消费者权益保护建议书》（见附件）向省分行部门、各分支行提出整改意见；

（六）牵头行内外消费者权益保护工作信息的收集、汇总、整理与分析，通过第三方公司收集消费者对于产品与服务本身以及销售过程的评价及建议，及时向相关部门提出整改意见；

（七）作为消费者投诉处理的牵头部门，确保消费者投诉在规定时间内得到高效、闭环处理；就消费者投诉认真开展统计分析，按照监管机构分类要求对投诉进行分类；按季度出具投诉分析报告，并据此提出整改建议反馈省分行部门和各分支行；

（八）依据消费者权益保护政策，根据总行组织架构的相关要求，逐步实现对省分行各类产品和服务的定价管理、流程设计、协议制定和审批准入过程进行消费者权益保护审查；

（九）负责牵头开展有关消费者权益保护知识的学习和培训，帮助全行员工自觉树立维护消费者合法权益的意识；

（十）负责牵头开展各类金融知识宣传教育活动，根据各类消费者群体开展公益性、常态化金融知识宣传教育；

（十一）负责落实监管机构、行业协会和社会团体转办的各项工作；

（十二）负责指导省分行部门、各分支行开展消费者权益保护各项工作；

（十三）其他消费者权益保护相关工作。

第二十四条 办公室主要职责：

（一）作为全行信访与二次投诉处理的牵头部门，确保各类消费者信访与投诉在规定时间内得到高效、闭环处理；

（二）负责全行消费者权益保护相关舆情风险的监控处理工作；

（三）负责与媒体公司沟通合作，落实消费者权益保护与金融知识宣传教育的宣传推广工作。

第二十五条 人资部/培训中心主要职责：

（一）建立全行消费者权益保护工作组织架构和运行机制，确保省分行及各分行消保办具备独立性和权威性；

（二）确保全行消费者权益保护部门所投入的人力、物力充足，与交行业务规模及客户数量相匹配；

（三）牵头负责全行消费者权益保护专项培训工作。

第二十六条 资负部主要职责：

（一）依据国家对商业银行服务价格定价的法律、法规规定，以及行内相关定价政策，协调省分行相关业务主管部门，确保各主管条线业务产品的服务价格得到科学、合理地制定和调整；

（二）根据服务价格制定或调整的情况，根据总行资负部定期或不定期修订的全行服务收费中英文对照版价格名录及时更新并下发各分支行，并按照监管政策规定对名录进行服务价格信息披露和公示，确保各分支行价格信息披露及时有效。

第二十七条 个金部/私银中心/贵金属/卡业务中心主要职责：

（一）确保省分行自行设计开发的产品在产品设计、代销产品引入和服务流程制定等符合消费者权益保护工作的各项要求；

（二）牵头负责全行理财产品合规销售工作，指导各分支行在产品营销和业务推进过程中全面落实消费者权益保护工作的各项要求；

（三）牵头负责全行消费者个人金融信息保护工作；

（四）确保交行贵金属业务产品设计、代销产品引入和服务流程制定符合消费者权益保护工作的各项要求。

第二十八条 零贷管理部/零贷业务部主要职责：

（一）确保零售信贷产品设计、流程制定和制度建立符合消费者权益保护工作的各项要求；

（二）确保全行零售信贷业务贷前审批、放款与贷后管理工作各环节的消费者权益得到切实保护。

（三）指导各分支行在产品营销和业务推进过程中全面落实消费者权益保护工作的各项要求。

第二十九条 营运部主要职责：

（一）确保全行营运制度与操作流程符合消费者权益保护各项要求；

（二）负责指导全行在日常营运工作过程中落实消费者权益保护工作的各项要求。

第三十条 信息技术部主要职责：

（一）负责健全全行信息技术管理制度，配合业务部门采用安全、可靠和便捷的技术手段，确保消费者的财产与个人信息得到保障；

（二）根据业务需求做好相关技术支持和技术管理工作。

第三十一条 电银部主要职责：

（一）负责全行电子银行和自助机具的运行和使用稳定、安全和便捷，符合消费者权益保护工作的各项要求；

（二）确保交行电子渠道各类产品和服务符合消费者权益保护的各项要求；

（三）确保在与第三方支付平台进行业务合作时，在协议制定、产品设计和流程制定中落实消费者权益保护工作的各项要求。

第三十二条 保卫部主要职责：

牵头负责全行营业场所符合保障消费者人身与财产安全的各项要求。

第三十三条 审计部主要职责：

（一）建立科学有效的消费者权益保护内审制度和规定，且能根据产品、服务、市场以及监管要求变化及时更新；

（二）在日常内部审计中开展消费者权益保护审计，将审计发现的问题反馈至相关部门或分行进行整改；

（三）根据实际需要与外部审计机构沟通，做好消费者权益保护的外部审计工作；

（四）及时将审计发现消费者权益保护中存在的异常情况报消保办。

第三十四条 法律合规部主要职责：

（一）负责统计、分析全行与消费者权益保护工作相关且已裁决或判决生效、交行须承担部分或者全部责任的仲裁或诉讼情况；

（二）按照《交通银行合同性文件法律审查办法》（交银办〔2014〕180 号）的规定修制格式合同、对合同进行审查，确保全行性格式合同文本体现法律、法规和监管规章对消费者权益保护的要求；

（三）负责与各分支行消费者权益保护相关且交行为被告（含第三人）的诉讼或仲裁的日常管理工作。

第三十五条 各省辖分行：

（一）贯彻执行国家关于消费者权益保护的相关法律、法规、规章与交行消费者权益保护各项制度办法；

（二）制定各分行的消费者权益保护工作实施细则和应急预案，并向省分行消保办报备；

（三）建立本分行消费者权益保护审查、报告、监督、检查、考核等工作流程。

第四章 全流程管控制度

第三十六条 落实事前审查制度。省分行各部门负责在业务产品与服务设计开发、流程制定过程中，有效落实消费者权益保护各项要求，并在业务产品与服务的定价管理、协议制定和审批准入过程中，融入消费者权益保护理念，强化责任意识。

第三十七条 执行事中监控制度。由省分行消保办牵头，各部门配合，在业务产品与服务营销及推广过程中，有效落实消费者权益保护各项要求，采用录像检查和外聘第三方公司现场检查等方式，确保消费者的各项权益在事中流程各环节得到充分维护。

第三十八条 贯彻事后监督制度。由省分行消保办牵头，在营业网点公示消保投诉流程，对于事后收到的消费者投诉和意见，按规定及时处理，确保事后消费者的各项权益得到充分维护。

第三十九条 省分行消保办通过消费者各类意见和建议，以及通过总行委托第三方公司对于消费者满意度进行调研，广泛获取消费者反馈的信息，实时向各业务主管部门、各分支行反馈产品和服务可能存在的消费者权益保护瑕疵。

第五章 考核评价

第四十条 省分行消保办根据《交通银行河北省分行消保服务考评办法》规定，对各分支行落实消费者权益保护各项工作的情况进行考核。

第四十一条 省分行消保办根据《交通银行河北省分行管理部门消保服务评价办法》规定，对于省分行部门落实消费者权益保护各项工作的情况进行考核。

第四十二条 各分行参照省分行办法制定各自考评制度并进行考核，按季度向省分行消保办报备。

第六章 保密制度

第四十三条 各级消费者权益保护管理人员应遵守保密原则，不得擅自对外透露不对外公开的消费者权益保护信息。包括但不限于以下信息：

（一）各类消费者权益保护工作报告；

（二）消费者权益保护工作相关报表，包括

投诉、舆情、诉讼等数据表；

（三）其他消费者权益保护工作相关材料。

第七章　应急处置

第四十四条 各级营业机构在处理消费者权益保护相关突发事件时，应严格按照总行及省分行《交通银行消费者权益保护应急预案》相关规定执行。

第八章　附　则

第四十五条 本办法由省分行消费者权益保护办公室负责解释和修订。

第四十六条 本办法自印发之日起施行。

附件：交通银行河北省分行消费者权益保护建议书

附件

交通银行河北省分行消费者权益保护建议书（模板）

（201×）冀消保第 1 号

____分行____支行/部门：

近期，接到____客户对于______的投诉/建议，为更好保护交行消费者合法权益，维护交行良好维权及服务品牌，为此，特建议（样例建议仅作示范）：

一、加强一线柜员培训。根据你行对于该笔投诉的申辩，该涉诉因近期多名新柜员上岗，缺乏经验，针对这一情况要加强专业知识及技能的培训，同时增强带教老师与柜台经理的责任意识，将临柜可能遇到的风险点对柜员进行提示。

二、及时处罚违规现象。对于柜员在临柜中出现的差错要及时予以警示，确因违反国家法律法规及交行相关规章制度造成的差错或事件应及时处罚。

以上建议请研究处理，并将结果以电子邮件告知省分行服务消保办。

河北省分行消费者权益保护办公室

201×年×月×日

华夏银行股份有限公司石家庄分行微博管理及内容发布实施细则

1　总　则

1.1 目标

为适应社会网络化、信息化的发展趋势，拓宽分行对外宣传和信息交流渠道，提升品牌形象，促进业务发展，充分发挥微博在信息宣传方面的积极作用，制定本细则。

1.2 名词定义

本细则所称微博，是一个基于用户关系信息分享、传播以及获取平台，用户可以通过电脑、手机以 140 字左右的文字更新信息，并实现即时分享。与传统媒体相比，微博具有“短、灵、快”的特点。

本细则所称微博内容，指分行通过华夏银行微博公众平台，面向社会公众发布的信息，含图片、文字、链接等。

1.3 分行办公室向深圳市腾讯计算机系统有限公司申请了腾讯微博公众平台（名称：华夏银行石家庄分行，账号：315344712），并通过了实名认证。作为分行服务客户的官方渠道。

1.4 分行办公室负责分行官方微博的日常管理，包括本细则中的微博内容发布及后台管理。

1.5 各二级分行暂不申请官方微博，如需发布微博，请按照程序申请使用石家庄分行官方微博平台。

1.6 本细则适用于分行机关及所有分支机构。

2 微博内容发布

2.1 微博编写要求。微博内容发布申请单位负责编写并审核需要发布的内容，保证内容合法、合规，符合国家有关互联网信息服务相关规定及我行现行制度、政策，符合分行经营管理及业务开展实际，语言简明扼要，语句通顺，无错别字，标点符号使用正确，称谓、数字、事例真实准确，所用文字、图片、多媒体文件、应用软件等应获得合法授权并根据实际需要提交相关授权文件，严格按照《华夏银行企业视觉识别系统手册》规定使用我行 LOGO，做到及时、准确、规范。

2.2 微博内容

（1）分行公开发布的新闻稿、公告、声明等；

（2）分行各机关部室、各二级分行、各同城支行组织的业务宣传及促销活动；

（3）分行机关各部室、各二级分行、各同城支行组织的重要营销活动；

（4）特色产品、新产品宣传；

（5）企业形象宣传、公益活动、企业文化建设、文体活动等；

（6）银行业及市场动态；

（7）重要节假日节日祝福；

（8）其他需要发布的内容。

2.3 微博内容发布申请。申请单位包括分行部门及各级分支机构，申请发布微博内容必须填写《华夏银行石家庄分行微博内容发布申请单》（下称《申请单》，见附件 1），由单位负责人签字后，提交或传真至分行办公室进行内容审核，同时将具体内容电子版发送到分行办公室指定的专人邮箱。

2.4 微博内容发布审核。对于纯文字的微博发布内容，分行办公室接到《申请单》后，按照我国相关法律法规及分行相关制度规定在 1 个工作日内审核完毕，经办公室主任审核签字后，按照《申请单》的发布时间发布。对于纯文字外的微博发布内容，分行办公室应当及时与申请单位取得联系，商讨确定信息内容，在开发制作完毕后，通过内网邮箱发送给申请单位联系人进行确认，申请单位通过内网邮箱回复确认无误后，分行办公室按照《申请单》的发布时间正式发布上线。

2.5 微博内容发布原则上以各申请单位提交的《申请单》“申请发布时间”为准。

2.6 分行办公室进行微博发布操作时，需要一人操作，一人实时审核。

3 微博内容发布后台管理

3.1 分行申请的微博公众平台账户及发布后台由分行办公室指定专人为：“微博管理员”。办公室主任负责审核。

3.2 分行办公室建立微博内容发布登记簿，详细记录内容发布的申请、受理、审核、发布、存储等具体信息备查。

4 附 则

4.1 本细则由分行制定、修改，分行办公室负责解释。

4.2 本细则自印发之日起实施。

中国民生银行股份有限公司石家庄分行自助现金清分业务外包工作流程

为完善自助设备运维外包流程，降低操作风险与运维成本，现将自助设备现金清分外包工作流程明确如下：

一、各部门职责

运营管理部：负责增设自助设备加清钞专用现金尾箱；负责为部门相关员工添加自助设备记账操作权限；负责自助设备加清钞专用现金尾箱现金调拨与上缴；负责自助设备加清钞计划的制定；负责自助设备加清钞的记账工作；负责与外包公司每日日终对账工作；负责外包公司现金尾箱每周查库工作；负责外包公司日常业务检查与督导工作。

保卫处：负责检查验收现金清分场地各类安全资质；负责定期检查现金清分场地各类安防措施，消除安全隐患；负责清分场地的安全保卫工作；负责清分室内监控、报警等设备的日常管理工作；负责协调钞车每日接送包事宜。

科技开发部：负责新场地网络设备的联通；负责为新场地办公区域增设用于处理业务的业务机和办公电脑。

二、柜员管理

（一）柜员申请

运营管理部确定自助设备加清钞记账操作员后，填写《用户权限变更申请表》报部门有权人审批，由安保系统管理员为操作员配置柜员并预留指纹。如遇操作员变更，及时向安保系统管理员提交《用户权限变更申请表》新增操作员，同时将原有操作员删除，并办理尾箱移交等交接工作。

（二）柜员使用要求

1. 自助设备加清钞记账柜员应严格遵守运营XBank2.0柜员使用规定，不得借予他人使用，并对客户信息及财产隐私安全负有保密责任。

2. 柜员在进行日常加清钞记账业务操作时，按规定使用专用交易场景操作记账，勿使用非加清钞业务场景记账或查询。

3. 柜员每日日终应及时做轧账正签处理，确保所在机构正常轧账。

（三）权限设置说明

运营管理部根据业务需要，结合XBank2.0柜员权限设置说明，为自助设备加清钞记账操作员配备现金尾箱，并设置权限如下：前台柜员公共、机构开启、ATM处理、ATM管理、现金尾箱限额－人民币－4000万等。如遇节假日或特殊情况现金量较大，该现金尾箱限额权限不能满足记账要求时，业务柜员应提前向安保系统管理员提出申请调整权限，业务处理完及时申请将权限调回。

三、业务流程

1. 运营管理部设置自助设备专用现金尾箱，该现金尾箱视同库管员尾箱，并指定双人管理，负责为自助设备调拨、上缴现金使用。根据自助设备日常交易情况该尾箱需保留一定的运营资金，运营资金由外包公司管理，运营管理部库房管理中心按照自助中心提供的自助清机加钞清单对运营资金进行调拨或上缴，外包公司按照自助中心提供的自助清机加钞清单进行配箱与清机加钞，自助中心每日日终与外包公司对账。

2. 自助设备管理岗每日制定加清钞计划，按照加清钞计划制定加钞清单。库房管理中心按照加钞清单在Xbank2.0系统内为自助设备调拨现金；外包公司按照加钞清单为自助设备配钞。

3. 已外包自助设备配钞完毕后，由外包公司清分员工与外包加钞员工在现金清分室二道门处进行钞箱交接，并做好交接登记。我行自行运营自助设备由加清钞岗按照加钞清单从外包公司领取现金，并做好交接登记。

4. 外包公司加钞员工完成加清钞任务，在现金清分室二道门处与外包公司清分员工进行钞箱交接，并登记。我行自助设备加清钞岗员工完成加清钞任务，现金交接给外包公司清分员工，对账凭条交接给自助设备管理岗。

5. 所有收回现金全部由外包公司清分员工进行现金清分，将清分结果上报自助设备管理岗。自助设备管理岗根据对账凭条与清分结果对账。

6. 自助设备管理岗根据对账结果制作清钞清单；记账员根据清钞清单进行账务处理。

7. 外包公司留存相应运营资金，多余现金、残币等填写现金调拨单上交库房管理中心，库房管理中心根据现金调拨单进行相应账务处理。

8. 日终现金实物外包公司应双人进行尾箱核对，核对完毕与自助设备管理岗进行日终对账，无误后双封与押运公司交接入库保管，同时对账结果通知库房管理中心进行轧账正签处理，确保所在机构正常轧账。

9. 每日库房管理中心加清钞记账柜员打印流水清单并进行双人核对，业务凭证与流水清单于次日上交分行。

10. 自助设备管理岗与外包公司每日对账；自助专用尾箱定期上缴残币；自助设备管理岗对该现金尾箱每周查库不少于1次，自助中心经理每月查库不少于两次，总经理每季不少于1次，并做好查库登记。

11. 未尽事宜按原业务规定执行。

中国光大银行股份有限公司石家庄分行采购管理实施细则

第一章　总　则

第一条　为进一步加强采购管理，保证采购工作合法合规，依据《中华人民共和国招标投标法》、《中华人民共和国招标投标法实施条例》及《中国光大银行采购管理办法》，结合分行实际，制定本实施细则。

第二条　本办法所称采购，是指按照集体审批的原则，由归口管理部门统一实施，以购买、租赁、委托等方式获取货物和服务的行为。

第三条　采购工作遵循公开公正、民主决策、防范风险的原则。

第四条　全行实行统一管理，分行及分行辖内各单位二级操作的管理体制。

第五条　本细则适用于我行各级机构，包括分行各部门、各二级分行、支行（以下简称“分行各单位”）。

第二章　组织机构

第六条　分行成立在行长办公会领导下的“招标采购工作委员会”（以下简称“招采委”），负责采购工作。

第七条　分行货物、服务类“招采委”主任由主管办公室副行长担任。委员由办公室、计划财务部、信息科技部、法律合规部、党务监察部的负责人担任。

第八条　分行“招采委”下设“招标采购工作办公室”（以下简称“招采办”），具体负责分行采购的日常工作。“招采办”设在分行办公室，“招采办”主任由办公室负责人担任。招采办设专岗负责采购工作，各单位应明确专人作为采购工作联系人。

第九条　分行“招采委”主要工作职责：

（一）领导全行采购工作。

（二）审定采购规章制度、工作规程，确定采购审批权限。

（三）确定分行各单位权限采购项目，并审定采购方式和采购结果。

（四）审定采购评审专家库。

（五）对分行各单位采购工作指导、监督和检查。

第十条 分行“招采委”集体审批规则：

（一）采取“招采委”委员民主投票决议的方式。

（二）“招采委”召集会议，参会人员占全部委员三分之二（含）以上时会议有效。

（三）同意人数占参会委员三分之二（含）以上时，决议事项通过。

（四）“招采委”实行例会制度，时间定在分行行办会会议结束之后，时间上有特殊要求，可加开会议。无法及时召开“招采委”会议的，经“招采委”主任批准后可采取由“招采委”全体委员传签的方式进行审议。（传签表见附件6）

（五）“招采办”将集体审批意见整理成“招采委会议纪要”，会签监督部门后，报“招采委”主任签发。

（六）“招采委”会议审议事项在形成会议纪要后抄报行领导。

第十一条 分行“招采办”主要工作职责：

（一）起草采购规章制度。

（二）组织编制分行采购实施计划。

（三）建立和管理采购评审专家库。

（四）建立和管理采购供应商库。

（五）组织分行权限采购项目的具体实施。

（六）建立分行采购工作档案。

（七）定期向“招采委”报告工作。

（八）定期组织对分行各单位采购工作开展情况进行检查。

第十二条 分行“招采委”成员部门主要工作职责：

（一）办公室（“招采办”）为采购归口管理部门，负责组织分行权限货物及服务类采购项目的具体实施或审批，其他部门不得自行采购。

（二）信息科技部为电子信息化类采购项目技术支持部门，负责采购技术论证等。

（三）办公室为广告宣传类采购项目技术支持部门，负责采购技术论证等。

（四）计划财务部负责采购项目费用预算的审批、下达和合同付款结算工作，并且根据本实施细则对费用报销环节严格把关。

（五）法律合规部负责审查、修改采购合同、授权书等法律文本，为采购工作提供法律支持等。

（六）党务监察部负责对采购项目进行过程监督，对采购过程中出现的违纪行为提出处理意见等。涉及党务监察部采购项目由法律合规部对采购项目进行过程监督。

第十三条 原则上分行行长不得担任“招采委”主任。

第三章　采购方式

第十四条 采购分为招标采购和非招标采购。招标采购分为公开招标、邀请招标；非招标采购分为竞争性谈判、询价、单一来源。

第十五条 公开招标。是指通过在国家或当地政府指定的报刊、信息网络或者其他媒介上发布公告（公告时间应不少于三至五个工作日），邀请符合资格要求的所有潜在的、不特定的供应商参加投标的采购方式。

原则上公开招标的项目须委托专业的招标代理公司公开招标。原则上总行、分行须通过招标的方式选择资质高、信誉好的招标代理公司。总行和各分行须加强对招标代理公司的管理，与其签订委托代理协议，明确双方的权利和义务。

项目的单一标段（或分包）预算金额在300万元以上的，原则上应采取公开招标的方式采购。不得将应当采取公开招标方式采购的项目化整为零，或以其他任何方式规避公开招标。

第十六条 邀请招标。是指项目具有特殊性，只能从有限的供应商处采购，采取邀请三个（含）以上，具备承担项目的能力、资信良好的供应商参加投标的采购方式。

项目的单一标段（或分包）预算金额在300万元（含）以下的，原则上可采取邀请招标的方式采购。

第十七条 竞争性谈判。是指通过发布公告或谈判邀请，与两家（含）以上供应商进行谈判的采购方式。

符合下列情形之一的，可以采用竞争性谈判的采购方式：

（一）市场上仅有符合要求的两家供应商；

（二）公开公告后只有两家符合要求的供应商投标且重新招标所需时间不能满足需要的；

（三）技术复杂或者性质特殊，不能确定详细规格或者提出具体要求的；

（四）不能事先计算出价格总额的；

（五）项目时间要求紧迫，采取招标方式不能满足时间要求并经“招采委”审议同意的。

根据项目预算金额的大小，竞争性谈判分为公开竞争性谈判和邀请竞争性谈判。项目的单一标段（或分包）预算金额在300万元以上的，可采取公开竞争性谈判的方式采购；项目的单一标段（或分包）预算金额在300万元（含）以下的，可采取邀请竞争性谈判的方式采购。

第十八条 询价。是指通过发布公告或询价邀请，根据符合采购需求、质量和服务相等且报价最低的原则确定成交供应商的采购方式。

采购的货物规格、标准统一，现货货源充足、价格变化幅度小，可以通过询价方式采购。

根据项目预算金额的大小，询价分为公开询价和邀请询价。项目的单一标段（或分包）预算金额在300万元以上的，可采取公开询价的方式采购；项目的单一标段（或分包）预算金额在300万元（含）以下的，可采取邀请询价的方式采购。

第十九条 单一来源。是指按有关规定只能从单一供应商处采购的采购方式。

符合下列情形之一的，可以采用单一来源的采购方式：

（一）供应商拥有专利权，或采购项目的来源渠道单一，无其他符合要求的替代选择的；

（二）必须保证原有采购项目一致性或者服务配套的要求，如后续维修、维护、零配件供应、更换或扩充，需要继续由原供应商提供商品或后续服务，且补充合同的价款不超过原合同价款的50%的；

（三）有技术延续性要求的，或预先申明需对原有采购进行后续扩充的；

（四）在某一业务领域已建立长期战略合作伙伴关系的；

（五）有特殊保密要求或特殊限制条件的；

（六）公开公告后只有一家符合要求的供应商投标且重新招标所需时间不能满足需要的；

（七）在积极推动网点建设标准化、规范化的基础上，一年之内同城网点（含社区银行等）的安防等招标，以及同城网点建设（含社区银行等）所必需的网络、终端、电源等IT设备的招标，可以直接利用年初的招标成果，开展商务谈判；

（八）通过公开招标方式选定供应商后，在合同到期之前由项目需求部门提出与现供应商续签合同，且续签合同周期不超过原合同周期、续签价格不高于原合同价格的，可在原合同基础上进行续签。续签次数原则上不超过两次。项目需求部门在提出续签合同时，须提交现供应商上一服务周期的服务效果评估报告和续签价格的市场调研报告；

（九）对现有应用系统进行后续升级改造的采购项目，由项目需求部门提出预算申请签报并会签信息科技部，在预算审批通过后，由信息科技部与项目需求部门一起按照经“招采委”审批通过的《中国光大银行现有应用系统后续升级改造项目人月费用标准》与系统原开发商进行商务谈判并按照规定签署合同；

（十）经总行招标入围供应商或总行直接指定供应商的采购项目。

第二十条 各二级分行可根据本行的实际情况，制定不高于上述预算金额标准的招标、竞争性谈判、询价等方式适用的预算金额。

第四章 供应商库管理及分行权限

第二十一条 分行根据日常工作需要分类建立供应商库。

第二十二条 分行所在地各大型商场、连锁便利店可直接认定为分行供应商库。

第二十三条 分行建立供应商库后，各单位可在供应商库内采购，原则上每年可对供应商库进行一次调整。

第二十四条 货物类、服务类项目分行权限

本办法所称货物，是指各种形态和种类的物品，包括原材料、燃料、设备、产品等；所称服务，是指除房屋租赁、货物和工程以外的其他采购对象。

（一）总行和分行货物类、服务类项目的单一标段（或分包）预算金额在500万元以上的，

由总行负责采购工作。

（二）分行货物类、服务类项目的单一标段（或分包）预算在500万元（含）以下的，由分行负责采购工作。

（三）二级分行货物类、服务类项目的单一标段（或分包）预算在20万元（含）以下的，由二级分行负责采购工作。

（四）对于不是在分行采购供应库入围商家的货物类、服务类采购项目，不论金额大小均须履行采购审批程序。

第二十五条 标段划分

分行货物类、工程类、服务类项目总预算金额在1000万元以上的（依据总行预算批复文件），标段（或分包）的划分方案分行须上报总行，由总行负责审批。不得通过拆分标段的形式规避招标。

各单位应加强对相同产品采购工作的计划性安排，不得通过拆分标段的形式规避招标。原则上在一个月内对相同产品进行采购不超过两次。

对于办公用品等日常需求大、使用频繁的物品，各单位（不含各二级分行）需上报采购计划至分行办公室，由分行办公室统一采购、统一配送。各二级分行办公用品等日常需求大、使用频繁的物品采购对照分行办法执行。

第二十六条 对于成立不满一年的二级分行采购工作，视同分行同城支行管理，由于地理条件限制，不能够从分行供应商库采购的，可建立二级分行供应商库，并报分行备案。

第二十七条 分行对所辖二级分行采购工作的管理

（一）分行对二级分行的采购工作进行管理、指导、监督和检查。

（二）各二级分行要求根据总行的采购管理办法和分行的实施细则建立各二级分行采购管理实施细则。

（三）二级分行项目的单一标段（或分包）预算金额在20万元以下（含）的非招标采购项目，由二级分行“招采委”按规定流程组织。项目的单一标段（或分包）预算金额在20万元以上的，直接向分行“招采办”申请，由分行“招采委”统一组织招标采购。

（四）各二级分行安保、物业服务类等必须在当地采购的项目，预算金额在20万元以上的，可自行采购，需报分行招采委备案。

（五）对于成立时间未满一年的二级分行，其采购工作由其管辖行（一级分行）负责，二级分行不得自行采购。

第五章　审　批

第二十八条 “招采委”审批

单一标段（或分包）预算在20万元以上的项目，须报“招采委”会议审批采购方式和采购结果。

（一）采购方式审批

1. 项目需求部门汇报项目立项情况、市场调研情况，其中：公开招标的必须提出对投标供应商的资格和业绩要求，邀请招标的必须说明原因和推荐供应商的资格、业绩等方面情况。

2. “招采办”汇报采购初步方案，内容包括：采购方式建议、自行招标或委托招标代理公司招标等。

3. “招采委”委员投票表决。

（二）采购结果审批

1. “招采办”、项目需求部门和预算归口管理部门汇报评审、中标候选人审查、商务谈判等情况和采购结果建议。

2. “招采委”委员投票表决。（见附件8）

第二十九条 直接审批

（一）货物、服务类项目的单一标段预算在10万元（含）以下，且在分行采购供应库入围商家处直接采购的项目，需求单位自行组织采购前期工作，提出签报（包括预算金额、费用落实情况、项目需求部门采取的采购方式和详细依据、采购结果建议等），采取“招采办”主任在项目需求部门提出的签报上会签同意的方式直接审批采购结果。

（二）对于分行辖内网点建设所必须的监保、科技等配套设施采购且金额在20万元（含）以下，须在分行采购供应库入围商家处采购，需求单位自行组织采购前期工作，提出签报（包括预算金额、费用落实情况、项目需求部门采取的采购方式和详细依据、采购结果建议等），采取“招采委”主任在项目需求部门提出的签报上会签同意的方式直接审批采购结果。

（三）货物、服务类项目的单一标段预算在10万元~20万元（含），且在分行采购供应库入围商家处直接采购的项目，由“招采办”组织采购工作，采取“招采委”主任在项目需求部门提出的签报上会签同意的方式直接审批采购结果。

（四）对于办公室作为项目需求部门提出的单一标段（或分包）预算在20万元（含）以下项目，应以“招采委”主任在提出的签报上签署同意作为审批依据，“招采办”主任不得直接审批。

（五）各二级分行可根据本行的实际情况，制定不高于上述规定的预算金额标准。

第六章　采购流程

第三十条 采购准备

（一）项目需求部门负责做好立项报批、费用落实、技术方案论证、项目需求编写、市场调研、对供应商的资格要求、采购方式建议和推荐邀请的供应商（对于选型入围等特殊项目，需要确定两个或以上中标人的，应按三选一的原则推荐供应商）等前期准备工作。

（二）项目需求部门须提前将符合要求的上述材料提交“招采办”（依法必须进行招标的项目提前四十天；对于其他项目：按规定应公开招标的提前四十天；按规定应邀请招标的提前二十天；按规定可采取非招标的提前十五天）。

（三）“招采办”对项目需求部门提交的材料进行审查，拟定初步采购方案。

第三十一条 采购方式审批

参照第五章执行。

第三十二条 编制采购文件

“招采办”和项目需求部门共同负责采购文件的编制工作，“招采办”主要负责采购文件的商务部分，项目需求部门主要负责采购文件的技术部分，项目需求部门对业务合作方面有特殊要求的，应在招标文件中予以明确。采购文件经项目需求部门认可后，“招采办”方可对外发出。

第三十三条 发出采购文件

（一）“招采办”依据项目的资格要求（年审合格的营业执照副本复印件和有关资格证明文件等），对投标供应商进行资格预审，对通过资格预审的投标供应商发出采购文件。任何人不得向他人透露已获取采购文件的潜在投标供应商的名称、数量以及可能影响公平竞争的其他情况。设有标底的，标底必须保密。

（二）依法必须进行招标的项目，自招标文件开始发出之日起至投标人提交投标文件截止之日止，最短不得少于二十日。对于其他项目：采取公开招标的，自招标文件开始发出之日起至投标人提交投标文件截止之日止，最短不得少于二十天；采取邀请招标和竞争性谈判的，自招标文件开始发出之日起至投标供应商提交投标文件截止之日止，一般不少于五天；采取询价和单一来源采购的，自采购文件开始发出之日起至投标供应商提交投标文件截止之日止，一般不少于三天。

（三）对已发出的采购文件进行必要的澄清或者修改的，依法必须进行招标的项目，应当在招标文件要求提交投标文件截止时间至少十五日前；对于其他项目：采取公开招标的应当在招标文件要求提交投标文件截止时间至少十五日前（采取邀请招标和竞争性谈判的至少三日前、采取询价和单一来源采购的至少一日前），以书面形式通知所有采购文件收受人。根据情况可适当推迟要求提交投标文件的截止时间。澄清或者修改的内容为采购文件的组成部分。

（四）对于需采用公开招标方式的，应当发布招标公告，招标公告应当载明招标人的名称和地址、招标项目的性质、数量、实施地点和时间以及获取招标文件的办法等事项。对于采用邀请招标方式的，投标邀请书应当载明上述事项。

第三十四条 接受投标文件

（一）“招采办”按采购文件规定的时间、地点和密封等要求接收投标文件，收到投标文件后，应签收保存，不得开启。采取招标（或询价）采购方式投标供应商少于三个的或采取竞争性谈判方式投标供应商少于两个的，应重新组织招标、询价或竞争性谈判。

（二）在采购文件要求提交投标文件的截止

时间后送达的投标文件，“招采办”应拒收。采购文件要求投标供应商讲标的，应通过抽签的方式确定讲标顺序。

第三十五条 评审小组的产生

（一）项目具备评审条件后，组建评审小组。评审小组人员组成和数量如下：

1. 公开招标、公开竞争性谈判：一般为五人（含）以上单数，由项目需求部门代表和行外专家组成，项目需求部门以外的评委原则上不少于三分之二。

2. 邀请招标、邀请竞争性谈判：一般为五人（含）以上单数，由项目需求部门代表、行内专家和行外专家组成，项目需求部门以外的评委原则上不少于三分之二。行外专家原则上多于行内专家和项目需求部门代表人数的总和。

3. 询价：一般为三人（含）以上单数，由项目需求部门代表和行外专家组成，项目需求部门以外的评委原则上不少于三分之二。

（二）评审项目一般均需聘请行外专家，无需聘请行外专家的，须具备以下条件之一：

1. 涉及银行保密或不宜对外公开的项目。

2. 市场无可比性的项目。

3. 采购的货物规格、标准统一，现货货源充足、价格变化幅度小的项目。

4. 由“招采委”主任或“招采办”主任直接审批的项目。

（三）评审专家由“招采办”在监督部门监督之下，按照符合项目评标要求的原则，在行内专家库和行外专家库中随机抽取产生。特殊项目经监督部门同意后可以直接确定。委托招标代理公司办理的项目，评审专家原则上也应在我行监督部门监督之下，由招标代理公司在依法建立的专家库中随机抽取产生。

评审专家的抽取时间原则上应当在开标前一天进行，特殊情况不得超过两天。参加评审专家抽取的有关人员对被抽取专家的姓名、单位和联系方式等内容负有保密的义务。

（四）评审专家应以科学、公正的态度参加采购的评审工作，在评审过程中不受任何干扰，独立、负责地提出评审意见，并对自己的评审意见承担责任。评审专家不得参加与自己有利害关系的采购项目的评审活动。

（五）评审专家库的建设和管理，按《中国光大银行采购评审专家管理办法》执行（详见附件 1–1）。

第三十六条 开标

按采购文件规定的时间、地点，对投标供应商提交的符合性文件进行现场开标。项目需求部门、现场监督部门和投标供应商等有关人员参加。开标时，由投标供应商互相检查投标文件的密封情况，经确认无误后，由“招采办”工作人员当众拆封并宣读投标供应商名称、投标价格和投标文件的其他主要内容。

第三十七条 评标、评审

评标、评审由评审委员会负责，任何单位和个人不得非法干预、影响评标的过程和结果。评审委员会原则上于开标当日进行评标，工作程序如下：

（一）项目介绍和过程控制。评审委员会推选评审委员会组长，项目需求部门人员不得担任组长。项目需求部门介绍项目情况，由组长负责评标或评审过程控制，维护讲标和评审秩序及控制时间。

（二）实质性响应审查。评审委员会审查投标文件是否对采购文件提出的要求做出实质性响应，对供应商的资格进行审查。对投标文件未做出实质性响应的或不符合采购文件要求资格的，不再进行详细评审。

（三）详细评审。评审委员会应根据采购文件中规定的评标、评审标准及方法（须有合理的价格分值），对投标文件、讲标和问答情况等进行综合评审。

（四）推荐中标候选人。评审委员会成员独立打分，“招采办”评分汇总，负责过程监督的监督部门复核。根据投标供应商的得分情况，原则上按照从高到低的顺序推荐两名投标供应商为中标候选人。对于选型入围等特殊项目，需要确定两个或以上中标人的，应适当增加推荐中标候选人的数量，同时原则上按三选一的原则确定最终的中标人数量。

（五）填写《招标评标结果及中标人推荐书》。评审小组形成并签署评审意见，现场监督

人员签署监督意见。（具体格式见附件 1–2）

第三十八条 中标候选人审查和商务谈判

（一）中标候选人审查。

“招采办”、项目需求部门和预算归口管理部门共同负责中标候选人审查。审查内容主要包括：中标候选人的资格、信誉、规模、人员、场地等，中标候选人投标的货物、工程或服务的产品性能、技术状况、生产条件、产品质量等。审查方式主要包括：询问、测试、核实、现场考察等。

（二）商务谈判。

评审结束后，“招采办”将评审报告和投标人的投标文件交项目需求部门和预算归口管理部门，由项目需求部门、预算归口管理部门和“招采办”组成谈判小组，与被推荐的中标候选人进行商务谈判。技术性较强的项目，可聘请行外专家参加，涉及较大法律问题或有关法律问题不清、有争议时，应邀请法律部门的人员参加。

商务谈判以项目需求部门和预算归口管理部门为主，“招采办”负责组织协调。项目需求部门和预算归口管理部门根据商务谈判情况，按照中标候选人满足我行项目要求，有完整履行合同能力的原则，向“招采委”推荐最终中标人，并以备忘录的形式提交“招采办”按照程序审批。

第三十九条 竞争性谈判、询价参照本办法第三十四条至第三十八条有关流程进行。单一来源参照本办法第三十八条的有关流程进行。

第四十条 采购结果审批

参照第五章执行。

第四十一条 发布“中标通知书”

采取招标、竞争性谈判、询价方式采购的项目，采购结果原则上应公示，公示期为三至五天，经公示无异议后，“招采办”依据签发的“招采委会议纪要”，向中标的供应商发布中标通知书。委托招标代理公司招标的项目，向招标代理公司发布“中标结果确认函”，由其经公示无异议后向中标供应商发布中标通知书。

第四十二条 合同签署

项目需求部门和预算归口管理部门负责合同的签署。项目需求部门和预算归口管理部门与中标供应商应当自中标通知书发出之日起三十日内，按照招标文件、中标人的投标文件及中标人的补充承诺等（非招标项目按照上述相应的文件和材料）订立书面合同。主要工作流程如下：

（一）合同文本准备。

合同原则上由项目需求部门和预算归口管理部门起草和审核。如供应商提供的服务或商品，对合同文本的通用性、专用性要求明显，具有某一行业特征且已被广泛应用的，可使用其格式文本。

（二）合同授权及签订。

项目需求部门和预算归口管理部门根据招标文件、中标人的投标文件及中标人的补充承诺等（非招标项目按照上述相应的文件和材料），与中标的供应商就合同的各项条款达成一致后，将合同报法律合规部等部门审查通过后，根据授权情况，由有权签署人代表银行对外签署。

第四十三条 合同履行与评价

（一）合同的组织实施。项目需求部门和预算归口管理部门负责组织合同的具体实施，并负责合同技术部分和特殊条款的执行；根据合同有关工作内容、工作进度及人员安排等规定，对项目实施的全过程及供应商合同履约情况进行跟踪监督并记录。

（二）合同执行验收。

1. 合同实施部门应根据合同约定和项目进展情况，牵头组织内部相关部门、外部专业机构、行业专家对阶段性或最终工作成果进行验收，并根据验收情况填写验收单或编写验收报告。

2. 合同验收应严格根据合同约定条款内容，对产品及服务的标准、数量、质量、价格、交付时间等合同履行情况进行确认与评价。

3. 验收报告必须具有与合同相应的商务和技术要求相一致的对比性结论。应包括但不限于如下内容：合同约定的验收标准；按照合同要求完成情况，包括：质量、数量、工期、服务、履行的义务等（应有数字统计或需求单位使用意见等论据支持）；评价及验收结论。

第四十四条 合同付款

项目需求部门和预算归口管理部门应根据合同约定的付款条件和进度向计划财务部提出合同付款的书面申请，并提交付款所必备的单据和有关资料。付款资料主要包括：立项及预算的审批文件、付款申请、验收报告（单）、合同副本、发票等。付款方式应按行业有关规定分期付款，一般均须留足余款，以保证项目质量。

第四十五条 档案管理

（一）分行应按我行档案管理的有关规章制度做好采购档案的管理工作，保证采购档案的真实性、正确性和完整性，因人为因素造成档案丢失、损毁、虚假的，按有关规定追究责任。采购档案的保存期限为从采购结束之日起至少保存十五年。

（二）采购档案包括立项报批文件、费用审批文件、公开招标对投标供应商的资格要求、公开招标的公告方式、公告途径和公告时间、邀请招标的原因和供应商被推荐的理由、采用招标以外采购方式的相应文件和材料、"招采委"委员投票表决表（或传签审批文件）、"招采委"会议纪要、招标文件、投标文件、评标标准、评审专家抽取记录、评审小组打分表、《招标评标结果及中标人推荐书》、中标候选人审查材料、采购传签文件、备忘录、商务谈判文件、中标通知书复印件、中标结果确认函复印件等。

第七章 监 督

第四十六条 分行党务监察保卫部、法律合规部为采购工作的监督部门，对分行权限采购项目进行过程监督。监督人员在《招标评标结果及中标人推荐书》上签署监督意见，但不对结果发表意见，不参与打分和投票。

第四十七条 涉及监督部门自身的项目应实行回避制度，由其他监督部门进行过程监督。监督部门的专家参加评审时，不能同时行使监督职能。

第四十八条 监督部门可参与采购工作的过程、列席有关会议、查阅有关资料。

第四十九条 采购项目的后评价。监督部门根据情况，确定是否对采购项目进行采购后评价，并负责进行采购后评价工作。

第五十条 采购过程中有下列情形之一的，情节轻微的，责令整改，通报批评；情节严重、造成损失的，对直接责任人给予纪律处分，触犯刑律的移交司法机关处理。

（一）项目需求部门越权自行采购的。

（二）采购过程中，泄漏我行商业秘密造成不良后果的。

（三）与供应商串通，侵害我行利益的。

（四）利用工作便利获取非法利益的。

（五）有其他违纪行为的。

第八章 检 查

第五十一条 采购工作的检查分为自检和检查。

第五十二条 自检

（一）自检机构为分行各单位。

（二）自检频度为每年不低于一次，自检范围包括各自检机构在自身权限范围内的全年采购项目，自检要点包括采购管理实施细则是否规范、采购项目审批是否合规、采购项目操作流程是否合法合规等。

（三）自检结果报告。各单位完成自检后，由部门负责人在自检报告上签字后，向分行"招采办"报备自检报告（含整改方案）。二级分行完成自检后，由行长在自检报告上签字后，向分行报备自检报告（含整改方案）。《自检报告》格式详见附件 1–3。

第五十三条 检查

（一）每年对全部经转授权的二级分行进行检查，抽取同城支行及部门 30% 的比例进行抽查，由办公室、计财部、法律合规部、党务监察部组成检查小组。

（二）检查采取抽样检查的方式。分为现场抽样检查和非现场抽样检查。现场抽样检查包括但不限于：列席被检机构招标采购工作委员会会议、查看招标采购工作委员会会议纪要、列席被检机构评标及评审会议、审查采购文档等；非现场抽样检查包括但不限于：查看招标采购工作委员会会议纪要、审查采购文档等。

（三）检查的组织与实施

1. 被检机构须指定检查工作联系人，负责解释和反馈检查小组提出的问题。

2. 检查小组在检查过程中，根据被检机构存在的问题，填写《采购工作检查情况表》格式见附件1~4（略）。

3. 检查完毕后，检查小组在《采购工作检查情况表》每页上签字确认。

（四）检查结果

检查结果分为高、中、低风险问题和无明显问题。

1. 高风险问题：指违反国家或地方有关法律、法规、部门规章进行操作、审批等情况。

2. 中风险问题：指违反《中国光大银行石家庄分行采购管理实施细则》的规定进行越权操作、审批等情况。

3. 低风险问题：指未严格按照《中国光大银行石家庄分行采购管理实施细则》的规定进行操作等情况。

4. 无明显问题：指在检查过程中未发现存在明显问题的情况。

《检查结果分类明细表》详见附件1~5（略）。

检查结果运用：

1. 高风险问题：报分行“招采委”通过后，按照《中国光大银行问责管理暂行办法》对相关责任人进行问责。构成犯罪的，依法追究刑事责任。

2. 中风险问题：报分行“招采委”通过后，收回相关单位的授权。

3. 低风险问题：报分行“招采委”通过后，要求相关单位在一个月内进行整改或持续整改。

第九章 指导和培训

第五十四条 对分行的指导和培训

“招采办”依据分行各单位的采购工作开展情况，结合检查和审计等情况，针对在执行和操作过程中出现的问题，每年组织一次集中培训。

第十章 附 则

第五十五条 本办法由分行办公室负责解释。

第五十六条 由本办法产生的一切财务支出，均按照我行的财务审批制度执行。

第五十七条 本办法自下发之日起施行，原《中国光大银行石家庄分行集中采购管理实施细则》同时废止。

兴业银行股份有限公司石家庄分行反洗钱宣传和培训实施细则

兴银冀规〔2014〕33号

第一章 总 则

第一条 为增强全体员工反洗钱意识，提高反洗钱工作人员的业务知识和实际分析操作能力，掌握预防和识别洗钱犯罪的方法，促进分行反洗钱工作的有效开展，营造全民反洗钱的工作格局，根据《中华人民共和国反洗钱法》、《兴业银行石家庄分行反洗钱工作管理办法》等法律法规，特制定本实施细则。

第二条 本制度适用于分行辖内各支行、各部门及各二级分行。

第三条 反洗钱宣传与培训工作遵循“分级负责，层层落实”的原则，分行负责辖属机构反洗钱宣传与培训工作的统筹组织与协调，辖属机构负责落实具体方案的落实与执行，切实有效地防范洗钱犯罪在银行发生，保障金融资产的安全。

第二章 工作职责

第四条 反洗钱办公室职责：

（一）负责牵头全行的反洗钱宣传和培训工作。制定落实全行反洗钱宣传、培训计划，上报宣传、培训工作总结；

（二）组织、协调、督促相关部门采取多种形式的反洗钱宣传、培训工作，汇总编辑宣传和培训资料；

（三）组织、协调反洗钱工作检查小组监督、检查分行各部门、各支行反洗钱宣传、培训工作落实情况；

（四）领导安排其他与反洗钱宣传、培训相关的工作。

第五条 分行各部门职责：

（一）制定落实本部门本业务条线反洗钱宣传、培训计划，上报宣传、培训工作总结；

（二）配合反洗钱办公室开展反洗钱宣传、培训工作；

（三）完成本部门的宣传、培训检查工作；

（四）领导安排其他与反洗钱宣传、培训相关的工作。

第六条 各支行职责：

（一）制定落实本机构反洗钱宣传、培训计划，上报宣传、培训工作总结；

（二）配合分行各部门做好反洗钱业务培训、业务宣传工作；

（三）配合分行各部门的宣传、培训检查工作；

（四）领导安排其他与反洗钱宣传、培训相关的工作。

第七条 各二级分行职责

（一）负责牵头二级分行辖内的反洗钱宣传和培训工作。制定落实全行反洗钱宣传、培训计划，向分行反洗钱办公室上报宣传、培训工作总结；

（二）组织、协调、督促二级分行辖内相关部门采取多种形式的反洗钱宣传、培训工作，汇总编辑宣传和培训资料；

（三）组织、协调反洗钱工作检查小组监督、检查二级分行辖内各部门、各支行反洗钱宣传、培训工作落实情况；

（四）领导安排二级分行辖内其他与反洗钱宣传、培训相关的工作。

第三章　宣传和培训方式

第八条 各支行应设立反洗钱咨询窗口，由专人负责受理客户反洗钱业务问题的咨询解答等工作，提高本行客户的反洗钱认识水平。

第九条 各支行按照中国人民银行的要求突出本行反洗钱工作特色，发挥主观能动性，以反洗钱咨询窗口为主渠道，配合柜面服务、网络宣传、入户宣传、深入社区等辅助形式，散发反洗钱宣传单、宣传海报和折页（除了采用人民银行提供的宣传材料，还应采用自行设计和印制的宣传材料）等。并采用较为新颖的宣传方式，如播放编撰的宣传动画、情景剧等，扩大反洗钱社会宣传面，营造反洗钱宣传氛围。

第十条 各支行日常工作中应注意收集反洗钱宣传活动的宣传材料、图片等资料，及时对反洗钱宣传工作进行经验总结。

第十一条 分行对各支行、各部门及各二级分行通过面授、举行反洗钱业务知识测试、开展知识竞赛、下发培训资料、举办反洗钱专家讲座班等形式，进行有效学习，建立“有训必考”制度，加强全体员工对反洗钱业务知识的学习、理解和掌握，切实增强反洗钱工作整体意识和履职能力。

第十二条 各支行、各部门及各二级分行应充分利用晨会、周会、例会、总分行网络平台等渠道组织学习反洗钱知识，进行日常反洗钱法规、相关制度、案例分析的培训学习，并在分行培训基础上结合实际工作情况做好转培训、再培训工作。

第十三条 分行应结合当前反洗钱工作形势和反洗钱工作实践开展调查研究，积极反映反洗钱工作的重点、热点、难点问题，对本行反洗钱工作中存在的问题、难点及对策进行调查、研究和分析，通过研讨的方式，拓展本行的反洗钱工作思路，进一步提高反洗钱工作水平。

第四章　宣传和培训内容

第十四条 宣传的主要内容：

（一）宣传反洗钱工作的重要意义，发动社

会力量，加强、扩大舆论监督；

（二）介绍反洗钱法律法规、各项政策措施、制度规定以及实施步骤；

（三）介绍开展反洗钱工作取得的成果；

（四）介绍洗钱活动的基本特征，金融机构反洗钱义务，公民反洗钱义务等；

（五）介绍反洗钱立法及具体案例、反洗钱工作先进事例；

（六）其他需宣传的内容。

第十五条　反洗钱培训内容要求设置合理，能满足受训对象反洗钱工作所需，并涉及最新监管要求。主要包括：

（一）国家反洗钱政策规定和反洗钱各项法规、制度；

（二）大额交易和可疑交易识别、分析、报告的要求、手法和技巧；

（三）客户身份尽职调查和交易记录保存的内容和要求；

（四）客户洗钱风险等级分类的划分和判定；

（五）反洗钱相关业务系统的操作、管理；

（六）总、分行反洗钱制度、办法、操作程序和措施；

（七）反洗钱工作的重要意义；

（八）违反反洗钱规定的法律后果；

（九）刑法中有关洗钱犯罪的规定及追诉标准；

（十）其他与反洗钱工作相关的法律法规，规章制度等。

第五章　宣传和培训要求

第十六条　分行反洗钱办公室应每年向分行反洗钱工作领导小组上报全行的反洗钱工作培训和宣传计划，每半年向分行反洗钱工作领导小组上报全行的反洗钱宣传和培训总结。

第十七条　分行各支行、各部门及各二级分行应每年向分行反洗钱办公室上报本单位反洗钱工作培训和宣传计划，每半年向分行反洗钱办公室上报本单位反洗钱宣传和培训总结。

第十八条　宣传计划应列明组织宣传时间、地点、内容、方式，参加人数等；培训计划中应列明主办部门、培训时间、对象、内容、方式、预计培训人数等内容。

第十九条　分行反洗钱办公室应当至少每年协调、组织两次分辖范围内的反洗钱宣传活动。分行各支行、各部门及各二级分行应高度重视、积极配合，采取多种形式做好宣传工作。

第二十条　分行相关部门应当按照反洗钱预防、监控等内控制度的要求，有计划地、每年至少组织两次对员工的反洗钱知识培训。

反洗钱培训对象应包括辖内高层管理人员、各部门及各机构负责人、反洗钱主管部门成员及反洗钱专员、各业务条线人员、新入行员工等。

新行员上岗前必须接受本条线业务部门的反洗钱培训和测试，确保员工掌握有关反洗钱操作程序、可疑资金的甄别和分析等知识，熟悉有关反洗钱工作的规定、反洗钱操作规程以及发现、处理可疑交易的措施，提高履职能力。

第二十一条　各支行、各部门及各二级分行应当不断加强有关反洗钱法律法规教育，提高员工法律意识和遵守《中华人民共和国反洗钱法》的自觉性，切实履行反洗钱义务，防范内部或内外勾结利用职务之便进行洗钱犯罪活动。

第二十二条　各支行、各部门及各二级分行应当切实落实反洗钱宣传工作，进一步普及反洗钱法律法规及有关知识，增强广大群众防范洗钱活动意识，提升客户对反洗钱工作支持力度。

第二十三条　各支行、各部门及各二级分行要切实采取多种形式，多渠道地开展反洗钱宣传、培训活动，坚决杜绝形式主义和走过场。

第二十四条　各支行、各部门及各二级分行要严格督促、落实本单位反洗钱宣传、培训工作。

第二十五条　各支行、各部门及各二级分行的书面总结报告应包括全年的反洗钱宣传、培训工作经验和成果，反洗钱宣传、培训工作中发现的重大情况和问题以及切实有效的解决措施和办法等。

各支行在日常工作中，应结合实际业务宣传反洗钱工作，耐心解答客户疑问，积极探索新的反洗钱宣传方式方法。

第二十六条　各支行应当每季度至少组织一次反洗钱学习和培训，督促员工持续学习，提高反洗钱知识和技能，熟练掌握可疑交易识别和报告方法。

第二十七条 各支行、各部门及各二级分行应对不同风险岗位人员进行不同层次及内容的培训。

第二十八条 参加培训和考试人员应严格遵守课堂、考场纪律，发现考试作弊者，考试成绩按零分处理，并进行通报批评。

第二十九条 未经反洗钱方面培训的人员，不得从事与反洗钱工作有关的岗位。

第三十条 各支行、各部门及各二级分行应建立反洗钱培训、宣传档案，真实记录反洗钱培训时间、内容、签到等情况，妥善留存备查。

第六章 附 则

第三十一条 本实施细则由分行制定和解释，会计结算部负责修订。

第三十二条 本实施细则自发文之日起执行。

中国邮政储蓄银行河北省分行社保金融IC卡业务管理办法（暂行）

第一章 总 则

第一条 为拓展邮政金融服务市场，向河北省社会保障参保人员提供优质的金融服务，做好中国邮政储蓄银行河北省分行社保金融卡业务管理工作，根据《关于社会保障卡加载金融功能的通知》（人社部发〔2011〕83号）要求，制定本办法。

第二条 中国邮政储蓄银行河北省分行具有社会保障功能的金融IC卡（以下简称“社保金融IC卡”），由河北省人力资源和社会保障厅（以下简称“省人社厅”）和中国邮政储蓄银行河北省分行（以下简称“河北省分行”）联合发行，归省人社厅和河北省分行共同所有。

第三条 社保金融IC卡具有社会保障和借记卡金融服务双重功能，由省人社厅负责提供社保保障功能，河北省分行负责提供借记卡金融服务功能。

第四条 本办法适用于河北省分行辖内各级分支机构及代理营业机构。

第二章 职责划分

第五条 业务部门职责

（一）省分行业务部门职责

1. 负责本省社保金融IC卡业务的流程规范、风险控制、监督检查、业务培训等工作。

2. 负责与省人社厅的沟通和协调工作。

3. 负责全省社保金融IC卡的业务发展和营销推广工作。

（二）分支行业务部门职责

1. 负责辖区内社保金融IC卡业务的风险控制、监督检查、业务培训等工作。

2. 负责与当地人社部门的沟通和协调工作。

3. 负责辖区内社保金融IC卡的业务发展和营销推广工作。

4. 负责市人社部门提供的客户开户资料的领取和临时归档保管工作。

5. 负责社保金融IC卡批量制卡和开户前的相关准备工作，负责组织和实施辖内社保金融IC卡批量开户文件的拆分以及开户工作。

6. 负责协助会计与营运部对地市人社部门的社保金融IC卡实物进行现场核对。

第六条 凭证管理部门职责

（一）负责本行社保金融IC卡业务涉及的凭证管理流程规范、风险控制、监督检查、业务培训等工作。

（二）负责凭证系统内的申请工作。

（三）各市分行会计与营运部负责每月会同个人金融部对地市人社部门的社保金融 IC 卡实物进行一次现场核对，确保账实相符。（相关数据由个人金融部提供）。

第三章　基本规定

第七条 河北省社保金融 IC 卡品种为“03-绿卡通联名卡”，卡类别为“1303- 河北社保金融 IC 卡”，卡 bin 为 621797，属于区域性联名卡，申请和交付单位均为河北省人社厅。

第八条 社保金融 IC 卡卡面按照《中国人民银行人力资源社会保障部关于社会保障卡银行业务应用有关事宜的通知》（银发〔2010〕348 号）规定，A 面要素包括卡名称国徽、卡名（中华人民共和国社会保障卡）、隐蔽磁条。卡 B 面要素包括人力资源社会保障机构名称和标识、银行名称和标识、银行卡组织标识、持卡人照片、持卡人姓名、社会保障号码、接触式 IC 芯片、人力资源社会保障机构印章、银行卡卡号、ATM 标识。

第九条 社保金融 IC 卡芯片里同时存在社保账户和金融账户，社保账户的管理由河北省人社厅负责，金融账户的管理由我行负责。

第十条 社保金融 IC 卡为单卡户，不允许加办存折。

第十一条 社保金融 IC 卡允许开通网上银行、手机银行，允许加办短信、基金、贵金属、第三方存管，允许加办网上支付通。

第十二条 社保金融 IC 卡不允许进行跨境交易。

第十三条 社保金融 IC 卡原始卡由河北省人社厅指定的卡厂提供。

第十四条 河北省人力资源和社会保障厅负责社保金融 IC 卡申领人的资格管理、信息采集、数据整理等，并指导相关发卡服务商做好制成卡卡片发放给持卡人等工作。

第十五条 资费

（一）河北省社保金融 IC 卡对参保人员首次新办卡和非持卡人因素造成卡片失效换卡的免收卡工本费；挂失补发新卡、因持卡人因素造成卡片失效换卡和销户后重新申领卡片的，按照河北省人社厅制定的标准由人社部门收取 30 元 / 张工本费。

（二）河北省社保金融 IC 卡办理其他金融业务按普通绿卡通卡标准收取相关费用。

第四章　制卡管理

第十六条 社保金融 IC 卡制卡流程分为两种，一种为“先社保后金融”模式，此模式下制作的卡片用于批量开户；一种为“先金融后社保”模式，此模式下制作的卡片用于零星开户、换卡、挂失补发等零星业务。

第十七条 在“先社保后金融”模式下，我行收到社保方提供的数据后（将数据文件刻成光盘互换），上传至 IC 卡系统中，并上传到身份资料联网核查系统中进行批量联网核查。

第十八条 联网核查结果出来后，省分行业务管理员根据审核通过的数量通知省分行凭证管理员生成相应数量的制卡文件，并在 IC 卡第三方应用系统中将生成的卡号随机逐个写入社保提供数据文件中的个人信息，生成给社保的回盘文件。

第十九条 市分行业务人员将回盘文件、联网核查审核未通过的结果文件返回社保，由社保提供给其指定的卡商进行社保账户的个人化。

第二十条 省分行制卡员负责制卡，将卡片个人化文件传输给制卡外包服务商，由其进行金融个人化处理。

第二十一条 制卡完成后，由制卡外包服务商移交卡片所属地市的人社部门。

第二十二条 社保金融 IC 卡属于重要空白凭证，按照《中国邮政储蓄银行河北省分行重要单证管理办法实施细则（试行）》有关规定进行管理。

第五章　卡管理

第二十三条 社保金融 IC 卡开卡分为批量开卡和单笔开卡两种类型。社保金融 IC 卡批量开卡交易在市县支行或网点发起，只允许零金额批量开卡；社保金融IC卡单笔开卡交易在网点发起，使用社保金融 IC 卡零星开卡交易。

第二十四条 社保金融IC卡批量开卡文件由市分行业务管理人员人工下载后，自行决定批量开户网点，并将批量开户文件拆分下发相应支行或者网点。

第二十五条 网点普通柜员办理社保金融IC卡的批量开卡时，须经综合柜员授权。

第二十六条 社保金融IC卡批量开卡完成后，打印“中国邮政储蓄通用凭证”和“批量开户明细（一式二份）”，通用凭证和其中一份明细清单留存网点，另一份通用凭证和明细清单交稽核中心。

第二十七条 对于批量开卡的，持卡人本人持社保金融IC卡和申请开户时提供的有效身份证件原件，到开户网点柜台补录客户信息、修改密码以激活卡片并签字确认，然后即可正常办理金融业务。未激活的社保金融IC卡不允许在ATM上改密激活。

第二十八条 对于零星开卡的，持卡人需在社保方申请社保金融IC卡，之后凭社保方发放的新卡和有效身份证件，到全省任一联网网点办理开卡手续。

第二十九条 社保金融IC卡换卡只允许更换社保金融IC卡。

第三十条 持卡人的有效身份证件类型或者号码发生变更的，应由本人到社保方申请销户后，再重新申请社保金融IC卡，我行不受理社保金融IC卡的证件类型和号码变更。

第三十一条 社保金融IC卡采取分别挂失的原则，金融账户由持卡人向我行申请挂失，社保账户由持卡人向社保相关部门申请挂失。

第三十二条 社保金融IC卡丢失时，持卡人本人可到网点或通过电话银行办理凭证临时挂失，也可到网点办理凭证正式挂失。凭证的正式挂失和临时挂失均可在全省任一联网网点办理。

第三十三条 办理社保金融IC卡的凭证和金融密码双挂失时，持卡人本人须提供卡号、账户对应的有效实名证件，在全省任一联网网点办理。凭证密码双挂失生效后7天内，稽核中心应按照挂失凭证的内容与持卡人进行核实，核实通过的方可进行挂失后续处理。

第三十四条 社保金融IC卡采取分别解挂失的原则，金融账户由持卡人向我行申请解挂失，社保账户由持卡人向社保相关部门申请解挂失。

第三十五条 社保金融IC卡的挂失补发，按照先社保方补发，后银行方补发的形式来完成。客户在我行挂失社保金融IC卡金融账户7天后，持社保方已经写好社保信息的社保金融IC卡空白卡和有效实名证件，在社保方发卡后，到我行原挂失网点完成社保金融IC卡的挂失补发手续。

第三十六条 挂失补发新卡后，原卡加办的代发工资等中间业务加办关系自动更新到新卡；挂失清户后重新开户的，应在清户前撤销所有中间业务加办关系，开户后重新加办。

第三十七条 挂失补发、挂失清户、密码重置、解挂失、挂失事项更改等挂失后续处理必须到原挂失受理网点办理。

第三十八条 由于社保金融IC卡卡片损坏或者磁条消磁需要换卡的，持卡人需先在社保方重新申请社保金融IC卡，之后持社保方发放的新卡和旧卡，到全省任一联网网点办理换卡手续。由网点营业人员收回旧卡，将卡片剪角，芯片打孔，破坏磁条完整性，按照现有规定上缴稽核中心。

第三十九条 社保金融IC卡持卡人需要销户时，持卡人需先在社保方对社保账户进行销户，之后持社保方出具的《销户通知书》和卡片，到全省任一联网网点办理销户手续。由网点营业人员收回卡片，将卡片剪角，破坏磁条完整性，按照现有规定上缴稽核中心。

第六章　特殊规定

第四十条 社保金融IC卡无最小凭证号概念，网点开户时无需在逻辑集中系统中请领凭证。

第四十一条 社保金融IC卡的开户、激活、换卡、正式挂失、挂失补发交易不允许跨省交易。

第四十二条 通过批量方式制卡的参保人，在领到批量开户的社保金融IC卡后，到我行网点改密激活。改密激活时系统需校验客户九项基本信息是否完整，若不完整则提示补录，补录完成后才可办理激活。

第四十三条 通过批量方式开立的社保金融

IC卡，网点在做批量开户操作时无需再进行联网核查操作，但需将省分行批量联网核查结果文件打印，随身份证复印件（或已粘贴身份证复印件的申请表电子版）以及其他业务档案一同交稽核中心。

第四十四条 零星开户时，持卡人应填写《中国邮政储蓄银行个人账户申请书》；换卡时，持卡人应填写《中国邮政储蓄银行个人账户特殊业务申请书》。

第四十五条 各市分行业务管理部门与凭证管理部门应每月共同开展一次针对地市人社部门所有凭证的现场核对工作（石家庄市分行还需对省人社厅省本级机构下的凭证进行核对），对账面凭证数量等与实物进行核实，确保账实相符。核对结束后，应填写检查记录表交地市人社部门卡片管理人员签字确认，留存备查。如发现卡片丢失，应记录丢失卡片、卡号，由地市人社部门出具卡片丢失情况说明。

第四十六条 因社保金融IC卡涉及客户详细信息，各级机构要对本机构所接收、处理的相关数据、资料妥善保管，由专人负责，保证各环节安全，严禁通过外网或其他存在安全隐患的方式传递电子文件，防止相关资料丢失、泄露及损坏。一旦出现问题，将追究相关人员责任。

第七章 附 则

第四十七条 本办法由中国邮政储蓄银行河北省分行负责制定、解释和修改。其他未尽事宜，参照《中国邮政储蓄银行储蓄业务制度》和《中国邮政储蓄银行金融IC借记卡业务管理办法（暂行）》相关规定执行。

本办法自印发之日起执行。

渤海银行股份有限公司石家庄分行分支机构开业内控合规检查及辅导实施细则

第一章 总 则

第一条 为进一步加强渤海银行石家庄分行（以下简称本行）分支机构开业前内控合规检查及辅导工作，防范合规及操作风险，为分支机构开业提供专业支持，根据《商业银行合规风险管理指引》、《商业银行操作风险管理指引》、《渤海银行二级分行及支行筹建指引》、《渤海银行分支机构开业内控合规检查及辅导管理办法》等制度，制定本实施细则。

第二条 分支机构开业内控合规检查及辅导（以下简称内控合规检查及辅导）遵循“早支持、早筹划、早服务”的原则，为新建分支机构各项业务稳健发展提供内控合规支持。

第三条 本办法适用于本行分支机构开业前内控合规检查及辅导。分支机构包括二级分行和支行。

第二章 职责分工

第四条 分行内控合规部负责按照总行、当地监管部门规定，牵头实施对新建二级分行、直管支行的开业前内控合规检查及内控合规辅导工作。

第五条 拟开业分支行/筹备组应根据《开业前内控合规检查工作表》要求，逐项落实相关工作，对工作完成情况开展自查，并负责对自查及内控合规检查发现问题的整改落实。

第三章 内控合规检查内容

第六条 内控合规检查是指内控合规部门对新建分支机构履行检查职责，对分支机构开业前必须具备的资质及必须完成的工作事项进行检查验收，出具独立的检查报告。

第七条 开业前内控合规检查在业务条线/职能部门的专业检查指导的基础上进行，但不替代专业检查指导。内控合规检查主要内容包括：

（一）开业资质检查

1. 检查开业批复、金融许可证、营业执照等经营资质是否已取得。

2. 检查国（地）税登记证、组织机构代码证等证照是否已取得。

3. 检查高管人员的任职资格是否获得批准。

（二）组织架构及人员

1. 检查新建分支机构的组织架构是否获批，员工配置是否与组织架构安排一致。

2. 检查人员到位数量及到位结构是否符合开业最低要求。

3. 检查是否制定部门职责、岗位说明书。

4. 检查人员招聘录用流程是否符合本行相关规定。

5. 检查分支机构高级管理人员的授权书及业务授权文件是否已取得。

6. 检查分支机构是否具备相关人力资源管理制度、绩效考核办法及操作流程。

（三）营业场所安全

分行综合管理部按照相关制度规定，对分支机构进行开业前的技防、物防、人防和消防等相关安全保卫的指导、检查，并填写《营业场所安全检查工作表》。内控合规部在综合管理部检查的基础上，对《营业场所安全检查工作表》的完成情况、检查发现问题及整改情况进行检查。营业场所安全检查的主要内容包括：

1. 检查安防、物防、消防、技防等申报、验收资料是否报总行保卫部门审批、备案。

2. 保卫人员管理情况。检查新建分支机构到岗的专职保卫干部人数是否符合要求；检查新建分支机构管控中心安保队伍人员管理是否符合要求，保安人员是否由具有相关专业经营资质的保安公司提供，保安人员是否经过当地公安局备案，保安人员配置是否符合最低标准要求。

3. 检查分支机构是否在敏感区域安置 110 报警器、监控录像，且能够正常工作；监控录像的画面是否清晰，保管是否符合总行及当地公安机关要求；是否与总行管控中心远程联网。

4. 检查灭火器等消防设备是否能正常使用，各楼层是否有防火逃生图，逃生通道是否畅通。

5. 检查分支机构开业前是否完成工作证制发、要害人员管理、门禁授权管理、警用器械和款箱的采购、押运合同签订、与装修项目管理公司交接手续等安全保卫工作。

6. 检查分支机构是否制定安全保卫突发事件的应急处置预案，开展安全教育，并组织全体人员举行防抢劫、防火灾等预案演练。

7. 检查分支机构是否与物业公司签订落实消防管理协议书，明晰消防区域责任。

8. 检查分支机构是否设置独立的行政值班室，并开通独立的行政值班座机电话。

（四）生产系统安全

分行信息科技部按照本办法要求，对分支机构进行开业前生产系统安全检查，并填写《生产系统安全检查工作表》。内控合规部在信息科技部检查的基础上，对《生产系统安全检查工作表》的完成情况、检查发现问题及整改情况进行检查。信息科技部生产系统安全检查的主要内容包括：

1. 组织业务系统使用及管理部门对用户权限设置是否合理，是否与工作责任和职责分工一致，且不存在职责冲突进行检查。

2. 所有信息系统是否均已安装并按测试方案进行连通性测试，对关键业务系统是否建立服务连续性应急预案。

3. 所有的 IT 设备是否到位，是否与服务厂商签订维保合同。

4. 分支机构机房管理是否符合要求，包括：电力供应、出入管理、监控录像、消防系统、机房建设工程验收、机房运行值班管理等。

（五）业务支持

内控合规部实施的业务支持检查的内容包括：总分行业务条线/职能部门要求制定的制度、流程或实施细则是否已具备；开业必须的业务资质是否已取得；总分行规定需要外包的服务是否签署外包合同；现金管理业务印章是否齐全；业务部门开通相关业务系统用户的流程是否符合要求；业务系统报批时间是否确定，与当地监管部门的系统连接（或准备工作）是否已完成；分支机构对外营业时间及服务收费标准是否确定并对外公布；是否设置保密室和管理类档案库房；各业务部门是否根据本行相关制度建立业务应急预案等。

分行业务营运部按照营运条线相关制度及本办法要求，对分支机构进行开业前营运业务支持检查，并填写《营运条线业务支持检查工作表》。内控合规部在业务营运部门检查的基础上，对《营运条线业务支持检查工作表》的完成情况、检查发现问题及整改情况进行检查。

（六）人员培训

1. 检查是否安排分支机构新入职员工参加入职培训，组织相关业务人员参加基础业务培训及上岗资格考试。

2. 检查是否向分支机构员工培训和转发所适用的本行规章制度和管理要求。

第四章　内控合规辅导内容

第八条 内控合规辅导是指内控合规部门对新建分支机构内控合规工作人员开展培训，指导其熟悉本行内控合规文化、搭建内控合规管理体系、组建内控合规人员队伍、建立信息交流与报告机制等，使分支机构内控合规管理尽快满足本行要求，发挥职能作用。

第九条 分行内控合规部门对新建分支机构提供辅导与管理，通过培训考试、现场辅导、非现场咨询等方式推动分支机构内控合规体系及文化的建设，并协助完成开业前与内控合规相关的准备工作，为开业后尽快发挥内控合规管理职能奠定基础。内控合规辅导主要内容包括：

（一）培育内控合规文化

1. 对新建分支机构全体员工进行内控合规管理培训，开展内控合规文化宣讲，宣传本行内控合规理念，使员工在开业之初即树立“全员合规，全程合规，主动合规，合规创造价值”的意识。

2. 对分支机构内控合规管理人员开展有针对性的内控合规培训，指导其组织上岗资格考试，努力打造一支高素质、专业化的内控合规队伍。

（二）建立内控合规管理体系

1. 指导分支机构内控合规工作人员熟悉本行内控合规管理要求，制定内控合规规章制度。

2. 指导分支机构内控合规工作人员按照上级内控合规部统一要求，建立中长期管理规划及年度工作计划。

3. 指导分行内控合规工作人员了解内控合规管理体系下合规管理、操作风险管理、反洗钱管理、案件防控及二线检查等主要工作的流程及管理要求。

（1）操作风险管理，包括操作风险管理相关制度、关键控制一线自我评估工作、操作风险管理系统操作及用户申请、操作风险管理工具（3K）的制定及系统维护、检查发现的上报及整改追踪等。

（2）合规管理，包括合规风险管理相关制度、本行制度体系、规章制度合规性审查、制度库信息系统的使用及信息维护、外部法规内化等。

（3）反洗钱管理，包括反洗钱相关制度、反洗钱大额和可疑交易报送、反洗钱系统操作等。

（4）案件防控，包括案件防控相关制度、案件处置及案件信息报送流程等。

（5）二线检查，包括二线检查相关制度、二线检查计划制定、二线检查方法、流程等。

（三）组建内控合规人员队伍

1. 督促分支机构按照要求，配备内控合规管理人员。

2. 指导分支机构设立专兼职操作风险管理人员（UORM/RP）和反洗钱工作人员，并按照要求申请操作风险管理系统和反洗钱系统用户。

（四）信息交流与报告

指导分支机构内控合规工作人员熟悉内控合规信息交流与报告相关制度及管理要求，以确保开业后及时准确地向上级行反映内控合规管理信息。

1. 建立内控合规辅导对口联系人机制，向新建机构明确内控合规工作人员工作职责，以便于新建机构直接对口咨询。

2. 明确须向上级行内控合规部报送的各项定期报告及二线检查报告、监管检查报告等非定期报告的报送要求。

3. 指导分支机构内控合规工作人员充分利用内刊等总分行内控合规信息交流共享平台，积极提供素材，促进分支机构内控合规管理水平提高。

第五章　内控合规检查及辅导实施

第十条　分行内控合规部负责掌握执行总行内控合规、当地监管部门政策，制定内控合规实施细则，根据总分行、当地监管部门要求，部署安排检查工作。

第十一条　分行内控合规部负责辖属分支机构内控合规检查及辅导工作，在接到分行综合管理部开业检查工作通知后三个工作日发出内控合规检查及辅导通知，部署检查及辅导相关事宜。

第十二条　内控合规检查的流程及相关要求参照总行二线检查相关制度规定。

第六章　检查发现问题报告与整改

第十三条　内控合规检查完成后，检查人员应在5个工作日内出具内控合规检查报告，报告应客观陈述拟开业机构存在的问题、整改的方案、整改落实进度。分行内控合规部实施的检查，检查报告经内控合规部总经理批准，报主管行领导审批后发送拟开业分支行/筹备组。分行内控合规部对辖属分支机构的检查报告同时抄报总行内控合规部。

第十四条　经检查具备基本开业条件的分支机构，针对开业检查中发现的问题，积极制定操作性强的整改方案，指定专人负责落实整改，在规定期限内向出具检查报告的分行内控合规部提交整改报告。内控合规部对问题整改落实情况进行复查。

第十五条　检查中发现严重风险隐患，不具备开业条件，经行领导决定暂缓开业的分支机构，应在规定期限内完成整改，并向出具检查报告的分行内控合规部申请二次检查。二次检查及报告程序与首次检查相同。

第七章　附　则

第十六条　本办法由分行内控合规部负责解释和修订。

第十七条　本办法自印发之日起执行。

承德银行股份有限公司全面风险管理办法

第一章　总　则

第一条　为建立健全本行风险管理体系，提升风险管理水平和防控能力，确保本行安全稳健经营和健康发展，根据银监会《商业银行资本管理办法（试行）》、《商业银行内部控制指引》、《商业银行市场风险管理指引》、《商业银行操作风险管理指引》、《商业银行流动性风险管理办法（试行）》、《商业银行声誉风险管理指引》等规定，结合本行实际，制定本办法。

第二条　本办法所称风险是指对本行实现既定目标可能产生影响的不确定性，这种不确定性既可能带来损失也可能带来收益。本办法主要关注带来损失的不确定性，包括信用风险、市场风险、操作风险、流动性风险、声誉风险、信息科技风险等。

第三条　本办法所称全面风险管理是指围绕本行战略目标，构筑风险管理框架，明确公司治理结构及各级风险管理职责，建立有效识别、评估、计量、监测、控制各类风险的管理体系。

第四条　建立全面风险管理体系的原则是：进一步明确和完善分工合理、职责明确、相互制衡、报告关系清晰的风险管理组织结构，以业务经办部门同时也是风险管理部门，业务经办者同时也是风险承担者为前提，明确划分风险管理牵头部门、相关风险主管部门之间的职责，将风险管理渗透到各项业务过程和各个操作环节，覆盖所有部门和岗位，并由全体人员参与，任何决策或操作均有案可查。

第五条　全面风险管理的总体目标

（一）确保国家法律法规和本行内部规章制度的贯彻执行。

（二）确保各类风险得到识别、评估、计量、监测、控制和报告，使本行能够充分抵御其所面临的风险，满足业务发展的需要。

（三）确保资本水平与风险偏好及风险管理水平相适应。

（四）确保风险管理体系的有效性，保护本行不因灾害性风险或人为失误而遭受重大损失。

（五）形成良好的风险管理文化，使全体员工强化风险管理意识。

第六条 在建设全面风险管理体系过程中，应培育和塑造良好的风险管理文化，引导员工遵循良好的行为准则和道德规范，增强风险管理意识，培育按规章制度工作的习惯。在各层面营造风险管理文化的氛围，将风险管理文化融于企业文化建设的全过程。促进本行全面风险管理目标的实现。

第七条 按照内部资本充足评估要求，对风险管理体系的完善性、有效性进行评估，确保资本水平与风险状况、风险管理能力相匹配，有效维护本行的稳健运行和持续发展。

第二章 组织架构及职责分工

第八条 本行风险管理的组织架构包括董事会、董事会风险管理与关联交易控制委员会、监事会、高级管理层、总行风险合规部、总行内审稽核部、总行其他管理部门、各分支机构。

第九条 董事会主要职责

董事会对本行全面风险管理承担最终责任。严格贯彻落实监管部门对商业银行董事会要求的关于信用风险、流动性风险、市场风险、操作风险、声誉风险、信息科技风险等风险的规定，并根据本行风险状况、发展规模和速度，建立全面的风险管理战略、政策和程序，判断本行面临的主要风险，确定适当的风险容忍度和风险偏好。

第十条 监事会主要职责

负责本行全面风险管理的监督检查并督促整改；负责对董事会和高级管理层在全面风险管理方面履职情况的监督与评价，并提出评价建议。

第十一条 董事会风险管理与关联交易控制委员会主要职责

根据总体战略，审核和修订本行风险战略、风险管理政策、风险偏好、全面风险管理架构和内部控制流程，对本行风险政策、管理状况及风险承受能力进行定期评估，提出完善本行风险管理和内部控制的意见。

第十二条 高级管理层主要职责

负责执行董事会批准的全面风险管理战略、政策及程序，确保本行经营与董事会所制定批准的发展战略、风险偏好及其他各项政策相一致，严格贯彻落实监管部门对商业银行高级管理层要求的关于信用风险、流动性风险、市场风险、操作风险、声誉风险、信息科技风险等风险的规定。

第十三条 总行风险合规部主要职责

总行风险合规部作为本行风险管理牵头部门，负责全面风险管理的组织协调工作。

（一）负责监督各项风险管理政策的实施；

（二）负责收集汇总各风险主管部门提交的风险报告，及时向相关风险主管部门进行风险提示；

（三）负责协助各业务条线采取必要的措施用于识别、计量、监测和控制各类风险；

（四）负责审核风险管理制度、办法及流程；

（五）在职权范围内承担全面风险管理监控失误的责任；

（六）高管层交办的其他风险管理工作。

第十四条 总行内审稽核部主要职责

总行内审稽核部按照本行章程和相关监管规定履行其在风险管理中的职责，负责定期或不定期检查评估全面风险管理体系运行情况，监督风险管理制度和政策的执行情况，并按程序向董事会、监事会报告风险管理体系运行效果情况。

第十五条 总行其他管理部门主要职责

总行其他管理部门是直接从事业务管理和风险管理的部门，是各类风险管理的落地实施部门，按照部室职能和风险管理工作要求，落实以下职责：

（一）负责拟定风险管理制度、控制措施；

（二）负责具体执行风险管理的政策和程序；

（三）负责本部门及本条线各类风险的识别、

评估、计量、监测和控制，并及时、真实、全面地报告本部门及本条线的风险状况和控制情况；

（四）根据部门职责分工，对本部门及本条线监管评级定量及定性指标和非现场监管报表监管指标的监测、控制与管理，并及时报告；

（五）接受风险合规部、内审稽核部的风险提示、监督意见或建议，并按要求落实风险防控工作；

（六）在职权范围内承担本部门及本条线风险识别与评估失察、监管评级指标和非现场监管报表监管指标监控与管理不力、风险状况报告失真的责任；

（七）高管层交办的其他风险管理事项。

第十六条 分支机构职责

各分支机构是本机构业务经营风险的第一责任人，应坚持审慎经营、收益和风险相匹配的原则，在总行各类风险管理部门和业务部门的指导和监督下，按照业务政策和程序合法合规开展工作。

（一）严格贯彻落实总行制定的风险管理制度、规程和政策。

（二）负责本机构（分行含辖内各支行）各类风险的识别、评估、计量、监测、报告，并在权限内予以控制，确保本机构的安全稳健经营和发展。

（三）分行各部门负责本部门和本条线各类风险的识别、评估、计量、监测和控制，并及时、真实、全面地报告本部门及本条线的风险状况和控制情况；

（四）在职权范围内承担本机构（分行含辖内各支行）各类风险识别与评估失察、风险状况报告失真、风险控制不力形成损失的责任。

（五）总行授权交办的其他事项。

第三章 风险管理流程

第十七条 风险管理流程是指包括风险识别、风险计量（评估）、风险控制、风险监测与报告等一系列风险管理活动的全过程，应能贯彻执行既定的战略目标，与银行风险管理文化相匹配。

第十八条 风险识别是指对影响本行各类目标实现的潜在事项或因素予以全面识别，鉴定风险的性质，进行系统分类并查找出风险原因的过程。

第十九条 风险计量（评估）是指在通过风险识别确定风险性质的基础上，对影响目标实现的潜在事项出现的可能性和影响程度进行计量或评估的过程，通常采取定性评估与定量计量结合的方法。

第二十条 风险控制是指在风险计量（评估）的基础上，综合平衡成本与收益，针对不同风险特性确定相应的风险控制策略，采取措施并有效实施的过程。常见的风险控制策略包括：风险规避、风险分散、风险对冲、风险转移、风险补偿等。

第二十一条 风险监测是指监测各种可量化的关键风险指标和不可量化的风险因素的变化和发展趋势，以及风险管理措施的实施质量与效果的过程。

第二十二条 风险报告是指在风险监测的基础上，编制不同层次和种类的风险报告，遵循报告的发送范围、程序和频率，以满足不同风险层级和不同职能部门对于风险状况的多样性需求的过程。

第二十三条 风险管理流程应贯穿于各项业务经营流程的全过程。在业务经营流程制定中，要明确各环节所承担的风险管理职责与分工，并逐步优化。

第四章 主要风险管理部门

第二十四条 操作风险是指由不完善或有问题的内部程序、员工和信息科技系统，以及外部事件造成损失的风险，包括法律风险，但不包括战略风险和声誉风险。总行各管理部门为本部门及本条线操作风险的主管部门。

第二十五条 信用风险是指因借款人或交易对手未按照约定履行义务从而使本行业务发生损失的风险。本行信用风险的主管部门为总行授信管理部、公司业务部、零售业务部、电子银行部、计划财务部。

第二十六条 市场风险是指因市场价格（利率、汇率、股票价格和商品价格）的不利变动而使表内和表外发生损失的风险。本行市场风险的主管部门为总行计划财务部。

第二十七条 流动性风险是指商业银行虽然有清偿能力，但无法及时获得充足资金或无法以合理成本及时获得充足资金以应对资产增长或支付到期债务的风险。流动性风险可分为融资流动性风险和市场流动性风险。本行流动性风险的主管部门为总行计划财务部。

第二十八条 声誉风险是指由经营、管理及其他行为或外部事件导致利益相关方对本行负面评价的风险。本行声誉风险的主管部门为总行办公室。

第二十九条 信息科技风险是指信息科技在本行运用过程中，由于自然因素、人为因素、技术漏洞和管理缺陷产生的操作、法律和声誉等风险。信息科技风险管理部门为总行信息科技部。

第三十条 加强风险管理信息系统建设工作，逐步发挥信息系统在风险管理流程中的作用，实现对全行各类风险及其相互作用所产生风险的识别、计量（评估）、控制，并能实现全行风险的加总。

第三十一条 各风险主管部门在开展新业务、开发新产品时应对其风险状况进行评估，对其占用的资本情况进行评估，优先发展风险相对较小，资本占用偏低的业务或产品。

第五章 风险管理报告

第三十二条 风险管理报告及报送流程是各分支机构、总行各管理部门在对风险管理过程中，在风险识别、评估、计量、控制、监测的基础上，编制不同层次和种类的风险报告，自下而上向高级管理层、监事会、董事会报告的路径和程序。风险报告分为定期报告、专项报告。

第三十三条 定期报告的报告内容、流程和频率

（一）报告内容

定期报告是指总行各管理部门根据所承担风险管理职责提交的全面描述本部门、本条线当期经营发展中存在的风险和风险管理状况的报告，定期报告同时包括相关部门向监管部门报送的《非现场监管报表》。报告格式见附件。

（二）报告流程和频率

定期报告每半年报告一次，总行各管理部门于每半年结束前10日（6月20日、12月20日），向分管行领导和总行风险合规部提交相关风险管理报告。总行风险合规部对总行各管理部门报送的风险状况和控制情况、非现场监管报表监管指标进行汇总分析，形成全面风险管理报告，于每半年结束后15日内提交高级管理层。

第三十四条 专项报告的报告内容、流程和频率

（一）报告内容

专项风险报告是指根据违规情况、风险发生情况、监管机构或本行业务部门监控或专项检查中发现的风险隐患问题等需专题向上级或总行有关部门反映的报告。专项报告的内容包括但不限于：事件概况；发生问题的原因；拟采取的措施；问题是否已被纠正；整改落实情况等。必须按照规定程序专项报告的情形包括但不限于：

1. 贷款出现违约风险（欠息、本金逾期）或形成不良贷款的；

2. 银行承兑汇票出现垫付资金的；

3. 贷款出现明显违约风险征兆的（如：企业财务状况严重恶化；企业停产或关闭；法定代表人、实际控制人失踪或有逃废银行债务意向、还款意愿明显下降等）；

4. 存款下降异常的；

5. 业务经营超限额的；

6. 出现资产损失或被有权机关罚款的，以及其他客户风险预警信号的；

7. 媒体报道有损本行形象的；

8. 发生群体性上访事件的；

9. 全行信息系统发生四级以上事件的；

10. 本行员工独立或共同实施，或与外部人员合伙实施的，以本行员工或客户的资金、财产为侵犯对象的，涉嫌触犯刑法，依法应当移送司法机关追究刑事责任或已由公安、司法机关依法立案侦查的事件或本行遭受外部诈骗、盗窃、抢劫等侵害，依法应当由公安机关立案侦查的案件；

11. 本行员工非正常原因无故离岗或失踪、被拘禁或被双规；

12. 客户反映非自身原因账户资金发生异常；

13. 收到重大案件举报线索；

14. 按照监管规定、各风险管理部门根据实际情况等认为应专项报告的。

（二）报告流程和频率

专项报告采取业务管理条线和风险管理条线双线逐级报告模式，即：分行辖内支行发生以上情形之一的，支行应立即向分行相关管理部门报告，分行相关管理部门立即向总行相关管理部门和风险合规部报告；分行相关管理部门发生以上情形之一的，应立即向总行相关管理部门和风险合规部报告。

承德辖内支行发生以上情形之一的，应立即向总行相关管理部门和风险合规部报告。总行相关管理部门和风险合规部立即向分管行领导报告。

总行各部门发生或接报以上情形之一的，应立即向分管行领导报告，同时告知总行风险合规部。总行风险合规部根据各分支机构和总行各部门的报告向分管行领导报告。经行领导同意，组织召开高级管理层风险管理专题会议，研究应对措施和办法。

对于特别紧急事项可以按规定越级上报；对于发生的案件、案件风险以及其他重大事件等，我行相关制度有报告时限要求的，应遵从其要求。

第三十五条 保密规定

涉及国家秘密、商业秘密、敏感信息等的报告事项，各级机构、相关部门在报告、使用、管理等过程中，应采取适当的安全措施，做好保密工作。相关工作人员应遵守各项保密制度规定，合理确定知悉范围，严格落实相关保密责任。

第六章 监督与评价

第三十六条 本行通过持续监控、个别评价或两者结合对本行风险管理的有效性进行监督与评价。持续监控发生在风险管理活动的正常进程中，个别评价是对持续监控的补充。

第三十七条 持续监控的信息来源包括：各种业务的经营管理报告和风险管理报告，监管机构向本行出具的监管报告，内部审计机构出具的内部审计报告和外部审计机构出具的外部审计报告及管理建议书等。

第三十八条 管理层在评价本行风险管理的有效性时，可以利用内部审计师和外部审计师的工作。

第三十九条 个别评价通常采取自我评估的形式，评价方法和工具包括核对清单、调查问卷、流程图技术等。

第四十条 风险管理缺陷是指在风险管理过程中存在的、影响本行制订和执行战略以及实现目标的问题。本行风险管理缺陷的信息来源于对本行的风险管理进行持续监控和个别评价，以及本行外部方面提供的重要信息，如客户、外部审计师和监管机构等。

收到风险管理缺陷信息的管理人员，应及时向相应的管理部门报告。收到风险管理缺陷报告的管理部门应及时采取矫正措施。

第四十一条 本行不断完善风险管理评价制度，实现对分支机构风险管理水平的全面考察和定期评价。

第四十二条 严格按照相关法律、法规和规章规定的信息披露原则和本行相关的信息披露制度，披露风险管理相关信息。

第七章 附 则

第四十三条 本办法由承德银行制定、解释和修改。

第四十四条 本办法自下发之日起执行，办法发布以前有关规定与本办法不一致的，以本办法为准。

秦皇岛银行股份有限公司2014年信贷政策指引

一、政策环境

2014年国内经济有向好趋势，市场预期好转，但基础仍不稳固，中央宏观经济政策基调仍是继续实施积极的财政政策和稳健的货币政策，政府宏观调控的特点是不刺激、促改革、去杠杆，即以市场配置资源、以简政放权深化改革、以降杠杆化解企业风险。就国内金融环境来讲值得关注三点：一是去杠杆化带来资产价格波动；二是全面利率市场化步伐加快；三是以互联网金融为代表的金融脱媒趋势加剧。产能过剩、地方债务上升及房地产泡沫扩大是经济健康持续运行必须解决好的三个问题。

二、指导思想

调整信贷资产结构是我行2014年授信业务发展的主线，在主要信贷品种投放上继续实行“均衡”原则，即个贷、小微企业贷款、公司类贷款各占三分之一，实现分散信贷资产风险和保持合理的信贷资产收益的统一。着力防范行业系统性风险是我行2014年授信业务发展的基础，即着力防范产能过剩行业、房地产行业、环保敏感性行业、政府平台等行业的风险集中暴露，总量规模控制，存量有保有压，增量审慎选择。大力支持小微企业融资需求是我行2014年授信业务发展的重点，继续坚定不移地执行“服务地方、服务中小、服务市民”的经营发展战略，促进我行向零售银行的全面转型。

三、总体要求

（一）科学合理把握信贷投放节奏。2014年，我行新增贷款计划为21亿元，其中对公14亿元，个贷7亿元。根据自身发展战略、风险管控能力、资本实力，按照30%、30%、20%、20%的季度投放计划，结合人民银行具体的贷款投放要求，科学把握信贷节奏，确保信贷投放平稳增长。

（二）从严把握信贷政策界限，密切关注国家产业政策、环保政策、市场变化对授信企业和项目还款能力的影响，加强敏感性分析。切实加强对环境影响敏感性企业的环评手续合规性的审验，加大对我市重点工程、支柱产业、中小企业、个人的信贷支持，对不符合产业政策、环保政策及我行相关准入要求，未按规定程序审批或核准的项目，一律不得授信。

（三）积极防范房地产贷款风险，坚持调控力度不放松。一是严格控制新增房地产项目贷款及土地储备贷款，对于不具备品牌优势、销售优势的项目原则上不再增加；二是切实加强存量房地产项目贷款的管理，密切关注项目进展，做好资金归集，严防风险；三是要严格执行个人房贷政策不动摇，加强对按揭合作项目进展情况及开发商经营能力的审查。严格执行国家及地方对产能过剩行业的准入限制要求，对此类企业授信要有预见性，防止授信于“关停并转”企业。

（四）加强信贷资产流动性管理，做好流动性计划安排。要合理安排贷款期限结构，审慎发放中长期贷款，在制定信贷计划时，要充分考虑资产负债期限匹配的要求，将中长期资金需求充分考虑进去。

（五）切实提高风险管理的有效性。一是要突出以贷审会为核心的各级贷审机构及审查审批人员工作的独立性，杜绝非客观因素的干扰，提高工作的专业性和科学性；二是切实改进风险管理流程，从客户准入、贷前调查、贷款审批、贷款条件落实、贷后检查着手，各部门各环节的操作一切以风险控制为核心，实现授信业务风险控制的过程全覆盖。

四、结构管理

（一）期限结构。

支持短期流动资金贷款，控制中长期贷款发放，加强资产流动性管理。中长期贷款比例控制在60%以内。贷款期限应与实际用途相匹配。项目贷款应根据项目类别、规模、现金流、行业等因素，合理确定贷款期限。

（二）集中度结构。

严格遵守单一客户集中度不超过10%和单一集团客户集中度不超过15%的授信集中度指标。逐步降低贷款集中度，努力降低户均贷款额度，力争将户均贷款降至2000万元以内。

（三）担保结构。

鼓励存单质押、全额保证金担保、房地产抵押等优质担保；新增公司授信业务抵质押比例原则上应达到80%；从严控制民营关联企业互保；从严控制信用贷款的发放；商业性担保公司担保贷款必须有有效的反担保品，总量不超过全部贷款余额的15%。

（四）客户结构。

重点支持本地具有产品优势、技术优势、资信优势和行业优势的客户群；重点支持小微企业；原则上不支持异地企业。

一是支持以引领市场的大型国有企业集团、龙头企业为核心的上下游企业贸易链融资业务；具备技术、品牌、市场等核心竞争优势、经营效益良好的中型企业。

二是加大对小企业授信业务的支持力度。小企业信贷投放继续执行“两个不低于”政策。重点支持具有较高科技含量和市场潜力的科技型小企业，具有高成长性以及在细分市场中居于领先地位的小企业，为大型企业、重大项目配套的制造型小企业。

三是拓展小微企业授信业务市场，创新适销对路的信贷产品，创新授信评价体系和授信审批流程，填补我行业务空白。

四是重点支持现金流充沛、在我行开立基本结算账户、以我行作为主要结算行、资金归集好、综合回报高的企业。

（五）行业结构。

优化行业投向，降低行业授信集中度。加大小微企业贷款投放力度，加大国家产业政策鼓励的行业投放，严控产能过剩及淘汰落后行业贷款，有效分散行业风险，单个行业贷款占比控制在20%以内。重点支持教育、医疗、文化、服务、公用事业等民生领域优质企事业，创新民生金融产品，提升我行社会形象和知名度。重点支持已形成一定规模与品牌效应的农副产品生产、加工、仓储、运输等农业产业化企业。重点支持玻璃深加工、装备制造、金属压延等先进制造业企业及上下游配套企业。重点支持产业聚集园区科技创新型、节能环保型、出口创汇型等中小企业。重点支持纳入我市“十二五”发展规划、具有优良发展前景预期的新能源、新材料、生物医药等战略性新兴产业。审慎支持经济适用房、限价房等保障性住房建设项目。选择已列入我市年度建设投资计划和土地供应计划，销售前景良好，还款来源有保障的项目。严格控制商业房地产开发项目贷款，实施“总量控制、优保劣退”的名单式管理政策。严格控制“两高一低”和钢铁、水泥、平板玻璃等产能过剩行业贷款。对不符合国家节能减排政策规定，以及国家和地方明令淘汰的落后产能企业与项目，以及列入国家发改委《产业结构调整指导目录》禁止类、限制类目录的落后产能项目，不得新增授信，存量信贷应尽快退出。

（六）产品结构。

鼓励以短期流动资金贷款产品支持制造业、商贸流通业以及小微、涉农、节能减排、高新技术等国家产业政策支持的企业日常资金需求。适度支持有真实贸易背景的优质企业的票据贴现需求。支持贸易链融资业务发展；严控货押类贷款业务，严密操作手续；审慎办理公开型保理业务；审慎办理权利类质押贷款业务。个人贷款业务重点支持经营性贷款和消费性贷款；控制个人住房按揭贷款规模，要优先支持我行开发贷款支持的优质楼盘按揭，关注项目进展情况及开发商经营情况。

唐山银行股份有限公司流动性风险管理办法（试行）

第一章 总 则

第一条 为加强唐山银行（以下简称“本行”）流动性风险管理，维护本行安全稳健运行，根据《商业银行流动性风险管理指引》、《商业银行监管评级内部指引（试行）》、《商业银行风险监管核心指标》等有关法律法规，结合本行实际，制定本办法。

第二条 本办法所称流动性风险是指本行虽然有清偿能力，但无法及时获得充足资金或无法以合理成本及时获得充足资金以应对资产增长或支付到期债务的风险。

第三条 本办法适用于本行表内外各项资产负债业务所承担的流动性风险。

第四条 本办法的制定基于以下目的：

（一）股东的长期风险调整收益最大化。

（二）依据风险容忍度和谨慎性原则来管理流动性风险。

（三）有效地支配流动性系列指标以期获得风险和收益的优化平衡。

第五条 本办法的评估和修订工作最少每年进行一次。

第二章 组织架构

第六条 本行董事会承担流动性风险管理的最终责任。

第七条 本行董事会授权风险与关联交易控制委员会履行以下职责：

（一）监督高级管理层在风险管理体系内对流动性风险进行适当管理和控制。

（二）明确流动性风险管理相关事项的审核部门和审批权限。

（三）持续关注本行的流动性风险状况，及时了解流动性风险的重大变化和潜在转变。

（四）按季度听取高级管理层的流动性风险管理报告，评估流动性风险管理工作的总体效果和效率并提出完善的建议和意见。

（五）配合银监会及其派出机构做好流动性风险监督检查工作，及时决策本行发生的重大风险事故或突发事件，向银监会及其派出机构报送风险管理的年度报告。

（六）确保内外部审计部门独立有效的进行流动性风险审计，并确认审计报告。

（七）法律、法规及本行公司章程规定的其他职责。

第八条 风险管理委员会负责统筹流动性风险的具体管理工作，应履行以下职责：

（一）根据本行经营战略、业务特点和风险偏好测定自身流动性风险承受能力，制定流动性风险管理策略、政策、程序、限额，提请董事会审批。

（二）根据董事会批准的流动性风险管理策略、政策、程序和限额，对流动性风险进行管理，制定并监督执行有关流动性风险管理的内部控制制度。

（三）充分了解并定期评估本行流动性风险水平及管理状况，按季度向风险与关联交易控制委员会汇报本行流动性风险状况，及时汇报流动性风险的重大变化或潜在转变。

（四）建立完善的管理信息系统，以支持流动性风险的识别、计量、监测和控制工作。

（五）根据董事会批准的相关政策、程序，组织压力测试和情景分析，并定期将测试结果向风险与关联交易控制委员会汇报，推动压力测试结果在战略决策和风险管理中的应用。

（六）制定流动性风险应急计划，并提请风险与关联交易控制委员会审议。

（七）识别并了解可能触发应急计划的事件，并建立适当机制对这些触发事件进行监测。

（八）法律法规、行政规章、监管规范规定的其他职责。

第九条 风险控制中心主要履行下列职责：

（一）拟定流动性风险管理办法及其他有关规章制度，并报法律合规中心审核。

（二）负责拟定本行的流动性风险管理限额指标体系，并报风险管理委员会审议。

（三）负责定期和不定期监督检查计划财务中心、资金营运中心等有关部门对流动性风险限额体系的遵守情况和实际防控情况。

（四）负责根据监管法规、本行高管战略和行内外实际条件的变化，适时调整本行的流动性风险管理限额体系和计划。

（五）负责定期向风险管理委员会和风险与关联交易控制委员会等高管层提交本行流动性风险管理运行报告及其他有关数据图表、研究分析等信息资料。

（六）接受其他有关部门的监督检查。

（七）其他有关职责。

第十条 计划财务中心主要履行下列职责：

（一）拟定流动性风险防控的有关规章制度，并报法律合规中心审核。

（二）负责对本行的流动性风险进行整体研究、识别、计量、监测和控制。

（三）负责向有关部门提出流动性风险管理的指导意见。

（四）负责向风险控制中心及时提交流动性风险管理运行报告及其他有关数据图表、研究分析等信息资料。

（五）接受其他有关部门的监督检查。

（六）其他有关职责。

第十一条 资金营运中心主要履行以下职责：

（一）拟定流动性风险防控的有关规章制度，并报法律合规中心审核。

（二）负责对债券市场、货币市场、票据市场、理财市场、同业市场等市场的流动性风险进行研究、识别、计量、监测、和控制。

（三）负责向风险控制中心及时提交流动性风险管理运行报告及其他有关数据图表、研究分析等信息资料。

（四）接受其他有关部门的监督检查。

（五）其他有关职责。

第十二条 授信管理中心主要履行下列职责：

（一）负责根据计划财务中心的指导意见对贷款类金融资产的期限结构、品种结构、客户结构、行业结构等进行管理。

（二）负责向风险控制中心及时提交有关报告、数据图表、研究分析等信息资料。

（三）接受其他有关部门的监督检查。

（四）其他有关职责。

第十三条 金融市场部主要履行下列职责：

（一）持续关注本行负债的流动性风险状况，包括期限结构变化、存款类型结构的变化、存款户的结构变化、存款集中度变化等。

（二）负责向风险控制中心及时提交流动性风险管理运行报告及其他有关数据图表、研究分析等信息资料。

（三）接受其他有关部门的监督检查。

（四）其他有关职责。

第十四条 各支行（部）主要履行下列职责：

（一）通过优质服务建立与资金提供者的关系。

（二）通过提高核心负债占总负债的比重，提高流动性来源的稳定性，并减少对波动较大的债务的依赖。

（三）持续关注大额资金提供者的风险状况，定期监测大额资金提供者（如最大十户存款客户）及融资提供者在本行存款的情况。

（四）接受其他有关部门的监督检查。

（五）其他有关职责。

第十五条 综合办公室主要履行下列职责：

（一）监测声誉风险，防范该风险导致本行出现流动性危机。

（二）在本行出现流动性危机时，负责公共关系处理。

（三）接受其他有关部门的监督检查。

（四）其他有关职责。

第十六条 信息科技部主要履行下列职责：

（一）完善本行的信息科技系统，防范该风险导致本行出现流动性风险。

（二）根据有关法律法规的规定，结合本行现状，适时建立和完善本行的流动性风险信息管理系统。

（三）接受其他有关部门的监督检查。

（四）其他有关职责。

第十七条 运行管理部、审计稽核部等其他有关部门（中心）负责协助相关部门进行流动性风险管理。

第十八条 各支行（部）、总行各部门要加强沟通与协调，密切配合，确保本行流动性风险防范工作和安全运营。

第三章 管理策略

第十九条 本行以职责分离、环节互审为流动性风险管理的基本原则，根据本行各机构、各业务条线的人员配备、专业程度等资源的实际情况，做到职责有分有合，经营管理适时高效，稳步推进本行流动性风险管理制度建设的不断发展完善。

第二十条 本行流动性风险管理采取集中和分散管理相结合的模式。集中管理指的是在全行经营战略和资源配置的角度来进行统筹管理；分散管理指的是在总体计划指导下，各机构各司其职，有机配合。

第二十一条 流动性风险管理是识别、计量、监测、控制和报告流动性风险的全过程。识别、计量、监测、控制和报告本行整体以及各产品、各业务条线、各层机构中的流动性风险应坚持审慎性原则，确保本行无论在正常经营环境中还是在压力状态下，都有充足的资金应对资产的增长和到期债务的支付。

第二十二条 调控表内外资产负债规模和结构时应遵循分散性原则，制定具体明确的分散化政策，使资金运用及来源结构向多元化发展，提升本行应对市场波动的能力。

第四章 管理信息系统

第二十三条 本行应适时投入和/或安排足够的资源来建立流动性风险的管理信息系统，届时，各流动性风险管理的相关部门应向信息科技部提交有关信息科技需求，以便提高本行的流动性风险管理水平。

第二十四条 流动性风险的管理信息系统的功能应包括但不限于：

（一）根据本行业务发展和流动性风险管理模式按整体或按机构、业务线分别进行计算和分析每日的现金流量及期限错配情况。

（二）按法律法规和本行内部管理的要求计算有关流动性风险的比率和其他指标，并根据需要适时进行监测和控制。

（三）能及时、有效地对本行大额资金流动进行实时监测和控制。

（四）适时报告本行所持有流动性资产的构成和市场价值。

（五）定期核查是否符合流动性风险管理政策和限额。

（六）及时地、有前瞻性地反映本行的流动性风险发展趋势，以便董事会和高级管理层准确评估本行的流动性风险水平。

（七）能根据快速变化的外部环境，针对不同的假设情景、限制条件收集、整理相关数据，及时实施情景分析和压力测试。

第二十五条 相关部门应根据本行管理信息系统的现状，采取科学、合理、及时、有效的信息管理措施来履行流动性风险管理的职责，逐步实现管理信息系统的功能，如规范各部门信息报告的内容、格式、频度等，必要时相关部门可设计有关的信息模板以提高信息处理效率。

第二十六条 相关部门应定期收集、保存、整理有关信息和数据。数据的保存要及时、准确、完整、系统，便于其他部门查阅调用。

第二十七条 各部门应密切配合有关部门及时、准确、全面的提供有关管理信息。

第五章 管理程序

第一节 全局管理方面

第二十八条 计划财务中心负责在整体上识别全行的流动性风险，并及时指导各产品、各业务条线、各业务环节、各层机构进行相应的流动性风险管理。

第二十九条 本行在引入新产品、新技术手段，建立新机构、新业务部门前，计划财务中心应充分评估其对全行流动性风险可能造成的影响，并制定相应的风险防控措施。引入并运行后，应加强日常监测，定期评估相应措施的有效性，并根据需要及时进行调整。

第三十条 计划财务中心负责定期对全行的流动性风险状况做全局计量、监测、分析、计划、控制、报告，形成对全行资产负债规模和结构进行优化管理控制的依据。

第三十一条 计划财务中心在确定全行的资产负债额度、结构和期限时需要充分考虑流动性风险管理的需要，应加强资产的流动性和融资来源的稳定性之间的匹配度。

第三十二条 计划财务中心应关注本行融资环境的变化，评估通过扩股或发行债券等补充流动性的能力与成本，以补充本行中长期流动性，改善期限结构错配的状况。

第三十三条 计划财务中心负责本行的现金流量管理。

现金流量管理指的是通过计量、监测、控制现金流量和期限错配情况，发现融资缺口和防止过度依赖短期流动性供给。

鉴于本行软硬件设施比较落后和人员配备不足的现状，计划财务中心可待条件成熟时，适时建立和改进某些现金流量管理的方法和程序。

第二节 金融市场资产管理方面

第三十四条 资金营运中心负责识别融资流动性风险和市场流动性风险，并将有关风险情况及时报告计划财务中心。

融资流动性风险是指本行在不影响日常经营或财务状况的情况下，无法及时有效满足资金需求的风险。市场流动性风险是指由于市场深度不足或市场动荡，本行无法以合理的市场价格出售资产以获得资金的风险。

第三十五条 资金营运中心负责在计划财务中心的统筹安排下识别、计量、监测、控制和报告债券市场、货币市场、票据市场、理财市场和同业市场等金融市场的流动性风险。

（一）资金营运中心应针对不同金融市场的流动性风险特点采取相适应的识别方法，如针对市场流动性风险，应采取经验主观判断和市场数据客观分析相结合的方法，前瞻性的识别市场深度不足或市场动荡带来的流动性风险，防患于未然。

（二）资金营运中心应针对各金融市场的投资品种、期限、交易对手、风险缓释工具、行业、市场、地域等进行集中度限额的统筹管理，防止由于资产负债过度集中引发流动性风险。

（三）资金营运中心应遵循审慎性原则评估信用风险、市场风险、操作风险、声誉风险等对各金融市场流动性的影响，密切关注不同风险间的转化和传递。在对资产变现能力进行评估时，要考虑市场容量、交易对手的风险，以及其他因素对资产可交易性、资产价格产生的影响。

（四）在确定资产流动性组合时应避免资产组合在资产类别、交易对手、行业、市场、地域等方面承受过度的市场风险及其他风险。

（五）应定期监测交易对手和自身的偿债能力指标状况，当相关指标显示交易对手偿债能力下降时，要及时提示风险管理部，调整对交易对手的融资授信额度；当相关指标显示自身偿债能力下降时，需要及时调整资产负债结构，提高债务清偿能力。

（六）其他需要密切关注的流动性风险事项。

第三节 信贷类资产管理方面

第三十六条 授信管理中心负责根据计划财务中心的指导意见对贷款类金融资产的期限结构、品种结构、客户结构、行业结构等进行管理。

第三十七条 授信管理中心负责识别、计量、监测、控制和报告本行信用产品的信用风险变化对本行流动性风险的影响情况。当本行信用风险状况突致或可能导致本行出现流动性危机的情况时，授信管理中心负责及时向计划财务中心报告。

第三十八条 授信管理中心负责及时向计划财务中心和风险控制中心提交有关报告、数据图表、研究分析等信息资料。

第四节 负债管理方面

第三十九条 金融市场部负责识别全行存款

的流动性风险状况。包括但不限于以下方面：持续关注本行负债的流动性风险状况，包括期限结构变化、存款类型结构的变化、存款户的结构变化、存款集中度变化等。

当本行存款结构突致或可能导致本行出现流动性危机的情况时，金融市场部负责及时向计划财务中心报告。

第四十条 各支行（部）负责微观识别其主管的资产负债表中相应的流动性风险。各支行（部）应通过优质服务建立与资金提供者的关系。通过提高核心负债占总负债的比重，提高流动性来源的稳定性，并减少本行对波动较大的债务的依赖。

第四十一条 各支行（部）负责持续关注大额资金提供者的风险状况，定期监测大额资金提供者（如最大十户存款客户）及融资提供者在本行存款的情况。当某支行（部）突发或可能导致该支行（部）出现流动性危机时，该支行（部）应及时向计划财务中心报告。

第五节 监督管理方面

第四十二条 计划财务中心、资金营运中心、授信管理中心、金融市场部等部门负责向风险控制中心及时提交流动性风险管理运行报告及其他有关数据图表、研究分析等信息资料。

第四十三条 风险控制中心负责根据各部门上报的分析报告和数据资料，审评本行流动性风险管理的合规性、各项流动性风险监管指标所反映的流动性状况和各部门对流动性风险的管理情况。

第六章 流动性风险指标体系

第四十四条 本行流动性指标体系主要包括以下部分：

（一）人民币超额备付金率：库存现金和在人民银行的超额存款准备金余额之和与人民币各项存款之比维持在 3% 左右。该指标由资金营运中心负责每日计量、监测和控制。

（二）流动性比例：流动性资产余额与流动性负债余额之比不低于 25%。该指标有计划财务中心每月计量、监测和控制。

（三）流动性缺口率：90 天内表内外流动性缺口与 90 天内到期表内外流动性资产之比不低于 –10%。该指标由计划财务中心负责每月计量、监测和控制。

（四）核心负债依存度：核心负债与负债总额之比不低于 60%。该指标由计划财务中心负责每月计量、监测和控制。

（五）存贷款比例：各项贷款余额与各项存款余额之比不高于 75%。该指标由计划财务中心负责每月计量、监测和控制。

第四十五条 相关部门可根据监管规范和 / 或本行的实际情况及时向风险管理委员会提出指标体系的优化性建议。

第七章 压力测试

第四十六条 计划财务中心负责通过压力测试分析本行承受压力事件的能力，考虑并预防未来可能的流动性危机，以提高在流动性压力情况下履行其支付义务的能力。

第四十七条 实施压力测试的频度和范围应与本行规模、风险水平及在市场上的影响相适应，但至少应每季度进行一次压力测试。在出现市场剧烈波动等情况或在银监会要求下，应针对特定压力情景进行临时性、专门压力测试。

第四十八条 计划财务中心和资金营运中心应密切配合，并结合本行的业务特点和复杂程度，针对流动性风险集中的产品、业务和机构设定压力情景。

压力情景的假设条件包括但不限于：

（一）流动性资产价值的侵蚀。

（二）存款的大量流失。

（三）货币市场融资的可获得性下降。

（四）融资期限缩短和融资成本提高。

（五）交易对手要求追加保证金或担保。

（六）交易对手的可交易额减少或总交易对手减少。

（七）主要交易对手违约或破产。

（八）表外业务、复杂产品和交易、超出合约义务的隐性支持对流动性的损耗。

（九）信用评级下调或声誉风险上升。

（十）总行或支行（部）出现流动性危机的影响。

（十一）多个市场突然出现流动性枯竭。

（十二）中央银行融资渠道的变化。

（十三）本行支付结算系统突然崩溃。

第四十九条 进行压力测试应遵循审慎原则，充分考虑各类风险与流动性风险的内在关联性，深入分析假设情景对其他流动性风险要素的影响及其反作用。本行压力测试应充分反映融资流动性风险与市场流动性风险的高度相关性。必要时，本行应针对相关假设情景发生后各风险要素的相互作用实施多轮压力测试。

第五十条 压力测试应基于专业判断，并在可能情况下，对以往影响本行或市场的类似流动性危机情景进行回溯分析。所有压力测试情景、条件假设、结果和回溯分析应有书面记录，对于选择情景、条件假设的基本原则及理由应有详细说明，并报董事会或经其授权机构审核确认，确保董事会或经其授权机构对压力测试的局限性有充分的了解。

第五十一条 压力测试结果应广泛应用于董事会、高级管理层的各类决策过程，包括但不限于风险承受能力、风险限额、战略发展计划、资本计划和流动性计划的制定。本行应根据压力测试结果及时调整资产负债结构，持有充足的高质量流动性资产用以缓冲流动性风险，建立有效的应急计划。

第五十二条 计划财务中心应明确设立自身事件引发流动性危机情况下抵御危机的最短生存期，最短不低于一个月，并采取有效措施维持该最短时间内融资能力，确保在不同压力情况下最短生存期内现金净流量为正值。

第五十三条 本行应定期向监管部门报告压力测试情况，包括所有压力测试情景、条件假设、结果和回溯分析，及根据压力测试结果对流动性风险管理策略、政策、程序、限额和应急计划的调整情况。

第五十四条 本行因特殊原因不能实施压力测试，经银监会同意后可以暂缓实施。

第八章　应急程序

第五十五条 计划财务中心负责根据本行的业务规模、复杂程度、风险水平和组织框架等拟定应急计划，并根据经营和现金流量管理情况设定并监控银行内外部流动性预警指标以分析银行所面临的潜在流动性风险。

第五十六条 风险管理委员会负责审核计划财务中心的应急计划，并报董事会批准后执行。

第五十七条 当出现影响本行流动性的重大事件时，经风险管理委员会确认后，应立即向董事会、当地政府、人民银行、银监会报告，进入应急管理。

上述重大事件包括：

（一）资产质量严重恶化，连续三个月不良资产指标超过规定要求。

（二）存款余额或定期存款占比连续六个月出现下降。

（三）货币政策的重大调整对正常支付产生严重影响。

（四）由于不可预测的突发原因出现挤兑。

（五）影响本行流动性的其他事件。

（六）流动性临时中断，如突然运作故障、电子支付系统出现问题或者物理上的紧急情况使银行产生短期融资需求。

（七）流动性长期变化，如因银行评级调整而产生的流动性问题。

（八）当总行或支行出现流动性危机时，防止流动性风险传递的应对措施。

（九）市场大幅震荡，流动性枯竭，交易对手减少或交易对手可融资金额大幅减少、融资成本快速上升。

第五十八条 本行应急计划应包括资产方流动性管理策略和负债方流动性管理策略。

资产方流动性管理策略包括但不限于：1. 收回存放同业款项。2. 同业拆借。3. 债券回购融资。4. 票据回购融资。5. 变现多余货币市场和债券市场资产。6. 转出票据。7. 变现交易类和可供出售类债券市场资产。8. 压缩贷款。9. 出售原定持有到期的证券。10. 出售长期资产。11. 出售固定资产或某些业务条线（机构）。12. 在相关贷款文件中加入专门条款以便提前收回或出售转让流动性较低的资产。

负债方融资管理策略包括但不限于：1. 将本行与集团内关联企业融资策略合并考虑。2. 建立融资总体定价策略。3. 制定利用非传统融资渠道的策略。4. 制定零售和批发客户提前支取和解约政策。5. 使用中央银行信贷便利政策。6. 与到期债务的债权人妥善协商，如实向债权人披露解决支付风险的决心与措施，力求达成延期或分期支付的协议。

第五十九条 相关部门配合资金营运中心建立同业资金合作救助机制。为提高化解流动性风险的能力，本行与省内外银行建立合作救助关系，在出现流动性风险时，向合作银行拆入资金解决资金头寸不足等流动性问题。

第六十条 对本行发生的重大流动性风险事件，风险管理委员会应及时启动应急计划，并在第一时间向董事会和监管部门报告。

第六十一条 本行应急计划应区分全行整体层次和支行（部）局部层次，制定相应的应急计划。

第六十二条 因挤兑等原因发生支付危机时，应立即召开董事会或股东（代表）大会，研究确定救助方案。救助方案包括：

（一）对于向股东、董事、监事、管理人员、信贷业务人员及其关系人发放的贷款或投资，以及向这些人员投资或者担任高级管理职务的经济组织发放的贷款、投资或拆放资金，不论是否到期，一律予以清收。

（二）对于拆放或存放同业的资金，达成协议后一律予以收回。

（三）将未到期的债权转让给其他金融机构并及时收回债权本金及合法利息。

（四）要求股东增加出资额。

（五）向人民银行申请再贴现、再贷款。

（六）向人民银行申请动用法定存款准备金。

（七）争取当地政府、人民银行、监管部门的支持和帮助。

第九章 报告制度

第六十三条 计划财务中心应及时向资金营运中心提供本行的流动性风险管理计划和有关计量数据，以便于资金营运中心做资金头寸管理计划和有关流动性风险控制。

第六十四条 资金营运中心应及时向计划财务中心汇报资金头寸管理状况、有关流动性风险管理状况和有关计量数据，以便于计划财务中心计量、监测、控制和报告全行流动性风险状况。

第六十五条 各有关机构应按照风险控制中心的要求上报流动性风险的管理报告和有关数据资料，详细说明风险管理情况和下一步完善措施。风险控制中心负责汇总、分析、审评全行的流动性风险状况和各有关部门的流动性风险管理情况，分别按月、按季度向风险管理委员会、风险与关联交易控制委员会提交本行流动性风险管理书面监测报告。

第六十六条 对本行突发的重大流动性风险事件，各有关部门应及时向风险管理委员会报告。风险管理委员会应及时审议是否启动应急计划，并在第一时间向董事会和监管部门报告。

第十章 检查监督

第六十七条 本行应将流动性风险管理纳入内部审计的范畴，定期审查和评价流动性风险管理体系的充分性和有效性。内部审计应涵盖流动性风险管理的所有环节，包括但不限于以下内容：

（一）相关的管理体系、内部控制制度和实施程序是否足以识别、计量、监测和控制流动性风险。

（二）有关流动性风险管理的信息系统是否完善。

（三）有关流动性风险控制的风险限额是否适当。

（四）进行现金流量分析和压力测试的基本假设是否适当。

（五）有关流动性风险管理的信息报告是否准确、及时、有效。

（六）是否严格执行既定的流动性风险管理政策和程序。

第六十八条 审计稽核部内审人员应具有独立性，并掌握必要的专业知识和技能以确保对流动性风险管理体系实施独立、充分、有效的审计。

第六十九条 审计稽核部应将内部审计结果直接报告风险与关联交易控制委员会，并根据有关规定及时报告监管部门。风险与关联交易控制委员会应根据内部审计的结果及时调整和完善有关流动性风险管理的政策和程序，并督促高级管理层针对审计稽核部发现的问题采取及时有效的整改措施。审计稽核部应适时对整改措施的实施情况进行后续审计，并及时向董事会提交审计报告。

第七十条 审计稽核部适时审查各项流动性监管指标的实际值，并根据核心指标实际值有针对性地检查主要风险点，进行风险提示、评价，并督促相关部门采取纠正措施。

第七十一条 风险管理委员会应密切关注并监督本行资产扩张、负债流失等情况。必要时，风险管理委员会可要求各支行（部）、计划财务中心和资金营运中心、金融市场部等相关业务管理部门报送有说服力的安全运营计划，说明资金来源和应用情况以及流动性安排及应急计划。

第十一章 绩效测评和奖惩

第七十二条 本行应针对流动性风险管理建立明确的内部评价考核机制，将各支行（部）、总行各部门或主要业务条线形成的流动性风险与其收益挂钩，从而有效地防范因过度追求短期内业务扩张和会计利润而放松对流动性风险的控制以及防范风险管控措施过严。

第七十三条 在流动性管理过程中，对违反本办法规定的责任部门和人员的处罚依据审计稽核部下发的相关处罚规定执行。

第十二章 附 则

第七十四条 本办法由本行总行负责制定、解释和修改。

第七十五条 本办法自下发之日起执行，原《唐山银行流动性管理办法》（唐商银发〔2010〕105号）同时废止。

沧州银行股份有限公司客户信用评级管理实施细则(试行)

第一章 总 则

第一条 根据《沧州银行客户信用评级办法（试行）》，以及我行信贷管理相关办法、规定，制定本实施细则。

第二条 实施原则：

（一）主观与客观相结合，准确评价企业实际状况。

（二）定性指标和定量指标相结合，客观评价企业真实情况。

（三）统一性与特殊性相结合，突出行业特点，力求评级结果更加准确。

第三条 本实施细则适用于所有与我行已建立或拟建立信贷关系的客户，以及为我行客户提供担保的客户。对于仅为我行客户提供担保且与我行未建立信贷业务关系的客户，按照新客户进行评级处理。

第四条 客户信用评级工作每年进行一次，结合授信工作一并进行，即先评级后授信，有效期为一年，从审批行审批认定之日起计算。

第二章 客户分类

第五条 评级对象按照借款主体划分为公司类客户、个人类客户。其中公司类客户按照模板适用性不同分为大额模板客户、小额模板客户。

第六条 公司类客户区分标准：

（一）总资产大于1亿元的为大额，小于1

亿元（包含 1 亿元）的为小额。

（二）按国标分类大、中型企业为大额，小、微企业为小额。

（三）上述两个条件为“或”的关系，满足其一即可区分。

第七条 根据我行分类管理要求，大额模板共分为 13 类（共计 19 个模板），行业与模板对应情况参照下表：

大额模板行业分类			
序号	一级科目	二级科目	对应模板
1	房地产	房地产业	房地产类模板
2	施工	建筑业	施工类模板
3	批发流通	批发等	批发流通类模板
4	生产制造	采矿业	生产制造类模板
		制造业	
5	服务业	信息传输软件和技术服务业	服务和租赁业模板；建材租赁业模板；信息传输、计算机服务和软件业模板；其他服务业模板
		居民服务、修理和其他服务业	
		科学研究技术服务业	
		租赁和商务服务业	
6	住宿、餐饮	住宿餐饮	住宿类模板 餐饮类模板
7	交通运输	交通运输	交通运输类模板
		邮政业	
		仓储	
8	农林牧渔	农业	农林牧渔类模板
		林业	
		畜牧业	
		渔业	
9	社会保障及社会服务	电力	电力、燃气及水的生产供应业模板；水利、环境和公共设施管理业模板
		污水处理	
		水利、环境及公共设施	
		电力、燃气及水的生产	
10	零售百货	批发零售	百货零售类模板
11	城建开发	土地储备	投资管理类模板
		政府公司	
12	科教文卫	教育	科教文卫 -- 医疗等模板 科教文卫 -- 教育等模板
		卫生	
		体育	
		医院	
		广电传媒	
		文化	
		学校	
13	综合	金融业	综合类模板
		国际组织	
		待定	

第八条 根据我行分类管理要求，小额模板分为 7 类（共计 9 个模板），行业与模板对应情况参照下表：

小额模板行业分类			
序号	一级科目	二级科目	对应模板
1	生产制造	各类生产、加工、制造企业	生产制造类模板
2	批发流通	批发销售等	批发流通类模板
3	零售百货	各类零售业，包括商场、超市、卖场等	百货零售类
4	服务租赁类	包括维修、保洁、教育、物业、中介、票务代理、事务所、租赁业、提供服务、技术、医疗等企业、机械设备、器材租赁等	服务和租赁业模板；建筑器材租赁业模板；其他服务业模板
5	住宿类	宾馆住宿	住宿类模板
6	餐饮类	包括酒店、餐饮、洗浴、娱乐、保健等	餐饮类模板
7	综合类	其他，如运输、仓储、农业、养殖、广电、文化等	综合类模板

第九条 个人客户的评级使用通用的评级模板对客户进行评级。

第十条 我行评级模板共计 29 个，具体操作按照模板内容进行录入、选择和计算。

第三章　流程认定

第十一条 结合我行实际绘制如下流程图：

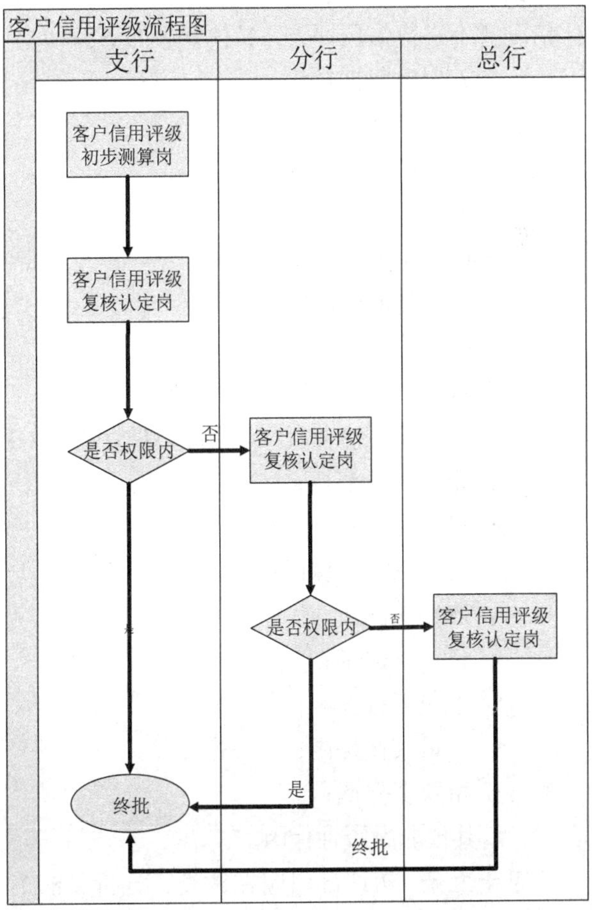

第十二条 支行信贷人员在调查、分析、核

实的基础上填写客户信用评级基本材料，支行权限内的由支行复核岗进行客户信用等级的审批、认定，并经信贷行长签字确认。超出支行权限的由支行行长签字后，将初评结果和完整的信用评级材料分别报送分行或直属总行复核岗审核。

第十三条 各分行复核岗在辖内权限内对报送的客户信用评级材料进行审核并由审核人签字。

第十四条 总行复核岗对报送的客户信用评级材料进行审核、签字认定。

第十五条 对于无认定权限的信用评级材料，应在复核员签字后上报上级部门进行审核认定。

第十六条 认定部门对客户信用评级材料审核、认定后，应及时向下级部门反馈认定信息。

第十七条 原则上，客户信用评级在 7 个工作日内完成客户信用评级的初评工作，对于超过本级认定权限的客户信用评级，应在 15 个工作日内完成审核、上报或审核、认定、反馈等工作。

第十八条 对于以下业务，初评部门可视具体情况暂不进行信用评级，具体业务如下：

1. 个人自助质押贷款；
2. 个人质押贷款；
3. 个人住房公积金贷款；
4. 个人委托贷款；
5. 银行承兑汇票贴现；
6. 商业承兑汇票贴现；
7. 委托贷款；
8. 银团贷款——我行代管；
9. 以下业务品种全额保证金时不做评级：

√银行承兑汇票；
√投标保函；
√工程款支付保函；
√履约保函；
√预付款保函；
√承包工程保函；
√质量维修保函；
√留置金保函；
√其他非融资性保函。

第十九条 初评部门应在调查、分析、核实的基础上填写客户信用评级基本材料，并将初评结果（包括客户信用等级、授信风险限额）和相关资料按要求上报。初评部门应对所报送资料的完整性和内容的真实性负责。

第二十条 客户信用评级的认定权限：

（一）总行复核认定岗认定辖内全部 AAA 级客户的信用评级，无信用等级限制；

（二）分行复核认定岗认定辖内 AA 级以下客户的信用等级，超出权限后需上报总行；

（三）支行复核认定岗认定辖内 A 级以下客户的信用等级，超出权限后需上报分行或总行。

第二十一条 客户信用等级特殊调整及其他特殊规定：

（一）资产负债率高于同行业水平，客户评级终批最高 A 级；

（二）本期亏损或现金流为负，客户评级终批最高 A 级；

（三）连续两期亏损或现金流为负，客户评级终批最高 BB 级；

（四）客户提供财务报表不真实的，评级结果下调一级；

（五）客户有不良记录、且被我行认定为禁入、关注类的，直接人工认定 D 级，不得办理任何授信业务；

（六）客户通过信用评级系统评级结果 BB 级以下客户，支行无权限办理授信业务，如果需要办理，则上报总行审批；

（七）两支行合作，同时为一个客户申请贷款时，则由主办行进行信用评级。

第二十二条 在客户信用等级有效期内，如发生下列情况之一，信用评级的初评、审核部门均有责任及时提示并按程序调整授信客户的信用等级：

（一）客户主要评级指标明显恶化，将导致评级分数及信用评级结果降低；

（二）客户主要管理人员涉嫌重大贪污、受贿、舞弊或违法经营案件；

（三）客户出现重大经营困难或财务困难；

（四）客户在与我行业务往来中有严重违约行为；

（五）客户发生或涉入重大诉讼或仲裁案件；

（六）客户与其他债权人的合同项下发生重大违约事件；

（七）有必要调整客户信用等级的其他情况。

第二十三条 对于新成立客户，通过录入基本信息中的“经营年限”和“经营执照有效期”来界定企业的新老程度，对于成立未满一年的新客户，可暂定信用评定等级为BB级。新客户主要包括：

（一）之前未与我行发生信贷业务的客户；

（二）成立不满一年的企业类客户；

（三）之前曾与我行有业务关系，后终止业务关系满一年的客户。

第二十四条 客户信用评级周期为一年，于每年二季度集中进行，新客户可“随到随评”，并于次年进行集中评级。

第二十五条 评级有效期为一年，原则上一年之内不再给客户重新评级，特殊情况需重新评级，则需由上级行进行评定，发起行无权更改，并且新定级别原则上只降不升。

第四章　客户信用评级人员的职责

第二十六条 客户信用评级初步测算岗人员必须保证调查数据的真实性，即系统录入财务报表和客户基本信息与调查报告中信息完全一致，打印客户信用评级报告并签字与其他业务材料一并交与上级审批（如需上级审批）。

第二十七条 客户信用评级复核认定岗人员对客户信用评级初步测算结果进行复核，如有异议，则退回客户信用评级至初步测算岗，由客户信用评级初步测算岗进行重新调查、评级或直接做出修改，需注明修改原因，并签字与其他业务材料一并交与上级审批（如需上级审批）。

第五章　处罚细则

第二十八条 客户信用评级材料、信用评级结果是我行内部管理材料，我行任何机构或个人不得以任何理由对外透露相关信息。

第二十九条 对于客户评级工作，各级人员必须认真对待，保证评级结果的准确性和真实性，对于我行有关人员玩忽职守、调查失实、有意报送不实材料、串通客户提供虚假信息，造成评级信息失实者，将视情节严重程度，对事件直接责任人和相关领导进行如下处理：限期纠正；通报批评；追究经济责任；追究政纪责任。

第六章　附　则

第三十条 本细则由总行贷款经营部制定、调整并负责解释。

第三十一条 本细则自下发之日起执行。

沧州银行股份有限公司大额交易和可疑交易报告实施细则

第一章　总　则

第一条 为规范我行大额交易和可疑交易报告管理，进一步加强反洗钱工作力度，根据《中华人民共和国反洗钱法》《金融机构反洗钱规定》《金融机构大额交易和可疑交易报告管理办法》《金融机构报告涉嫌恐怖融资的可疑交易管理办法》等法律规章，结合我行实际，制定本实施细则。

第二条 大额交易和可疑交易报告是指按照法律法规和制度规定的标准与程序，向反洗钱监测分析中心报送大额交易和可疑交易的相关信息。

第三条 大额交易报告以总行反洗钱监控系统为主进行采集，可疑交易报告实行系统批量与人工判断发现相结合的方式采集。

第四条 分支行要遵循有关法律法规和监管规章的要求，认真做好大额交易和可疑交易报告工作，按规定对有关报告的要素或内容进行补录、复核和上报。

第五条 分支行反洗钱领导小组要对大额交易和可疑交易报告工作情况进行分析研究，指导和督促反洗钱工作人员依法合规做好大额交易和可疑交易报告工作。

第六条 反洗钱工作人员要遵守大额交易和可疑交易保密规定，不得违反规定泄露有关信息。

第二章 大额交易和可疑交易报告标准

第七条 大额交易报告标准。下列大额交易应逐笔、按时向总行报告：

（一）单笔或者当日累计人民币交易 20 万元以上或者外币交易等值 1 万美元以上的现金缴存、现金支取、现金结售汇、现钞兑换、现金汇款、现金票据解付及其他形式的现金收支。

（二）法人、其他组织和个体工商户银行账户之间单笔或者当日累计人民币 200 万元以上或者外币等值 20 万美元以上的款项划转。

（三）自然人银行账户之间，以及自然人与法人、其他组织和个体工商户银行账户之间单笔或者当日累计人民币 50 万元以上或者外币等值 10 万美元以上的款项划转。

（四）交易一方为自然人、单笔或者当日累计等值 1 万美元以上的跨境交易。

累计交易金额以单一客户为单位，按资金收入或者付出的情况，单边累计计算并报告，中国人民银行另有规定的除外。

第八条 大额交易免报标准。对符合下列条件之一的大额交易，如未发现该交易可疑的，可以不报告：

（一）定期存款到期后，不直接提取或者划转，而是本金或者本金加全部或者部分利息续存在同一金融机构开立的同一户名下的另一账户。

活期存款的本金或者本金加全部或者部分利息转为在同一金融机构开立的同一户名下的另一账户内的定期存款。

定期存款的本金或者本金加全部或者部分利息转为在本行开立的同一户名下的另一账户内的活期存款。

（二）交易一方为各级党政机关、国家权力机关、行政机关、司法机关、军事机关、人民政协机关和人民解放军、武警部队，但不含其下属的各类企事业单位。

（三）同业拆借、在银行间债券市场进行的债券交易。

（四）本行内部调拨资金。

（五）本行发起的税收、错账冲正、利息支付。

（六）中国人民银行确定的其他情形。

第九条 可疑交易报告标准。下列十八类交易或者行为作为可疑交易向反洗钱监测分析中心报告：

（一）短期内资金分散转入、集中转出或者集中转入、分散转出，与客户身份、财务状况、经营业务明显不符。

（二）短期内相同收付款人之间频繁发生资金收付，且交易金额接近大额交易标准。

（三）法人、其他组织和个体工商户短期内频繁收取与其经营业务明显无关的汇款，或者自然人客户短期内频繁收取法人、其他组织的汇款。

（四）长期闲置的账户原因不明地突然启用或者平常资金流量小的账户突然有异常资金流入，且短期内出现大量资金收付。

（五）与来自于贩毒、走私、恐怖活动、赌博严重地区或者避税型离岸金融中心的客户之间的资金往来活动在短期内明显增多，或者频繁发生大量资金收付。

（六）没有正常原因的多头开户、销户，且销户前发生大量资金收付。

（七）提前偿还贷款，与其财务状况明显不符。

（八）客户用于境外投资的购汇人民币资金大部分为现金或者从非同名银行账户转入。

（九）客户要求进行本外币间的掉期业务，而其资金的来源和用途可疑。

（十）客户经常存入境外开立的旅行支票或者外币汇票存款，与其经营状况不符。

（十一）外商投资企业以外币现金方式进行投资或者在收到投资款后，在短期内将资金迅速转到境外，与其生产经营支付需求不符。

（十二）外商投资企业外方投入资本金数额

超过批准金额或者借入的直接外债，从无关联企业的第三国汇入。

（十三）证券经营机构指令银行划出与证券交易、清算无关的资金，与其实际经营情况不符。

（十四）证券经营机构通过银行频繁大量拆借外汇资金。

（十五）保险机构通过银行频繁大量对同一家投保人发生赔付或者办理退保。

（十六）自然人银行账户频繁进行现金收付且情形可疑，或者一次性大额存取现金且情形可疑。

（十七）居民自然人频繁收到境外汇入的外汇后，要求银行开具旅行支票、汇票或者非居民自然人频繁存入外币现钞并要求银行开具旅行支票、汇票带出或者频繁订购、兑现大量旅行支票、汇票。

（十八）多个境内居民接受一个离岸账户汇款，其资金的划转和结汇均由一人或者少数人操作。

第十条 分支行在履行客户身份识别义务时，应当向中国人民银行当地分支机构报告以下可疑行为：

（一）客户拒绝提供有效身份证件或其他身份证明文件的。

（二）对向境内汇入资金的境外机构提出要求后，仍无法完整获得汇款人姓名或者名称、汇款人账号和汇款人住所及其他相关替代性信息的。

（三）客户无正当理由拒绝更新客户基本信息的。

（四）采取必要措施后，仍怀疑先前获得的客户身份资料的真实性、有效性、完整性的。

（五）履行客户身份识别义务时发现的其他可疑行为。

第十一条 有合理的理由怀疑客户、交易或者资金与恐怖主义、恐怖活动以及恐怖组织、恐怖分子、进行恐怖融资活动的人相关联的，应向中国反洗钱监测分析中心提交涉嫌恐怖融资的可疑交易报告。

可疑交易报告的内容包括但不限于以下交易或行为：

（一）怀疑客户为恐怖组织、恐怖分子以及恐怖活动犯罪募集或者企图募集资金或者其他形式财产的。

（二）怀疑客户为恐怖组织、恐怖分子、从事恐怖融资活动的人以及恐怖活动犯罪提供或者企图提供资金或者其他形式财产的。

（三）怀疑客户为恐怖组织、恐怖分子保存、管理、运作或者企图保存、管理、运作资金或者其他形式财产的。

（四）怀疑客户或者其交易对手是恐怖组织、恐怖分子以及从事恐怖融资活动人员的。

（五）怀疑资金或者其他形式财产来源于或者将来源于恐怖组织、恐怖分子、从事恐怖融资活动人员的。

（六）怀疑资金或者其他形式财产用于或者将用于恐怖融资、恐怖活动犯罪及其他恐怖主义目的，或者怀疑资金或者其他形式财产被恐怖组织、恐怖分子、从事恐怖融资活动人员使用的。

（七）有合理理由怀疑资金、其他形式财产、交易、客户与恐怖主义、恐怖活动犯罪、恐怖组织、恐怖分子、从事恐怖融资活动人员有关的其他情形。

第十二条 分支行发现或者有合理理由怀疑客户或者其交易对手与下列名单相关的，应当立即向中国人民银行当地分支机构提交可疑交易报告，并且按要求依法采取措施。

（一）国务院有关部门、机构发布的恐怖组织、恐怖分子名单。

（二）司法机关发布的恐怖组织、恐怖分子名单。

（三）联合国安理会决议中所列的恐怖组织、恐怖分子名单。

（四）中国人民银行要求关注的其他恐怖组织、恐怖分子嫌疑人名单。

法律、行政法规对上述名单的监控另有规定的，遵守其规定。

第十三条 除反洗钱监管规章规定的情形外，分支行发现其他交易的金额、频率、流向、性质等有异常情形，经分析认为涉嫌洗钱的，应当向总行和当地中国人民银行提交可疑交易报告。

第十四条 对既属于大额交易又属于可疑交

易的，反洗钱系统分别提取大额交易报告和可疑交易报告；对提取的大额交易全部做补录，对提取的可疑交易经人工甄别，属于可疑交易的上报，不属于可疑交易的无需上报。

第十五条 大额交易报告和可疑交易报告的格式和填报要求按照中国人民银行相关规定执行。

中国反洗钱监测分析中心要求对报送的大额交易和可疑交易进行补正的，必须在5个工作日内及时补正。

第十六条 中国人民银行调整大额交易和可疑交易报告标准的，各分支行应根据调整后的标准进行报告。

第三章 大额交易报告操作规程

第十七条 大额交易数据管理实行系统采集与人工补录相结合的方式。

第十八条 反洗钱监控系统在日终对核心业务系统交易日志进行数据提取，将符合大额交易标准的交易记录提取到反洗钱系统。

交易发生后第1个工作日，支行反洗钱工作人员在系统做大额数据补录。首先，登陆综合业务系统数据集成平台的“反洗钱”系统模块，在“大额补录”项下的“大额未补录数据”项，选中交易数据做补录；补录后，进入“数据完成”项下“大额已补录数据完成”项进行数据复核。最后，通过“大额数据查询”，检查数据状态，防止出现漏报、误报情况。

总行对支行大额交易补录情况适时检查，待所有支行数据完成后，总行统一生成数据报文，下载后上报反洗钱监测分析中心。

第十九条 对反洗钱监测分析中心发回的大额交易和可疑交易错误报告，支行反洗钱工作人员对需改正和补录的大额交易，要及时通过“大额反馈数据补录”、“大额已补录数据完成”进行更正补录和数据完成，由总行反洗钱工作人员于5个工作日内生成重报报文，上报反洗钱监测分析中心。

第四章 可疑交易报告操作规程

第二十条 可疑交易数据管理实行系统采集与人工识别判断相结合的方式。

第二十一条 反洗钱监控系统在日终对核心业务系统交易日志进行数据提取，将符合可疑交易标准的交易记录提取到反洗钱系统。

在交易发生后第1个工作日，由支行反洗钱工作人员对可疑交易数据甄别和补录，由总行统一管理上报。

第二十二条 支行可疑交易报告流程：

支行反洗钱工作人员登陆我行综合业务系统数据集成平台的“反洗钱”系统模块，进入“可疑人工筛选”项，根据对客户的了解情况，对系统提取的交易判断是否可疑，如属非可疑交易，在“可疑人工筛选”界面下直接选择“无需上报”；选择“无需上报”后又认为可疑的，可选择“恢复上报”。

对可疑交易，人工甄别后，据不同风险程度，采取不同的上报方式。进入“可疑补录”项下的“可疑未补录数据”选中可疑数据，对一般可疑和较重点可疑，但无需向人民银行提供纸质报告的，在“可疑程度”选项选择“1–一般可疑”或“2–重点可疑”，对数据直接进行补录，不再留存大额电子文档。对于重点可疑需向人民银行提供纸质报告的，进入“可疑补录”项下的“可疑未补录数据”选中可疑数据，在“可疑程度”中选择“3–重点可疑且同时报告人民银行当地分支机构”，对数据进行补录；然后，进入“重点可疑报告”项下的“可疑交易基本情况”录入相关信息。

支行在完成人工筛选和补录交易后，进入“数据完成”项下“可疑已补录数据完成”和“可疑人工筛选数据完成”项进行可疑数据复核。最后，通过“可疑数据查询”，检查数据状态，防止出现漏报、误报情况。

对重点可疑需报告人民银行当地分支机构的可疑交易，支行除系统报告外，还要撰写“关于XX单位的重点可疑交易报告”，导出可疑交易账户流水，打印一式两份报告与交易流水，经支行行长、经办人签字盖章后，市区和县域支行上报总行，由总行报当地人民银行。异域支行上报所辖分行，由分行报当地人民银行，同时向总行上传一份电子版重点可疑交易报告与交易流水留存备案。

第二十三条 总行对支行可疑交易报告完成情况适时检查，待所有支行数据完成后，由总行统一生成报文，下载后上报反洗钱监测分析中心。总行、分行收到支行上报的需报送人民银行的纸质重点可疑交易报告和可疑交易账户流水，核实后一份留存、一份上报当地人民银行。

第二十四条 对反洗钱监测分析中心发回的大额交易和可疑交易错误报告，支行反洗钱工作人员对需更正和补录的可疑交易，要及时通过“可疑反馈数据补录”、“大额已补录数据完成”进行更正补录和数据完成，由总行反洗钱工作人员于5个工作日内生成重报报文，上报反洗钱监测分析中心。

第二十五条 支行发现客户明显涉嫌犯罪的可疑交易或其他重点可疑交易情况，应当制作可疑交易专报，立即报送总行或分行，总行或分行反洗钱工作人员收到支行报告的可疑交易专报，确认为重大可疑交易的，在2个工作日内报告人民银行和公安机关。分行同时向总行报告备案。

第二十六条 本实施细则自印发之日起施行，原《沧州银行大额交易和可疑交易报告实施细则》（沧银财〔2009〕27号）同时废止。

沧州银行股份有限公司批量开卡业务管理办法

第一条 为加强沧州银行批量开立银行卡和代发工资业务的管理，规范业务操作，根据中国人民银行《银行卡业务管理办法》，结合《沧州银行储蓄卡业务管理办法》和《沧州银行狮城卡章程》等有关规定，制定本办法。

第二条 为方便企事业单位、学校等为本单位员工、学生开立银行卡，办理代发工资、缴费等事宜，沧州银行各分、支行可作为批量开卡业务受理行接受相关单位委托办理批量开卡业务。除教育、社会保障、公共管理等行业单位外，其他单位不得为非本单位员工代理办卡。

第三条 以代发工资为目的的批量开卡业务，受理行同委托方签订《沧州银行批量开卡及代发工资业务协议书》。委托方需在沧州银行开立银行结算账户，并提供加盖公章的营业执照正本复印件、法人及代理人身份证复印件、法人授权委托书。

其他批量开卡业务需经存款经营部审批同意后，各分、支行方能受理委托单位的批量开卡申请。

第四条 受理行应提示委托方告知开卡申请人本人以下内容：

（一）持卡人应遵守《沧州银行狮城卡章程》。

（二）沧州银行银行卡手续费相关规定。

（三）批量开卡后，需持卡人本人持有效身份证件到沧州银行柜面办理卡片激活后，方可使用。

（四）需持卡人了解的其他事项。

第五条 受理批量开卡业务时，受理行需指导申请方按要求提供以下资料：

（一）沧州银行批量开卡业务申请书。申请书注明申请日期、开卡张数、代理人信息等内容，详见附件。

（二）开卡申请人明细清单。明细清单记载开卡申请人姓名、性别、证件类型编号、身份证件号码、联系地址、联系电话等要素，同时提供电子版和纸质版。纸质版明细清单要求申请人加盖预留签章。

（三）个人结算账户开立申请书。申请方应提供申请人本人填写的个人结算账户申请书，代发工资类批量开卡业务可不提供。

（四）开卡申请人身份证件复印件。复印件上应有开卡申请人本人签字确认，以及开卡申请人授权申请方代其本人申、领银行卡的字样。

（五）为未满16周岁人员开卡的还需提供

监护人身份证复印件。

第六条 受理行只能受理委托方开卡申请书中授权的专人办理批量开卡、领卡业务。

第七条 受理行在受理批量开卡业务时，应对以下要素进行审核：

（一）是否签订有效的《沧州银行批量开卡及代发工资业务协议书》。

（二）经办人身份证原件并留存复印件。

（三）申请资料是否齐全。

（四）银行卡开卡时需审核的其他内容。

第八条 受理行应按照委托方报送的批量开卡资料进行相关业务处理，发现资料有误应退给委托方修改，不得随意代委托方更改资料。

第九条 受理行填写《批量开卡申请审批表》，附《沧州银行批量开卡及代发工资业务协议书》复印件、委托方提供的《沧州银行批量开卡业务申请书》复印件、开卡申请人明细清单复印件报送存款经营部审批授权。

代发工资批量开卡申报条件是单张卡代发金额不低于500元，受理行申请时代发工资内部户应有相应金额资金。除经总行审批指定的特殊情况外，不受理零余额批量开卡申请。

第十条 受理行应于受理批量开卡业务后三个工作日内完成批量开卡及代发工资，并告知委托方及时领取卡片及清单。

第十一条 委托方领取卡片时，填写《沧州银行批量开卡业务申请书》中相应内容。

第十二条 档案管理

（一）个人结算账户开立申请书和开卡申请人身份证件复印件的保管遵照人民银行《人民币银行结算账户管理办法》执行。

（二）批量开卡协议、批量开卡业务申请书、代理人身份证复印件和开卡申请人明细清单等档案永久保管。

第十三条 本办法由存款经营部负责制定、解释和修改。

第十四条 本办法自印发之日起执行。

附件：1. 沧州银行批量开卡及代发工资业务协议书

附件 1

沧州银行批量开卡及代发工资业务协议书

甲方：

地址：

负责人：

乙方：沧州银行

地址：

负责人：

甲、乙双方本着互惠互利的原则，根据相关业务规定，就甲方委托乙方批量开卡及代发工资业务达成如下合作协议：

第一条 业务范围

经甲方申请乙方同意为甲方办理批量开卡及代发工资相关业务。

第二条 甲方责任

1. 甲方应在乙方开立银行结算账户，并预留签章，乙方凭预留签章为甲方办理业务。凡盖有甲方预留签章的资料，乙方均将其作为履行本协议相关义务的依据，甲方应对盖有甲方预留签章资料的真实性、合法性以及准确性负责。因甲方保管签章不善造成的损失，由甲方承担。

2. 甲方应确保开卡申请人自愿选择在乙方开立银行卡并委托甲方向乙方集中申请，确保已经取得开卡申请人的真实、合法、有效委托。

3. 甲方申请批量开卡时，应向乙方提供批量开卡申请书（指定专人办理批量开卡、领卡事宜）和开卡申请人明细清单（记载开卡申请人姓名、性别、证件类型编号、身份证件号码、联系地址、联系电话等要素，同时提供电子版和纸质版）、开卡申请人身份证件复印件（复印件上应有开卡申请人本人签字确认，以及开卡申请人授权甲方代其本人申、领乙方银行卡的字样）及乙方要求的其他有关材料，由指定专人凭本人身份证件原件向乙方集中申请办理。

甲方应对提供给乙方的开卡申请人各项申请开卡资料的真实性、有效性以及取得资料的合法性负责，并确保批量开卡申请人明细清单中记载的各项内容真实、准确。因甲方向乙方提供的资料有误而造成的责任，由甲方承担。

4. 甲方收到乙方领卡通知后，应由指定专人凭本人身份证件原件，到乙方领取卡片。指定专人领取卡片前应当核对数量，核对无误后与乙方办理交接手续。

5. 甲方应妥善保管从乙方领回的卡片，及时发放给开卡申请人本人，并提示开卡人本人持身份证件到沧州银行任意网点办理卡片激活后正常使用。因甲方保管不当或未及时无误将卡片交付开卡申请人本人而产生的责任，由甲方承担。

6. 甲方应按照乙方要求向乙方提供电子版和纸质版代发工资清单，如因甲方提供信息有误导致款项无法入账或入账差错的责任由甲方承担。

7. 甲方在工资发放前三个工作日将应发放的工资全额转入乙方指定的银行账户，并将代发工资清单交予乙方，由于甲方原因造成代发工资时间延后的，由甲方承担责任。

8. 甲方不得利用在乙方开立银行账户进行偷逃税款、逃废债务、套取现金、洗钱及其他违法犯罪活动。因甲方通过批量开卡业务违法、违规使用个人银行账户造成的责任，由甲方承担。

第三条 乙方责任

1. 乙方应向甲方提供批量开卡及代发工资所需各项资料清单，并辅导甲方填写和制作。

2. 乙方接到甲方批量开卡申请后，对指定专人提供的批量开卡申请人明细清单、开卡申请人填写的开卡申请书及开卡申请人身份证件复印件等资料进行核对，检查批量开卡所需资料符合要求后，应在三个工作日内完成批量开卡业务。

3. 乙方应按照甲方报送的资料进行相关业务处理，发现资料有误应退给甲方修改，不得随意代甲方更改资料。因乙方擅自修改甲方提供资料导致开卡或代发工资错误造成的责任，由乙方承担。

4. 乙方应在成功开卡后，及时通知甲方领取卡片。

5. 乙方在全额收到甲方代发工资款项后，应按照甲方提供的代发工资清单，于三个工作日内完成发放。乙方不为甲方垫付代发款项，不负责审查代发款项是否完税。

第四条 违约责任

甲、乙双方任何一方如出现未履行协议的行为，另一方均有权解除协议；因未履行协议所造成的责任与后果均由违约方承担。

第五条 保密条款

在本协议执行过程中，双方均应对合作事项负有保密义务。未经对方许可，均不得以任何方式泄露批量开卡业务涉及的各种信息，国家法律、法规和监管规章另有规定的除外。

第六条 争议的解决

本协议未尽事宜及在履行过程中发生争议，由双方共同协商解决；协商不成的，向乙方所在地法院提起诉讼。

第七条 协议的生效

本协议有效期一年，自双方签章之日起生效。协议到期后，如双方对本协议未提出任何疑义，本协议自动顺延。

本协议一式两份，甲乙双方各执一份，具有同等法律效力。

甲方：	乙方：沧州银行　支行
（公章）	（公章）
法定代表人：	法定代表人：
（或负责人）：	（或负责人）：
年　月　日	年　月　日

金融租赁公司管理办法

《金融租赁公司管理办法》已经中国银监会2013年第24次主席会议通过。现予公布，自公布之日起施行。

主席：尚福林

2014年3月13日

金融租赁公司管理办法

第一章　总　则

第一条　为促进融资租赁业务发展，规范金融租赁公司的经营行为，根据《中华人民共和国银行业监督管理法》、《中华人民共和国公司法》等法律法规，制定本办法。

第二条　本办法所称金融租赁公司，是指经银监会批准，以经营融资租赁业务为主的非银行金融机构。

金融租赁公司名称中应当标明“金融租赁”字样。未经银监会批准，任何单位不得在其名称中使用“金融租赁”字样。

第三条　本办法所称融资租赁，是指出租人根据承租人对租赁物和供货人的选择或认可，将其从供货人处取得的租赁物按合同约定出租给承租人占有、使用，向承租人收取租金的交易活动。

第四条　适用于融资租赁交易的租赁物为固定资产，银监会另有规定的除外。

第五条　本办法所称售后回租业务，是指承租人将自有物件出卖给出租人，同时与出租人签订融资租赁合同，再将该物件从出租人处租回的融资租赁形式。售后回租业务是承租人和供货人为同一人的融资租赁方式。

第六条　银监会及其派出机构依法对金融租赁公司实施监督管理。

第二章　机构设立、变更与终止

第七条　申请设立金融租赁公司，应当具备以下条件：

（一）有符合《中华人民共和国公司法》和银监会规定的公司章程；

（二）有符合规定条件的发起人；

（三）注册资本为一次性实缴货币资本，最低限额为1亿元人民币或等值的可自由兑换货币；

（四）有符合任职资格条件的董事、高级管理人员，并且从业人员中具有金融或融资租赁工作经历3年以上的人员应当不低于总人数的50%；

（五）建立了有效的公司治理、内部控制和风险管理体系；

（六）建立了与业务经营和监管要求相适应的信息科技架构，具有支撑业务经营的必要、安全且合规的信息系统，具备保障业务持续运营的技术与措施；

（七）有与业务经营相适应的营业场所、安全防范措施和其他设施；

（八）银监会规定的其他审慎性条件。

第八条　金融租赁公司的发起人包括在中国境内外注册的具有独立法人资格的商业银行，在中国境内注册的、主营业务为制造适合融资租赁交易产品的大型企业，在中国境外注册的融资租赁公司以及银监会认可的其他发起人。

银监会认可的其他发起人是指除符合本办法第九条至第十一条规定的发起人以外的其他境内法人机构和境外金融机构。

第九条 在中国境内外注册的具有独立法人资格的商业银行作为金融租赁公司发起人，应当具备以下条件：

（一）满足所在国家或地区监管当局的审慎监管要求；

（二）具有良好的公司治理结构、内部控制机制和健全的风险管理体系；

（三）最近1年年末总资产不低于800亿元人民币或等值的可自由兑换货币；

（四）财务状况良好，最近2个会计年度连续盈利；

（五）为拟设金融租赁公司确定了明确的发展战略和清晰的盈利模式；

（六）遵守注册地法律法规，最近2年内未发生重大案件或重大违法违规行为；

（七）境外商业银行作为发起人的，其所在国家或地区金融监管当局已经与银监会建立良好的监督管理合作机制；

（八）入股资金为自有资金，不得以委托资金、债务资金等非自有资金入股；

（九）承诺5年内不转让所持有的金融租赁公司股权、不将所持有的金融租赁公司股权进行质押或设立信托，并在拟设公司章程中载明；

（十）银监会规定的其他审慎性条件。

第十条 在中国境内注册的、主营业务为制造适合融资租赁交易产品的大型企业作为金融租赁公司发起人，应当具备以下条件：

（一）有良好的公司治理结构或有效的组织管理方式；

（二）最近1年的营业收入不低于50亿元人民币或等值的可自由兑换货币；

（三）财务状况良好，最近2个会计年度连续盈利；

（四）最近1年年末净资产不低于总资产的30%；

（五）最近1年主营业务销售收入占全部营业收入的80%以上；

（六）为拟设金融租赁公司确定了明确的发展战略和清晰的盈利模式；

（七）有良好的社会声誉、诚信记录和纳税记录；

（八）遵守国家法律法规，最近2年内未发生重大案件或重大违法违规行为；

（九）入股资金为自有资金，不得以委托资金、债务资金等非自有资金入股；

（十）承诺5年内不转让所持有的金融租赁公司股权、不将所持有的金融租赁公司股权进行质押或设立信托，并在拟设公司章程中载明；

（十一）银监会规定的其他审慎性条件。

第十一条 在中国境外注册的具有独立法人资格的融资租赁公司作为金融租赁公司发起人，应当具备以下条件：

（一）具有良好的公司治理结构、内部控制机制和健全的风险管理体系；

（二）最近1年年末总资产不低于100亿元人民币或等值的可自由兑换货币；

（三）财务状况良好，最近2个会计年度连续盈利；

（四）遵守注册地法律法规，最近2年内未发生重大案件或重大违法违规行为；

（五）所在国家或地区经济状况良好；

（六）入股资金为自有资金，不得以委托资金、债务资金等非自有资金入股；

（七）承诺5年内不转让所持有的金融租赁公司股权、不将所持有的金融租赁公司股权进行质押或设立信托，并在拟设公司章程中载明；

（八）银监会规定的其他审慎性条件。

第十二条 金融租赁公司至少应当有一名符合第九条至第十一条规定的发起人，且其出资比例不低于拟设金融租赁公司全部股本的30%。

第十三条 其他境内法人机构作为金融租赁公司发起人，应当具备以下条件：

（一）有良好的公司治理结构或有效的组织管理方式；

（二）有良好的社会声誉、诚信记录和纳税记录；

（三）经营管理良好，最近2年内无重大违法违规经营记录；

（四）财务状况良好，且最近2个会计年度

连续盈利；

（五）入股资金为自有资金，不得以委托资金、债务资金等非自有资金入股；

（六）承诺5年内不转让所持有的金融租赁公司股权，不将所持有的金融租赁公司股权进行质押或设立信托，并在公司章程中载明；

（七）银监会规定的其他审慎性条件。

其他境内法人机构为非金融机构的，最近1年年末净资产不得低于总资产的30%；

其他境内法人机构为金融机构的，应当符合与该类金融机构有关的法律、法规、相关监管规定要求。

第十四条 其他境外金融机构作为金融租赁公司发起人，应当具备以下条件：

（一）满足所在国家或地区监管当局的审慎监管要求；

（二）具有良好的公司治理结构、内部控制机制和健全的风险管理体系；

（三）最近1年年末总资产原则上不低于10亿美元或等值的可自由兑换货币；

（四）财务状况良好，最近2个会计年度连续盈利；

（五）入股资金为自有资金，不得以委托资金、债务资金等非自有资金入股；

（六）承诺5年内不转让所持有的金融租赁公司股权、不将所持有的金融租赁公司股权进行质押或设立信托，并在公司章程中载明；

（七）所在国家或地区金融监管当局已经与银监会建立良好的监督管理合作机制；

（八）具有有效的反洗钱措施；

（九）所在国家或地区经济状况良好；

（十）银监会规定的其他审慎性条件。

第十五条 有以下情形之一的企业不得作为金融租赁公司的发起人：

（一）公司治理结构与机制存在明显缺陷；

（二）关联企业众多、股权关系复杂且不透明、关联交易频繁且异常；

（三）核心主业不突出且其经营范围涉及行业过多；

（四）现金流量波动受经济景气影响较大；

（五）资产负债率、财务杠杆率高于行业平均水平；

（六）其他对金融租赁公司产生重大不利影响的情况。

第十六条 金融租赁公司发起人应当在金融租赁公司章程中约定，在金融租赁公司出现支付困难时，给予流动性支持；当经营损失侵蚀资本时，及时补足资本金。

第十七条 金融租赁公司根据业务发展的需要，经银监会批准，可以设立分公司、子公司。设立分公司、子公司的具体条件由银监会另行制定。

第十八条 金融租赁公司董事和高级管理人员实行任职资格核准制度。

第十九条 金融租赁公司有下列变更事项之一的，须报经银监会或其派出机构批准：

（一）变更公司名称；

（二）变更组织形式；

（三）调整业务范围；

（四）变更注册资本；

（五）变更股权或调整股权结构；

（六）修改公司章程；

（七）变更公司住所或营业场所；

（八）变更董事和高级管理人员；

（九）合并或分立；

（十）银监会规定的其他变更事项。

第二十条 金融租赁公司变更股权及调整股权结构，拟投资入股的出资人需符合本办法第八条至第十六条规定的新设金融租赁公司发起人条件。

第二十一条 金融租赁公司有以下情况之一的，经银监会批准可以解散：

（一）公司章程规定的营业期限届满或者公司章程规定的其他解散事由出现；

（二）股东决定或股东（大）会决议解散；

（三）因公司合并或者分立需要解散；

（四）依法被吊销营业执照、责令关闭或者被撤销；

（五）其他法定事由。

第二十二条 金融租赁公司有以下情形之一的，经银监会批准，可以向法院申请破产：

（一）不能支付到期债务，自愿或债权人要求申请破产的；

（二）因解散或被撤销而清算，清算组发现

财产不足以清偿债务，应当申请破产的。

第二十三条 金融租赁公司不能清偿到期债务，并且资产不足以清偿全部债务或者明显缺乏清偿能力的，银监会可以向人民法院提出对该金融租赁公司进行重整或者破产清算的申请。

第二十四条 金融租赁公司因解散、依法被撤销或被宣告破产而终止的，其清算事宜，按照国家有关法律法规办理。

第二十五条 金融租赁公司设立、变更、终止和董事及高管人员任职资格核准的行政许可程序，按照银监会相关规定执行。

第三章 业务范围

第二十六条 经银监会批准，金融租赁公司可以经营下列部分或全部本外币业务：

（一）融资租赁业务；

（二）转让和受让融资租赁资产；

（三）固定收益类证券投资业务；

（四）接受承租人的租赁保证金；

（五）吸收非银行股东3个月（含）以上定期存款；

（六）同业拆借；

（七）向金融机构借款；

（八）境外借款；

（九）租赁物变卖及处理业务；

（十）经济咨询。

第二十七条 经银监会批准，经营状况良好、符合条件的金融租赁公司可以开办下列部分或全部本外币业务：

（一）发行债券；

（二）在境内保税地区设立项目公司开展融资租赁业务；

（三）资产证券化；

（四）为控股子公司、项目公司对外融资提供担保；

（五）银监会批准的其他业务。

金融租赁公司开办前款所列业务的具体条件和程序，按照有关规定执行。

第二十八条 金融租赁公司业务经营中涉及外汇管理事项的，需遵守国家外汇管理有关规定。

第四章 经营规则

第二十九条 金融租赁公司应当建立以股东或股东（大）会、董事会、监事（会）、高级管理层等为主体的组织架构，明确职责划分，保证相互之间独立运行、有效制衡，形成科学高效的决策、激励和约束机制。

第三十条 金融租赁公司应当按照全面、审慎、有效、独立原则，建立健全内部控制制度，防范、控制和化解风险，保障公司安全稳健运行。

第三十一条 金融租赁公司应当根据其组织架构、业务规模和复杂程度建立全面的风险管理体系，对信用风险、流动性风险、市场风险、操作风险等各类风险进行有效的识别、计量、监测和控制，同时还应当及时识别和管理与融资租赁业务相关的特定风险。

第三十二条 金融租赁公司应当合法取得租赁物的所有权。

第三十三条 租赁物属于国家法律法规规定所有权转移必须到登记部门进行登记的财产类别，金融租赁公司应当进行相关登记。租赁物不属于需要登记的财产类别，金融租赁公司应当采取有效措施保障对租赁物的合法权益。

第三十四条 售后回租业务的租赁物必须由承租人真实拥有并有权处分。金融租赁公司不得接受已设置任何抵押、权属存在争议或已被司法机关查封、扣押的财产或所有权存在瑕疵的财产作为售后回租业务的租赁物。

第三十五条 金融租赁公司应当在签订融资租赁合同或明确融资租赁业务意向的前提下，按照承租人要求购置租赁物。特殊情况下需提前购置租赁物的，应当与自身现有业务领域或业务规划保持一致，且与自身风险管理能力和专业化经营水平相符。

第三十六条 金融租赁公司应当建立健全租赁物价值评估和定价体系，根据租赁物的价值、其他成本和合理利润等确定租金水平。

售后回租业务中，金融租赁公司对租赁物的买入价格应当有合理的、不违反会计准则的定价依据作为参考，不得低值高买。

第三十七条 金融租赁公司应当重视租赁物的风险缓释作用，密切监测租赁物价值对融资租赁债权的风险覆盖水平，制定有效的风险应对措施。

第三十八条 金融租赁公司应当加强租赁物未担保余值的估值管理，定期评估未担保余值，并开展减值测试。当租赁物未担保余值出现减值迹象时，应当按照会计准则要求计提减值准备。

第三十九条 金融租赁公司应当加强未担保余值风险的限额管理，根据业务规模、业务性质、复杂程度和市场状况，对未担保余值比例较高的融资租赁资产设定风险限额。

第四十条 金融租赁公司应当加强对租赁期限届满返还或因承租人违约而取回的租赁物的风险管理，建立完善的租赁物处置制度和程序，降低租赁物持有期风险。

第四十一条 金融租赁公司应当严格按照会计准则等相关规定，真实反映融资租赁资产转让和受让业务的实质和风险状况。

第四十二条 金融租赁公司应当建立健全集中度风险管理体系，有效防范和分散经营风险。

第四十三条 金融租赁公司应当建立严格的关联交易管理制度，其关联交易应当按照商业原则，以不优于非关联方同类交易的条件进行。

第四十四条 金融租赁公司与其设立的控股子公司、项目公司之间的交易，不适用本办法对关联交易的监管要求。

第四十五条 金融租赁公司的重大关联交易应当经董事会批准。

重大关联交易是指金融租赁公司与一个关联方之间单笔交易金额占金融租赁公司资本净额5%以上，或金融租赁公司与一个关联方发生交易后金融租赁公司与该关联方的交易余额占金融租赁公司资本净额10%以上的交易。

第四十六条 金融租赁公司所开展的固定收益类证券投资业务，不得超过资本净额的20%。

第四十七条 金融租赁公司开办资产证券化业务，可以参照信贷资产证券化相关规定。

第五章　监督管理

第四十八条 金融租赁公司应当遵守以下监管指标的规定：

（一）资本充足率。金融租赁公司资本净额与风险加权资产的比例不得低于银监会的最低监管要求；

（二）单一客户融资集中度。金融租赁公司对单一承租人的全部融资租赁业务余额不得超过资本净额的30%；

（三）单一集团客户融资集中度。金融租赁公司对单一集团的全部融资租赁业务余额不得超过资本净额的50%；

（四）单一客户关联度。金融租赁公司对一个关联方的全部融资租赁业务余额不得超过资本净额的30%；

（五）全部关联度。金融租赁公司对全部关联方的全部融资租赁业务余额不得超过资本净额的50%；

（六）单一股东关联度。对单一股东及其全部关联方的融资余额不得超过该股东在金融租赁公司的出资额，且应同时满足本办法对单一客户关联度的规定；

（七）同业拆借比例。金融租赁公司同业拆入资金余额不得超过资本净额的100%。

经银监会认可，特定行业的单一客户融资集中度和单一集团客户融资集中度要求可以适当调整。

银监会根据监管需要可以对上述指标做出适当调整。

第四十九条 金融租赁公司应当按照银监会的相关规定构建资本管理体系，合理评估资本充足状况，建立审慎、规范的资本补充、约束机制。

第五十条 金融租赁公司应当按照监管规定建立资产质量分类制度。

第五十一条 金融租赁公司应当按照相关规定建立准备金制度，在准确分类的基础上及时足额计提资产减值损失准备，增强风险抵御能力。未提足准备的，不得进行利润分配。

第五十二条 金融租赁公司应当建立健全内

部审计制度，审查评价并改善经营活动、风险状况、内部控制和公司治理效果，促进合法经营和稳健发展。

第五十三条 金融租赁公司应当执行国家统一的会计准则和制度，真实记录并全面反映财务状况和经营成果等信息。

第五十四条 金融租赁公司应当按规定报送会计报表及银监会及其派出机构要求的其他报表，并对所报报表、资料的真实性、准确性和完整性负责。

第五十五条 金融租赁公司应当建立定期外部审计制度，并在每个会计年度结束后的 4 个月内，将经法定代表人签名确认的年度审计报告报送银监会或其派出机构。

第五十六条 金融租赁公司违反本办法有关规定的，银监会及其派出机构应当依法责令限期整改；逾期未整改的，或者其行为严重危及该金融租赁公司的稳健运行、损害客户合法权益的，可以区别情形，依照《中华人民共和国银行业监督管理法》等法律法规，采取暂停业务、限制股东权利等监管措施。

第五十七条 金融租赁公司已经或者可能发生信用危机，严重影响客户合法权益的，银监会依法对其实行托管或者督促其重组，问题严重的，有权予以撤销。

第五十八条 凡违反本办法有关规定的，银监会及其派出机构依照《中华人民共和国银行业监督管理法》等有关法律法规进行处罚。金融租赁公司对处罚决定不服的，可以依法申请行政复议或者向人民法院提起行政诉讼。

期货公司监督管理办法

第一章 总 则

第一条 为了规范期货公司经营活动，加强对期货公司监督管理，保护客户合法权益，推进期货市场建设，根据《公司法》和《期货交易管理条例》等法律、行政法规，制定本办法。

第二条 在中华人民共和国境内设立的期货公司，适用本办法。

第三条 期货公司应当遵守法律、行政法规和中国证券监督管理委员会（以下简称中国证监会）的规定，审慎经营，防范利益冲突，履行对客户的诚信义务。

第四条 期货公司的股东、实际控制人和其他关联人不得滥用权力，不得占用期货公司资产或者挪用客户资产，不得侵害期货公司、客户的合法权益。

第五条 中国证监会及其派出机构依法对期货公司及其分支机构实行监督管理。

中国期货业协会、期货交易所按照自律规则对期货公司实行自律管理。

期货保证金安全存管监控机构依法对客户保证金安全实施监控。

第二章 设立、变更与业务终止

第六条 申请设立期货公司，除应当符合《期货交易管理条例》第十六条规定的条件外，还应当具备下列条件：

（一）具有期货从业人员资格的人员不少于 15 人；

（二）具备任职资格的高级管理人员不少于 3 人。

第七条 持有 5% 以上股权的股东为法人或者其他组织的，应当具备下列条件：

（一）实收资本和净资产均不低于人民币 3000 万元；

（二）净资产不低于实收资本的 50%，或有负债低于净资产的 50%，不存在对财务状况产生重大不确定影响的其他风险；

（三）没有较大数额的到期未清偿债务；

（四）近 3 年未因重大违法违规行为受到行政处罚或者刑事处罚；

（五）未因涉嫌重大违法违规正在被有权机关立案调查或者采取强制措施；

（六）近 3 年作为公司（含金融机构）的股东或者实际控制人，未有滥用股东权利、逃避股东义务等不诚信行为；

（七）不存在中国证监会根据审慎监管原则认定的其他不适合持有期货公司股权的情形。

第八条 持有期货公司 5% 以上股权的个人股东应当符合本办法第七条第（三）项至第（七）项规定的条件，且其个人金融资产不低于人民币 3000 万元。

第九条 持有期货公司 5% 以上股权的境外股东，除应当符合本办法第七条规定的条件外，还应当具备下列条件：

（一）依其所在国家或者地区法律设立、合法存续的金融机构；

（二）近 3 年各项财务指标及监管指标符合所在国家或者地区法律的规定和监管机构的要求；

（三）所在国家或者地区具有完善的期货法律和监督管理制度，其期货监管机构已与中国证监会签订监管合作备忘录，并保持有效的监管合作关系；

（四）期货公司外资持股比例或者拥有的权益比例，累计（包括直接持有和间接持有）不得超过我国期货业对外或者对我国香港特别行政区、澳门特别行政区和台湾地区开放所作的承诺。

境外股东应当以可自由兑换货币或者合法取得的人民币出资。

第十条 期货公司有关联关系的股东持股比例合计达到 5% 的，持股比例最高的股东应当符合本办法第七条至第九条规定的条件。

第十一条 申请设立期货公司，应当向中国证监会提交下列申请材料：

（一）申请书；

（二）公司章程草案；

（三）经营计划；

（四）发起人名单及其审计报告或者个人金融资产证明；

（五）拟任用高级管理人员和从业人员名单、简历和相关资格证明；

（六）拟订的期货业务制度、内部控制制度和风险管理制度文本；

（七）场地、设备、资金证明文件；

（八）律师事务所出具的法律意见书；

（九）中国证监会规定的其他申请材料。

第十二条 外资持有股权的期货公司，应当按照法律、行政法规的规定，向国务院商务主管部门申请办理外商投资企业批准证书，并向外汇管理部门申请办理外汇登记、资本金账户开立以及有关资金结购汇手续。

第十三条 按照本办法设立的期货公司，可以依法从事商品期货经纪业务；从事金融期货经纪、境外期货经纪、期货投资咨询的，应当取得相应业务资格。从事资产管理业务的，应当依法登记备案。

期货公司经批准可以从事中国证监会规定的其他业务。

第十四条 期货公司申请金融期货经纪业务资格，应当具备下列条件：

（一）申请日前 2 个月风险监管指标持续符合规定标准；

（二）具有健全的公司治理、风险管理制度和内部控制制度，并有效执行；

（三）符合中国证监会期货保证金安全存管监控的规定；

（四）业务设施和技术系统符合相关技术规范且运行状况良好；

（五）高级管理人员近 2 年内未受到刑事处罚，未因违法违规经营受到行政处罚，无不良信用记录，且不存在因涉嫌违法违规经营正在被有权机关调查的情形；

（六）不存在被中国证监会及其派出机构采取《期货交易管理条例》第五十六条第二款、第五十七条规定的监管措施的情形；

（七）不存在因涉嫌违法违规正在被有权机关立案调查的情形；

（八）近 2 年内未因违法违规行为受过刑事处罚或者行政处罚。但期货公司控股股东或者实际控制人变更，高级管理人员变更比例超过 50%，对出现上述情形负有责任的高级管理人员和业务负责人已不在公司任职，且已整改完成并经期货公司住所地中国证监会派出机构验收合格的，可不受此限制；

（九）控股股东净资产或者个人金融资产不低于人民币 3000 万元；

（十）中国证监会根据审慎监管原则规定的其他条件。

第十五条　期货公司申请金融期货经纪业务资格，应当向中国证监会提交下列申请材料：

（一）申请书；

（二）加盖公司公章的营业执照和业务许可证复印件；

（三）股东会或者董事会决议文件；

（四）申请日前 2 个月风险监管报表；

（五）公司治理、风险管理制度和内部控制制度执行情况报告；

（六）业务设施和技术系统运行情况报告；

（七）控股股东经具有证券、期货相关业务资格的会计师事务所审计的最近一期财务报告或者个人金融资产证明；

（八）律师事务所出具的法律意见书；

（九）若存在本办法第十四条第（八）项规定的情形的，还应提供期货公司住所地中国证监会派出机构出具的整改验收合格意见书；

（十）中国证监会规定的其他申请材料。

第十六条　期货公司申请境外期货经纪、期货投资咨询以及经批准的其他业务的条件，由中国证监会另行规定。

第十七条　期货公司变更股权有下列情形之一的，应当经中国证监会批准：

（一）变更控股股东、第一大股东；

（二）单个股东或者有关联关系的股东持股比例增加到 100%；

（三）单个股东的持股比例或者有关联关系的股东合计持股比例增加到 5% 以上，且涉及境外股东的。

除前款规定情形外，期货公司单个股东的持股比例或者有关联关系的股东合计持股比例增加到 5% 以上，应当经期货公司住所地中国证监会派出机构批准。

第十八条　期货公司变更股权有本办法第十七条所列情形的，应当具备下列条件：

（一）拟变更的股权不存在被查封、冻结等情形；

（二）期货公司与股东之间不存在交叉持股的情形，期货公司不存在为股权受让方提供任何形式财务支持的情形；

（三）涉及的股东符合本办法第七条至第十条规定的条件。

第十九条　期货公司变更股权，有本办法第十七条所列情形的，应当提交下列相关申请材料：

（一）申请书；

（二）关于变更股权的决议文件；

（三）股权转让或者变更出资合同，以及有限责任公司其他股东放弃优先购买权的承诺书；

（四）所涉及股东的基本情况报告、变更后期货公司股东股权背景情况图以及期货公司关于变更后股东是否存在关联关系、期货公司是否为股权受让方提供任何形式财务支持的情况说明；

（五）所涉及股东的股东会、董事会或者其他决策机构做出的相关决议；

（六）所涉及股东的审计报告或者个人金融资产证明；

（七）律师事务所出具的法律意见书；

（八）中国证监会规定的其他材料。

期货公司单个境外股东的持股比例或者有关联关系的境外股东合计持股比例增加到 5% 以上的，还应当提交下列申请材料：

（一）境外股东的章程、营业执照或者注册证书和相关业务资格证书复印件；

（二）境外股东所在国家或者地区的相关监管机构或者中国证监会认可的境外机构出具的关于其符合本办法第七条第（四）项、第（五）项与第九条第一款第（二）项规定条件的说明函。

期货公司发生本办法第十七条规定情形以外的股权变更，应当自完成工商变更登记手续之日起 5 个工作日内向公司住所地中国证监会派出机构报备下列书面材料：

（一）变更持有 5% 以下股权股东情况报告；

（二）股权受让方相关背景材料；

（三）股权背景情况图；

（四）股权变更相关文件；

（五）公司章程、准予变更登记文件、营业

执照复印件；

（六）中国证监会规定的其他材料。

第二十条 期货公司变更法定代表人，拟任法定代表人应当具备任职资格。期货公司应当向住所地中国证监会派出机构提交下列申请材料：

（一）申请书；

（二）关于变更法定代表人的决议文件；

（三）拟任法定代表人任职资格证明；

（四）中国证监会规定的其他材料。

第二十一条 期货公司变更住所，应当妥善处理客户资产，拟迁入的住所和拟使用的设施应当符合业务需要。期货公司在中国证监会不同派出机构辖区变更住所的，还应当符合下列条件：

（一）符合持续性经营规则；

（二）近 2 年未因重大违法违规行为受到行政处罚或者刑事处罚；

（三）中国证监会根据审慎监管原则规定的其他条件。

第二十二条 期货公司变更住所，应当向拟迁入地中国证监会派出机构提交下列申请材料：

（一）申请书；

（二）拟变更后的住所所有权或者使用权证明和相关消防合格证明材料；

（三）客户资产处理情况报告；

（四）中国证监会规定的其他材料。

第二十三条 期货公司可以设立营业部、分公司等分支机构。

期货公司申请设立分支机构，应当具备下列条件：

（一）公司治理健全，内部控制制度符合有关规定并有效执行；

（二）申请日前 3 个月符合风险监管指标标准；

（三）符合有关客户资产保护和期货保证金安全存管监控的规定；

（四）未因涉嫌违法违规经营正在被有权机关调查，近 1 年内未因违法违规经营受到行政处罚或者刑事处罚；

（五）具有符合业务发展需要的分支机构设立方案；

（六）中国证监会根据审慎监管原则规定的其他条件。

第二十四条 期货公司申请设立分支机构，应当向公司所在地中国证监会派出机构提交下列申请材料：

（一）申请书；

（二）拟设立分支机构的决议文件；

（三）公司治理和内部控制制度运行情况报告；

（四）申请日前 3 个月风险监管报表；

（五）分支机构设立方案；

（六）中国证监会规定的其他材料。

期货公司在提交申请材料时，应当将申请材料同时抄报拟设立分支机构所在地的中国证监会派出机构。

第二十五条 期货公司变更分支机构营业场所的，应当妥善处理客户资产，拟迁入的营业场所和拟使用的设施应当满足业务需要。

本办法所称期货公司变更分支机构营业场所仅限于在中国证监会同一派出机构辖区内变更营业场所。

第二十六条 期货公司终止分支机构的，应当先行妥善处理该分支机构客户资产，结清分支机构业务并终止经营活动。

期货公司应当向分支机构住所地中国证监会派出机构提交下列申请材料：

（一）申请书；

（二）拟终止分支机构的决议文件；

（三）关于处理客户资产、结清分支机构业务并终止经营活动的情况报告；

（四）中国证监会规定的其他材料。

第二十七条 期货公司申请设立、收购或者参股境外期货类经营机构，应当具备下列条件：

（一）申请日前 6 个月符合风险监管指标标准；

（二）近 2 年内未因重大违法违规行为受到行政处罚或者刑事处罚；

（三）具有完备的境外机构管理制度，能够有效隔离风险；

（四）拟设立、收购或者参股机构所在国家或者地区的期货监管机构已与中国证监会签署监管合作备忘录；

（五）中国证监会根据审慎监管原则规定的其他条件。

第二十八条 期货公司申请设立、收购或者参股境外期货类经营机构，应当向中国证监会提交下列申请材料：

（一）申请书；

（二）拟设立、收购或者参股境外期货类经营机构的决议文件；

（三）申请日前6个月风险监管报表；

（四）境外机构管理制度文本；

（五）经具有证券、期货相关业务资格的会计师事务所审计的前一年度财务报告；申请日在下半年的，还应当提供经审计的半年度财务报告；

（六）律师事务所出具的法律意见书；

（七）中国证监会规定的其他材料。

第二十九条 期货公司申请设立、收购或者参股境外期货类经营机构，应当按照外汇管理部门相关规定，办理外汇登记、有关资金划转以及结购汇手续。

第三十条 期货公司因遭遇不可抗力等正当事由申请停业的，应当妥善处理客户资产，清退或者转移客户。

期货公司恢复营业的，应当符合期货公司持续性经营规则。停业期限届满后，期货公司未能恢复营业或者不符合持续性经营规则的，中国证监会可以根据《期货交易管理条例》第二十一条第一款规定注销其期货业务许可证。

第三十一条 期货公司停业的，应当向中国证监会提交下列申请材料：

（一）申请书；

（二）停业决议文件；

（三）关于处理客户资产、处置或者清退客户情况的报告；

（四）中国证监会规定的其他材料。

第三十二条 期货公司被撤销所有期货业务许可的，应当妥善处理客户资产，结清期货业务；公司继续存续的，应当依法办理名称、营业范围和公司章程等工商变更登记，存续公司不得继续以期货公司名义从事业务，其名称中不得有“期货”或者近似字样。

期货公司解散、破产的，应当先行妥善处理客户资产，结清业务。

第三十三条 期货公司设立、变更、停业、解散、破产、被撤销期货业务许可或者其分支机构设立、变更、终止的，期货公司应当在中国证监会指定的媒体上公告。

第三十四条 期货公司及其分支机构的许可证由中国证监会统一印制。许可证正本或者副本遗失或者灭失的，期货公司应当在30个工作日内在中国证监会指定的媒体上声明作废，并持登载声明向中国证监会重新申领。

第三章 公司治理

第三十五条 期货公司应当按照明晰职责、强化制衡、加强风险管理的原则，建立并完善公司治理。

第三十六条 期货公司与其控股股东、实际控制人在业务、人员、资产、财务等方面应当严格分开，独立经营，独立核算。

未依法经期货公司股东会或者董事会决议，期货公司控股股东、实际控制人不得任免期货公司的董事、监事、高级管理人员，或者非法干预期货公司经营管理活动。

期货公司向股东、实际控制人及其关联人提供服务的，不得降低风险管理要求。

第三十七条 持有期货公司5%以上股权的股东或者实际控制人出现下列情形之一的，应当在3个工作日内通知期货公司：

（一）所持有的期货公司股权被冻结、查封或者被强制执行；

（二）质押所持有的期货公司股权；

（三）决定转让所持有的期货公司股权；

（四）不能正常行使股东权利或者承担股东义务，可能造成期货公司治理的重大缺陷；

（五）涉嫌重大违法违规被有权机关调查或者采取强制措施；

（六）因重大违法违规行为受到行政处罚或者刑事处罚；

（七）变更名称；

（八）合并、分立或者进行重大资产、债务重组；

（九）被采取停业整顿、撤销、接管、托管等监管措施，或者进入解散、破产、关闭程序；

（十）其他可能影响期货公司股权变更或者持续经营的情形。

持有期货公司5%以上股权的股东发生前款规定情形的，期货公司应当自收到通知之日起3个工作日内向期货公司住所地中国证监会派出机构报告。

期货公司实际控制人发生第一款第（五）项至第（九）项所列情形的，期货公司应当自收到通知之日起3个工作日内向住所地中国证监会派出机构报告。

第三十八条 期货公司有下列情形之一的，应当立即书面通知全体股东或进行公告，并向住所地中国证监会派出机构报告：

（一）公司或者其董事、监事、高级管理人员因涉嫌违法违规被有权机关立案调查或者采取强制措施；

（二）公司或者其董事、监事、高级管理人员因违法违规行为受到行政处罚或者刑事处罚；

（三）风险监管指标不符合规定标准；

（四）客户发生重大透支、穿仓，可能影响期货公司持续经营；

（五）发生突发事件，对期货公司或者客户利益产生或者可能产生重大不利影响；

（六）其他可能影响期货公司持续经营的情形。

中国证监会及其派出机构对期货公司及其分支机构采取《期货交易管理条例》第五十六条第二款、第四款或者第五十七条规定的监管措施或者作出行政处罚，期货公司应当书面通知全体股东或进行公告。

第三十九条 期货公司股东会应当按照《公司法》和公司章程，对职权范围内的事项进行审议和表决。股东会每年应当至少召开一次会议。期货公司股东应当按照出资比例或者所持股份比例行使表决权。

第四十条 期货公司应当设立董事会，并按照《公司法》的规定设立监事会或监事，切实保障监事会和监事对公司经营情况的知情权。

期货公司可以设立独立董事，期货公司的独立董事不得在期货公司担任董事会以外的职务，不得与本期货公司存在可能妨碍其作出独立、客观判断的关系。

第四十一条 期货公司应当设首席风险官，对期货公司经营管理行为的合法合规性、风险管理进行监督、检查。

首席风险官发现涉嫌占用、挪用客户保证金等违法违规行为或者可能发生风险的，应当立即向住所地中国证监会派出机构和公司董事会报告。

期货公司拟解聘首席风险官的，应当有正当理由，并向住所地中国证监会派出机构报告。

第四十二条 期货公司的董事长、总经理、首席风险官之间不得存在近亲属关系。董事长和总经理不得由一人兼任。

第四十三条 期货公司应当合理设置业务部门及其职能，建立岗位责任制度，不相容岗位应当分离。交易、结算、财务业务应当由不同部门和人员分开办理。

期货公司应当设立风险管理部门或者岗位，管理和控制期货公司的经营风险。

期货公司应当设立合规审查部门或者岗位，审查和稽核期货公司经营管理的合法合规性。

第四十四条 期货公司应当对分支机构实行集中统一管理，不得与他人合资、合作经营管理分支机构，不得将分支机构承包、租赁或者委托给他人经营管理。

分支机构经营的业务不得超出期货公司的业务范围，并应当符合中国证监会对相关业务的规定。

期货公司应当按照规定对营业部实行统一结算、统一风险管理、统一资金调拨、统一财务管理和会计核算。

第四十五条 期货公司可以按照规定，运用自有资金投资于股票、投资基金、债券等金融类资产，与业务相关的股权以及中国证监会规定的其他业务，但不得从事《期货交易管理条例》禁止的业务。

第四章 业务规则

第一节 一般规定

第四十六条 期货公司应当建立并有效执行风险管理、内部控制、期货保证金存管等业务制度和流程，有效隔离不同业务之间的风险，确保客户资产安全和交易安全。

第四十七条 期货公司应当按照规定实行投资者适当性管理制度，建立执业规范和内部问责机制，了解客户的经济实力、专业知识、投资经历和风险偏好等情况，审慎评估客户的风险承受能力，提供与评估结果相适应的产品或者服务。

期货公司应当向客户全面客观介绍相关法律法规、业务规则、产品或者服务的特征，充分揭示风险，并按照合同的约定，如实向客户提供与交易相关的资料、信息，不得欺诈或者误导客户。

期货公司应充分了解和评估客户风险承受能力，加强对客户的管理。

第四十八条 期货公司应当在营业场所公示业务流程。

期货公司应当提供从业人员资格证明等资料供客户查阅，并在本公司网站和营业场所提示客户可以通过中国期货业协会网站查询。

第四十九条 期货公司应当具有符合行业标准和自身业务发展需要的信息系统，制定信息技术管理制度，按照规定设置信息技术部门或岗位，保障信息系统安全运行。

第五十条 期货公司应当承担投资者投诉处理的首要责任，建立、健全客户投诉处理制度，公开投诉处理流程，妥善处理客户投诉及与客户的纠纷。

第五十一条 期货公司应当建立数据备份制度，对交易、结算、财务等数据进行备份管理。

期货公司应当妥善保存客户资料，除依法接受调查和检查外，应当为客户保密。客户资料保存期限不得少于20年。

第二节 期货经纪业务

第五十二条 期货公司不得接受下列单位和个人的委托，为其进行期货交易：

（一）国家机关和事业单位；

（二）中国证监会及其派出机构、期货交易所、期货保证金安全存管监控机构、中国期货业协会工作人员及其配偶；

（三）期货公司工作人员及其配偶；

（四）证券、期货市场禁止进入者；

（五）未能提供开户证明材料的单位和个人；

（六）中国证监会规定的不得从事期货交易的其他单位和个人。

第五十三条 客户开立账户，应当出具合法有效的单位、个人身份证明或者其他证明材料。

第五十四条 期货公司在为客户开立期货经纪账户前，应当向客户出示《期货交易风险说明书》，由客户签字确认，并签订期货经纪合同。《〈期货经纪合同〉指引》和《期货交易风险说明书》由中国期货业协会制定。

第五十五条 客户可以通过书面、电话、计算机、互联网等委托方式下达交易指令。

期货公司应当建立交易指令委托管理制度，并与客户就委托方式和程序进行约定。期货公司应当按照客户委托下达交易指令，不得未经客户委托或者未按客户委托内容，擅自进行期货交易。期货公司从业人员不得未经过其依法设立的营业场所私下接受客户委托进行期货交易。

以书面方式下达交易指令的，客户应当填写书面交易指令单；以电话方式下达交易指令的，期货公司应当同步录音；以计算机、互联网等委托方式下达交易指令的，期货公司应当以适当方式保存；以互联网方式下达交易指令的，期货公司应当对互联网交易风险进行特别提示。

第五十六条 期货公司应当在传递交易指令前对客户账户资金和持仓进行验证。

期货公司应当按照时间优先的原则传递客户交易指令。

第五十七条 期货公司应当在每日结算后为客户提供交易结算报告，并提示客户可以通过期货保证金安全存管监控机构进行查询。客户应当按照期货经纪合同约定方式对交易结算报告内容进行确认。

客户对交易结算报告有异议的，应当在期货经纪合同约定的时间内以书面方式提出，期货公司应当在约定时间内进行核实。客户未在约定时间内提出异议的，视为对交易结算报告内容的确认。

第五十八条 期货公司应当制定并执行错单处理业务规则。

第五十九条 期货公司应当按照规定为客户申请、注销交易编码。客户与期货公司的委托关系终止的，应当办理销户手续。期货公司不得将客户未注销的资金账号、交易编码借给他人使用。

第六十条 期货公司可以按照规定委托其他机构或者接受其他机构委托从事中间介绍业务。

第三节　期货投资咨询业务

第六十一条 期货公司可以依法从事期货投资咨询业务，接受客户委托，向客户提供风险管理顾问、研究分析、交易咨询等服务。

第六十二条 期货公司从事期货投资咨询业务，应当与客户签订服务合同，明确约定服务内容、收费标准及纠纷处理方式等事项。

第六十三条 期货公司及其从业人员从事期货投资咨询业务，不得有下列行为：

（一）向客户做获利保证；

（二）以虚假信息、市场传言或者内幕信息为依据向客户提供期货投资咨询服务；

（三）对价格涨跌或者市场走势做出确定性的判断；

（四）利用向客户提供投资建议谋取不正当利益；

（五）利用期货投资咨询活动传播虚假、误导性信息；

（六）以个人名义收取服务报酬；

（七）法律、行政法规和中国证监会规定禁止的其他行为。

第四节　资产管理业务

第六十四条 期货公司可以依法从事资产管理业务，接受客户委托，运用客户资产进行投资。投资收益由客户享有，损失由客户承担。

第六十五条 期货公司从事资产管理业务，应当与客户签订资产管理合同，通过专门账户提供服务。

第六十六条 期货公司可以依法从事下列资产管理业务：

（一）为单一客户办理资产管理业务；

（二）为特定多个客户办理资产管理业务。

第六十七条 资产管理业务的投资范围包括：

（一）期货、期权及其他金融衍生产品；

（二）股票、债券、证券投资基金、集合资产管理计划、央行票据、短期融资券、资产支持证券等；

（三）中国证监会认可的其他投资品种。

第六十八条 期货公司及其从业人员从事资产管理业务，不得有下列行为：

（一）以欺诈手段或者其他不当方式误导、诱导客户；

（二）向客户做出保证其资产本金不受损失或者取得最低收益的承诺；

（三）接受客户委托的初始资产低于中国证监会规定的最低限额；

（四）占用、挪用客户委托资产；

（五）以转移资产管理账户收益或者亏损为目的，在不同账户之间进行买卖，损害客户利益；

（六）以获取佣金或者其他利益为目的，使用客户资产进行不必要的交易；

（七）利用管理的客户资产为第三方谋取不正当利益，进行利益输送；

（八）法律、行政法规以及中国证监会规定禁止的其他行为。

第五章　客户资产保护

第六十九条 客户的保证金和委托资产属于客户资产，归客户所有。客户资产应当与期货公司的自有资产相互独立、分别管理。非因客户本身的债务或者法律、行政法规规定的其他情形，不得查封、冻结、扣划或者强制执行客户资产。期货公司破产或者清算时，客户资产不属于破产财产或者清算财产。

第七十条 期货公司应当在期货保证金存管银行开立期货保证金账户。

期货公司开立、变更或者撤销期货保证金账户的，应于当日向期货保证金安全存管监控机构备案，并通过规定方式向客户披露账户开立、变更或者撤销情况。

第七十一条 客户应当向期货公司登记以本人名义开立的用于存取期货保证金的结算账户。

期货公司和客户应当通过备案的期货保证金账户和登记的期货结算账户转账存取保证金。

第七十二条 期货公司存管的客户保证金应当全额存放在期货保证金账户和期货交易所专用结算账户内，严禁在期货保证金账户和期货交易所专用结算账户之外存放。

第七十三条 期货公司应当按照规定及时向期货保证金安全存管监控机构报送信息。

第七十四条 期货保证金存管银行未按规定向期货保证金安全存管监控机构报送信息，被期货交易所采取自律监管措施或者被中国证监会采取监管措施、处以行政处罚的，期货公司应当暂停在该存管银行开立期货保证金账户，并将期货保证金转存至其他符合规定的期货保证金存管银行。

第七十五条 期货公司应当按照期货交易所规则，缴存结算担保金，并维持最低数额的结算准备金等专用资金，确保客户正常交易。

第七十六条 除依据《期货交易管理条例》第二十九条划转外，任何单位或者个人不得以任何形式占用、挪用客户保证金。

客户在期货交易中违约造成保证金不足的，期货公司应当以风险准备金和自有资金垫付，不得占用其他客户保证金。

期货公司应当按照规定提取、管理和使用风险准备金，不得挪作他用。

第六章 监督管理

第七十七条 期货公司应当按照规定报送年度报告、月度报告等资料。

期货公司法定代表人、经营管理主要负责人、首席风险官、财务负责人应当对年度报告和月度报告签署确认意见；监事会或监事应对年度报告进行审核并提出书面审核意见；期货公司董事应当对年度报告签署确认意见。

期货公司年度报告、月度报告签字人员应当保证报告内容真实、准确、完整；对报告内容有异议的，应当注明意见和理由。

第七十八条 中国证监会及其派出机构可以要求下列机构或者个人，在指定期限内报送与期货公司经营相关的资料：

（一）期货公司及其董事、监事、高级管理人员及其他工作人员；

（二）期货公司股东、实际控制人或者其他关联人；

（三）期货公司控股、参股或者实际控制的企业；

（四）为期货公司提供相关服务的会计师事务所、律师事务所、资产评估机构等中介服务机构。

报送、提供或者披露的资料、信息应当真实、准确、完整，不得有虚假记载、误导性陈述或者重大遗漏。

第七十九条 持有期货公司5%以上股权的股东、实际控制人或者其他关联人在期货公司从事期货交易的，期货公司应当自开户之日起5个工作日内向住所地中国证监会派出机构报告开户情况，并定期报告交易情况。

第八十条 发生下列事项之一的，期货公司应当在5个工作日内向住所地中国证监会派出机构书面报告：

（一）变更公司名称、形式、章程；

（二）发生本办法第十七条规定情形以外的股权或者注册资本变更；

（三）变更分支机构负责人或者营业场所；

（四）作出终止业务等重大决议；

（五）被有权机关立案调查或者采取强制

措施；

（六）发生影响或者可能影响期货公司经营管理、财务状况或者客户资产安全等重大事件；

（七）中国证监会规定的其他事项。

上述事项涉及期货公司分支机构的，期货公司应当同时向分支机构住所地中国证监会派出机构书面报告。

第八十一条 期货公司聘请或者解聘会计师事务所的，应当自作出决定之日起 5 个工作日内向住所地中国证监会派出机构报告；解聘会计师事务所的，应当说明理由。

第八十二条 期货公司应当按照规定，公示基本情况、历史情况、分支机构基本情况、董事及监事信息、高级管理人员及从业人员信息、公司股东信息、公司诚信记录以及中国证监会要求的其他信息。

第八十三条 中国证监会可以按照规定对期货公司进行分类监管。

第八十四条 中国证监会及其派出机构可以对期货公司及其分支机构进行定期或者不定期现场检查。

中国证监会及其派出机构依法进行现场检查时，检查人员不得少于 2 人，并应当出示合法证件和检查通知书，必要时可以聘请外部专业人士协助检查。

中国证监会及其派出机构可以对期货公司子公司以及期货公司的控股股东、实际控制人进行延伸检查。

第八十五条 中国证监会及其派出机构对期货公司及其分支机构进行检查，有权采取下列措施：

（一）询问期货公司及其分支机构的工作人员，要求其对被检查事项作出解释、说明；

（二）查阅、复制与被检查事项有关的文件、资料；

（三）查询期货公司及其分支机构的客户资产账户；

（四）检查期货公司及其分支机构的信息系统，调阅交易、结算及财务数据。

第八十六条 中国证监会及其派出机构认为期货公司可能存在下列情形之一的，可以要求其聘请中介服务机构进行专项审计、评估或者出具法律意见：

（一）期货公司年度报告、月度报告或者临时报告等存在虚假记载、误导性陈述或者重大遗漏；

（二）违反客户资产保护、期货保证金安全存管监控规定或者风险监管指标管理规定；

（三）中国证监会根据审慎监管原则认定的其他情形。

期货公司应当配合中介服务机构工作。

第八十七条 期货公司违反本办法有关规定的，中国证监会及其派出机构可以对其采取监管谈话、责令改正、出具警示函等监督管理措施。

第八十八条 期货公司或其分支机构有下列情形之一的，中国证监会及其派出机构可以依据《期货交易管理条例》第五十六条规定采取监管措施：

（一）公司治理不健全，部门或者岗位设置存在较大缺陷，关键业务岗位人员缺位或者未履行职责，可能影响期货公司持续经营；

（二）业务规则不健全或者未有效执行，风险管理或者内部控制等存在较大缺陷，经营管理混乱，可能影响期货公司持续经营或者可能损害客户合法权益；

（三）不符合有关客户资产保护或者期货保证金安全存管监控规定，可能影响客户资产安全；

（四）未按规定执行分支机构统一管理制度，经营管理存在较大风险或者风险隐患；

（五）未按规定实行投资者适当性管理制度，存在较大风险或者风险隐患；

（六）未按规定委托或者接受委托从事中间介绍业务；

（七）交易、结算或者财务信息系统存在重大缺陷，可能造成有关数据失真或者损害客户合法权益；

（八）信息系统不符合规定；

（九）股东、实际控制人或者其他关联人停业、发生重大风险或者涉嫌严重违法违规，可能影响期货公司治理或者持续经营；

（十）存在重大纠纷、仲裁、诉讼，可能影响持续经营；

（十一）未按规定进行信息报送、披露或者

报送、披露的信息存在虚假记载、误导性陈述或者重大遗漏；

（十二）其他不符合持续性经营规则规定或者出现其他经营风险的情形。

对经过整改仍未达到经营条件的分支机构，中国证监会派出机构有权依法关闭。

第八十九条 期货公司股东、实际控制人、其他关联人，为期货公司提供相关服务的会计师事务所、律师事务所、资产评估机构等中介服务机构违反本办法规定的，中国证监会及其派出机构可以对其采取监管谈话、责令改正、出具警示函等监督管理措施。

第九十条 期货公司的股东、实际控制人或者其他关联人有下列情形之一的，中国证监会及其派出机构可以责令其限期整改：

（一）占用期货公司资产；

（二）直接任免期货公司董事、监事、高级管理人员，或者非法干预期货公司经营管理活动；

（三）股东未按照出资比例或者所持股份比例行使表决权；

（四）报送、提供或者出具的材料、信息或者报告等存在虚假记载、误导性陈述或者重大遗漏。

因前款情形致使期货公司不符合持续性经营规则或者出现经营风险的，中国证监会及其派出机构可以依据《期货交易管理条例》第五十六条的规定责令控股股东转让股权或者限制其行使股东权利。

第九十一条 未经中国证监会或其派出机构批准，任何个人或者单位及其关联人擅自持有期货公司5%以上股权，或者通过提供虚假申请材料等方式成为期货公司股东的，中国证监会或其派出机构可以责令其限期转让股权。该股权在转让之前，不具有表决权、分红权。

第七章　法律责任

第九十二条 期货公司及其分支机构接受未办理开户手续的单位或者个人委托进行期货交易，或者将客户的资金账号、交易编码借给其他单位或者个人使用的，给予警告，单处或者并处3万元以下罚款。

第九十三条 期货公司及其分支机构有下列行为之一的，根据《期货交易管理条例》第六十七条处罚：

（一）未按规定实行投资者适当性管理制度，损害客户合法权益；

（二）未按规定将客户资产与期货公司自有资产相互独立、分别管理；

（三）在期货保证金账户和期货交易所专用结算账户之外存放客户保证金；

（四）占用客户保证金；

（五）向期货保证金安全存管监控机构报送的信息存在虚假记载、误导性陈述或者重大遗漏；

（六）违反期货保证金安全存管监控管理相关规定，损害客户合法权益；

（七）未按规定缴存结算担保金，或者未能维持最低数额的结算准备金等专用资金；

（八）在传递交易指令前未对客户账户资金和持仓进行验证；

（九）违反中国证监会有关结算业务管理规定，损害其他期货公司及其客户合法权益；

（十）信息系统不符合规定，损害客户合法权益；

（十一）违反中国证监会风险监管指标规定；

（十二）违反规定从事期货投资咨询或者资产管理业务，情节严重的；

（十三）违反规定委托或者接受其他机构委托从事中间介绍业务；

（十四）对股东、实际控制人及其关联人降低风险管理要求，侵害其他客户合法权益；

（十五）以合资、合作、联营方式设立分支机构，或者将分支机构承包、出租给他人，或者违反分支机构集中统一管理规定；

（十六）拒不配合、阻碍或者破坏中国证监会及其派出机构的监督管理；

（十七）违反期货投资者保障基金管理规定。

第九十四条 期货公司及其分支机构有下列情形之一的，根据《期货交易管理条例》第六十八条处罚：

（一）发布虚假广告或者进行虚假宣传，诱骗客户参与期货交易；

（二）不按照规定变更或者撤销期货保证金账户，或者不按照规定方式向客户披露期货保证金账户信息。

第九十五条 会计师事务所、律师事务所、资产评估机构等中介服务机构不按照规定履行报告义务，提供或者出具的材料、报告、意见不完整，责令改正，没收业务收入，单处或者并处3万元以下罚款。对直接负责的主管人员和其他责任人员给予警告，并处3万元以下罚款。

第九十六条 未经中国证监会或其派出机构批准，任何个人或者单位及其关联人擅自持有期货公司5%以上股权，或者通过提供虚假申请材料等方式成为期货公司股东，情节严重的，给予警告，单处或者并处3万元以下罚款。

第八章 附 则

第九十七条 经中国证监会批准，其他期货经营机构可以从事特定期货业务。具体办法由中国证监会另行制定。

第九十八条 期货公司参与其他交易场所交易的，应当遵守法律、行政法规及其他交易场所业务规则的规定。

第九十九条 本办法中所称金融资产包括银行存款、股票、债券、基金份额、资产管理计划、银行理财产品、信托计划、保险产品、期货权益等。

第一百条 本办法自公布之日起施行。2005年8月19日发布的《关于香港、澳门服务提供者参股期货经纪公司有关问题的通知》（证监期货字〔2005〕138号）、2007年2月25日发布的《关于加强期货公司客户风险控制有关工作的通知》（证监期货字〔2007〕18号）、2007年4月9日发布的《期货公司管理办法》（证监会令第43号）、2011年11月3日发布的《期货营业部管理规定（试行）》（证监会公告〔2011〕33号）、2012年5月10日发布的《关于期货公司变更注册资本或股权有关问题的规定》（证监会公告〔2012〕11号）同时废止。

安邦财产保险股份有限公司
涉恐资产监测与冻结管理办法（2014版）

第一章 总 则

第一条 根据《中华人民共和国反洗钱法》《涉及恐怖活动资产冻结管理办法》《中国人民银行办公厅关于进一步加强金融机构和支付机构反恐怖融资工作的通知》等监管规定，结合《安邦财产保险股份有限公司涉嫌恐怖融资可疑交易报告管理办法》等要求，特制定本办法。

第二条 本办法适用于安邦财产保险股份有限公司（以下简称“公司”）在中华人民共和国境内依法设立的各级机构。

第三条 公司各级机构应高度重视涉恐组织、人员与资产的监测管理工作，严格按照监管机关和公司相关规定，发现涉恐业务应立即采取冻结措施，拒绝提供一切保险服务。同时按照流程提交涉恐可疑交易信息，并立即向当地公安机关、国家安全机关和人民银行报告。

冻结措施，是指为防止公司持有、管理或者控制的有关资产被转移、转换、处置而采取必要措施，包括但不限于：终止投保、退保、保单及客户信息变更、理赔、给付等业务；拒绝资产的提取、转移、转换；停止保单的生成、变更、撤销和使用。

第四条 公司合规部负责跟踪并掌握公安部等发布的恐怖组织、恐怖人员名单及变动情况，并指导各分支机构反洗钱人员完善涉恐客户身份信息和交易信息管理，有效开展涉恐资产的监测与冻结工作。

第二章 涉恐资产监测与冻结

第五条 涉恐资产是指恐怖活动组织、恐怖活动人员的资产。公司合规部安排专人负责跟踪整理公安部、人民银行、联合国安理会等发布的恐怖组织和恐怖分子名单，并及时导入公司反洗钱报送监控系统，形成公司的黑名单库。各分支机构反洗钱人员应及时通过合规部下发的文件、通知、邮件等了解最新的黑名单（即涉恐名单），并应用于涉恐客户的监控与冻结工作。

第六条 按照涉恐资产（含与他人共同拥有或者控制的资产）发现与处置的不同方式，公司相关工作流程分为两种途径。

第七条 途径一，公司反洗钱监测系统自动报警与冻结流程如下：

（一）公司反洗钱报送监控系统每日通过与核心业务系统对接，自动提取前一日所有客户的交易数据，并对提取的客户清单与黑名单库进行自动校验。

（二）公司合规部专人每个工作日通过反洗钱报送监控系统，提取全系统涉恐名单数据，逐一审核客户是否真正具有涉恐嫌疑，最终能够排除涉恐交易的，填写“人工分析描述”存档。研判后确定客户真正具有涉恐嫌疑的，合规部当日将信息上报反洗钱监测分析中心，同时通知业务发生机构立即采取冻结措施，并指导该机构填写《安邦产险涉恐可疑交易报告表》，当日内上报业务发生地公安机关、国家安全机关和人民银行。

（三）各分公司反洗钱人员每个工作日通过反洗钱报送监测系统，提取全省（或直辖市、计划单列市）的涉恐名单数据，认真审核客户是否真正具有涉恐嫌疑，最终能够排除涉恐交易的，填写“人工分析描述”存档。研判后确定客户真正具有涉恐嫌疑的，应于当日内上报公司合规部，合规部审核确定后及时上报反洗钱监测分析中心。合规部同时通知业务发生机构立即采取冻结措施，并指导填写《安邦产险涉恐可疑交易报告表》，当日内上报业务发生地公安机关、国家安全机关和人民银行。

（四）各中心支公司/支公司反洗钱人员每个工作日通过反洗钱报送监测系统，提取所辖机构的涉恐名单数据，认真审核客户是否真正具有涉恐嫌疑，最终能够排除涉恐交易的，填写“人工分析描述”存档。研判后确定客户真正具有涉恐嫌疑的，应于当日内通过分公司报告公司合规部，合规部审核确定后及时上报反洗钱监测分析中心。合规部同时通知业务发生机构立即采取冻结措施，并指导填写《安邦产险涉恐可疑交易报告表》，当日内上报业务发生地公安机关、国家安全机关和人民银行。

第八条 途径二，公司反洗钱人员人工确定涉恐业务与冻结流程如下：

（一）各级机构反洗钱人员在业务受理、退保、理赔、给付等流程中，发现客户与公司黑名单库一致或涉嫌进行恐怖性质的交易，应立即报告本机构反洗钱领导小组审核，最终能够排除涉恐交易的，填写《安邦产险排除可疑交易分析表》并存档。研判后确定客户真正具有涉恐嫌疑的，应于当日内通过反洗钱报送监控系统和纸质表格逐级上报至公司合规部。

（二）公司合规部反洗钱人员每个工作日登陆反洗钱报送监控系统，提取全系统通过人工识别提交的涉恐名单数据，逐一审核客户是否真正具有涉恐嫌疑，最终能够排除涉恐交易的，填写“人工分析描述”存档。研判后确定客户真正具有涉恐嫌疑的，合规部当日内将信息上报反洗钱监测分析中心，同时通知业务发生机构立即采取冻结措施，并指导该机构填写《安邦产险涉恐可疑交易报告表》，当日内上报业务发生地公安机关、国家安全机关和人民银行。

公司合规部反洗钱人员每个工作日审核各机构上报的《安邦产险涉恐可疑交易报告表》（和反洗钱系统同步上报），审核信息是否真正具有涉恐嫌疑。最终能够排除涉恐交易的，在表格“总公司合规部意见”处填写研判事由并存档。研判后确定客户真正具有涉恐嫌疑的，合规部当日将信息上报反洗钱监测分析中心，同时通知业务发生机构立即采取冻结措施，并指导该机构将信息当日内上报业务发生地公安机关、国家安全机关和人民银行。

（三）各分公司反洗钱人员每个工作日登陆

反洗钱报送监测系统，提取全省（或直辖市、计划单列市）通过人工识别提交的涉恐名单数据，认真审核客户是否真正具有涉恐嫌疑，最终能够排除涉恐交易的，填写“人工分析描述”存档。研判后确定客户真正具有涉恐嫌疑的，应于当日内上报公司合规部，合规部审核确定后及时上报反洗钱监测分析中心。合规部同时通知业务发生机构立即采取冻结措施，在合规部指导下填写《安邦产险涉恐可疑交易报告表》，当日内上报业务发生地公安机关、国家安全机关和人民银行。

（四）各中心支公司/支公司反洗钱人员每个工作日登陆反洗钱报送监测系统，提取所辖机构通过人工识别提交的涉恐名单数据，认真审核客户是否真正具有涉恐嫌疑，最终能够排除涉恐交易的，填写“人工分析描述”存档。研判后确定客户真正具有涉恐嫌疑的，应于当日内通过分公司报告公司合规部，合规部审核确定后及时上报反洗钱监测分析中心。同时通知业务发生机构立即采取冻结措施，在合规部指导下填写《安邦产险涉恐可疑交易报告表》，当日内上报业务发生地公安机关、国家安全机关和人民银行。

第三章　涉恐资产处置与解冻

第九条 经公司合规部确认采取冻结措施后，业务发生机构反洗钱领导小组填写《安邦产险资产冻结单》，将资产数额、权属、位置、交易信息等情况以书面形式报告资产所在地的公安机关和国家安全机关，同时抄报资产所在地人民银行和公司合规部。

第十条 采取冻结措施后，资产所在机构反洗钱领导小组应及时告知客户，并说明采取冻结措施的依据和理由。告知需通过电话和纸质两种形式。人民银行、公安机关、国家安全机关另有要求的不得告知客户。

第十一条 涉恐资产被采取冻结措施期间，符合以下情形之一的，有关账户可以进行款项收取或者资产受让：

（一）收取被采取冻结措施的资产产生的孳息以及其他收益。

（二）保单质押贷款的还款等受偿债权。

（三）法律法规、公安机关、国家安全机关、检察机关、金融监管部门规定的其他情形。

第十二条 因基本生活支出以及其他特殊原因需要使用被采取冻结措施的资产的，资产所有人、控制人或者管理人可以向资产所在地县级公安机关提出申请。受理申请的公安机关按照程序报公安部审核。公司根据公安部的审查核准要求，按照指定用途、金额、方式等处理有关资产。

第十三条 公司对根据本办法被采取冻结措施的资产管理与处置，应当按照中国人民银行、中国保监会的相关规定执行；没有规定的，参照公安机关、国家安全机关、检察机关的相关规定执行。

第十四条 公司各级机构及个人不得擅自解除冻结措施。符合下列情形之一的，公司应当立即解除冻结措施：

（一）公安部公布的恐怖活动组织及恐怖活动人员名单有调整，不再需要采取冻结措施的。

（二）公安部或者国家安全部发现公司采取冻结措施有错误并书面通知的。

（三）公安机关或者国家安全机关依法调查、侦查恐怖活动，对有关资产的处理另有要求并书面通知的。

（四）人民法院做出的生效裁决对有关资产的处理有明确要求的。

（五）法律、行政法规规定的其他情形。

第十五条 出现以上需要解冻的情形，公司合规部应立即通知公司相关部门、冻结分支机构的反洗钱领导小组。公司相关部门、冻结分支机构在各自业务条线内立即采取解冻措施，并报告合规部。

第十六条 冻结分支机构采取解冻措施后，填写《安邦产险资产解冻单》，将资产数额、权属、位置、交易信息等情况以书面形式报告资产所在地的公安机关和国家安全机关，同时抄报资产所在地人民银行和公司合规部。

公司采取解冻措施后，资产所在机构反洗钱领导小组应及时告知客户，并说明采取解冻措施的依据和理由。告知需通过电话和纸质两种形式。人民银行、公安机关、国家安全机关另有要求的不得告知客户。

第十七条 公司各级机构有合理理由怀疑客户或者其交易对手、相关资产涉及恐怖活动组织及恐怖活动人员的，应当按照《安邦产险涉嫌恐怖融资可疑交易报告管理办法》要求，当日内上报公司合规部，合规部审核同意后采取冻结措施，同时当日内向业务发生地人民银行、公安机关和国家安全机关报告。公司合规部一并及时上报反洗钱监测分析中心。

第四章 协助调查与侦查

第十八条 公司各级机构反洗钱领导小组应当依法协助、配合公安机关和国家安全机关的调查、侦查，提供与恐怖活动组织及恐怖活动人员有关的信息、数据以及相关资产情况。具体协助侦查等流程按照《安邦产险反洗钱协查工作管理办法》执行。

第十九条 公司各级机构反洗钱领导小组应当依法协助、配合中国人民银行及其省会（首府）城市中心支行以上分支机构的反洗钱调查，提供涉及恐怖活动组织及恐怖活动人员资产的情况。具体协助调查流程按照《安邦产险重大洗钱案件应急处置管理办法》执行。

第二十条 境外有关部门以涉及恐怖活动为由，要求公司冻结相关资产、提供客户身份信息及交易信息的，应当告知对方通过外交途径或者司法协助途径提出请求。公司各级机构不得擅自采取冻结措施，不得擅自提供客户身份信息及交易信息。

第五章 保密与奖惩

第二十一条 涉恐可疑交易具有高度涉密性，事关国家安全和社会稳定大局。公司各级机构反洗钱领导小组对采取冻结措施的所有工作信息必须严格保密，不得违反规定向任何单位及个人提供和透露，不得以各种理由在采取冻结措施前通知资产的所有人、控制人或者管理人。具体保密措施按照《安邦产险反洗钱保密工作操作规程管理办法》执行。

第二十二条 公司各级机构应按照《安邦产险反洗钱工作考核、激励及约束机制》要求，将涉恐可疑交易和涉恐资产冻结工作纳入年度考核计划之中，严格落实此项工作的考核奖惩。

第二十三条 公司各级机构和反洗钱工作人员因违反本办法规定，导致有关资产被非法转移、隐匿以及造成其他财产损失；或者致使公司受到人民银行、公安部门等行政处罚，公司将逐级追究处罚相关机构和人员。涉嫌构成犯罪的，移送司法机关依法追究刑事责任。

第二十四条 各级机构和反洗钱人员因涉恐资产冻结工作受到监管部门表扬或其他形式奖励，公司将发文表彰并给予物质奖励。

第六章 附 则

第二十五条 本办法由公司合规部负责解释和修订。遇有国家法律法规、公司经营模式重大变化时，公司合规部应及时修订本办法。

第二十六条 本办法自发布之日起施行。

泰山财产保险股份有限公司河北分公司信访工作管理办法

第一章 总 则

第一条 为加强信访投诉工作，维护信访秩序，依法、及时、公正、彻底地办理信访投诉案件，保护信访人的合法权益，依据国务院《信访管理条例》、中国保监会《信访工作办法》及总公司相关要求，结合分公司实际，制定本办法。

第二条 信访，是指客户、员工或其他有关组织、个人采用书信、电子邮件、传真、电话、来访等形式，向分公司反映情况，提出意见、建议或者投诉请求，依法应当由分公司处理的活动。包括上述人员或组织信访到总分公司、河北保监局或其他政府监管部门，而由总分公司、河北保监局或其他政府监管部门批办分公司处理的事项。

信访人是指采用上述信访形式，反映情况，提出建议、意见或者投诉请求的客户、员工和外部其他组织或个人。

信访工作人员指信访事项的承办人员。

第三条 分公司信访工作的指导思想是：按照河北保监局有关信访工作的要求，依据信访法律法规和规范性文件，以维护社会稳定为目标，全面落实科学发展观，紧紧围绕分公司发展大局，创新工作理念，健全工作机制，深入开展矛盾排查化解工作，认真解决合理诉求，积极发挥信访工作在维护群众合法权益、反映社情民意、促进社会和谐中的重要作用，为分公司发展创造和谐稳定的环境。

第四条 信访工作应坚持以下基本原则：

（一）实事求是原则。以事实清楚、证据确凿为基本要求，以法律、政策为准绳，以合同为依据，做到定性准确、手续完备、程序合法；

（二）保护信访人信访权利原则。对进行检举、揭发的信访人及其反映的问题，要严格保密。严禁对信访人进行压制和打击报复；

（三）疏导教育原则。及时、就地依法解决来信来访问题与疏导教育相结合。以思想教育为主，做好疏导和预防工作，减少越级上访，控制集体上访；

（四）属地管理、分级负责原则。谁主管，谁负责，依法、客观、公正、及时地处理信访事项。

第五条 各级机构应建立健全信访工作责任制。高度重视信访工作，建立统一领导、部门协调、统筹兼顾、各负其责的保险信访工作格局，畅通信访渠道，建立健全转办督查、排查调处、联席会议等信访工作机制，及时化解矛盾和纠纷。认真处理来信，热情接待来访，倾听信访人的意见、建议和要求，把问题解决在本单位、本部门。

当重大、紧急、突发事件出现时，应立即启动《重大上访及群体性事件应急预案》，切实维护稳定的大局。

第二章 信访工作组织和职责

第六条 信访责任。

各机构实行信访工作领导责任制，机构主要负责人是第一责任人，对本级信访工作负总责；领导班子中要有一名副职具体抓信访工作。

各级机构、各部门须明确信访工作责任部门和责任人，具体负责处理本单位日常信访事项。

第七条 信访组织架构。

分公司设立以分公司总经理为组长，分管信访的领导为副组长，各部门负责人为组员的信访领导小组，负责全辖内信访工作的组织协调，指导所辖范围内信访工作的开展，接受总公司信访工作领导小组领导和总公司合规部门监督。

分公司信访领导小组办公室设在行政人事部，并设信访工作联络人，负责外部监管机构、总公司转办的或分公司层面的具体信访工作事项的督办，协调信访事项的处理。

分公司各部门应成立信访工作小组，结合本部门业务预防信访和投诉事件的发生，及时解答客户和相关单位的问题避免矛盾升级，处理和报告信访领导小组办公室转办的信访案件，督促和指导中心支公司对口部门处理信访案件。

各中心支公司应成立本机构的信访领导小组，负责本机构信访工作的开展情况，并听取信访事项工作汇报，接受分公司信访工作领导小组的业务领导。

各中心支公司信访领导小组办公室设在综合管理部，并设立兼职信访联络人，负责所辖范围内信访工作事项的督办，接受本单位信访工作领导小组的业务领导。

各级机构应及时将信访领导小组、信访办公室、联络人名单，报送分公司信访领导小组办公室备案。分公司信访办公室应在领导小组、信访办公室、主要工作小组、联络人名单变化 10 日报送河北保监局办公室。

第八条 信访领导小组办公室，为信访工作的日常管理部门，具体职责：

（一）制定和维护信访工作制度；

（二）受理、交办、转送信访人提出的信访事项；

（三）贯彻上级信访指示精神，承办行业监管机构、上级信访领导工作小组或信访工作管理部门转办、交办的信访事项；

（四）向有关单位转办、交办、督办信访事项；

（五）协调、参与有关重要信访事项处理，指导检查信访工作，并进行跟踪、督办和检查；

（六）搞好信访工作总结和信访情况分析，及时向领导提供有价值的信访信息，提出解决问题的意见和建议，定期向分管领导和分公司主要领导报告信访工作；

（七）协助宣传保险法律、法规、规章和相关政策，特别是国务院《信访条例》和中国保监会《信访工作办法》，维护信访秩序；

（八）指导各接访单位做好来信来访的登记、立案、统计上报，建立信访档案资料库并规范管理；

（九）上级信访工作管理部门要求的其他事项。

第九条 各部门信访工作小组，具体承办信访工作，履行以下职责：

（一）承办信访办公室转办的信访事项；

（二）接待到本单位的信访；

（三）对于本部门受理、承办的信访事项，组织、协调相关部门办理，或转交下级部门办理；

（四）督办下级部门办理信访事项，并对下级部门上报的信访事项处理意见进行审核；

（五）在信访事项处理期间，负责与信访人的联系、沟通、解释、接待等工作；

（六）对信访事项形成最终处理意见后，负责对信访人的答复和解释工作。对需要以书面形式答复信访人的信访事项，形成书面答复意见。

第十条 信访工作人员职业道德要求：

（一）秉公办事，文明接访，不以权谋私；

（二）对信访事项不得推诿、敷衍、拖延，对信访人及信访事项要保密；

（三）不得将检举、揭发、控告材料转送给被检举、揭发、控告的人员和单位。在转办检举、揭发和控告信访件时，可通过抄录或摘录转办；转办工作要准确及时；

（四）不得丢失、隐匿和擅自销毁信访材料；

（五）办理信访事项过程中，实行亲属和利益回避制度。

第三章　信访工作制度

第十一条 总体要求。

严格遵循“领导负责、有访必接、有接必果”原则，按照“接访、处理、反馈、回访”流程，对客户咨询与诉求做出明确解答，保证客户投诉“事事有着落，件件有回音”。

各级机构应当为信访工作提供必要的办公条件，设立专门的信访接待场所，并对信访工作人员进行保险业务知识和法律知识的培训。

应当向社会公布信访机构的通信地址、电子信箱、传真、投诉电话、信访接待的时间和地点、信访事项处理进展及结果的查询方式等相关事项。在信访接待场所或者网站上公布与信访工作有关的法律、法规和规章、信访处理程序以及其他为信访人提供便利的事项。

第十二条 领导参与。

（一）领导阅批重要来信制度：领导同志要亲自阅批群众来信。除阅批群众写给自己的信件外，还要对写给本单位的信件，阅信数量不少于年来信总量的40%；

（二）领导包案制度：班子成员要包处疑难案件，定期听取汇报，亲自调查处理，对重大和有影响的以及上级交办的案件，要落实“五包”责任制：包调查、包处理、包做疏导教育工作、包息诉罢访、包稳控；

（三）领导接待来访制度：按照“谁主管、谁负责”和“一岗双责”原则，实行领导干部定期公开接待员工群众来访制度，全力化解各类不稳定因素，做到应该在责任单位解决的问题不到分公司，应该在分公司解决的问题不到上级党委、政府和部门，努力把群众反映的合理诉求解决在本单位。

每周三为各级机构总经理信访接待日，其他班子成员接待员工群众来访每月至少安排两次，部门负责人接待信访每周至少两次。各级机构领导要按照“谁接访，谁负责落实”的要求，对接待的员工群众来访问题，加强督查督办。

第十三条 复信制度。

对受理的员工群众正常来信，除涉及不宜回复内容的来信外，一般要直接回复来信人，告知办理情况和结果。回复率不低于此类来信的 90%。

第十四条 责任追究。

对经常出现影响企业或者社会稳定的重大信访事项的部门和单位，分公司给予通报批评、警告或者实行重点管理，并责令其限期改正。

对工作失职造成严重后果和恶劣影响的责任人员，分公司或者各级机构要视情节轻重给予批评教育或者行政处分；构成犯罪的，依法追究其刑事责任。

打击报复信访人，构成犯罪的，依法追究刑事责任；尚不构成犯罪的，依法给予行政处分或者纪律处分。

信访人违反本办法，妨碍信访秩序的，所在单位可给其批评教育或行政处分；信访人的行为违反《中华人民共和国治安管理处罚法》、《中华人民共和国集会游行示威法》等法律、法规的，由公安部门依法处罚；构成犯罪的，依法追究刑事责任。

第四章　信访事项的提出

第十五条 信访人进行信访活动应采用实名制。信访可采用来人、电话、传真、信件、邮箱等多形式投诉、举报。

第十六条 信访人有权据实提出下列信访事项：

（一）对分公司及其工作人员的批评、建议和要求；

（二）检举、揭发工作人员的违法违纪和失职渎职行为；

（三）对侵犯自身合法权益的行为进行申诉、控告；

（四）其他信访事项。

第十七条 信访人提出信访事项，一般应当采用书信、电子邮件、传真等书面形式，并载明信访人的姓名和单位名称、住址、联系方式。信访人提出投诉请求的，还应当写明被投诉单位、人员的名称或者姓名、投诉请求、事实及理由，并附上相关证明材料的复印件。

信访人采用口头形式提出信访事项的，分公司接访工作人员应记录信访人的姓名或者单位名称、住址、联系方式和请求、事实及理由。

信访人采用走访形式提出信访事项的，应当办理登记手续。采用走访形式提出共同信访事项的，应当推选代表，共同信访人数不得超过 5 人。

第十八条 信访人提出信访事项，应当客观真实，对其所提供材料内容的真实性负责，不得捏造、歪曲事实，不得诬告、陷害他人。不得损害国家利益、社会公共利益和其他公民的合法权益。

第十九条 信访人在信访活动中，享有以下权利：

（一）了解信访工作制度及信访事项的处理程序；

（二）要求信访工作人员提供与其提出的信访事项有关的咨询；

（三）对与信访事项有直接利害关系的信访工作人员提出回避申请；

（四）向办理部门查询与其有关的信访事项的办理结果并要求答复。

第二十条 信访人在信访过程中应当遵守法律法规，自觉维护社会公共秩序和信访秩序，不得有下列行为：

（一）在办公场所周围非法聚集、围堵、冲击办公场所，拦截公务车辆，或者堵塞、阻断交通的行为；

（二）在办公场所门前静坐、示牌、打横幅、散发传单、张贴或铺设大小字报等；

（三）威胁、侮辱、殴打工作人员，或者非法限制他人人身自由的行为；

（四）在信访接待场所滞留、滋事，或者将生活不能自理的人弃留在信访接待场所的行为；

（五）煽动、串联、胁迫、以财物诱使、幕后操纵他人信访或者以信访为名借机敛财的行为；

（六）携带危险物品、管制器具的行为；

（七）扰乱社会公共秩序、妨碍分公司信访工作秩序的其他行为。

第五章 信访事项的受理

第二十一条 信访部门收到信访事项，应向信访人了解有关情况，并予以登记，做到“六清楚”：

（一）问清楚信访人的姓名、性别、年龄、民族、政治面貌、职业、单位、户籍及住址、联系方式等基本情况，并核对信访人身份证明；

（二）问清楚信访人反映的问题和依据；

（三）问清楚信访人什么时候、到什么地方或单位反映过问题，是否已经受理或正在办理期限内，有关单位是否出具过受理凭证；

（四）问清楚哪级保险机构负责人接谈过信访人，负责人姓名、职务、接谈时间、答复意见和处理结果；

（五）问清楚信访人反映的信访事项是否经过处理、复查、复核三级办理，是否经过诉讼、仲裁或行政复议等法定途径，有无相关的文字结论或法律文书；

（六）问清楚信访人是否了解国务院《信访条例》、中国保监会《信访工作办法》等有关规范信访工作和信访行为的政策及法律、法规。对于不了解的信访人有责任讲解相关法规及本信访办法。

第二十二条 信访办公室及信访工作小组（简称信访部门，下同）受理下列信访事项：

（一）对业务工作和日常管理工作提出的意见、建议；

（二）对部门经理级别以上员工、分支机构班子成员及分公司委派人员的职务行为提出的异议；

（三）反映部门经理级别以上员工、分支机构班子成员及分公司委派人员失职、渎职等违法、违纪的行为；

（四）分支机构信访领导小组成员及信访工作人员被投诉的案件；

（五）河北保监局等外部监管机构及总公司转办、交办、督办的信访事项；

（六）依国家法律法规、行业规范的相关规定要求的其他应受理事项。

第二十三条 信访人提出下列事项之一的，信访工作管理部门不予受理，但应当告知信访人依照有关法律、行政法规的规定向有关单位提出：

（一）分公司其他信访工作管理部门依本办法相关规定已受理的信访事项；

（二）对已经或正在通过诉讼、行政复议、仲裁解决的信访事项；

（三）有关国家机关已对信访人反映的问题做出最终处理决定的；

（四）依法律法规、行业规范等要求不应受理的事项。

第二十四条 信访部门登记的信访事项，应区分情况，在3日内分别按下列方式处理：

（一）对属于受理范围的信访事项，应参照收文管理，提出拟办意见与信访件或记录件一并报领导签批，签批后流转至信访办理部门或人员；

（二）对已经或者依法应当通过诉讼、仲裁程序或行政复议管辖处理的问题，不予受理，但应当告知信访人依照有关法律、行政法规规定程序向有关机关提出；

（三）接待员工群众上访后，责任部门应按照管理权限和职责范围，在规定的时间内调查处理完结，并答复上访人。在案件调查处理期间，上访人不得越级上访；

（四）信访事项转办按部门职责确定，涉及保险理赔纠纷的转送客户服务部门；涉及保险承保、过户、批改、退保纠纷的转送业务管理部门；涉及保险业务合作纠纷的转送营销管理部门；涉及纪检监察部门或者人事部门职责范围的信访事项，应当及时转送人事部门；涉及房产纠纷的转送行政部门。涉及下级分支机构领导班子成员违法、违纪行为的信访事项，及时报告分公司；情况重大、紧急的，应当及时提出建议，报请总经理室决定。

责任部门自收到转送、交办的信访事项5日内必须决定是否受理并书面告知信访人，并按要求通报信访办公室；

（五）对转送信访事项中需要反馈办理结果的，责任部门应在指定办理期限内反馈结果，提交办结报告。

第二十五条 信访人直接向信访起点单位外的部门提出的信访事项，有关部门应告知信访办公室，并将处理结果报信访办公室备案；对不属于本级职权范围内的信访事项应当告知信访人向有权处理的责任部门提出。

有关责任部门收到信访事项后，能够当场答复是否受理的，应当场答复；不能当场答复的，应自收到信访事项之日起5日内书面告知信访人。信访人的姓名（名称）、住址不清的除外。

第二十六条 涉及两个或者两个以上分支机构的信访事项，由分公司指定一个分支机构受理，相关分支机构配合办理；受理有争议的，由其信访工作领导小组决定办理单位。

第二十七条 应当对信访事项做出处理的单位或职能部门分立、合并、撤销的，由继续行使其职权的单位办理；职责不清的，由信访工作领导小组指定的单位办理。

第二十八条 预防问题升级

各级机构的信访工作部门受理员工群众来信要认真登记和阅信，对有实质性内容并具较大影响的联名信以及反映重要问题的信件，必须坚持复信制度。对一般信件的处理要做到件件有回音，事事有着落。

严格执行《保险业重大突发事项报告制度》，发生重大信访事项应及时报告。对可能造成社会影响的重大、紧急信访事项和信访信息，各信访工作联系人应在当日向本单位信访工作领导小组报告，同时上报分公司信访办公室；必要时可采取果断措施，防止不良后果的发生。

对信访人集体上访和重大信访事项，要随时向分公司领导汇报；配合公安机关维护信访工作秩序；协助卫生部门对来访人员中的恶性传染病患者、精神病患者等进行妥善处理。

第六章　信访事项的办理

第二十九条 信访事项的办理

（一）信访工作人员办理信访事项应当查明事实，秉公办理，不得推诿、敷衍、拖延；

（二）信访管理部门应当制定信访事项的分工处理规则，明确各类信访事项的具体承办部门，落实工作责任，保证信访工作顺利开展；

（三）信访人反映的情况，提出的建议、意见，有利于单位和部门改进工作、促进企业改革发展的，有关单位和部门应当认真研究论证并积极采纳；

（四）各级机构、责任部门工作人员与信访事项或者信访人有直接利害关系的，应当回避；

（五）承办部门可以要求信访人、有关组织和人员说明情况，提供相关材料，或者直接进行调查核实。对于重大疑难的信访事项，可以组织相关部门举行专题会议进行研究，查明事实，分清责任，明确最终处理意见。

第三十条 办理时限

（一）信访事项应当自受理之日起15日内办结；情况复杂的，经分管领导或主要领导批准，可以适当延长办理期限，但延长期限不得超过30日，并告知信访人延期理由。法律、行政法规另有规定的，从其规定；

（二）信访工作领导小组交办、上级信访工作管理部门转办的信访事项，应在15日内办理完毕，并将办理结果报告本单位信访工作领导小组或上级信访工作管理部门，转办事项有期限要求的，应在限定期限内办理完毕并及时汇报；

（三）上级监管部门发函转办的信访事项，原则上应在收到函件之日起15日内办理完毕并及时汇报；转办函件有时间要求的，要在限定期限内办理完毕并及时汇报。

第七章　信访的答复

第三十一条 信访事项经调查核实后，承办部门应当做出下列处理，并由以被信访机构的名义答复信访人。

（一）事实清楚，信访请求符合法律、行政法规和中国保监会有关规定的，予以支持，并督促有关单位执行；

（二）请求事由合理但缺乏法律依据的，应当对信访人做好解释工作；

（三）请求事由缺乏事实根据或者不符合法律、行政法规和中国保监会有关规定的，不予支持。

第三十二条 信访人需要书面答复的，各级机构应给予正式的信访问题处理(复查)意见书，作为信访人反映问题的答复意见和向上级提出复查请求的上访凭证。

直接责任单位对信访问题的查处结果要及时与信访人见面，若信访人同意处理意见，应在《信访问题处理(复查)意见书》上签字，信访人签字后即为上访终结，责任部门应做好处理意见的落实兑现工作。

对未持《信访问题处理(复查)意见书》越级上访的，分公司信访部门不予受理，但要做好疏导协调工作，并通知相关责任单位。因工作不力造成再次越级上访的，要视情况追究责任单位的责任。

第三十三条 为简化信访处理，一般性咨询和建议性质的；上访人精神失常的；已按法律法规及有关规定程序处理的不再签发《信访问题处理(复查)意见书》，下列情况应给予正式的《信访问题处理(复查)意见书》。

(一)信访人要求给予书面答复的；

(二)信访人不服现在处理结果的；

(三)信访案件办结、需要信访人签字的；

(四)上级责成重新处理的；

(五)集体信访应向信访代表出具；对拒不推选上访代表的，不出具《信访问题处理(复查)意见书》。

第三十四条 《信访问题处理(复查)意见书》应做到事实清楚，证据确凿，定性准确，处理恰当，简明扼要，字迹清晰，规范完整，加盖公章。

复查的案件，应重新填写《信访问题处理(复查)意见书》，不能简单地在原《信访问题处理(复查)意见书》上签署意见。

对上访人反映的问题，凡书面答复的，上访人应当签署意见。上访人不同意处理意见，拒不签字的，由经办人写明与上访人见面的时间、地点、上访人的态度和不签字的理由。

《信访问题处理(复查)意见书》给上访人一份，并存档。凡上访人不服处理的，受理单位或部门要将《信访问题处理(复查)意见书》连同处理报告抄送分公司信访部门。

第八章 信访的复查

第三十五条 信访人对信访事项处理意见不服的，可以自收到书面答复之日起30日内向分公司信访部门提出复查请求，信访部门协调有关单位和部门进行复查，并于30日内提出复查意见，书面答复信访人。

原责任单位的处理意见对主要事实没有查清或者有政策性问题时，应当发还责任单位重新处理，或直接复查处理，时限一般不超过30日。分公司责任部门复查形成的意见，所属单位必须执行落实。

第三十六条 信访人对复查意见不服的，仍然以同一事实和理由提出投诉请求的，分公司及各级机构不再受理。可建议信访人向仲裁机构申请仲裁或向人民法院提起诉讼。

第三十七条 信访事项办理过程中形成的书面材料(来信、信访处理单、证明文件等的原件或复印件)应及时整理成卷，妥善保管备查，并永久保存。

第九章 信访事项的督办

第三十八条 各机构的信访办公室发现有关部门有下列情形之一的，应当及时督办，并提出改进意见：

(一)无正当理由未按规定期限办结信访事项的；

(二)未按规定反馈信访事项办理结果的；

(三)未按规定程序办理信访事项的；

(四)办理信访事项推诿、敷衍、拖延的；

(五)不执行信访处理意见的；

(六)其他需要督办的情形。

收到改进意见的部门应当在10日内反馈改进情况；未采纳改进意见的，应当说明理由。

第三十九条 各机构的信访工作部门对于信访人反映的有关政策性问题，应当及时向本单位分管领导报告，并提出解决问题的意见、建议。

各机构的信访管理部门对在信访工作中推诿、敷衍、拖延、弄虚作假造成严重后果的单位或责任部门的工作人员，可以向其主管单位提出给予行政处分的建议。

第四十条 各机构的信访工作部门应当就以下事项向本机构分管领导每月提交信访情况分析报告：

（一）受理信访事项的数据统计、信访事项涉及的主要内容以及被上访较多的单位或部门；

（二）转送、督办情况以及各单位或部门采纳改进建议的情况；

（三）提出政策性建议及其被采纳情况。

第十章　考核及奖惩

第四十一条　对在信访工作中做出优异成绩的单位、个人，应当给予表彰或者奖励。

信访人提出的建议、意见或者对违法行为的检举、揭发，对分公司发展或者维护分公司利益有突出贡献的，分公司应当给予奖励。

第四十二条　有下列行为之一的责任单位和人员，要对其批评教育，责令写出书面检查，进行通报批评，并追究纪律责任、经济责任直至法律责任。

（一）对信访案件应受理而不受理的；

（二）单位负责人因官僚主义造成严重不良后果的；

（三）受理、承办单位不能按期结报，或拖、压、顶着不办造成越级上访的；

（四）以权谋私，行为不廉，处理不公导致事态扩大的；

（五）将控告检举材料泄漏给当事人的；

（六）打击报复信访人的；

（七）对员工群众集体上访不做解释工作，甚至鼓动闹事造成不良影响的。

第十一章　附　则

第四十三条　本办法由分公司行政人事部负责解释。

第四十四条　本办法自印发之日起施行，原有关信访工作的规定与本办法不一致的，以本办法为准。

合众人寿客户信息真实性管理制度

第一条　为加强公司客户信息真实性管理，提高客户服务质量，保护消费者合法权益，根据中国保监会《人身保险客户信息真实性管理暂行办法》（保监发〔2013〕82号）的要求，结合公司实际，制定本办法。

第二条　本办法所称客户信息是指投保人、被保险人、指定受益人的姓名、性别、出生日期、身份证或身份证明文件的类型、号码、证件有效期，以及投保人的联系电话、联系地址等个人信息。

第三条　保险专业中介机构、银行邮政等保险兼业代理机构，以及公司的保险销售人员与客户建立保险业务关系时应按照准确、完整、安全、保密的原则，收集、记录客户信息，将客户信息真实、完整地提交给公司，并对其所提供客户信息的真实性、完整性进行认真有效的审核，确保公司业务经营和客户服务的需要。

第四条　客户投保时应真实、完整的按要求提供相关信息，留存的客户基本信息应与有效证件的信息一致。

（一）3周岁以上中国籍客户须使用18位有效身份证号码投保。3周岁以下客户优先使用户口本中记录的身份证号码投保。

（二）手机号码不得与其他客户重复使用，同一固定电话号码仅允许同一家庭的3名成员使用，并以“区号－固话”的格式填写。

（三）客户留存的联系地址必须按照国家行政区域填写省、市、区、路、号或省、市、县、镇、村、组，且须为客户真实、有效的地址。

违反上述规则，系统将不予承保或变更。

第五条　客户与公司发生保险业务关系时，如达到《金融机构客户身份识别和客户身份资料及交易记录保存管理办法》相关要求时，直接接触客户的人员（包括但不限于公司业务人员、保险专业中介机构保险销售人员、银行邮政等保险兼业代理机构销售人员、保全员、公司受理业务内勤人员）应按上述管理办法要求核对客户有效身份证件或身份证明文件，并留存其复印件或影印件；客户信息发生变更时，应重新识别客户身份。对客户信息进行核对或重新识别时须确保客户有效身份证明资料与保险合同载明的有关人员的信息一致。

直接接触客户人员核对或重新识别的客户信息包括但不限于以下内容：投保人、被保险人姓名、性别、出生日期、身份证或身份证明文件的类型、号码、证件有效期；被保险人与投保人关系。

第六条 各业务系列从业人员、保险专业中介机构和银行邮政等保险兼业代理机构及其从业人员在办理承保、保全等业务时，应按照下列要求，认真审核客户信息，保证客户信息的真实、完整：

（一）向客户解释说明采集客户信息的必要性和用途，以及不提供真实、完整客户信息可能带来的后果。

（二）采取有效措施核实客户身份，准确、完整地记录客户信息。

（三）对于下列客户信息存在缺失的，应要求客户补充更正，补充更正完成前不能核保或保全通过：投保人的姓名、性别、出生日期、证件类型、证件号码、联系电话和联系地址；被保险人的姓名、性别、出生日期、证件类型和证件号码；被保险人与投保人的关系。

（四）提示客户如果联系电话和联系地址等客户信息发生变更，应及时办理更正手续。

（五）鼓励和引导客户提供其本人的手机号码。

第七条 分支机构运营管理部应定期抽取一定比例的保单，核对投保单与核心系统记录的客户信息是否一致，保单上记录的保险销售从业人员的姓名、工号是否真实、完整，投保资料各处签名是否一致，风险提示语句是否为本人抄录等。如存在问题，应及时反馈给各业务系列，由各业务系列负责核实相关信息，如需补充、更正的，请按公司相关要求进行补充更正。

第八条 对保险期间超过一年的人身保险新单业务进行回访时须对投保人进行身份验证，确认受访人是否为投保人本人；如果受访人非投保人本人，应由各业务系列联系客户办理投保人联系电话更正后再次回访。

第九条 各业务系列应按照《人身保险客户信息真实性管理暂行办法》（保监发〔2013〕82号）的有关要求，在与保险专业中介机构、银行邮政等保险兼业代理机构的合作协议中明确双方在客户信息的收集、记录、管理和使用等方面应履行的义务和承担的责任。

如发现保险专业中介机构、银行邮政等保险兼业代理机构提供的客户信息存在真实性、完整性问题的，各业务系列应要求保险专业中介机构、银行邮政等保险兼业代理机构限期进行补充更正，在客户信息补充更正前不予支付手续费；如果手续费已经支付，应在下一次支付时予以扣除。对于保险专业中介机构、银行邮政等保险兼业代理机构所属分支机构或网点拒不补充更正或逾期未补充更正的，应终止与其的委托代理或合作关系，并向当地保险监管部门报告。

第十条 各业务系列、保险专业中介机构、银行邮政等保险兼业代理机构应加强对保险销售从业人员的管理，在劳动合同和代理合同中明确从业人员在客户信息的收集、记录、管理和使用等方面应履行的义务和应承担的责任；应对从业人员提出明确的管理要求，严禁诱导客户提供不真实的客户信息，严禁伪造、篡改客户信息，严禁违反限定范围接触、使用客户信息，严禁泄露和倒卖客户信息。

第十一条 各业务系列应将客户信息真实性纳入对保险销售从业人员和公司其他从业人员的考核体系中，综合运用佣金和薪酬发放、降级、解除合同等多种手段建立惩戒机制。对于诱导客户提供不真实的客户信息，伪造、篡改客户信息，违反限定范围接触、使用客户信息，以及泄露和倒卖客户信息的保险销售从业人员和公司其他从业人员，应与其解除劳动合同或代理合同；涉嫌构成犯罪的，应当依法移送司法机关，并追究相关管理人员的责任。

第十二条 各业务系列应建立、维护销售行为实名制，在保险单和核心业务系统中真实、完整的记录保险销售从业人员的姓名、工号，通过网络销售的除外。通过保险专业中介机构、银行邮政等保险兼业代理机构销售的，还应记录其分支机构或网点的名称。保险专业中介机构、银行邮政等保险兼业代理机构应向公司提供其保险销售从业人员的姓名、工号。

第十三条 各业务系列、各分公司每年应对分支机构的客户信息真实性管理工作进行检查，督促分支机构严格落实监管要求，并依据公司规章制度对相关机构和责任人进行责任追究。

第十四条 公司内勤人员应对客户信息进行保密，严禁泄露和倒卖客户信息。如监管部门、检察机关等政府机关、部门要求公司提取客户信息时，各分公司需先进行 OA 签报审批，签报中应附相关文件要求，数据提取后由专人负责数据的安全性与报送。

第十五条 分支机构各业务系列因业务经营需要提取客户信息时，应由分支机构数据使用部门上报总公司直线管理部门审批同意后，报 IT 服务管理平台进行数据提取。数据提取应遵循客户信息最小化的原则。分支机构接触数据人员应对数据负有保密责任。

第十六条 任何个人将公司客户信息泄露和倒卖的，将依法依规处理。

保险资金运用管理暂行办法

保监会令 2014 年第 3 号

现发布《中国保险监督管理委员会关于修改〈保险资金运用管理暂行办法〉的决定》，自 2014 年 5 月 1 日起施行。

主 席 项俊波
2014 年 4 月 4 日

中国保险监督管理委员会
关于修改《保险资金运用管理暂行办法》的决定

中国保险监督管理委员会决定对《保险资金运用管理暂行办法》作如下修改：

将第十六条修改为："保险集团（控股）公司、保险公司从事保险资金运用应当符合中国保监会相关比例要求，具体规定由中国保监会另行制定。中国保监会可以根据情况调整保险资金运用的投资比例"。

本决定自 2014 年 5 月 1 日起施行。

《保险资金运用管理暂行办法》根据本决定作相应的修订，重新发布。

保险资金运用管理暂行办法

（2010 年 7 月 30 日中国保险监督管理委员会令 2010 年第 9 号发布 根据 2014 年 4 月 4 日中国保险监督管理委员会令 2014 年第 3 号《中国保险监督管理委员会关于修改〈保险资金运用管理暂行办法〉的决定》修订）

第一章 总 则

第一条 为了规范保险资金运用行为，防范保险资金运用风险，维护保险当事人合法权益，促进保险业持续、健康发展，根据《中华人民共和国保险法》（以下简称《保险法》）等法律、行政法规，制定本办法。

第二条 在中国境内依法设立的保险集团（控股）公司、保险公司从事保险资金运用活动适用本办法规定。

第三条 本办法所称保险资金，是指保险集团（控股）公司、保险公司以本外币计价的资本金、公积金、未分配利润、各项准备金及其他资金。

第四条 保险资金运用必须稳健，遵循安全性原则，符合偿付能力监管要求，根据保险资金性质实行资产负债管理和全面风险管理，实现集约化、专业化、规范化和市场化。

第五条 中国保险监督管理委员会（以下简称中国保监会）依法对保险资金运用活动进行监督管理。

第二章 资金运用形式

第一节 资金运用范围

第六条 保险资金运用限于下列形式：

（一）银行存款；

（二）买卖债券、股票、证券投资基金份额等有价证券；

（三）投资不动产；

（四）国务院规定的其他资金运用形式。

保险资金从事境外投资的，应当符合中国保监会有关监管规定。

第七条 保险资金办理银行存款的，应当选择符合下列条件的商业银行作为存款银行：

（一）资本充足率、净资产和拨备覆盖率等符合监管要求；

（二）治理结构规范、内控体系健全、经营业绩良好；

（三）最近三年未发现重大违法违规行为；

（四）连续三年信用评级在投资级别以上。

第八条 保险资金投资的债券，应当达到中国保监会认可的信用评级机构评定的、且符合规定要求的信用级别，主要包括政府债券、金融债券、企业（公司）债券、非金融企业债务融资工具以及符合规定的其他债券。

第九条 保险资金投资的股票，主要包括公开发行并上市交易的股票和上市公司向特定对象非公开发行的股票。

投资创业板上市公司股票和以外币认购及交易的股票由中国保监会另行规定。

第十条 保险资金投资证券投资基金的，其基金管理人应当符合下列条件：

（一）公司治理良好，净资产连续三年保持在人民币一亿元以上；

（二）依法履行合同，维护投资者合法权益，最近三年没有不良记录；

（三）建立有效的证券投资基金和特定客户资产管理业务之间的防火墙机制；

（四）投资团队稳定，历史投资业绩良好，管理资产规模或者基金份额相对稳定。

第十一条 保险资金投资的不动产，是指土地、建筑物及其他附着于土地上的定着物。具体办法由中国保监会制定。

第十二条 保险资金投资的股权，应当为境内依法设立和注册登记，且未在证券交易所公开上市的股份有限公司和有限责任公司的股权。

第十三条 保险集团（控股）公司、保险公司不得使用各项准备金购置自用不动产或者从事对其他企业实现控股的股权投资。

第十四条 保险集团（控股）公司、保险公司对其他企业实现控股的股权投资，应当满足有关偿付能力监管规定。保险集团（控股）公司的保险子公司不符合中国保监会偿付能力监管要求的，该保险集团（控股）公司不得向非保险类金融企业投资。

实现控股的股权投资应当限于下列企业：

（一）保险类企业，包括保险公司、保险资产管理机构以及保险专业代理机构、保险经纪机构；

（二）非保险类金融企业；

（三）与保险业务相关的企业。

第十五条 保险集团（控股）公司、保险公司从事保险资金运用，不得有下列行为：

（一）存款于非银行金融机构；

（二）买入被交易所实行“特别处理”、“警示存在终止上市风险的特别处理”的股票；

（三）投资不具有稳定现金流回报预期或者资产增值价值、高污染等不符合国家产业政策项目的企业股权和不动产；

（四）直接从事房地产开发建设；

（五）从事创业风险投资；

（六）将保险资金运用形成的投资资产用于向他人提供担保或者发放贷款，个人保单质押贷款除外；

（七）中国保监会禁止的其他投资行为。

中国保监会可以根据有关情况对保险资金运用的禁止性规定进行适当调整。

第十六条 保险集团（控股）公司、保险公司从事保险资金运用应当符合中国保监会相关比例要求，具体规定由中国保监会另行规定。中国保监会可以根据情况调整保险资金运用的投资比例。

第十七条 投资连结保险产品和非寿险非预定收益投资型保险产品的资金运用，应当在资产隔离、资产配置、投资管理、人员配备、投资交易和风险控制等环节，独立于其他保险产品资金，具体办法由中国保监会制定。

第二节 资金运用模式

第十八条 保险集团（控股）公司、保险公司应当按照“集中管理、统一配置、专业运作”的要求，实行保险资金的集约化、专业化管理。

保险资金应当由法人机构统一管理和运用，分支机构不得从事保险资金运用业务。

第十九条 保险集团（控股）公司、保险公司应当选择符合条件的商业银行等专业机构，实施保险资金运用第三方托管和监督，具体办法由中国保监会制定。

托管的保险资产独立于托管机构固有资产，并独立于托管机构托管的其他资产。托管机构因依法解散、被依法撤销或者被依法宣告破产等原因进行清算的，托管资产不属于其清算财产。

第二十条 托管机构从事保险资金托管的，主要职责包括：

（一）保险资金的保管、清算交割和资产估值；

（二）监督投资行为；

（三）向有关当事人披露信息；

（四）依法保守商业秘密；

（五）法律、法规、中国保监会规定和合同约定的其他职责。

第二十一条 托管机构从事保险资金托管，不得有下列行为：

（一）挪用托管资金；

（二）混合管理托管资金和自有资金或者混合管理不同托管账户资金；

（三）利用托管资金及其相关信息谋取非法利益；

（四）其他违法行为。

第二十二条 保险集团（控股）公司、保险公司的投资管理能力应当符合中国保监会规定的相关标准。

保险集团（控股）公司、保险公司根据投资管理能力和风险管理能力，可以自行投资或者委托保险资产管理机构进行投资。

第二十三条 保险集团（控股）公司、保险公司委托保险资产管理机构投资的，应当订立书面合同，约定双方权利与义务，确保委托人、受托人、托管人三方职责各自独立。

保险集团（控股）公司、保险公司应当履行制定资产战略配置指引、选择受托人、监督受托人执行情况、评估受托人投资绩效等职责。

保险资产管理机构应当执行委托人资产配置指引，根据保险资金特性构建投资组合，公平对待不同资金。

第二十四条 保险集团（控股）公司、保险公司委托保险资产管理机构投资的，不得有下列行为：

（一）妨碍、干预受托机构正常履行职责；

（二）要求受托机构提供其他委托机构信息；

（三）要求受托机构提供最低投资收益保证；

（四）非法转移保险利润；

（五）其他违法行为。

第二十五条 保险资产管理机构受托管理保险资金的，不得有下列行为：

（一）违反合同约定投资；

（二）不公平对待不同资金；

（三）混合管理自有、受托资金或者不同委托机构资金；

（四）挪用受托资金；

（五）向委托机构提供最低投资收益承诺；

（六）以保险资金及其投资形成的资产为他人设定担保；

（七）其他违法行为。

第二十六条 保险资产管理机构根据中国保监会相关规定，可以将保险资金运用范围的投资品种作为基础资产，开展保险资产管理产品业务。

保险集团（控股）公司、保险公司委托投资或者购买保险资产管理产品，保险资产管理机构应当根据合同约定，及时向有关当事人披露资金投向、投资管理、资金托管、风险管理和重大突发事件等信息，并保证披露信息的真实、准确和完整。

保险资产管理机构应当根据受托资产规模、资产类别、产品风险特征、投资业绩等因素，按照市场化原则，以合同方式与委托或者投资机构，约定管理费收入计提标准和支付方式。

保险资产管理产品业务，是指由保险资产管理机构为发行人和管理人，向保险集团（控股）公司、保险公司以及保险资产管理机构等投资人发售产品份额，募集资金，并选聘商业银行等专业机构为托管人，为投资人利益开展的投资管理活动。

第三章 决策运行机制

第一节 组织结构与职责

第二十七条 保险集团（控股）公司、保险公司应当建立健全公司治理，在公司章程和相关制度中明确规定股东大会、董事会、监事会和经营管理层的保险资金运用职责，实现保险资金运用决策权、运营权、监督权相互分离，相互制衡。

第二十八条 保险资金运用实行董事会负责制。保险公司董事会应当对资产配置和投资政策、风险控制、合规管理承担最终责任，主要履行下列职责：

（一）审定保险资金运用管理制度；

（二）确定保险资金运用的管理方式；

（三）审定投资决策程序和授权机制；

（四）审定资产战略配置规划、年度投资计划和投资指引及相关调整方案；

（五）决定重大投资事项；

（六）审定新投资品种的投资策略和运作方案；

（七）建立资金运用绩效考核制度；

（八）其他相关职责。

董事会应当设立资产负债管理委员会（投资决策委员会）和风险管理委员会。

第二十九条 保险集团（控股）公司、保险公司决定委托投资，以及投资无担保债券、股票、股权和不动产等重大保险资金运用事项，应当经董事会审议通过。

第三十条 保险集团（控股）公司、保险公司经营管理层根据董事会授权，应当履行下列职责：

（一）负责保险资金运用的日常运营和管理工作；

（二）建立保险资金运用与财务、精算、产品和风控等部门之间的协商机制；

（三）审议资产管理部门拟定的保险资产战略配置规划和年度资产配置策略，并提交董事会审定；

（四）控制和管理保险资金运用风险；

（五）执行经董事会审定的资产配置规划和年度资产配置策略；

（六）提出调整资产战略配置调整方案；

（七）其他职责。

第三十一条 保险集团（控股）公司、保险公司应当设置专门的保险资产管理部门，并独立于财务、精算、风险控制等其他业务部门，履行下列职责：

（一）拟定保险资金运用管理制度；

（二）拟定资产战略配置规划和年度资产配置策略；

（三）拟定资产战略配置调整方案；

（四）执行年度资产配置计划；

（五）实施保险资金运用风险管理措施；

（六）其他职责。

保险集团（控股）公司、保险公司自行投资的，保险资产管理部门应当负责日常投资和交易管理；委托投资的，保险资产管理部门应当履行委托人职责，监督投资行为和评估投资业绩等职责。

第三十二条 保险集团（控股）公司、保险公司的资产管理部门应当在投资研究、资产清算、风险控制、业绩评估、相关保障等环节设置岗位，建立防火墙体系，实现专业化、规范化、程序化运作。

保险集团（控股）公司、保险公司自行投资的，资产管理部门应当设置投资、交易等与资金运用业务直接相关的岗位。

第三十三条 保险集团（控股）公司、保险公司风险管理部门以及具有相应管理职能的部门，应当履行下列职责：

（一）拟定保险资金运用风险管理制度；

（二）审核和监控保险资金运用合法合规性；

（三）识别、评估、跟踪、控制和管理保险资金运用风险；

（四）定期报告资金运用风险管理状况；

（五）其他职责。

第三十四条 保险资产管理机构应当设立首席风险管理执行官。

首席风险管理执行官为公司高级管理人员，负责组织和指导保险资产管理机构风险管理，履职范围应当包括保险资产管理机构运作的所有业务环节，独立向董事会、中国保监会报告有关情况，提出防范和化解重大风险建议。

首席风险管理执行官不得主管投资管理。如需更换，应当于更换前至少五个工作日向中国保监会书面说明理由和其履职情况。

第二节 资金运用流程

第三十五条 保险集团（控股）公司、保险公司应当建立健全保险资金运用的管理制度和内部控制机制，明确各个环节、有关岗位的衔接方式及操作标准，严格分离前、中、后台岗位责任，定期检查和评估制度执行情况，做到权责分明、相对独立和相互制衡。相关制度包括但不限于：

（一）资产配置相关制度；

（二）投资研究、决策和授权制度；

（三）交易和结算管理制度；

（四）绩效评估和考核制度；

（五）信息系统管理制度；

（六）风险管理制度等。

第三十六条 保险集团（控股）公司、保险公司应当以独立法人为单位，统筹境内境外两个市场，综合偿付能力约束、外部环境、风险偏好和监管要求等因素，分析保险资金成本、现金流和期限等负债指标，选择配置具有相应风险收益特征、期限及流动性的资产。

第三十七条 保险集团（控股）公司、保险公司应当建立专业化分析平台，并利用外部研究成果，研究制定涵盖交易对手管理和投资品种选择的模型和制度，构建投资池、备选池和禁投池体系，实时跟踪并分析市场变化，为保险资金运用决策提供依据。

第三十八条 保险集团（控股）公司、保险公司应当建立健全相对集中、分级管理、权责统一的投资决策和授权制度，明确授权方式、权限、标准、程序、时效和责任，并对授权情况进行检查和逐级问责。

第三十九条 保险集团（控股）公司、保险公司应当建立和完善公平交易机制，有效控制相关人员操作风险和道德风险，防范交易系统的技术安全疏漏，确保交易行为的合规性、公平性和有效性。公平交易机制至少应当包括以下内容：

（一）实行集中交易制度，严格隔离投资决策与交易执行；

（二）构建符合相关要求的集中交易监测系统、预警系统和反馈系统；

（三）建立完善的交易记录制度；

（四）在账户设置、研究支持、资源分配、人员管理等环节公平对待不同资金等。

第四十条 保险集团（控股）公司、保险公司应当建立以资产负债管理为核心的绩效评估体系和评估标准，定期开展保险资金运用绩效评估和归因分析，推进长期投资、价值投资和分散化投资，实现保险资金运用总体目标。

第四十一条 保险集团（控股）公司、保险公司应当建立保险资金运用信息管理系统，减少或者消除人为操纵因素，自动识别、预警报告和管理控制资产管理风险，确保实时掌握风险状况。

信息管理系统应当设定合规性和风险指标阀值，将风险监控的各项要素固化到相关信息技术系统之中，降低操作风险。防止道德风险。

信息管理系统应当建立全面风险管理数据库，收集和整合市场基础资料，记录保险资金管理和投资交易的原始数据，保证信息平台共享。

第四章 风险管控

第四十二条 保险集团（控股）公司、保险公司应当建立全面覆盖、全程监控、全员参与的保险资金运用风险管理组织体系和运行机制，改进风险管理技术和信息技术系统，通过管理系统和稽核审计等手段，分类、识别、量化和评估各类风险，防范和化解风险。

第四十三条 保险集团（控股）公司、保险公司应当管理和控制资产负债错配风险，以偿付能力约束和保险产品负债特性为基础，加强成本收益管理、期限管理和风险预算，确定保险资金运用风险限额，采用缺口分析、敏感性和情景测试等方法，评估和管理资产错配风险。

第四十四条 保险集团（控股）公司、保险公司应当管理和控制流动性风险，根据保险业务特点和风险偏好，测试不同状况下可以承受的流动性风险水平和自身风险承受能力，制定流动性风险管理策略、政策和程序，防范流动性风险。

第四十五条 保险集团（控股）公司、保险公司应当管理和控制市场风险，评估和管理利率风险、汇率风险以及金融市场波动风险，建立有效的市场风险评估和管理机制，实行市场风险限额管理。

第四十六条 保险集团（控股）公司、保险公司应当管理和控制信用风险，建立信用风险管理制度，及时跟踪评估信用风险，跟踪分析持仓信用品种和交易对手，定期组织回测检验。

第四十七条 保险集团（控股）公司、保险公司应当加强同业拆借、债券回购和融资融券业务管理，严格控制融资规模和使用杠杆，禁止投机或者用短期拆借资金投资高风险和流动性差的资产。保险资金参与衍生产品交易，仅限于对冲风险，不得用于投机和放大交易，具体办法由中国保监会制定。

第四十八条 保险集团（控股）公司、保险公司应当发挥内部稽核和外部审计的监督作用，每年至少进行一次保险资金运用内部全面稽核审计。内控审计报告应当揭示保险资金运用管理的合规情况和风险状况。主管投资的高级管理人员、保险资金运用部门负责人和重要岗位人员离职前，应当进行离任审计。

保险集团（控股）公司、保险公司应当定期向中国保监会报告保险资金运用内部稽核审计结果和有关人员离任审计结果。

第四十九条 保险集团（控股）公司、保险公司应当建立保险资金运用风险处置机制，制定应急预案，及时控制和化解风险隐患。投资资产发生大幅贬值或者出现债权不能清偿的，应当制定处置方案，并及时报告中国保监会。

第五十条 保险集团（控股）公司、保险公司应当确保风险管控相关岗位和人员具有履行职责所需知情权和查询权，有权查阅、询问所有与保险资金运用业务相关的数据、资料和细节，并列席与保险资金运用相关的会议。

第五章 监督管理

第五十一条 中国保监会对保险资金运用的监督管理，采取现场监管与非现场监管相结合的方式。

第五十二条 中国保监会应当根据公司治理结构、偿付能力、投资管理能力和风险管理能力，对保险集团（控股）公司、保险公司保险资金运用实行分类监管、持续监管和动态评估。

中国保监会应当强化对保险公司的资本约束，确定保险资金运用风险监管指标体系，并根据评估结果，采取相应监管措施，防范和化解风险。

第五十三条 保险集团（控股）公司、保险公司分管投资的高级管理人员、资产管理部门的主要负责人、保险资产管理机构的董事、监事、高级管理人员，应当在任职前取得中国保监会核准的任职资格。

第五十四条 保险集团（控股）公司、保险公司的重大股权投资，应当报中国保监会核准。

保险资产管理机构发行或者发起设立的保险资产管理产品，实行初次申报核准，同类产品事后报告。

中国保监会按照有关规定对上述事项进行合规性、程序性审核。

重大股权投资，是指对拟投资非保险类金融企业或者与保险业务相关的企业实施控制的投资行为。

第五十五条 中国保监会有权要求保险集团（控股）公司、保险公司提供报告、报表、文件和资料。

提交报告、报表、文件和资料，应当及时、真实、准确、完整。

第五十六条 保险集团（控股）公司、保险公司的股东大会、股东会、董事会的重大投资决议，应当在决议作出后五个工作日内向中国保监会报告，中国保监会另有规定的除外。

第五十七条 中国保监会有权要求保险集团（控股）公司、保险公司将保险资金运用的有关数据与中国保监会的监管信息系统动态连接。

第五十八条 保险集团（控股）公司和保险公司的偿付能力状况不符合中国保监会要求的，中国保监会可以限制其资金运用的形式、比例。

第五十九条 保险集团（控股）公司、保险公司违反资金运用形式和比例有关规定的，由中国保监会责令限期改正。

第六十条 中国保监会有权对保险集团（控股）公司、保险公司的董事、监事、高级管理人员和资产管理部门负责人进行监管谈话，要求其就保险资金运用情况、风险控制、内部管理等有关重大事项作出说明。

第六十一条 保险集团（控股）公司、保险公司严重违反资金运用有关规定的，中国保监会可以责令调整负责人及有关管理人员。

第六十二条 保险集团（控股）公司、保险公司严重违反保险资金运用有关规定，被责令限期改正逾期未改正的，中国保监会可以决定选派有关人员组成整顿组，对公司进行整顿。

第六十三条 保险集团（控股）公司、保险公司违反本规定运用保险资金的，由中国保监会依法给予行政处罚。

第六十四条 保险资金运用的其他当事人在参与保险资金运用活动中，违反有关法律、行政法规和本办法规定的，中国保监会应当记录其不良行为，并将有关情况通报其行业主管部门；情节严重的，中国保监会可以通报保险集团（控股）公司、保险公司三年内不得与其从事相关业务，并商有关监管部门依法给予行政处罚。

第六十五条 中国保监会工作人员滥用职权、玩忽职守，或者泄露所知悉的有关单位和人员的商业秘密的，依法追究法律责任。

第六章　附　则

第六十六条 保险资产管理机构管理运用保险资金参照本办法执行。

第六十七条 保险公司缴纳的保险保障基金等运用，从其规定。

第六十八条 中国保监会对保险集团（控股）公司资金运用另有规定的，从其规定。

第六十九条 本办法由中国保监会负责解释和修订。

第七十条 本办法自2010年8月31日起施行。原有的有关政策和规定，凡与本办法不一致的，一律以本办法为准。

第五部分

大事记

1月

1日 农银人寿保险股份有限公司河北分公司为客户祝某办理农银金太阳两全保险（分红型），客户一次性足额缴纳保费200万元，保额为214.40万元。

2日 中国人民银行石家庄中心支行召开主要负责同志任职宣布大会。中国人民银行总行行长助理金琦，河北省省长助理江波出席会议。中国人民银行总行党委组织部副部长、人事司副司长郑五福代表总行党委宣布石家庄中心支行主要负责同志的任职决定：陈建华同志任石家庄中心支行党委书记、行长兼国家外汇管理局河北省分局局长（正厅局级）。中国人民银行天津分行行长林铁钢主持会议。

△ 中国农业发展银行河北省分行行长王玉武出席河北省农村工作领导小组暨省扶贫开发工作领导小组会议；当日，行务会学习传达省农村工作领导小组暨省扶贫开发工作领导小组会议精神，安排2013年度分行机关考核评先相关工作，行长王玉武主持，副行长王金浩、李阁宗、冯会波、宋振民出席。

△ 中国农业银行股份有限公司河北省分行召开2014年“金钥匙·春天行动”动员会。省分行党委委员、副行长李军、陈元良出席会议，要求各级行进一步深化认识、突出重点、强化考核、狠抓落实，努力全面超额完成各项综合营销活动任务。

△ 保定银行股份有限公司召开第一届董事会第二十五次会议，会议审议通过了《保定银行股份有限公司关于2014年分支机构发展规划的议案》。

3日 中国人民银行沧州市中心支行召开科室主要负责人述职考核大会，结果作为对科室主要负责人领导评鉴、确定考核结论的重要依据之一。副科级以上干部57人参加会议。

△ 中国保险监督管理委员会河北监管局批准筹建泰山财产保险股份有限公司石家庄中心支公司。

△ 唐山银行股份有限公司第37家支行“洰阳社区支行”正式对外营业。

4日 中国光大银行股份有限公司石家庄分行组织开展了赴定点扶贫村——保定市易马兰台村扶贫慰问工作。行长高名安，副行长武贯群带队，有关部门负责同志随行。

△ 中信银行股份有限公司石家庄分行召开2014年“开门红”动员大会。会议确定“两挖一增一控”（挖优秀人才、挖优秀客户，增存款规模，控风险资产）的发展战略。

6日 中国人民银行天津分行下发文件任命吴刚同志为中国人民银行秦皇岛市中心支行党委委员、副行长，免去田洪涛同志的党委委员、纪委书记职务。

△ 国家外汇管理局河北省分局向国家外汇管理局保定市中心支局发来感谢函，对保定市中心支局2013年信息调研方面的支持表示感谢，对做出的成绩给予鼓励和表彰。

△ 国家开发银行股份有限公司河北省分行行长常思勇与秦皇岛市委常委、西港搬迁改造工程指挥长张经华座谈，副行长刘纯发参加。

△ 中国农业发展银行河北省分行行长王玉武出席政协河北省第十一届委员会第二次会议。

△ 华夏银行股份有限公司石家庄分行行长王宏杰参加2014年全国银行业监管工作电视电话会议。

△ 招商银行股份有限公司石家庄分行行长郑晓东参加2014年全国银行业监督管理工作电视电话会。

△ 廊坊银行股份有限公司召开第五届董事会第一次会议，选举李德华为廊坊银行第五届董事会董事长；选举郭绍增为副董事长；聘任赵可为行长；聘任邵丽萍、林贤龙、姬广军、王盛蓬为副行长；聘任潘万洋为廊坊银行第五届董事会秘书。

△ 沧州银行股份有限公司召开第四届董事会2014年第一次临时会议，会议审议通过了《关于沧州银行2014年分支机构发展规划的提案》。

7日 中国人民银行承德市中心支行召开理论中心组学习（扩大）会议，学习贯彻《党政机关厉行节约反对浪费条例》《党政机关国内公务接待管理规定》。

△ 河北省副省长杨汭在《关于 2013 年国家开发银行与河北省开发性金融合作情况的报告》上批示："感谢国开行对河北的支持，望进一步加大信贷支持力度，助推我省城镇化。"

△ 中国农业银行股份有限公司河北省分行被新浪河北微博评为"2013 年度最受信赖银行"。

△ 中央电视台《新闻联播》报道了中国建设银行股份有限公司廊坊香河支行新开街分理处为特殊客户人性化服务的先进事迹，建设银行河北省分行组织全行学习香河支行服务经验，以服务促发展、向服务要效益。

△ 由媒体新浪主办的"第一届金融榜'金麒麟奖'"在石家庄举行。中国民生银行股份有限公司石家庄分行荣获"2013 年度河北最佳小微金融服务"奖项，是河北省唯一获此殊荣的银行。

△ 中国民生银行股份有限公司石家庄分行获评"和谐社会建设诚信示范单位"。

△ 在中国民生银行股份有限公司总行 2013 年度新闻宣传先进单位和个人表彰中，中国民生银行石家庄分行荣获"宣传工作优秀团体"荣誉称号。

△ 在中国银行业协会组织的 2013 年度"明星大堂经理"评选活动中，中国民生银行股份有限公司石家庄分行裕华东路支行大堂经理王熙喜获 2013 年度中国银行业"明星大堂经理"荣誉称号；裕祥支行理财经理张婧妍、中山东路支行个人客户助理李皎荣获"客户服务明星"称号。

△ 中国民生银行股份有限公司石家庄分行在 2013 年全国工会"十六大"上被授予"全国模范职工之家"光荣称号。

△ 招商银行股份有限公司石家庄分行参加 2013 新浪河北举办的"微力成就梦想"微博盛典。在第一届"金麒麟"评选活动中，招商银行股份有限公司石家庄分行荣获 2013 年度河北最佳金融营销创新奖，招商银行生意贷、M+ 借记卡、YOUNG 卡荣获"河北十佳金融产品"称号，招商银行系列主题信用卡推广荣获优秀奖称号。

△ 邢台银行股份有限公司成立现金中心，全面承担起行内现金清分整点工作。

△ 邢台银行股份有限公司临西支行顺利开业。

8 日 中国农业发展银行河北省分行行务会研究选派干部到农村面貌改造提升重点村驻村工作事宜，行长王玉武主持。

△ 中国证券监督管理委员会河北监管局召开河北辖区证券经营机构加强中小投资者保护工作座谈会。

△ 招商银行股份有限公司石家庄分行参加总行召开的唐山分行筹建协调会。

△ 邢台银行股份有限公司邯郸分行冀南新区支行开业。

9 日 中国人民银行承德市中心支行开展元旦春节慰问老党员活动，中心支行行长杨建奎、纪委书记崔喜林、工会主任王少云等有关同志，对机关离退休老党员进行了"两节"慰问。

△ 河北省金融办主任江波在国家开发银行股份有限公司河北省分行《关于 2013 年国家开发银行与河北省开发性金融合作情况的报告》上批示："2013 年国家开发银行河北分行在思勇同志领导下，工作开展的卓有成效。为我省经济社会发展出了大力。"

△ 交通银行股份有限公司河北省分行在 2013 新浪微博盛典活动中："走进交行 感受温馨"评选活动荣获 2013 年度最佳金融营销创新奖；"新春圆梦行——走进青羊沟"活动荣获微温暖"优秀奖"称号；交通银行手机银行荣获"河北十佳金融产品"称号。

10 日 中国人民银行承德市中心支行开展"助农圆梦—金融知识下乡镇宣传活动"。

△ 中国农业银行股份有限公司河北省分行举办党的十八届三中全会精神处级干部学习班，省分行党委书记、行长杨光出席并讲话，要求深刻领会全面深化改革的基本精神，坚持稳中求进，主动适应新的经济金融形势，抓住三农工作面临的新机遇，加快转型步伐，调整业务结构，推进河北分行向强行目标冲刺。

△ 华夏银行股份有限公司石家庄分行王宏杰行长到邯郸现场指导筹建工作。在听取了邯郸分行筹备组的工作汇报后，现场解决了会计营业和放款环节人员紧张的难题，并对下一步的工作提出了具体要求。王庆华副行长、人力资源部、会计部、信息技术部、授信管理中心和办公室等部

门陪同。

△ 中信银行股份有限公司沧州分行放款中心顺利完成了第一笔放款业务，这标志着沧州分行信贷管理工作改革成功落地。

△ 渤海银行股份有限公司石家庄分行行长范志贵会见来访的河北省旅游集团投资有限公司董事长白波一行，双方就业务合作等事项进行了交流。

△ 承德银行股份有限公司召开第二届监事会第五次会议，姜鹏监事长对承德银行股份有限公司 2013 年度主要业务经营状况和 2013 年行内重大事项进行了通报，监事对 2013 年度监事会工作报告、2013 年度监事会对董事的评价、监事会对监事的评价等议题进行了审议。

△ 唐山银行股份有限公司第五届董事会第三次会议审议通过了《2013 年度增资扩股新股本分配方案》等议案。

△ 衡水银行股份有限公司召开网点服务质量提升大讨论会议，会议由林运杲行长主持。上海起航培训公司辅导老师、总部领导班子成员、各部室负责人、各支行行长、主管副行长及柜员代表共 440 余人参会。

△ 廊坊霸州市某家具厂发生特大火灾，造成 5 名平安养老保险股份有限公司河北分公司客户死亡。该公司成立火灾事件紧急处理领导小组，迅速开展理赔工作，现场调查、逐人落实，开通绿色理赔服务通道，预先支付赔款。高效的理赔服务得到了当地政府及客户的肯定。

11 日 河北省省委副书记赵勇在国家开发银行股份有限公司河北省分行《关于 2013 年度工作情况的报告》上批示："国开行河北分行的工作站位高，敢作为，富有成效。向怀邦董事长表示衷心感谢和敬意！望继续支持河北绿色崛起，特别是加大对现代农业和扶贫的投入。"

△ 邢台银行股份有限公司召开 2014 年度工作会议，党委书记、董事长郭路芳作题为《顺势而为、改革创新、错位竞争、稳中求进》的年度报告。中国人民银行邢台市中心支行副行长范古林、邢台市银监分局副科长鲁亚东列席会议。

△ 信达财产保险股份有限公司河北分公司组织召开 2014 年绩效考核评先会议。

12 日 中国农业发展银行河北省分行召开机关 2013 年度干部述职大会，听取机关各处室正副处长、业务岗位先进工作者候选人述职，推荐评选先进工作者、优秀行员等。行长王玉武，副行长王金浩、李阁宗、冯会波、宋振民出席。

△ 由安盛天平财产保险股份有限公司总公司理赔部组织的北区理赔经理人培训在河北分公司召开，来自河北、天津、北京、大连、青岛分公司的 35 名理赔精英与骨干参加学习。

△ 幸福人寿保险股份有限公司河北分公司主办的第二届"幸福人寿杯"幸福家庭大赛决赛落下帷幕，总经理周丽华担任评委并致辞，经过角逐，最终评选出 10 个"十佳幸福家庭"和 10 个"优秀幸福家庭"，燕赵晚报、晚报社区网、河北理财网、中国网等多家新闻媒体到场进行相应报道。

13 日 中信银行股份有限公司石家庄分行举办了教育部"中国农校对接服务网"河北高校启动培训暨与河北师范大学、河北科技大学签署战略合作协议仪式。

△ 在 2013 新浪河北微博盛典"微力成就梦想"活动中，中国邮政储蓄银行股份有限公司河北省分行"邮储网银手拉手活动"荣获"河北优秀金融创新"称号。

△ 承德银行股份有限公司召开 2013 年度领导班子述职述廉测评大会，承德市考核组、市纪委常委王东利一行进行现场考核督导并讲话。

△ 衡水银行股份有限公司档案工作目标等级认证工作结束，十二家支行以平均 79.5 分（满分 80 分）的成绩通过"AA"级验收，总部以 91.8（满分 92 分）的成绩通过"AAAA"级验收。

14 日 中国人民银行邯郸市中心支行行领导在机关电视电话会议室收看了习近平总书记系列讲话精神集中轮训专题讲座。由著名法学家、中央政治局第 27 次集体学习授课专家、中国政法大学副校长马怀德作领导干部法制思维和法制方式专题讲座，讲座深刻解析了习近平总书记系列讲话和十八届三中全会的法制内涵。

△ 交通银行股份有限公司保定分行成功营销长城汽车股份有限公司 4 亿元电子银行承兑汇票贴现业务。

△ 中信银行股份有限公司石家庄中华北大街

支行开业。

△ 上海浦东发展银行股份有限公司石家庄分行裕华西路支行开业。

△ 承德银行股份有限公司召开第二届董事会第十次会议，会议听取审议了承德银行股份有限公司 2013 年度董事会工作报告、行长工作报告、年终决算和利润分配、未分配利润转增股本等 12 项议题并一致表决通过。

15 日 中国建设银行股份有限公司河北省分行顺利完成全辖 749 个营业网点客户 WiFi 环境部署，领先省内国有商业银行同业。

△ 承德银行股份有限公司召开 2014 年股东大会第一次会议，会上对 2013 年度董事会工作报告、2013 年度监事会工作报告、2013 年度监事会对董事的评价、年终决算和利润分配方案等议案进行了讨论，与会股东对所有议题进行了认真审议并一致表决通过。

△中国银行业监督管理委员会衡水监管分局发文批准衡水银行股份有限公司开发区福民社区支行开业。

△ 在金融时报社和中国社科院金融研究所联合举办的“2013 中国金融机构金牌榜·金龙奖”评选活动中，邯郸银行股份有限公司荣获“年度最具创新力中小银行”称号。

△ 渤海国际信托有限公司在河北省中小企业投融资促进会上被推选为河北省中小企业投融资促进会 2014 年度副秘书长单位。

15 日至 16 日 中国农业发展银行河北省分行行长王玉武在衡水出席全省农村工作会议。

16 日 张家口市商业银行股份有限公司在金融时报、中国社科院金融研究所联合举办的“2013 中国金融机构金牌榜·金龙奖颁奖典礼”中荣获“最具创新力中小银行”奖项。

17 日 中国银行股份有限公司河北省分行与廊坊市政府签署金融合作协议。

△ 秦皇岛市委常委、市政府常务副市长马宇骏一行到中国人民银行秦皇岛市中心支行走访调研。市政府副秘书长、金融办主任田洪彦，市政府副秘书长樊海涛，市发改委、财政局负责人陪同调研。

△ 承德银行股份有限公司召开 2013 年度“双先”表彰大会。

18 日 北京铁路分中心公积金联名卡系统在中国建设银行股份有限公司河北省分行上线，实现了建行受理铁路公积金的签约、查询、扣划信息发送等功能。依托此系统发行的公积金联名 IC 卡，实现了京津冀三地同时受理铁路公积金联名卡功能。

△ 中国建设银行股份有限公司河北省分行电子不停车收费（ETC）业务系统上线，实现了建行系统与高速管理局 ETC 结算中心系统的网络连接。

△ 中国光大银行股份有限公司石家庄分行第一家县域支行——燕郊支行正式开业。

△ 兴业银行股份有限公司石家庄分行辖内第五家二级分行——保定分行开业。

19 日 中国保险监督管理委员会对中国保险监督管理委员会河北监管局党委班子进行调整，赵庆晗任中国保险监督管理委员会河北监管局党委书记、局长。

20 日 中国人民银行承德市中心支行举办 2014 年新春联欢会，中心支行党委书记、行长杨建奎致新春贺词。

△ 在新华网举办、新华网河北频道承办的“助力中小微、我们在行动”网络评选活动中，中国邮政储蓄银行股份有限公司河北省分行被评为“2013 年度河北省优秀中小微企业金融服务商”。

△ 中国信达资产管理股份有限公司河北分公司召开四届三次职工大会，杜宝峰总经理作工作报告；会议还听取了分公司财务报告、提案落实及征集立案情况报告以及各部门主要负责人对部门工作的总结和个人述职；全体员工对中层以上干部进行了民主评议。同日，中国信达河北分公司召开全体员工大会，进行 2013 年度人事考核及“评先”工作。

△ 合众人寿保险股份有限公司唐山中心支公司荣获“微笑服务示范窗口”荣誉称号。

21 日 受中国人民银行总行党委组织部、天津分行党委组织部和石家庄中心支行党委的委托，中国人民银行承德市中心支行党委委员、工会主任王少云带领有关人员到丰宁县慰问全国金融系统劳动模范、困难党员。

△ 国家开发银行股份有限公司河北省分行举办迎开行成立 20 周年演讲比赛暨行史馆解说员选拔活动，行长常思勇、副行长刘纯发出席，分行全体员工参加。

△ 河北省农村信用社联合社召开全省农信社 2014 年度工作会议暨第二届理事会第十一次会议、第二届社员大会第五次会议。省联社党委书记、理事长王文进在年度工作会议上作了题为《奋发图强、攻坚克难，努力实现改革发展新突破业务经营新跨越》的工作报告。

△ 唐山银行股份有限公司召开中层副职以上领导干部警示教育大会。董事长杜少光主持大会，行长么向华讲话，纪委书记闫保新就各级管理人员贯彻落实各项党纪条规、严格执行公务用车等规章制度，提出具体要求。

22 日 沧州市银行业金融机构现金款项同业自律公约组织召开会议。中国人民银行沧州市中心支行、各金融机构 100 余人参加了大会。

△ 中信银行股份有限公司邯郸丛台路支行正式开业。

△ 招商银行总行常务副行长李浩、副行长汤小青来石拜访中国银行业监督管理委员会河北监管局相关领导，协调招商银行唐山分行筹建工作。

△ 中国邮政储蓄银行股份有限公司保定七一路支行获得“2013 年度中国银行业文明规范服务百佳示范单位”称号。

△ 渤海国际信托有限公司在《金融理财》杂志社主办的“2013 年中国金牌机构理财力 TOP10 总评榜——金貔貅奖”颁奖典礼上荣膺“年度金牌成长力信托公司”称号。

23 日 中国人民银行石家庄中心支行下发文件（银石办发〔2014〕14 号），中国人民银行秦皇岛市中心支行荣获“数文化建设活动优秀组织奖”，王敬菊荣获河北省“调查之星”，王丽娟、张玉侠分别荣获河北省调查统计系统“优秀分析员”和“优秀统计员”的荣誉称号。

△ 中信银行股份有限公司石家庄分行联合河北省工商联合会共同举办了河北省驻石商会产品推介暨迎春联谊会。

△ 衡水银监分局发文批准衡水银行股份有限公司滏东支行开业。

24 日 2014 年河北省人民银行系统工作会议暨全省外汇管理工作会议在石家庄召开。会议传达贯彻了人民银行工作会议暨全国外汇管理工作会议和天津分行工作会议精神，总结了全省人民银行系统 2013 年主要工作，明确了今后一个时期的重点工作任务，研究部署了 2014 年工作措施。中国人民银行石家庄中心支行党委副书记、副行长，国家外汇管理局河北省分局副局长李小秋代表中心支行党委和外汇局河北省分局作工作报告。石家庄中心支行党委书记、行长，国家外汇管理局河北省分局局长陈建华作总结讲话。会议由石家庄中心支行副行长贾广军主持。

△ 中国农业发展银行河北省分行行长王玉武到省分行营业部新乐市支行看望困难党员、特困职工，慰问基层员工。

△ 中信银行股份有限公司石家庄分行组织召开 2014 年工作会议暨 2013 年先进表彰大会。

△ 财达证券有限责任公司推荐两家新三板公司获得首批核准挂牌。

△ 安邦财产保险股份有限公司衡水中心支公司承保河北丛台电子股份有限公司财产综合险，保额 1 亿元。

27 日 为确保春节期间机关安全稳定，中国人民银行保定市中心支行根据邵仁姿行长在行务会上关于做好 2014 年春节有关工作要求的讲话精神，中心支行安全工作领导小组对机关办公、消防设施、用电管理、重点部位安全防护等情况进行了安全检查，对检查出的问题隐患提出了整改意见。

△ 由中国建设银行河北省分行以总行名义统一申报的医院联名卡系统 V1.0 获得国家版权局颁发的计算机软件著作权登记证书（登记号：2014SR012684）。

28 日 中国建设银行河北省分行召开全省建设银行 2014 年工作会议，对各项工作进行部署。

△ 华夏银行股份有限公司吴建董事长、樊大志行长、李国鹏主席等总行领导一行到保定分行、沧州分行进行春节前慰问，并就节前安防工作进行检查指导。

△ 衡水银行股份有限公司召开 2014 年工作暨群众路线教育实践活动动员会议，对 2014 年

工作及群众路线教育实践活动第二阶段工作进行部署。

△ 被保险人李毅强投保车辆发生交通事故，安盛天平财产保险股份有限公司河北分公司赔付其 26.49 万元。

29 日 招商银行股份有限公司石家庄分行召开内控状况评审会，通报 2013 年第三季度内控评审会决议的落实情况，并对 2013 年第四季度各项议题进行评议。

△ 中信银行股份有限公司邯郸分行累计办理直贴业务突破 10 亿元，累计办理转贴现业务 11 亿元。

1 月 按照中国人民银行总行、石家庄中心支行统一部署，中国人民银行唐山市中心支行组织辖内地方性法人机构唐山银行、开平汇金村镇银行、迁安襄隆村镇银行进行支付统计分析系统联调测试、申请数字证书、网络连通验证工作。

△ 中国人民银行唐山市中心支行制定了《国家外汇管理局唐山市中心支局执法证管理制度》。

△ 东亚银行（中国）有限公司石家庄分行在中国人民银行石家庄中心支行召开的“2014 年河北省货币金银工作会议”中获得表彰。

△ 中国太平洋财产保险股份有限公司河北分公司独家承保津西钢铁集团下属分厂的财产综合险、机损险业务，其中财产综合险累计保额达 141.68 亿元，机损险累计保额达 137.85 亿元。

△ 中国太平洋财产保险股份有限公司河北分公司跟单承保了国电集团下属电厂的财产险一揽子业务，公司份额内的财产一切险累计保额达 37.98 亿元，机损险累计保额达 20.96 亿元。

2 月

8 日 中国人民银行衡水市中心支行组织召开 2014 年全市人民银行系统工作会议暨外汇管理工作电视电话会议。

△ 国家开发银行股份有限公司河北省分行行长常思勇主持召开分行“党的群众路线教育实践活动总结暨‘一报告两评议’工作会”，分行全体员工参加。

△ 河北省省委、省政府办公厅下发《关于实施“三个一百”领军企业工程的意见》，邯郸银行入选全省“现代服务业重点企业”。

10 日 中国人民银行秦皇岛市中心支行召开全辖 2014 年工作会议暨“双先”表彰大会，党委书记、行长杨启明讲话。

△ 中信银行股份有限公司石家庄分行荣获“2013 年度河北省优秀中小微企业金融服务商”奖项。

△ 招商银行股份有限公司石家庄分行对分行班子及班子成员的群众路线教育活动情况进行民主测评。

10 日至 11 日 华夏银行石家庄分行召开 2014 年工作会议暨纪检监察工作会议。中国银行业监督管理委员会河北监管局股份制银行处有关领导应邀参加会议。会议传达了总行 2014 年工作会议暨纪检监察工作会议精神；党委书记、行长王宏杰作工作报告；苏彦民纪委书记作纪检监察工作报告。王宏杰行长分别与二级分行、同城支行、机关部室代表签订了党风廉政建设责任书。

11 日 中国农业发展银行河北省分行行长王玉武到河北会堂收听收看国务院第二次廉政工作电视电话会议；下午，党委会传达贯彻国务院第二次廉政工作会议精神，研究党风廉政建设及安全保卫目标责任书兑现及修订等事宜，行长王玉武同志主持，王金浩、李阁宗、冯会波、宋振民出席。

△ 中国信达资产管理股份有限公司河北分公司召开 2014 年工作会议，党委书记、总经理杜宝峰作工作报告，党委委员、副总经理樊志江主持会议，全体员工参加。

12 日 中信银行股份有限公司石家庄分行成功取得石家庄市非税收入代理业务资格并开立代收专户。

△ 唐山银监分局批准唐山银行第 38 家支行“丰南惠丰社区支行”开业；3 月 18 日，丰南惠丰社区支行正式对外营业。

13 日 国家开发银行股份有限公司河北省分行行长常思勇与河北建设投资集团有限公司董事长赵会宁一行座谈，副行长韩岗、刘纯发参加。

△ 唐山银监分局批准唐山银行第 39 家支行惠民支行开业；3 月 29 日，惠民支行正式对外

营业。

△ 唐山银行外汇 CMDS 通过外汇交易中心验收。

△ 泰山财产保险股份有限公司河北分公司组织召开公司 2014 年工作部署会议。

14 日 中国人民银行邯郸市中心支行召开 2014 年工作会议。传达贯彻天津分行工作会议、河北省人民银行系统工作会议暨河北省外汇管理工作会议精神，总结回顾邯郸辖区人民银行系统 2013 年工作，安排部署 2014 年工作任务。行长曹增和作工作报告，中心支行行领导，市辖各支行行长，中心支行机关副科级以上干部参加会议。

△ 交通银行股份有限公司河北省分行与冀中能源集团签订全面战略合作协议，双方进入深度合作阶段。

△ 招商银行股份有限公司石家庄分行召开 2014 年全行员工大会，行长郑晓东做报告并与各行部负责人签订党风廉政建设和反腐倡廉工作责任状、案件防控安全保卫和消防安全责任状。

△ 河北省金融租赁有限公司召开党的群众路线教育实践活动动员大会。

△ 财达证券有限责任公司召开党的群众路线教育实践活动动员大会，深入贯彻落实党中央和省委、省国资委会议精神，对公司开展好党的群众路线教育实践活动进行动员部署。

△ 张家口市商业银行股份有限公司召开党的群众路线教育实践活动动员大会。党委书记、董事长梅爱斌在会上作动员讲话，张家口市委督导组组长、人大常委刘巨海对群众路线教育实践活动作指导意见。会上印发了《张家口市商业银行关于开展党的群众路线教育实践活动的实施方案》《张家口市商业银行开展“三查三看三比”活动的实施方案》。

17 日 中国人民银行保定市中心支行成功完成 ACS 接入支付系统，业务处理正常。

△ 邢台银行股份有限公司召开党的群众路线教育活动动员部署会议，党委书记、董事长郭路芳作动员讲话。

△ 信达财产保险股份有限公司河北分公司召开 2014 年工作会议。传达贯彻总公司 2014 年度工作会议精神，总结回顾过去一年的工作，安排部署 2014 年各项工作任务。

18 日 中国农业发展银行河北省分行行长王玉武出席河北省住房和城乡建设厅组织召开的专家座谈会，讨论修改河北省委省政府《关于推进新型城镇化的意见》；之后，向省委常委、常务副省长杨崇勇汇报信贷支农工作和全国分行行长会议精神。

△ 为进一步规范企业年金管理，中国建设银行股份有限公司河北省分行印发《中国建设银行股份有限公司河北省分行企业年金实施细则》（建冀发〔2014〕3 号）。

△ 中国银行业监督管理委员会河北监管局副局长陈炳华一行到招商银行股份有限公司石家庄分行进行年度监管会谈。

△ 河北省农村信用社联合社党委组织召开全省农村信用社党的群众路线教育实践活动动员（视频）会议。

△ 河北省金融租赁有限公司总裁徐敏俊及主要经营层领导与到访的中合担保有限公司河北省金融租赁有限公司总经理周纪安一行进行了战略合作洽谈并签署了《战略合作协议》。

△ 中国信达资产管理股份有限公司河北分公司召开党的群众路线教育实践活动总结会议。中国信达资产管理股份有限公司第一督导组周国峰、张志忠，分公司党委班子成员杜宝峰、樊志江和张贵礼，全体党员及入党积极分子参加。全体参会党员对分公司党委领导班子及班子成员党的群众路线教育实践活动情况进行民主评议；分公司党委书记、总经理杜宝峰代表分公司党委作党的群众路线教育实践活动总结报告；公司第一督导组组长周国峰结合民主评议情况讲话。

19 日 中国保险监督管理委员会河北监管局成立 17 个检查小组，对全省 11 个设区市的所有县（市）农业保险经营情况进行了专项排查，覆盖 208 家保险公司分支机构。

△ 国家开发银行股份有限公司河北省分行行长常思勇与秦皇岛市委书记田向利、市长商黎光就支持其新型城镇化有关事宜座谈，副行长刘纯发参加。

△ 中国信达资产管理股份有限公司河北分公司与石家庄股权交易所股份有限公司签订战略合

作协议书。

20 日 国家开发银行股份有限公司河北省分行行长常思勇与开滦集团董事长张学文座谈，副行长刘纯发参加。

△ 中国银行股份有限公司河北省分行叙做首笔套利组合项下美元利率互换业务。

△ 唐山银行股份有限公司召开党的群众路线教育实践活动员大会。唐山市市委第二十七督导组到会指导工作。会议由行长么向华主持，监事长刘双全宣读了《唐山银行党委关于开展党的群众路线教育实践活动的实施方案》。

△ 沧州银行股份有限公司召开党的群众路线教育实践活动动员大会。沧州市委第四督导组组长李任放、副组长张秀明、成员孙向华、贾国强同志出席会议，党委书记、董事长刘泽平作动员部署，会议由党委副书记、行长黄美静主持。

21 日 中国银行业监督管理委员会河北监管局在中国建设银行河北省分行召开 2014 年监管会谈，通报了 2013 年度监管工作中发现的问题和风险点，并提出 2014 年监管要求。

△ 中国人民银行衡水市中心支行被衡水市委宣传部授予衡水市“文明单位”荣誉称号。

△ 中信银行股份有限公司石家庄分行组织“2014 年第一期同业入职新员工培训”。

△ 唐山银行股份有限公司五届四次董事会议召开。会议审议通过了《2014 年度经营计划》、《2014 年度财务预算》等 14 项议案。

△ 唐山银行股份有限公司召开五届三次监事会议。会议审议通过了《关于修订〈唐山银行股份有限公司监事会对董事、监事、高管人员履职评价办法〉的议案》等 2 项议案。

△ 衡水银监分局批准衡水银行股份有限公司枣强县大营镇爱民社区支行开业。

21 日至 22 日 中国农业发展银行河北省分行行长王玉武主持全省分支行行长会议并作主题报告，会议期间，有关市级分行作经验交流，向经营绩效考评一等奖单位、获得进步创新奖单位、有效发展先进单位发奖。

22 日 中国邮政储蓄银行股份有限公司河北省分行成功上线邮政储蓄系统逻辑集中工程。

24 日 河北省农村信用社社保卡实现了与河北省社保厅数据的非实时对接。

△ 张家口银行副行长席照海及三家村镇银行行长一行七人到衡水银行股份有限公司进行交流探讨，衡水银行股份有限公司副行长魏树涛与小企业、微贷中心等相关部室负责人接待并就存贷款、资金、微贷等相关业务与其进行了交流。

24 日至 25 日 中国大地财产保险股份有限公司河北分公司召开了 2014 年工作会议，会议采用现场与视频相结合的形式，全省三级机构主要负责人、销售管理部、渠道发展部负责人、分公司各部门负责人参加了现场会议；各三级机构经营班子、部门负责人、四级机构负责人参加了视频会议。本次会议传达了总公司 2014 年工作会议精神，部署了各项工作任务，开启了公司“二次创业”的新征程。

24 日至 28 日 中国人民银行石家庄中心支行行长陈建华、副行长王彦青一行到唐山、廊坊市中心支行调研指导工作，并实地检查了唐山市中心支行发行库，听取了唐山、廊坊市中心支行履职情况和辖区经济金融运行情况的汇报，对两个单位在工作中取得的成绩和良好的精神风貌给予充分肯定。调研期间，陈建华行长一行拜访了河北省副省长、唐山市委书记姜德果，唐山市市长陈学军，并深入曹妃甸新区，乐亭、固安县民营企业及农业合作社调研。

△ 招商银行股份有限公司石家庄分行行长郑晓东参加总行第 22 期分行行长管理培训班。

25 日 中国银行股份有限公司河北省分行联合中国银行南非约翰内斯堡分行为冀东水泥南非水泥生产线项目开立 3.18 亿元履约保函，支持了省内重点企业“走出去”。

△ 中国光大银行股份有限公司石家庄分行行长高名安、风险总监蔡雪峰一行赴宣化钢铁集团有限责任公司、宣化钢铁棒材有限公司、张家口宣龙高速线材有限公司调研。

△ 上海浦东发展银行股份有限公司石家庄分行召开党的群众路线教育实践活动总结大会。行长田德明做教育实践活动总结报告，组织了对中层干部和员工代表对石家庄分行领导班子及成员的民主测评。

26 日 中国人民银行承德市中心支行召开

2014年工作会议暨纪检监察工作会议。中心支行党委委员、工会主任王少云主持会议，党委书记、行长杨建奎讲话。

△ 中国人民银行承德市中心支行组织召开承德市金融管理与服务工作会议。中心支行党委委员、副行长宋耐主持会议，党委书记、行长杨建奎讲话，承德市金融工委副书记、市金融办主任赵宇峰出席会议并讲话。

△ 国家开发银行股份有限公司河北省分行行长常思勇与河钢集团董事长于勇座谈，副行长刘纯发参加。

△ 承德银行股份有限公司召开党的群众路线教育实践活动动员大会，承德市市委第六督导组组长王良一行进行现场督导检查。

△ 承德银行股份有限公司召开2014年年初工作会议，行长张磊代表经营班子作工作报告，并对下一阶段工作进行安排部署。

△ 中国信达资产管理股份有限公司河北分公司总经理杜宝峰参加中国银行业监督管理委员会河北监管局组织的2014年监管会谈。

△ 中英人寿保险有限公司总裁俞宁、副总裁马旭亲临河北指导工作。俞总、马总在河北分公司总经理刘维陪同下拜会了中国保险监督管理委员会河北监管局局长，一同对河北的经济形势及保险业发展进行了畅谈分析。

27日 国家开发银行股份有限公司河北省分行行长常思勇与河北省住建厅就支持棚户区改造项目座谈。

△ 中国人民银行天津分行党委委托中国人民银行邯郸市中心支行行长曹增和宣布了天津分行党委关于免去叶丽娟同志邯郸中支党委委员、副行长职务，回天津分行任职的通知。

28日 国家开发银行股份有限公司河北省分行行长常思勇与河北省申奥工作领导小组办公室主任何江海座谈，副行长韩岗、高敬军参加。

△ 中国农业发展银行河北省分行行长王玉武出席全辖教育实践活动第一批总结暨第二批部署视频会议并讲话，总行第一巡回督导组组长官迎春出席并讲话，总行第一巡回督导组副组长郭子强、巡视员李满田，河北省分行副行长王金浩、李阁宗、宋振民出席，副行长冯会波主持会议。

△ 中国建设银行河北省分行印发《中国建设银行河北省分行党风廉政建设责任制考核实施细则》，督促各级领导班子及领导干部落实“一岗双责”，深入推进党风建设和反腐倡廉工作。

△ 中信银行股份有限公司石家庄分行荣获“现金服务金牌单位”荣誉称号。

△ 河北恒银期货经纪有限公司大连商品交易所聚丙烯期货上市。

△ 安盛天平财产保险股份有限公司河北分公司组织了全省医疗管理岗培训，提高了公司理赔人员的案件欺诈防范识别能力，细化了实操层面中的规范要求，为后期工作夯实了基础。

△ 被保险人纪浩投保车辆发生交通事故，安盛天平财产保险股份有限公司河北分公司赔付其30万元。

2月 中国人民银行唐山市中心支行组织辖区内法人金融机构完成第三次全国经济普查工作。完成报送基本情况信息表，涉及报表机构的行业类别、注册情况、主要经济指标等19大项内容，一次性率先完成辖区6家机构626项的审核，15项的补充、更改工作。

△ 中国人民银行唐山市中心支行被唐山市审计局评为2013年“唐山市内部审计先进单位”。

△ 中国人民银行唐山市中心支行参与对河北唐山海港经济开发区的财政体制调整工作，与唐山市财政局联合下发《关于调整海港区财政资金留用比例的通知》。

△ 东亚银行（中国）有限公司石家庄分行在中国银行业监督管理委员会河北监管局开展的“无案件机构”“无案件辖区”活动中，荣获“无案件机构”称号，被通报表彰。

△ 河北银行股份有限公司启动党的群众路线教育实践活动。

△ 河北银行股份有限公司各网点的WIFI系统全面上线，成为河北省内首家全部网点提供WIFI服务的银行业金融单位。

3月

1日 渤海银行股份有限公司石家庄分行召开2013年经营分析会暨2014年一季度劳动竞赛

推动会。

1 日至 3 日 合众人寿保险股份有限公司河北分公司举办 2013 年下半年峰会暨表彰大会。

3 日 中国保险监督管理委员会河北监管局召开全省保险监管工作会议，局长赵庆晗出席会议并讲话。

△ 中国人民银行衡水市中心支行召开党的群众路线教育实践活动动员大会。

△ 招商银行股份有限公司石家庄分行参加总行 2014 年全系统党风廉政建设暨纪检监察工作视频会议。

4 日至 12 日 中国保险监督管理委员会河北监管局先后印发《关于加强防范化解满期给付和集中退保风险工作的指导意见》和《关于银邮代理机构防范化解满期给付和集中退保风险工作的指导意见》。

△ 河北省副省长杨汭在国家开发银行股份有限公司河北省分行《关于落实 < 推进河北省棚户区改造暨城镇建设开发性金融合作备忘录 > 有关情况的报告》上批示："过去一年河北分行做了大量工作，望进一步创新机制，抓好项目资金落实，在新型城镇化推进中发挥更大作用。"

△ 兴业银行股份有限公司保定分行"春日送暖爱心下乡"捐赠仪式在保定阜平山区小学举行，保定分行将节省下来的开业费用 15.60 万元捐献给阜平山区小学，改善教学条件，为小学设立了"兴业银行电教室"。

△ 招商银行股份有限公司党委任命王岳同志为招商银行股份有限公司石家庄分行党委委员。（招银党任〔2014〕7 号《招商银行党委关于王岳同志任职的通知》）

△ 招商银行股份有限公司党委免去周广涛同志招商银行石家庄分行党委委员职务。（招银党任〔2014〕11 号《招商银行党委关于周广涛同志免职的通知》）

△ 住房公积金贷款业务在衡水银行股份有限公司和平支行正式上线运行。

△ 河北省首家 EA 门店——石家庄悦思门店正式开业，标志着以"社区门店"为载体的华泰保险专属代理（EA）模式正式进入河北保险市场。

5 日 中国人民银行承德市中心支行召开党的群众路线教育实践活动动员大会。中心支行党委书记、行长杨建奎作动员讲话，天津分行第三督导组组长王燕明讲话并提出相关要求。

△ 中国人民银行廊坊市中心支行以消协金融分会为平台，以"畅通消费渠道，维护合法权益"为主旨，联合市消费者协会、市保险业协会，共同发起成立了廊坊市保险业消费者权益保护工作站，并于"3·15 国际消费者权益日"正式启动。

△ 中国人民银行邯郸市中心支行党委召开党的群众路线教育实践活动动员大会，行长曹增和作动员报告，天津分行第一督导组组长原松及督导组成员出席会议。

△ 中国光大银行股份有限公司石家庄分行与石家庄市人民政府签订银企对接战略合作协议。行长高名安、副行长魏昭，石家庄市委常委、常务副市长刘晓军、市委常委、农工委书记张树志等出席签约仪式。

6 日 中国人民银行秦皇岛市中心支行召开党的群众路线教育实践活动动员大会，对辖区党的群众路线教育实践活动进行动员部署。党委书记、行长杨启明作动员讲话，天津分行第二批党的群众路线教育实践活动第三督导组组长王燕明讲话并提出相关要求。

△ 中国人民银行秦皇岛市中心支行召开 2014 年纪检监察工作会议，传达了总、分行纪检监察工作会议精神，总结 2013 年党风廉政建设和反腐败工作，安排部署 2014 年纪检监察工作任务。

△ 中国农业发展银行河北省分行行长王玉武出席辖内第二批教育实践活动巡回督导组培训会并讲话。

△ 衡水银行股份有限公司第一个理财产品"金如意"2014 年第一期顺利发行。

△ 邢台银行股份有限公司第二家域外分行衡水分行正式开业。

△ 华泰财产保险有限公司河北省分公司成功承保石济客专铁路第一、三标段建筑工程一切险，保费规模 65 万元。

7 日 中信银行股份有限公司石家庄分行组织全行女职工开展以"行兴我荣·发展在我"为主题的先进事迹演讲及征文大赛。

8日 兴业银行股份有限公司沧州新华西路支行开业。

△ 中信银行股份有限公司石家庄分行举办中信“品质女人 香卡香随”活动年启动仪式暨第一期“美丽出行”主题营销宣传活动。

△ 张家口市商业银行股份有限公司举行2013年度表彰会，对21个先进集体和荣获阳光服务奖、忠诚奉献奖、客户信赖奖、特别奉献奖等8个奖项的403名先进个人进行了表彰。

△ 张家口市商业银行股份有限公司组织召开第二届客户服务改善大会。会上针对2014年客户幸福指数调研核心问题，发布15条服务改善承诺。会后，特别邀请北京大学经管学院博士生导师李绍荣教授作“县域经济与城镇化建设”为主题的专题讲座。

10日 招商银行股份有限公司石家庄分行举办第一期行长授课——零售金融专题讲座。

△ 招商银行股份有限公司免去周广涛招商银行石家庄分行行长助理职务。（招银任〔2014〕15号《招商银行关于周广涛免职的通知》）

△ 唐山银行工会被唐山市财贸金融工会评为工会工作先进单位，王全同志被评为优秀工会工作者。

△ 唐山银行股份有限公司第五届董事会第一次临时会议以传签或通讯表决方式召开。会议审议通过了《关于修订<唐山银行股份有限公司董事会财务审查委员会议事规则>的议案》等8项议案。

11日 中国保险监督管理委员会河北监管局以县域为单位，对全省人身保险市场满期给付与退保风险开展拉网式排查，派出44个检查组，排查全省151县（市、区）的2677个机构，实现了县级保险公司分支机构、县支行和乡镇邮政支局“三个全覆盖”。

△ 中国人民银行衡水市中心支行组织召开2014年衡水市“金融消费者权益保护日”活动部署工作会议。

△ 唐山市银监分局《关于表彰2013年度“无案件机构”和“无案件辖区”的决定》，唐山银行被评为“无案件机构”。

△ 张家口市商业银行股份有限公司业务仿真培训考试系统项目正式启动。

△ 河北省金融租赁有限公司召开了第三届第四次董事会及股东会。会议选举产生了新一届董事、监事，并通过了河北省金融租赁有限公司董事长、副董事长人选及高管继续聘任的议案。

12日 中国人民银行天津分行下发《关于表彰2013年度政务（网络）信息工作先进集体和先进个人的通报》，中国人民银行秦皇岛市中心支行办公室、青龙县支行、抚宁县支行被评为政务信息工作先进集体，何楠、计升、王印久被评为先进个人。

△ 中国建设银行股份有限公司河北省分行副行长尹全振代表省分行与河北省浙江企业联合会签订战略合作协议。

13日 中国人民银行秦皇岛市中心支行工会被秦皇岛市总工会评为2013年度先进职工之家。

△ 中国人民银行总行征信中心财务部副总经理陈合营一行在中国人民银行石家庄中心支行副行长贾广军的陪同下，赴中国人民银行衡水市中心支行就个人信息主体查询服务试收费工作进行调研。

△ 招商银行股份有限公司石家庄分行行领导参加招商局集团与河北省供销合作总社合作框架协议签约仪式。

△ 中国银行业监督管理委员会邢台银监分局张本科副局长一行到邢台银行股份有限公司进行监管谈话。

13日至14日 渤海银行股份有限公司总行行长赵世刚一行来石家庄分行调研。考察了分行办公环境，深入一线慰问了员工。

14日 中国人民银行天津分行下发《关于命名2013年度分行级青年文明号和青年岗位能手的决定》，中国人民银行秦皇岛市中心支行白丽同志被评为分行级“青年岗位能手”。

△ 承德银行股份有限公司成立党群工作部、零售业务部、电子银行部、结算管理部、授信管理部、公司业务部，将风险控制管理部调整为风险合规部，撤销原个金部，总行部室由原来的12个增加到16个。

△ 保定银行股份有限公司培训学院揭牌仪式在河北金融学院举行。行长雷俊杰与河北金融学

院副院长杨兆廷共同签署了《保定银行股份有限公司—河北金融学院战略合作协议书》，并为保定银行股份有限公司培训学院揭牌。

△ 唐山银行被唐山市委评为 2013 年度纳税大户。

△ 信达财产保险股份有限公司河北分公司与河北省邮政公司张家口市分公司签订代理合同。

△ 财达证券有限责任公司工会工作受到河北省金融工会联合会表彰。公司荣获 2013 年度河北省金融系统“劳动关系和谐企业”称号；公司工会委员会及所辖承德分会双双荣获“工会工作先进单位”称号；公司工会主席王琳、副主席杜润生荣获“优秀工会工作者”称号；党委副书记刘申、副总经理韩莉莎荣获“工会之友”称号。

15 日 中国人民银行石家庄中心支行组织全省金融系统开展“3·15 金融消费者权益日”活动。中国人民银行石家庄中心支行与河北省工商行政管理局、河北省消费者权益保护协会在河北科技大学联合开展“新消法进校园”公益宣传活动，通过有奖问答、接受咨询、悬挂条幅、摆放展板、发放资料等形式，大力宣传金融消费权益保护、银行卡、反假币以及个人信用保护知识，现场发放各类宣传资料 2 万余份、解答咨询 300 余人次。期间，中国人民银行石家庄中心支行还与河北青年报联合开展金融消费权益保护专题宣传，在《燕赵都市报》《河北青年报》《河北工人报》《石家庄日报》等多家媒体围绕个人信息保护、银行卡安全、理财产品、反假人民币等内容，刊载典型案例进行消费提示。

△ 中国人民银行沧州市中心支行充分利用“3·15 国际消费者权益日”关键时点，组织全市金融机构开展多层次、多形式的金融消费权益保护宣传活动。

△ 招商银行股份有限公司石家庄分行以国际消费者权益日为契机，组织开展“珍爱信用记录 享受美好人生”征信宣传活动。

△ 沧州银行股份有限公司组织开展以“畅通维权渠道，保护金融消费者合法权益”为主题的宣传教育活动，帮助金融消费者准确理解自身的各项法定权利和义务，告知金融消费者维权的各种正当渠道和方式，引导金融消费者更加有序合理地维护自身合法权益，营造稳定和谐的金融环境。

△ 安邦财产保险股份有限公司河北分公司积极开展 3·15 消费者权益保护活动。

△ 安盛天平财产保险股份有限公司河北分公司衡水中心支公司参加了行业协会举办的“诚信为本依法维权”3·15 大型广场活动，活动当天成立了维权领导小组，接受现场保险咨询，并发放保险知识宣传册。全程指导，帮助客户进行理赔直至结案，客户也可以根据服务卡上的各机构联络方式，及时咨询理赔事项，询问理赔进度，赢得了消费者的好评。

△ 泰山财产保险股份有限公司河北分公司开展“切实保护消费者合法权益 诚信重如泰山”的 3·15 消费者权益日活动。

△ 合众人寿保险股份有限公司保定中心支公司携手保定市爱心助学志愿者协会以及河北农业大学、河北经贸学院大学生走进唐县良家沟小学，捐资助教。活动共捐助贫困学生 30 名，拉开了 2014 年河北分公司助学行公益活动的序幕。

△ 幸福人寿保险股份有限公司河北分公司组织以“3·15 诚信保险、优质服务”为主题的大型客户服务活动，进公园、进社区，为客户及群众答疑解惑宣传保险基础知识，得到了客户的赞誉。

△ 为深入贯彻落实《关于开展 2014 年“3·15”保险消费者权益保护系列活动的通知》，民安财产保险有限公司河北分公司于 2014 年 3 月 15 日至 28 日期间，在全辖开展“3·15”保险消费者权益保护系列活动。

15 日至 16 日 渤海国际信托有限公司主办“2014 信托业发展研讨会”，中国信托业协会专职副会长王丽娟、兴业银行首席经济学家鲁政委、北京信托首席研究员刘向东以及十余家信托公司高管人员参会，共商新宏观经济形势下信托行业的发展之道。

16 日 中国光大银行股份有限公司石家庄分行团委组织 100 多名员工赴石家庄市滹沱河叶子广场开展义务植树活动。

△ 招商银行股份有限公司石家庄分行举办第二期行长授课——风险管理和审计内控专题讲座。

△ 中国人民银行石家庄中心支行副行长王彦青一行到张家口市商业银行股份有限公司调研指导工作，听取座谈会工作汇报后深入中国人民银行蔚县支行、蔚县银泰村镇银行进行专题调研。

17日 中国人民银行总行跨境业务培训班在中国人民银行张家口市中心支行举行。

18日 中国人民银行石家庄中心支行组织召开河北省金融IC卡应用推进工作会议。会议通报了河北省2013年金融IC卡应用工作及金融IC卡行业应用服务平台建设进展情况，安排部署2014年工作，并就金融IC卡应用项目进行了讨论。中国人民银行石家庄中心支行党委委员、副行长李伟出席会议并讲话。河北省辖内27家商业银行、中国银联河北分公司分管领导和部门负责同志，人民银行河北省各市中心支行分管行领导、科技部门主要负责人以及中国人民银行石家庄中心支行科技处主要负责人等共计90余人参加会议。

19日 中国人民银行印发《关于2013年度河北省支付清算系统运行工作考核情况的通报》，中国建设银行股份有限公司河北省分行被授予“优秀直接参与者”荣誉称号。

20日 中国建设银行股份有限公司河北省分行独家承销的国电建投内蒙古能源有限公司2014年度第一期非公开定向融资工具（私募债）5亿元成功发行，票面利率6.9%，期限三年，实现了分行私募债产品零突破。

△ 中信银行股份有限公司裕华东路支行、体北支行、新华东路支行三家营业网点获“2013年河北省首届网友最满意银行网点”荣誉称号。

△ 新华社、《经济日报》、《21世纪经济报道》、《中国日报》4家中央媒体记者团赴中国光大银行石家庄分行调研采访。

△ 招商银行股份有限公司石家庄分行开展“行长站大堂”活动，分行行长郑晓东及各支行行长在网点担任大堂经理。

△ 渤海银行股份有限公司石家庄分行行长助理郑纯元应石家庄市政府邀请参加“2014省会银企对接会”。

△ 张家口市商业银行金鼎支行、怀来支行在“2013年河北省首届网友最满意银行网点”评选活动中荣获“网友最满意银行网点”称号。

△ 衡水银行股份有限公司副行长魏树涛带队参加“河北省首届网友最满意银行网点”经验交流会暨颁奖典礼，衡水银行股份有限公司利民社区支行跻身全省网友最满意银行网点50强。

△ 中国东方资产管理公司纪委书记王跃林到中国东方资产管理公司石家庄办事处调研，并拜会了中国银行业监督管理委员会河北监管局局长郭锦洲。

21日 邢台银行股份有限公司总行荣登2013年度邢台市第三产业企业税收百强第二位，同时有两家分支机构入围百强。

△ 河北恒银期货经纪有限公司上海期货交易所热轧卷板期货上市。

22日 邢台银行股份有限公司领导班子成员赴临西县和威县参观学习吕玉兰、任仲夷、刘杰等革命前辈的先进事迹，接受思想再教育。

24日 中信银行股份有限公司石家庄分行组织举办服务品质专项培训，分行零售部聘请北京零点公司专家对各营业网点厅堂人员授课。

△ 衡水银行股份有限公司成功开办代理市级财政资金授权支付业务。

25日 中国人民银行石家庄中心支行转发《中国人民银行办公厅关于2014年中国农业银行改革试点县级“三农金融事业部”考核结果的通知》，自3月25日起，对达标的昌黎、抚宁县级“三农金融事业部”执行比中国农业银行低2个百分点的存款准备金率。

△ 中国人民银行秦皇岛市中心支行组织召开全市金融管理与服务工作座谈会。全市各银行业金融机构、保险协会、证券公司主要负责人参加会议。

△ 中国人民银行沧州市中心支行举办群众路线教育实践活动专题党课辅导。中心支行党委书记、行长李庆同志主讲，党委班子成员、机关科室主要负责人和支部书记参加了学习。

△ 中国人民银行天津分行党委书记林铁钢一行到中国人民银行衡水市中心支行调研指导第二批群众路线教育实践活动。

△ 中国农业银行股份有限公司河北省分行被河北省房地产金融工作专业委员会评为2013年度先进单位。2013年，该行房地产开发贷款较年

初增加 36.23 亿元，在四大国有商业银中行增量市场份额 74.96%，居首位。

△ 华夏银行股份有限公司石家庄分行被外汇管理局评定为 2013 年度执行外汇管理规定 A 类银行，该行连续六年获评 A 类银行，是河北省金融机构中唯一一家。

△ 河北省金融租赁有限公司总裁徐敏俊、副总裁郄少杰一行到晶龙实业集团有限公司参观考察，与晶龙实业集团有限公司董事长靳保芳进行了座谈。

26 日 中国人民银行邯郸市中心支行召开“两综合、两管理、一保护”工作会议，中心支行党委书记、行长曹增和作报告，副行长赵学臣解读 2014 年稳健货币政策精神、通报 2013 年全市金融运行整体情况。副行长高天放主持会议，并就贯彻落实好此次会议精神提出有关意见。辖区各银行业金融机构、保险公司、证券公司主要领导及相关部门负责人，中支各科室负责人 200 余人参加了会议。

△ 中国人民银行天津分行党委书记林铁钢、宣传部部长于木兰、组织部副部长王岳东一行三人到中国人民银行沧州市中心支行调研检查指导第二批教育实践活动。

△ 国家开发银行股份有限公司河北省分行召开处级干部学习十八届三中全会精神培训动员大会，行长常思勇作培训动员讲话及学习贯彻总书记习近平系列讲话、十八届三中全会精神的学习辅导报告。

△ 中国农业发展银行河北省分行行长王玉武出席全省推进新型城镇化建设工作会议。

△ 招商局集团业务开发部总经理冯震、河北省农产品电子商务公司总经理刘玉楼等一行，到招商银行股份有限公司石家庄分行参观，并商谈业务合作事宜。

27 日 中国银行股份有限公司河北省分行在人民银行 2013 年度河北省支付清算系统运行工作考核中被评为“优秀”，在省内 28 家银行中排名第一。

△ 东亚银行（中国）有限公司石家庄分行的志愿者在副行长李大海带领下，来到了河北省沧州肃宁县葛庄村明德小学，举行了爱心捐赠仪式，向明德小学捐赠人民币及课外读物，并对存在故障的电脑和设备进行了修理和维护。

△ 在由河北省质量奖评审委员会和河北省质量技术监督局联合评选的河北省服务名牌奖项评选结果中，承德银行股份有限公司荣获 2013 年度“河北省服务名牌”荣誉称号，是承德市唯一一家获此殊荣的银行业金融机构。

28 日 中国人民银行衡水市中心支行党委组织行领导和机关各支部书记赴河北深州监狱接受廉政警示教育。

29 日 中国人民银行天津分行及石家庄中心支行组织部一行四人在分行组织部副部长黎云兵带领下到中国人民银行邯郸市中心支行宣布领导干部任免，组织推荐中国人民银行邯郸市中心支行一名党委委员、副行长考察人选。召开副科级以上干部大会，分行组织部有关负责人宣布了分行党委任免决定，免去李新仓同志邯郸市中心支行工会主任职务，任邯郸市中心支行副行长。

△ 在沧州市人民政府召开的 2013 年全市金融工作大会上，民生银行沧州分行荣获金融贡献奖及金融进步奖两项殊荣。

△ 在中国银行业监督管理委员会河北监管局和河北省银行业协会联合召开的 2013 年度河北省小微、三农金融服务工作表彰会上，民生银行石家庄南三条支行获“河北省银行业金融机构小微企业金融服务优秀团队”奖。

△ 在河北省鹿泉市委、市政府召开的“2013 年年终总结大会暨年度表彰大会”上，民生银行石家庄鹿泉支行获评“2013 年度先进单位”。

△ 根据《中国人民银行衡水市中心支行营业室对开户金融机构的考评办法》要求，民生银行衡水分行被评为“优秀单位”。

31 日 中国农业银行股份有限公司河北省分行召开党的群众路线教育实践活动第一批总结暨第二批部署会议。省分行党委书记、行长杨光出席会议并作重要讲话。

△ 安盛天平财产保险股份有限公司河北分公司举行揭牌仪式。《河北日报》、《燕赵都市报》、《燕赵晚报》等 6 家媒体、10 余家代理公司出席揭牌仪式。

3 月 中国人民银行承德市中心支行营业室

连续九年保持总行级“青年文明号”荣誉称号。

△ 中国人民银行唐山市中心支行为唐山银行开通各项外汇业务系统，支持唐山市第一家法人级外汇指定银行扩展外汇服务功能。

△ 中国人民银行唐山市中心支行制定出台《中国人民银行唐山市中心支行工会财务会计考核办法》；在唐山市总工会开展的财务工作评比中，唐山市中心支行工会被唐山市总工会评为财务工作竞赛一等奖。

△ 中国保险监督管理委员会河北监管局首次开展保险公司服务质量和客户满意度调查分类监管评价，实施保险公司服务质量分类监管，在行业内通报分类结果。

△ 华夏银行股份有限公司石家庄分行电子银行部正式成立。

△ 唐山银行股份有限公司正式挂牌对外经营外汇业务。

△ 招商银行股份有限公司石家庄分行参加了河北日报报业集团举办的“2013 年河北省首届网友最满意银行网点”经验交流会，入选的三家网点负责人接受了“网友最满意银行网点”的授牌颁奖。

4 月

1 日 中国农业发展银行河北省分行副行长宋振民在承德出席 2014 年全省农业农村基础设施建设贷款工作会议并讲话。

△ 中国建设银行股份有限公司河北省分行印发《关于开展客户排队等待时间超长网点治理活动的通知》，“消灭”客户排队等待时间超过 30 分钟的“超长”网点，减少客户排队等候时间。

△ 中国建设银行股份有限公司河北省分行下发《关于进一步推进信访突出矛盾及积案化解工作的通知》，继续深入推进信访突出矛盾及积案化解工作，及时就地解决信访问题。

△ 唐山银行行报《唐山商行》正式复刊，全年共发行 20 期。

△ 中国太平洋财产保险股份有限公司河北分公司向孟宪忠赔偿道路客运承运人责任保险赔偿金 412.25 万元。

△ 信达财产保险股份有限公司河北分公司正式实施《车险理赔客户经理方案》。

1 日至 3 日 中国人民银行天津分行内审业务培训班在山西晋中举办，中国人民银行廊坊市中心支行开发的《风险评估计算与制表软件》在培训班上进行全辖推广。

2 日 中国人民银行沧州市中心支行党委书记、行长李庆到献县支行督导检查党的群众路线教育实践活动。

△ 中国人民银行邯郸市中心支行召开邯郸市金融消费权益保护工作会议。

△ 国家开发银行股份有限公司总行纪委书记周清玉出席河北省分行巡视工作动员会，分行党委班子全体成员参加。

△ 河北银联总经理单长胜到招商银行股份有限公司石家庄分行走访参观，并商谈业务合作事宜。

2 日至 7 日 衡水银监分局派出检查组对衡水银行股份有限公司房地产贷款业务进行现场检查，检查机构 8 家，检查业务 44 笔，金额 20785 万元。

3 日 中国人民银行石家庄中心支行副行长贾广军一行到保定市中心支行指导蠡县支付风险应急演练。

△ 中国证券监督管理委员会河北监管局召开河北辖区证券经营机构业务转型座谈会。

△ 河北省农村信用社金融 IC 卡通过中国人民银行石家庄中心支行技术审核，取得发行资质。

△ 中信银行股份有限公司石家庄分行与石家庄华视广告有限公司签订零售框架协议。

4 日 中国人民银行石家庄中心支行和河北省环保厅联合印发《河北省排污权抵押贷款管理办法》（银石发〔2014〕133 号）。

△ 中国银行股份有限公司河北省分行营销庞大汽贸集团股份有限公司开办全球现金管理业务，成为系统内成员单位最多、覆盖省域最广的现金管理签约业务。

△ 中国证券监督管理委员会河北监管局与石家庄市人民政府共同签署促进石家庄市资本市场发展合作协议，成立促进石家庄市资本市场发展合作办公室。

△中国建设银行股份有限公司河北省分行印发《中国建设银行河北省分行小微企业“互助贷”业务管理办法（试行）》，解决了专业市场中小企业担保难问题。

△为适应互联网金融的高速发展，中国平安集团“财酷 APP”应运而生。这款集机票、酒店预定和差旅费报销方面的手机软件，为中国平安集团员工的出行提供了一个便捷的操作平台。平安养老保险股份有限公司河北分公司推广使用该软件，为改善用户体验提供支持，使“财务就在您身边”真正变成平安养老保险股份有限公司河北分公司财务部门的新名片。

5 日 客户王某向农银人寿保险股份有限公司河北分公司投保农银金牡丹两全保险（分红型 C 款 2013），一次性足额缴纳保费 285 万元。保额为 302.96 万元。

8 日 国家开发银行股份有限公司河北省分行行长常思勇向河北省副省长杨汭汇报分行贯彻落实国务院常务会议精神有关情况。

△河北省副省长秦博勇到中国银行股份有限公司河北省分行指导调研工作。

△唐山银行股份有限公司召开“2013 年度推进惩防体系检查暨落实党风廉政建设责任制汇报测评大会”，唐山市市委、市纪委考核组对唐山银行领导班子、领导干部落实党风廉政建设责任制和廉洁自律情况进行了考核。

9 日 中国银行业监督管理委员会河北监管局印发《河北银行业加大创新力度 全力支持实体经济发展工作方案》，引导全省银行业机构实施创新驱动战略，持续加大对重点领域和薄弱环节的金融支持，充分发挥金融对该省加快转型升级，实现绿色崛起的支持作用，全力支持和更好服务实体经济发展。

△中国农业发展银行河北省分行行长王玉武出席分行在革命老区邯郸涉县召开的副处以上干部学习贯彻习近平总书记系列重要讲话精神集中培训班开班仪式并讲话，副行长王金浩出席。

△衡水银行股份有限公司正式面向客户发行金鼎 IC 卡。

10 日 全国人大常委会委员、河北省人大副主任王刚听取中国人民银行石家庄中心支行国库工作专题汇报。中国人民银行石家庄中心支行党委委员、副行长贾广军汇报了人民银行经理国库工作开展情况，并就加强央行国库监督职能提出了政策建议。王刚委员充分肯定了人民银行国库部门在服务地方经济、服务社会民生方面发挥的积极作用和取得的突出成绩。

△中国人民银行石家庄中心支行组织召开河北省银行业金融机构 2013 年度执行人民银行金融管理政策情况通报会。副行长贾广军主持会议并讲话。驻石 23 家银行业金融机构负责同志及部门负责人，中国人民银行石家庄中心支行相关处室共 70 余人参加了会议。

△中国人民银行承德市中心支行组织召开全市 2013 年经济金融形势分析会议，行长杨建奎出席会议，全市银行业金融机构的行领导、部门经理，中心支行相关部门负责同志参加了会议。

△财达证券有限责任公司经国家发改委批准，取得企业债券主承销商资格，在发展与创新的道路上又迈出了历史性的一步，标志着财达证券有限责任公司服务实体经济能力建设、业务体系完善工作再一次取得丰硕成果。

11 日 中国人民银行邯郸市中心支行开展 2014 年第一季度外汇异常线索延伸检查工作，对韩国现代集团下属现代（邯郸）房地产开发有限公司、现代（邯郸）物流港开发有限公司和现代（邯郸）置业有限公司开展专项核查。

△中国银行股份有限公司河北省分行与省工信厅、省工商联签署《支持工业及中小微企业金融服务战略合作协议》。

△渤海国际信托有限公司冠名的“渤海信托之夜”俄罗斯国家明星芭蕾舞团《天鹅湖》专场演出在石家庄人民会堂举行。

△由河北省中小企业局、河北省企业联合会开展的“河北省‘最具影响力企业’‘最具成长性企业’‘最受关注企业家’评选活动”落下帷幕并举行颁奖仪式，财达证券有限责任公司荣获“河北省最具影响力企业”称号，该公司总经理翟建强荣获“河北省最受关注企业家”称号，该公司已连续五年被评为“河北省明星企业”，公司总经理翟建强连续五年被评为“河北省优秀（创业）企业家”。

△ 信达财产保险股份有限公司河北分公司成功续保尚义县察哈尔风电一揽子保险项目，实现签单保费85.52万元。

12日 中国农业银行股份有限公司河北省分行被国家外汇管理局河北省分局评为2013年河北省外汇指定银行执行外汇管理规定A级银行。

13日 中国工商银行股份有限公司河北省分行召开第二届职工代表大会第三次会议。来自全辖的正式职工代表、特邀代表、列席代表共227人参加会议。会议集中审议并通过了《行长工作报告》等四个报告，举手表决通过了《企业年金实施细则》等四个办法。

14日 中国建设银行股份有限公司河北省分行行长李秀昆带领个人金融部、住房金融业务部、信用卡业务部、电子银行部总经理一行走进河北人民广播电台直播间，参加第40轮“阳光热线”节目。

△ “邢台银行股份有限公司领导干部创新思维高级研修班”在北京大学开班，副行长胡朝辉在开班仪式上讲话。第一期培训共计5天，中层副职46人参加此次培训。

△ 财达证券有限责任公司与冀商基金签署全面业务合作协议。

△ 华泰财产保险有限公司河北省分公司在中国保险监督管理委员会河北监管局2013年河北省保险主体投诉处理考评中获得满分以及全省排名第一的好成绩。河北省分公司在制度建设、体制架构、重大应急处理机制、转办件办理及时率、监管机关接访响应等定性、定量指标评比中均获得最好成绩。

15日 中国人民银行承德市中心支行座客承德广播电台“百姓热线”直播间，倾听群众呼声、解决百姓难题，接受电话现场咨询。

△ 河北省农村信用社联合社在全省推动信贷服务“四个一”工作法（即：一村一块支农服务公示牌，一户一张支农联系卡，一月一张监测表，一月一次新放小额信用贷款公示榜）。

△ 中信银行股份有限公司石家庄分行组织全员开展拓展培训活动。

△ 张家口市商业银行组织干部员工57人到张家口市中心血站开展无偿献血活动。

△ 衡水市直工委书记张艳君一行到衡水银行股份有限公司专题调研党建工作，党委书记、董事长崔洪义同志汇报了衡水银行股份有限公司的党建工作。

16日 中国人民银行承德市中心支行党委理论中心组到中心支行2013年扶贫村宽城县汤道河镇黄土坡村开展学习教育实践活动。中心支行党委书记、行长杨建奎一行调查了扶贫情况。中心支行行级领导、机关党支部书记和宽城县支行行领导共20多人参加了活动。

△ 中国人民银行石家庄中心支行党委委员副行长贾广军、征信处处长刘旭一行到中国人民银行肃宁支行就农村信用体系试验区建设情况进行了督导调研。

△ 河北省环保厅、金融办和中国保险监督管理委员会河北监管局联合印发《关于开展环境污染强制责任保险试点工作的实施意见》。

△ 中国农业发展银行行长郑晖赴承德分行调研指导第二批党的群众路线教育实践活动，并会见承德市委书记郑雪碧、市长赵凤楼。河北省分行行长王玉武、总行第一巡回督导组组长官迎春等参加。

△ 中国建设银行股份有限公司河北省分行印发《中国建设银行河北省分行铁路公积金住房贷款业务操作流程（试行）》（建冀房〔2014〕24号），解决了河北省辖内铁路沿线职工的公积金贷款需求。

△ 面向外出务工与外来打工人员，以及跨区域经营单位员工，中国建设银行股份有限公司河北省分行创新推出了“燕赵乡情卡（借记卡）”特惠服务（建冀金〔2014〕103号）。

△ 中国建设银行股份有限公司河北省分行与唐山市政府签订《支持城镇化建设和海洋经济建设战略合作协议》。

△ 华夏银行邯郸分行开业。邯郸分行是石家庄分行第4家二级分行。石家庄分行行长王宏杰、副行长苏彦民、王庆华等参加了开业庆典。

△ 中国信达资产管理股份有限公司河北省分公司与中国信达证券联合举办“京津冀一体化发展”专题研讨会。邀请国家发改委国土与地区经济研究所所长肖金成就“京津冀一体化”规划产

生的背景及发展方向进行了专题研讨。

17日 中国人民银行衡水市中心支行组织召开辖内金融机构信贷工作会议，衡水市政府副秘书长、金融办主任何立涛出席会议并讲话。

△ 中国农业发展银行行长郑晖到承德分行看望慰问员工，听取河北省分行和承德市分行第二批教育实践活动开展情况汇报并与部分员工座谈。郑晖行长还考察了承德市双峰寺水库工程项目和农民集中住房建设项目。承德市副市长苏爱国，河北省分行行长王玉武、总行第一巡回督导组组长官迎春等参加。

△ 中国农业银行股份有限公司河北省分行召开全省农行2014年国际业务工作会议。省分行党委委员、副行长孙希晨出席会议并讲话。

△ 中信银行股份有限公司石家庄分行举办代理团体保险业务培训启动会。

△ 在由河北省政府主办、河北省发改委组织的“河北省现代服务业百家骨干企业”评选中，承德银行股份有限公司荣获“河北省现代服务业百家骨干企业”荣誉称号。

△ 邢台银行股份有限公司召开2013年股东年会。首次审议发行二级资本债券、股权质押管理办法、关联交易报告等，公司章程首次按照《商业银行公司治理指引》进行修改，对于促进邢台银行股份有限公司各项工作再上新台阶具有积极而深远的意义。

18日 河北省蠡县农村信用社改革工作正式启动。中国人民银行副行长刘士余、金融稳定局局长宣昌能，中国人民银行石家庄中心支行行长陈建华、副行长贾广军亲临一线督导改制工作。中国人民银行石家庄中心支行、保定市中心支行相关部门密切关注改革进展情况，积极协调解决了蠡县农村信用社残币缴存、现金调拨、在人民银行开户以及紧急贷款担保等事宜。蠡县农村信用社接管、托管工作顺利完成，各项改革工作进展平稳。

△ 中国人民银行承德市中心支行党委书记、行长杨建奎带队到重点联系行平泉县支行以及该县农行、工行两家金融机构，现场征求意见建议，实地调研指导工作。

△ 国家开发银行股份有限公司河北省分行行长常思勇向省长张庆伟汇报棚改工作。

△ 中国农业银行股份有限公司河北省分行召开全省农行2014年“三农”和县域业务工作会议。省分行党委委员、副行长孙希晨出席会议并讲话。

△ 华夏银行总行党委考评巡视石家庄分行民主测评会召开。副书记成燕红肯定了石家庄分行本届党委的工作。

△ 中信银行股份有限公司石家庄分行为邯山企业咨询管理有限公司投保团体保险，实现出单的首笔代理团体保险业务。

△ 招商银行股份有限公司石家庄分行召开内控评审会，对各条线内控管理方面议题进行评审。

△ 中国信达资产管理股份有限公司党委委员、副总裁、纪委书记肖林到河北省分公司调研，与分公司领导班子成员及各部门负责人进行了座谈。

△ 张家口市委书记邢国辉到张家口市商业银行调研，了解企业发展情况，就党的群众路线教育实践活动开展征求意见，并现场办公协调解决发展中遇到的问题。市委常委、常务副市长武卫东，市委常委、秘书长王江一同调研。

18日至19日，保定蠡县27家农村信用社接管、托管工作展开，27家农信社法人机构完成财务重组，风险处置进展顺利，蠡县农村商业银行进入筹建阶段。

19日 中国农业发展银行河北省分行行长王玉武在井冈山党校“农业政策性金融与城镇化建设”专题试点班授课。

△ 中信银行股份有限公司石家庄分行与河北省中小企业协会签署战略合作协议。

△ 招商银行股份有限公司石家庄分行参加了由石家庄市金融办、人民银行石家庄中心支行、河北银监局、河北证监局、河北保监局，联合石家庄日报社共同举办的第八届金融理财文化推广节，在勒泰广场举行现场展示。

△ 保定银行股份有限公司培训学院首期中层管理人员培训班在河北金融学院开班，各支行正、副行长、总行部室正、副总经理（主任）共计78人参加了培训。

△ 渤海国际信托有限公司参加石家庄“第八届金融理财文化推广节”，开展投资者教育

活动。

△ 河北恒银期货经纪有限公司参加第八届金融理财文化推广节，进一步加强期货推介与宣传，扩大公司影响力。

△ “我运动，我健康，我快乐”——由石家庄市广播电视台、石家庄市旅游局联合举办的“石家庄首届万人登山大赛”在石家庄抱犊寨景区拉开帷幕。中英人寿河北分公司组织客户积极参与，使客户感受到了中英人寿员工的热情，更加深刻地了解公司的ICARE文化。

20日 河北省省长张庆伟在国家开发银行股份有限公司河北省分行《关于推动建立省级棚户区改造融资主体的建议》上批示：“请杨汭副省长研究提出意见。”

22日 国家开发银行股份有限公司河北省分行行长常思勇参加副省长杨汭主持的河北省部分市（县）棚户区改造工作座谈会。

△ 唐山银行股份有限公司召开五届五次董事会。会议审议通过了《2013年度董事会工作报告》、《2013年年度报告》等18项议案。

△ 唐山银行股份有限公司召开五届四次监事会。会议审议通过了2013年度监事会工作报告、2013年度董事、高级管理人员履职评价报告等12项重要议案。

△ 衡水银行股份有限公司党委召开党的群众路线教育实践活动学习心得交流会，会议由党委书记崔洪义主持，党委其他班子成员参会，群众路线教育实践活动领导小组办公室有关同志列席会议。

△ 中国银行业监督管理委员会河北监管局统计数据质量检查组到邢台银行股份有限公司检查指导工作。

23日 中国人民银行天津分行副行长刘通午到中国人民银行张家口市中心支行督导群众路线教育实践活动，召开群众路线教育党员代表座谈会。

△ 中国人民银行沧州市中心支行召开市金融IC卡推广应用工作会议。沧州市区16家银行业金融机构及沧州市银联、银联商务有关人员共40余人参加了会议。

△ 华夏银行股份有限公司石家庄分行行长王宏杰一行到唐山分行调研，并到龙泽路支行慰问员工。

△ 中国信达资产管理股份有限公司河北省分公司总经理杜宝峰主持召开党委扩大会议，传达2014年公司党风廉政建设暨纪检监察工作会议精神，研究贯彻落实意见。副总经理樊志江和张贵礼参加。

△ 财达证券有限责任公司共青团和青年工作获省国资委表彰。

24日 中国农业发展银行副行长林立来河北省调研。林立副行长到石家庄常山纺织股份有限公司及正定新区考察，并与河北省省长助理江波座谈城镇化建设等工作。总行国际业务部总经理夏文生、客户三部副总经理马淑华，省分行行长王玉武、副行长宋振民陪同。

△ 中国农业银行股份有限公司河北省分行召开全省农行2014年纪检监察工作会议。省分行党委书记、行长杨光出席会议并讲话，传达贯彻中央纪委全会和总行纪检监察工作会议精神。党委委员、副行长、纪委书记许树宝作工作报告，明确全年纪检监察工作任务。

△ 中信银行股份有限公司石家庄分行完成2014年新入行员工上岗培训及考试。

△ 唐山银行股份有限公司完成第一笔金额6亿元的信托受益权投资业务，实现了金融同业业务创新，支撑了唐山银行的市场定位和战略转型，解决了制约唐山银行转型及发展的客户维系瓶颈。

24日至25日 中国农业银行股份有限公司河北省分行召开2014年财务会计工作会议。省分行党委副书记马曙光出席会议并讲话。

25日 河北省副省长杨汭在国家开发银行股份有限公司河北省分行《关于推动建立省级棚户区改造融资主体的建议》上批示：“请住建厅抓紧和开行对接，就房投建立融资平台研究具体意见，近期庆伟省长拟听汇报。”

△ 中国农业发展银行副行长林立到保定阜平县考察扶贫贷款项目，并与保定市人大常委会副主任吕坤力、阜平县县长徐志清就支持贫困地区发展事宜交换意见。林立副行长到涿州市与市长王彦清、常务副市长侯晓平及市属有关单位负责

人座谈，了解京津冀一体化发展情况。总行国际业务部总经理夏文生、客户三部副总经理马淑华，省分行行长王玉武、副行长宋振民参加上述活动。

△ 华夏银行股份有限公司石家庄分行行长王宏杰、首席信用风险官甄为书一行到沧州分行就客户开发工作进行调研。

△ 中信银行股份有限公司石家庄分行、河北省中小企业协会、衡水市工业和信息化局在衡水市联合举办中小企业融资洽谈会，参会单位中小企业 120 家、银行 8 家、担保投资机构 8 家。

27 日 中国人民银行邯郸市中心支行制定印发《关于做好重点行业重点企业金融服务工作的意见》，引导金融机构按照有扶有控的原则，做好钢铁、煤炭、电力、水泥等行业化解产能严重过剩矛盾的金融服务工作。

△ 中信银行股份有限公司石家庄分行与河北国和签订银企战略合作协议。

28 日 中国人民银行石家庄中心支行召开领导班子成员任职宣布会议。受中国人民银行总行党委委托，人事司巡视员杨伟中宣布高兰根任中国人民银行石家庄中心支行党委委员、纪委书记，文洪武任中国人民银行石家庄中心支行党委委员、副行长。中国人民银行天津分行党委副书记、行长周振海出席会议并讲话。会议由石家庄中心支行党委书记、行长陈建华主持。

△ 中国人民银行唐山市中心支行被唐山市委、市政府授予 2012—2013 年度“振兴唐山先进单位”称号。

△ 国家开发银行总行纪委书记周清玉在石家庄与河北省省长张庆伟座谈，副省长杨汭，国家开发银行股份有限公司河北省分行行长常思勇参加。

△ 财达证券有限责任公司两员工喜获上海证券交易所“投教宣传高级通讯专员”称号。

△ 平安养老保险股份有限公司河北分公司马会莲荣获河北省劳动模范称号。

28 日至 29 日 为进一步贯彻落实河北省国库工作会议精神，确保辖区国库资金安全，中国人民银行保定市中心支行副行长张冬生率检查组分别对易县支库、安新县支库进行了突击检查。

29 日 中国人民银行张家口中心支行召开全市金融机构支付结算工作会议，市区各金融机构参加。

△ 中国人民银行秦皇岛市中心支行机关召开第三届职工代表大会第三次会议。听取并审议《秦皇岛中支 2013 年工作报告》、《2013 年工会工作报告》、《工会财务工作报告》和《工会经费审查情况报告》。调研员张孟秋就上届职代会提案落实情况和本届职代会提案征集情况向与会代表进行了报告和解答。

△ 国家开发银行总行周清玉纪委书记在石家庄参加河北省棚户区改造融资工作座谈会，副省长杨汭，国家开发银行股份有限公司河北省分行行长常思勇、副行长韩岗参加。

△ 国家开发银行总行周清玉纪委书记在石家庄市调研分行贷款支持的保障性安居工程项目，石家庄市市长王亮，国家开发银行股份有限公司河北省分行常思勇行长、韩岗副行长陪同。

△ 中国建设银行股份有限公司河北省分行与河北信息产业投资集团有限公司签订战略合作协议。

△ 中信银行股份有限公司石家庄分行与石家庄君乐宝乳业有限公司签署战略合作协议。

△ 招商银行免去王天顺招商银行股份有限公司石家庄分行高级专员职务。（招银任〔2014〕32 号《招商银行关于王天顺免职的通知》）

△ 农银人寿保险股份有限公司河北分公司赔付客户张某保险金合计 258851.19 元。张某以其丈夫刘某为被保险人投保该公司金牡丹两全保险（C 款）保额 127200 元，身故受益人为张某。2014 年 3 月 30 日被保险人因病医治无效身故。经审核，被保险人系保单生效两年后因病身故，给付保险金额 258851.19 元。

30 日 中国人民银行张家口市中心支行召开全市反洗钱工作会议，市区各金融机构参加。

△ 国家开发银行股份有限公司河北省分行举办“奋斗的青春最美丽”迎“五四”青年辩论赛，行长常思勇、副行长刘纯发出席。

△ 中国建设银行股份有限公司河北省分行印发《关于开展“管控关键环节、防范突出风险”案件专项治理活动的通知》（建冀函〔2014〕172 号），在全行组织开展“管控关键环节、防

范突出风险”案件专项治理活动。

△ 华夏银行系统内首笔资产证券化业务获得证监会批复，并于6月13日落地唐山分行。该项目的发行人为迁安市热力总公司，发行金额12亿元，期限7年（5+2），综合成本8.80%，由华夏银行托管，可带来中间业务收入940万元，年内可形成日均存款6亿元。

△ 中信银行股份有限公司石家庄分行发行安徽省投资集团控股有限公司非公开定向债务工具。

△ 衡水银行股份有限公司和共青团衡水市委联合举办“青春飞扬、牵手未来”衡水市第八届青年联谊活动，市政协副主席牟景山出席活动并讲话。

4月 中国人民银行唐山市中心支行编制并完成《商业银行代理国库业务操作规程(试行)》，下发全辖金融机构执行。

△ 中国保险监督管理委员会河北监管局指导河北省保险行业协会联合河北新闻网组织开展“中国梦·赶考行——保险让生活更美好”2014年河北保险业优质服务综合展示活动。

△ 中国民生银行股份有限公司石家庄分行被石家庄市长安区地方税务局评为纳税先进单位。

△ 兴业银行股份有限公司廊坊分行零售信贷中心正式成立并通过总行验收，成为首家异地零售信贷分中心。

△ 兴业银行股份有限公司石家庄分行荣获兴业银行系统内“2013年度分行零售业务综合考评类区行第一名”。

△ 河北银行股份有限公司领导班子及总行机关各党支部书记赴保定阜平城南庄晋察冀边区革命纪念馆参观学习。

△ 唐山银行股份有限公司审计稽核部被唐山市审计局评为2013年度内部审计先进单位。

5月

4日 中国人民银行承德市中心支行开展“秉承五四精神·争做央行栋梁”主题团日活动。中心支行党委书记、行长杨建奎出席。

△ 中国人民银行天津分行党委书记、行长周振海一行到人民银行唐山市中心支行调研。

△ 中国人民银行唐山市中心支行获总行2010—2013年度保密工作先进集体。

△ 河北省副省长杨汭在国家开发银行股份有限公司河北省分行《关于推动建立省级棚户区改造融资主体的建议》上批示：“专题研究，认真落实。”

△ 中国农业银行股份有限公司河北省分行印发《关于加快全行信贷结构调整的指导意见》（农银冀发［2014］52号），作为指导该行信贷结构调整的三年规划。

5日 中国人民银行保定市中心支行党委书记、行长郭玉增出席保定市委、市政府决策咨询委员会成立大会，并受聘担任咨询委委员。

△ 国家开发银行总行郑之杰行长与河北省副省长、唐山市委书记姜德果，唐山市长陈学军座谈，副行长韩岗、刘纯发参加。

△ 河北新闻网在招商银行股份有限公司石家庄分行进行“2014年度河北网民最信赖金融品牌”授牌仪式。

△ 中国银行业监督管理委员会河北监管局副局长陈炳华一行到廊坊银行调研指导，廊坊监管分局局长王东升等陪同调研。廊坊银行董事长李德华、副董事长郭绍增等参加座谈会并汇报工作。

6日 中国人民银行秦皇岛市中心支行行长杨启明主持召开中心支行机关相关科室负责人、县支行行长及金融管理部、综合业务部负责人座谈会，研究减轻县支行业务负担问题。

△ 中国人民银行天津分行印发《共青团中国人民银行天津分行委员会关于表彰2013年度中国人民银行天津分行五四红旗团委、五四红旗团支部、优秀共青团干部、优秀共青团员的决定》，中国人民银行秦皇岛市中心支行机关团支部被评为分行级五四红旗团支部，张玉侠被评为分行级优秀团员。

△ 中国邮政储蓄银行股份有限公司副行长邵智宝到石家庄分行就零售信贷业务进行专题调研，并深入行唐奶牛养殖区、鹿泉三一重工、辛集国际皮革城实地调研。

△ 衡水银行股份有限公司为110名新入职员工在衡水科技工程学校举行入职培训典礼。

6日至7日 华夏银行股份有限公司石家庄分行副行长李翔到唐山二级分行进行调研，并就二级分行内控合规管理，重点业务的风险管理进行了座谈；就当前经济形势及企业经营情况进行实地考察了解。李翔副行长还深入到迁安县支行指导调研。综合信贷运行督察组组长彭寿斌、石家庄分行行长王宏杰陪同调研。

7日 招商银行石家庄中华北大街支行获中国银行业监督管理委员会河北监管局批准开业。

△ 在河北日报报业集团举办、河北新闻网承办的“第四届网友最信赖金融品牌大调查”网络评选活动中，中国邮政储蓄银行股份有限公司河北省分行荣获“河北网民最信赖金融品牌”称号。

△ 承德银行股份有限公司获评2013年度承德市“金融贡献奖”。

△ 保定银行股份有限公司与河北宝硕股份有限公司，签订了银企战略合作协议，共同搭建银企合作平台，实现银企共同发展。

8日 中国人民银行承德市中心支行团委组织青年志愿者10余人赴内蒙古多伦参加了“情系北疆 心系多伦”为主题的总行“央行青年林”植树活动。

△《河北新闻网》向中国民生银行股份有限公司石家庄分行颁发“2014年河北网友最信赖金融品牌”荣誉牌匾，这是该分行连续四年获此荣誉。

△ 承德银行股份有限公司凤凰支行挂牌开业。

9日 中国人民银行保定市中心支行召开“我与行长面对面”青年职工座谈会。中心支行党委书记、行长郭玉增与青年干部职工代表近距离交流，倾听意见并对青年成长给出建议。会议由中心支行党委委员、副行长霍东升主持，天津分行第六督导组马华忠、温斌泽，中心支行调研员王国萍等出席座谈会。

△ 衡水银行股份有限公司行党委组织召开“弘扬焦裕禄精神，践行三严三实，争做焦裕禄式好党员好干部”学习交流会，会议由党委书记崔洪义主持，衡水市教育实践活动督导小组副组长卢建民等出席会议并点评指导。

△ 中国信达资产管理股份有限公司河北省分公司召开2014年党风廉政建设暨纪检监察工作会议，传达总公司党风廉政建设暨纪检监察工作会议精神，回顾分公司2013年党风廉政建设及纪检监察工作，对2014年党风廉政建设及纪检监察工作进行全面部署。会议由分公司党委委员、纪委书记樊志江主持。

△ 国务院发布《国务院关于进一步促进资本市场健康发展的若干意见》，放宽了期货公司的业务准入，明确了期货公司创新发展方向，引导期货公司互联网业务有序发展，要求期货公司加强中小投资者保护工作。

△ 因涉县聚鑫煤业有限公司保证保险项目，信达财产保险股份有限公司河北分公司向被保险人建行邯郸天铁支行支付全额赔款1496.92万元。

10日 中国保险监督管理委员会河北监管局组织召开保险中介市场清理整顿工作会议，各保险公司、中介机构和行业组织近400人参会，全面部署开展保险中介市场清理整顿工作。

△ 渤海银行股份有限公司石家庄分行赴新源发商贸城开展反假币宣传活动。

12日 中国人民银行石家庄中心支行党委书记、行长陈建华到秦皇岛市中心支行调研指导工作。

△ 中国银行业监督管理委员会党委委员、副主席王兆星到党的群众路线教育实践活动联系点唐山银监分局调研指导工作，听取了唐山银监分局班子对教育实践活动开展情况的汇报，与班子成员、群众代表分别进行了座谈。中国银行业监督管理委员会河北监管局副局长李莅春陪同。

△ 中国建设银行股份有限公司河北省分行印发《中国建设银行河北省分行支持重点支行发展小企业业务实施方案》(建冀函〔2014〕198号)，确定了30家小企业业务发展重点支行，通过集中优势力量促进小企业重点支行强化特色，带动全省小企业业务健康发展。

△ 中信银行股份有限公司石家庄分行携手新航道教育集团举办“2014中国雅思盛典”活动。

13日 中信银行股份有限公司石家庄分行参与“河北省资本研究会成立大会及资本产业跨界合作高峰论坛”。

△《邯郸日报》对2012—2013年度市级文明单位名单进行了公示，中国民生银行股份有限公司邯郸分行获评“市级文明单位”。

△ 河北省农村信用社联合社印发《关于实施“信贷百千万”行动的指导意见》，在全省农村信用社推动开展“信贷百千万”行动。

△ 唐山银行股份有限公司财富中心正式成立。

△ 唐山银行股份有限公司召开全行管理人员警示教育大会。纪委书记闫保新主持，会议邀请唐山市纪委监察局副局长高树敏主讲。

13 日至 14 日 中国人民银行邯郸市中心支行行长曹增和深入大名、魏县、曲周支行调研指导党的群众路线教育实践活动，期间还到曲周县安寨镇前衙村对中支驻村帮扶工作进行调研。

14 日 秦皇岛市劳动竞赛委员会下发《关于表彰 2013 年秦皇岛市劳动竞赛工作先进单位的决定》，中国人民银行秦皇岛市中心支行被评为秦皇岛市劳动竞赛工作优秀单位。

15 日 中国人民银行邯郸市中心支行与邯郸市公安局经侦支队联合组织各金融机构开展银行卡、反洗钱、反假币宣传活动，旨在推动预防和打击银行卡、洗钱、假币犯罪活动，提高社会公众安全用卡和反假货币意识。邯郸市中心支行副行长赵学臣参加宣传活动，发放宣传品并耐心解答群众提出的有关问题。

△ 中国农业发展银行河北省分行副行长李阁宗一行在河北省柏乡县国家粮食储备库召开夏粮收购座谈会，并到玉锋实业集团有限公司和河北健民淀粉糖业有限公司调研。

△ 中国银行股份有限公司河北省分行举办跨国公司外汇资金集中运营业务推介会，全省 34 家跨国企业客户受邀出席。

△ 国家京津冀金融和房地产协同发展调研组到中信银行股份有限公司石家庄分行调研。

△ 渤海银行股份有限公司石家庄分行行长范志贵赴河北金融学院讲座。

△ 衡水银行股份有限公司在尚城支行与衡水市供销社就实施“百城购物·供销社超市”项目签署战略合作协议。

15 日至 6 月 15 日 中国银行业监督管理委员会河北监管局组织开展河北省第三届小微企业金融服务宣传月活动，加大新产品研发及推广力度，加强政银企沟通交流，有效提升了信贷投放，推动了小微企业金融服务水平进一步提高。

16 日 中国银行业监督管理委员会唐山银监分局批准唐山银行股份有限公司第 40 家支行龙泽路支行开业（银监唐局复〔2014〕61 号）。5 月 31 日，龙泽路支行正式对外营业。

△ 邢台银行股份有限公司组织干部员工到隆尧监狱进行警示教育。

17 日 兴业银行股份有限公司石家庄分行组织党员前往西柏坡参加重走革命圣地，重温入党誓词的群众路线教育活动。

△ 幸福人寿保险股份有限公司河北分公司组织开展了“进农村、干农活、传幸福”下乡支农活动。

18 日 在河北省廊坊举办的“2014 中国·廊坊国际经济贸易洽谈会——河北省旅游产业对接会”会上，中国建设银行股份有限公司河北省分行副行长王永平与河北省旅游局签署了战略合作协议，搭建起了该行支持全省旅游业发展的战略合作平台。

19 日 交通银行股份有限公司河北省分行与石家庄市烟草公司配合研发的“烟草集团类零售商户跨行支付系统”，在河北国大连锁商业有限公司即“国大 36524 便利店”成功上线运行。此系统得到石家庄市烟草公司和商户的好评，为全省集中营销“烟草集团类零售商户”、进一步扩大烟草市场份额打下了良好基础。

△ 唐山银行股份有限公司向监管部门提交了正式的理财业务开办申请。

20 日 中国农业发展银行河北省分行行长王玉武与来访的《金融时报》文化周刊部主任刘文林座谈企业文化建设工作；随后，与来访的邯郸曲周县委县政府主要负责同志商谈信贷支农工作。

△ 中国建设银行股份有限公司河北省分行在全行范围内开展新员工体验及神秘人互查活动，进一步提升网点服务水平，规范网点服务。

△ 中信银行股份有限公司石家庄分行为河北医科大学办理了近 1 亿元现金管理智能存款业务，成为了办理该业务的第一家分行。

△ 合众人寿保险股份有限公司河北分公司首期 JRT 讲师培训启幕，来自全省近 30 位荣誉导师参与培训。

△ 黄曦担任安邦人寿保险股份有限公司河北分公司临时负责人，12月12日被任命为河北分公司副总经理（主持工作）。

20日至21日 中国人民银行石家庄中心支行副行长李小秋到中国人民银行秦皇岛市中心支行调研并到中信戴卡股份有限公司、秦皇岛金海粮油工业有限公司，与企业负责人座谈，听取并征求企业对外汇管理与服务工作的意见和建议。

△ 河北省农村信用社联合社以通讯方式分别召开第二届理事会第十二次会议和第二届社员大会第六次会议，会议分别审议通过了《关于更换省联社理事的议案》。

21日 唐山市政府副市长李晓军一行8人到中国人民银行唐山市中心支行调研金融支持新型农业经营主体情况。

△ 中国人民银行沧州市中心支行组织召开2014年沧州市人民银行系统货币信贷工作会议。

△ 国家开发银行股份有限公司河北省分行行长常思勇就推动搭建河北省、石家庄市、唐山市棚改融资平台及项目评审等有关工作向副省长杨汭做专题汇报。

△ 唐山银行股份有限公司举行“守纪合规之唐山银行”演讲比赛决赛。纪委书记闫保新、副行长安建平等出席比赛现场，特别邀请了唐山市纪委相关领导担任决赛评委。

△ 唐山银行股份有限公司召开2013年度股东大会。大会审议通过了2013年度董事会工作报告、2013年度监事会工作报告等16项议案，同意刘家顺辞去外部监事职务，选举张文芳为第五届监事会外部监事。

△ 唐山银行股份有限公司召开五届五次监事会。会议审议通过了《关于〈调整第五届监事会监督委员会人员安排〉的议案》。

22日 国家开发银行股份有限公司河北省分行行长常思勇向省长张庆伟汇报棚改工作。

△ 中国农业发展银行河北省分行行长王玉武出席省分行“三个一”提升素质读书笔会并讲话，副行长王金浩主持。下午，行长王玉武出席省分行倡导并践行“正廉忠孝康”五字行为活动座谈会并讲话。总行研究室主任王玉峰、《金融时报》文化周刊部主任刘文林及省委宣传部、省社科院有关专家学者出席会议并点评。

△ 保定银行股份有限公司召开第一届董事会第二十七次会议，会议审议通过了《保定银行股份有限公司2013年度报告》。

23日 招商银行股份有限公司石家庄分行党委成员参加总行党委中心组（扩大）学习会议，邀请小米科技创始人、董事长兼首席执行官雷军来行讲座。

△ 中央金融团工委、中国银行业协会授予中国邮政储蓄银行股份有限公司秦皇岛昌黎县支行全国“送金融知识下乡宣传服务站”称号。

23日至5月25日 华夏银行总行副行长王耀庭在石家庄组织召开“调整业务结构、促进存款增长”现场会，落实2014年工作会议精神，推进结构调整，优化增量、盘活存量，努力实现降本增效，促进对公存款增长。总行公司业务部总经理、副总经理及各二级分行行长和有关人员参加会议。

25日 国家开发银行股份有限公司河北省分行行长常思勇参加常务副省长杨崇勇主持的棚改工作专题会议。

△ 东亚银行（中国）有限公司石家庄分行到石家庄市社会福利院开展“亲近自然，快乐成长”爱心捐赠活动。

△ 邢台银行股份有限公司迁安襄隆村镇银行黄台山支行、滨河支行开业。

26日 中国农业发展银行河北省分行行长王玉武出席邯郸市政府举办的“京津冀协同发展—河北邯郸专场推介会”。

△ 上海浦东发展银行股份有限公司石家庄分行与河北信投集团签署银企合作协议，河北省国资委、河北省工信厅有关领导出席签约仪式。

27日 中国人民银行石家庄中心支行机关召开第一届三次职工代表大会。会议审议通过了《中国人民银行石家庄中心支行机关2013年度工作报告》、《中国人民银行石家庄中心支行机关第一届三次职工代表大会职工提案解答报告》、《中国人民银行石家庄中心支行机关2013年度财务工作报告》《中国人民银行石家庄中心支行机关工会2013年度工作报告》《中国人民银行石家庄中心支行机关工会2013年度工会经费审查报告》，会议还对中心支行行级干部进行了民主评议。

△ 中国人民银行石家庄中心支行行长陈建华出席河北省政府与中国银行战略合作签约仪式，并陪同河北省省长张庆伟会见中国银行董事长田国立一行。

△ 中国银行股份有限公司董事长田国立、副行长祝树民一行赴石参加中国银行与河北省政府战略合作协议签约仪式，会见省长张庆伟、常务副省长杨崇勇等领导，视察省分行营业部。

△ 中国银行股份有限公司河北省分行分别与保定市、廊坊市政府、河北省交通厅就“支持京津冀协同发展专题”签订战略合作协议；与中国石油天然气管道局、中信戴卡股份有限公司、新兴铸管股份有限公司、河北钢铁集团有限公司、冀东发展集团有限责任公司就“支持企业走出去发展专题”签订战略合作协议。

△ 华夏银行股份有限公司行长樊大志到石家庄分行宣布主要负责人任免事项，并对石家庄分行今后的发展方向提出要求与希望。樊大志行长一行还赴中国银行业监督管理委员会河北监管局，就分行主要负责人调整、机构建设、业务发展等内容与银监局有关领导进行深入沟通、交流。人力资源部副总经理兼党委办公室副主任王金城陪同。

△ 唐山银行股份有限公司第五届董事会第二次临时会议以传签或通讯表决方式召开。会议审议通过了《关于调整高管层对单户民营企业授信限额的议案》。

△ 平安养老保险股份有限公司河北分公司承保承德市城镇职工大额保险，保费规模2100万元，保额426.50亿元。该业务的顺利合作，对建立多层次的医疗保障体系、妥善解决基本医疗保险参保人群医疗保障问题具有深远意义。

28日 国家开发银行股份有限公司河北省分行行长常思勇与唐山市常务副市长王久宗一行就唐山市棚户区改造合作事宜座谈，副行长刘纯发参加。

△ 中国银行股份有限公司董事长田国立一行赴保定分行未来银行旗舰店视察指导工作

△ 兴业银行股份有限公司石家庄分行成立5周年行庆日，当天各项存款余额达到666亿元，其中对公存款534亿元，储蓄存款132亿元。

△ 唐山银行股份有限公司资金转移定价系统（FTP）成功上线进入推广应用阶段，为实现分支机构利润考核、提高绩效考核科学性奠定了基础。

△ 中国信达资产管理股份有限公司河北省分公司总经理杜宝峰、副总经理樊志江陪同中国信达副总裁许志超一行赴股权企业——唐山三友集团有限公司进行调研，与三友集团常务副总经理、唐山三友化工股份公司总经理于得友、副总经理兼董事会秘书史岭珠进行了座谈。

29日 中信银行股份有限公司石家庄分行与石家庄股权交易中心联合举办小企业高端客户融资研讨会。

△ 信达财产保险股份有限公司河北分公司与建设银行签订2014年中小企业贷款履约保证保险两方协议。

30日 邢台银行股份有限公司新河支行正式开业。

△ 幸福人寿保险股份有限公司河北分公司组织开展关于防范和打击非法集资与反洗钱宣传教育培训活动，讲授了非法集资与洗钱的特征、表现形式、常见手段、对社会的危害和参与非法集资与洗钱形成的风险及损失承担等相关知识，总经理周丽华、副总经理张森鸣参加。

5月 中国人民银行唐山市中心支行团委被总行授予“五四红旗团委”。

△ 中国工商银行股份有限公司河北省分行被河北新闻网评为“2014河北网民最信赖金融品牌”。2011年起，工商银行河北省分行已连续四年收获该荣誉。

△ 在共青团石家庄市委举办的争创“青年文明号”活动中，中国民生银行股份有限公司石家庄裕祥支行被授予石家庄市“青年文明号”称号。

△ 中国民生银行股份有限公司唐山分行在2013年度金融机构考核中位居同行业前列，荣获金融贡献奖。

△ 在邯郸银监分局对2013年监管统计报表报送情况的综合考评中，中国民生银行股份有限公司邯郸分行荣获一等奖。

△ 东亚银行（中国）有限公司石家庄分行小微企业贷款增速位列全省第一位，受到中国银行业监督管理委员会河北监管局的表彰。

△ 中国太平洋财产保险股份有限公司河北分公司承保了邢台宁晋县的基本医疗补充保险业务，保额达 829 亿元，保障人数达 69 万人。

5 月至 6 月 河北证监局与河北日报报业集团联合组织河北辖区证券创新业务普及暨投资者保护宣传月活动。

5 月至 11 月 泰山财产保险股份有限公司河北分公司开展防范和打击非法集资宣传教育月，非法集资风险排查活动。

6 月

2 日 唐山银行股份有限公司参加唐山电台“阳光热线”节目。董事长杜少光向广大市民及唐山银行直接服务对象介绍了唐山银行经营管理现状、服务发展、服务民生措施及年初承诺落实情况等。

3 日 中国建设银行股份有限公司河北省分行印发《河北省分行助农取款业务实施方案（试行）》（建冀金〔2014〕155 号），在全省范围内开办银行卡助农取款业务，提升农村金融服务水平，延伸服务触角。

△ 河北省农村信用社联合社印发《河北省农村信用社 2014 年“信贷基础管理质量年”活动实施方案》。

4 日 中国农业发展银行河北省分行副行长李阁宗出席全省 2014 年度夏粮收购信贷工作座谈会并讲话。

△ 中国农业银行股份有限公司河北省分行建立爱心基金，构建帮扶特困员工长效工作机制。

△ 河北省政府副省长秦博勇、副秘书长李璞、省商务厅副厅长仲继安出席由中国银行股份有限公司河北省分行承办的“走进欧洲中心，拓展欧盟商机”匈牙利河北投资推介会。

△ 中信银行邯郸分行举办成立三周年暨银企战略合作签约仪式。

5 日 中国人民银行总行党委委员、副行长刘士余带领国务院有关部委部门负责同志到河北省保定市蠡县就蠡县农村信用社改制工作进行现场督导、调研。河北省省委常委、常务副省长杨崇勇，河北省省长助理、金融办主任江波陪同调研。刘士余副行长一行对两家乡镇农村信用社进行了实地调研，了解信用社改制期间的经营情况，询问了信用社职工思想动态，随后，又看望和慰问了北京银行托管组工作人员，并连夜召开座谈会。中国人民银行石家庄中心支行行长陈建华、副行长贾广军等相关部门负责同志陪同调研。

△ 中国证券监督管理委员会河北监管局会同深圳证券信息有限公司举办河北辖区上市公司 2014 年度投资者网上集体接待日活动。

△ 中国建设银行股份有限公司河北省分行印发《中国建设银行河北省分行金融支持京津冀协同发展工作推进方案》（建冀函〔2014〕243 号），成立金融支持京津冀协同发展推进工作领导小组。

△ 唐山银行股份有限公司卡系统升级改造完成，金融 IC 卡正式上线。

5 日至 6 日 中国农业银行股份有限公司河北省分行召开 2014 年风险和信贷管理工作会议。省分行党委委员、副行长禹修德出席会议并讲话，要求全行坚定审慎经营理念，坚持稳健管理行为，完善“大风险”管理体系，夯实风险和信贷管理基础，深入推进信贷结构调整，保持风险管控和业务发展的良好态势。

6 日 信达财产保险股份有限公司河北分公司成功签单中铁十局集团有限公司石济铁路客运专线建工险项目，实现保费收入 90.21 万元。

6 日至 7 日 兴业银行股份有限公司石家庄分行零售事业部组织全省网点开展“高考助力”营销活动，宣传出国留学贷业务。

10 日 在张家口金融工作办公室、人民银行张家口市中心支行、中国银行业监督管理委员会张家口监管分局、张家口日报社共同举办的“张家口市民最满意银行网点”评选活动中，张家口市商业银行通泰支行、营业部、宝善街支行、西坝岗支行、五一路支行荣获张家口市民最满意银行网点“满意奖”；武城街支行、盛华支行、下东营支行、朝阳支行、新区支行、太平桥支行荣获“优秀奖”。

10日至11日 华夏银行股份有限公司石家庄分行党委书记赵劼到保定分行、沧州分行调研。期间，赵劼书记拜会了市政府、金融办、人民银行和银监局主要领导，就加强与政府和企业合作、支持当地经济与社会发展，落实监管部门要求等进行深入交流。

11日 中国人民银行天津分行党委委员、副行长刘通午到秦皇岛市中心支行调研指导。

△ 唐山银行股份有限公司综合理财平台系统在营业部、路南、路北、天元、裕华、新华、长宁道、火炬路八家支行正式上线。

12日 中国人民银行石家庄中心支行党委委员、副行长王彦青到承德市兴隆县调研指导工作，并深入到河北长城绿源食品有限公司和河北怡达食品集团有限公司了解情况。

△ 中信银行股份有限公司石家庄分行在邢台市举办重点客户银企座谈会。

△ 招商银行石家庄中华北大街支行正式对外营业。

△ 中国人民银行石家庄市中心支行副行长王彦青一行赴承德地区进行调研，承德银行股份有限公司董事长王振廷、行长张磊陪同调研。

13日 由中国人民银行石家庄中心支行牵头组织，共青团河北省委、河北省金融办、河北证监局、河北保监局以及全省金融系统70余家单位参加的河北省金融系统青年联合会第二届委员会第一次全体会议在石家庄举行。中国人民银行石家庄中心支行党委委员、副行长文洪武当选河北省金融系统青年联合会第二届委员会主席，中国民生银行股份有限公司石家庄分行徐明勋等15名委员当选副主席。共青团河北省委副书记、河北省青联主席宋华英，中国人民银行总行团委书记、中国人民银行青联副主席王英杰，中国人民银行天津分行党委委员、工会主任曹元芳，中国人民银行石家庄中心支行党委书记、行长陈建华，党委委员、副行长文洪武出席会议并讲话。

△ 中国人民银行沧州市中心支行综合执法检查组进驻建设银行沧州分行开展综合执法检查。

△ 中国银行股份有限公司河北省分行成功办理河北省内首笔个人跨境人民币汇出业务。

△ 中信银行股份有限公司石家庄分行连续四届获得“2014年度河北网民最信赖的银行品牌”荣誉称号。

△ 河北省农村信用社联合社召开第二届理事会第十三次会议，会议选举王河山为省联社副理事长，聘任刘殿索、张志强、张雁行为省联社副主任，解聘花连水的省联社副主任和张志强同志总审计师职务。

14日 中信银行股份有限公司石家庄分行开发上线了贷款收益综合管理系统。

15日 中信银行股份有限公司石家庄分行与石家庄市工商局、石家庄市个私协会战略合作签约仪式。

16日至17日 中国人民银行石家庄中心支行在唐山市组织举办河北省人民银行系统国库主任培训班。中国人民银行总行国库局局长刘贵生、统计分析处处长马燕赴培训班授课。中国人民银行石家庄中心支行行长陈建华、副行长贾广军出席培训班。本次培训采用现场培训与电视电话培训相结合方式，主会场设在唐山市中心支行电视电话会议室，分会场设在省内各市中心支行、各县（市）支行电视电话会议室。全省各市中心支行分管国库业务的行级领导、国库部门负责人、统计分析人员共70多人在主会场参加培训，其余900多名国库干部职工在各分会场参加了培训。

△ 邢台银行股份有限公司广宗支行正式开业，至此，邢台银行股份有限公司已实现邢台县域全覆盖。

17日 华夏银行总行电子银行部总经理刘琇臣到石家庄分行调研，走访了建设南大街支行，并组织召开“互联网金融业态下如何加快该行电子渠道开发和产品推广”专题培训。总行市场营销室曹新民经理、分行党委书记赵劼陪同调研。

△ 中信银行股份有限公司石家庄分行成功开立河北省体育彩票销售资金归集专户。

△ 中国光大银行股份有限公司石家庄分行长城汽车股份有限公司现金管理银企通系统成功上线。

△ 张家口市商业银行召开党的群众路线教育实践活动“查摆问题、开展批评”环节动员大会，对全行教育实践活动第二环节进行动员和部署。

△ 财达证券有限责任公司荣获“2014 河北网民最信赖金融品牌”称号。

18 日 中国人民银行邯郸市中心支行组织机关全体守押人员进行了轻武器常识培训。培训结束后，对参训人员进行了理论考试和技能比赛。

19 日 中国银行业监督管理委员会党委委员、副主席王兆星到唐山银监分局全程指导党委专题民主生活会。中国银行业监督管理委员会河北监管局党委书记、局长郭锦洲陪同。

△ 中国人民银行石家庄中心支行执法检查小组，到招商银行股份有限公司石家庄分行检查存取现金等相关业务。

△ 中国银行业监督管理委员会法规审查处处长杨勇一行在河北银监局、衡水银监分局相关同志陪同下到衡水银行股份有限公司调研。

△ 中国银行股份有限公司河北省分行针对特色产业集群创新推出“种植贷”授信模式，并为承德平泉蘑菇种植农户发放首批贷款。

20 日 由河北省反假货币工作联席会议组织开展的“净化货币流通，亮丽国家名片”联合集中宣传活动启动。启动仪式上，中国人民银行总行货币金银局副局长李会锋，河北省反假货币工作联席会议召集人、中国人民银行石家庄中心支行行长陈建华，中国银行河北省分行副行长常冰雁分别致辞。仪式由中国人民银行石家庄中心支行工会主任李双锁主持。启动仪式结束后，中国人民银行石家庄中心支行、驻石 20 家银行业金融机构的反假货币志愿者开展了集中宣传活动，共发放各类宣传资料、纪念品 3 万余份，200 余人参加了启动仪式。

△ 交通银行股份有限公司河北省分行参与省直广大党员志愿者爱心助残公益活动，省行领导及工会相关人员到石家庄市社会福利院看望孤残、儿童，为其送去价值 3 万元的食品、图书、饭盒等生活用品。

△ 中央国债登记结算责任公司向唐山银行股份有限公司下发了全国银行业理财信息系统 CA 电子证书及中债系统 KEY，唐山银行正式获得全同银行业理财信息系统入网资格。

23 日 中国银行股份有限公司河北省分行研发推出“票保通”产品，解决 B、C 类网点客户不能办理承兑业务的难题，有效支持了基层网点拓展对公业务。

△ 中信银行股份有限公司石家庄分行举办“供应链金融业务重点客户推介会”。

24 日 中国人民银行邯郸市中心支行与邯郸市保险协会召开会议，就建立邯郸市金融消费纠纷处理联席机制进行协调沟通。会议通过了《关于建立邯郸市金融消费纠纷处理联席机制的意见》，就建立衔接顺畅、运转高效的金融消费纠纷处理机制和工作流程达成共识。

△ 中国人民银行邯郸市中心支行召开“农村居民社会保障卡”跨行取款免手续费调度会，安排部署下一步工作。农业银行、邮政储蓄银行、农联社邯郸办事处相关部门负责人参加会议。

25 日 中国人民银行邯郸市中心支行正式启动辖内金融机构开展金融 IC 卡非接小额支付商圈建设工作。将邯郸阳光集团、邯郸美食林集团旗下的商场和超市作为非接商圈创建示范点。

△ 华夏银行股份有限公司石家庄分行组织召开反洗钱领导小组会议。党委书记赵劼、副行长王庆华出席。分行党委书记赵劼就分行反洗钱工作提出要求。副行长王庆华就总、分行反洗钱职责调整方案进行通报。

△ 客户郑某向农银人寿保险股份有限公司河北分公司农银金牡丹两全保险（分红型 C 款 2013），一次性足额缴纳保费 208 万元。保额为 221.52 万元。

26 日 中国人民银行石家庄中心支行与河北省金融办、河北省财政厅、河北省工信厅、河北省工商联、河北省金融票据协会等部门联合举办新闻发布会，宣布河北省小额票据贴现管理中心石家庄、唐山、邯郸、沧州市分中心挂牌营业。中国人民银行石家庄中心支行副行长王彦青、河北省工信厅副厅长段润保、河北省工商联副主席李纯勇出席。

△ 中国农业发展银行河北省分行行长王玉武与邯郸市委书记高宏志商谈信贷支农事宜。

△ 中信银行股份有限公司石家庄分行在总行服务品质检查中排名第八位，跻身系统前十强，创分行历次检查最好成绩，分行服务水平显著提升。

△ 渤海国际信托有限公司被石家庄市地方税务局和石家庄市国家税务局联合评定为“纳税信用等级 A 级纳税人”。

27 日 河北省高院“点对点”网络执行查控系统成功上线，打通了中国建设银行股份有限公司河北省分行和省高院之间的线上查询通道。

28 日 沧州银行股份有限公司二代支付系统上线运行，成为河北省首批上线的四家城商行之一。

△ 邢台银行股份有限公司第二代支付系统上线切换成功，成为全省第一批次上线的四家城商行之一。

30 日 中国建设银行股份有限公司河北省分行发行该行首笔电子票据收益权理财产品，金额 2939 万元。

△ 兴业银行股份有限公司石家庄分行在总行系统内零售条线综合考核位列二类区行第一；企金条线综合考评位列二类区行第二。

△ 中国太平洋财产保险股份有限公司河北分公司向刘文栋赔偿安心贷人身意外伤害保险赔偿金 200 万元。

△ 中国太平洋财产保险股份有限公司河北分公司向沧州东光县永鹏塑料淋膜纸业有限公司赔偿财产综合险赔偿金 126.14 万元。

6 月 为进一步加强银企合作，促进银企共同发展，中国民生银行股份有限公司石家庄分行与河北省物流集团签订全面战略协议，初步确定了 2014 年的合作方向，为加强双方继续深化合作奠定了基础。

△ 东亚银行（中国）有限公司石家庄分行保卫部荣获“河北省金融系统银行业金融机构安全保卫工作先进集体”称号。

△ 唐山银行股份有限公司推进机关及事业部改革，新设立了 48 个中心和 5 个事业部综合业务部，并通过竞争上岗，确定了 48 名中心主任和 5 名事业部综合业务部主任人选。

△ 河北恒银期货经纪有限公司在沧州营业部建立文华程序化交易基地。

△ 中国太平洋财产保险股份有限公司河北分公司承保了衡水地区的城镇职工医疗补充保险，保额达 124 亿元，保障人数达 6 万人。

△ 中国太平洋财产保险股份有限公司河北分公司主承长城汽车股份有限公司财产险、责任险一揽子业务，公司份额内的财产一切险保额达 183.19 亿元，机损险保额达 33.58 亿元。

7 月

1 日 河北港口集团财务有限公司开业。至此，全省共设有 6 家财务公司，非银行金融机构布局和组织体系不断完善。

△ 承德银行股份有限公司客服中心上线运营。

△“承德银行股份有限公司热河卡”微信公众平台正式上线。

△ 唐山银行股份有限公司首期理财产品盛唐理财稳赢 2014 年第一期经市场金融业务委员会第 6 次会议审议通过，同日向全国银行业理财信息系统报告成功。

△ 邢台银行股份有限公司“银医一卡通”项目一期顺利上线运行，实现了金牛卡在邢台市人民医院自助挂号、缴费、就诊等功能，丰富了金牛卡功能应用，提高了邢台银行股份有限公司品牌知名度。

2 日 中国人民银行邯郸市中心支行团委召开邯郸市金融系统青年联合会筹备工作会议，对邯郸市金融系统青年联合会委员推荐、邯郸市金融系统青年职工技能比赛、中央财经大学经济学院在职研究生学习人员推荐等工作进行了安排部署。人民银行邯郸市中心支行党委委员、副行长李新仓出席会议并讲话。

△ 中国农业发展银行河北省分行行长王玉武出席省分行“七一”表彰大会（视频）并讲话，副行长王金浩、李阁宗、冯会波出席。

△ 华夏银行股份有限公司石家庄分行召开教育实践活动整改暨党支部工作座谈会。分行党委书记赵劼讲话。分行班子其他成员、承担分行整改任务的机关各党支部书记参加。

2 日至 4 日 中国人民银行石家庄中心支行纪委书记高兰根一行到邯郸市中心支行调研督导工作。高兰根听取了邯郸市中心支行行长曹增和就邯郸市经济金融运行、贯彻落实上级行工作部署、重点工作和创新工作推进落实、贯彻落实“八项规定”及《例行勤俭、反对铺张浪费条例》和廉政建设等有关情况汇报，与市辖部分金融机构主要负责人进行了工作座谈，到邯钢进行走访调研。

3日 中国人民银行天津分行印发《2013年度业绩考核情况的通报》，中国人民银行秦皇岛市中心支行9个专业获得了A类，分别是办公室、工会、调查统计、会计财务、支付结算、科技、国库、国际收支、经常项目，实现了历史性突破。

△ 中国农业银行股份有限公司河北省分行制定《中国农业银行股份有限公司河北省分行关于支持京津冀协同发展的指导意见》（农银冀发〔2014〕72号）。

△ 在张家口市工经联、统计局、工信局组织的2014张家口市百强企业评比中，张家口市商业银行位列百强企业第六位，较上年提升四个位次。

△ 唐山银监分局核准唐山银行股份有限公司裴君成董事会秘书任职资格（冀银监复〔2014〕149号）。

△ 唐山银监分局批准唐山银行股份有限公司筹建旺座支行、凤凰支行、芦台支行、曹妃甸工业支行、乐亭支行、滦县支行（唐银监复〔2014〕100号）。

△ 华夏银行股份有限公司石家庄分行召开审计工作交流沟通会议，分行党委书记赵劼与总行审计部张广顺副总经理进行交流。

△ 邢台银行股份有限公司获得河北省老年事业发展基金颁发的“爱心企业牌匾”。

4日 中国银行股份有限公司总行聘任郑克为中国银行股份有限公司河北省分行副行长。

△ 中信银行股份有限公司石家庄分行与河北省重点项目办公室合作的现金管理附属账户项目成功上线。

△ 河北省政府办公厅印发《关于2013年度金融贡献奖考核评选结果的通报》，河北省农村信用社联合社荣获省政府“金融贡献奖”荣誉称号。

△ 河北省政府办公厅印发《关于2013年度金融贡献奖考核评选结果的通报》，沧州银行股份有限公司荣获“金融贡献奖”。这是该行第四次荣获省政府“金融贡献奖”。

△ 邢台银行股份有限公司清河金农村镇银行凯旋支行开业。

△ 河北省政府对全省金融业2013年度考核评选结果进行通报，邯郸银行再次荣获“河北省金融创新奖”。这是邯郸银行第5次获得省政府奖励。

△ 中国信达资产管理股份有限公司河北分公司荣获河北省“2013年度金融创新奖”，是四家资产管理公司驻河北机构中唯一获奖单位。

△ 中国太平洋财产保险股份有限公司河北分公司获2013年度河北省人民政府“金融贡献奖”，这是该公司连续四年获此殊荣。

4日至10日 河北省省长张庆伟、中国保监会主席项俊波先后对河北省保险工作作出重要批示，要求保险业抓住京津冀协同发展的机遇，在区域合作和一体化中更好更大地发挥保险业作用，为河北转型升级、绿色崛起做贡献。

6日 中国建设银行股份有限公司河北省分行成功上线石家庄公积金联名卡系统，实现了公积金联名卡的签约、查询、营销单位分发、发卡统计等功能。

7日 河北省钱币学会第五次会员代表大会暨第五届理事会第一次会议在石家庄召开。河北省钱币学会常务理事李双锁代表第四届理事会总结了河北省钱币学会取得的成绩和经验。参会代表表决通过了《河北省钱币学会第四届理事会工作报告》《关于修订<河北省钱币学会章程>的报告》以及《关于调整会员会费标准的报告》，选举产生了河北省钱币学会第五届理事会以及第五届常务理事会，推选中国人民银行石家庄中心支行行长陈建华担任名誉理事长。会议还公布了本届理事会顾问名单和学术委员会名单。会后，特邀中国人民银行总行金融史专家马林作学术报告。中国钱币博物馆党委书记、中国钱币学会副理事长温克勤，中国人民银行石家庄中心支行党委书记、行长陈建华出席会议并讲话，河北省社科联、河北省文物局、石家庄市文物局、河北省博物馆、河北师大等单位有关领导和专家学者莅临大会。来自省内各团体会员单位，文博系统各有关单位，有关院校的金融、历史院系，钱币生产、经营单位，传媒单位和社会各界专家学者、收藏爱好者、热爱和关心河北省钱币事业的热心人士等方面的会员代表参加了大会。

△ 中国农业银行股份有限公司河北省分行在北京大学国家发展研究院举办第一期城区支行行长经营管理高级研修班。省分行党委副书记、副行长马曙光出席开班仪式并讲话。

8日 中国保险监督管理委员会河北监管局组织开展保险公众宣传日活动，邀请社会监督员、保险消费者代表、新闻媒体参观体验保险监管工作。

△ 中国农业银行股份有限公司河北省分行召开全省农行“职工之家”建设现场推进会。省分行工会主席徐跃生出席会议并讲话，要求加强协调配合，确保“职工之家”建设按期完成，严格标准，提升“职工之家”建设质量和档次。

△ 由财达证券有限责任公司作为主办券商推荐的“河北古城香业集团股份有限公司”在全国中小企业转让系统正式挂牌。

△ 河北恒银期货经纪有限公司郑州商品交易所晚籼稻期货上市。

△ 华泰财产保险有限公司河北省分公司在各分支机构、EA门店、各代理网点及合作的4s店开展“保险公众日”保险体验、现场咨询等系列宣传活动。

△ 中国大地财产保险股份有限公司河北分公司围绕宣传日的主题“保险，让生活更美好”“爱无疆 责任在行”，开展了一系列宣传活动。

△ 安邦财产保险股份有限公司河北分公司积极参加行协组织的保险公众宣传日活动。

△ 泰山财产保险股份有限公司河北分公司组织开展“爱无疆 责任在行”为主题的全国保险公众宣传日活动。

8日至10日 中国人民银行石家庄中心支行副行长李小秋带领调研督导组到承德指导工作。

9日 交通银行系统内全国首家按照总行标准设计、建设的普惠型特色网点——交通银行股份有限公司河北省分行和平支行正式开业。

9日至10日 中国人民银行石家庄中心支行副行长文洪武到秦皇岛市中心支行督导调研。督导调研组分别组织召开了中国人民银行秦皇岛市中心支行领导班子、部分银行业金融机构座谈会，并深入抚宁县支行、康泰医学、艾尔姆风能叶片、骊骅淀粉等企业实地调研。

11日 渤海国际信托有限公司在2014中国信托业峰会暨第七届中国优秀信托公司颁奖典礼上获得“中国最具成长性信托公司”奖。

14日 国家开发银行股份有限公司河北省分行召开全行员工大会，宣布新任党委委员李保华、刁艳梅任职。

△ 华夏银行股份有限公司石家庄分行副行长侯江涛组织召开业务讨论会，就促进纯存款的有效提升、建立纯存款营销长效机制以及做好下半年的客户开发和业务储备问题进行深入探讨。

△ 衡水银行股份有限公司召开党的群众路线领导班子专题民主生活会，行领导班子成员全部出席会议，市委常委、统战部长崔士霞等列席会议。

15日 中国人民银行沧州市中心支行综合执法检查组进驻中信银行沧州分行开展综合执法检查。

△ 中国农业发展银行河北省分行行长王玉武到沧州调研夏粮收购贷款发放与管理工作情况，并与沧州市市长王大虎商谈信贷支农工作。

△ 中国农业发展银行河北省分行行长办公会研究修改省分行与设区市人民政府战略合作协议文本，副行长王金浩主持，副行长李阁宗出席。

△ 盛唐稳赢2014年第一期个人理财产品在全国银行业理财信息登记系统审阅通过，唐山银行股份有限公司第一期个人理财产品已具备对外销售资格。

16日 中国人民银行沧州市中心支行召开张家口市商业银行沧州分行加入人民银行金融管理与服务体系接洽会。

△ 中国农业发展银行河北省分行行长王玉武与沧州市常务副市长陈平商谈信贷支农工作；之后，到河北沧州国家粮食储备二库调研夏粮收购工作，并与沧州市委常委、渤海新区党工委书记、管委会主任丁绣峰商谈信贷支农工作。

△ 交通银行总行行长彭纯在石家庄会见省长张庆伟。

△ 交通银行股份有限公司河北省分行召开干

部大会，交通银行总行行长彭纯出席，宣布河北省分行党委班子调整的决定：郑家渡任河北省分行党委书记、行长，尹兆君不再担任河北省分行党委书记、行长，另有任用。

△ 招商银行股份有限公司石家庄分行召开内控状况评审会，对“加强公司客户经理履职管理”和“实行重要空白凭证及网银 UK 非现场交接”两个议题进行评议。

△ 河北省农村信用社联合社党委召开以“为民、务实、清廉”为主题的教育实践活动专题民主生活会，省委第 15 督导组副组长刘如军、石军民等出席并指导生活会。

△ 唐山银行股份有限公司在营业部、路南、路北、天元、裕华、新华、长宁道、火炬路八家支行发行了首期理财产品。

16 日至 17 日 中国人民银行天津分行党委委员、纪委书记王会奇到衡水市中心支行参加、指导党的群众路线教育实践活动专题民主生活会。

17 日 中国人民银行秦皇岛市中心支行工会组织辖区国库、货币金银、科技等三个专业开展了业务竞赛。

△ 国家开发银行总行行长郑之杰在北京与唐山市市长陈学军座谈，国家开发银行股份有限公司河北省分行行长常思勇、副行长李保华参加。

19 日 幸福人寿保险股份有限公司河北分公司组织开展了“幸福家庭日”社区爱老助老公益活动，总经理周丽华、副总经理张森鸣及 50 余名志愿者一同走进社区开展志愿者活动。

21 日 中国人民银行总行在石家庄市召开“流通中人民币整洁度”座谈会。中国人民银行货币金银局副局长左秀辉、副巡视员熊俊，中国人民银行石家庄中心支行行长陈建华、工会主任李双锁出席会议。货币金银局相关人员，石家庄、杭州、海口、贵阳、乌鲁木齐、深圳中心支行货币金银处、钞票处理中心负责同志参加了会议。

△ 中国人民银行石家庄中心支行副行长贾广军一行到张家口市中心支行督导市商业银行、人寿保险公司稳健性评估工作。

△ 中国农业银行股份有限公司河北省分行召开全省农行资产处置工作推进会议。省分行党委委员、副行长禹修德出席会议并讲话，要求加大自营不良贷款清收处置力度，加快呆账核销进度，加快委托资产处置进度，做好委托资产批量转让工作。

△ 中信银行股份有限公司石家庄分行成功上线财政集中支付无纸化 TIPS 清算系统。

△ 唐山市国资委《关于表彰先进基层党组织、优秀党务工作者、优秀共产党员的决定》，唐山银行裕华支行党支部被评为先进基层党组织，裴君成被评为优秀党务工作者，陈颖被评为优秀共产党员。

△ 邢台银行股份有限公司“冀南微贷”得到副省长张杰辉的肯定，并做批示，“冀南微贷”模式可在全省复制推广。

21 日至 22 日 中国人民银行天津分行群众路线教育实践活动领导小组副组长光兰明带领分行活动办人员，到邯郸市中心支行调研指导党的群众路线教育实践活动工作。听取了邯郸市中心支行党委书记、行长曹增和关于群众路线教育活动开展情况的汇报，并深入涉县支行进行调研指导。

22 日 河北省综治办、中国保险监督管理委员会河北监管局共同召开河北保险业参与平安建设推进会议。会后，两部门联合印发保险业参与平安建设推进方案。

△ 中国农业发展银行河北省分行行长王玉武出席省政协十一届八次常委会议并作大会发言。

△ 渤海银行股份有限公司石家庄分行与河北省工业和信息化厅签订战略合作协议。

△ 衡水银行股份有限公司召开党的群众路线领导班子专题民主生活评议会，市委督导组卢建民、王瑜参加会议并组织参会人员进行评议。

△ 信达财产保险股份有限公司沧州中心支公司任丘支公司获批准开业。

23 日 中国人民银行石家庄中心支行行长陈建华到承德市中心支行调研指导工作。

中国人民银行张家口市中心支行召开群众路线教育实践活动班子民主生活会，天津分行副行长刘通午率督导组参加。

△ 中国人民银行秦皇岛市中心支行党委召开党的群众路线教育实践活动专题民主生活会，天津分行第三督导组组长王燕明一行参加会议并进

行指导。

△ 河北省人民政府下发《关于2013年度金融贡献奖考核评选结果的通报》，中国民生银行股份有限公司石家庄分行荣获“2013年度金融创新奖”。

△ 中国民生银行股份有限公司石家庄分行向2022年冬奥申办地之一张家口崇礼县投放土地收储委托贷款1.5亿元，这是国际奥委会7月7日宣布中国北京·张家口正式入选2022年冬奥会候选城市后的首笔奥运专项贷款。

△ 承德银行股份有限公司获评2013年度“河北省金融创新奖”。

△ 衡水银监分局局长聂振强就改革推进落实情况、落实国家金融方针政策情况以及支持经济发展情况到衡水银行股份有限公司进行调研。

△ 财达证券有限责任公司获“2013年度金融贡献奖”。

24日 河北省小额票据贴现管理中心沧州市分中心在浦发银行沧州分行揭牌运营。

△ 中国农业银行股份有限公司河北省分行在总行金融IC卡知识竞赛中取得第四名。

△ 中国光大银行股份有限公司邯郸分行赵都支行开业，这是邯郸分行在市内设立的第三家同城支行。

△ 承德银行股份有限公司召开了特别董事会暨第二届董事会第十二次会议，会上听取了行长张磊的上半年经营工作报告，还审议通过了承德辖内县域乡镇分支机构三年发展规划、增设分支机构、自然人股东转股等议案。

△ 唐山银行股份有限公司对外发行金融IC卡“盛唐芯卡”。

△ 渤海国际信托有限公司荣获河北省“2013年度金融创新奖”。

24日至25日 中国保险监督管理委员会河北监管局对唐山、保定、张家口、承德地区25家财险公司理赔服务进行现场测评，信达财产保险股份有限公司河北分公司位列全省第二名，受到中国保险监督管理委员会河北监管局通报表扬。

25日 中国人民银行承德市中心支行党委召开党的群众路线教育实践活动专题民主生活会，党委班子成员围绕反对“四风”，贯彻“三严三实”要求，认真对照检查发言，并开展了批评和自我批评。

△ 中国农业发展银行河北省分行副行长李阁宗到中国银行业监督管理委员会河北监管局参加2014年上半年全国银行业监督管理工作会议暨经济金融形势分析（电视电话）会议。

△ 中国农业银行股份有限公司河北省分行在中国银行业监督管理委员会河北监管局、河北省银行业协会组织的小微企业和“三农”金融服务与金融产品评选活动中，被评为2013年度“河北省银行业金融机构小微企业金融服务先进单位”。

△ 中信银行股份有限公司石家庄分行被河北省银监局评为“河北省银行业金融机构小微企业金融服务先进单位”。

△ 招商银行股份有限公司石家庄分行行长郑晓东参加2014年上半年全国银行业监督管理工作会议暨经济金融形势分析（电视电话）会议。

△ 唐山银行股份有限公司第五届董事会第三次临时会议以传签或通讯方式召开。会议审议通过了《唐山银行股份有限公司2014—2016年发展规划》。

△ 衡水银行股份有限公司微贷中心获2013年度“河北省银行业金融机构小微企业金融服务优秀团队”称号。

△ 中国银行业监督管理委员会河北监管局和省银协召开全省小微、三农金融服务工作表彰会。邯郸银行微贷中心被评为“河北省银行业机构小微企业金融服务优秀团队”、“邯银微贷”系列产品被评为“河北省银行业机构服务小微企业特色金融产品”。

△ 客户高某向农银人寿保险股份有限公司河北分公司投保农银金牡丹两全保险（分红型C款2013），一次性足额缴纳保费270万元。保额为287.82万元。

△ 华夏银行股份有限公司石家庄分行个人业务部组织召开个人业务条线半年分析会，对上半年业务发展情况进行分析，对考核办法进行解读，

并对个人外汇业务相关知识进行培训。各二级分行针对四进营销、微信营销等做了经验介绍。

△ 华夏银行股份有限公司石家庄分行辖属邯郸分行存款余额突破 10 亿元。

25 日至 26 日 中国农业发展银行河北省分行行长王玉武参加总行召开的全国分行行长汇报会。

26 日 在河北省人民银行系统部分专业业务竞赛中，中国人民银行唐山市中心支行夺得团体总分第一名。

△ 渤海银行股份有限公司石家庄分行举办 2014 年业务技能大赛。

28 日 由衡水海关征收的首笔进口货物增值税 154132.21 元和进口关税 55336.06 元缴入国库，标志着衡水海关与中国人民银行衡水市中心支行国库业务系统对接成功，入库渠道顺利开通。

△ 中国农业银行股份有限公司河北省分行被河北省扶贫开发领导小组授予“河北省社会扶贫先进集体”称号。

28 日至 8 月 1 日 中国人民银行秦皇岛市中心支行对中国建设银行秦皇岛分行的货币信贷、调查统计、会计、货币金银、科技、国库、国际收支等业务组织开展了综合执法检查。

29 日 中国人民银行邯郸市中心支行组织召开银行业金融机构落实同业业务规范情况工作会议，安排部署银行业金融机构落实同业业务规范情况督查工作。邯郸市 19 家银行业金融机构负责同业业务的负责人参加了会议。

△ 国家开发银行股份有限公司河北省分行行长常思勇受邀参加全省企业“走出去”座谈会。会议由副省长秦博勇主持，省长张庆伟参会并讲话。

△ 中国农业银行股份有限公司河北省分行荣获河北省人民政府 2013 年度“金融贡献奖”称号。

30 日 中国人民银行秦皇岛市中心支行张玉侠在河北省人民银行系统业务竞赛中获得调查统计专业第二名。

△ 中国人民银行邯郸市中心支行组织澳洲联邦银行（邯郸县、成安、魏县、涉县）村镇银行有限责任公司加入支付系统业务考试。

△ 兴业银行股份有限公司邢台分行沙河支行开业。

△ 张家口市商业银行荣获河北省人民政府颁发的 2013 年度“金融贡献奖”。

△ 唐山银行股份有限公司召开第五届董事会第六次会议，审议通过了《关于变更投资人的议案》等 3 项议案。

△ 唐山银行股份有限公司召开管理人员警示教育大会。邀请唐山市公安局经侦支队警官主讲。行长么向华讲话，纪委书记闫保新对落实会议精神提出要求。

△ 沧州银行公务卡系统正式上线。

△ 华夏银行总行纪委书记刘春华深入沧州分行调研指导，召开分行班子与中层干部座谈会，就抓好各项基础建设、廉政建设、作风建设等提出要求，并到沧州千童支行看望一线员工。分行党委书记赵劼陪同。

31 日 中国人民银行总行货币金银局副巡视员熊俊一行到唐山市中心支行对“货发二代钞票处理模块”测试工作开展情况进行实地考察，并召开座谈会对测试情况进行总结。中国人民银行石家庄中心支行工会主任李双锁陪同考察。

△ 中国建设银行股份有限公司河北省分行召开全省建行领导干部大会，传达总行党委关于省分行主要领导调整的决定：程远国担任河北省分行党委书记，李秀昆不再担任河北省分行党委书记、行长职务。

△ 交通银行股份有限公司沧州分行为大化股份办理 4 亿元融资租赁业务。

△ 中信银行股份有限公司石家庄分行与河北省酒糖副食流通协会签署战略合作协议。

△ 唐山银行股份有限公司党委召开党的群众路线教育实践活动专题民主生活会情况通报会。党委书记、董事长杜少光主持会议，通报了行党委领导班子党的群众路线教育实践活动专题民主生活会情况。

△ 衡水银行股份有限公司在衡水银监分局组织的市银行业“为民服务 为民监管”青年辩论赛决赛中获得团体第一名，员工周佳琪获最佳辩手称号。

31 日至 8 月 1 日 中国农业银行股份有限公司河北省分行召开 2014 年年中工作会议。省分行党委书记、行长杨光讲话，要求全行稳发展、强管理、促和谐，坚定不移地推进业务稳健发展，确保完成各项工作任务。

7月 国家开发银行股份有限公司河北省分行行长常思勇与河北省住建厅厅长朱正举就棚改工作座谈，副行长高敬军、刘纯发参加。

△ 河北银行股份有限公司在英国《银行家》杂志公布的全球1000家大银行中排名第492位。

△ 唐山银行股份有限公司行工会发起“献爱心，一元捐”助残捐款活动，全行53家单位参与捐款，共筹集善款12840元。

△ 在英国《银行家》杂志公布的“2014年度世界千强银行”榜单中，邯郸银行由上年的912位跃升为780位。

△ 河北省小额票据贴现管理中心邯郸分中心在邯郸银行挂牌成立。

△ 邯郸市委、市政府公布了全市2013年度民主评议政风行风结果，邯郸银行获得全市公共服务组（金融、电力、公交、供电、烟草、电信等23个系统）第一名。

△ 经中国人民银行审慎评估，邯郸银行被吸收为“市场利率定价自律机制”93家基础成员之一。

△ 兴业银行股份有限公司石家庄分行荣获河北省政府颁发的“2013年度金融创新奖”。

△ 东亚银行（中国）有限公司石家庄分行小微企业贷款增速再次位于河北省第一位。

△ 衡水银监分局派出检查组对衡水银行股份有限公司进行后续现场检查，检查机构8家，检查业务44笔，金额20785万元。

△ 河北省人民政府在全省范围内开展的金融行业创新、稳定、发展贡献奖评选活动结果揭晓，河北养老险荣获河北省人民政府颁发的“2013年度金融稳定奖”。

7月至9月 中国证券监督管理委员会河北监管局会同省直相关部门对河北省19家交易场所进行了现场检查，对存在问题的3家交易场所向省政府进行通报。

8月

1日 中信银行保定分行各项存款余额突破110亿元。

△ 承德银行股份有限公司官方微博上线。

△ 安盛天平财产保险股份有限公司河北分公司再次被中国保险监督管理委员会河北监管局评为‘A类机构’。

1日至7日 唐山银行股份有限公司组织召开了干部作风建设公开承诺会。行长助理、总监分成5组，分别面向所辖部室、支行员工进行公开承诺。党委书记、董事长杜少光全程参加了各组承诺会，行领导班子成员分别参加了分包活动组的承诺会。

2日 招商银行股份有限公司石家庄分行携手河北私家车907电台举办了“‘七夕’加勒比海滩派对”自驾游活动，进一步提高招商银行在石家庄地区知名度和品牌效应。

△ 中英人寿保险有限公司河北分公司2014年度“中英教育节”在河北唐山拉开了全国活动的帷幕。本届“中英教育节”是中英人寿和新东方教育集团共同打造的一个旨在为中英人寿广大客户提供增值服务的大型教育公益活动。

△ 幸福人寿保险股份有限公司河北分公司组织开展了第二次“进农村、干农活、传幸福”下乡支农活动，总经理周丽华、副总经理张森鸣带领公司全体员工前往赵县帮助果农采摘成熟梨果，用实际行动践行了党的群众路线和公司“至善至诚传递幸福”的企业精神。

4日 中国人民银行石家庄中心支行党委书记、行长陈建华到中国人民银行衡水市中心支行调研指导工作。

△ 中国人民银行沧州市中心支行组织召开全市银行业金融机构反洗钱工作汇报会。

△ 中国建设银行股份有限公司河北省分行印发《转发总行党委关于程远国等同志职务任免的通知》（建冀党函〔2014〕13号），程远国同志任中国建设银行河北省分行党委书记；免去李秀昆同志中国建设银行河北省分行党委书记职务。

△ 交通银行总行普惠型特色网点建设推进会

议在石家庄召开。侯维栋副行长出席会议并讲话。总行相关部门主要负责同志，28家分行主管副行长及主管部门负责人参加会议。总行个金部、零贷部、营运部、电银部和企划部分别对普惠型特色网点建设和运营工作做了安排部署；河北省、广东省、北京市、深圳市四家分行介绍普惠型特色网点建设的经验做法。

4日至5日 兴业银行股份有限公司石家庄分行召开上半年工作会议，总结上半年工作成果，部署下半年工作重点。

4日至8日 中国农业银行股份有限公司河北省分行举办私人银行青年领袖俱乐部“构筑梦想 财智开启”青少年财商训练营，邀请部分私人银行客户子女参加。通过活动丰富私人银行增值服务内容，提高知名度和影响力，密切与高端客户的关系。

5日 国家开发银行股份有限公司河北省分行常思勇行长与南水北调办主任袁福、水利厅副厅长张铁龙、河北水务集团主任赵立敏就我省南水北调水厂以上配套工程项目合作座谈，刘纯发副行长参加座谈。

△ 国家开发银行股份有限公司河北省分行召开“融入·成长·飞翔”2014年青年员工座谈会，行长常思勇、副行长刘纯发参加了座谈。

△ 中国建设银行股份有限公司河北省分行个人贷款余额突破1000亿元大关，省分行在全行范围内开展“个贷余额超千亿”系列营销宣传活动。

△ 中信银行股份有限公司石家庄分行与省体育彩票管理中心签约仪式在省体彩中心三楼会议室隆重举行。

△ 河北省农村信用社联合社印发《河北省农村信用社市级农商行和县级行社工资改革指导意见》，全面推进各级行社的企业化工资改革工作。

△ 唐山银行股份有限公司为丰南国丰钢铁集团有限责任公司专门研发的“盛唐理财尊享2014年第一期机构理财产品”在丰南支行首次发行，首期机构理财产品的顺利发行为唐山银行承接国丰公司外汇业务打开了突破口。

△ 华夏银行总行首席财务官兼发展研究部总经理宋继清及发展研究部副总经理沈小平等一行，到保定分行高碑店支行就京津冀一体化协同发展课题进行调研。王庆华副行长陪同调研。

6日 中国农业发展银行河北省分行举行全辖年中二级分行行长汇报会，传达总行全国分行行长汇报会精神，听取各二级分行工作汇报和各业务条线业务经营情况分析，行长王玉武主持会议，副行长王金浩、李阁宗、冯会波、宋振民参加会议。

△ 招商银行股份有限公司石家庄分行召开全行员工大会，对分行“比一比 赛一赛 拼一拼 搏一搏”活动进行阶段性成果通报。

△ 招商银行聘任王岳为招商银行股份有限公司石家庄分行行长助理。（招银任〔2014〕70号《招商银行关于王岳任职的通知》）

△ 唐山市市长陈学军一行到唐山银行股份有限公司调研。曹妃甸区区长杨洁、市政府秘书长王正英、市政府有关部门、市人民银行、银监局和路南区政府负责同志及唐山银行领导班子成员、行长助理、总行机关总监参与了调研座谈。陈学军对唐山银行的各项工作给予了充分肯定。

7日 根据邯郸市市委、市政府统一安排部署，中国人民银行邯郸市中心支行组织保卫人员在市博物馆广场参加集中反恐宣传活动。为确保宣传效果，我中心支行制作了绶带、标语等宣传用品，营造现场宣传氛围，宣传活动取得较好效果。

△ 中信银行股份有限公司总行信用卡中心和石家庄分行在中信大厦23楼会议室联合召开“合聚变”项目启动大会，以“融合、聚力、变革”为主题的信用卡分中心与分支行网点的融合试点方案在河北地区拉开帷幕。

8日 中国农业发展银行河北省分行行长王玉武出席总行在河北张家口召开的财政补贴资金直补工作试点调研座谈会，总行资金计划部总经理刘定华主持会议，副总经理刘优辉、财政部国库支付司副司长娄洪、河北分行副行长冯会波出席会议。

△ 中信银行股份有限公司石家庄分行在衡水市举办衡水区域银企座谈会。

△ 河北省银行业协会秘书长田奇、主任雷英一行，到招商银行股份有限公司石家庄分行进行服务工作指导。

△ 保定银行股份有限公司与安新县政府签订了战略合作协议，助力安新白洋淀生态环境综合整治项目建设。

△ 河北恒银期货经纪有限公司在郑州商品交易所铁合金期货上市。

9日 中信银行股份有限公司石家庄分行为河北省建设投资集团股份有限公司成功办理了今年首笔1.58亿元跨境人民币内保外贷业务。

华夏银行股份有限公司石家庄分行团委组织举办"团旗下，共青春"青年拓展活动，共90名青年团员参加。

10日 河北省民政厅、财政厅、老龄办和中国保险监督管理委员会河北监管局联合印发《关于推进养老机构责任保险工作的意见（试行）》。

11日 中信银行股份有限公司石家庄分行召开2014年"防电信诈骗宣传工作暨安全保卫工作"培训会议。

△ 河北省农村信用社联合社印发《中共河北省农村信用社联合社委员会贯彻落实<建立健全惩治和预防腐败体系2013—2017年工作规划>的实施方案》和分工方案。

12日 中信银行股份有限公司石家庄分行与石家庄高新区管委会签订战略合作协议。

△ 华夏银行股份有限公司石家庄分行"龙盈理财系列产品"和"小龙人移动银行"在"新浪唐山"首届金融理财产品网上评选活动中分别荣获"最受网民喜爱奖"和"最具潜力理财产品奖"；唐山分行荣获"最佳组织单位奖"。

12日至15日 中国人民银行邯郸市中心支行举办"金融业务知识大讲堂"。行内主要业务部门负责人就人民银行相关业务知识进行授课。2014年新录用人员及各科室工作人员参加了学习。

12日至29日 衡水银监分局检查组对衡水银行股份有限公司同业业务进行了现场检查。

13日 招商银行信用卡中心刘加隆总经理一行到石家庄分行调研。

14日 中国建设银行股份有限公司河北省分行下发《关于办理"随心存"产品有关事项的通知》（建冀国际〔2014〕26号），正式推出"随心存"创新产品。

△ 中信银行股份有限公司石家庄分行中标5亿元省级养老保险基金定期存放业务。

△ 华夏银行股份有限公司石家庄分行副行长王庆华到唐山分行调研，与分行班子成员沟通交流，鼓励分行创新思维，重视培养电子银行客户群体，加强风险防控工作，严格落实"一岗双责"，努力完成全年任务指标。

△ 泰山财产保险股份有限公司石家庄中心支公司正式开业。

14日至15日 华夏银行总行党委书记吴建、党委副书记成燕红在石家庄分行召开总行人才培养工作座谈会，听取分行关于人才队伍建设的意见和建议，提出下一步工作要求。总行人力资源部王宏杰总经理主持会议，南京、昆明、武汉、重庆、成都、石家庄等6家分行党委书记、人力资源部总经理参会。

15日 在张家口市2014年改善发展环境社会评部门活动中，张家口市商业银行被评为张家口市2014年改善发展环境社会评部门活动公益经营类第一名。

△ 在河北省小微、三农金融服务工作表彰会上，张家口市商业银行荣获"河北省银行业机构小微企业金融服务先进单位"称号。

△ 在英国《银行家》（The Banker）杂志发布的"2014全球银行1000强"榜单中，张家口市商业银行位列第808位，排名较上年提升71个位次。

△ 廊坊银行股份有限公司石家庄中山西路支行和石家庄体育南大街支行开业。

△ 邢台银行股份有限公司在《当代金融家》杂志社主办的2014年中国中小企业发展高峰论坛暨第三届最佳中小银行评选中荣获"最具特色银行奖"称号。

△ 渤海信托·鲲鹏财富俱乐部揭牌仪式暨新闻发布会在石家庄隆重举行。

16日 农银人寿河北分公司成功举办了首届客户服务节，通过举办知识讲座、为客户提供健康体检、现场抽奖等一系列活动，搭建了与客户交流的平台，树立了公司形象，提升了客户认知度。

18日 中国人民银行秦皇岛市中心支行召开2014年年中工作会议。会上，中支党委书记、行长杨启明作了题为《振奋精神开拓进取努力实现全辖工作稳中求进》的工作报告。

△ 中国农业银行股份有限公司河北省分行成功办理首笔国内信用证风险参与业务，采用“买方国内信用证 + 卖方押汇 + 风险参与”融资模式，为客户开立远期国内信用证 2000 万元，办理卖方押汇和风险参与业务 1935 万元，实现了该项产品零的突破。

△ 中国银行股份有限公司河北省分行青联被评为河北省金融系统青年联合会 LOGO（标志）设计优胜单位，中行员工设计的标识被“河北省金融系统青年联合会 LOGO（标志）”所采用。

△ 中国建设银行股份有限公司河北省分行与唐山银行正式签署了代理外汇清算业务协议。

△ 中国信达资产管理股份有限公司河北分公司杜宝峰总经理主持召开党委中心组学习会议，学习《习近平总书记系列重要讲话读本》有关内容，传达《中央党的群众路线教育实践活动领导小组、中共中央组织部、中共中央宣传部关于广泛开展向全国优秀共产党员王胜、于河海、毕世祥、文朝荣同志学习活动的通知》精神。

18 日至 19 日 中国人民银行石家庄中心支行行长陈建华到沧州市中心支行调研。调研期间，陈建华行长与黄骅市支行行级领导、部室负责同志进行了座谈，并深入黄骅港综合港区、国华电厂、北汽黄骅汽车产业基地实地了解情况。

20 日 中信银行股份有限公司石家庄分行组织全体员工为云南昭通地震灾区捐款，短短两天时间，累计捐款 19.34 万元。

△ 河北省农村信用社联合社面向社会成功推出“商贷宝”产品。

△ “省级文明单位”检查组在省新闻出版局机关党委专职副书记李彦增的带领下，到保定银行股份有限公司进行检查验收，保定银行董事长、党委书记陪同了检查，检查组一行听取了保定银行精神文明创建工作的情况汇报，对该行大力服务保定区域经济发展，扎实推进社会主义核心价值体系建设，积极践行“讲懂守”活动的良好氛围给予了肯定。

△ 合众人寿河北分公司召开 2014 年度上半年峰会表彰大会，河北分公司及各中心支公司的 160 余位员工参加了本次盛典，本次表彰会对上半年分公司表现优秀的个人和团队进行了表彰，也为河北分公司下半年的业绩冲刺拉开了序幕。

20 日至 21 日 保定银行股份有限公司承办的河北省城商行合作组织第九届圆桌会议在保定市卓正国际酒店召开。保定市市长马誉峰出席会议并作了重要讲话，省金融办副主任樊长坤、省银监局副局长陈炳华莅会指导。保定银监分局局长李向军、副局长牛惠君、河北省城商行合作组织各成员行董事长、行长、风险控制部总经理、办公室主任共计 70 余人参加了会议。会议紧紧围绕“深化改革、防范风险、服务实体经济”的主题，开展了系列讨论、交流活动，体现了对所面临的现实挑战、复杂形势的清晰判断和认识，为今后在公司治理、业务发展、风险管理、信息科技等多个领域深入开展合作，开创互利共赢的良好局面搭建了良好平台。

21 日 中国人民银行石家庄中心支行举办了全省人民银行系统第一届羽毛球赛，中国人民银行承德市中心支行代表队获得冠军。

△ 中国人民银行承德市中心支行召开 2014 年年中工作电视电话会议，传达贯彻总行、天津分行和河北省人民银行系统 2014 年年中工作会议精神，总结回顾中心支行前 7 个月主要工作，安排部署后五个月重点工作任务。

△中国工商银行股份有限公司总行党委书记、董事长姜建清到工商银行河北分行宣布工总行党委关于工商银行河北分行主要领导调整的决定并作了重要讲话。工总行党委组织部部长、人力资源部总经理王云桂主持会议并宣读任免文件，许杰不再担任工商银行河北分行党委书记、行长，史立军任工商银行河北分行党委书记、行长。

22 日 中国人民银行衡水市中心支行组织召开“金融知识普及月”活动部署工作会议。

△ 中信银行股份有限公司石家庄分行深入张家口市沽源县第一中学与自强班受助学生开展亲切交流。

△ 唐山银行股份有限公司第五届监事会第 6 次会议在总行五层会议室召开。会议听取了半年度财务管理、资金营运、风险管理等专题报告，

并学习讨论了《商业银行监事会工作指引》等4个规章制度。

△ 唐山银行股份有限公司在燕山影剧院隆重举办了"塑造团队精神，展现员工风采，唱响商行"职工歌咏大赛，党委书记、董事长杜少光、行长么向华、监事长刘双全、副行长、工会主席安建平等相关领导出席了大赛。

△ 渤海国际信托有限公司在2014年中国资产管理年会上荣膺"2014年最佳综合服务信托公司奖"。

△ 河北省工商行政管理局核准了渤海国际信托有限公司关于法定代表人变更的申请，并核发了新的营业执照，渤海国际信托有限公司董事长及法定代表人变更为李光荣先生。

24日 中信银行股份有限公司石家庄分行在廊坊市召开落实"京津冀一体化"战略研讨会。

26日 河北省卫计委、财政厅、司法厅、中医药管理局和中国保险监督管理委员会河北监管局联合印发《河北省推进医疗责任保险公司实施方案》。

△ 光大银行总行纪委书记兼人力资源部总经理武健、人力资源部干部处处长陈晓桦、光大银行石家庄分行原党委书记兼行长高名安、党委副书记（主持工作）邵泉、办公室总经理崔崴，拜会了河北省金融办、中国人民银行石家庄中心支行以及河北省银行业监督管理局河北监管局的相关领导。介绍了该行三年以来的业务发展情况，并汇报了该行主要负责人调整的相关事宜。

△ 廊坊银行股份有限公司文安支行开业。

△ 泰山财产保险股份有限公司沧州中心支公司正式开业。

27日 国家开发银行股份有限公司河北省分行行长常思勇向常务副省长杨崇勇汇报工作。

△ 中国农业发展银行河北省分行举办庆祝中华人民共和国成立65周年暨中国农业发展银行成立20周年唱行歌比赛活动，行长王玉武，副行长李阁宗、宋振民出席活动并为获奖队颁奖。

28日 邢台银行股份有限公司正式启动公务（贷记）卡项目。

27日至29日 中国农业银行股份有限公司河北省分行召开全省农行2014年零售业务工作会议。省分行党委委员、副行长陈元良出席会议并讲话，要求全行分析经济形势和业务发展规律，研究制定新的发展策略和转型措施，确保同业领先地位，实现零售业务的科学可持续发展。

27日至9月3日 中国银行股份有限公司河北省分行行长杨红光赴匈牙利及捷克参加河北省政府组织召开的投资对接推介会。

28日 中国人民银行石家庄中心支行印发《中国人民银行石家庄中心支行金融消费权益保护咨询投诉受理处理工作管理办法》（银石办发〔2014〕104号）。

△ 河北省12363金融消费权益保护咨询投诉电话正式开通运行，这标志着中国人民银行石家庄中心支行在建立健全便民高效的咨询投诉受理处理机制、妥善化解金融消费纠纷工作上迈出了重要一步。

△ 中国人民银行邯郸市中心支行组织召开2014年邯郸市房地产金融联席会。会议听取了各金融机构近年来房地产信贷执行情况、房地产贷款不良情况、风险防控措施及对下半年房地产走势的预判等情况汇报。通报了2014年上半年房地产信贷政策精神，分析了2014年下半年邯郸市房地产市场的发展趋势，提出了金融支持房地产健康发展的政策建议。中国人民银行邯郸市中心支行高天放副行长主持会议。各银行业金融机构房地产信贷部门负责人和货币信贷管理科有关人员共计20余人参加了会议。

△ 中国农业银行股份有限公司河北省分行开展"送技能下基层"活动，组织在总、分行业务技能比赛中获奖的优秀选手组成业务技能专家团队，到市、县分支行巡回开展现场演示与培训。共举办培训22场，培训学员2300余人次。

△ 唐山银行股份有限公司第41家支行"滦南支行"正式对外营业，该行是唐山银行第7家县域支行。

29日 中国证券监督管理委员会河北监管局召开河北辖区证券经营机构合规风控座谈会。

△ 中信银行石家庄分行辖内第25家同城支行——泰华街支行正式营业。

△ 信达财险河北分公司组织召开员工大会，深入学习贯彻《国务院关于加快发展现代保险服

务业的若干意见》和项俊波主席《深入贯彻落实国务院关于加快发展现代保险服务业的若干意见开创保险业改革发展新局面》重要讲话精神。

30 日 中国建设银行股份有限公司河北省分行网银代缴学费系统顺利上线，满足了学生通过网银缴纳学费的需求，稳定了银校关系。

△ 中信银行股份有限公司石家庄分行首笔代发工资网络信用贷款成功放款，标志着该行继杭州、南京、深圳之后成为全国第四家代发工资网络信用贷款落地分行。

△ 以“幸福同行 关爱五载”为主题的 2014 年度中英人寿“星星点灯 关爱留守儿童公益计划”河北站活动在石家庄顺利举行。其宗旨是倡导社会慈善和公益行为，为农村的留守儿童提供良好的学习环境与成长氛围，为他们“点亮希望，点亮人生”，使孩子们感受到社会的关心与关爱。

31 日 中国人民银行唐山市中心支行营业室完成中国工商银行唐山分行、中国建设银行唐山分行在中央银行会计核算数据集中系统（ACS）综合前置系统的上线工作。

△ 中国建设银行股份有限公司河北省分行上线河北公交 IC 卡项目，满足了广大群众使用建行金融公交 IC 卡乘坐公交车的需求。

△ 中国邮政储蓄银行股份有限公司河北省分行与石家庄分行联合举办了“金马送财，福满中秋”全国首场贵金属展销会。

8 月 冀北电力公司与中国工商银行股份有限公司河北省分行独家合作，在承德、秦皇岛、张家口开通电力公司网上营业厅电子商务售电业务，居民用电户登录电力公司 95598 网站就可自助缴纳电费。本项目的实施，不仅使电力开通了互联网服务，也为该行开辟了一种新的代收费业务合作模式。

△ 唐山银行股份有限公司组建安保巡逻队，配备巡逻车辆，开始对支行进行安全巡查。

△ 河北恒银期货经纪有限公司顺利通过中期协《期货公司信息技术管理指引》现场检查，继续保持机房评级为二类。

9 月

1 日 河北省人民银行系统金融研究重点课题调度会在保定市华侨宾馆召开，会议由中国人民银行石家庄中心支行金融研究处李晶玲处长主持，参会人员有金融研究处贾怀德、张双英副处长、研究处课题组主要人员，各中心支行调统科科长及重点课题执笔人。

△ 中国农业银行股份有限公司河北省分行参加全省重点项目银企对接会。该行在主会场设立产品展台，现场就项目融资、投行业务等金融服务问题解答客户咨询，介绍农行信贷政策优势。对接会期间，该行与 121 家重点项目（企业）达成初步合作意向，合作金额约 270 亿元。

△ 中国建设银行股份有限公司河北省分行下发《关于在全行开展改进工作作风专项检查的通知》（建冀党纪〔2014〕5 号），在全行开展改进工作作风情况专项检查，深入推进全行作风建设。

△ 唐山银监分局批准唐山银行股份有限公司第 42 家支行“河东支行”开业（唐银监复〔2014〕150 号）；9 月 30 日，河东支行正式对外营业。

△ 唐山银监分局批准唐山银行股份有限公司第 43 家支行“古冶东支行”开业（唐银监复〔2014〕153 号）； 9 月 30 日，古冶东支行正式对外营业。

△ 河北省金融租赁有限公司受邀参加了由省政府金融工作办公室和省发展改革委主办的全省重点建设项目银企对接会。

△ 中国信达资产管理股份有限公司河北分公司参加河北省发展和改革委员会与河北省金融工作办公室共同举办的“全省重点建设项目银企对接会议”。分公司樊志江副总经理及业务部门骨干与现场 40 多家重点建设项目企业及客户进行了广泛深入的洽谈，拓宽了客户渠道，提升了品牌形象。

△ 中国东方资产管理公司石家庄办事处参加了河北省发改委、河北省金融办主办的河北省重点建设项目银企对接会。东方资产旗下的中华联

合保险、东兴证券、外贸租赁等平台公司也到场进行业务推介宣传。

△ 中英人寿保险有限公司河北分公司石家庄平山营销服务部正式开业，成为在石家庄平山县首家进驻的外资保险公司。石家庄市政法委副主任曹永庆先生，平山农工委副书记史青泽先生，中山广场管委会主任赵平平先生，中英人寿河北分公司总经理刘维先生等有关领导及嘉宾出席了开业剪彩仪式

2日 中国建设银行股份有限公司河北省分行印发《转发总行关于程远国职务聘任的通知》（建冀函〔2014〕405号），经总行研究决定：聘任程远国为中国建设银行河北省分行行长，聘期四年。

△ 中信银行股份有限公司石家庄分行IPAD会议资料管理系统正式上线。

3日 中国人民银行邯郸市中心支行召开邯郸辖区国库业务知识竞赛动员会，就竞赛培训事项进行动员部署。辖区参赛人员共计17人参加会议。

4日 中国人民银行天津分行党委书记、行长周振海一行5人赴人行唐山市中心支行调研；中国人民银行天津分行获总行2010—2013年度保密工作先进集体。

△ 中国人民银行邯郸市中心支行组织召开邯郸市金融系统青年联合会成立大会暨第一届委员会第一次全体会议。人行石家庄中心支行党委委员、副行长、河北省金融系统青年联合会主席文洪武出席会议并讲话。人行天津分行团委书记刘武、共青团市委副书记刘伟到会并致辞，邯郸市金融办副调研员颜玉鹏发布倡议书，人行石家庄中心支行团委书记刘涛、邯郸市青联秘书长吴子博到会祝贺。会议审议并通过了青年联合会组织和工作细则（修正案）及联合会主席单位轮值制度，选举产生了第一届委员会常务委员、主席、副主席等领导成员，邯郸中支党委书记、行长曹增和当选邯郸市金融系统青联主席。邯郸市金融系统青年联合会第一届委员会80名候选委员参加会议。

△ 华夏银行股份有限公司石家庄分行个人业务部与国际业务部联合组织举办“出国金融好管家”综合金融业务暨个人业务合规营销专项培训，积极推进相关业务的开展。

△ 河北新闻网记者一行赴中国光大银行股份有限公司石家庄分行小微金融业务部，针对创新业务解决企业融资难等问题进行采访。

△ 兴业银行股份有限公司石家庄分行会计结算部荣获“2014年全行会计集中作业劳动竞赛先进集体称号”。

△ 唐山银行股份有限公司盛唐理财稳赢2014年第三期理财产品开始在全行范围内发行，理财产品的销售实现了全部网点的覆盖。

△ 唐山银行股份有限公司成立金融同业部。

5日 中国人民银行秦皇岛市中心支行与秦皇岛市总工会联合举办了秦皇岛市银行业技能大赛。中国人民银行石家庄中心支行党委委员、工会主任李双锁，工会办主任于树军，货币金银处处长李日升等亲临赛场指导，来自全市9家银行业金融机构的27名选手参加了本次比赛。

△ 中国银行股份有限公司河北省分行为石家庄君乐宝乳业有限公司开发的电商平台（B2C）正式开通上线，成为五大行中唯一实现“君乐宝”电商（B2C）结算的银行。

△ 中国信达资产管理股份有限公司河北分公司召开全体员工大会，传达公司《关于严肃执纪问责 坚决纠正“四风”的通知》（信党纪发〔2014〕6号）精神，提出有关要求。

6日 中国农业银行股份有限公司河北省分行自主研发的代理国库支付平台获得总行“金点子”青年创新创效活动二等奖。该平台实现了财政局、农行网点、基层预算单位三方支付业务的无缝衔接，预算单位足不出户即可完成授权支付的申请、支付、查询等重要功能。

9日 河北省食品安全办公室、金融办和中国保险监督管理委员会河北监管局联合印发《河北省食品安全责任保险试点工作指导意见》。

10日 中国保险监督管理委员会河北监管局联合省金融办举办河北省学习贯彻《国务院关于加快发展现代保险服务业的若干意见》报告会。

△ 国家开发银行股份有限公司河北省分行常思勇行长出席河北钢铁集团南非500万吨钢铁项目签约仪式。

△ 中国建设银行股份有限公司河北省分行王

永平副行长参加河北钢铁集团南非钢铁项目启动签约仪式。

△ 唐山银行股份有限公司成立理财事业部。

△ 承德银行行长张建军、零售部经理李玉强、支行行长王磊等一行到衡水银行股份有限公司微贷中心观摩交流，副行长魏树涛、微贷中心主任袁朝煌同志陪同参观。

△ 衡水银行股份有限公司组织开展了“善行河北”主题歌曲传唱活动和“金融服务四进”知识竞赛。

10 日至 11 日 中国大地财产保险股份有限公司党委副书记、副总经理（主持工作）陈勇一行到河北分公司考核班子成员，并组织分公司班子成员、各职能部门负责人、三级机构主要负责人围绕公司经营发展进行座谈，就销售团队建设、差异化费用匹配、省会城市发展等问题与参会人员进行了深入沟通。

11 日 中国银行股份有限公司总行岳毅副行长到沧州调研，会见沧州市王大虎市长、渤海新区管委会丁绣峰书记，现场考察了沧州综合大港、北汽黄骅分公司，与中核华电河北核电有限公司主要负责人会谈。

△ 中国建设银行股份有限公司河北省分行向银监局报送《中国建设银行河北省分行关于开办白银租赁业务的报告》（建冀报〔2014〕299 号），完成产品报备，正式开办白银租赁业务。

11 日至 12 日 河北省农村信用社联合社与北京农村商业银行股份有限公司、天津农村商业银行股份有限公司在保定召开京津冀农村金融服务一体化研讨会，并签署战略合作框架协议。

12 日 中国银行股份有限公司总行岳毅副行长到廊坊调研，与廊坊冯韶慧市长就临空经济区、亦庄经济区企业外迁等项目进行了沟通；与华夏幸福基业负责人座谈；参加京津冀三省市分行“京津冀协同发展”座谈会。

△ 招商银行股份有限公司石家庄分行将分行“服务监督管理中心”更名为“分行消费者权益保护与服务监督管理中心”挂靠分行办公室。除原有服务监督管理职责外，还承担全分行消费者权益保护工作职责。

△ 由《当代金融家》杂志社主办的“中国第三届中小银行发展高峰论坛暨第三届最佳中小银行评选颁奖典礼”在北京举行。张家口市商业银行荣获“最佳声誉风险控制和品牌推广奖”。

△ 财达证券有限责任公司荣获“2014 年（第二十一届）河北省省级企业管理现代化创新成果”一等奖。

12 日至 13 日 中国人民银行承德市中心支行和市银监局联合举办承德市银行系统第六届乒乓球友谊赛，人民银行、市银监局及各银行业机构共十一支代表队 126 名运动员参加了比赛。

13 日 在上海陆家嘴举办的“中国银行家高峰论坛暨2014 中国商业银行竞争力评价报告会”上，张家口银行荣列全国城市商业银行（资产规模 500 亿元 ~1000 亿元）综合竞争排名第一位，承德银行股份有限公司荣列全国城市商业银行（资产规模500亿元以下）综合竞争力排名第二位，并被评为最佳进步城市商业银行。

△ 张家口市商业银行沧州分行隆重开业，是张家口市商业银行成立的第五家域外分行。

△ 中国信达资产管理股份有限公司河北分公司召开以“忆往昔硕果累累、展未来信心百倍”为主题的座谈会，纪念分公司成立十五周年。座谈会上，杜宝峰总经理对分公司十五年发展历程和取得的成绩进行了回顾，并对未来发展进行了展望。

△ 财达证券有限责任公司全国股转系统做市业务顺利上线。

14 日 中国农业银行股份有限公司河北省分行开展二级分行及以下机构信息系统异地灾难恢复演练，以二级分行中心机房发生灾难性事件为演练场景，实现了 30 分钟内系统恢复，数据零丢失，提升风险控制和业务连续运营的能力。

15 日 中国银行业监督管理委员会河北监管局核准了唐山湾三岛旅游区旅游开发建设有限公司、唐山湾国际旅游岛投资集团有限公司、唐山湾生态城城市建设管理有限公司股东资格（冀银监复〔2014〕277 号）。

16 日 招商银行股份有限公司石家庄分行参加 2014 年河北省银行业文明服务工作交流会。

△ 河北省银行业协会秘书长田奇到邢台银行股份有限公司汇通支行指导文明规范化服务

工作。

△ 河北省金融租赁有限公司召开了第四届董事会第二次会议，讨论并推选徐敏俊为河北省金融租赁有限公司董事长、肖刚为河北省金融租赁有限公司副董事长。

16日至17日 合众人寿保险股份有限公司河北分公司紧跟总公司“新十年 新梦想”发展战略，加快推进河北私人定制计划的跨越成长，举办了2014年跨越成长战略引进研讨班，有效强化了引进面谈的专业技能。

17日 廊坊银行召开第五届董事会2014年第三次临时董事会议，聘任邵丽萍同志为行长。

18日 中国银行业监督管理委员会河北监管局河北金融摄影家协会成立，河北金融书法家协会完成换届。

△ 中信银行股份有限公司石家庄分行顺利完成二代支付系统切换上线工作。

△ 招商银行股份有限公司石家庄分行举办“法律专家与您面对面”服务文化活动，进一步增强小微客户法律意识，保障客户资产安全，同时也为银行资产增加一道保护屏障。

△ 保定银行股份有限公司召开第一届董事会第二十九次会议，会议审议通过了《关于设立保定银行股份有限公司资金营运中心的议案》。

△ 财达证券有限责任公司顺利完成首笔转融券交易。今年6月23日，公司正式获得转融券、代理证券出借业务权限以来，信用交易管理部在相关部门的配合下，积极进行各项业务的准备，并于9月5日至9月12日期间完成了首笔1万股交通银行（601328）的转融券交易，标志着公司转融券业务正式启动。

19日 中国人民银行承德市中心支行组织开展了2014年“青年课题组”优秀课题展示暨写作培训活动，中心支行行长杨建奎、工会主任王少云、副行长宋耐出席活动，中心支行各科室负责人、各县支行青年工作负责人、中心支行各青年课题组成员以及全体青年职工70余人参加了活动。

△ 承德银行股份有限公司举办了“承德市科技局与承德银行战略合作签约仪式暨承德市科技型企业与承德银行投融资对接洽谈会”。

20日 人民银行第二代支付系统整体顺利上线运行，河北省农村信用社跨行支付清算系统优化升级工作圆满结束。

△ 唐山银行股份有限公司第三届职工羽毛球比赛在河北联合大学轻工学院体育馆隆重举行。全行共46支代表队参加了比赛。

△ 衡水银行股份有限公司组织160多名员工参加衡水湖国际马拉松赛。

22日至29日 中国人民银行保定市中心支行圆满完成了全市1306家银行业金融机构网点“金融机构代码证”的颁发工作，拉开了保定市金融机构代码证推广应用的序幕。

△ 中国农业发展银行河北省分行副行长冯会波陪同中央第13巡回督导组有关领导到承德分行开展第二批教育实践活动群众测评工作。

△ 唐山银行股份有限公司曹妃甸支行迁址到“唐山市曹妃甸区建设大街116、118号”（银监唐局办回执〔2014〕24号）。

△ 财达证券有限责任公司港股通业务顺利通过现场检查。

23日 中国农业发展银行河北省分行副行长李阁宗、宋振民出席省分行“金农发行杯”粮油信贷业务技能比赛优秀选手座谈会。

△ 中国东方资产管理公司张子艾总裁到中国东方资产管理公司石家庄办事处进行专题调研，对办事处投融资业务进行现场指导。

23日至24日 华夏银行股份有限公司石家庄分行办公室组织开展“2014年舆情演练”。办公室、人力资源部、公司业务部、个人业务部、国际业务部、电子银行部、会计部有关负责人，各同城支行有关人员参加了本次演练，新华社河北分社记者应邀参与演练跟踪与指导。

24日 中国农业银行股份有限公司河北省分行召开落实存款监管政策会议。省分行党委委员、副行长李军出席会议并讲话，传达了总行和银监会、财政部、人民银行三部委关于加强商业银行存款偏离度管理的有关要求，提出做好政策传导，调整存款考核模式，确保偏离度不超出预期。

25日 国家开发银行股份有限公司河北省分行举办建功立业“降本增效”现场知识竞赛，常思勇行长，刘纯发、李保华、刁艳梅副行长出席。

△ 中国银行股份有限公司河北省分行为唐山外代国际货运有限公司开出了京津冀区域内首笔电子支付税费保函。

△ 中国建设银行股份有限公司河北省分行协助省财政厅开发的非税收入网上缴费平台顺利上线。

△ 华夏银行股份有限公司石家庄分行党委书记赵劼到保定分行宣布主要负责人任免事项，并赴保定银监分局沟通、交流。分行人力资源部负责人陪同。

△ 中国银行业监督管理委员会河北监管局陈炳华副局长到华夏银行股份有限公司石家庄分行辖属沧州分行调研。沧州分行行长苏明汇报了该行支持小微企业发展、完成“两个不低于”、风险防控和发展定位等情况，并一同走访了黄骅北汽集团。

△ 唐山银行股份有限公司二代支付系统顺利上线。

25 日至 26 日 河北省《河北金融》通联工作会议在邯郸市召开，中国人民银行石家庄中心支行金融研究处贾怀德副处长、邯郸市中心支行高天放副行长出席会议。会议安排部署了 2015 年《河北金融》发行工作。河北省各地市中心支行调查统计科科长、各金融机构省分行办公室主任、石家庄中心支行所辖各县支行金融管理部主任等单位共 50 余人参加了会议。

26 日 中国人民银行衡水市中心支行举行衡水市金融机构代码证首发仪式。中心支行党委书记、行长陈国忠出席并致辞。全市 12 家金融机构市级分行的主要负责人及部门负责人、部分支行代表参加了本次首发仪式。

△ 中国保险监督管理委员会河北监管局印发《2014 年河北省清理财产保险未决赔案工作方案》，组织开展积压未决赔案清理工作。

△ 中国民生银行股份有限公司石家庄分行“零售精英向心力俱乐部”成立仪式暨第一次会员活动隆重举行，分行行长徐明勋参加启动仪式，并发表讲话。

△ 中国银行业监督管理委员会河北监管局田耀金副局长一行四人莅临渤海国际信托有限公司视察指导工作。

△ 幸福人寿保险股份有限公司河北分公司在石家庄国富华庭社区举办“幸福家庭日”爱老助老公益活动，为社区瘫痪、半身不遂和独居老人送去了生活慰问品，总经理周丽华、慈爱嘉专业老师、各媒体记者及幸福人寿河北分公司的 40 余名志愿者参加。

27 日 由中国人民银行石家庄中心支行主办、中国人民银行秦皇岛市中心支行承办的“京津冀人民银行沙滩排球邀请赛”在北戴河老虎石公园成功举办，总行李东荣副行长、工会张汉平常务副主任、天津分行周振海行长、石家庄中心支行陈建华行长等领导莅临比赛现场观看了比赛，李东荣副行长还作为队员亲自参加了比赛。

△ 承德银行股份有限公司举办了票据业务专题培训会。

△ 邢台银行股份有限公司党委书记、董事长郭路芳带领学习考察小组前往河北银行学习绩效管理等工作。

△ 信达财产保险股份有限公司河北分公司工会组织员工赴近郊开展了登山采摘活动。

28 日 中信银行股份有限公司石家庄分行启动“内训强兵、壮我中信”内训师培训工作。

△ 中信银行股份有限公司石家庄分行召开第三届第六次职工（会员）代表大会。

△ 华夏银行股份有限公司石家庄分行在万达洲际酒店，与北京、天津两家分行同步举行了京津冀协同卡首发仪式。石家庄分行党委书记赵劼致辞。金融办、人民银行、银监局、银联有关领导，以及客户代表等 80 多人参加仪式，河北电视台、河北日报、石家庄电视台、新华网等媒体进行了全程报道。

△ 安邦人寿保险股份有限公司廊坊、沧州中心支公司获中国保险监督管理委员会河北监管局批筹。

29 日 中国人民银行秦皇岛市中心支行召开案例警示专题教育会议，集中学习中国人民银行天津分行党委《关于辖区 2011 年以来发生的违规违纪违法案件有关情况的通报》《关于兴安盟中心支行张军违法犯罪案件有关责任人员处理情况的通报》。

△ 中国人民银行沧州市中心支库按照省分库

的统一部署，开展了以“假定部分县市支库客户端与 TCBS 出现故障，无法处理业务且短时间内无法恢复正常”为演练场景的国库会计数据集中系统应急演练。

△ 由河北省人民政府与中国工商银行股份有限公司联合主办、工商银行河北分行承办的河北省企业“走出去”银企对接会在河北石家庄举行。郑万春副行长代表工行出席并发言。河北省委常委、常务副省长杨崇勇，河北省副省长秦博勇，国家发改委外事司副司长林大建，河北省委、省政府有关部门及河北各地市负责同志，300 余家企业负责人出席本次对接会。会上，工总行投资银行部总经理刘金就中巴产业园、非洲部分国家有关投资需求及相关金融支持政策进行了重点演示，并与参会企业进行了现场对接互动。

△ 中信银行股份有限公司石家庄分行携手新航道国际教育集团成功举办了“一路阳光”家庭教育分享会。

△ 中国信达资产管理股份有限公司河北分公司召开全体员工大会，传达公司 2014 年集团风险管理工作会议暨业务培训会议精神，部署中国信达河北分公司“压逾期、防风险”专项治理工作。会议由分公司副总经理张贵礼主持。

30 日 中信银行股份有限公司石家庄分行新核心数据下传改造项目顺利上线。

△ 沧州银行股份有限公司召开 2014 年第二次临时股东大会。会议审议通过了：《关于增资扩股情况的报告》《关于变更注册资本的提案》《关于修改 <沧州银行股份有限公司章程> 的提案》。

△ 邢台银行股份有限公司获得金融企业绩效优秀（AAA），金融企业绩效状况在全国银行类中处于优秀水平。

△ 邢台银行股份有限公司在 2014 年河北省百强企业及河北省重点行业排头兵企业排序结果中，以 2013 年净利润 5.05 亿元名列河北利润 50 强企业名单第 30 位；以 2013 年营业收入 21.90 亿元名列河北服务业 50 强企业名单第 21 位。

△ 保定银行股份有限公司储蓄存款突破百亿，全行储蓄存款余额 101.80 亿元，首次突破百亿元大关。

△ 财达证券有限责任公司蝉联“河北省诚信企业”荣誉称号，董事长翟建强被授予“河北省企业诚信建设优秀工作者”。

9 月 中国人民银行唐山市中心支行组织 25 家驻唐金融机构及市、县两级行相关部门负责人、业务骨干，参加人总行举办的中央银行会计核算数据集中系统综合前置子系统远程培训会议。

△ 中国人民银行唐山市中心支行制定《唐山市继续推进农村支付环境建设实施方案》，要求辖区各县人民银行和银行业金融机构按照确定的目标，成立组织、分级管理、阶段推进，努力完成工作任务。

△ 中国建设银行股份有限公司河北省分行举办职工书画摄影展，庆祝中国建设银行成立 60 周年。

△ 中国邮政储蓄银行股份有限公司河北省分行深入开展“合规教育月”活动，提高了员工合规意识，确保了生产旺季各项业务稳健、可持续发展。

△ 唐山银行股份有限公司开展中秋、国庆节困难员工帮扶活动，帮扶困难员工 10 人，发放帮扶款 24000 元。

△ 在银监会商业银行信息科技监管评级中，邯郸市商业银行股份有限公司由 3 级 A 档晋升为 2 级 C 档。

10 月

1 日 中国太平洋财产保险股份有限公司河北分公司创新保险服务模式、延伸服务触角，在全省重点高速口和省界交口设立便民理赔宣传服务站，开展国庆长假“出行无忧，高速快赔”理赔服务活动，受到广泛好评。

8 日 中国银行业监督管理委员会河北监管局陈炳华副局长一行 4 人赴承德银行股份有限公司进行金融工作调研并召开了座谈会，承德银行股份有限公司董事长王振廷、行长张磊陪同调研并参加了座谈。

9 日 中国人民银行天津分行党委委员、工会主任曹元芳一行到平泉县支行，就文明单位建设工作进行专题调研，承德市中心支行党委书记、行长杨建奎，党委委员、工会主任王少云及相关人员陪同调研。

△ 中国人民银行石家庄中心支行下发《中国人民银行石家庄中心支行办公室关于河北省国库系统业务知识竞赛情况的通报》（银石办发〔2014〕117号），中国人民银行秦皇岛市中心支行获得河北省国库系统业务知识竞赛团体二等奖，虞俊杰同志获得河北省国库系统业务知识竞赛个人二等奖。

△ 中国建设银行股份有限公司河北省分行印发《中国建设银行河北省分行流动柜台管理操作规程（试行）》（建冀函〔2014〕476号），加强流动柜台业务管理，延伸服务范围。

△ 海航集团董事局陈峰主席莅临民安财产保险有限公司河北分公司指导调研，并指出：河北分公司有较强的企业文化贯彻力度，但要在工作上注意对细节的观察，发现细节问题，抓住细节问题，妥善解决细节问题。

9日至10日 中国人民银行天津分行党委委员、工会主任曹元芳在宣传部部长于木兰的陪同下，深入中国人民银行青龙县支行调研指导文明单位创建工作。中国人民银行秦皇岛市中心支行党委书记、行长杨启明，党委委员、副行长吴刚，宣传群工部部长刘卫东陪同调研。

9日至11日 中国建设银行股份有限公司河北省分行举办全省2014职业年金推介会，全省30多家学校医院参加。

10日 崔洪义同志因涉嫌严重违法违纪接受组织调查，市委决定其不再担任衡水银行股份有限公司党委书记、董事长职务，由行党委副书记、行长林运杲同志暂主持全面工作。

10日至14日 中国人民银行承德市中心支行与承德市金融工作办公室、承德银监分局、承德市保险协会联合举办了“承德市首届金融文化节”。

11日 中国人民银行邯郸市中心支行组织人员赴山东聊城参加晋冀鲁豫四省四市金融协作年会。

12日 交通银行股份有限公司河北省分行第四届职工运动会在河北师范大学南校区举行。交通银行总行工会副主席、员工工作部总经理帅师、交通银行股份有限公司河北省分行领导班子成员出席活动。

13日 河北省金融办、财政厅、农业厅、林业厅、地震局、气象局和中国保险监督管理委员会河北监管局联合印发《关于河北省政策性农业保险条款和费率调整内容的通知》。

△ 中国证券监督管理委员会河北监管局对金谷源信息披露违法案作出行政处罚决定，这是河北证监局首例自办处罚的证券违法案件。

△ 中国农业发展银行河北省分行党委会传达总行党的群众路线教育实践活动总结大会精神，王玉武同志主持，李阁宗、冯会波、宋振民同志出席；下午，行长王玉武、总行第一巡回督导组组长官迎春出席省分行教育实践活动总结大会（视频）并讲话，副行长李阁宗、宋振民，总行第一巡回督导组副组长郭子强出席，副行长冯会波主持。

△ 承德银行股份有限公司中天支行荣获承德市首届金融文化节“最佳服务金融网点”，世纪支行大堂经理冀芳当选为首届金融文化节“微笑天使”。

△ 信达财产保险股份有限公司河北分公司正式实施《小额案件查定分离实施方案》。

14日 中国人民银行沧州市中心支行召开征信工作联席会议。沧州市各国有商业银行、各股份制商业银行及中支调查统计科有关人员共计40人参加了会议。

△ 中国农业发展银行河北省分行行长王玉武、副行长冯会波陪同总行巡回督导组组长官迎春、副组长郭子强、巡视员李满田到邢台河北柏粮集团调研；行长王玉武到沧州调研秋季粮棉收购工作。

△ 中国光大银行股份有限公司唐山分行与光大永明人寿唐山中心支公司联合召开了银保“211联动工程”启动会。

△ 河北省农村信用社联合社金融风险实时预警项目在邯郸、邢台试点上线运行。

15日 中国人民银行沧州市中心支行组织召开2014年沧州市金融机构反洗钱工作联席会议。

△ 兴业银行股份有限公司石家庄分行辖内首家社区支行金正缔景城社区支行开业。

△ 信达财产保险股份有限公司河北分公司印发《信达财产保险股份有限公司河北分公司保险中介市场清理整顿第二阶段工作实施方案》，开展分公司保险中介市场清理整顿第二阶段工作。

16 日 中国人民银行邯郸市中心支行召开邯郸市金融机构代码证发放暨管理工作会议。高天放副行长通报了《邯郸市金融机构代码证管理办法（试行）》主要内容。曹增和行长讲话，并为17家银行业金融机构颁发了金融机构代码证。赵学臣副行长主持会议。中心支行行领导、机关各科室主要负责人，邯郸辖内17家银行业金融机构主要领导和部门负责人共计50余人参加了会议。

△ 中国证券监督管理委员会河北监管局召开县域证券营业部创新发展与合规管理座谈会。

△ 交通银行股份有限公司河北省分行辛集支行正式开业，并发放首张辛集皮都城市主题卡。

△ 中信银行股份有限公司石家庄分行为河北省高速公路管理局放款达20亿元，创分行2014年融资性理财业务新纪录。

△ 承德银行股份有限公司举办了“承德思八达、承德市企业家联合商会与承德银行股份有限公司战略合作暨授信签约仪式”。

17 日 河北省农村信用社联合社党委组织召开全省农信社党的群众路线教育实践活动总结大会，省委第15督导组副组长刘如军、石军民等同志出席会议。

△ 唐山银行股份有限公司召开党的群众路线教育实践活动总结大会。市委第27督导组组长及成员出席了总结大会。会议由行长么向华主持。督导组组长刘云峰作了重要讲话，充分肯定了唐山银行教育实践活动的做法和成效，对继续巩固扩大活动成果提出了明确要求。

△ 华泰财产保险有限公司河北省分公司组织本部全体党员、入党积极分子赴红色圣地——西柏坡参观学习，开展党性教育活动。

18 日 华夏银行股份有限公司石家庄分行顺利完成第二代支付系统绿灯测试及切换上线工作。

△ 中国光大银行股份有限公司邯郸分行第一届职工秋季运动会隆重举行。

△ 兴业银行股份有限公司石家庄分行举办第二届职工趣味运动会。

18 日至 20 日 河北恒银期货经纪有限公司参加2014年中国沙河国际玻璃工业展览会。

19 日 招商银行股份有限公司石家庄分行在燕山大酒店举办了2014年四季度投资策略报告会，邀请到总行私人银行部首席投资顾问黄小菁为高端客户做了题为“变调如闻杨柳春，上林繁花照眼新”的精彩报告。

20 日 中国银行股份有限公司河北省分行与中国邮政储蓄银行股份有限公司河北省分行签订战略合作协议。

△ 衡水银行股份有限公司召开存款工作调度会，林运杲同志主持会议并作重要讲话。

△ 中国信达资产管理股份有限公司河北分公司组织员工到石家庄监狱开展警示教育活动。大家参观了监区服刑人员的生活区和劳动区，观看了警示教育宣传片《防腐启示录》。活动最后，分公司纪委书记樊志江副总经理作了总结讲话。

20 日至 22 日 中国证监会副主席庄心一就贯彻落实《国务院关于进一步优化企业兼并重组市场环境的意见》的情况、压减过剩产能、节能减排及如何利用资本市场进行企业兼并重组等来河北调研。

21 日 国家开发银行总行王用生副行长与来访的玻利维亚发展规划部部长卡罗座谈，李保华副行长参加。

△ 国家开发银行股份有限公司河北省分行常思勇行长与保定市市委书记聂瑞平、市长马誉峰座谈。

△ 石家庄市总工会主办、石家庄轻工金融工会和中国邮政储蓄银行股份有限公司石家庄分行承办的石家庄市金融系统技能竞赛在石家庄市分行成功举行。

21 日至 22 日 中国光大银行股份有限公司石家庄分行组织部分干部员工前往鹿泉监狱开展警示教育活动。

△ 衡水银行股份有限公司在2013年度衡水银行业“双金牌”服务评选中获得“2013年度金牌服务单位”奖项。光大、尚城、站前三家支行获得“2013年度金牌服务网点”奖项。

22日 中国人民银行保定市中心支行召开2014年河北省人行系统部分专业业务竞赛表彰会议暨2013年度先进集体、先进工作者表彰会议。中心支行全体行领导、中心支行机关副科级以上干部、各县市支行股级以上干部、业务竞赛获得名次单位和个人共计200余人参加会议。

△ 国家开发银行股份有限公司河北省分行常思勇行长与省住建厅朱正举厅长就棚改工作座谈，高敬军、刘纯发、李保华、刁艳梅副行长参加。

△ 中国农业发展银行河北省分行行长王玉武分别向副省长姜德果和省长助理、省金融办主任江波汇报工作。

△ 中国农业银行股份有限公司河北省分行召开党的群众路线教育实践活动总结会议，贯彻落实中央和总行教育实践活动总结大会精神。总行第一巡回督导组副组长张跃进作重要讲话，省分行党委书记、行长杨光作总结讲话，党委委员、纪委书记、副行长许树宝同志主持会议。

△ 唐山银行股份有限公司完成对事后监督系统的升级。

23日 中国农业发展银行河北省分行行长王玉武到省政府向副省长沈小平汇报工作。

△ 唐山银行股份有限公司账户集中审批系统正式上线。

△ 河北恒银期货经纪有限公司公布2014年分类监管评价结果，被评为B类B级，提升23位次，创历史最好成绩。

24日 邯郸市金融学会在云南全国大中城市社科联第二十五次工作会议上被授予“全国先进社科组织”荣誉称号。

△ 中国建设银行股份有限公司河北省分行远程集中授权处理系统在省分行营业部中华南大街支行成功试点上线，实现了交易处理与授权相分离，进一步提升了柜面业务风险防控能力。

△ 中信银行股份有限公司石家庄分行财政直接支付系统成功通过验收。

△ “邮储银行杯”2014年青年涉农产业创业创富大赛河北地区决赛在石家庄隆重举行。

△ 河北省小额票据贴现管理中心廊坊市分中心正式开业运营，廊坊银行成为唯一经办银行，河北省金融票据协会秘书长杜文忠，廊坊市委常委、常务副市长李波等领导出席开业仪式，并为中心揭牌。

25日 上海浦东发展银行股份有限公司石家庄分行举办首届职工运动会。

26日 中信银行股份有限公司石家庄分行完成人民银行会计核算数据集中系统综合前置子系统投产上线工作。

△ 上海浦东发展银行股份有限公司石家庄分行召开开业六周年暨三季度工作会议。

△ 河北省农村信用社联合社数据级异地灾备中心建设工作圆满完成，标志着河北省农村信用社正式实现了“两地三中心”的容灾架构体系。

26日至11月7日 由衡水银行股份有限公司计划财务部、稽核检查部牵头抽调相关业务科室骨干成立现场检查领导小组对部分支行2014年9月底的监管统计数据质量进行了现场检查。

27日 中国人民银行衡水市中心支行党委委员、副行长田洪涛带领相关部门负责人走进衡水广播电台《行风热线》直播间，围绕当前群众关心的热点、焦点问题，与广大听众交流互动，现场答疑解惑，取得良好社会效果。

△ 邢台银行股份有限公司正式取得河北省人民银行《关于邢台银行股份有限公司金融IC贷记卡发卡技术标准符合性和系统安全性审核的批复》。

28日 中国银行业监督管理委员会河北监管局召开系统党的群众路线教育实践活动总结大会，回顾了教育实践活动取得的重大成效，总结了在新形势下开展党内集中教育活动的宝贵经验，并对新形势下从严治党提出了要求。

△ 中信银行股份有限公司石家庄分行与胜芳国际家具博览有限公司签署30亿元战略合作协议。

△ 招商银行股份有限公司石家庄分行参加总行党委中心组（扩大）学习会议和招商银行系统党的群众路线教育实践活动总结大会。

△ 信达财产保险股份有限公司河北分公司副总经理韩风海参加了由河北省保险行业协会组织召开的“河北省保险业总经理高峰会议”，并作了题为《发展贷款保证保险 助力中小企业融资》的报告。

29日 中国人民银行沧州市中心支行召开党的群众路线教育实践活动总结大会。天津分行教育实践活动第六督导组一行三人到会指导。中支党委书记、行长李庆同志代表中支党委作了总结讲话。

△ 中国人民银行邯郸市中心支行在永年县北郑村隆重举行"邯郸市城乡居民社会保障卡跨行取款免收手续费现场会"，石家庄中支李伟副行长出席现场会并讲话。中国人民银行邯郸市中心支行赵学臣副行长主持会议。会后，李伟副行长和与会人员一起视察了永年界河店乡北郑村、李孟湾村中国银行助农取款服务点，并观摩了城乡居民社会保障卡跨行取款免收手续费业务操作示范。

△ 国家开发银行股份有限公司河北省分行与唐山银行签署《全面战略合作协议》，常思勇行长，刘纯发、李保华副行长出席。

△ 唐山银行股份有限公司参加河北省首届银行五星柜员团队及最美柜员评选活动，营业部柜员团队、裕华支行柜员团队获得"五星柜员团队"荣誉称号；王璐同志、张欢同志获得"最美柜员"荣誉称号。

△ 衡水银行股份有限公司召开党的群众路线教育实践活动总结大会。会议由党委副书记王汉贵同志主持，行长林运杲及市委第11督导组组长白振国出席会议并讲话。

△ 河北恒银期货经纪有限公司《期货公司监督管理办法》发布。完善了期货公司业务范围，并为未来牌照管理和混业经营预留空间。

△ 河北恒银期货经纪有限公司积极响应国富集团党委号召，组织党员开展志愿者进社区义务提供金融知识咨询服务等活动。

30日 中国人民银行秦皇岛市中心支行召开党的群众路线教育实践活动总结大会，中国人民银行天津分行教育实践活动第三督导组王燕明组长一行莅临会议指导。

△ 中国人民银行秦皇岛市中心支行召开2014年纪检监察工作座谈会，传达贯彻中国人民银行天津分行纪检监察座谈会议精神，总结今年以来全辖党风廉政建设与反腐败工作，对今后的纪检监察重点工作任务进行安排部署。

△ 秦皇岛市政府召开全市基层平安建设总结表彰大会，中国人民银行秦皇岛市中心支行被评为平安建设先进单位。

△ 中国农业银行股份有限公司河北省分行"超级柜台"在石家庄自强支行试点上线运行并对外营业。该设备以自助机具为载体，采用"现场大堂指导+客户自助申请+远程集中作业"的营运模式，涵盖个人开卡、转账、理财等52项业务，实现了个人非现金业务的快速办理。

△ 中国光大银行股份有限公司石家庄分行与保定市北市区政府共同举办"金融成就梦想"银企对接会。

△ 在兴业银行股份有限公司总行第六届理财师大赛决赛中，兴业银行石家庄分行选手崔江雪获得总行"金牌理财师"一等奖，郭琛茜、崔江雪、田玉娇团队获得总行"金牌理财师团队"一等奖。

△ 张家口市市长侯亮，市委常委、秘书长王江一行到张家口市商业银行石家庄分行三家社区支行调研，了解域外分行发展情况，张家口市商业银行董事长梅爱斌陪同调研。

31日 中国人民银行邯郸市中心支行举办邯郸市金融系统"建功金融·服务邯郸"2014年"农行杯"青年职业技能大赛第一阶段比赛。共青团市委刘伟副书记、邯郸市总工会靳保国副主席、中国人民银行邯郸市中心支行曹增和行长、元力纪委书记、市人力和社会保障局翟渊博助理调研员出席开幕式并观看比赛。中国人民银行邯郸市中心支行李新仓副行长主持开幕式。邯郸市电视台对比赛进行了现场录制。

△ 中国农业发展银行河北省分行行长王玉武陪同省长助理、省金融办主任江波到总行拜访郑晖行长，省委组织部、省金融办有关部门负责同志陪同。

△ 张家口市商业银行承德分行开业，是张家口市商业银行成立的第六家域外分行。

△ 中国信达资产管理股份有限公司河北分公司组织公文写作、方案撰写及市场化业务拓展等相关知识培训。

10月 中国人民银行唐山市中心支行制定《唐山中支中央银行会计核算数据集中系统危机预防管理及应急处置实施细则》。

△ 中国建设银行股份有限公司河北省分行与建信资本管理有限责任公司、新奥集团股份有限公司签署建信资本新奥能源专项资产管理计划资产管理合同，这是该行开办的第一笔基金子公司专项资产管理计划托管业务。

△ 河北银行股份有限公司获得非金融企业债券融资工具承销资格，成为河北省内唯一一家具有参与非金融企业短期融资券、中期票据等企业债发行承销的地方法人银行。

△ 河北银行股份有限公司获准在全国银行间债券市场公开发行 20 亿元小微企业金融债券，成为河北省首家发行小微企业专项金融债的地方法人银行。

11 月

1 日 唐山银行股份有限公司工会举办全员健身南湖徒步活动，来自机关、支行的 45 家单位数百名人员参加了徒步活动。

△ 幸福人寿保险股份有限公司河北分公司举办的 2014 年客服节健康大讲堂活动在省会石家庄拉开帷幕，总经理周丽华参加并致开幕词，省保险协会李莉秘书长出席，本次活动以“从体质谈养生”为主题，向广大客户传递正确的养生观念，引导广大客户养成科学健康的生活方式，养生讲座活动形式新颖、反响热烈，得到了新老客户的积极参与和肯定，并有来自多家河北省主流媒体及 200 多名客户参加。

1 日至 2 日 中国人民银行石家庄中心支行与河北省总工会、河北省人力资源和社会保障厅、共青团河北省委、河北省金融工作办公室联合举办了 2014 年中国技能大赛——河北省金融系统技能竞赛复赛。河北省总工会巡视员、河北省金融工会联合会主席郭东海出席比赛并讲话，中国人民银行石家庄中心支行党委委员、工会主任李双锁观摩了比赛。

1 日至 3 日 合众人寿保险股份有限公司河北省分公司参加了由中国人民银行石家庄中心支行反洗钱处在郑州学院举办的 2014 年河北省金融业反洗钱业务培训。

2 日 中国建设银行股份有限公司河北省分行上线邯郸存量房资金监管系统，实行对网签存量房买卖合同和结算资金的全流程监管，避免了中介公司挪用客户资金的风险，确保了客户交易资金安全。

3 日 中国人民银行承德市中心支行党委书记、行长杨建奎主持召开党委中心组学习会议，集中学习领会党的十八届四中全会精神。中心支行党委成员和行级领导、党委各部门主要负责人参加学习会议。

△ 邯郸市政府在全省率先出台《关于加快现代保险服务业发展的实施意见》。

△ 承德银行股份有限公司召开第二届董事会第十三次会议，会上听取了张磊行长关于三季度经营工作的报告，对唐山市路北区，承德市开发区、双桥区北兴隆街、双滦区双塔山镇增设分支机构等议案进行了认真审议并一致通过。

△ 信达财险沧州中心支公司组织开展了以“爱心扶贫，情暖沧州”为主题的 2014 年扶贫日募捐活动，所捐善款统一交存省扶贫基金会账户。

4 日 中国人民银行石家庄中心支行组织举办河北省人民银行系统“诚为本、信同行”征信风采主题演讲比赛。比赛特邀中国人民银行总行征信管理局、营业管理部和天津分行征信管理处的相关领导莅临指导，中国人民银行石家庄中心支行党委副书记、副行长李小秋致辞，党委委员、副行长文洪武亲临赛场。经过激烈角逐，张家口市中心支行摘得桂冠，唐山市、邢台市中心支行获二等奖，衡水市、沧州市、保定市中心支行获三等奖。

△ 中国人民银行张家口市中心支行召开党的群众路线教育实践活动总结大会。

△ 中国人民银行唐山市中心支行制定《唐山市金融机构调查统计系统“数”文化建设实施方案》。

△ 中国人民银行邯郸市中心支行组织召开参与农村社保卡跨行取款免收手续费金融机构推进会，安排部署农村社保卡跨行取款免收手续费推广工作。

△ 中国人民银行邯郸市中心支行组织进行河北省票据协会邯郸办事处微信平台上线工作。

△ 中国农业银行股份有限公司河北省分行举办全省农行2014年柜台业务技术比赛，各二级分行的143名选手参加比赛。

△ 中国建设银行股份有限公司河北省分行流动柜台正式办理第一笔业务，满足了特殊情况下将柜台服务延伸到特定外部区域的需求，可更好地为广大客户提供方便、快捷、贴心的金融服务。

△ 中信银行李庆萍行长莅临中信银行股份有限公司石家庄分行调研指导并走访河北省党政主要领导和战略客户。

△ 华夏银行股份有限公司石家庄分行举办公私联动机会发掘与交叉营销培训课程，邀请华中科技大学副教授王海专题授课。各支行及各营销部的公司、个人条线近60人参加培训。

△ 河北省农村信用社联合社党委印发《中共河北省农村信用社联合社委员会关于贯彻落实党风廉政建设党委主体责任、纪委监督责任的实施意见》，进一步明确党委主体责任和纪委监督责任。

5日 华夏银行股份有限公司石家庄分行辖属沧州分行召开学习青岛分行社区营销经验交流和个人业务推进会。

△ 唐山银行股份有限公司召开管理人员反渎职警示教育大会，全行186名管理人员参加了会议。纪委书记闫保新主持大会，行长么向华做重要讲话，大会邀请路南区检察院检察官主讲。

△ 安邦人寿河北分公司在中国保险监督管理委员会河北监管局2014年分类监管的评价结果为A类。

6日 中国人民银行石家庄中心支行组织召开河北省金融IC卡工作会议。会议传达了总行《关于进一步做好金融IC卡应用工作的通知》精神，通报了全省前10个月金融IC卡发卡、商圈建设、关闭降级交易工作等情况，介绍了金融IC卡在石家庄出租车、唐山出租车、唐山迁西公交车三个行业应用的拓展方案，并对其运作模式、成本分摊和利益分享模式进行了详细讨论和评审。河北省内28家银行业金融机构、中国银联河北分公司相关部门负责人，中国人民银行河北省各市中心支行科技部门及中国人民银行石家庄中心支行科技处主要负责人等共40余人参加了会议。

△ 中信银行股份有限公司石家庄分行圆满完成2014年银行结算账户年检工作。

△ 中国银行业监督管理委员会河北监管局副局长陈炳华到张家口市商业银行调研指导工作。张家口银监分局局长陈学敬、副局长李永生一行陪同调研。

7日 中国农业发展银行河北省分行行长王玉武参加省委落实中央巡视组反馈意见整改动员暨巡视教育大会和河北省党的十八届四中全会精神宣讲报告会。

△ 华夏银行股份有限公司石家庄分行承办了“河北省房地产金融工作专业委员会2014年第三季度例会”， 分行首席信用风险官甄为书参加会议，分析目前房地产经营形势并介绍了该行业务发展情况。人民银行、中国银行业监督管理委员会河北监管局、河北省发改委、国土资源厅、统计局、27家金融机构等共55家单位参加本次会议。

△ 中国银行业监督管理委员会河北监管局批复河北省农村信用社开办手机银行业务。

△ 承德银行股份有限公司召开了第二届监事会第六次会议，姜鹏监事长通报了2014年1~3季度业务经营情况，以及网点建设、人员招聘、干部提拔和系统上线等重大事项。

10日 中国证监会主席肖钢就资本市场服务实体经济转型升级到河北调研。

△ 中国建设银行股份有限公司河北省分行举办龙卡石家庄热购信用卡上市发布会。该卡集多种功能权益于一卡，可满足持卡人衣、食、行、娱、游等全方位消费需求，在提供万千精彩优惠的同时，实现持卡人钱包“减负”。

11日 中国农业发展银行河北省分行行长王玉武出席河北省政协振兴河北乳业专题会议。

△ 中国农业银行股份有限公司河北省分行圆满完成省域远程集中授权业务上收工作，集中作业、集中授权、集中监控（集中补录）等业务均上收至省域运营中心，标志着省分行运营中心建设工作全面完成。

△ 招商银行股份有限公司石家庄分行与总行指定公司合作，首次成功举办了“精致生活下午茶”品牌活动。邀请到中国国学术数研究院院长、

北京大学MBA班特聘国学教授王鹏睿老师为主讲嘉宾，36位私钻客户及潜力私钻客户参加了本次活动。

△ 河北省金融工委筹委会、河北金融摄影家协会主办，中国邮政储蓄银行股份有限公司河北省分行承办的“中国梦 金融梦——河北金融系统‘邮储银行杯’摄影作品展”，在石家庄博物馆正式开幕，作品展现了邮储银行浓厚的企业文化，提升了在同业中的形象地位。

△ 唐山银行股份有限公司第五届董事会第7次会议在唐山万达洲际酒店召开。会议审议通过了《2014年度变更注册资本方案》等7项议案。

△ 唐山银行第五届监事会第7次会议在唐山万达洲际酒店召开。会议审议通过了《关于孙宏文先生辞去第五届监事会监事的议案》。

12日 工商银行河北分行与省公安厅联合召开风险信息共享合作座谈会，并正式签订了《风险信息共享合作机制备忘录》。

△ 中信银行股份有限公司石家庄分行联合创申国际教育举办2014年SAT北美留学高峰论坛活动。

13日 沧州市房地产金融工作专业委员会召开2014年第3季度联席会议。会议通报了2014年前3季度沧州市房地产金融运行情况。沧州市住建局、统计局及市级15家银行业金融机构部门负责人共计20余人参加了会议。

△ 中国人民银行沧州市中心支行组织召开市金融消费权益保护工作会议。全市64家金融机构消费权益保护部门负责同志，人行各县（市）支行主管负责同志共150余人参加了会议。

△ 中国人民银行天津分行审计组对中国人民银行邯郸市中心支行开展办公设备配置绩效审计。分行内审处副处长赵健明等一行6人出席进点会，中国人民银行邯郸市中心支行曹增和行长对分行检查组一行表示欢迎，并简要介绍了该行近年来工作开展情况，要求各科室全力配合好审计工作。副处长赵健明递交了内审通告书，并对本次审计的目的、内容和工作安排进行了说明。中国人民银行邯郸市中心支行行领导、各科室主要负责人参加了会议。

△ 工商银行河北分行首家助农金融服务站“沧州肃宁县后堤乡后堤村百汇生活超市助农服务站”投入运营，开启了该行助农金融服务先河，引起了当地民众的极大关注。

△ 为进一步加强企业文化传播深植，打造竞争发展软实力，2014年工商银行河北分行积极推动文化特色行建设，在全辖选择了50家文化底蕴深、队伍素质高的文化特色支行作为重点培育对象，开展文化特色行建设培训，涌现出保定长城支行“方圆文化”、衡水大庆支行“亮剑文化”等一批特色文化亮点，文化凝聚人心、文化引领发展、文化促进经营浓厚氛围正在形成。该行还在河北网讯开辟“文化名片”专栏，设“精彩50家”和“创建进行时”子栏目，集中展示50家文化特色行建设成果，及时反映各行在建设过程中的工作动态。同时，创新宣传形式，利用微信平台向行内员工和社会各界推送、展示“文化名片”，加强传播分享，提升品牌形象。

△ 中信银行股份有限公司石家庄分行举办第二届“幸福STYLE—幸福年华卡”广场舞决赛。

△ 邯郸市政府孟学军副市长一行到华夏银行股份有限公司石家庄分行走访会谈。赵劼行长对邯郸市政府的关注支持表示感谢，并表示在当前经济形势下会在政府部门协助下与企业共渡难关。双方还就邯郸市经济金融发展以及目前邯郸市部分企业经营问题进行了交流与沟通。办公室、公司部、个人部、中小部相关负责人参加了座谈会。

△ 经中国银行业监督管理委员会河北监管局批复，沧州银行注册资本由25亿元增加到17.21亿元，标志着该行第5次增资扩股工作圆满完成。

14日 中国保险监督管理委员会河北监管局印发《关于防范保险销售人员销售非保险类金融理财产品风险的紧急通知》，规范保险销售人员销售非保险类金融理财产品行为。

△ 中信银行股份有限公司总行重点批发市场营销研讨会在石家庄万达洲际酒店召开。总行方合英副行长、小企业金融部、风险管理部、授信审批部相关部门以及全国十四家分行参加会议。

15日 中国人民银行唐山市中心支行组织了唐山市银行系统“知数识情”统计技能在线竞赛。建立“金融机构执行金融统计政策法规及制度情况的考核评价”系统，对获得“十项能力”“三星共创”的先进单位和个人进行通报表彰。

△ 中国人民银行衡水市中心支行作为全国两个参与 ACS 业务验证的网点之一，配合总行业务处理中心开展验证工作。

16 日　唐山银行股份有限公司举行了企业系统运营沙盘模拟实战演练培训活动。活动邀请北京大学民营经济研究院、清华大学总裁班特聘导师彭涛老师主讲。

17 日　中国人民银行保定市中心支行召开辖区 2014 年纪检监察工作座谈会，会议传达了总、分行纪检监察工作会议精神，安排部署了下一阶段党风廉政建设工作，辖区各县（市）支行纪检组长向中支纪委述职。

△ 中国农业发展银行河北省分行行长王玉武到中国银行业监督管理委员会河北监管局出席全国银行业小微企业金融服务电视电话会。

△ 中国建设银行股份有限公司河北省分行与河北省住房和城乡建设厅、省人力资源和社会保障厅签署《建设领域农民工工资预储金监管合作框架协议》。

18 日　中国人民银行邯郸市中心支行组织召开邯郸市钢铁行业过剩产能境外转移座谈会，会议就钢铁产业过剩产能境外转移的现状及存在问题进行专题座谈讨论。高天放副行长主持会议并作讲话。邯郸市 7 家重点涉外钢铁企业负责人及外汇管理科相关同志参加会议。

△ 中国银行股份公司河北省分行杨红光行长出席河北钢铁并购德高公司股权合作签约仪式并致辞。

△ 交通银行股份有限公司河北省分行协同邯郸分行成功营销了央企新兴际华集团有限公司的超短期融资券业务，为客户成功发行 20 亿元超短期融资券。邯郸分行作为联席主承销商，承销金额 10 亿元。此笔业务是河北省分行承销的首笔超短期融资券。

△ 唐山银行股份有限公司第五届监事会第 2 次临时会议以传签或通讯表决方式召开。会议审议通过了《关于提名王建祥先生为第五届监事会监事候选人的议案》。

△ 唐山银行股份有限公司举行首次“业务连续性实景演练”。副行长安建平及市银监局相关同志亲临现场观摩指挥。

19 日　中国建设银行股份有限公司河北省分行与河北省佛教协会、河北省佛教慈善基金会合作发行“弘德·福祐卡”联名借记卡，成为省内唯一拥有开光祈福、慈善捐赠功能的联名卡。

20 日　河北省金融票据协会沧州市办事处成立仪式暨金融票据业务发展座谈会在中国人民银行沧州市中心支行召开。

△ 中国银行业监督管理委员会河北监管局批准北京银行石家庄分行开业。至此，已有 2 家域外城市商业银行进驻河北省。

△ 渤海国际信托有限公司在“第七届中国企业社会责任峰会河北分会”上荣膺“河北企业社会责任杰出企业奖”。

△ 渤海国际信托有限公司在“中国人力资源管理高峰论坛暨第三届中国好雇主颁奖盛典”上荣获“2014 年中国好雇主优秀企业奖”。

△ 农银人寿保险股份有限公司河北分公司举办“首届骨干员工教育培训班”。此次培训，使骨干员工对岗位及个人定位更加清晰，思想认识进一步提高，既凝聚了分公司骨干员工的力量，又调动了骨干员工的积极性，为进一步提高执行力、提升工作效率打下了基础。

21 日　中国建设银行股份有限公司河北省分行在全辖范围内开展代理人身保险业务自查，重新梳理代理保险业务销售流程，严格规范销售行为。

24 日　中国农业银行党委副书记、副董事长、行长张云到河北开展工作调研，会见河北省省长张庆伟，并先后在农业银行保定分行、省分行机关召开座谈会。

△ 中信银行股份有限公司石家庄分行与河北三河燕达实业集团有限公司签署 60 亿元战略合作协议。

25 日　中国人民银行沧州市中心支行与河间市支行在河间市农村信用联社成功举办了金融机构突发事件应急预案模拟演练。

△ 国家开发银行股份有限公司河北省分行常思勇行长与光大银行石家庄分行就深化合作相关事宜座谈。

△ 中信银行股份有限公司石家庄分行财政直接支付系统顺利投产。

△ 华夏银行股份有限公司定州支行隆重开业。当日，各项存款达到 2054 万元，开立个人结算账户 500 余户，开立单位结算账户 3 户。

△ 华夏银行股份有限公司石家庄分行辖属保定分行 3 家同城网点和 2 家县域支行正式启用印章管控平台。

26 日 中国人民银行邯郸市中心支行牵头组织的邯郸市金融系统青年职业技能大赛第二阶段比赛在邯郸广播电视台演播大厅成功举行。邯郸市人民政府副市长宋仁堂、人民银行石家庄中支李双锁工会主任、中国人民银行邯郸市中心支行、团市委、市总工会、市人社局有关领导及 16 家银行业金融机构主管行领导观看了大赛。

△ 秦皇岛市金融系统青年联合会成立大会暨第一届委员会第一次会议隆重召开。市青联副主席、共青团市委副书记刘俏，中国人民银行天津分行团委书记刘武，省金融系统青联主席、中国人民银行石家庄中心支行副行长文洪武，秦皇岛市政府副秘书长、金融办主任田鸿彦，中国人民银行秦皇岛市中心支行党委书记、行长杨启明等领导出席成立大会并讲话，来自全市各银行业、证券业、保险业金融机构共 22 个单位的委员及嘉宾约 120 人参加了会议。

△ 中国银行股份有限公司河北省分行签售全国银行系统代理寿险业务单一客户最大保单，销售幸福人寿“福盈宝”两全保险合计 9000 万元。

△ 河北省人民政府省长张庆伟到交通银行股份有限公司河北省分行营业部视察工作，看望和慰问一线干部员工，对下一步发展提出殷切希望。

△ 华夏银行股份有限公司石家庄分行辖属邯郸分行在邯郸市金融系统“建功金融、服务邯郸”2014 年“农行杯”青年职业技能大赛中荣获“团体三等奖”和“优秀组织奖”。

△ 唐山银行股份有限公司 2014 年第一次临时股东大会以通讯表决方式召开。大会审议通过了《2014 年变更注册资本方案》，选举王建祥为第五届监事会股东监事。

△ 唐山银行股份有限公司理财产品销售正式开通网上银行购买渠道及理财专用 POS 渠道。

△ 衡水银行股份有限公司行长林运杲、衡水银监分局二科科长姜振华一行到阜城支行调研指导工作。

△ 财政部驻河北专员办对中国信达资产管理股份有限公司河北分公司 2013 年以来的资产、财务管理情况进行现场检查。杜宝峰总经理向检查组汇报分公司的有关情况。张贵礼副总经理参加。

27 日 华夏银行股份有限公司石家庄分行辖属保定分行参加“2014 年度保定市银行业金融机构青年职业技能竞赛”，荣获团体三等奖。

△ 上海浦东发展银行股份有限公司廊坊分行正式开业。

△ 河北省农村信用社各县级行社全面完成远程集中授权系统推广工作。

△ 承德银行股份有限公司召开了党的群众路线教育实践活动总结大会，承德市委第六督导组组长、市人社局纪检书记王良一行出席会议并做讲话。

△ 承德银行股份有限公司开展了信息系统建设及网络应用集中学习活动。

27 日至 28 日 中国证券监督管理委员会河北监管局举办河北辖区第二届内幕交易警示教育展。

28 日 中国人民银行石家庄中心支行组织召开河北省人民银行系统存款保险条例草案公开征求意见工作电视电话会议。会议传达了中国人民银行总行会议精神，介绍了存款保险条例出台的重要意义和背景，对公开征求意见期间相关工作安排进行了部署。中国人民银行石家庄中心支行副行长贾广军主持会议，石家庄中心支行落实存款保险制度领导小组各成员处室负责同志、河北省各级人民银行主要负责同志分别在主会场及各分会场参加会议。

△ 国家开发银行股份有限公司河北省分行召开党委中心组学习（扩大）会议暨分行党委班子征求意见座谈会。

△ 中国农业发展银行河北省分行行长王玉武分别与来访的中储粮北京分公司负责人和总行粮棉油信贷专项检查组人员沟通有关工作，副行长宋振民出席。

△ 由工信部、住房城乡建设部所属中国工程建设标准化协会主办的2014数据中心工程标准化建设年度论坛在北京召开。中国农业银行股份有限公司河北省分行数据中心荣获"优秀金融数据中心奖"。

△ 中信银行股份有限公司石家庄分行分别在邯郸、保定、沧州举办汽车金融推介会。

△ 中国民生银行股份有限公司石家庄分行组织召开了第二届第三次职工代表大会，共178人参加，本次会议对《中国民生银行员工违规违纪行为处分办法（2014年修订）》和工会委员会、工会经费审查委员会委员调整事项进行了审议。

29日 中国人民银行石家庄中心支行组织召开河北省存款类金融机构存款保险条例草案公开征求意见工作电视电话会议，安排部署存款保险条例草案公开征求意见相关工作。河北省、市、县三级人民银行分别设立会场，中国人民银行石家庄中心支行行长陈建华，副行长贾广军、王彦青，石家庄中心支行落实存款保险制度领导小组成员，各级政府金融办及金融监管部门、金融机构的主要负责人分别在主会场及各分会场参加会议。

△ 渤海银行股份有限公司石家庄分行举办开业两周年客户答谢活动。

31日 泰山财产保险股份有限公司河北分公司全年完成保费收入2.09亿，超额完成任务。

11月 中国人民银行唐山市中心支行制定下发《中国人民银行唐山市中心支行女职工委员会工作细则》。

△ 工商银行河北分行成功签约并托管首支产业投资发展基金，基金预计规模10.10亿元，运作期限20年。该产业投资发展基金以促进张家口市招商引资工作，引进优质产业项目落户当地，实现优势互补、合作共赢为宗旨，通过引进经验丰富的投资管理人，设立合伙制基金，重点投资于张家口市空港地块的开发经营，以及对生物医药、节能环保、新材料、电子信息、消费及高技术服务业、高端装备制造等产业项目的股权投资，是张家口市政府牵头引进的重点项目。

△ 河北银行股份有限公司秦皇岛分行、承德分行相继开业，此外，该行实现了河北银行在全省11个设区市全覆盖，环渤海机构布局初步完成。

△ 中国银行业监督管理委员会衡水银监分局组织检查组到衡水银行股份有限公司进行理财业务现场检查。

12月

1日 中国人民银行邯郸市中心支行联合邯郸银行、河北银联邯郸办事处在滏东美食林超市，举办"邯郸市金融IC卡非接小额支付示范商圈启动暨宣传推广周"活动，曹增和行长、赵学臣副行长出席活动。

△ 邮政金融网点集中授权工程在中国邮政储蓄银行股份有限公司石家庄分行30个网点切换上线成功。该系统的成功上线，将授权方式由现场授权操作变为网络远程集中授权，解决了网点分散授权存在的诸多风险，提高了业务处理效率，优化了柜面人力资源配置。

2日 中国人民银行石家庄中心支行与河北省总工会、河北省人力资源和社会保障厅、共青团河北省委、河北省金融工作办公室联合举办了2014年中国技能大赛——河北省金融系统技能竞赛决赛。中国人民银行工会常务副主任张汉平，中国人民银行石家庄中心支行行长陈建华、工会主任李双锁观摩了比赛并参加了颁奖仪式。

△ 中国银监会免去郭锦洲中国银行业监督管理委员会河北监管局党委书记、局长职务。

△ 中国信达资产管理股份有限公司河北分公司成功竞得中信银行石家庄分行不良资产包，共计10户，涉及本金36212.25万元，利息5320.28万元，本息合计41532.53万元，债权项目主要分布于邯郸、邢台、石家庄等地区。

△ 信达财产保险股份有限公司河北分公司在石家庄解放广场参加了由河北省公安厅、文明办等联合组织开展的"全国交通安全日"活动，通过有奖问答的形式向广大交通参与者宣传公共交通安全常识，提高全民交通法制意识和安全意识。

3日 中国人民银行石家庄中心支行召开中国人民银行文学艺术联合会河北分会成立大会。中国人民银行工会常务副主任张汉平，中国人民银行天津分行工会办公室主任边俊利，河北省企业文联主席、河北省书法家协会副主席范硕莅临大会指导。中国人民银行石家庄中心支行行长陈建华出席会议并讲话，工会主任李双锁主持会议。

△ 中国人民银行唐山市中心支行成立“河北省金融票据协会唐山市分会”。

△ 上海浦东发展银行股份有限公司石家庄分行组织员工在河北省检察院反腐倡廉教育基地开展 2014 年“倡导廉洁从业、严防案件风险”警示教育活动。

4 日 12 月 4 日是第一个国家宪法日，中国人民银行秦皇岛市中心支行以“弘扬宪法精神，建设法治中国”为主题，开展系列学习、教育、宣传活动。

△ 河北省小额票据贴现管理中心秦皇岛分中心在民生银行秦皇岛分行举行揭牌仪式。秦皇岛市政府副秘书长兼市金融办主任田鸿彦、省金融票据协会秘书长杜文忠、中国人民银行秦皇岛市中心支行行长杨启明、民生银行秦皇岛分行行长何新分别致辞。

△ 中国人民银行秦皇岛市中心支行国库科被中国人民银行石家庄中心支行工会授予“女职工文明示范岗”称号。

△ 中国人民银行唐山市中心支行取消贷款卡发放核准行政许可业务。

△ 国家开发银行股份有限公司河北省分行举办“模拟法庭”活动，常思勇行长，高敬军、刘纯发、李保华、刁艳梅副行长出席，分行全体员工参加。

△ 华夏银行股份有限公司石家庄分行中小企业信贷部邯郸分部成立。

△ 河北省小额票据贴现管理中心秦皇岛市分中心正式在中国民生银行秦皇岛分行揭牌运营。

△ 河北恒银期货经纪有限公司期货公司资产管理业务“一对多”正式放开，中期协正式发布《期货公司资产管理业务管理规则（试行）》自 2014 年 12 月 15 日起实施。

5 日 招商银行股份有限公司石家庄分行举办四周年行庆活动。

△ 唐山市委《关于 2013 年度市属企事业单位领导班子和领导干部综合考评结果的通报》（唐字〔2014〕22 号），唐山银行被评为优秀领导班子 D 类单位，董事长杜少光、行长么向华、监事长刘双全被评为优秀领导干部。

6 日 中国农业发展银行河北省分行副行长宋振民与河北省交通厅对接国家、省内农村路网项目。

△ 衡水银行股份有限公司工会组织的第二届业务技能比赛在机关五楼会议室举办。

△ 华泰财产保险有限公司河北省分公司在石家庄、保定、唐山三地联合所辖 21 家 EA 门店开展“门店进社区 服务千万家”主题系列活动并取得良好效果，此项活动旨在进一步深化 EA 主渠道发展，贯彻落实 EA 价值主张。

7 日 在河北省张杰辉副省长的见证下，国家开发银行股份有限公司河北省分行与承德市人民政府、河北航天环境工程有限公司共同签订《合同环境服务合作框架协议》。

8 日 中国建设银行股份有限公司批复同意建行河北省分行设立“京津冀协同发展（河北）产业基金”，总规模 200 亿元，为抢抓京津冀协同发展战略机制提供重要平台。

△ 河北省小额票据贴现管理中心张家口市分中心正式挂牌成立，张家口市商业银行成为分中心唯一经办银行。

9 日 中国人民银行张家口中心支行举办机关“青年达沃斯”论坛。

△ 由中国建设银行河北省分行研发的省财政电子支付系统、电子不停车收费（ETC）系统等八项计算机软件获得国家版权局颁发的计算机软件著作权登记证书。

△ 中国光大银行股份有限公司石家庄分行首家社区银行——营业部香晴苑社区支行开业。

△ 唐山银行股份有限公司盛唐卡正式开通支付宝快捷支付功能。

△ 唐山银行第五届监事会第 3 次临时会议以传签或通讯表决方式召开。会议审议通过了《关于选举王建祥同志为第五届监事会监督委员会委员的议案》。

△ 廊坊银行发展研究中心落户北京金融街，成为廊坊银行及时了解和掌握国家金融政策、业界动态、前沿信息的重要平台，廊坊市政府、中国人民银行廊坊市中心支行、中国银行业监督管

理委员会廊坊监管分局等相关单位领导及廊坊银行股东代表为中心揭牌。

△ 邯郸银行与国家开发银行河北分行、国开证券签订战略合作框架协议。

10 日 河北省农村信用社网银对账系统正式上线运行。

11 日 中国建设银行股份有限公司河北省分行自行研发的海域使用权评估价值分次确认产品面市。

△ 冀中能源财务公司组织召开河北省国资系统财务公司票据业务研讨会。河北省银行业监督管理局河北监管局非银处殷辛月处长、省国资委金融处林德明处长出席会议并讲话。省内 5 家财务公司主要负责人及相关人员参加了会议。

12 日 中国人民银行总行货币金银局文四立局长、中国人民银行石家庄中心支行李双锁主任、李日升处长一行在中国人民银行承德市中心支行杨建奎行长和崔喜林副行长的陪同下到承德市承德县两家乡小学开展扶贫助教活动。

△ 中国人民银行沧州市中心支行召开全市金融系统“两管理、两综合”工作会议暨业务培训。16 家市级银行业金融机构及直管的 4 家法人机构的主管行长及部门负责人等共计 50 余人参加了会议。

△ 中国银行业监督管理委员会河北监管局中国金融工会河北工作委员会恢复建立，有利于调动金融系统广大职工投身全面深化改革的积极性，更好地维护和发展职工的合法权益。

△ 中国银监会任命李莅春为中国银行业监督管理委员会河北监管局党委书记、局长。

△ 中国建设银行股份有限公司河北省分行印发《中国建设银行河北省分行对公信贷放款中心操作细则》（建冀发〔2014〕50 号），明确包括综合受理、合同审核、条件落实审核、支用审核、会计核算和档案管理等环节在内的放款审查流程。

△ 中国光大银行股份有限公司石家庄分行第二家社区银行——东岗怡园社区支行开业。

△ 中国光大银行股份有限公司石家庄分行与河北省住房和城乡建设厅、河北省人力资源和社会保障厅成功签订了《建设领域农民工工资预储金监管合作框架协议》。

△ 中国银行业监督管理委员会河北监管局核准唐山银行变更注册资本事宜（冀银监复〔2014〕421 号）。

△ 渤海银行股份有限公司石家庄万达广场小微支行正式对外营业。

△ 邢台银行股份有限公司与邢台市人力资源和社会保障局联合发行“邢台银行股份有限公司社会保障卡”。

13 日 河北省委省政府主要领导同志在《中国农业银行河北省分行关于 2014 年金融扶贫工作情况的报告》上做出重要批示。省长张庆伟批示：“加大开发扶贫的力度，总结好经验，推广好做法”。

15 日 中国保险监督管理委员会河北监管局赵庆晗局长就河北保险业贯彻国务院《关于加快发展现代保险服务业的若干意见》接受河北电视台专访。

△ 由河北日报报业集团、河北新闻网共同发起的“中国梦 · 赶考行 河北省首届银行五星柜员团队及最美柜员推选活动”圆满落下帷幕，招商银行股份有限公司石家庄分行参赛柜员团队及个人全部获得荣誉称号。

△ 唐山银行股份有限公司 ATM 机设备完成冠字号改造工作，可实现对钱币冠字号的精准识别以及明细打印，防止了假币、残币纠纷，也为国家人民币管理工作提供了技术保障。

16 日 承德金融学会组织举办了以“金融与京津冀一体化发展”为主题的金融论坛。中国人民银行承德市中心支行副行长、学会常务副会长宋耐出席论坛并讲话，市社科联副主席付喜宗出席论坛并对金融学会工作给予充分肯定。

△ 中国农业发展银行河北省分行副行长冯会波到中国银行业监督管理委员会河北监管局参加“两个加强、两个遏制”专项检查工作部署电视电话会议。

△ 中国农业银行股份有限公司河北省分行召开党课专题辅导报告会，深入学习习近平总书记系列重要讲话精神，中央有关重要会议精神，进一步加强全行党的建设和领导干部队伍建设。省分行党委书记、行长杨光作辅导报告，系统阐述

了十八届三中全会以来党的建设新精神，提出了贯彻作风建设的新要求。

△ 招商银行股份有限公司石家庄分行郑晓东行长参加中国共产党河北省第八届委员会第九次全体会议。

△ 招商银行股份有限公司石家庄翟营南大街支行获中国银行业监督管理委员会河北监管局批准开业。（冀银监复〔2014〕430 号《中国银行业监督管理委员会河北监管局关于招商银行股份有限公司石家庄翟营南大街支行开业及核准侯晓霞任职资格的批复》）

△ 渤海国际信托有限公司完成股权结构工商变更登记。河北省工商行政管理局核准了公司关于股权结构变更的申请，并核发了新的营业执照。变更后，海航资本集团有限公司持有渤海国际信托有限公司 60.22% 股权，中国新华航空集团有限公司持有渤海国际信托有限公司 39.78% 股权。同时，新版营业执照中，渤海国际信托有限公司成立日期更正为 1983 年 12 月 9 日。

16 日至 18 日 中国证券监督管理委员会河北监管局举办投资者教育系列座谈会。

△ 中国建设银行股份有限公司河北省分行制定印发了《中国建设银行河北省分行关于加强基层服务型党组织建设的实施方案》（建冀党发〔2014〕5 号），在全行深入推进基层服务型党组织建设。

17 日 河北省召开全省经济工作会议，中国农业发展银行河北省分行副行长李阁宗参加。

△ 中国邮政储蓄银行股份有限公司河北省分行与河北省委农村工作部签订了战略合作协议，该行将全力推动“三农”尤其是新型农业产业的发展。

△ 合众人寿保险股份有限公司河北分公司银行部举办了 2014 年总结表彰大会暨 2015 年开门红启动大会，对优秀机构和个人进行了表彰并对 2015 年开门红方案进行了宣导。

17 日至 18 日 招商银行股份有限公司石家庄分行郑晓东行长参加河北省经济工作会议。

18 日 中国人民银行秦皇岛市中心支行机关党委组织全行干部职工观看了十八届四中全会精神解读专题讲座录像。

△ 中国人民银行邯郸市中心支行召开专门会议，研究邯郸市红色金融文史陈列馆筹建事宜。会议听取了陈列馆筹建前期工作汇报，对陈列馆筹建方案进行了研究。曹增和行长、张东生调研员及有关人员参加了会议。

△ 中国证券监督管理委员会河北监管局召开河北辖区“沪股通”公司座谈会。

△ 中国光大银行股份有限公司石家庄分行第三家社区银行——凤凰城社区支行正式开业。

△ 河北省农村信用社联合社印发《河北省农村信用社县域信用评级办法（试行）》，推动改善区域金融生态环境，为农信社制定区域信贷差别政策创造基础条件。

△ 河北省农村信用社正式发行信通金卡、信通白金卡。

△ 唐山银行“信息科技研究课题——利用蓝光光盘库实现海量数据的近线存储”经由河北省银行业监督管理局评审、推荐，首次入围银监会评审，并获得第四类成果奖（银监办便函〔2014〕1238 号）。

19 日 中国人民银行石家庄中支在廊坊召开现场会，向河北省 10 个地市中支及 115 家法人金融机构推广该行开发的《中小机构数据报送与校验系统》（以下简称“系统”）。

△ 中国证监会正式发布《公开募集证券投资基金运作指引第 1 号——商品期货交易型开放式基金指引》，自发布之日起实施。商品 ETF 指引实施打通了证券与商品两个市场，丰富了投资产品和避险工具，满足投资者抵御通货膨胀风险、资产配置多样化等需求；可以引入机构参与商品期货市场投资，改善商品期货市场投资者结构；还可以提高商品期货市场的流动性，有利于增强金融中介机构服务投资者和实体经济的能力。

△ 河北恒银期货经纪有限公司大连商品交易所玉米淀粉期货上市。

20 日 河北省金融系统青年联合会委员代表一行 49 人赴行唐县玉亭中心第一小学开展“暖冬助学”活动。此次活动在河北省金融系统青联 36 家会员单位的支持下，共筹集 8 万元以及图书、文具、冬季衣物等爱心物品。中国人民银行石家庄中心支行副行长、河北省金融系统青联主席文洪武出席捐赠仪式并讲话。

△ 信达财产保险股份有限公司河北分公司组织召开 2015 年工作会议。总结了公司 2014 年主要工作，分析了公司当前发展面临的形势和目标任务，并对 2015 年各项工作进行了安排部署。

21 日 兴业银行股份有限公司石家庄分行举办第一届“兴业好声音”决赛。

22 日 国家外汇管理局局长易纲在参加中国人民银行石家庄中心支行党员领导干部民主生活会期间，深入国家外汇管理局河北省分局调研指导工作，并亲切看望慰问一线工作人员。易纲局长充分肯定了河北省外汇管理工作取得的成绩，并代表总局党组对河北省外汇管理系统工作人员的辛勤工作表示感谢。国家外汇管理局河北省分局局长陈建华、副局长贾广军陪同调研。

23 日 国家外汇管理局河北省分局印发《河北省货物贸易外汇管理工作相关制度》（汇冀发〔2014〕75 号）。

△ 秦皇岛市档案局以李三妹副局长带队，对中国人民银行秦皇岛市中心支行档案目标管理工作进行了现场考核认定。经综合评议，该行档案目标管理达到 AAA 级认定标准。

△ 中国农业银行股份有限公司河北省分行成功上线全省农行首个“E 商管家”电子商务服务平台。该平台为传统企业转型电商提供集供应链管理、多渠道支付结算、线上线下协同发展、云服务等一体化定制综合金融服务，标志着河北分行电子商务业务实现跨越式突破性发展。

△ 唐山银行股份有限公司第五届董事会第 5 次临时会议以传签或通讯表决方式召开。会议审议通过了《关于变更注册资本的议案》《关于修改章程的议案》等 6 项议案。

△ 财达证券有限责任公司邀请多家媒体的相关领导和记者朋友召开公司首次新闻媒体恳谈会。

24 日 河北省委常委、省纪委书记陈超英一行 6 人到中国人民银行石家庄中心支行调研。石家庄中心支行行长陈建华汇报了中心支行党委、纪委落实党风廉政建设主体责任和监督责任情况，并介绍了在协助省纪委查询反洗钱信息、联网核查公民身份信息、落实账户实名制以及参与对领导干部个人有关事项报告抽查核实等方面，切实发挥人民银行职能，积极支持社会反腐败取得的成果。省纪委书记陈超英充分肯定了中心支行党风廉政建设和反腐败工作成果，并对石家庄中心支行的工作予以感谢。石家庄中心支行党委委员、纪委书记高兰根以及相关处室主要负责同志参加了会议。

△ 中国人民银行廊坊市中心支行行长曹建强就京津冀金融协同发展问题接受《河北经济日报》专访。曹建强行长详细介绍了廊坊市金融部门推动京津冀协同发展的主要举措及取得的主要成效，指出了发展中面临的主要问题，提出了明确京津冀金融协同发展格局定位、建立京津冀金融协同发展机制等政策建议。

△ 中国人民银行廊坊市中心支行开发的《中小机构数据报送与校验系统》在全省推广。

△ 中国建设银行股份有限公司河北省分行制定印发了《关于进一步加强和改进机关作风建设的意见》（建冀发〔2014〕55 号），对加强和改进省分行本部的机关作风建设提出明确要求，努力在全行营造奋发有为不懈怠、抢抓发展敢担当的干事创业氛围。

△ 中信银行股份有限公司石家庄分行经营管理成果获得中国银行业监督管理委员会河北监管局最高评价。

△ 中国邮政储蓄银行股份有限公司河北省分行与唐山钢铁集团公司银企战略合作签约仪式在唐钢集团举行。

△ 保定银行股份有限公司召开第一届监事会第三十一次会议，会议审议通过了《关于提名保定银行股份有限公司第二届监事会监事候选人的议案》决定提交监事会审议；会议审议通过关于修改《保定银行股份有限公司监事会议事规则》的议案（草案），《保定银行股份有限公司第二届监事会选举办法（草案）》。

△ 农银人寿总公司总经理肖彬、副总经理王进一行莅临河北分公司检查指导工作。在河北分公司视察过程中，肖彬总经理、王进副总经理一行听取了分公司总经理喻国梁就 2014 年经营情况及 2015 年开门红准备情况的汇报。随后，结合党的群众路线教育实践活动，认真听取了河北

分公司各部门负责人对总公司的意见和建议。

25 日 交通银行股份有限公司唐山分行贵金属交易暨回购中心正式开业。该中心作为河北省分行首家贵金属交易暨回购中心，配备专业理财经理，为客户提供实物黄金回购、贵金属实物销售、贵金属交易以及贵金属理财咨询等综合化的贵金属金融服务，进一步满足客户财富管理需求，提升客户金融体验。

△ 河北省农村信用社联合社征信系统企业征信数据正式上报人行。

△ 承德银行股份有限公司召开了党委扩大会议，学习贯彻中纪委四次全会精神。

△ 张家口市档案局对张家口市商业银行档案室进行机关档案级别认定，经评审，认定张家口市商业银行档案室达到“AAA”级标准。

△邢台银行股份有限公司举办第五届新年交响音乐会。

26 日 由中国人民银行沧州市中心支行牵头，团市委、市金融办等共 36 家单位共同参与的沧州市金融系统青年联合会第一届委员会第一次会议暨成立大会在中国银行沧州分行会议室顺利召开。

△ 中国银行股份有限公司河北省分行为河北钢铁集团开立全省首个跨境人民币双向资金池专用存款账户。

△ 由 2014 年中国妇女发展基金会、中国建设银行捐赠河北省的 12 辆“母亲健康快车”发车仪式在邢台市邢台县中心医院广场发车，中国建设银行股份有限公司河北省分行工会主席杜彦芳出席发车仪式并讲话。

△ 中国建设银行股份有限公司河北省分行整合借记 ETC 联名卡与京津冀旅游一卡通的特色功能，推出“京津冀旅游畅行卡”（建冀金〔2014〕374 号）

△ 招商银行石家庄中粮广场小微支行获中国银行业监督管理委员会河北监管局批准开业（冀银监复〔2014〕472 号《中国银行业监督管理委员会河北监管局关于招商银行股份有限公司石家庄中粮广场小微支行开业及核准周烨任职资格的批复》）。

△ 承德银行股份有限公司在唐山市高新区高科总部大厦召开了唐山分行党委成立大会。

△ 在北京举行的首届金融时报年会暨 2014 中国金融机构金牌榜颁奖盛典上，邢台银行股份有限公司荣登 2014 中国金融机构金牌榜——“年度最佳小微金融服务银行”。

△ 合众人寿保险股份有限公司河北分公司举办了 2015 年新春合家欢，宣传公司利好政策，增强分公司员工责任感和荣誉感。

26 日至 27 日 中国大地财产保险股份有限公司河北分公司召开了 2015 年工作启动会。本次会议全面传达了总公司 2015 年工作吹风会精神，分析了分公司当前的发展形势，明确了 2015 年经营发展目标，全面部署了各项工作任务，开启了公司效益发展的新征程。

27 日 中国光大银行股份有限公司石家庄分行第四家社区银行——万达社区支行正式开业。

△ 中国光大银行股份有限公司石家庄分行部分党支部爱心队伍赴石家庄市社会福利院给孩子们送去关爱和温暖。

△ 保定银行股份有限公司召开第一届董事会第三十二次会议，会议审议通过了《〈保定银行股份有限公司章程〉修正案（草案）》《关于修改〈保定银行股份有限公司股东大会议事规则〉的议案（草案）》等。

28 日 中国大地财产保险股份有限公司河北分公司举行成立 10 周年庆典活动。

29 日 中国银行业监督管理委员会河北监管局平安银行石家庄分行开业。至此共有 10 家全国性股份制商业银行在我省设立分支机构。2014 年，河北省股份制商业银行实现了设区市全覆盖。

△ 国家开发银行总行王用生副行长出席指导国家开发银行股份有限公司河北省分行领导班子民主生活会。

△ 华夏银行股份有限公司石家庄分行被国家外汇管理局河北省分局评定为 2014 年度执行外汇管理规定 A 类银行，这是该行自 2008 年外汇管理局启动该考评以来连续七年获评 A 类银行，是河北省金融机构中唯一的一家银行。

△ 招商银行石家庄华凯中心小微支行获中国银行业监督管理委员会河北监管局批准开业（冀银监复〔2014〕477 号《中国银行业监督管理委

员会河北监管局关于招商银行股份有限公司石家庄华凯中心小微支行开业及核准樊超任职资格的批复》）。

△招商银行石家庄联盟路支行获中国银行业监督管理委员会河北监管局批准开业（冀银监复〔2014〕478号《中国银行业监督管理委员会河北监管局关于招商银行股份有限公司石家庄联盟路支行开业及核准郝丽红任职资格的批复》）。

△在2014首届金融时报年会暨中国金融机构金牌榜盛典上，张家口市商业银行荣获金龙奖“年度最佳中小银行”奖项。

30日 中国农业发展银行河北省分行行长王玉武到邢台临城县支行看望慰问年终决算一线员工并与邢台市委书记张古江商谈信贷支农工作。

△中国银行股份有限公司总行聘任沈锋为中国银行股份有限公司河北省分行副行长。

△交通银行股份有限公司河北省分行本部第2家普惠型特色网点——龙泉花园支行正式开业。

△华夏银行股份有限公司石家庄分行辖属沧州分行荣获沧州市金融办“2014年度先进窗口单位”称号。

△中国光大银行股份有限公司石家庄分行第五家社区银行——国际城社区支行正式开业。

△河北省农村信用社对外发行首张金融IC卡。

△中国银行业监督管理委员会河北监管局核准唐山银行2014年度变更注册资本方案（冀银监复〔2014〕480号）。

△唐山市保险行业协会组织全市23家财险公司部分查勘人员进行了业务知识竞赛活动，信达财险唐山中心支公司获得了团体第二名的成绩，参加竞赛的两位查勘员均获得了个人三等奖。

31日 中国农业发展银行河北省分行行长王玉武到省分行营业部看望慰问一线员工，检查指导年终决算工作，到省分行机关各处室看望慰问员工。

△中国建设银行股份有限公司河北省分行党委书记、行长程远国荣获由中国银行业协会养老金专业委员会评选出的年度奖项“2014年度养老金行业优秀个人奖”。

△中信银行股份有限公司石家庄分行组织召开2015年经营目标安排部署会议。

△招商银行石家庄谈固南大街小微支行获中国银行业监督管理委员会河北监管局批准开业（冀银监复〔2014〕500号《中国银行业监督管理委员会河北监管局关于招商银行股份有限公司石家庄谈固南大街小微支行开业的批复》）。

12月 根据《中国人民银行关于表彰国库系统先进集体和先进个人的决定》（银发〔2015〕41号），中国人民银行秦皇岛市中心支行国库科被总行授予“2011—2014年度国库系统先进集体”称号。国库科宁智辉、贾玉艳同志被授予“2011—2014年度河北省人民银行国库系统先进个人”称号。

△中国人民银行抚宁县支行第一工会小组被河北省金融工会联合会授予“河北省金融系统模范职工小家”称号。

△中国人民银行秦皇岛市中心支行工会被市总工会授予2014年度“先进职工之家”荣誉称号。杨文君同志被市总工会授予2014年度“先进工作者”荣誉称号；周林芝、宋晓玲和侯亮等三位同志被市总工会授予2014年度“工会积极分子”荣誉称号。

△中国工商银行股份有限公司河北省分行主动调整业务结构，以提升贵金属业务收入贡献为中心，紧紧围绕“客户发展年”主题活动。全年实现贵金属业务收入2.26亿元，同比增幅78%，完成全年任务的148%；新增有效贵金属客户42.50万户，存量有效贵金属客户66万户，完成全年任务的203%，系统排名首位。工总行对工商银行河北分行贵金属业务取得的成绩也给予了充分肯定，并特发《祝贺信》（工银贵金〔2015〕38号）表示祝贺。

△华夏银行股份有限公司石家庄分行累计实现国际结算量25.80亿美元，超额完成总行年度卓越计划，同比增幅21.70%，跑赢河北省进出口增速12.60个百分点，市场份额从2013年的3.90%提升至4.30%。

△华夏银行股份有限公司石家庄分行对公存款较年初增长81亿元，列系统内第四名。

△华夏银行股份有限公司石家庄分行获总行“2014年度对公网银业务十佳分行”荣誉称号，

连续两年获此殊荣。

△ 兴业银行股份有限公司石家庄分行营业部荣获银行业协会2014年度中国银行业文明规范服务“五星级营业网点及千佳示范单位”称号。

△ 河北银行股份有限公司获准在全国银行间债券市场公开发行20亿人民币资本债，成为河北省首家发行二级资本债券的地方法人银行。

△ 邯郸银行承担的银监会信息科技风险管理课题“基于IT技术的中小银行小额信贷创新研究”获中国银监会“2014年度银行业信息科技风险管理课题第四类成果奖”。

△ 在河北省金融办引荐下，平安养老保险股份有限公司河北分公司积极对接了多个政府单位、大型国企和投融资平台，积极为河北省经济建设引入资金支持。全年累计为河北省唐山南湖2016世界园艺博览会项目、唐山市中心城区二环线改造项目、唐山城投信托项目等引入资金31亿元。

第六部分

经济金融统计资料

河北省国民经济统计

河北省国民经济核算

（2010~2014 年）

单位：亿元

项目	2010	2011	2012	2013	2014
国内生产总值	20197.10	24228.20	26575.00	28301.40	29421.20
第一产业	2562.80	2905.70	3186.70	3500.40	3447.50
第二产业	10705.70	13098.10	14001.00	14762.10	15020.20
第三产业	6928.60	8224.40	9387.30	10038.90	10953.50
全社会固定资产投资	15082.50	15795.20	19104.60	22629.80	26147.20
中央投资	690.20	740.10	849.80	1122.80	
地方投资	12231.60	15055.20	18254.90	21506.90	
第一产业	318.50	426.50	651.70	712.00	1045.50
第二产业	5602.60	7463.20	9386.60	11038.70	13047.00
第三产业	7000.80	7905.50	9066.30	10879.10	12059.70
地方财政收入	2410.50	3020.10	3479.30		2446.60
地方财政支出	2778.90	3509.60	4018.90		4638.10
社会消费品零售总额	6731.10	8035.50	9154.00	10400.70	11690.10
城镇	5112.30	6159.10	7001.40	7965.30	9123.60
乡村	1618.80	1876.40	2152.60	2435.40	2566.50
限额以上企业（单位）消费品零售额（亿元）		2077.20	2517.20	2917.20	3167.00
城镇		2043.90	2461.10	2839.60	3063.00
乡村		33.40	56.10	77.60	103.90
居民消费价格指数	103.10	105.70	102.60	103.00	101.30
城镇居民人均总收入（元）	16263.40	18292.20	20543.00	22580.00	24141.00
农村人均纯收入（元）	5958.00	7120.00	8081.00	9102.00	125472.00
实际利用外资（万美元）	436597.00	526016.00	603168.00	667250.00	700949.00
进出口总额（亿美元）	419.30	535.99	505.48	548.83	5988289.00
进口（亿美元）	193.60	250.15	209.44	239.20	241.69
出口（亿美元）	225.70	285.84	296.04	309.63	357.13

河北省国内生产总值

（2010~2014 年）　　单位：亿元

指标	2010	2011	2012	2013	2014
全省生产总值	20197.10	24228.20	26575.00	28301.40	29421.20
第一产业	2562.80	2905.70	3186.70	3500.40	3447.50
第二产业	10705.70	13098.10	14001.00	14762.10	15020.20
# 工业	9554.00	11741.90	12511.60	13194.80	13330.70
第三产业	6928.60	8224.40	9387.30	10038.90	10953.50
# 运输、仓储、邮电业	1880.30	2046.20	2241.10	2377.60	2490.10
批发、零售、住宿、餐饮业	1563.00	2074.20	2384.60	2579.20	2687.90
金融保险业	569.30	675.70	876.10	1033.60	1280.50
房地产业	693.50	814.60	982.10	1041.30	1127.90
其他服务业	2222.50	2613.70	2903.40	3007.30	3367.20

河北省社会消费品零售总额

（2010~2014 年）　　单位：亿元

指标	2010	2011	2012	2013	2014
社会消费品零售总额	6731.10	8035.50	9154.00	10400.70	11690.10
# 城镇	5112.30	6159.10	7001.40	7965.30	9123.60
乡村	1618.80	1876.40	2152.60	2435.40	2566.50
限额以上企业（单位）消费品零售额（亿元）		2077.20	2517.20	2917.20	3167.00
# 批发零售贸易业	5966.80				
餐饮业	764.30				
其他					

河北省固定资产投资

（2010~2014 年）

单位：亿元

指标	2010	2011	2012	2013	2014
全社会固定资产投资	15082.50	15795.20	19104.60	22629.80	26147.20
国有及国有控股	4486.30	3890.30	4020.20	4432.70	4743.50
按三次产业分					
第一产业	318.50	426.50	651.70	712.00	1040.50
第二产业	5602.60	7463.20	9386.60	11038.70	13047.00
第三产业	7000.80	7905.50	9066.30	10879.10	12059.70
按隶属关系分					
中央投资	690.20	740.10	849.80	1122.80	832.80
地方投资	12231.60	15055.20	18254.90	21506.90	25314.40
按资金来源分					
国家预算内资金	346.40	380.00	471.70	561.10	684.00
国内贷款	2101.80	1624.10	1205.00	1550.80	1914.40
债券	27.80	36.00	10.30	1.20	11.20
利用外资	72.40	111.40	96.20	88.80	104.90
自筹资金	10289.10	13516.90	16107.50	18791.60	21214.80
其他资金	1405.60	1696.90	1654.30	1883.30	1867.60
商品房建设与销售					
房屋施工面积（万平方米）	20790.30	26835.40	27577.80	29949.10	31628.40
#住宅	17274.50	21483.00	21896.00	23558.30	24456.10
房屋竣工面积（万平方米）	3028.60	5145.30	4894.60	4437.00	4037.60
#住宅	2651.00	4250.40	3978.10	3517.80	3195.10
商品房销售面积（万平方米）	4533.00	5901.40	5144.90	5675.90	5706.20
#住宅	4213.10	5311.80	4622.50	5020.10	5015.10
商品房销售额（亿元）	1605.80	2350.00	2303.90	2779.70	2928.10
#住宅	1453.60	1998.10	1914.60	2329.10	2501.70

河北省利用内外资

（2010~2014 年）

单位：亿元

指标	2010	2011	2012	2013	2014
实际利用内外资总额（亿元）					
# 实际利用内资（亿元）	1949.80	3763.70	5076.30	7127.00	7440.00
实际利用外资（万美元）	436597.00	526016.00	603168.00	667250.00	700949.00
# 对外借款	7283.00	4788.00	5441.00	6664.00	10402.00
外商直接投资	33074.00	468095.00	580486.00	644720.00	637196.00
# 合资企业	103141.00	176717.00	182736.00	229152.00	199812.00
合作企业	7574.00	5574.00	28553.00	13461.00	7715.00
独资企业	260238.00	272356.00	325131.00	382261.00	405134.00
# 亚洲	245002.00	334258.00	443435.00	458889.00	486846.00
# 香港特别行政区	195212.00	269370.00	364757.00	383992.00	404081.00
日本	13557.00	17013.00	28870.00	30774.00	18372.00
韩国	3681.00	8615.00	10111.00	7417.00	7651.00
欧洲	18706.00	29395.00	37032.00	46553.00	24724.00
# 欧盟	15761.00	25673.00	35159.00	45652.00	22954.00
拉丁美洲	72890.00	55419.00	49512.00	89247.00	74285.00
北美洲	23798.00	28204.00	32076.00	30630.00	33423.00
# 美国	18621.00	18003.00	25777.00	25822.00	21444.00
大洋洲	20860.00	18761.00	15810.00	17781.00	14580.00
# 澳大利亚	9530.00	4356.00	2971.00	11633.00	6000.00
新批三资企业合同					
项目数（个）	246.00	195.00	196.00	195.00	198.00
# 合资企业	90.00	71.00	60.00	74.00	64.00
合作企业	14.00	11.00	4.00	3.00	3.00
独资企业	141.00	113.00	129.00	117.00	128.00
合同总金额（万美元）	735350.00	926787.00	907019.00	76.80	102.40
# 合资企业	259769.00	407040.00	348214.00	39.20	44.50
合作企业	31106.00	35787.00	16589.00	0.30	1.20
独资企业	434193.00	483744.00	488724.00	37.30	56.50
合同外资额（万美元）	329314.00	422376.00	388396.00	36.80	49.70
# 合资企业	80995.00	151277.00	98771.00	15.10	14.80
合作企业	15434.00	17028.00	5663.00	0.20	0.30
独资企业	226559.00	254033.00	265924.00	21.50	34.40

河北省对外经济

（2010~2014 年）　　单位：万美元

指标	2010	2011	2012	2013	2014
进出口总值（万美元）	4193116	5359910	5054790	5488298	5988289
#进口总值	1936113	2501524	2094405	2392030	2416942
出口总值	2257003	2858386	2960384	3096268	3571347
#国有企业	364803	487129	478924	519738	532768
外商投资企业	922360	1017392	942375	846626	893724
集体企业	45477	48825	38234	36457	36605
私营企业	916364	1307818	1490122	1676876	2082204
#初级产品	182583	241150	211050	202982	212498
工业制品	2074400	2617277	2718338	2856883	3313658
#机电产品		998292	992960		
#一般贸易	1799712	2389590	2490598	2612374	3101926
加工贸易	409743	419651	414373	411327	422137
#高技术产品		380923	308979		
#农产品		150259	149370		
#亚洲	865750	1145993	1259901	1308774	1656661
#香港特别行政区	36712	41226	49674	48250	68498
日本	116426	139619	151406	150943	182680
韩国	177209	229404	222180	198508	244401
非洲	133972	167281	183795	223266	251712
欧洲	757421	907303	797063	800852	811251
拉丁美洲	133832	187568	224135	265321	277669
北美洲	324443	390698	437638	447229	520777
#美国	286259	347024	388492	396933	466069
大洋洲	41585	59544	57853	50826	53277
#澳大利亚	34008	49755	47665	40813	43534
对外承包工程					
新签合同数（份）	268	214	160		
新签合同额（万美元）	298257	332866	373834	467343	485335
完成营业额（万美元）	288174	244889	285086	434565	408696
国际旅游					
海外旅游者人数（人次）	977447	1141439	1293201	1337647	1328630
创汇金额（万美元）	35071	44765	54494	58578	53419

河北省行政区划

（2014 年 12 月 31 日）

地区	城市合计	地级市	县级市	县	市辖区
全　　省	31	11	20	112	40

石家庄市	长安区	桥西区	新华区	裕华区	井陉矿区	藁城区	鹿泉区	栾城区
	辛集市	晋州市	新乐市	深泽县	无极县	赵县	灵寿县	高邑县
	元氏县	赞皇县	平山县	井陉县	行唐县	正定县		
承　德　市	双桥区	双滦区	鹰手营子矿区		承德县	兴隆县	平泉县	滦平县
	隆化县	丰宁满族自治县		宽城满族自治县		围场满族蒙古族自治县		
张家口市	桥东区	桥西区	宣化区	下花园区	高新区	宣化县	张北县	康保县
	沽源县	尚义县	蔚县	阳原县	怀安县	万全县	怀来县	涿鹿县
	赤城县	崇礼县	察北管理区		塞北管理区			
唐　山　市	遵化市	迁安市	滦县	滦南县	乐亭县	迁西县	玉田县	曹妃甸区
	丰南区	丰润区	路南区	路北区	古冶区	开平区	汉沽管理区	
	芦台经济技术开发区		高新技术开发区		海港经济开发区			
秦皇岛市	海港区	山海关区	北戴河区	青龙满族自治县		昌黎县	抚宁县	卢龙县
廊　坊　市	安次区	广阳区	霸州市	三河市	固安县	永清县	香河县	大城县
	文安县	大厂回族自治县						
保　定　市	新市区	北市区	南市区	涿州市	定州市	安国市	高碑店市	满城县
	清苑县	涞水县	阜平县	徐水县	定兴县	唐县	高阳县	容城县
	涞源县	望都县	安新县	易县	曲阳县	蠡县	顺平县	博野县
	雄县							
沧　州　市	新华区	运河区	泊头市	任丘市	黄骅市	河间市	沧县	青县
	东光县	海兴县	盐山县	肃宁县	南皮县	吴桥县	献县	
	孟村回族自治县							
衡　水　市	桃城区	冀州市	深州市	枣强县	武邑县	武强县	饶阳县	安平县
	故城县	景县	阜城县					
邢　台　市	桥东区	桥西区	沙河市	南宫市	邢台县	临城县	内丘县	柏乡县
	隆尧县	任县	南和县	宁晋县	巨鹿县	新河县	广宗县	平乡县
	威县	清河县	临西县					
邯　郸　市	邯山区	丛台区	复兴区	峰峰矿区	武安市	邯郸县	临漳县	成安县
	大名县	涉县	磁县	肥乡县	永年县	邱县	鸡泽县	广平县
	馆陶县	魏县	曲周县					

河北省历年总人口及人口自然变动

（1952~2014 年）

年份	总人口（万人）	# 男	城镇	出生率（‰）	死亡率（‰）	自然增长率（‰）
1952	3272	1653	258	29.17	12.10	17.07
1953	3343	1688	271	29.47	11.48	17.99
1954	3443	1743	298	32.63	12.10	20.53
1955	3529	1789	308	32.39	11.64	20.65
1956	3589	1821	323	29.29	11.34	17.95
1957	3670	1865	363	29.62	11.30	18.32
1958	3732	1898	433	24.45	10.92	13.53
1959	3791	1933	490	23.09	12.29	10.80
1960	3779	1923	481	20.51	15.84	4.67
1961	3795	1922	406	15.13	13.63	1.51
1962	3884	1961	338	28.68	9.06	19.62
1963	3956	2018	345	38.61	11.20	27.41
1964	3997	2044	357	33.63	10.91	22.72
1965	4087	2084	367	32.96	8.84	24.18
1966	4183	2133	368	29.22	8.69	20.53
1967	4254	2170	375	25.74	7.17	18.57
1968	4347	2217	373	26.86	6.52	20.34
1969	4445	2267	371	24.70	6.48	18.22
1970	4550	2320	381	26.73	6.49	20.24
1971	4640	2367	401	25.06	6.49	18.57
1972	4728	2416	446	25.27	7.22	18.05
1973	4804	2456	468	21.88	6.56	15.33
1974	4862	2487	476	18.19	6.80	11.39
1975	4913	2515	495	17.78	7.22	10.56
1976	4943	2535	505	18.44	11.39	7.05
1977	4998	2563	525	19.62	6.77	12.85
1978	5057	2595	553	20.88	6.49	14.39
1979	5105	2620	589	19.86	6.36	13.50
1980	5168	2651	614	20.47	6.46	14.01
1981	5256	2692	637	23.99	6.05	17.94
1982	5356	2742	668	19.35	5.94	13.41
1983	5420	2777	692	17.91	6.60	11.31
1984	5487	2815	728	16.73	5.41	11.32
1985	5548	2852	757	17.10	5.30	11.80
1986	5627	2893	784	20.42	6.12	14.30
1987	5710	2936	812	22.50	6.00	16.50
1988	5795	2978	840	20.35	5.50	14.85
1989	5881	3021	871	20.19	5.44	14.75
1990	6159	3147	885	20.46	6.82	13.64
1991	6220	3167	904	16.61	6.75	9.86
1992	6275	3212	961	15.33	6.43	8.90
1993	6334	3227	991	15.43	6.11	9.32
1994	6388	3264	1033	14.93	6.50	8.43
1995	6437	3266	1099	13.93	6.32	7.61
1996	6484	3309	1151	13.85	6.55	7.30
1997	6525	3327	1189	13.11	6.82	6.29
1998	6569	3343	1222	13.01	6.18	6.83
1999	6614	3357	1255	12.99	6.26	6.73
2000	6674	3397	1308	11.30	6.21	5.09
2001	6699	3384	1363	11.16	6.18	4.98
2002	6735	3420	1437	11.53	6.25	5.28
2003	6769	3454	1809	11.43	6.27	5.16
2004	6809	3480	1809	11.98	6.19	5.79
2005	6851	3441	2582	12.84	6.75	6.09
2006	6898	3486	2674	12.82	6.29	6.23
2007	6943	3529	2795	13.33	6.78	6.55
2008	6989	3562	2928	13.04	6.49	6.55
2009	7034	3582	3077	12.93	6.43	6.50
2010	7194	3647	3186	12.22	6.41	6.81
2011	7241	3743	3302	13.02	6.52	6.50
2012	7287.51	3693.75	3410.53	12.88	6.41	6.47
2013	7332.61	3716.60	3519.60	13.04	6.87	6.17
2014	7383.75	3750.64	3642.40	13.18	6.23	6.95

河北省金融汇总统计

河北省金融机构（含外资）存贷款主要项目表

（2014年12月31日）

栏目 来源项目名称	本月	比年初		栏目 运用项目名称	本月	比年初	
		本年	上年			本年	上年
一、各项存款	43764.02	4319.57	5181.06	一、各项贷款	28052.29	3516.41	3031.83
1.单位存款	16009.72	1581.17	2021.15	㈠境内贷款	28000.13	3531.13	3012.24
其中：活期存款	7743.88	253.38	696.82	1.短期贷款	11766.39	866.58	1592.90
定期存款	3792.83	782.55	640.87	⑴个人贷款及透支	2375.04	329.70	417.40
通知存款	195.85	45.02	-87.64	其中：个人消费贷款	565.78	91.93	107.48
保证金存款	2681.44	355.55	477.83	⑵单位贷款及透支	8523.75	680.18	1176.85
2.个人存款	26142.29	2390.71	2843.34	其中：经营贷款	8438.02	667.91	1184.00
储蓄存款	25760.08	2338.59	2694.53	固定资产贷款	82.27	12.10	-7.99
保证金存款	29.68	-6.84	11.21	⑶普通并购贷款		-0.19	0.19
结构性存款	352.53	58.95	137.60	⑷银团贷款	5.85	-12.50	13.08
3.财政性存款	902.95	230.16	174.61	⑸贸易融资	861.74	-130.61	-14.63
4.临时性存款	54.94	9.85	5.09	⑹境外投资转贷款			
5.委托存款	100.51	16.74	48.44	2.中长期贷款	15117.85	2270.12	1391.80
6.其他存款	553.60	90.94	88.43	⑴个人贷款	5118.20	972.26	865.46
二、金融债券	56.49	39.91	0.01	其中：个人消费贷款	4235.08	866.29	750.47
三、中长期借款	0.59	-0.19	-0.13	⑵单位贷款	9115.79	1186.22	470.34
四、应付及暂收款	1118.78	132.04	174.06	其中：经营贷款	1880.68	258.45	64.93
其中：应付利息	761.20	124.62	147.49	固定资产贷款	7235.11	927.77	405.41
五、同业往来（来源方）	153.63	57.88	8.39	⑶普通并购贷款	68.45	14.89	11.88
六、系统内资金往来（来源方）				⑷银团贷款	808.86	99.06	38.90
七、外汇买卖（来源方）	2086.97	1159.19	1121.72	⑸贸易融资	3.57	-2.16	5.73
其中：结售汇	2049.40	1154.95	1121.92	⑹境外投资转贷款	2.97	-0.14	-0.51
八、各项准备	751.89	113.85	92.31	3.融资租赁	97.26	24.87	23.99
其中：贷款损失准备金	719.76	100.15	89.14	4.票据融资	997.39	357.06	0.22
九、所有者权益	1639.94	346.15	341.44	其中：贴现	997.39	357.06	0.22
其中：实收资本	695.23	92.41	119.03	5.各项垫款	21.25	12.51	3.33
十、其他	-7223.70	-1168.10	-2189.14	㈡境外贷款	52.16	-14.72	19.59
				二、有价证券	1140.02	423.93	194.50
				三、股权及其他投资	834.30	167.46	-152.74
				四、应收及预付款	343.48	-7.60	149.16
				其中：应收利息	121.47	18.31	19.57
				五、同业往来（运用方）	176.06	-56.03	199.92
				六、系统内资金往来（运用方）	9038.35	-266.95	113.15
				七、金银占款			
				八、外汇买卖（运用方）	2086.04	1158.75	1121.41
				其中：结售汇	2048.47	1154.51	1121.61
				九、固定资产	400.16	36.17	45.06
				十、库存现金	273.20	28.48	27.72
				十一、投资性房地产	4.71	-0.29	-0.27
资金来源总计	42348.61	5000.32	4729.73	资金运用总计	42348.61	5000.32	4729.73

河北省金融机构（含外资）本外币信贷收支表（按部门）

（2014年12月31日）

来源项目名称 \ 栏目	本月	比年初		运用项目名称 \ 栏目	本月	比年初	
		本年	上年			本年	上年
一、各项存款	43764.02	4319.57	5181.06	一、各项贷款	28052.29	3516.41	3031.83
1.住户存款	26207.43	2417.79	2912.42	(一)境内贷款	28000.13	3531.13	3012.24
(1)活期及临时性存款	7942.95	148.91	1060.29	1.住户贷款	7493.24	1301.96	1282.86
(2)定期及其他存款	18264.48	2268.88	1852.12	(1)消费性贷款	4800.87	958.21	857.95
2.非金融企业存款	10091.93	749.19	1210.75	短期消费性贷款	565.78	91.93	107.48
活期及临时性存款	4347.93	-102.31	225.07	中长期消费性贷款	4235.08	866.29	750.47
定期及其他存款	5744.00	851.50	985.68	(2)经营性贷款	2692.37	343.75	424.91
3.机关团体存款	5994.10	827.91	797.06	短期经营性贷款	1809.25	237.78	309.92
4.财政性存款	902.95	230.16	174.61	中长期经营性贷款	883.12	105.97	114.99
5.其他存款	553.60	90.94	88.43	2.非金融企业及其他部门贷款	20506.89	2229.17	1729.38
6.非居民存款	14.00	3.58	-2.21	(1)短期贷款及票据融资	10388.74	893.93	1175.72
二、金融债券	56.49	39.91	0.01	短期贷款	9391.35	536.87	1175.50
其中：境外发行				票据融资	997.39	357.06	0.22
三、中长期借款	0.59	-0.19	-0.13	(2)中长期贷款	9999.65	1297.86	526.34
其中：境外借款	0.44	-0.19	-0.13	(3)其他贷款	118.50	37.38	27.32
四、应付及暂收款	1118.78	132.04	174.06	(二)境外贷款	52.16	-14.72	19.59
五、同业往来（来源方）	153.63	57.88	8.39	二、有价证券	1140.02	423.93	194.50
其中：境外同业往来	6.17	-4.27	2.90	其中：境外有价证券			
六、系统内资金往来（来源方）				三、股权及其他投资	834.30	167.46	-152.74
七、外汇买卖（来源方）	2086.97	1159.19	1121.72	四、应收及预付款	343.48	-7.60	149.16
八、各项准备	751.89	113.85	92.31	五、同业往来（运用方）	176.06	-56.03	199.92
九、所有者权益	1639.94	346.15	341.44	其中：境外同业往来	3.48	2.39	-0.18
十、其他	-7223.70	-1168.10	-2189.14	六、系统内资金往来（运用方）	9038.35	-266.95	113.15
				七、金银占款			
				八、外汇买卖（运用方）	2086.04	1158.75	1121.41
				其中：结售汇	2048.47	1154.51	1121.61
				九、固定资产	400.16	36.17	45.06
				十、库存现金	273.20	28.48	27.72
				十一、投资性房地产	4.71	-0.29	-0.27
资金来源总计	42348.61	5000.32	4729.73	资金运用总计	42348.61	5000.32	4729.73

河北省金融机构（含外资）人民币信贷收支表

（2014 年 12 月 31 日）

来源项目名称＼栏目	本月	比年初		运用项目名称＼栏目	本月	比年初	
		本年	上年			本年	上年
一、各项存款	43454.90	4233.57	5202.35	一、各项贷款	27593.82	3515.31	3041.92
1.单位存款	15794.14	1518.89	2047.26	㈠境内贷款	27593.44	3515.42	3042.03
其中：活期存款	7663.99	252.56	724.95	1.短期贷款	11487.46	871.71	1631.38
定期存款	3716.29	752.62	653.78	(1)个人贷款及透支	2374.09	329.28	417.29
通知存款	195.85	46.01	-86.75	其中：个人消费贷款	564.84	91.50	107.37
保证金存款	2624.87	325.59	462.01	(2)单位贷款及透支	8366.38	637.35	1176.80
2.个人存款	26069.92	2384.33	2837.61	其中：经营贷款	8280.65	625.09	1183.73
储蓄存款	25690.09	2332.92	2688.87	固定资产贷款	82.27	12.10	-7.77
保证金存款	29.58	-6.86	11.20	(3)普通并购贷款		-0.19	0.19
结构性存款	350.25	58.27	137.53	(4)银团贷款	5.85	-12.50	13.08
3.财政性存款	903.34	230.10	174.60	(5)贸易融资	741.13	-82.23	24.01
4.临时性存款	51.28	10.32	6.02	(6)境外投资转贷款			
5.委托存款	100.45	16.75	48.43	2.中长期贷款	14990.65	2249.52	1382.98
6.其他存款	535.76	73.18	88.43	(1)个人贷款	5118.05	972.16	865.42
二、金融债券	56.49	39.91	0.01	其中：个人消费贷款	4234.94	866.19	750.43
三、中长期借款	0.15			(2)单位贷款	8996.40	1164.60	463.90
四、应付及暂收款	1085.82	149.28	147.59	其中：经营贷款	1777.89	234.41	52.95
其中：应付利息	759.36	124.22	147.67	固定资产贷款	7218.51	930.19	410.95
五、同业往来（来源方）	149.15	62.61	4.49	(3)普通并购贷款	66.59	15.52	12.49
六、系统内资金往来（来源方）				(4)银团贷款	808.86	99.06	38.90
七、外汇买卖（来源方）	1022.14	579.97	555.53	(5)贸易融资	0.10	-2.16	2.27
其中：结售汇	1019.78	577.62	555.53	(6)境外投资转贷款	0.64	0.34	
八、各项准备	739.71	113.09	91.42	3.融资租赁	97.26	24.87	23.99
其中：贷款损失准备金	707.60	99.40	88.24	4.票据融资	997.38	357.05	0.34
九、所有者权益	1632.79	343.71	336.19	其中：贴现	997.38	357.05	0.34
其中：实收资本	694.83	92.41	119.04	5.各项垫款	20.70	12.26	3.34
十、其他	-7223.26	-1141.55	-2373.86	㈡境外贷款	0.38	-0.11	-0.11
				二、有价证券	1140.02	423.93	194.50
				三、股权及其他投资	834.30	167.46	-152.74
				四、应收及预付款	319.41	4.54	135.41
				其中：应收利息	119.08	18.15	19.99
				五、同业往来（运用方）	172.58	-58.42	200.10
				六、系统内资金往来（运用方）	9159.71	-313.39	-87.95
				七、金银占款			
				八、外汇买卖（运用方）	1027.09	578.95	561.20
				其中：结售汇	1024.42	576.56	561.18
				九、固定资产	400.15	36.18	45.06
				十、库存现金	266.08	26.34	26.50
				十一、投资性房地产	4.71	-0.29	-0.27
资金来源总计	40917.89	4380.60	3963.72	资金运用总计	40917.89	4380.60	3963.72

河北省金融机构（含外资）人民币信贷收支表（按部门）

（2014年12月31日）

来源项目名称	本月	比年初 本年	比年初 上年	运用项目名称	本月	比年初 本年	比年初 上年
一、各项存款	43454.90	4233.57	5202.35	一、各项贷款	27593.82	3515.31	3041.92
1.住户存款	26135.39	2411.41	2906.67	㈠境内贷款	27593.44	3515.42	3042.03
(1)活期及临时性存款	7900.89	144.64	1054.97	1.住户贷款	7492.14	1301.44	1282.71
(2)定期及其他存款	18234.50	2266.76	1851.69	(1)消费性贷款	4799.77	957.69	857.79
2.非金融企业存款	9878.72	692.43	1237.93	短期消费性贷款	564.84	91.50	107.37
活期及临时性存款	4270.41	−97.60	254.48	中长期消费性贷款	4234.94	866.19	750.43
定期及其他存款	5608.32	790.03	983.46	(2)经营性贷款	2692.37	343.75	424.91
3.机关团体存款	5988.50	823.14	796.66	短期经营性贷款	1809.25	237.78	309.92
4.财政性存款	903.34	230.10	174.60	中长期经营性贷款	883.12	105.97	114.99
5.其他存款	535.76	73.18	88.43	2.非金融企业及其他部门贷款	20101.30	2213.98	1759.32
6.非居民存款	13.18	3.31	−1.94	(1)短期贷款及票据融资	10110.75	899.49	1214.43
二、金融债券	56.49	39.91	0.01	短期贷款	9113.36	542.43	1214.09
其中：境外发行				票据融资	997.38	357.05	0.34
三、中长期借款	0.15			(2)中长期贷款	9872.59	1277.36	517.56
其中：境外借款				(3)其他贷款	117.96	37.13	27.33
四、应付及暂收款	1085.82	149.28	147.59	㈡境外贷款	0.38	−0.11	−0.11
五、同业往来（来源方）	149.15	62.61	4.49	二、有价证券	1140.02	423.93	194.50
其中：境外同业往来	1.95	0.48	−0.94	其中：境外有价证券			
六、系统内资金往来（来源方）				三、股权及其他投资	834.30	167.46	−152.74
七、外汇买卖（来源方）	1022.14	579.97	555.53	四、应收及预付款	319.41	4.54	135.41
八、各项准备	739.71	113.09	91.42	五、同业往来（运用方）	172.58	−58.42	200.10
九、所有者权益	1632.79	343.71	336.19	其中：境外同业往来			
十、其他	−7223.26	−1141.55	−2373.86	六、系统内资金往来（运用方）	9159.71	−313.39	−87.95
				七、金银占款			
				八、外汇买卖（运用方）	1027.09	578.95	561.20
				其中：结售汇	1024.42	576.56	561.18
				九、固定资产	400.15	36.18	45.06
				十、库存现金	266.08	26.34	26.50
				十一、投资性房地产	4.71	−0.29	−0.27
资金来源总计	40917.89	4380.60	3963.72	资金运用总计	40917.89	4380.60	3963.72

河北省金融机构（含外资）外汇信贷收支表

（2014年12月31日）

栏目 / 来源项目名称	本月	比年初		栏目 / 运用项目名称	本月	比年初	
		本年	上年			本年	上年
一、各项存款	50.52	13.92	-2.29	一、各项贷款	74.92	-0.09	0.65
1.单位存款	35.23	10.09	-3.40	㈠境内贷款	66.46	2.34	-2.82
其中：活期存款	13.06	0.09	-4.09	1.短期贷款	45.58	-1.01	-4.72
定期存款	12.51	4.86	-1.82	(1)个人贷款及透支	0.16	0.07	0.02
通知存款		-0.16	-0.14	其中：个人消费贷款	0.16	0.07	0.02
保证金存款	9.24	4.88	2.65	(2)单位贷款及透支	25.72	6.93	0.57
2.个人存款	11.83	1.00	1.24	其中：经营贷款	25.72	6.93	0.61
储蓄存款	11.44	0.89	1.22	固定资产贷款			-0.04
保证金存款	0.02	0.00	0.00	(3)普通并购贷款			
结构性存款	0.37	0.11	0.02	(4)银团贷款			
3.财政性存款	-0.06	0.01	0.00	(5)贸易融资	19.71	-8.01	-5.31
4.临时性存款	0.60	-0.08	-0.13	(6)境外投资转贷款			
5.委托存款	0.01	0.00	0.00	2.中长期贷款	20.79	3.30	1.93
6.其他存款	2.92	2.90	0.00	(1)个人贷款	0.02	0.02	0.01
二、金融债券				其中：个人消费贷款	0.02	0.02	0.01
三、中长期借款	0.07	-0.03	-0.02	(2)单位贷款	19.51	3.47	1.50
四、应付及暂收款	5.39	-2.85	4.46	其中：经营贷款	16.80	3.88	2.29
其中：应付利息	0.30	0.06	-0.02	固定资产贷款	2.71	-0.41	-0.79
五、同业往来（来源方）	0.73	-0.78	0.66	(3)普通并购贷款	0.31	-0.11	-0.09
六、系统内资金往来（来源方）	19.83	-7.69	-31.18	(4)银团贷款			
七、外汇买卖（来源方）	174.02	94.37	93.76	(5)贸易融资	0.57	0.00	0.57
其中：结售汇	168.27	94.08	93.61	(6)境外投资转贷款	0.38	-0.08	-0.07
八、各项准备	1.99	0.12	0.20	3.融资租赁			
其中：贷款损失准备金	1.99	0.12	0.20	4.票据融资	0.00	0.00	-0.02
九、所有者权益	1.17	0.40	0.87	其中：贴现	0.00	0.00	-0.02
其中：实收资本	0.07			5.各项垫款	0.09	0.04	
十、其他	-0.07	-4.35	29.52	㈡境外贷款	8.46	-2.43	3.46
				二、有价证券			
				三、股权及其他投资			
				四、应收及预付款	3.93	-2.01	2.37
				其中：应收利息	0.39	0.02	-0.06
				五、同业往来（运用方）	0.57	0.39	-0.02
				六、系统内资金往来（运用方）			
				七、金银占款			
				八、外汇买卖（运用方）	173.06	94.47	92.78
				其中：结售汇	167.36	94.19	92.63
				九、固定资产	0.00	0.00	0.00
				十、库存现金	1.16	0.35	0.22
				十一、投资性房地产			
资金来源总计	253.65	93.11	95.98	资金运用总计	253.65	93.11	95.98

河北省金融机构（含外资）外汇信贷收支表（按部门）

（2014 年 12 月 31 日）

来源项目名称 \ 栏目	本月	比年初	
		本年	上年
一、各项存款	50.52	13.92	-2.29
1.住户存款	11.77	1.00	1.24
(1)活期及临时性存款	6.87	0.67	1.03
(2)定期及其他存款	4.90	0.33	0.21
2.非金融企业存款	34.84	9.18	-3.55
活期及临时性存款	12.67	-0.82	-4.27
定期及其他存款	22.17	10.00	0.72
3.机关团体存款	0.92	0.78	0.07
4.财政性存款	-0.06	0.01	0.00
5.其他存款	2.92	2.90	0.00
6.非居民存款	0.13	0.04	-0.04
二、金融债券			
其中：境外发行			
三、中长期借款	0.07	-0.03	-0.02
其中：境外借款	0.07	-0.03	-0.02
四、应付及暂收款	5.39	-2.85	4.46
五、同业往来（来源方）	0.73	-0.78	0.66
其中：境外同业往来	0.69	-0.78	0.66
六、系统内资金往来（来源方）	19.83	-7.69	-31.18
七、外汇买卖（来源方）	174.02	94.37	93.76
八、各项准备	1.99	0.12	0.20
九、所有者权益	1.17	0.40	0.87
十、其他	-0.07	-4.35	29.52
资金来源总计	253.65	93.11	95.98

运用项目名称 \ 栏目	本月	比年初	
		本年	上年
一、各项贷款	74.92	-0.09	0.65
(一)境内贷款	66.46	2.34	-2.82
1.住户贷款	0.18	0.09	0.03
(1)消费性贷款	0.18	0.09	0.03
短期消费性贷款	0.16	0.07	0.02
中长期消费性贷款	0.02	0.02	0.01
(2)经营性贷款			
短期经营性贷款			
中长期经营性贷款			
2.非金融企业及其他部门贷款	66.28	2.25	-2.84
(1)短期贷款及票据融资	45.43	-1.08	-4.76
短期贷款	45.43	-1.08	-4.74
票据融资	0.00	0.00	-0.02
(2)中长期贷款	20.76	3.29	1.92
(3)其他贷款	0.09	0.04	
(二)境外贷款	8.46	-2.43	3.46
二、有价证券			
其中：境外有价证券			
三、股权及其他投资			
四、应收及预付款	3.93	-2.01	2.37
五、同业往来（运用方）	0.57	0.39	-0.02
其中：境外同业往来	0.57	0.39	-0.02
六、系统内资金往来（运用方）			
七、金银占款			
八、外汇买卖（运用方）	173.06	94.47	92.78
其中：结售汇	167.36	94.19	92.63
九、固定资产	0.00	0.00	0.00
十、库存现金	1.16	0.35	0.22
十一、投资性房地产			
资金运用总计	253.65	93.11	95.98

金融管理机构统计

河北省人民银行系统机构、人员情况一览表

（2014年12月31日）　　单位：家、人

单位名称	机构总数	其中			从业人员总数
		省级机构	市级机构	县及以下机构	
省级机关	18	1		17	977
承德	9		1	8	335
张家口	14		1	13	535
秦皇岛	5		1	4	282
唐山	9		1	8	442
廊坊	9		1	8	398
保定	23		1	22	852
沧州	14		1	13	511
衡水	11		1	10	435
邢台	17		1	16	551
邯郸	15		1	14	603
合计	144	1	10	133	5921

中国银行业监督管理委员会河北监管局机构、人员情况一览表

（2014年12月31日） 单位：家、人

单位名称	机构总数	其中			从业人员总数
		省级机构	市级机构	县及以下机构	
省级机关	1	1	10	133	1051
石家庄	18	1		17	239
邯郸	15		1	14	92
邢台	17		1	16	102
保定	23		1	22	128
衡水	11		1	10	72
沧州	14		1	13	84
廊坊	9		1	8	66
唐山	9		1	8	77
秦皇岛	5		1	4	51
张家口	14		1	13	80
承德	9		1	8	60
合计	144	1	10	133	1051

河北省境内上市公司经营情况统计表

（2014 年 12 月 31 日）

序号	公司名称	股票代码	板块	股票简称	上市时间	注册资本（百万元）	法人代表	员工总数	注册地址	邮政编码	公司电话
1	石家庄常山纺织股份有限公司	000158.SZ	深市主板	常山股份	2000/07/24	718.8610	汤彰明	5826	河北省石家庄市和平东路 183 号	050011	86-311-86673856
2	唐山冀东水泥股份有限公司	000401.SZ	深市主板	冀东水泥	1996/06/14	1347.5229	张增光	19061	河北省唐山市丰润区林荫路	064000	86-315-3244005
3	金谷源控股股份有限公司	000408.SZ	深市主板	金谷源	1996/06/28	252.3015	邢福立	103	河北省邯郸市峰峰矿区彭城镇彭东街 9 号	056200	86-10-62021686
4	东旭光电科技股份有限公司	000413.SZ	深市主板	东旭光电	1996/09/25	2662.0800	李兆廷	2943	河北省石家庄市高新技术产业开发区黄河大道 9 号	100036	86-311-8691777586-10-68297016
5	河北建投能源投资股份有限公司	000600.SZ	深市主板	建投能源	1996/06/06	1791.6264	米大斌	4588	河北省石家庄市裕华西路 9 号	050051	86-311-85518633
6	恒天天鹅股份有限公司	000687.SZ	深市主板	恒天天鹅	1997/02/21	757.3685	吕向阳	4894	河北省保定市新市区盛兴西路 1369 号	071055	86-312-332232686-312-3322262
7	河北钢铁股份有限公司	000709.SZ	深市主板	河北钢铁	1997/04/16	10618.6079	于勇	48101	河北省石家庄市桥西区裕华西路 40 号	050000	86-311-66770709
8	新兴铸管股份有限公司	000778.SZ	深市主板	新兴铸管	1997/06/06	3643.3074	李成章	32635	河北省武安市上洛阳村北（2672 厂区）	056300	86-310-579201186-310-5793247 86-10-63712911
9	河北承德露露股份有限公司	000848.SZ	深市主板	承德露露	1997/11/13	501.8270	管大源	1558	河北省承德市高新技术产业开发区（西区 8 号）	067000	86-314-205988886-314-2128181
10	唐山冀东装备工程股份有限公司	000856.SZ	深市主板	冀东装备	1998/08/13	227.0000	张增光	2984	河北省唐山市曹妃甸装备制造产业园区	063000	86-315-8216998
11	茂业物流股份有限公司	000889.SZ	深市主板	茂业物流	1997/12/18	621.8268	刘宏	1836	河北省秦皇岛市海港区河北大街中段 146 号 26 层	066000	86-335-373386886-335-3280602
12	河北宣化工程机械股份有限公司	000923.SZ	深市主板	河北宣工	1999/07/14	198.0000	常战芳	2054	河北省张家口市宣化区东升路 21 号	075105	86-313-318607586-313-3186222
13	冀中能源股份有限公司	000937.SZ	深市主板	冀中能源	1999/09/09	2718.1130	郭周克	50785	河北省邢台市中兴西大街 191 号	054000	86-319-206831286-319-2098828
14	石家庄东方能源股份有限公司	000958.SZ	深市主板	东方能源	1999/12/23	483.3930	安建国	1549	河北省石家庄市建华南大街 161 号	050031	86-311-85053913
15	同方国芯电子股份有限公司	002049.SZ	中小企业板	同方国芯	2005/06/06	606.8180	陆致成	1610	河北省唐山市玉田县无终西街 3129 号	064100	86-315-619816186-315-6198181
16	沧州明珠塑料股份有限公司	002108.SZ	中小企业板	沧州明珠	2007/01/24	363.7989	于新立	1744	河北省沧州市沧石路张庄子工业园区	061001	86-317-207531886-317-2075245
17	荣盛房地产发展股份有限公司	002146.SZ	中小企业板	荣盛发展	2007/08/08	1905.2849	耿建明	11585	河北省廊坊市经济技术开发区祥云道 81 号	065001	86-316-5909688
18	博深工具股份有限公司	002282.SZ	中小企业板	博深工具	2009/08/21	338.1300	陈怀荣	1563	河北省石家庄市高新技术产业开发区海河道 10 号	050035	86-311-85962650
19	巨力索具股份有限公司	002342.SZ	中小企业板	巨力索具	2010/01/26	960.0000	杨建忠	3415	河北省保定市徐水县巨力路	072550	86-312-8608520
20	龙星化工股份有限公司	002442.SZ	中小企业板	龙星化工	2010/07/06	480.0000	刘江山	1646	河北省沙河市东环路龙星街 1 号	054100	86-319-8869535
21	秦皇岛天业通联重工股份有限公司	002459.SZ	中小企业板	天业通联	2010/08/10	388.6894	朱新生	437	河北省秦皇岛市经济技术开发区天山北路 3 号	066004	86-335-530259986-335-5302528
22	华斯农业开发股份有限公司	002494.SZ	中小企业板	华斯股份	2010/11/02	348.4780	贺国英	940	河北省沧州市肃宁县尚村镇	062350	86-317-5090055
23	石家庄以岭药业股份有限公司	002603.SZ	中小企业板	以岭药业	2011/07/28	563.3900	吴相君	4634	河北省石家庄市高新技术产业开发区天山大街 238 号	050035	86-311-85901311
24	石家庄中煤装备制造股份有限公司	002691.SZ	中小企业板	石中装备	2012/07/31	200.0000	王守兴	799	河北省石家庄市石家庄高新区黄河大道 89 号	050035	86-311-85323688
25	承德南江股份有限公司	200160.SZ	深市主板	南江 B	2000/09/29	706.3200	李卫民	129	河北省承德市承德县下板城镇	067400	86-314-311504886-314-3115049

续表

序号	公司名称	股票代码	板块	股票简称	上市时间	注册资本（百万元）	法人代表	员工总数	注册地址	邮政编码	公司电话
26	恒信移动商务股份有限公司	300081.SZ	创业板	恒信移动	2010/05/20	134.0000	孟宪民	2153	河北省石家庄市开发区天山大街副 69 号	050021	86-311-86130089
27	河北建新化工股份有限公司	300107.SZ	创业板	建新股份	2010/08/20	269.1512	朱守琛	826	河北省沧州市临港化工园区（中捷农场）	061000	86-317-3598366
28	河北先河环保科技股份有限公司	300137.SZ	创业板	先河环保	2010/11/05	344.3953	李玉国	454	河北省石家庄市湘江道 251 号	050035	86-311-85323900
29	晨光生物科技集团股份有限公司	300138.SZ	创业板	晨光生物	2010/11/05	179.5709	卢庆国	751	河北省邯郸市曲周县城晨光路 1 号	057250	86-310-8859023
30	河北常山生化药业股份有限公司	300255.SZ	创业板	常山药业	2011/08/19	188.4187	高树华	705	河北省石家庄市正定镇火车站西富强路 9 号	050800	86-311-89190181
31	河北汇金机电股份有限公司	300368.SZ	创业板	汇金股份	2014/01/23	123.8000	孙景涛	1176	河北省石家庄市高新技术产业开发区湘江道 209 号	050035	86-311-66858368
32	唐山汇中仪表股份有限公司	300371.SZ	创业板	汇中股份	2014/01/23	96.0000	张力新	353	河北省唐山市高新技术开发区清华道	063020	86-315-3856690
33	河北四通新型金属材料股份有限公司	300428.SZ	创业板	四通新材	2015/03/19	80.8000	臧立国	352	河北省保定市清苑县望亭乡东安村	071000	86-312-5806816
34	乐凯胶片股份有限公司	600135.SH	沪市主板	乐凯胶片	1998/01/22	342.0000	滕方迁	1606	河北省保定市创业路 369 号	071054	86-312-330237286-312-3302386
35	廊坊发展股份有限公司	600149.SH	沪市主板	廊坊发展	1999/10/14	380.1600	王海滨	25	河北省廊坊市开发区科技谷园区青果路 99 号	065000	86-316-6066958
36	河北宝硕股份有限公司	600155.SH	沪市主板	宝硕股份	1998/09/18	476.6026	黄代云	1143	河北省保定市高新区朝阳北大街 1069 号	071051	86-312-3109607
37	沧州大化股份有限公司	600230.SH	沪市主板	沧州大化	2000/04/06	294.1882	谢华生	2884	河北省沧州市运河区永济东路 19 号	061000	86-317-355614386-317-3556897
38	华夏幸福基业股份有限公司	600340.SH	沪市主板	华夏幸福	2003/12/30	1322.8797	王文学	12156	河北省廊坊市固安县京开路西侧三号路北侧一号	100027	86-10-56982988
39	唐山三友化工股份有限公司	600409.SH	沪市主板	三友化工	2003/06/18	1850.3855	么志义	14720	河北省唐山市南堡开发区	063305	86-315-851907886-315-8517654
40	凌云工业股份有限公司	600480.SH	沪市主板	凌云股份	2003/08/15	361.7148	李喜增	8611	河北省涿州市松林店镇	072761	86-312-3951002
41	风帆股份有限公司	600482.SH	沪市主板	风帆股份	2004/07/14	536.5000	刘宝生	6890	河北省保定市富昌路 8 号	071057	86-312-320852986-312-3208588
42	保定天威保变电气股份有限公司	600550.SH	沪市主板	保变电气	2001/02/28	1534.6071	薛桓	3504	河北省保定市天威西路 2222 号	071056	86-312-3252455
43	河北衡水老白干酒业股份有限公司	600559.SH	沪市主板	老白干酒	2002/10/29	140.0000	刘彦龙	2505	河北省衡水市人民东路 809 号	053000	86-318-2122755
44	河北金牛化工股份有限公司	600722.SH	沪市主板	金牛化工	1996/06/26	680.3197	赫孟合	2317	河北省沧州市临港化工园区化工大道	061108	86-317-8553187
45	新奥生态控股股份有限公司	600803.SH	沪市主板	新奥股份	1994/01/03	985.7850	王玉锁	3424	河北省石家庄市和平东路 393 号	050031	86-311-8591589886-316-2597675 86-316-2597611
46	华北制药股份有限公司	600812.SH	沪市主板	华北制药	1994/01/14	1630.8047	杨海静	15450	河北省石家庄市和平东路 388 号	050015	86-311-85992690
47	河北福成五丰食品股份有限公司	600965.SH	沪市主板	福成五丰	2004/07/13	528.0033	李高生	4550	河北省三河市燕郊经济技术开发区	065201	86-10-6159560786-316-3319003*603
48	开滦能源化工股份有限公司	600997.SH	沪市主板	开滦股份	2004/06/02	1234.6400	张文学	11532	河北省唐山市新华东道 70 号东楼	063018	86-315-281201386-315-3026971
49	唐山港集团股份有限公司	601000.SH	沪市主板	唐山港	2010/07/05	2030.3515	孙文仲	3224	河北省唐山市海港经济开发区	063611	86-315-291640986-315-2916324 86-315-2916413
50	庞大汽贸集团股份有限公司	601258.SH	沪市主板	庞大集团	2011/04/28	3240.0567	庞庆华	35762	河北省唐山市滦县火车站东一公里处	100023	86-10-53010230
51	长城汽车股份有限公司	601633.SH	沪市主板	长城汽车	2011/09/28	3042.4230	魏建军	71575	河北省保定市朝阳南大街 2266 号	071000	86-312-2197813

河北省证券经营机构经营情况统计表

（2014 年 12 月 31 日）

地区名称	证券营业部（家）	其中：财达证券	员工人数	证券账户（万户）	资金账户（万户）	托管市值（亿元）	本年累计交易金额（亿元）	本年累计营业收入（万元）	本年累计净利润（万元）
石家庄	63	18	1206	161.43	101.99	812.40	10223.31	84111.71	35961.33
邯郸	15	10	250	38.76	24.76	157.56	1560.01	17501.18	8072.94
邢台	9	5	138	24.45	14.30	46.05	822.68	9464.13	4751.57
保定	23	11	470	53.20	30.26	207.26	2466.34	26608.60	11845.97
衡水	6	4	74	17.49	9.30	29.57	513.81	6412.47	3551.92
沧州	14	8	195	35.05	20.31	94.83	1397.97	15394.69	8243.12
廊坊	17	7	232	24.10	14.35	137.11	1249.41	14869.52	6720.02
唐山	34	18	597	76.18	47.55	396.46	5685.43	36490.83	15694.92
秦皇岛	10	7	172	28.97	16.88	95.37	1451.16	18151.39	8873.26
张家口	4	2	136	17.01	9.77	62.95	483.76	9729.04	4904.33
承德	4	2	72	14.82	8.44	35.03	464.18	8684.67	5149.59
合计	199	92	3542	491.46	297.91	2074.59	26318.06	247418.23	113768.97

河北省期货经营机构经营情况统计表

（2014 年 12 月 31 日）

地区名称	期货营业部总数（家）	其中：恒银期货	开户数	员工人数	保证金余额（万元）	本年累计交易量（手）	本年累计代理交易额（万元）	本年累计手续费收入（万元）	本年累计净利润（万元）
石家庄	15	0	25644	220	134400.66	17596159	214655609.57	4199.07	–111.82
邯郸	4	1	2346	39	4601.74	1799226	21317948.33	495.06	–192.88
邢台	0	0	0	0	0.00	0	0.00	0.00	0.00
保定	2	0	2568	22	34449.96	2294208	21370415.17	777.74	249.90
衡水	1	1	1338	10	2111.26	392387	2314823.79	129.67	–43.79
沧州	1	1	810	10	1895.10	426643	2869536.61	148.10	–16.89
廊坊	2	1	1605	23	6437.94	1248176	13448417.29	232.18	–56.32
唐山	9	1	7429	83	43489.12	11437408	78470133.45	1625.36	–503.04
秦皇岛	2	0	1406	19	3085.00	1230218	7956536.58	230.00	–4.01
张家口	0	0	0	0	0.00	0	0.00	0.00	0.00
承德	1	1	471	11	495.98	473027	2633848.86	73.43	–76.11
合计	37	6	43617	437	230966.76	36897452	365037269.65	7910.60	–754.96

注：所填“开户数”为截至 2014 年 12 月 31 日的客户数量，“员工人数”为从业人员数量。

中国证券监督管理委员会河北监管局机构、人员情况一览表

填报单位： （2014 年 12 月 31 日） 单位：家、人

单位名称	机构总数	其中			从业人员总数
		省级机构	市级机构	县及以下机构	
省级机关					
石家庄	79				1426
邯郸	8				111
邢台	4				136
保定	12				194
衡水	35				607
沧州	18				242
廊坊	25				493
唐山	23				278
秦皇岛	8				93
张家口	9				138
承德	16				261
合计	237				3979

中国保险监督管理委员会河北监管局财产保险公司业务统计表

（2014年12月31日）

单位：万元

分公司	保费收入												保户储金及投资款	赔付支出												赔案件数（件）	未决赔款
	合计	企业财产保险	机动车辆保险	工程保险	责任保险	信用保险	保证保险	货物运输保险	农业保险	其他	意外伤害保险	短期健康保险		合计	企业财产保险	机动车辆保险	工程保险	责任保险	信用保险	保证保险	货物运输保险	农业保险	其他	意外伤害保险	短期健康保险		
石家庄	831886.24	33008.39	672667.94	11468.59	12438.07	16512.45	38744.47	3727.30	23718.92	1921.69	10788.13	4321.57	205634.24	373247.21	12959.76	311809.73	2863.55	7374.32	6968.06	8319.39	1514.63	11404.32	1447.79	3535.94	4250.29	2068581.00	199498.98
邯郸	275302.45	6403.39	227802.44	177.23	5076.78	0.00	12389.33	684.74	13999.65	0.00	2979.54	4178.97	104159.60	141603.79	2808.85	126876.07	599.23	1900.25	0.00	530.90	265.13	4374.85	(29.78)	1049.40	2812.54	207571.00	75512.93
邢台	231410.42	4711.17	191254.67	206.13	4211.01	25.88	172.00	634.01	20294.84	1.64	3205.05	6119.54	120842.15	105883.34	1358.38	87091.96	213.27	1810.78	0.00	0.16	261.40	9650.87	(34.19)	375.60	5007.47	173821.00	54639.71
保定	434330.08	9237.29	376058.05	302.85	6801.42	38.19	4250.71	2541.22	23499.17	1.64	5980.74	4164.18	245592.65	205534.27	5676.60	176046.60	2889.72	2561.19	0.00	454.95	1838.71	10253.24	(13.36)	1773.70	3737.22	395954.00	107372.67
衡水	137814.36	2818.02	114219.84	326.49	1809.42	61.67	72.14	879.70	12376.39	0.56	1598.55	3435.28	97641.00	57567.61	885.83	48372.49	353.48	662.19	74.34	23.33	647.78	3820.57	0.11	592.86	2098.20	98822.00	30946.80
沧州	408991.28	5983.27	359256.59	791.84	9389.29	67.67	3239.80	1712.21	18448.66	1.04	5408.24	2671.64	212898.61	167012.67	1878.17	148734.64	128.26	2558.26	0.00	370.87	444.96	6524.01	(1.06)	2716.70	1530.90	212506.00	114729.55
廊坊	268029.89	8002.53	235282.08	183.85	3880.54	21.97	4650.96	742.17	10469.86	5.09	3086.55	955.81	122184.02	130546.23	5299.77	111678.07	133.12	1944.26	0.00	285.05	211.42	9133.63	0.02	1193.11	561.72	241046.00	61438.53
唐山	601170.96	24233.82	489015.88	1308.28	11359.74	217.87	21412.34	4767.66	23004.67	2.35	7849.99	13902.26	256479.71	336742.21	11098.09	286761.41	292.37	5167.77	0.00	4139.69	2245.33	11903.39	0.00	2159.33	11325.09	489051.00	212918.97
秦皇岛	181443.67	5975.11	152465.87	671.10	4168.34	269.93	2192.57	2130.02	5302.51	4.02	2383.98	1151.31	119003.23	100668.63	2039.13	84790.28	1398.94	2240.64	0.00	61.52	2142.81	5265.25	0.15	515.18	995.71	191654.00	46122.55
张家口	148950.36	3133.68	922.13	1153.63	3077.09	11.02	255.52	433.78	14307.48	1.13	1599.10	604.72	122258.02	75522.15	1413.39	62799.28	437.87	1950.23	0.00	139.79	88.25	7904.33	0.00	376.69	203.30	119814.00	41626.34
承德	137996.84	4662.46	109553.03	583.03	4457.92	0.00	194.76	501.60	13602.61	1.58	2931.75	829.00	38121.65	77053.45	2095.79	63374.51	573.89	2390.50	0.00	122.51	45.31	6653.77	0.11	889.97	650.67	115502.00	32213.35
合计	3657326.55	108169.13	3050419.52	17173.03	66669.62	17226.64	87574.61	18754.40	179024.76	1940.75	47811.62	42334.29	1644814.88	1771381.56	47513.76	1508335.04	9883.70	30560.38	7042.39	14448.16	9705.72	86888.24	1369.79	15178.47	33173.10	4317472.00	977020.39

中国保险监督管理委员会河北监管局人寿保险公司业务统计表

（2014 年 12 月 31 日）

单位：万元

公司	保费收入									有效保单件数（件）	赔付支出									退保金
	合计	人寿保险					意外伤害险	健康险	其中新单保费		合计	个人业务				团体业务				
		小计	普通寿险	分红寿险	投资连结保险	万能保险						赔款支出	死伤医疗给付	满期给付	年金给付	赔款支出	死伤医疗给付	满期给付	年金给付	
石家庄	1204130.90	1040260.60	405460.20	626578.70	618.10	7603.70	35846.20	128024.1	637351.10	6667391.00	383640.40	6770.60	24155.1	277092.20	26880.80	37204.10	5069.50	2453.10	4014.90	316035.90
邯郸	546668.30	480761.20	191487.20	283094.00	26.30	6153.70	13323.90	52583.2	293858.20	3098342.00	163135.50	5461.00	16151.3	124797.80	10093.00	3136.70	142.80	2117.20	1235.90	260205.40
邢台	317049.10	284917.00	106044.00	174132.80	0.30	4739.90	7587.50	24544.5	177369.70	2010668.00	145052.30	2508.60	8023.4	124810.30	6390.70	1921.90	37.90	493.90	865.70	141785.20
保定	769284.30	675708.00	246044.00	424239.20	72.70	5352.10	19835.20	73741.1	370742.60	4835651.00	344871.00	6610.70	19496.0	291186.30	16749.60	5992.60	2917.20	270.90	1647.70	299947.20
衡水	254413.00	222375.40	95613.10	126080.00	1.50	680.80	5849.80	26187.8	129188.40	1901077.00	92405.60	1905.70	5428.8	78052.00	5403.70	845.50	29.20	121.40	619.20	73521.80
沧州	510176.90	458771.20	161992.00	291995.00	1.40	4782.80	13664.60	37741.1	233476.80	4763709.00	249466.80	5445.10	14088.6	212284.50	11480.50	3411.70	900.30	431.20	1424.90	214754.90
廊坊	398146.00	346231.10	116370.80	224366.30	1.30	5492.70	12668.60	39246.3	184931.10	2227161.00	148227.30	4490.90	11223.9	121616.90	8084.10	1367.10	147.80	38.20	1258.50	145318.60
唐山	834005.60	723231.20	279343.50	439023.30	235.50	4628.90	16119.00	94655.4	409360.50	4219677.00	315319.30	7314.80	20853.9	246336.50	17383.90	20396.60	204.30	600.40	2229.10	314061.50
秦皇岛	319170.10	260539.00	111425.70	147070.10	2.70	2040.50	6955.60	51675.5	163076.10	2751087.00	133437.40	3324.30	8090.4	103015.20	7982.50	9777.70	229.00	316.80	701.40	123866.90
张家口	231972.10	195075.10	83663.40	110098.10	0.20	1313.50	8996.10	27900.9	124681.90	2111384.00	124602.60	1816.40	3965.8	105716.90	4346.60	6169.70	818.20	811.20	958.00	104223.80
承德	277041.60	247995.20	85697.10	161503.20	0.20	794.70	7744.70	21301.7	120930.30	2048820.00	78739.90	2458.80	7956.6	54848.80	6046.10	3000.40	85.10	3717.80	626.30	86192.00
合计	5662057.80	4935865.00	1883141.00	3008180.70	960.30	43583.20	148591.20	577601.60	2844966.60	36634967.00	2178898.00	48106.80	139433.60	1739757.40	120841.60	93224.00	10581.20	11372.00	15581.50	2079913.30

中国保险监督管理委员会河北监管局机构、人员情况一览表

（2014 年 12 月 31 日） 单位：家、人

单位名称	机构总数	其中			从业人员总数
		省级机构	市级机构	县及以下机构	
省级机关（监管机关）	2	1	1	0	87
石家庄	604	60	30	514	38172
邯郸	442	0	42	400	23453
邢台	306	0	37	269	15067
保定	525	0	47	478	31692
衡水	286	0	32	254	11626
沧州	402	0	44	358	24772
廊坊	304	0	33	271	17099
唐山	579	0	50	529	24166
秦皇岛	254	0	37	217	13304
张家口	243	0	31	212	11466
承德	295	0	30	265	16749
合计	4240	60	413	3767	227566

银行业机构统计

国家开发银行股份有限公司河北省分行资产负债表

（2014年12月31日）

单位：元

资产	期末金额	期初金额	负债及股东权益	期末金额	期初金额
资产：			负债：		
现金及存放中央银行款项	150343526.78	928581605.15	向中央银行借款	0	0
存放同业款项	8592570.96	9011246.71	同业及其他金融机构存放款项	6527990452.25	6553618507.54
贵金属	0	0	拆入资金	0	0
拆出资金	0	0	交易性金融负债	0	0
交易性金融资产	0	0	衍生金融负债	0	0
衍生金融资产	0	0	卖出回购金融资产款	0	0
买入返售金融资产	0	0	吸收存款	24258863472.32	14728377857.76
应收利息	458319338.66	425811944.81	应付职工薪酬	5384214.31	0
发放贷款和垫款	195557750864.82	171965483590.35	应交税费	196360054.97	169746485.06
可供出售金融资产	0	0	应付利息	30418982.61	26128143.77
持有至到期投资	0	0	预计负债	10096568.52	10413538.55
长期股权投资	0	0	应付债券	0	0
投资性房地产	0	0	递延所得税负债	0	0
固定资产	62423964.61	66344822.31	其他负债	202469620549.16	177951448601.81
无形资产	1609362.89	1674506.11	负债合计	233498734294.14	199439733134.49
递延所得税资产	0	0	所有者权益（或股东权益）：		
其他资产	41377534403.63	29355118409.54	实收资本（或股本）	0	0
			资本公积	0	0
			减：库存股	0	0
			盈余公积	0	0
			一般风险准备	0	0
			未分配利润	4117839738.21	3312292990.49
			外币报表折算差额	0	0
			所有者权益（或股东权益）合计	4117839738.21	3312292990.49
资产总计	237616574032.35	202752026124.98	负债及所有者权益（或股东权益）总计	237616574032.35	202752026124.98

国家开发银行股份有限公司河北省分行利润表

（2014 年 12 月 31 日）　　单位：元

项目	本期发生金额	本年累计金额
营业收入（亏损以"–"号填列）	5964733139.91	5964733139.91
利息净收入	5569199444.28	5569199444.28
利息收入	13765227488.76	13765227488.76
利息支出	–8196028044.48	–8196028044.48
手续费及佣金净收入	379026660.20	379026660.20
手续费及佣金收入	390309885.10	390309885.10
手续费及佣金支出	–11283224.90	–11283224.90
投资收益	1318356.17	1318356.17
其中：对联营企业和合营企业的投资收益	0	0
公允价值变动收益 /（损失）	0	0
汇兑收益	14525469.26	14525469.26
其他业务收入	663210.00	663210.00
营业支出（亏损以"–"号填列）	–1847009256.42	–1847009256.42
营业税金及附加	–719485134.10	–719485134.10
业务及管理费	–135670405.14	–135670405.14
资产减值损失	–991087177.44	–991087177.44
其他业务成本	–766539.74	–766539.74
营业利润（亏损以"–"号填列）	4117723883.49	4117723883.49
加：营业外收入	168400.00	168400.00
减：营业外支出	–100000.00	–100000.00
利润总额	4117792283.49	4117792283.49
减：所得税费用	0	0
净利润	4117792283.49	4117792283.49

国家开发银行股份有限公司河北省分行中间业务收入情况表

（2014 年 12 月 31 日）

单位：万元

项 目	1. 结算业务收入	2. 代理业务手续费收入	3. 顾问和咨询费收入	4. 银行卡手续费收入	5. 电子银行业务收入	6. 担保及承诺业务收入	7. 托管及其他受托业务佣金收入	8. 外汇买卖差价收入	9. 手续费及佣金收入	10. 其他中间业务收入	合计
省分行								1574	39030		40604
合计								1574	39030		40604

国家开发银行股份有限公司河北省分行机构、人员情况一览表

（2014 年 12 月 31 日）

单位：家、人

单位名称	机构总数	其中			从业人员总数
		省级机构	市级机构	县及以下机构	
省级机关	1	1	0	0	185
合计	1	1	0	0	185

中国农业发展银行河北省分行资产负债表

（2014 年 12 月 31 日）

单位：元

项目	年初数	年末数	项目	年初数	年末数
资产：			负债：		
现金及银行存款	5374086.83	2963283.06	向中央银行借款		
存放中央银行款项	237113562.03	228056540.90	联行存放款项	61333115269.80	73905400896.71
贵金属			同业及其他金融机构存放款项	744507000.18	1169371602.86
存放联行款项			拆入资金		
存放同业款项	135195014.13	11131520595.75	以公允价值计量且其变动计入当期损益的金融负债		
拆出资金			衍生金融负债		
以公允价值计量且其变动计入当期损益的金融资产			卖出回购金融资产款		
衍生金融资产			吸收存款	15410386552.00	18917908822.63
买入返售金融资产			应付职工薪酬	15379531.99	23711555.69
应收款项类金融资产			应交税费	78839370.70	87053521.44
应收利息	2115880.99	91904332.28	应付利息	11534680.78	31899650.54
其他应收款	12767962.72	13096733.01	其他应付款	30766284.19	50239944.10
发放贷款和垫款	78395543395.73	83771734898.49	预计负债		
可供出售金融资产			应付债券		
持有至到期投资			递延所得税负债		
长期股权投资			其他负债	460350323.64	460391213.80
投资性房地产			负债合计	78084879013.28	94645977207.77
固定资产	427214942.64	463536932.39	所有者权益（或股东权益）：		
在建工程	86560720.31	229431648.32	实收资本（或股本）		
固定资产清理	1683956.10	1683956.10	其中：国家资本		
无形资产	13183931.25	11708434.63	集体资本		
商誉			法人资本		
长期待摊费用	160160.80	204895.30	其中：国有法人资本		
抵债资产			个人资本		
递延所得税资产			外商资本		
其他资产			其他权益工具		
			资本公积		
			减：库存股		
			其他综合收益		
			盈余公积		
			一般风险准备		
			未分配利润	1232034600.25	1299865042.46
			归属于母公司所有者权益合计	1232034600.25	1299865042.46
			少数股东权益		
			所有者权益（或股东权益）合计	1232034600.25	1299865042.46
资产总计	79316913613.53	95945842250.23	负债和所有者权益（或股东权益）总计	79316913613.53	95945842250.23

中国农业发展银行河北省分行利润表

（2014 年 12 月 31 日）

单位：元

项　目	上年数	本年数	项　目	上年数	本年数
一、营业收入	2248930174.55	2452359750.84	四、利润总额（亏损以“-”号填列）	1232039857.88	1299867042.46
（一）利息净收入	2218460983.55	2417959202.74	减：所得税费用	5257.63	2000.00
利息收入	4486011848.74	5206486872.52	五、净利润（亏损以“-”号填列）	1232034600.25	1299865042.46
利息支出	2267550865.19	2788527669.78	归属于母公司所有者的净利润		
（二）手续费及佣金净收入	27395005.86	31414274.30	少数股东损益		
手续费及佣金收入	30461184.80	34285223.13	六、其他综合收益的税后净额		
手续费及佣金支出	3066178.94	2870948.83	（一）以后不能重分类进损益的其他综合收益		
（三）投资收益（损失以“-”号填列）			（二）以后将重分类进损益的其他综合收益		
其中：对联营企业和合营企业的投资收益			1. 权益法下在被投资单位以后将重分类进损益的其他综合收益中享有的份额		
（四）公允价值变动收益（损失以“-”号填列）			2. 可供出售金融资产公允价值变动损益		
（五）汇兑收益（损失以“-”号填列）	1926547.94	1858957.73	3. 持有至到期投资重分类为可供出售金融资产损益		
（六）其他业务收入	1147637.20	1127316.07	4. 现金流量套期损益的有效部分		
二、营业支出	996697517.74	1127369670.59	5. 外币财务报表折算差额		
（一）营业税金及附加	250902537.79	278717532.60	6. 其他		
（二）业务及管理费	745794979.95	848652137.99	七、综合收益总额		
（三）资产减值损失（转回金额以“-”号填列）			归属于母公司所有者的综合收益总额		
（四）其他业务成本			归属于少数股东的综合收益总额		
三、营业利润（亏损以“-”号填列）	1252232656.81	1324990080.25	八、每股收益：	——	——
加：营业外收入	1647780.94	634177.91	（一）基本每股收益		
减：营业外支出	21840579.87	25757215.70	（二）稀释每股收益		

中国农业发展银行河北省分行中间业务收入情况表

（2014 年 12 年 31 日）

单位：元

项 目	1. 结算业务收入	2. 代理业务手续费收入	3. 顾问和咨询费收入	4. 银行卡手续费收入	5. 电子银行业务收入	6. 担保及承诺业务收入	7. 托管及其他受托业务佣金收入	8. 外汇买卖差价收入	9. 手续费及佣金收入	10. 其他中间业务收入	合计
石家庄		2									2
分行营业部	48	89	89					46			271
承德	17	9	234					3			264
张家口	12	21	244			2		1			279
秦皇岛	14	14	172					30			230
唐山	15	36	303					3			356
廊坊	22	14	335					14			385
保定	64	119	317					23			523
沧州	12	5	164					4			185
衡水	21	10	138					20			189
邢台	26	93	222			5		32			378
邯郸	47	76	418			1		10			551
合计	299	487	2636			8		186			3614

中国农业发展银行河北省分行机构、人员情况一览表

（2014 年 12 月 31 日） 单位：家、人

单位名称	机构总数	其中			从业人员总数
		省级机构	市级机构	县及以下机构	
省级机关	1	1			113
石家庄	18		1	17	413
邯郸	18		1	17	390
邢台	19		1	18	359
保定	24		1	23	476
衡水	12		1	11	240
沧州	16		1	15	343
廊坊	11		1	10	207
唐山	13		1	12	276
秦皇岛	6		1	5	135
张家口	15		1	14	305
承德	10		1	9	195
合计	163	1	11	151	3452

中国工商银行股份有限公司河北省分行资产负债表

（2014 年 12 月 31 日）

单位：元

资　产	期初数	期末数	负债及所有者权益	期初数	期末数
各项资产：			各项负债：		
现金及存放中央银行款项	10303572904.24	9101735927.50	向中央银行借款		
存放同业款项	38962436.63	3467160.57	同业及其他金融机构存放款项	12064028959.51	7017274016.81
贵金属	992172199.94	1083694499.93	拆入资金	722269894.58	223600440.00
拆出资金			联行存放		
存放联行	189117913293.42	174026462169.81	以公允价值计量且其变动计入当期损益的金融负债	15736646134.27	13434043576.24
以公允价值计量且其变动计入当期损益的金融资产	5464739.13	17429176.34	衍生金融负债	1919053.22	
衍生金融资产	−25877.12	923398.91	卖出回购金融资产款	847559344.33	846205965.64
买入返售款项			存款证		
应收利息	806049139.77	897177473.55	吸收存款	486381050146.29	505811324640.61
其他应收款	593798422.71	709223474.59	应付职工薪酬	83161767.95	231221389.43
其他流动资产	83482383.17	101072127.09	应交税费	3204254083.88	3536100416.17
发放贷款和垫款	331241098873.84	360663733165.53	应付利息	7445406917.16	8035565478.42
可供出售金融资产	448462548.00	657892080.00	其他应付款	2685954657.98	3627279027.62
持有至到期投资			其他流动负债	72696206.95	91258343.51
应收款项类资产		16000000.00	长期借款	13998612.15	8091739.06
长期应收款	−5874250.26	−8832395.31	已发行债务证券		
长期股权投资			长期应付款	80094039.24	99327391.98
投资性房地产			预计负债	6187000.00	6187000.00
固定资产	3542755712.70	3405318134.92	递延所得税负债	170053838.90	260077439.34
在建工程	477375498.08	688720690.12	其他非流动负债	64529.00	64529.00
固定资产清理	12454014.56	−118033005.53	负债总计	529515345185.41	543227621393.83
无形资产	764337409.36	715221631.84	所有者权益：		
开发支出			股本		
商誉			其他权益工具		
长期待摊费用	116974241.05	138253958.45	资本公积	−6160314.00	−1645365.00
递延所得税资产	−827204088.75	−403378375.63	减：库存股		
其他非流动资产	138981937.70	163413282.20	盈余公积		
			一般准备		
			未分配利润	8341566666.76	8633518546.05
			外币报表折算差额		
			归属于母公司所有者权益合计	8335406352.76	8631873181.05
			少数股东权益		
			所有者权益合计	8335406352.76	8631873181.05
资产总计	537850751538.17	551859494574.88	负债及所有者权益总计	537850751538.17	551859494574.88

中国工商银行股份有限公司河北省分行利润表

（2014 年 12 月 31 日）

单位：元

项　目	本期金额	项　目	本期金额
一、营业收入	20246095659.44	公允价值变动收益（损失以“－”号填列）	−3257446.83
利息净收入	16266434325.47	汇兑损益（损失以“－”号填列）	2146550.05
利息收入	26243201598.29	其他业务收入	10568527.65
其中：客户贷款利息收入	22589724274.31	二、营业支出	8531116284.13
投资证券利息收入	27964534.49	营业税金及附加	1505224474.69
存放央行款项利息收入	12186827.29	业务及管理费	5678820979.03
存放和拆放同业及其他金融机构款项	3613325962.20	资产减值损失	1126768926.84
其中：系统内往来净收入	3613318109.13	其他业务成本	220301903.57
利息支出	9976767272.82	三、营业利润（损失以“－”号填列）	11714979375.31
其中：客户存款利息支出	9718232742.83	加：营业外收入	26179152.73
同业及其他金融机构存入和拆入款项	258534529.99	减：营业外支出	78915062.45
应付债券利息支出		四、利润总额（损失以“－”号填列）	11662243465.59
手续费及佣金净收入	3951804599.33	减：所得税费用	3028724919.54
手续费及佣金收入	4322857780.94	五、净利润（损失以“－”号填列）	8633518546.05
手续费及佣金支出	371053181.61	归属于母公司所有者的净利润	
投资收益（损失以“－”号填列）	18399103.77	少数股东损益	
其中：对联营企业和合营企业的投资收益			

中国工商银行股份有限公司河北省分行中间业务收入情况表

（2014 年 12 月 31 日） 单位：万元

分类	收入
人民币结算	48640.35
贵金属	21909.32
代理及个人理财	46969.75
代理保险	17962.34
委托贷款	11549.88
代理及对公理财	21066.47
信用卡	69075.34
灵通卡中间业务	24846.20
国际结算	17070.52
电子银行	57780.17
代客外汇买卖及结售汇	6043.96
投资银行	80659.75
担保承诺	34288.07
资产托管	21323.52
企业年金	12865.14
其他	104.62
合计	434182.67

中国工商银行股份有限公司河北省分行机构、人员情况一览表

（2014年12月31日）　　单位：家、人

单位名称	机构总数	其中：			从业人员总数
		省级机构	市级机构	县级及以下机构	
省级机关	1	1			793
石家庄	150		1	149	3616
邯郸	92		1	91	2329
邢台	72		1	71	1872
衡水	38		1	37	1014
沧州	74		1	73	1730
保定	100		1	99	2552
廊坊	65		1	64	1424
唐山	109		1	108	2593
秦皇岛	50		1	49	1214
承德	41		1	40	1031
张家口	52		1	51	1444
合计	844	1	11	832	21612

中国农业银行股份有限公司河北省分行资产负债表

（2014 年 12 月 31 日）

单位：元

资产	期初金额	期末金额	负债	期初金额	期末金额
现金及存放中央银行款项	5237419494.75	5272962049.09	同业及其他金融机构存放款项	12157016457.35	12372680217.50
存放同业款项净额	3506001016.47	2925354413.98	联行存放款项	5977615112.50	4591266997.57
存放同业款项总额	3506001016.47	2925354413.98	拆入资金	78223227.00	0.00
贵金属	170868.00	170868.00	以公允价值计量且其变动计入当期损益的金融负债	2375000000.00	260000000.00
存放联行款项	350788253335.28	363122199473.95	衍生金融负债	0.02	0.02
以公允价值计量且其变动计入当期损益的金融资产	2354399976.72	182000000.00	客户存款	548377574791.81	588182311228.76
衍生金融资产	0.01	0.01	其中：公司活期存款	99850297091.12	103001144974.75
应收利息	633605402.51	691124913.54	公司定期存款	34968698715.54	38472245369.66
发放贷款及垫款净额	223142468448.65	250477170985.70	个人活期存款	205887507732.40	210514791602.55
发放贷款及垫款总额	227561664900.78	254743481423.59	个人定期存款	195886026839.28	218339063669.73
其中：对公贷款及垫款	159860261068.98	170406289903.37	保证金存款	6994820387.48	14835696376.95
零售贷款及垫款	67701403831.80	84337191520.22	其他存款	4790224025.99	3019369235.12
减：发放贷款及垫款减值准备	(4419196452.13)	(4266310437.89)	应付职工薪酬	1128989102.66	1184620762.17
应收款项类投资净额	110956.73	108065111.10	应交税费	279987995.39	260185953.87
应收款项类投资总额	110956.73	408065111.10	应付利息	7408203307.40	8522211767.43
减：应收款项类减值准备	0.00	(300000000.00)	预计负债	158664946.10	276807839.81
固定资产净值	3895065449.56	4167008182.92	其他负债	34205802979.31	2639241866.49
固定资产原值	5841013306.07	6438920882.17	其中：应付财政部款项款项		
减：累计折旧	(1944715907.66)	(2270680750.40)	应付待结算及清算款项	384969700.24	272146052.67
减：固定资产减值准备	(1231948.85)	(1231948.85)	久悬未取款项	95147807.58	68936336.28
无形资产净值	992348361.45	960865535.37	递延收益	92432349.03	131030397.70
无形资产原值	1192543916.86	1197229784.65	应付股利		
减：累计摊销	(200195555.41)	(236364249.28)	分摊往来 2		
其他资产	31686108717.23	653208498.46	其他负债－其他	33633253122.46	2167129079.84
其中：应收及暂付款	155651004.80	115099641.85	负债合计	612147077919.54	618289326633.62
抵债资产			所有者权益		
长期待摊费用	330082677.51	410812414.84	未分配利润/(累计亏损)	10088874107.82	10270803398.50
待处理资产	1744460.99	2483388.39	外币报表折算差额		
分摊往来 1			归属于母公司所有者权益合计	10088874107.82	10270803398.50
固定资产清理	10049426.55	10117214.61	少数股东权益		
其他资产－其他	31188581147.38	114695838.77	所有者权益合计	10088874107.82	10270803398.50
资产总计	622235952027.36	628560130032.12	负债及所有者权益总计	622235952027.36	628560130032.12

中国农业银行股份有限公司河北省分行利润表

（2014 年 12 月 31 日）　　　　单位：元

	本期金额
一、营业收入	19229636323.82
（一）利息净收入	5124434098.69
1. 利息收入	15432325314.42
2. 利息支出	(10307891215.73)
（二）系统内往来净收入	11360849870.00
1. 系统内往来收入	11429528701.22
2. 系统内往来支出	(68678831.22)
（三）手续费及佣金净收入	2650241929.92
1. 手续费及佣金收入	3025987742.63
2. 手续费及佣金支出	(375745812.71)
（四）投资收益	30838570.56
（五）公允价值变动损益	(57400572.50)
（六）汇兑损益	67106023.07
（七）其他业务收入	53566404.08
二、营业支出	(8778164785.93)
（一）营业税金及附加	(939111533.00)
（二）业务及管理费	(7362223859.55)
（三）资产减值损失	(428215632.88)
（四）其他业务成本	(48613760.50)
三、营业利润	10451471537.89
四、营业外净收入	(176179655.53)
1. 营业外收入	34291432.58
2. 营业外支出	(210471088.11)
五、利润总额	10275291882.36
所得税费用	(4488921.25)
六、净利润	10270802961.11
– 归属于母公司股东的净利润	10270802961.11
– 少数股东损益	

中国农业银行股份有限公司河北省分行中间业务收入情况表

（2014 年 12 月 31 日）

单位：万元

项 目	1. 结算业务收入	2. 代理业务手续费收入	3. 顾问和咨询费收入	4. 银行卡手续费收入	5. 电子银行业务收入	6. 担保及承诺业务收入	7. 托管及其他受托业务佣金收入	8. 外汇买卖差价收入	9. 手续费及佣金收入	10. 其他中间业务收入	合计
合计	85886	29653	24955	93550	44317	16234	7681	323	302599	59625	362224
分行营业部（石家庄）	13390	5403	2066	20235	8224	2005	1000	108	52431	15316	67747
承德	4322	762	1917	3528	1576	255	1072	0	13432	1607	15038
张家口	3291	1008	1734	4483	1312	92	359	2	12282	1366	13648
秦皇岛	5293	1538	2333	2814	1716	166	154	17	14030	4516	18546
唐山	15242	4892	11390	11679	6641	5473	1613	40	56971	11389	68360
廊坊	9500	2332	1676	8893	4553	1565	867	31	29417	6467	35884
保定	9258	3669	2100	12288	5272	203	373	32	33195	6976	40171
沧州	6815	3274	917	9824	5213	258	597	51	26951	3586	30537
衡水	3544	1193	83	4083	2102	32	115	20	11173	2497	13669
邢台	7216	1843	186	6690	3999	600	852	14	21400	3271	24671
邯郸	7845	3739	552	8977	3708	5583	679	7	31091	2609	33700
省分行本部	169	0	0	56	0	0	0	0	226	27	252

中国农业银行股份有限公司河北省分行机构、人员情况一览表

（2014 年 12 月 31 日）

单位：家、人

单位名称	机构总数	其中			从业人员总数
		省级机构	市级机构	县及以下机构	
省级机关	1	1			434
石家庄	156		1	155	3459
邯郸	95		1	94	1961
邢台	94		1	93	1859
保定	121		1	120	3010
衡水	63		1	62	1356
沧州	102		1	101	2231
廊坊	93		1	92	1731
唐山	144		1	143	2921
秦皇岛	68		1	67	1369
张家口	57		1	56	1429
承德	46		1	45	1071
合计	1040	1	11	1028	22831

中国银行股份有限公司河北省分行资产负债表

（2014年12月31日）　　单位：万元

项目	期末余额		期末余额
资产：		负债及所有者权益：	
现金	274745.42	单位存款	20185532.89
贵金属	24558.44	储蓄存款	19496181.65
存放中央银行款项	8268512.34	向中央银行借款	0.00
存放同业款项	1312037.25	同业存放款项	1423347.90
境内同业	1312037.25	境内同业	1423347.90
境外同业	0.00	境外同业	0.00
存放系统内款项	3479251.86	系统内存放款项	62689.68
拨付营运资金	0.00	同业拆入	14171.22
应收利息	125382.35	卖出回购款项	0.00
贷款	27851027.73	境内外金融机构	0.00
贸易融资	2158136.70	境内外非金融机构	0.00
贴现及买断式转贴现	846874.74	卖出回购款项（按品种分类）	
其他贷款		债券	0.00
拆放同业	319000.00	票据	0.00
其他应收款	45402.04	贷款	0.00
投资	13140.21	其他	0.00
债券	13140.21	汇出汇款	19019.89
股票	0.00	应解汇款	18544.12
其他	0.00	存入保证金	1632802.63
其中：长期股权投资	0.00	其他存款	
买入返售资产	75578.52	应付利息	714518.59
境内外金融机构	75578.52	应交税费	27280.91
境内外非金融机构	0.00	应付职工薪酬	51818.33
买入返售资产（按品种分类）		应付股利	0.00
债券	0.00	其他应付款	116462.17
票据	75578.52	递延收益	20396.47
贷款	0.00	预计负债	276.23
其他	0.00	应付债券	0.00
长期待摊费用	7357.76	其他负债	13415.21
固定资产原价	486569.54	衍生金融负债	0.00
减：累计折旧	196244.02	递延所得税负债	0.00
固定资产净值	290325.52	负债合计	43796457.89
固定资产清理	711.67	少数股东权益	
在建工程	43687.25	所有者权益	
无形资产	24740.29	实收资本	193076.42
抵债资产	3149.06	资本公积	0.00
递延所得税资产	0.00	其中：重估储备	0.00
其他资产	38730.94	盈余公积	0.00
投资性房地产	0.00	一般风险准备	0.00
衍生金融资产	0.00	信托赔偿准备	0.00
商誉	0.00	未分配利润	560410.66
减：各项资产减值损失准备	652405.12	其中：本年利润	560410.66
		外币报表折算差额	0.00
		所有者权益合计	753487.08
资产总计	44549944.97	负债及所有者权益总计	44549944.97

中国银行股份有限公司河北省分行利润表

（2014年12月31日）　　单位：元

一、利息净收入	1128604.62
（一）利息收入	2202759.00
金融机构往来利息收入	303030.30
贷款利息收入	1819831.88
系统内往来利息收入	79896.83
其他利息收入	0.00
（二）利息支出	1074154.38
金融机构往来利息支出	78922.94
存款利息支出	994932.31
系统内往来利息支出	299.13
其他利息支出	0.00
二、手续费及佣金净收入	275213.32
（一）手续费及佣金收入	481391.37
（二）手续费及佣金支出	206178.04
三、其他业务收入	36765.41
四、营业支出	602244.31
（一）业务及管理费	462430.64
其中：工资薪金支出	159763.60
（二）营业税金及附加	117172.57
（三）其他营业支出	22641.10
五、投资收益（损失以“-”号填列）	895.25
（一）债券投资利息收入	894.40
（二）股权投资收益（金融机构）	0.00
（三）股权投资收益（其他机构）	0.00
（四）其他投资收益	0.84
六、营业外净收入	1767.84
（一）营业外收入	3112.46
其中：处置抵债资产收入	0.00
（二）营业外支出	1344.62
七、计提资产减值损失前的利润总额	841002.13
（一）减：资产减值损失（转回的金额以“-”号填列）	81177.48
八、计提资产减值损失后的利润总额	759824.65
（一）减：所得税	199414.00
九、少数股东损益	
十、净利润（净亏损以“-”号填列）	560410.66

中国银行股份有限公司河北省分行中间业务收入情况表

（2014 年 12 月 31 日）

单位：万元

项 目	1. 结算业务收入	2. 代理业务手续费收入	3. 顾问和咨询费收入	4. 银行卡手续费收入	5. 电子银行业务收入	6. 担保及承诺业务收入	7. 托管及其他受托业务佣金收入	8. 外汇买卖差价收入	9. 手续费及佣金收入	10. 其他中间业务收入	合计
石家庄	3624	4315	8729	17043	698	1658	462	4166	9115	641	50451
分行营业部	450	454	856	1688	701	563	1070	239	698	87	6806
承德	1694	112	668	2638	162	11	186	283	2282	379	8415
张家口	2323	238	1270	3090	239	131	119	488	3801	502	12201
秦皇岛	2783	397	1648	3750	319	393	481	1058	3889	633	15351
唐山	7376	961	9184	9836	541	5168	1489	1961	11354	1250	49120
廊坊	3417	1041	14950	4522	431	301	68	1354	4309	829	31222
保定	3856	1001	4175	8105	547	637	799	2176	6824	1154	29274
沧州	2596	261	4358	6793	310	58	85	782	3918	639	19800
衡水	2061	784	20	6311	230	1091	70	862	1488	470	13387
邢台	3224	872	2759	5182	239	384	1612	613	4763	743	20391
邯郸	7090	1607	4621	8214	402	1069	350	732	7842	680	32607
合计	40494	12043	53238	77172	4819	11464	6791	14714	60283	8007	289025

中国银行股份有限公司河北省分行机构、人员情况一览表

（2014 年 12 月 31 日）　　单位：家、人

单位名称	机构总数	其中			从业人员总数
		省级机构	市级机构	县及以下机构	
省级机关	1	1			1045
石家庄	82		1	81	1826
邯郸	45		1	44	876
邢台	35		1	34	789
保定	56		1	55	1389
衡水	28		1	27	672
沧州	36		1	35	923
廊坊	45		1	44	956
唐山	80		2	78	1680
秦皇岛	43		1	42	931
张家口	37		1	36	875
承德	28		1	27	605
合计	516	1	12	503	12567

注：唐山地区含曹妃甸分行

中国建设银行股份有限公司河北省分行资产负债表

（2014 年 12 月 31 日）

单位：元

资产	期末余额	年初余额	负债和股东权益	期末余额	年初余额
资产：			负债：		
现金及存放中央银行款项	4854795643.49	7223502263.21	向中央银行借款		
存放同业款项	2825947317.49	1942312819.06	同业及其他金融机构存放款项	7643958817.09	6890059082.62
贵金属	12007271.38	3374738.20	拆入资金	22188089.31	113956915.08
拆出资金	500000000.00	0.00	交易性金融负债	2816828000.00	4161772304.00
交易性金融资产	2816828000.00	2851565000.00	衍生金融负债	8846128.73	23621425.60
衍生金融资产	38227854.38	48822036.58	卖出回购金融资产款		0.00
买入返售金融资产	5572875155.84	0.00	吸收存款	513918140333.11	492840210106.89
发放贷款和垫款	333639316392.20	295571064519.35	应付利息	8019667303.07	6837276857.36
应收利息	962660023.97	808010177.48	应付职工薪酬	587896619.94	572972550.50
可供出售金融资产			应交税费	364216514.52	312978063.05
应收款项投资			预计负债	7005282.16	6874441.62
持有至到期投资	167024500.00	275026800.00	应付债券		
长期股权投资			递延所得税负债		
资产支持证券			其他负债	1695036898.23	898189968.38
投资性房地产			负债合计	535083783986.16	512657911715.10
固定资产	4401716136.40	4031233574.04	股东权益：		
在建工程	371424049.18	366514075.61	股本		
无形资产	433050766.98	437423241.37	资本公积		
商誉			减：库存股		
递延所得税资产			盈余公积		
其他资产	179528839452.44	200841705765.68	一般风险准备		
			未分配利润	1040928577.59	1742643295.48
			外币报表折算差额		
			股东权益合计	1040928577.59	1742643295.48
资产总计	536124712563.75	514400555010.58	负债和股东权益总计	536124712563.75	514400555010.58

中国建设银行股份有限公司河北省分行利润表

（2014 年 12 月 31 日） 单位：元

指标	本期金额	本年累计金额
一、营业收入	1846543733.32	19332022785.84
利息净收入	1348233190.73	15918037207.31
利息收入	2294094625.84	26430102458.05
利息支出	945861435.11	10512065250.74
手续费及佣金净收入	501823976.22	3331423718.44
手续费及佣金收入	512307497.72	3411014275.40
手续费及佣金支出	10483521.50	79590556.96
投资收益（损失以“–”号填列）	−6553217.90	2271288.97
其中：对联营企业和合营企业的投资收益		
公允价值变动收益（损失以“–”号填列）	−285.44	5069030.96
汇兑收益（损失以“–”号填列）	1101277.70	3313837.74
其他业务收入	1938792.01	71907702.42
二、营业支出	2592647081.29	9222882112.23
营业税金及附加	128298200.86	1316064829.40
业务及管理费	989124675.58	6144709535.82
资产减值损失	1398323607.11	1398123713.33
其他业务成本	76900597.74	363984033.68
三、营业利润（亏损以“–”号填列）	−746103347.97	10109140673.61
加：营业外收入	4749987.08	18424159.93
减：营业外支出	5000441.40	25791537.79
四、利润总额（亏损总额以“–”号填列）	−746353802.29	10101773295.75
减：所得税费用	19842425.00	22818300.22
五、净利润（净亏损以“–”号填列）	−766196227.29	10078954995.53
六、每股收益：		
（一）基本每股收益		
（二）稀释每股收益		

中国建设银行股份有限公行河北省分行中间业务收入情况表

（2014 年 12 月 31 日）

单位：万元

项目	1. 结算业务收入	2. 代理业务手续费收入	3. 顾问和咨询费收入	4. 银行卡手续费收入	5. 电子银行业务收入	6. 担保及承诺业务收入	7. 托管及其他受托业务佣金收入	8. 外汇买卖差价收入	9. 手续费及佣金收入	10. 其他中间业务收入	合计
石家庄（含本级、营业部和直属）	10737	9957	5648	21212	4006	11759	1301	1186	0	12901	78705
邯郸	7118	3850	10468	15230	2233	3465	413	455	0	3454	46686
邢台	3037	2178	7902	8013	1634	1285	156	152	0	2535	26893
保定	7167	4050	10877	13705	2995	2281	590	1036	0	3664	46365
衡水	4542	1144	59	3380	1039	651	79	115	0	958	11967
沧州	4351	3760	11887	9257	1872	4312	639	792	0	6082	42953
廊坊	9176	3392	6112	10535	2062	1355	218	799	0	4297	37947
唐山	11360	5201	15416	13642	3369	7601	849	1228	0	11328	69994
秦皇岛	4333	2598	6423	7037	1018	3736	189	745	0	1417	27495
张家口	1209	1856	2404	6963	1203	281	91	42	0	1393	15441
承德	1591	971	2893	4989	850	1622	121	52	0	1831	14919
合计	64620	38955	80089	113963	22282	38346	4647	6602	0	49860	419363

中国建设银行股份有限公司河北省分行机构、人员情况一览表

（2014 年 12 月 31 日）　　单位：家、人

单位名称	机构总数	其中			从业人员总数
		省级机构	市级机构	县及以下机构	
省级机关	1	1			801
石家庄（含营业部和直属）	117		1	116	2718
邯郸	84		1	83	1788
邢台	62		1	61	1409
保定	82		1	81	2029
衡水	39		1	38	928
沧州	76		1	75	1578
廊坊	54		1	53	1176
唐山	117		1	116	2390
秦皇岛	47		1	46	1075
张家口	40		1	39	1094
承德	27		1	26	634
合计	746	1	11	734	17620

交通银行股份有限公司河北省分行资产负债表

（2014 年 12 月 31 日）　　单位：元

项目名称	期末余额	上年同期	项目名称	期末余额	上年同期
流动资产：			流动负债		0
现金及银行存款	503505158.10	531543021.42	短期存款	44521539034.18	43531248264.49
其中：现金	500027767.09	528077943.00	短期储蓄存款	23065629725.94	21823378850.78
贵金属	45437015.38	35975846.69	财政性存款	519833306.44	539404000.15
存中央银行款项	1728088223.30	1349007723.01	向中央银行借款		0
其中：准备金存款			同业存放款项	8758397168.30	5025202893.64
其中：备付金存款	576221223.30	615652723.01	联行存放款项		0
存放同业款项	121404535.22	70384466.78	拆入资金	2400000.00	2400000.00
存放联行款项	39139585304.54	35481857367.41	应解汇款	59101190.19	113530595.57
拆出资金			汇出汇款	108345870.31	3415387.64
短期贷款	25468886080.47	27012306909.13	委托存款	3671099.30	0
应收进出口押汇	3171459930.53	2062806173.15	应付代理证券款项		0
应收账款	50765272.62	82402172.37	卖出回购证券款		0
其他应收款	63280701.40	60433668.79	应付账款	1536416622.48	1008361322.77
贴现	3096806900.32	191096113.39	其他应付款	542010838.33	317394819.89
短期投资		0	存入短期保证金	10678589692.55	14733466232.56
委托贷款及委托投资		3384961.82	应付工资	148469947.20	134555178.16
自营证券		0	应付福利费		0
代理证券		0	应交税金	−212852267.97	−76076122.93
买入返售证券		0	应付利润		0
待处理流动资产净损失		0	预提费用	1492504.00	2385395.94
其他流动资产	29452981.61	26579930.06	发行短期债券		0
一年内到期的长期投资	8623411.00	1252110.91	其他流动负债	1468442483.97	1498428782.38
流动资产合计	73427295514.49	66909030464.93	一年内到期的长期负债	2825772191.99	1716109572.27
长期资产：			发行短期存款证		0
中长期贷款	42571758279.29	38520143960.44	流动负债合计	94027259407.21	90373205173.31
逾期贷款	404101239.62	282433283.33	长期负债：		
减：呆账准备	842809378.67	897311868.34	长期存款	13770126000.00	6709600000.00
应收租赁款		0	长期储蓄存款	4158397424.71	3731902525.10
减：未收租赁收益		0	存入长期保证金	3025015252.98	3087282646.79
应收转租赁款		0	应付转租赁租金		0
租赁资产		0	发行长期债券		0
减：待转租赁资产		0	长期借款		0
经营租赁资产		0	长期应付款		0
减：经营租赁资产折旧		0	发行长期存款证		0
长期投资		0	其他长期负债	2838100.00	2838100.00
固定资产原值	1297400070.06	880879248.96	长期负债合计	20956376777.69	13531623271.89
减：累计折旧	539946322.43	458685474.55	所有者权益		0
减：固定资产减值准备		0	实收资本		0
固定资产净值	757453747.63	422193774.41	资本公积		0
固定资产清理		0	盈余公积		0
在建工程	685356880.09	681626820.63	监管储备		0
待处理固定资产净损失		0	未分配利润	2108478665.31	2092492446.96
长期资产合计	43575860767.96	39009085970.47	其中：本年利润	2108478665.35	2092492446.94
无形、递延及其他资产		0	所有者权益合计	2108478665.31	2092492446.96
无形资产	13673860.19	13162441.52			
递延资产	69459651.14	54293238.73			
其他长期资产	5825056.43	11748776.51			
其他资产合计	88958567.76	79204456.76			
资产总计	117092114850.21	105997320892.16	负债及所有者权益总计	117092114850.21	105997320892.16

交通银行股份有限公司河北省分行利润表

（2014 年 12 月 31 日） 单位：元

科目名称	余额
一、营业收入	3406747789.58
1. 利息净收入	2731811616.95
利息收入	5700018704.97
金融机构往来利息收入	1204046503.20
其中：系统内往来利息收入	980568950.07
各项贷款利息收入	4495147543.91
债券利息收入	824657.87
其他利息收入	
利息支出	2968207088.01
金融机构往来利息支出	541351965.23
其中：系统内往来利息支出	60486362.27
各项存款利息支出	2426855122.78
债券利息支出	
其他利息支出	
2. 手续费及佣金净收入	527386605.84
手续费及佣金收入	573361098.54
手续费及佣金支出	45974492.69
3. 租赁收益	164530.00
4. 投资收益	165021.12
债券投资收益	165021.12
股权投资收益	
其他投资收益	
5. 公允价值变动收益	
6. 汇兑净收益	40998997.99
7. 其他业务收入	106221017.66
二、营业支出	1282326566.35
1. 业务及管理费	1043111885.41
其中：职工工资	321305047.36
福利费	132060348.17
住房公积金和住房补贴	40286955.95
2. 营业税金及附加	115509131.90
3. 资产减值损失	
4. 其他业务支出	123705549.03
三、营业利润	2124421223.21
营业外收入（加）	3682474.98
营业外支出（减）	18830868.22
四、利润总额	2109272829.97
所得税（减）	
五、净利润（亏损以“–”号填列）	2109272829.97
年度损益调整（加）	–794164.65
留存利润（加）	
六、未分配利润	2108478665.32

交通银行股份有限公司河北省分行中间业务收入情况表

（2014 年 12 月 31 日）

单位：元

项目	1. 结算业务收入	2. 代理业务手续费收入	3. 顾问和咨询费收入	4. 银行卡手续费收入	5. 电子银行业务输入	6. 担保及承诺业务收入	7. 托管及其他受托业务佣金收入	8. 外汇买卖差价收入	9. 手续费及佣金收入	10. 其他中间业务收入	合计
石家庄	179	0	–16	2	134	158	672	7	26251	632	28020
分行营业部											
邯郸	6	0		0	1	0	253		4087	1321	5668
邢台	2						198		1842	203	2246
保定	5		50	0	2	6	301		3340	1865	5570
衡水	1		19	0			70		970	262	1322
沧州	4	0		0		1	163		1471	364	2003
廊坊	6	0	–20	0	2	2	146		1282	54	1473
唐山	71	0		0	19	552	329	41	12129	2639	15780
秦皇岛	68	27	24	1	37	15	128	106	5363	880	6648
张家口	3		–43	1		11	128		350	155	605
承德	2			0		3	17		242	148	412
合计	347	27	14	4	195	749	2406	154	57328	8524	69747

交通银行股份有限公司河北省分行机构、人员情况一览表

（2014 年 12 月 31 日）　　单位：家、人

单位名称	机构总数	其中			从业人员总数
		省级机构	市级机构	县及以下机构	
省级机关	1				
石家庄	31	1	30		929
邯郸	6		6		93
邢台	2		2		55
保定	3		3		98
衡水	1		1		45
沧州	3		3		78
廊坊	2		2		71
唐山	24		24		604
秦皇岛	21		21		482
张家口	3		3		55
承德	2		2		42
合计	98	1	97		2552

中信银行股份有限公司石家庄分行资产负债表

（2014 年 12 月 31 日）

单位：元

资产	期末余额	年初余额	负债和股东权益	期末余额	年初余额
资产：			负债：	0	0
现金及存放中央银行款项	33281.68	0.00	向中央银行借款	0.00	0.00
存放同业款项	14451.54	0.00	同业及其他金融机构存放款项	945890.44	0.00
贵金属	0.00	0.00	拆入资金	23387.92	0.00
拆出资金	0.00	0.00	以公允价值计量且其变动计入当期损益的金融负债	0.00	0.00
以公允价值计量且其变动计入当期损益的金融资产	0.00	0.00	衍生金融负债	0.00	0.00
衍生金融资产	0.00	0.00	卖出回购金融资产款	1990.38	0.00
买入返售金融资产	16202.02	0.00	吸收存款	4562302.19	0.00
应收利息	14195.23	0.00	应付职工薪酬	24417.92	0.00
发放贷款和垫款	4023964.04	0.00	应交税费	13314.26	0.00
可供出售金融资产	0.00	0.00	应付利息	40334.48	0.00
持有至到期投资	1270.19	0.00	预计负债	66.30	0.00
应收款项类投资	0.00	0.00	已发行债务凭证	0.00	0.00
长期股权投资	0.00	0.00	联行存放	2424.03	0.00
固定资产	24969.48	0.00	其他负债	17270.14	0.00
无形资产	976.22	0.00	负债合计	5631398.06	0.00
递延所得税资产	11322.77	0.00	股东权益	0	0
存放联行	1560416.85	0.00	拨入营运资金	60501.00	0.00
其他资产	38325.32	0.00	未分配利润	47476.27	0.00
			股东权益合计	107977.27	0.00
资产总计	5739375.33	0.00	负债和股东权益总计	5739375.33	0.00

中信银行股份有限公司石家庄分行利润表

（2014 年 12 月 31 日）　　单位：元

一级分类代码名称	本期金额	上期金额	本期累计金额	上期累计金额
一、营业收入	188544.96	0.00	188544.96	0.00
利息净收入	124975.32	0.00	124975.32	0.00
利息收入	290190.87	0.00	290190.87	0.00
利息支出	-165215.55	0.00	-165215.55	0.00
手续费及佣金净收入	51059.74	0.00	51059.74	0.00
手续费及佣金收入	56421.43	0.00	56421.43	0.00
手续费及佣金支出	-5361.69	0.00	-5361.69	0.00
投资收益 /(损失)	1454.09	0.00	1454.09	0.00
公允价值变动收益 /(损失)	-54.45	0.00	-54.45	0.00
汇兑收益 /(损失)	1139.67	0.00	1139.67	0.00
系统内往来收支	9970.55	0.00	9970.55	0.00
其他业务收入	0.04	0.00	0.04	0.00
二、营业支出	-123507.92	0.00	-123507.92	0.00
营业税金及附加	-18531.94	0.00	-18531.94	0.00
业务及管理费	-65589.28	0.00	-65589.28	0.00
资产减值损失	-39386.60	0.00	-39386.60	0.00
其他业务成本	-0.10	0.00	-0.10	0.00
三、营业利润	65037.04	0.00	65037.04	0.00
加：营业外收入	588.98	0.00	588.98	0.00
减：营业外支出	-1831.51	0.00	-1831.51	0.00
四、利润总额	63794.51	0.00	63794.51	0.00
减 : 所得税费用	-16318.24	0.00	-16318.24	0.00
五、净利润	47476.27	0.00	47476.27	0.00

中信银行股份有限公司石家庄分行机构、人员情况一览表

（2014年12月31日） 单位：家、人

单位名称	机构总数	其中			从业人员总数
		省级机构	市级机构	县及以下机构	
省级机关					
石家庄	28		25	3	992
邯郸	4		4		141
邢台					
保定	5		3	2	145
衡水					
沧州	1		1		81
廊坊					
唐山					
秦皇岛					
张家口					
承德					
合计	38		33	5	1359

华夏银行股份有限公司石家庄分行资产负债表

（2014 年 12 月 31 日）

单位：元

资产	期末余额	期初余额	负债和所有者权益（或股东权益）	期末余额	期初余额
资 产：	0.00	0.00	负 债：	0.00	0.00
现金及存放中央银行款项	252693770.40	868648690.46	向中央银行借款	0.00	0.00
存放同业款项	57754176.63	60250593.54	同业及其他金融机构存放款项	9943455642.09	5731746298.50
贵金属	0.00	0.00	拆入资金	5974263.47	0.00
拆出资金	0.00	4426331867.14	交易性金融负债	0.00	0.00
交易性金融资产	0.00	0.00	衍生金融负债	0.00	0.00
衍生金融资产	0.00	0.00	卖出回购金融资产款	9892500	0.00
买入返售金融资产	9748000873.34	6191591277.78	吸收存款	56280407955.83	49225742310.69
应收利息	169136125.74	142159318.90	应付职工薪酬	215250243.32	150923618.04
发放贷款及垫款	35507617372.22	31928142976.37	应交税费	47761705.97	41347795.03
可供出售金融资产	0.00	0.00	应付利息	751540146.14	344122663.35
持有至到期投资	0.00	0.00	预计负债	0.00	0.00
应收款项类投资	0.00	0.00	应付债务凭证	0.00	0.00
长期股权投资	0.00	0.00	递延所得税负债	0.00	0.00
投资性房地产	0.00	0.00	其他负债	515516983.86	503732668.87
固定资产	276591621.57	198784790.08			
无形资产	0.00	0.00	负债合计	67769799440.68	55997615354.48
递延所得税资产	0.00	0.00	股东权益：	0.00	0.00
其他资产	22804343819.29	13115861356.45	股本	0.00	0.00
			资本公积	0.00	0.00
			减：库存股	0.00	0.00
			盈余公积	0.00	0.00
			一般风险准备	0.00	0.00
			未分配利润	1046338318.51	934155516.24
			股东权益合计	1046338318.51	934155516.24
资产合计	68816137759.19	56931770870.72	负债与股东权益合计	68816137759.19	56931770870.72

华夏银行股份有限公司石家庄分行损益表

（2014年12月31日） 单位：元

项目名称	本期数	本年累计数
一、营业收入	2325378843.23	2325378843.23
利息净收入	2040245761.83	2040245761.83
利息收入	3862564525.34	3862564525.34
利息支出	1822318763.51	1822318763.51
手续费及佣金净收入	269020775.37	269020775.37
手续费及佣金收入	297027769.88	297027769.88
手续费及佣金支出	28006994.51	28006994.51
投资收益	0.00	0.00
公允价值变动收益	0.00	0.00
汇兑收益	11670991.02	11670991.02
其他业务收入	4441315.01	4441315.01
二、营业支出	1160294059.14	1160294059.14
营业税金及附加	166423223.30	166423223.30
业务及管理费	800151602.16	800151602.16
资产减值损失	193719233.68	193719233.68
其他业务成本	0.00	0.00
三、营业利润	1165084784.09	1165084784.09
加：营业外收入	2264446.33	2264446.33
减：营业外支出	1288258.40	1288258.40
四、利润总额	1166060972.02	1166060972.02
减：所得税费用	119722653.51	119722653.51
五、净利润	1046338318.51	1046338318.51
六、每股收益	0.00	0.00

华夏银行股份有限公司石家庄分行机构、人员情况一览表

（2014 年 12 月 31 日）　　单位：家、人

单位名称	机构总数	其中			从业人员总数
		省级机构	市级机构	县及以下机构	
石家庄	17	1	15	2	600
唐山	6		4	2	143
保定	6		4	2	143
沧州	6		4	2	131
邯郸	1				42
合计	36				1059

中国民生银行股份有限公司石家庄分行资产负债表

（2014 年 12 月 31 日）

单位：万元

资产	期末余额	年初余额	负债和股东权益	期末余额	年初余额
现金及存放中央银行款项	105925.25	126617.95	向中央银行借款	0.00	0.00
存放同业及其他金融机构款项	12815.75	11468.23	同业及其他金融机构存放款项	4190024.06	2747316.51
贵金属	1412.46	1808.19	拆入资金	0.00	0.00
拆出资金	0.00	0.00	以公允价值计量且其变动计入当期损益的金融负债	0.00	0.00
以公允价值计量且其变动计入当期损益的金融资产	0.00	0.00	衍生金融负债	0.00	0.00
衍生金融资产	0.00	0.00	卖出回购金融资产款	142678.06	2972.50
买入返售金融资产	1493202.17	488732.80	吸收存款	7799750.58	8352015.09
应收利息	24504.49	19583.58	应付职工薪酬	2372.51	1854.13
发放贷款和垫款	5631137.17	4830926.76	应交税费	7214.09	6416.70
可供出售金融资产	0.00	0.00	应付利息	114606.14	113861.19
持有至到期投资	0.00	0.00	预计负债	7887.19	16026.66
应收款项类投资	0.00	0.00	应付债券	0.00	0.00
长期股权投资	0.00	0.00	递延所得税负债	0.00	0.00
投资性房地产	0.00	0.00	其他负债	13579.81	6234.13
固定资产	17048.12	14354.04	负债合计	12278112.45	11246696.90
无形资产	56.29	59.96		0.00	0.00
递延所得税资产	0.00	0.00	股本	185000.34	166667.34
其他资产	5375600.50	5968809.52	资本公积	0.00	0.00
	0.00	0.00	减：库存股	0.00	0.00
	0.00	0.00	盈余公积	0.00	0.00
	0.00	0.00	一般风险准备	0.00	0.00
	0.00	0.00	未分配利润	198589.41	48996.79
	0.00	0.00	外币报表折算差额	0.00	0.00
	0.00	0.00	股东权益合计	383589.75	215664.13
	0.00	0.00		0.00	0.00
资产总计	12661702.20	11462361.04	负债和股东权益总计	12661702.20	11462361.04

中国民生银行股份有限公司石家庄分行损益表

（2014年12月31日）　　单位：万元

科目名称	余额
利息收入	477892.79
存放中央银行利息收入	791.16
存放同业款项利息收入	2203.70
个人贷款利息收入	5569.93
单位贷款利息收入	165899.10
银团贷款利息收入	25607.02
垫款利息收入	1388.67
小微企业个人经营性贷款利息收入	168412.42
贴现利息收入	22177.35
转贴现利息收入	8385.15
买入返售商承承兑汇票利息收入	20740.10
买入返售银行承兑汇票利息收入	56000.73
小微企业个人经营性协议透支利息收入	717.47
手续费及佣金收入	12087.69
单位国内结算业务收入	199.14
单位代理业务收入	2416.65
单位担保及承诺类业务收入	6376.85
单位托管和年金业务收入	532.02
单位顾问咨询业务收入	378.50
单位电子银行业务收入	94.48
其他单位中间业务收入	148.38
个人国内结算业务收入	52.39
个人国际结算业务收入	2.35
个人代理业务收入	378.25
个人银行卡业务收入	1453.52
个人顾问咨询业务收入	1.69
个人电子银行业务收入	50.20
其他个人中间业务收入	3.27
系统内往来收入	338506.46
系统内备付金利息收入	337161.91
拨付营运资金利息收入	1344.55
其他业务收入	32622.94
贷款买卖价差收入	0.01
贴现票据买卖价差收入	32622.92
其他业务收入	0.01
营业外收入	65.51
结算业务长款收入	0.00
固定资产清理收入	9.61
其他营业外收入	55.90
汇兑损益	22.75
客盘结售汇损益	22.71
客盘外汇买卖损益	0.05

续表

科目名称	余额
外汇敞口估值损益	0.00
理财业务损益	5741.50
个人理财业务收入	3223.74
单位理财业务收入	2517.76
贵金属损益	-0.03
贵金属实物交易损益	-0.03
利息支出	359661.79
同业存放款项利息支出	180409.60
同业存放保证金利息支出	7.05
其他保证金利息支出	53001.10
个人存款利息支出	83313.89
单位存款利息支出	41897.81
特种存款利息支出	0.13
财政性存款利息支出	0.45
卖出回购银行承兑汇票利息支出	980.54
代理业务负债利息支出	0.00
其他同业利息支出	1.59
其他利息支出	49.41
手续费及佣金支出	4127.63
手续费支出	2787.30
佣金支出	1340.33
其他支出	0.00
系统内往来支出	43034.89
系统内备付金利息支出	36636.18
拨入营运资金利息支出	6398.71
其他业务支出	13451.41
预计负债支出	-8139.47
贷款买卖价差损失	0.01
贴现票据买卖价差损失	21590.86
其他业务支出	0.01
营业税金及附加	23446.25
营业税	20940.80
城市维护建设税	1457.80
教育费附加	628.26
其他	419.39
业务及管理费	131417.68
职工工资	43796.16
劳动及失业保险费	5965.48
劳动保护费	28.87
职工福利费	6433.31
职工教育经费	741.93
工会经费	864.24
职工住房公积金	2936.66
固定资产折旧费	3436.53
无形资产摊销	14.47

续表

科目名称	余额
房租费	15902.59
运输工具及经营设备租赁费	474.58
物业管理费	1382.00
财产保险费	66.97
办公费用	13299.17
车船使用费	3062.50
电子设备运转费	10506.10
水电费	1740.95
安全防卫费	1837.47
邮递通讯费	3291.67
诉讼费	189.59
公证费	0.54
会议费	1082.62
差旅费	1123.40
咨询费	35.76
审计费	4.10
税金	438.38
研发费用	0.40
修理费	507.07
装修费	4599.56
广告及宣传费	3591.60
业务招待费	971.62
其他费用	3091.39
资产减值损失	91909.48
贴现资产减值损失	-267.91
贷款减值损失	92003.32
应收款减值损失	174.07
营业外支出	735.73
固定资产清理损失	44.04
赞助支出	3.00
罚款支出	687.00
违约赔偿支出	0.01
其他营业外支出	1.68
以前年度损益调整	565.34
以前年度损益调整	565.34

中国民生银行股份有限公司石家庄分行利润表

（2014年12月31日）

单位：万元

项目	本期金额	上期金额
一、营业收入	438458.92	217393.09
利息净收入	118231.00	98699.40
利息收入	477892.79	448347.92
利息支出	359661.79	349648.52
手续费及佣金净收入	13701.53	12991.10
手续费及佣金收入	17829.16	15787.64
手续费及佣金支出	4127.63	2796.54
投资收益（损失以“–”号填列）	11032.06	17015.80
公允价值变动收益（损失以“–”号填列）	0.00	0.00
汇兑收益（损失以“–”号填列）	22.75	23.55
其他业务收入	295471.58	88663.25
二、营业支出	238633.95	167883.83
营业税金及附加	23446.25	22595.54
业务及管理费	131417.68	116020.24
资产减值损失	91909.48	31880.27
其他业务成本	–8139.46	–2612.22
三、营业利润（亏损以“–”号填列）	199824.97	49509.26
加：营业外收入	65.51	290.86
减：营业外支出	735.73	334.60
四、利润总额（亏损总额以“–”号填列）	199154.75	49465.52
减：所得税费用	0.00	0.00
五、净利润（净亏损以“–”号填列）	199154.75	49465.52

中国民生银行股份有限公司石家庄分行中间业务收入情况表

（2014 年 12 月 31 日）

单位：万元

项 目	1. 结算业务收入	2. 代理业务手续费收入	3. 顾问和咨询费收入	4. 银行卡手续费收入	5. 电子银行业务收入	6. 担保及承诺业务收入	7. 托管及其他受托业务佣金收入	8. 外汇买卖差价收入	9. 手续费及佣金收入	10. 其他中间业务收入	合计
石家庄	124.71	2522.68	379.17	833.02	82.30	4215.68	532.02	15.63	4119.61	151.65	12976.49
分行营业部	52.53	1563.02	40.99	3.29	14.56	1443.68	501.13	1345.18	0.00	2.50	4966.89
邯郸	40.70	25.31	188.73	0.00	9.06	271.54	15.82	0.00	0.00	125.85	677.01
邢台	0.00	0.00	0.00	0.00	0.00	0.00	0.00	0.00	0.00	0.00	0.00
保定	0.00	0.00	0.00	0.00	0.00	0.00	0.00	0.00	0.00	0.00	0.00
衡水	130.76	31.72	2.15	0.38	272.91	92.45	0.00	0.00	0.00	41.10	571.47
沧州	27.01	6.63	400.53	0.00	14.85	397.43	4.56	0.00	0.00	175.60	1026.62
廊坊	0.00	0.00	0.00	0.00	0.00	0.00	0.00	0.00	0.00	0.00	0.00
唐山	73.28	104.76	9.52	0.69	3.75	1203.26	0.02	33.85	0.00	144.49	1573.64
秦皇岛	239.60	12.83	10.92	3.24	5.48	196.48	0.63	556.43	0.00	1.05	1026.68
张家口	0.00	0.00	0.00	0.00	0.00	0.00	0.00	0.00	0.00	0.00	0.00
承德	0.00	0.00	0.00	0.00	0.00	0.00	0.00	0.00	0.00	0.00	0.00
合计	636.07	2703.94	991.03	837.34	388.36	6376.85	553.05	605.92	4119.61	639.75	17851.91

中国民生银行股份有限公司石家庄分行机构、人员情况一览表

（2014 年 12 月 31 日） 单位：家、人

单位名称	机构总数	其中			从业人员总数
		省级机构	市级机构	县及以下机构	
省级机关					
石家庄	28	1	25	2	1200
邯郸	10		9	1	205
邢台	0	0	0	0	
保定	0	0	0	0	
衡水	8	0	5	3	190
沧州	11		6	5	264
廊坊	0	0	0	0	
唐山	10	0	7	3	228
秦皇岛	9	0	9	0	183
张家口	1	0	1	0	
承德	0	0	0	0	
合计	77	1	62	14	2270

中国光大银行股份有限公司石家庄分行资产负债表

（2014 年 12 月 31 日）

单位：元

资产	期初数	期末数	负债及所有者权益	期初数	期末数
资产：			负债：		
现金及银行存款	118538766.74	132247401.59	对公存款	28465827629.79	30694562082.33
贵金属	0	0	储蓄存款	9592097123.16	11543190505.84
存放中央银行款项	489767699.25	133625011.69	财政性存款	983001.09	1684317.04
存放同业款项	96298382.99	70459031.76	向中央银行借款	0	0
存放联行款项	27728934460.50	16869831167.50	同业存放款项	24107355711.88	21164925364.93
拆出资金	500000000.00	930160847.22	联行存放款项	0	0
买入返售金融资产	4062882565.91	6284519635.88	同业拆入款项	119491344.08	75707465.41
发放贷款和垫款	24079997594.50	30526897750.17	卖出回购金融资产款	179069128.75	60967835.94
贸易融资	3484562250.23	3178185755.11	应解汇款	97354168.12	110193168.61
贴现	587142856.33	1216720062.69	汇出汇款	104517.15	32517.15
信贷资产减值准备	519546584.86	591569768.57	应付利息	370437759.51	388574823.52
应收利息	112308173.11	135909879.04	其他应付款	28369748.37	26124144.16
其他应收款	4690906.78	15384287.23	交易性金融负债	0	0
交易性金融资产	0	0	衍生金融负债	0	0
衍生金融资产	0	358985.00	应付债券	0	0
可供出售金融资产	0	0	长期借款	0	0
持有至到期投资	11776161.80	9596241.41			
长期股权投资	0	0	应付职工薪酬	93611783.07	139257038.20
应收款项类投资	4290000000.00	6027771776.66	应交税费	39845366.91	49743000.80
			应付股利	0	0
固定资产原值	252318812.11	286167467.44	预计负债	18849041.57	22046796.64
减：累计折旧	56885050.00	79652787.97	递延所得税负债	0	0
固定资产净值	195433762.11	206514679.47	其他负债	1545853004.20	21083767.64
投资性房地产	15707507.36	0	负债合计	64659249327.65	64298092828.21
固定资产清理	155523.91	85839.04	股东权益：		
在建工程	0	0	股本	0	0
无形资产	1032844.07	1068899.74	资本公积	0	0
商誉	0	0	盈余公积	0	0
长期待摊费用	50702720.72	46876885.79	一般风险准备	0	0
抵债资产	0	0	未分配利润	682650420.44	930954148.53
递延所得税资产	0	0	其中：本年利润	0	0
其他资产	31514156.64	34402608.32	股东权益合计	682650420.44	930954148.53
资产总计	65341899748.09	65229046976.74	负债和股东权益总计	65341899748.09	65229046976.74

中国光大银行股份有限公司石家庄分行损益表

（2014年12月31日）　　单位：元

项 目	金 额
一、营业收入	1794275961.62
利息净收入	1597019549.38
利息收入	2241115628.25
利息支出	924494341.57
金融企业往来收入	2079539371.94
金融企业往来支出	1799141109.24
手续费及佣金净收入	194176810.23
手续费及佣金收入	206764063.08
手续费及佣金支出	12587252.85
投资收益	98.68
公允价值变动收益	358985.00
汇兑收益	2358270.30
其他业务收入	362248.03
二、营业支出	764373614.02
营业税金及附加	151336845.92
业务管理费用	527601692.36
资产减值损失	80662009.73
其他业务成本	4773066.01
三、营业利润	1029902347.60
加：营业外收入	3010797.97
减：营业外支出	2000281.44
四、利润总额	1030912864.13
减：所得税	99958715.71
五、净利润	930954148.42

中国光大银行股份有限公司石家庄分行中间业务收入情况表

（2014年12月31日）

单位：万元

项目	1.结算业务收入	2.代理业务手续费收入	3.顾问和咨询费收入	4.银行卡手续费收入	5.电子银行业务收入	6.担保及承诺业务收入	7.托管及其他受托业务佣金收入	8.外汇买卖差价收入	9.手续费及佣金收入	10.其他中间业务收入	合计
石家庄	45.76	961.77	30.00	310.11	144.00	2407.94	0.00	79.11	32.96	10.64	4022.29
分行营业部	145.38	47.68	0.00	58.72	43.57	7211.08	502.39	73.76	3.85	1.57	8088.00
邯郸	10.18	20.34	0.00	46.78	29.98	3349.22	112.00	22.18	2.77	3.71	3597.16
邢台											
保定											
衡水											
沧州											
廊坊	209.76	15.72	0.00	64.22	37.35	483.33	180.00	33.39	11.41	1.62	1036.80
唐山	19.50	315.20	0.00	37.07	35.75	3685.75	41.42	27.39	2.15	3.75	4167.98
秦皇岛											
张家口											
承德											
合计	430.58	1360.71	30.00	516.90	290.65	17137.32	835.81	235.83	53.14	21.29	20912.23

中国光大银行股份有限公司石家庄分行机构、人员情况一览表

（2014年12月31日） 单位：家、人

单位名称	机构总数	其中			从业人员总数
		省级机构	市级机构	县及以下机构	
省级机关	1	1			267
石家庄	15				321
邯郸	4		1		115
邢台					0
保定					0
衡水					0
沧州					0
廊坊	3		1		115
唐山	4		1		124
秦皇岛					0
张家口					0
承德					0
合计	27	1	3		942

上海浦东发展银行股份有限公司石家庄分行资产负债表

（2014 年 12 月 31 日）

单位：元

资产	期初数	期末数	负债及所有者权益	期初数	期末数
现金	62832423.66	113952497.90	向中央银行借款	–	–
存放中央银行款项	568316964.71	178711204.85	同业存放款项	18940531235.59	11042139905.25
存放同业	2073115715.58	53390227.74	拆入资金	–	–
贵金属	–	–	衍生金融负债	–	–
拆出资金	–	–	卖出回购金融资产款	195705595.92	209532207.03
交易性金融资产	–	–	短期存款	11822587942.12	15887346231.25
加或减：交易性金融资产公允价值调整	–	–	短期储蓄存款	5048787104.44	5636330576.05
衍生金融资产	–	–	存入短期保证金	2661481690.66	2118166078.95
买入返售金融资产	10817320432.81	2720352920.00	长期存款	1300000000.00	1483525000.00
应收利息	29166380.76	33313625.94	长期储蓄存款	511711851.14	560228624.79
短期贷款	9195057664.15	11550712361.70	存入长期保证金	8756054196.45	8499119449.41
贴现	601424120.39	637795250.70	应解汇款及临时存款	48541873.69	60140058.80
进出口押汇	235167848.23	–	汇出汇款	64321198.98	4100000.00
中期贷款	585885929.45	3792560597.86	资产托管存款	195434.19	4242363.09
长期贷款	10723227738.77	10282825568.69	应付职工薪酬	1718248.81	1810101.11
逾期贷款	52796868.31	55901481.44	应交税费	23757960.39	26607007.03
减：贷款呆账准备	287757017.63	363811282.94	应付利息	244678688.33	175000310.80
可供出售金融资产	–	–	发行同业存单	–	–
加或减：可供出售金融资产公允价值调整	–	–	发行大额存单	–	–
减：可供出售金融资产减值准备	–	–	发行长期债券	–	–
持有至到期投资	–	–	递延所得税负债	–	–
减：持有至到期投资减值准备	–	–	委托资金	–	–
分为贷款和应收款的金融资产	4011384423.19	3840615567.05	财政性存款	–	–
减：分为贷款和应收款的金融资产减值准备	–	35000000.00	其他应付款	15696006.28	14795298.87
长期股权投资	–	–	应付利润	–	–
减：长期股权投资减值准备	–	–	预提费用	423995.00	–
固定资产	58723853.06	74042997.78	其他流动负债	141836752.91	31478154.64
减：累计折旧	27846142.59	38509769.70	其他长期负债	–	–
减：固定资产减值准备	–	–			
固定资产清理	–	–			
在建工程	–	–	负债合计	49778029774.90	45754561367.07
减：在建工程减值准备	–	–			
无形资产	637313.76	866434.76	实收资本	–	–
减：无形资产累计摊销	575893.11	641132.44	其他权益工具	–	–
减：无形资产减值准备	–	–	资本公积	–	–
递延所得税资产	–	–	盈余公积	–	–
其他应收款	47308876.94	54312413.30	一般风险准备	–	–
减：坏账准备	513501.50	714159.00	未分配利润	759942423.75	997499418.42
其他流动资产	10673710970.75	11665593547.60			
长期待摊费用	23645228.96	24909238.66	所有者权益合计	759942423.75	997499418.42
待处理抵债资产	–	–			
减：抵债资产跌价准备	–	–			
其他长期资产	1118942000.00	2110881193.60			
减：其他非贷款资产减值准备	24000000.00	–			
资产合计	50537972198.65	46752060785.49	负债和所有者权益合计	50537972198.65	46752060785.49

上海浦东发展银行股份有限公司石家庄分行利润表

（2014 年 12 月 31 日）

单位：元

名称	本期数	本年累计数
一、营业收入	1542758042.50	1542758042.50
利息收入	1903500096.30	1903500096.30
金融机构往来利息收入	396576487.75	396576487.75
系统内往来收入	4315625900.48	4315625900.48
利息支出	534243414.06	534243414.06
金融机构往来利息支出	728482706.76	728482706.76
系统内往来支出	4098086161.40	4098086161.40
手续费收入	268514557.58	268514557.58
手续费支出	3321191.21	3321191.21
汇兑收益	753121.85	753121.85
汇兑损失	3140.51	3140.51
其他营业收入	21924492.48	21924492.48
二、营业支出	544821710.75	544821710.75
营业税金及附加	105759476.34	105759476.34
营业费用	341072706.63	341072706.63
资产减值损失	87254922.81	87254922.81
其他营业支出	10734604.97	10734604.97
三、营业利润（亏损以“–”号填列）	997936331.75	997936331.75
加：营业外收入	527961.67	527961.67
减：营业外支出	964875.00	964875.00
四、利润总额（亏损总额以“–”号填列）	997499418.42	997499418.42

上海浦东发展银行股份有限公司石家庄分行中间业务收入情况表

（2014 年 12 月 31 日）

单位：万元

项 目	1. 结算业务收入	2. 代理业务手续费收入	3. 顾问和咨询费收入	4. 银行卡手续费收入	5. 电子银行业务收入	6. 担保及承诺业务收入	7. 托管及其他受托业务佣金收入	8. 外汇买卖差价收入	9. 手续费及佣金收入	10. 其他中间业务收入	合计
石家庄	672	473	270	315	117	5381	4447	61	2440	1692	15868
分行营业部											
邯郸	1935	4	66	5	27	1425	0	0	0	36	3498
邢台											
保定	587	13	0	5	20	490	800	5	0	1511	3431
衡水											
沧州	5	4	68	3	15	1042	0	0	0	2	1139
廊坊	1	0	0	0	1	0	0	0	0	0	2
唐山	2135	1	0	4	22	778	0	14	0	30	2984
秦皇岛											
张家口											
承德											
合计	5335	495	404	332	202	9116	5247	80	2440	3271	26922

上海浦东发展银行股份有限公司石家庄分行机构、人员情况一览表

（2014 年 12 月 31 日）　　单位：家、人

单位名称	机构总数	其中			从业人员总数
		省级机构	市级机构	县及以下机构	
省级机关	1	1			102
石家庄	10		6	4	150
邯郸	5		1	4	93
邢台					
保定	3		1	2	79
衡水					
沧州	2		1	1	45
廊坊	1		1		36
唐山	5		1	4	93
秦皇岛					
张家口					
承德					
合计	27	1	11	15	598

兴业银行股份有限公司石家庄分行资产负债表

（2014 年 12 月 31）

单位：万元

项目名称	上期余额	本期余额	项目名称	上期余额	本期余额
现金及存放中央银行款项	26494.58	29558.02	向中央银行借款	0.00	0.00
存放同业款项	1159106.44	1154461.90	同业及其他金融机构存放款项	3073896.41	3045006.07
贵金属	0.00	0.00	拆入资金	65.47	65.43
拆出资金	30000.00	30000.00	交易性金融负债	0.00	0.00
交易性金融资产	0.00	0.00	衍生金融负债	0.00	0.00
衍生金融资产	0.00	0.00	卖出回购金融资产款	337512.88	337512.88
买入返售金融资产	1813157.30	1812157.30	吸收存款	6072176.36	5859390.94
应收利息	37687.15	40301.38	应付职工薪酬	4424.88	5807.31
发放贷款及垫款	3072229.43	2850637.44	应交税费	3509.98	3666.87
可供出售金融资产	0.00	0.00	应付利息	63764.54	62923.88
持有至到期投资	0.00	0.00	预计负债	0.00	0.00
应收款项类投资	150079.43	89179.44	应付债券	0.00	0.00
长期股权投资	0.00	0.00	递延所得税负债	0.00	0.00
投资性房地产	0.00	0.00	其他负债	237325.80	280218.83
固定资产	18940.56	18940.56	负债合计	9792676.34	9594592.25
在建工程	0.00	0.00	所有者权益（或股东权益）：	0.00	0.00
无形资产	737.87	737.87	股本	0.00	0.00
递延所得税资产	0.00	0.00	资本公积	0.00	0.00
其他资产	3580879.68	3667044.81	盈余公积	0.00	0.00
			一般风险准备	0.00	0.00
			未分配利润	96636.13	98426.50
			减：库存股	0.00	0.00
			所有者权益（或股东权益）	96636.13	98426.50
资产总计	9889312.48	9693018.76	负债及所有者权益总计	9889312.48	9693018.76

兴业银行股份有限公司石家庄分行利润表

（2014 年 12 月 31 日）　　单位：万元

项目	本期发生数	本期余额
一、营业收入	19292.67	203666.18
利息净收入	14160.89	183180.72
利息收入	48682.47	697649.84
利息支出	34521.58	514469.12
手续费及佣金净收入	5030.69	19799.45
手续费及佣金收入	5609.54	26399.28
手续费及佣金支出	578.85	6599.84
公允价值变动损益	0	0
投资净收益	0.11	1.85
其中：对联营企业和合资企业的投资收益	0	0
汇兑损益	100.97	684.17
其他营业收入	0	0
二、营业支出	13590.25	105364.35
营业税金及附加	1202.77	12148.96
业务及管理费	9005.99	71292.59
资产损失	3372.55	21802.62
其他营业支出	8.93	120.18
三、营业利润（亏损以“–”号填列）	5702.42	98301.83
加：营业外收入	–6.57	160.44
减：营业外支出	0	35.76
四、利润总额	5695.85	98426.51
减：所得税费用	0	0
五、净利润	5695.85	98426.51

兴业银行股份有限公司石家庄分行中间业务收入情况表

（2014 年 12 月 31 日）

单位：万元

项 目	1. 结算业务收入	2. 代理业务手续费收入	3. 顾问和咨询费收入	4. 银行卡手续费收入	5. 电子银行业务收入	6. 担保及承诺业务收入	7. 托管及其他受托业务佣金收入	8. 外汇买卖差价收入	9. 手续费及佣金收入	10. 其他中间业务收入	合计
石家庄	1432.68	1956.27	5088.47	565.12	41.06	2627.87	3744.74	0.00	0.00	3365.28	18821.49
分行营业部	1341.05	1000.85	2177.53	3.78	10.43	363.28	281.38	0.00	0.00	340.68	5518.98
邢台	13.18	28.30	162.48	1.97	5.86	224.55	0.00	0.00	0.00	15.28	451.62
保定	55.18	0.00	251.15	1.47	1.36	49.94	0.00	0.00	0.00	102.16	461.26
沧州	13.17	42.51	292.06	7.94	5.49	363.74	0.00	0.00	0.00	6.29	731.20
廊坊	105.54	54.81	1190.91	51.15	19.30	314.69	942.66	1.17	0.00	797.03	3477.26
唐山	824.08	153.07	181.98	12.57	5.65	560.56	6.08	0.00	0.00	713.63	2457.62
合计	2443.83	2234.96	7167.05	640.22	78.72	4141.35	4693.48	1.17	0.00	4999.67	26400.45

兴业银行股份有限公司石家庄分行机构、人员情况一览表

（2014年12月31日） 单位：家、人

单位名称	机构总数	其中			从业人员总数
		省级机构	市级机构	县及以下机构	
石家庄	15	1	12	2	621
邢台	2		1	1	133
保定	1		1		76
沧州	4		3	1	122
廊坊	6		2	4	206
唐山	6		5	1	183
合计	34	1	24	9	1341

招商银行股份有限公司石家庄分行资产负债表

（2014 年 12 月 31 日）

单位：元

项目名称	年初余额	期末余额	项目名称	年初余额	期末余额
现金及银行存款	34898773.61	30781971.47	短期存款	1559871247.67	6863574981.19
贵金属	0.00	40699.13	短期储蓄存款	1039733628.00	1407280397.34
存放中央银行款项	541808637.97	75391211.74	财政性存款	0.00	0.00
存放同业款项	27675403.50	28676402.17	向中央银行借款	0.00	0.00
存放联行款项	1983865488.60	3605722813.98	票据融资	301161687.50	54839687.50
拆放同业	197459800.00	0.00	同业存放款项	2706208707.95	7439579.51
拆放金融性公司	0.00	0.00	联行存放款项	100000000.00	100000000.00
短期贷款	6762675286.11	6905050309.18	同业折入	0.00	0.00
应收进出口押汇	50024890.92	0.00	金融性公司拆入	0.00	0.00
应收账款	20498066.56	29109221.94	应解汇款	8769853.21	16645868.75
坏账准备	0.00	−612981.00	汇出汇款	232445.00	4000.00
其他应收款	14066289.64	973775.56	委托存款	0.00	0.00
贴现	634010298.55	370155252.25	应付账款	127321170.47	87131440.94
短期投资	0.00	0.00	存入短期保证金	5472812819.38	5670141157.51
持有至到期投资减值准备	0.00	0.00	其他应付款	8743898.79	21910512.07
委托贷款及委托投资	0.00	0.00	应付工资	19428502.69	31758014.84
买入返售款项	0.00	269745279.30	应付福利费	0.00	0.00
待处理流动资产损失	0.00	0.00	应付税金	19334382.81	39350053.01
一年内到期的长期投资	0.00	0.00	预提费用	0.00	0.00
待摊费用	9281741.26	10873278.72	发行短期债券	0.00	0.00
流动资产合计	10276264676.72	11325907234.44	以公允价值计量且变动计入当期损益的金融负债	0.00	0.00
中期贷款	1175998400.00	1260000000.00			
长期贷款	565823280.22	1125413111.69	流动负债合计	11363618343.47	14300075692.66
逾期贷款	30000000.00	152212078.75	长期负债：	0.00	0.00
呆账准备	−167676276.85	−234589104.46	长期存款	202837462.58	208891801.00
长期投资	0.00	0.00	长期储蓄存款	177743736.77	227061259.64
固定资产原值	34824114.29	44717381.29	保证金	570000.00	570000.00
累计折旧	−20137760.62	−24436937.88	长期负债合计	381151199.35	436523060.64
固定减值准备	0.00	0.00	其他负债	0.00	6913.07
固定资产清理	0.00	0.00	其他负债合计	0.00	6913.07
在建工程	0.00	0.00	负债合计	11744769542.82	14736605666.37
在建工程减值准备	0.00	0.00	所有者权益：	0.00	0.00
待处理固定资产净损失	0.00	0.00	实收资本	0.00	0.00
长期资产合计	1618831757.04	2323316529.39	资本公积	0.00	0.00
无形资产	0.00	0.00	盈余公积	0.00	0.00
无形资产减值准备	0.00	0.00	其中：法定公益金	0.00	0.00
长期待摊费用	3626364.48	0.00	一般准备	0.00	0.00
其他应收投资款	0.00	1330000000.00	未分配利润	0.00	0.00
其他资产	404000.00	14035736.02	本年利润	154357255.41	256653833.48
其他资产减值准备	0.00	0.00	所有者权益合计	154357255.41	256653833.48
无形、递延及其他资产合计	4030364.48	1344035736.02			
资产合计	11899126798.24	14993259499.85	负债及所有者权益合计	11899126798.23	14993259499.85

招商银行股份有限公司石家庄分行损益表

（2014 年 12 月 31 日）

单位：元

科目代码	科目名称	金额
5001	利息收入	702558449.23
5002	金融企业往来收入	615290308.36
5005	租赁收益	0.00
5006	内部计价收入	303910.84
5007	对公中间业务收入	51079760.21
5008	对私中间业务收入	1500701.98
5009	工本邮电费收入	242553.97
5010	其他业务收入	15283348.78
5011	现金流量套期工具损益	0.00
5013	贵金属交易损益	13540.33
5014	长期股权投资收益	0.00
5015	营业外收入	100405.35
5016	投资收益	14935833.31
5017	公允价值变动损益	0.00
5018	衍生工具实现损益	8376.64
5019	衍生工具未实现损益	0.00
5020	衍生工具利息收支	0.00
5021	利息支出	−223364520.99
5022	金融企业往来支出	−564078317.79
5026	内部计价支出	−23391.04
5030	资产准备支出	−67501203.55
5031	手续费及佣金支出	−4561813.72
5032	营业费用	−153399957.56
5033	流转税金及附加	−43152578.13
5034	其他营业支出	−2301234.35
5035	汇兑损益	1531230.42
5036	营业外支出	−166994.52
5037	所得税	−85551277.83
5038	国别风险准备金	0.00
5039	业务支持费用	−2093296.47

招商银行股份有限公司石家庄分行中间业务收入情况表

（2014 年 12 月 31 日）

单位：万元

项目	1. 结算业务收入	2. 代理业务手续费收入	3. 顾问和咨询费收入	4. 银行卡手续费收入	5. 电子银行业务收入	6. 担保及承诺业务收入	7. 托管及其他受托业务佣金收入	8. 外汇买卖差价收入	9. 手续费及佣金收入	10. 其他中间业务收入	合计
石家庄	329	108	2334	74	359	2070	0	12	0	0	5286
合计	329	108	2334	74	359	2070	0	12	0	0	5286

招商银行股份有限公司石家庄分行机构、人员情况一览表

（2014 年 12 月 31 日）

单位：家、人

单位名称	机构总数	其中			从业人员总数
		省级机构	市级机构	县及以下机构	
石家庄	15	1		14	245
合计	15	1		14	245

东亚银行（中国）有限公司石家庄分行资产负债表

（2014 年 12 月 31 号）

单位：元

资产	期末余额	年初余额	负债和所有者权益（或股东权益）	期末余额	年初余额
资 产：			负 债：		
现金及银行存款	2107823.96	1269216.48	向中央银行借款	0.00	0.00
存放中央银行款项	35357247.00	14777586.17	联行存放款项	1687190241.80	3002721236.00
贵金属	0.00	0.00	同业及其他金融机构存放款项	457740.21	72576.17
存放联行款项	1721480405.25	2253720938.35	拆入资金	0.00	0.00
存放同业款项	408994208.78	9657758.60	交易性金融负债	0.00	0.00
拆出资金	400000000.00	100000000.00	衍生金融负债	0.00	0.00
交易性金融资产	0.00	0.00	卖出回购金融资产款	0.00	0.00
衍生金融资产	0.00	0.00	吸收存款	1818165113.52	1487113252.88
买入返售金融资产	0.00	1107000000.00	应付职工薪酬	14249.38	14249.38
应收款项类金融资产	0.00	0.00	应交税费	3074932.11	3494892.99
应收利息	7975772.10	5171406.89	应付利息	6362930.64	5132056.12
其他应收款	1145373.39	1087253.72	其他应付款	3477304.66	6593701.93
发放贷款和垫款	1087074808.73	1151565391.20	预计负债	0.00	0.00
可供出售金融资产	0.00	0.00	应付债券	0.00	0.00
持有至到期投资	0.00	0.00	递延所得税负债	487025.79	14758.11
长期股权投资	0.00	0.00	其他负债	2493198.23	765871.17
投资性房地产	0.00	0.00	负债合计	3521722736.34	4505922594.75
固定资产	1025561.00	2195209.06	所有者权益（或股东权益）：		
在建工程	0.00	0.00	实收资本（或股本）	100000000.00	100000000.00
固定资产清理	0.00	0.00	国家资本	0.00	0.00
无形资产	0.00	0.00	集体资本	0.00	0.00
商誉	0.00	0.00	法人资本	0.00	0.00
长期待摊费用	3087016.15	3649145.58	其中：国有法人资本	0.00	0.00
抵债资产	0.00	0.00	个人资本	0.00	0.00
递延所得税资产	5366472.83	2590183.35	外商资本	0.00	0.00
其他资产	-2437241.65	-23255790.60	资本公积	-483289.34	617283.25
			减：库存股	0.00	0.00
			盈余公积	0.00	0.00
			一般风险准备	0.00	0.00
			未分配利润	49938000.54	22888420.80
			外币报表折算差额	0.00	0.00
			归属于母公司所有者权益合计	149454711.20	123505704.05
			少数股东权益	0.00	0.00
			所有者权益（或股东权益）合计	149454711.20	123505704.05
资产总计	3671177447.54	4629428298.80	负债和所有者权益（或股东权益）总计	3671177447.54	4629428298.80

东亚银行（中国）有限公司石家庄分行利润表

（2014 年 12 月 31 号）　　单位：元

项　　目	本期金额	上期金额
一、营业收入	56609553.17	61794156.92
（一）利息净收入	48352765.89	55749553.80
利息收入	220491643.28	199998754.61
利息支出	172138877.39	144249200.81
（二）手续费及佣金净收入	8094195.78	5823518.74
手续费及佣金收入	8180007.30	5908929.41
手续费及佣金支出	85811.52	85410.67
（三）投资收益（损失以“-”号填列）	-148.63	200.46
其中：对联营企业和合营企业的投资收益	0.00	0.00
（四）公允价值变动收益（损失以“-”号填列）	0.00	0.00
（五）其他收入	162740.13	220883.92
汇兑收益（损失以“-”号填列）	162740.13	220883.92
其他业务收入	0.00	0.00
二、营业支出	26928397.16	37698238.49
（一）营业税金及附加	4859187.14	5083257.59
（二）业务及管理费	26951740.23	30094151.58
（三）资产减值损失或呆账损失（转回金额以“-”号填列）	-4882530.21	2520829.32
（四）其他业务成本	0.00	0.00
三、营业利润（亏损以“-”号填列）	29681156.01	24095918.43
加：营业外收入	0.00	0.00
减：营业外支出	0.00	0.00
四、利润总额（亏损总额以“-”号填列）	29681156.01	24095918.43
减：所得税费用	2631576.27	3261783.87
五、净利润（亏损以“-”号填列）	27049579.74	20834134.56
归属于母公司所有者的净利润	27049579.74	20834134.56
少数股东损益	0.00	0.00

东亚银行（中国）有限公司石家庄分行中间业务收入情况表

（2014 年 12 月 31 日）

单位：万元

项目	1. 结算业务收入	2. 代理业务手续费收入	3. 顾问和咨询费收入	4. 银行卡手续费收入	5. 电子银行业务收入	6. 担保及承诺业务收入	7. 托管及其他受托业务佣金收入	8. 外汇买卖差价收入	9. 手续费及佣金收入	10. 其他中间业务收入	合计
石家庄	6	6	251	0	4	67	0	0	478	5	817
合计	6	6	251	0	4	67	0	0	478	5	817

东亚银行（中国）有限公司石家庄分行机构、人员情况一览表

（2014 年 12 月 31 日）

单位：家、人

单位名称	机构总数	其中			从业人员总数
		省级机构	市级机构	县及以下机构	
石家庄	1	1			55
合计	1	1			55

中国邮政储蓄银行股份有限公司河北省分行资产负债表

（2014 年 12 月 31 日）

单位：元

项目	年初数	期末数	项目	年初数	期末数
资产：	–	–	负债：	–	–
现金及银行存款	1733590351.73	1807351703.64	向中央银行借款		
存放中央银行款项	115670574.39	157382821.76	联行存放款项		
贵金属		0.02	同业及其他金融机构存放款项	217873839.81	263945467.08
存放联行款项	177188417186.86	177188374876.57	拆入资金		
存放同业款项	61496261.86	32212571.28	交易性金融负债		
拆出资金			衍生金融负债		
交易性金融资产			卖出回购金融资产款	49631250.00	
衍生金融资产			吸收存款	253101553473.85	265415405900.24
买入返售金融资产	562519225.81	6158768360.86	应付职工薪酬	24213431.96	45315814.89
应收款项类金融资产			应交税费	50773865.37	97010756.99
应收利息	224537018.98	319021007.25	应付利息	3561570612.10	4017306143.14
其他应收款	20787465.17	16989258.41	其他应付款	219993782.39	374191782.02
发放贷款和垫款	43691849839.97	63027511191.66	预计负债		
可供出售金融资产			应付债券		
持有至到期投资			递延所得税负债		
长期股权投资			其他负债	2401047330.16	2446490385.60
投资性房地产			负债合计	259626657585.64	272659666249.96
固定资产	824271893.69	888457950.55	所有者权益（或股东权益）：	–	–
在建工程	773425.78		实收资本（或股本）		
固定资产清理			其中：国有资本		
无形资产	54186865.17	62869022.98	外商资本		
商誉			资本公积		
长期待摊费用	70915606.47	67675267.50	减：库存股		
抵债资产			盈余公积		
递延所得税资产			一般风险准备		
其他资产	34356165791.92	23668200007.42	未分配利润	–721476077.84	735147789.94
			外币报表折算差额		
			归属于母公司所有者权益合计	–721476077.84	735147789.94
			少数股东权益		
			所有者权益（或股东权益）合计	–721476077.84	735147789.94
资产总计	258905181507.80	273394814039.90	负债和所有者权益（或股东权益）总计	258905181507.80	273394814039.90

中国邮政储蓄银行股份有限公司河北省分行利润表

（2014 年 12 月 31 日）　　单位：元

项　目	本年累计数	上年同期累计数
一、营业收入	6434297389.32	5625823018.15
（一）利息净收入	6239132797.89	5394761073.20
利息收入	14209879199.95	12152009959.46
利息支出	7970746402.06	6757248886.26
（二）手续费及佣金净收入	193039585.55	229567034.29
手续费及佣金收入	373941476.88	380626987.03
手续费及佣金支出	180901891.33	151059952.74
（三）投资收益（损失以“–”号填列）		
其中：对联营企业和合营企业的投资收益		
（四）公允价值变动收益（损失以“–”号填列）		
（五）汇兑收益（损失以“–”号填列）	1748371.69	1177512.14
（六）其他业务收入	376634.19	317398.52
二、营业支出	4956313396.09	4377336454.26
（一）营业税金及附加	261704434.63	184987233.59
（二）业务及管理费	4388776307.65	3934129072.65
（三）资产减值损失	305832653.81	258220148.02
（四）其他业务成本		
三、营业利润（亏损以“–”号填列）	1477983993.23	1248486563.89
加：营业外收入	6020072.89	12954020.64
减：营业外支出	2373714.11	1532376.31
四、利润总额（亏损总额以“–”号填列）	1481630352.01	1259908208.22
减：所得税费用	25006484.23	14078094.28
五、净利润（净亏损以“–”号填列）	1456623867.78	1245830113.94

中国邮政储蓄银行股份有限公司河北省分行机构、人员情况一览表

（2014 年 12 月 31 日） 单位：家、人

单位名称	机构总数	其中			从业人员总数
		省级机构	市级机构	县级以下机构	
省级机关	1	1			292
石家庄	68		1	67	1329
邯郸	36		1	35	856
邢台	32		1	31	722
保定	70		1	69	1479
衡水	30		1	29	631
沧州	39		1	38	914
廊坊	21		1	20	659
唐山	35		1	34	1022
秦皇岛	17		1	16	520
张家口	22		1	21	580
承德	22		1	21	630
合计	393	1	11	381	9634

渤海银行股份有限公司石家庄分行资产负债表

（2014 年 12 月 31 日）

单位：元

资产	年初余额	期末余额	负债和股东权益	年初余额	期末余额
资产：			负债：		
现金及银行存款	10147489.26	9873095.94	向中央银行借款	0.00	0.00
存放中央银行款项	30046295.73	37399203.67	同业及其他金融机构存放款项	9155979565.17	6575439328.00
存放同业款项	162217232.34	34339150.57	拆入资金	7983200.00	0.00
贵金属	0.00	0.00	交易性金融负债	0.00	0.00
拆出资金	0.00	0.00	衍生金融负债	0.00	0.00
买入返售金融资产	6148696906.69	5000000000.00	卖出回购金融资产款	0.00	0.00
应收利息	63705562.37	55186581.67	客户存款	5014347211.31	6728203014.96
发放贷款和垫款	5755841151.44	7193169705.95	应解及汇出款	3900000.00	9383923.83
减：贷款损失准备	0.00	0.00	应付职工薪酬	17559490.49	45848193.35
发放贷款和垫款净值	5755841151.44	7193169705.95	应交税费	5997510.26	13852072.35
交易性金融资产	0.00	0.00	应付利息	93656395.18	83149618.57
衍生金融资产	0.00	0.00	预计负债	0.00	0.00
可供出售金融资产	0.00	0.00	应付债券	0.00	0.00
持有至到期投资	0.00	0.00	递延所得税负债	0.00	0.00
应收款项投资	1000000000.00	1810600000.00	其他负债	318106527.18	594456426.92
长期股权投资	0.00	0.00	负债合计	14617529899.59	14050332577.98
投资性房产	0.00	0.00	股东权益：		
固定资产原值	11168079.13	15229619.13	股本	0.00	0.00
减：累计折旧和减值准备	4497507.14	6303826.21	资本公积	0.00	0.00
固定资产净值	6670571.99	8925792.92	盈余公积	0.00	0.00
无形资产原值	0.00	0.00	一般风险准备	0.00	0.00
减：累计摊销和减值准备	0.00	0.00	未分配利润	145850519.77	117753235.05
无形资产净值	0.00	0.00	本年利润	0.00	0.00
递延所得税资产	0.00	0.00	股东权益合计	145850519.77	117753235.05
其他资产	1586055209.54	18592282.31			
资产总计	14763380419.36	14168085813.03	负债和股东权益总计	14763380419.36	14168085813.03

渤海银行股份有限公司石家庄分行利润表

（2014年12月31日） 单位：元

项目	本期金额	本年累计发生额
一、营业收入（亏损以“-”号填列）	46839195.52	300719388.50
利息净收入	30205636.30	238201144.73
存贷款利息净收入	28404545.57	296347139.33
其中：贷款利息收入	42404759.53	433410829.32
存款利息支出	14000213.96	137063689.99
金融机构往来利息净收入	-8996304.82	-137045024.86
其中：金融机构往来利息收入	87509527.84	920627491.24
金融机构往来利息支出	96505832.66	1057672516.10
债券投资利息收入	0.00	0.00
其他投资利息收入	10797395.55	78899030.26
发行债券利息支出	0.00	0.00
其他利息支出	0.00	0.00
手续费及佣金净收入	16633559.22	57816626.93
手续费及佣金收入	16715228.12	58510459.22
手续费及佣金支出	81668.90	693832.29
投资收益	0.00	4701616.84
公允价值变动收益	0.00	0.00
汇兑收益	0.00	0.00
其他业务收入	0.00	0.00
二、营业支出	23903634.14	159953246.07
营业税金及附加	3580481.03	27603581.87
业务及管理费	19898023.41	129941296.86
其中：人工费用	6000000.00	71124855.39
业务费用	13588144.12	56658056.40
折旧费	309879.29	2158385.07
其他业务成本	425129.70	2408367.34
三、扣除资产减值损失前营业利润	22935561.38	140766142.43
减：资产减值损失	0.00	0.00
四、扣除资产减值损失后营业利润	22935561.38	140766142.43
加：营业外净收入（亏损以“-”号填列）	0.00	-45400.00
其中：营业外收入	0.00	104600.00
营业外支出	0.00	150000.00
五、利润总额	22935561.38	140720742.43
减：所得税费用	2352261.68	22967507.38
六、净利润	20583299.70	117753235.05

渤海银行股份有限公司石家庄分行中间业务收入情况表

（2014 年 12 月 31 日）

单位：万元

项 目	1. 结算业务收入	2. 代理业务手续费收入	3. 顾问和咨询费收入	4. 银行卡手续费收入	5. 电子银行业务收入	6. 担保及承诺业务收入	7. 托管及其他受托业务佣金收入	8. 外汇买卖差价收入	9. 手续费及佣金收入	10. 其他中间业务收入	合计
石家庄	411	452	515	11	8	49	2937			7	4390
唐山	303	75	996	10	6	13	57				1460
合计	714	527	1511	21	14	62	2994	0	0	7	5850

渤海银行股份有限公司石家庄分行机构、人员情况一览表

（2014 年 12 月 31 日）

单位：家、人

单位名称	机构总数	其中			从业人员总数
		省级机构	市级机构	县及以下机构	
石家庄	3	1	1	1	201
合计	3	1	1	1	201

河北省农村信用社联合社资产负债表

（2014 年 12 月 31 日）

单位：元

资　产	年初余额	期末余额	负债及所有者权益	年初余额	期末余额
资 产：			向中央银行借款	4424690000.00	4997700000.00
现金及存放中央银行款项	148768237843.88	183467191076.13	联行存放款项	1444085071.47	1554207753.43
贵金属			同业及其他金融机构存放款	74505755154.32	81677171233.81
存放联行款项	1457662972.89	1293533347.44	拆入资金	549149504.09	3585799504.09
存放同业款项	219511678353.43	245118608567.03	交易性金融负债		
拆出资金	462001976.70	222921394.67	衍生金融负债		
交易性金融资产			卖出回购金融资产款	8049036726.11	7786658424.06
衍生金融资产			吸收存款	761693285685.29	865924431166.80
买入返售金融资产	1651375000.00	2427000000.01	应付职工薪酬	1493074066.19	1666791106.58
应收款项类金融资产	43820307057.19	35881845783.56	应交税费	1169141914.32	1534680780.88
应收利息	1165503761.01	1737688991.31	应付利息	21697586677.37	26068623608.83
应收股利			应付股利	2751230605.52	3685318598.43
其他应收款	1225913474.65	1950592210.55	其他应付款	2669346554.77	3063789201.19
发放贷款和垫款	440917932642.80	500108224077.86	预计负债		
可供出售金融资产	8895973608.02	10834969942.11	应付债券		
持有至到期投资	21599878660.87	32947417498.54	递延所得税负债	26505711.22	37197951.23
长期股权投资	264213666.00	341337434.43	其他负债	7418251976.20	8645423317.93
投资性房地产	430206513.37	418354427.83	负债总计	887891139646.87	1010227792647.26
固定资产	7743555091.53	8921716913.83	所有者权益：		
在建工程	2135804704.15	1896418839.97	实收资本（股本）	33574103629.94	36777787899.48
固定资产清理	24409328.67	30634488.77	其中：法人股股本	12246721924.75	15523601018.86
无形资产	31619026223.16	36996677979.41	自然人股股本	21327381705.19	21254186880.62
长期待摊费用	217471988.22	301180389.73	资本公积	2255640292.25	2535991558.79
抵债资产	5487555532.89	5238236930.13	减：库存股		
递延所得税资产	254128191.93	248275285.00	盈余公积	2438629506.85	3936936919.78
待处理财产损益	60070276.54	37991500.04	一般风险准备	10854746787.26	14981987173.89
其他资产	46360000.00		未分配利润	745007004.73	1960320879.15
			所有者权益合计	49868127221.03	60193024431.09
资产总计	937759266867.90	1070420817078.35	负债及所有者权益总计	937759266867.90	1070420817078.35

河北省农村信用社联合社利润表

（2014 年 12 月 31 日）

单位：元

项　目	行次	上年数	本年数	项　目	上年数	本年数
一、营业收入	1	30434353000.37	34946240134.58	（二）业务及管理费	12233944982.70	13677302529.44
（一）利息净收入	2	25018296276.08	30078183332.14	（三）资产减值损失	7048097717.20	6023222355.76
利息收入	3	49311345091.98	58021133382.21	（四）其他业务成本	78564130.80	71335990.80
利息支出	4	24293048815.90	27942950050.07	三、营业利润（亏损以“–”号填列）	9806535731.86	13709620747.57
（二）手续费及佣金净收入	5	858660632.80	879294914.15	加：营业外收入	246038881.07	536192676.36
手续费及佣金收入	6	1409593574.40	1546304207.82	减：营业外支出	115004845.79	269216213.96
手续费及佣金支出	7	550932941.60	667009293.67	四、利润总额（亏损以“–”号填列）	9937569767.14	13976597209.97
（三）投资收益（损失以“–”号填列）	8	4258551459.13	3631994060.74	减：所得税费用	2740362024.73	3812002600.93
其中：对联营企业和合营企业的投资收益	9			五、净利润（亏损以“–”号填列）	7197207742.41	10164594609.04
（四）公允价值变动收益（损失以“–”号填列）	10			归属于母公司所有者的净利润		
（五）汇兑收益（损失以“–”号填列）	11			少数股东损益		
（六）其他业务收入	12	298844632.36	356767827.55	六、每股收益：		
二、营业支出	13	20627817268.51	21236619387.01	（一）基本每股收益		
（一）营业税金及附加	14	1267210437.81	1464758511.01	（二）稀释每股收益		

河北省农村信用社联合社中间业务收入情况表

（2014 年 12 月 31 日）

单位：万元

项 目	1. 结算业务收入	2. 代理业务手续费收入	3. 顾问和咨询费收入	4. 银行卡手续费收入	5. 电子银行业务收入	6. 担保及承诺业务收入	7. 托管及其他受托业务佣金收入	8. 外汇买卖差价收入	9. 手续费及佣金收入	10. 其他中间业务收入	合计
省联社	33	19312								0	19345
石家庄	2156	6413	514	812	1692	35				2538	14160
邯郸	5049	4666	2990	714	1424	22				672	15537
邢台	2436	1116		659	1173					2828	8212
保定	3468	2327	6	1158	2530	79				2970	12538
衡水	1943	2102		466	625					6403	11539
沧州	2601	3038	1093	857	1712	136				2223	11660
廊坊	4599	4740	3084	1485	1822					4017	19747
唐山	4172	2213	3335	852	2156	3008				2635	18371
秦皇岛	4960	135		253	480					0	5828
张家口	2156	2594	51	559	1012					957	7329
承德	4865	800		573	834	1				3291	10364
合计	38438	49456	11073	8388	15460	3281				28534	154630

河北省农村信用社联合社机构、人员情况一览表

（2014 年 12 月 31 日） 单位：家、人

单位名称	机构总数	其中			从业人员总数
		省级机构	市级机构	县及以下机构	
省级机关	1	1			188
石家庄	593		1	592	6066
邯郸	638		1	637	5510
邢台	522		1	521	5008
保定	685		1	684	6598
衡水	326		1	325	3582
沧州	403		1	402	4452
廊坊	320		1	319	3333
唐山	487		2	485	4485
秦皇岛	170		1	169	1796
张家口	427		1	426	3666
承德	386		1	385	2563
合计	4958	1	12	4945	47247

河北银行股份有限公司资产负债表

（2014 年 12 月 31 日）

单位：人民币元

项目	期末金额	期初金额	项目	期末金额	期初金额
资产：			负债：		
现金及存放中央银行款项	32781644969.32	27764844393.52	向中央银行借款	309922566.37	0.00
存放同业款项	20544778773.76	6439042872.39	同业及其他金融机构存放款项	13500644694.36	11295874749.32
拆出资金	129500000.01	18290700.00	拆入资金	3306356000.00	731628000.00
以公允价值计量且其变动计入当期损益的金融资产	500493330.62	736828928.36	衍生金融负债	105202.84	0.00
买入返售金融资产	5411347375.69	7456885067.31	卖出回购金融资产款	8035228877.96	4934488458.23
应收利息	717556019.98	564588861.50	吸收存款	137831939593.42	116687917319.21
发放贷款和垫款	72628560441.72	60570950926.41	应付职工薪酬	290457418.64	220925690.53
可供出售金融资产	4616739269.24	6778655186.63	应交税费	418025083.79	222340449.47
持有至到期投资	15607405065.09	16213067970.09	应付利息	1527623108.83	1229324114.34
应收款项类投资	26835958668.57	23946636743.06	预计负债	66215880.73	36595857.15
长期股权投资	25500000.00	25500000.00	应付债券	4789311480.19	798011991.73
投资性房地产	2868330.38	3318037.73	其他负债	973825235.09	6931310344.12
固定资产	585380802.35	381062666.37	负债合计	171049655142.22	143088416974.10
在建工程	36462032.59	18808845.76	股东权益：		
无形资产	98594062.84	99541666.43	股本	3766871728.00	3200000000.00
递延所得税资产	586967628.08	406889757.97	资本公积	2316004421.89	2470187625.52
其他资产	628903660.90	540337015.78	其他综合收益	2341409.49	-198253638.54
			一般准备	1913798695.71	1287745078.93
			盈余公积	1039296523.75	773544106.97
			未分配利润	1650692510.08	1343609492.32
			外币报表折算差额	0.00	0.00
			归属于母公司所有者权益合计	10689005288.92	8876832665.20
			少数股东权益	0.00	0.00
			股东权益合计	10689005288.92	8876832665.20
资产总计	181738660431.14	151965249639.31	负债和股东权益合计	181738660431.14	151965249639.30

河北银行股份有限公司利润表

（2014 年 12 月 31 日） 单位：人民币千元

项 目	本期金额	上期金额
一、营业收入	5948360.00	4162121.00
（一）利息净收入	5209539.00	3834746.00
利息收入	9384551.00	7621283.00
利息支出	4175012.00	3786537.00
（二）手续费及佣金净收入	665873.00	394206.00
手续费及佣金收入	731576.00	422560.00
手续费及佣金支出	65703.00	28354.00
（三）投资收益（损失）	28142.00	-77078.00
（四）公允价值变动损益（损失）	13024.00	-12312.00
（五）其他收入	31782.00	22559.00
汇兑收益（损失）	15935.00	4511.00
其他业务收入	15847.00	18048.00
二、营业支出	3732623.00	2363202.00
（一）营业税金及附加	358474.00	256923.00
（二）业务及管理费	2125687.00	1679778.00
（三）资产减值损失或呆账损失（转回以“-”填列）	1221731.00	424658.00
（四）其他业务成本	26731.00	1843.00
三、营业利润（亏损以“-”填列）	2215737.00	1798919.00
加：营业外收入	5901.00	8110.00
减：营业外支出	19568.00	2625.00
四、利润总额（亏损以“-”填列）	2202070.00	1804404.00
减：所得税费用	430388.00	341046.00
五、净利润（亏损以“-”填列）	1771682.00	1463358.00
归属于母公司所有者的净利润	1771682.00	1463358.00
少数股东损益	0.00	0.00
六、每股收益：		
（一）基本每股收益（元）	0.47	0.39
（二）稀释每股收益（元）	0.47	0.39
七、其他综合收益	200596.00	-216085.00
八、综合收益总额	1972278.00	1247273.00
归属于母公司所有者的综合收益总额	1972278.00	1247273.00
归属于少数股东的综合收益总额		

河北银行股份有限公司中间业务收入情况表

（2014 年 12 月 31 日）

单位：万元

项目	1. 结算业务收入	2. 代理业务手续费收入	3. 顾客和咨询费收入	4. 银行卡手续费收入	5. 电子银行业务收入	6. 担保及承诺业务收入	7. 托管及其他受托业务佣金收入	8. 外汇买卖差价收入	9. 手续费及佣金收入	10. 其他中间业务收入	合计
石家庄	998.19	2704.92	–	1656.42	127.45	824.59	64.03	–	–	1292.86	7668.45
总行本部	6.44	28733.17	–	18990.28	471.33	–	–	–	–	1903.85	50105.06
邯郸	421.22	368.28	–	79.82	6.54	572.16	354.37	–	–	98.51	1900.89
邢台	86.07	5.45	–	94.65	3.11	1.30	–	–	–	4.00	194.59
保定	290.40	397.03	–	57.86	50.23	107.80	31.95	–	–	42.58	977.85
衡水	16.33	–	–	5.17	10.55	14.01	–	–	–	1.90	47.95
沧州	245.96	960.65	–	56.98	4.70	60.60	4.50	–	–	16.67	1350.06
廊坊	489.08	716.99	–	192.29	7.84	36.01	3.08	–	–	1435.81	2881.10
唐山	422.18	318.67	–	74.94	7.93	266.41	118.46	–	–	30.77	1239.36
秦皇岛	0.17	–	–	0.24	0.08	–	–	–	–	0.02	0.51
张家口	6.13	0.01	–	17.86	10.78	–	–	–	–	1117.76	1152.53
承德	0.55	–	–	0.11	0.01	–	–			–	0.66
天津	1197.10	1553.24	–	44.61	2.78	896.63	–	–	–	120.58	3814.94
青岛	1603.03	63.12	52.27	32.71	2.43	65.82	–	–	–	4.27	1823.65
合计	5782.86	35821.53	52.27	21303.91	705.74	2845.34	576.39	–	–	6069.56	73157.61

河北银行股份有限公司机构、人员情况一览表

（2014 年 12 月 31 日）

单位：家、人

单位名称	机构总数	其中			从业人员总数
		省级机构	市级机构	县及以下机构	
省级机关	2	1	1	0	422
石家庄	84	0	1	83	2079
邯郸	12	0	1	11	145
邢台	8	0	1	7	95
保定	11	0	1	10	138
衡水	1	0	1	0	46
沧州	10	0	1	9	142
廊坊	15	0	1	14	182
唐山	14	0	1	13	223
秦皇岛	1	0	1	0	24
张家口	4	0	1	3	86
承德	1	0	1	0	33
青岛	8	0	1	7	135
天津	8	0	1	7	157
合计	179	1	14	164	3907

承德银行股份有限公司资产负债表

（2014 年 12 月 31 日）

单位：元

资　产	年初数	年末数	负债及所有者权益	年初数	年末数
现金及银行存款	98934791.40	119241398.68	负　债		
存放中央银行款项	7921799058.25	9662894002.12	向中央银行借款	25485353.69	25485353.69
贵金属			同业及其他金融机构存放款项	20059909.71	36775177.00
存放联行款项			拆入资金		
存放同业款项	315022006.79	91738243.32	联行存放款项	13722944.55	1002338.84
同业存单			交易性金融负债		
拆出资金	25485353.69	25485353.69	衍生金融负债		
交易性金融资产			卖出回购金融资产款		
衍生金融资产			吸收存款	30281667845.14	38968483587.09
买入返售金融资产	3286415000.00	4047000000.00	活期存款	10602291166.07	11181285064.35
应收款项类金融资产			活期储蓄存款	2442811657.24	3044145989.35
应收利息	175199335.13	203913423.18	定期存款	2423854495.98	3847761197.04
其他应收款	114598780.23	96988023.76	定期储蓄存款	12270486514.24	17717943558.47
发放贷款和垫款	15686583308.63	21060058430.33	应解汇款及汇出汇款	145003472.42	227828050.16
短期贷款	9382925500.00	12453758500.00	保证金	2397220539.19	2949519727.72
中长期贷款	6180037441.71	8504806077.27	应付职工薪酬	24274249.60	33413479.96
逾期贷款	112390747.59	94020836.17	应交税费	69197592.31	51133856.53
贴现	6750000.00		应付利息	339515849.87	421053444.97
垫款（贷记卡）	4479619.33	7473016.89	应付利润	28635398.42	26059186.29
减：贴现利息调整	144946.39		其他应付款	19811807.08	23985623.34
减：贷款损失准备	421086027.46	526501460.76	预计负债		
可供出售金融资产			应付债券		
持有至到期投资	5520246869.82	6721272059.18	递延所得税负债		
其他投资		400000000.00	再贴现		
长期股权投资	31400000.00	31400000.00	其他负债	1500.00	3100.00
投资性房地产					
固定资产原价	512665662.87	658981682.11	负债合计	30822372450.37	39587395147.71
减：累计折旧	79896802.39	122736032.12	股东权益		
固定资产减值准备			股本	1613696141.63	1968709295.00
固定资产净值	432768860.48	536245649.99	资本公积	1673692.73	1673692.73
在建工程		25241207.79	减：库存股		
固定资产清理			盈余公积	247537425.78	320752344.58
无形资产	5894698.89	11827015.75	一般准备		15000000.00
长期待摊费用			未分配利润	523693186.12	645437600.94
抵债资产	720700.00		股东权益合计	2386600446.26	2951572933.25
递延所得税资产					
其他资产	15135107.17	32164733.93			
资产总计	33208972896.63	42538968080.96	负债及股东权益总计	33208972896.63	42538968080.96

承德银行股份有限公司损益表

（2014 年 12 月 31 日）

单位：人民币元

项目名称	本期数	本年累计数	项目名称	本期数	本年累计数	项目名称	本期数	本年累计数
一、营业收入	1795431611.67	1795431611.67	6. 银行承兑汇票手续收入	7592558.09	7592558.09	(21) 住房公积金	6863138.70	6863138.70
（一）利息净收入	1453975479.43	1453975479.43	7. 网上银行手续费收入			(22) 医疗保险金	3144088.35	3144088.35
贷款利息收入	1819646622.37	1819646622.37	8. 其他手续费收入	3100459.18	3100459.18	(23) 绩效	324506847.54	324506847.54
1. 短期信用贷款利息收入	1333.33	1333.33	手续费及佣金支出	14678923.70	14678923.70	(24) 单位取暖费	1736775.06	1736775.06
2. 短期保证贷款利息收入	441753282.23	441753282.23	1. 代理手续费支出	3510.00	3510.00	(25) 职工取暖补助	2390470.00	2390470.00
3. 短期抵押贷款利息收入	618491675.00	618491675.00	2. 结算手续费支出	48234.97	48234.97	(26) 其他职工薪酬	1039789.60	1039789.60
4. 短期质押贷款利息收入	12102673.01	12102673.01	3. 银行卡手续费支出	4851095.78	4851095.78	(27) 公杂费	8691598.80	8691598.80
5. 中长期信用贷款利息收入			4. 其他手续费支出	9776082.95	9776082.95	(28) 差旅费	2256853.66	2256853.66
6. 中长期保证贷款利息收入	143516425.29	143516425.29	（三）投资收益	340323341.93	340323341.93	(29) 水电费	3538135.44	3538135.44
7. 中长期抵押贷款利息收入	430736357.69	430736357.69	1. 交易性金融资产投资收益			(30) 会议费	1056894.00	1056894.00
8. 中长期质押贷款利息收入	21088470.36	21088470.36	2. 可供出售金融资产投资收益	20659293.17	20659293.17	(31) 低值易耗品摊销	180104.90	180104.90
9. 贴现利息收入	17240545.12	17240545.12	3. 持有至到期金融资产投资收益	255558424.23	255558424.23	(32) 长期待摊费用摊销	8525466.64	8525466.64
10. 不良贷款利息收入			4. 其他投资收益	64105624.53	64105624.53	(33) 租赁费	19628925.90	19628925.90
11. 押汇利息收入			（四）公允价值变动收益			(34) 修理费	2540114.14	2540114.14
12. 个人贷款利息收入	128322294.53	128322294.53	（五）汇兑收益			(35) 绿化费	549456.36	549456.36
13. 住房按揭贷款利息收入	821742.54	821742.54	（六）其他营业收入	150000.00	150000.00	(36) 董事会和理事会费	854411.74	854411.74
14. 垫款利息收入			1. 证券买卖收入			(37) 律师费	900000.00	900000.00
15. 其他利息收入	5571823.27	5571823.27	2. 外汇业务收入			(38) 坏账损失		
金融机构往来利息收入	1048289896.76	1048289896.76	3. 其他营业收入	150000.00	150000.00	(39) 会费	527562.00	527562.00
1. 存放中央银行利息收入	101494572.60	101494572.60	二、营业支出	794497561.17	794497561.17	(40) 广告费	2817241.00	2817241.00
2. 存放同业利息收入	66113613.21	66113613.21	（一）营业税金及附加	104031700.05	104031700.05	(41) 河道费	90404.59	90404.59
3. 同业存单利息收入	5244288.67	5244288.67	1. 营业税	93506387.33	93506387.33	(42) 市内交通费	62538.52	62538.52
4. 拆放同业利息收入			2. 城建税	5849993.33	5849993.33	(50) 其他费用	13632292.78	13632292.78
5. 系统内往来利息收入	702412833.89	702412833.89	3. 教育费附加	4675319.39	4675319.39	4. 上缴管理费		
6. 转贴现利息收入	39144854.26	39144854.26	4. 其他税金			5. 费用性税金	6494558.78	6494558.78
7. 买入返售金融资产利息收入	133879733.04	133879733.04	（二）营业费用	541541012.96	541541012.96	（三）提取准备	102445433.30	102445433.30
8. 其他利息收入	1.09	1.09	1. 业务宣传费	30335515.33	30335515.33	1. 提取损失准备	102445433.30	102445433.30

续表

项目名称	本期数	本年累计数	项目名称	本期数	本年累计数	项目名称	本期数	本年累计数
存款利息支出	685500622.78	685500622.78	2. 业务招待费	3635737.93	3635737.93	2. 提取坏账准备		
1. 活期存款利息支出	118450321.11	118450321.11	3. 业务及管理费	501075200.92	501075200.92	3. 提取其他准备		
2. 定期存款利息支出	95180608.62	95180608.62	(1) 印刷费	5956123.92	5956123.92	(四)其他营业支出	46479414.86	46479414.86
3. 活期储蓄存款利息支出	17473155.93	17473155.93	(2) 电子设备运转费	6807347.28	6807347.28	1. 固定资产折旧费	44212931.72	44212931.72
4. 定期储蓄存款利息支出	452906291.97	452906291.97	(3) 钞币运送费	3862698.93	3862698.93	2. 无形资产摊销费	2266483.14	2266483.14
5. 通知存款利息支出	1490245.15	1490245.15	(4) 安全防卫费	2328401.45	2328401.45	3. 证券买卖支出		
6. 其他利息支出			(5) 财产保险费	748387.17	748387.17	4. 外汇业务支出		
金融机构往来利息支出	728460416.92	728460416.92	(6) 邮电费	4107373.42	4107373.42	5. 其他营业支出		
1. 向中央银行借款利息支出			(7) 诉讼费	447667.19	447667.19	三、营业利润	1000934050.50	1000934050.50
2. 再贴现利息支出			(8) 公证费	2977.00	2977.00	加：营业外收入	8673468.71	8673468.71
3. 同业存放利息支出	6334700.09	6334700.09	(9) 咨询费	150880.00	150880.00	1. 罚没款收入		
4. 同业拆入利息支出			(10) 审计费	200000.00	200000.00	2. 固定资产盘盈及清理		
5. 系统内往来利息支出	702412833.89	702412833.89	(11) 技术转让费			3. 出纳长款收入	5400.00	5400.00
6. 转贴现利息支出	22138.90	22138.90	(12) 研究开发费			4. 其他营业外收入	8668068.71	8668068.71
7. 卖出回购金融资产利息支出	19690744.04	19690744.04	(13) 外事费			减：营业外支出	7534848.92	7534848.92
8. 其他利息支出			(14) 职工工资	53254816.89	53254816.89	1. 固定资产盘亏及清损		
(二)手续费净收入	982790.31	982790.31	(15) 职工福利费	4614694.06	4614694.06	2. 出纳短款损失		
手续费及佣金收入	15661714.01	15661714.01	(16) 职工教育经费	1213757.50	1213757.50	3. 其他营业外支出	7534848.92	7534848.92
1. 结算手续费收入	677276.72	677276.72	(17) 工会经费	1066059.69	1066059.69	加 / 减：以前年度损益调整		
2. 委托业务手续费收入	1360537.73	1360537.73	(18) 劳动保护费	2546101.50	2546101.50	四、利润总额	1002072670.29	1002072670.29
3. 代理业务手续费收入	15860.00	15860.00	(19) 劳动保险费	7325730.57	7325730.57	减：所得税	217439455.88	217439455.88
4. 证券买卖手续费收入			(20) 失业保险费	909074.63	909074.63	五、净利润	784633214.41	784633214.41
5. 银行卡手续费收入	2915022.29	2915022.29						

承德银行股份有限公司中间业务收入情况表

（2014 年 12 月 31 日）

单位：万元

项 目	1. 结算业务收入	2. 代理业务手续费收入	3. 顾问和咨询费收入	4. 银行卡手续费收入	5. 电子银行业务收入	6. 担保及承诺业务收入	7. 托管及其他受托业务佣金收入	8. 外汇买卖差价收入	9. 手续费及佣金收入	10. 其他中间业务收入	合计
承德	67.73	1.59	0	291.50	0	4.40	0	0	1177.00	23.94	1566.16
合计	67.73	1.59	0	291.50	0	4.40	0	0	1177.00	23.94	1566.16

承德银行股份有限公司机构、人员情况一览表

（2014 年 12 月 31 日）

单位：家、人

单位名称	机构总数	其中			从业人员总数
		省级机构	市级机构	县及以下机构	
承德	45		2	43	992
合计	45		2	43	992

张家口市商业银行股份有限公司资产负债表

（2014 年 12 月 31 日）

单位：元

资产	期初数	期末数	负债及所有者权益	期初数	期末数
现金	339248138.03	420614055.65	向中央银行借款		
存放中央银行款项	11532143309.50	15288825661.21	同业存放款项	7360812421.45	27371606080.04
贵金属			联行存放款项		
存放同业款项	12444952655.11	38110040789.20	拆入资金	250000000.00	600000000.00
存放联行款项			衍生金融负债		
拆出资金			卖出回购金融资产款	4799700000.00	2804600000.00
交易性金融资产	46116782.64	1108921544.72	短期对公存款	18339140709.03	22699998515.10
买入返售金融资产	9081796147.27	10073170465.50	短期储蓄存款	4662558513.73	6624445969.32
应收利息	84033875.03	178461044.52	财政性存款	47.80	
其他应收款	66283365.78	125172910.64	委托存款	3023615100.00	4045137100.00
减：坏账准备	17957005.31	16888112.16	应付职工薪酬	87535344.90	68495716.77
个人短期贷款	303805718.56	563543862.18	应交税费	61949672.44	29558605.88
公司短期贷款	12253140000.00	15160017190.17	应付利息	606413893.39	881972761.18
垫款			应付股利	330990.00	26147246.00
贴现资产	342299828.32	512164889.38	应解汇款	700000.00	9200000.00
委托贷款	3023615100.00	4042137100.00	其他应付款	110293891.65	130811982.33
其他短期资产			预计负债		
短期资产合计：	49499477914.93	85566181401.01	其他短期负债	30189942.55	38346715.08
个人中长期贷款	495982667.36	995886258.20	短期负债合计：	39333240526.94	65330320691.70
公司中长期贷款	9283642532.04	11324083763.42			
逾期贷款	124179227.12	465930319.20	长期对公存款	1144963973.36	2037125509.19
减：贷款损失准备	789699535.43	831445609.49	长期储蓄存款	23416623301.06	34712179348.61
可供出售金融资产	10039202.06	10421889.33	长期财政性存款		
持有至到期投资	8313673385.71	7858726616.16	应付债券	498447400.00	498852627.71
减：持有至到期投资减值准备			递延所得税负债		1181096.32
长期股权投资	77482406.00	118461512.00	其他长期负债		
减：长期股权投资减值准备			长期负债合计：	25060034674.42	37249338581.83
投资性房地产			负债合计：	64393275201.36	102579659273.53
固定资产	713660128.13	1146488543.70			
减：累计折旧	147591254.20	191776543.24	股本	1600000000.00	2420000000.00
减：固定资产减值准备			资本公积	181377622.06	1654837.00
固定资产清理	3461484.99	3469394.09	减：库存股		
在建工程	401599535.64	395124968.95	盈余公积	330948599.58	436724097.76
无形资产	45063470.00	58842987.50	一般风险准备	186831875.37	186831875.37
减：累计摊销	18641065.85	24389220.98	未分配利润	1555329580.66	1547309064.30
减：无形资产减值准备			其中：本年利润：		
长期待摊费用	72377405.87	122206431.57	所有者权益合计：	3854487677.67	4592519874.43
递延所得税资产	155055374.66	145966436.54			
其他长期资产	8000000.00	8000000.00			
长期资产合计：	18748284964.10	21605997746.95			
资产总计：	68247762879.03	107172179147.96	负债类及所有者权益合计：	68247762879.03	107172179147.96

张家口市商业银行股份有限公司损益表

（2014 年 12 月 31 日）　　单位：元

项目	本期发生额	期末余额
一、营业收入	2844018245.40	2844018245.40
利息净收入	2376351030.38	2376351030.38
利息收入	4290244953.37	4290244953.37
利息支出	1913893922.99	1913893922.99
手续费及佣金净收入	35577028.05	35577028.05
手续费及佣金收入	41548386.90	41548386.90
手续费及佣金支出	5971358.85	5971358.85
投资收益	421876824.89	421876824.89
公允价值变动损益	7464762.08	7464762.08
其他业务收入	2748600.00	2748600.00
二、营业支出	1475587530.53	1475587530.53
营业税金及附加	144186277.31	144186277.31
业务及管理费	1252423026.37	1252423026.37
资产减值损失	78931106.85	78931106.85
其他业务支出	47120.00	47120.00
三、营业利润	1368430714.87	1368430714.87
加：营业外收入	15843641.74	15843641.74
减：营业外支出	643219.21	643219.21
以前年度损益调整		
四、利润总额	1383631137.40	1383631137.40
减：所得税费用	315227768.32	315227768.32
五、净利润	1068403369.08	1068403369.08

张家口市商业银行股份有限公司中间业务收入情况表

（2014 年 12 月 31 日）

单位：万元

项目	1. 结算业务收入	2. 代理业务手续费收入	3. 顾问和咨询费收入	4. 银行卡手续费收入	5. 电子银行业务收入	6. 担保及承诺业务收入	7. 托管及其他受托业务佣金收入	8. 外汇买卖差价收入	9. 手续费及佣金收入	10. 其他中间业务收入	合计
石家庄	11	0	0	26	0	0	0	0	600	22	659
分行营业部											0
邯郸	4	0	0	2	0	0	0	0	206	0	212
邢台											0
保定											0
衡水											0
沧州	0	0	0	1	0	0	0	0	2	0	3
廊坊	6	0	0	9	0	0	0	0	262	2	279
唐山	9	0	0	7	0	0	0	0	488	-44	460
秦皇岛											0
张家口	219	47	0	216	0	0	0	0	2597	1410	4489
承德	0	0	0	0	0	0	0	0	0	0	0
合计	249	47	0	261	0	0	0	0	4155	1390	6102

张家口市商业银行股份有限公司机构、人员情况一览表

（2014 年 12 月 31 日） 单位：家、人

单位名称	机构总数	其中			从业人员总数
		省级机构	市级机构	县及以下机构	
省级机关					
石家庄	29		18	11	208
邯郸	14		8	6	91
邢台					
保定					
衡水					
沧州	1		1		12
廊坊	11		9	2	64
唐山	27		14	13	208
秦皇岛			0	0	
张家口	65		38	27	1295
承德	1		1		11
合计	148		89	59	1889

秦皇岛银行股份有限公司资产负债表

（2014年12月31日）　　单位：元

项 目	期末余额	年初余额	项目	期末余额	年初余额
资产：			负债：		
现金及存放中央银行款项	7018227499.00	7314233198.00	向中央银行借款	0.00	0.00
存放同业款项	2949588437.00	3128870441.00	同业及其他金融机构存放款项	107911902.20	1.83
贵金属	0.00	0.00	拆入资金	0.00	0.00
拆出资金	0.00	0.00	以公允价值计量且其变动计入当期损益的金融负债	0.00	0.00
以公允价值计量且其变动计入当期损益的金融资产	0.00	0.00	衍生金融负债	0.00	0.00
衍生金融资产	0.00	0.00	卖出回购金融资产款	198000000.00	0.00
买入返售金融资产	3304304638.00	3087569087.00	吸收存款	30661828907.00	26454297389.00
应收利息	105887860.40	121527336.20	应付职工薪酬	30241243.5.00	20062022.83
发放贷款及垫款	14726257308.00	12285920355.00	应交税费	89653747.99	42717901.39
可供出售金融资产	250000.00	250000.00	应付利息	521271316.70	324669737.00
持有至到期投资	2752716445.00	1775660293.00	预计负债	0.00	0.00
长期股权投资	0.00	0.00	应付债券	0.00	0.00
投资性房地产	0.00	0.00	递延所得税负债	375414.62	0.00
固定资产	153776319.60	132484447.70	其他负债	28858730.66	25132865.73
无形资产	0.00	0.00	负债合计	31638141262.00	26866879918.00
递延所得税资产	66616615.62	32239261.41	所有者权益：		
其他资产	2358886594.00	436036916.20	股本	503400800.00	503400800.00
			资本公积	26577762.00	26577762.00
			减：库存股	0.00	0.00
			其他综合收益	0.00	0.00
			盈余公积	169258015.40	129187083.00
			一般风险准备	264713458.30	165006323.50
			未分配利润	834420418.50	623739449.80
			所有者权益合计	1798370454.00	1447911418.00
资产总计	33436511717.00	28314791336.00	负债和所有者权益总计	33436511717.00	28314791336.00

秦皇岛银行股份有限公司中间业务收入情况表

（2014 年 12 月 31 日）

单位：家、人

单位名称	机构总数	其中			从业人员总数
		省级机构	市级机构	县及以下机构	
秦皇岛	47		40	7	680
合计	47		40	7	680

秦皇岛银行股份有限公司机构、人员情况一览表

（2014 年 12 月 31 日）

单位：万元

项 目	1. 结算业务收入	2. 代理业务手续费收入	3. 顾问和咨询费收入	4. 银行卡手续费收入	5. 电子银行业务收入	6. 担保及承诺业务收入	7. 托管及其他受托业务佣金收入	8. 外汇买卖差价收入	9. 手续费及佣金收入	10. 其他中间业务收入	合计
秦皇岛	83.27	71.64	0.01	227.68		9.86	41.63			1273.18	1707.27
合计	83.27	71.64	0.01	227.68		9.86	41.63			1273.18	1707.27

唐山银行股份有限公司资产负债表

（2014 年 12 月 31 日）

单位：元

资　产	期末余额	年初余额	负债及所有者权益	期末余额	年初余额
资产：			负债：		
现金及存放中央银行款项	9875903590.91	6845124108.94	向中央银行借款		
贵金属			联行存放款项	212585.00	
存放联行款项		25809.00	同业及其他金融机构存放款项	5604244.65	56502636.85
存放同业款项	510376253.46	905913826.23	拆入资金		
拆出资金			交易性金融负债		
交易性金融资产	39583500.00	37919740.00	衍生金融负债		
衍生金融资产			卖出回购金融资产款	2282500000.00	
买入返售金融资产		2319500000.00	吸收存款	50055171489.31	33103846054.90
应收款项类金融资产	16270913000.00	3861263000.00	应付职工薪酬	146250897.45	41717893.27
应收股利			应交税费	46021899.34	17233542.73
应收利息	226343969.25	185324380.77	应付利息	673472559.79	466053166.52
其他应收款	4338529.58	3755395.50	应付股利	11246768.16	10688860.76
发放贷款和垫款	21783724253.35	17778694951.76	其他应付款	79606012.32	10111932.87
可供出售金融资产	4096475865.75	533608360.00	预计负债	14169.00	36582129.05
持有至到期投资	2160960811.91	2858374090.63	应付债券		
长期股权投资			递延所得税负债	17672473.47	
投资性房地产	438335.91	559962.53	递延收益	5362416.64	
固定资产	329872878.33	284483491.49	其他负债	650132535.32	124962803.74
在建工程	178714354.10	147115481.40	负债合计	53973268050.45	33867699020.69
固定资产清理			所有者权益：		
无形资产	22265788.86	24706273.29	实收资本	1625900503.83	1042900503.83
商誉			资本公积	1126428142.57	470481178.41
长期待摊费用	31854485.53	26826761.56	减：库存股		
抵债资产	28054108.50	28054108.50	盈余公积	90939709.04	66992351.60
递延所得税资产	158769439.38	101119478.23	一般风险准备	386475208.77	378862452.93
其他资产	2265797615.32	124962803.74	未分配利润	781375165.48	240396516.11
			所有者权益合计	4011118729.69	2199633002.88
资产总计	57984386780.14	36067332023.57	负债和所有者权益总计	57984386780.14	36067332023.57

唐山银行股份有限公司损益表

（2014 年 12 月 31 日）　　单位：元

项目名称	本期数	本年累计数
一、营业收入	215509103.78	1978997594.97
利息净收入	215346043.96	1972232482.55
利息收入	324401897.08	2973959806.34
利息支出	109055853.12	1001727323.79
手续费及佣金净收入	-95802.48	219928.01
手续费及佣金收入	1007590.33	5970288.89
手续费及佣金支出	1103392.81	5750360.88
投资收益（损失以“-”号填列）	1600.00	3244748.63
其中：对联营企业和合营企业的投资收益		
公允价值变动收益（损失以“-”号填列）	-240980.00	1663760.00
汇兑收益（损失以“-”号填列）	293194.30	933548.98
其他业务收入	205048.00	703126.80
二、营业支出	177016884.86	1069907704.09
营业税金及附加	37481098.49	135577649.90
业务及管理费	133914532.56	668630357.22
资产减值损失	5611118.27	265578070.35
其他业务成本	10135.54	121626.62
三、营业利润（亏损以“-”号填列）	38492218.92	909089890.88
加：营业外收入	669087.20	1490694.25
减：营业外支出	99898.66	441205.04
四、利润总额（亏损总额以“-”号填列）	39061407.46	910139380.09
减：所得税费用	-50057183.64	214095700.59
五、净利润（净亏损以“-”号填列）	89118591.10	696043679.50
六、每股收益：		
（一）基本每股收益		
（二）稀释每股收益		

唐山银行股份有限公司中间业务收入情况表

（2014 年 12 月 31 日）

单位：万元

项 目	1. 结算业务收入	2. 代理业务手续费收入	3. 顾问和咨询费收入	4. 银行卡手续费收入	5. 电子银行业务收入	6. 担保及承诺业务收入	7. 托管及其他受托业务佣金收入	8. 外汇买卖差价收入	9. 手续费及佣金收入	10. 其他中间业务收入	合计
唐山	31	4	5	227		109	51		124	46	597
合计	31	4	5	227		109	51		124	46	597

唐山银行股份有限公司机构、人员情况一览表

（2014 年 12 月 31 日）

单位：家、人

单位名称	机构总数	其中			从业人员总数
		省级机构	市级机构	县及以下机构	
唐山	44		1	43	1192
合计	44		1	43	1192

廊坊银行股份有限公司资产负债表

（2014 年 12 月 31 日）

单位：元

资产	期末余额	期初余额	负债和所有者权益（或股东权益）	期末余额	期初余额
资产：			负债：		
现金及存放中央银行款项	8807583670.77	8039055860.75	向中央银行借款	0	0
存放同业款项	4749990208.72	4469787840.60	同业及其他金融机构存放款项	15180551300.69	14748840172.59
贵金属	0	0	拆入资金	250000000.00	0
拆出资金	0	36864000.00	交易性金融负债	0	0
交易性金融资产	180132220.00	150000000.00	衍生金融负债	0	0
衍生金融资产	0	0	卖出回购金融资产款	1213541219.44	2889125.00
买入返售金融资产	8156437922.20	6600505885.49	吸收存款	36076794759.06	34416874428.87
应收利息	255992976.40	408789800.82	应付职工薪酬	174381949.66	151718261.49
发放贷款和垫款	17472964519.43	17190314897.64	应交税费	30793746.12	20106339.29
可供出售金融资产	1554055340.00	1238726246.73	应付利息	628357439.73	677188617.32
持有至到期投资	1440666936.08	1440755142.10	预计负债	0	0
应收投资款项	13140784550.00	12767580000.00	应付债券	360000000.00	360000000.00
长期股权	56100000.00	56100000.00	递延所得税负债	0	0
投资性房地产	0	0	其他负债	80252470.14	192883301.70
固定资产	397961744.53	383657944.63	负债合计	53994672884.84	50570500246.26
无形资产	29693492.77	22976384.02			
递延所得税资产	105376462.65	22240922.41	所有者权益（或股东权益）：		
其他资产	694185420.55	773806117.41	实收资本（或股本）	1560000000.00	1560000000.00
			资本公积	835999604.70	819167163.91
			减：库存股	0	0
			盈余公积	152136181.71	154450029.02
			一般风险准备	112762867.83	113262867.83
			未分配利润	386353925.02	383780735.58
			所有者权益（或股东权益）合计	3047252579.26	3030660796.34
资产总计	57041925464.10	53601161042.60	负债和所有者权益（或股东权益）总计	57041925464.10	53601161042.60

廊坊银行股份有限公司损益表

（2014 年 12 月 31 日）　　单位：元

项目	本月发生额	本期余额
一、营业收入	178713110.11	1358151552.33
（一）利息净收入	68685108.27	740931020.49
利息收入	236992652.23	1875798813.93
利息支出	168307543.96	1134867793.44
（二）系统内往来利息净收入	0	0
系统内往来利息收入	148466847.93	1693728432.88
系统内往来利息支出	148466847.93	1693728432.88
（三）手续费及佣金净收入	16487514.45	24033326.42
手续费及佣金收入	21618779.01	43502452.37
手续费及佣金支出	5131264.56	19469125.95
（四）投资收益	95392163.64	591461597.65
（五）公允价值变动收益	-558980.00	-558980.00
（六）汇兑收益	733312.12	1071042.29
（七）其他业务收入	-2026008.37	1213545.48
二、营业支出	135253154.27	1190821707.28
（一）营业税金及附加	11734458.98	70371124.41
（二）业务及管理费	93718695.29	632685642.80
（三）资产减值损失	29800000.00	487764940.07
（四）其他业务成本	0	0
三、营业利润	43459955.84	167329845.05
营业外收入	2412312.27	9643313.98
营业外支出	21246.15	1219992.27
四、利润总额	45851021.96	175753166.76
所得税费用	9106585.78	35659405.10
五、净利润	36744436.18	140093761.66
六、其他综合收益	9045717.44	28654602.48
七、综合收益总额	45790153.62	168748364.14

廊坊银行股份有限公司机构、人员情况一览表

（2014 年 12 月 31 日） 单位：家、人

单位名称	机构总数	其中			从业人员总数
		省级机构	市级机构	县及以下机构	
省级机关					
石家庄	3		1	2	
邯郸					
邢台					
保定					
衡水					
沧州					
廊坊	26		1	25	
唐山					
秦皇岛					
张家口					
承德					
合计	29	0	2	27	1033

保定银行股份有限公司资产负债表

（2014 年 12 月 31 日）

单位：元

资　产	期末余额	年初余额	负债和所有者权益（或股东权益）	期末余额	年初余额
资产：			负债：		
现金及存放中央银行款项	8867453457.74	9320424430.10	向中央银行借款	0.00	0.00
存放同业款项	6316178525.56	3571000028.01	同业及其他金融机构存放款项	2289361629.52	2004464719.99
贵金属	0.00	0.00	拆入资金	0.00	0.00
拆出资金	0.00	0.00	交易性金融负债	0.00	0.00
交易性金融资产	920244000.00	20244000.00	衍生金融负债	0.00	0.00
衍生金融资产	0.00	0.00	卖出回购金融资产款	0.00	0.00
买入返售金融资产	1349999950.00	0.00	吸收存款	31879325262.60	26360850871.05
应收利息	142440487.46	66566432.39	应付职工薪酬	3151077.04	982233.63
发放贷款及垫款	8808071885.24	6458781235.41	应交税费	68317904.53	-4330855.26
应收股利	0.00	0.00	应付利息	437447181.04	182737247.66
可供出售金融资产	2500000000.00	2500000000.00	应付股利	7436853.98	108946386.98
应收款项类投资	7470138658.00	8121355555.56	预计负债	0.00	0.00
持有至到期投资	0.00	0.00	应付债券	0.00	0.00
长期股权投资	0.00	0.00	递延所得税负债	0.00	0.00
投资性房地产	0.00	0.00	其他负债	33284623.55	16191909.73
固定资产	137797241.36	129737476.48	负债合计	34718324532.26	28669842513.78
无形资产	6150459.37	8924954.47	所有者权益（或股东权益）：		
递延所得税资产	55074366.72	42168801.70	实收资本（或股本）	1500000000.00	1500000000.00
其他资产	155912180.36	132356887.82	资本公积	0.00	0.00
	0.00	0.00	减：库存股	0.00	0.00
	0.00	0.00	盈余公积	104089881.94	63068242.80
	0.00	0.00	一般风险准备	65579826.00	7873638.00
	0.00	0.00	未分配利润	341466971.61	130775407.36
	0.00	0.00	所有者权益（或股东权益）合计	2011136679.55	1701717288.16
资产总计	36729461211.81	30371559801.94	负债和所有者权益（或股东权益）总计	36729461211.81	30371559801.94

保定银行股份有限公司利润表

（2014 年 12 月 31 日）　　单位：元

项 目	本期金额	上年同期
一、营业收入	974793066.83	736298877.00
利息净收入	167004959.38	261308995.76
利息收入	842871626.19	876684609.47
利息支出	675866666.81	615375613.71
手续费及佣金净收入	14567220.81	30992576.45
手续费及佣金收入	15602139.29	32286889.06
手续费及佣金支出	1034918.48	1294312.61
投资收益（损失以“–”号填列）	790965142.20	442001921.79
公允价值变动收益（损失以“–”号填列）	0.00	0.00
汇兑收益（损失以“–”号填列）	0.00	0.00
其他业务收入	2255744.44	1995383.00
二、营业支出	462685106.41	481512225.18
营业税金及附加	81755383.06	75965482.04
业务及管理费	308741663.51	233636014.61
资产减值损失	72188059.84	171910728.53
其他业务成本	0.00	0.00
三、营业利润（亏损以“–”号填列）	512107960.42	254786651.82
加：营业外收入	34492457.14	2200452.46
减：营业外支出	2935688.88	2749367.92
四、利润总额（亏损以“–”号填列）	543664728.68	254237736.36
减：所得税费用	133448337.29	52268769.86
五、净利润（净亏损以“–”号填列）	410216391.39	201968966.50
六、每股收益：	0.27	0.13
（一）基本每股收益	0.00	0.00
（二）稀释每股收益	0.00	0.00

保定银行股份有限公司中间业务收入情况表

（2014 年 12 月 31 日）

单位：家、人

单位名称	机构总数	其中			从业人员总数
		省级机构	市级机构	县及以下机构	
保定	48		25	23	860
合计	48		25	23	860

保定银行股份有限公司机构、人员情况一览表

（2014 年 12 月 31 日）

单位：万元

项 目	1. 结算业务收入	2. 代理业务手续费收入	3. 顾问和咨询费收入	4. 银行卡手续费收入	5. 电子银行业务收入	6. 担保及承诺业务收入	7. 托管及其他受托业务佣金收入	8. 外汇买卖差价收入	9. 手续费及佣金收入	10. 其他中间业务收入	合计
保定	104.22	902.46	3.18	35.39		506.53				8.43	1560.21
合计	104.22	902.46	3.18	35.39		506.53				8.43	1560.21

沧州银行股份有限公司资产负债表

（2014 年 12 月 31 日）

单位：元

项目	2014 年 12 月 31 日	2013 年 12 月 31 日	项目	2014 年 12 月 31 日	2013 年 12 月 31 日
现金及存放中央银行款项	10092702994.05	9356257397.84	向中央银行借款		
存放同业款项	162469486.23	9331459.63	同业及其他金融机构存放款项	59683876.94	145260125.42
以公允价值计量且其变动计入当期损益的金融资产			卖出回购金融资产款	3935700000.00	2649250000.00
买入返售金融资产	4727971228.60	4897396458.48	吸收存款	48516093502.52	40236598377.00
应收利息	319134154.98	272174378.88	应付职工薪酬	137758260.35	109429144.87
发放贷款及垫款	27813560128.59	22395517336.11	应交税费	86210877.99	145337742.23
可供出售金融资产	5570468967.72	3313172886.00	应付利息	728679773.34	594439417.51
持有至到期投资	8025265311.42	5581262168.58	预计负债		
应收款类投资	521720000.00	350901369.86	应付债券	497666666.56	496666666.60
长期股权投资			递延所得税负债	18070439.27	
固定资产	597586142.14	521758889.99	其他负债	79286093.59	78319408.23
无形资产	63903301.23	61983538.95	负债合计	54059149490.56	44455300881.86
递延所得税资产	135717589.73	133058495.98	股本	1721176032.00	993882343.00
其他资产	108627629.80	111824442.54	资本公积	555695406.34	372189095.34
			其他综合收益	54211317.79	−95397103.54
			盈余公积	255484940.07	190571949.73
			一般风险准备	584150153.94	417465634.50
			未分配利润	909259593.79	670626021.95
			股东权益合计	4079977443.93	2549337940.98
资产总计	58139126934.49	47004638822.84	负债和股东权益总计	58139126934.49	47004638822.84

沧州银行股份有限公司利润表

（2014 年 12 月 31 日）　　　　单位：元

项目	2014 年度	2013 年度
一、营业收入	1997179317.43	1487304414.79
利息净收入	2049820477.10	1534431732.86
利息收入	3185771719.53	2432837221.67
利息支出	1135951242.43	898405488.81
手续费及佣金净收入	-53189933.10	-50572239.47
手续费及佣金收入	21510940.69	16165261.39
手续费及佣金支出	74700873.79	66737500.86
投资收益（损失以“-”号填列）	148773.43	-703541.09
公允价值变动收益（损失以“-”号填列）		
汇兑收益（损失以“-”号填列）		
其他业务收入	400000.00	4148462.49
二、营业支出	1135773280.37	875677353.09
营业税金及附加	126478506.43	103721014.74
业务及管理费	819979856.21	587272143.69
资产减值损失	189314917.73	184684194.66
其他业务成本		
三、营业利润（亏损以“-”号填列）	861406037.06	611627061.70
加：营业外收入	2808950.37	7552096.93
减：营业外支出	1780100.67	4275792.33
四、利润总额（亏损总额以“-”号填列）	862434886.76	614903366.30
减：所得税费用	213304983.40	161500732.35
五、净利润（净亏损以“-”号填列）	649129903.36	453402633.95
六、每股收益		
基本每股收益		
稀释每股收益		
七、其他综合收益的税后净额	149608421.33	-108330002.77
以后将重分类进损益的其他综合收益	149608421.33	-108330002.77
其中：权益法下在被投资单位以后将重分类进损益的其他综合收益中享有的份额		
可供出售金融资产公允价值变动损益	149608421.33	-108330002.77
八、综合收益	798738324.69	345072631.18

沧州银行股份有限公司中间业务收入情况表

（2014 年 12 月 31 日）

单位：万元

项 目	1. 结算业务收入	2. 代理业务手续费收入	3. 顾问和咨询费收入	4. 银行卡手续费收入	5. 电子银行业务收入	6. 担保及承诺业务收入	7. 托管及其他受托业务佣金收入	8. 外汇买卖差价收入	9. 手续费及佣金收入	10. 其他中间业务收入	合计
沧州	33	915		581		397	41			185	2152
合计	33	915		581		397	41			185	2152

沧州银行股份有限公司机构、人员情况一览表

（2014 年 12 月 31 日）

单位：家、人

单位名称	机构总数	其中			从业人员总数
		省级机构	市级机构	县及以下机构	
沧州	54		26	28	1473
合计	54		26	28	1473

衡水银行股份有限公司资产负债表

（2014 年 12 月 31 日）

单位：元

资产	期初数	期末数	负债及所有者权益	期初数	期末数
流动资产			流动负债：		
现金	132131554.22	95776763.63	短期存款	6566694061.57	7208063096.49
银行存款			活期储蓄存款	2155017160.05	2234144574.96
存放中央银行款项	5605589420.94	7664234781.78	财政存款	195848.54	305273.39
存放同业款项	2654214712.83	1815821591.67	向中央银行借款		
存放联行款项			同业存放款项	1500000000.00	
拆放同业			联行存放款项	35067220.07	9300065.95
短期贷款	14349479622.26	14560067298.13	同业拆入		
应收进出口押汇			委托存款	40930661.77	38526397.59
应收利息	94304595.84	90372780.18	应解汇款	135056335.21	125455504.74
减：坏账准备金			汇出汇款		
其他应收款项	277361557.08	273211818.15	应付代理证券款项		
贴现			卖出回购证券款项	2527007000.00	
短期投资	3479673189.05	714174331.72	应付利息	514646541.94	494111049.17
委托贷款及委托投资	40930661.77	38526397.59	其他应付款	73469657.57	48783676.02
买入返还证券	3306949837.12	352010000.00	存入短期保证金	3898489221.86	4114972804.04
代理证券			应付工资	833679.64	916443.49
待处理流动资产净损失			应付福利费		
其他流动资产	622855000.00	766229000.00	应缴税金	7761236.81	32651237.05
待处理抵债资产	89101363.55	249101363.55	应付利润	2201611.00	2201611.00
垫款	31630696.97	10510238.00	预提费用		
★流动资产总计★	30684222211.63	26630036364.40	发行短期债券		
长期资产：			其他流动负债	666855000.00	766229000.00
中长期贷款	885989925.54	918245310.07	★流动负债合计★	18124225236.03	15075660733.89
汽车消费贷款	206061688.05	210345207.44			
住房贷款	8958939.11	8864278.85	长期负债：		
逾期贷款	209377170.38	106233190.91	定期存款	3888167772.03	3921554482.51
减：减值准备	-381502436.50	-430291906.50	长期储蓄存款	11636616722.05	11967878433.53
长期投资	3779602427.77	5289814116.00	存入长期保证金		
减：投资风险准备			发行长期债券		
固定资产原值	421323894.25	427230600.92	长期应付款		
累计折旧（减）	-141774691.25	-146629041.72	其他长期负债		
固定资产清理			★长期负债合计★	15524784494.08	15889432916.04
在建工程	73463838.60	69774111.93	所有者权益：		
★长期资产合计★	5061500755.95	6453585867.90	实收资本	925708340.00	1018279174.00
其他资产合计：			资本公积	69678397.27	69678397.27
无形资产	281615618.41	280993665.06	盈余公积	145028105.16	193648105.16
递延资产	5610031.50	4468126.14	一般准备	122550000.00	189550000.00
其他资产			本年利润	466152718.26	
递延税款			利润分配	654821326.69	932834697.14
递延税款借项			★ 所有者权益合计	2383938887.38	2403990373.57
★其他资产合计★	287225649.91	285461791.20			
★资产总计★	36032948617.49	33369084023.50	★负债及所有者权益总计	36032948617.49	33369084023.50

衡水银行股份有限公司损益表

（2014 年 12 月 31 日）

单位：元

收入项目	本年累计	项目	本年累计
利息收入	1465177474.00	利息支出	650435112.90
短期信用贷款利息收		活期存款利息支出	114679948.44
短期保证贷款利息收	785614398.26	定期存款利息支出	111645985.34
短期抵押质押贷款利	426128044.26	活期储蓄存款利息支	6648213.29
中长期信用贷款利息		定期储蓄存款利息支	417460965.83
中长期保证贷款利息	19143167.19	通知存款利息支出	
中长期抵押质押贷款	35746621.02	其他利息支出	
贴现利息收入	62000617.38	金融机构往来利息支	618431172.00
押汇利息收入		中央银行借款利息支	
个人消费贷款利息收	20923092.47	同业拆入利息支出	
不良贷款利息收入	18394209.04	系统内往来利息支出	340657203.73
财务微贷利息收入	95820488.53	同业存放利息支出	70346685.91
其他利息收入		转贴现利息支出	38072621.63
表外利息收入		再贴现利息支出	
垫款利息收入	1406820.35	其他利息支出	
个人信用卡垫款利息	15.50	证券回购利息支出	95104880.95
金融机构往来利息收	774174129.43	微贷拆借利息支出	39836290.66
存放中央银行款项利	74472317.21	卖出回购票据利息支	34413489.12
拆放同业利息收入		发行债券利息支出	
系统内往来利息收入	340824243.73	手续费支出	7301834.00
存放同业利息收入	169198321.06	代办手续费支出	
转贴现利息收入	39522828.07	结算手续费支出	1884856.32
逆回购利息收入	31806450.31	其他手续费支出	5667.00
微贷拆借利息收入	39836290.66	小额手续费支出	
其他利息收入	14400.00	大额手续费支出	841650.54
买入返售票据利息收	78499278.39	银联手续费支出	1718174.80
手续费收入	19774054.03	网银垫付邮电费	2383919.20
结算手续费收入	2094063.80	手机银行垫付费支出	251680.50
工本费	61197.00	IC 卡手续费支出	215885.64
邮电费	6.78		
手续费	2032860.02	社保卡手续费支出	
异地结算手续费收入	0.04	代理理财手续费支出	
个人公务卡手续费收	228.00	个人信用卡手续费支	
工本费		营业及管理费	472335278.35
邮电费		固定资产折旧	45414911.80
手续费	0.04	提取准备	127286000.00
委托业务手续费收入	5353896.35	提取呆账准备	94700000.00
代理业务手续费收入		提取坏账准备	
证券买卖手续费收入		提取长期债券投资减	12066000.00
银行卡手续费收入	2238620.45	提取其他准备	20520000.00
大额手续费收入	3273910.79	营业税金及附加	88216249.34
小额手续费收入		营业税	78919444.03
银行承兑汇票手续费	6271678.51	城建税	5350833.00
其他手续收入	77203.93	教育费及附加	3945972.31
保函业务手续费	109127.14	其他税金	
网银手续费收入		其他营业支出	
手机银行手续费收入	183550.00	其他营业支出	
社保卡手续费收入		外汇业务支出	
IC 卡手续费收入	171775.02	外币兑换损失	
其他营业收入		经营套汇损失	
其他业务收入		结售汇汇兑损失	
投资收益	338532530.34	其他外汇业务支出	
国债利息收入	99707801.31	营业外支出	1498426.66
其他债券利息收入	50850202.12	固定资产盘亏及清理	245793.16
其他投资收益	91448974.82	出纳短款损失	
票据投资收益	92411853.46	其他营业外支出	1252633.50
信托投资收益	4113698.63	利润还贷及回购不良	
营业外收入	1025498.67	支出合计	2010918985.05
罚没款收入	91450.00	纯益	587764701.42
固定资产盘盈及清理	159445.67	所得税	101560496.97
出纳长款收入	4700.00		
其他营业外收入	769903.00		
以前年度损益调整			
收入合计	2598683686.47		
纯损		净利润	486204204.45

衡水银行股份有限公司中间业务收入情况表

（2014 年 12 月 31 日）

单位：万元

项目	1. 结算业务收入	2. 代理业务手续费收入	3. 顾问和咨询费收入	4. 银行卡手续费收入	5. 电子银行业务收入	6. 担保及承诺业务收入	7. 托管及其他受托业务佣金收入	8. 外汇买卖差价收入	9. 手续费及佣金收入	10. 其他中间业务收入	合计
衡水	327	0	0	241	18	0	535	0	848	8	1977
合计	327	0	0	241	18	0	535	0	848	8	1977

衡水银行股份有限公司机构、人员情况一览表

（2014 年 12 月 31 日）

单位：家、人

单位名称	机构总数	其中			从业人员总数
		省级机构	市级机构	县及以下机构	
衡水	39		27	12	1340
合计	39		27	12	1340

邢台银行股份有限公司资产负债表

（2014年12月31日）

单位：元

项目	行次	年初数	年末数	项目	行次	年初数	年末数
资产：				负债：			
现金及银行存款	1	93866638.58	125005450.94	向中央银行借款	28	0.00	500000000.00
存放中央银行款项	2	7084928828.98	8783821317.16	联行存放款项	29	0.00	0.00
贵金属	3	0.00	0.00	同业及其他金融机构存放款项	30	90685111.11	3024027293.01
存放联行款项	4	0.00	0.00	拆入资金	31	0.00	0.00
存放同业款项	5	4462226948.97	1585770244.34	以公允价值计量且其变动计入当期损益的金融负债	32	0.00	0.00
拆出资金	6	0.00	0.00	衍生金融负债	33	0.00	0.00
以公允价值计量且其变动计入当期损益的金融资产	7	0.00	0.00	卖出回购金融资产款	34	0.00	0.00
衍生金融资产	8	0.00	0.00	吸收存款	35	27710914958.01	31556550314.93
买入返售金融资产	9	3980976666.67	9489016813.26	应付职工薪酬	36	5388918.94	10753215.69
应收款项类金融资产	10	0.00	0.00	应交税费	37	99967123.32	78685211.37
应收利息	11	16679414.19	18426343.49	应付利息	38	337291384.85	501025134.39
其他应收款	12	140996921.53	198895210.14	其他应付款	39	47352516.65	50669648.53
发放贷款和垫款	13	13122563511.77	15345668841.12	预计负债	40	0.00	0.00
可供出售金融资产	14	0.00	0.00	应付债券	41	0.00	0.00
持有至到期投资	15	1088000628.69	2260022603.53	递延所得税负债	42	0.00	0.00
长期股权投资	16	86700000.00	86700000.00	其他负债	43	1490708329.15	1775875233.25
投资性房地产	17	0.00	0.00	负债合计	44	29782308342.03	37497586051.17
固定资产	18	366338027.79	432972487.91	所有者权益（或股东权益）：			
在建工程	19	0.00	0.00	实收资本（或股本）	45	940000000.00	940000000.00
固定资产清理	20	0.00	-58703.06	国家资本	46	333105225.90	333105225.90
无形资产	21	19080282.73	17777440.21	集体资本	47	0.00	0.00
商誉	22	0.00	0.00	法人资本	48	593456299.10	593456299.10
长期待摊费用	23	61450681.02	39592080.46	其中：国有法人资本	49	32900000.00	32900000.00
抵债资产	24	0.00	0.00	个人资本	50	13438475.00	13438475.00
递延所得税资产	25	0.00	0.00	外商资本	51	0.00	0.00
其他资产	26	1422401297.28	1649624995.85	其他权益工具	52	0.00	0.00
				资本公积	53	15000000.00	15000000.00
				减：库存股	54	0.00	0.00
				其他综合收益	55	0.00	0.00
				盈余公积	56	100533183.31	148987940.12
				一般风险准备	57	450000000.00	450000000.00
				未分配利润	58	658368322.86	981661134.06
				归属于母公司所有者权益合计	59	2163901506.17	2535649074.18
				少数股东权益	60	0.00	0.00
				所有者权益（或股东权益）合计	61	2163901506.17	2535649074.18
资产总计	27	31946209848.20	40033235125.35	负债和所有者权益（或股东权益）总计	62	31946209848.20	40033235125.35

邢台银行股份有限公司利润表

（2014年12月31日）

单位：元

项　目	上年数	本年数	项　目	上年数	本年数
一、营业收入	1391988919.26	1537706443.49	四、利润总额（亏损以“–”号填列）	641327846.87	701192508.96
（一）利息净收入	1337984370.48	1492549972.11	减：所得税费用	160331961.72	175298127.24
利息收入	2036664222.15	2338699358.05	五、净利润（亏损以“–”号填列）	480995885.15	525894381.72
利息支出	698679851.67	846149385.94	归属于母公司所有者的净利润	480995885.15	525894381.72
（二）手续费及佣金净收入	53176567.78	43192490.38	少数股东损益	0.00	0.00
手续费及佣金收入	56021023.31	46016208.47	六、其他综合收益的税后净额	0.00	0.00
手续费及佣金支出	2844455.53	2823718.09	（一）以后不能重分类进损益的其他综合收益	0.00	0.00
（三）投资收益（损失以“–”号填列）	0.00	1275000.00	（二）以后将重分类进损益的其他综合收益	0.00	0.00
其中：对联营企业和合营企业的投资收益	0.00	0.00	1. 权益法下在被投资单位以后将重分类进损益的其他综合收益中享有的份额	0.00	0.00
（四）公允价值变动收益（损失以“–”号填列）	0.00	0.00	2. 可供出售金融资产公允价值变动损益	0.00	0.00
（五）汇兑收益（损失以“–”号填列）	0.00	0.00	3. 持有至到期投资重分类为可供出售金融资产损益	0.00	0.00
（六）其他业务收入	827981.00	688981.00	4. 现金流量套期损益的有效部分	0.00	0.00
二、营业支出	751277480.42	840827620.16	5. 外币财务报表折算差额	0.00	0.00
（一）营业税金及附加	72945238.11	83253118.59	6. 其他	0.00	0.00
（二）业务及管理费	477984348.81	547574501.57	七、综合收益总额	480995885.15	525894381.72
（三）资产减值损失（转回金额以“–”号填列）	200347893.50	210000000.00	归属于母公司所有者的综合收益总额	480995885.15	525894381.72
（四）其他业务成本	0.00	0.00	归属于少数股东的综合收益总额	0.00	0.00
三、营业利润（亏损以“–”号填列）	640711438.84	696878823.33	八、每股收益：	——	——
加：营业外收入	1990390.69	7217278.08	（一）基本每股收益	0.00	0.00
减：营业外支出	1373982.66	2903592.45	（二）稀释每股收益	0.00	0.00

邢台银行股份有限公司中间业务收入情况表

（2014 年 12 月 31 日）

单位：万元

项 目	1. 结算业务收入	2. 代理业务手续费收入	3. 顾问和咨询费收入	4. 银行卡手续费收入	5. 电子银行业务收入	6. 担保及承诺业务收入	7. 托管及其他受托业务佣金收入	8. 外汇买卖差价收入	9. 手续费及佣金收入	10. 其他中间业务收入	合计
邢台	943	135	0	353	0	3169	0	0	0	2	4602
合计	943	135	0	353	0	3169	0	0	0	2	4602

邢台银行股份有限公司机构、人员情况一览表

（2014 年 12 月 31 日）

单位：家、人

单位名称	机构总数	其中			从业人员总数
		省级机构	市级机构	县及以下机构	
邯郸	40		20	20	1487
合计	40		20	20	1487

邯郸银行股份有限公司资产负债表

（2014 年 12 月 31 日）

单位：万元

项　目	年末金额	年初金额	项　目	期末金额	年初金额
资产：			负债：		
现金及存放中央银行款项	1355050.51	1082244.16	向中央银行借款	70000.00	0.00
存放同业款项	1276295.98	912834.78	同业及其他金融机构存放款项	227464.38	660486.17
贵金属	0.00	0.00	拆入资金	59050.00	49930.00
拆出资金	20000.00	30974.42	交易性金融负债	0.00	0.00
交易性金融资产	63731.53	73348.58	衍生金融负债	0.00	0.00
衍生金融资产	0.00	0.00	卖出回购金融资产款	1040103.24	1522315.68
买入返售金融资产	264659.84	1131959.09	吸收存款	5952065.33	4487085.47
应收利息	27334.30	34598.46	应付职工薪酬	14119.12	7491.13
发放贷款和垫款	2340827.61	1790291.51	应交税费	11480.36	5252.13
可供出售金融资产	562721.91	56588.02	应付利息	82055.05	55053.92
持有至到期投资	1967566.66	2004346.38	预计负债	0.00	0.00
长期股权投资	2100.00	2100.00	应付债券	49319.00	0.00
投资性房地产	0.00	0.00	递延所得税负债	632.13	0.00
固定资产	17636.36	18746.06	其他负债	162530.17	26170.48
无形资产	2059.67	1970.82	负债合计	7668818.77	6813784.98
递延所得税资产	12620.75	6039.41	所有者权益（或股东权益）：	0.00	0.00
其他资产	252316.06	97198.99	实收资本（或股本）	237622.32	237622.32
			资本公积	62667.59	62667.59
			减：库存股	0.00	0.00
			其他综合收益	1896.39	−90.47
			盈余公积	41130.41	31008.70
			一般风险准备	70356.79	48331.02
			未分配利润	82428.92	49916.56
			所有者权益（或股东权益）合计	496102.42	429455.71
资 产 总 计	8164921.19	7243240.69	负债和所有者权益总计	8164921.19	7243240.69

邯郸银行股份有限公司利润表

（2014年12月31日） 单位：万元

项 目	本期金额	上期金额
一、营业收入	269526.74	179328.11
利息净收入	127857.50	108730.91
利息收入	317015.91	240064.77
利息支出	189158.41	131333.86
手续费及佣金净收入	7615.13	839.69
手续费及佣金收入	10427.28	2606.02
手续费及佣金支出	2812.15	1766.33
投资收益（损失以“–”号填列）	131438.97	69798.90
其中：对联营企业和合营企业的投资收益	0.00	0.00
公允价值变动收益（损失以“–”号填列）	2340.86	(176.14)
汇兑收益（损失以“–”号填列）	112.92	0.00
其他业务收入	161.36	134.74
二、营业支出	140621.26	77897.67
营业税金及附加	12107.47	9194.48
业务及管理费	96212.88	62202.78
资产减值损失	32300.00	6500.00
其他业务成本	0.92	0.41
三、营业利润（亏损以“–”号填列）	128905.48	101430.44
加：营业外收入	359.13	103.60
减：营业外支出	85.33	35.66
四、利润总额（亏损总额以“–”号填列）	129179.27	101498.38
减：所得税费用	27962.15	21192.24
五、净利润（净亏损以“–”号填列）	101217.12	80306.14
六、每股收益：		
（一）基本每股收益（元）	0.43	0.69
（二）稀释每股收益		
七、其他综合收益	1986.86	(846.09)
八、综合收益总额	103203.98	79460.06

邯郸银行股份有限公司中间业务收入情况表

（2014 年 12 月 31 日）

单位：万元

项目	1. 结算业务收入	2. 代理业务手续费收入	3. 顾问和咨询费收入	4. 银行卡商户收单业务收入	5. 电子银行业务收入	6. 担保及承诺业务收入	7. 托管及其他受托业务佣金收入	8. 外汇买卖差价收入	9. 手续费及佣金收入	10. 其他中间业务收入	合计
石家庄	0		0	0	21	503	29	0	53	0	606
邯郸	48	7	0	248	827	4239	51	0	230	4171	9821
合计	48	7	0	248	848	4742	80	0	283	4171	10427

邯郸银行股份有限公司机构、人员情况一览表

（2014 年 12 月 31 日）

单位：家、人

单位名称	机构总数	其中			从业人员总数
		省级机构	市级机构	县及以下机构	
石家庄	14		11	3	301
邯郸	56		39	17	1362
合计	70		50	20	1663

非银行业机构统计

渤海国际信托有限公司资产负债表

（2014年12月31日）

单位：元

资产	期末余额	期初余额	负债和所有者权益	期末余额	期初余额
资产：			负债：		
现金及存放中央银行款项	12780.82	13567.60	向中央银行借款	0.00	0.00
存放同业款项	1955533535.11	1127870801.71	同业及其他金融机构存放款项	0.00	0.00
拆出资金	–	100000000.00	拆入资金	0.00	0.00
以公允价值计量及其变动计入当期损益的金融资产	18532323.07	20975613.40	交易性金融负债	0.00	0.00
买入返售金融资产	100005000.00	26100261.00	衍生金融负债	0.00	0.00
应收利息	17295116.44	11624129.00	卖出回购金融资产款	0.00	0.00
其他应收款	90345176.46	12020499.56	吸收存款	0.00	0.00
发放贷款和垫款	974700000.00	345000000.00	应付职工薪酬	62190371.92	49159254.13
可供出售金融资产	569050000.00	1579683222.40	应交税费	19126537.03	22075139.66
持有至到期投资	–	–	应付利息		
长期股权投资	–	–	其他应付款	3849660.67	7873553.38
投资性房地产	23848601.36	24525904.64	预计负债	0.00	0.00
固定资产	4158040.45	4049863.12	长期借款	0.00	0.00
无形资产	1450320.01	789560.72	应付债券	0.00	0.00
递延所得税资产	7280008.88	7734312.50	递延所得税负债	14964.66	353882.57
其他资产	7596275.54	7247559.46	其他负债	247604.74	247604.74
			负债合计	85429139.02	79709434.48
			所有者权益：		
			实收资本	2000000000.00	2000000000.00
			资本公积	168873839.08	168873839.08
			减：库存股		
			盈余公积	166221921.45	107075134.35
资产总计	3769807178.14	3267635295.11	一般风险准备	61369476.60	53800027.89
			信托赔偿准备金	100099512.43	70526118.88
			未分配利润	1187813289.56	787650740.43
			所有者权益合计	3684378039.12	3187925860.63
			负债和所有者权益总计	3769807178.14	3267635295.11

渤海国际信托有限公司利润表

（2014 年 12 月 31 日）　　单位：元

项　　目	行次	本期金额	上期金额
一、营业收入	1	1148879472.06	1005984952.18
利息净收入	2	120506101.39	92373712.18
利息收入	3	120506101.39	92386212.18
利息支出	4	–	12500.00
手续费及佣金净收入	5	963229296.21	870017612.13
手续费及佣金收入	6	1029523822.45	925155488.22
手续费及佣金支出	7	66294526.24	55137876.09
投资收益（损失以“–”号填列）	8	64137382.32	42350588.96
其中：对联营企业和合营企业的投资收益	9		
公允价值变动损益（损失以“–”号填列）	10	–219523.41	12175.62
汇兑损益（损失以“–”号填列）	11	171.55	–1464.71
其他业务收入	12	1226044.00	1232328.00
二、营业支出	13	328282179.08	338913631.66
营业税金及附加	14	64696216.46	56779166.48
业务及管理费用	15	262908659.34	281457161.90
资产减值损失	16	–	–
其他业务成本	17	677303.28	677303.28
三、营业利润（亏损以“–”号填列）	18	820597292.98	667071320.52
加：营业外收入	19	4131677.05	219821.78
减：营业外支出	20	38000000.00	–
四、利润总额（亏损总额以“–”号填列）	21	786728970.03	667291142.30
减：所得税费用	22	195261099.03	158607311.82
五、净利润（净亏损以“–”号填列）	23	591467871.00	508683830.48
六、每股收益	24		
基本每股收益	25		
稀释每股收益	26		
七、其他综合收益	27	–	–
八、综合收益总额	28	591467871.00	508683830.48

渤海国际信托有限公司中间业务收入情况表

（2014 年 12 月 31 日）

单位：万元

项 目	1. 结算业务收入	2. 代理业务手续费收入	3. 顾问和咨询费收入	4. 银行卡手续费收入	5. 电子银行业务收入	6. 担保及承诺业务收入	7. 托管及其他受托业务佣金收入	8. 外汇买卖差价收入	9. 手续费及佣金收入	10. 其他中间业务收入	合计
石家庄									102952.38		102952.38
合计									102952.38		102952.38

渤海国际信托有限公司机构、人员情况一览表

（2014 年 12 月 31 日）

单位：家、人

单位名称	机构总数	其中			从业人员总数
		省级机构	市级机构	县及以下机构	
石家庄	1		1		159
合计	1		1		159

河北省金融租赁有限公司资产负债表

（2014年12月31日）

单位：元

资产	年末余额	年初余额	负债和所有者权益	年末余额	年初余额
资产：			负债：		
库存现金及银行存款	1011893225.48	363778658.53	短期借款	6996324522.38	3464843830.42
拆出资金		30000000.00	拆入资金	350000000.00	160000000.00
交易性金融资产			吸收存款	30000000.00	30000000.00
衍生金融资产			应付账款	37025108.01	836535895.87
应收票据			应付职工薪酬	31002980.09	21871359.15
应收利息			应交税费	17796247.62	4540963.96
买入返售金融资产			应付利息	30161631.69	26487297.53
发放贷款和垫款			长期借款	2585853746.58	3703330337.88
可供出售金融资产			存入保证金	627274477.80	339207885.64
可供出售金融资产			递延所得税负债		
融资租赁资产	3729022.83	3729022.83	长期应付款	902619259.14	
持有至到期投资			其他负债	184019140.83	220421748.37
投资性房地产			负债合计	11792077114.14	8807239318.82
应收租赁款	12281033270.36	9597347267.87	所有者权益：		
固定资产	14391539.97	16337574.98	实收资本	1500000000.00	1500000000.00
无形资产	2101768.25	1547179.49	资本公积	3288000.00	3288000.00
长期待摊费用		120000.00	其他综合收益		
递延所得税资产	1370822.90	1355822.90	盈余公积	85057164.55	63993615.12
其他资产	419075366.55	583386200.15	一般风险准备	187696749.01	143385369.38
			未分配利润	165475988.64	79695423.43
			所有者权益合计	1941517902.20	1790362407.93
资产总计	13733595016.34	10597601726.75	负债和所有者权益总计	13733595016.34	10597601726.75

河北省金融租赁有限公司利润表

（2014 年 12 月 31 日） 单位：元

项目	本期金额	上期金额
一、营业收入	1358226313.00	296991270.51
租赁及利息净收入	1106923673.00	138865323.24
利息收入	802802894.10	47926012.10
租赁收入	749984756.50	480917188.80
利息支出	592469008.00	389977877.66
手续费及佣金净收入	251302640.80	158125947.27
手续费及佣金收入	304120778.50	183433610.68
手续费及佣金支出	52818137.62	25307663.41
投资收益		
公允价值变动收益		
汇兑收益		
其他业务收入		
二、营业支出	156237296.60	98169323.92
营业税金及附加	23651697.51	16881568.26
业务及管理费	94971396.83	80619255.42
资产减值损失	37614202.28	668500.24
其他业务成本		
三、营业利润（亏损以"–"号填列）	1201989017.00	198821946.59
加：营业外收入	200000.00	200000.00
减：营业外支出	5279285.01	28862.50
四、利润总额（亏损总额以"–"号填列）	1196909732.00	198993084.09
减：所得税费用	71050805.93	55614745.82
五、净利润（净亏损以"–"号填列）	1125858926.00	143378338.27
六、其他综合收益的税后净额		
（一）以后不能重分类进损益的其他综合收益		
（二）以后将重分类进损益的其他综合收益		
七、综合收益总额	210635494.30	143378338.27

河北省金融租赁有限公司机构、人员情况一览表

（2014 年 12 月 31 日） 单位：家、人

单位名称	机构总数	其中			从业人员总数
		省级机构	市级机构	县及以下机构	
省级机关	1	1			81
合计	1	1			81

中国信达资产管理股份有限公司河北省分公司资产负债表

（2014 年 12 月 31 日）

单位：元

资产	期初数	期末数	负债和所有者权益（或股东权益）	期初数	期末数
资　产：			资产负债表		
货币资金	2259214.63	49562330.94	短期借款	0.00	0.00
存放中央银行款项	0.00	0.00	其中：质押借款	0.00	0.00
拆出资金	0.00	0.00	拆入资金	0.00	0.00
交易性金融资产	21514218.37	31068965.04	交易性金融负债	0.00	0.00
衍生金融资产	0.00	0.00	衍生金融负债	0.00	0.00
买入返售金融资产	0.00	0.00	卖出回购金融资产款	0.00	0.00
应收账款	6770524851.00	9267065961.00	应付账款	0.00	48009728.43
应收利息	58266666.67	1442200.00	应付职工薪酬	25505770.84	33908106.41
贷款	0.00	0.00	应交税费	3855873.46	3143351.69
可供出售金融资产	783669938.10	179369190.80	应付利息	0.00	0.00
持有至到期投资	0.00	0.00	预计负债	0.00	0.00
持有待售非流动资产			长期借款	0.00	0.00
长期股权投资	75000000.00	0.00	应付债券	0.00	0.00
投资性房地产	0.00	0.00			
固定资产	2151823.14	1544560.05	递延所得税负债	0.00	0.00
无形资产	0.00	0.00	其他负债	4648324342.00	6408831727.00
商誉	0.00	0.00	负债合计	4677685986.00	6493892914.00
递延所得税资产	0.00	0.00	所有者权益（或股东权益）：		
其他资产	8657100.00	377040500.00	实收资本（或股本）	0.00	0.00
			资本公积	0.00	0.00
			减：库存股	0.00	0.00
			盈余公积	0.00	0.00
			一般风险准备	0.00	0.00
			未分配利润	3044357826.00	3413200795.00
资产总计	7722043812.00	9907093708.00	负债和所有者权益（或股东权益）总计	7722043812.00	9907093708.00

中国信达资产管理股份有限公司河北省分公司利润表

（2014 年 12 月 31 日） 单位：元

	本期数	本年数
一、营业收入	231252945.40	1167647439.00
1. 手续费及佣金净收入	0.00	385605.00
财政委托代理净收入		
其他手续费及佣金净收入	0.00	385605.00
2. 投资收益（损失以“－”号填列）	132177533.30	270322296.60
其中：对联营企业和合营企业的投资收益	0.00	0.00
3. 不良资产处置净收益	89380148.37	888067235.40
改制银行资产处置净收益	12813748.00	15005386.95
其他收购资产处置净收益	76566400.37	873061848.50
4. 公允价值变动收益（损失以“－”号填列）	9695449.67	8872036.69
其中：不良资产公允价值变动收益	9695449.67	8872036.69
5. 汇兑收益（损失以“－”号填列）	−186.00	265.20
6. 其他业务收入	0.00	0.00
其中：租赁收入	0.00	0.00
二、营业支出	112017979.40	798744503.30
1. 营业税金及附加	2914733.30	18174943.80
2. 业务及管理费	0.00	41353371.13
折旧	66629.93	839634.09
人员费用	12858351.10	31282236.80
管理费用	392611.79	4557610.66
业务费用	2012262.70	4673889.58
3. 利息净支出	100819173.30	498567674.90
利息支出	0.00	0.00
人行再贷款利息支出	0.00	0.00
其他利息支出（剔除系统内往来支出）	0.00	0.00
利息收入（剔除系统内往来收入）	−100819173.30	−498567674.90
4. 资产减值损失	8284072.75	240648513.50
5. 其他业务成本	0.00	0.00
三、营业利润（亏损以“－”号填列）	119234966.00	368902935.60
加：营业外收入	0.00	32.62
减：营业外支出	60000.00	60000.00
四、利润总额（亏损总额以“－”号填列）	119174966.00	368842968.20
减：所得税费用	0.00	0.00
五、净利润（净亏损以“－”号填列）	119174966.00	368842968.20
六、每股收益		
（一）基本每股收益		
（二）稀释每股收益		
七、月末在册员工人数		

中国信达资产管理股份有限公司河北省分公司机构、人员情况一览表

（2014 年 12 月 31 日） 单位：家、人

单位名称	机构总数	其中			从业人员总数
		省级机构	市级机构	县及以下机构	
石家庄	1	1			64
合计	1	1			64

中国东方资产管理公司石家庄办事处资产负债表

（2014 年 12 月 31 日）

单位：元

资产	年初数	期末数	负债及所有者权益	年初数	期末数
资产：			负债：		
货币资金	52840933.00	73901453.11	短期借款	0.00	0.00
存放中央银行款项	0.00	0.00	其中：质押借款		
拆出资金	0.00	0.00	拆入资金	0.00	0.00
交易性金融资产	552985637.82	1383304177.10	交易性金融负债	0.00	0.00
衍生金融资产			衍生金融负债		
买入返售金融资产	0.00	0.00	卖出回购金融资产款	0.00	0.00
应收款项	2306133150.94	2153107420.76	应付款项	196713277.89	174400744.38
应收利息	23769454.67	8058311.21	应付职工薪酬	2806945.40	3514365.86
贷款			应交税费	4664141.17	3251064.09
可供出售金融资产	0.00	0.00	应付利息	0.00	0.00
持有至到期投资	0.00	0.00	预计负债	0.00	28225154.31
持有待售非流动资产			长期借款	0.00	0.00
长期股权投资	1128476422.65	1128476599.45	应付债券	0.00	0.00
投资性房地产	0.00	0.00	递延所得税负债	0.00	0.00
固定资产	11978990.83	11275083.19	其他负债	10399322783.71	11805771746.54
无形资产	0.00	0.00	负债合计	10603507148.17	12015163075.18
商誉	0.00	0.00	所有者权益（或股东权益）：		
递延所得税资产	0.00	0.00	实收资本（或股本）	0.00	0.00
其他资产	1529373.37	1394473.37	其中：国有资本	0.00	0.00
			外商资本		
			资本公积	-6451199257.99	-6451199257.99
			减：库存股		
			盈余公积	0.00	0.00
			一般风险准备		
			未分配利润	-74593926.90	-804446299.00
			外币报表折算差额		
			归属于母公司所有者权益合计		
			少数股东权益		
			所有者权益（或股东权益）合计	-6525793184.89	-7255645556.99
资产总计	4077713963.28	4759517518.19	负债和所有者权益（或股东权益）总计	4077713963.28	4759517518.19

中国东方资产管理公司石家庄办事处利润表

（2014 年 12 月 31 日）　　单位：元

项　目	上年数	本年数
一、营业收入	476162626.65	-127156769.63
（一）手续费及佣金净收入	177827171.74	117768668.23
（二）投资收益（损失以"-"号填列）	386474953.52	340763129.32
其中：对联营企业和合营企业的投资收益	0.00	0.00
（三）公允价值变动收益（损失以"-"号填列）	-51619945.69	-584088146.50
（四）其他收入	-36519552.92	-1600420.68
汇兑收益（损失以"-"号填列）	-36519552.92	-1600420.68
其他业务收入	0.00	0.00
二、营业支出	550727177.62	677259993.10
（一）营业税金及附加	17340215.81	9868666.08
（二）业务及管理费	20241710.58	28039085.42
（三）利息净支出	391075833.69	433794331.18
利息支出	394232640.95	437810980.72
利息收入	3156807.26	4016649.54
（四）资产减值损失	122069417.54	205557910.42
（五）其他业务成本	0.00	0.00
三、营业利润（亏损以"-"号填列）	-74564550.97	-804416762.73
加：营业外收入	27400.65	122.00
减：营业外支出	56776.58	29658.27
四、利润总额（亏损总额以"-"号填列）	-74593926.90	-804446299.00
减：所得税费用	0.00	0.00
五、净利润（净亏损以"-"号填列）	-74593926.90	-804446299.00
归属于母公司所有者的净利润		
少数股东损益		
六、每股收益：		
（一）基本每股收益（元）		
（二）稀释每股收益（元）		

中国东方资产管理公司石家庄办事处机构、人员情况一览表

（2014 年 12 月 31 日）　　单位：家、人

单位名称	机构总数	其中			从业人员总数
		省级机构	市级机构	县及以下机构	
	省级机关	1	1		44
	合计	1	1		44

证券期货业统计

财达证券有限责任公司资产负债表

（2014 年 12 月 31 日）

单位：元

资　产	期末余额		负债和所有者权益	期末余额	
	合并数	母公司		合并数	母公司
资产：			负债：		
货币资金	9530426955.80	9469990684.65	短期借款		
其中：客户存款	7688848811.25	7628742232.44	应付短期融资款		
结算备付金	3678122928.38	3678122928.38	拆入资金	497000000.00	497000000.00
其中：客户备付金	3579953766.39	3579953766.39	以公允价值计量且其变动计入当期损益的金融负债		
拆出资金			衍生金融负债		
融出资金	2729274972.43	2729274972.43	卖出回购金融资产款	3423990671.23	3423990671.23
融出证券	10980692.20	10980692.20	代理买卖证券款	10870885688.36	10870885688.36
以公允价值计量且其变动计入当期损益的金融资产	4260534866.54	4217463235.99	信用交易代理买卖证券款	473633685.80	473633685.80
衍生金融资产			代理承销证券款		
买入返售金融资产	983881752.03	981625752.03	应付职工薪酬	308058647.32	307309242.79
应收款项	158929753.92	157638302.20	应交税费	165418605.26	165334072.77
应收利息	155526844.27	155526844.27	应付款项	89198830.05	88306525.22
存出保证金	622353346.21	561017411.10	应付利息	10744678.86	10744678.86
可供出售金融资产	416630213.80	416630213.80	预计负债		
持有至到期投资			长期借款		
长期股权投资		121000000.00	应付债券		
投资性房地产			递延所得税负债	33561645.75	33561645.75
固定资产	338540347.20	329003556.65	其他负债	115525748.33	
无形资产	43536280.77	40916226.61	其中：期货应付货币保证金	113216123.51	
商誉	17910191.63		期货风险准备金	2309624.82	
长期待摊费用	20680405.14	20544421.45	负债合计	15988018200.96	15870766210.78
递延所得税资产	79864740.32	79864740.32	所有者权益：		
其他资产			实收资本（或股本）	2745000000.00	2745000000.00
			资本公积	2248950000.00	2250113796.03
			减：库存股		
			其他综合收益	37508768.82	37508768.82
			盈余公积	448840035.18	473563279.36
			一般风险准备	473563279.36	473563279.36
			交易风险准备	473563279.36	473563279.36
			未分配利润	629213441.90	645521368.37
			归属于母公司所有者权益合计	7056638804.62	7098833771.30
			少数股东权益	2537285.06	
			所有者权益合计	7059176089.68	7098833771.30
资产总计	23047194290.64	22969599982.08	负债和所有者权益总计	23047194290.64	22969599982.08

财达证券有限责任公司利润表

（2014 年 12 月 31 日） 单位：元

项 目	本年数		上年数	
	合并数	母公司	合并数	母公司
一、营业收入	1965621045.63	1951137484.83	1061354574.54	1058140792.47
手续费及佣金净收入	1096139609.02	1088671902.14	760117431.82	755827249.83
其中：证券经纪业务净收入	1025488670.46	1025488670.46	750016378.85	750016378.85
投资银行业务净收入	35289724.66	35289724.66	1575000.00	1575000.00
投资咨询服务净收入			450000.00	450000.00
资产管理业务净收入	27723156.94	27723156.94	3730300.70	3730300.70
利息净收入	193739756.61	192067110.78	86317342.88	85484628.99
其中：存放金融同业利息净收入	122260855.02	120588209.19	110989104.34	110156390.45
融资融券利息净收入	120841976.98	120841976.98	39306516.84	39306516.84
投资收益（净损失以“－”号填列）	526527682.89	526116094.67	274158364.88	274158364.88
其中：对联营企业和合营企业的投资收益				
对子公司的投资收益				
金融工具投资收益	526527682.89	526116094.67	274158364.88	274158364.88
公允价值变动收益（损失以“－”号填列）	134256024.20	129324404.33	−69287012.99	−67377899.18
汇兑收益（损失以“－”号填列）	27127.61	27127.61	−210312.06	−210312.06
其他业务收入	14930845.30	14930845.30	10258760.01	10258760.01
二、营业支出	897273052.98	881843067.96	737090968.37	724060558.51
营业税金及附加	93241951.88	92824375.51	65078048.08	64835798.28
业务及管理费	802583254.14	787570845.49	671236992.60	658448832.54
资产减值损失	22141.75	22141.75		
其他业务成本	1425705.21	1425705.21	775927.69	775927.69
三、营业利润（亏损以“－”号填列）	1068347992.65	1069294416.87	324263606.17	334080233.96
加：营业外收入	2205225.76	2204925.76	2099475.17	2098555.17
减：营业外支出	2855144.45	2835138.23	3363827.94	3351440.05
四、利润总额（亏损以“－”号填列）	1067698073.96	1068664204.40	322999253.40	332827349.08
所得税费用	263905308.76	263905308.76	91775947.82	91775947.82
五、净利润（净亏损以“－”号填列）	803792765.20	804758895.64	231223305.58	241051401.26
归属于母公司所有者的净利润	803831410.42	804758895.64	231616429.41	241051401.26
少数股东的净利润	−38645.22		−393123.83	
六、其他综合收益税后净额	33863441.99	33863441.99	3645326.83	3645326.83
（一）以后不能重分类进损益的其他综合收益				
（二）以后将重分类进损益的其他综合收益	33863441.99	33863441.99	3645326.83	3645326.83
其中：可供出售金融资产公允价值变动损益	30618418.67	30618418.67	3645326.83	3645326.83
融出证券公允价值变动损益	3245023.32	3245023.32		
七、综合收益总额	837656207.19	838622337.63	234868632.41	244696728.09
归属于母公司所有者的综合收益总额	837694852.41	838622337.63	235261756.24	244696728.09
少数股东的综合收益总额	−38645.22		−393123.83	

财达证券有限责任公司经营情况统计表

（2014 年 12 月 31 日）

地区名称	证券营业部（家）	其中：财达证券	员工人数	证券账户（万户）	资金账户（万户）	托管市值（亿元）	本年累计交易金额（亿元）	本年累计营业收入（万元）	本年累计净利润（万元）
石家庄	61.00	19.00	214.00	38.26	24.56	179.94	1739.57	16000.03	8436.65
邯郸	15.00	10.00	137.00	30.00	18.16	133.37	1016.72	11892.07	6849.57
邢台	9.00	5.00	63.00	18.26	10.47	35.25	418.63	6549.69	4323.99
保定	22.00	11.00	144.00	24.26	13.52	73.77	1039.48	11111.89	6527.16
衡水	6.00	4.00	55.00	16.97	8.77	26.10	471.42	5518.03	3770.15
沧州	12.00	8.00	85.00	24.09	12.77	67.48	908.06	9766.15	6415.05
廊坊	16.00	7.00	69.00	11.69	7.32	30.48	475.21	6388.11	3754.21
唐山	31.00	18.00	203.00	53.20	33.96	298.71	2605.74	21049.78	12847.24
秦皇岛	10.00	7.00	89.00	12.68	7.01	37.22	641.36	7278.45	4101.16
张家口	4.00	2.00	32.00	6.42	3.91	21.63	169.52	3686.53	2444.29
承德	5.00	3.00	24.00	4.89	2.76	9.87	129.73	2485.03	1448.78
合计	191.00	94.00	1115.00	240.72	143.21	913.81	9615.44	101725.76	60918.25

财达证券有限责任公司机构、人员情况一览表

填报单位： （2014 年 12 月 31 日） 单位：家、人

单位名称	机构总数	其中			从业人员总数
		省级机构	市级机构	县及以下机构	
省级机关	1	1			344
石家庄	19		10	9	214
邯郸	10		5	5	137
邢台	5		2	3	63
保定	11		3	8	144
衡水	4		3	1	55
沧州	8		3	5	85
廊坊	7		2	5	69
唐山	18		7	11	203
秦皇岛	7		4	3	89
张家口	2		1	1	32
承德	3		1	2	24
合计	95	1	41	53	1459

河北恒银期货经纪有限公司资产负债表

（2014 年 12 月 31 日）　　单位：元

资　产	期末余额	年初余额	负债和所有者权益	期末余额	年初余额
资产：			负债：		
货币资金	53743405.26	57999698.92	短期借款		
其中：期货保证金存款	41750401.09	41586591.14	应付货币保证金	129292617.66	156436797.78
应收货币保证金	101154580.52	123868159.53	交易性金融负债		
应收风险损失款			期货风险准备金	5809762.38	5365226.56
交易性金融资产	13771398.04	15650242.23	卖出回购金融资产款		
衍生金融资产			应付期货投资者保障基金	62759.34	95223.87
买入返售金融资产			应付职工薪酬	876128.34	664551.21
应收利息			应交税费	114937.07	109981.19
其他应收款	728997.79	410125.34	应付利息		
可供出售金融资产			应付手续费及佣金	351444.69	403392.26
持有至到期投资			其他应付款	597344.59	352894.23
长期股权投资			预计负债		
投资性房地产			长期借款		
固定资产	10249314.53	11438403.39	应付债券		
无形资产	570103.88	755564.51	递延所得税负债	26120.00	3965.00
其中：交易席位费			其他负债		
商誉			负债合计	137131114.07	163432032.10
递延所得税资产	620339.04	794287.76	所有者权益：		
其他资产	2410020.77	2600117.01	实收资本	58000000.00	58000000.00
期货会员资格投资	1400000.00	1400000.00	资本公积		
			减：库存股		
			盈余公积	224002.61	224002.61
			一般风险准备		
			未分配利润	-10706956.85	-6739436.02
			所有者权益合计	47517045.76	51484566.59
资产总计	184648159.83	214916598.69	负债和所有者权益合计	184648159.83	214916598.69

河北恒银期货经纪有限公司利润表

（2014 年 12 月 31 日）　　单位：元

项　目	本期金额	上年金额
一、营业收入	16312835.98	20441793.96
手续费收入	12193259.61	17295451.90
佣金净收入		
利息净收入	2867814.66	2589722.78
投资收益（损失以“–”号填列）	292284.33	207941.83
其中：对联营企业和合营企业的投资收益		
公允价值变动损益（损失以“–”号填列）	790687.38	186747.45
汇兑收益（损失以“–”号填列）		
其他业务收入	168790.00	161930.00
二、营业支出	20117747.04	21335836.40
营业税金及附加	688074.28	958044.09
业务及管理费	18812848.86	19508421.80
资产减值损失	7160.88	3813.90
提取期货风险准备金	609663.02	864156.61
其他业务成本		1400.00
三、营业利润（亏损以“–”号填列）	–3804911.06	–894042.44
加：营业外收入	35649.55	23773.29
减：营业外支出	2155.60	10807.54
四、利润总额（亏损总额以“–”号填列）	–3771417.11	–881076.69
减：所得税费用	196103.72	40755.56
五、净利润（净亏损以“–”号填列）	–3967520.83	–921832.25
归属于母公司所有者的净利润	–3967520.83	–921832.25
少数股东损益		
六、每股收益：		
（一）基本每股收益		
（二）稀释每股收益		
七、其他综合收益		
八、综合收益总额	–3967520.83	–921832.25
归属于母公司股东的综合收益总额	–3967520.83	–921832.25
归属于少数股东的综合收益总额		

河北恒银期货经纪有限公司经营情况统计表

（2014 年 12 月 31 日）

地区名称	开户数	员工人数	保证金金额（万元）	本年累计交易量（手）	本年累计代理交易额（万元）	本年累计手续费收入（万元）	本年累计净利润（万元）
石家庄	487.00	113.00	12929.26	3283184.00	30643711.72	1219.33	−396.75
邯郸							
邢台							
保定							
衡水							
沧州							
廊坊							
唐山							
秦皇岛							
张家口							
承德							
合计	487.00	113.00	12929.26	3283184.00	30643711.72	1219.33	−396.75

河北恒银期货经纪有限公司期货交易情况统计表

（2014年12月31日）

品种	成交量（万手）	成交金额（万元）
菜籽油N	1.173	80928.75
早籼稻N	0.09	4196.10
强麦N	1.06	57278.42
玻璃	22.09	494649.87
油菜籽	0.00	57.25
菜籽粕	48.81	1230242.27
动力煤	0.78	80696.55
粳稻	0.00	111.13
晚籼稻	0.01	453.91
硅铁	0.07	2122.76
硅锰	0.03	873.34
棉花一号	3.29	229374.72
白糖	21.73	1018369.78
TA甲苯	19.79	614596.06
甲醇	0.96	130922.24
普麦	0.00	51.07
甲醇N	1.58	33506.83
玉米淀粉	0.01	343.05
豆粕	17.48	566629.53
黄大豆	2.78	124572.38
焦煤	4.98	247302.79
鸡蛋	9.09	433567.89
铁矿石	3.80	254521.45
纤维板	1.69	53465.42
胶合板	3.00	206616.02
聚丙烯	1.59	76855.22
玉米	1.33	31586.43
豆二	0.00	16.30
豆油	4.56	297231.06
乙烯	7.66	404878.35
棕榈油	8.60	479969.13
聚氯乙烯	0.25	7138.64
焦炭	7.54	900511.49
热轧卷板	0.06	1938.67
铜	3.70	881807.75
铝	3.74	257745.40
橡胶	9.24	1360985.41
白银	25.57	1537049.25
沥青	0.02	781.42
锌	3.11	257092.86
黄金	1.65	409987.93
螺纹	63.01	1896976.09
线材	0.00	6.49
铅	0.11	7999.13
沪深300	22.30	15943894.78
国债5年期	0.02	23810.38
合计	328.3184	30643711.72

河北恒银期货经纪有限公司机构、人员情况一览表

（2014 年 12 月 31 日）　　单位：家、人

单位名称	机构总数	其中			从业人员总数
		省级机构	市级机构	县级以下机构	
省级机关					
石家庄	1		111		113
邯郸					
邢台					
保定					
衡水					
沧州					
廊坊					
唐山					
秦皇岛					
张家口					
承德					
合计	1		11		113

河北省保险业统计

中国太平洋财产保险股份有限公司河北分公司资产负债表

（2014 年 12 月 31 日）　　单位：元

资产	年初数	年末数	负债和所有者权益（或股东权益）	年初数	年末数
资产：			负债：		
货币资金	26129901.80	4069890.33	短期借款	0.00	0.00
拆出资金	0.00	0.00	拆入资金	0.00	0.00
以公允价值计量且变动计入当期损益的金融资产	0.00	0.00	以公允价值计量且变动计入当期损益的金融负债	0.00	0.00
衍生金融资产	0.00	0.00	衍生金融负债	0.00	0.00
买入返售金融资产	0.00	0.00	卖出回购金融资产款	0.00	0.00
应收利息	0.00	0.00	预收保费	55646625.57	64567813.15
应收保费	13891538.80	20587467.22	应付手续费及佣金	29827208.09	28696485.00
应收代位追偿款	71756.20	71756.20	应付分保账款	0.00	0.00
应收分保账款	0.00	0.00	应付职工薪酬	15251054.10	20254073.52
应收分保未到期责任准备金	138113637.80	90706753.04	应交税费	27296461.09	28358327.48
应收分保未决赔款准备金	80955595.78	96557799.46	应付利息	0.00	0.00
应收分保寿险责任准备金	0.00	0.00	应付赔付款	614949.25	6966863.30
应收分保长期健康险责任准备金	0.00	0.00	应付保单红利	0.00	0.00
保户质押贷款	0.00	0.00	保户储金及投资款	1300201.67	3927858.28
定期存款	0.00	0.00	未到期责任准备金	950865491.20	1036782097.00
可供出售金融资产	0.00	0.00	未决赔款准备金	657458073.60	681768195.20
持有至到期投资	0.00	0.00	寿险责任准备金	0.00	0.00
归入贷款及应收款的投资	0.00	0.00	长期健康险责任准备金	0.00	0.00
长期股权投资	0.00	0.00	保费准备金	0.00	0.00
存出资本保证金	0.00	0.00	长期借款	0.00	0.00
投资性房地产	0.00	0.00	保险保障基金	0.00	0.00
固定资产	76607370.43	81009357.01	应付债券	0.00	0.00
在建工程	0.00	0.00	预计负债	0.00	0.00
无形资产	0.00	0.00	独立账户负债	0.00	0.00
独立账户资产	0.00	0.00	递延所得税负债	0.00	0.00
递延所得税资产	0.00	0.00	其他负债	−1371502471.00	−1551310406.00
其他资产	30987793.12	51648010.67	负债合计	366757593.90	320011306.50
			股东权益：		
			股本	0.00	0.00
			资本公积	0.00	0.00
			减：库存股	0.00	0.00
			盈余公积	0.00	0.00
			一般风险准备	0.00	0.00
			大灾风险利润准备	0.00	0.00
			未分配利润	−0.01	24639727.41
			股东权益合计	−0.01	24639727.41
资产总计	366757593.90	344651033.90	负债和股东权益总计	366757593.90	344651033.90

中国太平洋财产保险股份有限公司河北分公司利润表

（2014 年 12 月 31 日）　　　　单位：元

项目	本期数	本年累计数
一、营业收入	199901064.10	2251253714.00
已赚保费	197086851.40	2234516670.00
保险业务收入	211322117.50	2634252444.00
其中：分保费收入	0.00	0.00
减：分出保费	20993427.39	266412283.10
提取未到期责任准备金	−6758161.28	133323490.60
投资收益（损失以“–”号填列）	16906.14	71137.58
其中：对联营企业和合营企业的投资收益	0.00	0.00
公允价值变动净收益（净损失以“–”号填列）	0.00	0.00
汇兑收益（损失以“–”号填列）	4177.43	2172.47
其他业务收入	2793129.13	16663734.60
二、营业支出	223986256.10	2227994100.00
退保金	0.00	0.00
赔付总支出	242993102.10	1565151544.00
减：摊回赔付支出	31951337.75	186830513.80
提取保险责任准备金	−83937450.73	24310121.61
减：摊回保险责任准备金	−14275820.86	15602203.68
提取保费准备金	0.00	0.00
保户红利支出	0.00	0.00
分保费用	0.00	0.00
营业税金及附加	11709346.90	144051738.60
手续费及佣金支出	35223850.54	407344322.60
业务及管理费	37782051.51	358063904.30
减：摊回分保费用	6618320.94	83958213.79
利息支出	0.00	0.00
其他业务成本	5247109.87	16367939.28
资产减值损失	−737916.25	−904538.90
三、营业利润（亏损以“–”号填列）	−24085192.01	23259614.12
加：营业外收入	134421.93	1424228.94
减：营业外支出	−4110.00	44115.64
四、利润总额（亏损总额以“–”号填列）	−23946660.08	24639727.42
减：所得税费用	0.00	0.00
五、净利润（净亏损以“–”号填列）	−23946660.08	24639727.42
六、每股收益		
（一）基本每股收益		
（二）稀释每股收益		
七、其他综合收益	0.00	0.00
以后会计期间不能重分类进损益的其他综合收益项目	0.00	0.00
以后会计期间在满足规定条件时将重分类进损益的其他综合收益项目	0.00	0.00
八、综合收益总额	−23946660.08	24639727.42

中国太平洋财产保险股份有限公司河北分公司财产保险业务统计表

（2014 年 12 月 31 日）

单位：万元

分公司	保费收入											保户储金及投资款	赔付支出											赔案件数（件）	未决赔款
	合计	企业财产保险	机动车辆保险	货物运输保险	责任保险	工程保险	信用保证保险	农业保险	短期健康保险	意外伤害保险	其他		合计	企业财产保险	机动车辆保险	货物运输保险	责任保险	工程保险	信用保证保险	农业保险	短期健康保险	意外伤害保险	其他		
石家庄	46804	2015	40492	940	1376	968	27	0	209	746	31		25487	791	22539	545	791	211	0	0	236	363	11	35771	11764
邯郸	14258	600	12885	19	412	1	0	0	70	267	5		8867	356	8006	13	230	0	0	0	56	204	1	10501	3989
邢台	16805	818	11805	16	1016	18	106	0	2184	808	34		7561	19	5322	0	340	15	0	0	1813	50	2	13301	2651
保定	22523	808	20151	284	278	54	0	0	197	743	8		15206	484	13605	252	322	0	0	0	152	384	6	21125	5655
衡水	12473	444	10351	23	482	84	0	0	698	386	5		6301	115	5384	15	228	0	0	0	323	236	1	9090	1676
沧州	39540	1053	34292	143	1647	122	14	0	679	1565	25		19731	724	16484	101	396	6	0	0	479	1528	14	19402	8076
廊坊	12830	457	10754	57	443	2	18	0	205	794	100		6730	167	5907	10	178	15	9	0	168	275	0	10579	1672
唐山	40094	1813	35730	88	972	218	5	0	310	889	68		26597	884	24822	20	530	0	0	0	215	104	21	34614	10707
秦皇岛	23500	939	21158	230	192	74	0	0	89	305	512		13247	347	12269	211	95	186	0	0	30	69	39	21438	5212
张家口	10517	522	9157	7	421	33	−2	0	97	149	132		6866	289	5343	2	1015	187	0	0	18	0	11	7388	2501
承德	24083	981	20427	15	1746	64	24	0	172	645	8		15011	464	12699	1	1323	228	0	0	151	142	4	21142	3986
合计	263427	10450	227202	1822	8985	1638	192	0	4910	7297	928		151604	4640	132380	1170	5448	848	9	0	3641	3355	110	204351	57889

中国太平洋财产保险股份有限公司河北分公司机构、人员情况一览表

（2014 年 12 月 31 日）　　单位：家、人

单位名称	机构总数	其中			从业人员总数
		省级机构	市级机构	县及以下机构	
省级机关	1	1	0	0	482
石家庄	15	0	1	14	175
邯郸	8	0	1	7	53
邢台	7	0	1	6	41
保定	15	0	1	14	77
衡水	8	0	1	7	43
沧州	9	0	1	8	106
廊坊	9	0	1	8	73
唐山	16	0	1	15	164
秦皇岛	9	0	1	8	71
张家口	6	0	1	5	49
承德	11	0	1	10	86
合计	114	1	11	102	1420

华泰财产保险有限公司河北省分公司资产负债表

（2014年12月31日） 单位：元

资　产	年初数	期末数	负债及股东权益	年初数	期末数
资产：			负债：		
货币资金	30325.12	247995.76	短期借款		
拆出资金			拆入资金		
交易性金融资产			交易性金融负债		
衍生金融资产			衍生金融负债		
买入返售金融资产			卖出回购金融资产款		
应收利息			预收保费	7474800.66	8135012.56
应收保费	1965257.46	738064.32	应付手续费	2248952.93	2565904.38
应收代位追偿款	74146.70	–52225.00	应付分保账款	11148172.80	3432254.57
应收分保账款	13540881.74	8463370.04	应付职工薪酬	2337582.76	2010418.32
应收分保未到期责任准备金	3855824.96	3574777.22	应交税费	1334023.73	1388661.17
应收分保未决赔款准备金	8158995.72	3240888.64	应付赔款	973457.34	1631134.31
保户质押贷款			应付保单红利		
定期存款			保户储金		
可供出售金融资产			未到期责任准备金	96896618.13	96691557.78
持有至到期投资			未决赔款准备金	51035703.24	48930218.77
贷款及应收款项			保费准备金		
长期股权投资			长期借款		
存出资本保证金			应付债券		
投资性房地产			独立账户负债		
固定资产	1235703.50	1083041.96	递延所得税负债		
无形资产			其他负债	–145168550.04	–165099093.02
独立账户资产			负债合计	28280761.55	–313931.16
递延所得税资产			股东权益：		
其他资产	9726950.49	5541537.97	实收资本		
			资本公积		
			减：库存股		
			盈余公积		
			一般风险准备		
			大灾风险利润准备		
			未分配利润	10307324.14	23151382.07
			股东权益合计	10307324.14	23151382.07
资产总计	38588085.69	22837450.91	负债和股东权益总计	38588085.69	22837450.91

华泰财产保险有限公司河北省分公司利润表

（2014 年 12 月 31 日）　　单位：元

项目	本期数	本年累计数
一、营业收入（亏损以“–”号填列）	18397218.28	216677719.20
已赚保费	18372145.31	216513022.71
保险业务收入	19519042.99	223233512.43
其中：分保费收入		
减：分出保费	481706.26	6644502.33
提取未到期责任准备金	665191.42	75987.39
投资收益	1134.01	3590.27
公允价值变动收益		
汇兑收益	6890.79	–7817.16
其他业务收入	17048.17	168923.38
二、营业支出（亏损以“–”号填列）	23947128.51	203709304.20
赔付支出	13951186.71	103387368.35
减：摊回分保赔款	1267251.03	7893362.95
提取未决赔款准备金	–2184961.97	–2105484.42
减：摊回未决赔款准备金	–2073866.01	–4918107.05
提取保费准备金		
保单红利支出		
分保费用支出		
营业税金及附加	1099910.15	12545358.41
手续费支出	4039366.28	43605097.45
业务及管理费	6427271.79	52138622.10
减：摊回分保费用	164347.14	2534539.12
其他业务成本		
资产减值损失	–27912.29	–351862.67
三、营业利润（亏损以“–”号填列）	–5549910.23	12968415.00
加：营业外收入	800.00	21930.05
减：营业外支出		3544.62
四、利润总额（亏损以“–”号填列）	–5549110.23	12986800.43
减：所得税费用		142742.50
五、净利润（亏损以“–”号填列）	–5549110.23	12844057.93

华泰财产保险有限公司河北省分公司财产保险业务统计表

（2014 年 12 月 31 日）

单位：元

分公司	保费收入											保户储金及投资款
	合计	企业财产保险	机动车辆保险	货物运输保险	责任保险	工程保险	信用保证保险	农业保险	短期健康保险	意外伤害保险	其他	
石家庄	13524.33	531.64	12419.15	88.14	89.76	133.88	0.00	0.00	36.25	243.01	−17.49	0.00
邯郸	0.00	0.00	0.00	0.00	0.00	0.00	0.00	0.00	0.00	0.00	0.00	0.00
邢台	0.00	0.00	0.00	0.00	0.00	0.00	0.00	0.00	0.00	0.00	0.00	0.00
保定	6411.33	9.39	6322.67	0.00	1.32	0.00	0.00	0.00	0.00	77.70	0.25	0.00
衡水	0.00	0.00	0.00	0.00	0.00	0.00	0.00	0.00	0.00	0.00	0.00	0.00
沧州	0.00	0.00	0.00	0.00	0.00	0.00	0.00	0.00	0.00	0.00	0.00	0.00
廊坊	0.00	0.00	0.00	0.00	0.00	0.00	0.00	0.00	0.00	0.00	0.00	0.00
唐山	2026.28	103.46	1795.05	65.34	8.99	0.00	0.00	0.00	0.00	53.19	0.24	0.00
秦皇岛	361.40	7.29	317.94	25.51	2.07	0.00	0.00	0.00	0.00	0.48	8.12	0.00
张家口	0.00	0.00	0.00	0.00	0.00	0.00	0.00	0.00	0.00	0.00	0.00	0.00
承德	0.00	0.00	0.00	0.00	0.00	0.00	0.00	0.00	0.00	0.00	0.00	0.00
合计	22323.34	651.78	20854.81	178.99	102.14	133.88	0.00	0.00	36.25	374.38	−8.88	0.00

（续表）

分公司	赔付支出											赔案件数（件）	未决赔款
	合计	企业财产保险	机动车辆保险	货物运输保险	责任保险	工程保险	信用保证保险	农业保险	短期健康保险	意外伤害保险	其他		
石家庄	6669.41	350.54	5957.77	22.06	13.92	263.34	0.00	0.00	5.00	55.63	1.14	16927.00	1728.99
邯郸	0.00	0.00	0.00	0.00	0.00	0.00	0.00	0.00	0.00	0.00	0.00	0.00	0.00
邢台	0.00	0.00	0.00	0.00	0.00	0.00	0.00	0.00	0.00	0.00	0.00	0.00	0.00
保定	1785.20	36.15	1651.41	8.40	0.25	0.00	0.00	0.00	0.00	88.93	0.05	4466.00	817.00
衡水	0.00	0.00	0.00	0.00	0.00	0.00	0.00	0.00	0.00	0.00	0.00	0.00	0.00
沧州	0.00	0.00	0.00	0.00	0.00	0.00	0.00	0.00	0.00	0.00	0.00	0.00	0.00
廊坊	0.00	0.00	0.00	0.00	0.00	0.00	0.00	0.00	0.00	0.00	0.00	0.00	0.00
唐山	1342.71	10.26	761.30	428.52	4.58	107.29	0.00	0.00	0.64	28.58	1.55	1895.00	354.91
秦皇岛	475.42	2.58	469.20	0.00	2.92	0.00	0.00	0.00	0.00	0.34	0.39	1228.00	185.22
张家口	0.00	0.00	0.00	0.00	0.00	0.00	0.00	0.00	0.00	0.00	0.00	0.00	0.00
承德	0.00	0.00	0.00	0.00	0.00	0.00	0.00	0.00	0.00	0.00	0.00	0.00	0.00
合计	10272.74	399.53	8839.68	458.98	21.67	370.63	0.00	0.00	5.64	173.48	3.13	24516.00	3086.12

华泰财产保险有限公司河北省分公司机构、人员情况一览表

（2014 年 12 月 31 日）　　单位：家、人

单位名称	机构总数	其中			从业人员总数
		省级机构	市级机构	县及以下机构	
省级机关	1	1			88
石家庄					
邯郸					
邢台					
保定	1		1		12
衡水					
沧州					
廊坊					
唐山	1		1		9
秦皇岛	1		1		6
张家口					
承德					
合计	4	1	3		115

中国大地财产保险股份有限公司河北分公司资产负债表

（2014 年 12 月 31 日）

单位：元

项目	年初余额	期末余额	项目	期末余额	期末余额
资 产：			负 债：		
货币资金	3112358.83	998889.86	短期借款	0.00	0.00
拆出资金	0.00	0.00	拆入资金	0.00	0.00
交易性金融资产	0.00	0.00	交易性金融负债	0.00	0.00
衍生金融资产	0.00	0.00	衍生金融负债	0.00	0.00
买入返售金融资产	0.00	0.00	卖出回购金融资产款	0.00	0.00
应收利息	0.00	0.00	预收保费	18257758.71	22692790.49
应收保费	2834738.08	7968877.79	应付手续费及佣金	11995948.38	10470424.88
应收代位追偿款	0.00	0.00	应付分保账款	0.00	0.00
应收分保账款	0.00	0.00	应付职工薪酬	7434094.62	5151416.24
应收分保未到期责任准备金	15526149.13	14466945.22	应交税费	4458966.87	4507914.97
应收分保未决赔款准备金	20952566.92	21573300.57	应付赔付款	7791852.77	4313917.62
应收分保寿险责任准备金	0.00	0.00	应付保单红利	0.00	0.00
应收分保长期健康险责任准备金	0.00	0.00	保户储金及投资款	581.35	0.00
贷款	0.00	0.00	未到期责任准备金	303066646.43	282199674.49
其中：保户质押贷款	0.00	0.00	未决赔款准备金	277446016.75	337235750.49
定期存款	0.00	0.00	寿险责任准备金	0.00	0.00
可供出售金融资产	0.00	0.00	长期健康险责任准备金	0.00	0.00
持有至到期投资	0.00	0.00	保费准备金	0.00	0.00
长期股权投资	0.00	0.00	长期借款	0.00	0.00
存出资本保证金	0.00	0.00	应付债券	0.00	0.00
投资性房地产	0.00	0.00	独立账户负债	0.00	0.00
固定资产	4731985.00	4259191.14	递延所得税负债	0.00	0.00
无形资产	0.00	0.00	其他负债	-553676133.06	-540870529.14
独立账户资产	0.00	0.00	负债合计	76775732.82	125701360.04
递延所得税资产	0.00	0.00	所有者权益（或股东权益）：	0.00	0.00
其他资产	29617934.83	30325916.28	实收资本（或股本）	0.00	0.00
			资本公积	0.00	0.00
			其他综合收益	0.00	0.00
			减：库存股	0.00	0.00
			盈余公积	0.00	0.00
			一般风险准备	0.00	0.00
			大灾风险利润准备	0.00	0.00
			未分配利润	-0.03	-46108239.18
			所有者权益（或股东权益）合计	-0.03	-46108239.18
资产总计	76775732.79	79593120.86	负债和所有者权益（或股东权益）总计	76775732.79	79593120.86

中国大地财产保险股份有限公司河北分公司利润表

（2014 年 12 月 31 日）　　单位：元

	本期数	本年累计数
一、营业收入	67522655.99	775472388.38
已赚保费	66051225.59	772005338.91
保险业务收入	68115835.03	791980120.50
分保费收入	0.00	0.00
减：分出保费	3140038.40	39772695.00
提取未到期责任准备金	-1075428.96	-19797913.41
投资收益（损失以“-”号填列）	2045.33	14107.86
其中：对联营企业和合营企业的投资收益	0.00	0.00
公允价值变动收益（损失以“-”号填列）	0.00	0.00
汇兑收益（损失以“-”号填列）	-7104.68	-5709.85
其他业务收入	1476489.75	3458651.46
二、营业支出	103142323.52	821471588.91
退保金	0.00	0.00
赔付支出	52916813.76	488961968.16
减：摊回赔付支出	8414025.52	29020501.41
提取保险责任准备金	22624956.99	59783386.74
减：摊回保险责任准备金	5574226.04	618201.97
提取保费准备金	0.00	0.00
保单红利支出	0.00	0.00
分保费用	0.00	0.00
营业税金及附加	3827058.37	41808759.50
手续费及佣金支出	10959727.59	132524443.81
业务及管理费	24099858.07	134941883.51
减：摊回分保费用	-884703.16	10389700.79
其他业务成本	1819727.96	3501295.89
资产减值损失	-2270.82	-21744.53
三、营业利润（亏损以“-”号填列）	-35619667.53	-45999200.53
加：营业外收入	23987.04	26159.36
减：营业外支出	51656.22	135197.98
四、利润总额（亏损总额以“-”号填列）	-35647336.71	-46108239.15
减：所得税费用	0.00	0.00
五、净利润（净亏损以“-”号填列）	-35647336.71	-46108239.15
六、其他综合收益（损失以“-”号填列）	0.00	0.00
七、综合收益总额（损失以“-”号填列）	-35647336.71	-46108239.15
八、每股收益：		
（一）基本每股收益		
（二）稀释每股收益		

中国大地财产保险股份有限公司河北分公司财产保险业务统计表

（2014 年 12 月 31 日）

单位：万元

分公司	保费收入											保户储金及投资款	赔付支出											赔案件数（件）	未决赔款
	合计	企业财产保险	机动车辆保险	货物运输保险	责任保险	工程保险	信用保证保险	农业保险	短期健康保险	意外伤害保险	其他		合计	企业财产保险	机动车辆保险	货物运输保险	责任保险	工程保险	信用保证保险	农业保险	短期健康保险	意外伤害保险	其他		
石家庄	15807	676.80	14107	230.40	180.30	371.40	0.77	0.00	10.73	224.70	4.94		8772	498.20	7822	49.52	77.45	51.19	2.39	0.00	21.93	132.90	116.60	15779	5673
邯郸	4462	1.98	3139	12.25	70.08	52.20	0.00	0.00	1065.00	118.50	3.38		3223	0.00	1919	3.36	476.10	0.00	0.00	0.00	790.90	30.14	3.95	2519	1014
邢台	7781	48.31	6567	11.33	124.30	0.00	0.00	6.702	817.20	197.30	8.28		5211	0.00	4245	0.00	17.80	0.00	0.00	0.00	925.30	23.51	0.00	5814	2100
保定	2808	41.62	2691	7.41	11.68	0.00	0.00	0.00	0.00	55.03	1.36		1409	0.00	1392	0.00	0.37	0.00	0.00	0.00	0.00	16.65	0.03	3167	437
衡水	6260	37.33	4688	0.00	7.82	0.00	0.00	0.00	1437.00	89.15	1.41		3178	16.53	2000	0.00	23.84	0.00	0.00	0.00	1132.00	6.13	0.00	4239	1189
沧州	8603	88.54	7424	9.88	267.6	0.00	0.00	0.00	618.40	193.40	0.43		5454	11.37	4805	2.58	128.80	0.00	0.00	0.00	403.50	98.59	3.71	5332	1907
廊坊	6322	359.00	5662	3.271	97.14	3.855	0.00	0.00	51.40	129.80	15.09		3317	319.60	2845	1.11	45.69	0.879	0.00	0.00	2.00	99.95	2.86	5380	1122
唐山	13677	257.50	12955	72.14	77.44	0.00	0.00	0.00	2.65	194.50	118.40		11437	44.93	11228	9.02	20.38	2.111	0.00	0.00	56.32	70.15	6.33	12924	4586
秦皇岛	4901	310.00	3894	111.00	28.24	0.00	0.00	0.00	2.04	56.81	498.50		2109	79.90	1984	18.62	3.67	0.00	0.00	0.00	0.00	11.77	11.74	4173	875
张家口	3425	31.53	3242	12.46	53.41	0.00	4.20	0.00	0.00	74.36	7.07		1891	0.00	1859	1.03	18.47	0.00	0.00	0.00	0.00	12.42	0.00	2951	967
承德	5153	66.13	4596	0.13	42.87	0.00	25.00	0.00	0.00	412.70	10.19		2894	1.323	2638	0.00	107.50	−0.09	22.73	0.00	0.00	124.60	0.54	4248	815
合计	79199	1919.00	68965	470.20	960.80	427.40	29.97	6.702	4004.00	1746.00	669.05		48896	971.90	42736	85.22	920.00	54.10	25.12	0.00	3332.00	626.80	145.70	66526	20684

中国大地财产保险股份有限公司河北分公司机构、人员情况一览表

（2014 年 12 月 31 日）　　单位：家、人

单位名称	机构总数	其中			从业人员总数
		省级机构	市级机构	县及以下机构	
省级机关	1	1			84
石家庄	10		1	9	144
邯郸	5		1	4	56
邢台	9		1	8	100
保定	4		1	3	54
衡水	5		1	4	60
沧州	10		1	9	103
廊坊	8		1	7	72
唐山	13		1	12	164
秦皇岛	4		1	3	51
张家口	5		1	4	68
承德	6		1	5	59
合计	80	1	11	68	1015

安邦财产保险股份有限公司河北分公司资产负债表

（2014 年 12 月 31 日）

单位：元

资　　产	期末数	年初数	负债及所有者权益	期末数	年初数
资产：			负债：		
货币资金	935751.83	71769597.36	短期借款	–	–
拆出资金	–	–	拆入资金	–	–
交易性金融资产	–	–	交易性金融负债	–	–
衍生金融资产			衍生金融负债		
买入返售金融资产	–	–	卖出回购金融资产款	–	–
应收利息	–	–	预收保费	1695122.45	2969872.86
应收保费	–55379.12	–32295.47	应付手续费及佣金	386355.17	353576.64
应收代位追偿款			应付分保账款	–	–
应收分保账款	–	–	应付职工薪酬	–	–
应收分保未到期责任准备金	60015.88	70644.50	应交税费	1009959.25	1593527.03
应收分保未决赔款准备金	151720.95	44621.50	应付赔付款	1081024.86	1190087.57
应收分保寿险责任准备金			应付保单红利		
应收分保长期健康险责任准备金			保户储金及投资款		
保户质押贷款	–	–	未到期责任准备金	44081488.80	36787945.06
定期存款	–	–	未决赔款准备金	48605206.72	28037489.85
可供出售金融资产	–	–	寿险责任准备金		
持有至到期投资	–	–	长期健康险责任准备金		
长期股权投资	–	–	长期借款	–	–
存出资本保证金	–	–	应付债券	–	–
投资性房地产	–	–	独立账户负债	–	–
固定资产	239598.42	85299.38	递延所得税负债	–	–
无形资产			其他负债	–865435.21	–731.48
独立账户资产			负债合计	95993722.04	70931767.53
递延所得税资产			所有者权益（或股东权益）：		
其他资产	114129312.83	12371987.61	实收资本（或股本）	–	–
			资本公积	–	–
			减：库存股		
			盈余公积	–	–
			一般风险准备		
			未分配利润	19467298.75	13378087.35
			所有者权益（或股东权益）合计	19467298.75	13378087.35
资产总计	115461020.79	84309854.88	负债和所有者权益（或股东权益）总计	115461020.80	84309854.88

安邦财产保险股份有限河北分公司利润表

（2014 年 12 月 31 日）　　单位：元

项目	本期数	本年累计数	上年累计数
一、营业收入	9811639.28	105487938.85	84999972.36
已赚保费	9670629.24	104951016.25	84183969.87
保费业务收入	6983225.66	112501223.41	76045658.11
其中：分保费收入			
减：分出保费	62922.96	246034.80	149910.58
提取未到期责任准备金	-2750326.54	7304172.36	-8288222.34
投资收益（损失以“-”号填列）	-	-	
其中：对联营企业和合营企业的投资收益			
公允价值变动收益（损失以“-”号填列）			
汇兑收益（损失以“-”号填列）			
其他业务收入	141010.04	536922.60	816002.49
二、营业支出	8547851.07	99406227.06	77840963.49
退保金			
赔付支出	6632213.61	51610725.16	53238710.78
减：摊回赔付支出	36874.81	40152.33	1202.64
提取保险责任准备金	-261594.99	20567716.87	6553887.90
减：摊回保险责任准备金	-26993.75	107099.45	-4258.18
保单红利支出			
分保费用			
营业税金及附加	390329.54	6278225.47	4251727.53
手续费及佣金支出	586236.39	7431848.31	3492424.30
业务及管理费	1227488.99	13742563.25	10353699.71
减：摊回分保费用	24051.40	95223.29	55897.99
其他业务成本	7109.99	17623.07	3355.72
资产减值损失			
三、营业利润（亏损以“-”号填列）	1263788.21	6081711.79	7159008.87
加：营业外收入	805.44	7500.59	26346.53
减：营业外支出	-	0.98	1500.00
四、利润总额（亏损总额以“-”列示）	1264593.65	6089211.40	7183855.40
减：所得税费用			
五、净利润（净亏损以“-”列示）	1264593.65	6089211.40	7183855.40

安邦财产保险股份有限公司河北分公司财产保险业务统计表

（2014 年 12 月 31 日）

单位：万元

分公司	保费收入											保户储金及投资款	赔付支出										赔案件数（件）	未决赔款
	合计	企业财产保险	机动车辆保险	货物运输保险	责任保险	工程保险	信用保证保险	农业保险	短期健康保险	意外伤害保险	其他		合计	企业财产保险	机动车辆保险	货物运输保险	责任保险	工程保险	信用保证保险	农业保险	短期健康保险	意外伤害保险	其他		
石家庄	829.70	7.81	818.80	0	0	0	0	0	0	3.16	0		564.90	0	534.10	0	0	0	0	0	0	0.06	30.80	793	152.40
邯郸	2294.00	10.22	2277.00	0	5.62	0	0	0	0	0.24	0		527.30	0	521.00	0	1.44	0	0	0	0	0	4.80	1029	737.20
邢台	592.70	4.34	573.50	0.19	0.18	0	0	0	0	14.51	0		306.70	22.78	267.30	0	0	0	0	0	0	1.674	14.91	767	71.46
保定	542.50	0.04	542.30	0	0	0	0	0	0	0.20	0		221.30	0	219.20	0	0	0	0	0	0	0	2.09	425	35.32
衡水	527.60	10.89	505.60	6.50	0	0	0	0	0	4.56	0		441.90	0	418.20	20	0	0	0	0	0	2.079	1.61	606	73.95
沧州	2747.00	0.06	2730.00	10.54	6.03	0	0	0	0	0	0		696.70	0	692.00	0	2.60	0	0	0	0	0	2.10	680	703.50
廊坊	1149.00	4.81	1136.00	0	5.02	0	0	0	0	2.64	0		412.90	0	405.70	0	0	0	0	0	0	0	7.29	691	144.90
唐山	1013.00	1.78	1005.00	0	2.31	0	0	0	0	4.42	0		959.20	0	943.00	0	10.36	0	0	0	0	0.231	5.57	1299	227.10
秦皇岛	599.60	5.00	592.10	2.23	0	0	0	0	0	0.29	0		360.80	0	357.70	0	0	0	0	0	0	0	3.13	849	53.34
张家口	859.80	1.88	852.70	0	0	0	0	0	0	5.25	0		605.20	0	601.10	0	0	0	0	0	0	2.263	1.85	799	165.40
承德	95.49	4.023	90.16	0	0	0	0	0	0	1.31	0		64.13	0	63.20	0	0	0	0	0	0	0	0.93	78	15.40
合计	11250.39	50.85	11124.00	19.46	19.15	0	0	0	0	36.59	0	0	5161.03	22.78	5022.50	20	14.40	0	0	0	0	6.307	75.08	8016	2379.61

安邦财产保险股份有限公司河北分公司机构、人员情况一览表

（2014 年 12 月 31 日）　　单位：家、人

单位名称	机构总数	其中			从业人员总数
		省级机构	市级机构	县及以下机构	
省级机关	1	1			38
石家庄	3		1	2	11
邯郸	5		1	4	19
邢台	6		1	5	16
保定	5		1	4	12
衡水	5		1	4	11
沧州	5		1	4	15
廊坊	3		1	2	11
唐山	4		1	3	41
秦皇岛	3		1	2	14
张家口	7		1	6	24
承德	1		1		5
合计	48	1	11	36	217

安盛天平财产保险股份有限公司河北分公司资产负债表

（2014 年 12 月 31 日）

单位：元

项目	年初数	期末数	项目	年初数	期末数
资产：			负债：		
货币资金	683442.06	8861.30	短期借款	–	–
拆出资金	–	–	拆入资金	–	–
交易性金融资产	–	–	交易性金融负债	–	–
衍生金融资产			衍生金融负债	–	–
买入返售金融资产	–	–	卖出回购金融资产款	–	–
应收利息	–	–	预收保费	7626008.69	786200.39
应收保费	–	–	应付手续费及佣金	739124.10	–
应收代位追偿款	–	–	应付分保账款	–	–
应收分保账款	–	–	应付职工薪酬	1043271.10	912475.74
应收分保未到期责	1669.25	–	应交税费	2041022.15	138470.94
应收分保未决赔款	1955847.97	–	应付赔付款	976542.65	733418.66
保户质押贷款			应付保单红利	–	–
定期存款	–	–	保户储金及投资款	–	–
可供出售金融资产	–	–	未到期责任准备金	51377094.74	39771549.72
持有至到期投资	–	–	未决赔款准备金	64637081.07	32066559.82
长期股权投资	–	–	长期借款	–	–
存出资本保证金	–	–	应付债券	–	–
投资性房地产	–	–	独立账户负债		
固定资产	1759854.33	1386897.70	递延所得税负债	–	–
无形资产	–	–	其他负债	3241381.76	5118486.12
独立账户资产			负债合计	131681526.26	79527161.39
递延所得税资产	–	–	所有者权益（或股东权益）：		
其他资产	154035092.80	96908303.12	实收资本（或股本）	–	–
			资本公积	–	–
			减：库存股		
			盈余公积	–	–
			一般风险准备	–	–
			未分配利润	26754380.15	18776900.73
			所有者权益合计	26754380.15	18776900.73
资产总计	158435906.41	98304062.12	负债及所有者权益总计	158435906.41	98304062.12

安盛天平财产保险股份有限公司河北分公司利润表

（2014 年 12 月 31 日）　　单位：元

项目	本期数	累计数
一、营业收入	8355414.23	125732655.81
已赚保费	8355157.51	124291462.15
保险业务收入	3963382.57	112861907.26
其中：分保费收入	–	–
减：分出保费	1.38	174320.88
提取未到期责任准备金	–4391776.32	–11603875.77
投资收益（损失以“–”号填列）	–	–
其中：对联营企业和合营企业的投资收益		
公允价值变动收益（损失以“–”号填列）	–	–
汇兑收益（损失以“–”号填列）	–	–
其他业务收入	256.72	1441193.66
二、营业支出	11791098.36	115030790.37
赔付支出	8731080.13	81374658.04
减：摊回赔付支出	700504.16	1740581.78
提取保险责任准备金	–3106674.63	–32570521.25
减：摊回保险责任准备金	–571861.09	–1955847.97
分保费用	–	–
营业税金及附加	221949.42	6320266.78
手续费及佣金支出	91472.42	12510401.00
业务及管理费	6634584.68	47687790.12
减：摊回分保费用	652919.88	1323090.61
其他业务成本	–136.80	815859.00
资产减值损失	386.09	161.10
三、营业利润（亏损以“–”号填列）	–3435684.13	10701865.44
加：营业外收入	84863.11	8109525.29
减：营业外支出	465.00	34490.00
四、利润总额（亏损总额以“–”号填列）	–3351286.02	18776900.73
减：所得税费用	–	–
五、净利润（净亏损以“–”填列）	–3351286.02	18776900.73
六、每股收益		
（一）基本每股收益		
（二）稀释每股收益		

安盛天平财产保险股份有限公司河北分公司财产保险业务统计表

（2014年12月31日）

单位：万元

分公司	保费收入											保户储金及投资款	赔付支出											赔案件数（件）	未决赔款
	合计	企业财产保险	机动车辆保险	货物运输保险	责任保险	工程保险	信用保证保险	农业保险	短期健康保险	意外伤害保险	其他		合计	企业财产保险	机动车辆保险	货物运输保险	责任保险	工程保险	信用保证保险	农业保险	短期健康保险	意外伤害保险	其他		
石家庄	15630.80		15626.85							3.95			8352.30		8352.30									515	1773.56
邯郸	10385.68		10384.55							1.13			4584.60		4584.60									576	2134.16
邢台	4478.17		4477.64							0.53			1486.44		1486.44									290	995.44
保定	10189.80		10185.98							3.82			5559.97		5557.22							2.75		527	2524.31
衡水	2467.08		2466.83							0.25			534.27		534.27									169	564.20
沧州	16475.07		16474.73							0.34			4882.90		4882.90									906	3608.74
廊坊	15990.83		15988.43							2.40			5849.76		5849.76									770	3036.72
唐山	15188.23		15186.85							1.38			5336.81		5329.68							7.13		975	3598.32
秦皇岛	0.00												0.00											0	0.00
张家口	285.05		285.04							0.01			15.53		15.53									11	7.33
承德	0.00												0.00											0	0.00
合计	91090.71		91076.90							13.81			36602.58		36592.70							9.88		4739	18242.78

安盛天平财产保险股份有限公司河北分公司机构、人员情况一览表

（2014年12月31日）　　　　单位：家、人

单位名称	机构总数	其中			从业人员总数
		省级机构	市级机构	县及以下机构	
省级机关	1	1			50
石家庄	1		1		27
邯郸	1		1		15
邢台	1		1		12
保定	1		1		21
衡水	1		1		9
沧州	1		1		15
廊坊	1		1		20
唐山	1		1		20
秦皇岛					
张家口	1				7
承德					
合计	10	1	8		196

信达财产保险股份有限公司河北分公司资产负债表

（2014 年 12 月 31 日）

单位：元

资　产	年初数	期末数	负债及股东权益	年初数	期末数
资产：			负债：		
货币资金	472.86	0.07	短期借款	0.00	0.00
交易性金融资产	0.00	0.00	存入保证金	0.00	0.00
衍生金融资产	0.00	0.00	交易性金融负债	0.00	0.00
买入返售金融资产	0.00	0.00	衍生金融负债	0.00	0.00
应收利息	0.00	0.00	卖出回购金融资产款	0.00	0.00
应收保费	2949633.41	208815.90	预收保费	8461389.45	16839123.22
应收代位追偿款	0.00	0.00	应付手续费及佣金	4010270.15	3016712.02
应收分保账款	0.00	0.00	应付分保账款	0.00	0.00
应收分保未到期责任准备金	7108676.23	6815014.21	应付职工薪酬	2204609.86	2885564.64
应收分保未决赔款准备金	1199014.60	2358973.76	应交税费	2969197.29	3650177.54
应收分保寿险责任准备金	0.00	0.00	保险保障基金	0.00	0.00
应收分保长期健康险责任准备金	0.00	0.00	应付赔付款	679709.33	1438938.08
保户质押贷款			应付保单红利	0.00	0.00
定期存款	0.00	0.00	保户储金及投资款	0.00	0.00
存出保证金	372500.00	90211.43	未到期责任准备金	152502782.23	159974053.31
可供出售金融资产	0.00	0.00	未决赔款准备金	101771610.54	129154657.44
持有至到期投资	0.00	0.00	寿险责任准备金	0.00	0.00
长期股权投资	0.00	0.00	长期健康险责任准备金	0.00	0.00
存出资本保证金	0.00	0.00	长期借款	0.00	0.00
投资性房地产	0.00	0.00	应付债券	0.00	0.00
固定资产	3018879.73	3537675.07	独立账户负债		
无形资产	0.00	0.00	递延所得税负债	0.00	0.00
独立账户资产			内部往来	−243626988.28	−303365481.20
递延所得税资产	0.00	0.00	其他负债	8406656.12	8772418.73
贷款	0.00	0.00	负债合计	37379236.69	22366163.78
其他资产	3014477.26	28865775.09	股东权益：		
			股本	0.00	0.00
			资本公积	0.00	0.00
			减：库存股	0.00	0.00
			盈余公积	0.00	0.00
			一般风险准备	0.00	0.00
				−19715582.60	−19715582.60
				0.00	39225884.35
			未分配利润	−19715582.60	19510301.75
			股东权益合计	−19715582.60	19510301.75
资产总计	17663654.09	41876465.53	负债和股东权益总计	17663654.09	41876465.53

信达财产保险股份有限公司河北分公司利润表

（2014 年 12 月 31 日）　　单位：元

	本期数	本年累计数
一、营业收入	45298375.25	414400005.70
已赚保费	45289708.86	414119169.66
保险业务收入	53539999.35	432990841.43
其中：原保费收入	53539999.35	432990841.43
分保费收入	0.00	0.00
减：分出保费	687709.31	11106738.67
提取未到期责任准备金	7562581.18	7764933.10
投资收益（损失以“-”号填列）	0.00	0.00
其中：对联营企业和合营企业的投资收益	0.00	0.00
公允价值变动收益（损失以“-”号填列）	0.00	0.00
汇兑收益（损失以“-”号填列）	0.00	0.00
其他业务收入	8666.39	280836.04
二、营业支出	40172320.11	376249810.61
退保金	0.00	
赔付支出	12453580.45	169019319.85
减：摊回赔付支出	-6012107.62	916105.49
提取保险责任准备金	5841065.46	27383046.90
减：摊回保险责任准备金	5778563.50	1159959.16
保单红利支出	0.00	
分保费用	0.00	0.00
营业税金及附加	2893583.26	24113098.96
手续费及佣金支出	12208756.31	105506258.92
业务及管理费	6739310.33	55312830.24
减：摊回分保费用	201553.55	3113295.80
其他业务成本	0.00	2389.33
资产减值损失	4033.73	102226.86
三、营业利润（亏损以“-”号填列）	5126055.14	38150195.09
加：营业外收入	296560.09	1086009.26
减：营业外支出	0.00	10320.00
四、利润总额（亏损总额以“-”号填列）	5422615.23	39225884.35
减：所得税费用	0.00	0.00
五、净利润（净亏损以“-”号填列）	5422615.23	39225884.35
六、每股收益		
（一）基本每股收益		
（二）稀释每股收益		
综合费用率	48%	44%
综合赔付率	41%	47%
综合成本率	89%	91%

信达财产保险股份有限公司河北分公司财产保险业务统计表

（2014 年 12 月 31 日）

单位：万元

分公司	保费收入											保户储金及投资款
	合计	企业财产保险	机动车辆保险	货物运输保险	责任保险	工程保险	信用保证保险	农业保险	短期健康保险	意外伤害保险	其他	
石家庄	30616.11	393.84	28701.25	9.60	29.35	194.03	1008.25	–	–	273.02	6.77	–
邯郸												
邢台	2892.20	9.84	2803.66	0.40	18.71	–	–	–	–	57.57	2.02	–
保定												
衡水												
沧州	2602.46	21.58	2548.14	0.82	19.60	3.97	–	–	–	8.35	–0.00	–
廊坊												
唐山	7188.32	80.09	7081.83	–	11.91	–	–	–	–	14.49	0.00	–
秦皇岛												
张家口												
承德												
合计	43299.09	505.35	41134.88	10.82	79.57	198.00	1008.25	–	–	353.43	8.79	–

（续表）

分公司	赔付支出											赔案件数（件）	未决赔款
	合计	企业财产保险	机动车辆保险	货物运输保险	责任保险	工程保险	信用保证保险	农业保险	短期健康保险	意外伤害保险	其他		
石家庄	13426.92	68.47	12440.18	–	10.02	61.42	768.67	–	–	76.51	1.65	34552	6161.76
邯郸													
邢台	685.75	–	684.80	–	–	–	–	–	–	0.95	–0.00	1934	445.25
保定													
衡水													
沧州	1243.48	–	1241.35	0.45	1.49	–	–	–	–	0.19	–0.00	2084	336.28
廊坊													
唐山	1821.66	–	1812.19	–	0.28	–	–	–	–	9.19	0.00	6072	1167.04
秦皇岛													
张家口													
承德													
合计	17177.81	68.47	16178.52	0.45	11.79	61.42	768.67	–	–	86.84	1.65	44642	8110.33

信达财产保险股份有限公司河北分公司机构、人员情况一览表

（2014 年 12 月 31 日）　　单位：家、人

单位名称	机构总数	其中			从业人员总数
		省级机构	市级机构	县及以下机构	
省级机关	1	1			82
石家庄					66
邯郸					0
邢台	1		1		26
保定					0
衡水					0
沧州	2		1	1	22
廊坊					0
唐山	1		1		33
秦皇岛					0
张家口					0
承德					0
合计	5	1	3	1	229

泰山财产保险股份有限公司河北分公司资产负债表

（2014 年 12 月 31 日）

单位：元

资　产：	期初数	期末数	负　债：	期初数	期末数
货币资金	1402031.07	153312.69	短期借款	0	0
拆出资金	0	0	存入保证金	0	0
交易性金融资产	0	0	拆入资金	0	0
衍生金融资产	0	0	交易性金融负债	0	0
买入返售金融资产	0	0	衍生金融负债	0	0
应收利息	0	0	卖出回购金融资产款	0	0
应收保费	0	0	应付手续费及佣金	1621461.18	2232073.35
应收管理费（养老）	0	0	应付营销费用（养老）	0	0
应收代位追偿款	0	0	预收保费	6339951.80	11396894.55
应收分保账款	0	0	应付职工薪酬	2364952.10	1867032.22
应收分保未到期责任准备金	2354320.92	1845388.42	应交税费	1573979.31	1767008.91
应收分保未决赔款准备金	335780.02	714664.77	保险保障基金	0	0
应收分保寿险责任准备金	0	0	应付赔付款	484209.74	1490391.64
应收分保长期健康险责任准备金	0	0	其他应付款	6863708.82	9029404.96
保户质押贷款	0	0	应付保单红利	0	0
贷款	0	0	应付分保账款	0	0
存出保证金	0	0	未到期责任准备金	101524000.95	114501633.52
定期存款	0	0	未决赔款准备金	37253891.15	66597006.68
可供出售金融资产	0	0	其中：已发生未报告未决赔款准备金	19670154.86	40462263.88
持有至到期投资	0	0	大灾准备金	0	0
长期股权投资	0	0	长期健康险责任准备金	0	0
存出资本保证金	0	0	保户储金及投资款	0	0
投资性房地产	0	0	长期借款	0	0
固定资产	2214596.10	2726838.36	应付债券	0	0
无形资产	0	0	卫星发射保险基金	0	0
独立账户资产	0	0	递延所得税负债	0	0
递延所得税资产	0	0	独立账户负债	0	0
系统内往来（借项）	0	0	系统往来（贷项）	−82166082.43	−131049523.04
内部往来（借项）	0	0	内部往来（贷项）	0	0
其他资产	1593237.55	2268534.12	其他负债	0	0
			负债合计	75860072.62	77831922.79
			所有者权益（或股东权益）：	0	0
			实收资本（或股本）	0	0
			资本公积	0	0
			减：库存股	0	0
			盈余公积	0	0
			一般风险准备	0	0
			未分配利润	−67960106.96	−70123184.43
			外币报表折算差额	0	0
			少数股东权益	0	0
			所有者权益合计	−67960106.96	−70123184.43
资产总计	7899965.66	7708738.36	负债及所有者权益总计	7899965.66	7708738.36

泰山财产保险股份有限公司河北分公司利润表

（2014 年 12 月 31 日）　　单位：元

项　目	本期数	本年累计数
一、营业收入	39374770.31	194760208.48
已赚保费	39028540.33	194376655.38
保险业务收入	30598178.75	209864984.48
其中：分保费收入	0	0
减：分出保费	57364.10	2001764.03
提取未到期责任准备金	–8487725.68	13486565.07
管理费收入（养老）	0	0
投资收益（损失以“–”号填列）	0	0
其中：对联营企业和合营企业的投资收益	0	0
公允价值变动收益（损失以“–”号填列）	0	0
汇兑收益（损失以“–”号填列）	0	0
其他业务收入	346229.98	383553.10
二、营业支出	29848487.64	196925687.99
退保金		
赔付支出	10653553.51	61161752.66
减：摊回赔付支出	710626.37	1412091.32
提取未决赔款准备金	265117.09	29343115.53
减：摊回未决赔款准备金	–3606887.21	378884.75
提取寿险责任准备金	0	0
减：摊回寿险责任准备金		
提取长期健康险责任准备金		
减：摊回长期健康险责任准备金		
保单红利支出		
分保费用	0	0
营业税金及附加	1731541.53	11749255.05
手续费及佣金支出	3438250.29	23281109.89
营销费用（养老）	0	0
业务及管理费	10883536.63	73894607.76
减：摊回分保费用	19772.25	713176.83
其他业务成本	0	0
资产减值损失	0	0
三、营业利润（亏损以“–”号填列）	9526282.67	–2165479.51
加：营业外收入	250.00	2402.04
减：营业外支出	0	0
四、利润总额（亏损总额以“–”号填列）	9526532.67	–2163077.47
减：所得税费用	0	0
五、净利润（净亏损以“–”填列）	9526532.67	–2163077.47
其中：少数股东损益	0	0
六、每股收益：	0	0
（一）基本每股收益	0	0
（二）稀释每股收益	0	0

泰山财产保险股份有限公司河北分公司财产保险业务统计表

（2014 年 12 月 31 日）

单位：万元

分公司	保费收入											保户储金及投资款	赔付支出										赔案件数（件）	未决赔款
	合计	企业财产保险	机动车辆保险	货物运输保险	责任保险	工程保险	信用保证保险	农业保险	短期健康保险	意外伤害保险	其他		合计	企业财产保险	机动车辆保险	货物运输保险	责任保险	工程保险	信用保证保险	农业保险	短期健康保险	意外伤害保险		
石家庄	14916.61	130.98	14534.62	5.90	36.39	47.93	0	0	35.13	123.06	2.60		4021.70	6.98	3839.77	0	10.8	148.72	0	0	8.78	6.65	11000	1195.67
邯郸	1374.88	0	1361.31	0	5.27	0	0	0	1.91	6.39	0		721.87	0	719.44	0	1.83	0	0	0	0.60	0	1974	158.46
邢台	3569.99	96.23	3432.62	0	6.03	0	0	0	13.17	21.94	0		756.71	0	751.17	0	0	0	0	0	5.26	0.28	2107	215.27
保定	632.06	25.73	551.64	0.01	47.75	0	0	0	1.11	5.82	0		319.71	0	317.28	0	2.39	0	0	0	0.04	0	924	61.52
衡水																								
沧州	492.96	0	434.88		0.21	45.67	0	0	2.46	9.74	0		12.98	0	12.98	0	0	0	0	0	0	0	61	20.78
廊坊	0												0											
唐山	0												0											
秦皇岛	0												0											
张家口	0												0											
承德	0												0											
合计	20986.50	252.94	20315.07	5.91	95.65	93.60	0	0	53.78	166.95	2.60	0	5832.97	6.98	5640.64	0	15.02	148.72	0	0	14.68	6.93	16066	1651.70

泰山财产保险股份有限公司河北分公司机构、人员情况一览表

（2014 年 12 月 31 日）　　单位：家、人

单位名称	机构总数	其中			从业人员总数
		省级机构	市级机构	县及以下机构	
省级机关	1	1			54
石家庄	1		1		8
邯郸	1		1		15
邢台	1		1		18
保定	1		1		15
衡水					
沧州	1		1		8
廊坊					
唐山					
秦皇岛					
张家口					
承德					
合计	6	1	5		118

中国人寿保险股份有限公司河北省分公司人寿保险业务统计表

（2014 年 12 月 31 日）

单位：万元

公司	保费收入（待续）												
	合计	个人业务							团体业务（待续）				
		人寿保险					意外伤害险	健康险	人寿保险				
		小计	普通寿险	分红寿险	投资连结保险	万能保险			小计	普通寿险	分红寿险	投资连结保险	万能保险
省本部	6266.01	6255.29	2750.58	3504.71		0.00	4.47	6.25	0.00	0.00	0.00		
石家庄	356555.23	327203.39	150290.69	176912.70		0.00	7369.46	1414.93	16.57	0.00	16.57		
唐山	315828.42	304314.15	137467.85	166846.30		0.00	6839.70	2228.60	0.00	0.00	0.00		
秦皇岛	121258.91	116126.94	60376.03	55750.90		0.00	2787.35	1128.89	0.00	0.00	0.00		
邯郸	190581.35	179780.18	86837.22	92942.96		0.00	6363.80	1630.09	221.30	221.30	0.00		
邢台	112106.78	104743.27	51895.02	52848.25		0.00	3696.86	706.25	0.00	0.00	0.00		
保定	311954.72	294120.19	137224.19	156896.00		0.00	7892.63	3163.37	0.00	0.00	0.00		
张家口	106999.12	100995.62	50283.22	50712.40		0.00	3948.76	996.00	0.00	0.00	0.00		
承德	128941.29	122068.56	58192.45	63876.10		0.00	4374.56	854.78	46.80	46.80	0.00		
沧州	226720.88	214521.00	96627.75	117893.25		0.00	6039.67	1060.63	978.96	968.80	10.16		
廊坊	177440.18	168427.17	68524.33	99902.83		0.00	4008.43	2144.16	0.00	0.00	0.00		
衡水	103589.10	98544.25	52163.16	46381.09		0.00	2535.49	1428.15	105.97	0.00	105.97		
合计	2158241.99	2037100.00	952632.50	1084467.50	0.00	0.00	55861.16	16762.10	1369.60	1236.90	132.70	0.00	0.00

续表

公司	保费收入（续）			有效保单件数（件）	赔付支出									退保金
	团体业务（续）		其中新单保费		合计	个人业务				团体业务				
	意外伤害险	健康险				赔款支出	死伤医疗给付	满期给付	年金给付	赔款支出	死伤医疗给付	满期给付	年金给付	
省本部	0.00	0.00	3462.57	0	83.03	14.42	65.61	3.01	0.00	0.00	0.00	0.00	0.00	225.43
石家庄	2226.29	18324.60	169616.15	2766696	161604.61	3437.98	8557.99	124868.74	2488.66	21374.21	877.02	0.00	0.00	138934.63
唐山	1400.27	1045.70	132638.79	1806610	143628.92	4885.66	8450.62	126455.89	2470.93	1342.89	21.55	0.00	1.38	131920.27
秦皇岛	417.63	798.11	52568.92	1117369	67678.32	2425.92	3243.58	61200.88	586.86	215.08	6.00	0.00	0.00	49807.58
邯郸	1001.94	1584.03	87917.65	1735414	61089.91	3857.37	6160.48	48951.20	1431.72	603.44	85.70	0.00	0.00	121086.40
邢台	722.14	2238.26	58584.51	773510	68113.01	1303.77	2729.59	62185.77	723.15	1161.19	9.50	0.00	0.05	48813.76
保定	2026.83	4751.70	136723.47	2437849	161639.96	4550.51	8304.10	143429.63	1364.13	3908.69	82.80	0.00	0.10	117578.40
张家口	307.39	751.35	52472.00	743747	53736.34	1346.16	1728.12	49386.92	681.44	593.69	0.00	0.00	0.00	37309.75
承德	803.21	793.38	53170.46	843802	49477.31	2082.01	4429.20	41343.75	738.37	859.98	24.00	0.00	0.00	42505.95
沧州	2032.95	2087.67	101709.86	2460855	136194.25	3797.45	5435.90	123460.00	1611.57	1857.26	32.00	0.00	0.08	91635.67
廊坊	1851.42	1009.01	72119.43	1150523	68946.60	2724.28	4215.21	58958.76	1831.62	1118.73	98.00	0.00	0.00	62214.13
衡水	571.70	403.53	50669.30	1159931	71803.11	1304.06	2778.13	66752.99	803.12	163.31	1.50	0.00	0.00	28752.59
合计	13361.77	33787.36	971653.10	16996306	1043995.36	31729.58	56098.54	906997.53	14731.57	33198.48	1238.07	0.00	1.60	870784.55

中国人寿保险股份有限公司河北省分公司机构、人员情况一览表

（2014 年 12 月 31 日）　　单位：家、人

单位名称	机构总数	其中			从业人员总数
		省级机构	市级机构	县及以下机构	
省级机关	1	1			433
石家庄	23		1	22	6729
邯郸	20		1	19	6020
邢台	20		1	19	3490
保定	26		1	25	10620
衡水	11		1	10	3321
沧州	16		1	15	6441
廊坊	12		1	11	3570
唐山	16		1	15	6919
秦皇岛	8		1	7	3553
张家口	18		1	17	3060
承德	12		1	11	4208
合计	183	1	11	171	58364

合众人寿保险股份有限公司河北分公司资产负债表

（2014年12月31日） 单位：元

资产	期初数	期末数	负债和所有者权益（或股东权益）	期初数	期末数
资 产：			负 债：		
货币资金	21101542	353408	短期借款		
拆出资金			存入保证金		
交易性金融资产			拆入资金		
衍生金融资产			交易性金融负债		
买入返售金融资产			衍生金融负债		
应收利息	539541	875534	卖出回购金融资产款		
应收保费	8676072	11041172	应付手续费及佣金	3306108	5255154
应收管理费[养老]			应付营销费[养老]		
应收代位追偿款			预收保费	1109267	541403
应收分保账款	0	0	应付职工薪酬	1465683	1298228
应收分保未到期责任准备金	3710	95444	应交税费	608375	654976
应收分保未决赔款准备金	11800	66967	保险保障基金		
应收分保寿险责任准备金	57190282	612296570	应付赔付款	300972	135186
应收分保长期健康险责任准备金	1366589	1298253	其他应付款	80442036	96877269
保户质押贷款	18438698	27706703	应付保单红利	39431981	39645363
贷款			应付分保账款	0	0
存出保证金			未到期责任准备金	1556097	1760090
定期存款			未决赔款准备金	1911883	2107247
可供出售金融资产			其中：已发生未报告未决赔款准备金	1151306	456796
持有至到期投资			寿险责任准备金	1257619923	1474746446
长期股权投资			长期健康险责任准备金	16351522	21402424
存出资本保证金			保户储金及投资款	605057448	1192603636
应收款项投资			代理业务负债	3520034	4800527
投资性房地产			长期借款		
固定资产	1091641	1111249	应付债券		
在建工程			递延所得税负债		
无形资产			独立账户负债		2344
独立账户资产			系统内往来		
递延所得税资产	0	0	内部往来		
系统内往来	1626846835	1828904259	其他负债	0	0
内部往来			负债合计	2012681329	2841830291
其他资产	31724405	12542965	所有者权益（或股东权益）：		
			股本		
			资本公积		
			减：库存股		
			盈余公积		
			一般风险准备		
			未分配利润	-245690216	-345537766
			外币报表折算差额		
			少数股东权益		
			所有者权益合计	-245690216	-345537766
资产总计	1766991113	2496292525	负债和所有者权益总计	1766991113	2496292525

合众人寿保险股份有限公司河北分公司利润表

（2014 年 12 月 31 日）　　单位：元

项　目	本月数	本期累计数
一、营业收入	0.00	4572910.87
已赚保费	0.00	1091972.04
保险业务收入	0.00	662665007.74
其中：分保费收入		
减：分出保费	0.00	661460777.18
提取未到期责任准备金	0.00	112258.52
投资收益（损失以“–”号填列）	0.00	0.00
其中：对联营企业和合营企业的投资收益		
公允价值变动收益（损失以“–”号填列）		
买入返售证券收入		
汇兑收益（损失以“–”号填列）		
其他业务收入	0.00	3480938.83
二、营业支出	0.00	104640176.44
退保金	0.00	78398763.62
赔付支出	0.00	249716222.99
减：摊回赔付支出	0.00	108848443.30
提取保险责任准备金	0.00	222372788.43
减：摊回保险责任准备金	0.00	555093120.24
保单红利支出	0.00	15112152.91
分保费用		
营业税金及附加	0.00	289403.68
手续费及佣金支出	0.00	70676816.80
业务及管理费	0.00	75466905.79
减：摊回分保费用	0.00	501992.37
其他业务成本	0.00	57049875.53
资产减值损失	0.00	802.60
三、营业利润（亏损以“–”号填列）	0.00	–100067265.57
加：营业外收入	0.00	263538.10
减：营业外支出	0.00	43822.30
四、利润总额（亏损总额以“–”号填列）	0.00	–99847549.77
减：所得税费用		
五、净利润（净亏损以“–”号填列）	0.00	–99847549.77
六、每股收益		
（一）基本每股收益		
（二）稀释每股收益		

合众人寿保险股份有限公司河北分公司人身险业务总量统计表

（2014 年 12 月 31 日）

单位：万元

公司	保费收入												
	个人业务					团体业务							其中：新单保费
	人寿保险			意外伤害险	健康险	人寿保险					意外伤害险	健康险	
	分红寿险	投资连结保险	万能保险			小计	普通寿险	分红寿险	投资连结保险	万能保险			
石家庄	8676.58	0.00	30.95	91.27	1045.61	150.54	9.20	0.00	0.00	0.00	71.36	69.99	5768.99
邯郸	6926.09	0.00	10.26	25.20	286.96	0.47	0.00	0.00	0.00	0.00	0.38	0.09	7522.50
邢台	9279.94	0.00	6.64	11.95	108.44	1.08	0.00	0.00	0.00	0.00	0.66	0.42	8235.52
保定	3258.26	0.00	9.74	18.67	252.19	6.53	0.00	0.00	0.00	0.00	4.53	2.00	1047.84
衡水	2619.42	0.00	5.26	17.74	158.05	3.33	0.00	0.00	0.00	0.00	2.30	1.03	1022.70
沧州	5044.15	0.00	6.80	5.66	91.60	2.69	0.00	0.00	0.00	0.00	2.69	0.00	1365.78
廊坊	0.00	0.00	0.00	0.00	0.00	0.00	0.00	0.00	0.00	0.00	0.00	0.00	0.00
唐山	2143.50	0.00	6.23	13.53	174.85	1.30	0.00	0.00	0.00	0.00	0.92	0.38	1069.01
秦皇岛	2029.45	0.00	6.85	15.74	169.36	7.93	0.06	0.00	0.00	0.00	4.22	3.65	656.26
张家口	3502.50	0.00	3.09	17.90	184.63	0.00	0.00	0.00	0.00	0.00	0.00	0.00	1212.58
承德	4334.19	0.00	2.00	27.99	262.67	1.49	0.00	0.00	0.00	0.00	0.99	0.50	1014.13
合计	47814.09	0.00	87.84	245.65	2734.36	175.35	9.26	0.00	0.00	0.00	88.03	78.06	28915.30

续表

公司	有效保单件数（件）	赔付支出									退保金
		合计	个人业务				团体业务				
			赔款支出	死伤医疗给付	满期给付	年金 给付	赔款支出	死伤医疗给付	满期给付	年金给付	
石家庄	33371.00	3746.31	44.32	126.56	2860.98	535.73	175.71	3.01	0.00	0.00	1129.08
邯郸	22996.00	1430.20	15.44	71.03	1073.88	269.86	0.00	0.00	0.00	0.00	1349.03
邢台	17673.00	3442.35	9.61	66.04	3231.98	134.64	0.07	0.00	0.00	0.00	1801.02
保定	15679.00	3782.34	10.24	52.12	3436.88	283.01	0.09	0.00	0.00	0.00	340.62
衡水	14125.00	216.66	5.78	50.85	0.00	157.91	2.13	0.00	0.00	0.00	176.59
沧州	19255.00	1051.85	4.46	70.42	666.55	310.42	0.00	0.00	0.00	0.00	732.01
廊坊	0.00	0.00	0.00	0.00	0.00	0.00	0.00	0.00	0.00	0.00	0.00
唐山	11572.00	8692.33	13.75	82.71	8465.70	129.81	0.36	0.00	0.00	0.00	1135.64
秦皇岛	15899.00	1421.01	7.33	57.15	1183.11	164.70	8.71	0.00	0.00	0.00	938.23
张家口	9524.00	664.78	196.64	111.93	0.00	356.21	0.00	0.00	0.00	0.00	86.50
承德	14308.00	523.79	20.43	88.35	0.00	414.14	0.87	0.00	0.00	0.00	151.15
合计	174402.00	24971.62	328.01	777.15	20919.08	2756.42	187.95	3.01	0.00	0.00	7839.88

合众人寿保险股份有限公司河北分公司机构、人员情况一览表

（2014年12月31日）　　　　单位：家、人

单位名称	机构总数	其中			从业人员总数
		省级机构	市级机构	县及以下机构	
省级机关	1	1	0	0	146
石家庄	1	0	0	1	12
邯郸	5	0	1	4	31
邢台	3	0	1	2	23
保定	4	0	1	3	29
衡水	3	0	1	2	25
沧州	3	0	1	2	32
廊坊	0	0	0	0	0
唐山	4	0	1	3	29
秦皇岛	2	0	1	1	30
张家口	1	0	1	0	18
承德	2	0	1	1	20
合计	29	1	9	19	395

农银人寿保险股份有限公司河北分公司资产负债表

（2014 年 12 月 31 日）

单位：元

资　产	2014 年 12 月 31 日	2013 年 12 月 31 日	负债和所有者权益	2014 年 12 月 31 日	2013 年 12 月 31 日
货币资金	1153094.59	57843867.35	短期借款		
拆出资金			存入保证金		
交易性金融资产			拆入资金		
衍生金融资产			交易性金融负债		
买入返售金融资产			卖出回购金融资产款		
应收利息	2603784.11	1416519.91	应付手续费及佣金	4259874.77	3423908.45
应收保费	3324939.16	4135320.45	预收保费	1899.00	1100.00
应收代位追偿款			应付职工薪酬	5742774.00	4884040.58
应收分保账款	0	178192404.88	应交税费	93975.49	1040332.24
应收分保未到期责任准备金	5153.08	3623.09	保险保障基金	0	1761954.71
应收分保未决赔款准备金	1767476.12	102483.27	应付赔付款	16042842.51	55822395.32
应收分保寿险责任准备金	−213082066.65	−164249086.92	其他应付款	6269839.83	10639834.78
应收分保长期健康险责任准备金	592552.15	282813.10	应付保单红利	74312577.03	48679071.64
保户质押贷款	57393618.20	34048407.38	应付分保账款	0	10528289.06
存出保证金			未到期责任准备金	5788777.45	4514766.41
定期存款			未决赔款准备金	6510241.89	3527518.45
可供出售金融资产			其中：已发生未报告未决赔款准备金	2025466.16	1516545.01
持有至到期投资			寿险责任准备金	2778674892.82	2028802725.36
长期股权投资			长期健康险责任准备金	4519431.91	2834891.02
存出资本保证金			保户储金及投资款	422184556.87	390940494.20
投资性房地产			长期借款		
固定资产	2794781.51	719609.58	应付债券		
无形资产			递延所得税负债		
独立账户资产			独立账户负债		
递延所得税资产			其他负债		26000.00
其他资产	2793723956.89	1936393273.96	负债合计	3324401683.57	2567427322.22
			所有者权益（或股东权益）：		
			实收资本（或股本）		
			资本公积		
			减：库存股		
			盈余公积		
			一般风险准备		
			未分配利润	−674124394.41	−518538086.17
			外币报表折算差额		
			少数股东权益		
			所有者权益合计	−674124394.41	−518538086.17
资产总计	2650277289.16	2048889236.05	负债及所有者权益总计	2650277289.16	2048889236.05

农银人寿保险股份有限公司河北分公司利润表

（2014年12月31日）　　单位：元

项　目	2014年度	2013年度
一、营业收入	1000166197.59	1048373881.60
已赚保费	985238167.91	1032007953.18
保险业务收入	994789962.32	1046546023.43
其中：分保费收入	0.00	0.00
减：分出保费	8279313.36	10528289.06
提取未到期责任准备金	1272481.05	4009781.19
投资收益（损失以“-”号填列）	2963558.25	1627417.96
其中：对联营企业和合营企业的投资收益		
公允价值变动收益（损失以“-”号）		
汇兑收益（损失以“-”号填列）		
其他业务收入	11964471.43	14738510.46
二、营业支出	1155420612.42	1162822036.92
退保金	88329644.75	57042677.59
赔付支出	124103984.94	239429350.76
减：摊回赔付支出	52172001.56	174906628.93
提取保险责任准备金	754539431.79	700450665.93
减：摊回保险责任准备金	-46858247.83	-168364375.35
保单红利支出	43425301.32	30227083.20
分保费用	0.00	0.00
营业税金及附加	978006.88	-1523057.46
手续费及佣金支出	45087103.19	46759821.58
业务及管理费	84207795.69	75092501.07
减：摊回分保费用	3446597.81	3285775.95
其他业务成本	23509695.40	25171023.78
资产减值损失	0.00	0.00
三、营业利润（亏损以“-”号填列）	-155254414.83	-114448155.32
加：营业外收入	13089.45	60484.33
减：营业外支出	344982.86	46336.80
四、利润总额（亏损总额以“-”号填列）	-155586308.24	-114434007.79
减：所得税费用	0.00	0.00
五、净利润（净亏损以“-”填列）	-155586308.24	-114434007.79
六、每股收益：	-0.08	-0.06
（一）基本每股收益	-0.08	-0.06
（二）稀释每股收益	-0.08	-0.06
七、其他综合收益		
八、综合收益总额	-155586308.24	-114434007.79

农银人寿保险股份有限公司河北分公司人寿保险业务统计表

（2014 年 12 月 31 日）

单位：万元

公司	保费收入（未完待续）												
	合计	个人业务							团体业务（未完待续）				
		人寿保险					意外伤害险	健康险	人寿保险				
		小计	普通寿险	分红寿险	投资连结保险	万能保险			小计	普通寿险	分红寿险	投资连结保险	万能保险
石家庄	3338.55	1205.98	9.72	1126.17	0	70.09	32.61	82.81	333.26	2.03	320.38	0	10.85
邯郸	1833.52	1496.89	6.45	1368.06	0	122.38	30.68	90.89	0	0	0	0	0
邢台	0	0	0	0	0	0	0	0	0	0	0	0	0
保定	1156.72	590.52	0.12	575.72	0	14.68	6.73	22.71	18.62	18.32	0.30	0	0
衡水	1381.13	903.95	1.31	877.35	0	25.29	15.05	33.39	0	0	0	0	0
沧州	660.98	541.46	0.75	529.67	0	11.04	14.26	30.34	0	0	0	0	0
廊坊	0	0	0	0	0	0	0	0	0	0	0	0	0
唐山	1840.44	1157.02	14.82	1091.55	0	50.65	15.19	142.63	0	0	0	0	0
秦皇岛	753.70	580.84	1.06	567.06	0	12.72	3.71	49.93	0	0	0	0	0
张家口	0	0	0	0	0	0	0	0	0	0	0	0	0
承德	0	0	0	0	0	0	0	0	0	0	0	0	0
合计	10965.04	6476.66	34.23	6135.58	0	306.85	118.23	452.70	351.88	20.35	320.68	0	10.85

续表

公司	保费收入（续）			有效保单件数（件）	赔付支出									退保金
	团体业务（续）		其中新单保费		合计	个人业务				团体业务				
	意外伤害险	健康险				赔款支出	死伤医疗给付	满期给付	年金给付	赔款支出	死伤医疗给付	满期给付	年金给付	
石家庄	1459.59	224.30	1066.50	33277	343.21	1.03	88.57	86.34	70.20	66.55	12.50	0	18.02	118.84
邯郸	212.67	2.39	554.62	17455	228.58	6.63	114.86	53.87	52.40	0.82	0	0	0	66.97
邢台	0	0		1753	0	0	0	0	0	0.00	0	0	0	0.00
保定	489.46	28.68	567.82	8204	67.72	0.02	6.00	25.20	20.43	16.00	0	0	0.07	9.42
衡水	415.23	13.51	438.22	9681	204.16	1.74	36.75	113.01	52.66	0.00	0	0	0	32.15
沧州	72.06	2.86	326.70	6222	101.40	0.70	0.79	81.40	13.51	5.00	0	0	0	21.35
廊坊	0	0		974	0	0	0	0	0	0.00	0	0	0	0.00
唐山	514.37	11.23	745.06	14988	252.73	25.42	41.59	108.70	77.02	0.00	0	0	0	34.79
秦皇岛	118.70	0.52	394.54	4990	57.76	2.97	11.00	7.00	30.79	6.00	0	0	0	14.30
张家口	0	0		0	0	0	0	0	0	0.00	0	0	0	0.00
承德	0	0		0	0	0	0	0	0	0.00	0	0	0	0.00
合计	3282.08	283.49	4093.46	97544	1255.56	38.51	299.56	475.52	317.01	94.37	12.50	0	18.09	297.82

农银人寿保险股份有限公司河北分公司机构、人员情况一览表

（2014 年 12 月 31 日）　　　　单位：家、人

单位名称	机构总数	其中			从业人员总数
		省级机构	市级机构	县及以下机构	
省级机关	1	1	0	0	78
石家庄	5	0	1	4	57
邯郸	8	0	1	7	64
邢台	1	0	1	0	24
保定	2	0	1	1	57
衡水	3	0	1	2	30
沧州	2	0	1	1	43
廊坊	1	0	1	0	30
唐山	4	0	1	3	72
秦皇岛	3	0	1	2	32
张家口	0	0	0	0	0
承德	0	0	0	0	0
合计	30	1	9	20	487

中英人寿保险有限公司河北分公司资产负债表

（2014年12月31日） 单位：元

	期末余额	年初余额
资　产：		
货币资金	226078.96	211013.82
拆出资金	0	0
交易性金融资产	0	0
衍生金融资产	0	0
买入返售金融资产	0	0
应收利息	1215065.72	1011932.76
应收保费	13004601.01	11416354.81
应收代位追偿款	0	0
应收分保账款	3295553.02	3955675.64
应收分保未到期责任准备金	4323028.13	3735210.59
应收分保未决赔款准备金	561009.28	2023000.22
应收分保寿险责任准备金	897124.94	704975.23
应收分保长期健康险责任准备金	1116823.09	1022169.40
保户质押贷款	61978691.38	51590303.25
定期存款	0	0
可供出售金融资产	0	0
持有至到期投资	0	0
长期股权投资	0	0
存出资本保证金	0	0
投资性房地产	0	0
固定资产	1432806.59	1349768.40
无形资产	5091.00	10182.00
独立账户资产	0	0
递延所得税资产	0	0
其他资产	4680013.56	4444204.67
资产总计	92735886.68	81474790.79
负　债：		
短期借款	0	0
拆入资金	0	0
交易性金融负债	0	0
衍生金融负债	0	0
卖出回购金融资产款	0	0
预收保费	369115.87	226064.50
应付手续费及佣金	3363031.57	6358253.80
应付分保账款	2643688.93	2730340.96
应付职工薪酬	1121839.35	2200446.10
应交税费	1978240.16	400257.69
应付赔付款	16117480.25	3147903.54
应付保单红利	17333956.11	20231450.10
保户储金及投资款	562844122.32	554544811.65
未到期责任准备金	−120558.46	3282852.97
未决赔款准备金	874637.62	3416334.02
寿险责任准备金	804966174.48	861328477.68
长期健康险责任准备金	997886.65	5077892.76
长期借款	0	0
应付债券	0	0
独立账户负债	19765245.46	22120868.75
递延所得税负债	0	0
其他负债	−1095991274.64	−1198192618.60
负债合计	336263585.67	286873335.92
所有者权益（或股东权益）：		
实收资本（或股本）	0	0
资本公积	0	0
减：库存股	0	0
盈余公积	0	0
一般风险准备	0	0
未分配利润	−243527698.99	−205398545.13
所有者权益（或股东权益）合计	−243527698.99	−205398545.13
负债和所有者权益（或股东权益）总计	92735886.68	81474790.79

中英人寿保险有限公司河北分公司利润表

（2014年12月31日）　　　　单位：元

项目	本期金额	本年累计
一、营业收入	23201867.57	266921159.65
已赚保费	22224205.21	257794016.27
保险业务收入	23186764.40	264590838.00
其中：分保费收入	0	0
减：分出保费	1024805.97	10788050.70
提取未到期责任准备金	-62246.78	-3991228.97
投资收益（损失以“-”号填列）	361165.56	2740649.94
其中：对联营企业和合营企业的投资收益	0	0
公允价值变动收益（损失以“-”号填列）	0	0
汇兑收益（损失以“-”号填列）	-71.73	78.83
其他业务收入	616568.53	6386414.61
二、营业支出	22383866.02	301647820.62
退保金	1982990.92	37548659.72
赔付支出	13861119.29	214831621.01
减：摊回赔付支出	187874.83	6340546.24
提取保险责任准备金	-5564945.98	-62984005.71
减：摊回保险责任准备金	-1681942.80	-1175187.54
保单红利支出	651763.14	8671065.55
分保费用	0	0
营业税金及附加	27904.40	-175697.76
手续费及佣金支出	3219433.30	41658254.95
业务及管理费	6187186.90	46652668.79
减：摊回分保费用	1500644.91	2298191.99
其他业务成本	2024990.99	22908804.76
资产减值损失	0	0
三、营业利润（亏损以“-”号填列）	818001.55	-34726660.97
加：营业外收入	17366.00	17366.00
减：营业外支出	18335.50	52876.90
四、利润总额（亏损总额以“-”号填列）	817032.05	-34762171.87
减：所得税费用	1678884.19	3366981.99
五、净利润（净亏损以“-”号填列）	-861852.14	-38129153.86
六、其他综合收益的税后净额	0	0
（一）以后不能重分类进损益的其他综合收益	0	0
1、重新计量设定收益计划净负债或净资产	0	0
2、权益法下在被投资单位不能重分类进损	0	0
（二）以后将重分类进损益的其他综合收益	0	0
1、权益法下在被投资单位以后将重分类进	0	0
2、可供出售金融资产公允价值变动损益	0	0
3、持有至到期重分类为可供出售金融资产	0	0
4、现金流量套期损益的有效部分		
5、外币财务报表折算差额	0	0
七、综合收益总额	-861852.14	-38129153.86
八、每股收益：		
（一）基本每股收益		
（二）稀释每股收益		

中英人寿保险有限公司河北分公司人寿保险业务统计表

（2014 年 12 月 31 日）

单位：万元

公司	保费收入													
	合计	个人业务							团体业务					
		人寿保险					意外伤害险	健康险	人寿保险					
		小计	普通寿险	分红寿险	投资连结保险	万能保险			小计	普通寿险	分红寿险	投资连结保险	万能保险	
石家庄	16170.87	12973.61	7324.66	5333.99		314.95	334.77	2855.50	0.58	0.58				
邯郸	369.89	245.30	161.84	83.44		0.02	8.46	115.67						
邢台														
保定	3694.93	3197.52	1074.43	2053.43		69.67	80.58	415.96						
衡水														
沧州														
廊坊														
唐山	5550.93	4745.54	2287.22	2431.30		27.03	83.90	720.67						
秦皇岛														
张家口														
承德	672.46	560.11	111.34	445.11		3.66	8.04	104.28						
合计	26459.08	21722.09	10959.49	10347.27		415.33	515.75	4212.08	0.58	0.58				

（续表）

公司	保费收入（续）			有效保单件数（件）	赔付支出									退保金
	团体业务（续）		其中新单保费		合计	个人业务				团体业务				
	意外伤害险	健康险				赔款支出	死伤医疗给付	满期给付	年金给付	赔款支出	死伤医疗给付	满期给付	年金给付	
石家庄	4.16	2.25	4153.22	76365	6771.22	253.11	634.45	5310.07	522.80	50.78				1194.79
邯郸	0.31	0.15	144.06	1043	32.89	1.57	21.45		0.38	9.48				55.14
邢台														
保定	0.43	0.45	880.12	16730	5800.87	14.09	91.34	5503.72	184.26	7.46				714.62
衡水														
沧州														
廊坊														
唐山	0.43	0.38	1747.15	17516	6399.36	37.62	152.14	6069.40	111.12	29.09				1629.45
秦皇岛														
张家口														
承德	0.02	0.01	361.19	2449	2496.26	1.51	3.87	2474.84	8.04	8.00				160.87
合计	5.35	3.24	7285.74	114103	21500.60	307.91	903.25	19358.03	826.60	104.81				3754.87

中英人寿保险有限公司河北分公司机构、人员情况一览表

（2014年12月31日）　　　　单位：家、人

单位名称	机构总数	其中			从业人员总数
		省级机构	市级机构	县及以下机构	
省级机关	1	1			51
石家庄	3		2	1	17
邯郸	1		1		7
邢台					
保定	1		1		5
衡水					
沧州					
廊坊					
唐山	1		1		10
秦皇岛					
张家口					
承德	1		1		6
合计	8	1	6	1	96

幸福人寿保险股份有限公司河北分公司资产负债表

（2014 年 12 月 31 日）　　　　单位：元

资产	年初数	期末数	负债和所有者权益（或股东权益）	年初数	期末数
资　产：			负　债：		
货币资金	490576.56	5444214.22	短期借款		
拆出资金			拆入资金		
交易性金融资产			交易性金融负债		
衍生金融资产			衍生金融负债		
买入返售金融资产			卖出回购金融资产款		
应收利息	60237.05	119019.88	预收保费	826682.28	6734185.50
应收保费	1747131.73	2788209.17	应付手续费及佣金	712328.04	2580205.76
应收代位追偿款			应付分保账款		
应收分保账款			应付职工薪酬	3405455.52	6644561.03
应收分保未到期责任准备金	-21.24	56.97	应交税费	78250.70	221909.07
应收分保未决赔款准备金			应付赔付款	1310622.42	2871270.83
应收分保寿险责任准备金			应付保单红利	8414782.23	12683956.15
应收分保长期健康险责任准备金			保户储金及投资款	48968335.84	171492810.65
保户质押贷款	4986837.03	13673540.83	未到期责任准备金	2606584.54	4008599.62
定期存款			未决赔款准备金	452841.09	901095.46
可供出售金融资产			寿险责任准备金	345513530.04	1086916183.31
持有至到期投资			长期健康险责任准备金	151637.85	239451.55
长期股权投资			长期借款		
存出资本保证金			应付债券		
投资性房地产			独立账户负债		
固定资产	3079902.96	2303494.00	递延所得税负债		
无形资产	61344.88	35960.79	其他负债	291912.85	463655.66
独立账户资产			负债合计	412732963.40	1295757884.59
递延所得税资产			所有者权益（或股东权益）		
其他资产	3152395.01	36557462.87	实收资本（或股本）		
系统内往来	290155913.95	1050301532.51	资本公积		
			减：库存股		
			盈余公积		
			一般风险准备		
			未分配利润	-108998645.47	-184534393.35
			所有者权益（或股东权益）合计	-108998645.47	-184534393.35
资产总计	303734317.93	1111223491.24	负债和所有者权益（或股东权益）总计	303734317.93	1111223491.24

幸福人寿保险股份有限公司河北分公司利润表

（2014 年 12 月 31 日）　　单位：元

项目	本期数	累计数
一、营业收入	756621698.02	756621698.02
已赚保费	755317455.71	755317455.71
保险业务收入	811337874.98	811337874.98
其中：分保费收入		
减：分出保费	54618482.40	54618482.40
提取未到期责任准备金	1401936.87	1401936.87
投资收益（损失以“–”号填列）	401768.01	401768.01
其中：对联营企业和合营企业的投资收益		
公允价值变动收益（损失以“–”号填列）		
汇兑收益（损失以“–”号填列）		
其他业务收入	902474.30	902474.30
二、营业支出	832159841.74	832159841.74
退保金	53881378.49	53881378.49
赔付支出	6722899.83	6722899.83
减：摊回赔付支出	54242743.96	54242743.96
提取保险责任准备金	741938721.34	741938721.34
减：摊回保险责任准备金		
保单红利支出	5175133.10	5175133.10
分保费用		
营业税金及附加	862760.31	862760.31
手续费及佣金支出	20224500.62	20224500.62
业务及管理费	49214712.84	49214712.84
减：摊回分保费用	–111957.84	–111957.84
其他业务成本	8270521.33	8270521.33
资产减值损失		
三、营业利润（亏损以“–”号填列）	–75538143.72	–75538143.72
加：营业外收入	2395.84	2395.84
减：营业外支出		
四：利润总额（亏损以“–”号填列）	–75535747.88	–75535747.88
减：所得税费用		
五、净利润（净亏损以“–”号填列）	–75535747.88	–75535747.88
六、每股收益：		
（一）基本每股收益		
（二）稀释每股收益		

幸福人寿保险股份有限公司河北分公司人寿保险业务统计表

（2014 年 12 月 31 日） 单位：元

公司	保费收入												
	合计	个人业务							团体业务				
		人寿保险					意外伤害险	健康险	人寿保险				
		小计	普通寿险	分红寿险	投资连结保险	万能保险			小计	普通寿险	分红寿险	投资连结保险	万能保险
石家庄	16445.53	16227.70	12682.77	3359.96		1.40	126.37	57.20	217.83	2.98			
邯郸	20082.27	20024.44	18823.97	1129.36		2.06	45.67	23.38	57.83	0.16			
邢台	0	0							0				
保定	12706.31	12706.31	11317.12	1154.14		1.70	139.98	93.37	0				
衡水	0	0							0				
沧州	11494.82	11408.91	10132.39	783.19		2.69	350.22	140.42	85.91	0.18			
廊坊	0	0							0				
唐山	20404.86	20231.85	18519.72	1686.69		0.65	6.82	17.97	173.01	1.18			
秦皇岛													
张家口													
承德													
合计	81133.79	80599.21	71475.97	8113.34	0	8.50	669.06	332.34	534.58	4.50	0	0	0

（续表）

公司	保费收入			有效保单件数	赔付支出									退保金
	团体业务		其中新单保费		合计	个人业务				团体业务				
	意外伤害险	健康险				赔款支出	死伤医疗给付	满期给付	年金给付	赔款支出	死伤医疗给付	满期给付	年金给付	
石家庄	190.87	23.98	217.83	8427.00	276.98	75.34	78.07	8.84	77.51	32.42	4.80			2351.24
邯郸	42.98	14.69	57.82	4250.00	43.30	6.76	7.77		5.37	23.40				832.10
邢台					0									
保定			69.25	19013.00	98.69	30.10	16.76		40.36	11.47				298.17
衡水					0									
沧州	57.00	28.73	85.91	6119.00	149.23	80.03	1.12		1.25	66.83				388.15
廊坊					0									
唐山	127.51	44.32	173.00	9085.00	104.09	6.51			0.94	96.64				1518.48
秦皇岛														
张家口														
承德														
合计	418.36	111.72	603.81	46894.00	672.29	198.74	103.72	8.84	125.43	230.76	4.80	0	0	5388.14

幸福人寿保险股份有限公司河北分公司机构、人员情况一览表

（2014 年 12 月 31 日）　　　　单位：家、人

单位名称	机构总数	其中			从业人员总数
		省级机构	市级机构	县及以下机构	
省级机关	1	1			70
石家庄	2		1	1	7
邯郸	2		1	1	29
保定	3		1	2	38
沧州	3		1	2	43
唐山	1		1		35
合计	12	1	5	6	222

平安养老保险股份有限公司河北分公司资产负债表

（2014 年 12 月 31 日）

单位：元

项目	年初数	年末数	项目	年初数	年末数
资产：			负债：		
货币资金	808281.74	1397218.62	短期借款		0.00
拆出资金		0.00	拆入资金		0.00
以公允价值计量且其变动计入当期损益的金融资产			以公允价值计量且其变动计入当期损益的金融负债		
衍生金融资产		0.00	衍生金融负债		0.00
买入返售金融资产		0.00	卖出回购金融资产款		0.00
应收利息		0.00	预收保费	13284968.07	10755363.00
应收保费	576054.81	604279.10	应付手续费及佣金	3279325.95	3734539.70
应收代位追偿款		0.00	应付分保账款		0.00
应收分保账款		0.00	应付职工薪酬	7405612.53	9551789.42
应收分保未到期责任准备金	4373117.20	61988.47	应交税费	321836.23	531144.36
应收分保未决赔款准备金	4260.63	2863.45	应付赔付款	12091287.98	7900431.09
应收分保寿险责任准备金		0.00	应付保单红利		0.00
应收分保长期健康险责任准备金		0.00	其他应付款		
应收款项类金融资产			保户储金及投资款	56679298.67	44841575.92
保户质押贷款		0.00	未到期责任准备金	35528820.25	43225353.11
预付赔付款			未决赔款准备金	43719284.36	48381713.33
其他应收款	4666443.90	6510892.97	寿险责任准备金	497599.04	502857.04
定期存款		0.00	长期健康险责任准备金		0.00
可供出售金融资产		0.00	保费准备金		
持有至到期投资		0.00	长期借款		0.00
长期股权投资		0.00	应付债券		
存出资本保证金		0.00	独立账户负债		0.00
贷款			递延所得税负债		0.00
投资性房地产		0.00	其他负债	1572332.79	2670022.86
固定资产	930148.87	1545833.17	负债合计	174380365.87	172094789.83
在建工程			所有者权益（或股东权益）：		
固定资产清理			实收资本（或股本）		0.00
无形资产			国家资本		
商誉			集体资本		
长期待摊费用			法人资本		
抵债资产			其中：国有法人资本		
独立账户资产			个人资本		
递延所得税资产			外商资本		
其他资产	146829094.66	179124234.40	其他权益工具		
			资本公积		0.00
			减：库存股		0.00
			其他综合收益		
			盈余公积		0.00
			一般风险准备		0.00
			大灾风险利润准备		
			未分配利润	−16192964.06	17152520.35
			归属于母公司所有者权益合计		
			少数股东权益		
			所有者权益（或股东权益）总计	−16192964.06	17152520.35
资产总计	158187401.81	189247310.18	负债和所有者权益（或股东权益）总计	158187401.81	189247310.18

平安养老保险股份有限公司河北分公司利润表

（2014 年 12 月 31 日）

单位：元

项目	上年数	本年数	项目	上年数	本年数
一、营业收入	125148730.92	156054551.22	（十一）资产减值损失（转回金额以“–”号填列）	1800.00	54390.00
（一）已赚保费	117481647.71	146464713.66	三、营业利润（亏损以“–”号填列）	–16193667.56	17126700.47
保险业务收入	135723404.90	156905096.77	加：营业外收入	703.50	36989.68
其中：分保费收入		0.00	减：营业外支出		11169.80
减：分出保费	14229938.68	–1567278.48	四、利润总额（亏损总额以“–”号填列）	–16192964.06	17152520.35
提取未到期责任准备金	4011818.51	12007661.59	减：所得税费用		0.00
（二）投资收益（损失以“–”号填列）	3606.23	4665.37	五、净利润（净亏损以“–”号填列）	–16192964.06	17152520.35
其中：对联营企业和合营企业的投资收益		0.00	归属于母公司所有者的净利润		
（三）公允价值变动收益（损失以“–”号填列）		0.00	少数股东损益		
（四）汇兑收益（损失以“–”号填列）		0.00	六、其他综合收益的税后净额		
（五）其他业务收入	7663476.98	9585172.19	（一）以后不能重分类进损益的其他综合收益		
二、营业支出	141342398.48	138927850.75	（二）以后将重分类进损益的其他综合收益		
（一）退保金		0.00	1. 权益法下在被投资单位以后将重分类进损益的其他综合收益中享有的份额		
（二）赔付支出	64470840.79	61609633.28	2. 可供出售金融资产公允价值变动损益		
减：摊回赔付支出	30823.14	2739707.82	3. 持有至到期投资重分类为可供出售金融资产损益		
（三）提取保险责任准备金	20717012.57	4667686.97	4. 现金流量套期损益的有效部分		
减：摊回保险责任准备金	–3082.10	–1397.18	5. 外币财务报表折算差额		
（四）提取保费准备金			6. 其他		
（五）保单红利支出		0.00	七、综合收益总额		
（六）分保费用		0.00	归属于母公司所有者的综合收益总额		
（七）营业税金及附加	4178742.34	4924963.50	归属于少数股东的综合收益总额		
（八）手续费及佣金支出	29243607.79	32190793.84	八、每股收益：	——	0.00
（九）业务及管理费	32369567.86	36757302.95	（一）基本每股收益		0.00
减：摊回分保费用	10004179.21	–1024034.29	（二）稀释每股收益		0.00
（十）其他业务成本	392747.38	437356.56			

平安养老保险股份有限公司河北分公司人寿保险业务统计表

（2014 年 12 月 31 日）

单位：万元

公司	保费收入（待续）													
	合计	个人业务							团体业务（待续）					
		人寿保险					意外伤害险	健康险	人寿保险					
		小计	普通寿险	分红寿险	投资连结保险	万能保险			小计	普通寿险	分红寿险	投资连结保险	万能保险	
石家庄									2535.43	2535.43				
邯郸									0.00	0.00				
邢台									0.00	0.00				
保定									0.00	0.00				
衡水									0.00	0.00				
沧州									0.00	0.00				
廊坊									0.00	0.00				
唐山									0.00	0.00				
秦皇岛									0.00	0.00				
张家口									0.00	0.00				
承德									0.00	0.00				
合计									2535.43	2535.43				

续表

公司	保险收入（续）			有效保单件数（件）	赔付支出									退保金
	团体业务（续）		其中新单保费		合计	个人业务				团体业务				
	意外伤害险	健康险				赔款支出	死伤医疗给付	满期给付	年金给付	赔款支出	死伤医疗给付	满期给付	年金给付	
石家庄	4970.78	4147.39	11653.60	44364.00	3168.43					3165.85	0.00	0.00	2.57	
邯郸	0.00	0.00	0.00											
邢台	0.00	0.00	0.00											
保定	845.74	659.00	1504.74	3270.00	598.88					598.88	0.00	0.00	0.00	
衡水	0.00	0.00	0.00											
沧州	0.00	0.00	0.00											
廊坊	0.00	0.00	0.00											
唐山	1169.93	801.29	1971.22	4047.00	555.50					555.50	0.00	0.00	0.00	
秦皇岛	646.44	501.63	1148.07	1911.00	222.72					222.72	0.00	0.00	0.00	
张家口	0.00	0.00	0.00											
承德	224.29	1725.38	1949.67	339.00	1615.44					1615.44	0.00	0.00	0.00	
合计	7857.18	7834.68	18227.29	53931.00	6160.96					6158.39	0.00	2.57	0.00	

平安养老保险股份有限公司河北分公司机构、人员情况一览表

（2014年12月31日）　　单位：家、人

单位名称	机构总数	其中			从业人员总数
		省级机构	市级机构	县及以下机构	
省级机关	1	1			125
石家庄					
邯郸					
邢台					
保定	1		1		18
衡水					
沧州					
廊坊					
唐山	1		1		21
秦皇岛	1		1		17
张家口					
承德	1		1		10
合计	5	1	4		191

安邦人寿保险股份有限公司河北分公司资产负债表

（2014 年 12 月 31 日）

单位：元

资产:	期末余额	年初余额	负债:	期末余额	年初余额
货币资金	2466134.44	50010611.82	短期借款	0	0
拆出资金	0	0	拆入资金	0	0
交易性金融资产	0	0	交易性金融负债	0	0
应收利息	0	0	预收保费	0	0
应收保费	0	0	应付手续费及佣金	0	0
应收分保账款	0	0	应付分保账款	53005.72	1832.61
应收分保未到期责任准备金	1543.08	1319.92	应付职工薪酬	0	0
应收分保未决赔款准备金	178.75	0	应交税费	24141.70	59003.58
应收分保寿险责任准备金	43286.25	1130.90	应付赔付款	151031.69	224202.57
应收分保长期健康险责任准备	35.92	-0.09	应付保单红利	3570609.32	2258276.82
贷款	1515097.43	465900.00	保户储金及投资款	425177514.75	170945364.56
定期存款	0	0	未到期责任准备金	24402.98	366.57
可供出售金融资产	0	0	未决赔款准备金	907.40	582.59
持有至到期投资	0	0	寿险责任准备金	972197833.37	77306752.64
长期股权投资	0	0	长期健康险责任准备金	9231.53	1146.50
存出资本保证金	0	0	长期借款	0	0
投资性房地产	0	0	应付债券	0	0
固定资产	274478.20	277609.69	独立账户负债	0	0
无形资产	0	0	递延所得税负债	0	0
独立账户资产	0	0	系统往来（贷项）	0	0
递延所得税资产	0	0	内部往来（贷项）	0	0
系统往来（借项）	1257589988.30	154646161.10	其他负债	60224.20	9394.72
内部往来（借项）	0	0	负债合计	1401268902.66	250806923.16
其他资产	2280.40	527374.70	所有者权益（或股东权益）:		
			实收资本（或股本）	0	0
			资本公积	0	0
			盈余公积	0	0
			一般风险准备	0	0
			未分配利润	-139375879.89	-44876815.12
			所有者权益（或股东权益）合计	-139375879.89	-44876815.12
资产合计	1261893022.77	205930108.04	负债和所有者权益（或股东权益）总计	1261893022.77	205930108.04

安邦人寿保险股份有限公司河北分公司利润表

（2014 年 12 月 31 日）　　单位：元

项目	本月金额	本年累计
一、营业收入	113104261.33	877344440.61
已赚保费	113001390.80	876166526.96
保险业务收入	113067980.92	876262424.92
其中：分保费收入	0	0
减：分出保费	71238.96	72084.71
提取未到期责任准备金	-4648.84	23813.25
投资收益（损失以“－”号填列）	381.52	22557.86
其中：对联营企业和合营企业	0	0
公允价值变动收益（损失以“－”号填列）	0	0
汇兑收益（损失以“－”号填列）	0	0
其他业务收入	102489.01	1155355.79
二、营业支出	160305094.03	971848555.38
退保金	1443181.96	19942573.06
赔付支出	250.00	33676.36
减：摊回赔付支出	835.27	835.27
提取保险责任准备金	154281897.46	894899490.57
减：摊回保险责任准备金	42370.11	42370.11
保单红利支出	207199.38	2173889.76
分保费用	0	0
营业税金及附加	0	2407.72
手续费及佣金支出	2086442.00	29073582.00
业务及管理费	590888.88	9244636.27
减：摊回分保费用	189.29	468.03
其他业务成本	1738629.02	16521973.05
资产减值损失	0	0
三、营业利润	-47200832.70	-94504114.77
加：营业外收入	2300.00	5050.00
减：营业外支出	0	0
四、利润总额	-47198532.70	-94499064.77
减：所得税费用	0	0
五、净利润	-47198532.70	-94499064.77
六、每股收益		
（一）基本每股收益		
（二）稀释每股收益		

安邦人寿保险股份有限公司河北分公司机构、人员情况一览表

（2014年12月31日） 单位：家、人

单位名称	机构总数	其中			从业人员总数
		省级机构	市级机构	县及以下机构	
省级机关	1	1			26
石家庄	1		1		22
邯郸	1		1		5
邢台					
保定	1		1		5
衡水					
沧州					
廊坊					
唐山	1		1		4
秦皇岛					
张家口					
承德					
合计	5	1	4		62

其他统计

历年金融机构人民币存款基准利率变动表

单位：年利率 %

调整时间	活期存款	定期存款					
		三个月	半年	一年	二年	三年	五年
1990.04.15	2.88	6.30	7.74	10.08	10.98	11.88	13.68
1990.08.21	2.16	4.32	6.48	8.64	9.36	10.08	11.52
1991.04.21	1.80	3.24	5.40	7.56	7.92	8.28	9.00
1993.05.15	2.16	4.86	7.20	9.18	9.90	10.80	12.06
1993.07.11	3.15	6.66	9.00	10.98	11.70	12.24	13.86
1996.05.01	2.97	4.86	7.20	9.18	9.90	10.80	12.06
1996.08.23	1.98	3.33	5.40	7.47	7.92	8.28	9.00
1997.10.23	1.71	2.88	4.14	5.67	5.94	6.21	6.66
1998.03.25	1.71	2.88	4.14	5.22	5.58	6.21	6.66
1998.07.01	1.44	2.79	3.96	4.77	4.86	4.95	5.22
1998.12.07	1.44	2.79	3.33	3.78	3.96	4.14	4.50
1999.06.10	0.99	1.98	2.16	2.25	2.43	2.70	2.88
2002.02.21	0.72	1.71	1.89	1.98	2.25	2.52	2.79
2004.10.29	0.72	1.71	2.07	2.25	2.70	3.24	3.60
2006.08.19	0.72	1.80	2.25	2.52	3.06	3.69	4.14
2007.03.18	0.72	1.98	2.43	2.79	3.33	3.96	4.41
2007.05.19	0.72	2.07	2.61	3.06	3.69	4.41	4.95
2007.07.21	0.81	2.34	2.88	3.33	3.96	4.68	5.22
2007.08.22	0.81	2.61	3.15	3.60	4.23	4.95	5.49
2007.09.15	0.81	2.88	3.42	3.87	4.50	5.22	5.76
2007.12.21	0.72	3.33	3.78	4.14	4.68	5.40	5.85
2008.10.09	0.72	3.15	3.51	3.87	4.41	5.13	5.58
2008.10.30	0.72	2.88	3.24	3.60	4.14	4.77	5.13
2008.11.27	0.36	1.98	2.25	2.52	3.06	3.60	3.87
2008.12.23	0.36	1.71	1.98	2.25	2.79	3.33	3.60
2010.10.20	0.36	1.91	2.20	2.50	3.25	3.85	4.20
2010.12.26	0.36	2.25	2.50	2.75	3.55	4.15	4.55
2011.02.09	0.40	2.60	2.80	3.00	3.90	4.50	5.00
2011.04.06	0.50	2.85	3.05	3.25	4.15	4.75	5.25
2011.07.07	0.50	3.10	3.30	3.50	4.40	5.00	5.50
2012.06.08	0.40	2.85	3.05	3.25	4.10	4.65	5.10
2012.07.06	0.35	2.60	2.80	3.00	3.75	4.25	4.75
2014.11.22*	0.35	2.35	2.55	2.75	3.35	4.00	

注：*自 2014 年 11 月 22 日起，中国人民银行不再公布金融机构人民币五年期定期存款基准利率。

历年金融机构人民币贷款基准利率变动表

单位：年利率 %

调整时间	六个月以内（含）	六个月至一年（含）	一至三年（含）	三至五年（含）	五年以上
1991.04.21	8.10	8.64	9.00	9.54	9.72
1993.05.15	8.82	8.36	10.80	12.06	12.24
1993.07.11	9.00	10.98	12.24	13.86	14.04
1995.01.01	9.00	10.98	12.96	14.58	14.76
1995.07.01	10.08	12.06	13.50	15.12	15.30
1996.05.01	9.72	10.98	13.14	14.94	15.12
1996.08.23	9.18	10.08	10.98	11.70	12.42
1997.10.23	7.65	8.64	9.36	9.90	10.53
1998.03.25	7.02	7.92	9.00	9.72	10.35
1998.07.01	6.57	6.93	7.11	7.65	8.01
1998.12.07	6.12	6.39	6.66	7.20	7.56
1999.06.10	5.58	5.85	5.94	6.03	6.21
2002.02.21	5.04	5.31	5.49	5.58	5.76
2004.10.29	5.22	5.58	5.76	5.85	6.12
2006.04.28	5.40	5.85	6.03	6.12	6.39
2006.08.19	5.58	6.12	6.30	6.48	6.84
2007.03.18	5.67	6.39	6.57	6.75	7.11
2007.05.19	5.85	6.57	6.75	6.93	7.20
2007.07.21	6.03	6.84	7.02	7.20	7.38
2007.08.22	6.21	7.02	7.20	7.38	7.56
2007.09.15	6.48	7.29	7.47	7.65	7.83
2007.12.21	6.57	7.47	7.56	7.74	7.83
2008.09.16	6.21	7.20	7.29	7.56	7.74
2008.10.09	6.12	6.93	7.02	7.29	7.47

续表

调整时间	六个月以内（含）	六个月至一年（含）	一至三年（含）	三至五年（含）	五年以上
2008.10.30	6.03	6.66	6.75	7.02	7.20
2008.11.27	5.04	5.58	5.67	5.94	6.12
2008.12.23	4.86	5.31	5.40	5.76	5.94
2010.10.20	5.10	5.56	5.60	5.96	6.14
2010.12.26	5.35	5.81	5.85	6.22	6.40
2011.02.09	5.60	6.06	6.10	6.45	6.60
2011.04.06	5.85	6.31	6.40	6.65	6.80
2011.07.07	6.10	6.56	6.65	6.90	7.05
2012.06.08	5.85	6.31	6.40	6.65	6.80
2012.07.06	5.60	6.00	6.15	6.40	6.55
2014.11.22*	5.60		6.00		6.15

注：*自 2014 年 11 月 22 日起，金融机构人民币贷款基准利率期限档次简并为一年以内（含一年）、一至五年（含五年）和五年以上三个档次。

历年凭证式国债发行情况表

年份	分期	发行总额		利率
		总额	其中：	
2007年	一期	300亿元	三年期 210亿元 五年期 90亿元	3.39% 3.81%
	二期	500亿元	三年期 350亿元 五年期 150亿元	3.66% 4.08%
	三期	300亿元	三年期 210亿元 五年期 90亿元	3.66% 4.08%
	四期	200亿元	三年期 160亿元 五年期 40亿元	5.20% 5.74%
	五期	300亿元	三年期 240亿元 五年期 60亿元	5.74% 6.34%
2008年	一期	300亿元	三年期 240亿元 五年期 60亿元	5.74% 6.34%
	二期	400亿元	三年期 320亿元 五年期 80亿元	5.24% 6.34%
	三期	200亿元	三年期 140亿元 五年期 60亿元	5.74% 6.34%
	四期	200亿元	一年期 140亿元 二年期 60亿元	5.94% 6.34%
	五期	200亿元	三年期 140亿元 五年期 60亿元	5.17% 5.53%
2009年	一期	300亿元	三年期 210亿元 五年期 90亿元	3.73% 4.00%
	二期	500亿元	三年期 400亿元 五年期 100亿元	3.73% 4.00%
	三期	500亿元	三年期 400亿元 五年期 100亿元	2.60% 3.73%
	四期	400亿元	一年期 200亿元 三年期 200亿元	2.60% 3.73%
	五期	300亿元	一年期 150亿元 三年期 150亿元	2.60% 3.73%
2010年	一期	500亿元	一年期 250亿元 三年期 250亿元	2.60% 3.73%
	二期	400亿元	一年期 200亿元 三年期 200亿元	2.60% 3.73%
	三期	400亿元	一年期 200亿元 三年期 200亿元	2.60% 3.73%
	四期	400亿元	一年期 200亿元 三年期 200亿元	2.60% 3.73%
	五期	200亿元	一年期 40亿元 三年期 100亿元 五年期 60亿元	2.85% 4.25% 4.60%
2011年	一期	600亿元	一年期 120亿元 三年期 300亿元 五年期 180亿元	3.45% 5.18% 5.75%
	二期	300亿元	一年期 60亿元 三年期 150亿元 五年期 90亿元	3.70% 5.43% 6.00%
	三期	300亿元	一年期 60亿元 三年期 150亿元 五年期 90亿元	3.85% 5.58% 6.15%
	四期	200亿元	一年期 20亿元 三年期 100亿元 五年期 80亿元	3.85% 5.58% 6.15%
2012年	一期	300亿元	三年期 210亿元 五年期 90亿元	5.58% 6.15%
	二期	300亿元	三年期 210亿元 五年期 90亿元	4.76% 5.32%
	三期	200亿元	三年期 120亿元 五年期 80亿元	4.76% 5.32%
2013年	一期	300亿元	三年期 180亿元 五年期 120亿元	5.00% 5.41%
	二期	500亿元	三年期 300亿元 五年期 200亿元	5.00% 5.41%
	三期	400亿元	三年期 240亿元 五年期 160亿元	5.00% 5.41%
	四期	200亿元	三年期 120亿元 五年期 80亿元	5.00% 5.41%
2014年	一期	500亿元	三年期 300亿元 五年期 200亿元	5.00% 5.41%
	二期	300亿元	一年期 30亿元 三年期 150亿元 五年期 120亿元	3.60% 5.00% 5.41%
	三期	400亿元	三年期 240亿元 五年期 160亿元	5.00% 5.41%
	四期	300亿元	三年期 180亿元 五年期 120亿元	5.00% 5.41%

第七部分

金融机构名录

中国人民银行

中国人民银行石家庄中心支行

行　　长：陈建华
电　　话：0311-87938233
地　　址：石家庄市新华东路 109 号
邮政编码：050000

辛集市支行

行　　长：谢建时
电　　话：0311-83210591
地　　址：辛集市市府大街西段 126 号
邮政编码：052360

晋州市支行

行　　长：刘跃仓
电　　话：0311-84322148
地　　址：晋州市向阳街 30 号
邮政编码：052260

深泽县支行

行　　长：刘志坚
电　　话：0311-83522651
地　　址：深泽县府前西路 227 号
邮政编码：052560

无极县支行

行　　长：马保伟
电　　话：0311-85572815
地　　址：无极县无极路西头 131 号
邮政编码：052460

藁城市支行

行　　长：李吉平
电　　话：0311-88122006
地　　址：藁城市胜利路 18 号
邮政编码：052160

赵县支行

行　　长：安剑平
电　　话：0311-87297889
地　　址：赵县自强路 68 号
邮政编码：051530

栾城县支行

行　　长：王胜利
电　　话：0311-88031211
地　　址：栾城县新开大街（北）2 号
邮政编码：051430

正定县支行

行　　长：闫新广
电　　话：0311-88010557
地　　址：正定县常山西路 20 号
邮政编码：050800

新乐市支行

行　　长：何秋雨
电　　话：0311-88659976
地　　址：新乐市新开西路 166 号
邮政编码：050700

高邑县支行

行　　长：张贵辰
电　　话：0311-84031992
地　　址：高邑县府前路 69 号
邮政编码：051330

元氏县支行

行　　长：曹书华
电　　话：0311-84639668
地　　址：元氏县蟠龙路 98 号
邮政编码：051130

赞皇县支行

行　　长：池绪录
电　　话：0311-84228588
地　　址：赞皇县育新街 19 号
邮政编码：051230

井陉县支行

行　　长：刘　利
电　　话：0311-82035155
地　　址：井陉县微水镇建设南路 10 号
邮政编码：050300

鹿泉市支行

行　　长：任　建
电　　话：0311-82012397
地　　址：鹿泉市镇宁路 28 号
邮政编码：050200

平山县支行

行　　长：李林英
电　　话：0311-82912259
地　　址：平山县建设北大街 17 号

邮政编码：050400

灵寿县支行

行　　长：刘书娟

电　　话：0311-82528616

地　　址：灵寿县人民西路 33 号

邮政编码：050500

行唐县支行

行　　长：苗建坤

电　　话：0311-82981135

地　　址：行唐县玉城西大街 13 号

邮政编码：050600

中国人民银行承德市中心支行

行　　长：杨建奎

电　　话：0314-2023558

地　　址：承德市双桥区都统府大街 2 号

邮政编码：067000

兴隆县支行

行　　长：郭佳鸿

电　　话：0314-5053982

地　　址：兴隆县兴隆镇革新路

邮政编码：067300

承德县支行

行　　长：赵耀军

电　　话：0314-3116718

地　　址：承德县下板城镇新兴路

邮政编码：067400

平泉县支行

行　　长：杜凤荣

电　　话：0314-6033969

地　　址：平泉县平泉镇迎宾街

邮政编码：067500

宽城满族自治县支行

行　　长：杨富友

电　　话：0314-6633340

地　　址：宽城满族自治县宽城镇新兴街 167 号

邮政编码：067600

隆化县支行

行　　长：王海珍

电　　话：0314-7063240

地　　址：隆化县隆化镇通站南街 36 号

邮政编码：068150

滦平县支行

行　　长：常宏利

电　　话：0314-8582263

地　　址：滦平县滦平镇新建东路北侧 8 号

邮政编码：068250

丰宁满族自治县支行

行　　长：刘振远

电　　话：0314-8019218

地　　址：丰宁县大阁镇西街 96 号

邮政编码：068350

围场满族蒙古族自治县支行

行　　长：陈福国

电　　话：0314-7569333

地　　址：围场满族蒙古族自治县围场镇凤凰路 204 号

邮政编码：068450

中国人民银行张家口市中心支行

行　　长：张广君

电　　话：0313-2012410

地　　址：张家口市五一路 99 号

邮政编码：075000

蔚县支行

行　　长：张晓军

电　　话：0313-7212384

地　　址：蔚县胜利路 246 号

邮政编码：075700

阳原县支行

行　　长：姚建军

电　　话：0313-7512577

地　　址：阳原县西城镇北大街

邮政编码：075800

怀来县支行

行　　长：郑昱坤

电　　话：0313-6223921

地　　址：怀来县沙城镇京张公路东大街

邮政编码：075400

涿鹿县支行

行　　长：母 祥

电　　话：0313-6521802

地　　址：涿鹿县建新路

邮政编码：075600

怀安县支行

行　　长：胡 忠（主持工作）

电　　话：0313-7812784

地　　址：怀安县柴沟堡镇工业街

邮政编码：076150

万全县支行

行　　长：吕晓华

电　　话：0313-4222046

地　　址：万全县孔家庄镇万孔路

邮政编码：076250

赤城县支行

行　　长：王 钢

电　　话：0313-6313368

地　　址：赤城镇西大街 8 号

邮政编码：075500

张北县支行

行　　长：谢 荣

电　　话：0313-5222519

地　　址：张北县永春南街

邮政编码：076450

康保县支行

行　　长：李巨山

电　　话：0313-5513844

地　　址：康保县公园路

邮政编码：076650

沽源县支行

行　　长：胡子忠

电　　话：0313-5812643

地　　址：沽源县新城街

邮政编码：076550

尚义县支行

副 行 长：范晓奋（主持工作）

电　　话：0313-4322023

地　　址：尚义县太平街

邮政编码：076750

崇礼县支行

副 行 长：高福祥（主持工作）

电　　话：0313-4612264

地　　址：崇礼县西湾子镇南新街 15 号

邮政编码：076350

宣化支行

行　　长：张子荷

电　　话：0313-3014154

地　　址：张家口市宣化区牌楼东街 12 号

邮政编码：075100

中国人民银行秦皇岛市中心支行

行　　长：杨启明

电　　话：0335-3988988

地　　址：秦皇岛市海港区迎宾路 155 号

邮政编码：066001

抚宁县支行

行　　长：胡玉锋

电　　话：0335-6012206

地　　址：抚宁县抚宁镇长征路 1 号

邮政编码：066300

昌黎县支行

行　　长：尹立平

电　　话：0335-2030002

地　　址：昌黎县城关西北楼 22 号

邮政编码：066600

青龙县支行

行　　长：柴金山

电　　话：0335-7862038

地　　址：青龙县青龙镇中兴路

邮政编码：066500

卢龙县支行

行　　长：于占奇

电　　话：0335-7111900

地　　址：卢龙县卢龙镇东门外大街

邮政编码：066400

中国人民银行唐山市中心支行

行　　长：陈志强

电　　话：0315-2811086

地　　址：唐山市路北区华岩路 43 号

邮政编码：063000

遵化市支行

行　　长：梁 晶

电　　话：0315-6619512

地　　址：遵化市文茂大街 5 号

邮政编码：064200

迁安市支行
行　　长：滕海涛
电　　话：0315-7613841
地　　址：迁安市祺福大街 5 号
邮政编码：064400

迁西县支行
行　　长：柴雪松
电　　话：0315-5620798
地　　址：迁西城关凤凰西街 5 号
邮政编码：064300

玉田县支行
行　　长：李金武
电　　话：0315-6160581
地　　址：玉田县北环东路 282 号
邮政编码：064100

滦县支行
行　　长：张子成
电　　话：0315-7122372
地　　址：滦县新城燕山大街 69 号
邮政编码：063700

滦南县支行
行　　长：杨　军
电　　话：0315-4120026
地　　址：滦南县倴城镇南大街 56 号
邮政编码：063500

唐海县支行
行　　长：阚卫江
电　　话：0315-8751531
地　　址：曹妃甸区唐海镇垦丰大街 98 号
邮政编码：063200

乐亭县支行
行　　长：曹士刚
电　　话：0315-4619529
地　　址：乐亭县金融大街 7 号
邮政编码：063600

中国人民银行廊坊市中心支行

行　　长：曹建强
电　　话：0316-2226011
地　　址：廊坊市广阳道 9 号
邮政编码：065000

三河市支行
行　　长：郝仲亮
电　　话：0316-3218218
地　　址：三河市迎宾南路 159 号
邮政编码：065200

大厂县支行
行　　长：李长军
电　　话：0316-8826030
地　　址：大厂县城大安东街 108 号
邮政编码：065300

香河县支行
行　　长：樊振华
电　　话：0316-8311390
地　　址：香河县府前街 20 号
邮政编码：065400

永清县支行
行　　长：史贺然
电　　话：0316-6687925
地　　址：永清县会昌街 143 号
邮政编码：065600

固安县支行
行　　长：时雪壮
电　　话：0316-6165786
地　　址：固安县新源街 65 号
邮政编码：065500

霸州市支行
行　　长：王　英
电　　话：0316-7215961
地　　址：霸州市金康东道 511 号
邮政编码：065700

文安县支行
行　　长：王淑阁
电　　话：0316-5281002
地　　址：文安县丰利路 228 号
邮政编码：065800

大城县支行
行　　长：段克杰
电　　话：0316-5500288
地　　址：大城县新华东街 2 号
邮政编码：065900

中国人民银行保定市中心支行

行　　长：郭玉增（2014 年 2 月 19 日任）
电　　话：0312-5066188
地　　址：保定市七一中路 152 号
邮政编码：071000

易县支行
行　　长：张 辉
电　　话：0312-8215496
地　　址：易县城内朝阳西路 16 号
邮政编码：074200

涞源县支行
行　　长：许学中
电　　话：0312-7322107
地　　址：涞源县广昌大街 161 号
邮政编码：102900

定兴县支行
行　　长：马士英
电　　话：0312-6915605
地　　址：定兴县兴华东路 39 号
邮政编码：072650

唐县支行
行　　长：张 诚
电　　话：0312-6414329
地　　址：唐县东环路
邮政编码：072300

徐水县支行
行　　长：马志宏
电　　话：0312-8670398
地　　址：徐水县城内永兴西路 7 号
邮政编码：072500

望都县支行
行　　长：于德才
电　　话：0312-7722245
地　　址：望都县富强大街 45 号
邮政编码：072450

容城县支行
行　　长：朱国立
电　　话：0312-5613104
地　　址：容城县板正南大街 32 号
邮政编码：071700

高碑店市支行
行　　长：宋宝琦
电　　话：0312-5595901
地　　址：高碑店市迎宾路
邮政编码：074000

涿州市支行
行　　长：李洪利
电　　话：0312-3863781
地　　址：涿州市范阳中路 81 号
邮政编码：072750

蠡县支行
行　　长：杨亚章
电　　话：0312-6219106
地　　址：蠡县范蠡东路
邮政编码：071400

涞水县支行
行　　长：董绍民
电　　话：0312-4527629
地　　址：涞水县府前街 77 号
邮政编码：074100

阜平县支行
行　　长：王建栋
电　　话：0312-7224874
地　　址：阜平县东寺大街 3 号
邮政编码：073200

雄县支行
行　　长：孙占奇
电　　话：0312-5811048
地　　址：雄县铃铛阁大街 71 号
邮政编码：071800

定州市支行
副 行 长：张 敏（主持工作）
电　　话：0312-2314166
地　　址：定州市中山中路
邮政编码：073000

高阳县支行
行　　长：贺福进
电　　话：0312-6633593
地　　址：高阳县朝阳路 292 号
邮政编码：071500

曲阳县支行
行　　长：程征清
电　　话：0312-4265070
地　　址：曲阳县城恒山路
邮政编码：073100

安国市支行
行　　长：武云岩
电　　话：0312-3519389
地　　址：安国市金融路 75 号
邮政编码：071200

顺平县支行
行　　长：杨造堂
电　　话：0312-7620699
地　　址：顺平县城平安街 12 号
邮政编码：072250

博野县支行
行　　长：彭少儒
电　　话：0312-8322061
地　　址：博野县博兴中路
邮政编码：071300

清苑县支行
行　　长：马铁民
电　　话：0312-8012766
地　　址：清苑县城育红街 35 号
邮政编码：071100

满城县支行
行　　长：周素敏
电　　话：0312-7072652
地　　址：满城县永乐街 33 号
邮政编码：072100

安新县支行
行　　长：李国平
电　　话：0312-5331957
地　　址：安新县建设大街
邮政编码：071600

中国人民银行沧州市中心支行

行　　长：李　庆
电　　话：0317-2090077
地　　址：河北省沧州市浮阳北大道 13 号
邮政编码：061001

河间市支行
行　　长：张兆伟
电　　话：0317-3667237
地　　址：河北省河间市京大北路 5 号
邮政编码：062450

泊头市支行
行　　长：崔树国
电　　话：0317-5568918
地　　址：河北省泊头市裕华西路
邮政编码：062150

黄骅市支行
行　　长：高振贤
电　　话：0317-5323859
地　　址：河北省黄骅市渤海西路
邮政编码：061100

任丘市支行
行　　长：柳　丽
电　　话：0317-2222526
地　　址：河北省任丘市建设东路
邮政编码：062550

海兴县支行
副 行 长：段德金（主持工作）
电　　话：0317-6615929
地　　址：河北省海兴县建设路 18 号
邮政编码：061200

孟村回族自治县支行
行　　长：马书亮
电　　话：0317-6721526
地　　址：河北省孟村回族自治县建设大街
邮政编码：061400

东光县支行
行　　长：赵　萍
电　　话：0317-7725806
地　　址：河北省东光县东光镇府前街 227 号
邮政编码：061600

南皮县支行
行　　长：卞春生
电　　话：0317-8851787
地　　址：河北省南皮县南皮镇金刚中路 93 号
邮政编码：061500

吴桥县支行

行　　长：董维杰

电　　话：0317-7340100

地　　址：河北省吴桥县桑园镇新兴路 5 号

邮政编码：061800

肃宁县支行

行　　长：冯宝健

电　　话：0317-5013096

地　　址：河北省肃宁县清源南街

邮政编码：062350

青县支行

行　　长：姚会生

电　　话：0317-4022197

地　　址：河北省青县青州镇南环路

邮政编码：062650

盐山县支行

行　　长：王锡峰

电　　话：0317-6221533

地　　址：河北省盐山县北环城路 1 号

邮政编码：061300

献县支行

行　　长：刘清湖

电　　话：0317-4632896

地　　址：河北省献县西大街 8 号

邮政编码：062250

中国人民银行衡水市中心支行

行　　长：陈国忠

电　　话：0318-2226001

地　　址：河北省衡水市新华东路 6 号

邮政编码：053000

冀州支行

行　　长：何立群

电　　话：0318-8613161

地　　址：河北省冀州市富强街 1 号

邮政编码：053200

枣强支行

行　　长：马金榜

电　　话：0318-8224435

地　　址：河北省枣强县城新华东街 28 号

邮政编码：053100

武邑支行

行　　长：葛军刁

电　　话：0318-5713231

地　　址：河北省武邑县建设西路 40 号

邮政编码：053400

深州支行

行　　长：赵保才

电　　话：0318-3393886

地　　址：河北省深州市泰山西路 21 号

邮政编码：053800

武强支行

行　　长：耿和国

电　　话：0318-3825239

地　　址：河北省武强县新开街 25 号甲

邮政编码：053300

饶阳支行

行　　长：王士杰

电　　话：0318-7321619

地　　址：河北省饶阳县平安西路 13 号

邮政编码：053900

安平支行

行　　长：吴彦水

电　　话：0318-5281286

地　　址：河北省安平县西马路机电胡同 9 号

邮政编码：053600

故城支行

行　　长：野东升

电　　话：0318-5305566

地　　址：河北省故城县郑口镇体育街 45 号

邮政编码：253800

景县支行

行　　长：孙 朋

电　　话：0318-4228036

地　　址：河北省景县景华大街 226 号

邮政编码：053500

阜城支行

行　　长：韩春虎

电　　话：0318-4666633

地　　址：河北省阜城县光明路

邮政编码：053700

中国人民银行邢台市中心支行

行　　长：张力生
电　　话：0319-2201966
地　　址：邢台市团结西大街 170 号
邮政编码：054000

沙河市支行

行　　长：赵增斌
电　　话：0319-8811068
地　　址：沙河市建设路
邮政编码：054100

临城县支行

行　　长：秦彦英
电　　话：0319-7181536
地　　址：临城县临泉路 31 号
邮政编码：054300

内丘县支行

行　　长：郝立和
电　　话：0319-6861102
地　　址：内丘县胜利路 160 号
邮政编码：054200

柏乡县支行

行　　长：高越霄
电　　话：0319-7721785
地　　址：柏乡县东环路
邮政编码：055450

隆尧县支行

行　　长：柳　卫
电　　话：0319-6661218
地　　址：隆尧县康庄东路 155 号
邮政编码：055350

任县支行

行　　长：回增军
电　　话：0319-7518585
地　　址：任县任城镇北环西路
邮政编码：055150

南和县支行

行　　长：张江华
电　　话：0319-4566116
地　　址：南和县和阳大街 15 号
邮政编码：054400

南宫市支行

行　　长：焦其臣
电　　话：0319-5261166
地　　址：南宫市光明路 1 号
邮政编码：055750

巨鹿县支行

行　　长：尹树民
电　　话：0319-4327601
地　　址：巨鹿县迎宾路
邮政编码：055250

广宗县支行

行　　长：魏笑声
电　　话：0319-7217988
地　　址：广宗县邢清路
邮政编码：054600

平乡县支行

行　　长：刘成耀
电　　话：0319-7861801
地　　址：平乡县贸易街 173 号
邮政编码：054500

威县支行

行　　长：王建峰
电　　话：0319-6166696
地　　址：威县洺水西路
邮政编码：054700

宁晋县支行

行　　长：张庆国
电　　话：0319-5808418
地　　址：宁晋县凤凰镇天宝街 2 号
邮政编码：055550

新河县支行

行　　长：胡德卫
电　　话：0319-4768218
地　　址：新河县新兴街南段
邮政编码：055650

清河县支行

行　　长：尹瑞河
电　　话：0319-8182236
地　　址：清河县武松中街 35 号
邮政编码：054800

临西县支行
行　　长：付祥国
电　　话：0319–8577588
地　　址：临西县泰山路
邮政编码：054900

中国人民银行邯郸市中心支行

行　　长：曹增和
电　　话：0310–3060999
地　　址：邯郸市人民东路 280 号
邮政编码：056002

大名县支行
行　　长：王英兆
电　　话：0310–6562938
地　　址：大名县城万大路 4 号
邮政编码：056900

魏县支行
行　　长：田 勇
电　　话：0310–3506750
地　　址：魏县龙乡北大街 151 号
邮政编码：056800

曲周县支行
行　　长：王会民
电　　话：0310–8892038
地　　址：曲周县曲周镇东街村
邮政编码：057250

邱县支行
行　　长：张子岭
电　　话：0310–8366589
地　　址：邱县新兴路 22 号
邮政编码：057450

鸡泽县支行
行　　长：赵荣清
电　　话：0310–7525678
地　　址：鸡泽县迎宾路西段
邮政编码：057350

肥乡县支行
行　　长：孙遵义
电　　话：0310–8563322
地　　址：肥乡县陵园街 10 号
邮政编码：057550

广平县支行
行　　长：李虎臣
电　　话：0310–2516268
地　　址：广平县人民路东段
邮政编码：057650

成安县支行
行　　长：郭庆生
电　　话：0310–7280696
地　　址：成安县成安镇青云大街 63 号
邮政编码：056700

临漳县支行
行　　长：张新立
电　　话：0310–7852912
地　　址：临漳县建安东路 21 号
邮政编码：056600

磁县支行
副 行 长：马兆江（主持工作）
电　　话：0310–2398398
地　　址：磁县朝阳南大街 16 号
邮政编码：056500

武安市支行
行　　长：刘向民
电　　话：0310–5716588
地　　址：武安市中兴路 1725 号
邮政编码：056300

涉县支行
行　　长：师悦军
电　　话：0310–3832659
地　　址：涉县县城振兴路 234 号
邮政编码：056400

永年县支行
行　　长：田晨山
电　　话：0310–6829790
地　　址：永年县友谊街 3 号
邮政编码：057150

馆陶县支行
行　　长：段洪德
电　　话：0310–2822752
地　　址：政府街西段 25 号
邮政编码：057750

国家外汇管理局

国家外汇管理局河北省分局

局　　长：陈建华
电　　话：0311-87938233
地　　址：石家庄市新华东路 109 号
邮政编码：050000

承德市中心支局

局　　长：杨建奎
电　　话：0314-2023558
地　　址：承德市双桥区都统府大街 2 号
邮政编码：067000

张家口市中心支局

局　　长：张广君
电　　话：0313-2012410
地　　址：张家口市五一路 99 号
邮政编码：075000

秦皇岛市中心支局

局　　长：杨启明
电　　话：0335-3988988
地　　址：秦皇岛市海港区迎宾路 155 号
邮政编码：066001

唐山市中心支局

局　　长：陈志强
电　　话：0315-2811086
地　　址：唐山市路北区华岩路 43 号
邮政编码：063000

廊坊市中心支局

局　　长：曹建强
电　　话：0316-2226011
地　　址：廊坊市广阳道 9 号
邮政编码：065000

保定市中心支局

局　　长：郭玉增（2014 年 2 月 19 日任）
电　　话：0312-5066188
地　　址：保定市七一中路 152 号
邮政编码：071000

沧州市中心支局

局　　长：李　庆
电　　话：0317-2090077
地　　址：河北省沧州市浮阳北大道 13 号
邮政编码：061001

衡水市中心支局

局　　长：陈国忠
电　　话：0318-2226001
地　　址：河北省衡水市新华东路 6 号
邮政编码：053000

邢台市中心支局

局　　长：张力生
电　　话：0319-2201966
地　　址：邢台市团结西大街 170 号
邮政编码：054000

邯郸市中心支局

局　　长：曹增和
电　　话：0310-3060999
地　　址：邯郸市人民东路 280 号
邮政编码：056002

中国银行业监督管理委员会

中国银行业监督管理委员会河北监管局

局　　长：李莅春
电　　话：0311-87938618
地　　址：石家庄市新华路 109 号
邮政编码：050000

张家口银监分局

局　　长：张韶云
电　　话：0313-2123118
地　　址：张家口市桥东区胜利北路 31-1 号
邮政编码：075000

承德银监分局

局　　长：宋有田
电　　话：0314-2292608
地　　址：承德市开发东区 EGY-3 号
邮政编码：067000

秦皇岛银监分局

局　　长：赵万峰
电　　话：0335-3661715
地　　址：秦皇岛市建设大街 163 号
邮政编码：066000

唐山银监分局

局　　长：赵维华
电　　话：0315-3738295
地　　址：唐山市华岩路 41 号
邮政编码：063000

廊坊银监分局

局　　长：王东升
电　　话：0316-2315660
地　　址：廊坊市金光道 32 号
邮政编码：065000

保定银监分局

局　　长：李耀宾
电　　话：0312-3101963
地　　址：保定市天鹅中路 517 号
邮政编码：071050

沧州银监分局

局　　长：白振松
电　　话：0317-5308610
地　　址：沧州市御河路 7 号
邮政编码：061001

衡水银监分局

副 局 长：王瑾（女）（主持工作）
电　　话：0318-2066919
地　　址：衡水市新华东路 6 号
邮政编码：053000

邢台银监分局

副 局 长：张继辉（主持工作）
电　　话：0319-2168852
地　　址：邢台市守敬南路 38 号
邮政编码：054000

邯郸银监分局

副 局 长：景 跃（主持工作）
电　　话：0310-2063229
地　　址：邯郸市丛台路 380 号
邮政编码：056002

中国银监会北戴河干部培训中心

主　　任：韩素杰
电　　话：0335-5923133
地　　址：秦皇岛市北戴河区东经路 100 号
邮政编码：066100

中国证券监督管理委员会

中国证券监督管理委员会河北监管局

局　　长：闫 勇
电　　话：0311-83637799
地　　址：石家庄市友谊北大街 71 号
邮政编码：050081

中国保险监督管理委员会

中国保险监督管理委员会河北监管局

局　　长：赵庆晗
电　　话：0311-66007801
地　　址：石家庄市自强路 35 号庄家金融大厦
邮政编码：050000

唐山保监分局

局　　长：陶孟麟
电　　话：0315-2050881
地　　址：唐山市路北区建设北路 35 号
邮政编码：063000

国家开发银行股份有限公司

国家开发银行股份有限公司河北省分行

行　　长：常思勇
电　　话：0311-85288101
地　　址：石家庄市裕华西路 9 号裕园广场 B 座
邮政编码：050051

中国农业发展银行

中国农业发展银行河北省分行

行　　长：王玉武
电　　话：0311-83803441
地　　址：石家庄市中华南大街 216 号
邮政编码：050000

河北省分行营业部

总 经 理：赵自现

电　　话：0311-86984545
地　　址：石家庄市桥东区平安南大街 25 号
邮政编码：050011

承德分行

行　　长：李希杰
电　　话：0314-2188038
地　　址：承德市开发区东区大石庙镇庄头营村
邮政编码：067000

张家口分行

行　　长：高常青
电　　话：0313-8085211
地　　址：张家口市桥西区新华前街 158 号
邮政编码：075000

秦皇岛分行

行　　长：张景明
电　　话：0335-3066190
地　　址：秦皇岛市海港区燕山大街 370 号
邮政编码：066000

唐山分行

行　　长：宋仕君
电　　话：0315-2211612
地　　址：唐山市新华西道 69 号
邮政编码：063004

廊坊分行

行　　长：张春生
电　　话：0316-5211905
地　　址：廊坊市爱民东道 35 号
邮政编码：065000

保定分行

行　　长：马伶俐
电　　话：0312-3310211
地　　址：保定市五四西路 126 号
邮政编码：071051

沧州分行

行　　长：张健民
电　　话：0317-2031994
地　　址：沧州市御河路 5 号
邮政编码：061001

衡水分行

行　　长：弓俊石
电　　话：0318-2698910
地　　址：衡水市永兴西路 519 号
邮政编码：053000

邢台分行

行　　长：董立永
电　　话：0319-3891901
地　　址：邢台市邢州北路 186 号
邮政编码：054001

邯郸分行

行　　长：李　亮
电　　话：0310-6268017
地　　址：邯郸市人民东路 340 号
邮政编码：056002

中国工商银行股份有限公司

中国工商银行股份有限公司河北省分行

行　　长：史立军
电　　话：0311-66001888
地　　址：石家庄市中山西路 188 号
邮政编码：050051

河北省分行营业部

总 经 理：沈学勤
电　　话：0311-66665511
地　　址：石家庄市平安南大街 113 号
邮政编码：050021

邯郸分行

行　　长：刘　斌
电　　话：0310-3071801
地　　址：邯郸市人民东路 248 号
邮政编码：056002

邢台分行

行　　长：刘维柱
电　　话：0319-2209308
地　　址：邢台市郭守敬北路 285 号
邮政编码：054059

衡水分行

行　　长：赵相玉
电　　话：0318-2124125
地　　址：衡水市人民西路 321 号
邮政编码：053000

保定分行

行　　长：王爱东
电　　话：0312-3028327
地　　址：保定市东风中路 1902 号
邮政编码：071051

沧州分行

行　　长：卢 斌
电　　话：0317-3024927
地　　址：沧州市清池南大道 1 3 号
邮政编码：061000

承德分行

行　　长：鲍振香
电　　话：0314-2559002
地　　址：承德市西大街 26 号
邮政编码：067000

张家口分行

行　　长：杨力民
电　　话：0313-2087945
地　　址：张家口市桥东区解放大街 20 号
邮政编码：075000

唐山分行

行　　长：刘 军
电　　话：0315-2718810
地　　址：唐山市新华东道 102 号
邮政编码：063000

廊坊分行

行　　长：郭会科
电　　话：0316-2312706
地　　址：廊坊市和平路 78 号
邮政编码：065000

秦皇岛分行

行　　长：李占虎
电　　话：0335-3290329
地　　址：秦皇岛市建设大街 136 号
邮政编码：066000

中国农业银行股份有限公司

中国农业银行股份有限公司河北省分行

行　　长：杨 光
电　　话：0311-87025098
地　　址：河北省石家庄自强路 39 号
邮政编码：050000

河北省分行营业部

总 经 理：宋 雷
电　　话：0311-87036896
地　　址：石家庄市新华路 36 号
邮政编码：050000

承德分行

行　　长：李冬辉
电　　话：0314-2076388
地　　址：承德市双桥区南营子大街 17 号
邮政编码：067000

张家口分行

行　　长：夏长永
电　　话：0313-8057000
地　　址：张家口市明德南街 49 号
邮政编码：075000

秦皇岛分行

行　　长：黄九龙
电　　话：0335-3661199
地　　址：秦皇岛市海港区迎宾路 75 号
邮政编码：066000

唐山分行

行　　长：郑学峰
电　　话：0315-2257188
地　　址：唐山市新华道 61 号
邮政编码：063004

廊坊分行

行　　长：杨 和
电　　话：0316-2013388
地　　址：廊坊市新华路 67 号
邮政编码：065000

保定分行

行　　长：史学军
电　　话：0312-3010188
地　　址：保定市东风西路 193 号
邮政编码：071051

沧州分行

行　　长：赵立宏
电　　话：0317-2056369
地　　址：沧州市黄河西路 28 号

邮政编码：061001

衡水分行

行　　长：米献芬

电　　话：0318-2022118

地　　址：衡水市胜利东路 358 号

邮政编码：053000

邢台分行

行　　长：杨香军

电　　话：0319-2606169

地　　址：邢台市团结西大街 234 号

邮政编码：054000

邯郸分行

行　　长：杨燕臣

电　　话：0310-5802858

地　　址：邯郸市和平路 300 号

邮政编码：056002

中国银行股份有限公司

中国银行股份有限公司河北省分行

行　　长：杨红光

电　　话：0311-69696981

地　　址：石家庄市自强路 28 号

邮政编码：050000

石家庄市裕华支行

行　　长：张立波

电　　话：0311- 89890023

地　　址：石家庄市裕华东路 68 号

邮政编码：050011

石家庄市雅清支行

行　　长：陈瑞素

电　　话：0311- 85821964

地　　址：石家庄市塔南路 200 号

邮政编码：050031

石家庄市平安南大街支行

行　　长：王　征

电　　话：0311- 86036874

地　　址：石家庄市平安南大街 57 号

邮政编码：050011

石家庄市建设南大街支行

行　　长：吴静敏

电　　话：0311- 86028841

地　　址：石家庄市建设南大街 150 号

邮政编码：050000

石家庄市育才支行

行　　长：姚　亮

电　　话：0311-85819372

地　　址：石家庄市育才街 180 号

邮政编码：050021

石家庄市万达广场支行

行　　长：刘　洋

电　　话：0311- 83077581

地　　址：石家庄市槐岭路 31 号

邮政编码：050000

石家庄市富强大街支行

行　　长：王彦奎

电　　话：0311- 85878364

地　　址：石家庄市富强大街 23-2 号

邮政编码：050021

石家庄市丰收路支行

行　　长：侯晓洁

电　　话：0311-86821569

地　　址：石家庄市长安区丰收路 19 号

邮政编码：050046

石家庄市槐安支行

行　　长：李云格

电　　话：0311-85653582

地　　址：石家庄市槐安东路 164 号金马商业街 4 号楼

邮政编码：050000

石家庄市东岗路支行

行　　长：马文平

电　　话：0311-85895506

地　　址：石家庄市东岗路 28 号

邮政编码：050000

石家庄市世纪花园支行

行　　长：史　页

电　　话：0311- 85877024

地　　址：石家庄市东岗路 46 号

邮政编码：050021

石家庄市国际城支行

行　　长：李金英

电　　话：0311- 85654315
地　　址：石家庄市槐中路 576-7 号
邮政编码：050031

石家庄市怀特支行
行　　长：梁 蒙
电　　话：0311- 85826284
地　　址：石家庄体育南大街 326 号
邮政编码：050000

石家庄市翟营大街支行
行　　长：刘 东
电　　话：0311-85803220
地　　址：石家庄市翟营南大街 345 号
邮政编码：050000

赵县支行
行　　长：刘军辉
电　　话：0311-84945716
地　　址：赵县永通路 38 号
邮政编码：051530

石家庄市石宾支行
行　　长：温 鹏
电　　话：0311-86029942
地　　址：石家庄市槐中路 118 号
邮政编码：050011

元氏支行
行　　长：陈新义
电　　话：0311-84622502
地　　址：元氏县人民路 140 号
邮政编码：051130

元氏蟠龙路支行
行　　长：陈新义
电　　话：0311-84623951
地　　址：元氏县蟠龙路蟠龙佳苑小区一楼底商
邮政编码：051130

藁城支行
行　　长：杨海军
电　　话：0311-88169181
地　　址：藁城市廉州中路 1 号
邮政编码：052160

藁城四明街支行
行　　长：曹永清
电　　话：0311- 8804077
地　　址：藁城市四明街 100 号
邮政编码：052160

石家庄市西美支行
行　　长：王 飞
电　　话：0311-66611006
地　　址：石家庄市建设南大街 6 号
邮政编码：050011

灵寿支行
行　　长：王秀刚
电　　话：0311-82010423
地　　址：灵寿县人民东路（14 号）北侧
邮政编码：050500

石家庄市振头支行
行　　长：孙庆国
电　　话：0311-67306055
地　　址：石家庄市友谊南大街 122 号
邮政编码：050091

栾城支行
行　　长：李跃庭
电　　话：0311-88666208
地　　址：栾城县惠源路 27-1 号
邮政编码：051430

石家庄市联强支行
行　　长：侯文皋
电　　话：0311-85865003
地　　址：石家庄市联盟路 699 号
邮政编码：050061

井陉支行
行　　长：梅树庭
电　　话：0311-82023729
地　　址：井陉县微水镇建设北路
邮政编码：050300

井陉幸福街支行
行　　长：焦晓伟
电　　话：0311- 82024476
地　　址：井陉县微水镇幸福中街
邮政编码：050300

石家庄市红军大街支行
行　　长：陆建红
电　　话：0311- 87041833

地　　址：石家庄市红军大街 2 号
邮政编码：050051

鹿泉支行
行　　长：张林校
电　　话：0311-82012778
地　　址：鹿泉市北斗路与石邑大街交叉口
邮政编码：050200

鹿泉支行向阳大街支行
行　　长：魏学仁
电　　话：0311- 82010847
地　　址：鹿泉市获鹿镇向阳大街 90 号
邮政编码：050200

石家庄市友谊北大街支行
行　　长：相增辉
电　　话：0311- 86041405
地　　址：石家庄市友谊北大街 230 号
邮政编码：050000

平山支行
行　　长：齐 聪
电　　话：0311-82941934
地　　址：平山县城冶河东路 96 号
邮政编码：050400

石家庄市泰华支行
行　　长：李 勇
电　　话：0311-87835525
地　　址：石家庄市泰华街 107 号
邮政编码：050051

石家庄市永安支行
行　　长：李 琮
电　　话：0311-87021321
地　　址：石家庄市中华南大街 28 号
邮政编码：050051

石家庄市谊北支行
行　　长：刘海娟
电　　话：0311-83633103
地　　址：石家庄市中山西路 499 号
邮政编码：050051

石家庄市新华路支行
行　　长：李可心
电　　话：0311-87024116
地　　址：河北省石家庄市新华区康乐街 24 号
邮政编码：050000

石家庄市北新街支行
行　　长：王凤艳
电　　话：0311- 87826043
地　　址：石家庄市北新街 116 号翰海商务 13 号
邮政编码：050051

石家庄市合西支行
行　　长：袁全战
电　　话：0311- 87044179
地　　址：石家庄市合作路 113 号
邮政编码：050051

石家庄市滨湖支行
行　　长：梁 瑛
电　　话：0311- 87761569
地　　址：石家庄市泰华街 500 号
邮政编码：050051

石家庄市和平西路支行
行　　长：吴冬艳
电　　话：0311- 87787526
地　　址：石家庄市和平西路 577 号
邮政编码：050061

石家庄市绿荫广场支行
行　　长：马世强
电　　话：0311-87828456
地　　址：河北省石家庄市宁安路 168 号
邮政编码：050071

石家庄市维明北街支行
行　　长：石 辉
电　　话：0311-87816054
地　　址：石家庄市维明北大街 106 号
邮政编码：050051

石家庄市广安街支行
行　　长：刘玲玲
电　　话：0311- 85521796
地　　址：石家庄市广安大街 36 号
邮政编码：050000

无极支行
行　　长：陈锁群
电　　话：0311-85572435
地　　址：无极县无极东路 1 号

邮政编码：052460

无极中昌路支行

行　　长：李 峰

电　　话：0311-85589280

地　　址：无极县中昌西路 18 号

邮政编码：052460

新乐支行

行　　长：崔新德

电　　话：0311-88582932

地　　址：新乐市鲜虞街 68 号

邮政编码：050700

新乐新兴路支行

行　　长：祖玉海

电　　话：0311-88583343

地　　址：新乐市新兴路

邮政编码：050700

正定支行

行　　长：王力波

电　　话：0311-88022259

地　　址：正定县城常山西路 52 号

邮政编码：050800

正定府西街支行

行　　长：齐丽英

电　　话：0311-88025840

地　　址：正定县正定镇府西街 3 号

邮政编码：050800

正定恒山路支行

行　　长：李勤国

电　　话：0311- 83505551

地　　址：正定县恒山西路 106 号

邮政编码：050800

石家庄市民心广场支行

行　　长：王京宝

电　　话：0311-87800498

地　　址：石家庄市维明南大街 45 号

邮政编码：050051

石家庄市平安支行

行　　长：刘英斌

电　　话：0311-86083863

地　　址：石家庄市平安北大街 138 号

邮政编码：050000

石家庄市开发区支行

行　　长：段立新

电　　话：0311-83020425

地　　址：石家庄市裕华西路 87 号

邮政编码：050081

石家庄市建设北街支行

行　　长：赵庆华

电　　话：0311-86073950

地　　址：石家庄市建设北大街 80 号

邮政编码：050011

石家庄市新石中路支行

行　　长：谢彦玲

电　　话：0311- 85230566

地　　址：石家庄市新石中路 166 号

邮政编码：050001

石家庄市师范街支行

行　　长：崔 琳

电　　话：0311- 87880838

地　　址：石家庄市师范街 2 号

邮政编码：050041

石家庄市中华大街支行

行　　长：刘 浩

电　　话：0311-89167880

地　　址：石家庄市工农路 120 号

邮政编码：050011

石家庄市高教区支行

行　　长：张艳敏

电　　话：0311-83850423

地　　址：石家庄市红旗大街 581 号

邮政编码：050091

石家庄市红旗大街支行

行　　长：任 浩

电　　话：0311-83035879

地　　址：石家庄市红旗大街 68 号

邮政编码：050091

石家庄市中华南大街支行

行　　长：白 娟

电　　话：0311-83827585

地　　址：石家庄市中华南大街 336 号

邮政编码：050091

石家庄市槐安西路支行

行　　长：袁 哲

电　　话：0311-83024107

地　　址：石家庄市槐安西路与城角街交叉口（顺美华庭 1 号楼）

邮政编码：050091

石家庄市石纺路支行

行　　长：赵祖卿

电　　话：0311-86837342

地　　址：石家庄市石纺路 13 号

邮政编码：050000

辛集支行

行　　长：魏国栋

电　　话：0311-83222500

地　　址：辛集市兴华路北段 26 号

邮政编码：052360

辛集商业城支行

行　　长：张立鹏

电　　话：0311-83287729

地　　址：辛集市市府花园 B-5 号

邮政编码：052360

辛集国际皮革城支行

行　　长：王冀华

电　　话：0311-83222534

地　　址：辛集市教育路北段东侧辛集国际皮革城一楼

邮政编码：052360

辛集建设街支行

行　　长：耿 允

电　　话：0311-83228396

地　　址：辛集市建设街与教育大道交叉口西北角

邮政编码：052360

晋州支行

行　　长：屈耀文

电　　话：0311-84322219

地　　址：晋州市中兴街 128 号

邮政编码：052260

深泽支行

行　　长：苏 辉

电　　话：0311-87513596

地　　址：深泽县西苑街 31 号

邮政编码：052560

石家庄市盛世长安支行

行　　长：孙 阳

电　　话：0311-86669779

地　　址：石家庄长安区和平东路 313 号中景盛世长安小区底商

邮政编码：050031

石家庄市休门街支行

副 行 长：李 蕊（主持工作）

电　　话：0311-66686130

地　　址：石家庄市民生路 89 号

邮政编码：050031

石家庄市黄河大道支行

副 行 长：张志辉（主持工作）

电　　话：0311-85961868

地　　址：石家庄市黄河大道 105 号

邮政编码：050035

石家庄市和平支行

行　　长：许素林

电　　话：0311-86211235

地　　址：石家庄市中山东路 289 号

邮政编码：050011

石家庄市中山东路支行

行　　长：薛 超

电　　话：0311-85083450

地　　址：石家庄市中山东路 739 号

邮政编码：050032

石家庄市北宋路支行

行　　长：陈磊钰

电　　话：0311-85054931

地　　址：石家庄市煤机街 8 号

邮政编码：050031

石家庄市谈中街支行

行　　长：薛志红

电　　话：0311-89184200

地　　址：石家庄市谈中街 88 号

邮政编码：050011

石家庄市谈固支行

行　　长：张进恩

电　　话：0311-85677566

地　　址：石家庄市中山东路 520 号
邮政编码：050011

石家庄市建华北大街支行

行　　长：刘 妹
电　　话：0311- 66160027
地　　址：石家庄市跃进路 79 号
邮政编码：050031

石家庄市建华南大街支行

行　　长：陈金锁
电　　话：0311-85690470
地　　址：石家庄市建华南大街 199 号
邮政编码：050031

石家庄市机场支行

行　　长：李振国
电　　话：0311-88027930
地　　址：石家庄市正定机场宾馆一层
邮政编码：050802

石家庄市裕东支行

行　　长：王文生
电　　话：0311-89698031
地　　址：石家庄市建华南大街 78 号
邮政编码：050031

石家庄市中山支行

行　　长：雷焕起
电　　话：0311-88611153
地　　址：石家庄市中山西路 83 号
邮政编码：050000

石家庄市机场路支行

行　　长：孙洪涛
电　　话：0311-87053778
地　　址：石家庄市和平西路 499 号
邮政编码：050071

河北省分行第二营业部

行　　长：张爱舟
电　　话：0311- 69698197
地　　址：石家庄市新华路 80 号
邮政编码：050000

秦皇岛分行

行　　长：王 成
电　　话：0335-3619050
地　　址：秦皇岛市海港区迎宾路 157 号
邮政编码：066001

北戴河支行

行　　长：任敬湛
电　　话：0335-4047101
地　　址：秦皇岛市北戴河区联峰北路职业技术学院对面
邮政编码：066100

北戴河北岭支行

行　　长：吕春嫣
电　　话：0335- 4021149
地　　址：秦皇岛市北戴河区北四路 43 号
邮政编码：066100

北戴河联峰路支行

行　　长：李爱华
电　　话：0335- 4021147
地　　址：秦皇岛市北戴河区联峰路刘庄北里 11 排 3 号楼
邮政编码：066100

山海关支行

行　　长：曹 富
电　　话：0335-5083688
地　　址：秦皇岛市山海关开发区船厂路
邮政编码：066206

山海关南园支行

行　　长：李国钧
电　　话：0335- 5152842
地　　址：秦皇岛市山海关区南园新区 6–16 号
邮政编码：066200

昌黎支行

行　　长：陈志军
电　　话：0335-2023075
地　　址：昌黎县昌黎镇一街后行 61 号
邮政编码：066600

昌黎南马路支行

行　　长：左福柱
电　　话：0335-2030075
地　　址：昌黎县学院路南段 56、58 号
邮政编码：066600

昌黎民生路支行

行　　长：韦立财
电　　话：0335-2030074

地　　址：昌黎县昌黎镇民生路北段时代家园小区（东侧）
邮政编码：066600

昌黎碣石花苑支行

行　　长：高贵明
电　　话：0335-2861073
地　　址：昌黎县城关碣阳大街东段“碣石花苑”小区大门西侧
邮政编码：066600

卢龙支行

行　　长：何宏津
电　　话：0335-7206283
地　　址：卢龙县永平大街县邮政局东侧
邮政编码：066400

青龙支行

行　　长：王　杰
电　　话：0335-7862490
地　　址：青龙县青龙镇中段
邮政编码：066500

长江道支行

行　　长：王怀玉
电　　话：0335-8582091
地　　址：秦皇岛市开发区长江西道 9 号
邮政编码：066004

友谊路支行

行　　长：孙晓军
电　　话：0335-3893435
地　　址：秦皇岛市海港区友谊路 193 号
邮政编码：066000

中央胜境支行

行　　长：杨　彬
电　　话：0335-3895578
地　　址：秦皇岛市海港区建设大街 179 号
邮政编码：066001

建设大街支行

行　　长：侯欣刚
电　　话：0335-3083268
地　　址：秦皇岛市海港区建设大街 9-5、9-6 号
邮政编码：066001

东港路支行

行　　长：高建政
电　　话：0335-3399888
地　　址：秦皇岛市海港区东盛世家小区 1 号楼
邮政编码：066002

和苑支行

行　　长：王利鹏
电　　话：0335-3297797
地　　址：秦皇岛市海港区建设大街和苑小区 1 号楼
邮政编码：066002

秦安街支行

行　　长：张　峤
电　　话：0335-3042205
地　　址：秦皇岛市海港区民族路 56 号
邮政编码：066000

森林逸城支行

行　　长：李　彬
电　　话：0335-8068750
地　　址：秦皇岛市海港区河北大街西段 441、443 号
邮政编码：066000

秦皇大街支行

行　　长：史艳丽
电　　话：0335-3211308
地　　址：秦皇岛市海港区秦皇东大街 420 号
邮政编码：066001

东港支行

行　　长：杨海鹏
电　　话：0335-3152011
地　　址：秦皇岛市海港区工人南里
邮政编码：066003

桥东里支行

行　　长：周二彦
电　　话：0335-3733105
地　　址：秦皇岛市海港区河北大街中段 387 号
邮政编码：066000

红树湾支行

行　　长：邢印江

电　　话：0335-8542703
地　　址：秦皇岛市西南部－“燕大星苑”小区商业楼2号楼1、2号商铺
邮政编码：066000

民族路支行
行　　长：候春成
电　　话：0335-3201142
地　　址：秦皇岛市海港区民族路付15号
邮政编码：066000

建国路支行
行　　长：杨文钢
电　　话：0335-3200631
地　　址：秦皇岛市海港区建国路中段
邮政编码：066000

红旗路支行
行　　长：王晓明
电　　话：0335- 3604010
地　　址：秦皇岛市海港区红旗路八一街101号
邮政编码：066000

团结里支行
行　　长：赵 昆
电　　话：0335-3733103
地　　址：秦皇岛市海港区团结里
邮政编码：066002

三中支行
行　　长：张 鑫
电　　话：0335-3733150
地　　址：秦皇岛市海港区建国路1号海港区卫生防疫站一楼
邮政编码：066003

玉峰里支行
行　　长：李 丽
电　　话：0335-3084010
地　　址：秦皇岛市海港区玉峰里小区
邮政编码：066000

文化路支行
行　　长：钱 冰
电　　话：0335-3 619101
地　　址：秦皇岛市海港区文化北路307号
邮政编码：066001

开发区支行
行　　长：张 旭
电　　话：0335-8051664
地　　址：秦皇岛市开发区珠江道37号
邮政编码：066004

海港支行
行　　长：冯玉权
电　　话：0335-3042726
地　　址：秦皇岛市海港区建安里副19号
邮政编码：066000

和平花园支行
行　　长：王利锋
电　　话：0335-3800599
地　　址：秦皇岛市海港区和平大街246-248号
邮政编码：066000

滨海诚支行
行　　长：张志波
电　　话：0335-3410849
地　　址：秦皇岛市海港区滨海城小区东出口
邮政编码：066000

河北大街支行
行　　长：郑淑彧
电　　话：0335-3266139
地　　址：秦皇岛市海港区河北大街245号
邮政编码：066000

国际城支行
行　　长：王占宏
电　　话：0335-3256951
地　　址：秦皇岛市海港区兴龙国际城8-1号
邮政编码：066000

燕山大街支行
行　　长：侯建生
电　　话：0335-3083691
地　　址：秦皇岛市海港区燕山大街欧洲城小区6号楼
邮政编码：066000

北戴河新区支行
行　　长：高 亭
电　　话：0335-4050538

地　　址：抚宁县南戴河长白生活小区富强东里 3 号楼
邮政编码：066311

抚宁支行

行　　长：梁宝刚
电　　话：0335-6011663
地　　址：抚宁县抚宁镇迎宾路中段
邮政编码：066300

山海关兴华市场支行

行　　长：马永兵
电　　话：0335-5152844
地　　址：秦皇岛市山海关区南海西路 7 号
邮政编码：066200

海阳路支行

行　　长：李顶斌
电　　话：0335-3033894
地　　址：秦皇岛市海港区海阳路 9 号
邮政编码：066000

北环路支行

行　　长：郭建平
电　　话：0335-3601205
地　　址：秦皇岛市海港区北环路 589、591 号
邮政编码：066001

张家口分行

行　　长：刘文广
电　　话：0313-8041897
地　　址：张家口市桥西区长青路 42 号
邮政编码：075000

岸尚清城支行

行　　长：郑春莲
电　　话：0313-2165313
地　　址：张家口市桥西区南城壕街 6 号商业写字楼 13 号
邮政编码：075000

明德北支行

行　　长：刘卫琴
电　　话：0313-8040273
地　　址：张家口市桥西区明德北街 56 号
邮政编码：075000

金鼎支行

行　　长：杨晏东
电　　话：0313-8067082
地　　址：张家口市桥西区明德南街 36 号
邮政编码：075000

南口支行

行　　长：芦志强
电　　话：0313-8067082
地　　址：张家口市桥东区胜利北路 54 号盛世华庭小区底商
邮政编码：075000

胜利北支行

行　　长：张秀红
电　　话：0313-4066639
地　　址：张家口市桥东区容辰商业街南区 35 号商铺
邮政编码：075000

盛华西大街支行

行　　长：肖志刚
电　　话：0313-4065376
地　　址：张家口市盛华西大街花园住宅小区 34 号底商 6 号
邮政编码：075000

报业大厦支行

行　　长：张建会
电　　话：0313-2050576
地　　址：张家口桥东区建国路报业大厦
邮政编码：075000

电厂支行

行　　长：李立峰
电　　话：0313-5045800
地　　址：张家口宣化区大唐国际股份有限公司张家口发电厂家属区
邮政编码：075000

建国路支行

行　　长：李亚琦
电　　话：0313-2111383
地　　址：张家口市桥东区建国路欣盛大厦写字楼 5 号底商
邮政编码：075000

钻石路支行

行　　长：杨菊英
电　　话：0313-2264923

地　　址：张家口市桥东区钻石北路 28 号
邮政编码：075000

串夭街支行

行　　长：岳海冰
电　　话：0313-4517100
地　　址：张家口市桥西区串夭街 18 号
邮政编码：075000

宣化支行

行　　长：夏海文
电　　话：0313-3188758
地　　址：张家口市宣化区牌楼西街 53 号
邮政编码：075100

宣化新开支行

行　　长：常 江
电　　话：0313-3188778
地　　址：张家口市宣化区皇城桥路 47 号
邮政编码：075100

宣化钟楼支行

行　　长：祁建宏
电　　话：0313-3188773
地　　址：张家口市宣化区大东街 10 号
邮政编码：075100

宣化建国街支行

行　　长：边海艳
电　　话：0313-3186478
地　　址：张家口市宣化区建国街 5 号雅枫小区出口处
邮政编码：075100

宣化大西街支行

行　　长：张鹏翔
电　　话：0313-3188775
地　　址：张家口市宣化区大西街京西江南小区 23 号底商
邮政编码：075100

怀来支行

行　　长：李海东
电　　话：0313- 6800855
地　　址：怀来县京张公路东大街
邮政编码：075400

怀来长城路支行

行　　长：施东沙
电　　话：0313-6800861
地　　址：怀来县沙城镇长城中路时代广场东南角
邮政编码：075400

怀来燕京路支行

行　　长：乔际峰
电　　话：0313- 6282480
地　　址：怀来县沙城镇燕京路新东方城市广场 101 号
邮政编码：075400

怀来西大街支行

行　　长：师瑞峰
电　　话：0313-6800862
地　　址：怀来县富达园小区路口东北角
邮政编码：075400

张北支行

行　　长：王社峰
电　　话：0313-5222863
地　　址：张北县张北镇兴华西路 102 号
邮政编码：076450

张北兴和路支行

行　　长：陈 岗
电　　话：0313-5238690
地　　址：张北县张北镇兴和西路 2 号
邮政编码：076450

阳原支行

行　　长：孙振德
电　　话：0313-7512424
地　　址：阳原县城昌盛西街十字路口西北角
邮政编码：075800

蔚县支行

行　　长：方海军
电　　话：0313- 7010852
地　　址：蔚县蔚州镇建设南大街
邮政编码：075700

蔚县和平路支行

行　　长：赵建国
电　　话：0313-7017976
地　　址：蔚县蔚州镇和平路
邮政编码：075700

蔚县前进路支行
行　　长：王 昆
电　　话：0313-7015767
地　　址：蔚县蔚州镇前进路工商商贸楼底商
邮政编码：075700

万全支行
行　　长：郝占峰
电　　话：0313-4225770
地　　址：万全县孔家庄镇万孔路 64 号
邮政编码：076250

桥东支行
行　　长：吴 宏
电　　话：0313-2063419
地　　址：张家口市胜利中路 215 号张家口市住房公积金管理中心办公楼底商
邮政编码：075000

南新区支行
行　　长：郑兰柱
电　　话：0313-4016396
地　　址：张家口市南新区中兴北路中段联通营业楼底商
邮政编码：075000

西河沿支行
行　　长：胡适运
电　　话：0313-2170185
地　　址：张家口市桥西区西河沿 47 号
邮政编码：075000

桥西支行
行　　长：陈 明
电　　话：0313-8040265
地　　址：张家口市桥西区祭风台街 1 号
邮政编码：075000

下花园支行
行　　长：杨 刚
电　　话：0313-5052624
地　　址：张家口市下花园区市场后街 4 号
邮政编码：075300

崇礼支行
行　　长：王伟忠
电　　话：0313-5691020
地　　址：崇礼县城裕兴路伯顿庄园商铺
邮政编码：076300

赤城支行
行　　长：殷 晟
电　　话：0313-5609901
地　　址：赤城县城霞城大道 4 号永泰嘉苑小区 D 段商业楼
邮政编码：075500

宣化开发区支行
行　　长：刘 剑
电　　话：0313-3886066
地　　址：张家口市宣化区中山大街钢鑫住宅小区 24 号楼底商
邮政编码：075100

清河湾支行
行　　长：王永军
电　　话：0313-4193780
地　　址：张家口市清水河南路 95 号清河湾小区 4 号楼
邮政编码：075000

唐山分行

行　　长：张 琳
电　　话：0315-2206608
地　　址：唐山市新华西道 67 号
邮政编码：063004

新城道支行
行　　长：张席源
电　　话：0315-3230158
地　　址：唐山市丰润区新城道 132 号
邮政编码：063030

新城道燕山路支行
行　　长：王立忠
电　　话：0315-3242714
地　　址：唐山市丰润区新城道 19 号
邮政编码：063030

新城道园东支行
行　　长：王文杰
电　　话：0315-3246789
地　　址：唐山市丰润区公园道园东小 108-1-201、202 号
邮政编码：063030

新城道人民路支行
行　　长：孟维福
电　　话：0315- 3221900
地　　址：唐山市丰润区新开公寓 A 座 01 号
邮政编码：063030

京唐港支行
行　　长：才胜平
电　　话：0315-2914088
地　　址：唐山市海港开发区港福街（3 号路）南海安路（36 号路）东创业大厦 底商
邮政编码：063611

滦南支行
行　　长：高平元
电　　话：0315-4122014
地　　址：滦南县南大街友谊路交叉口天承锦绣小区底商
邮政编码：063500

滦南城南支行
行　　长：荣 建
电　　话：0315-4546100
地　　址：滦南县城南大街
邮政编码：063500

丰南支行
行　　长：张瑞刚
电　　话：0315-8123965
地　　址：唐山市丰南区青年路 106 号
邮政编码：063300

丰南开发区支行
行　　长：李静芸
电　　话：0315-8163065
地　　址：唐山市丰南区青年路 328 号
邮政编码：063300

丰南新华路支行
行　　长：史春生
电　　话：0315-8123934
地　　址：唐山市丰南区新华大街九河公园西门
邮政编码：063300

丰南汇通路支行
行　　长：毕永亮
电　　话：0315-8129049
地　　址：唐山市丰南区汇通路 133 号
邮政编码：063300

丰南滨河大街支行
行　　长：邓秀伟
电　　话：0315-8199011
地　　址：唐山市丰南区滨河南大街 98 号
邮政编码：063300

丰南建设路支行
行　　长：赵丽岩
电　　话：0315-8542113
地　　址：唐山市丰南区建设路 110、112、114 号
邮政编码：063300

丰南文化街支行
行　　长：吴玉霞
电　　话：0315-8118656
地　　址：唐山市丰南区文化大街 252、256、258 号
邮政编码：063300

迁西支行
行　　长：李振青
电　　话：0315-5612922
地　　址：迁西县喜峰中路 34 号
邮政编码：064300

迁西龙凤嘉园支行
行　　长：何 源
电　　话：0315-5620523
地　　址：迁西县城关凤凰西街南侧龙凤嘉园西
邮政编码：064300

乐亭支行
行　　长：韩 冰
电　　话：0315-4612325
地　　址：乐亭县金融大街 11 号
邮政编码：063600

乐亭永安支行
行　　长：李晓颖
电　　话：0315-4612398
地　　址：乐亭县新城区永安南路 87 号
邮政编码：063600

乐亭茂源东街支行
行　　长：朱岩峰
电　　话：0315-7365039
地　　址：乐亭县茂源东街水岸星城小区Ⅱ段C区221、222、223、224号商业楼
邮政编码：063600

迁安支行
行　　长：刘宗义
电　　话：0315-7613475
地　　址：迁安市南部钢城路中段路南
邮政编码：064400

迁安惠泉大街支行
行　　长：王保东
电　　话：0315-7613476
地　　址：迁安市惠泉大街广场馨园38号楼第2号
邮政编码：064400

迁安兴安大街支行
行　　长：石继革
电　　话：0315-7695571
地　　址：迁安市世纪兴商厦底商
邮政编码：064400

迁安花园街支行
行　　长：方　强
电　　话：0315-7680715
地　　址：迁安市花园街1678号
邮政编码：064400

滦县支行
行　　长：刘东升
电　　话：0315-7125449
地　　址：滦县新城燕山北大街37号
邮政编码：063700

滦县建华大街支行
行　　长：赵树学
电　　话：0315-7168977
地　　址：滦县建华大街与团结路交叉口泰瑞华庭小区底商号
邮政编码：063700

遵化支行
行　　长：张　晖
电　　话：0315-6614033
地　　址：遵化市文茂大街8号
邮政编码：064200

遵化文萃路支行
行　　长：徐立源
电　　话：0315-6618337
地　　址：遵化市文翠路天之润小区路西底层商铺
邮政编码：064200

遵化建设路支行
行　　长：王　莹
电　　话：0315-6620067
地　　址：遵化市亨泰公寓底层商铺
邮政编码：064200

遵化三间房支行
行　　长：高金喜
电　　话：0315-6677717
地　　址：遵化市北二环东路28号
邮政编码：064200

遵化华明路支行
行　　长：周大勇
电　　话：0315-6933223
地　　址：遵化市华明路华明嘉园商业楼J座1 3号、1 4号
邮政编码：064200

玉田支行
行　　长：张　铎
电　　话：0315-6114786
地　　址：玉田县无终东街58号
邮政编码：064100

玉田北环支行
行　　长：李长利
电　　话：0315-6155430
地　　址：玉田县兴玉路西幸福小区商业楼一层
邮政编码：064100

丰润支行
行　　长：匡国强
电　　话：0315-5125804
地　　址：唐山市丰润区曹雪芹西道576号
邮政编码：064000

丰润曹雪芹大街支行

行　　长：常爱民

电　　话：0315-5124144

地　　址：唐山市丰润区曹雪芹西道 184 号

邮政编码：064000

丰润康宁路支行

行　　长：陈　艳

电　　话：0315-5127113

地　　址：唐山市丰润区康宁路祥润佳园底商 15 号

邮政编码：064000

丰润唐丰路支行

行　　长：冯宝刚

电　　话：0315-5171097

地　　址：唐山市丰润区唐丰路和浭北路交叉口冀东建材大世界 3 区 7 栋 121、122 号

邮政编码：064000

税钢支行

行　　长：刘万里

电　　话：0315-3718820

地　　址：唐山市开平区税钢小区沿街公建一层

邮政编码：063000

馨秀园支行

行　　长：邱荣杰

电　　话：0315-2798635

地　　址：唐山市长虹道 221、223、225 号

邮政编码：063000

时代景苑支行

行　　长：张亚军

电　　话：0315-2031504

地　　址：唐山市长宁道 309 号

邮政编码：063000

友谊路支行

行　　长：袁　毅

电　　话：0315-2228069

地　　址：唐山市友谊路 36 号

邮政编码：063001

南新道支行

行　　长：张卫军

电　　话：0315-2561210

地　　址：唐山路南区常泰里福乐园 906 付一号

邮政编码：063004

银安花园支行

行　　长：丁玫林

电　　话：0315-2211366

地　　址：唐山市西山道 218 号

邮政编码：063000

煤医道支行

行　　长：郑艳丽

电　　话：0315-2828309

地　　址：唐山市文化路 128 号甲

邮政编码：063000

凤宁花园支行

行　　长：王　芳

电　　话：0315-3173076

地　　址：唐山市长宁道 6-1 号

邮政编码：063000

裕华道支行

行　　长：张海燕

电　　话：0315-2092397

地　　址：唐山市祥富南里 801 楼 2-4、5 号

邮政编码：063000

学院路支行

行　　长：尹志杰

电　　话：0315-2238398

地　　址：唐山市学院路西 28 号

邮政编码：063000

天元帝景支行

行　　长：郑玉海

电　　话：0315-2569265

地　　址：唐山市兴源道天元帝景 123-1 号

邮政编码：063000

龙泽北路支行

行　　长：谢　彬

电　　话：0315-3296445

地　　址：唐山市龙泽北路 506、508、510 号

邮政编码：063000

朝阳道支行

行　　长：王　峰

电　　话：0315-2012256
地　　址：唐山市路北区河西里绿锦园 102 楼龙泽北路 75 号
邮政编码：063000

北新道支行

行　　长：梁　云
电　　话：0315-2216032
地　　址：唐山市路北区北新南道军鑫里小区底商
邮政编码：063004

广场支行

行　　长：魏天中
电　　话：0315-2821459
地　　址：唐山路南区新天地商业广场（购物乐园 D2 区 1-4 号）
邮政编码：063000

建设路支行

行　　长：李国生
电　　话：0315-2036973
地　　址：唐山市建设北路 100 号
邮政编码：063000

华岩南路支行

行　　长：白云飞
电　　话：0315-2827952
地　　址：唐山市华岩路 41 号
邮政编码：063000

玫瑰庄园支行

行　　长：姜志勇
电　　话：0315-2255815
地　　址：唐山市北新西道 17-1 号
邮政编码：063000

唐钢支行

行　　长：吴俊卿
电　　话：0315-2705277
地　　址：唐山市路北区钢厂道 23 号
邮政编码：063000

西山道支行

行　　长：王建辉
电　　话：0315-2568509
地　　址：唐山路北区军安里小区平改一期 1、2、3 号商业
邮政编码：063000

尚座支行

行　　长：刘大宁
电　　话：0315-2578330
地　　址：唐山市路北区尚座商业街 E 区一层 1E06 号
邮政编码：063000

古冶支行

行　　长：刘晓华
电　　话：0315-3567377
地　　址：唐山市古冶区林西新林道 56 号
邮政编码：063103

河北路支行

行　　长：李淑君
电　　话：0315-3282621
地　　址：唐山路北区庆南道南侧
邮政编码：063500

体育中心支行

行　　长：张　伟
电　　话：0315-2819774
地　　址：唐山市建设南路 82 号
邮政编码：063000

新华道支行

行　　长：刘俊成
电　　话：0315-2818289
地　　址：唐山市新华西道 36 号
邮政编码：063020

大里路支行

行　　长：王秋菊
电　　话：0315-2238206
地　　址：唐山市大里路丽景琴园底商 1-24 号
邮政编码：063000

复兴路支行

行　　长：于天泳
电　　话：0315-2862719
地　　址：唐山市复兴路 199 号
邮政编码：063000

鹭港支行

行　　长：王会云
电　　话：0315-2396989
地　　址：唐山市路北区兴源道鹭港小区

901S-03 号
邮政编码：063000

瑞景支行

行　　长：温 冬
电　　话：0315-5397606
地　　址：唐山市路北区西山道 111-19、111-20-111-21 号
邮政编码：063000

开平支行

行　　长：吴金华
电　　话：0315-3372368
地　　址：唐山市开平区新苑路 18 号
邮政编码：063021

梧桐大道支行

行　　长：朱海玲
电　　话：0315-6316890
地　　址：唐山市路北区友谊路凤凰新城梧桐大道小区 A8 座 01 号底商
邮政编码：063000

光明北路支行

行　　长：卢学武
电　　话：0315-2393208
地　　址：唐山市路北区光明路与翔云道交叉口
邮政编码：063000

卫国路支行

行　　长：薄会森
电　　话：0315-2370609
地　　址：唐山市路北区卫国路六合轩府第 2 号楼 6、7、8 号
邮政编码：063000

古范路支行

行　　长：郑文亮
电　　话：0315-5029099
地　　址：唐山市古冶区古范路 18 号
邮政编码：063103

金岸支行

行　　长：童学楷
电　　话：0315-2329279
地　　址：唐山市路南区金岸・世铭小区 18-01、18-02、18-03 号
邮政编码：063000

金域华府支行

行　　长：薛 蕊
电　　话：0315-2011660
地　　址：唐山市大里路与长虹道交叉口东南侧金域华府 A-15 号
邮政编码：063000

五金城支行

行　　长：李 冰
电　　话：15531561072
地　　址：唐山市路南区南环路国际五金城 301 号商业楼 1、2 号
邮政编码：063000

唐宁广场支行

行　　长：荣建芝
电　　话：0315-6303110
地　　址：唐山路北区华岩北路 2 号唐宁广场 9、10、11 号商业楼
邮政编码：063000

保定分行

行　　长：郑元昌
电　　话：0312-3086601
地　　址：保定市东风西路 2 号
邮政编码：071051

涿州支行

行　　长：杨永济
电　　话：0312-3635365
地　　址：涿州市开发区东兴北街 29 号
邮政编码：072750

涿州凌云支行

行　　长：赵春涛
电　　话：0312- 3951371
地　　址：涿州市松林店镇正阳街凌云集团家属区门口南侧
邮政编码：072758

涿州范阳中路支行

行　　长：刘淑珍
电　　话：0312-3851215
地　　址：涿州市范阳中路（政法街口）
邮政编码：072754

涿州金街支行
行　　长：杨永明
电　　话：0312-3635424
地　　址：涿州市范阳西路 122 号
邮政编码：072757

涿州桃园路支行
行　　长：刘 平
电　　话：0312-3607871
地　　址：涿州市桃园路 20 号
邮政编码：072759

涿州范阳支行
行　　长：张建中
电　　话：0312-38001771
地　　址：涿州市范阳中路 85 号
邮政编码：072750

定州支行
行　　长：刘喜生
电　　话：0312-2386552
地　　址：定州市中山西路
邮政编码：073000

定州东门支行
行　　长：袁 阔
电　　话：0312-2392020
地　　址：定州市东门街
邮政编码：073000

定州电厂支行
行　　长：刘仕见
电　　话：0312-2586699
地　　址：定州市东忽村（国华定洲电厂）
邮政编码：073000

定州清风路支行
行　　长：米丽伟
电　　话：0312-2314101
地　　址：定州市南城区清风南街 1 号
邮政编码：073000

定州开发区支行
行　　长：谢鹏建
电　　话：0312-2353279
地　　址：定州市军工路北侧嘉欣家园小区 8 号楼底商
邮政编码：073000

高阳支行
行　　长：付伯权
电　　话：0312-6633201
地　　址：高阳县迎宾路
邮政编码：071500

高阳朝阳路支行
行　　长：郭农建
电　　话：0312- 6628033
地　　址：高阳县朝阳路
邮政编码：071500

高碑店支行
行　　长：杨光辉
电　　话：0312-2810293
地　　址：高碑店市团结东路 5 号
邮政编码：074000

高碑店迎宾路支行
行　　长：皮瑞芳
电　　话：0312-2810285
地　　址：高碑店市迎宾路 141 号
邮政编码：074000

高碑店植物园支行
行　　长：朱 强
电　　话：0312-2810284
地　　址：高碑店市五一南路东侧
邮政编码：074000

清苑支行
行　　长：史跃宣
电　　话：0312-8011421
地　　址：清苑县城中心东街 1 号
邮政编码：071100

清苑县清苑路支行
行　　长：段红娜
电　　话：0312-8011327
地　　址：清苑县城清苑北路 162 号
邮政编码：071100

徐水支行
行　　长：甄 鹏
电　　话：0312-8601023
地　　址：徐水县永兴路 53 号
邮政编码：072550

徐水振兴东路支行
行　　长：牛建民
电　　话：0312-8685301
地　　址：徐水县振兴东路 23 号
邮政编码：072550

蠡县支行
行　　长：冉 静
电　　话：0312-6215168
地　　址：蠡县城内
邮政编码：071400

蠡县留史支行
行　　长：伍 毅
电　　话：0312-6335311
地　　址：蠡县留史镇
邮政编码：071400

七一路支行
行　　长：郝喜乐
电　　话：0312-3155893
地　　址：保定市七一中路华侨大厦底商 8 号商铺
邮政编码：071051

满城支行
行　　长：郭 兴
电　　话：0312-7078415
地　　址：满城县中山东路 53 号
邮政编码：072150

安国支行
行　　长：田 宇
电　　话：0312-3576789
地　　址：安国市药都北大街 82 号
邮政编码：071200

天鹅路支行
行　　长：刘 晨
电　　话：0312-3138955
地　　址：保定市天鹅中路 59 号
邮政编码：071051

容城支行
行　　长：高 青
电　　话：0312-5615848
地　　址：容城县容城镇朝阳社区罗萨大街 149 号
邮政编码：071700

双胜街支行
行　　长：陈洁宇
电　　话：0312- 5018346
地　　址：保定市七一中路 140 号
邮政编码：071000

四季城支行
行　　长：崔智峰
电　　话：0312- 3336715
地　　址：保定市北市区李庄街 881-25 号
邮政编码：071000

军校街支行
行　　长：赵 颖
电　　话：0312-5997127
地　　址：保定市军校街 149 号
邮政编码：071000

新华路支行
行　　长：洪 玫
电　　话：0312-2030987
地　　址：保定市裕华西路 606 号
邮政编码：071000

仁和支行
行　　长：霍孟雄
电　　话：0312-3087723
地　　址：保定市东风中路 1826 号
邮政编码：071000

凤凰城支行
行　　长：柳艳艳
电　　话：0312-5991760
地　　址：保定市新东方凤凰城商务楼底商
邮政编码：071000

玉兰大街支行
行　　长：胡俊池
电　　话：0312-5098731
地　　址：保定市玉兰大街 329-333 号
邮政编码：071000

五四中路支行
行　　长：胡继英
电　　话：0312-5099027
地　　址：保定市五四中路 851 号
邮政编码：071000

西苑支行
行　　长：杨建霞
电　　话：0312-3336723
地　　址：保定市恒祥北大街 983 号
邮政编码：071000

北城支行
行　　长：崔少卿
电　　话：0312-3328861
地　　址：保定市恒祥北大街与复兴中路交叉口（保定市 TOP 世界观 4 号 -5 号商铺）
邮政编码：071000

西城支行
行　　长：张建龙
电　　话：0312-3021792
地　　址：保定市朝阳南大街 658 号
邮政编码：071000

市府街支行
行　　长：李新红
电　　话：0312-2065628
地　　址：保定市永华北路 48 号
邮政编码：071000

前卫支行
行　　长：汪　芹
电　　话：0312-2011064
地　　址：保定市东风中路 4 号
邮政编码：071000

裕华支行
行　　长：车　跃
电　　话：0312-2031736
地　　址：保定市裕华西路 399 号
邮政编码：071000

东城支行
行　　长：李文占
电　　话：0312-5058508
地　　址：保定市天威东路 295 号
邮政编码：071000

高科技开发区支行
行　　长：荆　东
电　　话：0312-3336756
地　　址：保定市朝阳北大街 700 号
邮政编码：071051

朝阳北大街支行
行　　长：潘　静
地　　址：保定市朝阳北大街 1218 号
电　　话：0312-3113211
邮政编码：071000

三丰路支行
行　　长：洪　玫
电　　话：0312-2132919
地　　址：保定市三丰中路 589 号
邮政编码：071000

向阳北大街支行
行　　长：张钧鸿
电　　话：0312-3112301
地　　址：保定市向阳北大街付 199 号华海大厦底商
邮政编码：071000

天威西路支行
行　　长：刘雪梅
电　　话：0312-3253505
地　　址：保定市天威路与乐凯大街交叉口新畿辅小区底商 6 号 -7 号
邮政编码：071000

永华北大街支行
行　　长：杨三军
电　　话：0312-5010961
地　　址：保定市文华大厦门脸房 A3-A6
邮政编码：071000

易县支行
行　　长：董　铁
电　　话：0312-8213720
地　　址：易县朝阳西路南侧华宇阳光国际
邮政编码：074200

定兴支行
行　　长：任红旗
电　　话：0312-6885098
地　　址：定兴县昌盛大街 65 号
邮政编码：072650

望都支行
行　　长：朱东林
电　　话：0312-7778805

地　　址：望都县富强东路 33 号
邮政编码：072450
雄县支行
行　　长：朱东林
电　　话：0312-5861411
地　　址：雄县文昌大街 258 号
邮政编码：071800
唐县支行
行　　长：梁文革
电　　话：0312-6438763
地　　址：唐县光明路 190 号
邮政编码：072350
白沟新城支行
行　　长：杨 涛
电　　话：0312-2871909
地　　址：白沟新城五一路和富民路交叉口
邮政编码：074000
白沟仁和路支行
行　　长：谷连恩
电　　话：0312-2890329
地　　址：高碑店市白沟镇仁和中路 3 号
邮政编码：074000

邯郸分行

行　　长：柴英豪
电　　话：0310-6265615
地　　址：邯郸市人民路 79 号
邮政编码：056002
峰峰支行
行　　长：张晓光
电　　话：0310-5011494
地　　址：邯郸市峰峰矿区滏阳东路 26 号
邮政编码：056200
峰峰滏临支行
行　　长：李志军
电　　话：0310-5113597
地　　址：邯郸市峰峰矿区军民路 9 号
邮政编码：056200
永年支行
行　　长：靳振波
电　　话：0310-6827515
地　　址：永年县新洺路 12 号
邮政编码：057150
永年兴南路支行
行　　长：赵俊成
电　　话：0310-6823636
地　　址：永年县洺兴南路 22 号
邮政编码：057150
涉县支行
行　　长：王彦安
电　　话：0310-3832090
地　　址：涉县振兴路 239 号
邮政编码：056400
涉县开发区支行
行　　长：秦海东
电　　话：0310-3897391
地　　址：涉县龙山大街隆盛商务大厦
邮政编码：056400
武安支行
行　　长：尹树群
电　　话：0310-5717071
地　　址：武安市矿建路西关街村委会西侧
邮政编码：056300
武安中山支行
行　　长：孙明安
电　　话：0310-5650704
地　　址：武安市中山大街中兴路交叉口西北角财富广场
邮政编码：056300
武安中兴路支行
行　　长：史胜利
电　　话：0310-5719356
地　　址：武安市中兴路 1716 号
邮政编码：056300
磁县支行
行　　长：李志祥
电　　话：0310-2311163
地　　址：磁县磁州路 38 号
邮政编码：056500
复兴支行
行　　长：马瑞博
电　　话：0310-3148672
地　　址：邯郸市人民路与前进大街交叉口

西北角
邮政编码：056003

财富支行

行　　长：任小峰
电　　话：0310-3118806
地　　址：邯郸市邯山区和平路 398 号
邮政编码：056001

光明大街支行

行　　长：付晓光
电　　话：0310-3277843
地　　址：邯郸市光明大街与望岭路西南角
邮政编码：056002

丛台中路支行

行　　长：贺　丽
电　　话：0310-3125810
地　　址：邯郸市丛台路甲 33 号
邮政编码：056002

高开区支行

行　　长：宋祖荣
电　　话：0310-8077992
地　　址：邯郸市经济开发区联通南路 18 号
邮政编码：056107

雪驰路支行

行　　长：刘庆周
电　　话：0310-8039388
地　　址：邯郸市雪驰路 13 号
邮政编码：056001

联纺东路支行

行　　长：王栩远
电　　话：0310-7088151
地　　址：邯郸市丛台区联纺东路 168 号
邮政编码：056002

连城别苑支行

行　　长：柴　华
电　　话：0310-3196265
地　　址：邯郸市丛台区丛台路 455 号门市
邮政编码：056002

滏东大街支行

行　　长：刘爱梅
电　　话：0310-8095763
地　　址：邯郸市滏东大街 158 号
邮政编码：056002

黎明街支行

行　　长：李玮杰
电　　话：0310-3118210
地　　址：邯郸市朝阳路 15 号院 10 号楼临街 2 号、3 号门市
邮政编码：056002

丛台支行

行　　长：李　卫
电　　话：0310-2063211
地　　址：邯郸市丛台区丛台路甲 33 号
邮政编码：056002

望岭路中支行

行　　长：刘　琰
电　　话：0310-3272655
地　　址：邯郸市陵西北大街 249 号
邮政编码：056004

人民西路支行

行　　长：范志伟
电　　话：0310-3148551
地　　址：邯郸市复兴区人民路 5 号院 15 号门市
邮政编码：056004

中华北大街支行

行　　长：侯洪光
电　　话：0310-3287001
地　　址：邯郸市丛台区中华北大街 71 号
邮政编码：056002

光华苑支行

行　　长：王海军
电　　话：0310-4014655
地　　址：邯郸市复兴区箭岭路 6 号院 10 号楼 3-2、4-2 门市
邮政编码：056004

中华大街支行

行　　长：朱国庆
电　　话：0310-3125521
地　　址：邯郸市邯山区中华大街 9 号
邮政编码：056001

罗城头支行

行　　长：刘会战

电　　话：0310-3168801
地　　址：邯郸市邯山区罗城头商业网点I区育红饭店
邮政编码：056001

学院南路支行

行　　长：陈　洁
电　　话：0310-6023602
地　　址：邯郸市中华南大街4号小区临街商铺9号门市
邮政编码：056001

和平路支行

行　　长：李亚敏
电　　话：0310-8133519
地　　址：邯郸市邯山区和平路351号
邮政编码：056001

农林中路支行

行　　长：高　彦
电　　话：0310-8070680
地　　址：邯郸市农林路86号
邮政编码：056001

展览路支行

行　　长：武　青
电　　话：0310-3118360
地　　址：邯郸市丛台区展览路后街7号院2号楼6-8号
邮政编码：056002

人民路支行

行　　长：周晓鹏
电　　话：0310-3016805
地　　址：邯郸市人民路159号
邮政编码：056002

邯山支行

行　　长：任海凤
电　　话：0310-3081376
地　　址：邯郸市人民路与东柳大街交叉口西北角阳光新天地10号商业综合楼一层
邮政编码：056001

联纺路支行

行　　长：王丙云
电　　话：0310-7022424
地　　址：邯郸市中华北大街382号
邮政编码：056004

腾宇苑支行

行　　长：孙保芹
电　　话：0310-7081023
地　　址：邯郸市丛台区联纺路48号腾宇苑小区1号楼一层
邮政编码：056002

天泽园支行

行　　长：梁慧涛
电　　话：0310-8168692
地　　址：邯郸市高开区家和路53号
邮政编码：056004

星城国际支行

行　　长：刘　磊
电　　话：0310-3177835
地　　址：邯郸市丛台区滏河北大街580号星城国际小区19号楼3单元365号、367号
邮政编码：056002

滏阳支行

行　　长：李鸿星
电　　话：0310-8010217
地　　址：邯郸市邯山区滏东南大街193号明珠花园B区
邮政编码：056001

成安支行

行　　长：李泳洁
电　　话：0310-7281201
地　　址：成安县凤凰路与青云街交叉口东南角
邮政编码：056000

邯郸县支行

行　　长：闫丽杰
电　　话：0310-8036621
地　　址：邯郸市东环南大街166、168、170号（香兰雅居）
邮政编码：056100

赵都新城支行

行　　长：马剑媛
电　　话：0310-6033500

地　　址：邯郸市赵都新城泰和园5号楼1-4号商铺
邮政编码：056003

大名支行

行　　长：苏建华
电　　话：0310-6302216
地　　址：大名县天雄路与京府大街交叉口西南角
邮政编码：056900

临漳支行

行　　长：梁红峰
电　　话：0310-5043628
地　　址：临漳县建安路89号
邮政编码：056600

承德分行

行　　长：李旭东
电　　话：0314-2178359
地　　址：承德市东大街3号
邮政编码：067000

新华支行

行　　长：秦树安
电　　话：0314-2074280
地　　址：承德市新华路新华园A座1-1
邮政编码：067000

双百支行

行　　长：宋桂宏
电　　话：0314-2060935
地　　址：承德市新华路双百购物广场一楼西侧北角
邮政编码：067000

平泉支行

行　　长：李　杰
电　　话：0314-6023600
地　　址：平泉县平泉镇迎宾街迎宾小区商业S1-6号
邮政编码：067500

平泉泽洲支行

行　　长：吕晓东
电　　话：0314-6022385
地　　址：平泉县平泉镇和平街27号
邮政编码：067500

围场支行

行　　长：杨　科
电　　话：0314-7513914
地　　址：围场县围场镇伊逊路117号
邮政编码：068450

围场木兰中路支行

行　　长：潘殿芝
电　　话：0314-7513360
地　　址：围场县围场镇木兰中路100号
邮政编码：068450

围场通祥街支行

行　　长：李　民
电　　话：0314-7514271
地　　址：围场县围场镇通祥街2号
邮政编码：068450

兴隆支行

行　　长：刘占晨
电　　话：0314-5053716
地　　址：兴隆县兴隆镇西关村西大街路北
邮政编码：067300

兴隆东大街支行

行　　长：曹士敏
电　　话：0314-5054576
地　　址：兴隆县兴隆镇中央村东大街
邮政编码：067300

隆化支行

行　　长：衡海军
电　　话：0314-7063687
地　　址：隆化县隆化镇安洲街7号
邮政编码：068150

隆化建设街支行

行　　长：谭国尧
电　　话：0314-6014467
地　　址：隆化县隆化镇建设街龙骧御景花园小区一层113-114号商铺
邮政编码：068150

体育场支行

行　　长：张铁群
电　　话：0314-2154151
地　　址：承德市翠桥路南43号
邮政编码：067000

迎宾路支行
行　　长：苏艳姝
电　　话：0314-2061721
地　　址：承德双桥区大石庙镇迎宾路偏岭南侧汇强矿业大厦第 1 幢 102、103、104、105、117、118、119 号商业
邮政编码：067000

富华支行
行　　长：周春华
电　　话：0314-2125781
地　　址：承德市双桥区石洞子沟路富华山庄二期底商
邮政编码：067000

大佟沟支行
行　　长：成 岩
电　　话：0314-2074147
地　　址：承德市大佟沟 28 号楼
邮政编码：067000

南园支行
行　　长：殷 京
电　　话：0314-2151104
地　　址：承德市紫晶花园小区 7 栋楼底商一层
邮政编码：067000

永兴支行
行　　长：李 丽
电　　话：0314-2066100
地　　址：承德市南营子大街甲 21 号
邮政编码：067000

云岭支行
行　　长：崔华南
电　　话：0314-2186850
地　　址：承德市西大街双柳小区 9 号楼底商
邮政编码：067000

碧达园支行
行　　长：孙殿山
电　　话：0314-2023777
地　　址：承德市京承公路热河上庭碧达园 3 号楼底商
邮政编码：067000

德汇门支行
行　　长：王国利
电　　话：0314-2020691
地　　址：承德市丽正门大街 19 号
邮政编码：067000

车站路支行
行　　长：唐宏志
电　　话：0314-2086301
地　　址：承德市新居宅 5 号楼
邮政编码：067000

世纪城支行
行　　长：白明尼
电　　话：0314-2515155
地　　址：承德市开发区世纪城 32 楼底商
邮政编码：067000

双滦支行
行　　长：吴文革
电　　话：0314-4225551
地　　址：承德市双滦区双塔山中心大街福溪帝苑小区底商
邮政编码：067000

滦阳路支行
行　　长：高 旭
电　　话：0314-2525055
地　　址：承德市开发区南区东南山中街和滦阳路交叉口南侧
邮政编码：067000

丰宁支行
行　　长：梁春惠
电　　话：0314-8019187
地　　址：丰宁满族自治县大阁镇宁丰路 215 号
邮政编码：068350

滦平支行
行　　长：姜海龙
电　　话：0314-8587886
地　　址：滦平县滦平镇城关新建路社区 05 鑫港小区 B3-S7、S8、S9、S10、S11
邮政编码：068250

宽城支行

行　　长：张瑞军
电　　话：0314-6863165
地　　址：宽城县宽城镇滨河街天宝下花园小区 4 号楼 1 号底商
邮政编码：067600

沧州分行

行　　长：任维真
电　　话：0317-2138777
地　　址：沧州市光荣路 17 号
邮政编码：061001

青县支行

行　　长：魏鸿彦
电　　话：0317-4022690
地　　址：青县京福北路 59-6 号
邮政编码：062650

青县新华西路支行

行　　长：姚东兴
电　　话：0317-4126700
地　　址：青县新华西路和南北大街交叉口处南海国际一楼门市
邮政编码：062650

肃宁支行

行　　长：贾启辉
电　　话：0317-5029010
地　　址：肃宁县武垣中路 27 号
邮政编码：062350

泊头支行

行　　长：孙向阳
电　　话：0317-8184947
地　　址：泊头市裕华路
邮政编码：062150

泊头解放东路支行

行　　长：焦爱军
电　　话：0317-8223957
地　　址：泊头市解放东路东联商厦对过
邮政编码：062150

南皮支行

行　　长：杨少奎
电　　话：0317-4116018
地　　址：南皮县光明中路
邮政编码：061500

东光支行

行　　长：毕凤来
电　　话：0317-7724495
地　　址：东光县府前街东首
邮政编码：061600

黄骅支行

行　　长：于凤祥
电　　话：0317-5323470
地　　址：黄骅市渤海路
邮政编码：061100

黄骅信誉街支行

行　　长：杨少奎
电　　话：0317-5219044
地　　址：黄骅市信誉街
邮政编码：061100

黄骅中心路支行

行　　长：陈　建
电　　话：0317-53332597
地　　址：黄骅市中心路与迎宾路交叉口东北角
邮政编码：061100

海兴支行

行　　长：乔春燕
电　　话：0317-6622094
地　　址：海兴县城内海政路西端
邮政编码：061200

华北油田支行

行　　长：徐　东
电　　话：0317-2721126
地　　址：任丘市渤海路
邮政编码：062550

华北油田采一支行

行　　长：黄卫军
电　　话：0317-2757711
地　　址：任丘市华北油田采油一厂综合十处
邮政编码：062552

维明路支行

行　　长：王　伟
电　　话：0317-3042638
地　　址：沧州市新华区清池大道与维明路

交口处
邮政编码：061000

新华路支行

行　　长：王红健
电　　话：0317-5637002
地　　址：沧州市运河区广场街 2 号人防大厦一楼
邮政编码：061000

汇鑫园支行

行　　长：张荣芳
电　　话：0317-2188159
地　　址：沧州市运河区赵庄西街汇达康旭园小区汇达社区综合楼内
邮政编码：061001

颐和广场支行

行　　长：王晓波
电　　话：0317-3209356
地　　址：沧州市运河区解放西路颐和国际大厦 B 座
邮政编码：061001

市民服务中心支行

行　　长：张惠敏
电　　话：0317-2175686
地　　址：沧州市运河区北京路便民服务中心营业大厅
邮政编码：061001

金鼎支行

行　　长：杨朝霞
电　　话：0317-3200621
地　　址：沧州市运河区御河西路金鼎领域沿街商业街 B 区一楼门店
邮政编码：061001

开发区支行

行　　长：陶　智
电　　话：0317-3090279
地　　址：沧州市开发区渤海路 8 号力源集团科技研发大厦
邮政编码：061000

解放西路支行

行　　长：李艳霞
电　　话：0317-2201968
地　　址：沧州市解放西路万泰阳光小区大门西侧
邮政编码：061001

东风路支行

行　　长：李玉玺
电　　话：0317-3030564
地　　址：沧州市新华区解放路
邮政编码：061000

迎宾路支行

行　　长：肖志杰
电　　话：0317-2012908
地　　址：沧州市运河区迎宾路 18 号
邮政编码：061001

解放路支行

行　　长：王洪玉
电　　话：0317-2034974
地　　址：沧州市解放中路 318 号
邮政编码：061001

沧县支行

行　　长：毛新刚
电　　话：0317-3506337
地　　址：沧州市黄河东路 29 号
邮政编码：061000

渤海新区支行

行　　长：张纯峰
电　　话：0317-5768219
地　　址：沧州市渤海新区管委会对过
邮政编码：061100

中捷临港支行

行　　长：徐林志
电　　话：0317-5837181
地　　址：沧州市渤海新区中捷产业园区创业路
邮政编码：061108

盐山支行

行　　长：邢晓晨
电　　话：0317-6092200
地　　址：盐山县 205 国道与凤凰路交口处南 150 米商业楼
邮政编码：061300

河间支行

行　　长：袁新起

电　　话：0317-3667722

地　　址：河间市曙光路

邮政编码：062450

河间瀛洲支行

行　　长：闫抗大

电　　话：0317-3222375

地　　址：河间市团结大街

邮政编码：062450

献县支行

行　　长：权　成

电　　话：0317-4569209

地　　址：献县县城平安大街东段龙腾首府

邮政编码：062550

任丘支行

行　　长：庞光辉

电　　话：0317-2257300

地　　址：任丘市燕山中道

邮政编码：062550

任丘渤海东路支行

行　　长：远晓勇

电　　话：0317-2222273

地　　址：任丘市渤海东路万丰家园小区 1 号楼

邮政编码：062550

孟村支行

行　　长：姚东晓

电　　话：0317-5137165

地　　址：孟村回族自治县团结路北侧

邮政编码：061400

吴桥支行

行　　长：侯爱民

电　　话：0317-7234308

地　　址：吴桥县嘉陵江路百度小区 13 号楼 30、31、32、33 门市

邮政编码：061800

邢台分行

行　　长：倪存真

电　　话：0319-2152935

地　　址：邢台市桥西区中兴西大街 81 号

邮政编码：054000

沙河支行

行　　长：秦晓光

电　　话：0319-8990687

地　　址：沙河市温泉街金汇通花园北门 9-12 号门市

邮政编码：054100

沙河迎新街支行

行　　长：谢学功

电　　话：0319-8901597

地　　址：沙河市迎新街中段路南综合商住楼

邮政编码：054100

沙河健康街支行

行　　长：林书江

电　　话：0319-8804625

地　　址：沙河市健康街中段路南

邮政编码：054100

沙河白塔支行

行　　长：牛占杰

电　　话：0319-8638166

地　　址：沙河市白塔镇西端机场路路北

邮政编码：054100

沙河太行街支行

行　　长：杨志国

电　　话：0319-8904752

地　　址：沙河市太行街千山集团楼下

邮政编码：054100

南宫支行

行　　长：韩奎通

电　　话：0319-5222998

地　　址：南宫市胜利大街 217 号

邮政编码：055750

南宫育才路支行

行　　长：路宗周

电　　话：0319-5220066

地　　址：南宫市育才路中段路西金科凤凰城临街门市

邮政编码：055750

宁晋支行

行　　长：冯旭光

电　　话：0319-5807172

地　　址：宁晋县城凤凰路北端
邮政编码：055550

宁晋凤凰路支行

行　　长：郭杰英
电　　话：0319-5882925
地　　址：宁晋县城凤凰路南段凤凰小区
邮政编码：055550

宁晋天宝街支行

行　　长：菅素蕊
电　　话：0319-5802922
地　　址：宁晋县城天宝西街东段
邮政编码：055550

清河支行

行　　长：潘宝印
电　　话：0319-8284311
地　　址：清河县三羊东街 35 号
邮政编码：054800

清河武松中街支行

行　　长：刘丽云
电　　话：0319-8183341
地　　址：清河县武松中街朝阳小区商铺
邮政编码：054800

清河长江街支行

行　　长：李琳琳
电　　话：0319- 8268313
地　　址：清河县长江街路南商业楼
邮政编码：054800

隆尧支行

行　　长：檀少霞
电　　话：0319-6665618
地　　址：隆尧县康庄路 18 号
邮政编码：055350

隆尧柴荣大街支行

行　　长：许征虎
电　　话：0319-6665371
地　　址：隆尧县柴荣大街 88 号
邮政编码：055350

顺德路支行

行　　长：孙书涛
电　　话：0319-3688658
地　　址：邢台桥东区顺德北路 428 号
邮政编码：054001

新华支行

行　　长：刘梦琳
电　　话：0319-3177918
地　　址：邢台市桥东区新华路永康国际公寓临街门市
邮政编码：054001

桥西支行

行　　长：周　青
电　　话：0319-2265288
地　　址：邢台市冶金北路 103 号
邮政编码：054000

鸿溪支行

行　　长：池义周
电　　话：0319-4512102
地　　址：邢台市桥西区冶金北路鸿溪书香园临街门市
邮政编码：054000

泉北大街支行

行　　长：石保涛
电　　话：0319-2600129
地　　址：邢台市桥西区泉北东大街兴达路人大生活区临街商住楼一层
邮政编码：054000

邢台县支行

行　　长：梁玉明
电　　话：0319-2580926
地　　址：邢台市桥西区公园东街 589 号
邮政编码：054000

公园东街支行

行　　长：尹胜芳
电　　话：0319-2189679
地　　址：邢台市桥西区公园东街经济适用房中心临街商住楼一层
邮政编码：054000

维也纳花园支行

行　　长：李　荣
电　　话：0319-2126108
地　　址：邢台市桥西区中华大街维也纳临街门市
邮政编码：054000

阳光国际支行
行　　长：陈 明
电　　话：0319-2292127
地　　址：邢台市桥西区达活泉西大街 369 号阳光国际临街门市
邮政编码：054000

天一城支行
行　　长：牛英军
电　　话：0319-3136996
地　　址：邢台市桥东区天一街西段临街商铺
邮政编码：054001

冶金路支行
行　　长：李玉明
电　　话：0319-2026739
地　　址：邢台市冶金南路 62 号 17-20 号商铺
邮政编码：054000

钢铁路支行
行　　长：杨开彪
电　　话：0319-2623062
地　　址：邢台市桥西区钢铁南路 171 号邢钢东区 3 号楼一层门市
邮政编码：054000

中华大街支行
行　　长：吴卫国
电　　话：0319-2224422
地　　址：邢台市桥西区郭守敬北路 191 号
邮政编码：054000

中北支行
行　　长：朱少光
电　　话：0319-3063501
地　　址：邢台市桥东区顺德路 65 号
邮政编码：054001

桥东支行
行　　长：翟金涛
电　　话：0319-2152826
地　　址：邢台市桥东区西门里街 1 号
邮政编码：054001

胜利支行
行　　长：史占朝
电　　话：0319-2626500
地　　址：邢台市桥西区皇家胜利园 2-5 号门市
邮政编码：054000

内丘支行
行　　长：侯晓斌
电　　话：0319-5927001
地　　址：内丘县平安南大街临街商业办公楼
邮政编码：054200

中兴支行
行　　长：李彦平
电　　话：0319-3675599
地　　址：邢台市高开区中兴东大街 677 号（华都家具城临街门市）
邮政编码：054001

威县支行
行　　长：刘 光
电　　话：0319-6195005
地　　址：威县北外大街北段路东
邮政编码：054700

廊坊分行

行　　长：于 松
电　　话：0316-2317602
地　　址：廊坊市解放道 142 号
邮政编码：065000

广阳道支行
行　　长：王 炼
电　　话：0316-2114700
地　　址：廊坊市新华路 132 号
邮政编码：065000

万庄支行
行　　长：倪增芳
电　　话：0316-6013092
地　　址：廊坊市万庄镇文化路 18 号
邮政编码：065000

开发区支行
行　　长：张立新
电　　话：0316-6089322
地　　址：廊坊市经济技术开发区汇源道
邮政编码：065001

开发区新奥支行
行　　长：白 平

电　　话：0316-6080838
地　　址：廊坊市开发区友谊路 111 号
邮政编码：065001

三河支行
行　　长：袁茂林
电　　话：0316-3213934
地　　址：三河市鼎盛东大街 2 号
邮政编码：065200

三河迎宾北路支行
行　　长：李险峰
电　　话：0316-3119269
地　　址：三河市迎宾北路 111 号
邮政编码：065200

三河泃阳西大街支行
行　　长：王立新
电　　话：0316-3114448
地　　址：三河市泃阳西大街 13 号
邮政编码：065200

三河世纪花苑支行
行　　长：李德明
电　　话：0316-3155303
地　　址：三河市建兴北路 61 号
邮政编码：065200

香河支行
行　　长：杨万奎
电　　话：0316-8311874
地　　址：香河县府前街 10 号
邮政编码：065400

香河迎宾路支行
行　　长：田德良
电　　话：0316-8581275
地　　址：香河县城迎宾路
邮政编码：065400

香河第一城支行
行　　长：凌 波
电　　话：0316-8217374
地　　址：香河县安平经济技术开发区安平小区 11 号楼
邮政编码：065400

大厂支行
行　　长：王伯新
电　　话：0316-8860116
地　　址：大厂县穆斯林商贸大街 68 号
邮政编码：065301

大厂大安街支行
行　　长：郎美娜
电　　话：0316-8823493
地　　址：大厂县城大安西街 98 号
邮政编码：065300

霸州支行
行　　长：廉 涛
电　　话：0316-7211592
地　　址：霸州市金康东道 220 号
邮政编码：065700

霸州天祥路支行
行　　长：周一宾
电　　话：0316-7866009
地　　址：霸州市天祥路隆泰花园
邮政编码：065700

霸州兴华路支行
行　　长：赵国强
电　　话：0316-7213125
地　　址：霸州市兴华中路 1931 号
邮政编码：065700

大城支行
行　　长：于 健
电　　话：0316-5509002
地　　址：大城县平舒镇新风南路 8 号
邮政编码：065900

大城新华东街支行
行　　长：田全军
电　　话：0316-5524437
地　　址：大城县平舒镇新华东街 68 号
邮政编码：065900

燕郊开发区支行
行　　长：刘 扬
电　　话：0316-3319433
地　　址：三河市燕郊开发区行宫东大街 181 号
邮政编码：065201

燕郊开发区市场街支行
行　　长：刘 源

电　　话：0316-3312713
地　　址：三河市燕郊镇行宫西街
邮政编码：065201
燕郊开发区迎宾路支行
行　　长：李　莉
电　　话：0316-3312839
地　　址：三河市燕郊开发区迎宾路
邮政编码：065201
燕郊开发区海油大街支行
行　　长：张大勇
电　　话：0316-3319041
地　　址：三河市燕郊开发区迎宾北路 25 号
邮政编码：065201
燕郊开发区北蔡路支行
行　　长：李文旭
电　　话：0316-3333010
地　　址：三河市燕郊开发区北蔡路夏威夷南岸商铺东 1-3 号
邮政编码：065201
燕郊燕顺支行
行　　长：吴跃伟
电　　话：0316-3316262
地　　址：三河市燕郊开发区燕顺路 423、425、427 号
邮政编码：065201
燕郊燕高支行
行　　长：刘国弘
电　　话：0316-3092675
地　　址：三河燕郊开发区燕高路 99 号
邮政编码：065201
胜芳支行
行　　长：徐海生
电　　话：0316-7617155
地　　址：霸州市胜芳镇芳济道龙泽苑小区 1-A
邮政编码：065701
逸树家支行
行　　长：韩志廷
电　　话：0316-2116984
地　　址：廊坊市广阳道 155 号逸树家小区 2-3 号
邮政编码：065000
和平路支行
行　　长：岳险峰
电　　话：0316-2236248
地　　址：廊坊市和平路 170 号
邮政编码：065000
新十区支行
行　　长：李永强
电　　话：0316-2112271
地　　址：廊坊市石油管道局新十区
邮政编码：065000
新开路支行
行　　长：王文政
电　　话：0316-2204650
地　　址：廊坊市新开路吉祥小区门面楼
邮政编码：065000
和平丽景支行
行　　长：曹　春
电　　话：0316-2222181
地　　址：廊坊市金桥道和平丽景小区商铺 10 号
邮政编码：065000
永华道支行
行　　长：王运生
电　　话：0316-2696802
地　　址：廊坊市银河南路 117 号
邮政编码：065000
光明西道支行
行　　长：王　欣
电　　话：0316-2036335
地　　址：廊坊市安次区翰林名晟 2 栋 1 单元 -1-101-102
邮政编码：065000
新源支行
行　　长：郭淑岚
电　　话：0316-2012522
地　　址：廊坊市广阳区新开路 48 号
邮政编码：065000
阿尔卡迪亚支行
行　　长：马卫斌
电　　话：0316-2180836

地　　址：廊坊市阿尔卡迪亚小区
邮政编码：065000

金桥支行

行　　长：菅东雅
电　　话：0316–2321215
地　　址：廊坊市金桥小区金梅苑 2 号
邮政编码：065000

银河路支行

行　　长：王 彬
电　　话：0316–2121802
地　　址：廊坊市广阳区金光道 3 号
邮政编码：065000

东安支行

行　　长：孙桂文
电　　话：0316–2030111
地　　址：廊坊市解放道东安商城 6 号
邮政编码：065000

爱民道支行

行　　长：张瑞华
电　　话：0316–2650678
地　　址：廊坊市爱民西道文苑小区门面楼
邮政编码：065000

金光道支行

行　　长：刘 辉
电　　话：0316–2058895
地　　址：廊坊市建设路 96 号
邮政编码：065000

新华路支行

行　　长：刘 翠
电　　话：0316–2015323
地　　址：廊坊市广阳区新华路 85–1 号
邮政编码：065000

固安支行

行　　长：齐瑞彪
电　　话：0316–4126066
地　　址：固安县新源街 65 号
邮政编码：065500

文安支行

行　　长：王兆辉
电　　话：0316–2628188
地　　址：文安县政通道凯旋国际小区 9 号楼临街商铺 1、2、3 号
邮政编码：065800

永清支行

行　　长：田呈星
电　　话：0316–2778986
地　　址：永清县永清镇益昌北大街东侧
邮政编码：065600

衡水分行

行　　长：魏建平
电　　话：0318–2816012
地　　址：衡水市胜利东路 169 号
邮政编码：053000

冀州支行

行　　长：宫建昌
电　　话：0318–8619686
地　　址：冀州市和平西路 20 号
邮政编码：053200

冀州迎宾大街支行

行　　长：陈爱莲
电　　话：0318–8615054
地　　址：冀州市迎宾大街南段
邮政编码：053200

枣强支行

行　　长：郑金林
电　　话：0318–8225339
地　　址：枣强县站前街 2 号
邮政编码：053100

枣强平原西街支行

行　　长：王西军
电　　话：0318–8224279
地　　址：枣强县建设北路与平原西街交叉路口西南角
邮政编码：053100

阜城支行

行　　长：黄 健
电　　话：0318–4622298
地　　址：阜城县阜城镇府前路
邮政编码：053700

阜城府前路支行

行　　长：安华玮
电　　话：15324181630

地　　址：阜城县阜城镇府前路福满苑小区
邮政编码：053700

安平支行

行　　长：王均青
电　　话：0318-7585505
地　　址：安平县为民街 243 号
邮政编码：053600

安平北新支行

行　　长：袁卫锋
电　　话：0318-7969601
地　　址：安平县北新大道安平电力公司西门
邮政编码：053600

深州支行

行　　长：张　冲
电　　话：0318-3396618
地　　址：深州市长江西路 41 号
邮政编码：053800

深州永盛大街支行

行　　长：王建术
电　　话：0318-3313121
地　　址：深州市永盛大街 1 号（金港湾宾馆一楼门店）
邮政编码：053800

景县支行

行　　长：杨自强
电　　话：0318-4319296
地　　址：景县景新大街与市场路交叉口南行 30 米路西
邮政编码：053500

车站支行

行　　长：张跃军
电　　话：0318-7902716
地　　址：衡水市红旗大街 242 号
邮政编码：053000

桃城支行

行　　长：门　磊
电　　话：0318-2081585
地　　址：衡水市桃城区育才街与永兴路交叉口西南角
邮政编码：053000

和平路支行

行　　长：刘　鹏
电　　话：0318-2088693
地　　址：衡水市桃城区和平西路与宝云街交叉口东北角
邮政编码：053000

丽景支行

行　　长：蔡　勇
电　　话：0318-2088621
地　　址：衡水市桃城区胜利西路 1188 号丽景名都 17 号楼 1 层 7-8-9-10 号门店
邮政编码：053000

新华中路支行

行　　长：刘　倩
电　　话：0318-2088893
地　　址：衡水市桃城区新华中路 31 号
邮政编码：053000

永兴路支行

行　　长：桑　健
电　　话：0318-2109551
地　　址：衡水市桃城区中心街 606 号
邮政编码：053000

大陆世家支行

行　　长：陈湘丽
电　　话：0318-2850860
地　　址：衡水市桃城区人民西路 818 号大陆世家名苑 A 区
邮政编码：053000

宝云大街支行

行　　长：刘书梅
电　　话：0318-2121466
地　　址：衡水市宝云街 699 号
邮政编码：053000

开发区支行

行　　长：崔　峥
电　　话：0318-2024699
地　　址：衡水市桃城区胜利西路与昌明大街交叉口西北角西苑小区综合楼
邮政编码：053000

河西支行
行　　长：盛红联
电　　话：0318-2138099
地　　址：衡水市桃城区和平中路 29-1 号
邮政编码：053000

路北支行
行　　长：梁冬卉
电　　话：0318-2065515
地　　址：衡水市桃城区榕花北大街 172 号
邮政编码：053000

京衡大街支行
行　　长：陈青松
电　　话：0318-2083216
地　　址：衡水市桃城区京衡南大街 669 号
邮政编码：053000

饶阳支行
行　　长：李凡庄
电　　话：0318-7268856
地　　址：饶阳县人民西路 98 号
邮政编码：053900

武邑支行
行　　长：陈为勇
电　　话：0318-5877866
地　　址：武邑县城建设东路北侧
邮政编码：053400

榕花街支行
行　　长：颉俊英
电　　话：0318-2276686
地　　址：衡水市桃城区榕花街与新华路交叉口西北角大陆世家华府底商
邮政编码：053000

武强支行
行　　长：何水维
电　　话：0318-6121666
地　　址：武强县武强镇平安路东侧
邮政编码：053300

曹妃甸分行
行　　长：张恩杰
电　　话：0315-8821972
地　　址：唐山市曹妃甸工业区金岛大厦 A 座
邮政编码：063200

曹妃甸首钢京唐支行
行　　长：李金辉
电　　话：0315-8873969
地　　址：唐山市曹妃甸工业区首钢京唐钢铁联合有限责任公司中心服务区一楼
邮政编码：063300

唐海建设大街支行
行　　长：王学文
电　　话：0315-8750960
地　　址：唐海县建设大街 289-1 号
邮政编码：063200

中国建设银行股份有限公司

中国建设银行股份有限公司河北省分行
行　　长：程远国
电　　话：0311-88601001
地　　址：石家庄市自强路 40 号
邮政编码：050000

河北省分行营业部
总 经 理：尹全振
电　　话：0311-66696958
地　　址：石家庄市广安大街 26 号
邮政编码：050011

承德分行
行　　长：赵昱辉
电　　话：0314-7980050
地　　址：承德市南营子大街 38 号
邮政编码：067000

张家口分行
行　　长：白曜新
电　　话：0313-2051235
地　　址：张家口市桥东区东安大街 60 号
邮政编码：075000

秦皇岛分行
行　　长：王　东
电　　话：0335-3253006
地　　址：秦皇岛市海港区文化路 144 号
邮政编码：066000

唐山分行
行　　长：吴俊岭
电　　话：0315-2826029
地　　址：唐山市新华东道 106 号
邮政编码：063000

廊坊分行
行　　长：陈比伦
电　　话：0316-2093633
地　　址：廊坊市金光道 36 号
邮政编码：065000

保定分行
行　　长：宋尚增
电　　话：0312-3312502
地　　址：保定市东风中路 1861 号
邮政编码：071051

沧州分行
行　　长：韩文金
电　　话：0317-3026327
地　　址：沧州市清池南大道 2 号
邮政编码：061001

衡水分行
行　　长：李庆江
电　　话：0318-2124218
地　　址：衡水市人民东路 139 号
邮政编码：053000

邢台分行
行　　长：周少杰
电　　话：0319-3166065
地　　址：邢台市新兴东大街 69 号
邮政编码：054001

邯郸分行
行　　长：赵　宇
电　　话：0310-3013666
地　　址：邯郸市人民路 174 号
邮政编码：056002

河北省分行直属支行
行　　长：王　泉
电　　话：0311-88601192
地　　址：石家庄市自强路 40 号
邮政编码：050000

交通银行股份有限公司

交通银行股份有限公司河北省分行
行　　长：郑家渡
电　　话：0311-69692217
地　　址：石家庄市自强路 26 号
邮政编码：050000

河北省分行营业部
经　　理：刘洪涛
电　　话：0311-69690151
地　　址：石家庄市自强路 26 号
邮政编码：050000

石家庄新石北路支行
行　　长：杨宝忠
电　　话：0311-83834949
地　　址：石家庄市新石北路 68 号
邮政编码：050051

石家庄鹿泉支行
行　　长：董　帆
电　　话：0311-82011836
地　　址：石家庄鹿泉市向阳街 23 号
邮政编码：050200

石家庄裕华东路支行
行　　长：卢珍水
电　　话：0311-86042904
地　　址：石家庄市青园街 169 号
邮政编码：050011

石家庄和平西路支行
行　　长：沈国栋
电　　话：0311-87058703
地　　址：石家庄市和平西路 399 号
邮政编码：050051

石家庄和平东路支行
行　　长：胡清水
电　　话：0311-86042341
地　　址：石家庄市和平东路 50 号
邮政编码：050011

石家庄友谊北大街支行
行　　长：郭海营
电　　话：0311-87769504

地　　址：石家庄市友谊北大街 312 号
邮政编码：050061

石家庄槐安东路支行

行　　长：郑国锋
电　　话：0311-85891293
地　　址：石家庄市裕华区翟营南大街 41 号
邮政编码：050000

石家庄中华南大街支行

行　　长：陈彩琴
电　　话：0311-87017312
地　　址：石家庄市中华南大街 380 号
邮政编码：050000

石家庄平安南大街支行

行　　长：李 林
电　　话：0311-86983044
地　　址：石家庄市平安南大街 37 号
邮政编码：050011

石家庄水源街支行

行　　长：孙 玮
电　　话：0311-87045446
地　　址：石家庄市新华路 417 号
邮政编码：050051

石家庄中山西路支行

行　　长：杨 琦
电　　话：0311-87894981
地　　址：石家庄市中山西路 368 号
邮政编码：050051

石家庄友谊南大街支行

行　　长：陈洪涛
电　　话：0311-83033974
地　　址：石家庄市友谊南大街 102 号
邮政编码：050091

石家庄富强大街支行

行　　长：黄 海
电　　话：0311-86028274
地　　址：石家庄市富强大街 60 号
邮政编码：050021

石家庄体育南大街支行

行　　长：魏占福
电　　话：0311-85804486
地　　址：石家庄市体育南大街 262 号
邮政编码：050021

石家庄新华路支行

行　　长：刘丽敏
电　　话：0311-87014046
地　　址：石家庄市新华东路 27 号
邮政编码：050000

石家庄胜利北街支行

行　　长：杨振声
电　　话：0311-86811814
地　　址：石家庄市胜利北街 306 号
邮政编码：050041

石家庄体育北大街支行

行　　长：杨 健
电　　话：0311-86683154
地　　址：石家庄市体育北大街 75 号
邮政编码：050011

石家庄裕华西路支行

行　　长：左 飞
电　　话：0311-87030034
地　　址：石家庄市裕华西路 9 号
邮政编码：050000

石家庄建设南大街支行

行　　长：李 武
电　　话：0311-86119974
地　　址：石家庄市建设南大街 117 号
邮政编码：050021

石家庄金谈固支行

行　　长：马秋杰
电　　话：0311-85689558
地　　址：石家庄市中山东路 739 号
邮政编码：050000

石家庄西苑支行

行　　长：刘艳敏
电　　话：0311-87048137
地　　址：石家庄市西苑小区工建楼
邮政编码：050051

石家庄平安北大街支行

行　　长：李 晶
电　　话：0311-86035505
地　　址：石家庄市平安北大街 72 号
邮政编码：050000

石家庄高新技术开发区支行
行　　长：吕岩宾
电　　话：0311-85381506
地　　址：石家庄市湘江道 36 号
邮政编码：050035
石家庄建华南大街支行
行　　长：张　欢
电　　话：0311-86214254
地　　址：石家庄市建华南大街 101 号
邮政编码：050011
石家庄万达广场支行
行　　长：蔡普慧
电　　话：0311-87899348
地　　址：石家庄市建华南大街 132 号
邮政编码：050000
广安街支行
行　　长：齐　博
电　　话：0311-67667816
地　　址：石家庄市广安街 15 号
邮政编码：050000
石家庄辛集支行
行　　长：曹　英
电　　话：0311-83398592
地　　址：河北省辛集市市府东大街 1 号
邮政编码：050000
石家庄和平支行
行　　长：朱　娜
电　　话：0311-87069700
地　　址：石家庄市新华区和平西路 88 号
邮政编码：050000
石家庄龙泉花园支行
行　　长：杨翠芬
电　　话：0311-89170780
地　　址：石家庄市鹿泉区龙泉花园东区 18-5 号
邮政编码：050000
石家庄正定机场支行
行　　长：李　倩
电　　话：0311-68137030
地　　址：石家庄正定国际机场 2 号航站楼 19 号
邮政编码：050000

唐山分行

行　　长：郭立冬
电　　话：0315-3720056
地　　址：唐山市路北区新华东道 103 号
邮政编码：063000
唐山分行营业部
行　　长：舒其文
电　　话：0315-3720238
地　　址：唐山市路北区新华东道 103 号
邮政编码：063000
唐山新华道支行
行　　长：巴晓军
电　　话：0315-2827819
地　　址：唐山市路北区新华西道 31 号
邮政编码：063000
唐山北新道支行
行　　长：马　奎
电　　话：0315-3966805
地　　址：唐山市路北区明星商业广场 A 栋 1-14 号
邮政编码：063000
唐山丰润支行
行　　长：王　霞
电　　话：0315-3242525
地　　址：唐山市丰润区新城道 130 号
邮政编码：063030
唐山银河支行
行　　长：毕艳花
电　　话：0315-3201280
地　　址：唐山市路北区滨河路 20 号
邮政编码：063000
唐山朝阳道支行
行　　长：王红岩
电　　话：0315-2039129
地　　址：唐山市路北区建设北路 64 号
邮政编码：063000
唐山大里路支行
行　　长：刘启明
电　　话：0315-2212235
地　　址：唐山市路北区兴源道 211 号

邮政编码：063000

唐山解放路支行

行　　长：闫 隽

电　　话：0315-2862209

地　　址：唐山市路南区南新东道145号

邮政编码：063000

唐山丰南支行

行　　长：王蓓蓓

电　　话：0315-8296900

地　　址：唐山市丰南区青年路德馨大厦南栋北2号

邮政编码：063300

唐山学院路支行

行　　长：董晓勇

电　　话：0315-2211066

地　　址：唐山市路北区学院路28号

邮政编码：063030

唐山西城支行

行　　长：王 媞

电　　话：0315-2335024

地　　址：唐山市路南区新华西道116号

邮政编码：063000

唐山翔云道支行

行　　长：毕晓玲

电　　话：0315-2827538

地　　址：唐山市路北区翔云道52号

邮政编码：063000

唐山迁安支行

行　　长：张爱民

电　　话：0315-7628152

地　　址：迁安市阜安大路壹号公馆

邮政编码：064400

唐山渤海支行

行　　长：王 辉

电　　话：0315-2324554

地　　址：唐山市路南区西电路2号

邮政编码：063030

唐山海港支行

行　　长：庞德生

电　　话：0315-2915369

地　　址：唐山市海港开发区海城路祥盛小区西侧

邮政编码：063030

唐山遵化支行

行　　长：郑 斌

电　　话：0315-6680269

地　　址：唐山遵化市北二环西路路北（文柏路2号）

邮政编码：063030

唐山理工支行

行　　长：李百俊

电　　话：0315-2578112

地　　址：唐山市路北区新华西道27号

邮政编码：063000

唐山卫国路支行

行　　长：鲁志刚

电　　话：0315-2817447

地　　址：唐山市路北区裕华西道498号

邮政编码：063000

唐山开发区支行

行　　长：崔宝山

电　　话：0315-2790350

地　　址：唐山市路北区建设北路128号

邮政编码：063000

唐山曹妃甸支行

行　　长：王庆元

电　　话：0315-8820698

地　　址：唐山市曹妃甸综合服务区金岛大厦C座105-108号

邮政编码：063030

唐山龙泽路支行

行　　长：黄连军

电　　话：0315-5772361

地　　址：唐山市高新区龙泽北路517号

邮政编码：063000

唐山迁西支行

行　　长：张志民

电　　话：0315-5613182

地　　址：唐山市迁西县喜峰中路76号

邮政编码：0 64300

唐山暨港支行

行　　长：吴玉峰

电　　话：0315-2309239
地　　址：唐山市路北区兴源道鹭港小区303S-1号
邮政编码：063000

唐山绿锦园支行
行　　长：胡彦利
电　　话：0315-2057425
地　　址：唐山市路北区龙泽北路123号
邮政编码：063000

秦皇岛分行

行　　长：罗彦辉
电　　话：0335-3038260
地　　址：秦皇岛市海港区文化路174号
邮政编码：066000

秦皇岛分行营业部
经　　理：刘　刚
电　　话：0335-3043143
地　　址：秦皇岛市海港区文化路174号
邮政编码：066000

秦皇岛河北大街支行
行　　长：鲁沛省
电　　话：0335-3029564
地　　址：秦皇岛市海港区河北大街267号
邮政编码：066000

秦皇岛开发区支行
行　　长：徐春远
电　　话：0335-8583181
地　　址：秦皇岛市开发区峨眉山路9号
邮政编码：066004

秦皇岛秦皇支行
行　　长：李立峰
电　　话：0335-3604321
地　　址：秦皇岛市海港区秦皇东大街281号
邮政编码：066000

秦皇岛滨海城支行
行　　长：马　伟
电　　话：0335-3939956
地　　址：秦皇岛市海港区文化路20号
邮政编码：066000

秦皇岛滨河湾支行
行　　长：毕仲利
电　　话：0335-8885778
地　　址：秦皇岛市海港区秦皇西大街滨河湾187-2号
邮政编码：066000

秦皇岛港城支行
行　　长：张爱平
电　　话：0335-3081008
地　　址：秦皇岛市海港区秦皇东大街475号
邮政编码：066000

秦皇岛山海关支行
行　　长：张逸苑
电　　话：0335-5056724
地　　址：秦皇岛市山海关区南海西路立交桥北侧
邮政编码：066200

秦皇岛海港支行
行　　长：张　伟
电　　话：0335-3031265
地　　址：秦皇岛市海港区河北大街中段132号
邮政编码：066000

秦皇岛友谊路支行
行　　长：田　莉
电　　话：0335-3892782
地　　址：秦皇岛市海港区和平大街117号、119号
邮政编码：066000

秦皇岛建兴里支行
行　　长：牛东亮
电　　话：0335-3049524
地　　址：秦皇岛市海港区建国路158号
邮政编码：066000

秦皇岛长江中道支行
行　　长：许邵波
电　　话：0335- 8506207
地　　址：秦皇岛市海港区长江道庐山路1号
邮政编码：066000

秦皇岛秦皇小区支行
行　　长：于　军
电　　话：0335-3026669
地　　址：秦皇岛市海港区秦皇小区秦川街

35 号
邮政编码：066000

秦皇岛红旗路支行

行　　长：黄作津
电　　话：0335-3647903
地　　址：秦皇岛市海港区红旗路 233 号
邮政编码：066000

秦皇岛西港路支行

行　　长：刘 峰
电　　话：0335-3633419
地　　址：秦皇岛市海港区西港路 187 号
邮政编码：066000

秦皇岛和平大街支行

行　　长：郗慧文
电　　话：0335-3031145
地　　址：秦皇岛市海港区和平大街 353 号
邮政编码：066000

秦皇岛河东支行

行　　长：乔桂英
电　　话：0335-3142340
地　　址：秦皇岛市海港区河北大街东段安居东里 36-152-1
邮政编码：066000

秦皇岛迎宾路支行

行　　长：李 伟
电　　话：0335- 3087151
地　　址：秦皇岛市海港区迎宾路 92 号
邮政编码：066000

秦皇岛燕山大街支行

行　　长：王宝亮
电　　话：0335-3617591
地　　址：秦皇岛市海港区燕山大街 36 号
邮政编码：066000

秦皇岛北戴河支行

行　　长：董继红
电　　话：0335-5056724
地　　址：秦皇岛市北戴河区联峰路 163 号
邮政编码：066100

邯郸分行

行　　长：杨宏毅
电　　话：0310- 6268338
地　　址：邯郸市人民东路 340 号
邮政编码：056008

邯郸分行营业部

行　　长：朱 江
电　　话：0310- 6268378
地　　址：邯郸市人民东路 340 号
邮政编码：056008

邯郸光明支行

行　　长：赵晓宇
电　　话：0310-5505701
地　　址：邯郸市陵园路 92 号
邮政编码：056001

邯郸开发区支行

行　　长：陈占京
电　　话：0310-5105651
地　　址：邯郸市经济开发区世纪大街 28 号
邮政编码：056000

邯郸复兴支行

行　　长：任 芳
电　　话：0310-5808561
地　　址：邯郸市人民西路 24 号
邮政编码：056000

邯郸连城别苑支行

行　　长：杨 阳
电　　话：0310-5100248
地　　址：邯郸市丛台区丛台路连城别苑连城街 12 号、16 号
邮政编码：056000

邯郸家和支行

行　　长：李 勋
电　　话：0310-5102298
地　　址：邯郸市丛台区家和路 40 号
邮政编码：056000

保定分行

行　　长：张卫峰
电　　话：0312-3362598
地　　址：保定市新市区东风中路 1868 号
邮政编码：071051

保定分行营业部

行　　长：王 伟
电　　话：0312-3362511

地　　址：保定市新市区东风中路 1868 号
邮政编码：071051

保定涿州支行

行　　长：马 英
电　　话：0312-3858878
地　　址：涿州市范阳东路 295 号
邮政编码：072750

保定复兴路支行

行　　长：李建伟
电　　话：0312-3370777
地　　址：保定市复兴中路 1797 号
邮政编码：071051

沧州分行

行　　长：王静三
电　　话：0317-3205001
地　　址：沧州市运河区解放西路颐和广场 13 号（颐和国际 C 座）
邮政编码：061000

沧州分行营业部

行　　长：代静
电　　话：0317-3205011
地　　址：沧州市运河区解放西路颐和广场 13 号（颐和国际 C 座）
邮政编码：061000

沧州任丘支行

行　　长：邢德军
电　　话：0317-3376288
地　　址：任丘市渤海路富丽花园小区 7 号楼
邮政编码：062550

渤海新区支行

行　　长：慈丽军
电　　话：0317-7558778
地　　址：沧州市渤海新区沧州港务大厦
邮政编码：062550

廊坊分行

行　　长：韩志权
电　　话：0316-2396001
地　　址：廊坊市广阳区和平路 170 号
邮政编码：065000

廊坊分行营业部

行　　长：菅东雅
电　　话：0316-2396806
地　　址：廊坊市广阳区和平路 170 号
邮政编码：065000

银河路支行

行　　长：石双成
电　　话：0316-2399001
地　　址：廊坊市安次区银行南路豪邸坊底商
邮政编码：065000

张家口分行

行　　长：谢宗民
电　　话：0313-2563001
地　　址：张家口市胜利中路 215 号
邮政编码：075000

张家口分行营业部

行　　长：宋继东
电　　话：0313-4115610
地　　址：张家口市胜利中路 215 号
邮政编码：075000

张家口宣化支行

行　　长：雷 历
电　　话：0313-3020058
地　　址：张家口市宣化区宣府大街 81 号
邮政编码：075000

张家口惠安苑支行

行　　长：孙 娜
电　　话：0313-2013039
地　　址：张家口市桥东区工业中横街 30 号
邮政编码：075000

邢台分行

行　　长：金德凯
电　　话：0319-2282688
地　　址：邢台市桥西区守敬南路 110 号
邮政编码：054000

邢台分行营业部

行　　长：常春生
电　　话：0319-2280286
地　　址：邢台市桥西区守敬南路 110 号
邮政编码：054000

邢台泉南西大街支行

行　　长：李春先
电　　话：0319-2288882

地　　址：邢台市桥西区泉南西大街南小汪社区3号配套公建楼
邮政编码：054000

承德分行

行　　长：王元盛
电　　话：0314-7558688
地　　址：承德市双桥区迎宾路35号
邮政编码：067000

承德分行营业部

行　　长：冯东刚
电　　话：0314-7558606
地　　址：承德市双桥区迎宾路35号
邮政编码：067000

承德静雅山庄支行

行　　长：赵　虎
电　　话：0314-2522833
地　　址：承德市双桥区石洞子沟静雅山庄101号107铺
邮政编码：067000

衡水分行

行　　长：李世勇
电　　话：0318-2881666
地　　址：衡水市桃城区红旗大街808号
邮政编码：053000

中信银行股份有限公司

中信银行股份有限公司石家庄分行

行　　长：谢宏儒
电　　话：0311-87884438
地　　址：石家庄市桥西区自强路10号金世界金融中信大厦
邮政编码：050000

石家庄分行营业部

行　　长：常新芬
电　　话：0311-87033788
地　　址：石家庄市桥西区自强路10号
邮政编码：050001

裕华东路支行

副 行 长：王庆龙（主持工作）
电　　话：0311-86217658
地　　址：石家庄市裕华东路105号
邮政编码：050010

和平西路支行

行长助理：陈　曦（主持工作）
电　　话：0311-87832829
地　　址：石家庄市新华区和平西路486号
邮政编码：050001

体育北大街支行

行　　长：张　赛
电　　话：0311-86059290
地　　址：石家庄市长安区体育北大街54号
邮政编码：050001

裕华西路支行

行　　长：韩　诚
电　　话：0311-85238881
地　　址：石家庄市桥西区裕华西路69-2号
邮政编码：050010

建设北大街支行

行长助理：唐一明（主持工作）
电　　话：0311-86691411
地　　址：石家庄市桥东区建设北大街80号
邮政编码：050010

中华南大街支行

行　　长：刘　东
电　　话：0311-85516325
地　　址：石家庄市桥西区中华南大街473号
邮政编码：050001

体育南大街支行

副 行 长：郭晓东（主持工作）
电　　话：0311-85810880
地　　址：石家庄市裕华区体育南大街373号
邮政编码：050001

槐安东路支行

副 行 长：崔崇熠（主持工作）
电　　话：0311-87880608
地　　址：石家庄市裕华区槐安东路95号
邮政编码：050010

高新技术开发区支行

行　　长：杨建国
电　　话：0311-85831779
地　　址：石家庄市高新区长江大道9号

邮政编码：050010

休门街支行

行　　长：秦建军

电　　话：0311-85111388

地　　址：石家庄市桥东区休门街 1 号

邮政编码：050010

翟营大街支行

副 行 长：王红权（主持工作）

电　　话：0311-89691781

地　　址：石家庄市裕华区翟营大街 326 号

邮政编码：050010

中山西路支行

行　　长：安运秋

电　　话：0311-67960863

地　　址：石家庄市桥西路中山西路 88 号

邮政编码：050010

广安大街支行

行　　长：范学民

电　　话：0311-89183998

地　　址：石家庄市长安区广安大街 28 号

邮政编码：050001

丰收路支行

行　　长：杨　柯

电　　话：0311-89267108

地　　址：石家庄市长安区丰收路 1 号

邮政编码：050010

中山东路支行

行　　长：王维栋

电　　话：0311-89696288

地　　址：石家庄市长安区中山东路 432 号

邮政编码：050010

平安北大街支行

行长助理：佘　霖（主持工作）

电　　话：0311-85521986

地　　址：石家庄市桥东区平安北大街 169 号

邮政编码：050010

红旗大街支行

行长助理：刘志峰（主持工作）

电　　话：0311-83868216

地　　址：石家庄市桥西区红旗大街 238 号

邮政编码：050010

谈固南大街支行

行　　长：高　雁

电　　话：0311-89860265

地　　址：石家庄市裕华区谈固南大街 45 号

邮政编码：050001

友谊北大街支行

行　　长：张剑弘

电　　话：0311-86955355

地　　址：石家庄市新华区友谊北大街 99 号

邮政编码：050001

新华东路支行

行　　长：韩肖红

电　　话：0311-87887799

地　　址：石家庄市新华区新华东路 209 号

邮政编码：050001

东岗路支行

行　　长：张庆平

电　　话：0311-89862028

地　　址：石家庄市裕华区东岗路 70-26 号

邮政编码：050001

盛典支行

行长助理：马莲菊（主持工作）

电　　话：0311-89868166

地　　址：石家庄市体育南大街 183 号

邮政编码：050010

中华北大街支行

副 行 长：雷　虹（主持工作）

电　　话：0311-67960770

地　　址：石家庄市新华区中华北大街 221 号华林国际

邮政编码：050001

泰华街支行

行　　长：刘桂芳

电　　话：0311-67960738

地　　址：石家庄市泰华街与中山路交口（楚天鲜大酒店）中山西路 357 号

邮政编码：050001

正定支行

行长助理：宋乔勇（主持工作）

电　　话：0311-89197032

地　　址：石家庄市正定县恒山西路 106 号

邮政编码：050800

辛集支行

副 行 长：古鸿志（主持工作）

电　　话：0311-85395026

地　　址：辛集市兴华北路 416 号

邮政编码：052300

藁城支行

行　　长：田红计

电　　话：0311-86596677

地　　址：藁城市四明北街 085 号

邮政编码：052160

保定分行营业部

行　　长：卢治乾

电　　话：0312-2081598

地　　址：保定市天鹅中路与翠园街交叉口西南角佳蓬律师楼（天鹅中路 178 号）

邮政编码：071000

保定裕华路支行

行　　长：崔广乐

电　　话：0312-5923825

地　　址：保定市裕华西路 733 号

邮政编码：071000

保定东风路支行

行　　长：马志强

电　　话：0312-5881183

地　　址：保定市东风中路 567 号

邮政编码：071000

涿州支行

行　　长：任学军

电　　话：0312-3800660

地　　址：涿州市范阳中路 85 号

邮政编码：072750

定州支行

行　　长：鹿建哲

电　　话：0312-2081566

地　　址：定州市兴定路 172 号

邮政编码：073000

邯郸分行营业部

行　　长：牛　波

电　　话：0310-7056988

地　　址：邯郸市丛台区人民路 408 号的锦林大厦

邮政编码：056000

邯郸高开区支行

行　　长：马海峰

电　　话：0310-8056686

地　　址：邯郸市联通北路 5 号联通大厦

邮政编码：056000

邯郸丛台路支行

行　　长：刘海荣

电　　话：0310-7053616

地　　址：邯郸市丛台路 362 号

邮政编码：056000

邯郸联纺路支行

行　　长：王晓枝

电　　话：0310-2076513

地　　址：邯郸市联纺东路 183 号德源大厦

邮政编码：056000

沧州分行营业部

行　　长：张建国

电　　话：0317-5588018

地　　址：沧州市运河区解放西路与经二大街交口处的颐和大厦

邮政编码：061000

华夏银行股份有限公司

华夏银行股份有限公司石家庄分行

行　　长：赵　劼

电　　话：0311-87896877

地　　址：石家庄市中山西路 48 号

邮政编码：050000

分行营业部

副总经理：刘会东

电　　话：0311-87899151

地　　址：石家庄市中山西路 48 号

邮政编码：050000

裕华东路支行

行　　长：夏　昆

电　　话：0311-86214636

地　　址：石家庄市裕华东路 106 号

邮政编码：050011

广安街支行
行　　长：薛 源
电　　话：0311-86690399
地　　址：石家庄市广安大街 36 号
邮政编码：050011

槐安路支行
行　　长：田晓洁
电　　话：0311-86988128
地　　址：石家庄市槐安东路 1 号
邮政编码：050000

建设南大街支行
行　　长：宋熙源
电　　话：0311-86085888
地　　址：石家庄市建设南大街 88 号
邮政编码：050011

新华路支行
行　　长：张存玲
电　　话：0311-87895222
地　　址：石家庄市新华路 355 号
邮政编码：050000

红旗支行
行　　长：王 玮
电　　话：0311-83802328
地　　址：石家庄市红旗大街 233 号
邮政编码：050051

和平西路支行
行　　长：李铭亮
电　　话：0311-87838845
地　　址：石家庄市和平西路 485 号
邮政编码：050072

建华支行
行　　长：高占钟
电　　话：0311-85083988
地　　址：石家庄市建华南大街 106 号
邮政编码：050011

和平东路支行
行　　长：张建宾
电　　话：0311-86978126
地　　址：石家庄市桥东区和平东路 7-14 号
邮政编码：050000

金马支行
行　　长：李宜斌
电　　话：0311-85888566
地　　址：石家庄市翟营大街 313 号
邮政编码：050031

中山支行
行　　长：李素燕
电　　话：0311-83658006
地　　址：石家庄市中山西路 566 号
邮政编码：050000

中山东路支行
行　　长：张景秋
电　　话：0311-66767077
地　　址：石家庄市中山东路 39 号勒泰中心
邮政编码：050000

谈固大街支行
行　　长：赵凤义
电　　话：0311-83078358
地　　址：石家庄市长安区中山东路 581 号
邮政编码：050000

正定支行
行　　长：张莉华
电　　话：0311-83506638
地　　址：正定县成德街 5 号
邮政编码：050800

辛集支行
行　　长：刘 炜
电　　话：0311-83399588
地　　址：辛集市兴华北路 388-1 号
邮政编码：052360

保定分行
行　　长：贾凯力
电　　话：0312-3093999
地　　址：保定市七一西路 372 号
邮政编码：071000

唐山分行
行　　长：马会仙
电　　话：0315-2576099
地　　址：唐山市路北区友谊路 66 号
邮政编码：063000

沧州分行

行　　长：苏 明
电　　话：0317-3170100
地　　址：沧州市运河区解放东路 6 号
邮政编码：061000

邯郸分行

行　　长：高 新
电　　话：0310-3167666
地　　址：邯郸市中华大街 132 号
邮政编码：056001

中国民生银行股份有限公司

中国民生银行股份有限公司石家庄分行

行　　长：徐明勋
电　　话：0311-66889001
地　　址：石家庄市裕华东路 197 号
邮政编码：050011

石家庄分行营业部

总 经 理：于新蕾
电　　话：0311-86679435
地　　址：石家庄市裕华东路 197 号
邮政编码：050011

石家庄中山东路支行

行　　长：姜子甲
电　　话：0311-86080443
地　　址：石家庄市中山东路 128 号
邮政编码：050011

石家庄维明大街支行

行　　长：封 昊
电　　话：0311-87016887
地　　址：石家庄市裕华西路 386 号
邮政编码：050051

石家庄和平西路支行

行　　长：黄 菲
电　　话：0311-87045518
地　　址：石家庄市和平西路 157 号
邮政编码：050071

石家庄红旗大街支行

行　　长：李晓贵
电　　话：0311-83030169
地　　址：石家庄市红旗大街 92 号
邮政编码：050091

石家庄中华南大街支行

行　　长：万晓光
电　　话：0311-87890665
地　　址：石家庄市中华南大街 139 号
邮政编码：050051

石家庄槐南路支行

行　　长：张燕玲
电　　话：0311-85880299
地　　址：石家庄市育才街 285 号
邮政编码：050021

石家庄新华西路支行

行　　长：高 鹏
电　　话：0311-85205656
地　　址：石家庄市新华西路 313 号
邮政编码：050000

石家庄裕华东路支行

行　　长：卢立贤
电　　话：0311-85680930
地　　址：石家庄市裕华东路 461 号
邮政编码：050031

石家庄翟营南大街支行

行　　长：张艳华
电　　话：0311-85826065
地　　址：石家庄市翟营南大街 313 号
邮政编码：050031

石家庄广安大街支行

行　　长：于 鹏
电　　话：0311-85528263
地　　址：石家庄市广安大街 24 号
邮政编码：050011

石家庄建设北大街支行

行　　长：张学臣
电　　话：0311-85525162
地　　址：石家庄市建设北大街 68 号
邮政编码：050011

石家庄胜利北大街支行

行　　长：那毅力
电　　话：0311-89611135
地　　址：石家庄市胜利北大街 156 号

邮政编码：050000

石家庄友谊北大街支行

行　　长：陈玉强
电　　话：0311-89693700
地　　址：石家庄市友谊北大街 381 号
邮政编码：050081

石家庄西二环北路支行

行　　长：尹克敏
电　　话：0311-83637117
地　　址：石家庄市新华西路 570 号
邮政编码：050000

石家庄槐北路支行

行　　长：李少博
电　　话：0311-85058106
地　　址：石家庄市槐北路 309 号
邮政编码：050011

石家庄平安南大街支行

行　　长：安晓海
电　　话：0311-89251667
地　　址：石家庄市平安南大街 190 号
邮政编码：050020

石家庄建设南大街支行

行　　长：马　敏
电　　话：0311-89251667
地　　址：石家庄市槐安东路 96 号东岗怡园 35 号楼
邮政编码：050031

鹿泉支行

行　　长：赫立波
电　　话：0311-67369655
地　　址：石家庄市鹿泉北斗路交通局大楼
邮政编码：050200

石家庄体育大街支行

行　　长：宋文礼
电　　话：0311-67267020
地　　址：石家庄市体育南大街 356 号副 1 号副楼
邮政编码：050000

石家庄裕祥支行

行　　长：林圣祥
电　　话：0311-67591856
地　　址：石家庄市中山东路 479 号
邮政编码：050000

石家庄自强路支行

行　　长：陈　凡
电　　话：
地　　址：石家庄市自强路 35 号
邮政编码：050000

石家庄南三条支行

行　　长：王培信
电　　话：
地　　址：石家庄市大经街 12 号
邮政编码：050000

石家庄跃进路支行

行　　长：赵彩虹
电　　话：0311-68010169
地　　址：石家庄市跃进路 79 号
邮政编码：050000

石家庄长江大道支行

行　　长：杜习海
电　　话：0311-89911568
地　　址：石家庄市长江大道 9 号
邮政编码：050000

正定支行

行　　长：张　博
电　　话：0311-83506822
地　　址：石家庄市正定县恒山西路 106 号
邮政编码：050011

邯郸分行

行　　长：吴晓云
电　　话：0310-3093623
地　　址：邯郸市丛台区光明北大街 87 号
邮政编码：056000

沧州分行

行　　长：宋立德
电　　话：0317-5670179
地　　址：沧州市解放西路颐和国际 C 座 106 号
邮政编码：061001

衡水分行

行　　长：张洪建
电　　话：0318-5108656

地　　址：衡水市桃城区和平西路 151 号
邮政编码：053000

秦皇岛分行

行　　长：何 新
电　　话：0335-5306307
地　　址：秦皇岛市海港区燕山大街 242 号
邮政编码：061001

唐山分行

行　　长：赵岳溟
电　　话：0315-5268723
地　　址：唐山市路北区北新西道 61 号
邮政编码：063000

张家口分行

行　　长：张 强
电　　话：0313-2198563
地　　址：张家口市桥东区胜利北路 54 号
邮政编码：075000

中国光大银行股份有限公司

中国光大银行股份有限公司石家庄分行

行　　长：邵 泉
电　　话：0311-86961177
地　　址：石家庄市裕华东路 56 号
邮政编码 050000：

石家庄分行营业部

经　　理：张卫兵
电　　话：0311-88628857
地　　址：石家庄市裕华东路 56 号
邮政编码：050000

建华北大街支行

行　　长：杜 晗
电　　话：0311-86699870
地　　址：石家庄市跃进路 79 号
邮政编码：050051

康乐街支行

行　　长：田朝晖
电　　话：0311-66683262
地　　址：石家庄市桥西区康乐街 8 号
邮政编码：050051

中华大街支行

副 行 长：曹映辉（主持工作）
电　　话：0311-83838978
地　　址：石家庄市中华南大街 323 号
邮政编码： 050006

富强大街支行

副 行 长：马晓云（主持工作）
电　　话：0311-86088839
地　　址：石家庄市东岗路 18 号
邮政编码：050023

西王支行

行　　长：冯予城
电　　话：0311-87880595
地　　址：石家庄市新华路 167 号
邮政编码：050004

广安大街支行

行　　长：高 峰
电　　话：0311-86666986
地　　址：石家庄市广安大街 10 号副 1 号
邮政编码：050011

槐安东路支行

副 行 长：贾凤林（主持工作）
电　　话：0311-85668927
地　　址：石家庄市槐安东路 166 号
邮政编码：050051

友谊北大街支行

行　　长：刘 静
电　　话：0311-87779881
地　　址：石家庄市友谊北大街 368 号
邮政编码：050051

中山路支行

行　　长：刘永水
电　　话：0311-87022117
地　　址：石家庄市中山西路 142 号
邮政编码：050031

友谊大街支行

行　　长：刘 平
电　　话：0311-88628776
地　　址：石家庄市友谊北大街 111 号
邮政编码：050051

谈固南大街支行

行　　长：付春生

电　　话：0311-67303991

地　　址：石家庄市塔北路 99 号

邮政编码：050026

体育大街支行

副 行 长：王立波（主持工作）

电　　话：0311-85811763

地　　址：石家庄市体育南大街 183 号

邮政编码：050026

红旗大街支行

行　　长：王志红

电　　话：0311-82620155

地　　址：石家庄桥西区红旗大街 134 号

邮政编码：050000

谈固东街支行

行　　长：刘继东

电　　话：0311-83071716

地　　址：石家庄市长安区谈固东街 35 号

邮政编码：050000

唐山分行

行　　长：习清南（一级分行行长助理级）

电　　话：0315-5266166

地　　址：唐山路北区北新道 87 号

邮政编码：063000

唐山分行营业部

经　　理：宋友军

电　　话：0315-5266178

地　　址：唐山市路北区北新西道 87 号

邮政编码：063000

唐山新华道支行

行　　长：贝玉忠

电　　话：0315-5399622

地　　址：唐山市路北区新华道底商君瑞花园商业 1-106 号

邮政编码：063000

唐山丰南支行

行　　长：韩 柏

电　　话：0315-5090208

地　　址：唐山市丰南区明珠商业楼 151-3

邮政编码：063000

唐山丰润支行

行　　长：高 阳

电　　话：0315-5012398

地　　址：唐山丰润区平安路 2 号

邮政编码：063000

邯郸分行

行　　长：陈 雷

电　　话：0310-5803888

地　　址：邯郸市人民东路 310 号

邮政编码：056002

邯郸分行营业部

经　　理：王军红

电　　话：0310-5802080

地　　址：邯郸市人民东路 310 号

邮政编码：056002

邯郸分行滏河大街支行

行　　长：沙 磊

电　　话：0310-5802188

地　　址：邯郸市丛台区滏河北大街 266 号

邮政编码：056002

邯郸分行铁西支行

副 行 长：张 巍（主持工作）

电　　话：0310-5802180

地　　址：邯郸市铁西北大街 52 号

邮政编码：056002

邯郸分行赵都支行

行　　长：金 磊

电　　话：0310-5628018

地　　址：邯郸市邯山区浴新南大街 342-352 号

邮政编码：056002

廊坊分行

行　　长：李永锋

电　　话：0316-5268999

地　　址：廊坊市广阳道 29 号

邮政编码：065000

廊坊分行营业部

经　　理：刘凯峰

电　　话：0316-5268987

地　　址：廊坊市广阳道 29 号

邮政编码：065000

廊坊分行金光道支行
行　　长：刘国良
电　　话：0316-5268981
地　　址：廊坊市金光道 38 号
邮政编码：065000

廊坊分行燕郊支行
行　　长：刘文杰
电　　话：0316-3093399
地　　址：廊坊市燕郊经济开发区燕顺路 333 号福成三季底商
邮政编码：065000

上海浦东发展银行股份有限公司

上海浦东发展银行股份有限公司石家庄分行
行　　长：田德明
电　　话：0311-66770666
地　　址：石家庄市自强路 35-1 号
邮政编码：050000

石家庄分行营业部
总 经 理：张宝红
电　　话：0311-66770818
地　　址：石家庄市自强路 35-1 号
邮政编码：050000

富强大街支行
行　　长：白军战
电　　话：0311-66770537
地　　址：石家庄市槐中路 184 号
邮政编码：050000

中山东路支行
行　　长：潘彦涛
电　　话：0311-66770901
地　　址：石家庄市中山东路 368 号
邮政编码：050000

平安大街支行
行　　长：杜兆广
电　　话：0311-66770556
地　　址：石家庄市平安北大街 19 号
邮政编码：050000

新华支行
行　　长：杨会英
电　　话：0311-66770977
地　　址：石家庄市新华路 505 号
邮政编码：050000

裕华西路支行
行　　长：刘 杨
电　　话：0311-66770716
地　　址：石家庄市裕华西路 73 号
邮政编码：050000

邯郸分行
行　　长：李晓盛
电　　话：0310-3139666
地　　址：邯郸市人民路 159 号
邮政编码：056002

邯郸武安支行
行　　长：傅 磊
电　　话：0310-8200001
地　　址：邯郸武安市中心路 1858 号
邮政编码：056300

邯郸滏东大街支行
行　　长：马海君
电　　话：0310-3139675
地　　址：邯郸市滏东南大街 119 号
邮政编码：056001

邯郸永年支行
行　　长：郭洪林
电　　话：0310-6699818
地　　址：邯郸市永年县迎宾大街与东二环交叉口西北角格澜国际 B 座 1-2 层
邮政编码：057150

唐山分行
行　　长：刘玉龙
电　　话：0315-5268686
地　　址：唐山市建设北路 108 号
邮政编码：063000

唐山丰南支行
行　　长：马 兵
电　　话：0315-7771777
地　　址：唐山市丰南区新华路 50 号
邮政编码：063300

唐山丰润支行
行　　长：赵秀芬

电　　话：0315-8735501
地　　址：唐山市丰润区曹雪芹西道富力城底商
邮政编码：064000

唐山北新支行
行　　长：任 斌
电　　话：0315-8731150
地　　址：唐山市路北区北新西道 99 号
邮政编码：057150

保定分行
行　　长：张亚军
电　　话：0312-8923899
地　　址：保定市朝阳北大街 429 号
邮政编码：071051

保定白沟新城支行
行　　长：王常君
电　　话：0311-8706901
地　　址：保定市白沟新城京白路爱上城小区底商
邮政编码：074004

沧州分行
行　　长：刘 昕
电　　话：0317-5677099
地　　址：沧州市解放西路 45 号
邮政编码：061001

廊坊分行
行　　长：王庆华
电　　话：0316-5267699
地　　址：廊坊市广阳区广阳道 43 号
邮政编码：065000

衡水分行（筹）
行　　长：闫长军
电　　话：0318-2211002
地　　址：衡水市桃城区和平西路 9 号
邮政编码：053000

兴业银行股份有限公司

兴业银行股份有限公司石家庄分行
行　　长：夏维淳
电　　话：0311-89637666
0311-89166613
地　　址：石家庄市桥西区维明南大街 1 号中烟大厦一层
邮政编码：050000

石家庄广安支行
行　　长：朱 红
电　　话：0311-89267369
地　　址：石家庄市长安区广安大街 39 号
邮政编码：050000

石家庄新华路支行
行　　长：杨爱江
电　　话：0311-85869393
地　　址：石家庄市新华区新华路 351 号领世商务大厦
邮政编码：050000

石家庄胜利北大街支行
行　　长：尹敬军
电　　话：0311-89180831
地　　址：石家庄市桥东区胜利北大街 178 号神州嘉园 27 号楼
邮政编码：050000

石家庄正定支行
行　　长：王玉雪
电　　话：0311-89196969
地　　址：石家庄市正定县正定镇华安西路 37 号
邮政编码：050000

石家庄新石中路支行
行　　长：曹文茏
电　　话：0311-89637822
地　　址：石家庄市桥西区新石中路 166 号春江花月小区
邮政编码：050000

石家庄裕华东路支行
行　　长：焦卓琳
电　　话：0311-89918166
地　　址：石家庄市裕华区裕华东路 135 号
邮政编码：050000

石家庄谈固支行
行　　长：赵国昭
电　　话：0311-68006226

地　　址：石家庄市裕华区塔北路 99 号
邮政编码：050000
石家庄振头支行
行　　长：齐立军
电　　话：0311-68025888
地　　址：石家庄市新石北路 360-1 号
邮政编码：050000
石家庄自强路支行
行　　长：何艳娇
电　　话：0311-89915758
地　　址：石家庄市桥西区自强路 37 号开滦大饭店 A 区一层
邮政编码：050000
石家庄万达支行
行　　长：张 争
电　　话：0311-68006536
地　　址：石家庄市裕华区建华南大街 130 号 B2-9 号（0109-0114）号
邮政编码：050000
石家庄开发区支行
行　　长：段守法
电　　话：0311-85256067
地　　址：石家庄市黄河大道 98 号澳怡大厦一楼
邮政编码：050000
石家庄金马路支行
行　　长：郑文韬
电　　话：0311-85259500
地　　址：石家庄市裕华区金马路 65 号
邮政编码：050000

唐山分行

行　　长：魏旭红
电　　话：0315-5399066、0315-2813666
地　　址：唐山市路北区北新西道 87 号
邮政编码：063000
唐山卫国路支行
行　　长：赵越锋
电　　话：0315-2216977
地　　址：唐山市路北区新华西道 27 号东南 2 号
邮政编码：063000
唐山建设路支行
行　　长：贾俊如
电　　话：0315-2308360
地　　址：唐山市路北区建设路 160-4 号
邮政编码：063000
唐山丰南支行
行　　长：王志强
电　　话：0315-5315960
地　　址：唐山市丰南区文化大街 205 号
邮政编码：063000
唐山遵化支行
行　　长：徐莉华
电　　话：0315-6967518
地　　址：唐山遵化市华明北路开元豪庭南 1 号
邮政编码：063000
唐山大理支行
行　　长：朱 红
电　　话：0315-5392311
地　　址：唐山市北新西道 87 号
邮政编码：063000

廊坊分行

行　　长：杨旭东
电　　话：0316-2382285
地　　址：廊坊市新华路 76 号
邮政编码：065000
廊坊三河支行
行　　长：郭 嘉
电　　话：0316-5755511
地　　址：廊坊三河市燕郊开发区汉王路 119 号
邮政编码：065000
廊坊市霸州支行
行　　长：叶二利
电　　话：0316-5680660
地　　址：廊坊霸州市胜芳镇芳清道 26 号（凤凰城底商）
邮政编码：065000
廊坊香河支行
行　　长：张立军
电　　话：0316-5755511

地　　址：廊坊香河县淑阳镇新华大街 89 号
邮政编码：065000

廊坊固安支行

行　　长：秦 沩
电　　话：0316-5926088
地　　址：廊坊市固安县新昌街 106 号
邮政编码：065000

沧州分行

行　　长：原 恒
电　　话：0317-5292278
地　　址：沧州市新华区新华东路 17 号
邮政编码：061000

沧州浮阳大道支行

行　　长：武红霞
电　　话：0317-2095561
地　　址：沧州市运河区浮阳南大道 26 号（西环天然美食城对面）
邮政编码：061000

沧州新华西路支行

行　　长：宣金涛
电　　话：0317-2190980
地　　址：沧州市运河区新华西路宏宇城 B 区商铺 101-104
邮政编码：061000

沧州黄骅支行

行　　长：贾启栋
电　　话：0317-5895561
地　　址：沧州黄骅市渤海西路中国农业银行办公楼西侧
邮政编码：061000

邢台分行

行　　长：张 良
电　　话：0319-3821088
地　　址：邢台市桥东区新兴东大街 17 号
邮政编码：054000

邢台沙河支行

行　　长：岳德杰
电　　话：0319-8797066
地　　址：沙河市人民大街工商局对面
邮政编码：054100

保定分行

行　　长：刘 宁
电　　话：0312-2088699
地　　址：保定市天威西路 1229 号花倾城二期底商
邮政编码：071000

招商银行股份有限公司

招商银行股份有限公司石家庄分行

行　　长：郑晓东
电　　话：0311-66696166
地　　址：石家庄市中华南大街 172 号
邮政编码：050091

石家庄分行营业部

总 经 理：江 英
电　　话：0311-66696113
地　　址：石家庄市中华南大街 172 号
邮政编码：050091

广安支行

行　　长：江 曼
电　　话：0311-67802098
地　　址：石家庄市广安大街 15 号
邮政编码：050011

裕华支行

行　　长：李月茹
电　　话：0311-67969199
地　　址：石家庄市裕华东路 117 号
邮政编码：050000

红旗大街支行

行　　长：林 伟
电　　话：0311-67969139
地　　址：石家庄市红旗大街 134 号
邮政编码：050000

中华北大街支行

行　　长：葛绍岩
电　　话：0311-66696079
地　　址：石家庄市中华北大街 221 号
邮政编码：050000

翟营南大街支行

行　　长：侯晓霞

电　　话：0311-66509501
地　　址：石家庄市翟营南大街 70 号
邮政编码：050000

联盟路支行支行

行　　长：郝丽红
电　　话：0311-66509606
地　　址：石家庄市联盟路 1 号
邮政编码：050000

中粮广场小微支行

行　　长：周 烨
电　　话：0311-66509696
地　　址：石家庄市友谊北大街 345 号
邮政编码：050000

华凯中心小微支行

行　　长：樊 超
电　　话：0311-66509677
地　　址：石家庄市中华北大街 88 号
邮政编码：050000

谈固南大街小微支行

行　　长：王 忻
电　　话：0311-66509551
地　　址：石家庄市谈固南大街 256 号
邮政编码：050000

华泰社区支行

行　　长：王 蕾
电　　话：0311-66696096
地　　址：石家庄市新华路 159 号
邮政编码：050000

远见社区支行

行　　长：赵江涛
电　　话：0311-67969188
地　　址：石家庄市青园街 298 号
邮政编码：050000

华城绿洲社区支行

行　　长：林 伟
电　　话：0311-67969139
地　　址：石家庄市东三教大街 39 号
邮政编码：050000

紫晶苑社区支行

行　　长：任 巍
电　　话：0311-67802095
地　　址：石家庄市平安北大街 158 号
邮政编码：050000

东亚银行（中国）有限公司

东亚银行（中国）有限公司石家庄分行

行　　长：栗艳冰
电　　话：0311-66788088
地　　址：石家庄市中山西路 188 号中华商务 2 层
邮政编码：050000

中国邮政储蓄银行股份有限公司

中国邮政储蓄银行股份有限公司河北省分行

行　　长：董志宏
电　　话：0311-67806558
地　　址：石家庄市建设南大街 5 号
邮政编码：050091

石家庄市分行

行　　长：张国平
电　　话：0311-87777666
地　　址：石家庄市中华南大街 509 号
邮政编码：050091

唐山市分行

行　　长：任 林
电　　话：0315-2858988
地　　址：唐山市路北区华岩路 30 号
邮政编码：063000

秦皇岛市分行

行　　长：刘晓东
电　　话：0335-3858009
地　　址：
邮政编码：066004

邯郸市分行

行　　长：陈万东
电　　话：0310-3122398
地　　址：邯郸市中华北大街 52 号院邮政局院内
邮政编码：056002

邢台市分行
行　　长：耿学军
电　　话：0319-2688608
地　　址：邢台市中兴西路 556 号邮政大楼
邮政编码：054000

保定市分行
行　　长：胡建国
电　　话：0312-2099188
地　　址：保定市裕华西路 519 号
邮政编码：071051

张家口市分行
行　　长：左志兵
电　　话：0313-2168858
地　　址：张家口市西河沿 1 号桥西邮政局院内
邮政编码：075000

承德市分行
行　　长：赵庆民
电　　话：0314-2067886
地　　址：承德市南营子街 27 号
邮政编码：067000

廊坊市分行
行　　长：师　旭
电　　话：0316-2285055
地　　址：廊坊市广阳道 1 号
邮政编码：065000

沧州市分行
行　　长：刘新立
电　　话：0317-2176888
地　　址：沧州市建设北街 16 号
邮政编码：061000

衡水市分行
行　　长：刘林华
电　　话：0318-2086868
地　　址：衡水市永兴西路 1686 号
邮政编码：053000

河北省分行直属支行
行　　长：王　健
电　　话：0311-89188588
地　　址：石家庄市广安大街 10-1 号美东国际 B 座
邮政编码：050011

渤海银行股份有限公司

渤海银行股份有限公司石家庄分行
行　　长：范志贵
电　　话：0311-66558666
地　　址：石家庄市桥西区中华南大街 18 号
邮政编码：050051

万达广场小微支行
行　　长：张春水
电　　话：0311-66558608
地　　址：石家庄市建华南大街 130 号石家庄万达广场 B2-6 号商住楼 00 单元 0102、0103 号
邮政编码：050000

唐山分行
行　　长：李建生
电　　话：0315-5068666
地　　址：唐山市路北区建设路建华南里紫金大厦
邮政编码：063000

河北省农村信用社联合社

河北省农村信用社联合社
理 事 长：王文进
电　　话：0311-66009827
地　　址：石家庄市建设南大街 159 号
邮政编码：050021

石家庄市联社
理 事 长：郭满平
电　　话：0311-66009788
地　　址：石家庄市建设南大街 159 号
邮政编码：050021

承德办事处
主　　任：张耀邦
电　　话：0314-2020359
地　　址：承德市丽正门大街 6 号
邮政编码：067000

张家口办事处

主　　任：刘 强
电　　话：0313-4198902
地　　址：张家口市胜利北路 20 号楼
邮政编码：075000

秦皇岛办事处

主　　任：宋庆彬
电　　话：0335-3637625
地　　址：秦皇岛市海港区燕山大街 118 号
邮政编码：066000

唐山办事处

主　　任：季存忠
电　　话：0315-2350680
地　　址：唐山市新华西道 148 号
邮政编码：063000

唐山农村商业银行

董 事 长：李建国
电　　话：0315-8735002
地　　址：唐山市新华西道 148 号
邮政编码：063004

廊坊办事处

主　　任：兰成民
电　　话：0316-5216002
地　　址：廊坊市新华路 211 号
邮政编码：065000

保定办事处

主　　任：孙双伦
电　　话：0312-3107508
地　　址：保定市天鹅中路 171 号
邮政编码：071000

沧州市农村信用社联合社

理 事 长：陈树松
电　　话：0317-3023718
地　　址：沧州市华西小区 1 号楼
邮政编码：061001

衡水市农村信用社联合社

理 事 长：徐学利
电　　话：0318-2152920
地　　址：衡水市新华西路 368 号
邮政编码：053000

邢台办事处

主　　任：周伯健
电　　话：0319-3059186
地　　址：邢台市邢州北路黄家园甲 5 号
邮政编码：054001

邯郸办事处

主　　任：安献章
电　　话：0310-3100065
地　　址：邯郸市滏河南大街 17 号
邮政编码：056001

河北银行股份有限公司

河北银行股份有限公司

董 事 长：乔志强
电　　话：0311-88627099
地　　址：石家庄市平安北大街 28 号
邮政编码：050011

小企业金融服务中心

总 经 理：邢占文
电　　话：0311-88627048
地　　址：石家庄市平安北大街 28 号
邮政编码：050011

石家庄营业管理部

总 经 理：杨应群
电　　话：0311-88627126
地　　址：石家庄市平安北大街 28 号
邮政编码：050000

营业部

总 经 理 吕媛媛
电　　话：0311-88627062
地　　址：石家庄市平安北大街 28 号
邮政编码：050000

长安支行

行　　长：魏金超
电　　话：0311-86045504
地　　址：石家庄市中山东路 195 号
邮政编码：050000

长江支行

行　　长：赵林伟
电　　话：0311-85099081

地　　址：石家庄市长江大道 9 号
邮政编码：050000

方北支行

行　　长：甄丽军
电　　话：0311-85896090
地　　址：石家庄市裕华东路 133 号
邮政编码：050000

富强大街支行

行　　长：崔哲峰
电　　话：0311-85872288
地　　址：石家庄市富强大街 23-9 号
邮政编码：050000

高新支行

行　　长：宇文占军
电　　话：0311-83051066
地　　址：石家庄市裕华西路 67-1 号
邮政编码：050000

工农路支行

行　　长：李　硕
电　　话：0311-83021036
地　　址：石家庄市红旗大街 46 号
邮政编码：050000

广安街支行

行　　长：任秀丽
电　　话：0311-86063666
地　　址：石家庄市广安街 28 号
邮政编码：050000

华兴支行

行　　长：刘　莹
电　　话：0311-87011659
地　　址：石家庄市中华北大街 57 号
邮政编码：050000

槐北路支行

行　　长：张　岩
电　　话：0311-86127098
地　　址：石家庄市建设南大街 80 号
邮政编码：050000

槐南路支行

行　　长：秦　燕
电　　话：0311-85828858
地　　址：石家庄市体育南大街 306 号
邮政编码：050000

建华支行

行　　长：王玉杰
电　　话：0311-85083118
地　　址：石家庄市中山东路 452 号
邮政编码：050000

建华南大街支行

行　　长：陈合顺
电　　话：0311-85037501
地　　址：石家庄市建华南大街 108 号
邮政编码：050000

金桥支行

行　　长：梁会红
电　　话：0311-66689886
地　　址：石家庄市维明南大街 169 号
邮政编码：050000

开发区支行

行　　长：何义良
电　　话：0311-85053280
地　　址：石家庄市裕华东路 173-1 号
邮政编码：050000

矿区支行

行　　长：刘贺乾
电　　话：0311-82075926
地　　址：石家庄市井陉矿区南纬东路 63 号
邮政编码：050000

平南支行

行　　长：武小栋
电　　话：0311-86017166
地　　址：石家庄市平安南大街 190 号
邮政编码：050000

胜利路支行

行　　长：张雪珍
电　　话：0311-86026028
地　　址：石家庄市东风路 25 号
邮政编码：050000

谈南路支行

行　　长：张忠波
电　　话：0311-86062588
地　　址：石家庄市谈南路 49 号
邮政编码：050000

体育街支行
行　　长：郝 嘉
电　　话：0311-85888426
地　　址：石家庄市体育南大街 176 号
邮政编码：050000

维明街支行
行　　长：解兵强
电　　话：0311-87879800
地　　址：石家庄市自强路 127-1 号
邮政编码：050000

新华路支行
行　　长：牛同令
电　　话：0311-87871088
地　　址：石家庄市新华路 172 号
邮政编码：050000

友谊南大街支行
行　　长：赵 娜
电　　话：0311-83016056
地　　址：石家庄市友谊南大街 175 号
邮政编码：050000

裕兴支行
行　　长：李素霞
电　　话：0311-86968808
地　　址：石家庄市裕华东路 15 号
邮政编码：050000

运河桥支行
行　　长：许秀伟
电　　话：0311-86823310
地　　址：石家庄市丰收路 1 号
邮政编码：050000

中华大街支行
行　　长：王惠敏
电　　话：0311-83805616
地　　址：石家庄市中华大街 348 号
邮政编码：050000

藁城支行
行　　长：韩力杰
电　　话：0311-88122369
地　　址：石家庄市藁城区四明街 79 号
邮政编码：050000

正定支行
行　　长：王 纲
电　　话：0311-88017299
地　　址：石家庄市正定县恒山西路 95 号
邮政编码：050000

辛集支行
行　　长：刘 军
电　　话：0311-89156102
地　　址：石家庄市辛集市兴华路 158 号
邮政编码：050000

鹿泉支行
行　　长：杨振江
电　　话：0311-67365916
地　　址：石家庄市鹿泉区北斗东路 8 号
邮政编码：050000

栾城支行
行　　长：王冬新
电　　话：0311-68015996
地　　址：石家庄市栾城区惠源路 27-1 号
邮政编码：050000

北新街支行
行　　长：郭 怡
电　　话：0311-87818616
地　　址：石家庄市北新街 116 号
邮政编码：050000

北站支行
行　　长：刘亚利
电　　话：0311-87068819
地　　址：石家庄市市庄路 300 号
邮政编码：050000

长征街支行
行　　长：邢 闪
电　　话：0311-86030519
地　　址：石家庄市长征街 75 号
邮政编码：050000

和中支行
行　　长：李 晶
电　　话：0311-87836566
地　　址：石家庄市和平西路 56 号
邮政编码：050000

丰收路支行

行　　长：李惠娟
电　　话：0311-86210909
地　　址：石家庄市丰收路 186 号
邮政编码：050000

金马路支行

行　　长：王文晶
电　　话：0311-85081818
地　　址：石家庄市谈固东街 150 号
邮政编码：050000

联盟路支行

行　　长：郄俊兵
电　　话：0311-87702289
地　　址：石家庄市联盟路 248 号
邮政编码：050000

石岗支行

行　　长：赵立艳
电　　话：0311-87816516
地　　址：石家庄市中华北大街 188 号
邮政编码：050000

谈固南大街支行

行　　长：闫建峰
电　　话：0311-85687795
地　　址：石家庄市谈固南大街 63-10、11、12
邮政编码：050000

新华东路支行

行　　长：王振川
电　　话：0311-85180271
地　　址：石家庄市新华路 65 号
邮政编码：050000

新华西路支行

行　　长：刘红兵
电　　话：0311-87011318
地　　址：石家庄市新华路 539 号
邮政编码：050000

新石南路支行

行　　长：张 兰
电　　话：0311-86120188
地　　址：石家庄市新石南路 238 号
邮政编码：050000

兴凯路支行

行　　长：许 影
电　　话：0311-87088800
地　　址：石家庄市兴凯路 221 号
邮政编码：050000

义堂路支行

行　　长：党晓璞
电　　话：0311-67507399
地　　址：石家庄市义堂路 8 号
邮政编码：050000

友谊大街支行

行　　长：马 跃
电　　话：0311-83611256
地　　址：石家庄市新华路 655 号
邮政编码：050000

颐宏路支行

行　　长：芦雅楠
电　　话：0311-86033065
地　　址：石家庄市颐宏路 5 号
邮政编码：050000

翟营南大街支行

行　　长：宋雪林
电　　话：0311-85806266
地　　址：石家庄市翟营南大街 339 号
邮政编码：050000

正东路支行

行　　长：古 田
电　　话：0311-86030216
地　　址：石家庄市正东路 29 号
邮政编码：050000

中山路支行

行　　长：陈俊娟
电　　话：0311-87024895
地　　址：石家庄市中华南大街 26 号
邮政编码：050000

槐安路支行

行　　长：赵力明
电　　话：0311-86131909
地　　址：石家庄市青园街 298 号
邮政编码：050000

和平西路支行
行　　长：赵　莉
电　　话：0311-87043136
地　　址：石家庄市和平西路 516 号
邮政编码：050000

和平支行
行　　长：黄丹卉
电　　话：0311-87227336
地　　址：石家庄市中山西路 366 号
邮政编码：050000

仓安路支行
行　　长：苏珍霞
电　　话：0311-67798609
地　　址：石家庄市槐安路 157 号
邮政编码：050000

跃进路支行
行　　长：卢永新
电　　话：0311-87080868
地　　址：石家庄市跃进路 81 号
邮政编码：050000

朝阳路支行
行　　长：王玉英
电　　话：0311-87711968
地　　址：石家庄市友谊北大街 313 号
邮政编码：050000

四中路支行
行　　长：张占峰
电　　话：0311-86975333
地　　址：石家庄市四中路 57 号
邮政编码：050000

和平东路支行
行　　长：王　蓓
电　　话：0311-86082666
地　　址：石家庄市和平东路 288 号
邮政编码：050000

裕华中路支行
行　　长：李英朝
电　　话：0311-87020895
地　　址：石家庄市裕华西路 7 号
邮政编码：050000

中山东路支行
行　　长：王安静
电　　话：0311-68019656
地　　址：石家庄市中山东路 598 号
邮政编码：050000

建北支行
行　　长：王小婷
电　　话：0311-86661005
地　　址：石家庄市建设北大街 179 号
邮政编码：050000

裕东科技支行
行　　长：陈　丰
电　　话：0311-86046696
地　　址：石家庄市裕华东路 100 号
邮政编码：050000

青园街支行
行　　长：李占凯
电　　话：0311-86575529
地　　址：石家庄市青园街 215 号
邮政编码：050000

平安支行
行　　长：李现伟
电　　话：0311-86025925
地　　址：石家庄市平安南大街 79 号
邮政编码：050000

师范街支行
行　　长：麻志强
电　　话：0311-87805518
地　　址：石家庄市自强路 200 号
邮政编码：050000

晋州支行
行　　长：韩晓东
电　　话：0311-84335789
地　　址：石家庄市晋州市中兴路 643 号
邮政编码：050000

井陉支行
行　　长：薛庆西
电　　话：0311-82036918
地　　址：石家庄市井陉县陉山双星商住楼
邮政编码：050000

高邑支行
行　　长：吕清泉
电　　话：0311-84036388
地　　址：石家庄市高邑县凤中路 78 号
邮政编码：050000

灵寿支行
行　　长：杜立辉
电　　话：0311-89215566
地　　址：石家庄市灵寿县正南街 178 号
邮政编码：050000

赵县支行
行　　长：李 刚
电　　话：0311-84947018
地　　址：石家庄市赵县柏林大街 135 号
邮政编码：050000

行唐支行
行　　长：吕金霞
电　　话：0311-82690616
地　　址：石家庄市行唐县龙州大街东段 75 号
邮政编码：050000

赞皇支行
行　　长：张 澎
电　　话：0311-84221016
地　　址：石家庄市赞皇县太行东路 186 号
邮政编码：050000

无极支行
行　　长：黄红波
电　　话：0311-85577766
地　　址：石家庄市无极县无极东路 117 号
邮政编码：050000

新乐支行
行　　长：董国宏
电　　话：0311-88519211
地　　址：石家庄市新乐市鲜虞街 83 号
邮政编码：050000

盛世长安社区支行
行　　长：王 颖
电　　话：0311-67902653
地　　址：石家庄市和平东路 313 号
邮政编码：050000

万达支行
行　　长：吕冀川
电　　话：0311-66180033
地　　址：石家庄市槐岭路 31 号
邮政编码：050000

建国西路社区支行
行　　长：周立革
电　　话：0311-66160050
地　　址：石家庄市建国路 668 号
邮政编码：050000

公园首府社区支行
行　　长：张 莉
电　　话：0311-66160136
地　　址：石家庄市塔北路 115 号
邮政编码：050000

金石大厦社区支行
行　　长：马 琳
电　　话：0311-66185838
地　　址：石家庄市新石中路 375 号
邮政编码：050000

鹿泉铜冶支行
行　　长：许艾香
电　　话：0311-67362172
地　　址：石家庄市鹿泉市铜冶镇石铜路 614 号
邮政编码：050000

前进街支行
行　　长：赵 彬
电　　话：0311-66160159
地　　址：石家庄市工农路 255 号
邮政编码：050000

联盟东路支行
行　　长：张丽丽
电　　话：0311-88860151
地　　址：石家庄市联盟路 1 号
邮政编码：050000

辛集朝阳路支行
行　　长：张建军
电　　话：0311-85395583
地　　址：石家庄市辛集市朝阳南路 17 号
邮政编码：050000

藁城昌盛南街支行
行　　长：雷民杰
电　　话：0311-88112811
地　　址：石家庄市藁城区昌盛南街 12 号
邮政编码：050000
正定晨光路支行
行　　长：袁幸平
电　　话：0311-86321333
地　　址：石家庄市正定县燕赵北大街 135 号
邮政编码：050000

唐山分行

行　　长：牛　强
电　　话：0315-2351722
地　　址：唐山市路北区新华西道 136 号 B 座
邮政编码：063000
唐山建设北路支行
行　　长：丁　辉
电　　话：0315-6313931
地　　址：唐山市建设北路 58 号
邮政编码：063000
唐山丰润支行
行　　长：田向松
电　　话：0315-3151911
地　　址：唐山市丰润区新城道 1-1、1-2 号
邮政编码：063000
唐山龙泽路支行
行　　长：左旭东
电　　话：0315-6727591
地　　址：唐山市高新技术开发区龙泽路 455、457、459 号
邮政编码：063000
唐山凤凰新城支行
行　　长：杨江涛
电　　话：0315-2350700
地　　址：唐山市路北区兴源道 59 号
邮政编码：066300
唐山迁安支行
行　　长：高朝华
电　　话：0315-7283560
地　　址：迁安市兴安大街 1-345 号
邮政编码：064400
唐山丰南支行
行　　长：刘　畅
电　　话：0315-6836900
地　　址：唐山市丰南区新华路 52 号
邮政编码：063000
唐山曹妃甸支行
行　　长：关连宇
电　　话：0315-8850053
地　　址：唐山市曹妃甸工业区中山路蓝海嘉苑小区
邮政编码：063200
唐山友谊北路支行
行　　长：杨小冯
电　　话：0315-2374105
地　　址：唐山市路北区友谊东辅路梧桐大道底商 D3 楼
邮政编码：063000
唐山乐亭支行
行　　长：李昭阳
电　　话：0315-4630695
地　　址：唐山市乐亭县金融街老呔商业城 A19-A21 号
邮政编码：063600
唐山遵化支行
行　　长：高春媚
电　　话：0315-6095498
地　　址：遵化市北二环西路龙源三期底商 I2-8
邮政编码：064200
唐山滦县支行
行　　长：杨凤林
电　　话：0315-7196196
地　　址：滦县燕山北大街 45 号
邮政编码：063700
唐山绿锦园支行
行　　长：张兰满
电　　话：0315-2031015
地　　址：唐山市龙泽北路 119 号
邮政编码：063000
唐山朝阳道支行
行　　长：丁玫林

电　　话：0315-2030968
地　　址：唐山市路北区朝阳道 354 号
邮政编码：063000

邯郸分行

行　　长：冯利珍
电　　话：0310-5708803
地　　址：邯郸市滏东北大街 39 号
邮政编码：056000

邯郸开发区支行

行　　长：刘志书
电　　话：0310-5105090
地　　址：邯郸市开发区友谊路 5 号
邮政编码：056000

邯郸武安支行

行　　长：罗永旗
电　　话：0310-5535688
地　　址：邯郸市武安市襄阳路 169 号
邮政编码：056300

邯郸邯山支行

行　　长：陈海生
电　　话：0310-5277901
地　　址：邯郸市邯山区农林路 21 号清城逸园底商
邮政编码：056000

邯郸邯郸县支行

行　　长：任少光
电　　话：0310-5509869
地　　址：邯郸县雪驰路 112 号春风小区 22 号楼底商
邮政编码：056000

邯郸复兴支行

行　　长：司慧明
电　　话：0310-5526001
地　　址：邯郸市复兴区人民西路 39 号
邮政编码：056000

邯郸永年支行

行　　长：田志勇
电　　话：0310-5139991
地　　址：邯郸市永年县迎宾大道海城国际楼下
邮政编码：057150

邯郸冀南新区支行

行　　长：薛梓亮
电　　话：0310-5076780
地　　址：邯郸市磁县政通街世纪城一期底商
邮政编码：056500

邯郸丛台东路支行

行　　长：张文涛
电　　话：0310-5105696
地　　址：邯郸市丛台路中道大厦 A 座商业 101 号
邮政编码：056000

邯郸魏县支行

行　　长：吴运海
电　　话：0310-5208009
地　　址：邯郸市魏县龙乡北大街 79 号
邮政编码：056800

邯郸鑫港支行

行　　长：孔丽萍
电　　话：0310-5908618
地　　址：邯郸市人和街 119-4、119-5 号
邮政编码：056000

邯郸武安富强支行

行　　长：赵广增
电　　话：0310-5535606
地　　址：武安市武安镇游览北街二排 1 号
邮政编码：056300

天津分行

行　　长：霍海防
电　　话：022-58556688
地　　址：天津市河西区围堤道 124 号、126 号
邮政编码：300201

天津和平支行

行　　长：邓　刚
电　　话：022-58081666
地　　址：天津市和平区福安大街 39 号底商 16 跃、17 跃、18 跃
邮政编码：300021

天津南开支行

行　　长：张宇鹏
电　　话：022-58569711

地　　址：天津市南开区南城街 1476 号
邮政编码：300101

天津河东支行

行　　长：张建荣
电　　话：022-58220977
地　　址：天津市河东区春华公寓 B 区 5 门
邮政编码：300011

天津西青支行

行　　长：李建云
电　　话：022-58226008
地　　址：天津市西青区中北大道 66 号
邮政编码：300112

天津滨海支行

行　　长：侯玉珍
电　　话：022-59867988
地　　址：天津经济技术开发区第三大街 16 号 A 区 1 层
邮政编码：300457

天津金纬路支行

行　　长：陈　立
电　　话：022-59958018
地　　址：天津市河北区金纬路 292 号
邮政编码：300143

天津王顶堤支行

行　　长：葛　蔷
电　　话：022-58887599
地　　址：天津市南开区复康路 71 号、75 号
邮政编码：300384

廊坊分行

行　　长：范福阳
电　　话：0316-5216898
地　　址：廊坊市广阳道 55 号
邮政编码：065000

廊坊爱民支行

行　　长：王永乐
电　　话：0316-5211866
地　　址：廊坊市爱民东道 22 号
邮政编码：065000

廊坊胜芳支行

行　　长：崔向平
电　　话：0316-5680707
地　　址：廊坊市霸州市胜芳镇芳清道 5 号
邮政编码：065701

廊坊燕郊支行

行　　长：刘国增
电　　话：0316-5857559
地　　址：廊坊市三河燕郊开发区汉王路 261 号
邮政编码：065201

廊坊香河支行

行　　长：石学成
电　　话：0316-5182699
地　　址：廊坊市香河县淑阳镇新华大街 117 号
邮政编码：065400

廊坊固安支行

行　　长：王万强
电　　话：0316-5216866
地　　址：廊坊市固安县新昌街枫尚颐和商业楼
邮政编码：065400

廊坊州市支行

行　　长：尹江亭
电　　话：0316-5662901
地　　址：廊坊市霸州市益津南路 300 号
邮政编码：065700

廊坊大城支行

行　　长：王泉乐
电　　话：0316-5195796
地　　址：廊坊市大城县永定大街 94 号
邮政编码：065900

廊坊文安支行

行　　长：张海池
电　　话：0316-5676118
地　　址：廊坊市文安县政通道 149 号
邮政编码：065800

廊坊永清支行

行　　长：王海营
电　　话：0316-2783100
地　　址：廊坊市永清县武隆南路 97-2
邮政编码：065600

廊坊永华支行

行　　长：刘 翠
电　　话：0316-5893790
地　　址：廊坊市安次区永华道 193-15、16 号
邮政编码：065000

廊坊大厂支行

行　　长：尚芳华
电　　话：0316-5276799
地　　址：廊坊市大厂县大安西街 139 号
邮政编码：065300

廊坊燕郊燕高路支行

行　　长：沈秀云
电　　话：0316-5750116
地　　址：廊坊三河市燕郊燕高路 123 号
邮政编码：065201

廊坊燕郊燕顺路支行

行　　长：魏茹茹
电　　话：0316-5750166
地　　址：廊坊三河市燕郊燕顺路 433 号
邮政编码：065201

廊坊裕华支行

行　　长：程朿蓓
电　　话：0316-5268868
地　　址：廊坊市广阳区愉景温泉小区 B 座 102 室
邮政编码：065000

沧州分行

行　　长：边景松
电　　话：0317-5671818
地　　址：沧州市浮阳南大道 22 号
邮政编码：061001

营业部

总 经 理：王文会
电　　话：0317-5671816
地　　址：沧州市浮阳南大道 22 号
邮政编码：061001

沧州黄骅支行

行　　长：滕家怀
电　　话：0317-5605699
地　　址：黄骅市迎宾大街 118 号
邮政编码：061100

沧州任丘支行

行　　长：卢晓四
电　　话：0317-3329669
地　　址：任丘市渤海路 8 号
邮政编码：062550

沧州新华支行

行　　长：姬树军
电　　话：0317-2045699
地　　址：沧州市黄河东路 26 号
邮政编码：061000

沧州青县支行

行　　长：孙 震
电　　话：0317-5282988
地　　址：沧州市青县南环中路 29 号
邮政编码：062650

沧州泊头支行

行　　长：王维信
电　　话：0317-5660077
地　　址：泊头市安顺中街 32 号
邮政编码：062150

沧州盐山支行

行　　长：王金光
电　　话：0317-6219878
地　　址：沧州市盐山县银河大街 126 号
邮政编码：061300

沧州运河支行

行　　长：张子志
电　　话：0317-5588599
地　　址：沧州市解放西路 e 世界 5 号楼
邮政编码：061000

沧州宏宇城支行

行　　长：杜行舟
电　　话：0317-5588566
地　　址：沧州市新华西路北侧宏宇城商住小区 A 区 3#101
邮政编码：061001

沧州河间支行

行　　长：张海玲
电　　话：0317-5580199
地　　址：河间市京开北大街 2 号
邮政编码：062450

保定分行

行　　长：马照辉
电　　话：0312-3362633
地　　址：保定市东风中路1759号
邮政编码：071000

保定阳光大街支行
行　　长：苏 静
电　　话：0312-6272099
地　　址：保定市阳光北大街810号
邮政编码：071000

长城大街支行
行　　长：王占雷
电　　话：0312-7550866
地　　址：保定市长城南大街429号
邮政编码：071000

保定涿州支行
行　　长：王云生
电　　话：0312-3856099
地　　址：涿州市范阳东路295号
邮政编码：072750

保定定州支行
行　　长：郭志斌
电　　话：0312-2386885
地　　址：定州市博陵南街2号
邮政编码：073000

保定白沟支行
行　　长：刘伟锋
电　　话：0312-8706700
地　　址：保定市白沟镇五一路111号
邮政编码：074004

保定复兴路支行
行　　长：霍 伟
电　　话：0312-3379221
地　　址：保定市复兴中路1771号
邮政编码：071000

保定瑞兴路支行
行　　长：薛红雷
电　　话：0312-3379299
地　　址：保定市瑞兴路385号
邮政编码：071000

保定隆昌路支行
行　　长：马淑娟
电　　话：0312-3379277
地　　址：保定市隆昌路77号
邮政编码：071000

保定徐水支行
行　　长：张 融
电　　话：0312-8685899
地　　址：保定市徐水县巨力西路13号
邮政编码：072550

保定高阳支行
行　　长：张 浩
电　　话：0312-6299099
地　　址：保定市高阳县红润大街6号
邮政编码：071500

保定东风路支行
行　　长：田军虎
电　　话：0312-2273696
地　　址：保定市新市区东风西路16号
邮政编码：071000

保定高新区科技支行
行　　长：李会奇
电　　话：0312-3379233
地　　址：保定市高新技术产业开发区银杏路198号
邮政编码：071000

营业部
总 经 理：米振宇
电　　话：0312-3362696
地　　址：保定市东风中路1759号
邮政编码：071000

青岛分行

行　　长：管鸿禧
电　　话：0532-66566899
地　　址：山东省青岛市市南区香港中路61号乙远洋大厦
邮政编码：266071

青岛胶州支行
行　　长：何永青
电　　话：0532-82289766
地　　址：山东省青岛胶州市澳门路380号

华鲁国际御龙广场
邮政编码：266300

青岛莱西支行
行　　长：于江红
电　　话：0532-81871806
地　　址：山东省莱西市重庆中路 7 号宏远长安人家小区 21 栋
邮政编码：266600

青岛京口路支行
行　　长：戴大鹏
电　　话：0532-87060011
地　　址：山东省青岛市李沧区京口路 84 号李沧蓝海大饭店
邮政编码：266000

青岛开发区支行
行　　长：赵建刚
电　　话：0532-86977217
地　　址：山东省青岛市经济技术开发区香江路 99 号达利广场
邮政编码：266555

青岛即墨支行
行　　长：郭　硕
电　　话：0532-82535001
地　　址：山东省即墨市鹤山路 597 号甲一层、二层
邮政编码：266200

营业部
总 经 理：刘　坤
电　　话：0532-66566822
地　　址：山东省青岛市市南区香港中路 61 号乙远洋大厦 A 座
邮政编码：266071

青岛大尧三路社区支行
行　　长：刘彩云
电　　话：0532-85761027
地　　址：山东省青岛市市南区大尧三路 17 号庚一层
邮政编码：266073

青岛书院路社区支行
行　　长：黄福春
电　　话：0532-87060517
地　　址：山东省青岛市李沧区书院路 125 号 1 号一层
邮政编码：266121

邢台分行

行　　长：刘健步
电　　话：0319-5557999
地　　址：邢台市建设大街 333 号
邮政编码：054000

营业部
总 经 理：张广昌
电　　话：0319-5557808
地　　址：邢台市建设大街 333 号
邮政编码：054000

邢台世贸天街支行
行　　长：程　军
电　　话：0319-5110818
地　　址：邢台市桥东区世贸天街购物广场西南区底商
邮政编码：054000

邢台沙河支行
行　　长：魏晓航
电　　话：0319-5011666
地　　址：邢台市沙河市人民大街普锦娱乐购物广场 D 区底商
邮政编码：054000

邢台宁晋支行
行　　长：路绍鑫
电　　话：0319-5511099
地　　址：邢台市宁晋县天宝街与晶龙街交叉口西北角
邮政编码：054000

邢台燕云台支行
行　　长：邹英春
电　　话：0319-5110919
地　　址：邢台市燕云台小区 31 号综合楼底商
邮政编码：054000

邢台青青家园支行
行　　长：李春秀
电　　话：0319-5110881
地　　址：邢台市公园东街青青家园综合 3

号楼底商
邮政编码：054000

邢台长城花苑支行

行　　长：王梓芊
电　　话：0319–5110969
地　　址：邢台市达活泉公园南门西行300米路南
邮政编码：054000

邢台清河支行

行　　长：吕志学
电　　话：0319–5539799
地　　址：邢台市清河县长江东街79号
邮政编码：054000

张家口分行

行　　长：李建树
电　　话：0313–5893199
地　　址：张家口市桥东区钻石中路63号龙山水郡7号楼
邮政编码：075000

营业部

总 经 理：张　梅
电　　话：0313–5893118
地　　址：张家口市桥东区钻石中路63号龙山水郡7号楼
邮政编码：075000

张家口怀来支行

行　　长：张晓云
电　　话：0313–5930611
地　　址：张家口市怀来县沙城镇长城路新城佳苑15号楼
邮政编码：075400

张家口宣化支行

行　　长：朱学满
电　　话：0313–5976999
地　　址：张家口市宣化区宣府大街81号院1号楼
邮政编码：075100

张家口长青路支行

行　　长：牛辉明
电　　话：0313–5887538
地　　址：张家口市长青路93号美辰小区一号楼
邮政编码：075000

衡水分行

行　　长：郭金华
电　　话：0318–5109696
地　　址：衡水市育才南大街219号
邮政编码：053000

秦皇岛分行

行　　长：高毅峰
电　　话：0335–5369888
地　　址：秦皇岛海港区建设大街181号
邮政编码：066000

承德分行

行　　长：宋永记
电　　话：0314–5986000
地　　址：承德市新华路新华园C座商业
邮政编码：067000

承德银行股份有限公司

承德银行股份有限公司

行　　长：张　磊
电　　话：0314–2039576
地　　址：承德市双桥区世纪城三期五号楼
邮政编码：067000

东大街支行

行　　长：杨国岭
电　　话：0314–2039660
地　　址：承德市双桥区督统府大街10号
邮政编码：067000

中天支行

行　　长：赵亚军
电　　话：0314–2028432
地　　址：承德市双桥区热河大厦1楼南侧
邮政编码：067000

平安支行

行　　长：单　冰
电　　话：0314–2035519
地　　址：承德市双桥区武庙路东丽正门综合楼
邮政编码：067000

清风支行
行　　长：马立新
电　　话：0314-2135586
地　　址：承德市双桥区陕西营小区 13 号楼
邮政编码：067000

联谊支行
行　　长：艾　兴
电　　话：0314-2037952
地　　址：承德市双桥区火神庙路 6 号
邮政编码：067000

隆兴支行
行　　长：崔　健
电　　话：0314-2030997
地　　址：承德市双桥区武烈路 19 号
邮政编码：067000

裕兴支行
行　　长：韩树民
电　　话：0314-2067832
地　　址：承德市双桥区裕华商贸中心 2 号楼 1-11 号
邮政编码：067000

华源支行
行　　长：杨爱国
电　　话：0314-2067131
地　　址：承德市双桥区新华园 C 座 1 楼
邮政编码：067000

御路支行
行　　长：苗向东
电　　话：0314-2560180
地　　址：承德市双桥区西大街柳树井天泽家园
邮政编码：067000

财苑支行
行　　长：徐晓玲
电　　话：0314-2389356
地　　址：承德市开发西区武烈路 189-4 号
邮政编码：067000

金汇支行
行　　长：郭立刚
电　　话：0314-2136088
地　　址：承德市南营子大街 12 号
邮政编码：067000

铁路支行
行　　长：王淑芳
电　　话：0314-7612777
地　　址：承德市火车站路南承市之光小区商业房屋 A（幢）（栋）两层 103 号和 203 号
邮政编码：067000

世纪支行
行　　长：彭朝华
电　　话：0314-2569320
地　　址：承德市双桥区世纪城三期五号楼
邮政编码：067000

凤凰支行
行　　长：王辉军
电　　话：0314-2528651
地　　址：承德市大学园区凤凰御庭 A 地块 102
邮政编码：067000

石洞子沟支行
行　　长：朴立新
电　　话：0314-5568859
地　　址：承德市双桥区石洞子沟和尚坟交通局家属楼底商
邮政编码：067000

头道牌楼支行
行　　长：高艳茹
电　　话：0314-2185707
地　　址：承德市双桥区西大街头道沟口
邮政编码：067000

丽水支行
行　　长：李　波
电　　话：0314-2561093
地　　址：承德市双桥区兴盛丽水小区 S7-3 号底商
邮政编码：067000

南园支行
行　　长：魏建军
电　　话：0314-2157970
地　　址：承德市双桥区南园路邮电小区 6 号楼底商

邮政编码：067000

双滦支行

行　　长：张海军

电　　话：0314-4316826

地　　址：承德市双滦区承钢集团公司金融广场 C 座

邮政编码：067002

双塔山支行

行　　长：李久明

电　　话：0314-4040432

地　　址：承德市双滦区双塔山镇中心大街 135 号

邮政编码：067001

承德县支行

行　　长：刘占晨

电　　话：0314-3111308

地　　址：承德市承德县下板城镇清城路综合文化中心 006 号底商

邮政编码：067400

宽城支行

行　　长：王　磊

电　　话：0314-6637878

地　　址：承德市宽城县宽城镇天宝酒店东配楼

邮政编码：067600

宽城世纪路支行

行　　长：袁风华

电　　话：0314-6861288

地　　址：承德市宽城县世纪路县政府行政审批中心大楼

邮政编码：067600

宽城板城支行

行　　长：李长杰

电　　话：0314-6961055

地　　址：承德市宽城县宽城镇天宝酒店东配楼

邮政编码：067600

平泉支行

行　　长：郑光磊

电　　话：0314-6050882

地　　址：承德市平泉县迎宾街迎宾小区商1-5 号

邮政编码：067500

兴平路支行

行　　长：李　萌

电　　话：0314-6063355

地　　址：承德市平泉镇兴林街金世纪嘉园 S6-1 号

邮政编码：067500

滦平支行

行　　长：高凌云

电　　话：0314-8585892

地　　址：承德市滦平县滦平镇北马路 05 鑫港小区

邮政编码：068250

隆化支行

行　　长：冀汉林

电　　话：0314-7067198

地　　址：承德市隆化县隆化镇兴洲商厦底商

邮政编码：068150

龙苑支行

行　　长：程佳伟

电　　话：0314-7061618

地　　址：承德市隆化县苔山路 102 号财政局楼下

邮政编码：068150

兴隆支行

行　　长：陈广忠

电　　话：0314-5959955

地　　址：承德市兴隆县兴隆镇西关阳光家园 2 号楼 22 号

邮政编码：067300

丰宁支行

行　　长：杨冬梅

电　　话：0314-8016312

地　　址：承德市丰宁县大阁镇宁丰路东万丰小区 1 号

邮政编码：068350

营子支行

行　　长：于荣鑫

电　　话：0314-5312501

地　　址：承德市鹰手营子矿区南街梧桐花

园底商
邮政编码：067200

唐山分行

行　　长：丁德民
电　　话：0315-2355780
地　　址：唐山市北新西道 61 号明星商场底商
邮政编码：063000

唐山分行营业部

经　　理：赵宏奕
电　　话：0315-2355780
地　　址：唐山市北新西道 61 号明星商场底商
邮政编码：063000

唐山高新支行

行　　长：张　超
电　　话：0315-6710578
地　　址：唐山市建设北路高科总部大厦
邮政编码：063000

唐山迁安支行

行　　长：郑少伟
电　　话：0315-5351686
地　　址：迁安市惠泉大街财富中心
邮政编码：064400

唐山丰南支行

行　　长：张建新
电　　话：0315- 5315910
地　　址：唐山市丰南区丰南镇青年路 310 号
邮政编码：063300

唐山滦县支行

行　　长：马春雷
电　　话：0315- 7169701
地　　址：唐山市滦县滦河西路滦州国际大酒店
邮政编码：063000

唐山乐亭支行

行　　长：宋文国
电　　话：0315- 4630055
地　　址：唐山市乐亭县乐亭镇城区金融大街 31 号
邮政编码：063000

唐山遵化支行

行　　长：魏　恒
电　　话：0315-5200062
地　　址：唐山市遵化市北二环西路津华商厦
邮政编码：064200

唐山新华支行

行　　长：高瑞清
电　　话：0315-3739580
地　　址：唐山市新华西道 2 号世博广场
邮政编码：063000

唐山古冶支行

行　　长：王俊平
电　　话：0315-5025080
地　　址：唐山市古冶区唐林南路繁兴花苑 212 楼
邮政编码：063100

唐山滦南支行

行　　长：刘建民
电　　话：0315- 5708090
地　　址：唐山市滦南县中大街 78 号
邮政编码：063500

唐山玉田支行

行　　长：张继军
电　　话：0315- 5311380
地　　址：唐山市玉田县无终西街 229 号
邮政编码：064100

张家口市商业银行股份有限公司

张家口市商业银行股份有限公司

董 事 长：梅爱斌
电　　话：0313-2135918
地　　址：张家口市桥东区胜利北路 51 号
邮政编码：075000

营业部

经　　理：李　卉
电　　话：0313-2131539
地　　址：张家口市桥东区胜利北路 51 号
邮政编码：075000

建国路支行

行　　长：蒋　苑

电　　话：0313-2124737
地　　址：张家口市桥东区建国路19号商业3号
邮政编码：075000

太平桥支行
行　　长：刘　曼
电　　话：0313-2035299
地　　址：张家口市桥东区胜利北路88号
邮政编码：075000

东安支行
行　　长：葛　静
电　　话：0313-2017829
地　　址：张家口市桥东区宝善街19号
邮政编码：075000

桥东支行
行　　长：成　涛
电　　话：0313-2019511
地　　址：张家口市桥东区东安大街31号
邮政编码：075000

通桥支行
行　　长：杨富刚
电　　话：0313-2011317
地　　址：张家口市桥东区东河沿甲20号
邮政编码：075000

工业街支行
行　　长：李虎斌
电　　话：0313-2211733
地　　址：张家口市桥东区工业路81号
邮政编码：075000

宝善街支行
行　　长：梁　静
电　　话：0313-2122976
地　　址：张家口市桥东区工业路29号
邮政编码：075000

新华支行
行　　长：李喜会
电　　话：0313-2124409
地　　址：张家口市桥东区胜利北路120号
邮政编码：075000

红旗楼支行
行　　长：温九祯
电　　话：0313-2130104
地　　址：张家口市桥东区红旗楼铂金时代广场2号-34号商铺
邮政编码：075000

五一路支行
行　　长：孙志文
电　　话：0313-2019741
地　　址：张家口市桥东区五一路97号
邮政编码：075000

解放街支行
行　　长：肖德俊
电　　话：0313-2033856
地　　址：张家口市桥西区小河套3号楼4号-07
邮政编码：075000

西坝岗支行
行　　长：龚　剑
电　　话：0313-2161622
地　　址：张家口市桥西区西坝岗16号副16栋
邮政编码：075000

平门支行
行　　长：张风珍
电　　话：0313-8073899
地　　址：张家口市桥西区平门大街1号
邮政编码：075000

武城街支行
行　　长：赵　明
电　　话：0313-2187121
地　　址：张家口市桥西区南城壕2号
邮政编码：075000

桥西支行
行　　长：刘　娜
电　　话：0313-8015238
地　　址：张家口市桥西区元台子北小区12号
邮政编码：075000

下东营支行
行　　长：刘玉柱
电　　话：0313-8027204
地　　址：张家口市桥西区下东营4号楼
邮政编码：075000

北环路支行
行　　长：陈士廉
电　　话：0313-8053555
地　　址：张家口市桥西区明德北街 56 号
邮政编码：075000

大众支行
行　　长：刘然丽
电　　话：0313-8052333
地　　址：张家口市桥西区西苑中路（佳禾商务中心办公楼）
邮政编码：075000

金鼎支行
行　　长：李雪茹
电　　话：0313-8026835
地　　址：张家口市桥西区西坝岗 59 号
邮政编码：075000

盛华支行
行　　长：朱燕燕
电　　话：0313-4112399
地　　址：张家口市桥东区盛华西大街 20 号
邮政编码：075000

通顺支行
行　　长：张睿君
电　　话：0313-8013558
地　　址：张家口市桥西区新华街 28 号
邮政编码：075000

怀来县支行
行　　长：刘俊阳
电　　话：0313-6281881
地　　址：张家口市怀来县沙城镇沙城镇存瑞东大街北侧
邮政编码：075000

赤城县支行
行　　长：刘建明
电　　话：0313-6319562
地　　址：张家口市赤城县赤城镇长源街汽车站综合楼
邮政编码：075000

蔚县支行
行　　长：徐志敏
电　　话：0313-7217877
地　　址：张家口市蔚县蔚州镇胜利路 246 号
邮政编码：075000

牌楼西支行
行　　长：马 成
电　　话：0313-3112198
地　　址：张家口市宣化区牌楼西街 66 号
邮政编码：075000

开发区支行
行　　长：李冬青
电　　话：0313-3881511
地　　址：张家口市宣化区宣府大街 182 号一、二层底商
邮政编码：075000

牌楼东支行
行　　长：王国利
电　　话：0313-3115555
地　　址：张家口市宣化区牌楼东街 23 号
邮政编码：075000

通汇支行
行　　长：田春明
电　　话：0313-5971234
地　　址：张家口市宣化区胜利中路 7 号
邮政编码：075000

小东门支行
行　　长：杨 江
电　　话：0313-3035555
地　　址：张家口市宣化区九天庙街 39 号
邮政编码：075000

皇城桥支行
行　　长：王国庆
电　　话：0313-5973006
地　　址：张家口市宣化区钟楼大街 22 号院 1 号楼 102
邮政编码：075000

南关支行
行　　长：赵继耀
电　　话：0313-3075252
地　　址：张家口市宣化区南关桥北街顺元小区综合楼 10 号
邮政编码：075000

花园支行
行　　长：邵 梅
电　　话：0313-5052123
地　　址：张家口市下花园区市场街 77 号
邮政编码：075000

新区支行
行　　长：张占军
电　　话：0313-4034443
地　　址：张家口市工业南路 7 号楼 3 号底商 2 单元 201
邮政编码：075000

沙电支行
行　　长：韩 冰
电　　话：0313-5045041
地　　址：张家口市沙电生活区院内
邮政编码：075000

朝阳支行
行　　长：俞铁峰
电　　话：0313-4013550
地　　址：张家口市高新区纬三路世纪豪园 9 号楼
邮政编码：075000

张北县支行
行　　长：赵永强
电　　话：0313-5225510
地　　址：张家口市张北县永春南大街 51 号
邮政编码：075000

万全县支行
行　　长：姚力余
电　　话：0313-4885320
地　　址：张家口市万全县民主街北 17 号
邮政编码：075000

涿鹿县支行
行　　长：喇建兵
电　　话：0313-6582900
地　　址：张家口市涿鹿县涿鹿镇轩辕西路
邮政编码：075000

通泰支行
行　　长：李 勇
电　　话：0313-4198981
地　　址：张家口市桥东区胜利中路 43 号
邮政编码：075000

怀安县支行
行　　长：闫英海
电　　话：0313-7929003
地　　址：张家口市怀安县柴沟堡镇南马路
邮政编码：075000

沙城支行
行　　长：王立军
电　　话：0313-6281883
地　　址：张家口市怀来县沙城镇燕京路北美枫情 B 3 北一号
邮政编码：075000

崇礼县支行
行　　长：潘 侠
电　　话：0313-4767131
地　　址：张家口市崇礼县西湾子镇长青路 20 号
邮政编码：075000

阳原县支行
行　　长：张少伟
电　　话：0313-7393456
地　　址：张家口市阳原县西城镇西宁路西 9 号
邮政编码：075000

沽源县支行
行　　长：袁亚军
电　　话：0313-5827960
地　　址：张家口市沽源县平定堡镇人民中街 37 号
邮政编码：075000

尚义县支行
行　　长：李 明
电　　话：0313-4333667
地　　址：张家口市尚义县南壕堑镇平安街 66 号
邮政编码：075000

宣化科技社区支行
行　　长：刘晓霞
电　　话：0313-5961621
地　　址：张家口市宣化区皇城桥北街 18 号院 3 号商业楼 1–4 底商

邮政编码：075000

东风社区支行

行　　长：杨 乐

电　　话：0313-2228882

地　　址：张家口市桥东区林园路 11 号

邮政编码：075000

张北县马桥小微支行

行　　长：郭 锐

电　　话：0313-7670616

地　　址：张家口市张北县张北镇庙滩村南、张化线东华北牲畜交易中心入口处交易市场管理处旁

邮政编码：075000

怀安县左卫小微支行

行　　长：古惠新

电　　话：0313-7896368

地　　址：张家口市怀安县左卫镇步行街 C 段 22 号

邮政编码：075000

蔚县康居嘉园小微支行

行　　长：杜雁亭

电　　话：0313-7198887

地　　址：张家口市蔚县蔚州镇康居嘉园 C 座 01 号北侧门底商

邮政编码：075000

西苑小微支行

行　　长：李彩霞

电　　话：0313-5887660

地　　址：张家口市高新区高家屯天秀花园三期 36 号楼 22 号底商

邮政编码：075000

怀来县龙祥小微支行

行　　长：周志一

电　　话：0313-6215685

地　　址：张家口市怀来县沙城镇存瑞东大街龙祥啤酒饮料有限公司综合楼 8 号

邮政编码：075000

万全县工业街小微支行

行　　长：邢晓云

电　　话：0313-4264269

地　　址：张家口市万全县孔家庄镇工业街美丽家园 1 号楼底商

邮政编码：075000

崇礼县高家营小微支行

行　　长：李 欣

电　　话：0313-4769395

地　　址：张家口市崇礼县高家营镇崇礼二中综合楼 14 号 -16 号

邮政编码：075000

宣化县沙岭子小微支行

行　　长：李 巍

电　　话：0313-5921503

地　　址：张家口市宣化县沙岭子大市场东四区

邮政编码：075000

涿鹿县东风街小微支行

行　　长：王复丹

电　　话：0313-6530790

地　　址：张家口市涿鹿县东风街郡城瑞居 6 号楼 105-106 号

邮政编码：075000

华耐小微支行

行　　长：邢再范

电　　话：0313-4116585

地　　址：张家口市高新区胜利中路西侧华耐家居

邮政编码：075000

张北县西关社区支行

行　　长：靳海燕

电　　话：0313-5210900

地　　址：张家口市张北县张北镇张库大街东街，兴华西路北侧，晟禾 - 融达农贸城 A1 座一层 A1-58、A1-59、A1-60、A1-61 号房

邮政编码：075000

赤城县政府街社区支行

行　　长：赵艾艾

电　　话：0313-6474887

地　　址：张家口市赤城县赤城镇政府东街宾馆 11 号底商 10 号

邮政编码：075000

阳原县昌盛东街社区支行
行　　长：刘汉刚
电　　话：0313-3265618
地　　址：张家口市阳原县昌盛东街御花紫苑1号楼6单元11号底商
邮政编码：075000
沽源县桥西路社区支行
行　　长：郭万军
电　　话：0313-5829862
地　　址：张家口市沽源县桥西大街341号
邮政编码：075000
宣化区御馨花园社区支行
行　　长：李晓龙
电　　话：0313-3237850
地　　址：张家口市宣化区诚品家沿建国街商铺3号
邮政编码：075000
万全县民主街小微支行
行　　长：刘春风
电　　话：0313-4264269
地　　址：张家口市万全县孔家庄镇民主东街15号审批中心西侧底商
邮政编码：075000
赤城县霞城支行
行　　长：许冬生
电　　话：0313-6319255
地　　址：张家口市赤城县赤城镇长源街汽车站综合楼
邮政编码：075000

石家庄分行

行　　长：杨卫东
电　　话：0311-89630076
地　　址：石家庄市裕华西路43号
邮政编码：050000
正定支行
行　　长：贾 军
电　　话：0311-89197101
地　　址：石家庄市正定县华安西路37号
邮政编码：050000
辛集支行
行　　长：李 辉
电　　话：0311-85395800
地　　址：石家庄市辛集市教育路18号
邮政编码：050000
翟营社区支行
行　　长：李 欣
电　　话：0311-68006707
地　　址：石家庄市裕华区神兴小区神兴大厦底商
邮政编码：050000
谈固社区支行
行　　长：侯 静
电　　话：0311-68006717
地　　址：石家庄市裕华区槐北路420号国际商住城42-103室
邮政编码：050000
高新社区支行
行　　长：张武群
电　　话：0311-68058256
地　　址：石家庄市东开发区珠峰大街218号
邮政编码：050000
建安社区支行
行　　长：杨志刚
电　　话：0311-68029092
地　　址：石家庄市桥东区和平东路7号
邮政编码：050000
鹿泉支行
行　　长：李东海
电　　话：0311-89170926
地　　址：石家庄市鹿泉区布市街6号
邮政编码：050000
藁城支行
行　　长：申宝兵
电　　话：0311-85158190
地　　址：石家庄市藁城区东城北街132号
邮政编码：050000
广安社区支行
行　　长：段 博
电　　话：0311-89898018
地　　址：石家庄市长安区中山东路265号汇景国际5-112、113号
邮政编码：050000

红旗社区支行

行　　长：武燕荣

电　　话：0311-68050098

地　　址：石家庄市红旗大街 134 号

邮政编码：050000

深泽支行

行　　长：张武群

电　　话：0311-89228668

地　　址：石家庄市深泽县石油大街南段路东

邮政编码：050000

晋州支行

行　　长：任　勇

电　　话：0311-85124567

地　　址：石家庄市晋州市中兴路 248 号

邮政编码：050000

新乐支行

行　　长：冯 勇

电　　话：0311-85191318

地　　址：石家庄市新乐市新开西路 105 号

邮政编码：050000

栾城支行

行　　长：张少石

电　　话：0311-89899732

地　　址：石家庄市栾城县惠源路北侧，龙威街西侧

邮政编码：050000

金马社区支行

行　　长：刘昕雅

电　　话：0311-85259621

地　　址：石家庄市裕华区槐安东路 166 号

邮政编码：050000

元氏支行

行　　长：张武群

电　　话：0311-68108080

地　　址：石家庄市元氏县蟠龙路与向阳街交叉口东北角

邮政编码：050000

无极支行

行　　长：司振宇

电　　话：0311-89220982

地　　址：石家庄市无极县贸易南街 81 号

邮政编码：050000

平山支行

行　　长：杨志刚

电　　话：0311-86549888

地　　址：石家庄市平山县平山镇冶河东路文昌苑小区

邮政编码：050000

长安支行

行　　长：徐瑞杰

电　　话：0311-68006780

地　　址：石家庄市长安区方北路 18 号

邮政编码：050000

辛集芳华小微支行

行　　长：杨 丽

电　　话：0311-85395116

地　　址：石家庄市辛集市北区教育路芳华小区 4-02 号

邮政编码：050000

石家庄正定西关小微支行

行　　长：蔡 博

电　　话：0311-85177667

地　　址：石家庄市正定县正定镇西关村镇中街 17 号

邮政编码：050000

石家庄世奥湾社区支行

行　　长：王 飞

电　　话：0311-89860178

地　　址：石家庄市东岗路 46 号世奥花苑 7A 南 -101 和 7A 南 -102 商铺

邮政编码：050000

石家庄普园街社区支行

行　　长：董 琳

电　　话：0311-68023602

地　　址：石家庄市桥东区普园街 9 号 2-101

邮政编码：050000

石家庄建强路社区支行

行　　长：刘丽娟

电　　话：0311-89860205

地　　址：石家庄市裕华区东岗怡园南门往西第一间一层

邮政编码：050000

石家庄藁北小微支行

行　　长：辛红岩

电　　话：0311-68018351

地　　址：石家庄市藁城区南孟镇西只甲村正无路西行200米路南

邮政编码：050000

石家庄铜冶小微支行

行　　长：张晓磊

电　　话：0311-89170210

地　　址：石家庄市鹿泉区铜冶镇南铜冶村君乐宝路与获铜路交叉口东南角底商

邮政编码：050000

石家庄晋州总十庄小微支行

行　　长：高建礼

电　　话：0311-85124380

地　　址：石家庄晋州市总十庄镇总十庄村与晋总路交叉口北行300米路东商铺

邮政编码：050000

石家庄方村小微支行

行　　长：赵改聚

电　　话：0311-68012935

地　　址：石家庄市裕华区方村北方摩托车商城内方盛路15号

邮政编码：050000

唐山分行

行　　长：马迎春

电　　话：0315-2591819

地　　址：唐山市路南区新华西道112号

邮政编码：063000

唐山滦南支行

行　　长：张秀安

电　　话：0315-4500984

地　　址：滦南县南大街中段路北

邮政编码：063000

唐山丰南支行

行　　长：王海军

电　　话：0315-4500984

地　　址：唐山市丰南区阜民街124号

邮政编码：063000

唐山祥和里社区支行

行　　长：王金良

电　　话：0315-6283505

地　　址：唐山市路北区卫国路305号

邮政编码：063000

唐山迁西支行

行　　长：宋恩文

电　　话：0315-5952302

地　　址：迁西县喜峰中路126-38号

邮政编码：063000

唐山玉田支行

行　　长：王　强

电　　话：0315-5050358

地　　址：唐山市玉田县北环东路282号

邮政编码：063000

唐山乐亭支行

行　　长：杨海波

电　　话：0315-4530860

地　　址：唐山市乐亭县金融大街27号

邮政编码：063000

唐山世纪龙庭社区支行

行　　长：谷振宇

电　　话：0315-3286767

地　　址：唐山市高新区世纪龙庭A区22号

邮政编码：063000

唐山小山社区支行

行　　长：刘彩云

电　　话：0315-2860231

地　　址：唐山市路南区复兴路211号

邮政编码：063000

遵化支行

行　　长：陈　巍

电　　话：0315-6969453

地　　址：遵化市政府西街与西二环北路交叉口东北角，燕山花园西南转角商业楼

邮政编码：063000

迁安支行

行　　长：王　保

电　　话：0315-7613219

地　　址：迁安市惠泉大街 1618 号
邮政编码：063000

唐山滦县支行

行　　长：赵晓艳
电　　话：0315-7106003
地　　址：滦县新城滦河西路 104 号
邮政编码：063000

唐山古冶支行

行　　长：魏志刚
电　　话：0315-3528520
地　　址：唐山市古冶区永安道 1 号
邮政编码：063000

唐山南湖金地支行

行　　长：潘丽娜
电　　话：0315-2338116
地　　址：唐山市路南区光明南路南湖金地商业广场 68 号
邮政编码：063000

唐山丰润支行

行　　长：马合江
电　　话：0315-5148678
地　　址：唐山市丰润区浭阳诗苑 5 号
邮政编码：063000

唐山曹妃甸支行

行　　长：李福禄
电　　话：0315-8838558
地　　址：唐山市曹妃甸区长丰路与建设大街交口四季华庭商业楼
邮政编码：063000

唐山明珠社区支行

行　　长：王海燕
电　　话：0315-2591931
地　　址：唐山市丰南区明珠都市花园商居楼 22 号
邮政编码：063000

唐山祥富里社区支行

行　　长：陆利桓
电　　话：0315-2591931
地　　址：唐山市路北区祥富里商业楼 7 号
邮政编码：063000

唐山福乐园社区支行

行　　长：徐雅舒
电　　话：0315-2591931
地　　址：唐山市路南区常泰里福乐园 902 楼商业 2 号
邮政编码：063000

唐山鹭港社区支行

行　　长：苑　帅
电　　话：0315-2591931
地　　址：唐山市路北区鹭港小区 801 楼 10 单元 10 号
邮政编码：063000

唐山时代景苑社区支行

行　　长：董雅辉
电　　话：0315-2591931
地　　址：唐山市路北区长宁道 313 号时代景苑底商
邮政编码：063000

迁西宝升昌小微支行

行　　长：张国军
电　　话：0315-2591931
地　　址：迁西县景忠西街宝升昌广场东侧底商
邮政编码：063000

滦南金贸小微支行

行　　长：刘昌远
电　　话：0315-2591931
地　　址：滦南县金贸商业街 B9 号
邮政编码：063000

乐亭汇乐城小微支行

行　　长：姚文杰
电　　话：0315-2591931
地　　址：乐亭县乐安社区商业广场步行街 5 栋 256 号
邮政编码：063000

玉田鸦鸿桥小微支行

行　　长：樊　智
电　　话：0315-2591931
地　　址：玉田县鸦鸿桥镇昌升商贸物流广场 03 栋 013-1 号
邮政编码：063000

遵化新店子小微支行

行　　长：张海武

电　　话：0315-2591931

地　　址：遵化市新店子镇新店子村 112 国道人保财产分理处北侧

邮政编码：063000

迁安祺光大街小微支行

行　　长：徐 宁

电　　话：0315-2591931

地　　址：迁安市祺光大姐荷风御景小区 13 号底商

邮政编码：063000

廊坊分行

行　　长：何 江

电　　话：0316-2313020

地　　址：廊坊市广阳道 29 号

邮政编码：065000

安次支行

行　　长：张德会

电　　话：0316-2398026

地　　址：廊坊市安次区永兴路 7 号

邮政编码：065000

解放道支行

行　　长：孙明星

电　　话：0316-2399601

地　　址：廊坊市广阳区解放道 172-6 号

邮政编码：065000

香河支行

行　　长：孙学谦

电　　话：0316-8086265

地　　址：香河县五一路 28-2 号

邮政编码：065000

固安支行

行　　长：胡学博

电　　话：0316-6177086

地　　址：廊坊市固安县新昌街北侧永康北路东侧凤凰城一期 22 号

邮政编码：065000

廊坊阳光佳和社区支行

行　　长：李 玢

电　　话：0316-2313008

地　　址：廊坊市阳光佳和小区中心商铺 6 号

邮政编码：065000

廊坊阿尔卡迪亚社区支行

行　　长：王立成

电　　话：0316-2313008

地　　址：廊坊市广阳区阿尔卡地亚 F 商铺

邮政编码：065000

廊坊天域学府社区支行

行　　长：张晓龙

电　　话：0316-2313008

地　　址：廊坊市广阳道天域学府门市东 1

邮政编码：065000

廊坊盛德花园社区支行

行　　长：常冰蕊

电　　话：0316-2313008

地　　址：廊坊市永华道盛德花园小区北门 1 号

邮政编码：065000

廊坊君兰苑社区支行

行　　长：王铁林

电　　话：0316-5173635

地　　址：廊坊市君兰苑小区商业 7-1-109

邮政编码：065000

廊坊群安道小微支行

行　　长：夏 涛

电　　话：0316-2313008

地　　址：廊坊市群安道新益小区 1 号楼 107

邮政编码：065000

邯郸分行

行　　长：杨卫民

电　　话：0310-5500078

地　　址：邯郸市邯山区中华南大街 53 号

邮政编码：056000

邯郸安居东城社区支行

行　　长：王 鹏

电　　话：0310-5101975

地　　址：邯郸市丛台北路 159 号陆和商厦一层东北部

邮政编码：056000

邯郸天泽园社区支行

行　　长：王永山

电　　话：0310-5101259
地　　址：邯郸市华泽路 129 号天泽园南门西侧
邮政编码：056000

邯郸复兴路社区支行

行　　长：马 勇
电　　话：0310-5529921
地　　址：邯郸市复兴区 19 号赵王宾馆东侧
邮政编码：056000

邯郸康业家居小微支行

行　　长：任晓峰
电　　话：0310-5520716
地　　址：邯郸市复兴区联纺西路 449 号康业家居广场一楼
邮政编码：056000

鸡泽支行

行　　长：杨社强
电　　话：0310-5206283
地　　址：邯郸市鸡泽县建设大街滨河南小区大门北鸡泽宾馆一层
邮政编码：056000

涉县支行

行　　长：马志军
电　　话：0310-5571808
地　　址：涉县振兴路中段 208 号
邮政编码：056000

邯郸冀南新区支行

行　　长：孔现强
电　　话：0310-5071609
地　　址：邯郸市磁县磁州镇政通街与仁和路交叉口世纪城小区 7 号楼
邮政编码：056000

邯郸邯山支行

行　　长：张书晓
电　　话：0310-5500289
地　　址：邯郸市邯山区滏东南大街 105 号
邮政编码：056000

邯郸丛台支行

行　　长：李敬民
电　　话：0310-5101389
地　　址：邯郸市中华北大街 378 号
邮政编码：056000

永年支行

行　　长：严立昆
电　　话：0310-6602018
地　　址：永年县迎宾大道滏阳金地小区东北角 1-1 号底商
邮政编码：056000

邯郸同仁花园小微支行

行　　长：刘学敏
电　　话：0310-3189506
地　　址：邯郸市邯山区和平路与光明南大街交叉口东行 50 米路南同仁花园 8-21 号
邮政编码：056000

邯郸拉德芳斯小微支行

行　　长：卢轲
电　　话：0310-803929
地　　址：邯郸市世纪大街 115 号拉德芳斯小区南区（世嘉名苑 31 号楼 1 号商铺一层）
邮政编码：056000

邯郸南湖花园小微支行

行　　长：霍万鹏
电　　话：0310-5277839
地　　址：邯郸市邯山区秀水路 16 号门市（南湖花园小区一期 B1 号楼）
邮政编码：056000

沧州分行

行　　长：朱建国
电　　话：0317-2050000
地　　址：沧州市运河区清池南大道 12 号联通大厦 D 座
邮政编码：061000

承德分行

行　　长：曹力兵
电　　话：0314-5561000
地　　址：承德市双桥区紫晶花园小区 D 座 103
邮政编码：067000

秦皇岛银行股份有限公司

秦皇岛银行股份有限公司

董 事 长：俞德仁
电　　话：0335-5911165
地　　址：秦皇岛市海港区燕山大街 209 号
邮政编码：066000

北大营支行

行　　长：任 毅
电　　话：0335-5911177
地　　址：秦皇岛市海港区燕山大街 209 号
邮政编码：066000

建设大街支行

行　　长：齐筱立
电　　话：0335-5919532
地　　址：秦皇岛市海港区建设大街 163 号
邮政编码：066000

北戴河支行

行　　长：辛树彬
电　　话：0335-5921063
地　　址：秦皇岛市北戴河区联峰路 120 号
邮政编码：066001

港城支行

行　　长：胡越山
电　　话：0335-5917121
地　　址：秦皇岛市海港区秦皇东大街 269 号
邮政编码：066000

太阳城支行

行　　长：张 钊
电　　话：0335-5912871
地　　址：秦皇岛市海港区民族南路 11 号
邮政编码：066000

开发区支行

行　　长：乔艳冬
电　　话：0335-5946916
地　　址：秦皇岛市开发区发展大厦一楼
邮政编码：066000

长江道支行

行　　长：乔艳冬
电　　话：0335-5905598
地　　址：秦皇岛市开发区长江中道 92 号
邮政编码：066001

建国路支行

行　　长：王绍忠
电　　话：0335-5313701
地　　址：秦皇岛市海港区建国路 177-1 号
邮政编码：066000

燕山大街支行

行　　长：王 全
电　　话：0335-5905193
地　　址：秦皇岛市海港区建新里二区 6-12、6-13
邮政编码：066001

山海关支行

行　　长：裴志红
电　　话：0335-5939750
地　　址：秦皇岛市山海关区南海西路 18 号
邮政编码：066200

山海关开发区支行

行　　长：裴志红
电　　话：0335-5938812
地　　址：秦皇岛市山海关开发区船厂路中段
邮政编码：066200

南园支行

行　　长：裴志红
电　　话：0335-5939757
地　　址：秦皇岛市山海关南园新区 6-7 号
邮政编码：066200

南关大街支行

行　　长：裴志红
电　　话：0335-5939752
地　　址：秦皇岛市山海关区工人街 1 号楼南侧
邮政编码：066200

海阳路支行

行　　长：贾新宇
电　　话：0335-5919197
地　　址：秦皇岛市海港区团结里 1 号
邮政编码：066000

红旗路支行

行　　长：陈树江

电　　话：0335-5919388
地　　址：秦皇岛市海港区红旗路 157 号
邮政编码：066000

海城支行

行　　长：李　强
电　　话：0335-5919361
地　　址：秦皇岛市海港区河北大街 290-5 号
邮政编码：066000

民族路支行

行　　长：李海兵
电　　话：0335-5917285
地　　址：秦皇岛市海港区建设大街 239 号
邮政编码：066000

迎宾路支行

行　　长：王三军
电　　话：0335-5912391
地　　址：秦皇岛市海港区迎宾路 139 号
邮政编码：066000

文化路支行

行　　长：王晓燕
电　　话：0335-5919378
地　　址：秦皇岛市海港区文化北路 358 号
邮政编码：066000

秦海路支行

行　　长：石新新
电　　话：0335-5301377
地　　址：秦皇岛市海港区河北大街西段 24 号
邮政编码：066000

长城支行

行　　长：佟　乐
电　　话：0335-5998066
地　　址：秦皇岛市海港区民族路 33 号
邮政编码：066000

河北大街支行

行　　长：霍桂森
电　　话：0335-5998087
地　　址：秦皇岛市河北大街中段欧雅花园 1 号
邮政编码：066000

商城支行

行　　长：王润青
电　　话：0335-5998079
地　　址：秦皇岛市海港区河北大街 152 号
邮政编码：066000

玉峰里支行

行　　长：王　旭
电　　话：0335-5912361
地　　址：秦皇岛市海港区燕山大街 46 号
邮政编码：066000

新世纪支行

行　　长：娄旭东
电　　话：0335-5919390
地　　址：秦皇岛市海港区新祐街 1 号
邮政编码：066000

瑞启支行

行　　长：王　蕾
电　　话：0335-5911933
地　　址：秦皇岛市海港区秦皇东大街 79 号
邮政编码：066000

东港路支行

行　　长：吴宝辉
电　　话：0335-5912635
地　　址：秦皇岛市海港区东港路 303-2 号
邮政编码：066000

光明路支行

行　　长：刘志新
电　　话：0335-5316105
地　　址：秦皇岛市海港区光明路 55 号
邮政编码：066000

友谊路支行

行　　长：高文涛
电　　话：0335-5917200
地　　址：秦皇岛市海港区友谊路 286 号
邮政编码：066000

和平大街支行

行　　长：王立伟
电　　话：0335-5999693
地　　址：秦皇岛市海港区先锋路 17 号
邮政编码：066000

北环路支行

行　　长：高　杨
电　　话：0335-5912364

地　　址：秦皇岛市海港区北环路 500 号
邮政编码：066000

西港路支行

行　　长：王秉春
电　　话：0335–5914632
地　　址：秦皇岛市海港区西港路 189 号
邮政编码：066000

石塘路支行

行　　长：辛树彬
电　　话：0335–5921063
地　　址：秦皇岛市北戴河区草场中路市场副食厅 1 号厅
邮政编码：066000

森林逸城支行

行　　长：刘艳茹
电　　话：0335–5998028
地　　址：秦皇岛市河北大街西段 439 号
邮政编码：066000

抚宁支行

行　　长：王桂芬
电　　话：0335–5982012
地　　址：秦皇岛市抚宁县迎宾路县交通局大楼一楼
邮政编码：066300

青龙支行

行　　长：董延兵
电　　话：0335–5393889
地　　址：秦皇岛市青龙满族自治县青龙镇满韵街 35 号
邮政编码：066500

卢龙支行

行　　长：魏　飞
电　　话：0335–5976188
地　　址：秦皇岛市卢龙县卢龙镇龙城路 98 号
邮政编码：066400

昌黎支行

行　　长：于永强
电　　话：0335–5863105
地　　址：秦皇岛市昌黎县城关碣阳大街中段
邮政编码：066000

玉龙湾支行

行　　长：赵　宏
电　　话：0335–5306989
地　　址：秦皇岛市海港区河北大街中段 476、478 号
邮政编码：066000

北戴河新区支行

行　　长：张俊峰
电　　话：0335–5863109
地　　址：秦皇岛市北戴河新区黄金海岸一纬路北 49 号
邮政编码：066000

明珠城支行

行　　长：王海涛
电　　话：0335–5907953
地　　址：秦皇岛市海港区建设大街东段 45 号
邮政编码：066000

杜庄支行

行　　长：马　刚
电　　话：0335–5907821
地　　址：秦皇岛市抚宁县杜庄镇蓝图鑫苑 6–7 号
邮政编码：066000

石门支行

行　　长：安延军
电　　话：0335–5970136
地　　址：秦皇岛市卢龙县石门镇夷齐大街 19 号
邮政编码：066000

锦江苑支行

行　　长：王　蕾
电　　话：0335–5991933
地　　址：秦皇岛市经济技术开发区祁连山南路 140、142 号
邮政编码：066004

都山支行

行　　长：王景学
电　　话：0335–5392056
地　　址：秦皇岛市青龙满族自治县燕山路西段 279–6、7 号
邮政编码：066500

文宏路支行

行　　长：李 勇

电　　话：0335-5907227

地　　址：秦皇岛市海港区御品星城小区（文宏路 118 号）

邮政编码：066004

唐山银行股份有限公司

唐山银行股份有限公司

董 事 长：杜少光

电　　话：0315-2842558

地　　址：唐山市新华西道 66 号

邮政编码：063000

营业部

行　　长：徐建新

电　　话：0315-2824815

地　　址：唐山市新华西道 66 号

邮政编码：063000

文化路支行

行　　长：于华文

电　　话：0315-2812307

地　　址：唐山市煤医道 17 号 -1

邮政编码：063000

新华支行

行　　长：靳淑芬

电　　话：0315-2837454

地　　址：唐山市新华东道新华大酒店一层

邮政编码：063000

梧桐支行

行　　长：关榆春

电　　话：0315-5345255

地　　址：唐山市大理路和朝阳道交口西行 300 米路北

邮政编码：063000

西山道支行

行　　长：郭雨舟

电　　话：0315-2827799

地　　址：唐山市西山道 6 号

邮政编码：063000

机场路支行

行　　长：纪秀玲

电　　话：0315-2034219

地　　址：唐山市机场路市场 3 号

邮政编码：063000

光明支行

行　　长：付金英

电　　话：0315-5397768

地　　址：唐山市西山道与光明路交叉口（瑞景国际公馆底商）

邮政编码：063000

华岩南路支行

行　　长：杨 宇

电　　话：0315-3738105

地　　址：唐山市新街 E 段（新街南口）

邮政编码：063000

鹭港支行

行　　长：冯颖辉

电　　话：0315-2228779

地　　址：唐山市兴源道与龙源路的交叉口

邮政编码：063000

路南支行

行　　长：张 焕

电　　话：0315-2380508

地　　址：唐山市新华立交桥东 300 米

邮政编码：063000

友谊支行

行　　长：张 焕

电　　话：0315-2232909

地　　址：唐山市北新道金色家园底商

邮政编码：063000

南新道支行

行　　长：郑学强

电　　话：0315-2810614

地　　址：唐山市南新东道新天地广场 A2 区 3 号

邮政编码：063000

天元支行

行　　长：王 滨

电　　话：0315-2317446

地　　址：唐山市兴源道与大里路交叉口北

行100米
邮政编码：063000

卫国路支行
行　　长：于建书
电　　话：0315-2828139
地　　址：唐山市卫国北路123号
邮政编码：063000

裕华支行
行　　长：果建军
电　　话：0315-5390575
地　　址：唐山市裕华西道516号
邮政编码：063000

建设路支行
行　　长：么桂丽
电　　话：0315-2018819
地　　址：唐山市建设北路8号
邮政编码：063000

学院路支行
行　　长：赵 英
电　　话：0315-2026954
地　　址：唐山市北新道学院路交叉口
邮政编码：063000

朝阳路支行
行　　长：张广军
电　　话：0315-2094847
地　　址：唐山市朝阳道24号
邮政编码：063000

路北支行
行　　长：刘 强
电　　话：0315-2826449
地　　址：唐山市煤医道华岩路交叉口
邮政编码：063000

火炬路支行
行　　长：郑海燕
电　　话：0315-3178261
地　　址：唐山市大学路与火炬路交叉口北行100米
邮政编码：063000

长宁道支行
行　　长：张艳君
电　　话：0315-2026718
地　　址：唐山市长宁道249号
邮政编码：063000

尚品支行
行　　长：付利红
电　　话：0315-3271709
地　　址：唐山市龙泽路长宁道交口往东200米
邮政编码：063000

龙泽路支行
行　　长：王连华
电　　话：0315-5068761
地　　址：唐山市高新区龙泽路世纪龙庭C区C4楼底商
邮政编码：063000

缸窑路支行
行　　长：孙 辉
电　　话：0315-3271519
地　　址：唐山市缸窑路53号
邮政编码：063000

惠民支行
行　　长：王立军
电　　话：0315- 2565738
地　　址：唐山市光明南路惠民园G-51、G-53、G-55号底商
邮政编码：063000

河东支行
行　　长：秦志英
电　　话：0315-3285879
地　　址：唐山市西窑道28号
邮政编码：063000

大里路支行
行　　长：王 全
电　　话：0315-2342322
地　　址：唐山市南新西道尚湖名筑88-15号
邮政编码：063000

马家沟支行
行　　长：张东霞
电　　话：0315-3181909
地　　址：唐山市马家沟唐马路13号
邮政编码：063000

新苑路支行
行　　长：张东霞
电　　话：0315-3363899
地　　址：唐山市开平新苑路 40 号
邮政编码：063000

林西支行
行　　长：王小峰
电　　话：0315-3561859
地　　址：唐山市林西新林道 22 号
邮政编码：063000

赵各庄支行
行　　长：王秀荣
电　　话：0315- 3501709
地　　址：唐山市赵各庄大马路 18 号
邮政编码：063000

古冶支行
行　　长：马　晖
电　　话：0315- 5025096
地　　址：唐山市古冶区桃花坞商务区 15 座 9 号
邮政编码：063000

迁安支行
行　　长：张俊元
电　　话：0315- 7602557
地　　址：唐山市迁安市丰乐大路中段
邮政编码：064400

丰南支行
行　　长：高绍岭
电　　话：0315- 8122238
地　　址：唐山市丰南区阜民街 126 号商业
邮政编码：063300

丰南惠丰社区支行
行　　长：刘文军
电　　话：0315- 5315967
地　　址：唐山市丰南文化大街 265 号
邮政编码：063300

丰润支行
行　　长：谷　伟
电　　话：0315- 3216608
地　　址：唐山市丰润区燕山路
邮政编码：063000

浭阳社区支行
行　　长：王志兴
电　　话：0315-5125018
地　　址：唐山市丰润区曹雪芹西道富力城 3 号楼 2、3 号
邮政编码：063000

遵化支行
行　　长：边永仓
电　　话：0315-6933315
地　　址：唐山市遵化市华明路东侧
邮政编码：064200

曹妃甸支行
行　　长：韩春水
电　　话：0315-8759577
地　　址：唐山市唐海县建设大街铂瑞公馆北门
邮政编码：063000

海港支行
行　　长：于金利
电　　话：0315-2920780
地　　址：唐山市海港经济开发区祥盛小区 126 楼底商东 14 号
邮政编码：063000

迁西支行
行　　长：王　全
电　　话：0315-5710066
地　　址：唐山市迁西县凤凰西街与喜峰路交叉口西行 20 米
邮政编码：064300

滦南支行
行　　长：张　涛
电　　话：0315-5708958
地　　址：唐山市滦南县绿景中心城底商 9-15 号
邮政编码：063500

玉田支行
行　　长：郭全义
电　　话：0315-6392353
地　　址：唐山市玉田县凤凰春城凤栖园 4-5 号底商
邮政编码：064100

廊坊银行股份有限公司

廊坊银行股份有限公司

董 事 长：李德华
电　　话：0316-2200308
地　　址：廊坊市广阳道 31 号
邮政编码：065000

营业部
主　　任：牛纳新
电　　话：0316-2204425
地　　址：廊坊市广阳道 31 号
邮政编码：065000

胜芳支行
行　　长：可志民
电　　话：0316-7629108
地　　址：霸州市胜芳镇胜富路北
邮政编码：065000

燕郊支行
行　　长：曹继红
电　　话：0316-7052809
地　　址：廊坊市燕郊开发区汉王路 225 号
邮政编码：065000

北环路支行
行　　长：武文兵
电　　话：0316-2188120
地　　址：廊坊市北凤道 280 号
邮政编码：065000

解放道支行
行　　长：王永超
电　　话：0316-2023358
地　　址：廊坊市解放道 29 号
邮政编码：065000

金光道支行
行　　长：段海峰
电　　话：0316- 7962291
地　　址：廊坊市金光道 1 号
邮政编码：065000

开发区支行
行　　长：陈龙云
电　　话：0316-6073385
地　　址：廊坊开发区祥云道憩园小区南门
邮政编码：065000

康庄道支行
行　　长：于新水
电　　话：0316-2017275
地　　址：廊坊市新华路 117 号
邮政编码：065000

新华路支行
行　　长：史建峰（兼）
电　　话：0316-2111772
地　　址：廊坊市新华路 183 号
邮政编码：065000

新开路支行
行　　长：牛腾蛟
电　　话：0316-2097345
地　　址：廊坊市新开路 156 号
邮政编码：065000

永华道支行
行　　长：刘保良
电　　话：0316-2765199
地　　址：廊坊市光明道 39 号
邮政编码：065000

永兴路支行
行　　长：杨 娜
电　　话：0316-2197790
地　　址：廊坊市永兴路 66 号
邮政编码：065000

银河路支行
行　　长：关景辉
电　　话：0316-2195567
地　　址：廊坊市银河路 106-6 号
邮政编码：065000

顺安道支行
行　　长：武 婧
电　　话：0316-2216969
地　　址：廊坊市永兴路 126 号
邮政编码：065000

和平路支行
行　　长：聂亚平
电　　话：0316-2270188
地　　址：廊坊市金光道 66 号

邮政编码：065000

固安支行

行　　长：刘永强

电　　话：0316-6175180

地　　址：廊坊市固安县工业区北区东方街临 5 号

邮政编码：065000

龙河支行

行　　长：张洪立

电　　话：0316-2765600

地　　址：廊坊市建设南路富士康城西门对面

邮政编码：065000

文安支行

行　　长：杨　斌

电　　话：0316-2628058

地　　址：廊坊市文安县政通道凯恩国际小区门店 6-7 号

邮政编码：065000

霸州支行

行　　长：刘建永

电　　话：0316-7629118

地　　址：霸州市迎宾东道与兴华路交口

邮政编码：065000

万庄支行

行　　长：杨海燕

电　　话：0316-2508403

地　　址：廊坊开发区东方大学城

邮政编码：065000

石家庄分行

行　　长：马　丽

电　　话：0311-67568800

地　　址：石家庄市中华北大街 3 号

邮政编码：050004

天津分行

行　　长：姬广军

电　　话：022-58568666

地　　址：天津市永安道 217 号

邮政编码：300204

保定银行股份有限公司

保定银行股份有限公司

董 事 长：张英莉

电　　话：0312-3101000

地　　址：保定市朝阳北大街 889 号

邮政编码：071051

营业部

总 经 理：魏　杰

电　　话：0312-3101082

地　　址：保定市朝阳北大街 889 号

邮政编码：071051

天鹅路支行

行　　长：杨宏博

电　　话：0312-3156706

地　　址：保定市天鹅西路 200 号

邮政编码：071051

双彩支行

行　　长：张文丽

电　　话：0312-2065655

地　　址：保定市永华南大街 201 号

邮政编码：071051

七一路支行

行　　长：乔　虎

电　　话：0312-3333532

地　　址：保定市七一中路 307 号

邮政编码：071000

高开区支行

行　　长：刘欣荣

电　　话：0312-3021900

地　　址：保定市朝阳北大街 1333 号

邮政编码：071051

人民支行

行　　长：王林芳

电　　话：0312-5065012

地　　址：保定市永华北大街 345 号

邮政编码：071000

直属支行

行　　长：李海玲

电　　话：0312-5990749

地　　址：保定市七一东路948号
邮政编码：071000

公园支行

行　　长：张 明
电　　话：0312-5939903
地　　址：保定市天威中路583号
邮政编码：071000

亢龙骏景社区支行

行　　长：王 阳
电　　话：0312-3165116
地　　址：保定市复兴中路864号
邮政编码：071000

西郊支行

行　　长：李连文
电　　话：0312-3024137
地　　址：保定市五四西路479号
邮政编码：071051

帅府支行

行　　长：王立军
电　　话：0312-2061845
地　　址：保定市永华南大街300号
邮政编码：071000

保北社区支行

行　　长：李连文
电　　话：0312-5998248
地　　址：保定市长城北大街2353号
邮政编码：071000

阳光支行

行　　长：孟宏伟
电　　话：0312-5880502
地　　址：保定市阳光北大街929号
邮政编码：071000

光华支行

行　　长：黄 倩
电　　话：0312-3025551
地　　址：保定市新市区百花东路689号
邮政编码：071051

建设路支行

行　　长：何 伟
电　　话：0312-3228505
地　　址：保定市乐凯南大街1316号
邮政编码：071051

前卫路支行

行　　长：何 伟
电　　话：0312-5014368
地　　址：保定市长城北大街264号
邮政编码：071000

建华路支行

行　　长：雷俊芳
电　　话：0312-2033485
地　　址：保定市建华大街670号
邮政编码：071000

大西门支行

行　　长：王福成
电　　话：0312-2032839
地　　址：保定市恒祥南大街261号
邮政编码：071000

华创社区支行

行　　长：宋革利
电　　话：2020448
地　　址：华创国际广场商业步行街一层577-4号商铺
邮政编码：071000

长城支行

行　　长：赵大毅
电　　话：0312-2027803
地　　址：保定市长城南大街451号
邮政编码：071051

花园里支行

行　　长：关 芳
电　　话：0312-3215207
地　　址：保定市向阳南大街585号
邮政编码：071051

向阳支行

行　　长：赵 峰
电　　话：0312-3073264
地　　址：保定市向阳北大街99号
邮政编码：071051

东风路支行

行　　长：李 波
电　　话：0312-2032406
地　　址：保定市东风中路544号

邮政编码：071000

天威路支行

行　　长：李英建

电　　话：0312-3236865

地　　址：保定市天威西路 269 号

邮政编码：071051

涿州支行

行　　长：李立杰

电　　话：0312-3865511

地　　址：涿州市经济技术开发区东兴北街 1 号

邮政编码：072750

白沟支行

行　　长：刘连杰

电　　话：0312-2879681

地　　址：保定市白沟镇五一路德秀苑小区西 1 号

邮政编码：074004

白沟和道国际社区支行

行　　长：刘连杰

电　　话：0312-2897967

地　　址：保定市白沟新城东一环与北一环交叉口

邮政编码：074004

安新支行

行　　长：刘　飞

电　　话：0312-5338887

地　　址：保定市安新县永安大街 3 号

邮政编码：071600

定州支行

行　　长：侯耀辉

电　　话：0312-2589910

地　　址：保定市定州市中山东路 473 号

邮政编码：073000

涞水支行

行　　长：康战辉

电　　话：0312-4530001

地　　址：保定市涞水县府前街 233 号

邮政编码：074100

徐水支行

行　　长：赵金秋

电　　话：0312-8685093

地　　址：保定市徐水县城内南大街 60 号

邮政编码：072550

唐县支行

行　　长：李　岩

电　　话：0312-5642880

地　　址：保定市唐县向阳街与唐尧路十字路口西北角

邮政编码：072350

安国支行

行　　长：李万启

电　　话：0312-5310988

地　　址：保定市安国市府前街

邮政编码：071200

满城支行

行　　长：刘洪星

电　　话：0312-7018333

地　　址：保定市满城县东马村桃园街西侧

邮政编码：072150

曲阳支行

行　　长：王保霞

电　　话：0312-4216012

地　　址：保定市曲阳县恒山路 156 号

邮政编码：073100

高阳支行

行　　长：胡英利

电　　话：0312-5659261

地　　址：保定市高阳县宏润大街 2 号

邮政编码：071500

高碑店支行

行　　长：胡爱红

电　　话：0312-5599808

地　　址：保定市高碑店市新世纪大街南侧

邮政编码：074000

阜平支行

行　　长：辛成军

电　　话：0312-7296368

地　　址：保定市阜平县中兴街 26 号

邮政编码：073200

清苑支行

行　　长：齐新乐

电　　话：0312-5807662
地　　址：保定市清苑县光明街北保衡路西旭升一号华庭一号楼
邮政编码：071100

定兴支行

行　　长：陈中旺
电　　话：0312-5875522
地　　址：保定市定兴县新 107 国道西华建路南侧
邮政编码：072650

顺平支行

行　　长：王 欣
电　　话：0312-7680756
地　　址：保定市顺平县顺兴路 211 号
邮政编码：072250

雄县支行

行　　长：石泳梅
电　　话：0312-5868066
地　　址：保定市雄县文昌大街东段北侧
邮政编码：071800

蠡县支行

行　　长：张 杰
电　　话：0312-5391112
地　　址：保定市蠡县蠡吾南大街 6 号
邮政编码：071400

容城支行

行　　长：刘彦玲
电　　话：0312-5615511
地　　址：保定市容城县城南新区锦泰花园小区 4A-4 号商业楼
邮政编码：071700

望都支行

行　　长：李 勇
电　　话：0312-5377866
地　　址：保定市望都县富强东路 14 号
邮政编码：072450

博野支行

行　　长：布永涛
电　　话：0312-8323050
地　　址：保定市博野县博兴东路 25 号
邮政编码：071300

涞源支行

行　　长：魏 杰
电　　话：0312- 5366088
地　　址：保定市涞源县百泉路水云乡段路北
邮政编码：074300

沧州银行股份有限公司

沧州银行股份有限公司

董 事 长：刘泽平
电　　话：0317-8697800
行　　长：黄美静
电　　话：0317-8697906
地　　址：沧州市迎宾大道天成首府南侧
邮政编码：61000

新华东路支行

行　　长：柳 伟
电　　话：0317-3071539
地　　址：沧州市解放东路 61 号
邮政编码：61000

车站支行

行　　长：王晋华
电　　话：0317-3013704
地　　址：沧州市新华东路 29 号
邮政编码：61000

劝业场支行

行　　长：刘寿玲
电　　话：0317-3044423
地　　址：沧州市水月寺街 2 号
邮政编码：61000

市场支行

行　　长：赵 丽
电　　话：0317-3037982
地　　址：沧州市水月寺大街华信大厦一楼
邮政编码：61000

维明路支行

行　　长：王玉敬
电　　话：0317-3020134
地　　址：沧州市清池北大道 18 号
邮政编码：61000

府西支行
行　　长：陆　军
电　　话：0317-2024806
地　　址：沧州市朝阳街 6 号
邮政编码：61000

交通支行
行　　长：王　欣
电　　话：0317-3161448
地　　址：沧州市交通北大道 12 号
邮政编码：61000

桥西支行
行　　长：崔学华
电　　话：0317-2027890
地　　址：沧州市解放西路 23 号综合楼
邮政编码：61000

解放路支行
行　　长：孟朝晖
电　　话：0317-2018052
地　　址：沧州市解放西路 31 号
邮政编码：61000

西环支行
行　　长：顾吉国
电　　话：0317-5295788
地　　址：沧州市浮阳南大道 4 号
邮政编码：61000

南湖支行
行　　长：吴德华
电　　话：0317-3511118
地　　址：沧州市解放东路 21 号
邮政编码：61000

御河支行
行　　长：李桂红
电　　话：0317-2033166
地　　址：沧州市朝阳街 22 号
邮政编码：61000

道东支行
行　　长：毕雅丽
电　　话：0317-3146618
地　　址：沧州市新华区千童大道东泰花园小区
邮政编码：61000

朝阳路支行
行　　长：杨学新
电　　话：0317-2100279
地　　址：沧州市宏宇财富广场 101 铺
邮政编码：61000

黄河路支行
行　　长：于文忠
电　　话：0317-3522600
地　　址：沧州市运河区阿尔卡迪亚新儒苑 4 号楼门市 1 单元 103 室
邮政编码：61000

育红路支行
行　　长：董　楠
电　　话：0317-2038350
地　　址：沧州市运河区浮阳南大道佳苑领域小区
邮政编码：61000

气象支行
行　　长：王志荣
电　　话：0317-2010113
地　　址：沧州市气象局 1 楼
邮政编码：61000

迎宾支行
行　　长：韦立君
电　　话：0317-8697769
地　　址：沧州市迎宾大道天成首府南侧
邮政编码：61000

运河支行
行　　长：于诗涛
电　　话：0317-3031889
地　　址：沧州市清池南大道 28 号
邮政编码：61000

黄河中路支行
行　　长：于文忠
电　　话：0317-3522600
地　　址：沧州市新华区南环中路北侧青春家园 11 号商业楼 102 号
邮政编码：61000

任丘支行
行　　长：程慧敏
电　　话：0317-2262278

地　　址：任丘市裕华东路南侧花园里北侧
邮政编码：61000

黄骅支行

行　　长：赵国忠
电　　话：0317-8882888
地　　址：黄骅市平安大街以西、307 国道以南、滨海锦城南 1 号
邮政编码：61000

泊头支行

行　　长：胡盐明
电　　话：0317-8172866
地　　址：泊头市红旗北大街
邮政编码：61000

盐山支行

行　　长：王保东
电　　话：0317-6088503
地　　址：沧州市盐山县沧乐路西侧
邮政编码：61000

河间支行

行　　长：田茂林
电　　话：0317-3153019
地　　址：河间市团结大街西侧、邮电小区北侧冠捷观邸组团三 15 # 商业楼一栋
邮政编码：61000

孟村支行

行　　长：刘国平
电　　话：0317-6761777
地　　址：沧州市孟村回族自治县建设大街东侧
邮政编码：61000

肃宁支行

行　　长：许宏业
电　　话：0317-5166055
地　　址：沧州市肃宁县清园街与纬南路交叉路口
邮政编码：61000

青县支行

行　　长：徐　东
电　　话：0317-4397779
地　　址：沧州市青县 104 国道东侧（原清州宾馆）
邮政编码：61000

东光支行

行　　长：孙向阳
电　　话：0317-7785000
地　　址：沧州市东光县茧城大街 308 号
邮政编码：61000

献县支行

行　　长：郑高峰
电　　话：0317-5109777
地　　址：沧州市献县平安大街本斋路至东环路 SD3 幢 01.02.03.04 号
邮政编码：61000

渤海新区支行

行　　长：皮建忠
电　　话：0317-5819809
地　　址：沧州市渤海新区金龙渤海新城小区 B 区 37 号
邮政编码：61000

南皮支行

行　　长：潘学来
电　　话：0317-8562016
地　　址：沧州市南皮县迎宾中大街东侧
邮政编码：61000

海兴支行

行　　长：韩云峰
电　　话：13930702789
地　　址：沧州市海兴县海信路与兴融街交叉路口东南角
邮政编码：61000

吴桥支行

行　　长：李志俊
电　　话：18903273777
地　　址：沧州市吴桥县桑园镇长江路北太行道西侧万宏俪城小区东门北侧
邮政编码：61000

廊坊分行

行　　长：焦成敏
电　　话：0316-5219991
地　　址：廊坊市广阳区银河北路 133 号
邮政编码：65000

保定分行
行　　长：代文彬
电　　话：0312-3370666
地　　址：保定市新市区向阳北大街
邮政编码：71000

唐山分行
行　　长：胡长春
电　　话：0315-2062666
地　　址：唐山市新华东道与增盛路交叉口
邮政编码：63000

邯郸分行
行　　长：孙茂新
电　　话：13930702789
地　　址：邯郸市丛台区滏东大街 269-2 号
邮政编码：56000

邢台分行
行　　长：杨永江
电　　话：18803170180
地　　址：邢台市钢铁北路金花国际广场
邮政编码：54000

衡水银行股份有限公司

衡水银行股份有限公司
行　　长：林运杲
电　　话：0318-2038102
地　　址：衡水市和平东路广场胡同 9 号
邮政编码：053000

光大支行
行　　长：杨晓蕾
电　　话：0318-7903762
地　　址：衡水市和平东路广场胡同 9 号
邮政编码：053000

和平支行
行　　长：王海燕
电　　话：0318-2023688
地　　址：衡水市和平中路 6 号
邮政编码：053000

站前支行
行　　长：赵同松
电　　话：0318-2166693
地　　址：衡水市和平西路 206 号
邮政编码：053000

滏阳支行
行　　长：刘新国
电　　话：0318-5236668
地　　址：衡水市人民东路 20 号
邮政编码：053000

河西支行
行　　长：杨春燕
电　　话：0318-5228826
地　　址：衡水市胜利中路 38 号
邮政编码：053000

自强支行
行　　长：韩永国
电　　话：0318-5205259
地　　址：衡水市中华南大街 691 号
邮政编码：053000

红旗支行
行　　长：王　军
电　　话：0318-5228812
地　　址：衡水市红旗大街 28 号
邮政编码：053000

荣华支行
行　　长：姚国锋
电　　话：0318-5235969
地　　址：衡水市红旗大街 86 号
邮政编码：053000

育才支行
行　　长：崔莉华
电　　话：0318-5220909
地　　址：衡水市和平西路 768 号
邮政编码：053000

河东支行
行　　长：安海东
电　　话：0318-5228616
地　　址：衡水市永兴东路 1525 号
邮政编码：053000

胜利支行
行　　长：孙俊荣
电　　话：0318-5236168
地　　址：衡水市胜利西路 885 号

邮政编码：053000

人民支行

行　　长：甘晓燕

电　　话：0318-5237118

地　　址：衡水市人民中路 391 号

邮政编码：053000

新华支行

行　　长：张 梅

电　　话：0318-2699006

地　　址：衡水市新华中路 27 号

邮政编码：053000

中华支行

行　　长：关金良

电　　话：0318-5220379

地　　址：衡水市中华南大街 26 号

邮政编码：053000

永兴支行

行　　长：董中明

电　　话：0318-5220786

地　　址：衡水市中心街 639 号副 38 号

邮政编码：053000

富衡支行

行　　长：王红霞

电　　话：0318-5555601

地　　址：衡水市永兴西路 685 号

邮政编码：053000

新区支行

行　　长：张金祯

电　　话：0318-5222218

地　　址：衡水市胜利西路 18 号

邮政编码：053000

路北支行

行　　长：彭立才

电　　话：0318-2276698

地　　址：衡水市开发区北区振华新路与冀衡路交叉口东南角

邮政编码：053000

冀州支行

行　　长：孙 永

电　　话：0318-8696958

地　　址：冀州市冀新大街 16 号

邮政编码：053200

安平支行

行　　长：李少辉

电　　话：0318-7587808

地　　址：衡水市安平县红旗大街与汉王路交叉口东北角

邮政编码：053600

故城支行

行　　长：王丽平

电　　话：0318-5305069

地　　址：衡水市故城县中华大街与顺达路交叉口西南角

邮政编码：253800

景县支行

行　　长：米军英

电　　话：0318-4250188

地　　址：衡水市景县景开亚夫路西北角

邮政编码：053500

枣强支行

行　　长：陈秀红

电　　话：0318-5782266

地　　址：衡水市枣强县胜利北路 267 号

邮政编码：053100

深州支行

行　　长：于爱华

电　　话：0318-5299986

地　　址：衡水市深州市长江西路 175 号

邮政编码：053800

武强支行

行　　长：孙海龙

电　　话：0318-5131011

地　　址：衡水市武强县迎宾街 98 号

邮政编码：053300

阜城支行

行　　长：焦永海

电　　话：0318-5377001

地　　址：衡水市阜城县阜城镇东安南大街 135 号

邮政编码：053700

饶阳支行

行　　长：施金锁

电　　话：0318-7030008
地　　址：衡水市饶阳县富强南街 16 号
邮政编码：053900

惠民社区支行

行　　长：严　红
电　　话：0318-2278896
地　　址：衡水市前进大街 350 号
邮政编码：053000

利民社区支行

行　　长：崔玲艳
电　　话：0318-5200828
地　　址：衡水市永兴东路 1945 号
邮政编码：053000

武邑支行

行　　长：路桂林
电　　话：0318-5876777
地　　址：衡水市武邑县腾达南大街 23 号
邮政编码：053400

为民社区支行

行　　长：孙　勇
电　　话：0318-8693599
地　　址：衡水市冀州市建设南大街 201 号
邮政编码：053200

富民社区支行

行　　长：王文国
电　　话：0318-5105296
地　　址：衡水市桃城区惠民西路 599 号
邮政编码：053000

益民社区支行

行　　长：张　明
电　　话：0318-5269118
地　　址：衡水市桃城区人民西路段 50 号
邮政编码：053000

悦民社区支行

行　　长：乔鑫茹
电　　话：0318-5958255
地　　址：衡水市工业新区冀衡路 8 号
邮政编码：053000

福民社区支行

行　　长：安海燕
电　　话：0318-8889099
地　　址：衡水市经济开发区 1568 号腾达新城东区 2 号楼 1518 号门店
邮政编码：053000

爱民社区支行

行　　长：解　滨
电　　话：0318-8581717
地　　址：衡水市枣强县胜利北路 267 号
邮政编码：053100

尚城支行

行　　长：李　静
电　　话：0318-5109528
地　　址：衡水市桃城区中华大街东侧新华路南侧
邮政编码：053000

怡水支行

行　　长：严　红
电　　话：0318-2219981
地　　址：衡水市和平西路 1869 号
邮政编码：053000

滏东支行

行　　长：李　新
电　　话：0318-5109596
地　　址：衡水市南环东路 919 号
邮政编码：053000

邢台银行股份有限公司

邢台银行股份有限公司

董 事 长：郭路芳
电　　话：0319-5901001
地　　址：邢台市中兴东大街 111 号
邮政编码：054000

营业部

行　　长：雷立宁
电　　话：0319-5905675
地　　址：邢台市中兴东大街 111 号
邮政编码：054000

邯郸分行

行　　长：刘巧阁
电　　话：0310-2099998
地　　址：邯郸市滏阳大街甲 1 号

邮政编码：056000

光明支行

行　　长：李骁强

电　　话：0310-2099819

地　　址：邯郸市邯山区光明南大街 148 号

邮政编码：056000

永年支行

行　　长：刘卫东

电　　话：0310-6795575

地　　址：邯郸市永年县新洺路 82-1 号

邮政编码：057150

冀南新区支行

行　　长：李东军

电　　话：0310-2291986

地　　址：邯郸磁县友谊北大街 266 号

邮政编码：056500

中华支行

行　　长：赵喜彬

电　　话：0310-2099877

地　　址：邯郸市丛台区中华北大街 33-1 号

邮政编码：056000

衡水分行

行　　长：李　健

电　　话：0318-5112888

地　　址：衡水市新华西路 365 号泰一尚城

邮政编码：053000

北围支行

行　　长：孙秀梅

电　　话：0319-5901089

地　　址：邢台市团结东大街 50 号

邮政编码：054000

顺德支行

行　　长：于　见

电　　话：0319-5901128

地　　址：邢台市顺德路 203 号

邮政编码：054000

环城支行

行　　长：潘荣位

电　　话：0319-5901058

地　　址：邢台市邢州北路 91 号

邮政编码：054000

邢襄支行

行　　长：徐　艳

电　　话：0319-5903936

地　　址：邢台市新华北路 139 号

邮政编码：054000

桥东支行

行　　长：焦文胜

电　　话：0319-5901100

地　　址：邢台市中兴东大街 209 号

邮政编码：054000

华银支行

行　　长：任英奇

电　　话：0319-5900508

地　　址：邢台市新华南路 438 号

邮政编码：054000

天一支行

行　　长：郝孟华

电　　话：0319-5730885

地　　址：邢台市新华北路天一广场 C 座

邮政编码：054000

汇通支行

行　　长：魏朝霞

电　　话：0319-5901169

地　　址：邢台市守敬南路 38 号

邮政编码：054000

郭守敬支行

行　　长：赵雪平

电　　话：0319-5901189

地　　址：邢台市新八一大街 111 号

邮政编码：054000

冶金支行

行　　长：胡　凌

电　　话：0319-5901068

地　　址：邢台市钢铁北路 139 号

邮政编码：054000

钢铁支行

行　　长：王勃忠

电　　话：0319-5901190

地　　址：邢台市中华西大街 369-6 号

邮政编码：054000

襄都支行
行　　长：徐丽霞
电　　话：0319-5506906
地　　址：邢台市冶金北路 348 号
邮政编码：054000
达活泉支行
行　　长：张洪霞
电　　话：0319-5500060
地　　址：邢台市泉南大街天颐休闲广场
邮政编码：054000
中华路支行
行　　长：胡会英
电　　话：0319-5901136
地　　址：邢台市守敬北路 131 号
邮政编码：054000
泉北支行
行　　长：滑增春
电　　话：0319-5500180
地　　址：邢台市泉北西大街 127 号
邮政编码：054000
宁晋支行
行　　长：李永杰
电　　话：0319-5511681
地　　址：邢台市宁晋县凤凰路 266 号
邮政编码：055550
宁晋社区支行
行　　长：石　鹏
电　　话：0319-5861001
地　　址：邢台市宁晋县凤凰南路段县二院斜对过
邮政编码：055550
沙河支行
行　　长：陈小夏
电　　话：0319-8990699
地　　址：邢台市沙河市温泉街 26 号
邮政编码：054100
沙河社区支行
行　　长：毛利凯
电　　话：0319-5010999
地　　址：邢台沙河市 107 国道中段阳光人家小区南邻
邮政编码：054100
清河支行
行　　长：朱彩霞
电　　话：0319-5532922
地　　址：邢台市清河县长江东街
邮政编码：054800
内丘支行
行　　长：赵　丛
电　　话：0319-6886770
地　　址：邢台市内丘县振兴西路 19 号
邮政编码：054200
巨鹿支行
行　　长：李国宽
电　　话：0319-4322901
地　　址：邢台市巨鹿县健康东路路北
邮政编码：055250
威县支行
行　　长：王建华
电　　话：0319-5906973
地　　址：邢台市威县爱国路三多纪念馆东侧
邮政编码：054700
平乡支行
行　　长：赵　军
电　　话：0319-5022011
地　　址：邢台市平乡县中华路 133-7 号
邮政编码：054500
临城支行
行　　长：孙贵峰
电　　话：0319-5372656
地　　址：邢台市临城镇太行大街与临泉路交叉口 西北角
邮政编码：054300
柏乡支行
行　　长：陈学辉
电　　话：0319-5720069
地　　址：邢台市柏乡县建设路与汉牡丹大街交叉口西南角
邮政编码：055450
南宫支行
行　　长：聂英杰
电　　话：0319-5700509

地　　址：邢台南宫市东进大街 39 号
邮政编码：051800

任县支行
行　　长：刘 洁
电　　话：0319-5030505
地　　址：邢台市任县游雅街东段路南
邮政编码：055150

南和支行
行　　长：毛利军
电　　话：0319-5520806
地　　址：邢台市南和县城和阳大街西段路北
邮政编码：054400

临西支行
行　　长：谢剑辉
电　　话：0319-5120662
地　　址：邢台市临西县阳光大街东侧、县轴承展览馆北侧
邮政编码：054900

隆尧支行
行　　长：王桂江
电　　话：0319-5107005
地　　址：邢台市隆尧县柴荣大街 20 号
邮政编码：055350

新河支行
行　　长：孙义超
电　　话：0319-5540568
地　　址：邢台市新河县富强街与新时代路交叉口
邮政编码：051730

广宗支行
行　　长：孙 毅
电　　话：0319-7365701
地　　址：邢台市广宗县府前街路南计生局西邻
邮政编码：054600

邯郸银行股份有限公司

邯郸银行股份有限公司
董 事 长：郑志瑛
电　　话：5500560
行　　长：张克星
电　　话：5906655
地　　址：邯郸市和平路东段 367 号
邮政编码：056005

汇通支行
行　　长：牛建平
电　　话：0310-5505561
地　　址：邯郸市和平路东段 367 号
邮政编码：056005

武安支行
行　　长：王清波
电　　话：0310-3715109
地　　址：邯郸市武安市富强街富中花园 3 号北户门市
邮政编码：056300

汇荣支行
行　　长：孟 民
电　　话：0310-5506690
地　　址：邯郸市陵西南大街 62 号
邮政编码：056000

滏河大街支行
行　　长：李爱东
电　　话：0310-5505598
地　　址：邯郸市滏河北大街支行 266 号
邮政编码：056000

汇达支行
行　　长：张洪阁
电　　话：0310-5505021
地　　址：邯郸市和平路 235 号
邮政编码：056000

行政服务中心支行
行　　长：马成威
电　　话：0310-3101226
地　　址：邯郸市人民路 342 号
邮政编码：056002

房产大厦支行
行　　长：刘海燕
电　　话：0310-5506191
地　　址：邯郸市滏东大街 196 号房产大厦二楼
邮政编码：056002

石家庄分行

行　　长：郭建新
电　　话：0311-89290029
地　　址：石家庄市广安街 39 号
邮政编码：050000

正定支行（石家庄）

行　　长：赵　蓓
电　　话：0311-85178816
地　　址：石家庄常山西路与府西街交叉口西行 200 米路北
邮政编码：050800

裕华路支行（石家庄）

行　　长：高自科
电　　话：0311-68051011
地　　址：石家庄中华大街与裕华路交叉口西南角
邮政编码：050000

无极支行（石家庄）

行　　长：董　刚
电　　话：0311-89220068
地　　址：石家庄市无极县无极路 27 号
邮政编码：052400

万达支行（石家庄）

行　　长：孙志勇
电　　话：0311-67596328
地　　址：石家庄市裕华区建华大街 132 号万达广场 B2-4 号
邮政编码：050000

裕华东路支行（石家庄）

行　　长：来　建
电　　话：0311-68090629
地　　址：石家庄市裕华东路 106 号军区接待楼（长城大厦）
邮政编码：050000

维明南大街支行（石家庄）

行　　长：张　颂
电　　话：0311-68051727
地　　址：石家庄市桥西区维明南大街 225 号
邮政编码：050000

北城国际社区支行（石家庄）

行　　长：陆建红
电　　话：0311-89899919
地　　址：石家庄市北城国际石纺路商铺 B116 号
邮政编码：050000

瑞城社区支行（石家庄）

行　　长：曾素春
电　　话：0311-68010077
地　　址：石家庄市金山街南段瑞城 B-4 南侧商铺
邮政编码：050000

高新区支行（石家庄）

行　　长：苏瑞宽
电　　话：0311-85376556
地　　址：石家庄市黄河大道 98 号澳怡大厦
邮政编码：050000

华林国际支行（石家庄）

行　　长：孙邦仲
电　　话：0311-85021216
地　　址：石家庄市中华北大街 221 号华林国际商业广场南区
邮政编码：050000

众美支行（石家庄）

行　　长：张玉华
电　　话：0311-68053637
地　　址：石家庄市裕华区方文路 4 号凤凰城玉兰苑
邮政编码：050000

藁城支行（石家庄）

行　　长：申庆民
电　　话：0311-67163186
地　　址：石家庄市经济技术开发区创业路 20 号
邮政编码：050000

辛集支行（石家庄）

行　　长：王　岩
电　　话：0311-83398377
地　　址：石家庄市辛集市兴华路北段金皇冠大酒店
邮政编码：050000

永年支行

行　　长：刘海涛

电　　话：0310-6888281
地　　址：邯郸市永年县城临洺关新洺路66号
邮政编码：057150

天铁支行

行　　长：董海军
电　　话：0310-3781486
地　　址：邯郸市涉县更乐镇神山
邮政编码：056400

汇丰支行

行　　长：张 强
电　　话：0310-5505508
地　　址：邯郸市人民路149号
邮政编码：056000

磁县支行

行　　长：张爱强
电　　话：0310-5079001
地　　址：邯郸市磁县朝阳北大街189号
邮政编码：056500

开发区支行

行　　长：秦志勇
电　　话：0310-5103666
地　　址：邯郸市高新技术产业开发区世纪大街21号
邮政编码：056000

丛台东路支行

行　　长：张红宏
电　　话：0310-8099992
地　　址：邯郸市丛台东路与滏东大街交叉路口东200米路南广安二期418号
邮政编码：056000

肥乡支行

行　　长：吴肖娟
电　　话：0310-5646660
地　　址：邯郸市肥乡县井堂街南44号
邮政编码：057550

远大支行

行　　长：马少彬
电　　话：0310-5902666
地　　址：邯郸市滏东北大街245号远大国门一层
邮政编码：056000

峰峰支行

行　　长：王振涛
电　　话：0310-5119808
地　　址：邯郸市峰峰矿区滏阳东路33号
邮政编码：056200

鸡泽支行

行　　长：芮平军
电　　话：0310-5246766
地　　址：邯郸市鸡泽县中长街127号
邮政编码：057350

馆陶支行

行　　长：郝俊川
电　　话：0310-5549988
地　　址：邯郸市馆陶县新华北路206号
邮政编码：057750

成安支行

行　　长：刘 辉
电　　话：0310-5230899
地　　址：邯郸市成安县新兴西街58号
邮政编码：056700

广平支行

行　　长：许金钟
电　　话：0310-5499688
地　　址：邯郸市广平县城人民西路1号双李大厦
邮政编码：057650

邱县支行

行　　长：王东飞
电　　话：0310-5505502
地　　址：邯郸市邱县振兴街101号
邮政编码：057450

曲周支行

行　　长：韩景学
电　　话：0310-5379158
地　　址：邯郸市曲周县曲周镇府东街9号
邮政编码：057250

大名支行

行　　长：李士军
电　　话：0310-6366789
地　　址：邯郸市大名县大名府路192号
邮政编码：056900

魏县支行
行　　长：史晓东
电　　话：0310-5208509
地　　址：邯郸市魏县魏州西路 248 号
邮政编码：056800

临漳支行
行　　长：李继军
电　　话：0310-7836662
地　　址：邯郸市临漳县人民西路
邮政编码：056600

涉县支行
行　　长：史文海
电　　话：0310-3826022
地　　址：邯郸市涉县涉村振兴路 342 号
邮政编码：056400

联纺路支行
行　　长：陈　卫
电　　话：0310-5505552
地　　址：邯郸市联纺路 38 号
邮政编码：056000

人民路支行
行　　长：杨　毅
电　　话：0310-5903068
地　　址：邯郸市人民路 109 号
邮政编码：056000

雪驰路支行
行　　长：李俊红
电　　话：0310-5506268
地　　址：邯郸市雪驰路东段汇通巷
邮政编码：056000

东柳大街支行
行　　长：韩丽英
电　　话：0310-5505515
地　　址：邯郸市丛台路 495 号中道大厦 B 座
邮政编码：056000

人民西路支行
行　　长：尹少艳
电　　话：0310-5520509
地　　址：邯郸市复兴区人民西路 409 号兴隆商务公寓 A 座 103 号
邮政编码：056000

光明大街支行
行　　长：韦亚羽
电　　话：0310-5505528
地　　址：邯郸市光明南大街 1 号
邮政编码：056000

邯钢路支行
行　　长：段小凤
电　　话：0310-5506029
地　　址：邯郸市邯钢路 42 号
邮政编码：056000

浴新南大街支行
行　　长：张兰芹
电　　话：0310-5502701
地　　址：邯郸市浴新南大街 162 号南 1 号
邮政编码：056000

渚河路支行
行　　长：古苏敏
电　　话：0310-5505016
地　　址：邯郸市滏河南大街 289 号
邮政编码：056000

鑫港支行
行　　长：宿月霞
电　　话：0310-5502823
地　　址：邯郸市鑫港国际电器城一层东南角
邮政编码：056000

罗城头支行
行　　长：朱振东
电　　话：0310-5277217
地　　址：邯郸市光明南大街 145 号
邮政编码：056000

复兴支行
行　　长：李艳霞
电　　话：0310-5602266
地　　址：邯郸市铁西大街 10 号
邮政编码：056000

中华大街支行
行　　长：贺丽杰
电　　话：0310-5505058
地　　址：邯郸市中华南大街 17 号
邮政编码：056000

明珠支行
行　　长：王 连
电　　话：0310-5506399
地　　址：邯郸市陵园路152号
邮政编码：056000

人和支行
行　　长：王 栋
电　　话：0310-5900356
地　　址：邯郸市陵西大街52号
邮政编码：056000

学院路支行
行　　长：郑梅花
电　　话：0310-5505586
地　　址：邯郸市学院北路与滏西大街交叉口西南角金威园区
邮政编码：056000

滏东大街支行
行　　长：张文祥
电　　话：0310-5505580
地　　址：邯郸市滏东大街168号东方绿城楼下
邮政编码：056000

鼓山南街支行
行　　长：王振涛
电　　话：0310-5012086
地　　址：邯郸市峰峰矿区鼓山南街27号
邮政编码：056200

丛台路支行
行　　长：刘丽华
电　　话：0310-5505028
地　　址：邯郸市丛台路43号
邮政编码：056000

中华北大街支行
行　　长：梁震宇
电　　话：0310-5505552
地　　址：邯郸市中华北大街85号
邮政编码：056000

家和路支行
行　　长：马哲辉
电　　话：0310-8507886
地　　址：邯郸市家和路40号
邮政编码：056000

铁西支行
行　　长：张红宏
电　　话：0310-5505538
地　　址：邯郸市复兴路74号
邮政编码：056000

联纺西路支行
行　　长：康献增
电　　话：0310-5520701
地　　址：邯郸市复兴区联纺路92号
邮政编码：056000

和平社区支行
行　　长：田跃忠
电　　话：0310-5510989
地　　址：邯郸市稽山新天地A区公寓式办公楼
邮政编码：056000

武安富强街支行
行　　长：王喜民
电　　话：0310-3715106
地　　址：邯郸武安市富强街富中花园3号北户门市
邮政编码：056300

中华尚都支行
行　　长：蔡 霞
电　　话：0310-5106968
地　　址：邯郸市中华北大街金色尚都
邮政编码：056000

赵都支行
行　　长：刘 姝
电　　话：0310-5508158
地　　址：邯郸市浴新南大街401号
邮政编码：056000

永年新洺路支行
行　　长：王伟卿
电　　话：0310-6888280
地　　址：邯郸市永年县城临洺关新洺路66号
邮政编码：057150

滨河支行
行　　长：盖海洪

电　　话：0310-5760718
地　　址：邯郸市和平路与滏河南大街交叉口东南角滨河世纪大厦
邮政编码：056000

渤海国际信托有限公司

渤海国际信托有限公司

法人代表：李光荣
电　　话：010-57583301
地　　址：石家庄市新石中路 377 号 B 座 22-23 层
邮政编码：050090

金融租赁有限公司

河北省金融租赁有限公司

董 事 长：徐敏俊
电　　话：0311-85278502
总　　裁：张 灿
电　　话：0311-85278585
地　　址：石家庄市桥西区裕园广场 A 座 14、15 层
邮政编码：050000

冀中能源集团财务有限责任公司

冀中能源集团财务有限责任公司

董 事 长：王社平
总 经 理：李艳芳
电　　话：0311-86064773
地　　址：石家庄市体育北大街 125 号
邮政编码：050015

中国信达资产管理股份有限公司

中国信达资产管理股份有限公司河北省分公司

总 经 理：杜宝峰
电　　话：0311-86091088
地　　址：石家庄市平安南大街 30 号
邮政编码：050011

中国东方资产管理公司

中国东方资产管理公司石家庄办事处

副总经理：王 毅（主持工作）
电　　话：0311-88612092
地　　址：石家庄市中山西路 83 号东方大厦 20 层
邮政编码：050000

财达证券有限责任公司

财达证券有限责任公司

董 事 长：翟建强
电　　话：0311-66006222
地　　址：石家庄市桥西区自强路 35 号庄家金融大厦 23 层
邮政编码：050000

保定分公司

总 经 理：吴希柱
电　　话：0312-5097988
地　　址：保定市莲池北大街 23 号（与保定莲池北大街合署办公）
邮政编码：072500

石家庄和平东路营业部

总 经 理：刘树芳
电　　话：0311-88632308
地　　址：石家庄市和平东路 7 号荣景园 4 号
邮政编码：050000

石家庄石化营业部

总 经 理：丁荣伟
电　　话：0311-80860553
地　　址：石家庄市炼油厂生活区工商银行石化支行办公楼
邮政编码：050032

石家庄新华路营业部

总 经 理：张爱民
电　　话：0311-87030788
地　　址：石家庄市新华路 199 号
邮政编码：050051

石家庄裕华路营业部
总 经 理：张万华
电　　话：0311-85062809
地　　址：石家庄市裕华东路 171 号
邮政编码：050000

石家庄裕华西路营业部
总 经 理：高学新
电　　话：0311-87674444
地　　址：石家庄市裕华西路 73 号
邮政编码：050000

石家庄中华北大街营业部
总 经 理：孙国强
电　　话：0311-87784041
地　　址：石家庄市中华北大街 183 号华兴集团商务综合楼 2–3 楼
邮政编码：050061

石家庄工农路营业部
总 经 理：陈　捷
电　　话：0311-86117512
地　　址：石家庄市工农路 558 号
邮政编码：050081

石家庄广安大街营业部
总 经 理：许国其
电　　话：0311-86059626
地　　址：石家庄市广安大街 10–1 号
邮政编码：050000

石家庄槐北路营业部
总 经 理：李卫民
电　　话：0311-86681480
地　　址：石家庄市槐北路 309 号
邮政编码：050000

石家庄建设南大街营业部
总 经 理：张　伟
电　　话：0311-86106812
地　　址：石家庄市建设南大街 80 号
邮政编码：050000

石家庄自强路营业部
总 经 理：李满新
电　　话：0311-86085920
地　　址：石家庄市自强路 37 号
邮政编码：050000

石家庄新乐新华路营业部
总 经 理：叶　江
电　　话：0311-88586585
地　　址：石家庄新乐市新华路南侧新乐宾馆对面舒心家园一楼
邮政编码：050700

石家庄晋州市府路营业部
总 经 理：曲　方
电　　话：0311-84314951
地　　址：石家庄晋州市府路 99 号
邮政编码：052260

石家庄无极光明南街营业部
总 经 理：刘玉斗
电　　话：15227110778
地　　址：石家庄市无极县光明南街 13 号锦绣园小区
邮政编码：052460

石家庄井陉建设南路营业部
总 经 理：韩丽超
电　　话：0311-85411102
地　　址：石家庄市井陉县建设南路 53 号
邮政编码：050300

石家庄鹿泉向阳大街营业部
总 经 理：许玉国
电　　话：0311-82015059
地　　址：石家庄鹿泉市向阳大街 29 号
邮政编码：050200

石家庄平山柏坡东路营业部
总 经 理：张国强
电　　话：0311-85649550
地　　址：石家庄市平山县柏坡东路 152 号万和世家小区十号铺
邮政编码：050400

石家庄栾城华兴街营业部
总 经 理：尚双琴
电　　话：0311-85501826
地　　址：石家庄市栾城县华兴街（西街花园东门南行 20 米路西）
邮政编码：051430

石家庄正定燕赵南大街营业部
总 经 理：张凤寅

电　　话：0311-89197171
地　　址：石家庄市正定县正定镇燕赵南大街 91 号
邮政编码：050800

邯郸丛台路营业部
总 经 理：耿贵勇
电　　话：0310-3136926
地　　址：邯郸市丛台路 5 号
邮政编码：056002

邯郸铁西北大街营业部
总 经 理：冯书义
电　　话：0310-4063873
地　　址：邯郸市铁西北大街 136 号
邮政编码：056002

邯郸光明北大街营业部
总 经 理：李晓辉
电　　话：0310-2068198
地　　址：邯郸市光明北大街 3 49 号
邮政编码：056002

邯郸人民路营业部
总 经 理：叶立东
电　　话：0310-3082866
地　　址：邯郸市光明北大街 42 号（人民路与光明北大街交口千禧大厦5层）
邮政编码：056002

邯郸水院北路营业部
总 经 理：庞尊玉
电　　话：0310-5509908
地　　址：邯郸市水院北路 23 号
邮政编码：056002

邯郸武安中兴路营业部
总 经 理：梁伟宏
电　　话：0310-5533381
地　　址：邯郸武安市中兴路 1659 号
邮政编码：056300

邯郸雪驰路营业部
总 经 理：梁大刚
电　　话：0310-8060555
地　　址：邯郸市雪驰路 1 号
邮政编码：056002

邯郸磁县朝阳北大街营业部
总 经 理：赵永刚
电　　话：0310-2337166
地　　址：邯郸市磁县朝阳北大街富隆建筑公司二楼
邮政编码：056500

邯郸峰峰滏阳东路营业部
总 经 理：邱晨晓
电　　话：0310-5115086
地　　址：邯郸市峰峰矿区滏阳东路 43 号职教中心实训楼二层
邮政编码：056002

邯郸永年新洺路营业部
总 经 理：李彩霞
电　　话：0310-6600806
地　　址：邯郸市永年县新洺路 12 号
邮政编码：057150

邢台郭守敬北路营业部
总 经 理：常亚辉
电　　话：0319-2212573
地　　址：邢台市郭守敬北路 181 号
邮政编码：054000

邢台西门里营业部
总 经 理：马长军
电　　话：0319-3268999
地　　址：邢台市西门里 2 号
邮政编码：054000

邢台沙河温泉街营业部
总 经 理：李红芳
电　　话：0319-8990955
地　　址：邢台沙河市健康街东段路南
邮政编码：054100

邢台巨鹿新华北街营业部
总 经 理：高　强
电　　话：0319-4332011
地　　址：邢台市巨鹿县新华北街 199 号
邮政编码：055250

邢台宁晋兴宁街营业部
总 经 理：成　勇
电　　话：0319-5895178
地　　址：邢台市宁晋县兴宁街 43 号

邮政编码：055550

保定莲池北大街营业部

总 经 理：刘 超

电　　话：0312-5097988

地　　址：保定市莲池北大街23号

邮政编码：071000

保定朝阳南大街营业部

总 经 理：王庆新

电　　话：0312-3316988

地　　址：保定市朝阳南大街164号

邮政编码：071000

保定瑞安路营业部

总 经 理：段卫兵

电　　话：0312-3917099

地　　址：保定市瑞安路72号

邮政编码：071000

保定定州兴定西路营业部

总 经 理：郑二喜

电　　话：0312-2339909

地　　址：保定定州市兴定西路172号安源大厦1层、13层

邮政编码：073000

保定安国药都北大街营业部

总 经 理：焦俊欣

电　　话：0312-3595900

地　　址：保定安国市药都北大街121号

邮政编码：071000

涿州东兴北街营业部

总 经 理：王 岩

电　　话：0312-3852912

地　　址：保定涿州市开发区东兴北街26号

邮政编码：072700

保定涿州甲秀路营业部

总 经 理：赵大伟

电　　话：0312-3633278

地　　址：保定涿州市华甲秀路56号

邮政编码：072750

保定徐水振兴西路营业部

总 经 理：于 静

电　　话：0312-8680218

地　　址：保定市徐水县振兴西路路南79号

邮政编码：072500

保定易县朝阳西路营业部

总 经 理：马旭

电　　话：0312-5630598

地　　址：保定易县朝阳西路41号

邮政编码：074200

保定蠡县永盛南大街营业部

总 经 理：巩亚东

电　　话：0312-6231801

地　　址：保定市蠡县永盛南大街739号

邮政编码：071400

保定高阳三利大街营业部

总 经 理：孙慧汇

电　　话：0312-5097975

地　　址：保定市高阳县三利大街43号

邮政编码：071500

衡水冀州金鸡大街营业部

总 经 理：孙志国

电　　话：0318-8696677

地　　址：衡水冀州市金鸡大街208号

邮政编码：053200

衡水胜利东路营业部

总 经 理：沈建民

电　　话：0318-2062199

地　　址：衡水市胜利东路169号中国银行衡水分行办公大楼内

邮政编码：053000

衡水新华中路营业部

总 经 理：林 哲

电　　话：0318-2662191

地　　址：衡水市新华中路66号

邮政编码：053000

衡水人民东路营业部

总 经 理：谢彦善

电　　话：0318-2153116

地　　址：衡水市人民东路139号

邮政编码：053000

沧州广场街营业部

总 经 理：王 力

电　　话：0317-3023366

地　　址：沧州市广场街11号

邮政编码：061000

沧州维明路营业部

总 经 理：柳 强

电　　话：0317-3016889

地　　址：沧州市新华区维明路 50 号天浩大厦

邮政编码：061000

沧州解放中路营业部

总 经 理：孟宪君

电　　话：0317-5637555

地　　址：沧州市解放中路 269 号

邮政编码：061000

沧州泊头裕华中路营业部

总 经 理：马 强

电　　话：0317-8180388

地　　址：沧州泊头市裕华路

邮政编码：061000

沧州河间新华北路营业部

总 经 理：董 伟

电　　话：0317-5589888

地　　址：沧州河间市新华北路东侧建行河间支行西侧楼 1-2 层

邮政编码：061000

沧州黄骅迎宾大街营业部

总 经 理：管 辉

电　　话：0317-5818282

地　　址：沧州黄骅市迎宾大街 419 号

邮政编码：061200

沧州任丘建设中路营业部

总 经 理：刘 谦

电　　话：0317-3378007

地　　址：沧州任丘市建设中路南侧商务局西侧

邮政编码：062550

沧州青县新华路营业部

总 经 理：许学伟

电　　话：0317-4020693

地　　址：沧州市青县新华路北侧工商银行配楼

邮政编码：062650

廊坊建设路营业部

总 经 理：于书明

电　　话：0316-5216283

地　　址：廊坊市广阳区建设路与广阳道路口

邮政编码：065000

廊坊新华路营业部

总 经 理：吴继东

电　　话：0316-2057777

地　　址：廊坊市新华路 76 号

邮政编码：065000

廊坊万庄友好街营业部

总 经 理：张旭光

电　　话：0317-2569988

地　　址：廊坊市万庄石油矿区友好街与文化路东北角井下招待所 1-2 层

邮政编码：065000

廊坊霸州迎宾道营业部

总 经 理：张 伟

电　　话：0316-7224818

地　　址：廊坊霸州市迎宾道南侧、天祥路西侧迎宾山水花园西侧商业 -1-07 号

邮政编码：065700

廊坊三河泃阳西大街营业部

总 经 理：王怡芳

电　　话：0316-3120897

地　　址：廊坊三河市泃阳西大街 211 号

邮政编码：065200

廊坊三河迎宾南路营业部

总 经 理：高庆辉

电　　话：0316-3319853

地　　址：廊坊三河市燕郊迎宾路西侧 440 号

邮政编码：065200

廊坊文安西环路营业部

总 经 理：康 凯

电　　话：0316-5676008

地　　址：廊坊文安县西环路石油公司宿舍北侧

邮政编码：065800

唐山车站路营业部

总 经 理：王 蒙

电　　话：0315-2819990
地　　址：唐山市路北区车站路 169 号
邮政编码：063000

唐山丰南青年路营业部

总 经 理：李东友
电　　话：0315-8189682
地　　址：唐山市丰南区青年路 145 号
邮政编码：063300

唐山古冶京山道营业部

总 经 理：李清元
电　　话：0315-3663983
地　　址：唐山市古冶区京山道 15-35 号
邮政编码：063100

唐山华岩路营业部

总 经 理：王杏改
电　　话：0315-2829370
地　　址：唐山市华岩路 22 号
邮政编码：063000

唐山学院路营业部

总 经 理：黄海涛
电　　话：0315-5911180
地　　址：唐山市学院路 36 号（福地大厦）
邮政编码：063000

唐山龙泽路营业部

总 经 理：杜文波
电　　话：0315-2706507
地　　址：唐山市龙泽南路 55 号
邮政编码：063000

唐山开平新苑路营业部

总 经 理：冀金栋
电　　话：0315-3378186
地　　址：唐山市开平区新苑路 74 号
邮政编码：063000

唐山翔云道营业部

总 经 理：郑雅军
电　　话：0315-2021698
地　　址：唐山市翔云道 6 号
邮政编码：063000

唐山新城道营业部

总 经 理：王立华
电　　话：0315-3249926
地　　址：唐山市丰润区新城道 116 号万隆商贸中心四楼
邮政编码：064099

唐山新华西道营业部

总 经 理：宋 健
电　　话：0315-2856699
地　　址：唐山市新华西道 110 号
邮政编码：063000

唐山南堡开发区营业部

总 经 理：杨文军
电　　话：0315-5658119
地　　址：唐山市南堡开发区文明道北侧
邮政编码：063305

唐山迁安惠宁大街营业部

总 经 理：陈 旭
电　　话：0315-7680335
地　　址：唐山迁安市惠宁大街 48 号
邮政编码：064400

玉田北环路营业部

总 经 理：李 强
电　　话：0315-6125005
地　　址：唐山市玉田县北环路晶玉宾馆
邮政编码：064100

唐山曹妃甸营业部

总 经 理：郭春明
电　　话：0315-8727019
地　　址：唐山市唐海县长丰路北段海澳大酒店商业楼
邮政编码：063200

唐山乐亭大钊路营业部

总 经 理：黄 鑫
电　　话：0315-4623311
地　　址：唐山乐亭县大钊路 63 号
邮政编码：063600

唐山滦县燕山北大街营业部

总 经 理：孟宪双
电　　话：0315-7163372
地　　址：唐山市滦县燕山北大街 37 号
邮政编码：063700

唐山迁西喜峰路营业部

总 经 理：王怀乾

电　　话：0315-5661675
地　　址：唐山市迁西县喜峰中路 117-1 号
邮政编码：064300

唐山遵化文化北路营业部

总 经 理：尹树良
电　　话：0315-6623714
地　　址：唐山遵化市文化北路 101 号
邮政编码：064200

秦皇岛关城南路营业部

总 经 理：李桂新
电　　话：0335-5071318
地　　址：秦皇岛市山海关区关城南路 52 号
邮政编码：066000

秦皇岛海宁路营业部

总 经 理：郭永广
电　　话：0335-4049788
地　　址：秦皇岛市北戴河区海宁路 70 号
邮政编码：066000

秦皇岛河北大街营业部

总 经 理：于文江
电　　话：0335-3027736
地　　址：秦皇岛市河北大街 49 号
邮政编码：066000

秦皇岛峨眉山南路营业部

总 经 理：郎　芳
电　　话：0335-4043688
地　　址：秦皇岛市经济技术开发区峨眉山南路 53 号
邮政编码：066001

秦皇岛迎宾路营业部

总 经 理：徐国锋
电　　话：0335-3661651
地　　址：秦皇岛市迎宾路 83 号泛亚大厦 301-304
邮政编码：066000

秦皇岛昌黎学院路营业部

总 经 理：董玉梅
电　　话：0335-2983824
地　　址：秦皇岛市昌黎县碣阳大街北侧规划学院路西侧（富临广场）
邮政编码：066000

秦皇岛抚宁迎宾路营业部

总 经 理：宋学志
电　　话：0335-6681961
地　　址：秦皇岛市抚宁县迎宾路中段
邮政编码：066300

张家口明德南街营业部

总 经 理：温玉宝
电　　话：0313-8040328
地　　址：张家口市明德南街 170 号
邮政编码：075000

张家口怀来县营业部

总 经 理：王建国
电　　话：0313-6281200
地　　址：张家口市怀来县沙城镇京张公路东大街北路
邮政编码：075400

承德都统府大街营业部

总 经 理：杜秀河
电　　话：0314-2037106
地　　址：承德市都统府大街 9 号
邮政编码：067000

承德双滦中心大街营业部

总 经 理：张德坡
电　　话：0314-5911189
地　　址：承德市双滦区中心大街 175 号
邮政编码：067000

承德宽城金山街营业部

总 经 理：秦　峰
电　　话：0314-5721998
地　　址：承德市宽城满族自治县佳丽花园小区 2 号楼 9 号底商
邮政编码：067600

河北恒银期货经纪有限公司

河北恒银期货经纪有限公司

总 经 理：李其强
电　　话：0311-87898718
地　　址：石家庄市桥东区槐安东路 90 号国富大厦三层
邮政编码：050020

承德营业部

负 责 人：王晓军
电　　话：0314-2060177
地　　址：承德市南营子大街永兴大厦 B 座七层
邮政编码：067000

衡水营业部

负 责 人：曹伯炜
电　　话：0318-5105599
地　　址：衡水市中华南大街 281 号泰一尚城三层 3-4 号
邮政编码：053000

唐山营业部

负 责 人：韩雪光
电　　话：0315-2352909
地　　址：唐山市高新技术开发区东方大厦 3 楼 0706、0708 号
邮政编码：063000

邯郸营业部

负 责 人：张明国
电　　话：0310-5109987
地　　址：邯郸市人民东路 312 号新时代商务大厦 24 层 E、F、G 室
邮政编码：056002

沧州营业部

负 责 人：胡伟光
电　　话：0317-5673999
地　　址：沧州市浮阳北大道 28 号幞园新村北公建楼二楼
邮政编码：061000

廊坊营业部

负 责 人：王志强
电　　话：0316-2210666
地　　址：廊坊市新华路 76 号天利得益商务中心 15 层 1508、1509、1510、1511 室
邮政编码：065000

中国太平洋财产保险股份有限公司

中国太平洋财产保险股份有限公司河北分公司

经　　理：陈 辉
电　　话：0311-88600306
地　　址：石家庄市广安大街 36 号
邮政编码：050000

承德中心支公司

经　　理：姜跃利
电　　话：0314-2034454
地　　址：承德市双桥区丽正门大街 6 号
邮政编码：067000

承德市承德县支公司

经　　理：郭向光
电　　话：0314-3012380
地　　址：承德县下板城镇下板城大街 12 号
邮政编码：067000

承德市宽城支公司

经　　理：杨宗华
电　　话：0314-6698029
地　　址：承德市宽城县滨河路天宝下花园小区 7 号楼 a 区 6 铺底商
邮政编码：067600

承德市隆化支公司

经　　理：贾 梅
电　　话：0314-7069662
地　　址：承德市隆化县隆化镇龙骧御景小区商业 1-2 层 116、216 号
邮政编码：068150

承德市丰宁支公司

经　　理：谢 岩
电　　话：0314-8013026
地　　址：承德市丰宁县大阁镇西街甲 96 号
邮政编码：068300

承德市围场支公司

经　　理：李杰萍
电　　话：0314-7562260
地　　址：承德市围场满族蒙古族自治县围场镇凤凰南路 81 号
邮政编码：068400

承德市营子支公司

经　　理：赵　霞
电　　话：0314-5011796
地　　址：承德市营子矿区营子镇滨河路 29 号
邮政编码：067200

承德市滦平支公司

经　　理：田富臣
电　　话：0314-8585656
地　　址：承德市滦平县滦平镇新建路东段 78 号
邮政编码：068200

承德市兴隆支公司

经　　理：石小平
电　　话：0314-5070563
地　　址：承德市兴隆县兴隆镇大有屯村大有新村商住楼 1 幢 17 号
邮政编码：067300

承德市双桥支公司

经　　理：田春浩
电　　话：0314-2026989
地　　址：承德市双桥区府前路福地花园东区 B3 幢 110 室
邮政编码：067000

承德市平泉支公司

经　　理：焦立红
电　　话：0314-6032330
地　　址：承德市平泉县平泉镇金世纪嘉园 S9-7
邮政编码：067506

唐山中心支公司

经　　理：张建广
电　　话：0315-2826508
地　　址：唐山市西山道 13 号
邮政编码：063000

唐山市丰南支公司

经　　理：幺秀文
电　　话：0315-8289665
地　　址：唐山市丰南区滨河北大街 103 号
邮政编码：063300

唐山市滦南支公司

经　　理：王建利
电　　话：0315-4161044
地　　址：唐山市滦南县城西环路
邮政编码：063500

唐山市滦县支公司

经　　理：姚继业
电　　话：0315-7198501
地　　址：唐山市滦县新城新华西路 32 号
邮政编码：063700

唐山市迁西支公司

经　　理：张翠兰
电　　话：0315-5662318
地　　址：唐山市迁西县城喜峰北路
邮政编码：064300

唐山市丰润支公司

经　　理：范志宏
电　　话：0315-5118911
地　　址：唐山市丰润区唐丰路 299 号
邮政编码：064000

唐山市遵化支公司

经　　理：张学谦
电　　话：0315-6606055
地　　址：唐山市遵化市文礼大街新教师公寓门市
邮政编码：064200

唐山市汉沽支公司

经　　理：陈希春
电　　话：022-69214002
地　　址：唐山市汉沽管理区光明路 15 号
邮政编码：300480

唐山市路北支公司

经　　理：田　野
电　　话：0315-3720917
地　　址：唐山市西山道 13 号
邮政编码：063000

唐山市曹妃甸支公司

经　　理：孙　彬
电　　话：0315-8785311
地　　址：唐山市曹妃甸区唐海镇建设大街 163 号
邮政编码：063200

唐山市迁安支公司
经　　理：李小兵
电　　话：0315-7606880
地　　址：唐山市迁安市迁安镇聚鑫街 1326 号
邮政编码：064400
唐山市玉田支公司
经　　理：邱士良
电　　话：0315-6392750
地　　址：唐山市玉田县幸福小区商业楼 37-38 号
邮政编码：064100
唐山市开滦支公司
经　　理：郑 丹
电　　话：0315-3021129
地　　址：唐山市路北区新华东道 95 号
邮政编码：063000
唐山市古冶支公司
经　　理：吕艳荣
电　　话：0315-3561198
地　　址：唐山市古冶区林西新光园 7-1-101 号
邮政编码：063100
唐山市开平支公司
经　　理：张 鹏
电　　话：0315-5773526
地　　址：唐山市开平区开平镇荣川沁园底商 7-3 号
邮政编码：063000
唐山市乐亭支公司
经　　理：陈欣红
电　　话：0315-4625500
地　　址：唐山市乐亭县城大钊路 25 号
邮政编码：063600

张家口中心支公司

经　　理：丁 黎
电　　话：0313-2080260
地　　址：张家口市建设东街 2 号欣赏家园南苑 4 号楼
邮政编码：075000
张家口市张北支公司
经　　理：殷天华
电　　话：0313-5236868
地　　址：张家口市张北县张北镇海燕城底商二区 2 号
邮政编码：076450
张家口市蔚县支公司
经　　理：赵玉柏
电　　话：0313-7192950
地　　址：张家口市蔚县蔚州镇胜利路梧桐园小区 2 号商业楼 8 号 #
邮政编码：075700
张家口市怀来支公司
经　　理：刘永彬
电　　话：0313-6212585
地　　址：张家口市怀来县沙城镇文昌东路旭锦苑小区底商
邮政编码：075400
张家口市赤城支公司
经　　理：黄金梅
电　　话：0313-6316236
地　　址：张家口市赤城县赤城镇宏达街赤宝公路西侧东关村委会办公楼
邮政编码：075500
张家口市宣化支公司
经　　理：陈海舰
电　　话：0313-3053692
地　　址：张家口市宣化区西环城南楼 2 号
邮政编码：075100

邢台中心支公司

经　　理：李 军
电　　话：0319-2218966
地　　址：邢台市中华大街 16 号
邮政编码：054000
邢台市清河支公司
经　　理：张郭岩
电　　话：0319-8185500
地　　址：邢台市清河县欧陆风情 . 凯旋城太行路东侧 12 幢 44 号
邮政编码：054800
邢台市宁晋支公司
经　　理：石婧俐
电　　话：0319-5895336
地　　址：邢台市宁晋县兴宁街 163 号

邮政编码：055550

邢台市内丘支公司

经　　理：王丽杰

电　　话：0319-6865009

地　　址：邢台市内丘县泰和苑（东区）B楼7号

邮政编码：054200

邢台市隆尧支公司

经　　理：苗会锋

电　　话：0319-6695500

地　　址：邢台市隆尧县柴荣大街北端路东森度花园31-11

邮政编码：055350

邢台市沙河支公司

经　　理：任再兵

电　　话：0319-8801555

地　　址：邢台沙河市建设路北段普通店村南

邮政编码：054100

邢台市开发区支公司

经　　理：王 岳

电　　话：0319-3135801

地　　址：邢台市中兴东大街1666号A座A113、A115、A117室

邮政编码：054000

衡水中心支公司

经　　理：乔柯岩

电　　话：0318-2050614

地　　址：衡水市桃城区胜利中路38号

邮政编码：053000

衡水市故城支公司

经　　理：范爱华

电　　话：0318-5322240

地　　址：衡水市故城县康宁路115号

邮政编码：053800

衡水市安平支公司

经　　理：袁玲娟

地　　址：衡水市安平县为民中学东侧

电　　话：0318-7525652

邮政编码：052600

衡水市深州支公司

经　　理：刘 强

电　　话：0318-3312558

地　　址：衡水深州市顺兴大街乾城育龙湾底商A-37、A-38号

邮政编码：053800

衡水市景县支公司

经　　理：戴志云

地　　址：衡水市景县景州镇亚夫路西信用联社对过

电　　话：0318-4225769

邮政编码：053500

衡水市冀州支公司

经　　理：杨玲苏

地　　址：衡水市冀州市建设街西侧

电　　话：0318-8692066

邮政编码：053200

衡水市阜城支公司

经　　理：苏晓虎

电　　话：0318-4629366

地　　址：衡水市阜城县府前路北侧民营企业园内6区2号

邮政编码：053700

衡水市枣强支公司

经　　理：赵剑峰

电　　话：0318-8222221

地　　址：衡水市枣强县富强北路138号

邮政编码：053100

秦皇岛中心支公司

经　　理：李洪升

电　　话：0335-7091888

地　　址：秦皇岛市海港区河北大街269号

邮政编码：066000

卢龙支公司

经　　理：张立华

电　　话：0335-7091705

地　　址：秦皇岛市卢龙县卢龙镇永平大街

邮政编码：066400

青龙支公司

经　　理：李金和

电　　话：0335-7091712

地　　址：秦皇岛市青龙满族自治县青龙镇金源小区 B 区 1–38 厅
邮政编码：066500

昌黎支公司

经　　理：陈志强
电　　话：0335–7091728
地　　址：秦皇岛市昌黎县华夏路东山帝景小区 46 号 18–19 室
邮政编码：066500

抚宁支公司

经　　理：高纯生
电　　话：0335–7091718
地　　址：秦皇岛市抚宁县东大街东段鼎尊花苑门店 188 号
邮政编码：066100

秦皇岛市山海关支公司

经　　理：谢海松
电　　话：0335–5063889
地　　址：秦皇岛市山海关区火车站站东小区 8 号楼 7 号
邮政编码：066200

秦皇岛市海港支公司

经　　理：王丽华
电　　话：0335–7091807
地　　址：秦皇岛市海港区河北大街 269 号
邮政编码：066000

秦皇岛市北戴河支公司

经　　理：冷晓明
电　　话：0335–7091828
地　　址：秦皇岛市北戴河区联峰路 284 号
邮政编码：066100

秦皇岛市开发区支公司

经　　理：郭　菲
电　　话：0335–7091876
地　　址：秦皇岛市开发区巫山路 3 号秦皇岛燕大北方特种装备研究院 1 楼 101–103 室
邮政编码：066000

邯郸中心支公司

经　　理：张 进
电　　话：0310–3066291
地　　址：邯郸市人民东路 260 号
邮政编码：056002

邯郸市武安支公司

经　　理：籍贵章
电　　话：0310–5680625
地　　址：邯郸武安市向阳路北 6 号
邮政编码：056300

邯郸市磁县支公司

经　　理：李　斌
电　　话：0310–2315098
地　　址：邯郸市磁县磁州路 32 号
邮政编码：056500

邯郸市峰峰支公司

经　　理：冉　辉
电　　话：0310–5115155
地　　址：邯郸市峰峰矿区临水村桥东大街十二组
邮政编码：056200

邯郸市涉县支公司

经　　理：王保堂
电　　话：0310–3892227
地　　址：邯郸市涉县龙山大街龙山君子居
邮政编码：056400

邯郸市馆陶支公司

经　　理：吴怀朝
电　　话：0310–2866188
地　　址：邯郸市馆陶县政府街西段南侧
邮政编码：057750

邯郸市永年支公司

经　　理：沈双伟
电　　话：0310–6695500
地　　址：邯郸市永年县名关镇迎宾大街德林苑小区
邮政编码：057100

邯郸市广平支公司

经　　理：李新艳
电　　话：13373104177
地　　址：邯郸市广平县建新街南段东侧
邮政编码：057650

廊坊中心支公司

经　　理：王连海

电　　话：0316-2206665
地　　址：廊坊市和平路 109 号
邮政编码：065000

廊坊市文安支公司
经　　理：孙志远
电　　话：0316-5283101
地　　址：廊坊市文安县北环路路北
邮政编码：065800

廊坊市大城支公司
经　　理：李兴华
电　　话：0316-5512168
地　　址：廊坊市大城县津保路石油公司东侧
邮政编码：065900

廊坊市三河支公司
经　　理：张德江
电　　话：0316-3130833
地　　址：廊坊三河市区市府路南实验中学北商住 D 段西 4 户
邮政编码：065200

廊坊市霸州支公司
经　　理：丁恩军
电　　话：0316-7210484
地　　址：廊坊霸州市迎宾道北侧
邮政编码：065700

廊坊市永清支公司
经　　理：赵建波
电　　话：0316-6621080
地　　址：廊坊市永清县武隆路 123 号
邮政编码：065600

廊坊市燕郊支公司
经　　理：张德江
电　　话：0316-3130833
地　　址：廊坊三河市燕郊开发区行宫东大街 81 号
邮政编码：065201

廊坊市香河支公司
经　　理：洪保进
电　　话：0316-8333805
地　　址：廊坊市香河县新华大街北侧欧陆豪庭小区 1 号
邮政编码：065500

廊坊市固安支公司
经　　理：杨　波
电　　话：0316-6166966
地　　址：廊坊市固安县新中东街 198 号福星商住楼 1-1-110 号
邮政编码：065300

保定中心支公司

经　　理：高力斌
电　　话：0312-3066684
地　　址：保定市阳光北大街 3117 号
邮政编码：071051

保定市定兴支公司
经　　理：王艳华
电　　话：0312-6929078
地　　址：保定市定兴县迎宾大街
邮政编码：072650

保定市高阳支公司
经　　理：张向阳
电　　话：0312-6226716
地　　址：保定市高阳县高阳镇北街
邮政编码：071500

保定市涿州支公司
经　　理：梁文瑞
电　　话：0312-3638877
地　　址：保定涿州市清凉寺办事处冠云路东北侧 173 号
邮政编码：072750

保定市雄县支公司
经　　理：刘丽萍
电　　话：0312-5966668
地　　址：保定市雄县将台路东侧、电力局南
邮政编码：071800

保定市定州支公司
经　　理：王伟超
电　　话：0312-2339399
地　　址：保定定州市北城区南庄子兴定路北侧
邮政编码：073000

保定市博野支公司
经　　理：张　旭
电　　话：0312-8323686

地　　址：保定市博野县博兴西路北侧
邮政编码：071300

保定市安国支公司
经　　理：刁梦龙
地　　址：保定市安国保衡大街红绿灯北 51 米路东安国市保衡路东侧
电　　话：0312–3550866
邮政编码：071200

保定市清苑支公司
经　　理：李 进
电　　话：0312–8112360
地　　址：保定市清苑县新华中路南侧
邮政编码：071100

保定市安新支公司
经　　理：李 帆
电　　话：0312–5286966
地　　址：保定市安新县建设大街西侧
邮政编码：071600

保定市高碑店支公司
经　　理：宋景明
电　　话：0312–2830011
地　　址：保定高碑店市五一北路西侧
邮政编码：074000

保定市蠡县支公司
经　　理：刘冠军
电　　话：0312–8755558
地　　址：保定市蠡县永盛北大街西工商局北侧 5 号
邮政编码：071400

保定市易县支公司
经　　理：宋学勇
电　　话：0312–8228888
地　　址：保定市易县云蒙嘉园二期 111 号
邮政编码：074200

保定市徐水支公司
经　　理：郑 炜
电　　话：0312–7117999
地　　址：保定市徐水盛源南大街惠源小区商住楼 33 号
邮政编码：072550

保定市涞水支公司
经　　理：李德忠
电　　话：0312–4523359
地　　址：保定市涞水县 112 线南侧
邮政编码：074100

沧州中心支公司
经　　理：李 良
电　　话：0317–2023330
地　　址：沧州市解放西路 52 号
邮政编码：061000

沧州市黄骅支公司
经　　理：纪志强
电　　话：0317–5235108
地　　址：沧州黄骅市迎宾大街南段东侧
邮政编码：061000

沧州市青县支公司
经　　理：臧培松
电　　话：0317–4319808
地　　址：沧州市青县南环路会安巷 1 号 1 楼
邮政编码：061000

沧州市肃宁支公司
经　　理：孔建业
电　　话：0317–5030202
地　　址：沧州市肃宁县光华街 10 号
邮政编码：062300

沧州市任丘支公司
经　　理：杨雅飞
电　　话：0317–2360000
地　　址：沧州任丘市肖楼村 146 号
邮政编码：062500

沧州市盐山支公司
经　　理：王学亮
电　　话：0317–6215858
地　　址：沧州市盐山县千童大街西、西大街南
邮政编码：061300

沧州市献县支公司
经　　理：张林风
电　　话：0317–6010098
地　　址：沧州市献县平安大街西段新华书店小区 4 排 3 号

邮政编码：062250

沧州市泊头支公司

经　　理：石桂香

电　　话：0317-8299551

地　　址：沧州泊头市裕华路 368 号

邮政编码：062100

沧州市河间支公司

经　　理：李文彦

电　　话：0317-3233999

地　　址：沧州河间市胜利路瀛秀园小区商 2-3-101 号

邮政编码：062400

石家庄中心支公司

经　　理：刘云超

电　　话：0311-88600561

地　　址：石家庄市新华路 19 号

邮政编码：050000

石家庄鹿泉支公司

经　　理：武建芳

电　　话：0311-82018079

地　　址：石家庄市鹿泉区城区向阳大街北头 188 号

邮政编码：050200

石家庄正定支公司

经　　理：马世界

电　　话：0311-88014155

地　　址：石家庄市正定县华安西路 43 号

邮政编码：050800

石家庄藁城支公司

经　　理：马丽勇

电　　话：0311-88124299

地　　址：石家庄市藁城区四明街中段路东 53 号

邮政编码：052160

石家庄辛集支公司

经　　理：戴明征

电　　话：0311-83210936

地　　址：石家庄辛集市市府东街 24 号

邮政编码：052360

石家庄晋州支公司

经　　理：赵志刚

电　　话：0311-84495500

地　　址：石家庄晋州市世纪路东

邮政编码：052260

石家庄无极支公司

经　　理：赵孟谦

电　　话：0311-85595500

地　　址：石家庄市无极县希望东路 25 号希望宾馆

邮政编码：052460

石家庄新华区支公司

经　　理：赵红艳

电　　话：0311-87678180

地　　址：石家庄市桥西区开发路 5 号

邮政编码：050000

石家庄高新区支公司

经　　理：许建英

电　　话：0311-85382368

地　　址：石家庄市高新技术开发区天山大街 C 幢 C-14、15 号

邮政编码：050000

石家庄栾城支公司

经　　理：郧文霞

电　　话：0311-88666735

地　　址：石家庄市栾城区鑫源路 3 号栾城县质量技术监督局

邮政编码：051430

石家庄平山支公司

经　　理：李文平

电　　话：0311-82934565

地　　址：石家庄市平山县柏坡东路平安小区四强公司宿舍一楼门市

邮政编码：050400

石家庄元氏支公司

经　　理：李培林

电　　话：0311-86533058

地　　址：石家庄市元氏县槐阳大街 136 号

邮政编码：051130

石家庄新乐支公司

经　　理：武涵俊

电　　话：0311-88596200

地　　址：石家庄新乐市长寿路 227 号

邮政编码：050700

石家庄赵县支公司

经　　理：张建军

电　　话：0311-84937080

地　　址：石家庄市赵县自强路南侧

邮政编码：051530

石家庄井陉支公司

经　　理：吴效虹

电　　话：0311-82042668

地　　址：石家庄市井陉县冶河西路 46 号

邮政编码：050300

华泰财产保险有限公司

华泰财产保险有限公司河北省分公司

总 经 理：常 青

电　　话：0311-86216006

地　　址：石家庄市建设南大街 29 号众鑫大厦 16 层

邮政编码：050000

唐山中心支公司

总 经 理：程广伟（兼）

电　　话：0315-2590651

地　　址：唐山市新华西道 110 号信息大厦 1007、1008 室

邮政编码：063000

保定中心支公司

总 经 理：白 滨

电　　话：0312-5909009

地　　址：保定市朝阳南大街 47 号百世开利大厦七层

邮政编码： 071000

秦皇岛中心支公司

总 经 理：吴 尚（主持工作）

电　　话：0335-3073049

地　　址：秦皇岛市海港区文化北路 419 号金福宾馆三层

邮政编码：066000

中国大地财产保险股份有限公司

中国大地财产保险股份有限公司河北分公司

副总经理：田冬生（主持工作）

电　　话：0311-85288828

地　　址：石家庄市裕华西路 15 号万象天成商务广场 A 座 12 层

邮政编码：050000

石家庄中心支公司

总 经 理：王 猛

电　　话：0311-85288383

地　　址：石家庄市裕华西路 15 号万象天成商务广场 A 座 10 层

邮政编码：050000

沧州中心支公司

副总经理：赵清泽（主持工作）

电　　话：0317-5306598

地　　址：沧州市清池南大道 47 号

邮政编码：061000

邯郸中心支公司

总 经 理：苑如民

电　　话：0310-5908962

地　　址：邯郸市滏东北大街 245 号远大国门 A 座 6 层

邮政编码：056002

秦皇岛中心支公司

总 经 理：于绍波

电　　话：0335-5998678

地　　址：秦皇岛市海港区西港路 345 号文博大厦 7 层

邮政编码：066000

唐山中心支公司

总 经 理：张素平

电　　话：0315-5921111

地　　址：唐山市路北区学院路与裕华道交口南 300 米

邮政编码：063000

承德中心支公司

总 经 理：刘觉民

电　　话：0314-5902666

地　　址：承德市双桥区北兴隆街 16 号
邮政编码：067000

衡水中心支公司
总 经 理：李廷军
电　　话：0318–5825888
地　　址：衡水市开发区胜利西路 2188 号
邮政编码：053000

邢台中心支公司
负 责 人：姜子忠
电　　话：0319–5908195
地　　址：邢台市邢州北路 246 号
邮政编码：054001

廊坊中心支公司
总 经 理：孟灵一
电　　话：0316–5908990
地　　址：廊坊市永丰道儿童乐园北门西侧
邮政编码：065000

张家口中心支公司
总 经 理：杨 骏
电　　话：0313–5958866
地　　址：张家口市高新区纬三路林业大厦 7 层
邮政编码：075000

保定中心支公司
副总经理：马立东（主持工作）
电　　话：0312–5951155
地　　址：保定市朝阳南大街 98 号
邮政编码：071000

安邦财产保险股份有限公司

安邦财产保险股份有限公司河北分公司
副总经理：程国军（主持工作）
电　　话：18731169789
地　　址：石家庄市中山东路开元大厦 20 层
邮政编码：050000

张家口中心支公司
副总经理：谢成江（主持工作）
电　　话：15203130100
地　　址：张家口市桥西区祭风台街 SOHO 国际 A 座 1304
邮政编码：075000

宣化营销服务部
负 责 人：谢成江
电　　话：15203130100
地　　址：张家口市宣化区大西街 7 号院 5 号楼 05 号复式底商
邮政编码：075000

张北营销服务部
负 责 人：谢建国
电　　话：15203130136
地　　址：张家口市张北县张北镇永义南街工商局办公楼底商
邮政编码：075000

蔚县营销服务部
负 责 人：韩玉林
电　　话：15203130128
地　　址：张家口市蔚县蔚州镇胜利大街 18 号一楼
邮政编码：075000

万全营销服务部
负 责 人：谢成江
电　　话：15203130138
地　　址：张家口市万全县孔家庄镇张同公路北
邮政编码：075000

怀来营销服务部
负 责 人：董建利
电　　话：15203130133
地　　址：张家口市怀来县沙城镇新东方城市广场 7 号商业楼 5 号
邮政编码：075000

沽源支公司
经　　理：谢 芳
电　　话：15203130119
地　　址：张家口市沽源县青年湖御水花园小区 5–2 底商
邮政编码：076550

承德中心支公司
总 经 理：沈 毅
电　　话：15028186060
地　　址：承德市双桥区石洞子沟北口新泰

家园 24 号楼 205 室
邮政编码：067000

沧州中心支公司

副总经理：卢绍滨（主持工作）
电　　话：13932728388
地　　址：沧州市清池南大道 47 号中亚风情区五楼 501
邮政编码：061000

泊头营销服务部

负 责 人：王 辉
电　　话：18731711818
地　　址：沧州市泊头市解放东路铁路立交桥北侧潘庄二层楼房（二层）
邮政编码：061000

青县支公司

经　　理：卢绍滨
电　　话：13932728388
地　　址：沧州市青县南环路与 104 国道交叉口东北角
邮政编码：062650

任丘支公司

经　　理：张 震
电　　话：13932788322
地　　址：沧州任丘市会战北道路西怡海小区大门北第二座楼房（一二两层）
邮政编码：062550

黄骅支公司

经　　理：杨云亮
电　　话：13785764888
地　　址：沧州黄骅市 205 国道东侧奥通综合楼
邮政编码：061200

保定中心支公司

副总经理：马明（主持工作）
电　　话：18732213609
地　　址：保定市瑞兴路 1288 号
邮政编码：071000

曲阳支公司

经　　理：刘翠华
电　　话：18732213620
地　　址：保定市曲阳县恒阳街恒阳小区门口北侧的第 9–10 间门面房
邮政编码：073100

定州支公司

经　　理：肖志华
电　　话：13739798049
地　　址：保定定州市定兴西路悦明园小区 1 期商业 13 号楼
邮政编码：073000

高碑店支公司

经　　理：刘翠华
电　　话：18732213620
地　　址：保定高碑店市 107 国道 144 号
邮政编码：074000

雄县支公司

经　　理：蔡文辉
电　　话：13932150601
地　　址：保定雄县高速引线东侧（世纪城西街）
邮政编码：071800

石家庄中心支公司

总 经 理：程国军
电　　话：18831033123
地　　址：河北省石家庄市中山东路开元大厦 20 层
邮政编码：050031

辛集营销服务部

负 责 人：朱永聚
电　　话：18731169776
地　　址：石家庄辛集市束鹿大街芳华苑小区 3–102
邮政编码：050000

藁城营销服务部

负 责 人：李凤欣
电　　话：18731169721
地　　址：石家庄市藁城区昌盛街 72 号
邮政编码：050000

秦皇岛中心支公司

副总经理：刘 杰（主持工作）
电　　话：18703350055
地　　址：秦皇岛市河北大街中段 146 号金原国际商务大厦 13 层安邦保险

邮政编码：066000

昌黎营销服务部

负 责 人：尤立学

电　　话：18703356869

地　　址：秦皇岛市昌黎县昌黎镇东山新天地

邮政编码：066000

卢龙营销服务部

负 责 人：周书红

电　　话：15100359777

地　　址：秦皇岛市卢龙县工业园区纬二路北侧综合楼

邮政编码：066000

邯郸中心支公司

副总经理：王海彬（主持工作）

电　　话：18831033133

地　　址：邯郸市经济开发区英才路 2 号北华建筑设计五层

邮政编码：056000

峰峰营销服务部

负 责 人：王海彬

电　　话：18831033133

地　　址：邯郸市峰峰矿区临水镇太行东路（烟草公司东行 50 米路北）

邮政编码：056200

邯郸涉县营销服务部

负 责 人：张永杰

电　　话：18831033179

地　　址：邯郸市涉县涉城镇城里村迎春街 120 号

邮政编码：056400

邯郸永年营销服务部

负 责 人：宋社旗

电　　话：18831033129

地　　址：邯郸市永年县临洺关镇富强路理想城 20-1 号

邮政编码：057150

邯郸武安营销服务部

负 责 人：张启东

电　　话：18831033122

地　　址：邯郸武安市南环路南（聚福园小区 1 号门面房）

邮政编码：056300

衡水中心支公司

总 经 理：张文杰

电　　话：18831860777

地　　址：衡水市胜利西路 2077 号西苑公寓综合楼四楼东侧

邮政编码：053000

冀州支公司

经　　理：翟 伟

电　　话：18831851015

地　　址：衡水市冀州信都路南侧

邮政编码：053200

深州支公司

经　　理：谢新菊

电　　话：18831851016

地　　址：衡水市深州永盛大街富贵花苑门店

邮政编码：053800

景县支公司

经　　理：张文杰

电　　话：18831860777

地　　址：衡水市景县亚夫路东侧

邮政编码：053500

饶阳支公司

经　　理：翟 伟

电　　话：18831851015

地　　址：衡水市饶阳县饶安西路北侧 24 号

邮政编码：053900

唐山中心支公司

总 经 理：赵向东

电　　话：15203130111

地　　址：唐山市友谊路 81 号天元大厦 4 层 401

邮政编码：063000

滦南支公司

负 责 人：李瑞军

电　　话：18731521056

地　　址：唐山市滦南县倴城镇电厂路 142 号

邮政编码：063500

玉田营销服务部

负 责 人：王海东

电　　话：18731590212

地　　址：唐山市玉田县和平路 19 号
邮政编码：064100

迁安营销服务部

负 责 人：李 明
电　　话：18731521019
地　　址：唐山迁安市昌盛大街北头路东门市
邮政编码：064400

廊坊中心支公司

副总经理：李立国（主持工作）
电　　话：13643160312
地　　址：廊坊市广阳道吉祥小区 20–12 门市
邮政编码：065000

三河营销服务部

负 责 人：郑秀军
电　　话：15128427198
地　　址：廊坊三河市鼎盛东大街 183 号
邮政编码：065000

文安支公司

经　　理：任彩玲
电　　话：18831601611
地　　址：廊坊市文安县县城二建住宅楼西侧北马路东侧门店
邮政编码：065000

邢台中心支公司

总 经 理：周争光
电　　话：18831607878
地　　址：邢台市泉南东大街 522 号
邮政编码：054000

清河营销服务部

负 责 人：魏钦华
电　　话：13932910163
地　　址：邢台市清河县三羊西街 2 号
邮政编码：054800

南宫营销服务部

负 责 人：张华月
电　　话：15930944430
地　　址：邢台市南宫市青年路 349 号
邮政编码：051800

宁晋营销服务部

负 责 人：孙东丽
电　　话：15933194508
地　　址：邢台宁晋县九河大街法苑小区东排 14 号
邮政编码：055550

沙河营销服务部

负 责 人：魏钦华
电　　话：13932910163
地　　址：邢台沙河市翡翠路翡翠城商业三 102 铺
邮政编码：054100

隆尧支公司

经　　理：张媛媛
电　　话：18713906618
地　　址：邢台市隆尧县北外环
邮政编码：055350

安盛天平财产保险股份有限公司

安盛天平财产保险股份有限公司河北分公司

总 经 理：柳艺云
电　　话：0311–80926601
地　　址：石家庄市桥东区中山东路 166 号如意商务大厦 5 层
邮政编码：050000

唐山中心支公司

总 经 理：刘昱波
电　　话：0315–3438668
地　　址：唐山市大庆道 118 号
邮政编码：063000

保定中心支公司

总 经 理：刘永河
电　　话：0312–5920988
地　　址：保定市东风中路 567 号康城大厦三楼
邮政编码：071000

廊坊中心支公司

总 经 理：张东升
电　　话：0316–5212221
地　　址：廊坊市安次区爱民西道 169 号学院区集中供热办公楼
邮政编码：065000

沧州中心支公司

总 经 理：冉文武
电　　话：0317-5202000
地　　址：沧州市高新技术产业开发区吉林大道和兰州路交口北侧河北工业大学科技园一号楼 C 区
邮政编码：061000

邯郸中心支公司

总 经 理：郑永强
电　　话：0310-5109688
地　　址：邯郸市开发区世纪大街 21 号乙鑫通大厦二楼
邮政编码：056000

衡水中心支公司

总 经 理：张 剑
电　　话：0318-5109996
地　　址：衡水市前进大街丽景名苑 468 号 10 栋 8 号商铺
邮政编码：053000

邢台中心支公司

总 经 理：张 伟
电　　话：0319-5553456
地　　址：邢台市桥西区钢铁北路 278 号
邮政编码：054000

石家庄中心支公司

总 经 理：艾小莉
电　　话：0311-80926661
地　　址：石家庄市桥东区中山东路 166 号如意商务大厦 5 层
邮政编码：005000

张家口中心支公司

总 经 理：智福祥
电　　话：0313-2565001
地　　址：张家口市桥东区纬三路 6 号世纪豪园 20 号楼辽海国际大厦 12 层 001 室
邮政编码：075000

信达财产保险股份有限公司

信达财产保险股份有限公司河北分公司

总 经 理：李振波
电　　话：0311-67567898
地　　址：石家庄市裕华西路 15 号万象国际中心 13 层（A 座 13 层）
邮政编码：050000

沧州中心支公司

总 经 理：苗笑一
电　　话：0317-5303501
地　　址：沧州市运河区御河路金鼎领域 1 号楼 B 座 16 层
邮政编码：061001

任丘支公司

经　　理：田广进
电　　话：0317-2281081
地　　址：沧州任丘市中华西路北侧
邮政编码：062550

唐山中心支公司

总 经 理：郝爱国
电　　话：0315-5772688
地　　址：唐山市路北区缸窑路 12 号市政设施管理处院内 3 层
邮政编码：063000

邢台中心支公司

总 经 理：王克栋
电　　话：0319-5715505
地　　址：邢台市高新技术开发区创智园 9 层
邮政编码：054001

泰山财产保险股份有限公司

泰山财产保险股份有限公司河北分公司

总 经 理：郑 青
电　　话：0311-67597111
地　　址：石家庄裕华西路 42 号金立方大厦 22 层
邮政编码：050006

邢台中心支公司

总 经 理：任建平

电　　话：0319-3170008

地　　址：邢台市新华南路181号振德大酒店4层

邮政编码：054001

邯郸中心支公司

总 经 理：麻世军

电　　话：0310-8064966

地　　址：邯郸市华泽路纸业研发综合楼1层东

邮政编码：056011

保定中心支公司

副总经理：殷 勇（主持工作）

电　　话：0312-6273301

地　　址：保定市天鹅中路79号兴远现代城6层

邮政编码：071027

石家庄中心支公司

总 经 理：周 文

电　　话：0311-67597999

地　　址：石家庄市和平西路499号圣仑大厦6层西

邮政编码：050060

沧州中心支公司

副总经理：肖 东（主持工作）

电　　话：0317-2097775

地　　址：沧州高新区管理委员会办公楼5层

邮政编码：061000

中国人寿保险股份有限公司

中国人寿保险股份有限公司河北省分公司

总 经 理：刘起彦

电　　话：0311-86262818

地　　址：石家庄市裕华西路18号中国人寿大厦

邮政编码：050000

邯郸分公司

总 经 理：孙 威

电　　话：0310-8061886

地　　址：邯郸市丛台路406号中国人寿邯郸分公司602室

邮政编码：056000

衡水分公司

总 经 理：宫家明

电　　话：0318-2686589

地　　址：衡水市新华西路588号

邮政编码：053000

邢台分公司

总 经 理：刘 林

电　　话：0319-5993001

地　　址：邢台市团结东大街129

邮政编码：054000

沧州分公司

总 经 理：贾风雷

电　　话：0317-2152662

地　　址：沧州市解放西路59号中国人寿沧州分公司办公室

邮政编码：061000

唐山分公司

总 经 理：张利民

电　　话：0315-2349798

地　　址：唐山市西山道39号

邮政编码：063000

承德分公司

总 经 理：刘东升

电　　话：0314-2109308

地　　址：承德市双桥区新华路8号中国人寿

邮政编码：067000

保定分公司

总 经 理：宗 志

电　　话：0312-3355333

地　　址：保定市东风东路169号中国人寿大楼603室

邮政编码：071000

张家口分公司

总 经 理：李万富

电　　话：0313-2062393

地　　址：张家口市桥东区胜利北路64号

邮政编码：075000

秦皇岛分公司

总 经 理：赵文华
电　　话：0335-3643170
地　　址：秦皇岛市海港区秦皇东大街64号
邮政编码：066000

廊坊分公司

总 经 理：武丽英
电　　话：0316-5215678
地　　址：廊坊市广阳道29号建业大厦707室
邮政编码：065000

石家庄分公司

总 经 理：张国杰
电　　话：（0311）85987009
地　　址：石家庄市自强路6号保险大厦15楼
邮政编码：050000

合众人寿保险股份有限公司

合众人寿保险股份有限公司河北分公司

负 责 人：孟双锁
电　　话：18638659551
地　　址：石家庄市新华区中山西路83号东方大厦17层、22层、23层
邮政编码：050000

唐山中心支公司

负 责 人：郭海雷
电　　话：18603265812
地　　址：唐山市路南区新华西道2号世博大厦13层
邮政编码：063000

唐山丰南营销服务部

负 责 人：田　磊
电　　话：15130562009
地　　址：唐山丰南市阜民街49号
邮政编码：063000

唐山丰润营销服务部

负 责 人：蔡国民
电　　话：13739870372
地　　址：唐山市丰润区新城道22号
邮政编码：063000

唐山遵化营销服务部

负 责 人：戈秀春
电　　话：13463575813
地　　址：唐山遵化市贸易城
邮政编码：063000

秦皇岛中心支公司

负 责 人：王海英
电　　话：18631869446
地　　址：秦皇岛市海港区文化路149号金辉国贸大厦7层
邮政编码：066000

秦皇岛昌黎营销服务部

负 责 人：李泽晗
电　　话：15032338793
地　　址：秦皇岛市昌黎县东农贸市场12号
邮政编码：066000

邯郸中心支公司

负 责 人：王建华
电　　话：18633024096/15612863295
地　　址：邯郸市邯山区和平路396号财富大厦7层
邮政编码：056001

邯郸武安营销服务部

负 责 人：李宏岭
电　　话：15103209298
地　　址：邯郸武安市向阳路与建设大街交叉口2号商务楼西头
邮政编码：056001

邯郸魏县营销服务部

负 责 人：韩　静
电　　话：13930082667
地　　址：邯郸市魏县魏城镇望远南街路东
邮政编码：056001

邯郸大名营销服务部

负 责 人：王晓晖
电　　话：18631045673
地　　址：邯郸市大名县大名府路东段路南（新市场）
邮政编码：056001

邯郸永年营销服务部

负 责 人：李　渊

电　　话：13231069745
地　　址：邯郸市永年县名关名兴南路东侧
邮政编码：056001

邢台中心支公司

负 责 人：罗　明
电　　话：18903112018
地　　址：邢台市桥东区新华南路69号甜橙国际一号楼801至803
邮政编码：054000

邢台巨鹿支公司

负 责 人：姚雪波
电　　话：13903198567
地　　址：邢台市巨鹿县县城新华街东侧
邮政编码：054000

邢台新河营销服务部

负 责 人：魏　华
电　　话：13373191800
地　　址：邢台市新河县振堂路东段北侧隆园小区1号房商业门脸
邮政编码：054000

保定中心支公司

负 责 人：张　辉
电　　话：13833414169
地　　址：保定市朝阳南大街47号百世开利大厦13层
邮政编码：071000

保定易县营销服务部

负 责 人：禹新杰
电　　话：13931697601
地　　址：保定市易县城管处泰元北大街燕都名苑小区2号楼商业门脸
邮政编码：071000

保定定州营销服务部

负 责 人：崔永超
电　　话：13463248135
地　　址：保定定州市南环路紫芳园商住楼11号
邮政编码：071000

保定望都营销服务部

负 责 人：王　锋
电　　话：13930897297
地　　址：保定市望都县荣泰巷12号
邮政编码：071000

张家口中心支公司

负 责 人：侯中辉
电　　话：18903235515
地　　址：张家口市桥东区建设东街2号欣盛南苑4号楼
邮政编码：075000

承德中心支公司

负 责 人：夏少辉
电　　话：15533936916
地　　址：承德市双桥区南营子大街路西文化大厦北塔7层10层
邮政编码：067000

承德围场营销服务部

负 责 人：李　蒙
电　　话：13343380159
地　　址：承德市围场满族蒙古自治县木兰中路150号
邮政编码：067000

沧州中心支公司

负 责 人：梁连庆
电　　话：18632710723
地　　址：沧州市运河区朝阳街25号财苑小区综合楼三层
邮政编码：061000

沧州青县营销服务部

负 责 人：徐智猛
电　　话：15931713713
地　　址：沧州市青县乾宁街西侧
邮政编码：061000

沧州献县支公司

负 责 人：于　梅
电　　话：13722759119
地　　址：沧州市献县补花场北
邮政编码：061000

衡水中心支公司

负 责 人：何　赞
电　　话：13633399296
地　　址：衡水市人民东路68号世纪大厦6层
邮政编码：053000

衡水安平营销服务部
负 责 人：解 超
电　　话：18630168807
地　　址：衡水市安平县为民街北西马路西
邮政编码：053000

衡水景县营销服务部
负 责 人：赵 贝
电　　话：13131848369
地　　址：衡水市景县景新大街南东店子村南
邮政编码：053000

石家庄正定营销服务部
负 责 人：王凯峰
电　　话：13483188706
地　　址：石家庄市正定县府西街 88 号
邮政编码：050000

农银人寿保险股份有限公司

农银人寿保险股份有限公司河北分公司

总 经 理：喻国梁
电　　话：0311-86993536
地　　址：石家庄市长安区中山东路 303 号世贸广场酒店 11 楼
邮政编码：050011

石家庄分公司

总 经 理：程千兵
电　　话：0311-86990778
地　　址：石家庄市中山东路 688 号安徽大厦 10 楼
邮政编码：050000

唐山分公司

总 经 理：王晓东
电　　话：13323296950
地　　址：唐山市路北区汇锦写字楼（裕丰街 19 号）
邮政编码：063000

秦皇岛分公司

总 经 理：张建明
电　　话：0335-3050066
地　　址：秦皇岛市燕山大街 244 号泛亚集团 5 楼
邮政编码：066000

保定分公司

总 经 理：王立旻
电　　话：0312-3361717
地　　址：保定市高开区竞秀街 658 号 3 楼
邮政编码：071000

邯郸分公司

副总经理：王瑞立（主持工作）
电　　话：0310-2065708
地　　址：邯郸市丛台区滏河北大街 266 号 18 号楼 6 层
邮政编码：056000

衡水分公司

副总经理：王彦菊（主持工作）
电　　话：0318-8088188
地　　址：衡水市和平中路升平胡同 1 号
邮政编码：053000

沧州分公司

总 经 理：董春刚
电　　话：0317-3592977
地　　址：沧州市新华中路 6 号报业大厦 4 楼
邮政编码：061000

廊坊分公司

副总经理：王贺刚（主持工作）
电　　话：0316-5666006
地　　址：廊坊市金光道 66 号财富中心 A 座 5 层
邮政编码：065000

邢台分公司

总 经 理：朱金铎
电　　话：0319-5118800
地　　址：邢台市桥东区团结东大街 335 号海大商务中心 17 层
邮政编码：054001

中英人寿保险有限公司

中英人寿保险有限公司河北分公司

总 经 理：刘 维
电　　话：0311-86698800
地　　址：石家庄市中山东路 39 号勒泰中

心誉峰 B 座 29 层

邮政编码：050011

石家庄营销服务部

经　　理：孙增磊

电　　话：0311-85838018

地　　址：石家庄市中山东路 39 号勒泰中心誉峰 B 座 29 层

邮政编码：050011

石家庄平山营销服务部

经　　理：张玉涛

电　　话：0311-82919591

地　　址：石家庄市平山县冶河东路 73 号中山文化商贸广场二区三层东小厅

邮政编码：050400

保定营销服务部

经　　理：任志刚

电　　话：0312-5936768

地　　址：保定市建华大街 670 号保运交通大厦三层

邮政编码：071000

唐山中心支公司

总 经 理：张　全

电　　话：0315-5102799

地　　址：唐山市新华道万达广场 B 座 16 层 1601-1606 室

邮政编码：063000

承德营销服务部

经　　理：郑瑞杰

电　　话：0314-5565005

地　　址：承德市福地华园 B1 楼 101 号

邮政编码：067000

邯郸营销服务部

经　　理：刘　伟

电　　话：0310-5519658

地　　址：邯郸市光明北大街 349 号光明商贸中心 A 座 4 层

邮政编码：056002

河北电话销售中心

总 经 理：杨海征

电　　话：0311-89868766

地　　址：石家庄市裕华区槐安路万达广场写字楼 A 座 2 层

邮政编码：050011

幸福人寿保险股份有限公司

幸福人寿保险股份有限公司河北分公司

总 经 理：周丽华

电　　话：0311-85908660

地　　址：石家庄市建设南大街 150 号国富大厦 14 层

邮政编码：050020

晋州支公司

总 经 理：李入建

电　　话：18931196119

地　　址：石家庄晋州市东兴路南段温馨庭院 3 号

邮政编码：052200

保定中心支公司

总 经 理：张新华

电　　话：13933209688

地　　址：保定市朝阳北大街 268 号石化家园 8 号楼 3 段三层

邮政编码：071051

定州支公司

总 经 理：齐学彬

电　　话：13833451343

地　　址：保定定州市北城区兴定路北侧 44 号向阳楼三单元 4 层

邮政编码：073000

安国支公司

总 经 理：肖月华

电　　话：13303128375

地　　址：保定安国市民主街药市北大街 2 号二楼

邮政编码：071200

邯郸中心支公司

总 经 理：秦俊虎

电　　话：18931090009

地　　址：邯郸市滏东大街 230 号宏海大厦 15 层

邮政编码：056002

磁县支公司

总 经 理：索会明

电　　话：13111368366

地　　址：邯郸市磁县滏阳大街北段 168 号

邮政编码：056500

沧州中心支公司

总 经 理：郭修庄

电　　话：13283237005

地　　址：沧州市迎宾北大道泰大双子座南楼 21 层

邮政编码：061000

东光支公司

总 经 理：郑志敏

电　　话：13383177581

地　　址：沧州市东光县邮政路 91 号雅馨小区门口南侧门市楼 1–3 层

邮政编码：061600

献县支公司

总 经 理：刘凤蕊

电　　话：13383177016

地　　址：沧州市献县平安大街西段 68 号

邮政编码：062250

唐山中心支公司

总 经 理：邓 欣

电　　话：13933377102

地　　址：唐山市路北区华岩路与大学道交叉口唐山师范学院国际交流中心 C 座 6 层

邮政编码：063010

平安养老保险股份有限公司

平安养老保险股份有限公司河北分公司

总 经 理：曹 辉

电　　话：0311–85691588

地　　址：石家庄市桥东区裕华东路 56 号中铁商务广场 B 座 1 –6 层

邮政编码：050000

唐山中心支公司

总 经 理：韩铁梅

电　　话：0315–5781816

地　　址：唐山市路南区新华西道 30 号新华贸写字楼 1707

邮政编码：063000

保定中心支公司

副总经理：王瑞娟（主持工作）

电　　话：0312–6790737

地　　址：保定市朝阳南大街百世开利大厦 15 层 M、L 室

邮政编码：071000

承德中心支公司

副总经理：李旭红（主持工作）

电　　话：0314–5569999

地　　址：承德市站前路武阳花园东区 1# 办公楼三层 316 室

邮政编码： 067000

秦皇岛中心支公司

副总经理：李忠军（主持工作）

电　　话：0335–5911588

地　　址：秦皇岛市海港区新华街 9 号新天地商务中心 B 座 18 层

邮政编码：066000

安邦人寿保险股份有限公司

安邦人寿保险股份有限公司河北省分公司

总 经 理：黄 曦

电　　话：0311–85511601

地　　址：石家庄市裕华西路 42 号金立方大厦 26 层

邮政编码：050000

石家庄中心支公司

总 经 理：齐咏东

电　　话：0311–85511657

地　　址：石家庄市裕华西路 42 号金立方大厦 26 层

邮政编码：050000

唐山中心支公司

总 经 理：赵艳芹（助理）

电　　话：0315–2225081

地　　址：唐山市路北区友谊路 81 号天元大厦四层

邮政编码：063000

保定中心支公司

总 经 理：李文海

电　　话：0335-3073049

地　　址：保定市恒祥北大街 755-90 号假日山水华庭北门

邮政编码：071000

邯郸中心支公司

总 经 理：马永恒

电　　话：0310-8039376

地　　址：邯郸市丛台区人民路与东环路交叉口山水文苑 2-110 商铺

邮政编码：056002